昆明年鉴

KUNMING YEARBOOK 2016

昆明市人民政府 主办
昆明市地方志编纂委员会办公室 编
云南民族出版社

图书在版编目（CIP）数据

昆明年鉴. 2016 / 昆明市地方志编纂委员会办公室编. -- 昆明 : 云南民族出版社, 2016.10
ISBN 978-7-5367-7213-7

Ⅰ.①昆… Ⅱ.①昆… Ⅲ.①昆明—2016—年鉴 Ⅳ.①Z527.41

中国版本图书馆CIP数据核字（2016）第226738号

责任编辑：王　梓　段　波

昆明年鉴 2016 KUNMING YEARBOOK

书　　名：昆明年鉴. 2016
作　　者：昆明市地方志编纂委员会办公室 编
出版发行：云南民族出版社
地　　址：昆明市环城西路170号云南民族大厦5楼
邮　　编：655032
印　　刷：昆明鹰达印刷有限公司
开　　本：889mm × 1194mm　1/16
印　　张：33
字　　数：1160千
版　　次：2016年10月第1版
印　　次：2016年10月第1次
印　　数：0001~1800
定　　价：360.00元（含光盘）
ISBN 978-7-5367-7213-7

2016 KUNMING YEARBOOK

撰稿人员

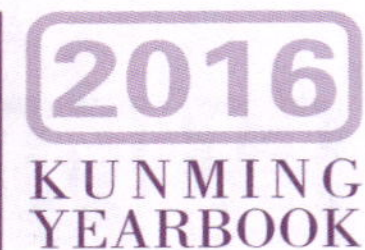

（按部类顺序排列）

李　震　苏　甦　李红卓　王　惠　高富枝　晏延花　廖海滨
周　银　李　莉　杨信德　赵淑芳　李　玲　蔡　洪　莫柳节
申　波　周耀标　字应军　尹丽花　祁俊娴　付红彬　陈湘榆
曾　毅　姚　伟　杨　杰　陈　琦　尹鸽娅　朱家寿　袁　媛
易新群　马　栋　彭文怡　张丽红　陈　敏　张向明　罗林麟
盘继斌　王宇坤　胡小兰　张高燕　阮云鹤　余　芳　董菁菁
张　敏　韩　波　吴宜亮　尚　明　王自勇　李　萍　李　丹
蔡英雄　牟显福　张　毅　王明新　白　燕　吴立群　陈　健
胡　艺　焦　颖　纳　贤　柳　润　谢　涛　强　蕊　聂本娆
卢云春　杜瑜丽　李国英　李　佳　唐荣华　林　竹　杨茂宏
李春娟　徐东梅　时　芸　王惠媛　张国泽　余结兵　马　龙
袁春梅　张晓琳　李　峰　连　漪　王　颖　杨文斌　张　瑾
李星城　李　平　张耀东　陈登碧　蒋　伟　李宜璇　马吟佳
许　楠　杜　强　李　娟　李云明　吴　芮　周　航　潘娅婷
陈增会　崔松云　杨绍琼　杨富刚　宋永东　赵庆元　李妍慧
顾建英　任传振　蔡　明　薛雅思　母昌买　刘宝民　伍　艳
王立荣　林　涛　魏文钧　李佳燕　宋延宁　曾　筹　张　云
廖　平　任卫东　李向松　杨连国　曾艳萍　刀培凤　聂东丽
赵玉沛　俞学云　夏　丹　王　俪　徐守云　杨加祥　刘世生
鲁建宏　朱　敏　李巧梅

编辑说明

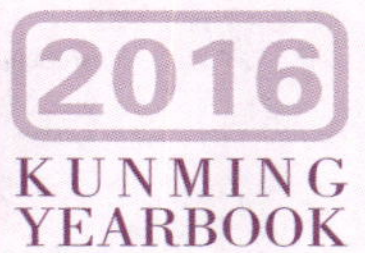

一、《昆明年鉴》是昆明市人民政府主办的地方综合年鉴，是系统反映昆明市情的大型年刊，是集知识、信息、资料为一体的公报性、资料性、权威性工具书。

二、本年鉴由全市各县（市）区、各开发(度假)区、各部委办局、各人民团体及有关驻昆单位撰稿，昆明市地方志编纂委员会办公室《昆明年鉴》编辑部编辑。

三、本年鉴旨在逐年全面系统地记载昆明市经济社会发展历史进程，为海内外了解昆明、建设昆明提供信息资料。

四、本年鉴全面系统地反映2015年在市委、市政府的坚强领导下，全市贯彻党的十八大和十八届三中、四中、五中全会精神，全面落实习近平总书记系列重要讲话和考察云南重要讲话精神，凝心聚力谋发展，开拓创新促跨越，奋力夺取率先全面建设小康社会新胜利的征程中取得的经济社会发展令人瞩目成绩的情况。

五、本年鉴设特载、综述、大事记、政治、军事、政法、经济管理、农林水利、工业、交通运输、城乡建设与管理、环境保护、现代新昆明建设·开发区建设、信息·通信、非公经济·乡镇企业、财政·税务、商业、烟草、金融、对外经济贸易、旅游·风景区、科学研究、教育·文化、新闻媒体、卫生·体育、社会、人物、县（市）区概况、附录、索引等30个部类。

六、本年鉴采用分类编辑法，以条目为主体，分一、二、三级目。一级目为大类，如城乡建设与管理、工业、农林水利等；二级目排在一级目之下，如城乡建设与管理下设城乡规划与管理、园林·绿化等；三级目为撰写单元(条目)，用黑体字加【 】做标识。

七、本年鉴主要数据由市统计局提供。

八、本年鉴提供目录和索引两种检索方法，目录在卷首，索引在卷尾。目录编排到条目；索引采用主题分析法，按主题词首字音序排列。

九、本年鉴在编辑过程中得到各级领导、各有关单位和社会各界的协助支持，在此谨表谢忱。

《昆明年鉴》编辑部

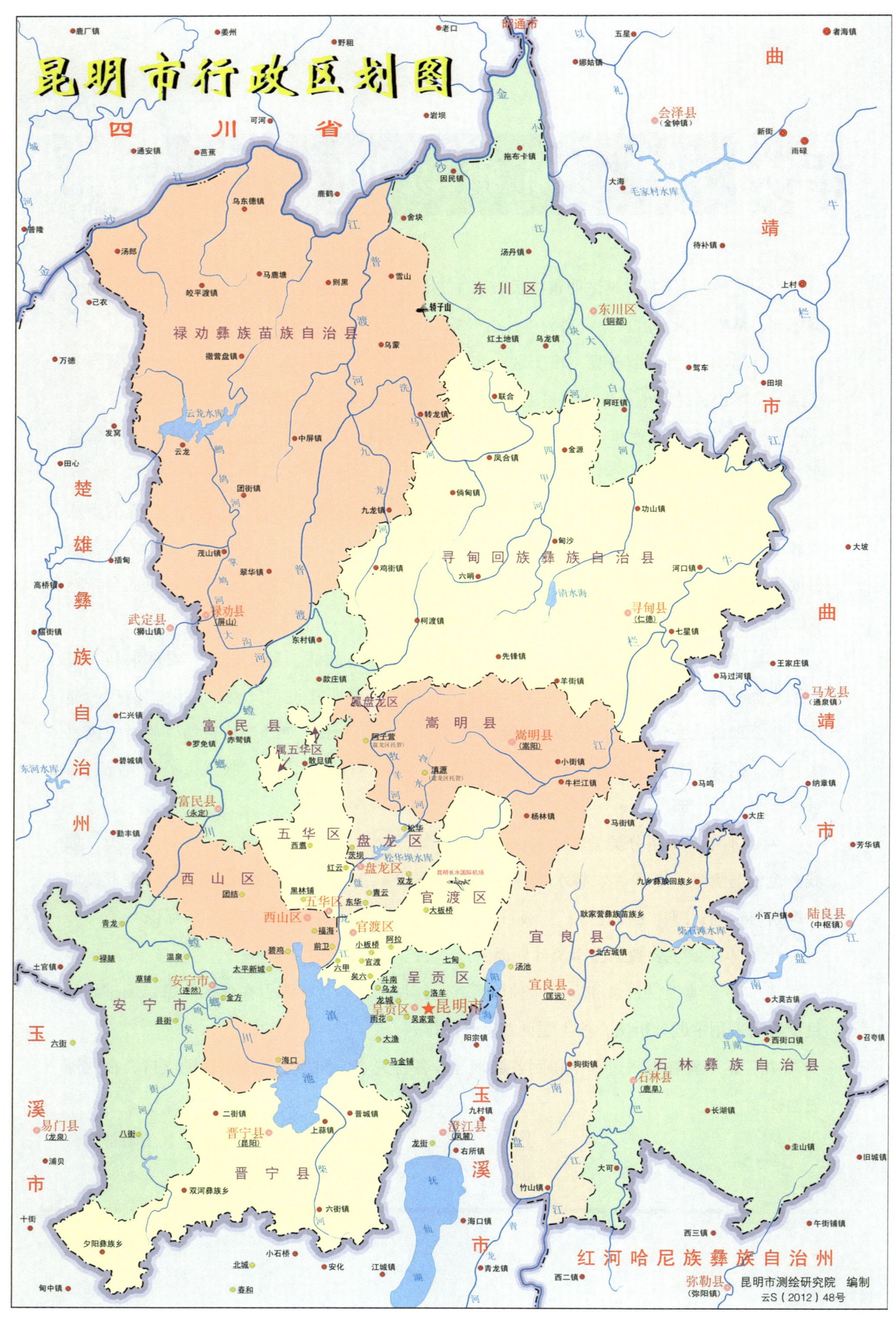
昆明市行政区划图
四川省
昭通市
曲靖市
楚雄彝族自治州
玉溪市
红河哈尼族彝族自治州
禄劝彝族苗族自治县
东川区
寻甸回族彝族自治县
嵩明县
富民县
五华区
盘龙区
西山区
官渡区
呈贡区
安宁市
晋宁县
宜良县
石林彝族自治县
属盘龙区
属五华区
昆明市
禄劝县
(屏山)
东川区
(铜都)
寻甸县
(仁德)
嵩明县
(嵩阳)
富民县
(永定)
安宁市
(连然)
晋宁县
(昆阳)
宜良县
(匡远)
石林县
(鹿阜)
会泽县
(金钟镇)
马龙县
(通泉镇)
陆良县
(中枢镇)
武定县
(狮山镇)
易门县
(龙泉)
澄江县
(凤麓)
弥勒县
(弥阳镇)
云龙水库
清水海
松华坝水库
柴石滩水库
毛家村水库
东河水库
滇池
阳宗海
抚仙湖
月湖
金沙江
普渡河
小江
牛栏江
南盘江
螳螂川
昆明长水国际机场
轿子山
鹿厂镇
姜州
老口
野租
五星
者海镇
娜姑镇
可河
岩坝
通安镇
芭蕉
拖布卡镇
因民镇
鹿鹤
舍块
乌东德镇
汤郎
马鹿塘
则黑
雪山
皎平渡镇
汤丹镇
红土地镇
乌龙镇
撒营盘镇
乌蒙
转龙镇
联合
阿旺镇
中屏镇
凤合镇
金源
云龙
团街镇
倘甸镇
九龙镇
功山镇
甸沙
茂山镇
翠华镇
鸡街镇
六哨
河口镇
柯渡镇
七星镇
东村镇
先锋镇
款庄镇
羊街镇
赤鹫镇
罗免镇
散旦镇
阿子营
(盘龙区托管)
滇源
(盘龙区托管)
小街镇
牛栏江镇
杨林镇
马街镇
西翥
茨坝
红云
黑林铺
青云
双龙
大板桥
团结
福海
前卫
碧鸡
小板桥
阿拉
官渡
七甸
六甲
吴六
斗南
乌龙
龙城
洛羊
雨花
吴家营
大渔
马金铺
海口
太平新城
青龙
禄脿
温泉
草铺
金方
县街
汤池
北古城镇
耿家营彝族苗族乡
九乡彝族回族乡
狗街镇
竹山镇
长湖镇
圭山镇
大可
西街口镇
二街镇
上蒜镇
晋城镇
双河彝族乡
六街镇
夕阳彝族乡
阳宗镇
九村镇
龙街
右所镇
海口镇
青龙镇
小石桥
安化
江城镇
北城
春和
甸中镇
十街
浦贝
八街
六街
上官镇
仁兴镇
碧城镇
勤丰镇
插甸
高桥镇
猫街镇
田心
发窝
万德
己衣
普隆
大海
待补镇
新街
雨碌
上村
驾车
田坝
大坡
王家庄镇
马过河镇
马鸣
纳章镇
大庄
芳华镇
小百户镇
大莫古镇
召夸镇
旧城镇
午街铺镇
西三镇
西二镇
昆明市测绘研究院　编制
云S（2012）48号

昆明市经济指标对比图

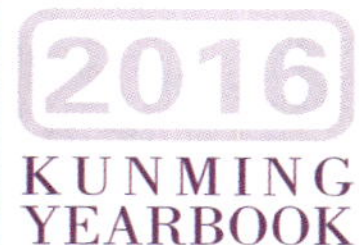

生产总值（亿元）

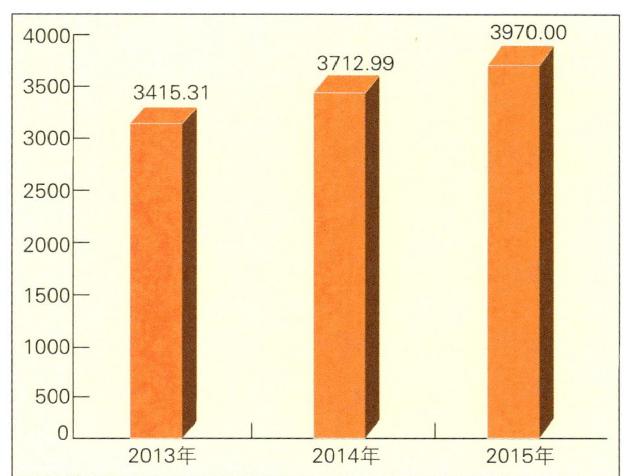

生产总值构成（%）

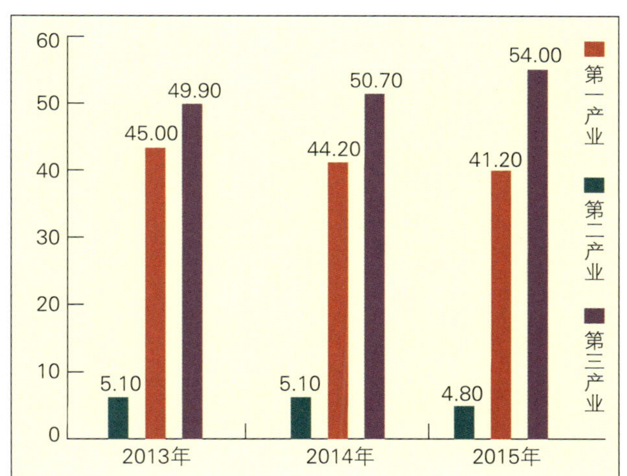

社会消费品零售总额（亿元）

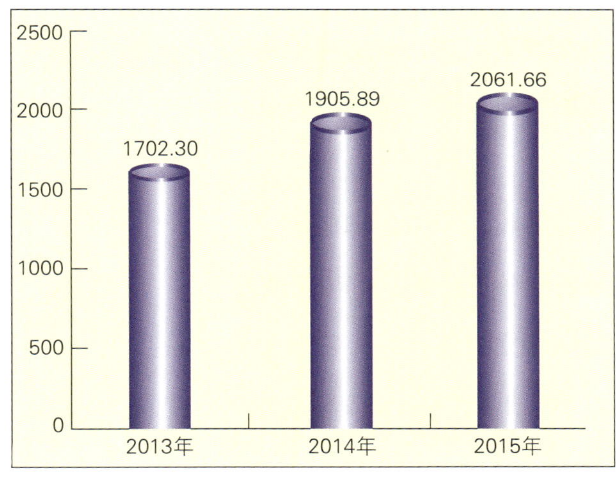

公共财政预算收入（亿元）

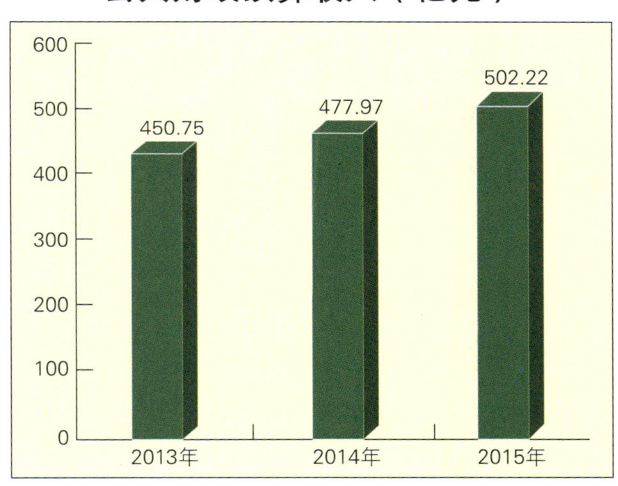

城乡居民收入（元）

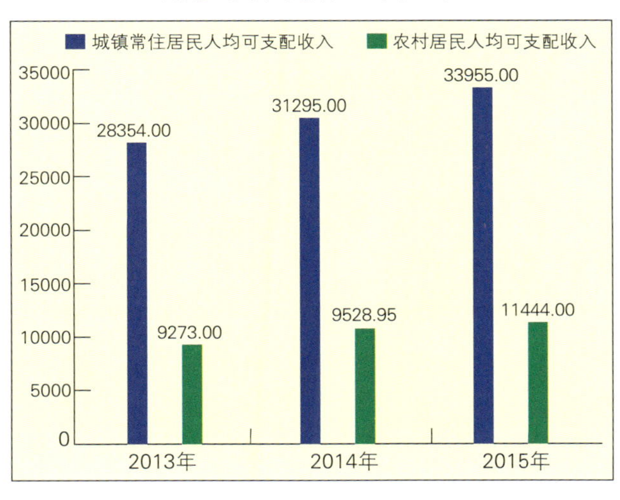

规模以上固定资产投资（亿元）

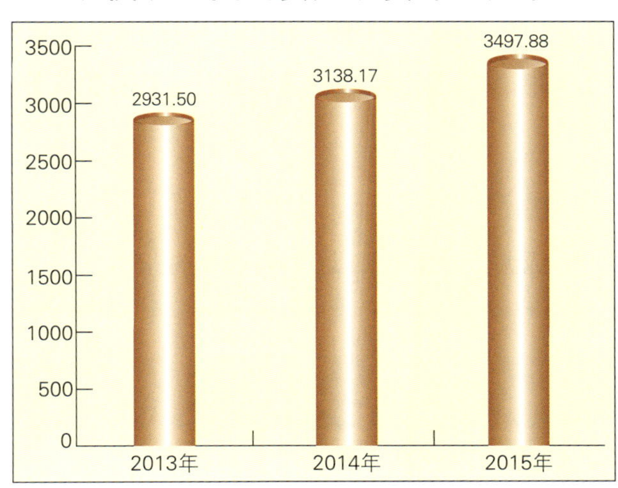

数字昆明（2015）

土地面积：21 012.54平方千米

所辖县（市）区：14个

常住人口：667.70万人

户籍人口：550.57万人

地区生产总值：3 970.00亿元

第一产业增加值：188.10亿元

第二产业增加值：15 88.38亿元

第三产业增加值：2 193.52亿元

三次产业构成：4.7∶40.0∶55.3

商品零售价格总指数：100.70%

居民消费价值总指数：102.40%

公共财政预算收入：502.22亿元

公共财政预算支出：615.51亿元

农林牧渔业总产值：328.58亿元

规模以上工业增加值：5.40%

规模以上工业利税总额：461.75亿元

规模以上固定资产投资总额：3 497.88亿元

房地产开发投资：1 451.31亿元

房屋施工面积：9 200.41万平方米

房屋竣工面积：721.96万平方米

商品房销售面积：1 305.03万平方米

商品房销售额：964.83亿元

社会消费品零售总额：2 061.66亿元

进出口贸易总额：123.64亿美元

进口贸易总额：29.10亿美元

出口贸易总额：94.54亿美元

实际利用外资额：22.61亿美元

货物周转量：307.51亿吨千米

客运周转量：277.94亿吨千米

旅游业总收入：723.46亿元

国际旅游外汇收入：4.40亿美元

接待海外旅游者：114.49万人（次）

国家A级景区（点）：26家

5A级旅游景区：1家

4A级旅游景区：11家

金融机构人民币各项存款余额：11 850.53亿元

金融机构人民币各项贷款余额：11 940.24亿元

住户存款（本外币，汇率6.49）：3875.55亿元

住户存款（人民币）：3836.43亿元

数字昆明（2015）

普通高等学校（含成人高等教育2所）：44所

普通中学：287所

中等专业学校：61所

小学：959所

专利申请量：11 060件

专利授权量：6 795件

市属公共图书馆：15个

公共图书馆藏书：2 905千册

博物馆（含挂牌博物馆）：117个

文化馆：15个

公交企业：16家

公交运营车辆：8 330辆

公交线路：892条

城市公交通达率：95.5%

城市公交日均运送旅客：241万人次

医疗卫生事业机构：4 490个

医疗卫生机构病床数：5 5191张

执业医师和执业助理医师：24 109人

城镇常住居民人均可支配收入：33 955.00元

城镇居民人均消费性支出：20 670.00元

农村常住居民人均可支配收入：11 444.00元

农村居民人均消费性支出：10 064.00元

城市居民人均住房建筑面积：42.00平方米

农村居民人均住房面积：46.65平方米

人口出生率：11.95‰

人口死亡率：5.97‰

人口自然增长率（常住人口）：5.98‰

计划生育率：88.52‰

城乡居民社会养老保险参保人员：203.24万人

城乡居民参加医疗保险人数：588.58万人

城镇职工参加失业保险职工：92.53万人

城镇新增就业人员：11.08万人

下岗失业人员再就业：2.99万人

城镇登记失业率：3.14%

农村劳动力转移培训：16.42万人

农村劳动力转移就业：13.90万人

第三届中国－南亚博览会暨

第三届中国－南亚博览会暨第二十三届中国昆明进出口商品交易会开幕式 （王俊星 摄）

第二十三届中国昆明进出口商品交易会

第三届中国－南亚博览会暨第二十三届中国昆明进出口商品交易会于2015年6月12—16日在昆明举行。前两届南博会在昆明国际会展中心举办，第三届首次在新建成的滇池国际会展中心举办。本届会议以“亲诚惠容、合作共赢”为主题，吸引国内外3 179家企业参展，参展知名企业达87家，其中世界500强企业25家，国内500强企业8家。展览面积超过12万平方米，共设置12个展馆、6 150个标准展位，境外展位数超过50%，其中，南亚、东盟馆根据国别进行整体区域装修，突出各国形象及展会特色。有来自70多个国家和地区的2万余名客商参展，观众超过10万人次。

第三届中国－南亚博览会暨

2015年6月13日，经贸合作项目签约仪式现场。 （李海曦 摄）

第二十三届中国昆明进出口商品交易会

2015年6月11日，大湄公河次区域第七届经济走廊论坛召开。　（李海曦　摄）

新建成的南博会新馆外观　（黄晓松　摄）

第三届中国－南亚博览会暨

2015年6月13日，第三届南博会暨第二十三届昆交会昆明市专场项目签约仪式在昆明会堂举行。（王俊星　摄）

2015年6月12日，昆明市委、市政府主要领导出席台湾馆开馆仪式。　（王俊星　摄）

第二十三届中国昆明进出口商品交易会

香港展示区现场表演　（李海曦　摄）

昆明文化创意展区展示全息投影技术（王俊星　摄）

印度馆开馆仪式　（李海曦　摄）

台湾13项制造业全球第一之蓝牙控制彩灯
（李海曦　摄）

南博会吸引大批市民入馆参观　（王俊星　摄）

昆明市科技事业

2013年云南省创新成果展上，科技部部长万钢听取微波湿法冶金联合实验室情况。

昆明市连续5次被评为“全国科技进步先进市”

“十二五”是昆明科技进步创新的黄金时期，通过深入推进国家创新型试点城市建设、有效落实创新型云南行动计划（2013-2017年），全市科技创新工作取得较大的进步，创新成为驱动经济发展的重要内生动力。昆明市先后荣获国家创新型试点城市、国家科技进步先进城市、中国创新城市、国家知识产权工作示范城市、国家节能和新能源汽车示范推广应用城市等称号，成为昆明科技创新的5张国家级名片。

“十二五”期间，昆明市狠抓产业创新发展。2013年底，昆明国家级文化和科技融合示范基地通过认定。截至“十二五”末，昆明地区拥有国家级高新技术产业化（现代服务业）基地及集群9个、国家重点新产品39个、各级科技企业孵化器25家，高新技术企业累计达到578家；狠抓科技创新能力提升。截至“十二五”末，昆明市全社会研究与试验发展（R&D）经费投入与地区生产总值（GDP）之比达到1.75%（非国家统计口径）。昆明地区拥有国家重点实验室6个、国家重点实验室分支机构1个、国家工程技术研究中心4个。发明专利有效量为5 353件，占全省发明专利有效量的70.40%，每万人发明专利拥有量达到8件（按照2014年全市人口662.60万推算）。“十二五”期间，昆明市新增专利申请37 259件。全市累计核发实验动物许可证59个，实验动物年生产量达到8万余只、使用量达到10万余只；

昆明，地铁梦——科技民生　　（彭晓侠　摄）

“十二五”成效显著

云内动力国V天然气发动机

云南磷化集团有限公司采用自主知识产权开发的450万吨浮选装置与50万吨MDCP装置

狠抓科技创新环境优化。先后出台一系列促进科技创新驱动发展新政策，营造激励全社会自主创新的良好环境；狠抓创新创业人才培引。截至“十二五”末，昆明地区拥有“两院”院士8人、云南省科技领军人才21名、云南省中青年学术和技术带头人后备人才899名、云南省科技创新团队147个、云南省院士专家工作站118个、云南省科技特派员177名，昆明市中青年学术和技术带头人及后备人选达686名，昆明市科技创新团队达77个，昆明市院士工作站达25个，昆明市科技特派员达259名；狠抓区域创新与科技惠民实效。“十二五”期间，昆明市级科技计划项目立项1 481项，投入市级财政科技经费4亿余元，项目总经费超过85亿元，市级财政科技经费放大倍数为21倍。其中，市级财政科技经费支持1亿余元实施的260项科技惠民项目取得极好成效；狠抓科技型中小微企业培育。“十二五”期间，昆明市科技型中小企业创新基金项目立项647项，投入市级财政科技经费9 937.85万元，其中知识产权综合质押贷款项目20项、经费1 479.55万元，通过市级科技计划和科技型中小企业创新基金的支持，累计扶持、培育云南省科技型中小企业1 036家、云南省科技小巨人企业28家、云南省创新型企业59家、云南省创新型试点企业127家、昆明市创新型试点企业185家。

国家铁路大型养路机械昆明产业基地　（李继平　摄）

本版图片除署名外均由市科技局　提供

环滇池湿地

近年来，昆明市对滇池流域实施造林10万亩，封山育林29亩，到2015年，滇池流域森林覆盖率已上升至53.55%；在湖滨一级保护区33.30平方千米范围内全面实施“四退三还”，恢复滇地水域面积11.51平方千米，建成湖滨生态湿地5.4万亩。2014年，昆明市完成环滇池生态圈、文化圈、旅游圈规划和环滇池区域文化遗产体系提升利用规划、环滇池区域生态建设控制性详细规划指标体系研究，以及11块生态湿地提升建设。至2015年底，环滇池11块湿地已基本完成提升建设并对公众开放。环滇池湿地犹如一圈绿色的屏障，不仅阻隔着进入滇池的污染，护佑着滇池的一方洁净，而且成为市民休闲娱乐的场所。

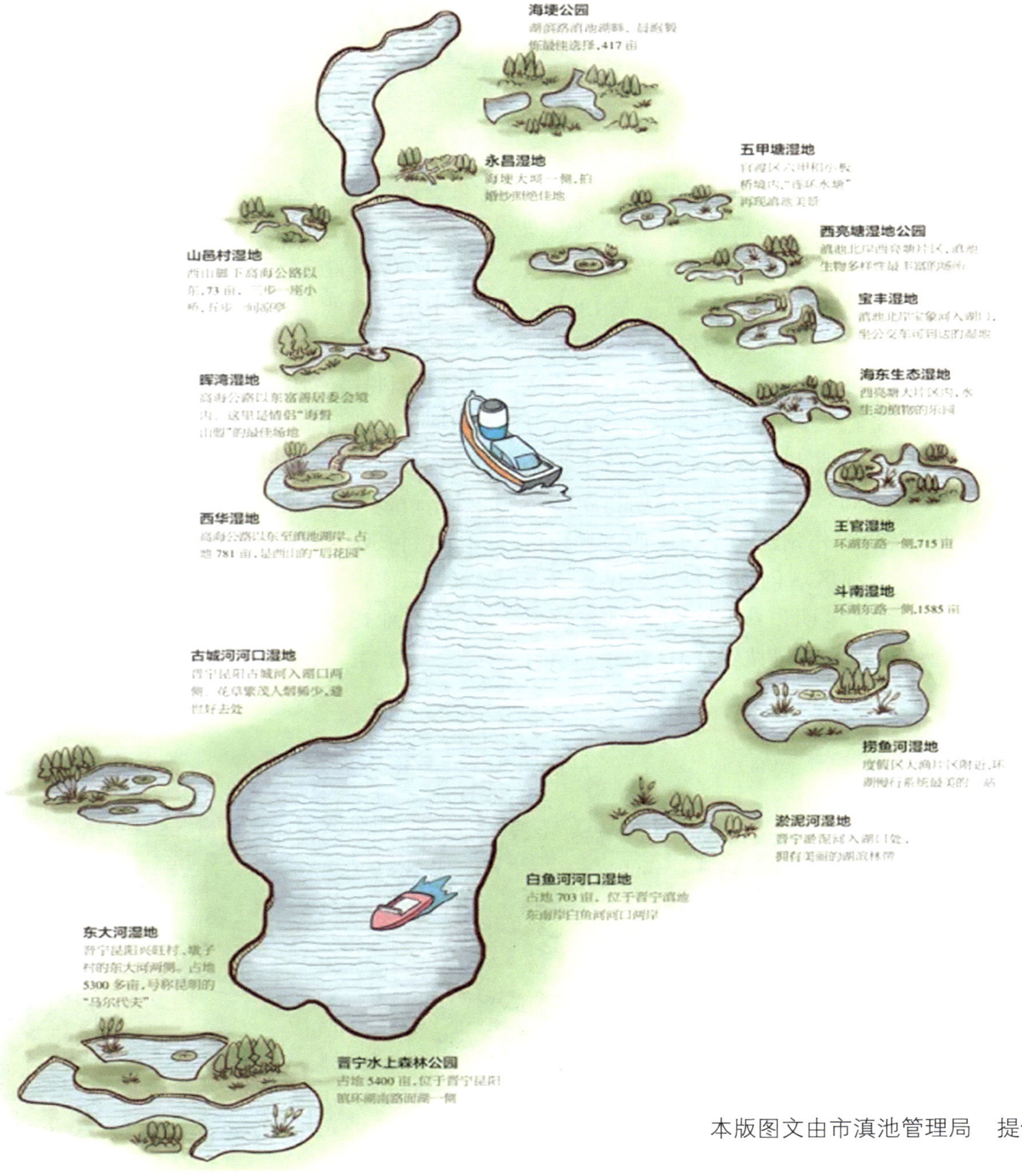

本版图文由市滇池管理局　提供

环滇池湿地

古滇湿地

古滇湿地位于滇池南岸、长腰山西侧。面积1 100亩，已建成开放。

王正鹏　摄

晨曦　摄

晨曦　摄

晨曦　摄

环滇池湿地

捞鱼河湿地

捞鱼河湿地地处滇池东岸，位于昆明滇池国家旅游度假区大渔片区，占地700亩。2015年5月1日建成并免费向市民开放。

环滇池湿地

60万株郁金香绽放 （郎晓伟 摄）

环滇池湿地

捞鱼河湿地 （王正鹏 摄）

环滇池湿地

李萍 摄

王正鹏 摄

环滇池湿地

海东湿地

海东湿地在环湖东路新宝象河入湖口与广谱大沟入湖口之间。总占地面积894亩，分两期实施，其中二期占地460亩，已建成使用。

王正鹏　摄

王正鹏　摄

黄晓松　摄

环滇池湿地

斗南湿地

斗南湿地位于斗南社区。规划总面积1 585亩，分二期建设，其中一期700亩于2015年12月建成开放。

王正鹏　摄

白鱼河河口湿地

白鱼河河口湿地位于晋宁县上蒜镇石寨村委会白鱼河入河口两侧。面积703.38亩，已建成开放。

王正鹏　摄

环滇池湿地

龙门湿地

龙门湿地位于滇池西岸。面积295亩，经过2011年、2013年的建设提升，已开放。

王正鹏　摄

王正鹏　摄

环滇池湿地

永昌湿地

永昌湿地位于船房河入河口。面积218亩，2015年进行过提升改选，已开放。

王正鹏　摄

王正鹏　摄

环滇池湿地

王官湿地

王官湿地在斗南湿地的北部。占地715亩，湖岸线长3.86千米，2015年12月建成开放。

王正鹏　摄

王正鹏　摄

环滇池湿地

晋宁南滇池国家湿地

晋宁南滇池国家湿地公园包括东大河湿地和南滇沙滩。东大河湿地是滇池治理“十二五”规划项目之一，是国家林业局批准建设的晋宁南滇池湿地（试点）的重要组成部分，也是滇池湖滨最大的湿地。湿地位于滇池南岸，规划面积5 400亩，分两期建设。一期1 500亩于2015年12月建成开放。

李金能　摄

人造沙滩　（高地人　摄）

高地人　摄

环滇池湿地

西亮塘湿地

西亮塘湿地位于滇池北岸，紧邻宝象河，用地规模2 360.11亩。

王正鹏　摄

王正鹏　摄

五甲塘湿地

五甲塘湿地位于官渡区六甲和小板桥境内。占地约1 300亩，分两期进行，一期已建成开放。

许太琴　摄

目录 CONTENTS

2016 KUNMING YEARBOOK

特　载

综　述

大事记

政　治

中国共产党昆明市委员会

办公厅

组织工作

宣传工作

机关党建

统一战线

机构编制管理

保密工作

党史工作

老干部工作

精神文明建设

中国共产党昆明市纪律检查委员会

昆明市人民代表大会常务委员会

昆明市人民政府

办公厅

会展业

机关事务管理

政务服务管理

信访工作

市长热线

人事制度管理

人才开发与服务

工 业

综述

装备制造工业

原材料工业

消费品工业

煤炭业

供 电

安全生产监督管理

交通运输

综 述

铁路运输

教育·文化

档　案

文物及博物馆

新闻媒体

广播电视台

电视网络

报业传媒

卫生·体育

卫　生

红十字会

体　育

社　会

城乡居民生活综述

人　物

县（市）区概况

呈贡区

安宁市

晋宁县

富民县

宜良县

嵩明县

石林彝族自治县

禄劝彝族苗族自治县

寻甸回族彝族自治县

附　录

地方性法规

市区地名变动

其他资料

索　引

特 载

2016 KUNMING YEARBOOK

奋力夺取率先全面建成小康社会新胜利（摘要）

——在2015年12月28日市委十届七次全体（扩大）会议上的工作报告

一、攻坚克难、真抓实干，“十二五”时期经济社会发展取得明显成效

“十二五”时期，面对错综复杂的宏观环境，面对艰巨繁重的改革发展稳定任务，市委团结带领全市各族干部群众，攻坚克难、真抓实干，统筹推进经济、政治、文化、社会、生态文明和党的建设，各项事业取得了新进步。

一是强化产业支撑，综合实力逐步增强。积极应对经济下行压力加大等严峻挑战，落实稳增长系列措施，实施产业培育提升计划，县域经济、园区经济、民营经济加快发展，新型工业化进程明显提速，高原特色农业蓬勃发展，现代服务业提质增效，综合实力和竞争力持续增强。与“十一五”末相比，预计全市地区生产总值从2 120亿元增加到4 000亿元左右，年均增长11.5%；一般公共预算收入从254亿元增加到500亿元左右，年均增长15%；人均生产总值从33 549元增加到60 000元以上，年均增长10.3%；三次产业结构从5.8：45.2：49调整为4.8：41.2：54。

二是深化改革开放，发展活力得到释放。全面推进各项改革，国资国企、行政审批制度、投融资体制、财税体制、商事制度等改革扎实开展，农村综合改革、城市规划建设管理体制改革、社会体制改革取得突破。科技创新能力不断增强，荣获“国家科技进步先进城市”称号。成功保障南博会、旅交会、农博会等重大活动，缔结国际友好城市达到20个，“昆蓉欧班列”开通，72小时过境免签政策落地实施，区域性跨境人民币金融服务中心建设加快推进。招商引资成效明显，一批大项目、好项目入驻昆明。累计完成进出口总额740亿美元，比“十一五”期间增加396亿美元。

三是狠抓基础建设，城乡面貌日益改善。高标准抓好城乡规划建设管理，综合交通、市政设施、城市更新改造等加快推进。扎实开展市容环境综合整治，成功创建“国家卫生城市”。呈贡新区开发建设步伐加快，市级行政中心顺利搬迁。加快新型城镇化建设，全市城镇化率达到70%。以交通为重点的基础设施建设加快推进，三环、绕城高速内环、武昆高速建成通车。地铁6号线一期和1、2号线首期投入营运，3、4号线启动建设。昆玉、云桂、沪昆铁路及火车新南站建设全面提速，长水国际机场建成通航。清水海调水工程竣工投用，中缅油气管道实现通气。新农村和美丽乡村建设成效明显，农村基础设施不断改善，解决了77万农村人口饮水安全问题，通乡油路率和行政村公路通畅率均达到100%。

四是促进民生改善，群众福祉稳步提升。加大民生投入，办好惠民实事，全市民生支出累计达到1 898亿元。就业形势总体稳定，城镇登记失业率控制在3%以内。居民收入稳步增加，城镇和农村常住居民人均可支配收入分别达到34 111元和11 454元，年均增长12.1%和14.6%。教育资源布局进一步优化，人均受教育年限达到9.9年。公共卫生和医疗服务体系更加健全，千人医疗机构床位数达到7.65张，人均期望寿命达到77.5岁。社会保障体系日趋完善，各类社会保险参保率保持在95%以上。建设（筹集）各类保障性住房35.31万套，完成农村保障性安居工程改造12.38万户。贫困地区和少数民族地区发展步伐不断加快，解决了19.32万农村贫困人口的温饱问题。科技、文化、体育、广电、老龄工作、残疾人事业健康发展。

五是创新社会治理，社会大局总体稳定。深入推进平安昆明建设，党委领导、政府负责、社会协同、公众参与、法治保障的社会治理格局逐步形成。坚持依法治市、依法执政、依法行政共同推进，加强地方立法，强化公正司法，法治昆明建设取得进步。探索建立纪检监察政法信访部门解决群众诉求“四级联动”工作机制，开展“拉网式、兜底式、全覆盖”的矛盾纠纷排查化解，群众合法权益得到有效维护。深入推进社会治安防控体系建设，严厉打击违法犯罪行为，全面推进禁毒防艾人民战争，群众安全感不断增强。安全生产形势总体平稳，公共突发事件应急处理机制日趋完善。

六是加强环境保护，生态建设显现成效。切实抓好滇池治理，完成环湖截污主干渠及配套污水处理厂建设，牛栏江—滇池补水工程顺利通水，环湖湿地建设扎实推进，滇池综合污染指数明显下降，湖体水质由重度富营养转变为中度富营养。阳宗海污染治理和生态修复成效明显，云龙水库、松华坝、清水海等水源区保护得到加强。城乡园林绿化、天然林保护、退耕还林、水土保持、“五采区”植被修复扎实开展，城市绿地率达到38.18%，森林覆盖率达到50%，成功创建为国家园林城市、国家森林城市。扎实推进节能减排，预计万元生产总值能耗累计下降20%以上。2015年，主城空气质量优良率达到97.7%。

七是推进党的建设，党风政风持续好转。扎实开展党的群众路线教育实践活动，抓好“三严三实”和“忠诚干净担当”专题教育，党的思想政治建设和作风建设持续推进。深化干部人事制度改革，干部队伍综合素质不断提升。加强基层组织建设，整治软弱涣散党组织，基层党组织的战斗堡垒作用得到发挥。严格执行中央八项规定精神，坚持不懈反对“四风”，深入开展“六个严禁”“为官不为”专项整治，党风政风持续好转。推进党风廉政建设和反腐败斗争，坚持不懈正风肃纪，查处了一批严重违纪违法案件。民主政治建设得到加强，人大、政府、政协履职富有成效，宣传、统战、民族宗教、双拥、国防动员和后备力量建设、老干部等工作不断进步，工青妇等群团组织、社会组织的作用得到充分发挥，形成了团结和谐、干事创业的良好氛围。

这些成绩的取得，是党中央、国务院和省委、省政府正确领导的结果，是全市各级各部门和广大干部群众共同努力的结果。在此，我代表中共昆明市委，向所有关心、支持和参与昆明改革发展的同志们、朋友们，表示衷心的感谢，并致以崇高的敬意！

在肯定成绩的同时，市委认为，昆明的发展仍然存在一些不容忽视的问题。一是重眼前轻长远。没有树立正确的政绩观，急功近利、急于求成，追求短期效益，忽视长远发展，对转方式调结构重视不够、抓得不紧，导致第二产业发展缓慢，第三产业水平不高，经济增长、财政增收过于依赖房地产业。二是重建设轻管理。城市规划缺乏科学性、严肃性和前瞻性，城市建设追求高速度、大规模，缺乏统筹谋划，造成了较大的资金、资源浪费，城市管理条块交错、职能交叉，责权利不统一，管理体制落后，方法简单粗放，导致城市品质不高、没有特色，市容环境脏乱差不同程度存在，交通拥堵严重，群众意见很大。三是重城市轻农村。统筹城乡区域协调发展重口号、轻行动，“三农”工作投入不足、力度不大，导致农村基础设施薄弱、社会事业滞后、历史欠账过多，城乡差距不断拉大，脱贫攻坚任务艰巨，发展不平衡、不协调的问题日益突出。四是管党治党不严。连续三任市委书记和两名副市长无视党的政治规矩和组织纪律，违纪违法被立案调查，政治生态遭到严重破坏；一批领导干部违纪违法受到查处，损害了党和政府的形象；一些党员干部精神懈怠、作风飘浮、为官不为，损害了昆明的发展环境；一些基层党组织软弱涣散、威信不高、服务群众的意识不强，导致了一些群体性事件的发生。我们要始终保持清醒头脑，强化问题意识，坚持问题导向，切实加以解决，努力开创各项工作新局面。

二、深入分析、科学研判，准确把握“十三五”时期昆明发展面临的形势和任务

习近平总书记在云南考察工作时指出，云南要主动服务和融入国家发展战略，闯出一条跨越式发展的路子来，努力成为我国民族团结进步示范区、生态文明建设排头兵、面向南亚东南亚辐射中心。总书记的重要讲话，为云南的发展确立了新坐标、明确了新定位，也为昆明做好各项工作提供了根本遵循和行动指南。党的十八届五中全会和省委九届十二次全会，明确提出了“十三五”时期经济社会发展的指导思想、基本原则、目标要求、基本理念、重大举措，对我们做好“十三五”时期的工作，提出了明确要求，指明了前进方向。全市广大党员干部必须认真学习领会、抓好贯彻落实，努力把昆明的工作做得更好，不辜负党中央、国务院和省委、省政府的期望与重托。

当前，世界经济在深度调整中曲折复苏，新一轮科技革命和产业变革孕育兴起，我国经济发展面临诸多矛盾叠加、风险隐患增多等严峻挑战，但经济长期向好的基本面没有改变，发展仍然处于可以大有作为的重要战略机遇期。“十三五”时期，昆明经济社会发展既面临难得机遇，也面临不少挑战，呈现出新的阶段性特征。一是处于转方式、调结构的关键期。近年来，虽然全市经济运行总体平稳，但总量不足、质量不高、速度不快仍然是最大的市情，根源在于深层次结构性矛盾的制约。从一产来看，农业规模化、标准化、产业化程度很低，现代农业发展不足，科技支撑薄弱，龙头企业规模小、数量少，组织化程度不高。从二产来看，主要依靠自然资源和初级产品加工支撑增长，传统产业占比较大，新兴产业发展滞后，增长方式粗放，产业竞争力不强，知名品牌不多。从三产来看，传统服务业比重大、水平低，难以满足人民群众日益增长的物质文化需求；生产性服务业发展滞后，没有形成对产业优化升级的有力支撑。新常态下，原有的发展路径和发展方式已经不可持续，新的增长点有待进一步培育，

迫切需要我们推动经济结构战略性调整，加快经济发展方式由投资驱动为主向全要素综合驱动转变，更加突出创新驱动的作用，由规模速度型增长向质量效益型增长转变，更加突出提高发展的质量，促进产业层次从中低端向中高端迈进，实现更高质量、更有效率、更可持续的发展。二是处于优布局、提品质的调整期。近年来，昆明的城市化进程较快，但城市发展方式粗放，功能布局不够合理，质量和品质不高，迫切需要我们以先进城市为标杆，高点定位、系统谋划、有序推进，着力破解城市的发展难题和瓶颈制约，实现城市人居环境、功能品质、景观形象、人文生态的全面提升，把昆明建设成为宜居宜业的美丽春城、多彩花都。三是处于促改革、增活力的攻坚期。深化改革日益触及深层次体制矛盾和利益调整，形势更加复杂，任务更加艰巨，人民群众的期望更高，迫切需要我们以壮士断腕的决心、背水一战的勇气，冲破思想观念的束缚，打破利益固化的藩篱，推出一批叫得响、立得住、群众认可的硬招实招，蹄疾步稳地把改革不断推向前进，为经济社会持续健康发展提供源源不断的动力。四是处于补短板、建小康的决胜期。区域发展不平衡、城乡发展不协调、经济和社会发展“一条腿长、一条腿短”等问题仍然突出，社会建设滞后，社会治理水平不高，社会矛盾多发易发、交错叠加，率先全面建成小康社会面临不小的压力，迫切需要我们拿出硬办法、打出组合拳，全力做好补齐短板这篇大文章，在协调发展中拓宽发展空间，在加强薄弱领域中增强发展后劲，使发展成果惠及全市各族人民。五是处于新优势、新动力的形成期。随着国家一系列重大战略和重大政策的深入实施，昆明作为“一带一路”和长江经济带的重要支点，作为面向南亚东南亚开放的重要门户，多重机遇密集叠加，重大利好接踵而至，迫切需要我们抢抓机遇、顺势而为，找准路径、精准发力，把区位优势、资源优势、政策优势转变为发展优势、竞争优势，在改革发展中赢得主动、赢得未来。

基于以上判断，“十三五”时期，全市工作的指导思想是：高举中国特色社会主义伟大旗帜，全面贯彻党的十八大和十八届三中、四中、五中全会精神，以邓小平理论、“三个代表”重要思想、科学发展观为指导，深入贯彻习近平总书记系列重要讲话和考察云南重要讲话精神，按照省委九届十二次全会的安排部署，坚持“五位一体”总体布局和“四个全面”战略布局，贯彻创新、协调、绿色、开放、共享五大发展理念，主动服务和融入国家战略，着力当龙头、促跨越、上水平、惠民生、奔小康，加快建设立足西南、面向全国、辐射南亚东南亚的区域性国际中心城市，当好云南经济社会发展的排头兵和火车头，在全省率先全面建成小康社会，为谱写好中国梦云南篇章做出应有的贡献。

概括地说，当龙头、促跨越、上水平、惠民生、奔小康，是我市“十三五”时期各项工作的总要求。当龙头，就是要充分发挥昆明在全省深化改革中的示范引领作用、加快发展中的龙头支撑作用、转型升级中的辐射带动作用，不断提升在全省的首位度，各项工作都走在前列、做出示范。促跨越，就是要把握发展第一要务，增强工作的主动性、针对性和有效性，积极作为、奋起直追，推动经济稳定增长、继续做大、着力做强，确保地区生产总值年均增长9%左右，努力实现经济社会跨越发展。上水平，就是要加快转方式、调结构、促升级，实现有质量、有效益、可持续发展，使昆明的综合经济实力、核心竞争力、文化软实力、辐射带动力和可持续发展能力显著增强，开放合作层次和国际化水平全面提升。惠民生，就是要顺应老百姓对美好生活的向往，办好顺民意、解民忧、暖民心的实事好事，着力解决好关系群众切身利益的问题，加快构建更加完善、更高品质的民生保障体系，使全市各族人民劳有多得、学有优教、病有良医、老有善养、住有宜居。奔小康，就是要确保到2018年，在全省率先全面建成小康社会，不仅做到经济总量和城乡居民收入“两个翻番”，更要补短板、提质量，突出解决好贫困人口脱贫的问题，确保现行标准下贫困人口实现脱贫，贫困县全部摘帽，让全市各族群众共圆小康梦想。

实现这些目标，必须牢固树立并切实贯彻开放、创新、协调、绿色、共享的发展理念，努力以发展理念转变引领发展方式转变，以发展方式转变推动发展质量和效益提升，不断开创发展的新境界。

一要践行开放发展理念。主动服务和融入国家“一带一路”、长江经济带、京津冀协同发展等重大战略，推动形成助力滇中、融入国内、联通周边、接轨国际的发展大格局。加快建设高水平的教育、卫生、科技、文化、体育、智库等对外服务与合作平台，打造面向南亚东南亚开放的经济贸易中心、科技创新中心、金融服务中心和人文交流中心，努力把昆明建设成为立足西南、面向全国、辐射南亚东南亚的区域性国际中心城市。充分利用国际国内两个市场两种资源，加快培育产业发展、营商环境和规则标准等综合竞争优势，推进高水平双向开放，促进对外贸易优化升级，构建开放型经济发展新机制。

二要践行创新发展理念。把发展的基点放在创新上，推进理论、制度、科技、文化等各方面创新，不断激发市场活力和社会创造力。优化劳动力、资本、土地、技术、管理等要素配置，推进大众创业、万众创新，推动新技术、新产业、新业态发展。坚持转方式调结构，坚定不移地走开放型、创新型和高端化、信息化、绿色化、集群化的发展路子，推动产业发展迈向中高端水平。坚定不移全面深化改革，加快形成系统完备、科学规范、运行有效、有利于创新发展的体制机制。强化企业创新主体地位和主导作用，推进科技与经济对接、创新成果与产业对接、创新项目与现实生产力对接，不断提高科技创新对经济增长的贡献率。

三要践行协调发展理念。坚持区域协同、城乡统筹、经济社会协调、物质文明精神文明并重，促进硬实力与软实力同步提升，不断增强发展的整体性。进一步调整优化空间布局，着力构建区域功能明确、发展重点突出、生态系统安全的空间开发格局。统筹城乡基础设施、经济发展、公共服务、社会管理布局，不断缩小城乡发展差距，加快形成城乡区域优势互补、互促共进、共同繁荣、协调发展的新局面。坚持社会主义先进文化前进方向，注重历史文脉保护，完善公共文化服务，不断增强昆明的文化影响力。

四要践行绿色发展理念。树立尊重自然、顺应自然、保护自然的理念，坚持节约优先、保护优先，大力推进生态文明建设，实现经济发展和生态建设双赢。把滇池治理作为“一把手”工程，全面推进以滇池为重点的市域水环境综合治理。大力发展绿色低碳循环经济，倡导勤俭节约、文明健康的生产生活方式，全面提高资源节约集约和综合利用水平。继续加大环境整治力度，加快生态修复治理，积极开展植树造林，提高城乡绿地率和森林覆盖率，维护生物多样性，使昆明成为人与城市、城市与自然和谐发展的生态家园。

五要践行共享发展理念。坚持发展为了人民、发展依靠人民、发展成果由人民共享，夯实人民幸福之基、社会和谐之本、经济发展之源。以北部“两区两县”和乌蒙山集中连片特困地区为主战场，以整乡整村推进为重点，以精准扶贫、精准脱贫为导向，围绕减贫、摘帽、增收三大目标，加快贫困地区和贫困群众脱贫致富进程，让贫困群众与全市各族人民一起共圆小康梦想。坚持普惠性、保基本、均等化、可持续，健全完善就业、教育、卫生、文化等基本公共服务体系，全面提高公共服务共建能力和共享水平。加快构建覆盖城乡的社会保障体系，让发展更有温度、幸福更有质感。

三、突出重点、务实苦干，确保“十三五”开好局起好步

2016年是实施“十三五”规划的开局之年，必须力争全市地区生产总值增长8.5%以上，确保“十三五”开好局起好步。广大党员干部要紧盯目标、突出重点，奋力拼搏、埋头苦干，全面实施“八项战略”，推动昆明经济社会持续健康发展。

（一）实施开放先导战略，致力建平台、拓格局，加快建设区域性国际中心城市。开放是繁荣发展的必由之路，昆明要跨越，优势在区位、出路在开放。必须进一步完善对外开放战略布局，不断扩大开放领域，拓展开放空间，提升开放合作的层次和国际化水平。要主动服务和融入国家发展战略。积极参与“一带一路”和长江经济带建设，加强资本引进、渠道建设、市场对接，深度开展资本和产业合作，努力形成内外联动、互为支撑、协调互动的区域合作新格局。主动对接京津冀协同发展战略，建立对口合作机制，积极承接高端人才、高新技术和新兴产业转移。要协同推动滇中城市经济圈一体化发展。充分发挥核心带动作用，携手曲靖、玉溪、楚雄、红河及滇中新区，共同推进基础设施、产业发展、市场体系、基本公共服务和社会管理、城乡建设、生态环保六个一体化，合力打造全省发展新的增长极。加强与省内其他州市的交流合作，促进“昆明服务+周边制造”互补融合。要搭建开放合作平台。推进国家产业转移示范园区、生态工业示范基地、文化产业开放服务基地等外向型特色产业基地建设，加快综合保税区和国家铁路口岸申报建设工作，促进跨境贸易投资便利化。保障服务好南博会、昆交会、旅交会、农博会等国际会展，加强与友好城市的交流合作，打造高水平的经贸合作平台、人文交流平台。要大力发展开放型经济。积极推进高水平双向开放，促进国内国际要素有序流动、资源高效配置、市场深度融合，支持有实力的企业到国外投资兴业、开拓市场。推动“昆蓉欧班列”高效运行，促进内外贸融合发展。坚持全区域统筹、专业化运作、产业链延伸、集群化发展，着力提高招商引资的质量和水平。

（二）实施产业强市战略，致力转方式、调结构，促进经济发展提质增效。产业是立市之本、强市之基，产业兴则经济兴，产业强则昆明强。必须按照“一产做特、二产做大、三产做强”的思路，加快产业结构转型升级，着力构建主业突出、特色鲜明、竞争力强的产业体系。要推动现代服务业发展壮大。优先发展金融、研发设计、信息服务、现代物流、服务外包、教育培训、商务会展等产业，推动生产性服务业向价值链高端延伸，提高专业化、社会化和国际化水平。加快发展商贸流通、健康服务等产业，推动生活性服务业向精细化和高品质转变。推进中央商务区建设，大力发展总部经济、楼宇经济。制定实施“互联网+”行动计划，加快云服务、云应用创新，促进以云计算、物联网、大数据、移动互联网为代表的新一代信息技术与全产业融合发展。推动阿里巴巴西南云计算中心、腾讯地方站等项目落地，推进浪潮云计算项目建设，加快把呈贡信息产业园区打造为全省信息产业发展新高地。推动旅游业转型升级，着力打造商务会展、国际旅游、康体运动、休闲度假等旅游产品，加快旅游基础设施建设，提高专业化服务水平，引进和培育一批新的旅游项目，不断丰富提升旅游产业的发展层次。推动石林、九乡、翠湖、民族村、红土地等景区景点改造提升，支持滇池国家旅游度假区、阳宗海国家旅游度假区和轿子山旅游

开发区提升品质、加快发展。要推动工业转型升级。统筹科技研发、标准制定和市场应用，大力发展先进装备制造、生物医药、电子信息、新材料等新兴产业，推动化工（含石化）、冶金、非烟轻工、烟草及配套等传统产业改造升级。推动高新区、昆明经开区、杨林经开区等园区发展壮大，推进稀贵金属、循环经济和轻工绿色产品等20个特色产业基地建设。要推动高原特色农业做优做特。稳定粮食播种面积，确保粮食供应安全。大力发展蔬菜、花卉苗木、山地牧业、烤烟、林果、农产品精深加工等优势特色产业，促进一二三产业融合发展。加快农业产业园区建设，推动台湾农民创业园、斗南国际花卉产业园等重点园区发展壮大。推进土地经营权有序流转，积极探索"新型经营主体+社会化服务+适度规模经营"的发展模式。要加快发展民营经济。大力培育民营大企业大集团，积极引导中小企业走"专精特新"道路，不断提升民营经济的整体实力。要完善法治化、国际化、便利化的营商环境，着力降低企业的制度性交易成本、税费负担、财务成本、物流成本，让企业轻装上阵、加快发展。支持企业上市融资、再融资和债券融资，鼓励有上市意愿的中小微企业在中小板、创业板、"新三板"挂牌交易，扩大直接融资规模。

（三）实施创新驱动战略，致力抓改革、推创新，不断增强经济社会发展的活力与动力。创新是引领发展的第一动力，抓创新就是抓发展，谋创新就是谋未来。必须坚定不移全面深化改革，千方百计提高创新能力，让改革创新真正成为推动昆明经济社会发展的强大引擎。要统筹推进各项改革。坚持社会主义市场经济改革方向，在供给侧和需求侧两端发力，突出问题导向，突出完善制度，重点抓好国资国企、行政审批、投资融资、财税金融、农业农村、民生保障、社会治理、对外开放、生态建设等领域的改革。深入开展商事制度、社会化办医、"三农"金融服务、司法体制改革等试点工作，为全市深化改革探索路径、积累经验。要强化科技创新。坚持原始创新、集成创新和引进消化吸收再创新相结合，着力推进国家创新型城市建设，支持国家重点实验室、工程技术研究中心和科技企业孵化器建设，加大创新型企业、高新技术企业培育力度，完善促进科技创新创业的投融资服务。要掀起大众创业万众创新的新浪潮。放宽政策、放开市场、放活主体，加快建设创业创新公共平台、技术平台、区域平台，加大对科研人员创业创新、农民工返乡创业的支持力度，实施好大学生创业引领计划，加快构建有利于创业创新的政策环境、制度环境和公共服务体系。要引进和培养创新人才。强化尊重劳动、尊重知识、尊重人才、尊重创造的理念，实施"科技创新人才双百千万培养工程"，着力培育和引进高层次科技创新人才、科技企业家和科技创新团队，打造一支规模庞大、结构合理的创新创业人才队伍。

（四）实施城乡统筹战略，致力缩差距、提品质，促进城乡区域协调联动发展。城乡发展一体化是解决"三农"问题的根本途径。必须不断加大城乡统筹发展力度，增强农村发展活力，逐步缩小城乡差距，促进城乡共同繁荣。要抓好城乡规划建设管理。坚持量水发展、以水定城，统筹人口、用地、空间、产业、生态等，实现经济和社会发展总体规划、城乡规划、土地利用总体规划、生态环境保护规划等"多规合一"。彰显"滇水、历史、文化"的特色优势，加强对城市天际线、山际线和水际线的控制与保护，着力建设山水交融、错落有致、富有立体感的美丽山水城市。积极稳妥推进城市更新改造，加快巫家坝片区、草海片区、世博新区、西翥生态旅游实验区等重点片区开发建设。支持房地产企业去库存，促进房地产市场平稳健康发展。加快飞虎大道、老城至呈贡快速通道等重要市政道路建设，确保如期完成大渔立交、联大立交建设任务。建设"海绵城市"，促进水资源综合利用。巩固提升"国家卫生城市"创建成果，加强数字化城管信息平台建设，切实提高城市管理的精细化、标准化、市场化、信息化、网格化水平。要推进以"五网"为重点的基础设施建设。着力扩大交通网络规模，优化交通运输结构，强化枢纽功能，加快构建互联互通、功能完备、高效安全、保障有力的五大基础设施网络。加快推进新昆嵩、绕城高速东南段、功东高速等项目，配合推进滇中环线高速公路建设。加快地铁1号线呈贡支线、2号线二期、3号线、4号线、5号线、6号线二期、晋宁线一期及地铁线网控制中心项目建设。配合推进长水国际机场配套设施、滇中引水工程和乌东德水电站项目建设。加快互联网基础设施、服务平台、保障体系建设，打造区域性国际通信枢纽和信息汇集中心，加快建设智慧昆明。开工建设柴石滩水库大型灌区工程，推进中小型水源工程建设，力争宜良海马箐和禄劝真金万水库工程完工，加快农村饮水安全、"五小水利"等民生水利建设。要推动城乡协调发展。坚持工业反哺农业、城市支持农村，逐步实现城乡居民基本权益平等化、城乡公共服务均等化、城乡居民收入均衡化、城乡要素配置合理化、城乡产业发展融合化。抓好宜良、东川统筹城乡试点工作，加快县城和小城镇建设，推动城镇基础设施和公共服务向农村延伸。因地制宜解决好托管区、乡镇撤并、村改居等工作的遗留问题。推进村庄道路硬化和建制村联网公路建设，不断改善群众生产生活条件。突出集中连片和示范带动效应，抓好中心村、重点村建设，打造一批新农村示范村和美丽乡村，着力建设农民安居乐业的美好家园。

（五）实施文化引领战略，致力聚合力、兴产业，着力打造文化发展新高地。文化是一个城市的精髓和灵魂，是一个城市独一无二的印记。必须充分发挥文化的引领和支撑作用，推动文化大发展大繁荣，为全面建成小康社会提供强大的价值引导力和精神推动力。要大力弘扬社会主义核心价值观。持续开展“昆明好人”“最美家庭”等道德模范评选表彰活动，抓好文明城市、文明社区、文明村镇、文明单位、文明行业等创建活动，培育知荣辱、讲正气、做奉献、促和谐的社会新风，加快创建第五届全国文明城市。坚持正确舆论导向，推进传统媒体和新兴媒体融合发展，讲好昆明故事，树立昆明新形象。做好意识形态领域工作，汇聚起推动昆明改革发展的正能量。要加大对文化资源的保护开发利用。加强历史街区、文物古迹、历史建筑、古镇名村等历史文化遗迹保护，传承民俗节庆、民族工艺等非物质文化遗产，增强城市文化的整体感和可读性。以南亚东南亚国家为重点，积极搭建学习研讨交流平台、优势转化共享平台、文化对接融合平台，把昆明打造成为云南对外文化交流合作的前沿窗口。要加快发展文化创意产业。大力发展创意设计、现代传媒、广告、演艺、专业会展等产业，加大对新业态、小微文化企业的项目补贴、贷款贴息扶持力度，培育壮大文创产业市场主体。加快市文化传媒中心、紫云青鸟云南文化创意博览园等重点项目建设，打造一批文化知名品牌。要促进公共文化资源共建共享。大力实施文化惠民工程，抓好文化馆、图书馆、博物馆、体育馆和科技馆“五馆”建设，推进广播电视“户户通”、农家书屋、村（社区）群众性文体活动广场等文化惠民项目，不断满足群众日益增长的精神文化需求。推进文庙恢复性修建项目一期工程，加快市文化馆、中心图书馆、艺术中心等项目建设，启动聂耳大剧院规划建设。加强体育基础设施建设，打造城区“十五分钟全民健身圈”，丰富群众体育文化生活。办好昆明高原国际半程马拉松、环滇池高原自行车邀请赛、东川泥石流汽车越野赛等体育赛事，不断提高赛事品质和影响力。

（六）实施生态优先战略，致力护生态、优环境，努力构筑宜居宜人的美丽家园。绿水青山就是金山银山。必须把保护好生态环境作为生存之基、发展之本，提升生态环境质量，筑牢生态安全底线，着力营造人与自然和谐共生的良好环境。要狠抓以滇池为重点的市域水环境综合治理。牢固树立滇池清、昆明兴的理念，综合运用工程技术、生物技术、信息技术、自动化控制技术等手段，突出抓好污水管网配套、入湖河道整治、面源污染控制、湖滨生态系统建设等工作，提高滇池治理的科学化水平，稳步提升滇池水体水质。推进阳宗海环湖截污、生态建设工程，加强云龙水库、松华坝水库、清水海、牛栏江、南盘江等的管理保护，让江河湖泊休养生息。要加大绿化造林工作力度。巩固提升“国家园林城市”“国家森林城市”建设成果，广泛开展“省市联动·绿化昆明·共建春城”活动，继续抓好绿色廊道及面山绿化综合整治提升工作，大力实施植被修复和绿化造林工程，着力构建点、线、面结合的城市园林绿地系统。全面开展以交通沿线、河道沟渠、水库坝塘、村庄院落等为重点的绿化造林，实施好天然林保护、退耕还林、防护林、森林抚育等工程。要加强城乡环境综合整治。突出抓好公园绿地建设、街道景观综合整治、夜景照明系统升级等工作，促进城市绿化、美化、净化、亮化。加大“五采区”、石漠化和水土流失区域生态修复治理力度，加强噪音、大气、扬尘、土壤污染防治等工作。开展农村人居环境提升行动，做到卫生整洁、宜人宜居。要全面节约和高效利用资源。强化约束性指标管理，鼓励发展节能节水环保产业，支持推进清洁生产，坚决遏制新增高能耗、高污染、低效益项目，努力实现绿色低碳循环发展。要大力弘扬生态文化。深入开展生态文明宣传教育和知识普及活动，持续推进“国家生态城市”创建工作，使防治污染、保护生态、美化环境、绿化家园成为全市各族人民的自觉行动。加强对自然资源的管理，严格环保执法，严厉查处环境违法行为。实施全民节能行动计划，推进资源节约型、环境友好型社会建设。

（七）实施民生共享战略，致力补短板、增福祉，不断提高广大人民群众的幸福感。悠悠万事，民生为大；千秋基业，民安为重。必须按照人人参与、人人尽力、人人享有的要求，补齐发展短板，保障基本民生，让全市各族群众过上更加幸福美满的生活。要加快推进脱贫攻坚。坚持“两出、两进、两对接、一提升”工作思路，加大财政投入和政策支持，推进精准扶贫、精准脱贫，启动实施一批整乡推进、整村推进项目，建设一批精准扶贫示范村，确保2016年减少6万建档立卡贫困人口和7.5万边缘贫困人口，禄劝县顺利摘帽。要切实提高社会保障水平。坚持保基本、兜底线、促公平，稳步推进机关事业单位养老保险制度改革，进一步完善城乡居民养老保险制度。以中小微企业、灵活就业人员为重点，扩大参保覆盖面，确保各类社会保险参保率保持在95%以上。健全完善城乡低保、五保供养、大病医疗、临时救助和重特大疾病救助等政策体系，适度扩大救助范围。建立健全农村留守儿童、妇女、老年人关爱服务体系，推动社会福利向普惠型转变。要推进基本公共服务均等化。实施更加积极的就业创业政策，做好高校毕业生、失地农民、农村新增劳动力、就业困难人员等重点群体就业工作。调整教育资源布局，优化教育结构体系，全面提高教育质量。推进呈贡新区教育提质扩优，加快把呈贡新区建成名师聚集、名校云集的优质教育资源高地。加大保障性安居工程建设力度，不断改善困难群众的居住条件。加强公共卫生服务体系建设，深化公立医院改革，实行分级诊疗，坚持医师多点执业制度，落实乡村医生补偿政策，加强以全科医生为重点的基层医疗卫生队伍建设，让全市各族群众享受到安全有效、方便价廉的基本医疗服务。

（八）实施依法治市战略，致力保稳定、促和谐，为昆明改革发展提供法治保障。法治是社会稳定的“压舱石”，是社会公平正义的最后防线。必须大力推进科学立法、严格执法、公正司法、全民守法，为改革发展稳定、人民幸福安康、社会团结和谐提供有力的法治保障。要推进民主政治建设。支持人大及其常委会依法行使职权、人大代表依法执行职务，使立法、监督、决定重大事项和人事任免更好地体现人民意志、服务全市大局。支持人民政协围绕团结和民主两大主题，履行政治协商、民主监督、参政议政职能，充分发挥人民政协作为协商民主的重要渠道作用。加强同民主党派、无党派人士的团结合作，充分发挥工商联作用，做好统战、民族宗教和港澳台侨工作，支持工会、共青团、妇联等群团组织更好地发挥桥梁纽带作用，巩固和壮大最广泛的爱国统一战线。坚持和完善民族区域自治制度，促进民族地区加快发展。积极支持驻昆部队建设和军队改革，加强国防动员和后备力量建设，不断提高双拥共建水平，促进军民融合深度发展。要推进法治昆明建设。以宪法和法律为依据，加强和改进地方立法工作，不断提高立法质量，切实增强立法的针对性和可操作性。全面推进依法行政，加快建设职能科学、权责法定、执法严明、公开公正、廉洁高效、守法诚信的法治政府。深化司法体制改革，健全司法权力运行机制，保证法院和检察院依法独立公正行使审判权、检察权。大力开展法治宣传教育，推动形成办事依法、遇事找法、解决问题用法、化解矛盾靠法的良好法治环境。要创新社会治理。充分发挥居民在基层社会治理中的主体作用、群团组织和社会组织在法治社会建设中的积极作用，加快培育多元社会治理主体。推进纪检监察政法信访部门解决群众诉求“四级联动”工作，落实辖区负责制、领导责任制、包保责任制，妥善化解矛盾纠纷和信访突出问题。要维护社会和谐稳定。推进平安昆明建设，健全社会治安防控体系，推行城乡社区网格化服务管理，严厉打击“两抢一盗”、环境污染、非法集资、金融诈骗、电信诈骗等违法犯罪行为，严防暴力恐怖事件发生，不断提升人民群众的安全感和满意度。提高食品药品安全保障水平，确保人民群众“舌尖上的安全”。严格落实“党政同责、一岗双责、失职追责”的安全生产责任制，严防重特大公共安全事故发生。加强防灾减灾体系建设，切实提高救灾应急能力。

四、从严治党、匡正风气，为“十三五”时期全市经济社会发展提供坚强政治保障

完成“十三五”时期各项目标任务，关键在党，关键在人。全市各级党组织要认真落实全面从严治党责任，切实加强党的建设，不断提高执政能力和领导水平，为全市经济社会发展提供坚强的政治保障。

（一）严守政治纪律和政治规矩，始终与中央和省委保持高度一致。严明的纪律和规矩，是马克思主义政党的本质特征，是中国共产党与生俱来的内在要求。要深入学习贯彻习近平总书记系列重要讲话和考察云南重要讲话精神，深入开展理想信念和宗旨意识教育，加强党性和道德修养，始终做到党性坚强、党纪严明，坚决贯彻落实中央和省委的决策部署，确保政令畅通。要牢固树立党章意识，自觉遵守和维护党章，做到“四个服从”，严守“五个必须”和“五个决不允许”，旗帜鲜明地反对和纠正“七个有之”。严格执行《中国共产党廉洁自律准则》和《中国共产党纪律处分条例》，严守党的政治纪律、组织纪律、廉洁纪律、群众纪律、工作纪律、生活纪律，做到心有所畏、言有所戒、行有所止。要把纪律和规矩挺在前面，坚持有纪必执、有违必查、执纪必严，切实解决执行纪律失之于宽、失之于松、失之于软的问题，把党的纪律和规矩立起来、严起来、执行到位，使纪律真正成为带电的高压线。

（二）加强干部队伍建设，大力培养“忠诚干净担当”的干事创业骨干。党要管党，首先要管好干部；从严治党，关键要从严治吏。要旗帜鲜明地树立正确用人导向，严格按照好干部标准和“三严三实”要求，坚持“七个大力选拔和重用”“七个坚决调整和不用”的原则，坚决防止唯票、唯分、唯GDP、唯年龄、唯文凭取人，大力选拔政治强、懂专业、善治理、敢担当、作风正的优秀干部。要深化干部人事制度改革，扩大选人用人民主，完善干部考核评价机制，落实干部选拔任用责任，严把选人用人的群众关、廉政关、程序关、纪律关、任职关，坚决防止带病提拔，彰显选人用人的清风正气。要以县乡换届为契机，优化领导班子知识结构和专业结构，加强各级党政“一把手”队伍建设，提高领导经济社会发展的能力。认真落实《干部教育培训工作条例》，大力培养选拔优秀年轻干部，合理使用各年龄段干部，重视培养选拔女干部、少数民族干部、党外干部，进一步做好老干部工作。要从严从实监督管理干部，严格执行个人有关事项报告制度，认真贯彻关于推进领导干部能上能下的相关规定，做到能者上、庸者下、劣者汰，保持干部队伍的蓬勃活力。

（三）注重抓基层打基础，努力构筑坚强有力的战斗堡垒。从严治党必须强基固本、大抓基层，推动基层组织建设全面进步、全面过硬。各级党委要树立大抓基层的鲜明导向，强化党建主体责任意识，抓住“书记抓党建”这个牛鼻子，用好“党建述职评议考核”这个指挥棒，切实承担和履行抓基层、打基础的责任。加强乡镇（街道）党（工）委书记、村（社区）党组织书记、农村致富带头人队伍建设，确保基层党组织有资源、有能力为群众服务。要科学设置基层党组织，统筹推进农村、机关、社区、国有企业、高校和非公有制经济组织、社会组织等党的基层组织建设。持续整顿软弱涣散基层党组织，不断提升基层党组织的凝聚力和战斗力。要加强基层服务型党组织建设，强化服务意识，打造服务平台，拓宽服务渠道，

切实解决好联系服务群众“最后一千米”的问题，推动基层党组织更好地服务发展、服务民生、服务群众、服务党员。要严格党员发展标准，提高发展党员质量，优化党员队伍结构，强化党员日常教育和管理，严格党内组织生活，切实增强党员队伍的生机活力。

（四）持之以恒反对“四风”，不断密切党群干群的血肉联系。不正之风离我们越远，群众就会离我们越近。要严格执行中央八项规定精神，巩固拓展党的群众路线教育实践活动成果，自觉践行“三严三实”要求，紧盯“四风”新形式新动向，驰而不息正风肃纪，使作风建设成为新常态。要始终绷紧作风建设这根弦，持续改进思想作风、工作作风、领导作风、干部生活作风，努力改进学风、文风、会风，坚决整治“庸懒散”“不作为、慢作为、乱作为”，全面落实干部直接联系和服务群众制度，主动为群众排忧解难，在服务群众中进一步密切党群干群关系。要严肃党内政治生活，严格执行民主集中制，认真开展批评与自我批评，落实好“三会一课”、民主生活会、民主评议党员等制度，切实提高党内生活的政治性、原则性、战斗性。要加强制度建设，把中央要求、群众期盼、实际需要、新鲜经验结合起来，努力形成系统完备的制度体系，不留“暗门”、不开“天窗”，以刚性的制度规定和严格的制度执行，确保改进作风规范化、制度化、长效化。

（五）深化党风廉政建设和反腐败斗争，着力构建风清气正的政治生态。反对腐败、建设廉洁政治，保持党的肌体健康，是我们必须始终抓好的重大政治任务。要严格落实党委的主体责任和纪委的监督责任，党委（党组）书记要切实担负起党风廉政建设第一责任人的责任，把党风廉政建设扛在肩上、抓在手上、落实在行动上。要始终保持惩治腐败的高压态势，坚持零容忍的态度不变、猛药去疴的决心不减、刮骨疗毒的勇气不泄、严厉惩处的尺度不松，紧盯矿产资源开发、土地出让、工程招标、政府采购、国有产权交易、集体资产处置、民生资金管理使用、行政审批、选人用人、国企经营等重点领域，有贪必肃，有腐必反。要深化党的纪律检查体制改革，明确职责定位，突出主业主责，聚焦党风廉政建设和反腐败斗争，紧紧围绕监督执纪问责，深化转职能、转方式、转作风，全面提高各级纪委的履职能力。要坚持标本兼治，加大治本力度，加强对权力运行的制约和监督，把权力关进制度的笼子，形成不敢腐、不能腐、不想腐的有效机制，努力营造风清气正、干事创业的良好氛围。

政府工作报告（摘要）

——2016年1月13日在昆明市第十三届人民代表大会第七次会议上

一、2015年和“十二五”时期工作回顾

刚刚过去的2015年，面对错综复杂的国内外形势和艰巨繁重的改革发展稳定任务，昆明市积极适应新常态，全力以赴稳增长、调结构、促改革、惠民生、防风险，实现经济社会平稳发展。初步预计，全市地区生产总值完成4 000亿元、增长8%，其中，第一产业增加值增长6%，第二产业增加值增长7.5%，第三产业增加值增长9%。一般公共预算收入完成458.9亿元、增长4.1%。

一年来，我们重点推进了6个方面的工作：

（一）全力以赴稳增长。积极应对经济下行压力，认真贯彻落实国家、省稳增长政策，及时出台实施19条提振实体经济、24条促进房地产平稳健康发展等政策措施。激活项目增投资，争取到113.8亿元国家专项建设基金，规模以上固定资产投资完成2 938亿元，增长10%。加大帮扶稳工业，投入工业稳增长资金3.7亿元，42个亿元以上工业项目竣工投产，规模以上工业增加值增长6.5%。挖掘潜力扩消费，社会消费品零售总额完成1 937亿元、增长8%。

（二）加强城市建设管理。编制区域综合交通体系、城市地下空间利用等专项规划，中心城区控详规实现全覆盖。功东高速、武定至倘甸至寻甸高速开工，绕城高速东南段等项目加快推进，呈澄、功待高速公路建成通车。地铁4号线开工，3号线、1号线呈贡支线等工程顺利推进。新火车南站建设提速。扎实开展市容环境综合整治，通过国家卫生城市、节水型城市复审复查，滇池路等56条城市重点道路环境明显改善。

（三）深入推进改革开放。“三证合一”“一照一码”登记制度改革取得突破，新登记注册企业增长49.4%。市级政府部门权力清单、责任清单向社会公布。投融资、财税、教育、卫生、社保等领域改革稳步推进。高新区和腾俊国际陆港B型保税物流中心获得国家批准。昆蓉欧班列开通。第3届南博会暨第23届昆交会、国际旅交会成功举办。与越南岘港市缔结友城关系。滇中四州市实现通讯同城化。引进市外到位资金828亿元、实际利用外资21.9亿美元。实现进出口总额125亿美元。

（四）扎实推进“三农”工作。粮食生产保持稳定，蔬菜、花卉等特色产业稳步发展，55个农产品获云南名牌农产品称号。启动都市农庄建设10个。新增农民专业合作社300个、省市示范社26个。启动2件中型、7件小型水源工程建设，建成“五小水利”工程5万件，解决17万农村人口饮水安全问题。全面开展“挂包帮”“转走访”工作，减少建档立卡贫困人口6.8万人和边缘贫困人口7.6万人。

（五）持续改善生态环境。滇池治理通过年度国家考核，建成第十一污水处理厂，铺设主城排水管网48千米，建成王官、斗南一期、东大河一期等湖滨生态湿地，疏浚滇池淤泥200万立方米。开展“省市联动·绿化昆明·共建春城”义务植树活动，植树造林2.7万亩，主城区新增绿地732公顷。单位GDP能耗下降9%以上，超额完成年度节能减排目标任务。主城环境空气质量优良率达97.7%。

（六）努力办好民生实事。民生支出占一般公共预算支出的比重达73.7%。城镇、农村常住居民人均可支配收入分别达34 111元、11 454元，分别增长9%、10.5%。城镇新增就业11.1万人，城镇登记失业率为2.98%。企业退休人员养老金人均增资217元。基本建成保障性住房、棚户区改造住房3.3万套，完成保障性住房分配、租赁住房补贴发放1.18万套（户）。30多万户居民用上天然气。建设、改造便民菜市场222个。557座城市公厕免费向市民开放。加快社区居家养老服务中心建设，新增养老床位3 470张。公办幼儿园和普惠性民办幼儿园在园幼儿占比达60%以上。新增优质中小学40所。完成3个乡镇卫生院、166个村卫生室标准化建设。新建及改扩建文化站4个、文化室46个，古滇文化名城一期等文化工程建成使用。成功举办市第五届运动会。深入开展“平安昆明”建设，严防严打暴力恐怖、金融诈骗等各类违法犯罪。汲取“3·04”火灾、东川“4·25”矿洞炮烟中毒事故教训，加大安全隐患排查治理力度，安全生产形势总体稳定。

各位代表！2015年我市各项工作取得了较好成绩，为收官“十二五”做出了积极贡献。回顾过去的五年，我

们战胜了诸多困难和风险，经受住了严峻挑战和考验，走过了极不平凡的历程，通过全市人民的不懈努力和艰苦奋斗，春城大地发生了新的变化、焕发了新的活力，为在全省率先全面建成小康社会奠定了坚实基础。

过去的五年综合实力迈上新台阶。经济总量突破4 000亿元，年均增长11.5%，人均生产总值超过6万元，年均增长10.3%。一般公共预算收入年均增长14.5%。规模以上固定资产投资年均增长20.9%。社会消费品零售总额年均增长14.2%。三次产业结构由2010年的5.8：45.2：49调整为4.8：41.2：54。全社会研究与试验发展经费投入与地区生产总值之比为1.75%，成为国家创新型试点城市。

过去的五年城乡建设迈出新步伐。中心城区面积达412平方千米，比2010年增加125平方千米，户籍人口城镇化率达61.6%。市级行政中心顺利搬迁，呈贡实现撤县设区。西北绕城、南连接线等一批交通干线建成通车，绕城高速内环实现闭合，“环线+射线”骨干路网基本形成；地铁1、2号线首期工程、6号线一期工程投入运营，昆明长水国际机场开通国内外航线276条，市民出行条件大为改善。建成清水海引水工程、寻甸木戛利中型水库等一批水利基础设施。通乡油路率和行政村公路通畅率均达100%，建成新农村和美丽乡村634个，城乡人居环境明显改善，荣获“国家卫生城市”称号。

过去的五年生态建设取得新成效。全面推进滇池治理“六大工程”，环湖截污干渠闭合贯通，牛栏江—滇池补水工程实现通水，建成湖滨生态湿地3 600公顷，滇池水域面积增加11.51平方千米，实现了还水予湖、湖进人退。滇池水质由重度富营养转为中度富营养，滇池主要入湖河道水质基本消除劣Ⅴ类，草海水质基本达到Ⅴ类，外海水质基本达到Ⅳ类。阳宗海水质基本恢复到Ⅲ类。主城建成区累计新增绿地5 386公顷，城市绿地率达38.2%。完成营造林475万亩，森林覆盖率达50%。超额完成“十二五”节能减排目标任务。环境空气质量优良率保持在95%以上。荣获“国家森林城市”称号。

过去的五年改革开放取得新突破。商事制度改革成效明显，国资国企改革不断深化，全面完成农村集体土地所有权确权登记颁证，集体林权制度配套改革深入推进。小升初、异地中考改革顺利实施。公立医院改革等医药卫生体制改革稳步实施。投融资、社会治理等各项改革全面推进。累计引进市外到位资金5 700亿元、实际利用外资90亿美元，累计实现进出口总额740亿美元。滇中新区经国务院批准，成为第十五个国家级新区，阳宗海风景名胜区升级为国家级旅游度假区。南博会、旅交会影响力不断提升。孟加拉国等7国在昆设立总领事馆，新增印度加尔各答等8个国际友城，南亚东南亚友城数位列全国第一，昆明的国际知名度和影响力得到提升。

过去的五年人民生活水平得到新提高。城镇、农村常住居民人均可支配收入年均分别增长12.1%和14.6%。城乡居民基本养老保险制度实现全覆盖，建立了统筹城乡居民的基本医疗保险制度和大病保险制度。建设各类保障性住房35.3万套，城镇住房保障覆盖率达28%。学前教育基本普及，义务教育均衡发展成效显著，优质普高学校学生占比由67.2%提升到72.5%，人均受教育年限从8.9年提高到10年。城市居民“15分钟医疗卫生服务圈”初步形成，居民平均期望寿命从76.5岁提高到77.9岁。在全国率先实施基层公共文化服务包，“两馆一站”全部免费开放。现行标准下累计减少农村贫困人口19.32万人，贫困发生率由2010年的11.2%下降到2015年的4.8%。人民群众幸福感、获得感进一步增强。

过去的五年社会治理取得新进步。“党委领导、政府负责、社会协同、公众参与、法治保障”的社会治理格局逐步形成，社会治安持续稳定。积极化解征地拆迁、企业改制、农民工讨薪等领域的矛盾纠纷，公共突发事件应急处理机制日趋完善。开通“市长微博”，完善“市长热线”，畅通信访渠道，积极回应群众诉求。完善食品药品安全责任体系，监管能力稳步提升。加强军民融合式发展，驻昆部队在地方建设中的作用进一步增强。支持工会、共青团、妇联等人民团体开展工作。民族宗教、防灾减灾、气象服务、史志档案、港澳台侨等工作取得新成绩。

过去的五年政府自身建设取得新进展。深入开展党的群众路线教育实践活动、“三严三实”和“忠诚干净担当”专题教育，着力打通联系服务群众“最后一千米”。严格落实中央“八项规定”精神，切实解决“四风”突出问题，有效促进政风转变，“三公”经费年均下降11.5%。坚持依法行政，落实重大事项公示和听证制度，建立重大行政决策合法性审查制度。自觉接受人大法律监督、工作监督和政协民主监督，认真办理人大代表建议和政协委员提案。提交地方法规草案38件，制定、修订政府规章36件、废止12件。加快政府职能转变，市级行政审批事项精简为74项。落实党风廉政建设主体责任和“一岗双责”，加大反腐败斗争力度，严肃查办了一批违法违纪案件。

在充分肯定成绩的同时，我们也清醒地看到，我市经济社会发展中还存在许多困难和问题，主要表现在：一是经济总量不大，发展质量不优，发展速度不快，产业竞争力不强，结构调整缓慢。二是城市规划建设品质不高，缺乏统筹谋划，城市管理体制落后，市容环境脏乱差现象仍然存在，交通拥堵严重。三是城乡区域发展不平衡、不协调，重城市轻农村，农村基础设施薄弱、历史欠账多，脱贫攻坚任务艰巨。四是资源环境约束趋紧，滇池治理任重道远，节能减排压力较大。五是社会事业发展不均衡，社会治理水平不高，社会矛盾多发易发。六是政府自身建设和民主法制建设亟待加强，干部作风有待进一步改进。

各位代表！“十二五”规划确定的地区生产总值、固定资产投资等经济指标没有达到预期，究其原因，既有我们对经济发展形势复杂性认识不足，判断过于乐观，也有经济结构不合理、传统动力减弱的深层次原因，还有自然灾害频发、社会矛盾凸显等问题叠加交织，同时也暴露出我们适应“新常态”的能力不足，解放思想不够，发展格局不宽，破解困难和问题的办法不多，部分干部主动作为、敢于担当的精神不强等问题。对此，我们将高度重视，综合施策，下大力气解决好这些问题，努力保持经济社会持续健康发展。

二、“十三五”时期的主要目标和任务

“十三五”时期，是我市转方式调结构的关键期、优布局提品质的调整期、促改革增活力的攻坚期、补短板建小康的决胜期、新优势新动力的形成期。我市发展面临难得的重大机遇，世界多极化、经济全球化、文化多样化、社会信息化深入发展，新一轮科技革命和产业变革蓄势待发，我国在全球治理体系中的话语权逐步增强，有利于我市参与国际合作交流，加快建设区域性国际中心城市；国家“一带一路”、长江经济带等重大战略深入实施，昆明作为“一带一路”和长江经济带的重要支点、面向南亚东南亚开放的重要门户优势更加凸显，有利于我市充分利用国内外两种资源、两个市场，在更大空间和更广领域加快发展；滇中城市经济圈一体化发展和滇中新区开发建设上升为国家战略，有利于我市优化资源要素配置和生产力布局、提升城市辐射带动能力。近期，李纪恒书记到昆明考察调研，省委省政府召开了推动昆明市改革发展座谈会，要求研究制定若干政策措施，举全省之力支持昆明改革发展，为昆明未来发展确定了定位、明确了方向，为昆明跨越发展注入了强大动力。只要我们紧紧抓住难得的发展机遇，着力破解发展难题，厚植发展优势，就一定能够闯出一条跨越式发展的路子来。

“十三五”时期，我们要高举中国特色社会主义伟大旗帜，全面贯彻党的十八大和十八届三中、四中、五中全会精神，以邓小平理论、“三个代表”重要思想、科学发展观为指导，深入贯彻习近平总书记系列重要讲话和考察云南重要讲话精神，按照省委九届十二次全会、市委十届七次全会的安排部署，认真贯彻落实好省委省政府推动昆明市改革发展座谈会精神，坚持“五位一体”总体布局和“四个全面”战略布局，贯彻创新、协调、绿色、开放、共享五大发展理念，主动服务和融入国家战略，着力当龙头、促跨越、上水平、惠民生、奔小康，加快建设立足西南、面向全国、辐射南亚东南亚的区域性国际中心城市，当好云南经济社会发展的排头兵和火车头，在全省率先全面建成小康社会，为谱写好中国梦云南篇章做出应有的贡献。

“十三五”时期，我市经济社会发展的主要目标是：到2018年，实现现行标准下全市贫困人口全部脱贫，贫困县全部摘帽，区域性整体贫困得到解决，在全省率先全面建成小康社会；到2020年，在巩固全面建成小康社会基础上，全市经济社会发展迈上更高水平，区域性国际中心城市建设取得重大进展，与滇中新区的融合发展成效明显，全省最具活力的增长核心基本形成，昆明的发展更科学、社会更和谐、文化更繁荣、生态更文明、人民更幸福，为开启社会主义现代化建设新征程奠定坚实基础。主要预期目标建议为：地区生产总值年均增长9%左右，一般公共预算收入年均增长6%，规模以上固定资产投资年均增长13%，规模以上工业增加值年均增长9%，社会消费品零售总额年均增长10%，城镇常住居民人均可支配收入年均增长9%，农村常住居民人均可支配收入年均增长10%。

“十三五”时期，我们要突出八个方面的着力点：

（一）着力提升城市功能和品质。按照中央对城市工作“五统筹”的要求，坚持量水发展、以水定城，科学确定城市发展布局、结构和规模，构建“两核一极两区六廊”空间布局。强化规划统筹引领，构建城乡一体、“多规合一”的规划体系。建设完善路网、航空网、能源网、水网、互联网，构建有效支撑跨越发展的基础设施体系。推进“智慧城市”建设。坚持保护提升老城，打造一批历史文化街区和特色街区，彰显历史文化名城魅力。加快新区拓展，提升呈贡新区科教研发、交通枢纽、信息服务等核心功能，打造现代化科教创新新城。加快推进巫家坝、草海、东风广场等重点片区规划开发建设，不断提升城市品质。积极联动滇中新区融合发展，把滇中新区建设成为国际化高新产业新城，打造支撑昆明、带动全省跨越发展的重要增长极。

（二）着力打造昆明经济升级版。坚持转方式、调结构，加大产业优化升级力度，坚定走开放型、创新型和高端化、信息化、绿色化、集群化的发展新路子，做特一产、做大二产、做强三产，加快推动昆明产业迈向中高端。大力发展高原特色农业，走产出高效、产品安全、资源节约、环境友好的农业现代化道路。改造提升化工、冶金、非烟轻工、烟草及配套等传统产业，培育发展先进装备制造、生物医药、电子信息、新材料等新兴产业。突出发展生产性服务业，加快发展生活性服务业，培育壮大商贸物流、金融、旅游、文化创意、科技及信息服务、房地产、会展、健康服务等现代服务业。创建全国质量强市示范城市，发挥标准化引领作用、认证认可规范作用和品牌

示范作用。培育创新发展新动力，增强产业核心竞争力，成为全省构建现代产业体系的先行区。

（三）着力建设创新型城市。突破制约发展的体制机制障碍，扎实推进经济、行政管理、社会事业和生态文明等各项改革，充分发挥在全省全面深化改革中的示范引领作用，为跨越发展释放更多红利。深入实施创新驱动战略，构建以企业为主体的创新体系，加强创新平台建设，优化配置创新资源，推进开放式创新，培养引进高层次创新型人才，全社会研究与试验发展经费投入与地区生产总值之比超过2.5%，达到全国平均水平，成为全省“大众创业、万众创新”示范区、西部重要创新型城市和辐射南亚东南亚的科技创新中心。

（四）着力建设面向南亚东南亚辐射中心核心区。主动融入中国—中南半岛、孟中印缅经济走廊，加强与长江经济带、京津冀地区、成渝经济区及泛珠三角等国内区域的交流合作，当好滇中城市经济圈发展的“火车头”。提升南博会、昆交会、农博会等会展影响力，打造面向南亚东南亚的区域性国际会展中心。高标准建设昆明综合保税区和国家保税物流中心。大力发展开放型经济，打造面向西南开放的区域性国际金融服务中心、信息中心、物流中心和外向型特色产业基地。坚持“引进来、走出去”并举，提升招商引资质量，支持有条件的企业对外开展投资、劳务合作、工程承包。

（五）着力推进文化繁荣发展。加强精神文明建设，提高市民文明素质和城市文明程度，争创全国文明城市。健全完善现代公共文化服务体系，丰富公共文化产品供给，繁荣群众文化活动，推进“五馆”建设，统筹建设多功能基层综合性文化服务中心。推动文化创意产业与旅游度假、会展博览、观光农业等产业融合发展，大力发展数字创意、云媒体服务等新型业态。加大历史文化名城保护力度，加强非物质文化遗产保护传承，彰显名镇名村风采。加快推进文化交流、文化传播、文化贸易，构建具有区域影响力的民族文化传播中心。丰富群众体育活动，提升竞技体育水平，打造国际高原体育基地品牌。

（六）着力加强生态文明建设。强力推进以滇池为重点的水环境综合整治，深入实施和完善“六大工程”，提升滇池流域污水收集处理、河道整治、湿地净化、水资源优化配置效能。坚持实施城镇污染源控制，继续完善环湖截污和片区截污系统，深入开展入湖支次沟渠综合整治，优化湖滨生态系统功能，加强面源污染治理，持续开展内源污染治理。到2020年，力争滇池外海水质稳定达到Ⅳ类，草海水质稳定达到Ⅴ类，主要入湖河道水质稳定达到Ⅴ类以上，湖体富营养化水平明显降低，蓝藻水华程度明显减轻，流域生态环境明显改善。加大阳宗海、牛栏江流域水环境保护治理。加快建设“海绵城市”。大力开展城乡园林绿化，深入实施植树造林、退耕还林、天然林保护工程，建成区绿化覆盖率保持在40%以上，全市森林覆盖率达52%以上，构建“三屏两区一带”生态安全屏障。加强大气污染防治，环境空气质量稳定达到国家二级标准以上。推进低碳循环发展，完成省下达的节能减排目标任务。

（七）着力推进城乡区域协调发展。坚持以人的城镇化为核心，提升城镇化发展质量，户籍人口城镇化率达70%。提升县域产业层次和支撑能力，加快县域基础设施建设，深入推进扩权强县、扩权强镇，发展壮大县域经济。全面完善农村道路、能源、通讯、水利等基础设施，加快提升农村教育、医疗卫生、文化等公共服务水平，深入开展农村生态环境、人居环境综合整治提升，建设美丽宜居乡村。加大对资源枯竭、产业衰退、生态严重退化等困难地区的支持力度。深入推进精准扶贫、精准脱贫，围绕“脱贫、摘帽、增收”三大目标，强化基础设施和公共服务，加快培育特色优势产业，不断增强贫困地区发展后劲。扎实开展“挂包帮”“转走访”工作，健全贫困县考核、约束、退出机制，落实贫困县区党政一把手扶贫开发主体责任，确保2016年禄劝县脱贫摘帽，2017年寻甸县脱贫摘帽，2018年东川区脱贫摘帽，坚决打赢脱贫攻坚战。

（八）着力建设安居乐业的和谐昆明。坚持就业优先战略，完善就业政策、服务体系，鼓励创业带动就业，城镇登记失业率控制在4%以内。全面普及学前教育，促进县域义务教育均衡发展，普及高中阶段教育，支持民办教育、职业教育、特殊教育、高等教育和老年教育发展。建立覆盖城乡的基本医疗制度，提升公共卫生服务水平，构建多层次养老服务体系，推进健康昆明建设。实施全民参保计划，建立城乡一体的社会保障体系。健全社会救助机制，保障困难群体基本生活。落实粮食安全行政首长责任制，完善安全生产和食品药品监督管理体系。加强社会治安综合治理，提升公共安全保障水平。推进社会治理精细化，健全基层管理和服务体系，引导群众依法行使权利、表达诉求、解决纠纷。积极支持驻昆部队建设和军队改革，不断提高双拥共建水平。全面推进依法行政，着力建设法治政府。

三、2016年工作

今年是全面实施“十三五”规划的第一年，开好局、起好步，对我市今后五年经济社会发展至关重要。我们要切实做好各项工作，努力实现“十三五”开门红。

今年经济社会发展主要预期目标建议为：地区生产总值增长8.5%以上，一般公共预算收入增长5%以上，规模以上固定资产投资增长12%，社会消费品零售总额增长10%，进出口总额增长10%以上，城镇和农村常住居民人均可支配收入分别增长8.5%以上和10%，居民消费价格涨幅控制在3%以内，城镇登记失业率控制在4%以内，人口自然增长率控制在7‰以内。

今年，我们将重点做好以下十个方面的工作：

（一）保持经济平稳较快增长

扩大有效投资。着力优化投资结构，改进投资方式，重点在基础设施、民生保障、新兴产业发展等领域，抓好一批亿元以上投资项目，确保投资合理增长。优化用好预算内投资，重点支持保障性安居工程、粮食、水利、节能环保、教育医疗文化等项目建设，发挥财政投资的引导撬动作用。强化以五大基础设施网络为重点的基础设施建设，加快实施地铁2号线二期、功东高速、天然气高压输配系统等一批重大项目。加大新兴产业培育和传统产业转型升级投入，力争在产业投资上取得新突破。稳定房地产投资，发挥对投资增长的支撑作用。编制“十三五”项目集群规划和三年滚动投资计划，加强重点工程、重点项目的策划、储备和滚动实施，抓紧开展禄劝至会理高速、宜良新庄水库、市艺术中心等一批项目前期工作。认真落实投资包保责任制、重点项目推进集中会办制和现场办公制，激活一批存量项目，推动一批项目尽快开工建设。

活跃市场消费。落实促进消费各项政策，引导城镇消费提档升级，挖掘农村消费潜力。着力扩大消费新供给，丰富健康、家庭、养老、护理等服务产品。稳定住房消费，提升旅游消费，培育电子信息、文化娱乐、健康养老等新的消费热点。保障市场供应，依法打击制售假冒伪劣产品、价格欺诈等行为，完善消费维权机制，维护市场竞争秩序。

强化要素保障。加快闲置土地清理和利用，完善差别化用地政策，优先保障基础设施、社会民生和重大招商引资项目用地。推广政府和社会资本合作模式，拓宽投融资渠道。抓好城市停车场、地下综合管廊、“双创”孵化等企业债券申报，做好专项建设基金项目筛选申报，争取国家、省的更大支持。健全政银企、政保企合作机制，引导金融机构加大对实体经济发展的支持力度。打好减税降费等政策组合拳，帮助企业降低成本。强化经济运行分析调度，一季度要尽快研究出台稳增长若干政策措施。

（二）加快产业转型升级

增强工业支撑作用。昆明要跨越发展，关键在产业，核心是工业。工业依然是我市经济发展的重要支撑，要更加重视工业、狠抓工业，促进全市工业转型升级、提速增效，带动三次产业融合发展。鼓励传统优势产业加大技术改造力度，引导企业兼并重组、债务重组、破产清算，积极稳妥化解过剩产能，稳住工业增长基本面。抓好昆烟打叶复烤异地技改、昆明客车搬迁技改等重点项目，开工建设浩鑫铝箔铝材深加工基地等一批亿元以上项目，力争工业投资增长12%以上。着力培育新兴产业，全力推进呈贡信息产业园建设，加快推进浪潮大数据中心、云南移动云计算中心等重大项目。新增规模以上工业企业50家、成长型中小企业40户、小微企业7 000户以上。力争规模以上工业增加值增长7.5%，确保规模以上高新技术企业工业产值占工业总产值的比重达36%。推动工业园区扩量提质，完成园区基础设施投资80亿元，力争园区规模以上工业增加值增长7.5%。

促进服务业提速发展。优先发展金融、现代物流、科技及信息服务等生产性服务业，大力发展总部经济、楼宇经济。加快发展家政、养老、健康服务等生活性服务业。积极推进电子商务进农村综合示范县建设。推进一批商贸功能区、特色商业街区发展。新建、改造一批菜市场，启动“菜卡通”应用试点工作。打通居民住房消费供需通道，购租并举，增加购买存量商品房用于回迁安置比例，城镇保障性住房货币化安置率提高到50%以上。新引进金融机构2家，加快金融产业中心园区建设，金融业增加值增长10%左右。推进环滇池生态旅游文化圈规划建设，深入实施“智慧旅游”工程，鼓励发展旅游新兴业态，旅游总收入达800亿元。

提高科技创新能力。深入实施创新驱动战略，大力开展大众创业、万众创新，全社会研究与试验发展经费投入与地区生产总值之比达1.8%。新认定高新技术企业40家，新增市级重点实验室6个、工程技术研究中心11家、产业技术战略联盟2个、院士工作站5个，新增各级企业技术中心30家。深入推进科技创新梦想工程，认定20个创新创业孵化基地和公共服务平台。组织实施重点科技创新项目100项。年专利申请超过8 500件、授权超过5 000件，年发明专利授权量每百万人达155件。

（三）不断完善城市功能

强化规划统筹引领作用。优化区域空间布局，实现滇池流域经济和社会发展总体规划、城乡规划、土地利用总体规划、生态环境保护规划等“多规合一”。编制昆明城市远景发展战略规划、环滇池城市空间形态及天际线控制规划，做好重点地段城市设计，抓好盘龙江景观带、米轨铁路带规划，凸显昆明城市的特色与风貌。加快建设昆明规划馆。

推进重大基础设施建设。加快编制并出台“五网”建设规划。启动“五网”建设五年大会战，做好东格、宜石等高速公路项目前期工作，加快功东高速等项目建设，确保黄马高速建成通车。开工建设飞虎大道北段、春城路延长线西段等79条城市道路。加快地铁建设，确保3号线基本建成，1号线呈贡支线投入运营，开工建设5号线和9号线。启动5项地下综合管廊项目建设。加快昆明西公路客运枢纽等场站建设，完成昆明火车南站、东西广场及周边配套道路建设，保障沪昆、云桂高铁通车运行。配合推进长水国际机场配套设施、滇中引水工程和乌东德水电站建设。聚焦呈贡新区开发建设，实施基础设施建设三年行动计划，启动老城至呈贡快速通道建设，推进大渔立交等项目建设，完成昆玉高速王家营收费站改造提升工程，确保联大立交投入使用，加强教育、文体、医疗、商贸等配套设施建设，不断完善呈贡新区城市功能。

提高城市管理水平。实施16条断头路、19条道路、12个节点综合整治，优化道路交通组织，加快智能交通系统建设，着力缓解交通拥堵问题。倡导绿色出行，加快创建国家“公交都市”示范城市，主城公共交通机动化出行分担率达56%以上。积极推进立体停车场和停车换乘中心建设，鼓励社会单位开放内部停车场，主城新增机动车泊位2万个，着力缓解停车难问题。新建、改造城市公厕766座，着力解决如厕难问题。继续完善供电供水、排水防涝、垃圾污水收集处理等市政基础设施，完成45万户天然气置换。健全市容环境管理长效机制，持续整治占道经营、渣土泼洒、城郊接合部脏乱差等现象，着力改善市民居住环境。

提高城市经营能力。遵循市场规律，优化配置城市资源，盘活城市道路、桥梁、房屋等资源，推进广告权、冠名权等特许经营权市场化运作，建立城市资产保值增值管理机制，提高城市资产经营管理的效率和效益。

（四）切实做好“三农”工作

加快发展高原特色现代农业。稳定粮食生产，提升烤烟质量，推进蔬菜、花卉、苗木、畜牧、林下产业、农产品深加工等优势特色产业发展，农业增加值增长6%。建设云南高原特色农产品交易中心，大力发展“互联网+农业”，培育新型农业经营主体，扎实推进“一县一示范”工程，市级重点农业园区产值达25亿元，新建8座都市农庄，新增省级龙头企业8个、省级农民专业合作示范社26个，创建农业创业示范村20个。完善农业科技服务体系，加强农业技术推广，农业科技贡献率达到56%以上，主要农作物耕种收综合机械化水平达51%。

加快建设美丽乡村。加强农村公路建设，健全县乡村三级公路联动协管机制。开工建设柴石滩水库大型灌区，新建罗泊河等5件中小型水源工程。力争宜良海马箐和禄劝真金万水库工程完工。开展农村环境综合整治，70%的行政村建成生活污水处理设施。实施农村危房改造和抗震安居工程2.5万户。推进省级重点建设村、美丽乡村示范点、民族团结进步示范村、民族特色村和农业创业示范村建设，建成200个省市级美丽宜居乡村。

加快推进脱贫攻坚。完成3个、启动3个整乡推进。实施省级行政村整村推进15个、市级40个，精准扶贫示范村30个。建设宜居农房1万户以上，易地扶贫搬迁4 000户。启动实施自然村公路路基改造和路面硬化工程。完成劳动力培训3万人，转移2.5万人。省、市扶贫到户贷款2亿元以上，扶持5 000户以上贫困户。减少6万建档立卡贫困人口和7.5万边缘贫困人口，实现禄劝县脱贫摘帽。

（五）提升对外开放水平

加快开放平台建设。积极推进国家级蔬菜、花卉出口示范基地和跨境电子商务平台建设。争取在昆设立外汇交易中心。加快推进综合保税区建设，确保年内封关运营。争取国家内外贸结合商品市场试点。落实长江经济带通关一体化改革，推动昆明口岸与沿海城市港口通关协作，启动王家营铁路口岸申报建设。促进昆蓉欧班列稳定双向开行。办好第四届南博会等重要会展。

推动引进来走出去。认真落实与友好城市、地区签署的合作协议，推进产业、教育、扶贫、人才等领域的深度合作。创新招商引资机制，增强招商引资的精准性，发挥以商招商、产业招商等综合效应，积极承接产业转移，确保引进市外到位资金880亿元以上，实际利用外资16.5亿美元以上。支持有条件的企业到境外投资兴业，着力拓展发展空间。争取南亚东南亚国家在昆设立政府和商务办事机构，缔结国际友城1个。

（六）促进与滇中新区融合发展

完善融合发展机制。按照“省级决策领导、新区独立建制、市区融合发展”要求，建立健全工作机制，重点在发展规划、行政审批、产业布局、招商引资、基础设施、生态环保等方面，构建与滇中新区融合发展的机制，力争实现规划一张图、基础一张网、产业一条龙、市场一体化。

加强公共服务保障。依托我市公共服务设施和管理服务体系，为新区加快发展提供优质公共服务。按照属地管理原则，切实担负起社会管理责任，共同做好滇中新区的教育、文化、卫生、就业、社保、综治维稳、安全生产监管等工作。

共同推进项目建设。主动搞好协调服务，全力支持滇中新区做好重大项目的储备、申报工作，加快推进新昆嵩高速、东南绕城高速、机场北高速等重点交通基础设施项目，配合推进中石油安宁项目建设，协同推进水电气油、通信网络、地下综合管网等配套基础设施建设。

合力加快产业发展。突出昆明的服务功能，加强与滇中新区的产业协作，构建优势互补、布局合理的产业发展新格局。全力支持滇中新区依托安宁工业园区、杨林经济技术开发区、昆明空港经济区等重点园区，大力发展现代生物、高端装备制造、电子信息、新材料、节能环保等新兴产业，提升新区产业综合承载能力。

（七）加强生态环境建设

全力推进滇池治理。启动实施“十三五”滇池治理规划项目。继续开展草海及周边水环境提升整治，重点抓好污水管网配套建设、滇池湿地建设、入湖河道整治，完成投资20亿元以上。建立滇池流域水质监测信息系统，强化对防污、治污的管理，加强入湖河道和湿地的精细化管理，加大主城区雨污水管理调度，削减污染负荷。抓好滇池面山及“五采区”生态修复。加强水污染防治工作，推进滇池、阳宗海、牛栏江等重点流域水质持续改善。

切实加强生态保护。逐步建立生态功能区生态补偿机制和环境污染第三方治理机制，完善能源、水、土地节约集约使用制度和污染物排放管理制度。深入实施“省市联动·绿化昆明·共建春城”义务植树活动、绿色廊道及面山绿化综合整治提升工程。实施天保工程森林抚育11.5万亩、公益林建设3.6万亩、退耕还林4.7万亩、陡坡地生态治理1万亩。主城建成区新增绿地400公顷。深入推进生态县、乡（镇）、村和绿色学校、绿色社区、环境教育基地创建工作。

扎实做好节能减排。落实重点减排项目，抓好冶金、化工等重点行业节能降耗，确保完成节能减排年度目标任务。加快实施低碳、节能节水重点工程和循环经济示范县区、园区、企业建设。积极推广绿色建筑和建筑节能。加强大气污染联防联控联治，严格落实建设工地扬尘管理“六个百分百”措施，强化机动车污染防治，确保主城环境空气质量达到国家二级标准以上。

（八）深化重点领域改革

深化经济体制改革。大力发展民营经济，民营经济增加值占GDP比重达46%以上。加快滇池水务公司上市步伐。强化政府性债务管理，调整平台公司发展模式，推进投融资公司转型发展。积极稳妥发展融资登记服务机构、资本管理公司、互联网金融等新金融组织。改革预算编审体系，改进预算控制方式，完善透明预算制度，建立跨年度预算平衡机制，全面推进行政事业单位内部控制制度建设。

深化农村综合改革。加快推进农村宅基地使用权、集体建设用地使用权、农村房屋所有权确权登记颁证。建立完善农村产权流转交易市场，建成市、县、乡、村四级联动的农村产权交易服务体系。推进国家集体林业综合改革试验示范区建设。开展集体林地三权分离、林业社会化服务、公益林管理经营和林权流转机制试点。深化户籍制度改革，实行差别化落户政策。启动海口林场改革，深入推进供销社综合改革。

深化行政体制改革。全面完成县级政府机构改革，稳步推进行政类和生产经营类事业单位改革。实施机关事业单位养老保险制度改革。加快梳理公布企业投资负面清单，推进政务服务网建设。完善中介超市，扎实抓好行政审批和技术审查相分离试点工作。正式颁发统一的不动产权证书。

（九）着力促进民生改善

做好就业社保服务。实施大学生创业引领计划、农民工等人员返乡创业工程，做好职业技能培训和创业培训，新增城镇就业10万人以上，确保实名登记高校毕业生就业率达90%以上。引导在城镇稳定就业的外来务工人员参加职工社会保险，确保各类社会保险参保率保持在95%以上。新开工城镇保障性住房、棚户区改造住房1万套，基本建成2万套。

加快教育优质均衡发展。完成学前教育三年行动计划，公办和普惠性民办幼儿园在园幼儿占比达85%，每个乡镇（街道）至少建成一所公办幼儿园。确保完成盘龙、官渡、西山、安宁、晋宁、石林、禄劝义务教育基本均衡督导评估。促进高中阶段教育普及发展，加快民办教育、职业教育、特殊教育、高等教育和教育国际化发展。推进呈贡新区基础教育发展，加快市外校与北京世青国际学校合作办学，建设一批优质学校，打造优质教育资源高地。启动实施教育扶贫工程。深入推进农村薄弱学校改造、校安工程、昆明开放学院等重点项目建设。

优化卫生计生服务。加快推进分级诊疗和城市公立医院改革，扩大全科医生签约服务试点。加强公共卫生服务体系建设。健全基层医疗机构运行新机制，推进家庭医生签约制度，加强乡村医生队伍建设。加快医疗服务信息化建设和中医药事业发展。积极发展养老服务，争创国家医养结合试点示范城市。完成7个乡镇卫生院、61个村卫生室标准化建设。提升妇幼健康服务水平，全面落实一对夫妇可生育两孩政策。

促进公共文化服务均等化。推进县级“五馆”建设，提升改造乡镇（街道）文化站，启动建设基层综合性文化服务中心。加快推进龙泉古镇、飞虎队纪念馆、朱德旧居纪念馆等重点历史文化项目建设。启动聂耳大剧院、市体育中心、市足球基地项目前期工作。完成3万套广播电视“户户通”置换任务。利用昆明重机厂等老旧厂房，改造建设一批文化创意产业基地。改造老旧小区健身设施，实施“七彩云南全民健身工程”，打造城市社区“15分钟体育健身圈”。提升昆明高原国际半程马拉松赛、昆明环滇池高原自行车邀请赛等赛事品质。

营造和谐社会环境。加强法治宣传，推动全民尊法守法。发挥城乡居民自治组织的基础作用，提高治理能力，完善治理体系。加快“全国社区治理和服务创新实验区”建设，健全社区公共服务综合信息平台，提高社区综合服务管理水平。强化人民调解、行政调解、司法调解的协调联动，做好信访维稳和矛盾化解工作。深入推进平安昆明建设，依法打击暴力恐怖、涉黑涉恶、电信诈骗、网络犯罪等违法犯罪活动，打好禁毒防艾人民战争。抓好食品药品、安全生产监督管理和地质灾害防治。推进民族团结进步示范区创建工作。深入开展双拥共建，推动军民融合深度发展。

（十）强化政府自身建设

严格依法办事。坚持用法治思维和法治方式开展工作，所有行政行为都要于法有据。全面落实行政执法责任制，推进行政执法机构、职能、权限、程序、责任法定化。完善科学、民主立法机制。实现市、县、乡三级政府法律顾问全覆盖。完善重大问题决策、重要项目安排、大额资金使用决策程序。

强化权力监督。完善政务公开制度，推进决策公开、管理公开、服务公开、结果公开。加强与人大代表、政协委员以及民主党派、工商联、无党派人士和人民团体等沟通协商，认真听取意见建议，提高人大代表议案、建议和政协提案办理质量。加强新型智库建设，健全公示听证、决策咨询、专家论证等制度，提高政府决策科学化、民主化、法治化水平。充分发挥审计监督“免疫系统”功能，健全经济责任审计制度，实现审计监督全覆盖。

持续改进政风。巩固党的群众路线教育实践活动、“三严三实”和“忠诚干净担当”专题教育成果，坚决纠正“四风”，推进作风建设常态化，“三公”经费只减不增。全面完成党政机关公务用车改革。加强干部队伍建设，完善奖惩机制，集中整治不作为、乱作为等突出问题，营造想干事、能干事、干成事的良好氛围，让干事的同志有位置、有平台、有作为、有环境。严格执行廉洁自律准则和纪律处分条例，从严落实党风廉政建设主体责任和“一岗双责”，坚决惩治腐败，以反腐倡廉的实际成效取信于民。

昆明市人民代表大会常务委员会工作报告（摘要）

——2016年1月15日在昆明市第十三届人民代表大会第七次会议上

2015年的主要工作

2015年是全面推进依法治市、全面深化改革，努力率先在全省全面建成小康社会的关键一年。一年来市人大常委会紧紧围绕市委十届六次全会确定的目标任务，坚持党的领导、人民当家做主和依法治国有机统一，依法履职、尽心尽责，顺利完成了市十三届人大六次会议确定的目标任务，为推动昆明改革建设发展，加快法治昆明建设做出了积极贡献。

一、提高立法质量，夯实依法治市法制基础

常委会注重发挥人大在立法工作中的主导作用，坚持科学立法、民主立法，努力协调各方、凝聚共识，保障法规制度公平公正，不断提高立法质量，切实增强法规权威，为全面推进依法治市提供有力制度支撑。全年，共制定、修订5件地方性法规。加强对民族自治县立法工作的指导，《云南省石林彝族自治县石林喀斯特世界自然遗产地保护条例》进入报批程序，实现全市民族自治县单行条例零的突破。

（一）突出主导作用，着力提高立法水平。常委会坚持“为民立法”价值取向，在立法决策上紧扣全市改革发展稳定大局，紧贴社会民生热点难点问题，不断加大统筹协调力度，科学调控立法进程，牢牢把握立法工作主动权。科学优选立法项目，严格落实立法项目“申报论证”和立法计划“逐项论证”制度，注重立法必要性、可行性高度统一，确保人民群众普遍关注、经济社会迫切需要的立法项目列入立法计划。经过反复论证和公开征求意见，残疾人合法权益保障、燃气管理、殡葬管理、道路交通安全等4件人民群众关注度较高的立法项目纳入2015年立法计划；大胆开展立法创新，坚持立法工作“有所为有所不为”，科学把握地方性法规同政策、规章以及其他社会调控手段的界限，在抓好实施性立法的基础上，找准立法空白点，大胆推动创制性立法，在没有上位法明确规定、经济发展又迫切需要的情况下，常委会围绕贯彻实施会展业发展战略，制定了《昆明市会展业促进条例》，从法规层面支持昆明会展产业做大做强，在健全完善地方性法规体系方面作出积极探索；严格把控立法环节，科学统筹立法进度，促进立法前调研论证、立法中审议决策与立法后质量评估的有机结合，调研中注重了解民情、吃透市情，确保地方性法规符合现实需要，审议中注重平衡各方利益，有效消除部门利益法制化倾向，评估中突出问题导向，科学考量立法效果，为加强和改进立法工作积累经验。全年，组织开展25件立法项目调研，对《昆明市城镇绿化条例》进行了“立法后评价”。

（二）完善立法机制，科学规范立法工作。常委会着眼地方立法工作新变化，不断健全完善立法工作机制，在推进科学立法、民主立法进程中，立法工作更加公开透明、更加规范有序。为进一步拓展公民有序参与立法途径，依法保障社会公众对地方立法工作的知情权、参与权和监督权，确保地方性法规客观反映经济社会发展情况，常委会制定出台了《关于地方立法规划、年度立法计划、法规草案公开征求意见的工作规定》和《关于地方立法工作公众意见表达和公众意见采纳情况反馈工作规定》，既明确了公开征求意见的目的、原则和主要内容，又细化对公众意见表达、采纳情况的反馈方式、反馈程序和责任主体，为从源头上提高法规公信力、增强法规执行力创造条件；为不断提高立法全过程的科学化、民主化水平，积极促进改革决策与立法决策的深度融合，常委会制定出台了《关于完善立法起草论证协调审议机制的意见》，从立法选项、起草、论证、协调和审议等环节入手，明确了科学立法、民主立法的方法路径，强化了人大主导、各方参与的立法形式，突出了立法对改革发展的引领、推动和保障作用，力求使每一件地方性法规最大限度凝聚社会共识、反映人民诉求、符合发展实际，为推动昆明地方立法工作创新发展提供制度保障。

（三）注重管用有效，切实维护法制统一。常委会始终把“管用有效”作为衡量立法质量的重要标准，无论是立项、起草，还是修改、审议，在整个立法过程中都注重使条文内容更好地体现人民意志、维护群众权益，确保制定修订的法规立得住、行得通、真管用，以良好的实施效果、社会效应维护国家法制统一。在制定《昆明市残疾人保障条例》时，常委会主动公开征求社会意见，引导公众参与立法互动、表达诉求，共召开20次专题调研、研讨、论证会议，广泛听取专家学者、有关单位意见建议，从常委会初审开始，先后对法规文本23条款6方面内容进行了10轮修改完善，为高质量审议草案、出台法规提供了有力保障；在修订《昆明市客运出租汽车管理条例》过程

中，常委会密切关注国家政策的出台和社会公众的反响。2015年6月全国深化出租汽车改革座谈会后，鉴于国家出租汽车行业改革的指导意见和预约出租汽车经营服务的管理办法即将出台，为适应经济社会发展对客运出租汽车行业的新要求，确保地方性法规有效管用，根据市人民政府的提请意见，决定该条例暂缓交付审议，用实际行动切实维护国家法制统一。

二、突出监督实效，服务改革发展稳定大局

常委会认真贯彻实施监督法，围绕市委中心工作、全市发展大局和人民群众关心关注的热点难点问题，着力改进监督方式，更加注重监督实效，积极主动依法监督，有力促进市委重大决策部署贯彻落实，有效推动“一府两院”依法行政、公正司法，在维护人民群众根本利益，加快全市经济社会发展方面发挥了积极作用。一年来，常委会共听取和审议专项工作报告10次，组织执法检查2次，开展专项视察25次、专题调研40次，对城市市容和环境卫生综合整治工作开展了专题询问，完成《昆明市人工影响天气管理办法》《昆明市防汛抗旱办法》等7个政府规范性文件的备案审查。

（一）紧扣中心工作，推动市委重大决策部署贯彻落实。常委会充分发挥监督服务发展、促进发展的职能作用，切实加强对经济指标、年度目标任务和市委重大决策部署推进落实情况的监督。强化财政预算决算监督，严格执行新预算法，设立首批预算审查咨询专家库，积极推进政府全口径预决算审查监督，听取和审议了市政府计划预算执行和年度决算、审计等工作报告，作出了《关于批准昆明市2014年度市级财政决算的决议》，监督政府提高财政资金使用绩效；密切关注经济运行质量，努力把认识和行动统一到市委对全市经济发展的科学研判上，常委会领导带队开展“稳增长、调结构、促发展”专题督查调研，督促政府准确把握宏观经济形势，着力加快经济发展方式转变，推进经济结构转型升级，服务全市经济平稳健康发展；努力保障全市重点工作，围绕迎南博会、迎国家卫生城市复审等重点工作，常委会领导带队督查，协调解决困难问题，为省市重要会议、重大活动顺利举办做出努力。围绕市人民政府工作报告中提出的5个方面15项重点项目推进落实情况开展专项视察，全力促进年度目标任务推进落实。

（二）回应群众关切，促进社会民生改善。常委会始终把促进民生改善作为依法履职尽责的出发点和落脚点，紧扣社会民生事业改善和人民群众切身利益，不断完善监督方式、不断加大监督力度，着力推动解决热点难点问题。高度关注扶贫攻坚工作，听取和审议了关于“全市扶贫开发工作情况”的专项工作报告，督促政府进一步整合社会力量，全面实施精准扶贫、区域扶贫，加快贫困地区和贫困群众脱贫致富步伐，为努力实现在全省率先全面建成小康社会目标任务奠定基础；高度关注群众“看病难、看病贵”问题，听取和审议了关于“推进公立医院综合改革情况”的专项工作报告，针对医疗资源结构性矛盾突出、逐利机制未有效破除、医保支付制度不完善、内外部治理有待提升等问题提出审议意见，促进就医条件、就医环境改善，促进医改成果更多、更公平惠及全市人民；高度关注城市建设管理，组织开展市区两级人大联合视察，听取和审议了关于“城市市容和环境卫生综合整治情况”的专项工作报告，并围绕城市管理职能分工、行政执法、经费拨付和道路管网规划建设等工作开展专题询问，督促政府转变管理理念、创新管理模式，不断完善城市功能、提升城市形象，积极推进世界知名旅游城市和区域性国际城市建设。高度关注改革发展，就产业增值、园区建设、食品药品安全监管、公共文化服务体制改革、职业教育改革、城乡社会保障体制建设、“爱心水窖”建设等工作开展视察、检查和调研，切实促进民生事业改善。

（三）强化司法监督，维护社会公平正义。常委会坚决贯彻市委关于全面推进依法治市意见，站在维护社会和谐稳定的高度，甄选社会普遍关心的法院执行难、检察院监管难问题，积极开展司法监督，促进法检“两院”不断提升工作水平，在维护国家法治权威、促进社会和谐稳定方面发挥了应有作用。为顺应人民群众对社会公平正义的新期待，积极促进合法权益更好更快实现，听取和审议了市中级人民法院关于“加强执行工作破解执行难”的专项工作报告，从完善执行工作机制、规范执行权行使和加强执行队伍建设等方面提出审议意见，督促法院提升执结率和执行到位率，推动营造诚信守法社会氛围；为有力支持检察院依法正确行使检察权，不断提升刑事执行监督实效，切实保护被监管人员合法权益，听取和审议了市人民检察院关于“加强刑罚执行和监管活动监督”的专项工作报告，从突出检察监督重点、推动监管规范化和检察队伍专业化等方面提出审议意见，积极促进公平公正执法，努力维护社会和谐稳定，推动法治昆明建设深入发展。

（四）注重跟踪落实，巩固监督工作成效。常委会坚持问题导向，不断创新理念、完善机制，在抓好事前、事中监督的同时，科学转换监督视角，积极拓展监督范围，更加关注法律法规和市委重大决策部署执行情况的跟踪问效，通过实践探索，不断丰富人大监督的内涵外延。努力确保法律法规在市域范围内的有效施行，结合昆明发展需要，对国务院《宗教事务条例》和《昆明市科学技术进步与创新条例》贯彻执行情况进行执法检查，为维护昆明宗教和睦、社会和谐，全面实施创新驱动发展战略、加快建设国家创新型试点城市提供支持；认真落实监督法和审计法，建立健全对审计查出问题整改的跟踪监督工作机

制，制定出台了《昆明市人民代表大会常务委员会对审计查出问题整改工作的监督办法》，在规范审议意见交办反馈的同时，首次听取了审计查出突出问题整改落实情况，着力强化对审计查出问题的整改落实，突出人大监督刚性作用；推动解决城管执法“老大难”问题，综合运用听取和审议专项工作报告、开展执法检查等形式，切实加强对城市管理特别是综合行政执法情况的工作监督，搭建常委会工作机构与城管部门专项联系通道，组织人大代表开展视察检查，定期了解常委会审议意见办理情况，在跟踪问效过程中体现人大监督实效。

三、认真做好重大事项决定和人事任免工作

常委会根据宪法、地方组织法、监督法以及修订后的城乡规划法、企业国有资产法、预算法、环境保护法等法律规定，及时把握我市经济社会发展实际需要，在深入调查研究、充分论证的基础上，审议修订了《昆明市人大常委会讨论决定重大事项的规定》，进一步明确重大事项的范围内容、细化完善讨论决定重大事项的工作程序，为规范常委会依法行使讨论决定重大事项职权，提高决策科学化、民主化、法制化水平提供了制度支撑。一年来，常委会围绕市委决策部署和全市建设发展重大问题，按照抓大事、议大事原则，充分发扬民主，严格执行法律程序和制度规定，依法审议涉及全市改革发展稳定的重大事项，及时做出相关决议、决定16项。配合做好纪念世界反法西斯战争暨中国人民抗日战争胜利70周年有关活动，批准授予为中国抗战胜利做出卓越贡献的美国二战老兵及遗属共17人“昆明市荣誉市民”称号。

常委会坚持党管干部原则和人大依法任免的有机统一，充分发扬民主，认真做好人事任免工作，确保党委推荐人选通过法定程序成为市级国家机关领导人员。一年来，共依法任免国家机关工作人员82人，其中，任命42人、免职40人。

四、改进代表工作，保障代表依法履职尽责

常委会充分尊重代表主体地位，不断丰富代表活动内容，努力拓宽知情知政渠道，积极搭建服务代表履职、促进代表尽责的工作平台，切实提高代表对常委会工作的参与度，为代表履行职责、服务群众提供有力保障。

（一）积极促进代表履职尽责。常委会认真落实联系制度，采取多种形式加强组成人员同代表、代表同人民群众的沟通联系，在增进了解、相互沟通中，促进代表融入群众，自觉接受选民监督，为代表关注民生、反映民意，发挥桥梁纽带作用创造条件。在组成人员联系代表方面，先后召开35次座谈会，开展26次实地调研走访，通报常委会重要工作和履职情况，及时听取代表意见、了解群众意愿，帮助解决代表履职中的具体困难和群众关心关注的热点难点问题，通过双向交流，既拓展了组成人员联系服务群众的视野和范围，又提高了代表服务选民群众的效率和作用；在代表联系选民群众方面，积极利用“代表信箱”“代表之家”、微博微信等形式载体，广泛收集反映群众意见，定期通报代表履职情况，支持和保障代表与选民群众的经常联系，在联系选民、融入群众过程中，不断增强代表服务意识，使代表真正成为群众能对话、信得过、可依赖的“代言人”。全年，通过《代表之声》《代表工作》收集整理各界群众20个方面242条意见建议。

（二）努力搭建代表履职平台。常委会把丰富闭会期间代表活动作为保障代表执行职务、履行职责的重要手段，努力调动代表履职热情、不断提高代表履职水平，促进代表更好服务改革发展稳定大局。知情知政巩固主体地位。组织召开2次重大事项情况通报会，通报全市扶贫攻坚、劳动就业、军转安置和经济运行情况；邀请186名市人大代表、14名省人大代表全程列席常委会会议，进一步扩大代表对常委会活动的参与程度；组织专业代表小组代表听取“十三五”规划编制情况，进一步畅通上情下达、下情上传渠道，努力使人民意愿在蓝图设计中得到体现和反映。积极履职发挥主体作用。组织代表小组对火车南站重要交通枢纽、都市农庄和特色农业产业园区等重点工作、重大项目开展了40次视察、检查和调研；组织80名省、市人大代表，对民族团结进步边疆繁荣稳定示范县建设、彩云北路交通拥堵、公共自行车租赁试点等工作情况开展了4次持证视察；组织在昆的省人大代表对牛栏江污水和生活垃圾处理设施、山顶牧场生态养殖基地、风龙湾国际文化旅游度假区项目、中石油云南炼化项目、滇池治理和城市道路建设等工作情况进行视察，提出意见建议14条，积极督促政府推进落实工作，为市委科学决策提供参考。

（三）不断增添代表履职活力。常委会高度重视增强代表履职积极性，努力在代表学习培训和意见建议办理工作上下功夫，不断激发代表履职尽责热情。抓学习培训促能力提升。围绕贯彻落实习近平总书记系列重要讲话，特别是考察云南时的重要指示精神，组织200名市人大代表进行年度学习培训活动，引导代表在总结工作成效的基础上，进一步强化“主人翁”意识。同时，积极推动基层人大工作外向联系，选派10名在基层工作的省人大代表赴上海参加培训，学习先进经验，进一步拓展工作视野；抓建议办理促工作落实。年初，确定“建立市医疗保险基金监督管理机制”“重视扩大公办和普惠性民办学前教育”“规范市政道路建设”“加快规范城镇居民生活小区

物业管理”和“加快昆明市电子商务发展”等5件重点督办建议，严格办理标准、明确办理期限；年中，组织代表建议办理评议工作，落实代表“不满意”建议二次办理督办制度，对市十三届人大一次会议以来B、C类代表建议办理情况进行跟踪检查；年末，认真组织“回头看”，督促医疗体制改革、教育资源优化、道路交通建设、经济转型升级等方面建议得到较好办理，为提高人民生活水平，促进经济社会发展做出努力。全年，认真督办代表建议312件，解决或部分解决204件，占65.4%，已列入相关部门工作计划、正逐步推动解决89件，占28.5%。

五、加强自身建设，提升机关服务能力水平

常委会积极适应形势发展变化和新时期人大工作需要，坚决贯彻落实中央和省、市委重要精神，将扎实开展专题教育作为加强自身建设的最好契机，以“三严三实”衡量工作，用“忠诚干净担当”教育干部，不断强化宗旨观念、改进工作作风，常委会和机关自身建设得到新加强，服务保障能力有了新提升。

（一）围绕严以修身，加强干部思想建设。始终把加强政治理论学习放在首要位置，深入学习习近平总书记系列重要讲话精神，自觉以党的创新理论成果武装头脑、指导实践、推动工作，真正把人大工作放到全市工作大局中谋划思考，始终做到政治上清醒坚定、方向上旗帜鲜明，全力确保党的路线方针政策和市委决策部署在人大工作中得到贯彻落实。通过学习教育，机关干部思想认识不断提高、宗旨意识更加牢固，服务代表、服务人民的自觉性、主动性明显提升，做好新时期人大工作有了坚实的思想基础。

（二）围绕严以律己，加强队伍作风建设。充分发挥人大密切联系群众的优势，引导组成人员和机关干部深入基层、深入群众，广泛了解民情民意、客观反映民声民愿，在直面改革建设新情况、应对履职尽责新问题、推动民主法治新发展过程中，进一步强化求真务实、真抓实干的工作作风。加强党风廉政建设，严格机关管理，狠抓工作纪律，健全完善考勤纪律、公车使用、厉行节约、因公因私出国境制度规定，从严执行廉政准则和中央八项规定，坚决整治“庸懒散”现象，用实际行动维护人大机关“为民务实清廉”的良好形象。

（三）围绕严以用权，加强机关能力建设。着眼提高常委会工作的规范化、制度化和科学化水平，采取学用结合、集中整改的方式，加强对机关干部特别是常委会组成人员的权力观教育，把对权力、责任的正确认识转化为推动工作发展的务实举措。突出制度在规范权力运行中的基础性作用，严格执行常委会议事规则和组成人员守则，坚持集体讨论重大事项、重大问题，积极发挥统筹协调作用，广泛开展对内对外联系，努力做到科学决策、民主决策，确保常委会权力运行依法务实高效。

常委会坚决贯彻落实市委重大决策部署，认真牵头抓好民主法制领域改革和理论研究工作，组织开展了地方立法听证、审议意见督办落实、农业农村工作监督等7个决策咨询课题研究；根据市委要求，深入开展全市县乡人大工作和建设情况调研活动，配合做好市委人大工作会议筹备工作；结合全市街道人大工作实际情况，修订《昆明市区（市）人民代表大会常务委员会街道工作委员会工作办法》；积极参与全国、省人大常委会相关法律法规的调研和征求意见工作，配合开展有关执法检查和视察调研；积极开展对外交流合作，接待了台湾嘉义市议会代表团来昆考察访问，与北京市朝阳区人大常委会建立友好合作关系；深入推进机关信息化建设和会议无纸化，提高工作效能、节约财政资源；认真做好人大宣传工作，广泛宣传常委会和代表依法履职情况，主动接受人民群众监督。

认真完成市委交办的其他工作。牵头或配合做好重点工程重大项目推进情况的调研督查；建立领导挂点、部门包村、干部帮户长效帮扶机制，扎实做好寻甸县的牵头挂钩扶贫和“挂包帮、转走访”工作；常委会领导认真督促指导抓好环境综合整治、滇池治理工作。

在肯定成绩的同时，我们也清醒地认识到，面对经济社会发展的新形势新任务，面对人民群众的新期待新要求，常委会的工作还存在一些差距和不足，主要表现在：一是立法质量还要不断提高，适应昆明发展需要的地方性法规还需进一步完善；二是监督深度广度还要不断扩大，在促进“一府两院”依法行政、公正司法上还需加大力度；三是代表履职平台还要不断巩固，服务人民、服务发展的职能作用还需进一步发挥；四是常委会自身建设还要不断加强，依法履职尽责还要继续坚持。对这些问题，常委会将高度重视、认真加以改进。

2016年主要工作意见

各位代表，根据省委关于调整昆明市人大换届时间的意见和省人大常委会决定，市十三届人大及其常委会将继续履职到2017年。站在“十二五”和“十三五”规划的历史交汇点上，能够继续和广大人民群众一道，向着率先全面建成小康社会迈进，向着两个“一百年”目标迈进，向着中华民族伟大复兴迈进，是时代赋予我们的荣光，是每一名代表的幸运。全体代表和常委会组成人员务必牢记职责使命、不忘履职初心，自觉坚定道路自信、理论自信、制度自信，全心全意、尽职尽责服务人民，为昆明改革建设发展做出不懈努力。

昨天的奋斗为今天奠基，美好的未来从现在起航。回首“十二五”，面对错综复杂的内外环境和艰巨繁重的

改革任务，在市委的坚强领导下，在“一府两院”的支持配合与社会各界的关心帮助下，我们走过了不平凡的五年：

我们不断加强和改进立法工作，努力提升法规质量，五年来，制定地方性法规18件、修订19件、废止2件，顺利完成五年立法规划预期目标，为推进法治昆明建设提供了有力的法制保障；

我们不断深化对人大监督工作的认识，更加突出监督实效，五年来，组织执法检查16次、听取和审议专项工作报告35次、开展视察检查210次，在服务全市科学发展大局中发挥了积极作用；

我们依法行使重大事项决定权和人事任免权，五年来，做出决议决定49项、任免国家机关工作人员472人次，通过法定程序，努力把党的主张转变为全市人民的共同意志和自觉行动；

我们着力发挥代表主体作用，为代表依法履职、开展活动创造条件，五年来，共培训代表941人次、组织各类活动520次、办理议案10件，督办代表建议1 720件，代表主体地位得到充分尊重；

我们高度重视自身建设，以深入开展群众路线教育实践活动和“三严三实”专题教育为契机，扎实抓好思想建设、作风建设、能力建设，为依法履职尽责、高效服务保障奠定了坚实基础。

梦想在持续努力中绽放，事业在接力奋斗中前行。“十三五”是全面建成小康社会的决胜阶段，也是我们进入更高发展阶段的艰难跃升时期，全面推进依法治市、全面深化改革，加快推进昆明民主法治建设，为今后五年工作开好头、起好步，这些，都给全体代表和常委会组成人员继续依法履职带来了新的机遇和挑战。希望大家：

倍加珍惜业已形成的良好氛围，始终坚持和依靠党的领导，正确处理好监督与支持的关系，正确处理好与“一府两院”的关系，努力形成推动昆明改革建设发展的强大合力；

倍加珍惜多年积累的履职成果，不断提高对人民代表大会制度性质、地位、作用的认识，始终坚持在宪法法律范围内行使职权，确保人大各项工作更加依法、遵规、履程；

倍加珍惜十分难得的工作机遇，在今后依法履职过程中，自觉践行好党治国理政的新理念新思想新战略，积极推动人大工作创新发展，为个人履职生涯留下浓墨重彩的一笔；

倍加珍惜人民群众的信任支持，以促进改革开放、推动昆明发展、维护群众利益为己任，关心群众疾苦、关注人民福祉，与人民群众共同奏响“中国梦”在昆明的最美华章。

基于以上认识，我们建议2016年常委会工作的指导思想是：高举中国特色社会主义伟大旗帜，以邓小平理论、“三个代表”重要思想、科学发展观为指导，深入贯彻习近平总书记系列重要讲话精神，在中共昆明市委的坚强领导下，全面贯彻落实党的十八大，十八届三中、四中、五中全会精神和省委九届十二次全会、市委十届七次全会精神，坚持党的领导、人民当家做主和依法治国有机统一，依法行使好立法、监督、决定、任免职权，为加快建设立足西南、面向全国、辐射南亚东南亚的区域性国际中心城市，在全省率先全面建成小康社会做出不懈努力。

一是突出立法重点，提高法规质量。充分发挥人大在立法工作中的主导作用，科学安排年度立法项目，深入推进科学立法、民主立法，着力提高立法质量，努力发挥地方立法在城市管理、社会治理和环境保护中的保障推动作用，稳妥解决在加快建设区域性国际中心城市和率先全面建成小康社会进程中迫切需要推进、规范、调整的问题，依法保障人民群众共享更有安全感、尊严感、幸福感和获得感的小康生活。拟制定或修订校园安全管理、旅游业监察、河道管理等地方性法规。扎实开展立法项目前期调研，为做好今后五年立法工作奠定基础。

二是服务发展大局，增强监督实效。把事关改革发展稳定、群众普遍关注的问题作为监督重点，不断强化问题意识、民生意识，进一步加强和改进法律监督、工作监督，着力增强监督实效，促进“一府两院”依法行政、公正司法，切实维护人民群众合法权益。拟对《中华人民共和国妇女权益保障法》《昆明市道路交通安全条例》贯彻执行情况及公共文化体育基础设施建设、城市地下管线建设和管理、“五小水利”工程建设、法检“两院”司法改革试点等工作依法开展监督，努力发挥好监督服务人民、监督服务发展的职能作用。

三是密切联系群众，发挥主体作用。积极探索支持和服务代表依法执行职务的方法途径，不断改进代表活动方式、丰富活动内容、增强活动实效，进一步完善代表联系群众方式方法，继续扩大代表对常委会、专门委员会活动的参与，拓宽代表知情知政渠道；不断加大代表议案审议和建议督办力度，完善代表建议督办方式，提高建议解决率、落实率，激发代表依法履职积极性。

四是提升履职能力，加强自身建设。全面贯彻落实省市委关于加强和改进人大工作意见的新要求，进一步增强贯彻党的路线方针政策的自觉性、坚定性。围绕全市大局和常委会工作重点，深入开展调查研究，坚持集体行使职权、集体讨论决定问题，不断提升常委会履职能力水平。认真贯彻落实中央八项规定和省市委关于改进工作作风、厉行节约、加强廉政建设的实施意见，巩固和发展专题教育成果，为在新的起点上推动人大工作发展奠定坚实基础。

政协昆明市委员会工作报告（摘要）

——2016年1月12日在政协昆明市第十二届委员会第六次会议上

2015年主要工作回顾

过去的一年，政协昆明市第十二届委员会常务委员会高举爱国主义、社会主义旗帜，坚持团结和民主两大主题，围绕中心、服务大局，聚焦改革发展履行职能，实践协商民主发挥优势，强化履职能力提高实效，各项工作取得了新进展，为推动我市经济社会发展做出了积极贡献。

一、紧扣全市中心工作，围绕“十三五”规划编制和经济发展重要问题协商议政

主动认识、适应和引领经济发展新常态，常委会围绕全市中心工作和紧迫任务，把为制定“十三五”规划建言、为稳增长促发展献策，作为市政协履职工作的重点，组织委员建品质之言、献务实之策。

全面协商“十三五”规划。为“十三五”规划建言献策，是今年履职的重要任务。一年来，各专门委员会组织委员开展实地调研8次、专项视察10余次，与市发改委、市规划局、市交运局、市扶贫办等20多个党政部门进行了专题协商。在前期深入调研、了解情况的基础上，先后召开了议政性常委会和专题协商座谈会，对“十三五”规划建议（稿）、“十三五”规划纲要（稿）集中建言，形成了常委会议关于对我市“十三五”规划的建议案。对建议案提出的“十三五”规划应紧扣国家和省对昆明市的战略定位来谋划、“十三五”时期全市经济的年均增速应略高于全省增速、着力推进精准扶贫、改造提升传统产业打造新兴产业、促进物流业发展、加快推进金融产业区建设、高度重视信息产业发展等意见建议，“十三五”规划中都予以了采纳。

专题协商“稳增长、调结构、促发展”。针对我市投资增长动力不足、消费需求增速放缓、财税增收乏力的情况，在年中，通过召开议政性常委会议和主席会议、组织视察调研、开展座谈协商、提交提案等履职形式，组织委员紧扣“稳增长、调结构、促发展”出主意、提建议。委员们提出了要注重各项经济指标统计的科学性和关联性，发挥投资对经济的拉动作用，加大对实体企业的融资支持力度，培育文化、休闲、养老、健康等新型消费，提高行政审批效率加强服务等建议。对这些意见建议，市政府主要领导高度重视，批示分解立项交各分管副市长和有关部门研究采纳。

适时协商经济发展重要问题。在半年之际，召开主席会议听取市财政局关于对全市2014年度地方财政决算以及2015年上半年财政预算执行情况的通报，市审计局关于2014年度同级财政审计和其他财政收支审计工作情况的通报，对进一步做好我市财政和审计工作提出意见建议。开展对城市物流配送体系建设情况的重点调研，提出要加强城市物流配送基础设施建设、着力构建城市共同配送体系、建立公共物流信息服务平台等方面的意见建议。参加了“滇中经济区四州市政协合作机制”玉溪会议，为滇中经济区发展出谋划策。

二、体现协调发展、绿色发展，围绕城乡建设和生态文明建设建言献策

常委会贯彻协调发展、绿色发展理念，引导委员围绕城市规划设计、滇池治理与保护、交通基础设施建设等重要问题协商建言。

呼吁重视规划先导作用。通过视察调研、会议协商、提出提案、反映社情民意等履职形式，委员们提出要增强规划的统筹协调性，推动发改、规划、国土、环保等规划“多规合一”。要维护规划实施的严肃性和连续性，防止规划修编和变动过于频繁。要对城市建筑和色调进行整体规划和设计，增强“春城”的城市特色和内涵。要重点考虑呈贡、晋宁的城市规划，引领新城建设与发展。相关部门都采纳了这些意见。

持续关注滇池治理保护。在全年的履职工作中，委员们持续将滇池的治理保护作为建言献策的重要议题予以关注。提出在“十三五”时期，要认真总结“十二五”时期滇池治理取得的成绩，反思工作中存在的不足，把滇池治理作为统筹生态建设、促进昆明科学发展的头等大事。要确立科学治理、系统治理的理念和合理的治理目标，综合运用工程、生物、信息等技术手段，加快推进环湖截污、农村面源污染治理、湖内清淤、湖滨生态修复、河

道治理和外流域引水等重点工程建设。在滇池调水补给方面，要加强牛栏江的管理保护和流域治理。

建言交通基础设施建设。一些委员建议，应加快滇中城市经济圈一体化公路网建设，特别是滇中四州市环线高速公路建设，积极参与打通昆明至滇中主要城市的第二条快速通道。要注重道路的系统性建设，完善道路配套功能。要推进“八入滇、四出境”铁路网建设，加快在建铁路项目建设，积极向上级争取更多高铁项目开工。要加快航空、水运、管道建设，构建“五联五通”的综合交通运输体系。在对我市轨道交通站点周边配套设施建设情况的专题协商中，委员们提出要提高地铁与公交接驳率、提升城市公交服务保障水平、强化地铁公共安全防范措施等意见建议，市政府主要领导批示相关部门逐条抓好落实。

三、践行履职为民要求，围绕社会事业发展和民生改善献计出力

常委会在工作中体现“人民政协为人民”的理念，围绕社会事业发展和人民群众关心关注的热点难点问题履行职能，既献计也出力，协助党委、政府解决民生问题，努力增进人民福祉。

视察调研回应群众关切。围绕我市城乡居民医疗保险运行、义务教育教师队伍建设、乡镇卫生院和社区卫生服务中心建设、少数民族边远山区扶贫开发状况等问题展开视察调研。在对我市城乡居民医疗保险运行情况的重点视察中，提出了适当提高城乡居民医疗保险筹资水平、制定贫困人口特惠补助政策、增加财政对大病保险基金的投入等意见建议。在对我市义务教育教师队伍建设情况的重点调研中，提出了改进义务教育教职工编制管理办法、完善县域内校长教师轮岗交流机制、保障教师培训和乡村教师生活补助经费等方面的意见建议，市政府分管副市长批示相关部门认真阅研。

对口协商注重民意表达。围绕完善公众参与环境影响评价制度、推进戒毒康复社区建设、加强精神病患者服务和管理工作、引导青少年文明欢庆圣诞节、加强轨道交通安防系统建设等方面的内容，与相关部门进行面对面的协商沟通。在协商过程中注重发挥政协组织联系广泛、渠道畅通的优势，积极反映履职活动中收集到的社情民意，充分表达群众意愿和建议。在对加强精神病患者服务和管理工作的协商中，提出要加强市、县、乡镇（街道）、社区四级精神疾病服务管理网络建设，提高精神病患者医保报销比例，增加省、市精神病医院编制人数，建立精神卫生工作财政投入机制等建议。

提案督办推动政策出台。持续关注和推动我市养老服务体系建设，将关于大力发展社区医养结合养老服务机构的提案列为2015年重点提案予以重点办理。市政协督办副主席与市政府领办副市长积极对接，多次组织提案主办单位与提案人座谈协商，推动该提案的办理见到实效。为巩固我市上一阶段禁毒工作的成果，政法界别委员集体联名提出关于进一步加强我市禁毒工作的提案。对提案所提出的建议，吸收到了市委市政府出台的《关于进一步加强禁毒工作的意见》中。

一年来，还对2014年关于进一步推动我市高校毕业生就业创业的主席会议建议案开展了专项监督，跟踪促进落实。政协委员还开展了文化下乡、送医送教、捐资助学、扶贫济困、科技培训、社区服务等公益活动，取得了较好的社会效益。定期走访宗教界代表人士，加强联络沟通，支持爱国宗教团体和宗教活动场所建设。

四、突出政协工作特色，围绕文化昆明建设发挥作用

常委会注重发挥政协文化人才聚集的优势，通过举办主题活动、开展专项视察、征编文史资料、组织专题协商等履职方式，为文化昆明建设出力。

发挥优势开展主题活动。在市委的领导下，市政协牵头组织纪念护国运动100周年系列活动。召开了我市各族各界纪念护国起义100周年大会，举办了学术研讨会，出品了三集电视历史文献片《护国风云》，编撰了《护国运动在云南》纪念画册。通过开展纪念活动，挖掘我市历史文化名城内涵，弘扬护国运动精神，汇聚改革发展力量。

专项视察助推项目建设。古滇文化旅游名城是我省十大重点历史文化旅游项目之一。常委会将该项目的建设情况列为2015年重点视察项目。在实地走访、听取汇报、会议座谈的基础上，委员们提出要加大对项目的支持力度，支持减免各级各类规费和基金，做好舆论引导和群众工作，加强项目产业支撑，注重项目前期建设和后期运营管理，加强资金运作和融资等方面的意见建议。

做好政协文史相关工作。以纪念抗战胜利70周年为主题，编辑了《云南昆明抗战实录》文史书籍。公开出版了《昆明雕塑精粹》一书，较为系统地展示了我市古今雕塑的历史背景、人物风情和艺术特色。对龙泉古镇的西南联大名人旧居、云南陆军讲武堂、昆明文庙进行实地调研，呼吁加大对名人故（旧）居和重点文物的保护力度。发挥市政协地名专家顾问组的作用，为政府命名地名和街名提供咨询意见。

今年还对我市民族自治县民族传统文化生态保护区建设情况进行了调研，提出科学制定保护区专项规划、维护保护区传统风貌、培养民族传统文化传承人、加强保护区文化与旅游产业融合等意见建议。围绕我市“十三五”文化广电体育事业发展规划、文化创意产业发展规划、民

族地区文化旅游开发状况，与相关部门进行了专题协商，提出意见建议40余条，努力推动文化昆明建设。

五、服务全市发展大局，围绕全面深化改革贡献智慧

政协全会、常委会议、主席会议审议协商的多项议题，以及全年开展的多项调研视察活动，都紧扣我市重要的改革问题展开，努力做到聚焦改革、建言改革、服务改革。

建言法治昆明建设。五次全会期间，围绕法治昆明建设这一重大课题，召开依法治市专题界别联组协商会。委员们提出，要进一步提高科学立法水平，规范全市重大行政决策听证程序，完善对执法权的制约和监督，加强行政复议工作等方面的意见建议。做好立法协商工作，一年来对我市保障残疾人合法权益条例、学校安全管理条例、城乡规划管理技术规定、电梯安全管理办法等地方性法规草案，以及重要的政府规章、规范性文件草案，与相关部门进行了面对面的协商，提出修改意见建议100余条。

关注司法体制改革。市政协十二届第二十三次常委会议专题听取了市中级人民法院和市人民检察院相关改革工作的情况通报，并结合前期调研的情况提出了对我市司法体制改革试点工作的意见建议。即要提高对司法改革重要性的认识、结合昆明实际搞好司法改革试点、加强司法队伍思想政治工作、营造良好的司法改革社会氛围等六个方面的意见建议。

协商呈贡新区改革发展。组织部分政协委员和顾问对市委市政府《关于进一步加快呈贡新区改革发展的决定》（稿）进行专题协商。从新区发展的功能定位、发展目标、体制机制、政策扶持、投资融资、配套建设、生态保护等方面，提出了要加快推进综合改革试验区建设，进一步对新区简政放权，加强公共服务配套项目建设，丰富新区文化内涵，鼓励社会资本投资新区基础设施等方面的意见建议。

监督助推多项改革工作。召开专题议政性主席会议，先后听取了市国资委、市药监局、市人社局关于我市改革相关工作情况的汇报。围绕我市国有企业改革，提出要加强债务管控、降低市政公用类企业运营成本、鼓励发展混合所有制经济等意见建议。围绕我市食品药品监督管理体制改革，提出要强化基层监管、建立食品药品"黑名单"、加强监管队伍建设等意见建议。对我市供销社综合改革情况进行重点视察，提出了优化供销社流通网络、壮大社有企业经济实力、推进全市供销社系统的组织建设和民主管理、加大对农民专业合作社的财政扶持等方面的意见建议。

六、加强和改进经常性工作，努力提高履职能力和水平

常委会把经常性工作作为政协履职的基础，切实抓紧抓实，不断改进和创新工作方式，提高履职能力和水平。

创新协商民主形式。通过不断地探索实践，基本形成了全体会议全面协商，议政性常委会议和主席会议重点协商，视察调研专题协商，提案办理、对口协商、月专题协商座谈会常态协商，界别协商、基层政协协商为补充的协商议政格局，全年组织各类重点协商活动40余项。创新设立月专题协商座谈会，邀请党政领导和有关部门负责同志到会听取意见，搭建政协协商经常性平台。全年围绕纪念护国起义、加快电子商务产业发展、传统村落保护利用情况、市政府信息公开情况等议题，组织月专题协商座谈会11次。

激发界别履职活力。制定出台《政协昆明市委员会关于加强界别工作的意见》，对界别的设立、发挥界别作用的原则、界别活动的内容、工作机制、服务保障等方面予以了明确。将重要的界别活动列入市政协年度工作计划和重点协商工作计划，推动界别活动常态化、制度化。一年来，围绕我市大型铁路装备制造产业发展、基层法庭建设、普通高中特色化发展等多项内容，各个界别开展了形式多样的界别协商活动19次。

增强提案办理实效。全年共立提案459件，召开提案专题协商会议22次，参与提案办理调研面商100余次。公开向全社会各界征集提案线索200余条，使提案更能集中反映民意、汇集民智。将协商贯穿于提案工作的全过程，加强对提案办理的专题协商，充分发挥提案在协商民主中的基础性作用，推动提案办理协商向更广范围和更深层次发展。坚持重要提案报送党政主要领导阅示，重点提案由市级领导领办督办制度。创新提案办理评价方式，探索开展提案工作的民主评议。使用好市财政设立的政协提案办理专项资金，推动办结了3件涉及群众切身利益的民生提案。

积极反映社情民意。强化政协信息舆情汇集和民意表达功能，更好地发挥履职"直通车"作用。一年来，围绕加快会展业健康发展、推动特色小城镇建设、促进农民专业合作社发展、建立农村法律顾问制度、促进科技与金融融合、完善中小学校园安全保障体系、构建和谐医患关系、重视失地农民返贫返困问题、加强昆明专题博物馆建设等问题，编印《社情民意反映》61期，送市委、市政府和省政协参考，其中多件得到市委、市政府领导批示和相关部门专文答复，政协信息的决策咨询和参考作用得到进一步体现。

总结完善基层政协工作机制。对近年来与县区联动设立政协委员联络组的做法进行总结，并及时上升固化为制度，写入市委《关于加强社会主义协商民主建设的实施意见》以及市委办公厅《关于切实加强人民政协协商民主建设的实施意见》中。明确了在全市街道办事处、乡镇设立县（市）区政协工作联络委员会，在党（工）委领导下负责开展政协工作等内容，为加强基层政协工作、开展基层政协协商提供了有力的组织制度保障。持续推进在基层建立政协委员之家的工作，全年新建政协委员之家55个。

加强新闻宣传和理论研究工作。强化政协新闻宣传的针对性和实效性，全年共有500余篇新闻报道在各级各类媒体上刊发播出。其中，“委员5点好建议，书记4天批落实”和“昆明市政协围绕‘十三五’规划编制议政建言，为美好蓝图贡献大主意好主意实主意”的报道，刊登在了人民政协报头版上。办好《昆明政协》内部刊物、政协门户网站和政协微博，拓展政协手机综合服务系统功能。开展年度政协“好新闻”表彰活动。完成了市科学决策咨询中心委托的加快昆明城市物流配送体系建设、充分发挥社会力量推进社区居家养老服务体系建设、昆明历史文化名镇（名村）保护利用等5个课题的研究。

强化机关服务保障能力。深入开展“三严三实”和“忠诚干净担当”专题教育，严格落实会议、接待、出差、经费管理等规定，持续改进机关作风。精心组织机关干部学习培训，提升干部综合素质，强化服务协调意识，切实发挥机关综合协调、服务保障和督促落实作用。组织开展昆明市政协成立60周年纪念活动，编辑纪实文字图册，制作电视纪念专题片，征集回忆纪念文章，回顾我市政协事业发展历程，增强履职使命感。

一年来，根据市委的统一安排，市政协领导还参与了全市一些重要工作、重点工程的调研督查，参与和督促抓好稳增长促发展、迎南博保稳定、环境综合整治、滇池治理等项工作。分管海外联谊会的副主席带队赴越南、缅甸、老挝三国考察学习，加强与海外华人华侨和友好组织的交流合作。参与“中泰情深”曼谷国际文化艺术展交流活动。认真做好牵头挂钩帮扶东川区和“挂包帮、转走访”扶贫工作。

回顾一年的工作，在肯定成绩的同时，也要清醒地认识到，我们的工作还存在着差距和不足。主要是：人民政协协商民主的实践有待深入，部分调查研究、议政建言的质量还不够高，突出界别特色还不够，委员作用发挥还不充分等。对于这些不足，我们要在今后的工作中切实加以改进。

各位委员，根据上级关于地方人大、政协同步换届的有关精神和市委关于调整市政协换届时间的建议，市政协十二届二十五次常委会决定市政协十二届委员会将延续履职到2017年。

2015年是“十二五”规划的收官之年。“十二五”时期的五年是很不平凡的五年。面对错综复杂的宏观环境，面对艰巨繁重的改革发展稳定任务，政协昆明市第十二届委员会常务委员会继承和发扬历届政协的优良传统，围绕中心、服务大局，政治协商有序推进、民主监督不断加强、参政议政取得实效，人民政协协商民主重要渠道和专门机构的作用得到有效发挥，为巩固和发展最广泛的爱国统一战线，推动我市经济社会发展做出了积极贡献。

五年来，我们深刻感受到，中共昆明市委始终把政协工作作为全局工作的重要组成部分，加强对政协工作的领导。先后下发了《关于加强人民政协政治协商制度建设的意见》《关于切实加强人民政协协商民主建设的实施意见》《关于建立督查工作联动机制 加强民主监督的意见》等文件，为全面推进我市政协工作提供了制度保障。市委常委会每年适时研究政协工作，并于2015年召开了市委政协工作会议。对涉及我市改革发展稳定的重大决策和重要文件稿，市委、市政府都及时与政协协商，做到了协商于决策之前。市党政领导参加政协全会和议政性专题协商会，听取委员的意见建议。全市重要会议和重要活动也都邀请市政协领导、市政协专门委员会参加。定期向政协通报重要工作、重大项目、重要规划的情况，并请政协视察监督。党政领导多次批阅政协建议案、调研视察报告、协商报告、提案和社情民意专报。党委领导和政府支持为推动我市政协事业的发展提供了根本保障。

五年来，政协昆明市第十二届委员会常务委员会不断深化对人民政协事业发展特点和规律的认识，不断深化对人民政协在党的事业全局中地位和作用的认识，在履职实践中积累了许多宝贵的经验，为推进新时期我市人民政协事业发展提供了重要启示。我们深刻认识到：做好政协工作，必须维护核心，自觉接受党委领导；做好政协工作，必须围绕中心，把促进改革发展作为履职的第一要务；做好政协工作，必须凝聚人心，广泛汇集发展合力；做好政协工作，必须各方协商，充分发挥人民政协协商民主重要渠道和专门机构作用；做好政协工作，必须开拓创新，不断激发政协组织的活力。

2016年主要工作意见

2016年是实施“十三五”规划的开局之年，开好局、起好步，对我市今后五年经济社会发展至关重要。在新的一年里，政协昆明市委员会要全面贯彻落实中共十八大和十八届三中、四中、五中全会精神，深入贯彻落实习近平总书记系列重要讲话和考察云南重要讲话精神，按照市委十届七次全会的安排部署，践行创新、协调、绿色、开放、共享五大发展理念，围绕当龙头、促跨越、上水平、惠民生、奔小康的工作总要求，主动服务改革发展大局，做到协商民主有新加强，议政建言有新高度，增进团结有新作为，履职能力有新提高，充分发挥人民政协协调关系、汇聚力量、建言献策、服务大局的重要作用，为建设区域性国际中心城市，在全省率先全面建成小康社会献计出力。

一、主动服务“十三五”规划实施，促进经济社会平稳健康发展

贯彻创新、协调、绿色、开放、共享发展理念，准确把握国家和省对我市发展的战略定位，组织和动员委员为推动“十三五”规划实施，促进经济社会平稳健康发展献计出力。要助力区域性国际中心城市建设。重点围绕我市主动融入“一带一路”战略、深度参与长江经济带和承接京津冀协同发展、深化国际国内区域合作、引领带动滇中城市经济圈一体化发展、加快滇中新区建设等问题出谋划策。要服务全市经济平稳健康发展。重点围绕工业转型升级、现代服务业发展、高原特色农业做优做特、加快发展民营经济、科技创新驱动、城市规划建设管理、重大基础设施建设、城乡区域协调发展、呈贡新区建设、滇池治理保护、滇中引水工程等重要工作协商议政。要推动社会事业发展和民生改善。重点围绕文化繁荣发展、公共服务均等化、扩大就业、完善社会保障体系、促进教育公平、建立覆盖城乡的基本医疗卫生制度、创新社会治理、促进司法公正等民生问题建言献策，为制定相关民生政策和改进工作提供依据。要把扶贫攻坚作为履职的重要工作，积极参与和服务精准扶贫，努力为贫困地区群众脱贫增收既献计又出力。

二、全力助推深化改革重大举措的出台和贯彻落实

按照市委全面深化改革的战略重点、推进方式、时间表和线路图，从制约结构性改革的重大问题和人民群众反映强烈的突出问题入手，全力助推深化改革重大举措的出台和贯彻落实。要坚持问题导向，积极建言献策。重点围绕国资国企、行政审批、投资融资、财税金融、农业农村、民生保障、社会治理、对外开放、生态建设等领域的改革任务，以及商事制度、教育卫生、“三农”金融服务、司法体制改革等方面的试点工作提出意见建议，为党委政府决策提供参考。要找准政协位置，开展民主监督。按照中央“改革政策要实”的要求，针对重要改革举措的推进落实情况，找准位置、把握尺度，综合运用视察、调研、提案、建议案、社情民意、聘请民主监督员、民主评议部门工作等方式，积极开展专项监督、重点督查和个事监督，坦诚提出建议和意见。要广泛联系群众，营造改革氛围。正确认识改革涉及的利益格局的深刻调整，及时、准确地把党委、政府的改革举措传达给所联系的群众，把各界人士和广大群众的愿望诉求反馈给党委政府。通过履职活动，让更多的人理解改革、支持改革、参与改革，为全面深化改革营造良好环境。

三、充分发挥政协协商民主专门机构作用

贯彻中共昆明市委政协工作会议精神，认真落实《关于加强社会主义协商民主建设的实施意见》和《关于切实加强人民政协协商民主建设的实施意见》，促进政协协商更加广泛多层地开展、更为灵活经常地开展。要营造协商讨论的民主氛围。坚持商以求同、协以成事，大力营造既畅所欲言、各抒己见，又理性有度、合法依章的良好协商氛围。加强协商互动和讨论沟通，促进不同思想观点交流交融，逐步增进了解，凝聚思想上的最大共识。要提高调查研究的能力和水平。加强和党政部门、党派团体、县（市）区政协、专家学者的联合调研，花更大气力深入了解实际，花更多时间强化研究论证，识民情、接地气，倾听群众呼声，把握事物规律，使对策建议更加符合实情、反映民意、有助决策。要促进协商议题和协商形式相匹配。广泛征求党政部门、党派团体和政协委员等各方面意见，围绕党政关注和群众关切的问题选好协商议政题目，既通过政协全会、常委会议、主席会议等形式，对综合性、全局性、前瞻性的问题开展广泛协商，也灵活运用对口协商、提案办理协商、每月协商座谈会、基层协商等平台，对切口小、专业性强的具体问题进行深入协商。要完善协商成果采纳和反馈机制。通过专题报告、政协信息、大会发言、提出提案、新闻宣传等多种途径推动协商成果转化和反馈。通过批办、交办、督办，将协商意见采纳体现在工作中，对重要成果落实情况开展跟踪调研和民主监督，提高协商成效。

四、努力促进大团结、大联合

发挥政协组织的优势，多做协调关系、化解矛盾、解疑释惑、促进和谐的工作，广泛凝心聚力，增进最大共识，为我市改革发展聚集更强大的正能量。坚持中国共产

党领导的多党合作和政治协商制度，为民主党派、工商联和无党派人士在政协发挥作用搭建平台、创造条件，拓宽参政建言渠道，健全联动配合和联谊联络工作机制。对民主党派、工商联、人民团体提出的提案要高度重视，反映的社情民意要重点报送，在调研视察等活动中提出的意见和建议要重点研究。密切同少数民族代表人士的联系，为构建和谐的民族关系，建设民族团结进步示范区贡献力量。引导宗教界委员发挥积极作用，支持依法管理宗教事务。发挥市海外联谊会、市政协之友联谊会的作用，加强与港澳同胞、台湾同胞和海外侨胞的联系联谊工作。大力推介昆明、宣传昆明，积极为招商引资、招才引智铺路搭桥，吸引更多产业、资金、技术、人才向昆明汇聚，为昆明加快发展汇集强大合力。

五、不断加强政协自身建设

我们要加强理论武装，牢牢把握政协工作的政治方向。要完善委员联络制度，健全委员联络机构，科学安排委员履职活动，扩大委员履职参与面。完善委员学习培训制度，结合委员关心关注的问题丰富学习内容，帮助委员知情明政，提高议政建言能力。贯彻落实《政协昆明市委员会关于加强界别工作的意见》，实行界别召集人和联络员制度，提高界别工作组织化程度，健全界别民意形成和表达机制，增强界别的代表性，更好地发挥界别的特色作用。创新专委会工作方式，推进专委会之间、专委会与党政部门的联动协作，完善专委会联系服务界别和委员的工作机制，努力使专委会成为联系委员的重要纽带、委员发挥作用的主要平台，更好地发挥基础性作用。改进政协机关工作方式，完善办文办会办事工作制度，推进信息化建设。加强对视察考察、专题调研、会议活动、出访接待等工作的统筹协调，进一步提高综合协调和服务保障能力。加强对县区政协工作的指导联系，细化在基层建立政协工作联络委员会的措施，继续开展政协委员之家建设工作。

落实全面从严治党要求 强化监督执纪问责
坚定不移推进党风廉政建设和反腐败斗争（摘要）

——2016年1月29日在中国共产党昆明市第十届纪律检查委员会第九次全体会议上

一、2015年工作回顾

2015年，全市各级党组织认真落实管党治党责任，坚持不懈刹风整纪，坚定不移惩治腐败。全市各级纪检监察机关深刻领会和把握新形势下纪检监察工作的新思路、新要求、新部署，聚焦中心任务，强化监督执纪问责，党风廉政建设和反腐败斗争取得了新成效。

（一）深入落实“两个责任”，严格责任考核追究

市委带头落实主体责任。坚决拥护和支持中央对白恩培、仇和、张田欣以及省委对高劲松、李喜、谢新松等严重违纪违法案件的查处。认真贯彻省委九届十一次全会精神，多次召开常委扩大会议、中心组学习、领导干部大会，对照忠诚干净担当要求，深刻反思仇和、张田欣、高劲松等严重违纪违法行为带坏党风政风，严重破坏政治生态，严重损害党的形象，严重影响队伍建设，严重背离人民群众的危害和根源，深刻汲取沉痛教训，彻底肃清仇和、张田欣、高劲松等人党性丧失信仰缺失、立身不正丢弃责任、无视纪律肆意妄为、用人有误导向不正、脱离实际漠视群众的恶劣影响，重构风清气正的政治生态。突出抓好市委常委会班子建设，认真学习贯彻中央政治局“三严三实”专题民主生活会和习近平总书记重要讲话精神，进一步坚定理想信念，落实全面从严治党要求，严明政治纪律和政治规矩，树好选人用人风向标和为民务实政绩观，树标杆、作示范，自觉向党中央和省委看齐。制定出台落实全面从严治党要求建设忠诚干净担当高素质干部队伍的实施意见、从严从实监督管理干部的实施细则等制度，倒查“带病提拔”“带病上岗”县处级干部37人。扎实开展“三严三实”和“忠诚干净担当”专题教育，深入学习贯彻新修订的《中国共产党廉洁自律准则》（以下简称《准则》）《中国共产党纪律处分条例》（以下简称《条例》）和《中国共产党巡视工作条例》，修订《市委常委会议事规则》，完善“三重一大”决策制度。加强对党风廉政建设和反腐败工作的领导，切实履行市委领导班子主体责任5类30项和党委书记责任11项，举办了“两个责任”培训班，市委领导带头讲廉政党课，市委常委会8次研究党风廉政建设工作。认真抓好2014年党风廉政建设责任制考核不合格整改，市委主要领导挂帅，常委班子成员人人担责，采取9个方面45条措施、建立73项制度解决党风廉政建设突出问题，通过省委考核组复查验收。高度重视省委第六巡视组巡视昆明反馈问题的整改工作，将4个方面17个问题细化分解，制定118条措施认真整改，督促全市各级党组织认真落实党风廉政建设主体责任。

纪检监察机关认真履行监督责任。持续深化转职能、转方式、转作风，聚焦主责主业，巩固议事协调机构清理成果，积极推进县（市）区纪检监察机关内设机构改革调整工作。协助市委制定出台落实“两个责任”的“1+7”制度体系，细化明确市、县、乡、村四级党组织的主体责任和各级纪委的监督责任。切实履行市纪委监察局领导班子监督责任6类30项。建立廉情分析制度，定期对信访举报、纪律审查、问责处理等情况进行分析研判，查找问题根源，关口前移，实施防范。加强对党员干部的教育监督管理，在全市组织开展330场《准则》和《条例》的宣讲，市委党校开设党风廉政专题教育38讲，教育培训干部5 616名。4次通报查办案件情况25件26人；2次组织24名市管党政领导班子主要负责同志向市纪委全会述廉述责；市纪委常委班子成员约谈71名党政主要领导和纪委书记，对122名县处级干部进行任前廉政谈话。

强化考核追究督促责任落实。市委主要领导与全市103家党组织负责人签订落实2015年党风廉政建设责任书，市委常委带队组成13个检查组开展年终考核。对2014年党风廉政建设责任考核被评定为基本合格的11个单位主要负责人进行诫勉谈话，督促抓好整改并组织复查验收。坚持“一案双查”，对落实主体责任不到位导致发生严重违纪违法问题的44名责任人给予了党政纪处分。

（二）严明党的纪律规矩，加强监督执纪

把纪律和规矩挺在前面，重点监督检查执行党的政治纪律和组织纪律的情况，查处违反政治纪律、组织纪律案件34件，处分39人。

改进监督执纪方式。完善内部工作机制，加强部门协作配合，推动监督执纪问责“总承包”职责的落实。围绕影响改革发展的纪律作风问题加强监督，对稳增长政策措施、扶贫攻坚责任落实、南博会配套工程、滇池治理国考、新火车南站、信息产业园、五大基础设施网络建设等省市重大项目和重点工作落实情况开展专项纪律检查，约谈13家责任单位、向21家单位发出问题整改通知，督促抓好整改落实。对全市“三重一大”制度规定执行情况开展专项检查，及时发现存在问题并督促整改。

把握运用监督执纪“四种形态”。注重抓早抓小，纪在法前，抓好谈话函询、警示、组织处理以及纪律处分等工作。全年谈话函询267 件351人次，对278个轻微违纪问题进行了适当处理，做出党纪轻处分和组织处理265人，党纪重处分和重大职务调整204人，开除党籍移送司法机关65人，对反映失实的 369名党员干部予以澄清。制作警示教育片《沉痛的代价》和《不作为之害》，以身边事教育身边人。

（三）坚决惩治腐败，强化“不敢腐”的氛围

健全反腐败领导机制。充分发挥市委反腐败协调小组作用，加强对反腐败工作的组织领导和统筹协调，对全市反腐败重大问题深入研究，协调指导重大腐败案件的查办，制定出台《市委反腐败协调小组工作规则（试行）》和《关于在查办党员和国家工作人员涉嫌违纪违法犯罪案件中加强协作配合的实施办法》，健全线索移送、联合办案、协助调查、信息共享、应急联动等制度，强化执纪执法机关的协作配合，形成反腐败斗争的强大合力。

零容忍惩治腐败。以党的十八大后不收敛不收手，问题线索反映集中、群众反映强烈，现在重要岗位且可能还要提拔使用的领导干部为重点，坚持有案必查、有腐必惩、有贪必肃，持续高压反腐。严肃查处了市人防办原主任尚建国、富民县政协原主席毕宏、五华区原副区长李映辉、官渡区原副区长公安分局原局长韩玉彪、晋宁县原副县长张兴华、汤庆云等一批严重违纪案件。2015年，全市纪检监察机关受理信访总量5 946件次，同比增长48.4%；处置问题线索1 200件，其中初核1 112件，同比增长27.5%；立案 529 件，同比增长21.6%，其中县处级干部33人，乡科级干部 175人；结案518件，同比增长23%；处分568人，同比增长32.7%；涉嫌违法犯罪移送司法机关83人，同比增长40.6%，通过办案挽回经济损失3 889.61万元。

规范问题线索管理处置。对党的十八大以来反映领导干部的问题线索进行大排查、大起底。严格落实问题线索处置五类标准和“日清、周转、月报、季结”管理新机制。建立市纪委问题线索排查会议制度，实现中央、省、市、县四级信访信息互联互通和问题线索处置动态“清零”。

确保纪律审查质量。进一步规范和严格执行办案各环节制度程序，严把案件质量关。坚持快查快结、快进快出，涉嫌犯罪的案件及时移送司法机关。对涉案款物处置情况进行全面排查清理，严格加强管理。全年未发生“两规两指”安全事故。

（四）驰而不息正风肃纪，力促干部作风转变

持之以恒纠正“四风”。把违反中央八项规定精神和“四风”问题作为纪律审查的重点，把握党的十八大后、中央八项规定出台后、群众路线教育实践活动后三个重要时间节点，建立由512名干部群众参与的作风建设社会监督员队伍，强化明察暗访，及时发现和严肃查处公款吃喝、公车私用、借婚丧喜庆事宜敛财等问题。2015年全市共查处违反中央八项规定精神的问题 97 起，处理123人，其中党政纪处分 77 人。在全市范围内对5批32起典型案例 59名责任人进行了通报。

深入开展专项治理。坚持高位推动，强化组织领导，在全市深入开展严禁领导干部违规插手干预工程建设、严禁领导干部违规插手土地征用、严禁领导干部违规插手矿产资源开发利用、严禁领导干部违规使用扶贫救灾和社保资金、严禁领导干部收受“红包”、严禁违反党的组织人事纪律“六个严禁”专项整治，查找问题 535个，处理 440个 500人，建立完善各类制度规定41个。针对为官不为、为官乱为、不敢担当等影响改革发展稳定的突出问题开展纪律作风专项治理，共处理193人，其中党纪处分57人，政纪处分46人，组织处理90人。

严肃查处群众身边的不正之风和腐败问题。加强基层腐败问题线索排查，建立县区乡镇纪委集中分片协作巡查工作制度，及时发现和查处发生在民生资金、“三资”管理、“四议两公开一承诺”、征地拆迁等方面违纪问题，共查实涉及群众身边的“四风”和腐败问题238件，处理299人，其中党政纪处分201人。建立纪检监察政法信访“四级联动”工作机制，解决群众诉求1 276件。组织93个部门53名“一把手”进春城热线直播间，受理群众诉求1 025件。

（五）狠抓队伍自身建设，严格教育监督管理

扎实开展专题教育。深入开展“三严三实”和“忠诚干净担当”专题教育，边学边查边改。市纪委常委会开展6次中心组理论专题学习，查摆问题79个，并逐一制定整改措施。认真开展“挂包帮”“转走访”工作，委局机关162名干部深入东川区、寻甸县4个村（社区）帮扶贫困户167户。

认真落实双重领导体制。研究推动下级纪委向上级纪委报告线索处置和执纪审查工作。制定出台县区纪委书记、副书记，市纪委派驻纪检组组长、副组长，市管企业纪委书记、副书记三个提名考察办法，考察任免县区纪委常委20名，监察局副职5名。

加强纪检监察干部教育监督管理。加强纪检监察干部能力建设，开展业务培训57期950余人次。拓宽纪检监察干部选用渠道，公开选调干部9名，提拔交流干部64名。认真贯彻中央纪委和省纪委纪检监察干部监督工作座谈会精神，17次对系统内干部作风纪律情况开展监督检查，5次通报情况，追究问责纪检监察干部5人，给予纪律处分8人，坚决维护纪检监察干部队伍的纯洁性。

回顾一年来党风廉政建设和反腐败工作取得的成效，我们更加深刻地体会到，认真落实全面从严治党要求，核心是加强党的领导，基础在全面，关键在严，要害在治。必须扛稳抓牢全面从严治党主体责任，层层传导，层层加压，形成责任分解、监督检查、问责追究的责任链条；必须把纪律挺在前面，维护党章，严明党纪，坚持教育与查处相结合，既坚持从严惩处、执行到位，又注重惩前毖后、治病救人，真正让纪律成为管党治党的尺子、不可逾越的底线；必须把坚决惩治腐败作为重点，持续加压，绝不手软，“老虎”“苍蝇”一起打，形成强大震慑；必须持之以恒加强作风建设，抓住具体问题，一个一个解决，把作风建设抓到底；必须不断推进改革创新，积极探索和推动组织创新、制度创新，实现思想观念、体制机制、管理监督、方式方法和工作作风与时俱进；必须更加注重自身建设，坚持严管就是厚爱，以更高标准更严要求，打造忠诚干净担当的纪检监察队伍。

同时也必须清醒地看到，我们的工作还存在一些问题和不少差距。三任市委书记严重违纪违法的案件，严重损害了党的形象，严重损害了昆明的政治生态、发展环境和国家、群众的利益，教训十分深刻，重构昆明风清气正政治生态和干事创业从政环境的任务还十分艰巨；有的党组织和党员领导干部对全面从严治党的紧迫性认识不深、主体责任落实不到位；有的党员干部纪律规矩意识淡薄，精神懈怠、作风飘浮、为官不为，甚至不收敛不收手、顶风违纪；工程建设、土地出让、矿产资源开发等重点领域腐败现象易发多发，涉案金额越来越大、性质类型复杂；基层党风廉政建设基础薄弱，不正之风和腐败问题依然严重；有的纪检监察机关对“三转”认识不深，把握运用监督执纪“四种形态”还有差距；少数纪检监察干部素质不高、能力不足、作风不实、律己不严，有的甚至执纪违纪。这些问题，我们必须在今后的工作中认真加以解决。

二、2016年主要任务

2016年工作的总体要求是：全面深入贯彻党的十八大和十八届三中、四中、五中全会精神，认真贯彻习近平总书记系列重要讲话和考察云南重要讲话精神，按照十八届中央纪委六次全会、省纪委九届八次全会和市委的决策部署，协调推进“四个全面”战略布局，保持坚强政治定力，坚持全面从严治党、依规治党，忠诚履行党章赋予的职责，聚焦监督执纪问责，深化标本兼治，创新体制机制，健全规章制度，强化党内监督，坚持把纪律挺在前面，持之以恒落实中央八项规定精神，着力解决群众身边的不正之风和腐败问题，坚决遏制腐败蔓延势头，建设忠诚干净担当的纪检监察队伍，推动昆明党风廉政建设和反腐败斗争向纵深发展。

（一）严明党的纪律，维护党规党纪

深入落实党的十八届五中全会精神。学习好、宣传好、贯彻落实好党的十八届五中全会精神是当前和今后一个时期的重要政治任务，各级纪检监察机关要牢固树立创新、协调、绿色、开放、共享的发展理念，加强对五中全会精神落实情况的监督检查，督促各级党组织把学习贯彻五中全会精神与贯彻省委九届十一次、十二次全会、市委十届七次全会精神结合起来，抓好“十三五”规划的实施，确保全会确定的决策部署得到全面贯彻落实。

严明政治纪律和政治规矩。加强对政治纪律执行情况的监督检查，坚决纠正上有政策、下有对策，有令不行、有禁不止的行为，确保政令畅通。要抓住“关键少数”，紧紧围绕对党忠诚、履行管党治党政治责任、遵守党的纪律，加强对党员领导干部的监督。采取更加扎实的举措，彻底肃清三任市委书记严重违纪违法案件给昆明政治生态、经济发展、干部队伍、作风建设等方面带来的负面影响，严肃查处搞团团伙伙、结党营私，政治利益和经济利益相互勾连等问题，坚决维护党的团结统一。

严格贯彻执行《准则》和《条例》。加强对《准则》和《条例》的学习宣传，深入开展党规党纪进党校、进课堂、进媒体活动，组织相关知识竞赛，使党规党纪牢牢刻印在每一名党员的心上。抓紧建成昆明市纪律教育基

地，用党的纪律传统、纪律优势、纪律要求教育党员干部。各级党组织必须坚持以德治党与依规治党相统一，自律与他律相结合，坚持高标准毫不动摇，守住纪律底线一寸不让，教育引导广大党员干部尤其是党员领导干部把理想信念宗旨立起来，牢固树立纪律意识、规矩意识、底线意识。各级纪检监察机关要以《准则》和《条例》为准绳，加大对违规违纪行为的查处力度，坚决维护党规党纪权威性、严肃性。

严肃换届纪律。今年起，全市各级党委、人大、政府、政协和纪委及村（居）“两委”将陆续进行换届。各级党委要将换届纪律与换届工作同部署、同督查、同落实，确保换届风清气正。要完善监督机制，从严从实加强监督检查，用少数地方破坏选举、拉票贿选等典型案例警示在前，及时处置违反换届纪律的信访反映，严格把好党员领导干部廉政审查关。必须严肃组织纪律，对拉帮结派、拉票贿选、买官卖官、跑官要官、造假骗官、违规用人和跑风漏气、说情打招呼、干扰换届等违反换届纪律的行为，严肃执纪、严格问责，典型案例及时通报曝光，坚决维护换届纪律的严肃性。

加强党风廉政法规制度建设。认真贯彻执行即将修订的《中国共产党党内监督条例》《中华人民共和国行政监察法》。盯住权力集中、资金密集、资源富集的部门和岗位，健全完善制度，扎紧制度笼子，从源头上防治腐败和不正之风。督促加大权力清单、责任清单、负面清单落实力度，确保权力公开透明依法运行。

（二）层层传导压力，坚决落实全面从严治党主体责任

狠抓责任落实。党的领导是中国特色社会主义最本质的特征，坚持党的领导关键在加强党的建设，推进党的建设必须坚定不移正风肃纪、反腐惩恶。要准确把握坚持党的领导、加强党的建设、全面从严治党、推进党风廉政建设和反腐败斗争之间的关系。全面从严治党是党的建设的重要组成部分，但不是全部；党风廉政建设和反腐败斗争是全面从严治党的重要组成部分，但也不是全部。全面从严治党，要靠全党、管全党、治全党。全市各级党组织要切实担负起主体责任，强化领导核心作用，做到真管真严、敢管敢严、长管长严，进一步强化动员和督促，层层传导压力，层层分解责任，实现责任下移、工作下延，把党要管党、从严治党各项要求落实到市、县（市）区、乡镇（街道）和村（居）各级各部门的党组织。要把握和运用好“四种形态”，把党的领导体现在日常管理监督中，敢于较真，注重日常，抓早抓小，使红红脸、出出汗成为常态，对问题严重的，该组织处理的组织处理，该纪律处分的纪律处分。各级纪委特别是县（市）区和乡镇（街道）纪委（纪工委）要全面履行监督责任，常委班子成员要定期约谈下级党委、纪委主要负责人。不断改进和完善党风廉政建设责任制考核方式，强化考核结果运用，把考核结果作为领导干部考核、奖惩、选拔任用的重要依据。继续开展领导干部述廉述责，实现县（市）区党政主要领导、市政府组成部门主要负责人向市纪委全会述廉述责全覆盖。

严肃责任追究。把问责作为全面从严治党的重要抓手，进一步健全责任追究情况定期报告、典型问题公开通报制度，让失责必问成为常态。对执行党的路线方针政策不力，管党治党主体责任缺失、监督责任缺位，“四风”和腐败问题多发频发，选人用人失察、任用干部连续出现问题，巡视整改不落实的，都要严肃追究责任，实行“一案双查”，综合运用批评教育、诫勉谈话、通报批评、组织处理、纪律处分等方式，主体责任和监督责任一起追究，领导责任和党组织的责任一起追究。

（三）坚持不懈一抓到底，决不让“四风”反弹回潮

突出重点，狠抓节点。坚持严防死守，经常抓、反复抓，紧盯年节假期，一个节点一个节点坚守；管住重要环节，一个问题一个问题解决。坚持以上率下，看住“关键少数”。集中整治违规公款吃喝、收送礼金红包、滥发钱物、借婚丧喜庆事宜敛财等突出问题，使中央八项规定精神落地生根。强化公务用车制度改革政策执行情况监督检查。对在执纪审查中发现的“四风”问题线索，要深挖细查、决不放过。紧盯“四风”新动向新表现，对苗头性问题决不放过，对隐形变异的“四风”问题要从重、从速处理，对不收手、不知止，规避组织监督的一律从严查处，越往后执纪越严。

深入开展“为官不为”等纪律作风问题专项治理。对党员干部身上存在的“影响改革发展稳定环境”“庸懒散拖、审批难、办事难”“滥用职权、办事不公”“怕担风险、怕担责任”等突出问题加大查处力度，坚决做到发现一起、查处一起、曝光一起，促使党员干部认真履行工作职责，转变工作作风，积极主动为民办实事、办好事，努力营造干事创业的良好环境。

强化自律意识，弘扬优良作风。各级党组织要把贯彻《准则》作为改进作风的重要抓手，引导党员干部自觉培养高尚道德情操、抵制不良风气。各级党员领导干部要注重家风建设，带头践行良好作风，大力弘扬优秀传统文化，推动社会风气持续好转。从解决“四风”问题和领导干部不严不实问题延伸开去，努力改进思想作风、学风、工作作风、领导作风、干部生活作风，使党的作风全面好起来。

（四）力度不减、节奏不变，持续保持遏制腐败的高压态势

坚决遏制腐败蔓延势头。坚持反腐无禁区、全覆盖、零容忍，把握力度和节奏，突出“三类重点人”，牢牢把握“三个重要时间节点”，紧盯矿产资源开发、土地出让、工程招标、政府采购、国有产权交易、集体资产处置、民生资金管理使用、行政审批、选人用人、国企经营等重点领域，继续深入开展“六个严禁”专项整治，坚持铁腕反腐，形成持续威慑。

改进监督执纪方式。把运用好“四种形态”作为检验工作的标准，实现惩处极少数、教育大多数的政治效果和社会效果。严格分类处置问题线索，清理暂存线索，坚决把存量减下来；切实把纪律和规矩挺在前面，扩大谈话函询覆盖面，使咬耳扯袖、红脸出汗成为常态，让党纪轻处分、组织调整成为大多数，重处分、做出重大职务调整的是少数，严重违纪涉嫌违法立案审查的只是极极少数，坚决把增量遏制住。加大对“一把手”的监督力度，破解“一把手”监督难题。把巡视、司法、审计、信访发现的问题线索作为执纪审查的重要源头，以纪律为尺子，提高分析研判质量。一般性问题要与本人见面，谈话提醒、函询核实；对指向性明确的问题要扎实做好初核；审查谈话要体现思想政治工作水平、对事实深入细致的把握；审查和审理报告不仅要列明违纪事实，还要反映其对所犯错误的认识，附上忏悔录和违纪事实见面材料。

体现纪律审查的政治性。审查纪律就是政治纪律，必须从政治和全局上把握纪律审查工作。坚持党纪面前人人平等，严明纪律要求，严格执行重大事项报告和回避、保密等制度。严把纪律审查的事实关、证据关、定性关、量纪关、程序关。认真执行纪律审查安全情况半月报告制度，制定出台安全事故追究办法。加强违纪资料和款物管理，加大抽查力度，落实监管责任。坚决查处私存线索、私存涉案款物、以案谋私、跑风漏气等行为。把保障审查对象人身安全的责任落实到岗、责任到人，坚决守住不发生事故的底线。

（五）深入推进纪律检查体制改革，健全监督机制

落实查办腐败案件以上级纪委领导为主。认真执行向上级纪委报告线索处置和执纪审查情况制度，加强对上报情况的综合分析和监督指导，防止“只报不管”。对瞒报、漏报和不按规定及时报告的，要依规依纪进行处理，严肃追究责任。

推进县级纪委机构改革，强化派驻监督。按照中央纪委和省纪委的统一部署，积极稳妥、科学合理的推进县级纪委内设机构改革调整。采取单独派驻或归口派驻方式，向市委和市级国家机关全面派驻纪检机构，实现统一名称、统一管理。派驻机构要发挥“派”的权威和“驻”的优势，建立健全派驻机构负责人与驻在部门和归口监督单位领导班子成员及其他干部进行廉政谈话和约谈等制度，从问题线索抓起，把监督触角延伸到前端，发现苗头就及时谈话提醒，有了问题就马上处理，严重违纪就要立案查处。对重大问题该发现没发现就是失职，发现问题不报告不处置就是渎职，都要追究责任。纪检组长要聚精会神干纪检，经常与被监督单位党组（党委）书记交换意见、通报问题。派驻干部要强化派驻意识，敢字当头、无私无畏。

持续开展专项纪律检查。强化监督的再监督、检查的再检查，把专项纪律检查作为加强日常监督的有效方法，推进专项纪律检查常态化。坚持跟进市委、市政府重大部署的实施和“三重一大”决策制度的落实，以贯彻落实上级工作是否合拍、项目和制度建设是否合规、资金使用是否合理、工程质量是否合格、满足群众期望是否合意为标准，开展专项纪律检查。探索建立在重大突发事件、重要专项工作中有效监督执纪问责的工作制度，着力发现和查处重大决策实施、重大项目落地、重大资金运作、重点工作落实中存在的玩忽职守、失职渎职和违规违纪问题。

（六）切实加强基层党风廉政建设，坚决整治和查处侵害群众利益的不正之风和腐败问题

责任压到基层。把解决好群众身边的不正之风和腐败问题作为加强基层党风廉政建设的重要切入点，强化问题线索梳理，对发现的问题实行台账管理、整改销号，对性质比较严重、影响比较恶劣或群众反映强烈的典型问题进行重点督办、限期办结、定期曝光，坚决遏制基层不正之风和腐败蔓延势头。县乡党委要发挥关键作用，县乡纪委要把查处侵害群众利益的不正之风和腐败问题作为主要工作任务，督促有关职能部门加强管理监督，严肃问责失职渎职行为。

加大对侵害群众利益问题的查处力度。重点查处和纠正超标准超范围向群众筹资筹劳、摊派费用，违规收缴群众款物或处罚群众，克扣群众财物、拖欠群众钱款的突出问题；集体“三资”管理、城中村违法建设背后的腐败问题；土地征收和惠农等领域强占掠夺、贪污挪用等严重问题；扶贫救助、社保等领域虚报冒领、优亲厚友、截留私分、挥霍浪费等严重问题。在办理涉及群众事务时作风粗暴、吃拿卡要甚至欺压群众的违纪行为。严肃查处基层

和农村党员干部公款旅游、违规公款吃喝等问题。

加强基层监督。充分发挥纪检监察政法信访“四级联动”监督平台的作用，畅通群众诉求渠道，及时受理和解决群众诉求。引导群众借助网络、微信等新技术平台，实现对群众身边不正之风和腐败问题的实时监督。制定对乡镇（街道）党政正职、村（社区）党支部（党总支、党委）书记和主任加强监督的规定。整合乡镇纪委和村（居）务监督委员会的职能，推进基层党务公开、村（居）务公开工作，坚决遏制住群众身边的“四风”和腐败问题发生。

三、打造忠诚干净担当的纪检监察干部队伍

严管就是厚爱，信任不能代替监督。全市纪检监察机关要牢固树立监督者更要自觉接受监督的意识，坚持把加强队伍自身建设放在更加突出的位置，认真践行“三严三实”和“忠诚干净担当”的要求，严格教育管理，严明纪律规矩，着力打造一支忠诚干净担当的高素质纪检监察队伍。

不断深化拓展“三转”。推动“三转”向县（市）区和乡镇（街道）基层延伸，坚持把纪律挺在前面与深化“三转”有机结合，坚持把突出执纪特色、提高执纪效果作为“三转”的目标要求，以更高的要求、更严的标准、更实的举措，加大工作力度，全面履行职责，聚焦再聚焦，定位再定位，切实发挥好党内监督专门机关的作用。

做好纪委换届工作。按照省委和市委的统一安排，落实三个提名考察办法，会同党委组织部门认真做好各级纪委换届工作。严格贯彻干部选拔任用工作条例，把政治强、作风硬、德才兼备、敢于担当的干部选拔进各级纪委领导班子，进一步优化纪委常委会结构。要扩大选人用人视野，把纪检监察干部放到全市党员干部中统筹选拔使用，加大系统内外交流力度，进一步畅通纪检监察干部进出口渠道，不断增强干部队伍的生机和活力。

全面增强履职能力。适应新形势新任务，加大纪检监察干部培训力度，深度领会把握党纪党规和条例法律，提高政策理论水平和业务能力。深入践行把纪律挺在前面的要求，紧紧围绕监督执纪问责、实践“四种形态”，转变理念思路，改进工作方式，在监督对象上从盯住少数向监督全覆盖转变，在监督内容上从盯违法向盯违纪转变，在监督手段上从单打一向多样化转变，在工作机制上从各自为政向协同推进转变。立足当前纪检监察工作中事关全局的重大问题，注重归纳总结，加强实践性课题研究。加强党风廉政建设宣传工作，重视舆情分析和引导，把握工作主动权。加快纪检监察机关信息化建设步伐，实现市县两级以及派驻机构纪检监察专网互联互通。

切实转变工作作风。巩固和深化“三严三实”和“忠诚干净担当”专题教育成果，狠抓作风转变。纪检监察干部要爱岗敬业、保持激情，树立强烈的事业心和责任感，坚决纠正颐指气使、口大气粗、作风散漫、办事拖拉等问题，真正做到情况明、数字准、责任清、作风正、工作实。深入基层、深入群众、深入实际，推动扶贫攻坚“挂包帮”“转走访”工作有效落实。加强纪检监察机关党组织建设，充分发挥机关党委、纪委作用，以党的建设带动各项工作深入开展。

带头严守纪律规矩。坚持全面从严治党，把纪律挺在前面，必须先从纪检监察机关自身做起。全市纪检监察机关要严字当头，强化自我监督，加强党内监督，接受社会监督。各级纪检监察机关领导干部干事要担当，管人也要担当，必须对干部的教育、管理、监督切实负责，抓班子、带队伍。纪检监察干部要讲政治、顾大局，讲纪律、守规矩，讲正气、树形象，做遵守纪律的标杆，要求党员干部做到的，自己坚决首先做到；禁止党员干部做的，自己坚决不做。要坚决克服“家丑不可外扬”思想，进一步完善内部监督制约机制，充分发挥干部监督机构的作用，对碌碌无为、不敢抓不敢管的纪检监察干部，坚决撤换调整；对履职不力、责任缺失引发严重后果的严肃问责；对擅作取舍、选择性办案，甚至胆大妄为，执纪违纪，办人情案、关系案、金钱案的，发现一起，查处一起，坚决清理门户，保持纪检监察干部队伍的先进性、纯洁性。

2015年昆明市组织机构及负责人名录

中共昆明市委

书　　记　高劲松（至4月）
　　　　　程连元（7月起）
副 书 记　李文荣（至10月）
　　　　　王喜良（10月起）
　　　　　应永生
　　　　　拉玛·兴高（2月起）
常　　委　李文荣
　　　　　应永生
　　　　　何　刚
　　　　　王敏正
　　　　　方兴国
　　　　　谢新松（至3月）
　　　　　熊瑞丽（至11月）
　　　　　柳文炜
　　　　　彭　琪（至7月）
　　　　　盛高举（7月起）
　　　　　金幼和（7月起）
　　　　　关清华（挂职，至12月）
　　　　　常树奇（挂职，9月起）
秘 书 长　柳文炜
副秘书长　张先宝
　　　　　袁培文（至1月）
　　　　　肖　樱
　　　　　徐正林
　　　　　李富贵（至10月）
　　　　　李福军
　　　　　宋晓林
　　　　　张树宝（挂职，11月起）
　　　　　张士华（挂职，11月起）
　　　　　连文胜（挂职，11月起）
　　　　　陈铸武（10月起）

昆明市人大常委会

主　　任　杨远翔
副 主 任　金志伟（1月起）
　　　　　田　翎（至8月）
　　　　　夏　静
　　　　　戚永宏
　　　　　马凤伦（1月起）
　　　　　郭子贞
秘 书 长　吴庆昆
副秘书长　赵兴旺
　　　　　叶亚光
　　　　　孟少波
　　　　　李庆平
　　　　　崔　猛

昆明市人民政府

市　　长　李文荣（至10月）
代 市 长　王喜良（10月起）
常务副市长　何　刚
副 市 长　谢新松（至4月）
　　　　　关清华（挂职，至12月）
　　　　　王道兴
　　　　　孟庆红（2月起）
　　　　　何　波（至4月）
　　　　　阮凤斌
　　　　　赵立功（至8月）
　　　　　王　宇（8月起）
　　　　　杨　皕
　　　　　王春燕
　　　　　杨勇明（至4月）
　　　　　刘　兵（挂职，10月起）
　　　　　陈小男（挂职，10月起）
　　　　　龚晓坤（挂职，2月起）
市长助理　李河流
秘 书 长　胡炜彤
副秘书长　夏俊松
　　　　　李　江（12月起）
　　　　　和丽川（至2月）
　　　　　林远辉
　　　　　王国亮（11月起）
　　　　　李绍俊
　　　　　尹旭东（至12月）
　　　　　陈树发
　　　　　李英杰（至12月）
　　　　　李先祥（至12月）
　　　　　孙　杰
　　　　　郭志宏（12月起）
　　　　　陈　江（2月起）
　　　　　甘　红（7月起）
　　　　　陈　江（2月起）
　　　　　王亚芳（12月起）
　　　　　沃　磊

政协昆明市委员会

主　　席　田云翔
副 主 席　张建伟
　　　　　陆玉珍（至12月）
　　　　　汪叶菊
　　　　　杨品才
　　　　　常　敏
　　　　　朱　燕（1月起）
秘 书 长　周　忻
副秘书长　刘志军
　　　　　鲁云宏
　　　　　王家志
　　　　　李　鸿

昆明市纪委

书　　记　应永生
副 书 记　王敏俊
　　　　　王光明（至3月）
　　　　　周红斌
　　　　　李寿志（12月起）
常　　委　应永生
　　　　　王敏俊
　　　　　王光明（至3月）
　　　　　周红斌
　　　　　李寿志（12月起）

张　林（至1月）
郑　楠
付　文（至10月）
段增华（1月起）
王晓军（1月起）

市中级人民法院

院　　长　罗朝峰
副 院 长　郑　平（至10月）
董　林
安　静
周传彪
袁学红（至4月）
尹德坤（4月起）
夏静良（11月起）

市人民检察院

检 察 长　沈曙昆（至6月）
王亚锋（6月起）
副检察长　毕春华
李云峰
张　黎
赵　明
王凯石

反渎职侵权局

局　　长　董　毅（至3月）

城郊地区人民检察院

院　　长　陈　智（至4月）
彭君明（4月起）

市委各部委办局

办公厅

主　　任　张先宝
副 主 任　曾　清
张　伟
杜　文

组织部

部　　长　彭　琪（至7月）
盛高举（7月起）
常务副部长　李　康（至11月）
武　斌（11月起）
副 部 长　张玉宁
杨爱武（11月起）
赵云平（兼，至10月）
姚振康（兼）
部务委员　赵增昆（至8月）
戚本福
李文斌（10月起）

招商引资考核办公室

主　　任　李　康（兼，至11月）
副 主 任　郑传贵
张宗能（兼）

人才工作领导小组办公室

副 主 任　李晋红

党员教育中心

主　　任　廖助宁

非公有制经济组织和社会组织工作委员会

书　　记　杨爱武
专职副书记　司朝明
赵　武（1月起）

党代表联络办

主　　任　李俊涛（至11月）

宣传部

部　　长　金幼和（7月起）
常务副部长　李绍鹏（至10月）
杨凤华（11月起）
副 部 长　杨凤华（至11月）
冯　皓（11月起）
马　谦
部务委员　陈　波
黄　杰

统战部

部　　长　熊瑞丽（至11月）
常务副部长　毕昆闽
副 部 长　蔡永福
贾玉华
黄世建
部务委员　应江辉
王学艳（至12月）

台办

主　　任　冯美琼
副 主 任　高云龙

政法委

书　　记　金志伟（至2月）
拉玛·兴高（2月起）
常务副书记　刘文义
副 书 记　郎　佳
朱彬彬
赵立功（兼，至8月）
罗朝峰（兼）
沈曙昆（兼，至6月）
兰　昆（兼，至12月）
王亚锋（10月起）
委务委员　杨汉云（至12月）
董嘉毅

市委610办

主　　任　吴　疆
副 主 任　夏　佳

市维稳办

专职副主任　杨晓红

市综治办

主　　任　刘文义（兼）
副 主 任　祝建昆
毛映红

市依法治市办

副 主 任　谭宜波（11月起）

政研室

主　　任　龚志龙（至1月）
副 主 任　易建华
陈　涛
李　玥

市级机关工委

书　　记　陈光辉
副 书 记　夏惠琼
唐继文

编办
主　　任　姚振康（兼，至12月）
　　　　　唐　琪（12月起）
常务副主任　陈一杰
专职副主任　缪　军（至11月）
　　　　　王　昆

事业单位登记管理局
局　　长　郭加强

保密局
局　　长　王建荣
副 局 长　黄玉林

机要局
局　　长　王　琳
副 局 长　房文利（1月起）

老干局
局　　长　赵云平（至10月）
　　　　　张玉宁（10月起）
副 局 长　张跃华（至1月）
　　　　　张　宏
　　　　　崔云聪
　　　　　唐晓越（3月起）

信访局
局　　长　王国亮
副 局 长　杨四毅
　　　　　杨　薇
　　　　　柯旭波
　　　　　张光明（兼）

党史研究室
主　　任　张丽仙（1月起）
副 主 任　张丽仙（主持工作，至1月）
　　　　　田东山
　　　　　赵国华

农办
常务副主任　杨　凡（至11月）
副 主 任　刘正海
　　　　　何艳波

外宣办（市政府新闻办）
副 主 任　黄凤昆

文明办
主　　任　杨凤华（兼）
副 主 任　陈志强
　　　　　王文萍

网信办
副 主 任　吴豫昆

文产办
专职副主任　普跃英

党校
校　　长　应永生（兼）
常务副校长　范光华
副 校 长　蔡　杰
　　　　　许绍忠
　　　　　陈向红
　　　　　顾　巍（1月起）
党委书记　范光华
副 书 记　苏秀琼

市人大各机构

办公厅
主　　任　赵兴旺
副 主 任　胡思明
　　　　　何金典

法制委员会（法制工作委员会）
主任委员　雪　都（至12月）
　　　　　兰　昆（12月起）
副主任委员　程悦亮
　　　　　杨　棱

财政经济委员会（财政经济工作委员会）
主任委员　赵　飞
副主任委员　吴卫东

城乡建设环境保护委员会（城乡建设环境保护工作委员会）
主任委员　汪天祥
副主任委员　陈卫芳

内务司法委员会（内务司法工作委员会）
主任委员　王有祥
副主任委员　王　骏

教育科学文化卫生工作委员会
主　　任　寸　东
副 主 任　王本晋
　　　　　杨建平

民族宗教工作委员会
主　　任　丁　伟
副 主 任　段跃红

外事华侨工作委员会
主　　任　周　凡
副 主 任　陈　敏

人事代表工作委员会
主　　任　李建平
副 主 任　曹长福
　　　　　张昆丽

农业工作委员会
主　　任　韩成富（至12月）
　　　　　马慈明（12月起）
副 主 任　杨　凤

研究室
主　　任　李庆平

市政府各委办局

办公厅
主　　任　夏俊松
副 主 任　周学庆
　　　　　厉鸿华
　　　　　罗　峻

发展和改革委员会
主　　任　李肇圣
副 主 任　田　斌
　　　　　戴惠明
　　　　　耿　链
　　　　　毕绍刚

总经济师　高淑霞

工业和信息化委员会
主　　任　陈　浩
副 主 任　杨新文
　　　　　罗　云
　　　　　锁良勇
　　　　　周正和
总经济师　李建书
总工程师　阳书文

无线电管理委员会
专职副主任　和松华

中小企业服务中心
主　　任　杨丽琼

教育局
局　　长　刘绍安
副 局 长　王　坚（至1月）
　　　　　穆仁早
　　　　　李瑞林
　　　　　方　宁
　　　　　顾　巍
　　　　　龚利春（2月起）
　　　　　蒋坚桥（3月起）
　　　　　赵灿东（挂职）
　　　　　董　萍（挂职）
党委书记　刘绍安
副 书 记　鲁再国

教育督导团办公室
主　　任　孙　晖

招生考试院
院　　长　张文伟

科学技术局
局　　长　刘燕琨
副 局 长　马文森
　　　　　翟　斌
　　　　　成小兵
　　　　　周　康

知识产权局
局　　长　叶　明（4月起）

民族宗教事务委员会（11月起）
主　　任　李忠德
副 主 任　陈　浩
　　　　　土绍芳
　　　　　夏　梦

民族事务委员会（至11月）
主　　任　李忠德
副 主 任　马宏谋（至11月）
　　　　　陈　浩
　　　　　土绍芳

民族工作队
队　　长　毕文兴（至11月）

公安局
局　　长　赵立功（至8月）
　　　　　王　宇（8月起）
副 局 长　王　伟
　　　　　杨劲松
　　　　　杜俊超
　　　　　张玉明
　　　　　杨建军
　　　　　徐　猛
　　　　　陈汝波（兼）
党委书记　赵立功（至8月）
　　　　　王　宇（8月起）
副 书 记　王　伟
　　　　　阚书泉

交警支队
支 队 长　刘　刚（至1月）
副支队长　杨　明
　　　　　毕　伟
　　　　　袁满荣
政　　委　金志锋

消防支队
支 队 长　张国建（至1月）
　　　　　李庆渝（1月起）
副支队长　杨新发（至8月）
　　　　　卢胜祥（至8月）
　　　　　刘关能
　　　　　姜孝国（至7月）
　　　　　曹　卿（8月起）
　　　　　周　华（8月起）
政　　委　赵　俊
副 政 委　李　平

监察局
局　　长　王敏俊
副 局 长　周红玉
　　　　　段增华（2月起）

民政局
局　　长　张正平
副 局 长　吴智峰
　　　　　马正权
　　　　　马金华
　　　　　林　华
党委书记　张正平
副 书 记　桂辉武

司法局
局　　长　刘婉秋
副 局 长　李继华
　　　　　陈　波
　　　　　赵　勇
　　　　　袁　玲
党委书记　刘婉秋
副 书 记　李继华
　　　　　宋　玫

市强制隔离戒毒所
所　　长　陈　波
政　　委　发家兵

财政局
局　　长　马凤伦（至1月）
　　　　　和丽川（2月起）
副 局 长　焦振华
　　　　　陈　静
　　　　　徐郑峰
　　　　　龙小海
　　　　　邹荣付
　　　　　邓文敏（挂职，12月起）

人力资源和社会保障局
局　　长　姚振康
副 局 长　张　庆
　　　　　闫晓陵
　　　　　杨　雄

何文明
黄　梅（3月起）

社会保险局
局　长　杨学勇

医保中心
主　任　李卫明

人才服务中心
主　任　吴　迪（至3月）

就业局
局　长　龚成杰

劳动仲裁院
院　长　王　静

外专局
局　长　郭越媛

军培中心
副主任　许玉文

劳动监察支队
队　长　王正军

公务员局
副局长　吴　俊（4月起）

国土资源局
局　长　周兴舜
副局长　陈茂林
赵　宏
刘　宁
胡光普
党委书记　周兴舜
副书记　刘　翔

执法支队
支队长　魏黎明
副支队长　高　原
政　委　郭崃桦

住房和城乡建设局
局　长　陈　伟
副局长　何毅刚
李　波
朵　雯
刘　鲁
党委书记　陈　伟
副书记　莫映珠

交通运输局
局　长　高中建
副局长　赵　毅
陈　勇
袁　俊
吴永芳
任有贵
线允江（兼，12月起）
党委书记　张　姝
副书记　姜登锟
总工程师　游　苇

水务局
局　长　储汝明
副局长　王顺伟
龚询木
刘锐钢
杨金仑
总工程师　邱云生

防汛抗旱指挥部办公室
主　任　武德方

农业局
局　长　蔡德生
副局长　鲁秉泉
倪　森
齐超英（至3月）
习再兰
胡凤益（至10月）
党委书记　蔡德生
副书记　贺丽君

动物卫生监督所
所　长　谢　红（至8月）

动物疫病预防控制中心
主　任　金卫华

林业局
局　长　曾令衡
副局长　杨国荣
杨景先
张建坤
耿成兴（3月起）

绿化办
专职副主任　马陆章

防火办
主　任　荣佑林
常务副指挥长　曾令衡
专职副指挥长　耿成兴（3月起）

森林公安局
局　长　王　翊
副局长　张绍辉（至3月）
雷　刚
邹　彧
政治处主任　张明慧

轿子山管理局
局　长　张映华
副局长　马玉春
蒋儒坤

投资促进局
局　长　桂　春
副局长　谭爱苹（兼）
张宗能
骆晓林
孙晓强
党组书记　谭爱苹

中共昆明市外地驻昆机构工委
书　记　谭爱苹
副书记　何　英

文化广播电视体育局
局　长　戴　彬
副局长　李安民
徐艳波
朱金玉
李　燕（3月起）

党委书记　赵健吾
副书记　潘锐云

卫生局（至11月）
局长　许勇刚（至2月）
　　龚志龙（4月起）
副局长　解嘉鸿
　　李华生
　　李　凌
　　常　敏（兼）
　　冯　凌（兼，至11月）
党委书记　许勇刚（至1月）
　　龚志龙（4月起）
副书记　赵永勤（11月起）

计生委（至11月）
副主任　马红军
　　秦　芸
　　张必明

卫生计生委员会（11月起）
主任　龚志龙
副主任　李华生
　　马　涛（12月起）
　　马红军
　　李　凌
　　秦　芸
　　张必明
党委书记　龚志龙
副书记　赵永勤

审计局
局长　李冰晶
副局长　林　英
　　后文杰
　　王　雷
　　易迎霞（至1月）
总审计师　陈　林
党组书记　郭增敏

规划局
局长　尹旭东
副局长　牟　辉
　　林　卫
　　敖　梅
　　陈　汉
党委书记　尹旭东
副书记　杜凤春

城市管理综合行政执法局
局长　陈剑平
副局长　邓卫东（兼）
　　龙　苗
　　王　俊（3月起）

综合行政执法支队
支队长　邓卫东（4月起）
政委　朱靖文

数字化城市管理办公室
主任　陈剑平（兼）
副主任　邓卫东（兼）

环境保护局
局长　刘跃进
副局长　高志刚
　　虎　龙
　　肖　丁
　　和　矛
　　陈　嵩（3月起）

环境科学研究院
院长　陈　嵩（至3月）

统计局
局长　吕　志
副局长　袁　勤
　　黄海风
　　张　蕾
　　王光玉（3月起）
总统计师　白雄文

旅发委
主任　黄峻峰（至12月）
副主任　林克俭
　　王　军
　　付一民

旅游监察支队
支队长　张　波

宗教局（至11月）
局长　马慈明
副局长　马　涛
　　马玉琼
　　夏　梦

外事侨务办
主任　吕天云（至12月）
副主任　许昌明
　　张晓明
　　何云屏

园林绿化局
局长　焦延田
副局长　李建安
　　高朝俊
党委书记　焦延田
副书记　涂国尧

粮食局
局长　张丽琼
副局长　潘建刚
　　高玉英
　　杨亚娟
党委书记　张丽琼
副书记　常顺启

商务局
局长　洪　莺（至2月）
　　李云周（2月起）
副局长　潘加智
　　董锦元
　　完同良
　　黄　焰（4月起）

商务行政执法支队
支队长　张革胜

滇池管理局（滇池保护委员会办公室）
局长　柳　伟
副局长　王延春
　　王丽华
　　赵志德
　　但文德（3月起）

滇池管理综合行政执法局
局长　柳　伟（兼）
副局长　董建平

防震减灾局

局　　长　勒树才（11月起）

副 局 长　毕小忠
　　　　　勒树才（至11月）
　　　　　蒋静蓉

气象局

局　　长　李文祥

副 局 长　赵元茂
　　　　　王占良

安全生产监督管理局

局　　长　潘开平

副 局 长　杨振武
　　　　　王厚江
　　　　　李光勇
　　　　　和建军（挂职，至3月）

国资委

主　　任　李　强

副 主 任　王晓静
　　　　　薛　高
　　　　　李　辉（3月起）

党委书记　李　强

副 书 记　程学昆

移民开发局

局　　长　徐绍勇（至3月）

副 局 长　杨　力
　　　　　韩小艳
　　　　　李　祥（至2月）

机关事务管理局

局　　长　冉德涛

副 局 长　杨　勇
　　　　　朱绍格
　　　　　苏建民
　　　　　徐　春

档案局（馆）

局(馆)长　李　蔚

副局(馆)长　李蜀昆
　　　　　刘毅秋

食品药品监督管理局

局　　长　杨　柱（至12月）

副 局 长　李　勤
　　　　　李勤裕
　　　　　张云海
　　　　　王庆华

水文水资源局

局　　长　肖　林

测绘管理中心

主　　任　赵　宏

副 主 任　吴俐民

金融办

主　　任　左　晖

副 主 任　缪　丹（至11月）
　　　　　陈　晓
　　　　　付　文（11月起）
　　　　　董　姣（3月起）

法制办

主　　任　刘　毅

副 主 任　汪　敏
　　　　　明　晓
　　　　　朱广祥

研究室

主　　任　孙　宏

副 主 任　刘建军（至3月）
　　　　　张鸿飞
　　　　　陈垠宏（3月起）
　　　　　李　涛（挂职，至3月）

接待办

主　　任　肖　樱

副 主 任　杨秀峰
　　　　　郭琴贤

扶贫办

主　　任　李春明（至11月）
　　　　　杨　凡（11月起）

副 主 任　李　文
　　　　　薛光文
　　　　　张连荣

人防办

主　　任　尚建国（至6月）

副 主 任　刘寿华
　　　　　张　慧

政务服务管理局

局　　长　李先祥（兼，至12月）
　　　　　李　江（兼，12月起）

副 局 长　张洪安（11月起）
　　　　　王　佳
　　　　　杨俊杰（11月起）
　　　　　姚燕梅

市长热线办

主　　任　张立涛

副 主 任　张仲才
　　　　　王智明

双拥办

专职副主任　仲　华

参事室

主　　任　汪云兰

副 主 任　杨　武

烤烟办

主　　任　李德荣

市志办

主　　任　严宏纲

副 主 任　字应军
　　　　　李　洪

供销社

主　　任　张文俊

副 主 任　唐明才（至10月）
　　　　　蒋　伟（4月起）

党委书记　张文俊

副 书 记　林　颖
　　　　　罗燕平

市公共资源交易监管会办公室

主　　任　张洪安

副 主 任　杨俊杰

市政协各机构

办公厅

副 主 任　周建新
　　　　　苏国有
　　　　　杨武振

提案委员会
主　　任　何　燕
副 主 任　孙美丽
　　　　　汪云兰（兼）
　　　　　李为民（兼）

文史委员会
主　　任　徐力争
副 主 任　张　骞
　　　　　李安民（兼）
　　　　　李永坤（兼）
　　　　　王　波（兼）

教文卫体委员会
主　　任　李云保
副 主 任　李　云
　　　　　解嘉鸿（兼，至12月）
　　　　　梁永实（兼）
　　　　　尹　俊（兼）

经济科技委员会
主　　任　李昆敏
副 主 任　张海峰
　　　　　苟光清（兼）
　　　　　倪　森（兼）
　　　　　翟　斌（兼）
　　　　　张学平（兼）

城乡建设环境保护委员会
主　　任　李旭东
副 主 任　王学斌
　　　　　何　毅（兼）
　　　　　牟　辉（兼）
　　　　　刘琍琍（兼，至1月）

社会法制委员会
主　　任　李旭升
副 主 任　卢志强
　　　　　彭萍安（兼，至3月）
　　　　　朱树位（兼）
　　　　　董　林（兼）

联络委员会
主　　任　王雄伟
副 主 任　石美珍（至3月）
　　　　　王明瑶（3月起）
　　　　　蔡永福（兼）

民族宗教委员会
主　　任　木志群

研究室
副 主 任　黄爱玲
　　　　　冯月波

驻昆有关单位

工商行政管理局
局　　长　湛　江
副 局 长　张学平
　　　　　常晋云（至3月）
　　　　　傅晋利（至3月）
　　　　　陈志良（至3月）
　　　　　姜　柯
　　　　　陆　弋（5月起）
　　　　　邓永斌（5月起）
　　　　　张建华（9月起）

国税局
局　　长　陈志平
副 局 长　董　野
　　　　　范一非
　　　　　王　斌
　　　　　丁　昆

地税局
局　　长　周　权
副 局 长　康　焰
　　　　　袁　忠
　　　　　张　勇（至11月）
　　　　　管彦军
　　　　　杨春龙（11月起）

邮政管理局
局　　长　钱允江（10月起）
副 局 长　赵　跃
党委书记　张松涛

昆明供电局
局　　长　龚建平（至3月）
　　　　　汤寿泉（3月起）
副 局 长　杨　斌
　　　　　罗小强
　　　　　段学民（至12月）
　　　　　吉德志
　　　　　李永辉
党委书记　邹立峰（至3月）
　　　　　汤寿泉（3月起）

质量技术监督局
局　　长　赵　文
副 局 长　陈向明（至3月）
　　　　　梁承波
　　　　　金　明（3月起）

住房公积金管理中心
主　　任　饶利萍
副 主 任　余茂先
　　　　　李志华
　　　　　杨克军
　　　　　段　兴

新闻单位、大专院校

昆明报业传媒集团
董 事 长　姚　宏
党委书记　姚　宏
副 书 记　钱丽雯（1月起）

昆明日报社
总　　编　姚　宏
副 总 编　闵晓阳
　　　　　刘光平
　　　　　彭　涛（1月起）
党委副书记　钱丽雯（至1月）

昆明信息港管委会
主　　任　张稼文（1月起）
副 主 任　张稼文（至1月）

昆明广播电视台
董 事 长　房旭东
总 经 理　罗　飙

昆明广播电视网络有限责任公司
执行董事　王建又
总 经 理　田　文
副总经理　史　为

罗　焰
谢　进
杨　斌（至12月）
党委副书记　邹金凯

昆明学院
院　　长　蒋永文（至2月）
何　华（2月起）
副 院 长　李　翔
熊　晶
刘海发
董建华
郭　华
李　立
党委书记　陈世波
副 书 记　蒋永文（至2月）
何　华（2月起）
孙　勇
李媛芬

国有企业

烟草专卖局
局　　长　吴永明
副 局 长　陈　智
党委书记　吴永明
纪委书记　普国荣

烟草公司
经　　理　吴永明
副 经 理　郭　宏
杨永平
邓光新
郑志新

自来水集团公司
董 事 长　施　伟
副董事长　王炤平
总 经 理　白新玉
副总经理　王承坤
纳安如
陈　刚
方　勇
党委书记　施　伟
副 书 记　王炤平

公交（集团）有限责任公司
董 事 长　苗献军
总 经 理　高永生（至11月）
副总经理　陈瑞生
闫　忠
姜　犹
徐　昆
党委书记　苗献军
副 书 记　吴　艳

煤气（集团）控股有限公司
董 事 长　梁志德（至11月）
文　勇（11月起）
副董事长　莫绍波
总 经 理　文　勇（至11月）
高永生（11月起）
副总经理　李志强
樊兴祥
党委书记　陈　华

开发（度假）区

昆明高新技术产业开发区管委会
主　　任　王敏正
常务副主任　郭　松
副 主 任　赵戍军
裴演兵
赵小平
党工委书记　苏　宇
副 书 记　郭　松
王桂泽（至3月）
陈全季
何云虹（3月起）
纪工委书记　陈全季

昆明经济技术开发区管委会
主　　任　张　宁
副 主 任　谭翔浔
吴勇刚（至3月）
宋　栋
孟光寿
李丕方
李蔚玲
党工委副书记　张　宁
李　刚（至12月）
王富昌
纪工委书记　李　刚（至12月）

昆明滇池国家旅游度假区管委会
主　　任　罗建宾
副 主 任　王月冲
蔡正东
杨明俊
李　诚
党工委书记　罗建宾
副 书 记　王桂泽（3月起）
陈思瑾（1月起）
纪工委书记　陈思瑾（1月起）

呈贡新区管委会
主　　任　周峰越
第一副主任　尹家屏
常务副主任　李荣华
副 主 任　李俊民
杨　云
党工委书记　王春燕
常务副书记　周峰越
副 书 记　尹家屏
李荣华

昆明阳宗海管委会
主　　任　陈国惠
副 主 任　肖向飞
高建明
金炯平
巨春良
党工委书记　郭子贞（兼，至1月）
袁培文（1月起）
副 书 记　陈国惠
高建明
孙继华
李　凌（挂职，至8月）

昆明倘甸产业园区和轿子山旅游开发区管委会
副 主 任　张映华
程幼昆
肖真雷
汪洪忠
杨正龙
党工委书记　朱家健（1月起）

副书记 朱家健（至1月）
焦振华（挂职，至8月）
纪工委书记 杨树斌

民主党派

民革市委
主任委员 朱 燕
副主任委员 李为民

民盟市委
主任委员 夏 静（兼）
副主任委员 冯 刚（至12月）
武新文（兼，至12月）
孙 骥（兼）
叶 明（兼）
赵 坚（兼，12月起）
郭鹏群（兼，12月起）
李 霞（12月起）

民建市委
主任委员 高中建（兼）
副主任委员 钟 华
张汉举（兼）
詹亚平（兼）
石 磊（兼）

民进市委
主任委员 汪叶菊
副主任委员 刘燕琨（兼）
王 键（兼）
谢家放（兼）
余 平

致公党市委
主任委员 李冰晶
副主任委员 黄秋苹
王延春（兼）
蔡燕华（兼）
谷 欣（兼）
李 蔚（兼）

农工党市委
主任委员 杨品才
副主任委员 徐 辉
解嘉鸿（兼）
张明华（兼）
戴 彬（兼）

九三学社市委
主任委员 常 敏（兼）
副主任委员 王云伟（专职，12月起）
倪 森（兼）
陈增会（兼）
秦亚洁（兼）

群众团体

总工会
主 席 戚永宏
常务副主席 赵涤群
副主席 李 祥（2月起）
李 光（至11月）
李恪林
刘 辉（2月起）

团市委
书 记 欧明锋
副书记 姚海利
王彦彦（至3月）
胡永明（至10月）

妇联
主 席 杨文惠
常务副主席 万星宪
副主席 王朝晖
李 霞
王学艳（12月起）
张玉宁（兼）
毕春华（兼）
李 兰（兼）
金卫华（兼）
吕 卉（兼）

科协
主 席 齐 江
副主席 徐绍忠
张学华
李小昆

社科联
主 席 梁永实
副主席 李自明
赵 勇

社科院
院 长 梁永实

文联
主 席 王 蓉
副主席 李永坤
黄向静（至7月）

工商联（总商会）
主 席 杨勇明（至3月）
常务副主席 蔡永福
副主席 訾贵金
颜 语（兼）
赵云焜（兼）
王安康（兼）
阮鸿献（兼）
李云锁（兼）
任剑峥（兼）
苏平森（兼）
吴建国（兼）
朱景图（兼）
沈长虹（兼）
黄春荣（兼）
林剑峰（兼）
林时营（兼）
张金炉（兼）
袁永忠（兼）
梁 夏（兼）
金伟东（兼）
傅晋利（兼）
杨新文（兼）

侨联
主 席 朱 燕
副主席 毕娇娇
杨玺生

台联
会 长 姚韵梅（至12月）
冯美琼（兼，12月起）

残联

理 事 长　杨国泰
副理事长　庞　文
　　　　　聂　晶

红十字会

会　　长　杨　皕（兼）
常务副会长　陈　泓
副 会 长　冯　浩
　　　　　张琳林

市人口和计划生育协会

常务副会长　尹　俊
秘 书 长　杨　玫

金融系统

工商银行云南省分行营业部

总 经 理　倪　立
副总经理　闻玉璧
　　　　　陈金美
　　　　　张建刚
　　　　　李　燕
　　　　　高宏斌
　　　　　杨汉禹
　　　　　王书涛
纪委书记　陈金美

农业银行云南省分行营业部

总 经 理　郝云康
副总经理　蒋学才
　　　　　戴　晔
　　　　　张　辉
纪委书记　王庆清

建设银行云南省分行营业部

总 经 理　董晓威
副总经理　普　跃
　　　　　马锦林
　　　　　周　力
　　　　　刘　宁
党委书记　董晓威
纪委书记　马锦林

交通银行云南省分行

行　　长　李大军
副 行 长　李智斌
　　　　　陈志拴
　　　　　吴伟海
　　　　　周　东
　　　　　张　颖
党委书记　李大军
纪委书记　陈志拴

富滇银行

董 事 长　夏　蜀
副董事长　卢　云
监 事 长　任建洋
行　　长　李春晖
副 行 长　曹艳丽
　　　　　王　岚
　　　　　杨　敏
　　　　　孔彩梅
　　　　　代　军
　　　　　杜　坤
党委书记　夏　蜀
副 书 记　李春晖
　　　　　刘　钧（至6月）
　　　　　余汝兴
纪委书记　刘　钧（至6月）
　　　　　许　峰（7月起）

昆明市农村信用合作联社

理 事 长　黄凤仪（至10月）
主　　任　李艳坤
副 主 任　赵　跃
　　　　　李红坤（至4月）
　　　　　何大海
　　　　　张继明（2月起）
党委书记　章　林
副 书 记　黄凤仪（至10月）
　　　　　陈永岗（10月起）
　　　　　李艳坤
纪委书记　高　峰
监 事 长　高　峰

中国人民财产保险公司昆明市分公司

总 经 理　杨　卫
副总经理　夏　霖
　　　　　杨云龙
　　　　　刘　非
　　　　　吴　莉
　　　　　季慧旻
党委书记　杨　卫
纪委书记　夏　霖

中国人寿保险公司昆明市分公司

总 经 理　江　芹
副总经理　傅　强
　　　　　易　嘉
　　　　　王紫江
党委书记　江　芹
纪委书记　易　嘉

中国太平洋财产保险股份有限公司云南分公司

总 经 理　余兴鹏
副总经理　张　淳（至3月）
　　　　　王　德
　　　　　李兴明（3月起）
纪委书记　冷少萍（至4月）
　　　　　王　德（6月起）
党委书记　余兴鹏

中国太平洋人寿保险股份有限公司云南分公司

总 经 理　尹建宏
副总经理　李　鸿
　　　　　蔡金泉
　　　　　郭漫江
　　　　　张晋明

县（市）区

五华区

区委书记　金幼和（至7月）
　　　　　吕天云（11月起）
副 书 记　李　彤
　　　　　孙时映
　　　　　邓　博（挂职）
人大常委会主任　苏天福
副 主 任　许萍森
　　　　　吕毅平
　　　　　孙　骥
　　　　　余　彦
区　　长　李　彤
常务副区长　王　迅
副 区 长　张亚明

赵　臻
期丽琼
李映辉（至9月）
李　伊（11月起）
徐晓春（11月起）
彭志坚（挂职，至9月）
政协主席　凡　群
副 主 席　王　勇
布艳芬
靳　宇
陈达祥
纪委书记　李加德

盘龙区

区委书记　吴　涛
副 书 记　焦　林（至11月）
梁　崑
陈世保（挂职）
人大常委会主任　汪宏昌
副 主 任　张家琪
赵云昆
肖　毅
张云燕
区　　长　焦　林（至11月）
常务副区长　庞博河
副 区 长　陈瑞斌
李建明
吴　凡（至4月）
陆　佳（至2月）
易迎霞（2月起）
钱宏俊（4月起）
巫小鹰（挂职，至8月）
政协主席　陶建宇
副 主 席　喻星源
刘少军
武　梅
陈雁兵
纪委书记　李寿志（至12月）

官渡区

区委书记　杨志华
副 书 记　王　忠
赵春泉
易　辉（挂职）
人大常委会主任　毕惠芝
副 主 任　郭玉英
丁健琳
路四明
李洑生
区　　长　王　忠（1月起）
代理区长　王　忠（至1月）
常务副区长　李旭东
副 区 长　李军坡（至12月）
韩玉彪（至2月）
张汉举
李　宁
储云川
张宜莉（挂职，至10月）
李　进（2月起）
周　乐（12月起）
政协主席　刘利升
副 主 席　董　明
石玲红
李政章
李　武
纪委书记　谭先权

西山区

区委书记　赵学农
副 书 记　郭希林
蔡　刚
舒艺欣（挂职，至1月）
张学梅（挂职，至3月）
莫　安（挂职，3月起）
人大常委会主任　李　增
副 主 任　刘　伟
谢劲松
李金义
孔　卫
区　　长　郭希林
常务副区长　李汝林
副 区 长　吴韵梅
李克坚
田　峰
张云生（至11月）
杨正山（1月起）
政协主席　章　震
副 主 席　李正良
李天才
舒静涛
赵钰梅
纪委书记　张　竞

呈贡区

区委书记　周峰越
副 书 记　尹家屏
王彦平
金　晶（挂职）
人大常委会主任　陈庆鸿
副 主 任　赵　芳
邱绍萍
尹　宏
张明华
区　　长　尹家屏（1月起）
代 区 长　尹家屏（至1月）
常务副区长　徐贵明（3月起）
副 区 长　尹家屏（至1月）
李俊民
黄忠伟
韩　扬
王　丹
王　兵
张琼丽（挂职，至3月）
李　然
政协主席　朱理学
副 主 席　沙　敏
杨莲芝
杨旭海
杨跃云
纪委书记　钟启锋

东川区

区委书记　陆　平（至10月）
副 书 记　胡江辉
余祖林（至3月）
田云峰（挂职，至3月）
尹加华（3月起）
黄　俊（挂职，3月起）
人大常委会主任　李增平
副 主 任　邹　康
马　俊
吴云惠
陈勤龙
区　　长　胡江辉
常务副区长　高宇明
副 区 长　朱显福
朱绍彬
李思禾
耿成兴（至3月）

杨　伟
威洛斯（挂职，至9月）
余　平（挂职，至8月）
郝国栋（8月起）
张忠慧（9月起）
桂俊煜（12月起）

政协主席　张家福
副 主 席　孙庆辉
邹跃云
孙　熔
雷　斌
纪委书记　赵永勤（至1月）
张　晖（1月起）

安宁市

市委书记　李树勇
副 书 记　王剑辉
王胜章
温志雄（挂职，至6月）
张　璐（挂职，至5月）
杨　敏（挂职，3–8月）
张必广（挂职，8月起）
人大常委会主任　尹贵生
副 主 任　李国祥
洪雯静（兼）
蔡志勇
王　燕
市　　长　王剑辉
常务副市长　魏　乾（6月起）
副 市 长　李笠菲
梅　林
刀福东
葛　宁
张宏斌
政协主席　耿玉立
副 主 席　曹忠昌
王　梅
夏荣生
李玉平
纪委书记　韩春华

晋宁县

县委书记　张之亮
副 书 记　岳为民
刘中政
邓　辉（挂职，至9月）
杨家晔（挂职，9月起）
人大常委会主任　李飞鸿
副 主 任　夏维林
李德政
李社荣（至11月）
赵丽娟
县　　长　岳为民
常务副县长　刘中政（至4月）
副 县 长　汤庆云（至4月）
张剑扬
张兴华（至9月）
普娅馨
侯晓冰
高　庚（4月起）
吕　丰（4月起）
王远勤（挂职）
政协主席　普鸿昌
副 主 席　李树功
肖子建
蒋坚桥（至3月）
段媛颖（至4月）
纪委书记　刘建斌

富民县

县委书记　李　江（至12月）
李　康（12月起）
副 书 记　周开龙
张　宏（至1月）
刘　蓉（挂职）
人大常委会主任　杨　超
副 主 任　徐世荣
张向阳
李灿辉
张玉美
县　　长　周开龙
常务副县长　王光玉（至12月）
副 县 长　朱　伟
徐玫娟
郑志伟
陈垠宏（至5月）
李有科
刘　洋（挂职，至3月）
贺　葳（挂职）
刘建军（3月起）
政协主席　毕　宏（至9月）
副 主 席　杨映红
熊　军
唐洪发
彭跃东
纪委书记　余利鸿

宜良县

县委书记　傅　希
副 书 记　何健升（至11月）
陈　春
李　军（挂职）
人大常委会主任　张贵平
副 主 任　许正斌
张　寿
杨云章
李秀英
县　　长　何健升（至12月）
常务副县长　段　富
副 县 长　浦　泰
王昆华
杨红云
李跃忠
马丽波
赵　彬（3月起）
李宏波（挂职）
政协主席　李　鸿
副 主 席　毕树荣
赵丽玲
李奉钢
王　刚
纪委书记　杨万洪

嵩明县

县委书记　杨相来
副 书 记　徐毅清
王秀江
李宜锦（挂职，至6月）
杨江海（挂职）
人大常委会主任　姚富正
副 主 任　李自金
洪志伟
杨晓影
普菊珍
县　　长　徐毅清
副 县 长　涂力军
董　辉
张津华

刘亚迅（至5月）
施晓玲
徐正灿（挂职）
杨泽松
政协主席　李俊彪
副主席　王金友
毛绍荣
张　和
桂志芬
纪委书记　刘玉珍

石林彝族自治县

县委书记　王　冰
副书记　张勤勋
周　乐（至10月）
汪明涛（10月起）
秦　伟（挂职）
人大常委会主任　张忠贵
副主任　杨春宝
毕宏志
毕福祥
王　虹
县　长　张勤勋
常务副县长　汪明涛（至10月）
副县长　余　春
苏云波
李　燕（至3月）
敖文昆
普建勇（至3月）
毕富兴（3月起）
段　瑕（5月起）
颜力飞（挂职，至8月）
杨　艳（挂职，至8月）
政协主席　者培仙
副主席　刘琴龙
潘华光
潘佳良
李　湖
纪委书记　周美英

禄劝彝族苗族自治县

县委书记　厉忠教（至12月）
焦　林（12月起）
副书记　李开德
赵志良
李志华（挂职，至3月）
查洁贵（挂职，3月起）
人大常委会主任　张光文
副主任　朱淑芬
吴明泽
张成武
刘琴芬
县　长　李开德
常务副县长　杨文志
副县长　马　责
昌　宏
钱树森
张继帅
李菊艳
管　琼（挂职，9月起）
辜清华（挂职，12月起）
吕怀玉（挂职）
政协主席　张庆学
副主席　张　怡
赵　明
钟佳文
王永云
纪委书记　张志文（至7月）
周定龙（11月起）

寻甸回族彝族自治县

县委书记　武　斌（至11月）
何建升（11月起）
副书记　唐　琪
马　郡
邱玉亮（挂职，至9月）
甘　涌（9月起）
人大常委会主任　黄宝金
副主任　赵文富
杨朝旺
张光凤
马留安
县　长　唐　琪
常务副县长　吴忠林
副县长　方正平
徐正权
刘　龚
李　进（至1月）
李东华
杨智斌（1月起）
王梅青（挂职，至8月）
蔡峥嵘（挂职）
段智颖（挂职，8月起）
政协主席　肖正坤
副主席　周利辉
张永萍
马仲敏
赵德伟
纪委书记　董国新

柴石滩地区水资源管理局

局　长　李红兵
副局长　张为国
罗　琦
党委书记　李红兵

掌鸠河引水供水工程建设管理局

局　长　王道兴（兼，3月起）
常务副局长　施　伟

石林风景区管理局

局　长　周林春

（2015年4月10日，高劲松涉嫌严重违纪违法，接受组织调查，被免去职务；2015年3月18日，谢新松涉嫌严重违纪违法，接受组织调查。4月28日，被免去职务。）

（资料由撰稿单位提供，方玉红整理，市委组织部审核。）

综　述

◆责任编辑　方玉红

自然地理

昆明位于云南省中部地区，东经102° 10′ —103° 40′ ，北纬24° 23′ 至 26° 33′ ；南北长 237.5千米，东西宽152 千米，总面积21 012.54 平方千米；是云南省的省会，西南地区的中心城市之一；是中国面向东南亚、南亚乃至中东、南欧、非洲的前沿和门户，具有"东连黔桂通沿海，北经川渝进中原，南下越老达泰柬，西接缅甸连印巴"的独特区位优势。

市域地处云贵高原，总体地势北部高，南部低，由北向南呈阶梯状逐渐降低。中部隆起，东西两侧较低。以湖盆岩溶高原地貌形态为主，红色山原地貌次之。大部分地区海拔在1 500—2 800 米之间。城区坐落在滇池坝子，海拔1 891米，三面环山，南濒滇池，湖光山色交相辉映。

昆明属低纬度高原山地季风气候，冬无严寒，夏无酷暑，四季如春，年平均气温 15℃左右，年均日照2 200小时左右，无霜期240天以上，年均降水约1 000毫米。鲜花常年开放，草木四季常青，是著名的"春城""花城"，是休闲、旅游、度假、居住的理想之地。

（字应军）

自然资源

矿藏资源主要有磷、盐、铁、钛、煤、石英砂、黏土、硅石、铜等，以磷、盐矿最为丰富，磷矿探明储量 22.77亿吨，昆阳磷矿为全国三大磷矿之一，岩盐储量12.22亿吨，芒硝储量 19.08亿吨，东川是我国六大产铜基地之一。

昆明植物资源丰富，分布着亚热带常绿阔叶林、针阔混交林、温带针叶林、高山灌丛和草甸等不同类型的植被。有 400多个传统花卉品种。近年来，大量花卉新品种在昆明广为播种。

昆明属高原红壤地区，主要有红壤土、紫色土和水稻土3种。

市域界于金沙江、南盘江和元江的分水岭地带，河流分属三大水系。有滇池、阳宗海等高原淡水湖泊及众多大小河流。多年平均地表水资源量 64.95 亿立方米。滇池为我国第六大淡水湖，面积约 300 平方千米。

地热资源分布较广，出露的温泉有 50多处。日照时间长，阳光充足，太阳能资源比较丰富。境内湖、山、石、洞、泉、瀑布、花卉、古树、园林名胜、文物古迹、风土人情等独具特色，极富魅力。

（字应军）

行政区划

截至2015年末，昆明市辖6区、1县级市、7县（含3民族自治县）；70街道办事处、43镇、16乡（含4民族乡），共129个乡、镇、街道办事处。其中五华、盘龙、官渡、西山、呈贡区各设10个街道办事处；东川区设1街道办事处、1乡、6镇；安宁市设9街道办事处；晋宁县设1街道办事处、2民族乡、4镇；富民县设1街道办事处、5镇；宜良县设2街道办事处、2民族乡、4镇；嵩明县设3街道办事处、3镇、；石林彝族自治县设1街道办事处、1乡、3镇；禄劝彝族自治县设1街道办事处、6乡、9镇；寻甸回族彝族自治县设1街道办事处、4乡、9镇。昆明市2010年起托管玉溪市阳宗镇，盘龙区托管嵩明县滇源、阿子营街道办事处。设国家级经济技术开发区（托管阿拉、洛羊街道办事处）、高新技术开发区（托管马金铺街道办事处）、滇池旅游度假区（托管大渔街道办事处及前卫、福海街道办事处的部分地区）；省级阳宗海风景名胜区（托管七甸、汤池街道办事处及玉溪市阳宗镇）、倘甸产业园区和轿子山旅游开发区（托管转龙、红土地、倘甸、风合镇及舍块、乌蒙、雪山、联合、金源乡）。安宁市、嵩明县（不含滇源、阿子营街道办事处）、官渡区大板桥街道办事处交由省政府滇中产业聚集区（新区）全面托管（共11街道办事处、3镇）。凡托管的县（市）、乡（镇、街道办事处）原区划隶属关系不变。

（曾　筹）

人口与民族

2015年末，全市常住人口为667.70万人，比上年末增加5.10万人；户籍人口为5 555 667人，其中非农业人口3 392 231人，农业人口2 163 436人，城镇人口比重为60.06%；人口自然率5.72‰。

昆明市有3个自治县、4个民族乡、303个少数民族聚居村。截至2015年底，少数民族户籍人口873 623人，较2014年增加17 424人，占全市户籍总人口的15.72%，增加0.17个百分点。有53个民族成分（56个民族成分中无塔吉克族、门巴族、珞巴族），9个世居少数民族（即彝族、回族、白族、苗族、傈僳族、壮族、傣族、哈尼族、布依族）。人口排序：彝族，有456 937人，占少数民族人口的52.3%；回族，有164 498人，占少数民族人口的18.83%；白族，有85 230人，占少数民族人口的9.76%；苗族，有55 292人，占少数民族人口的6.33%；傈僳族，有20 208人，占少数民族人口的2.31%；壮族，有16 935人，占少数民族人口的1.94%；哈尼族，有15 740人，占少数民族人口的1.8%；傣族，有15 481人，占少数民族人口的1.77%；人口最少的依然是布依族，有4 802人，占少数民族人口的0.55%。民族地区占全市国土面积的57%，全市少数民族依然呈现分布广、大分散、小聚居的特点。少数民族流动人口主要分布在五华、盘龙、官渡、西山、呈贡5区，全市少数民族和少数民族外来流动人口数量和民族成分呈现逐年增多的态势。

（市民委）

气 候

昆明市同世界各地一样，受到全球气候变化的影响。自2009年开始连续出现5年干旱，2015年降雨有所增强，洪涝事件相对过去偏少，冷暖气候变化反向极端气候异常事件增多增强，2013年末至2014年初，在暖冬背景下共出现4次雪灾冷害，造成城乡数十亿元损失，大量农业和园林树种死亡，严重影响全市城乡社会经济、农业生产和生态安全。天气与社会环境共同变化使昆明气象灾害增多增强，并出现新类型气象灾害。2015年，昆明地区气温较常年偏高，降水量和日照偏多。雨季开始期除富民、嵩明县和东川区特早外，其余县（市）区于5月下旬至6月中上旬陆续开始，较历史同期正常至偏晚。由于汛期降水量偏多，全市库塘蓄水为2009年以来最好。对农业生产条件而言，2015年间歇性干旱和阴雨寡照天气对农作物生长影响较大，属平欠年景。

气象灾害方面，2015年昆明地区降水量较常年偏多，强降水天气过程较常年偏多明显，全市在整个雨季（5–10月）因暴雨洪涝造成350余间房屋倒塌，房屋受损约720处，农田受灾9 576公顷，受伤1人。由此造成多地桥梁路段塌方损毁，电力、水利等基础设施受损，造成严重的经济损失。2015年，春、夏季昆明地区冰雹、大风等强对流天气较多，造成多地农作物、房屋受损。2014年冬季昆明地区气候表现出降水量两头少，中间多的特征，共有7站（次）累计降水量破历史纪录。

（市气象局）

经济社会发展状况

2015年，面对错综复杂的国内外经济形势和艰巨繁重的发展改革任务，市委、市政府坚持稳中求进工作总基调，全面统筹稳增长、调结构、促改革、惠民生、防风险，妥善应对经济下行压力持续加大等风险挑战，全市经济运行总体平稳，转型升级加快推进，质量效益不断提高，社会民生持续改善，发展基础不断夯实，全面建成小康社会迈出重要步伐。

全市实现地区生产总值3 970亿元，按可比价计算，同比增长8.0%。其中，第一产业实现增加值188.10亿元，增长5.8%；第二产业实现增加值1 588.38亿元，增长7.4%；第三产业实现增加值2 193.52亿元，增长8.7%。三次产业结构调整为4.7 : 40.0 : 55.3。全年经济增长总体呈现稳中有升的发展态势，1至4季度全市地区生产总值分别累计增长6.5%、7.5%、7.6%和8.0%。全市人均GDP为59 686元，同比增长7.2%。

全市实现农林牧渔业总产值328.58亿元，同比增长5.9%。其中，农业产值增长6.50%；林业产值增长21.1%；牧业产值增长4.1 %；渔业产值下降1.60%；农林牧渔业服务业增长6.30%。全年农作物总播种面积45.37万公顷，同比下降0.3%。粮食总产量123.57万吨。蔬菜产量271.60万吨，同比增长3.40%；鲜切花49.67亿枝，同比增长0.60%；肉类总产量51.11万吨，同比下降6.80%。

全市规模以上工业企业实现增加值同比增长5.40%，其中轻工业增长4%，重工业增长6.50%。分企业规模看，大型企业增长3.30%；中型企业增长7.90%；小型企业增长7.10%；微型企业增长24.90%。主要工业产品中，水泥1 825.54万吨，同比增长19.30%；磷矿石2 698.38万吨，同比增长11.70%；卷烟883.79亿支，同比增长1.40%；十种有色金属82.72万吨，同比增长3.20%。全市规模以上工业综合能源消费量1 494.97万吨标准煤，同比下降7.50%。规模以上工业增加值能耗同比下降12.30%。规模以上工业企业用电量同比下降3.40%。

全市规模以上固定资产投资完成3 497.88亿元，同比增长11.50%。其中：第一产业投资35.39亿元，增长77.30%；第二产业投资645.99亿元，增长6.90%；第三产业投资2 816.50亿元，增长12%。全年房地产开发投资1 451.31亿元，同比下降2.80%。全年房屋施工面积9 200.41万平方米，增长4.90%；商品房销售面积1 305.03万平方米，增长1.20%。全年建筑业总产值2 071.93亿元，同比增长10%。

全市实现社会消费品零售总额2 061.66亿元，同比增长8.20%。全年接待国际旅游者人数114.49万人次，同比下降4%；实现旅游外汇收入4.40亿美元，同比增长10.80%。接待国内旅游者人数6 796.91万人次，同比增长10.50%；实现国内旅游收入696.29亿元，同比增长17.90%。全年实现旅游业总收入723.46亿元，同比增长17.7%。

全市进出口总额123.64亿美元，同比下降30.4%。其中出口94.54亿美元，同比下降18.5%；进口29.10亿美元，同比下降52.9%。

12月末，全市金融机构人民币存款余额11 850.53亿元，比年初新增存款1 201.66亿元，同比增长10.8%。其中住户存款余额增长3.7%；非金融企业存款余额增长13.4%。金融机构人民币贷款余额11 940.24亿元，比年初新增贷款1 462.57亿元，同比增长17.1%。其中住户贷款同比增长7.6%；非金融企业及机关团体贷款同比增长19.5%。

全市一般公共预算收入502.22亿元，同比增长5.1%。其中税收收入399.68亿元，同比增长0.4%。全市主体税种中，国内增值税增长1.3%；营业税下降9.6%；企业所得税下降2.8%；个人所得税下降10.8%；城市维护建设税下降11.1%。全市一般公共预算支出615.51亿元，同比增长3.6%。其中，教育支出增长8.6%；科学技术支出增长14.1%；文化体育与传媒支出增长16.3%；社会保障和就业支出增长13.6%；医疗卫生和计划生育支出增长13.5%；城乡社区支出增长8.5%；交通运输支出增长4.4%；住房保障支出增长41.9%。

全市居民消费价格累计上涨2.4%。其中，食品类上涨3.8%；烟酒类上涨3.5%；衣着类上涨3.7%；家庭设备用品及维修服务类上涨2.1%；医疗保健和个人用品类上涨4.1%；交通和通信类下降0.7%；娱乐教育文化用品及服务类上涨1.4%；居住类上涨0.3%。全市工业生产者出厂价格累计下降5.2%，其中轻工业上涨0.6%；重工业下降6.8%。工业生产者购进价格累计下降5.6%。

全市城镇常住居民人居可支配收入33 955元，同比增长8.5%；农村常住居民人均可支配收入11 444元，同比增长10.4%。城乡居民收入倍差缩小为2.97。

（市统计局）

大事记

◆责任编辑　李　震

2016 KUNMING YEARBOOK

2015年10件大事

1.昆明市深入开展“三严三实”“忠诚干净担当”专题教育

2015年，昆明市深入开展“三严三实”“忠诚干净担当”专题教育。1月9日，昆明市召开全市教育动员大会，贯彻落实省委决策要求，安排部署专题教育各项工作，进一步巩固拓展党的群众路线教育实践活动成果。自专题教育开展以来，市委常委带头讲专题党课17次，全市116家参学单位主要负责同志讲党课159次，班子成员讲党课672次。扎实开展专题学习研讨，聚焦研讨主题，突出重点对象，明确重点发言人，确保交流讨论深入开展。坚持边学边查边改，市委班子带头查找存在问题，开列班子“问题清单”8条、班子成员58条，全市县处级以上领导班子开列“问题清单”835条、班子主要负责同志640条、班子成员3 469条。通过随机调研、列表督查等方式，督促各单位抓好整改落实。

2.习近平总书记视察昆明火车南站

1月20日下午，习近平总书记到正在建设中的昆明火车南站，考察“八出省、四出境”铁路通道重要枢纽建设情况。在工程项目部，习总书记详细了解工程设计和施工进度，听取云南省发展滇中新区规划建设情况和加强互联互通、建设面向西南开放大通道情况介绍，要求加快基础设施建设，形成有效支撑云南发展、更好服务国家战略综合基础设施体系。昆明南站建筑总面积33.47万平方米，其中站房面积12万平方米（为地上3层、地下1层），按16个站台30股道规模建设，总投资31.84亿元，设计年发送旅客4 693万人，日均发送12.8万人，是集国铁、地铁、公交、出租车等交通方式为一体的特大型综合交通枢纽站，也是西南地区建设规模最大一个火车客运站。2013年11月15日动工，计划2016年6月竣工投用。

3. 中缅天然气昆明东支线建成投产

6月10日，中缅天然气昆明东支线输气管道（以下简称昆明东支线）建成正式投产试运行。昆明东支线管线起自寻甸县羊街镇中缅天然气管道昆明东分输站，途经寻甸县、嵩明县、空港经济区和经济技术开发区，终点止于经济技术开发区拓磨山输气末站。管道全长约91.5千米，设计输气量9.03亿米^3/年，约247.4万米^3/天，能满足700万户居民用气。

4. 第三届南博会暨第23届昆交会在昆举办

6月12—16日，以“亲诚惠容、合作共赢”为主题的第三届中国—南亚博览会暨第23届中国昆明进出口商品交易会在新落成的昆明滇池会展中心举行。本届展会吸引75个国家和地区3 179家企业参展。累计外经贸成交251.9亿美元，同比增长19.8%；签订外来投资项目903个，签约金额7 850亿元，同比增长10.8%，涵盖旅游、能源开发、基础设施、商贸、教育、环保、现代物流等领域。

5. 昆明市41个重点项目开工

6月13日，昆明市举行重点项目暨浪潮昆明云计算产业园集中开工仪式，41个重点项目集中开工。41个项目涵盖基础设施、商贸物流、农业、文化旅游等多个领域，含内资项目39个，预计总投资约191.42亿元，外资项目2个，预计总投资约2.58亿美元。

6.云南首趟中欧国际班列发车

7月1日，云南首趟中欧集装箱国际货运班列从昆明王家营西火车站出发。这趟满载2 050吨咖啡豆、咖啡速溶粉班列途经哈萨克斯坦、俄罗斯、德国等“陆上丝绸之路”沿线国家，15天后抵达荷兰第二大城市鹿特丹。中欧国际班列，为中国西南地区物资出口欧洲开辟一条全新物流通道，也为马来西亚、越南、缅甸等南亚东南亚国家物资转运到欧洲国家提供新便利。

7. 昆明市举全市之力打响扶贫攻坚摘帽战

8月29日上午，昆明市召开全市扶贫开发、农村危房改造和抗震安居工程建设、“挂包帮”“转走访”及扶贫开发工作会议。市委书记程连元在会上宣布：昆明市要在全省率先打赢扶贫攻坚战。为此，昆明市先后出台《关于举全市之力打赢扶贫攻坚的实施意见》等“1+9”系列文件。昆明市提出，到2017年，基本解决20.75万贫困人口贫困问题，稳定实现扶贫对象“两不愁、三保障”目标；到2018年底贫困县全面实现脱贫摘帽。其中，2016年禄劝县摘帽；2017年寻甸县摘帽；2018年东川区摘帽。2015年，昆明市整合新农村建设驻村帮扶、干部直接联系和服务群众、扶贫攻坚、第一书记、农村基层党建“五支”力量，组建驻村扶贫工作队303支，派驻第一书记兼队长303名、862名队员，实现172个省级建档立卡贫困行政村和104个市级扶贫攻坚包乡贫困村市级单位挂包全覆盖。据统计，2015年，昆明市102家市级挂联单位投入帮扶资金1.174 6亿元。其中，单位直接投入资金5 722万元，协调立项投入资金3 917万元，动员社会力量投入资金1 842万元，捐助物资折款265万元。

8. 云南滇中新区成立

9月7日，经李克强总理签批，国务院印发《关于同意设立云南滇中新区的批复》，同意设立云南滇中新区。云南滇中新区位于昆明市主城区东西两侧，是滇中产业聚集区核心区域，初期规划范围包括安宁市、嵩明县和官渡区部分区域，面积482平方千米。设立并建设好云南滇中新区，对于推进实施“一带一路”、长江经济带等国家重大战略和区域发展总体战略，为西部地区新型城镇化建设提供试验示范，培育壮大区域经济增长极具有重要意义。

9. 阳宗海晋升国家级旅游度假区

10月9日，国家旅游局在北京召开新闻发布会，宣布17家度假区创建为首批国家级旅游度假区，昆明阳宗海旅游度假区榜上有名。昆明阳宗海风景名胜区位于昆明市东南部，距昆明市区35千米，总面积546平方千米，辖3个镇、38个村（居）委会。多年来，景区不断加大湖泊治理力度，提升生态环境，改善基础设施，推动旅游产业发展繁荣，以阳宗海保护治理为第一要务，着眼生态品质化、城乡一体化、旅游高端化、工业新型化、农业现代化、发展民生化、体制实体化，加大阳宗海风景名胜区的建设。

10. 昆明举行纪念护国起义100周年系列活动

1915年12月25日，唐继尧、蔡锷、李烈钧等在昆明通电全国，发动讨伐袁世凯称帝复辟的“护国起义”。发生在昆明的“护国起义”得到全国响应，护国运动最终取得胜利。2015年，是昆明爆发“护国起义”100周年。为弘扬爱国主义精神，擦亮“护国运动”这张历史名片，市委、市政府将纪念护国运动100周年活动，列为2015年昆明市一项重要工作。昆明市各族各界以不同形式纪念“护国起义”100周年。12月25日，市委、市政府举行纪念“护国起义”100周年大会并召开研讨会，弘扬“护国运动”所体现出来的以爱国主义为核心的民族精神，市政协向社会各界广泛征集研究“护国运动”文章50多篇。策划制作三集电视历史文献片《护国风云》，在昆明电视台黄金时间播放。组织文史专家、学者编纂《护国运动在云南》画册。组织参与民间团体纪念活动。“护国运动”名将朱德元帅后人朱和平将军，“护国三杰”蔡锷后人蔡协先生、李烈钧后人李赣骝先生、唐继尧后人唐书琨先生参加纪念大会、研讨会议等活动。

2015年大事记

1月

1日，第八届昆明海鸥文化节开幕。

7日，市委负责人巡查松华坝水库和盘龙江综合整治情况。

7—8日，由市委书记李再勇率领的贵州省六盘水市党政代表团到昆明市考察交流。昆明市委、市政府主要领导，六盘水市委书记出席座谈会并讲话。

9日，市委召开全市深入开展“三严三实”“忠诚干净担当”专题教育动员大会。

12日，省政府滇池水污染防治专家督导组对昆明主城区滇池流域“五采区”植被修复情况进行现场调研。

同日，市长李文荣主持召开市政府第86次常务会议，审议通过《关于调整昆明市医疗保险待遇有关事项的通知》。

13日，中华全国总工会副主席刘国中率全总慰问团走访慰问昆明市全国劳模周啟美和困难职工扬子先。

同日，市委、市政府主要领导人率队对全市综合交通建设进行现场调研。田云翔、柳文炜、何波、王春燕、杨勇明、李河流、胡炜彤等市领导参加调研和座谈会。

同日，市委负责人率队调研昆明市湖滨路建设情况。

14日，市委、市政府召开2015年滇池流域综合治理工作会议。省市领导晏友琼、高晓宇、李文荣、应永生、田云翔、王道兴等参加会议。

同日，高新区与云南建工集团签订合作协议。

15日，第十一届中国会展经济国际合作论坛在昆明开幕。

同日，市委负责人到经开区洛羊街道办事处接待来访群众。相关市领导参加接访。

16日，昆明会展经济研讨会举行。

18日，政协昆明市十二届五次会议在昆明会堂开幕。

19日，昆明市第十三届人民代表大会第六次会议在昆明国际会展中心开幕。

20日，中共中央总书记、国家主席、中央军委主席习近平到昆明火车南站，详细了解工程设计和施工进度情况。王沪宁、栗战书、王正伟和中央有关部门负责人参加考察活动。

同日，第九届中国茶花博览会暨金殿第27届山茶花展开幕。

23日，市委召开市委常委（扩大）会议，学习传达习近平总书记在云南考察工作重要讲话精神。

24日，昆明市2015年（新益洲杯）兰花展览交易会开幕。

26—27日，市纪委召开十届七次全会。

29—30日，公安部党委副书记、常务副部长杨焕宁率领公安部慰问组一行，到昆明看望慰问全市基层民警和英模代表，调研基层警务工作。副市长赵立功陪同调研慰问。

2月

2日，市委、市政府主要负责人率队实地调研昆明滇池国际会展中心项目周边环境整治及征地拆迁工作，现场研究解决困难问题。相关市领导参加调研。

同日，市政府常务会审议通过《昆明市公路路政管理规定》。

4日，市委负责人在昆明会见印度驻广州总领事高志远，双方就进一步加强沟通交流、推动昆明和印度之间合作进行友好会谈。相关市领导参加会见。

5日，市委负责人到石林彝族自治县调研石林环城南路、大叠水旅游专线、西石高速、圣火杏林大观园、石林游客服务中心等项目建设情况。

同日，省政府污染水污染防治专家督导组对昆明市主城区滇池流域“五采区”植被修复情况进行现场调研。

5—7日，市长李文荣率领市政府代表团及企业家代表团访问越南岘港市。6日，两市签署《中华人民共和国昆明市和越南社会主义共和国岘港市建立友好城市关系协议书》，昆明市与岘港市缔结为友好城市关系。至此，昆明市国际友好城市增至20对。

7日，昆明高新区与清华科技园启迪控股股份有限公司签订合作协议，在高新区建立昆明启迪孵化器。

8日，科学护眼论坛在昆明召开。

10日，省委副书记、省长陈豪，省委常委、常务副省长李江，副省长高峰、刘慧晏，到昆明检查指导节日期间食品安全、春运保障及安全生产工作并召开调研座谈会。市委、市政府有关领导陪同检查并参加座谈会。

同日，呈贡新闻中心揭牌。

12日，市委负责人率队走访慰问驻昆部队、红军老战士、劳动模范、困难企业、困难老党员和困难职工。相关市领导参加走访慰问。

同日，全国政协社会与法制委员会副主任、中国残联副主席王新宪一行，到昆明盘龙区和呈贡区调研。

13日，省长陈豪、常务副省长李江、副省长丁绍祥到红云红河集团昆明卷烟厂调研。

14日，2015年新春“高原上嘹亮的青春”纪念聂耳公益音乐会在翠湖举行。

同日，“中国梦·春舞大地”2015年春城文化节在南屏街广场开幕。

15日，省长陈豪率省委第二检查考核组对昆明市2014年度党风廉政建设责任制落实情况进行检查和考核。

16日，市长李文荣率队走访慰问基层干部群众。田云翔、戚永宏、胡炜彤等市领导参加慰问。

同日，陆良西桥至石林高速公路通车。

27日，昆明市第十三届人大常委会第二十八次会议举行。经会议表决通过，决定任命孟庆红和龚晓坤为昆明市人民政府副市长。

同日，省政府滇池水污染防治专家督导组对2014年水质不达标的新运粮河和海河进行现场调研并召开工作会。

3月

2日，市委常委会审议通过《关于进一步加快呈贡新区改革发展的决定（送审稿）》。

3日，副省长和段琪率队到昆明市就固定资产投资工作召开专题调研座谈会。

4日，昆明官渡区彩云北路1502号东盟联丰农产品商贸中心发生火灾。火灾造成12人死亡、10人受伤，50余间商铺被烧毁。

同日，省委宣讲团到昆明宣讲习近平总书记考察云南重要讲话精神。

5日，市委负责人会见中国铁塔股份有限公司云南分公司总经理高玉芬一行，双方就加强合作进行广泛深入交流。相关市领导参加会见。

同日，昆明市43项重点项目集中开工仪式在呈贡区斗南街道办事处“兴冶国际”项目点举行。市委、市人大、市政府、市政协领导出席开工仪式。

9日，市委召开全市宣传思想文化工作会议，总结2014年宣传思想文化工作，安排2015年任务。

同日，省商务厅到昆明市就申报设立保税物流中心进行调研。副市长孟庆红陪同调研。

9—11日，世行贷款项目专家检查组到昆明对世行贷款昆明城市轨道交通项目（3号线）进行例行检查。

10日，市委负责人到森林防火检查点、城中村、物流市场，随机检查森林防火和消防安全工作。相关市领导参加调研。

11日，市委负责人对高新区建设发展情况现场调研。相关市领导参加调研。

12日，昆明市启动为期8个月流通领域专利联合行政执法活动。

13日，市委在昆明会堂举行高德荣先进事迹报告会。

12—13日，攀枝花党政代表团到昆明考察交流，两市举行交流座谈会。

14日，市长李文荣应邀赴法国驻华使馆拜会法国驻华大使顾山先生。

16日，昆明市纪念抗日战争胜利70周年·龙泉记忆·文化名人肖像展在市博物馆拉开帷幕。

同日，市委负责人率队到昆明滇池国家旅游度假区现场调研。相关市领导参加调研。

20日，市委、市政府主要负责人率队现场调研全市综合交通建设情况，并召开会议安排部署综合交通工作。

同日，昆明至河口旅客列车每天增至4对。

24日，副省长张祖林率队到昆明市调研云南烈士纪念园项目建设和推进情况。

25日，市委常委会审议通过《昆明市2015年10件惠民实事实施方案》。

27日，市委负责人会见中信信托有限责任公司董事长陈一松一行，双方就进一步加强合作进行深入交流。相关市领导参加会见。

同日，副市长王春燕会见老挝蓬萨万集团主席沃德·蓬萨万一行。

28日，2014“最美昆明人”暨“昆明好人”颁奖典礼举行。

同日，2015年昆明文学年会在云南民族大学国际交流中心举行。

4月

3日，昆明市召开全市领导干部大会，传达学习贯彻省委九届十次全会精神，以及全省主要领导干部学习贯彻十八四中全会精神全面推进依法治省专题研讨班精神。

同日，市委负责人在昆明会见美国驻成都总领事谷立言一行，双方就进一步加强交流，深化合作进行友好会谈。

8日，美国驻成都总领事谷立言一行到云南民族大学交流访问。

9日，市长李文荣主持召开市政府第90次常务会。会议研究通过《关于2014年科学技术奖励的决定》，决定表彰昆明科学技术进步奖60项、专利奖10项。

10日，省政府滇池水污染防治专家督导组对昆明市第十一、十二污水处理厂项目建设情况进行实地督查调研。

11日，市委召开全市领导干部大会，传达中央纪委和省委关于对原昆明市委书记高劲松严重违法违纪问题进行调查的决定，传达市委常委（扩大）会议有关精神。

13日，“书香云南读书节暨第二届春晓图书博览会”在昆明福保文化城开幕。

14日，市委、市政府现场调研呈贡新区规划建设工作。李文荣、应永生、拉玛·兴高、杨远翔、田云翔、何刚、柳文炜、王春燕、胡炜彤等市领导参加调研。

同日，副市长孟庆红会见英国励展集团大中华区高级副总裁孙钢一行。

16日，市长李文荣率队实地调研呈贡火车新南站、呈贡信息产业园、高新区生物制药产业基地、度假区捞鱼河湿地和经开区铁路集装箱中心站等项目建设情况。

同日，市委、市政府现场调研呈贡新区规划建设工作并召开呈贡新区改革发展动员大会。相关市领导参加会议。

17日，市政府与浪潮集团签订战略合作协议。刘慧晏、李文荣、柳文炜、王春燕等省市领导出席签约仪式。

18日，“科技梦·中国梦”—中国现代科学家主题展”昆明站在省科技馆开幕。

20日，昆明医科大学第一附属医院呈贡医院开业。李文荣、应永生、拉玛·兴高、杨远翔、田云翔、柳文炜、王春燕、胡炜彤等市领导出席开业仪式。

23日，26家中央、省、市、新闻媒体记者走进呈贡，体验新区，参加2015年第一次中央驻滇、省、市新闻媒体呈贡新区宣传策划会。

25日，市长李文荣率队，现场调研昆明滇池国际会展中心项目周边环境综合整治及环湖路沿线湿地建设情况。市领导何刚、柳文炜等参加调研。

同日，昆明东川区因民镇联盟村黄草岭1786矿硐发生烟中毒事故，事故造成9人遇难，12人轻伤。

4月26日—5月7日，2015年中国东川泥石流国际汽车越野赛在东川举行。

27日，昆明市庆祝“五一”国际劳动节，集中表彰“昆明市五一劳动奖章”“昆明市工人先锋号”等先进集体和个人，并举行昆明地区职工技术技能大练兵展演活动。

28日，“云南通·昆明”党政客户端上线启动运行。

30日，首列昆明—成都—罗兹（波兰）的中欧班列抵昆。

5月

1日，《昆明市公路路政管理规定》施行。

5日，市长李文荣率队调研石林县春耕生产工作。拉玛·兴高、阮凤斌等市领导参加调研。

5—6日，省人大调研组到昆明调研政府债务管理情况。

6—7日，市长李文荣带领市委、市政府“转作风调结构促发展”第一调研督查组，对五华区、高新区、西山区重点项目建设进行调研督查。市领导柳文炜、彭琪、孟庆红、陆玉珍参加调研。

7日，“融入一带一路 携手共创明天”——中国青年企业家云南行系列活动在昆明启动。

同日，昆明学院与民盟昆明市委联合举办“民盟法律宣讲团进校园”活动启动。

8日，省委副书记钟勉到昆明调研经济社会发展和党建工作情况。李文荣、何刚、柳文炜、王道兴、阮凤斌、王春燕等市领导陪同调研。

同日，昆明至太原直通车首发。

同日，纪念中央红军长征过昆明80周年座谈会暨重走长征路活动在禄劝皎平渡镇举行。

10日，市长李文荣调研“牛栏江—草海补水通道应急工程”，副市长王道兴参加调研。

同日，昆明节水宣传周活动启动。

13日，市委、市政府召开全市综合交通专题会议。李文荣、何刚、柳文炜、王春燕等市领导参加会议。

同日，市长李文荣带队到官渡区、度假区督导检查南博会筹备工作和国家卫生城市复审工作。孟庆红、胡炜彤等市领导参加督导检查。

14日，国务院副秘书长、国家信访局局长舒晓琴率队到昆明市检查、调研信访工作。

同日，全球环境基金“中国生活垃圾综合管理项目”在昆明启动。

15日，省委书记、省人大常委会主任李纪恒，省长陈豪，省委副书记钟勉，省政协主席罗正富等省党政军领导到昆明市官渡区开展义务植树活动。相关市领导参加植树活动。

18日，昆明市举行“三严三实”“忠诚干净担当”专题教育专题党课暨推进会。市委副书记、市长李文荣为全市领导干部授课。

同日，新加坡国际基金会、昆医附二院、云南省健康与发展研究会签署合作协议。

18—19日，副市长王道兴率队到四川省凉山州对西昌邛海国家湿地公园建设与管理工作进行学习考察。

19日，昆明市社会面巡逻防控演练暨出征仪式在市级行政中心广场举行。

20日，副市长杨皛陪同云南省副省长高树勋会见来昆明访问的爱尔兰克莱尔郡郡长约翰·克罗一行。

同日，云南白药集团中药资源有限公司在阳宗海七甸工业园区挂牌成立。

22日，省政府滇池水污染防治专家督导组调研昆明洛龙河、捞鱼河水质净化厂。省市领导晏友琼、高晓宇、王道兴参加调研。

23日，市长李文荣率队对市容环境卫生综合整治工作进行现场随机检查。何刚、孟庆红、胡炜彤等市领导参加检查。

25日，昆明首辆滇产纯电动汽车交付使用。

25—27日，省政协副主席王承才率调研组到昆明开展“争当生态文明建设排头兵”专题调研。

27日，首届中国·昆明佛教文化艺术用品展在昆明国际会展中心开幕。

28日，市长李文荣率队到度假区和官渡区，对第3届南博会暨第23届昆交会配套基础设施建设、市容环境综合整治以及各项筹备工作进行督导检查。何刚、孟庆红、胡炜彤等市领导参加督导检查。

同日，云南省旅游商会在昆明成立。

29日，“绿化昆明·共建春城”义务植树活动动员大会在昆明召开。

31日，市长李文荣率队检查城市市容市貌、环境卫生工作整治情况。副市长孟庆红参加检查。

6月

1日，2015（滇池）泛亚消费品·食品博览会在昆明滇池国际会展中心开幕。

同日，老挝党政干部考察团一行30人到昆明市行政学院座谈。

同日，副市长王道兴会见法国威立雅执行委员会委员、亚洲区总裁罗杰斯·卡迈斯一行。

2日，韩国劳动组合总联盟代表团一行到昆明参观访问。

3日，“2015东南亚（云南）农资博览会”在昆明滇池国际会展中心开幕。

5日，副市长王道兴率滇管、环保、水务等相关部门负责人对滇池保护治理部分重点项目建设和运行情况进行检查。

6日，副市长杨皛在昆明会见新加坡驻广州总领事罗德伟一行，双方就进一步加强交流、深化合作进行友好会谈。

同日，上海市青年联合会企业家代表团到国家级贫困县寻甸县开展帮扶活动。

同日，昆明铁路局与德宏后谷咖啡有限公司在昆明举行“后谷咖啡国际铁路货运专列签约仪式”。

7日，市长李文荣率队随机检查第3届南博会暨第23届昆交会各项筹备工作情况。市领导何刚、孟庆红陪同检查。

同日，新华泛亚金融信息中心在昆明揭牌成立。

同日，驻昆部队“亲诚互容合作共赢——军警民携手共迎南博系列活动”启动。

8日，市长李文荣在昆明会见法国驻华大使顾山一行，双方就进一步深化交流合作进行友好交谈。副市长杨皕、市政府秘书长胡炜彤参加会见。

9日，副市长龚晓坤会见新加坡国际企业发展局副局长兼新加坡驻华大使馆商务参赞尤善钡先生一行。

10日，第4届云台会在昆明开幕。云南台湾两地企业现场签约合作项目26个，协议总金额70亿元人民币，涉及新能源、特色农业、电子商务、生物医药等领域。

同日，第七届GMS经济走廊活动周暨GMS经济走廊省长论坛在昆明海埂会堂开幕。

同日，中缅天然气昆明东支线输气管道（以下简称昆明东支线）建成投产试运行。

11日，第13届东盟华商大会在昆明开幕。

同日，中国—印度经贸旅游合作论坛在昆明开幕。

同日，第六届川滇黔12市州合作与发展峰会在昆明召开。

12日，“首届中国—南亚技术转移与创新合作大会”在昆明召开。

12—16日，第三届中国—南亚博览会暨第二十三届中国昆明进出口商品交易会在昆明滇池国际会展中心举行。12日，国家副主席李源潮出席开幕式。

13日，第3届南博会暨第23届昆交会经贸合作项目签约仪式，在昆明滇池国际会展中心举行。

同日，市长李文荣分别会见来昆参加第三届南博会暨第二十三届昆交会的澳大利亚瓦加瓦加市、泰国清迈市、尼泊尔博克拉市三个国家友城代表团。

同日，副市长杨皕先后会见法国沙托鲁、加拿大本拿比、土耳其安塔利亚、日本藤泽、美国斯克耐克特迪5个友城代表团。

同日，昆明市举行重点项目暨浪潮昆明云计算产业园集中开工仪式。

14日，省长陈豪到昆明滇池国际会展中心巡查展馆和会展情况。

17日，第六届“云南青年创业省长奖”座谈会在昆明举行。

同日，市长李文荣率第一调研督查组对五华区重点项目建设情况进行调研督查。柳文炜、彭琪、戚永宏、孟庆红、阮凤斌、胡炜彤等市领导参加调研督查。

18日，市长李文荣率市委、市政府转作风调结构促发展第一调研督查组对高新区重点项目建设情况进行调研督查。

同日，中国卓越企业家大讲堂在昆明开讲。

同日，第二届中国昆明（泛亚）国际观赏苗木展览会暨2015年宜良旅游文化节在宜良乡鸭湖开幕。

18—24日，第二届中国昆明（泛亚）国际观赏苗木展览会暨2015宜良县“旅游文化花街节”在宜良举行。

19日，省长陈豪率队对昆明市稳增长工作进行调研并召开座谈会。省市领导李江、李邑飞、李文荣、应永生、拉玛·兴高、杨远翔、田云翔等参加座谈。

21日，首届中国（昆明）·印度“国际瑜伽日”活动在昆明举行。

23日，“泛海扬帆”昆明大学生创业行动四期项目启动。

25日，云南互联网金融高峰论坛在昆明举办。

26日，市长李文荣会见加拿大驻重庆总领事馆领事欧阳飞一行。双方就加强教育、旅游、农业等领域合作进行友好交流。

同日，昆明开通昆明—浦东—温哥华航线。

同日，昆明市政府邀请28家在昆地产开发企业座谈，听取地产企业意见建议。

30日，昆明市举行党风廉政建设专题党课。市长李文荣为全市领导干部授课。

同日，昆明市在老干部活动中心举行“永远跟党走·共筑中国梦”暨庆祝建党94周年文艺演出活动。

7月

1日，《昆明市城市市容和环境卫生管理条例》施行。

2—3日，省委督查组对昆明市全面深化改革工作进行督查。

3日，德国复兴信贷银行欧亚区总裁Siller考察昆明市经开区外贷项目（利用德国政府贷款污水处理及再生水利用项目和利用德国促进性贷款环境综合整治项目）。

4日，昆明首届泛亚高铁经济论坛暨昆明涌鑫哈佛中心第三批品牌商家签约仪式在昆明举行。

6日，昆明市中医医院呈贡医院开业。李文荣、杨皕、陆玉珍、郑进等省市领导参加开业仪式。

同日，西部国际矿业展览会启动仪式暨新闻发布会在昆明举行。

7日，广西壮族自治区总工会考察团到昆明市进行交流考察。

8日，湖南省人大常委会副主任、湖南省总工会主席刘莲玉率工会考察团到昆明市总工作进行交流考察。

10日，昆明市教育局与云南师范大学基础教育集团签订合作办学协议，共同举办师大附中、附小呈贡校区。

11日，省长陈豪调研呈贡新区信息产业发展和呈贡新区规划情况并召开调研座谈会。市领导李文荣、应永生、拉玛·兴高、王春燕参加调研座谈会。

10—17日，2015中国昆明泛亚石博会在昆明国际会展中心举行。

15日，闻一多纪念特展在昆明市博物馆开展。

16日，市长李文荣会见新加坡驻华大使罗家良一行，双方就昆明与新加坡交往现状与潜在合作进行深入探讨。副市长杨皕，市政府秘书长胡炜彤参加会见。

同日，省政府九湖水污染综合防治督导组组长晏友琼率队调研阳宗海水污染综合防治工作。

20日，“和平·友谊·家乡情”李国栋书法作品国际巡展昆明站在市博物馆开展。

21日，全市召开农房违法建设和临违建筑整治工作推进会。李文荣、应永生、拉玛·兴高、何刚、柳文炜等市领导参加会议。

23日，市长李文荣率队到宜良县，检查昆明市第五届运动会筹备工作。副市长杨皕，市政府秘书长胡炜彤参加检查。

同日，市长李文荣率市第一调研督查组调研五华区稳增长工作。市产业发展督导组组长郭红波、市政府秘书长胡炜彤参加调研。

24日，昆明成立环境资源法律服务及援助中心。

25日，昆明市第五届运动会开幕式在宜良县体育场举行。相关市领导出席开幕式。来自昆明全市17个县（区）、开发（度假）区，市级各机关、企事业单位和行业体协等三千多名运动员参加26个大项，401个小项的比赛。其中，青少年组15个大项产生339枚金牌，成人组11个大项产生111枚金牌。

29日，市委召开全市领导干部大会。宣布省委决定，程连元任中共昆明市委委员、常委、书记。

同日，昆明市举行2015年国防教育讲座。相关市领导听取讲座。

30日，由中央政策研究室副主任潘盛洲带队的中央督察组一行，对昆明市户籍制度改革工作情况进行专项督察调研并召开座谈会。

30—31日，省政协副主席倪慧芳到昆明调研养老服务业。

8月

2日，市委书记程连元调研滇池保护治理和盘龙江综合整治工作。市领导柳文炜、王道兴参加调研。

同日，市长李文荣率有关部门负责人对昆明部分农贸市场、老旧居民小区和支次道路环境卫生工作进行暗访。市委常委、常务副市长何刚及市级有关部门负责人参加检查。

3日，市长李文荣率队调研督查盘龙区稳增长和项目推进工作。副市长王春燕参加调研督查。

4日，市委书记程连元率队走访慰问驻滇某部、武警云南总队、云南省军区等驻昆部队。市领导拉玛·兴高、方兴国、柳文炜等参加走访慰问。

5日，市委书记程连元到市公安局调研。市委秘书长柳文炜，市公安局党委书记王宇参加调研。

同日，市长李文荣率队调研督查官渡区稳增长和项目推进工作。副市长孟庆红参加调研督查。

6日，市委常委会议审议通过《滇池分级保护范围划定方案》。

7日，两岸展览产业说明会与商机交流会在昆明举行。云南、台湾两地签署合作备忘录。

同日，创意云南2015文化产业博览会在昆明国际会展中心开幕。

8日，2015年石林国际火把节在石林长湖镇开幕。

11日，市长李文荣率队调研督查东川区稳增长和项目推进工作。副市长龚晓坤，市政府秘书长胡炜彤参加调研督查。

12日，市委副书记、市长李文荣率队调研督查寻甸县稳增长和项目推进工作。副市长龚晓坤，市政府秘书长胡炜彤参加调研督查。

16日，昆明再获“中国会展名城”称号。

17日，湖南省总工会考察团到昆明市总工会进行学习交流。

17—18日，北京朝阳区考察团到昆明考察。

19日，市委书记程连元到昆明市人民检察院调研。市领导拉玛·兴高、柳文炜参加调研。

20日，市委书记程连元率队到寻甸县调研扶贫工作。市委秘书长柳文炜、副市长阮凤斌参加调研。

同日，市长李文荣率队检查全市安全生产工作。

同日，功山至东川高速公路开工建设。

24日，市长李文荣会见印度驻广州总领事唐施恩一行，双方就加强商贸、文化等方面合作进行深入交流。副市长杨皕参加会见。

26日，市委书记程连元调研文化创意产业工作。市领导柳文炜、金幼和、杨皕参加调研。

同日，市委召开全市领导干部大会，传达学习贯彻省委九届十一次全会精神，安排部署全市相关工作。

29日，市委、市政府召开全市扶贫开发、农村危房改造和抗震安居工程建设、“挂包帮”“转走访”及扶贫开发与基层党建双推进工作会议。

30日，2015年昆明高原国际半程马拉松赛在呈贡新区市级行政中心会堂广场鸣枪开跑。

31日，西山区西福路延长线北段完工通车。

9月

1日，昆明市举行纪念中国人民抗日战争暨世界反法西斯战争胜利70周年音乐会。

同日，“阿里巴巴全球货源平台”昆明站上线。

5日，“飞虎队与云南抗战”主题纪念活动在昆明举办。

7日，国务院批复同意设立云南滇中新区。

同日，云南健康素养促进行动在昆明启动。

8日，长沙市人大常委会副主任、市总工会主席赵建强率工会考察团到昆明市总工会进行交流考察。

12—13日，国家生态县创建工作专家评估组就石林县创建国家生态县工作进行技术评估。

13日，市长李文荣赴上海推销“昆明好礼”。

14日，市委书记程连元在昆明会见英国驻重庆总领事洪婷娜女士一行。双方就进一步加强交流与合作，推动全面合作发展进行友好会谈。

15—18日，市委书记程连元、市长李文荣率昆明市党政代表团赴北京市朝阳区考察学习，参加2015北京CBD商务节系列活动，与北京市朝阳区签署友好市区合作协议。市领导拉玛·兴高、王敏正、何刚、柳文炜、金幼和、阮凤斌、王宇、龚晓坤参加相关活动。

19日，第11届昆明泛亚国际农业博览会在昆明国际会展中心开幕。

20日，市委书记程连元、市长李文荣在昆明会见中国工程院院士卢秉恒一行，双方就3D打印市场前景等进行深入交流。王敏正、柳文炜、杨皕等市领导参加会见。

同日，昆明市与北京市科委签署科技合作框架协议。

同日，2015年京滇科技创新区域合作在昆明启动。

21日，市委书记程连元，市长李文荣率队调研市容环境综合整治提升工作情况。应永生、拉玛·兴高、何刚、柳文炜、阮凤斌、王宇等市领导参加调研。

同日，菲律宾考察团赴昆明考察妇联扶贫开发经验。

22日—10月1日，市长李文荣率友好代表团赴俄罗斯符拉迪沃斯托克、捷克奥洛莫茨、芬兰于韦斯屈莱三座城市进行友好访问，9月27日签署昆明—奥洛莫茨《发展友好城市关系意向书》，昆明市友好交流城市增至18对。

25日，环境保护部部长陈吉宁率调研组到昆明调研滇池治理工作。

同日，待补至功山高速公路竣工通车。

同日，昆明市法治建设研究中心成立。

26日，全国儿童医院院长会在昆明举行。

30日，昆明市委、市政府在昆明抗战胜利纪念堂人民英雄纪念碑广场举行2015年公祭烈士活动。相关市领导参加公祭活动。

10月

1日，石林首届国际阿诗玛文化节启幕。

7日，市委书记程连元率队到东川区调研扶贫开发工作。拉玛·兴高、方兴国、柳文炜、孟庆红等市领导参加调研。

8日，市委书记程连元，市长李文荣率队调研检查草海及周边水环境整治和绿色照明提升工程进展情况。应永生、何刚、柳文炜、王道兴、王宇、胡炜彤等市领导参加调研。

9日，阳宗海晋升国家级旅游度假区。

9—11日，“2015‘一带一路’沿线国家合作社峰会暨电子商务培训”在昆明举行。

10日，“第四届全国大学生金相技能大赛”在昆明理工大学举行。

11日，中国道教音乐会演在昆明举行。

12日，中印陆军反恐联合训练在昆明举行。

13日，市委书记程连元到西山区永昌街道办事处永顺里社区、盘龙区青云街道办事处金沙社区调研基层社区社会治理工作。市领导拉玛·兴高、王宇参加调研。

同日，市政府与泰王国驻昆总领事馆共同主办“一带一路”大通道—昆曼公路摄影展开展。

14日，市委书记程连元到昆明市规划局调研城乡规划工作。

同日，副市长杨皕会见美国丹佛—昆明友城委员会一行。

15日，第二届云南省互联网大会在昆明世博园中国馆举行。

同日，国际农林生物多样性研讨会在昆明举行。

同日，第五届“中国云南·昆明国际珠宝展”在昆明国际会展中心开幕。

17日，中国交响乐创作中心云南创作实践基地在昆明揭牌并举行座谈会。

18日，昆明举行“美国国务院教育文化司全球奖学金项目”落户昆明市外国语学校东智国际教育挂牌仪式。

19日，第八届“汉语桥”世界中学生中文比赛在昆明开赛。

22日，省委副书记钟勉到昆明市调研城市环境综合整治和巩固国家卫生城市工作。市领导程连元、王喜良、何刚、柳文炜、王道兴、王宇陪同调研。

23日，市委书记、滇中新区党工委书记、管委会主任、新区筹备组组长程连元率队到滇中新区专题调研规划建设情况。

26日，市委书记程连元在昆明会见国家开发银行党委委员、副行长李吉平一行。双方就进一步加强经济发展、民生改善等领域金融合作，进行广泛深入交流。

28日，市委书记程连元到扶贫攻坚挂钩联系点禄劝县则黑乡开展“挂包帮”“转走访”工作。

29日，市第十三届人大常委会第三十四次会议第二次全体会议举行。经会议表决通过，任命王喜良为昆明市人民政府副市长，决定为代理市长。

同日，第12届中国城市新闻网站联盟年会暨网络媒体昆明·呈贡区行开幕。

11月

1日，《昆明市防汛抗旱办法》施行。

同日，昆明市2015年全国1%人口抽样调查入户登记工作启动。

2日，北京市朝阳区人大常委会主任佟克克率队到昆明考察。市领导程连元、王喜良、杨远翔、柳文炜、常树奇、郭子贞参加会见和陪同考察。

3日，中国民主同盟传统教育基地揭牌仪式在昆明呈贡魁阁举行，民盟中央副主席、省政协副主席、民盟省委主委倪慧芳，民盟省委副主委徐彬、徐宁，市领导熊瑞丽、夏静出席仪式。

4日，市委副书记、代市长王喜良主持召开固定资产投资项目协调推进会。

6—7日，人民网、新华网、中国网等10家网络媒体走进昆明，开展“民族团结的实践·网络媒体行”采访活动。

8日，市委书记程连元率队到七彩云南·古滇文化旅游名城项目调研。拉玛·兴高、方兴国、柳文炜、杨皕等市领导参加调研。

同日，2015七彩云南格兰芬多国际自行车节昆明站在宜良拉开序幕。

9日，代市长王喜良率队实地调研昆明卷烟厂打叶复烤易地技改及烟叶仓储物流项目建设情况。

10日，省长陈豪到高新区调研就业创业工作。

11日，市委书记程连元到火车新南站项目现场、呈贡信息产业园区等地调研呈贡新区产业园区规划建设情况。市领导王春燕、刘兵、陈小男参加调研。

同日，代市长王喜良会见浪潮集团总裁王茂昌一行。双方就浪潮集团项目落地呈贡信息产业园及市政府云项目建设有关事宜进行交流。

同日，昆明至新德里定期航班开通。

12日，北京市朝阳区区委常委、组织部部长何明一行到东川区、寻甸县调研考察就业扶贫等工作。市领导盛高举陪同调研。

同日，中央宣讲团党的十八届五中全会精神宣讲报告会在昆明举行。

同日，第八届中国会议经济与会议酒店发展大会在昆明开幕。

13日，由中国国家旅游局与印度旅游部共同主办的2015中国国际旅游研讨会暨中印旅游论坛在昆明滇池国际会展中心举行。

同日，国土资源部副部长王广华一行到昆明调研不动产登记工作。

同日，第十届中法市长圆桌会议在昆明开幕。

13—15日，2015年中国国际旅游交易会在昆明举办。

14日，代市长王喜良会见捷克奥络莫茨市长安东尼·斯坦克代表团一行。双方就进一步加强文化、中医药、花卉、教育等领域合作进行友好交流。

15日，2015中国国际旅游交易会系列活动之“七彩云南·起航古滇”古滇文化旅游名城首期项目开放仪式在晋宁县项目地举行。

16日，首届中国云南—以色列创新合作论坛在昆明举行。

16—17日，致公党外事工作与“一带一路”战略座谈会在昆明举行。

17日，代市长王喜良会见新城控股集团执行董事、副总裁刘源满一行。市政府秘书长胡炜彤参加会见。

同日，昆明市召开闲置土地处置推进会。

19日，昆明妇女创业创新示范中心揭牌。

23日，市委书记程连元、代市长王喜良率队调研昆明产业发展工作。王敏正、柳文炜、刘兵、陈小男等市领导参加调研。

24日，市委书记程连元、代市长王喜良率队调研全市综合交通基础设施建设工作。柳文炜、李河流、胡炜彤等市领导参加调研。

同日，2015年度中关村数字电视产业联盟年会暨年度数字电视技术及运营管理论坛在昆明举行。

同日，昆明城市规划管理数字化项目正式亮相。

27日，昆明市政府和中国邮政储蓄银行云南省分行举行金融战略合作协议签字仪式。何刚、龚晓坤、胡炜彤等市领导参加签约仪式。

同日，印度—中国握手音乐会在昆明剧院举行。

30日，“中国好人榜”十一月入选名单发布仪式暨全国道德模范与身边好人（云南·昆明）现场交流活动在昆明举办。田云翔、金幼和、夏静、陆玉珍等昆明市领导参加交流活动。

12月

2日，代市长王喜良会见万达

集团发展部常务副总经理兼西南区总经理范光耀一行。昆明市副市长陈小南、市政府秘书长胡炜彤参加会见。

同日，青岛市总工会党组书记、主席于睿率考察团到昆明市总工会进行交流考察。

同日，阳宗海环湖截污项目开工，计划投资8.8亿元。

3日，代市长王喜良率队调研滇池保护治理工作。市领导王道兴参加调研。

同日，昆明市政府与云南城投集团签订战略合作框架协议。何刚、杨皕、胡炜彤等市领导参加签约仪式。

4日，市委举行昆明市2015年国家宪法日活动。

7日，代市长王喜良率队调研督查五华区固定资产投资推进情况。市产业发展督导组组长郭红波、市政府秘书长胡炜彤参加调研督查。

同日，昆明市科技双创系列活动在云南北理工（官渡）科技孵化器国贸片区启动。

8日，代市长王喜良与来昆考察的中兴通讯股份有限公司副总裁苏晞一行进行座谈，双方就智慧城市建设以及进一步深入合作进行交流。副市长王春燕、刘兵，市政府秘书长胡炜彤等参加座谈。

10日，昆明市与中国医药集团总公司签署合作备忘录。市委书记程连元参加签约仪式，市委副书记、代市长王喜良代表市政府签约。

同日，“阿里巴巴·昆明产业带平台电子商务合作项目合作协议”签约及平台上线仪式在市级行政中心昆明会堂举行。

11日，昆明、深圳企业家招商引资洽谈会在昆明举行。

12日，第九届中国产学研合作创新大会在昆明海埂会堂举行。

同日，“英特体育”杯2015年昆明环滇池高原自行车邀请赛在昆明市级行政中心鸣枪开赛。

16日，市政府与中国工商银行云南省分行签订金融服务合作协议，正式建立金融战略合作关系。

同日，昆明市政府和社会资本合作（PPP）论坛在昆明呈贡举行。

17日，市政府在上海锦江饭店举办“昆明会展（上海）推介暨沪昆会展业交流洽谈活动”。

17—18日，北京市朝阳区党政代表团到昆明考察交流，双方签署项目合作框架协议。

20日，第六届“昆明之美”海鸥节在昆明翠湖九曲桥举行。

21日，市委书记程连元与武警森林指挥部司令员沈金伦少将进行座谈，双方就相关事宜进行深入交流。武警云南省森林总队总队长王春太、政委赵振忠，副市长阮凤斌，云南滇中新区管委会副主任、安宁市委书记李树勇，武警昆明市森林支队支队长张洪顺、政委张志广参加座谈。

同日，昆明市政府与中国建设银行云南省分行签订合作协议，正式建立金融战略合作关系。代市长王喜良，建行云南省分行党委书记、行长高升亮出席签约仪式。

同日，“华侨与抗战图片展”在昆明展出。

22日，北控集团党委副书记、副董事长、总经理侯子波率北控集团考察团到云南滇中新区、昆明市考察项目投资并举行交流座谈会。副市长刘兵，副市长、滇中新区管委会副主任陈小男，滇中新区管委会副主任、安宁市委书记李树勇及昆明市、滇中新区相关单位负责人参加座谈。

同日，“昆明经开区跨境贸易O2O平台”启动仪式在经开区举行。

23日，代市长王喜良赴倘甸产业园区和轿子山旅游开发区（以下简称两区）开展“挂包帮、转走访”工作并召开现场座谈会。副市长阮凤斌、市政府秘书长胡炜彤及市级相关部门负责人参加调研。

同日，武定—倘甸—寻甸高速公路项目（禄劝连接线）开工建设。省公投公司董事长孙乔宝，市委常委、常务副市长何刚，市长助理李河流，楚雄州和武定县、禄劝县相关负责人出席开工仪式。

24日，昆明市纪念护国运动100周年学术研讨会在昆明市博物馆举行。

25日，昆明在呈贡区市级行政中心会堂举行昆明市各族各界纪念护国起义100周年大会。程连元出席纪念大会。

26日，市委书记程连元到五华区、盘龙区、官渡区、西山区调研。市领导柳文炜参加调研。

29日，昆明举行市级文化创意产业园区授牌仪式，昆明金鼎文化创意产业园等10家文创园区成首批市级文化创意产业园区。云南省文产办专职副主任刘荣，昆明市委常委、市委宣传部部长金幼和等领导出席，并为园区授牌。

30日，代市长王喜良出席昆明地铁4号线试验段开工仪式。何刚、李河流、胡炜彤等市领导参加签约及开工仪式。

（李　震）

政 治

◆责任编辑 陈智容

2016 KUNMING YEARBOOK

中国共产党昆明市委员会

【深入开展“三严三实”和“忠诚干净担当”专题教育动员大会】 1月9日，市委召开深入开展“三严三实”和“忠诚干净担当”专题教育动员大会。市委主要负责人出席会议并对贯彻落实省委的部署要求，抓好全市专题教育活动作全面安排，省委第一巡回督导组组长彭济生出席会议并讲话，市委副书记、市长李文荣主持会议，市级副厅实职以上领导出席会议。

【市委常委会议】 全年召开市委常委会议34次，讨论研究议题151项。严格贯彻落实民主集中制，在重大事项决策、重要干部任免、重要项目安排、大额度资金使用等方面坚持集体讨论，广开言路、集思广益，依靠集体智慧和科学程序决策。

【市委全面深化改革领导小组会议】 全年召开市委全面深化改革领导小组会议7次，审议《昆明市关于全面深化国有企业改革的实施意见（送审稿）》及相关配套文件、昆明市开放型经济体制改革工作总体方案，以及《关于进一步推进户籍制度改革的实施意见》《深化文化体制改革实施方案》《关于加强昆明新型智库建设的实施意见》等一批改革方案。

【市纪委十届七次全会】 1月26—27日，市纪委召开十届七次全会。会议认真学习习近平总书记在十八届中央纪委五次全会上的重要讲话和考察云南重要讲话，深入贯彻十八届中央纪委五次全会以及省纪委九届六次全会精神，回顾总结2014年全市党风廉政建设和反腐败工作，研究部署2015年工作任务。会议审议通过市委副书记、市纪委书记应永生代表市纪委常委会所做的《坚决落实依规管党治党责任，深入推进党风廉政建设和反腐败斗争》的工作报告。市委主要负责人出席全会并讲话，10名县（区）和市直部门党政主要负责人在全会上述廉。

【市委议军会暨警备区人武部党委、预通团领导述职会】 2月4日，市委召开2015年市委议军会暨警备区人武部党委第一书记、预通团第一政委述职会议。会议总结2014年全市国防动员和后备力量建设工作，研究部署2015年工作任务。市委主要负责人出席会议并讲话，市委副书记、市长李文荣主持会议，警备区政委方兴国对各县（区）人武部党委第一书记和预备团第一政委履职情况进行讲评。市领导应永生、杨远翔、田云翔等参加会议。

【市委农村工作会】 3月5日，市委召开2015年农村工作暨全市第九批新农村建设指导员下派工作视频会议。市委主要负责人出席会议并讲话，市委副书记、市委政法委书记拉玛·兴高主持会议，市领导柳文炜、彭琪、郭子贞、阮凤斌、张建伟参加会议。

【全市宣传思想文化工作会】 3月9日，市委召开全市宣传思想文化工作会议。市委主要负责人出席会议并讲话，市领导应永生、柳文炜、金志伟、杨丽、汪叶菊参加会议。

【市委中心组（扩大）理论学习】 3月17—18日，市委召开2015年中心组第一次学习（扩大）会议。集中学习习近平总书记在云南考察工作时的重要讲话精神。市委主要负责人主持集中学习并做动员讲话，市委副书记、市长李文荣传达全国“两会”精神。

【全市领导干部大会】 4月3日，市委召开全市领导干部大会。传达学习省委九届十次全体会议精神和云南省主要领导干部学习贯彻十八届四中全会精神、全面推进依法治省专题研讨班精神。市委主要负责人主持会议并讲话，市委副书记、市纪委书记应永生传达有关会议精神，市委、市人大常委会、市政府、市政协领导班子成员参加会议。

7月29日，市委召开全市领导干部大会，宣布省委有关干部任职决定，程连元任中共昆明市委委员、常委、书记。省委副书记钟勉出席会议并讲话，省委常委、省委组织部部长刘维佳主持会议并宣布相关任职决定，市委书记程连元讲话，市委副书记、市长李文荣做表态发言。

【呈贡新区改革发展动员大会】 4月16日，市委、市政府现场调研呈贡新区规划建设工作并召开呈贡新区改革发展动员大会。市委副书记、市长李文荣出席会议并讲话，市委副书记、市纪委书记应永生主持会议，市领导拉玛·兴高、杨远翔、田云翔、何刚、方兴国、熊瑞丽、柳文炜、彭琪、郭红波、孟庆红、阮凤斌、杨皕、王春燕、龚晓坤参加会议。

【“三严三实”和“忠诚干净担当”专题教育专题党课暨推进会】 5月18日，市委召开“三严三实”和“忠诚干净担当”专题教育专题党课暨推进会。市委副书记、市长李文荣为全市领导干部授课，市委副书记、市纪委书记应永生主持会议，市委、市人大常委会、市政府、市政协领导班子成员参加会议。

【第六届川滇黔12市州合作与发展峰会】 6月11日，第六届川滇黔12市州合作与发展峰会在昆明举行，市委副书记、市长李文荣出席会议并致辞，市政府副市长王春燕主持峰会。

【市委常委班子专题民主生活会】 7月10日，市委召开常委班子党风廉政建设专题民主生活会。市委副书记、市长李文荣主持会议并代表市委常委班子做对照检查，市委副书记、市纪委书记应永生通报市委常委班子党风廉政建设专题民主生活会征求意见情况，市委常委班子成员参加会议并开展批评与自我批评。市领导杨远翔、田云翔、赵立功、杨皕、龚晓坤列席会议。

12月25日，市委召开常委班子“三严三实”专题民主生活会。省委副书记、省长陈豪出席会议并做讲话，省纪委副书记郭志宏、省委组织部副部长姜山莅会指导，市委书记程连元主持会议并代表市委常委班子做对照检查，市领导王喜良、应永生、拉玛·兴高、杨远翔、田云翔等参加会议。

【市委工作会】 7月22日，市委召开2015年中共昆明市委工作会议。市委副书记、市长李文荣总结回顾上半年工作并安排部署下半年工作任务，市委副书记、市政法委书记拉玛·兴高主持会议并传达全省2015年上半年工作汇报暨园区建设会议、全省扶贫开发工作会议、全省开放工作会议精神以及通报全市领导干部作风建设和问政问效情况，市委常委、市政府常务副市长何刚通报2015年上半年全市各县区，各国家级、省级开发（度假）区主要经济指标、招商引资及有关工作完成情况。会议强调，要坚定信心稳增长，振奋精神促跨越，全力以赴完成年度各项目标任务，奋力推动昆明改革发展各项事业实现新突破。

【昆明警备区党委第一书记任职大会】 8月19日，昆明警备区党委召开第一书记任职大会。省军区政委余永洪宣布昆明警备区党委第一书记任职通知并讲话，市委书记程连元发表任职讲话，警备区政委方兴国主持会议，市领导李文荣、应永生、拉玛·兴高、杨远翔、柳文炜、张建伟、蒋朝忠参加会议。

【全市扶贫开发工作会】 8月28—29日，市委、市政府召开全市扶贫开发、农村危房改造和抗震安居工程建设、“挂包帮、转走访”和扶贫开发与基层党建双推进工作会议。市委书记程连元出席会议并讲话，市委副书记、市长李文荣主持会议并做总结讲话，市委副书记、市纪委书记拉玛·兴高宣读昆明市“挂包帮、转走访”相关文件。

【市委统战工作会】 10月9日，市委召开统战工作会议。省委常委、省委统战部部长黄毅出席会议并讲话，省委统战部常务副部长苏红军出席会议，市委书记程连元出席会议并讲话，市委副书记、市长李文荣主持会议，市领导应永生、拉玛·兴高、杨远翔、田云翔等领导参加会议。

【滇中新区领导干部大会】 10月15日，滇中新区召开领导干部大会。省委书记、省人大常委会主任李纪恒出席会议并讲话，省委副书记、省长、滇中新区规划建设领导小组组长陈豪主持会议，省委常委、常务副省长、滇中新区规划建设领导小组副组长李江宣读《国务院关于同意设立云南滇中新区的批复》和《省委、省政府关于昆明市委书记程连元任滇中新区党工委书记、管委会主任的任职决定》等有关文件，省领导李培、刘慧晏、米东生出席会议。市领导程连元、李文荣、杨远翔、王敏正、何刚、方兴国、柳文炜、盛高举、王道兴、阮凤斌、龚晓坤等参加会议。

12月2日，滇中新区召开领导干部大会。省委常委、省委组织部部长刘维佳出席会议并讲话，省委组织部副部长姜山宣布省委决定：程连元任滇中新区党工委书记、管委会主任，何刚任滇中新区党工委副书记、管委会副主任，保建彬、陈小男、李树勇任滇中新区党工委委员、管委会副主任。

【市委全委（扩大）会议】 11月13日，市委召开全委（扩大）会议，民主推荐县（区）委书记。市委书记程连元主持会议，省委组织部干部考察组组长、省民宗委副主任郑建奇讲话，市委委员和不是市委委员的副厅级以上的党员领导干部参加会议。

12月28日，市委召开十届七次全体（扩大）会议。全会由市委常委会主持，市委书记程连元代表市委常委会向全会报告工作，对《中共昆明市委关于制定昆明市国民经济和社会发展第十三个五年规划的建议（讨论稿）》做说明，全会审议通过《中共昆明市委关于制定昆明市国民经济和社会发展第十三个五年规划的建议》，全会提出，“十三五”时期昆明市经济社会发展的主要目标：经济保持平稳较快发展，全市地区生产总值年均增长9%左右，到2018年，实现现行标准下全市贫困人口全面脱贫，贫困县全部摘帽，区域性整体贫困得到解决，在全省率先全面建成小康社会；到2020

年，在巩固全面建成小康社会的基础上，全市经济社会发展迈上更高水平，区域性国际中心城市建设取得重大进展，与滇中新区的融合发展成效明显，全省最具活力的增长核心基本形成，昆明的发展更科学、社会更和谐、文化更繁荣、生态更文明、人民更幸福，为开启社会主义现代化建设新征程奠定坚实基础。

【纪念护国起义100周年纪念大会】12月25日，市委、市政府举行纪念护国起义100周年大会。

【重要调研】1月19—21日，中共中央总书记、国家主席、中央军委主席习近平，到昭通、大理、昆明等地，看望鲁甸地震灾区干部群众，深入企业、工地、乡村考察，就灾后恢复重建和经济社会发展情况进行调研。1月20日下午，习近平总书记在省委书记李纪恒、代省长陈豪、省委和市委主要负责人陪同下，到昆明火车南站考察。习近平总书记在昆明考察过程中，充分肯定昆明市近年来经济社会发展取得的成绩，对相关工作作出一系列重要指示，嘱托一定要把昆明改革发展稳定的各项工作做好，把昆明人民的事办好。

1月13日，市委主要负责人、市委副书记、市长李文荣率队对全市综合交通建设进行现场调研并召开座谈会。市领导田云翔、柳文炜、何波、王春燕、杨勇明参加会议。

1月14日，市委主要负责人、市委副书记、市长李文荣检查滇池入湖河道整治和湿地建设，参加新环境保护法宣传日活动并召开2015年滇池流域综合治理工作会。省政府滇池水污染防治专家督导组组长晏友琼、副组长高晓宇莅会指导。

2月2日，市委、市政府主要负责人调研昆明滇池国际会展中心项目周边环境整治及征地拆迁工作并召开座谈会。有关市领导参加调研。

2月10日，省委副书记、省长陈豪，省委常委、常务副省长李江，副省长高峰、刘慧晏，到昆明检查指导节日期间食品安全、春运保障及安全生产工作并召开调研座谈会。有关市领导陪同检查并参加座谈会。

3月10日，市委主要负责人到森林防火检查点、城中村、物流市场，随机调研检查森林防火和消防安全工作。有关市领导参加调研。

3月11—12日，市委主要负责人调研高新区、经开区建设发展情况并召开调研座谈会。有关市领导参加调研。

3月20日，市委、市政府主要负责人现场调研全市综合交通建设并召开全市综合交通工作会议。有关市领导参加调研和会议。

3月24日，省政府副省长张祖林率队到昆明调研云南烈士纪念园项目并召开座谈会。市委主要负责人参加会议并讲话。

4月25日，市委副书记、市长李文荣调研昆明滇池国际会展中心项目周边环境综合整治及环湖路沿线湿地建设工作情况。市领导何刚、柳文炜参加调研。

4月25日14时30分左右，东川区因民镇联盟村黄草岭1786矿洞发生炮烟中毒事故，造成21人被困。接到事故报告后，省委书记、省人大常委会主任李纪恒，省委副书记、省长陈豪立即做出批示，要求要高度重视事故处置工作，立即组织力量，全力抢救伤员，最大限度减少人民群众生命财产损失，尽快查明原因，依法依规处理相关责任人，全力维护社会秩序稳定。市委副书记、市长李文荣，市委常委、市政府常务副市长何刚第一时间赶赴现场处置，看望慰问伤员，召开紧急会议安排部署救援工作。事故导致9人遇难，12人轻伤。

4月29日14时10分左右，晋宁县昆阳街道办事处辖区晋红高速公路安企村1号隧道右幅K1+275桩号位置发生冒顶事故，致使正在作业的12名工人被困。接到事故报告后，省委书记、省人大常委会主任李纪恒，省委副书记、省长陈豪立即作出批示，要求迅速组织力量，全力抢救被困人员，把抢救人的生命放在第一位，切实保障人民群众生命财产安全，科学施救，防止发生衍生事故，确保救援人员人身安全。省安监局局长杨亚林，市委副书记、市长李文荣、市委常委、市政府常务副市长何刚立即赶赴现场指挥救援。17时58分，被困的12名施工人员全部成功获救。

5月15日，省委副书记、省长陈豪，省委副书记钟勉率队到昆明滇池国际会展中心，对会展场馆建设和周边环境整治进行督查调研。省政府副省长高树勋、省政府秘书长李邑飞，市领导李文荣、何刚、赵立功陪同督查调研。

5月27日，中国佛教协会副会长班禅额尔德尼·确吉杰布一行到云南民族村参观考察。省委常委、省委统战部部长黄毅，市领导李文荣、熊瑞丽、赵立功陪同考察。

6月17—18日，市委、市政府开展“转作风、调结构、促发展”专题调研督查，由市领导李文荣、应永生、拉玛·兴高、杨远翔、田云翔、何刚率队组成的6个市级领导调研督察组分别深入12个县区、5个开发（度假）区进行专题调研督查。

7月11日，省委副书记、省长陈豪调研呈贡新区信息产业发展和呈贡新区规划情况并召开调研座谈会。市领导李文荣、应永生、拉玛·兴高、王春燕参加调研座谈会。

7月30日，由中央政策研究室副主任潘盛洲带队的中央督察组一行，在省委常委、省委秘书长陪同下对昆明市户籍制度改革工作情况进行专项督察调研并召开座谈会。市委副书记、市长李文荣参加会议并做表态发言，市委常委、市委秘书长柳文炜参加督察调研并主持会议，市政府副市长、市公安局局长赵立功汇报相关工作。

8月2日，市委书记程连元调研滇池保护治理和盘龙江综合整治工作。市领导柳文炜、王道兴参加调研。

8月20日，市委书记程连元到寻甸县调研扶贫开发工作。市领导柳文炜、阮凤斌参加调研。

8月20日，市委副书记、市长李文荣到昆明市化工原料公司凉亭仓库、中航油羊方凹油库、东绕城两面寺立交“两客一危”执法服务站、云南国雅化工市场和昆明福莱威尔家具制造有限公司等地实地检查安全生产工作情况。市领导王宇参加检查。

8月26日，市委书记程连元调研文化创意产业工作。市领导柳文炜、金幼和、杨皕参加调研。

9月21日，市委书记程连元，市委副书记、市长李文荣调研市容环境综合整治提升工作。市领导应永生、拉玛·兴高、何刚、柳文炜、阮凤斌、王宇参加调研。

10月7日，市委书记程连元到东川区调研扶贫开发工作。市领导拉玛·兴高、方兴国、柳文炜、孟庆红参加调研。

10月8日，市委书记程连元，市委副书记、市长李文荣调研检查草海及周边水环境提升整治和绿色照明提升工程进展情况并主持召开草海水治理专题会议。市领导应永生、何刚、柳文炜、王道兴、王宇参加调研及专题会议。

10月13日，市委书记程连元到西山区永昌街道办事处永顺里社区、盘龙区青云街道办事处金沙社区调研基层社区社会治理工作。市领导拉玛·兴高、王宇参加调研。

10月22日，省委副书记钟勉调研昆明市市容环境综合整治提升工作。市领导程连元、王喜良、何刚、柳文炜、王道兴、王宇陪同调研。

10月23日，市委书记程连元调研滇中新区规划建设情况。滇中新区筹备组成员黄云波、保建彬、庄洁、段钢、黎明、郑伟，市领导何刚、柳文炜参加调研。

10月28日，市委书记程连元到禄劝县则黑乡民安乐村，开展“挂包帮、转走访”工作并看望慰问困难群众。市领导拉玛·兴高参加走访。

11月8日，市委书记程连元调研“七彩云南·起航古滇”古滇文化旅游名城项目。市领导拉玛·兴高、方兴国、柳文炜、杨皕参加调研。

11月10日，省委副书记、省长陈豪到高新区调研就业创业工作。王敏正陪同调研。

11月11日，市委书记程连元到火车新南站项目现场、呈贡信息产业园区等地调研呈贡新区产业园区规划建设情况。市领导王春燕、刘兵、陈小男参加调研。

11月11日，市委书记程连元调研2015中国国际旅游交易会安保工作。市领导拉玛·兴高、王宇参加调研。

11月12日，北京市朝阳区区委常委、组织部部长何明一行到东川区、寻甸县调研考察就业扶贫等工作。市领导盛高举陪同调研。

11月13日，国土资源部副部长王广华一行到昆明调研不动产登记工作并召开工作汇报会。市委副书记、代市长王喜良参加会议并讲话，市委常委、市政府常务副市长何刚主持会议。

12月3日，市委副书记、代市长王喜良调研滇池保护治理工作。市领导王道兴参加调研。

12月26日，市委书记程连元到五华区、盘龙区、官渡区、西山区调研。市领导柳文炜参加调研。

【重要活动】 2月11—13日，市委、市人大常委会、市政府、市政协领导班子成员率队开展2015年春节走访慰问系列活动。

3月5日，昆明市43项重点项目集中开工仪式在呈贡区斗南街道办事处“兴冶国际”项目点举行。市委主要负责人出席仪式并宣布项目开工，市领导应永生、拉玛·兴高、杨远翔、田云翔、何刚、柳文炜、孟庆红、阮凤斌、杨皕、王春燕出席开工仪式。

4月20日，昆明医科大学第一附属医院呈贡医院正式开业。市领导李文荣、应永生、拉玛·兴高、杨远翔、田云翔、柳文炜、王春燕出席开业仪式。

4月27日，昆明市庆祝“五一”国际劳动节大会暨职工技术技能大练兵展演活动在市委党校举行。省总工会副主席彭增梅出席活动并讲话，市委副书记、市长李文荣讲话，市委副书记、市纪委书记应永生主持，市领导拉玛·兴高、杨远翔、田云翔、方兴国、柳文炜、彭琪、戚永宏、王春燕、陆玉珍参加活动。

5月15日，省委书记、省人大常委会主任李纪恒，省委副书记、省长陈豪，省委副书记钟勉，省政协主席罗正富等省党政领导到官渡区王官湿地开展义务植树活动。市领导李文荣、应永生、拉玛·兴高、杨远翔、田云翔、柳文炜、阮凤斌参加植树活动。

5月19日，昆明市社会面巡逻防控演练暨出征仪式在市级行政中心广场举行。武警云南省总队司令员李志刚、政治委员张桂柏，市委副书记、市长李文荣出席仪式并讲话，市委副书记、市政法委书记拉玛·兴高主持仪式，市政府副市长、市公安局局长赵立功向武警昆明市支队授予出征巡逻车辆号牌。

6月7日，驻昆部队“亲诚互容合作共赢——军警民携手共迎南博系列活动”正式启动，省军区副参谋长方胜宣布活动正式启动，市委副书记、市政法委书记拉玛·兴高出席活动并讲话，警备区政委方兴国主持启动仪式，市领导赵立功、王春燕、蒋朝忠参加活动。

6月12日，第3届中国—南亚博览会暨第23届中国昆明进出口商品交易会在昆明滇池国际会展中心开幕。中共中央政治局委员、国家副主席李源潮出席开幕式并致辞。省委书记、省人大常委会主任李纪恒致辞，省委副书记、省长陈豪主持开幕式。来自31个国家、2个地区、2个国际组织的贵宾以及国家相关部委和27个省市区领导，18家央企、100余家民企、10余个金融机构，共计2 000多名中外宾客出席开幕式。市领导李文荣、应永生、拉玛·兴高、杨远翔、田云翔、何刚、熊瑞丽、柳文炜、孟庆红、赵立功、杨皕、王春燕参加开幕式。

6月13日，昆明市重点项目暨浪潮昆明云计算产业园集中开工仪式在呈贡信息产业园举行，41项重点项目集中开工。市委常委、市委秘书长柳文炜主持开工仪式，山东省政协副主席许立全、云南省政协副主席倪慧芳、省卫生厅副厅长付新安特邀出席，市领导应永生、拉玛·兴高、杨远翔、田云翔、孟庆红、王春燕参加仪式。

6月30日，“永远跟党走·共筑中国梦”暨庆祝建党94周年文艺演出活动在市老干部活动中心举行。市委副书记、市长李文荣出席活动并讲话，市领导应永生、彭琪观看演出。

7月25日，昆明市第五届运动会开幕式在宜良县体育场举行。市委副书记、市长李文荣宣布开幕，市委副书记、市纪委书记应永生主持开幕式，市政府副市长杨皕致辞，市领导拉玛·兴高、杨远翔、田云翔、王敏正、方兴国、熊瑞丽、柳文炜等参加开幕式。

8月30日，2015年昆明高原国际半程马拉松赛在呈贡新区市级行政中心会堂广场鸣枪开跑。市委书记程连元宣布开幕，市委常委、市政府副市长关清华主持开幕仪式并致辞。云南省体育局局长何池康，国家体育总局田径运动中心马拉松办公室主任张永良，市领导李文荣、拉玛·兴高、杨远翔、田云翔、何刚、柳文炜、金幼和、夏静、王宇、陆玉珍、汪叶菊等参加开幕仪式。

9月1日晚，市委、市政府举行“昆明市纪念中国人民抗日战争暨世界反法西斯战争胜利70周年音乐会”。市领导程连元、李文荣、应永生、拉玛·兴高、田云翔等参加音乐会。

9月15—18日，市委书记程连元、市委副书记、市长李文荣率昆明市党政代表团赴北京市朝阳区考察学习，参加2015北京CBD商务节系列活动，与北京市朝阳区签署友好市区合作协议。市领导拉玛·兴高、王敏正、何刚、柳文炜、金幼和、阮凤斌、王宇、龚晓坤参加相关活动。

10月13日，市政府与泰王国驻昆总领事馆共同主办的“一带一路”大通道—昆曼公路摄影展开展。市委书记程连元、泰王国昆明总领事素查·亮桑彤共同为摄影展揭幕，马来西亚驻昆总领事纳斯里·若曼、老挝驻昆总领事本廉·洪翁孙、缅甸驻昆总领事吴昂觉悟、孟加拉驻昆总领事穆罕穆德·阿里、柬埔寨驻昆总领事肯沙伦，市领导柳文炜、关清华参加开展仪式。

10月20日，市委举行2015年敬老节慰问市级老领导活动。市委书记程连元出席并致辞，市领导李文荣、应永生、田云翔、柳文炜、盛高举参加活动。

10月21日，市委办公厅举行2015年“扶贫日”扶贫济困捐助活动。市委书记程连元，市委常委、市委秘书长柳文炜参加活动。

11月3日，中国民主同盟传统教育基地揭牌仪式在昆明呈贡魁阁举行，民盟中央副主席、省政协副主席、民盟省委主委倪慧芳，民盟省委副主委徐彬、徐宁，市领导熊瑞丽、夏静出席仪式。

11月7日，人民网、新华网、中国网等10家网络媒体到昆明开展“民族团结的实践·网络媒体行”集中宣传活动。市委书记程连元与采访团成员座谈并接受采访，市领导熊瑞丽、柳文炜参加座谈。

11月13日，2015中国国际旅游交易会在昆明滇池国际会展中心开幕。全国政协副主席罗富和出席开馆仪式，国家旅游局局长李金早出席并致辞，省委书记、省人大常委会主任李纪恒出席开馆仪式，省委副书记、省长陈豪致辞，国家旅游局副局长李世宏主持仪式，国家旅游局副局长杜江、省委副书记钟勉出席仪式，市领导程连元、王喜良参加开馆仪式。

11月15日，2015中国国际旅游交易会系列活动之“七彩云南·起航古滇”古滇文化旅游名城首期项目开放仪式在晋宁县举行，国家旅游局局长李金早，省委副书记、省长陈豪，国家旅游局副局长吴文学，省领导李江、王树芬、刘平、王承才、李邑飞，市领导程连元、王喜良、应永生、拉玛·兴高、杨远翔、田云翔等参加开放仪式。

11月30日，中国好人榜11月入选名单发布仪式暨全国道德模范与身边好人现场交流活动在昆明举行。市委副书记、市纪委书记应永生致辞，市领导田云翔、金幼和、夏静、陆玉珍参加活动。

12月4日，市委举行昆明市2015年国家宪法日活动。市委书记程连元宣布活动启动，市委副书记、代市长王喜良领誓，市委副书记、市政法委书记拉玛·兴高主持活动，市领导应永生、杨远翔、田云翔等与1 000余名副处级以上领导干部参加活动。

12月4日，“省市联动·绿化昆明·共建春城”城市公共绿地冬季义务植树活动启动仪式暨省市区共建“司法林”活动在斗南湿地举行，省司法厅厅长商小云出席活动，市委副书记、市政法委书记拉玛·兴高为“司法林”揭牌，市领导王道兴、阮凤斌出席活动。

【重要接待】 1月27日，市政府举行2015年涉外涉侨春节招待会。部分外国驻昆机构代表，在昆工作的外国专家，外资、侨资及港澳企业家代表出席招待会，市委主要负责人出席招待会并致辞，市委副书记、市长李文荣主持会议，市领导应永生、杨远翔、柳文炜、关清华、张建伟参加招待会。

3月12—13日，四川省攀枝花市党政代表团来昆考察交流并于13日上午在市级行政中心昆明会堂举行合作交流座谈会。市委主要负责人、攀枝花市委书记刘成鸣出席座谈会并讲话，市委副书记、市政法委书记拉玛·兴高主持会议，市领导柳文炜、杨品才参加会议。

8月17—18日，北京市朝阳区委常委、宣传部长、区委办主任刘军胜率考察团来昆考察。市委副书记、市长李文荣会见考察团一行。市委常委、市委秘书长柳文炜主持座谈交流会，市领导杨皕参加座谈交流会。

9月14日，北京市朝阳区政协代表团到昆考察交流。市委书记程连元出席考察交流座谈会，市政协主席田云翔主持会议，市领导王春燕、张建伟参加座谈会。

11月2日，北京市朝阳区人大常委会主任佟克克一行到昆明学习考察。市领导程连元、王喜良、杨远翔、柳文炜、常树奇、郭子贞参加会见和陪同考察。

12月17—18日，北京市朝阳区委副书记、代区长王灏一行到昆考察并召开考察座谈会签订项目合作框架协议。市领导程连元、王喜良、拉玛·兴高、何刚、柳文炜、盛高举、金幼和、常树奇、王道兴、杨皕、刘兵、陈小男陪同考察并参加签约仪式。

（市委办公厅）

办公厅

【理论学习】　坚持把学习贯彻习近平总书记系列重要讲话精神同学习贯彻党的十八大，十八届三中、四中、五中全会及省、市委重要会议精神结合起来，作为办公厅的首要政治任务，摆在突出位置，抓紧抓实抓好，强化党性修养，加强党性锻炼，增强“三个自信”，在思想上政治上行动上与党中央和省、市委保持高度一致。2015年，厅班子共开展12次集中学习，全厅500余人次参加各类集中学习和轮训，并牵头组织全市党委系统办公厅（室）人员赴北京清华大学、上海复旦大学进行专题学习培训，进一步优化干部的知识结构。

【文稿起草】　坚持把文稿作为政务服务的重要抓手，着眼全局大势，严格工作标准，注重把文稿起草与中央政策、云南实际、昆明市情相结合，切实提高文稿的思想性、针对性和实效性。共组织起草市委领导重要讲话稿等各类文稿400余篇。其中，市委十届七次全会报告、市委工作会报告、市委“十三五”规划建议等重要文稿，得到市委主要领导的充分肯定和部门、基层的一致好评。坚持把调查研究的重点放在如何更好地促进科学发展上，深入实际、深入基层，去粗取精、去伪存真，及时把群众的呼声反映上来，把被实践证明行之有效的典型经验总结出来，形成一批质量较高的调研报告，为市委决策提供重要的参考和借鉴。其中，《深入贯彻党的十八届四中全会精神加快推进依法治市对策研究》调研报告，得到省委高度肯定，部分内容被选入全国“两会”云南代表提案，有效发挥参谋助手作用。

【综合协调】　坚持把综合协调作为推动市委工作高效运转的重要保障，做好重要会议和重要活动的统筹安排，确保市委领导集中时间、集中精力谋全局、抓大事。紧紧围绕市委中心工作，着力抓好重要会议服务，圆满完成市委十届七次全会、市委工作会议、市委中心组理论学习会议等50余次全市性重要会议的服务保障工作，确保会议顺利召开。强化协调服务职能，科学合理安排市委领导重要公务活动，顺利完成李纪恒书记和陈豪省长到昆调研、昆明党政代表团赴京学习考察、市委主要领导调研滇池治理等30余次重要活动的服务保障工作，有效提升活动实效。

【督促检查】　集中精力抓市委重大决策部署和领导批示、交办事项的督查落实，做到即交即办、全程跟踪、限时优质完成。成立市级17个稳增长和市容环境整治督查组，围绕市委全会、市委常委会等重要会议的决策部署，紧盯重点项目、重点工作，加强督促检查，确保各项工作有效落实。建立健全科学的考核奖惩机制，不断完善目标考核体系，考核的针对性和实效性得到进一步增强。全年先后组织专项督查30余次，跟踪督办市委重要会议和重要决策部署立项督查事项600多项，提出可操作性强的督查建议600多条，确保中央和省、市委各项决策部署落地生根。

【信息服务】　充分发挥党委信息的“总汇”地位和“主渠道”作用，积极开展信息调研，强化重大紧急信息、网络舆情信息和常规信息的收集报送，信息的快速反应和资政作用进一步增强。全年共组织编报各类信息700余期、6 600余条，上报中办、省办信息1 450余条，接报转处各类突发事件2 100余件，编报调研信息30余篇，向省委和省委领导报送《专报信息》128期，年度党委信息量化考核结果显示继续保持全省领先、全国前列的水平。高度重视重大紧急信息报送，及时报送“3·04”东盟联丰农产品商贸中心火灾、“4·25”矿洞炮烟中毒事故、“4·29”晋红高速隧道塌方事故等重大紧急信息，为中央和省、市委第一时间掌握事态进展、第一时间做出有效处置，提供快速准确的信息服务。

【公文办理】　坚持把文件制发和法规服务作为提高市委执政能力的重要手段，树立精品意识，严格规范办文程序，制定9个环节20个要点的公文办理清单，有效提高办文的制度化、规范化。全年共起草审核制发“昆”字头15类公文335篇，较好地控制市委文件数量。其中，《市委关于深入贯彻落实习近平总书记考察云南重要讲话精神当好全省跨越式发展排头兵和火车头的实施意见》等一批重要文件，有效发挥谋划全局、指导实践、推动工作的重要作用。扎实开展文件清理和报备审查工作，拟废止184件、宣布失效345件、不再清理135件、向省委报备10件。

【深化改革】　围绕全市改革中的重点难点问题，组织开展20个重大改革课题调研，其中8个调研成果已转化为正式改革方案文件。制定下发《市委重要改革举措实施规划（2014—2020年）》，部署1 030条改革举措，明确当前和今后一个时期改革的“路线图”“任务书”“时间表”。先后组织筹备召开6次市委全面深化改革领导小组会议，审议出台国资国企改革、财税体制改革、农村综合改革等46个重要改革方案文件，确保各领域改革协同有序推进。在全国率先探索建立改革“三张清单一张网”，确保改革任务清晰、责任主体明确、时序进度可控。组织开展国家、省、市、县四个层级75项改革试点任务，取得阶段性成果。

【自身建设】　扎实开展“三严三实”和“忠诚干净担当”专题教育，厅班子成员带头讲党课9次，开列厅班子“问题清单”12条、班子成员“个人问题清单”52条，并明确具体措施和整改时限，逐一进行整改落实。不断健全干部选拔任用、挂职锻炼、轮岗交流等工作机制，干部的能力得到明显提升，干部的活力得到充分激发。扎实开展“挂包帮”“转走访”工作，组织全厅138位党员定点挂钩贫困村，选派4名骨干担任驻村工作队员，共协调项目30余个、协调资金315万元帮助挂钩村解决实际困难。严格落实中央八项规定省市实施细则，层层签订党风廉政建设责任书，严格落实“一岗双责”，严防违纪违规事件发生，维护办公厅的良好形象。

（市委办公厅）

组织工作

【专题教育】　2015年1月，在中央和省、市委的统一安排部署下，昆明市率先启动“三严三实”和“忠诚干净担当”专题教育，全市2 047名县处级及以上领导干部参加专题教育。市委常委带头讲专题党课17次，全市116家参学单位主要负责同志讲党课159次、其他班子成员讲党课672次。坚持边学边查边改，市委班子带头查找存在问题，开列班子“问题清单”8条、班子成员58条，全市县处级以上领导班子开列“问题清单”835条、班子主要负责同志640条、班子成员3 469条，并通过随机调研、列表督查等方式，督促各单位抓好整改落实。深入开展“六个严禁”专项整治，共发现问题并列入整改522个（件）547人。倒查“带病提拔”“带病上岗”干部37人，发现并处理违反组织人事纪律问题50个77人，对24名领导干部开展任中、离任经济责任审计。深入开展“为官不为”专项治理，共查处问责“为官不为”干部119人，并对21家县（区）政府、市直部门主要负责人进行约谈提醒。

【组织建设】　落实全面从严治党要求，抓重点、解难点、攻克薄弱环节，不断厚植党执政的根基。全面落实责任。与97个市直机关单位和17个县区、开发（度假）园区分类签订党建目标责任书，明确年度基层党建工作要点和目标任务，通过开展专项述职、随机调研、交叉检查等多种方式，压实基层党建责任。打牢工作基础。实地验收考评基层服务型党组织示范点30个、基层党建“有效提升”党组织10个；全覆盖建立服务型党组织综合平台1 600个，累计办理群众来件751 116件，办结750 248件，办结率99.8%，满意率99%；组织45 188名在职党员到591个社区开展为民服务活动，解决实际困难11 107个，办好事实事13 550件，投入服务资金4 494.616万元；开展“强基惠农合作股份”试点项目162个，涉及股份总金额22.28亿元，累计收益4.17亿元；全面落实《关于严格落实全省2015年提高村（社区）干部补贴的通知》，不断提高村（社区）干部待遇；加强指导、创新方法，示范带动、注重引领，稳步推进两类组织党建工作；完成对659个软弱涣散党组织的专项整治；及时向软弱涣散村、扶贫开发与基层党建“双推进”乡镇所辖村组和省级建档立卡贫困村选派第一书记1 325名，联系动员全市919家省市县乡四级挂联单位38 666名干部职工，对172个省级建档立卡贫困村、86 982户贫困户、20.99万贫困人口开展结对遍访工作，结对遍访率达100%。强化教育管理。先后举办行政村（村改居社区）党组织书记、城市社区党组织书记、乡镇（街道）组织委员等专题培训班27期，培训9 551人次。其中，行政村（村改居社区）党组织书记147名、城市社区党组织书记150名、常务书记1 488人、“两委”干部5 743人、乡镇（街道）党工委组织委员422人；积极稳妥处置不合格党员614人，限期改正499人、劝退20人、自行脱党95人，10名党员由原来限期改正改为批评教育，5名党员涉嫌违纪违法移交纪检部门处理。

【干部工作】　坚持党管干部原则，坚持好干部标准，坚持正确用人导向，坚持公道正派、选贤任能，以事择人、人岗相适，努力选拔培养一批适应昆明市跨越发展需求的好干部。抓教育提素质。制定《2015年昆明市干部教育培训工作要点》，安排公选高层次人才，为市级相关培训班次学员授课，推进领导干部上讲台制度的落实；全市12 755名领导干部通过省干部在线学习平台进行网上自主选学；选派692名领导干部参加上级各类调训；先后组织举办新提拔县处级领导干部、城乡规划和产业发展等培训班32个，培训学员4 854人次。建机制织笼子。出台《中共昆明市委关于贯彻落实〈中共云南省委关于落实全面从严治党建设忠诚干净担当高素质干部队伍的决定〉的实施意见》等，率先向“为官不为、懒政怠政”现象开刀，持之以恒推动领导干部作风建设。强整治从严管。制定《昆明市从严从实监督管理干部实施细则（试行）》，从严从实选拔任用、教育管理、规范约束和问责处理干部。深入开展“违规任用干部”“跑官要官”等十个方面的专项整治以及对“严禁违反党的组织人事纪律”专项整治“回头看”情况进行复核检查；坚持个人有关事项报告“凡提必核”制，处置1名县处级干部“三龄两历”问题，正在查核57人。加大领导干部经济责任审计力度。畅通信访、电话、网络、短信“四位一体”的“12380”选人用人工作综合举报受理渠道，受理“为官不为、懒政怠政”线索28条。做好干部因私出国（境）管理，清理出入境证件2 290人。谋全局抓关键。分别到一、二、三板块县区和开发（度假）园区召开座谈会，了解工作现状、存在困难和对策建议；组织乡镇（街道）访谈会，举办村级党组织书记、村民委员会主任、村务监督委员会主任、大学生村官座谈会，充分听取对2016年村（社区）“两委”换届选举工作意见。召开县（市、区）后备干部调研及县乡换届调研动员部署会，扎实做好2016年市、县、乡三级党委换届准备工作。

【党的建设制度改革】 把制度建设放在更加突出的位置，坚持目标导向和问题导向相统一，坚持完善制度和落实制度相结合，积极稳妥深入推进党的建设制度改革。结合昆明实际，研究制定《市委深化党的建设制度改革实施方案》，设计路线图、提出时间表、明确责任主体、细化任务分工，有序推进党建制度改革工作。对照2015年工作要点及省委近期明确的重点改革任务分解安排，对各项改革任务逐一进行自检自查。年度各项改革目标任务，除必须等待上位法规制定出台才能完成市级配套文件制定工作的5项相关事项外，加强党的群团工作的意见、加强优秀年轻干部培养选拔等32项改革任务已圆满完成，年度工作被评为市深化改革优秀单位，综合评分全市第一。

【人才工作】 坚持党管人才原则，履行组织部门管宏观、管政策、管协调、管服务的职能。强化工作机制。制定《市委市政府关于推进体制机制创新加强人才工作的实施意见》，规范创新创业平台建设、人才培养模式等工作；拟订《关于开展2015年度市级人才工作扶持项目申报工作的实施方案》，调整人才工作项目化管理方法；制订《昆明市“十三五”期间人才培养引进工作方案（2016—2020）》《昆明市高层次人才创新创业创优示范基地建设意见》等，确保全市人才工作按时间节点、任务目标有序推进。落实人才规划。深入贯彻落实《昆明市中长期人才发展规划（2011—2020年）》，围绕市委、市政府中心工作和昆明经济社会发展大局，坚持以用为本的指导方针，以高层次创新创业人才和高素质技能人才队伍建设为重点，统筹推进各类人才队伍建设，着力加强人才培养开发、评价发现、选拔使用、流动配置、激励保障等工作，健全完善人才向基层一线和关键岗位流动的激励机制。全市共引进和培养高层次紧缺急需人才1 601名，新增高技能人才8 012人，选拔第十三批昆明市中青年学术和技术带头人及后备人选59名。完成2014年度海外高层次人才“三五工程”和创新创业人才项目“551计划”的评选，5人入选“三五工程”，2个项目入选“551计划”。评选认定院士工作站11个、市科技创新团队15个、重点实验室6家和工程技术研究中心11个。组织开展全市人才工作扶持项目评选，立项扶持项目67个，投入扶持资金320万元。突出工作重点。联合市总工会、市人社局组织开展2015年职工“七十二行技术大练兵”活动，全面提升昆明市人才竞争优势。完成《关于重视我市高层管理人才培养助推民营企业发展的建议》《开创性全面构建培养、选拔、重用资深法律人才新常态机制》两项政协提案办理工作。组织开展国家“千人计划”、第四届“兴滇人才奖”、省首批专家基层科研工作站等工程的人选推荐工作。加大人才工作宣传力度，重点开展人才工作2014—2015年跨年宣传工作，做好园区人才队伍、高技能人才队伍、高层次人才队伍的建设、引进、培养和服务方面的宣传活动，在全市营造尊重人才、爱惜人才、使用人才的良好环境。

（苏　甦）

宣传工作

【理论武装】 进一步完善党委中心组学习制度。组织市委中心组（理论）扩大学习会议7次。编辑《理论参阅资料》12期。指导全市各级党委（党组）中心组学习，向党员干部推荐20本学习书目。理论宣讲深入基层，专题宣传全面深入。组织开展习总书记考察云南讲话精神宣讲活动近40余场。组织高德荣同志先进事迹报告会，全市6 000余名党员干部参加。深入各县（市）区开展党的十八届五中全会精神宣讲19场，直接参与干部群众近4 000人。开展中国特色社会主义理论体系宣传教育。意识形态领域理论研究不断深化。组织开展全市意识形态领域调研工作，形成总调研报告。开展市委宣传部2015年重点课题调研工作，15个重点调研课题完成结题。加强新型智库建设，出台新型智库建设实施意见。参加全省宣传思想文化系统调研，汇总上报云南省宣传思想文化工作案例。

【舆论引导】 策划推出系列主题宣传。推出“依法治市”“2015年下半年全市经济社会发展和园区建设工作”“中国人民抗日战争暨世界反法西斯战争胜利70周年纪念活动”“昆明市扶贫开发工作”“昆明市容环境综合整治提升工作”等25次系列主题宣传，组织中央、省、市新闻媒体采访报道市委、市政府的重要会议47次、重大活动200余次，推出有关重点新闻报道2 000余篇（条）。开设“深入学习贯彻习近平在云南考察重要讲话精神”“三严三实”和“忠诚干净担当”专栏专题。刊播“深入学习贯彻习近平在云南考察重要讲话精神”相关报道约460余篇（条），言论评论21篇。做好“忠诚干净担当”专题教育新闻宣传，刊播相关报道约200余篇（条）。正确开展舆论监督。编发新闻阅评通报45期、新闻阅评综述9期、主题阅评2期。编发《舆论监督通报》200期，反映问题得到及时整改，反馈率100%。

【加大宣传力度】 积极做好与媒体的合作与服务。与新华社云南分社、《中国青年报》《云南日报》昆明分社、《凤凰周刊》等一批中央和省级重要新闻媒体商定合作事宜，签订合作协议。加强与中央、省驻昆媒体交流沟通，召开中央、省驻滇媒体会议，对昆明市重点工作新闻策划提出建设性意见和建议。全年为各级媒体联系协调采访事项10余次。2015年，与新华社合作出品《昆明—城市宣传片》。做好“第三届中国——南亚博览会”的宣传。承办南亚、东南亚主流媒体“请进来”采访活动，邀请7国10余家媒体到访昆明，扩大南博会在南亚、东南亚地区的影响力。积极协调在机场、火车站、轨道交通以及3 900辆公交车、7 600余辆出租车的电子显示屏滚动播放宣传海报、宣传片，合计时长约90 000分钟。在主城8区以及驻昆企事业单位张贴悬挂20万张南博会宣传海报。印制、发放32万册《讲文明守秩序迎南博 昆明市民文明礼仪手册》。在市级媒体刊播相关稿件1 000余篇（条），推出先进人物重点报道46余篇（条）。被评为南博会组织筹备工作先进集体。加大城市宣传。全市各县（市）区、开发（度假）园区建成城市形象宣传点152个，每天滚动播出昆明城市形象宣传片9 000余次，滚动播放昆明特色经典歌曲1 000余次，滚动播出宣传标语1 300余次。全年在中央和省级刊播稿件17 000余篇。

【核心价值观宣传教育】 开展社会主义核心价值观系列主题宣传活动。通过以“我的中国梦”为主题的“好家风”“好家训”教育、清明祭英烈、成人礼主题教育等活动，倡导和践行社会主义核心价值观。深入挖掘传统节日内涵，弘扬中华传统文化。加强典型选树、宣传、推广，建立善行义举榜，发挥先进典型示范作用。加强思想道德建设。启动第四届昆明市道德模范评选工作，成功推荐“中国好人”3人，推荐云南省道德模范7人。组织开展“我推荐我评议身边好人活动”以及“昆明好人”“最美昆明人”的评选工作。组织开展“昆明好人”宣传学习活动。承办全国道德模范与身边好人现场交流活动。在广大青少年中开展“学习雷锋 做小小志愿者”教育实践活动、“小手拉大手 文明乘地铁”少儿绘画大赛、“非物质文化遗产进校园”主题活动。4个社区未成年人心理健康辅导站正式挂牌成立。开展“讲文明树新风”公益广告活动。加强未成年人思想道德建设，组织全市中小学生开展学雷锋、清明祭英烈、学习和争做美德少年、童心向党歌咏、向国旗敬礼等多项集中性活动。推进诚信建设制度化。制定贯彻国务院《社会信用体系建设规划纲要（2014—2020年）》实施意见的方案。建立健全政务和行政承诺考核制度，深入推行“阳光办案”“阳光执法”，组织开展诚信缺失突出问题专项整治活动及诚信人物、诚信企业、诚信群体的宣传活动，开展“3·15”消费者权益日、“食品安全宣传周”“6·14信用记录日”等集中宣传教育活动。拓展群众性精神文明创建活动。制定《昆明市创建全国文明城市指标内容标准及责任分解表》落实工作任务。在全市组织开展省级文明单位、村（镇）、社区的创建活动。推荐305个文明单位、48个文明村（含国家级文明村5个）、33个文明社区、7个文明小城镇（含国家级文明村镇1个）上报省文明委。召开文明旅游领导小组工作会议，广泛开展文明旅游宣传。以“我们的节日”活动为载体，在春节、清明、端午等传统节日期间开展群众性文化活动。推进志愿服务活动。推进社区志愿服务站建设，开展省、市公职人员“送关爱、迎新春”志愿服务活动，建立网络文明传播志愿者队伍。在全市开展关爱他人、敬老爱老、助残扶残、关爱社会、保护滇池、“讲文明、守秩序、迎南博”等志愿服务活动，组织近10万人参与学雷锋志愿服务活动。

【强化正面网络舆论引导】 完善工作制度机制。筹备组建市委网络安全和信息化工作机构。出台《昆明市传统媒体与新兴媒体融合发展的实施意见》《昆明市重大事项舆情风险评估暂行办法》，进一步理顺互联网管理体制机制。完善《昆明市党务政务信息公开微博管理考核暂行办法》《微博测评体系》《昆明市党务政务信息公开“@昆明发布”微博群运行维护管理工作方案》等一系列政务微博规范性文件。加强网络巡查机制，做好网络舆情监测和应对。加强与17个县区、13个市级重点部门舆情直报点的交流联系，截至11月26日，共呈报《每日舆情》223期，《舆情专报》

31期，《中石油安宁炼油项目舆情专报》38期，《南博会舆情专报》11期，专题舆情材料150余篇，向国信办、省委宣传部报送舆情信息2 000余篇（条）。主动策划互联网宣传工作。组织策划网络宣传专题近30个，重要采访报道40余次，发布新闻稿件4 000余条。举办云南省第二届互联网大会、第十二届中国城市新闻网站联盟年会，策划制作“海鸥飞出彩云飞”“滇池帆影”等系列城市形象报道，主动协调中央网络媒体云南行开展昆明采风活动。扩大新媒体宣传覆盖面。打造“昆宣发布”网络名片，截至11月30日，在新浪、腾讯、人民网、新华网、网易、搜狐网、央视网等7个微博平台，发布图、文、视频、音频微博5 100条，共有粉丝798 379人。2015年，“中国昆明发布厅”107个微博账号月均发布2万余条信息，同比增长37%；“昆明发布”微信公众号月均发布180条信息，发布数量和质量都有较大提升。政务微博建设取得成效。加强对全市106个党务政务微博的管理考核，加强月测评和年度测评。开展微博实用技巧培训4次，培训微博运行维护人员200余人次。2015年1月27日，在2015年移动政务峰会上，@昆明市长荣登“全国二十大公务人员微博”榜单，@昆明发布获得“全国十佳快速响应微博”称号。6月3日，新华网舆情监测分析室发布《云南政务微博影响力报告》，全省TOP榜50个账号中，昆明市占9席，“@昆明发布”荣登“云南城市政务新媒体综合影响力排行榜”首位。6月30日，昆明市荣膺“网络履职绩效全国十佳城市”。8月28日，人民日报和新浪微博联合公布全国城市政务微博竞争力排行榜，昆明政府微博客矩阵位列“全国城市政务微博竞争力排行百强榜第十五位”。

【文化创新发展】 深化文化体制改革。发挥市委全面深化改革领导小组文化教育卫生体制改革专项小组的职能职责，协调督促专项小组各成员单位推进文化教育卫生体制改革工作，大力推进2015年各项改革任务。印发《昆明市深化文化体制改革实施方案》。研究制定《小微文化企业扶持办法》。组织编制昆明市文化产业发展“十三五”规划，研究制定《昆明市新媒体与相关产业融合发展三年行动计划》和《昆明市会展业发展三年行动计划》，编印《昆明市文化产业发展政策汇编》。搭建平台助推创意文化产业发展。组织第三届南博会昆明文化创意展区招展布展工作，推选18家文化企业参展，现金交易额达30多万元，签订和达成意向性订单1 586万元。举办“昆明创意设计周”，展示昆明创意设计的成果和文化特色，打造文化产业交易平台。聚集发展推进文化产业园区建设。落实《关于发展众创空间，推进大众创新创业的指导意见》，重点扶持和打造创客和众创空间。举办2015“彩云之南，创意之滇”创客大赛。突出特色加大文化产业宣传招商。在昆明广播电视台、《都市时报》开设专题推出全市特色文化产业系列专题报道。组织文化企业参加国际国内展会，开展文化产业宣传推介和招商引资工作。争取各级文化产业资金。2015年，全市获得中央专项资金扶持1 880万元，省级专项扶持资金2 180万元，拨付市级专项扶持资金1 400万元。对100余个项目进行资金扶持。广泛开展群众性文化活动。统筹协调全市关于开展纪念中国人民抗日战争暨世界反法西斯战争胜利70周年的群众性纪念活动。积极组织开展以“中国梦”为主题的文艺精品创作活动，对26个项目拨付扶持资金达586万元。组织电影《海鸥老人》首映式，启动编制《昆明市文艺精品创作决策咨询报告》。

（市委宣传部）

机关党建

【理论武装】 2015年，市级机关工委下发通知，要求各级党组织把理论学习与开展“三严三实”和“忠诚干净担当”专题教育活动相结合，进一步巩固党的群众路线教育实践活动成果。中心组理论学习和干部学习日，重点学习党的十八届四中、五中全会精神和习近平总书记系列重要讲话精神，特别是考察云南时的重要讲话精神；学习李纪恒、陈豪在全省领导干部大会上的讲话等，把思想和行动统一到中央和省市委的要求和部署上来。大力推进社会主义核心价值观培育和践行。工委利用学雷锋志愿者行动、“我们的节日”“迎接国家卫生城市复审”“深化节俭养德全民节约”等活动，组织弘扬中华优秀传统文化，推进“讲文明树新风”活动的持续开展。建好、用好“书香昆明”公共阅读服务点。订阅《中直党建》《党建研究》《云岭先锋》等12种刊物送至机关各支部，送达率为100%。利用《昆明机关党建网》，加强党建工作的宣传，全年编辑发布《机关党建宣传动态》12期。启动市级机关单位门户网站开设党建内容窗口工作，构建市级机关党建宣传网络。深入开展法制宣传教育工作。举办“十八大以来法制建设的新思路新思想解析”的法制宣传讲座。完成国家“六五”普法收官之年的考核验收工作，对市级机关的“六五”普法检查验收工作进行部署，对28家单位进行抽查，推荐出8家市级机关先进集体和15名先进个人。做好《时代前沿知识讲座》《机关大课堂》的组织工作。积极组织市级机关领导干部参加4期《时代前沿知识讲座》。邀请省国家安全厅处长范江、知名童话作家杨红樱、中国研究型医院学会心肺复苏协会委员马桂林进行题为“颜色革命与国家安全”“阅读点亮童年、爱心温暖童心”“红十字会应急救护知识”的4期《机关大课堂》知识讲座。积极开展机关文化月活动。举办第九届职工运动会，与市博物馆联合举办纪念中国人民抗日战争暨世界反法西斯战争胜利70周年图片展，邀请云南大学教授进行专题讲座。研究实施“三严三实”和“忠诚干净担当”专题教育方案及3个专题的学习研讨方案、专题学习计划和工委领导讲党课计划。专题研究市委组织部根据随机调研提出的“关于对专题教育工作的意见建议”，制定整改措施。工委班子主要领导两次带头讲党课，班子其他成员按照党课计划讲专题党课。组织开展3个专题7次学习研讨，查找出领导班子9个方面不严不实的问题，分别制定班子、班子成员具体整改措施22条和27条，明确整改责任人，确定整改时限，边学边查边改，已整改到位。新建制度2项。组织开展“六个严禁”专项整治、“为官不为”整治和纪律作风突出问题专项整治。

【组织建设】　组织召开2015年机关党建工作会，工委与77个直属党组织签订《2015年市级机关党建目标考核责任书》。组建3个调研检查组，对直属党组织2015年党建目标完成情况进行两轮督查，督查结果在直属党组织内通报。安排3个组，对直属党组织党建目标任务进行抽查，督促落实。强化考核结果运用，把考核结果作为党组织评优评先和党组织书记推荐任用的重要依据。研究起草《关于进一步加强和改进新形势下机关党的建设的意见》《关于进一步加强人民团体党的建设工作的意见》，深入8个县区、20个部门和3个村、社区开展调查研究，进行工作指导，为基层讲课4场。举办发展党员工作专题培训，举办1期172人参加的入党积极分子、入党发展对象培训班，1期152人参加的“市级机关新党员培训班”。全年发展新党员84名。履行联席会议成员单位职责，组织对所属党组织“挂包帮”“转走访”工作进行督促检查。确定“三型”党组织示范点创建单位12个，开展机关服务型党组织典型案例征集活动。开展“昆明跨越当先锋 机关党建走前头”活动，继续培育、推广已命名的37个机关党建品牌、17个“三型”党组织示范点。抓好基层党建“有效提升”党组织创建工作和软弱涣散党组织整顿，两位副书记和组织部部长包保联系5个“后进”党组织，进行指导和督促落实整顿措施，5个后进党组织已全部整顿到位。贯彻落实《云南省从严从实管理党员若干规定》和市委十届七次全会“党建制度落实年”要求，加强调研督查，推动党员领导干部参加双重组织生活会、基层党支部“三会一课”、党员党性定期分析、民主评议党员等制度的落实。支持和指导流动党员党委利用网上党支部、QQ群、微信等方式，加强对流动党员的管理和教育。完善党内激励、关怀、帮扶机制，春节期间下拨党费83 400元、“七一”前夕下拨党费82 400元，走访慰问机关困难党员和老党员，向机关生活困难党员、重病党员发放关爱党员资金12 500元。选优配强党组织书记，督促、指导10个任期届满的市级机关党组织开展好公推直选换届选举工作和5个党组织负责人调整审批。强化教育和培训，继续落实《市级机关直属党组织负责人任前谈话办法》，对新任职的直属党组织书记进行任职和廉政谈话，提出明确要求。举办1期213人参加的市级机关2015年基层党支部书记培训班，与市委组织部在北京大学联合举办103人参加的“北京大学—昆明市市级机关党组织书记领导力提升研修班”，开设理想信念专题，参观《复兴之路》展览，提升党组织书记综合素质。召开县区机关党（工）委党建工作座谈会、县区机关党建工作联席会，建立《市级机关工委领导联系县区机关党（工）委制度》，形成市、县区上下联动、机关党建全市一盘棋的局面。推进机关党建制度改革。出台《关于在市级机关党组织中开展三级联述联评联考的实施办法》。

【党风廉政建设】　落实机关工委主体责任。加强组织领导，充实完善工委党风廉政建设工作领导机构，成立党风廉政建设工作领导小组及其办公室，确保党风廉政建设和反腐败各项工作的落实。党风廉政建设工作与机关党建工作同部署、同安排。召开2015年党风廉政建设工作会议，层层签订党风廉政建设责任书，形成主要领导亲自挂帅全面负责，班子成员分工负责，部门负责人层层落实的工作机制。制定《市级机关工委领导班子落实党风廉政建设主体责任清单》《市级机关工委2015年党风廉政建设工作任务分解》。年中和年底分别召开工委专题会议，总结分析党风廉政建设工作落实情况。组织党风廉政建设专题中心组理论学习3次。围绕党风廉政建设，工委书记、副书记做交流发言。严格遵守《党政领导干部选拔任用工作条例》，坚持干部标准和选拔任用程序，公道正派任用和管理干部。落实领导干部直接联系群众制度，做好“挂包帮”“转走访”工作和在职党员到社区报到联系服务群众工作，先后与寻甸县六哨乡拖期村、柯渡镇新庄村对口帮扶，精准制定帮扶计划，共协调和支持两个村项目资金共104万元。开展送文化下乡活动。工委27名干部职工结对102户贫困户，完成第一轮遍访工作。开展在职党员到社区报到联系服务群众工作5次，落实报到登记、沟通反馈、测评考核、亮牌承诺四项制度，为社区和群众办好事做实事。班子成员把联系服务群众工作情况列入个人年度工作总结进行报告。贯彻民主集中制。建立《市级机关工委会议事决策规则》，健全“三重一大”决策机制，坚持工委班子集体领导下的个人分工负责制。班子团结统一，工委集体和谐，委务事务公开透明。强化对权力运行制约监督，充分利用市级机关党建网，机关党建工作动态、审批流程、工委2015年部门预算说明、工委2015年“三公经费”预算说明等党务、政务信息向社会公开，自觉接受监督。落实领导班子主要负责人履行党风廉政建设第一责任人的责任，在工委年度考核大会述廉，并组织工委副科以上干部述廉。工委机关党总支制定并公示落实党风廉政建设监督责任清单，加强监督责任的落实。组织工委全体党员、干部职工逐篇逐条学习《中共昆明市市级机关工作委员会制度汇编》，要求认真遵守、坚决执行。加强对党员干部、职工的“党风廉政建设和反腐败斗争”工作的宣传教育，下发《中国共产党廉洁自律准则》《 中国共产党纪律处分条例》等学习资料，把文件精神学习和正面典型教育、反面典型的警示教育紧密结合起来，增强党员干部、职工对党风廉政建设工作的自觉性和责任感。组织观看《人生不能重来》《破局》《检察官吴群的故事》《沉痛的代价—昆明市系列腐败案警示录》等电影、电教片，传达学习省、市纪委关于违反八项规定典型案例的通报，做到警钟长鸣。组织党员赴文山州麻栗坡县开展“老山精神”理想信念教育活动。开展“六个严禁”专项整治，组织全体党员签订“昆明市严禁领导干部收送红包承诺书”。开展整治“为官不为”工作，制定《市级机关工委关于在“三严三实”和“忠诚干净担当”专题教育中深入治理“为官不为”问题的工作方案》。开展作风纪律问题专项治理工作，成立市级机关工委纪律作风问题专项治理工作领导小组及其办公室，制定个人自查自纠登记表和民主测评表，针对查找问题，深入剖析成因，研究制定整改措施，明确整改责任部门和责任人，实行销号管理，所列问题都得到整改。注重工作创新，制定出台并实施《关于进一步加强机关文化建设的指导意见》，把廉政文化作为机关文化建设的重要内容。开展机关基层党组织负责人述职评议考核工作，推动管党治党责任落实。

【群团工作】 在昆明市红塔体育中心举行市级机关第十四届保龄球比赛，在昆明理工大学举办“市级机关计算机应用技能竞赛”，在呈贡新区离退休干部活动中心举办由32家单位82名参赛选手参加的迎新春象棋比赛，丰富机关干部职工业余文化生活。开展青年志愿者活动。组织50余名机关青年在昆明世博园参加“爱在路上”公益徒步活动并进行捐助。在“学雷锋志愿者活动日”组织80名机关青年开展“传承雷锋精神，青年志愿先行”为主题的活动。组织20余名机关团员青年代表到东川开展“爱心同行——红领巾手拉手温暖行动”，分别为阿旺长岭子小学、阿旺木多小学、拖布卡小学捐赠价值1万余元的文化体育用品。开展纪念“五四”运动96周年系列活动。与市妇联、呈贡区妇联举办“真情相约·牵手呈贡”交友联谊活动，共360多人参加。召开机关妇女工作会暨庆祝“三八”妇女节活动，共70余人参加。开展寻找“最美家庭”活动，共向妇联推荐20户家庭参加评选。与市妇联共同完成 “智慧母亲　健康家庭”大型社会公益项目启动会暨首场讲座，共130人参加。

（李红卓）

统一战线

【贯彻中央、省委统战工作会议精神】 中央、省委统战工作会议召开后，市委常委会议对会议精神进行专题学习，将其纳入市委理论学习中心组学习内容，并将会议精神向统一战线成员和有关单位团体通报，传达到各级统战部门和统战干部。2015年10月，市委召开统战工作会议，市委全体常委出席会议。省委常委、省委统战部长黄毅到会指导，在讲话中传达中央统战工作会议精神，对过去9年昆明市的统战工作给予充分肯定。市委书记程连元同志在会上作重要讲话。全市各级统战部门在学习领会会议精神和学习《中国共产党统一战线工作条例（试行）》的基础上，直面统一战线各领域存在的重点难点问题、统一战线广大成员和统战干部关注的热点焦点问题，找准问题症结，开出对症“药方”，狠抓会议精神和《中国共产党统一战线工作条例（试行）》的贯彻落实，推动昆明市统战工作迈上新台阶。

【服务中心工作】 支持市级各民主党派和无党派人士开展坚持和发展中国特色社会主义学习实践活动，把学习贯彻习近平总书记系列重要讲话和考察云南重要讲话精神作为核心内容，结合纪念中国人民抗日战争胜利70周年活动，牵头组织系列主题活动，达到凝聚思想共识的目的。紧扣经济社会发展重大问题建言献策。组织民主党派、工商联等人民团体围绕主动服务和融入国家“一带一路”等重大战略，编制“十三五”规划等重大问题，通过专题调研、政协提案、人大建议案、《建言献策》刊物等渠道向市委、市政府提出建议并得到采纳。帮助商会和企业解决实际问题。对发挥异地商会在昆明经济社会建设中的作用进行专题调研，加强指导服务工作。发挥维权机构作用，维护非公企业合法权益。融合统一战线人才、智力和资源优势，深入实施“同心工程”“光彩事业”“温暖工程”，投资2 000多万元，助推贫困地区的民生改善。

【多党合作】 加强协商民主制度建设。牵头有关部门，协助市委制定加强社会主义协商民主建设的实施意见，就全市加强协商民主建设提出具体措施。加强政党协商制度建设，代市委起草加强政党协商的实施办法，明确政党协商的形式、内容、程序和保障机制。代市委制定年度政党协商计划，组织召开6次党派团体情况通报会、党外人士协商座谈会，就昆明市改革发展重大事项进行协商。加强参政议政工作。组织市级各民主党派、工商联、有关人民团体围绕市委、市政府中心工作完成11篇重点专题调研课题，并向市委、市政府进行专题协商。安排民主党派负责人共20人（次）列席市政府常务会议，政府部门与民主党派对口联系制度得到不断加强完善，联系更加紧密、更有针对性和实效性。全市特约检察员、教育督导员、人民陪审员、行风评议员中的72名民主党派成员，较好地发挥民主监督作用。支持民主党派加强自身建设。完成民盟、民进、九三学社3家民主党派市委换届工作，实现平稳的新老交替和政治交接。支持各民主党派开展坚持和发展中国特色社会主义学习实践活动，通过举办纪念抗日战争胜利70周年系列活动、培训民主党派市委领导干部等方式，夯实“同心”思想基础。协助各民主党派市委建立领导班子民主生活会制度、市级民主党派领导和机关干部述职测评制度、目标管理考核制度。民建昆明市西山区基层委、民进昆明市五华区基层委、民进昆明市西山区基层委等党派基层组织分别获得党派中央先进集体的荣誉。支持民主党派开展社会服务活动。支持市级各民主党派根据自身特色和优势，开展“帮教工程”“烛光行动”“思源工程”“春暖工程”“致富工程”等各类社会服务活动，打造“同心”工程品牌，据不完全统计，全年全市各级党派组织和成员向社会捐资捐物累计达200余万元。

【党外知识分子工作】 深入推进无党派人士坚持和发展中国特色社会主义学习实践活动，与市司法局共同制定下发《关于加强昆明市律师行业统战工作的实施意见》，召开党外干部、新媒体、律师行业等党外人士座谈会，对新社会阶层统战工作进行研讨。结合11所高校搬迁至呈贡，党外知识分子、专家学者和科研人才汇聚的新情况、新形势，把高校统战工作作为一项战略性、基础性工作抓紧抓实，拓领域、重引导、搭平台、建机制，积极探索新时期高校统战工作新途径。

【民族宗教工作】 为民族团结进步事业发展服务。会同市民委等部门联合开展调查研究，制定出台昆明市《关于加强和改进新形势下民族工作的实施意见》，完成《关于加快我市民族地区经济社会发展的调研报告》。参与组织召开市委民族工作会议，对50个先进集体和100个先进个人进行表彰。配合中央统战部组织开展“民族团结的实践・网络媒体云南行”到昆明采访报道大型活动，10家中央主要网络媒体、5家省市主要媒体到昆明采访宣传报道开展民族团结进步示范区建设的经验，总结昆明城市民族工作的亮点。中央媒体团的集中宣传报道在全国引起很大的社会反响。依法管理宗教事务，加强宗教界代表人士队伍建设。加强市级5个宗教团体建设，推进宗教场所管理制度化。举办2015年宗教界代表人士培训班，向宗教界代表人士传达学习党的方针政策和法律法规，举办“五教共建新昆明”的文艺交流晚会，促进五大宗教的思想文化交流。做好市级领导挂钩联系宗教代表人士工作，建立宗教代表人士队伍数据库，圆满完成市佛教协会、市伊斯兰教协会的换届工作。积极支持市道教协会申请第十五届中国道教音乐汇演首次在昆举办，来自境内外17个乐团、1 000多人来昆交流汇演。积极争取省委统战部140万元民族宗教工作经费支持。妥善处理热点难点问题，着力构建和谐稳定的民族宗教关系。牵头和配合有关部门，及时协调妥善解决北京路主教府建设与全市重点项目春之眼纷争、伊斯兰教专项工作、基督教福音遍传日非法宣教等20多起矛盾和问题，保持民族团结、宗教和顺的良好局面。

【非公有制领域统战工作】 加强对非公有制经济人士的教育引导。按照全国的统一部署和要求，深入开展以守法诚信为重点的非公有制经济人士理想信念教育实践活动，组织86名非公经济代表人士到昆明市社会主义学院、50名到中山大学参训、2 000余人（次）参加系列培训。开展年轻一代非公经济人士调查摸底工作，建立信息档案。组织非公有制经济人士开展光彩事业感恩专项活动，致力扶贫攻坚，先后在富民、晋宁、盘龙等实施9个光彩项目，投入资金380.1万元；开展“光彩事业昭通行”活动，向巧家地震灾区捐赠重建资金182万元；动员100家驻昆商会积极参与联村共建扶贫攻坚行动计划，累计投入资金1 800多万元，援助物资450多万元。市工商联调整增补执委7人、常委3人，把守法诚信、主动承担社会责任，有参政议政能力的非公有制经济代表人士，纳入参政议政的行列，为昆明市经济社会发展建言献策。推动统战工作向商会组织有效覆盖。截至2015年12月底，有各类驻昆商会420家。开展驻昆商会调研工作，形成《充分发挥新常态下商会组织在经济社会发展中作用的调研报告》和《昆明市民营经济发展调研情况报告》；开展政策服务进商会、进民企活动，组织以产业政策、非公经济发展政策为主要内容的11次学习培训，800余人次参训；开展“送法律进商会、进企业、进园区”活动，先后送法律进商会52家、进企业200家、进园区2家；在20家商会成立商会组织劳动争议调解委员会，在商会成立劳动关系调处中心，加大对非公有制企业的维权服务力度，为100余家民营企业提供法律服务，帮助解决实际问题30多件；举办驻昆商会会长培训班、商会秘书长培训班、乡镇（街道）商会负责人培训班，覆盖省、市、县、乡商会组织。加大对非公有制企业及基层统战工作的服务力度。先后组织68家商会、企业参加各种经贸活动，组织13家会员企业参加招聘会，提供就业岗位156个。大力推进扶持创业“贷免扶补”和“两个10万元”微型企业培育工程，通过“贷免扶补”扶持创业1 009人，“两个10万元”扶持企业1 093户，带动就业2 566人。不断完善市级领导与非公经济代表人士及商会负责人联系交友制度，适时开展联系、交友、服务活动。实施“五好”县级工商联建设工程，官渡区、西山区、晋宁县工商联创建为全国、全省“五好”县级工商联，官渡区工商联被命名全国、全省“五好”县级工商联建设示范点。

【党外代表人士队伍建设工作】 发挥市社会主义学院培训基地的作用，对统一战线各界人士进行大规模培训。全年市级举办培训班6期，异地培训班1期，培训党外代表人士600人次。对全市贯彻落实《中共云南省委关于加强新形势下党外代表人士队伍建设的实施意见》文件精神进行督查，建立完善1072名党外代表人士数据库。昆明市共有实职厅级党外干部6人，县处级党外干部107人。党外干部配备数量有增长、比例有提高，特别是实职和正职配备均排在全省州市前列。在石林县建立昆明市首个市级党外干部挂职实践锻炼基地，并派出第一批6名党外干部到圭山乡、长湖镇、台创园等6个单位和乡镇参加挂职锻炼。通过挂职锻炼，使党外干部熟悉和了解基层工作情况，在实践中提高工作能力，同时发挥自身的优势作用。

【港澳台海外统战工作】坚持完善涉侨涉台涉外联系会议制度，围绕留学人员创业创新、留学人员为全市改革发展建言献策等主题，每季度举办一次联系会议，推进工作，形成合力。积极开展互访交流，促进联谊交友。昆明海外联谊代表团先后出席“澳门云南工商联会、澳门云南同乡联谊互助会成立周年庆典”和“云南旅港同乡会第十届董事会就职典礼”，走访看望昆明市政协港澳委员、昆明海联会港澳理事；介绍昆明近年来经济社会发展状况，就进一步深化昆明与澳门、香港合作进行交流。做好香港、澳门两地云南籍侨团代表一行30余人到昆明市参观考察工作，举办“港澳侨团留学生考察昆明创业创新成果”活动。支持南侨机工学会推出“南侨颂”音乐交响晚会，到马来西亚演出2场，在海外反响强烈。组织40余名云南省海外联谊会常务理事到呈贡新区参观考察新南站建设和云南白药集团，增强理事们对昆明发展的信心，激发回昆创业热情。推进昆台交流，深化经贸合作。协助省委、省政府举办第三届“南博会”、第四届“云台会”，促成5个经贸合作项目在“云台会”上成功签约，其中4个项目顺利推进并落户昆明；超额完成市政府下达的第十一届“农博会”招商招展参展任务；通过积极争取，西南联合大学旧址申报为国家级海峡两岸交流基地，云南陆军讲武堂申报为云南省海峡两岸交流基地；举办首届“珠源颂 滇台情”云台民族专场音乐会以及叶树涵五重奏暨忠信学校师生联合音乐演奏会等文化交流活动，接待台湾政要和重要团组70批（次）近1200人（次）来昆交流；组织31个团组440多人赴台交流，注重基层民众和青少年交流；妥善处理台商台胞投诉17件，积极开展为台胞子女办理入学手续等服务项目38件，受到在昆台胞、台商的好评。

（市委统战部）

机构编制管理

【精简行政审批事项】 2015年，成立昆明市人民政府推进职能转变协调小组，进一步把简政放权、放管结合和转变政府职能的改革向纵深推进，不断提高政府工作效率和为人民群众服务水平。规范政府权力行使，提请政府以《昆明市人民政府公告》（第86号）的形式公布83项市级行政审批项目，行政处罚等其他9类行政权力共计5 933项已通过各部门门户网站、政务微博等形式对外公布实施。积极推进权力清单和责任清单工作，向社会公开发布《昆明市政府部门权力清单和责任清单》，35个工作部门和4个政府直属事业单位共梳理出行政职权6 829项，责任事项共57 637项，追责情形49 789项。官渡区矣六街道被确定为云南省街道权责清单梳理试点单位，率先对街道权力事项和责任事项进行梳理并上报省委编办。加大简政放权力度，继续精简行政审批事项10项，下放行政审批事项6项；压缩审批时限，大部分审批事项办理时限均在7个工作日以内。承接省级下放行政审批项目共涉及22个部门73项。其中行政许可项目54项、非行政许可项目19项。取消非行政许可事项22项，调整为行政许可11项，昆明市不再保留“非行政许可审批”这一审批类别。积极推进工商登记注册“先照后证”“三证合一”“一照一码”改革，企业登记精简为2个工作日。

【建设网上审批服务大厅】 市委编办、市工信委、市政务局等成员单位及全市各审批职能部门密切配合，不断完善网上审批服务大厅建设，全面完成前期建设工作，加快推进昆明市现有审批网络的互联互通，同时实现与省级网上服务大厅的互联互通。2015年4月、6月先后两次开展行政审批网上服务大厅综合演练。结合昆明市审批网络资源现状，在省级统一平台标准基础上进行二次开发，昆明市行政审批网上服务大厅已完成市本级网上大厅平台和权力事项、行政审批、效能监督应用模块的开发工作，完成19个县区级中心平台标准版开发工作，市本级网上大厅系统已上线运行。

【推进市县两级政府机构改革】 按照省委、省政府批准的《昆明市人民政府职能转变和机构改革方案》，组织召开全市政府职能转变和机构改革推进会议，加快推进政府职能转变和机构改革工作，提请以市政府办公厅名义印发《昆明市人民政府机构设置（包括简称）的通知》，完成改革涉及部门“三定”规定的拟订印发工作。推进县区政府机构改革，采取多种方式对各县区改革工作进行督促指导，审核完成县区政府职能转变和机构改革方案，报市政府常务会议、市委常委会议审议后以市委办公厅、市政府办公厅名义正式印发。全市14个县（市）区政府工作部门的“三定”规定均已顺利完成。推进县（市）区市场监管体制改革，整合县（市）区原工商、质监和食药职能，14个县（市）区的市场监管局的组建工作已经完成，确保县（市）区、乡镇（街道）市场监管工作有机构、有职责、有人员。全力推进不动产统一登记职责机构整合工作，指导县区厘清现有各类不动产登记、交易、审批管理的职责边界，按要求成立不动产登记管理机构、经办机构，顺利完成市、县两级不动产登记职责和机构的整合工作。

【推进事业单位分类改革】 在严控事业单位编制总量的前提下，完成安全生产监察支队、自然资源保护区等关系民生的职能部门机构编制和职能调整。在教育系统逐步实行机构编制动态管理机制，完成昆明市第一中学、呈贡新区滇池星城和白龙潭配套幼儿园、中小学等学校的编制机构调整和昆明市中小学校机构编制统计工作。整合昆明市公共资源交易管理、监督体制的职能职责，保障市委、市政府重大决策部署和重大民生工程的落实。结合工作实际，将昆明市建设项目预算编审合同审查处并入昆明市房屋交易产权管理处。做好事业单位改革准备工作，完成全市60家（市级10家，县区级50家）未划入行政类但承担行政职能事业单位、全市28家（市级6家，县区级22家）生产经营类事业单位、2家（均为市级）暂未明确类别中符合生产经营类条件事业单位的统计工作。

【事业单位登记管理制度改革】 完成全市345家事业单位年度报告审查和“事业单位法人证书”的换证工作，发布事业单位登记管理年度报告公告336条、变更公告52条、重新申领证书公告1条、注销公告2条。进一步完善事业单位法人考核指标体系、考评程序和考评办法，抽取16家事业单位开展事业单位法人绩效评估工作，进一步完善考核指标体系、考评程序、考评办法，积极探索以绩效评估方式对事业单位实行动态监督管理的新途径、新方式。

【构建常态化监管机制】 加强机构和人员编制核查力度，成立由市长担任组长的昆明市机构和人员编制核查工作领导小组，统筹协调全市核查工作。严格执行“两条例两办法”的相关规定，认真清理市级行政机关高配和超配领导职数等不规范的机构编制情况。加强对全市各类园区的调研，不断规范园区机构设置，理顺园区管理体制。加快推进实名制网络建设，完成昆明市实名制网络建设项目建设经费论证、认定涉密性质、项目立项、招投标等工作，项目工程正在建设中。开展全市机关事业单位中文“域名注册”和“网站标识挂标”工作，全市共注册中文域名1 930个，网站审核、挂标1 205个。

【机构编制宣传调研】 完善横向到机关各处（局）、纵向到各县（市）区编办的信息收集、反映网络，制定《中共昆明市委机构编制办公室信息工作管理暂行办法》《“昆明机构编制网”信息发布管理暂行规定》，发挥机关各处（局）、县（市）区编办骨干信息员的作用，不断提升机构编制宣传工作力度。全年共编印《昆明机构编制信息》21期，刊发各类信息144编，被中国机构编制网采用16条，云南机构编制网采用43条，市委办公厅《昆明信息》采用9条；“昆明机构编制网”发布信息1 000多条，网站点击量达300 000人次。做好发布市委编办政务微博工作，共发微博1 745条，保持每个工作日5条的发布频率。加强对机构编制工作的调研，选报省委编办的《昆明市关于规范行政审批前置性中介服务对策研究》《教育系统事业编制管理机制研究》和市委改革办委托的《昆明市构建“三张清单一张网”对策研究》3个课题顺利通过专家评审。

（王 惠）

保密工作

【概况】 2015年市保密局组织完成全市“十二五”时期保密事业发展规划检查验收工作。强化目标任务落实，组织召开市委保密委员会全体会议和上、下半年全市保密局长会议，制定下发《2015年中共昆明市委保密委员会工作要点》，与县区和市级机关签订《保密工作目标管理责任书》，实现保密工作目标考核全覆盖。《关于信息公开保密审查制度的调查与思考》调研成果，《昆明市多措并举落实〈党政领导干部保密工作责任制规定〉》《昆明市保密综合业务信息系统通过测评》等经验做法材料，被国家级《保密工作》杂志刊载并向全国推广。昆明市《保密工作》通联工作获全国地级市第一名，分别被国家保密局、省保密局评为2015年《保密工作》通联工作先进单位。

【宣传教育】 组织开展全市“六五”保密法制宣传教育检查验收活动，重点对落实情况、保密法制宣传教育领导机制建立情况等开展检查。加强涉密人员保密意识、保密常识教育，全市共举办保密业务培训班68期，参训人员达7 368人。集中开展全市保密法制宣传教育月活动，扎实推进《保密法》《保密法实施条例》学习宣传进机关、进社区、进企业、进农村、进学校、进家庭，全市共举办保密知识讲座132期计6 756人次，召开失泄密案例通报会173次计8 652人次，签订《保密承诺书》计18 325人，编发《保密提醒信》3.5万余封，发送手机保密短信1.2万余条次，张贴保密宣传标语及图片1 056条次，征集保密书法作品56件、保密宣传画45幅、保密篆刻作品5件。组织开展全市保密知识竞赛活动，参与人员7万余人，15家竞赛活动先进单位、50名优秀个人被通报表扬，竞赛成绩第一名的职工被授予“昆明市五一劳动奖章”，成绩前5名女职工被授予“昆明市女职工建功立业标兵”称号。

【保密技术防范】 重视保密技术在防护和管理措施中的支撑和引领作用，技术投入力度逐年加大。至2015年，全市已建成运行涉密计算机“三合一”防护、党政机关保密重点部门互联网接入口信息监测、机关单位互联网门户网站检查监控、内部计算机违规外联监测等4个监控平台，全市共有740台涉密计算机、1 129台内部计算机、107个门户网站被纳入平台监控管理；建成运行环境安全检测、保密综合业务网等两个管理应用系统，初步实现保密工作网络化；配备机关单位自查版检查工具385套，市县区保密部门配备专用检查工具30套，保密核查取证一体机1台，实现保密技术检查工具应用的全覆盖；其他保密技术设施设备也基本达到“应建尽建、应配尽配”。通过持续的技术投入，全市保密技术防护和监管能力实现跨越式发展。

【依法管理】 把监督检查放在突出位置，注重日常检查与专项检查、季度检查相结合，形成保密检查的长效机制。开展保密工作目标责任季度督查，对12个县区、5个开发区、28家党群部门，58家政府机关、36家市属企业及相关下属单位的日常保密工作进行全覆盖检查。对市交运局、团市委、自来水集团等36家单位开展保密“两识”的专题培训，培训人数达1 700余人。配合市政府办公厅、市外侨办、市科技局、市委编办等单位进行信息公开前的保密审查。对12家申请涉密资质的单位开展评估工作。对市政府12期政府公报进行保密审查。对全市的43次各类考试进行保密监管，对市司法局试卷保密室建设进行具体指导并协调验收工作，确保各类考试顺利进行。印发涉密人员管理指导意见和管理指南。完成并上报昆明市保密基础数据统计。

（市保密局　）

党史工作

【党史研究】 2015年，围绕以史铸魂，发挥党史工作“存史、资政、育人”的职能，潜心研究出成果。对《中国共产党昆明历史》（第二卷）进行深度修改完善，在全市30多个部门及各县区广泛征求意见，并在省、市资深党史专家指导下反复修改提升后，按程序报请省委党史研究室审稿通过。完成《中共昆明市委执政纪要（2014年）》编辑出版工作。完成《中国共产党昆明历史大事记（2014）》编辑出版工作。联合市委老干部局，完成《口述昆明（第九辑）——老干部讲抗战史》编辑。按照省委党史研究室的要求，完成《2014年中共云南省委执政纪要》（昆明部分）编写工作。为纪念中央红军长征过昆明80周年，编辑出版《金沙水拍云崖暖》一书。深入开展“昆明市抗日战争时期人口伤亡和财产损失”课题调研，形成30万字的调研成果。

【党史宣传】 2015年5月8日，在中央红军长征过昆明80周年之际，昆明市委党史研究室联合禄劝县、昆明中共党史学会在皎平渡镇召开纪念中央红军长征过昆明80周年暨重走长征路活动，云南毛泽东诗词研究会专家、老船工后代等50多人参加活动。新华社云南分社、昆明日报、昆明电视台等新闻媒体对活动做报道。积极开展党史宣传“六进”活动，全年编辑发行《昆明党史》期刊4期，按期发送至全部市级机关、省会城市和部分友好城市，以及部分企业、学校。做好“昆明党史”网站和“昆明党史研究室”政务微博的维护和信息发布，全年共在网站和微博上发布党史信息2 000多条，使党史网站和微博成为干部群众学习了解昆明党史的桥梁和窗口。开展纪念中国人民抗日战争暨世界反法西斯战争胜利70周年征文活动，收集征文130多篇，经过评选，编辑出版《铭记历史　缅怀先烈　珍爱和平　开创未来》获奖征文集。紧扣重大纪念活动时间节点，组织力量撰写有质量和分量的纪念性文章，并在省、市党报刊载。在2015年9月2日《昆明日报》整版专页刊发昆明纪念抗日战争胜利70周年专题文章——《抗战烽火中的昆明》；在2015年12月1日《云南日报》刊发纪念“一二·一”运动70周年大篇幅专题文章——《昆明红色记忆》，两项宣传内容取得较大反响，被新华网、人民网、云南信息港、云视网新闻频道、昆明信息港等多家主流媒体转载。

【革命遗址保护提升】 2015年，昆明市委党史研究室主动作为、多方协调，开展革命遗址的重点保护工作。积极争取省、市经费支持，省委党史研究室下拨20万元补助资金，市财政列入150万元专项资金，县区积极加大投入，通过上下联动，解决全市部分革命遗址亟须修缮保护和提升利用的问题。先后修缮和建成宜良县宜路陆游击大队纪念馆、富民县红军小松园战斗纪念碑、晋宁县长松山革命烈士陵园、呈贡革命烈士纪念碑、石林县“路南县临时人民政府成立旧址”等8处革命遗址暨党史教育基地。积极争取省委党

抗战烽火中的昆明
——纪念抗日战争暨世界反法西斯战争胜利70周年
抗日救亡　和平民主
同仇敌忾　众志成城
昆明红色记忆

市委党史研究室紧扣重大纪念活动时间节点（2015年9月3日、2015年12月1日），撰写纪念性专题文章。（市委党史研究室　供稿）

史研究室组织省市专家到昆明部分县区，围绕革命遗址修缮保护和开发利用工作进行调研。2015年10月27—30日，省委党史研究室主任杨毅率调研组一行5人深入石林县、宜良县、寻甸县、禄劝县实地调研党史工作，调研组对昆明市革命遗址保护和利用工作给予充分肯定。

【创新工作】　2015年，制定《中共昆明市委党史研究室工作经验交流推广制度（试行）》。昆明市委党史研究室《不断加强党史工作 努力构建“五新”格局——党史研究出新果，资政育人谱新篇，服务基层新常态，干部队伍新活力，党史工作闯新路》的工作经验被中央党史研究室列为典型经验在全国交流，全省16个州（市）党史工作部门仅昆明的这一工作经验面向全国进行交流推广。市委书记程连元对此项工作做重要批示：“很好，应予表扬，希望总结经验，再出新业绩”。《云南省委党史工作信息》2015年第6期报道《昆明市委书记程连元对党史工作作出重要批示》一文。市委常委、市委组织部部长盛高举亦做重要批示：“请党史研究室贯彻落实好连元书记的指示精神，再接再厉，再创佳绩。”联合相关部门，运用“互联网+”探索党史教育新模式，以昆明信息港为平台，开展以“学党史、知党情、跟党走”为主题的党史知识网上竞赛活动，此活动内容新、载体新、方式新，吸引广大干部群众积极参与，共有4.6万名党员干部群众参加活动。省委党史研究室把昆明突出“三新”广泛开展党史宣传教育的工作做法，列为典型经验，向全省交流推广。省委党史研究室主办的中共云南党史网及《党史信息》分别宣传推广这一工作经验。省委党史研究室杨毅主任批示：“昆明市委党史研究室突出‘三新’广泛开展党史宣传教育的做法，对与时俱进改进党史宣传教育具有较好的借鉴意义。请宣教处认真加以提炼总结，在全省进行宣传推广。”市委常委、市委组织部盛高举部长批示：“很好，望不断总结，注重实效，再创佳绩。”

（高富枝）

老干部工作

【离退休干部概况】　至2015年底，全市有健在离休干部2 102人（党员1 593人），其中，红军时期 2人、抗战前期35人、抗战后期101人、解放战争时期1 964人；属行政机关636人、事业单位502人、企业964人；年龄70—79岁5人，80岁以上2 097人；待遇为正省单项（医疗）1人、副省单项（医疗）3 人、正厅级2人、副厅级67人、正县（处）级195人、副县（处）级1 021人、享受正副科级待遇208人、享受其他待遇的605人。全市有退休干部60 196人，属行政机关14 305人、事业单位30 193人 、企业15 698人；待遇为正厅33人、副厅96人、正县1 399人、副县5 102人、正副科（乡）级以下53 566人。

【领导重视老干部工作】　市委、市政府把老干部工作摆在重要位置，常问老干部之事，常听老干部之言，常解老干工作之困。召开市委老干部工作领导小组会，传达学习全国、全省离退休干部“双先”表彰会和老干部局长会精神，研究部署老干部工作转型发展，表彰离退休干部先进集体和先进个人。市级四班子领导带头看望老干部、带头参加老干部活动、带头问政老干部，建党节、国庆节等重大节日集体出席老干部活动，春节、敬老节等传统佳节集体慰问老干部，各类重要会议邀请老干部代表参加。市委书记程连元到任后第一时间看望老干部，市委常委、组织部长盛高举研究解决离退休干部党建经费88万元。市县老干部局局长全部兼任同级组织部副部长，老干部工作列入全市党建工作目标考核，全市形成关心老干部、爱护老干部和支持老干部工作的良好氛围。

【节日走访慰问】　2月12日，召开2015年市级老领导迎春茶话会， 市委、市人大、市政府、市政协四班子领导集体与市级老领导、老红军拜年欢聚一堂、共迎新春。1月29—30日，市委老干部局领导带队，代表市委、市政府走访慰问67户特困离退休干部及遗属，发放慰问金4.39万元；2月11日，市级机关干休所召开“展示阳光心态，体验美好生活，畅谈发展变化”老干部迎新春座谈会，干休所领导与老干部共迎新春。

【全市老干部工作会议】　5月7日，市委召开老干部工作领导小组暨全市老干部工作会议，市委副书记、市纪委书记应永生主持会议，市委副书记、市长李文荣做重要讲话。市委常委、市委秘书长柳文炜，部分市级老领导、市委老干部工作领导小组成员，各县区委老干部局领导，市直各单位老干部工作分管领导等220余人参加会议。市委常委、组织部长彭琪宣读《中共昆明市委组织部、中共昆明市委老干部局关于通报表扬昆明市离退休干部先进集体和先进个人的决定》，对市委办公厅离退休干部党支部等50个离退休干部先进集体、丁学凤等100名离退休干部先进个人进行通报表扬。市委组织部副部长、老干部局局长赵云平分别与高新区、寻甸县、市住建局三家单位代表签订《2015年昆明市老干部工作目标管理责任书》。

【加强离退休干部“两项”建设】制定《关于加强新形势下离退休干部党组织建设和思想政治建设工作的实施意见》，规范党组织设置、健全党组织制度、建立工作机制、落实党建经费。举办昆明市第十三期市级老领导理论学习班，第九期离退休干部党支部书记培训班暨第十九期老干部读书班，学习习近平总书记系列重要讲话精神。组织市级老领导到石林圭山革命烈士纪念塔进行革命传统教育。举办《从严从实 切实担负起全面从严治党责任》专题讲座，向3万余名离退休干部党员发放《政治生日卡》，教育引导离退休干部爱党、忧党、兴党、护党。

【为党的事业增添正能量活动】全市各级老干部工作部门坚持把为党的事业增添正能量作为新时期老干部工作的价值取向，开展以“展示阳光心态、体验美好生活、畅谈发展变化”为主要内容的正能量活动。开展“美丽春城·幸福昆明”体验活动，组织1 500名离退休干部参观湿地公园、博物馆。举办离退休干部庆祝建党94周年暨“永远跟党走·共筑中国梦”文艺演出、“庆七一·颂家乡”诗词朗诵会、七一书画展等系列活动。举办“为党的事业增添正能量”征文活动，开展“我看十八大以来的变化”调研活动，为离退休干部畅谈发展变化、建言改革发展搭建平台。开展离退休干部纪念抗战胜利70周年系列活动：举办书画展；在老干部中征集文稿，与市委党史研究室联合编辑出版《口述昆明——老干部讲抗战史》一书；市委书记程连元、市长李文荣分别走访慰问参加抗战的老干部、老红军、老战士，发放纪念抗战胜利70周年纪念章212枚。弘扬中华民族尊老敬老爱老助老传统美德，开展敬老节系列活动：市委、市政府向全市老年朋友发出公开慰问信；举办文艺演出、敬老孝亲先进事迹报告会；开展走访慰问活动。开展评先推优活动：对全市离退休干部先进集体和先进个人进行表彰；推荐市关工委等3个老年社团表彰为全省离退休干部先进集体；推荐戴文忠等6名离退休干部表彰为全省离退休干部先进个人。

【落实老干部政治待遇】认真落实离退休干部政治待遇“八项”制度，全年组织召开离退休干部情况通报会12次，邀请党政领导、专家、学者为离退休干部宣讲习近平总书记考察云南重要讲话精神、十八届五中全会精神、“一带一路”战略等，通报全市扶贫攻坚工作和经开区、高新区发展情况，让老干部知情明政促发展。组织老干部先后就近参观考察第三届南亚博览会、农业博览会、“七彩云南·古滇文化旅游名城”建设项目、石林台湾农民创业园、泛亚3D打印创新科技服务中心等，让老干部看改革、话改革，促成发展合力。认真落实在职领导联系同级老干部制度，市级四班子领导带头联系看望老干部，集体出席老干部庆祝建党94周年、纪念抗日战争胜利70周年等重大活动。市委市政府重要会议、重大活动邀请老干部代表参加，市委全会、“十三五”规划建议征求和听取老干部意见。2015年，全市2 021个离退休干部党支部组织健全、制度完善、活动经常，自我教育、自我管理、自我服务能力进一步增强，全市35 238名离退休党员干部思想稳定，政治坚定，发挥先锋模范作用。全市各级落实老干部党支部上缴党费留用80%的规定，保证老干部党支部活动正常开展。

【落实老干部生活待遇】贯彻执行党和国家有关老干部生活待遇略为从优的政策原则，老干部生活待遇得到全面落实。离退休费保障机制、医疗费保障机制、财政支持机制正常运转，离退休干部的离休费、退休金100%社会化发放，抚恤费、丧葬费、住院陪护费等相关待遇100%落实。根据国务院办公厅、人社部、财政部“增加机关事业单位离退休人员离退休费”和“调整企业离休人员基本养老金”相关文件精神，全面完成提高待遇和增发养老金工作，调整5名享受副省级医疗待遇以上离退休干部的自雇费，提高27名抗战时期参加革命工作离休干部的医疗待遇，完成全市企业离休干部基本养老金增发工作。保障“三高期”离休干部的医疗需求，离休干部医疗费统筹标准由6万元提高到7.3万元，医疗包干奖励费1.5万元。落实老干部健康疗养制度，组织市级老领导到厦门健康疗养，组织90余名老领导和380名企业离休干部开展健康年检，举办《老年人心理健康》讲座，加强对老干部的身心关爱。做好离退休干部信访维稳工作，建立局长信访接待日制度、定期联系老干部制度，及时处理离退休干部反映问题，离退休干部队伍整体稳定。

【扶贫解困工作】加大对困难离退休干部的帮扶力度，争取省级特困补助资金11万元，市级配套经费11万元，用于帮助县区解决老干部工作经费不足的困难；建立市级帮扶解困金20万元，在春节、建党节、敬老节开展“送温暖”活动，全年共走访看望困难和生病住院老干部、老同志780余人次。做好“挂包帮”“转走访”工作，全局挂包贫困户102户344人，

2015年投入扶贫资金10.4万元，捐助扶贫款1.3万元，帮助扶贫点硬化村内道路、建村级活动场所。

【老干部活动中心（室）】 全市有市、县两级老干部活动中心15个，配备专职工作人员81人，活动场地总建筑面积49 458.2平方米，可同时容纳22 118人开展日常活动，实际日均参加活动人数5 852名。全市有基层老干部活动室133个，总建筑面积24 861.44平方米，可容纳9 071人开展日常活动，实际日均参加活动人数5 479名。各级老干部活动中心（室）发挥阵地作用，丰富老干部精神文化生活。市老干部活动中心做到月月有活动、季季有比赛，全年举办全市性象棋比赛、乒乓球比赛、老干部桥牌赛、老干部诗词朗诵活动、建党节和敬老节文艺演出等大型文体比赛8次，组织文艺进社区下基层演出3次。

【老年大学建设】 老年大学建设再上新台阶。昆明老年大学校本部招生达到10 120人次，呈贡校区老年学员由2014年的860人增长到1 784人，增长110%。全市建成县级老年大学14所，乡镇（街道）老年大学分校186所，社区（村委会）老年学校445所，实现老年大学县乡全覆盖，社区老年大学覆盖率达到51.8%，老年学员10万余人，占全市户籍老年人员总数的10%。制定出台《昆明市创建老年大学（学校）市级示范校试行办法》，推进老年大学规范化建设，打造老年教育品牌，提升老年教育管理水平。市老年大学《追逐阿里》等节目荣获全国、全省离退休干部文艺演出6个奖项。承办全省老年大学工作会、全国老年大学工作经验交流会，昆明老年大学在西南片区老年大学工作会上做经验交流，老年大学工作走在全省、全国前列。

（晏廷花）

精神文明建设

【宣传教育】 深入开展中国梦和社会主义核心价值观宣传教育，制定学习实施方案，完善考核办法。下发《昆明市关于培育和践行社会主义核心价值观的意见》等文件，把社会主义核心价值观学习教育纳入党委中心组学习安排，并纳入文明单位、文明行业、文明社区、文明家庭等创建活动的考评内容之中。文明委统筹指导，宣传部、文明办总体协调，工商、新闻、广电、工信、网管等相关职能部门各负其责，制定年度宣传规划和工作安排。在报纸、广播、电视、期刊、互联网等媒体和社会公共场所、公共交通工具刊播公益广告67万次以上。

【诚信建设】 推进诚信建设制度化。制定贯彻国务院《社会信用体系建设规划纲要（2014—2020年）》实施意见方案。在工商、税务、安全生产、产品质量、食品药品安全、环境保护、交通运输等重点领域建立企业信用记录。建立健全政务和行政承诺考核制度。健全招标投标信用信息公开。深入推行“阳光办案”“阳光执法”，建立司法公信责任制度。建立诚信“红黑名单”制度并定期发布，开展诚信人物、诚信企业、诚信群体的宣传活动，对失信败德行为进行批评揭露，对诚信缺失突出问题进行专项整治。开展“3·15”消费者权益日、“食品安全宣传周”“6·14信用记录日”等集中宣传教育活动。进一步深化“百城万店无假货”“诚信经营示范店”等活动。

【思想道德建设】 大力加强未成年人思想道德建设，建立健全学校、家庭、社会“三结合”教育网络。组织全市中小学生开展学雷锋、清明祭英烈、学习和争做美德少年、童心向党歌咏活动、向国旗敬礼等四项集中性活动。开展“心理健康直通车”进校园公益活动。组织召开全市乡村学校少年宫现场观摩培训会，全市已建成49所乡村学校少年宫。推动道德模范学习宣传常态化。设立昆明市道德讲堂总堂，组织县区开设昆明市“道德讲堂”分堂，多家单位被省文明办评为云南省“道德讲堂”建设示范点。组织开展我推荐我评议身边好人活动及“昆明好人”“最美昆明人”的评选工作。推荐昆明候选人参加“中国好人”评选工作，推荐入选中国好人榜。组织开展 “我们的节日”活动，拍摄录制“中华长歌行—我们的节日”专题片在市属媒体播出。组织全市深入开展中华传统文化的宣传教育活动，在传统节日宣传弘扬民族文化优秀传统，开展节日习俗与非物质文化遗产挖掘、整理、推广和传承。

【精神文明创建活动】 深化拓展群众性精神文明创建活动，制定《昆明市创建全国文明城市指标内容标准及责任分解表》。组织开展省级文明单位、村（镇）、社区的创建活动。建立文明旅游工作领导小组，制定工作组织协调制度。新闻媒体开展文明旅游正面宣传与反面曝光活动。在主要景点、景区、机场、车站、码头、旅游集散中心等场所开展文明旅游宣传，以提示牌、监督岗等形式开展文明告知、文明提醒、文明规劝活动。在出入境办证大厅、出境口岸等窗口设立文明出境游宣传栏，发放宣传材料，着力提升公民文明旅游素质。

【志愿服务】 下发《关于广泛深入开展志愿服务活动的通知》，开展省、市公职人员“送关爱、迎新春”志愿服务活动；在全市开展关爱他人、敬老爱老、帮助农民工、助残扶残、关爱社会、保护滇池、文明交通等志愿服务活动。开展“3·5”学雷锋日、“12·5国际志愿者日”等学雷锋和“讲文明、守秩序、迎南博”志愿服务活动，做好网络文明传播活动。

（廖海滨）

中国共产党昆明市纪律检查委员会

【党风廉政建设】 2015年，昆明市深入落实“两个责任”，严格责任考核追究。市委带头落实主体责任。认真贯彻省委九届十一次全会精神，多次召开常委扩大会议、中心组学习、领导干部大会，对照“忠诚干净担当”要求，深刻反思仇和、张田欣、高劲松等严重违纪违法行为带坏党风政风，严重破坏政治生态，严重损害党的形象，严重影响队伍建设，严重背离人民群众的危害和根源，汲取沉痛教训，肃清恶劣影响，重构风清气正的政治生态。突出抓好市委常委会班子建设，认真学习贯彻中央政治局“三严三实”专题民主生活会和习近平总书记重要讲话精神，落实全面从严治党要求，树标杆、作示范，自觉向党中央和省委看齐。制定出台落实全面从严治党要求建设“忠诚干净担当”高素质干部队伍的实施意见、从严从实监督管理干部的实施细则等制度，倒查“带病提拔”“带病上岗”县处级干部37人。扎实开展“三严三实”和“忠诚干净担当”专题教育，深入学习贯彻新修订的《中国共产党廉洁自律准则》《中国共产党纪律处分条例》和《中国共产党巡视工作条例》，修订《市委常委会议事规则》，完善“三重一大”决策制度。加强对党风廉政建设和反腐败工作的领导，切实履行市委领导班子主体责任5类30项和党委书记责任11项，举办“两个责任”培训班，市委领导带头讲廉政党课，市委常委会8次研究党风廉政建设工作。认真抓好2014年党风廉政建设责任制考核不合格整改，市委主要领导挂帅，常委班子成员人人担责，采取9个方面45条措施、建立73项制度解决党风廉政建设突出问题，通过省委考核组复查验收。高度重视省委第六巡视组巡视昆明反馈问题的整改工作，将4个方面17个问题细化分解，制定118条措施认真整改，督促全市各级党组织认真落实党风廉政建设主体责任。

纪检监察机关认真履行监督责任。持续深化转职能、转方式、转作风，聚焦主责主业，巩固议事协调机构清理成果，推进县（市）区纪检监察机关内设机构改革调整工作。协助市委制定出台落实“两个责任”的“1+7”制度体系，细化明确市、县、乡、村四级党组织的主体责任和各级纪委的监督责任。切实履行市纪委监察局领导班子监督责任6类30项。建立廉情分析制度，定期对信访举报、纪律审查、问责处理等情况进行分析研判，查找问题根源，关口前移，实施防范。加强对党员干部的教育监督管理，在全市组织开展330场《中国共产党廉洁自律准则》《中国共产党纪律处分条例》的宣讲，市委党校开设党风廉政专题教育38讲，教育培训干部5 616名。4次通报查办案件情况25件26人；2次组织24名市管党政领导班子主要负责人向市纪委全会述廉述责；市纪委常委班子成员约谈71名党政主要领导和纪委书记，对122名县处级干部进行任前廉政谈话。

强化考核追究督促责任落实。市委主要领导与全市103家党组织负责人签订落实2015年党风廉政建设责任书，市委常委带队组成13个检查组开展年终考核。对2014年党风廉政建设责任考核被评定为基本合格的11个单位主要负责人进行诫勉谈话，督促抓好整改并组织复查验收。坚持“一案双查”，对落实主体责任不到位导致发生严重违纪违法问题的44名责任人给予党政纪处分。

【监督执纪】 把纪律和规矩挺在前面，重点监督检查执行党的政治纪律和组织纪律的情况，查处违反政治纪律、组织纪律案件34件，处分39人。改进监督执纪方式，完善内部工作机制，加强部门协作配合，推动监督执纪问责“总承包”职责的落实。围绕影响改革发展的纪律作风问题加强监督，对稳增长政策措施、扶贫攻坚责任落实、南博会配套工程、滇池治理国考、新火车南站、信息产业园、五大基础设施网络建设等省市重大项目和重点工作落实情况开展专项纪律检查，约谈13家责任单位、向21家单位发出问题整改通知，督促抓好整改落实。对全市“三重一大”制度规定执行情况开展专项检查，及时发现存在问题并督促整改。

把握运用监督执纪“四种形态”。注重抓早抓小，纪在法前，抓好谈话函询、警示、组织处理以及纪律处分等工作。全年谈话函询267 件351人次，对278个轻微违纪问题进行适当处理，做出党纪轻处分和组织处理265人，党纪重处分和重大职务调整204人，开除党籍移送司法机关65人，对反映失实的 369名党员干部予以澄清。制作警示教育片《沉痛的代价》和《不作为之害》，以身边事教育身边人。

【惩治腐败】 健全反腐败领导机制。充分发挥市委反腐败协调小组作用，加强组织领导，深入研究全市反腐败重大问题，协调指导重大腐败案件的查办，制定出台《市委反腐败协调小组工作规则（试行）》和《关于在查办党员和国家工作人员涉嫌违纪违法犯罪案件中加强协作配合的实施办法》，健全线索移送、联合办案、协助调查、信息共享、应急联动等制度，强化执纪执法机关的协作配合，形成反腐败斗争的强大合力。零容忍惩治腐败。以党的十八大后不收敛不收手，问题线索反映集中、群众反映强烈，现在重要岗位且可能还要提拔使用的领导干部为重点，坚持有案必查、有腐必惩、有贪必肃，持续高压反腐。严肃查处市人防办原主任尚建国、富民县政协原主席毕宏、五华区原副区长李映辉、官渡区原副区长公安分局原局长韩玉彪、晋宁县原副县长张兴华、汤庆云等一批严重违纪案件。2015年，全市纪检监察机关受理信访总量5 946件次，同比增长48.4%；处置问题线索1 200件，其中初核1 112件，同比增长27.5%；立案 529 件，同比增长21.6%，其中县处级干部33人，乡科级干部175人；结案518件，同比增长23%；处分568人，同比增长32.7%；涉嫌违法犯罪移送司法机关83人，同比增长40.6%，通过办案挽回经济损失3 889.61万元。规范问题线索管理处置。对党的十八大以来反映领导干部的问题线索进行大排查、大起底。严格落实问题线索处置五类标准和“日清、周转、月报、季结”管理新机制。建立市纪委问题线索排查会议制度，实现中央、省、市、县四级信访信息互联互通和问题线索处置动态“清零”。确保纪律审查质量。进一步规范和严格执行办案各环节制度程序，严把案件质量关。坚持快查快结、快进快出，涉嫌犯罪的案件及时移送司法机关。对涉案款物处置情况进行全面排查清理，严格加强管理。全年未发生“两规两指”安全事故。

【正风肃纪】 把违反中央八项规定精神和“四风”问题作为纪律审查的重点，把握党的十八大后、中央八项规定出台后、群众路线教育实践活动后3个重要时间节点，建立由512名干部群众参与的作风建设社会监督员队伍，强化明察暗访，及时发现和严肃查处公款吃喝、公车私用、借婚丧喜庆事宜敛财等问题。2015年，全市共查处违反中央八项规定精神的问题 97 起，处理123人，其中党政纪处分 77 人。在全市范围内对5批32起典型案例 59名责任人进行通报。深入开展专项治理。坚持高位推动，强化组织领导，在全市深入开展严禁领导干部违规插手干预工程建设、严禁领导干部违规插手土地征用、严禁领导干部违规插手矿产资源开发利用、严禁领导干部违规使用扶贫救灾和社保资金、严禁领导干部收受“红包”、严禁违反党的组织人事纪律“六个严禁”专项整治，查找问题 535个，处理 440个500人，建立完善各类制度规定41个。针对为官不为、为官乱为、不敢担当等影响改革发展稳定的突出问题开展纪律作风专项治理，共处理193人，其中党纪处分57人，政纪处分46人，组织处理90人。严肃查处群众身边的不正之风和腐败问题。加强基层腐败问题线索排查，建立县区乡镇纪委集中分片协作巡查工作制度，及时发现和查处发生在民生资金、“三资”管理、“四议两公开一承诺”、征地拆迁等方面违纪问题，共查实涉及群众身边的“四风”和腐败问题238件，处理299人，其中党政纪处分201人。建立纪检监察政法信访“四级联动”工作机制，解决群众诉求1 276件。组织93个部门53名“一把手”进春城热线直播间，受理群众诉求1 025件。

【队伍建设】 深入开展“三严三实”和“忠诚干净担当”专题教育，边学边查边改。市纪委常委会开展 6 次中心组理论专题学习，查摆问题79个，并逐一制定整改措施。认真开展“挂包帮”“转走访”工作，委局机关162名干部深入东川区、寻甸县4个村（社区）帮扶贫困户167户。认真落实双重领导体制。研究推动下级纪委向上级纪委报告线索处置和执纪审查工作。制定出台县区纪委书记、副书记，市纪委派驻纪检组组长、副组长，市管企业纪委书记、副书记3个提名考察办法，考察任免县区纪委常委20名，监察局副职5名。加强纪检监察干部教育监督管理。加强纪检监察干部能力建设，开展业务培训57期950余人次。拓宽纪检监察干部选用渠道，公开选调干部9名，提拔交流干部64名。认真贯彻中央纪委和省纪委纪检监察干部监督工作座谈会精神，17次对系统内干部作风纪律情况开展监督检查，5次通报情况，追究问责纪检监察干部5人，给予纪律处分8人，维护纪检监察干部队伍的纯洁性。

（周　银）

昆明市人民代表大会常务委员会

【市十三届人大六次会议】 市十三届人大六次会议于2015年1月19—23日在昆明国际会展中心召开。会议应出席代表441名，实际到会410名。昆明市的十二届全国人大代表2人、昆明市选举产生的云南省第十二届人大代表54人列席本次会议。市委有关部门负责人，市人大常委会机关有关人员，市政府和市法检两院有关领导、部门负责人，部分县（市）区委、人大常委会、政府及部分人民团体负责人，部分驻昆单位、企业负责人等列席会议。市政协委员列席听取政府工作报告。大会邀请市级民主党派、工商联、侨联、台联负责人参加开幕式。部分昆明市民经申请旁听会议。

会议审议市人民政府市长李文荣做的《政府工作报告》和《昆明市2014年国民经济和社会发展计划执行情况与2015年国民经济和社会发展计划草案的报告（书面）》《昆明市2014年地方财政预算执行情况和2015年地方财政预算草案的报告（书面）》、市人大常委会主任杨远翔做的《昆明市人大常委会工作报告》、市中级人民法院院长罗朝峰做的《昆明市中级人民法院工作报告》、市人民检察院检察长沈曙昆做的《昆明市人民检察院工作报告》，通过6个工作报告的决议。

会议收到10名以上人大代表联名提出的议案21件。其中，城乡建设环境保护方面8件，财政经济方面6件，教育科学文化卫生方面3件，农业方面2件，内务司法方面1件，民族宗教方面1件。经大会主席团审议决定，将上述21件议案转为代表建议、批评和意见处理。会议期间，还收到代表提出的建议、批评和意见257件。278件代表建议、批评和意见按有关规定由大会秘书处交由有关机关和组织办理。

会议补选金志伟、马凤伦为昆明市人大常委会副主任。

【市十三届人大常委会二十八次会议】 市十三届人大常委会第二十八次会议于2015年2月27日举行。会议审议通过《昆明市人大常委会2015年年度工作要点》《昆明市人大常委会2015年年度会议议题安排》《昆明市人大常委会关于撤销刘汉“昆明市荣誉市民”称号的决定》《昆明市第十三届人大常委会代表资格审查委员会关于罢免代表的代表资格审查报告》以及人事任免事项。

【市十三届人大常委会二十九次会议】 市十三届人大常委会第二十九次会议于2015年3月20日举行。会议听取审议并通过《昆明市人大常委会关于罢免仇和云南省第十二届人民代表大会代表职务的决定》《昆明市第十三届人大常委会代表资格审查委员会关于罢免代表的代表资格审查报告》。

【市十三届人大常委会三十次会议】 市十三届人大常委会第三十次会议于2015年4月28日举行。会议听取和审议市人民政府贯彻执行《昆明市科学技术进步与创新条例》情况的执法检查报告，表决通过《昆明市第十三届人大常委会代表资格审查委员会关于代表变动情况和补选代表的代表资格审查报告》及人事任免事项。

【市十三届人大常委会三十一次会议】 市十三届人大常委会第三十一次会议于2015年6月25—26日举行。会议听取审议《昆明市人民政府关于城市管理综合行政执法情况的专项工作报告》《昆明市人民政府关于推进公立医院综合改革情况的专项工作报告》《昆明市人民政府关于全市扶贫开发工作情况的专项工作报告》以及市人民政府贯彻执行《宗教事务条例》情况的执法检查报告，并分别提出审议意见；听取审议并通过《昆明市人民代表大会常务委员会关于修改〈昆明市殡葬管理条例〉和〈昆明市道路交通安全条例〉两件地方性法规的决定》、昆明市人民代表大会常务委员会关于对《昆明市人民政府关于提请审议〈昆明市人民政府关于撤销晋宁县设立晋宁区行政区划调整〉的议案》的决议、《昆明市人大常委会讨论决定重大事项的规定（修订）》《昆明市人大常委会关于地方立法规划草案、年度立法计划草案、法规草案公开征求意见的工作规定》《昆明市人大常委会关于地方立法工作公众意见表达和公众意见采纳情况反馈工作规定》《昆明市人大常委会关于完善立法起草论证协调审议机制的意见》《昆明市人大常委会关于罢免范雯花云南省第十二届人民代表大会代表职务的决定》及人事任免事项。

【市十三届人大常委会三十二次会议】 市十三届人大常委会第三十二次会议于2015年7月17日举行。会议补选钟勉为云南省第十二届人民代表大会代表。

【市十三届人大常委会三十三次会议】 市十三届人大常委会第三十三次会议于2015年8月26—27日举行。会议听取审议《昆明市残疾人保障条例（草案）》的议案、说明和审议意见的报告；听取审议《昆明市2015年上半年国民经济和社会发展计划执行情况的报告》《昆明市2014年度地方财政决算以及2015年上半年财政预算执行情况的报告》、昆明市人大财经委关于《昆明市2014年度地方财政决算的报告》的审查报告、《2014年度昆明市市级预算执行和其他财政收支的审计工作报告》，并分别提出审议意见；表决通过《昆明市会展业促进条例》《昆明市人大常委会关于批准昆明市2014年度市级财政决算的决议》《昆明市区（市）人民代表大会常务委员会街道工作委员会工作办法（修订）》《昆明市人大常委会关于确认许可对市十三届人大代表李继明采取强制措施并暂时停止其执行代表职务的决定》《昆明市人大常委会关于确认许可对市十三届人大代表谢新松采取强制措施并暂时停止其执行代表职务的决定》《昆明市人大常委会关于确认许可对市十三届人大代表李映辉采取强制措施的决定》《昆明市第十三届人大常委会代表资格审查委员会关于代表变动情况的代表资格审查报告》《昆明市人大常委会关于授予部分美国二战老兵“昆明市荣誉市民”称号的决定》《昆明市人大常委会关于接受田翎同志辞去昆明市人大常委会副主任职务的决定》《昆明市人大常委会关于王亚锋同志为昆明市人民检察院代理检察长的决定》及人事任免事项。

【市十三届人大常委会三十四次会议】 市十三届人大常委会第三十四次会议于2015年10月28—29日举行。会议听取审议《昆明市燃气管理条例（修订草案）》的议案、说明和审议意见的报告；听取审议《昆明市中级人民法院关于加强执行工作，破解执行难的专项工作报告》《昆明市人民检察院关于加强刑罚执行和监管活动监督的专项工作报告》《昆明市人民政府关于城市市容和环境卫生综合整治情况工作报告》，并提出审议意见；表决通过《昆明市残疾人保障条例》《昆明市人民代表大会常务委员会对审计查出问题整改工作的监督办法》《昆明市第十三届人大常委会代表资格审查委员会关于代表变动情况和补选代表的代表资格审查报告》《昆明市人大常委会关于接受李文荣同志辞去昆明市人民政府市长职务的决定》《昆明市人大常委会关于王喜良同志为昆明市人民政府代理市长的决定》及人事任免事项。此外，常委会还以联组会议的形式，对昆明市政府关于城市市容和环境卫生综合整治工作情况进行专题询问。

【市十三届人大常委会三十五次会议】　市十三届人大常委会第三十五次会议于2015年12月29—30日举行。会议听取审议《昆明市人民政府关于办理市十三届人大六次会议代表建议、批评和意见的情况报告》《昆明市人大常委会人事代表工委关于市十三届人大六次会议代表提出的建议、批评和意见办理情况的报告》；听取审议《关于2014年度昆明市市级预算执行和其他财政收支审计查出问题整改情况的报告》并提出审议意见；听取《市人民政府关于今年以来全市经济运行情况的报告》；表决通过《昆明市燃气管理条例（修订）》《昆明市人大常委会关于召开昆明市第十三届人民代表大会第七次会议的决定》《昆明市第十三届人大常委会代表资格审查委员会关于代表变动情况和补选代表的代表资格审查报告》《昆明市第十三届人民代表大会第七次会议主席团和秘书长建议名单》《昆明市第十三届人民代表大会第七次会议列席人员名单》《昆明市人大常委会关于接受雪都等3名同志辞职的决定》以及人事任免事项；决定《昆明市人民代表大会常务委员会工作报告（草案）》的报告人，补选程连元为云南省第十二届人民代表大会代表。

【立法工作】　注重发挥人大在立法工作中的主导作用，坚持科学立法、民主立法，不断提高立法质量，为全面推进依法治市提供有力制度支撑。2015年共制定、修订5件地方性法规。组织开展25件立法项目调研，对《昆明市城镇绿化条例》进行“立法后评价”。

围绕贯彻实施会展业发展战略，制定《昆明市会展业促进条例》，促进会展业健康有序发展；加强残疾人社会保障体系和服务体系建设，制定《昆明市残疾人保障条例》，进一步维护残疾人合法权益；修订《昆明市燃气管理条例》，为人民群众生产生活用气供应及安全提供法制保障；认真开展法规清理工作，对《昆明市殡葬管理条例》和《昆明市道路交通安全条例》进行打包修订，保障昆明市地方立法的权威性和时效性。常委会完善立法机制，科学规范立法工作，制定出台《关于地方立法规划、年度立法计划、法规草案公开征求意见的工作规定》《关于地方立法工作公众意见表达和公众意见采纳情况反馈工作规定》和《关于完善立法起草论证协调审议机制的意见》，为推动昆明地方立法工作创新发展提供制度保障。

【监督工作】　认真贯彻实施监督法，围绕市委中心工作、全市发展大局和人民群众关心关注的热点难点问题，改进监督方式，注重监督实效，主动依法监督，促进市委重大决策部署贯彻落实，推动“一府两院”依法行政、公正司法，在维护人民群众根本利益，加快全市经济社会发展方面发挥积极作用。常委会全年共听取和审议专项工作报告10次，组织执法检查2次，开展专项视察25次、专题调研40次，对城市市容和环境卫生综合整治工作开展专题询问，完成《昆明市人工影响天气管理办法》《昆明市防汛抗旱办法》等7个政府规范性文件的备案审查。

【重大事项决定】　根据宪法、地方组织法等法律规定，审议修订《昆明市人大常委会讨论决定重大事项的规定》，为规范常委会依法行使讨论决定重大事项职权，提高决策科学化、民主化、法制化水平提供制度支撑。按照抓大事、议大事原则，严格执行法律程序和制度规定，依法审议涉及全市改革发展稳定的重大事项，及时做出相关决议、决定16项。配合做好纪念中国人民抗日战争暨世界反法西斯战争胜利70周年有关活动，批准授予为中国抗战胜利做出卓越贡献的美国二战老兵及遗属共17人“昆明市荣誉市民”称号。

坚持党管干部原则和人大依法任免的有机统一，认真做好人事任免工作。依法任免国家机关工作人员82人。其中，任命42人、免职40人。

【代表工作】　尊重代表主体地位，搭建服务代表平台，为代表履行职责、服务群众提供保障。认真落实联系制度，加强组成人员同代表、代表同人民群众的沟通联系。先后召开35次座谈会，开展26次实地调研走访，通报常委会重要工作和履职情况，及时听取代表意见、了解群众意愿，帮助解决代表履职中的具体困难和群众关心关注的热点难点问题。积极利用“代表信箱”“代表之家”、微博微信等形式载体，广泛收集反映群众意见，定期通报代表履职情况。通过《代表之声》《代表工作》收集整理各界群众20个方面242条意见建议。组织召开2次重大事项情况通报会，通报全市扶贫攻坚、劳动就业、军转安置和经济运行情况；邀请186名市人大代表、14名省人大代表全程列席常委会会议，组织专业代表小组代表听取“十三五”规划编制情况，组织代表小组对火车南站重要交通枢纽、都市农庄和特色农业产业园区等重点工作、重大项目开展40次视察、检查和调研；组织80名省、市人大代表，对民族团结进步边疆繁荣稳定示范县建设、彩云北路交通拥堵、公共自行车租赁试点等工作情况开展 4次持证视察；组织在昆的省人大代表对牛栏江污水和生活垃圾处理设施、山顶牧场生态养殖基地、凤龙湾国际文化旅游度假区项目、中石油云南炼化项目、滇池治理和城市道路建设等工作情况进行视察，提出14条意见建议，督促政府推进落实工作，为市委科学决策提供参考。组织200名市人大代表进行年度学习培训活动，选派10名在基层工作的省人大代表赴上海参加培训，提升代表履职能力和水平。

【建议办理】 年初确定“建立市医疗保险基金监督管理机制”“重视扩大公办和普惠性民办学前教育”“规范市政道路建设”“加快规范城镇居民生活小区物业管理”和“加快昆明市电子商务发展”5件重点督办建议，严格办理标准、明确办理期限；年中组织代表建议办理评议工作，落实代表“不满意”建议二次办理督办制度，对市十三届人大一次会议以来B、C类代表建议办理情况进行跟踪检查；年末组织“回头看”，督促医疗体制改革、教育资源优化、道路交通建设、经济转型升级等方面建议得到较好办理，为促进经济社会发展，提高人民生活水平做出努力。全年督办代表建议312件，解决或部分解决204件，占65.4%，已列入相关部门工作计划、正逐步推动解决89件，占28.5%。

【其他工作】 贯彻落实市委重大决策部署，认真抓好民主法制领域改革和理论研究工作，圆满完成各项改革任务，年终考核荣获“改革任务完成优秀单位”；组织开展地方立法听证、审议意见督办落实等7个决策咨询课题研究；深入开展全市县乡人大工作和建设情况调研活动，配合做好市委人大工作会议筹备工作；结合工作实际，修订《昆明市区（市）人民代表大会常务委员会街道工作委员会工作办法》；参与全国、省人大常委会相关法律法规的调研和征求意见工作，配合开展有关执法检查和视察调研；开展对外交流合作，接待台湾嘉义市议会代表团来昆考察访问，与北京市朝阳区人大常委会建立友好合作关系；深入推进机关信息化建设和会议无纸化，提高工作效能、节约财政资源；做好人大宣传工作，广泛宣传常委会和代表依法履职情况，主动接受人民群众监督。认真完成市委交办的其他工作。牵头或配合做好重点工程重大项目推进情况的调研督查；建立领导挂点、部门包村、干部帮户长效帮扶机制，扎实做好寻甸县的牵头挂钩扶贫和“挂包帮、转走访”工作；常委会领导认真督促指导抓好环境综合整治、滇池治理工作。

（李莉　杨信德　赵淑芳）

行使四项职权情况概览

（一）地方立法

形式	内容
制定	《昆明市会展业促进条例》《昆明市残疾人保障条例》
修订	《昆明市燃气管理条例》《昆明市殡葬管理条例》《昆明市道路交通安全条例》
立法调研	《昆明市国有资产监督管理条例》《昆明市政府投资项目管理条例》《昆明市内部审计条例》《昆明市市场违法行为查处条例》《昆明市促进中小企业发展条例》《昆明市人民调解条例》《昆明市公共资源交易监督管理条例》《昆明市学校安全管理条例》《昆明市职业教育条例》《昆明市执法责任制条例（修订）》《昆明市旅游业监察条例（修订）》《昆明市河道管理条例（修订）》《昆明市轿子雪山保护和管理条例（修订）》
立法前期调研	《昆明市价格监督检查条例》《昆明市政府采购条例》《昆明市城市房屋安全管理条例》《昆明市室内装修管理条例》《昆明市公路两侧控制区景观规划建设管理条例》《昆明市人力资源市场管理条例》《昆明市法律援助条例》《昆明市非物质文化遗产保护条例》《昆明市企业工资支付条例（修订）》《昆明市流动人口管理条例（修订）》《昆明市城市排水管理条例（修订）》《昆明市城市房屋权属登记管理条例（修订）》
立法后评价	《昆明市城镇绿化条例》
征求意见	《中华人民共和国国家安全法（草案）》《中华人民共和国大气污染防治法（修订草案）》《中华人民共和国网络安全法（草案）》《中华人民共和国种子法（草案）》《云南省遗体器官捐献条例（草案）》

（二）重要监督

形式	时间	内容	处理结果
执法检查	3月31日至4月2日	检查《昆明市科学技术进步与创新条例》贯彻执行情况	4月28日，市十三届人大常委会第三十次会议听取和审议执法检查报告后，提出审议意见：强化依法行政意识，确保责任全面落实；加大投入，提高资金的统筹使用效益；加快构建产业创新链，打造昆明经济升级版；整合创新资源，构建高效的产学研创新体系；完善人才培养和引进机制，加强人才队伍建设。
执法检查	5月13—14日	检查《宗教事务条例》贯彻执行情况	6月25日，市十三届人大常委会第三十一次会议听取和审议执法检查报告后，提出审议意见：进一步加强宣传教育，不断建立和完善贯彻落实《条例》的有效机制；加强宗教工作队伍建设，完善宗教界代表人士的培养教育机制；建立和完善处理宗教问题的矛盾调处机制；建立完善宗教团体和重点宗教活动场所的补助机制；建立和完善宗教教职人员的社会保障工作机制。
听取和审议专项工作报告	6月25—26日	听取和审议《昆明市人民政府关于城市管理综合行政执法情况的专项工作报告》	市十三届人大常委会第三十一次会议听取和审议报告后，提出审议意见：进一步深刻认识城管执法工作的重要性；进一步建立健全城市管理的责任机制；进一步探索和改进城管执法行为方式；进一步加强城管执法队伍建设；进一步加强宣传，树立正确舆论导向，营造全社会共同理解支持城管工作的良好氛围。
		听取和审议《昆明市人民政府关于推进公立医院综合改革情况的专项工作报告》	市十三届人大常委会第三十一次会议听取和审议报告后，提出审议意见：强化公立医院改革的组织领导；深化公立医院管理体制改革；建立健全分工协作机制；建立科学的长效补偿机制；深化医保支付方式改革；优化医疗资源配置。
		听取和审议《昆明市人民政府关于全市扶贫开发工作情况的专项工作报告》	市十三届人大常委会第三十一次会议听取和审议报告后，提出审议意见：提高思想认识，进一步明确扶贫开发工作重点难点；认真总结经验，科学编制“十三五”农村扶贫开发规划；突出民生保障，加快推进扶贫项目工程建设；整合社会力量，进一步加大扶贫资金投入力度；严格考核问效，为我市全面实现小康目标提供有力保障。
	8月26—27日	听取和审议《昆明市2015年上半年国民经济和社会发展计划执行情况的报告》	市十三届人大常委会第三十三次会议听取和审议报告后，提出审议意见：要加强对全市经济运行形势的预测和分析，加快工作推进力度，确保2015年各项指标任务的完成；科学、合理、客观地制定年度经济指标任务；继续加大稳增长、调结构、促发展工作力度；总结“十二五”，超前谋划、科学制定“十三五”；进一步加大重点项目推进力度；进一步做好民生保障和改善工作，促进社会和谐稳定。
		听取和审议《昆明市2014年度地方财政决算以及2015年上半年财政预算执行情况的报告》	市十三届人大常委会第三十三次会议听取和审议报告后，提出审议意见：要主动适应经济发展“新常态”，依法加强收入征管，严格支出执行，确保全面完成全年预算目标；要加快推进全口径预决算管理，进一步完善“四本预算”的编制，尽快将政府所有收入和支出纳入预算管理；要加强政府性债务监管，建立健全债务风险预警和政府举债融资机制；要积极推进行政事业单位内部控制规范工作试点，并及时总结工作经验，适时在全市范围全面推广内部控制规范工作。
		听取和审议《2014年度昆明市市级预算执行和其他财政收支审计工作报告》	市十三届人大常委会第三十三次会议听取和审议报告后，提出审议意见：要督促有关部门高度重视审计中查出的问题，制定整改方案和措施，建立健全体制机制，切实提高审计查出问题的整改效果，并将审计查出问题的整改情况向市人大常委会报告；要加强对全口径预决算的审计监督，建立健全覆盖全部预算资金和预算管理全过程的审计监督制度；要进一步加大对重点支出、重大政策执行和重大项目投资及其绩效的审计，确保项目资金安全有效使用，提高政府投资质量。

续表

形式	时间	内容	处理结果
听取和审议专项工作报告	10月28—29日	听取和审议《市中级人民法院关于加强执行工作，破解执行难的专项工作报告》	市十三届人大常委会第三十四次会议听取和审议报告后，提出审议意见：加大宣传力度，营造诚信守法的社会氛围；积极争取支持，创新执行工作机制；规范执行工作，加大执行力度；更新执行理念，加强执行队伍建设。
		听取和审议《市人民检察院关于加强刑罚执行和监管活动监督的专项工作报告》	市十三届人大常委会第三十四次会议听取和审议报告后，提出审议意见：提高认识，增强责任感，认真履行监督职能；突出监督重点，敢于监督，善于监督；规范执法行为，创新工作机制，促进公正执法；积极争取支持，加强队伍建设，提高监督水平。
		听取和审议《昆明市人民政府关于城市市容和环境卫生综合整治情况工作报告》	市十三届人大常委会第三十四次会议听取和审议报告后，提出审议意见：高位统筹，切实强化组织领导；转变理念，全面推进精细化管理；健全机制，落实长效管理措施；规划先行，进一步加强城市道路建设管理；加大投入，加强城市管理执法队伍建设；加强宣传，推动全民参与。
	12月29—30日	听取和审议《2014年度昆明市市级预算执行和其他财政收支审计查出问题整改情况的报告》	市十三届人大常委会第三十五次会议听取和审议报告后，提出审议意见：对尚未整改的事项，市政府要进行认真分析研究，找出原因，采取积极有力的措施予以推进，同时加大责任追究力度，确保审计查出问题全面整改落实到位；要强化审计监督作用，注重把审计结果运用到预算分配中，进一步提高预算编制和预算管理的水平；要进一步加强制度建设，建立健全审计整改长效机制，从制度上防止和减少屡改屡犯的情况。
专题询问	10月29日	城市市容和环境卫生综合整治工作情况	市十三届人大常委会第三十四次会议以联组会议的形式，对市人民政府关于城市市容和环境卫生综合整治工作情况进行专题询问，着力解决当前我市城市管理中存在的统筹协调不够，相关管理体制需要进一步理顺，市容管理基础薄弱，城管执法力量相对不足等问题。通过对专题询问所提问题和审议意见的研究处理，推动加强组织领导和统筹协调，转变管理理念，创新管理模式，建立健全城市管理长效机制，切实改善城市居民生存环境，提升居民生活质量。
专项视察	12月8—22日	“一府两院”工作报告中明确的5个方面15项重点工作任务完成情况	针对财政经济、内务司法、教科文卫、城乡建设环境保护、农业工作等5个方面存在的问题，视察组提出要持续关注民生，促进社会和谐；理清工作思路，谋划长远发展；坚定发展信心，稳健发展步伐，并围绕工业突破和园区建设、招商引资、城市规划、滇池治理、民生事业发展、“三农”工作6个方面提出具体建议。

（三）讨论决定重大事项

时间	形式	内容
2月27日，市十三届人大常委会第二十八次会议通过	决定	关于撤销刘汉“昆明市荣誉市民”称号的决定
3月20日，市十三届人大常委会第二十九次会议通过	决定	关于罢免仇和云南省第十二届人民代表大会代表职务的决定
6月26日，市十三届人大常委会第三十一次会议通过	决定	关于修改《昆明市殡葬管理条例》和《昆明市道路交通安全条例》两件地方性法规的决定
	决议	关于对《昆明市人民政府关于提请审议〈昆明市人民政府关于撤销晋宁县设立晋宁区行政区划调整〉的议案》的决议
	决定	关于罢免范雯花云南省第十二届人民代表大会代表职务的决定

续表

时间	形式	内容
8月27日，市十三届人大常委会第三十三次会议通过	决议	关于批准昆明市2014年度市级财政决算的决议
	决定	关于确认许可对市十三届人大代表李继明采取强制措施并暂时停止其执行代表职务的决定
	决定	关于确认许可对市十三届人大代表谢新松采取强制措施并暂时停止其执行代表职务的决定
	决定	关于确认许可对市十三届人大代表李映辉采取强制措施并暂时停止其执行代表职务的决定
	决定	关于授予部分美国二战老兵“昆明市荣誉市民”称号的决定
	决定	关于接受田翎同志辞去昆明市人大常委会副主任职务的决定
	决定	关于王亚锋同志为昆明市人民检察院代理检察长的决定
10月29日，市十三届人大常委会第三十四次会议通过	决定	关于接受李文荣同志辞去昆明市人民政府市长职务的决定
	决定	关于王喜良同志为昆明市人民政府代理市长的决定
12月30日，市市十三届人大常委会第三十五次会议通过	决定	关于召开市十三届人大七次会议的决定
	决定	关于接受雪都等三名同志辞职的决定

（四）人事任免

时 间	姓 名	任命职务	姓 名	免去职务
2月27日昆明市十三届人大常委会第二十八次会议通过	金志伟	昆明市人大常委会代表资格审查委员会主任委员	宋黎明	昆明市人大常委会代表资格审查委员会主任委员
	孟庆红	昆明市人民政府副市长	许勇刚	昆明市卫生局局长
	龚晓坤	昆明市人民政府副市长		
	和丽川	昆明市财政局局长	洪　莺	昆明市商务局局长
	李云周	昆明市商务局局长		
	褚晓云	昆明市中级人民法院民事审判第五庭庭长	郁　云	昆明市中级人民法院审判委员会委员、审判员
			汤名哲	昆明市中级人民法院刑事审判第三庭副庭长、审判员
	谢海玲	昆明市中级人民法院执行工作局裁判庭庭长	褚晓云	昆明市中级人民法院民事审判第五庭副庭长
			徐国倚	昆明市中级人民法院执行工作局裁判庭庭长
	尹　群	昆明市中级人民法院立案二庭庭长	尹　群	昆明市中级人民法院审判员
	马小云	昆明市人民检察院检察员	陈　智	昆明市城郊地区人民检察院检察长
	秦　云	昆明市人民检察院检察员	王勤英	昆明市人民检察院检察员
	张　倩	昆明市人民检察院检察员		

续表

时 间	姓 名	任命职务	姓 名	免去职务
4月28日昆明市十三届人大常委会第三十次会议通过	龚志龙	昆明市卫生和计划生育委员会主任	杨勇明	昆明市人民政府副市长
			何 波	昆明市人民政府副市长
			谢新松	昆明市人民政府副市长
	尹德坤	昆明市中级人民法院审判员、审判委员会委员、副院长	袁学红	昆明市中级人民法院副院长、审判委员会委员、审判员
	王向红	昆明市中级人民法院环境资源审判庭庭长	王向红	昆明市中级人民法院环境保护审判庭庭长
	施苏萍	昆明市中级人民法院立案一庭庭长	施苏萍	昆明市中级人民法院立案庭庭长
			黄 红	昆明市中级人民法院立案庭副庭长
	黄 红	昆明市中级人民法院立案一庭副庭长	王 虹	昆明市中级人民法院立案庭副庭长
			杨 虹	昆明市中级人民法院审判员
	王 虹	昆明市中级人民法院立案一庭副庭长	徐伟忠	昆明市中级人民法院审判员
			贺后起	昆明市中级人民法院审判员
	奚 琳	昆明市中级人民法院审判员	马素文	昆明市中级人民法院审判员
	彭君明	昆明市城郊地区人民检察院检察长	董 毅	昆明市人民检察院检察委员会委员、检察员
			邱继军	昆明市人民检察院检察员，昆明市城郊地区人民检察院检察委员会委员
6月26日昆明市十三届人大常委会第三十一次会议通过	徐建斌	昆明市中级人民法院刑事审判第一庭副庭长	代晓明	昆明市中级人民法院民事审判第一庭副庭长
	王 勇	昆明市中级人民法院刑事审判第三庭副庭长		
	屈艳婷	昆明市中级人民法院未成年人案件审判庭副庭长		
	刘昕光	昆明市中级人民法院民事审判第一庭副庭长		
	代晓明	昆明市中级人民法院民事审判第二庭副庭长		
	孙 建	昆明市中级人民法院民事审判第三庭副庭长		
	起 俊	昆明市中级人民法院民事审判第四庭副庭长		
	王亚锋	昆明市人民检察院检察员、检察委员会委员、副检察长	尹 松	昆明市禄劝彝族苗族自治县人民检察院检察长

续表

<table>
<tr><th>时间</th><th>姓名</th><th>任命职务</th><th>姓名</th><th>免去职务</th></tr>
<tr><td>8月27日昆明市十三届人大常委会第三十三次会议通过</td><td>王　宇</td><td>昆明市人民政府副市长，市公安局局长</td><td>赵立功</td><td>昆明市人民政府副市长，市公安局局长</td></tr>
<tr><td rowspan="4">10月29日昆明市十三届人大常委会第三十四次会议通过</td><td></td><td></td><td>田　翎</td><td>昆明市人大常委会副主任</td></tr>
<tr><td>王喜良</td><td>昆明市人民政府副市长</td><td rowspan="3">李文荣</td><td rowspan="3">昆明市人民政府市长</td></tr>
<tr><td>刘　兵</td><td>昆明市人民政府副市长</td></tr>
<tr><td>陈小男</td><td>昆明市人民政府副市长</td></tr>
<tr><td rowspan="14">12月30日昆明市十三届人大常委会第三十五次会议通过</td><td>兰　昆</td><td>昆明市人大常委会法制工作委员会主任</td><td>雪　都</td><td>昆明市人大常委会委员、昆明市人大法制委员会主任委员</td></tr>
<tr><td rowspan="2">马慈明</td><td rowspan="2">昆明市人大常委会农业工作委员会主任</td><td>韩成富</td><td>昆明市人大常委会委员、昆明市人大常委会农业工作委员会主任</td></tr>
<tr><td>郭跃红</td><td>昆明市人大常委会委员</td></tr>
<tr><td rowspan="2">李忠德</td><td rowspan="2">昆明市民族宗教事务委员会主任</td><td>李忠德</td><td>昆明市民族事务委员会主任</td></tr>
<tr><td>吕天云</td><td>昆明市人民政府外事侨务办公室主任</td></tr>
<tr><td>夏静良</td><td>昆明市中级人民法院副院长</td><td>郑　平</td><td>昆明市中级人民法院副院长、审判委员会委员、审判员</td></tr>
<tr><td>李兴虎</td><td>昆明市中级人民法院刑二庭副庭长</td><td>李跃明</td><td>昆明市中级人民法院审判委员会委员、审判监督庭庭长、审判员</td></tr>
<tr><td>颜瑶瑶</td><td>昆明市中级人民法院审判员</td><td rowspan="2">夏晓明</td><td rowspan="2">昆明市中级人民法院审判员</td></tr>
<tr><td>张　军</td><td>昆明市中级人民法院审判员</td></tr>
<tr><td>吴　娴</td><td>昆明市中级人民法院审判员</td><td rowspan="2">宋伟伽</td><td rowspan="2">昆明市中级人民法院审判员</td></tr>
<tr><td>刘　涛</td><td>昆明市中级人民法院审判员</td></tr>
<tr><td>郭　佳</td><td>昆明市中级人民法院审判员</td><td rowspan="2">陈红阳</td><td rowspan="2">昆明市中级人民法院审判员</td></tr>
<tr><td>陈　锐</td><td>昆明市中级人民法院审判员</td></tr>
<tr><td></td><td></td><td>潘　沛</td><td>昆明市人民检察院检察员</td></tr>
</table>

昆明市人民政府

【政府权力清单制度初步建立】1月2日，昆明市完成所有市级部门权力清单的审查备案工作，梳理公布除行政审批类以外的各类行政权力5 933项。其中，行政处罚类5 490项、行政强制类202项、行政征收类21项、行政确认类35项、行政合同类3项、行政给付类13项、行政裁决类5项、行政奖励类24项、其他行政权力140项。通过开展权力清单清理公开，进一步明确各执法部门的行政权责事项，对于界定权力边界，强化社会监督，将权力关进制度的笼子具有十分重要的意义。

【昆明市与岘港市缔结友城】2月5日，中共昆明市委副书记、昆明市人民政府市长李文荣率市政府代表团及企业家代表团访问越南岘港市。6日，市长李文荣拜会岘港市政府，与岘港市人民委员会副主席冯进曰进行正式会谈，会谈结束后，两市签署《中华人民共和国昆明市和越南社会主义共和国岘港市建立友好城市关系协议书》，昆明市与岘港市正式缔结为友好城市关系。至此，昆明市国际友好城市增至20对。

【西石高速公路通车】2月16日，陆良西桥至石林高速公路通车。西石高速公路起点为曲靖至陆良高速公路西桥收费站，途经新哨、阿油堡、大莫古、天生关垭口、北大村等地，跨越九石阿公路后止于石林龙潭村附近，并设石林半互通立交与昆石高速公路相接。项目全长39.771千米，为双向六车道。西石高速公路通车，标志着云南南北大通道东一线实现全程高速，昆明—曲靖—陆良—石林—昆明形成一个“高速圈”。

【昆医附一院呈贡医院开业】4月20日，昆明医科大学第一附属医院呈贡医院正式开业。昆医附一院是云南省领军的大型综合医院，集医疗、教学、科研于一体，学科门类齐全、医疗设备先进、专业特色突出，在全省乃至全国都有着较大的影响力。医院占地面积544亩，总建筑面积37.725万平方米，设置病床2 000张，一次规划，分三期完成，一期已投入使用。医院的建成开业，为全省和昆明地区的医疗卫生事业带来新的活力，为昆明建设区域性国际城市注入新的动力。

【昆明—太原直通车首发】5月8日12时51分，K506/5次旅客列车从昆明站出发开往太原，这是首趟从昆明至太原的直通列车。K506/5次列车途经云南、贵州、重庆、四川、陕西、山西五省一市，单程运行2 570千米，停靠车站33个，采取开行2日停运3日的方式运行。

【“绿化昆明·共建春城”义务植树活动启动】5月29日，“绿化昆明·共建春城”义务植树活动动员大会在昆明召开。此次义务植树活动是省委、省政府做出的一项重要决策部署。大会印发《省市联动开展“绿化昆明·共建春城”义务植树活动工作方案》。《方案》明确，2015—2017年，义务植树活动绿化植树总任务为55 339亩（含滇中产业新区9 368亩）。其中，主城区将新增5 920亩公共绿地。

【中缅天然气昆明东支线建成投产】6月10日，中缅天然气昆明东支线输气管道（以下简称昆明东支线）建成正式投产试运行。昆明东支线管线起自寻甸县羊街镇中缅天然气管道昆明东分输站，途经寻甸县、嵩明县、空港经济区和经济技术开发区，终点止于经济技术开发区拓磨山输气末站。管道全长约91.5千米，设计输气量9.03亿米^3/年，247.4万米^3/天，能满足700万户居民用气。

【第三届南博会暨第二十三届昆交会在昆成功举办】6月12—16日，以“亲诚惠容、合作共赢”为主题的第三届中国—南亚博览会暨第23届中国昆明进出口商品交易会在昆明隆重举行。本届展会共吸引75个国家和地区的3 179家企业参展。累计外经贸成交251.9亿美元，同比增长19.8%；签订外来投资项目903个，签约金额7 850亿元，同比增长10.8%，涵盖旅游、能源开发、基础设施、商贸、教育、环保、现代物流等领域。

【昆明市41个重点项目开工】6月13日，昆明市举行重点项目暨浪潮昆明云计算产业园集中开工仪式，41个重点项目集中开工，涵盖基础设施、商贸物流、农业、文化旅游等多个领域，含内资项目39个，预计总投资约191.42亿元；外资项目2个，预计总投资约2.58亿美元。41个昆明市重点项目，是昆明市认真贯彻落实省委、省政府决策部署的具体体现，也是昆明市应对经济增长和投资增速下滑的关键举措。

【“中国花卉苗木之城”名归宜良】6月18—24日，第二届中国昆明（泛亚）国际观赏苗木展览会暨2015宜良县“旅游文化花街节”在宜良举行。展会期间，国家林业局产业联合会正式授予宜良“中国花卉苗木之城”的荣誉称号，这标志着宜良花卉苗木产业进入更高更新的平台。

【云南首趟中欧国际班列发车】7月1日，云南首趟中欧集装箱国际货运班列从昆明王家营西火车站出发。

这趟满载2 050吨咖啡豆、咖啡速溶粉的班列途经哈萨克斯坦、俄罗斯、德国等“陆上丝绸之路”沿线国家，15天后抵达荷兰第二大城市鹿特丹。中欧国际班列，为我国西南地区物资出口欧洲开辟一条全新的物流通道，也为马来西亚、越南、缅甸等南亚东南亚国家的物资转运到欧洲国家提供新的便利。

【市中医院呈贡医院正式开业】 7月6日，昆明市中医医院呈贡医院正式开业。医院占地面积124亩，总建筑面积12.9万平方米，总概算投资8.6亿元，设置病床位1 000张。拥有1.5T核磁共振、64排螺旋CT、多普勒彩色超声、全自动生化仪、钼靶等先进的医疗设备，技术力量雄厚。该医院的建成并投入使用，有利于昆明市中医药事业的继承和发展、提高人民群众健康水平、提升医疗卫生应急能力。

【滇池流域划定323.97平方千米禁建区】 8月6日，市委常委会议审议通过《滇池分级保护范围划定方案》。《方案》明确，滇池一级保护区面积为323.97平方千米，占滇池流域面积的11%，与2002年划定的滇池水体保护区面积314.77平方千米相比，增加9.2平方千米。一级保护区内禁止新、改、扩建建（构）筑物，确因滇池保护需要建设的项目、设施（含航运码头），需报市人民政府审批。

【2015昆明高原国际半程马拉松赛成功举办】 8月30日，2015昆明高原国际半程马拉松赛在呈贡新区市级行政中心会堂广场鸣枪开跑，共有1.5万余名马拉松运动员及跑步爱好者参与这场体育盛会。本届赛事参赛人数突破往年规模，除邀请埃塞俄比亚、肯尼亚、乌干达、法国、加拿大等10个国家近50名专业马拉松运动员外，还有1.5万余名来自本市及国内外的专业运动员、跑步爱好者一起同台竞技、相互交流。

【国务院批复同意设立云南滇中新区】 9月7日，经李克强总理签批，国务院印发《关于同意设立云南滇中新区的批复》，同意设立云南滇中新区。云南滇中新区位于昆明市主城区东西两侧，是滇中产业聚集区的核心区域，初期规划范围包括安宁市、嵩明县和官渡区部分区域，面积482平方千米。设立并建设好云南滇中新区，对于推进实施“一带一路”、长江经济带等国家重大战略和区域发展总体战略，为西部地区新型城镇化建设提供试验示范，培育壮大区域经济增长极具有重要意义。

【成功举办第十一届昆明泛亚国际农博会】 9月19—23日，以“高原特色农业，开放合作发展”为主题的2015第十一届昆明泛亚国际农业博览会在昆明国际会展中心举行。本届农博会参展企业2 215家，提供展位3 517个，签约项目355个，达成销售合同和意向性协议金额15.3亿元，现场交易金额突破1.64亿元，与会客商和入场人数51.1万人次。

【待补—功山高速公路竣工通车】 9月25日，昭通—会泽、待补—功山高速公路竣工通车典礼在待补至功山高速服务区举行。待功高速公路全长67.175千米，主线起于曲靖市会泽县待补镇，由北向南与已建成的国家高速公路网G85渝昆高速功山至嵩明段相连，止于昆明市寻甸县功山镇冯家村，在昆明市寻甸县境内长约21.33千米。待功高速公路是国家高速公路网重庆—昆明（G85）公路的一段，同时也是云南省干线公路网规划中“七出省”通道昆明—水富公路的重要组成部分。

【阳宗海晋升国家级旅游度假区】 10月9日，国家旅游局在北京召开新闻发布会，宣布17家度假区创建为首批国家级旅游度假区，昆明阳宗海旅游度假区榜上有名。昆明阳宗海风景名胜区位于昆明市东南部，距昆明市区35千米，总面积546平方千米，辖3个镇，38个村（居）委会。多年来，景区不断加大湖泊治理力度，提升生态环境，改善基础设施，推动旅游产业发展繁荣，以阳宗海保护治理为第一要务，着眼生态品质化、城乡一体化、旅游高端化、工业新型化、农业现代化、发展民生化、体制实体化，加大阳宗海风景名胜区的建设。

【2015中国国际旅游交易会在昆举办】 11月13—15日，2015中国国际旅游交易会在昆明滇池国际会展中心成功举办。本届旅交会共有展位3 087个，较2013年增加728个，达到在云南举办的历届旅交会新高。来自105个国家和地区的1 000多名买家参加专业推介、专业洽谈等系列活动，并举办93场文艺节目推介演出、25场产品说明会。云南展团接待专业人士和公众超过5万人次，签约旅游重大项目50个，合同签约金额800多亿元。

【古滇文化旅游名城首期开放】 11月15日，“七彩云南·起航古滇”古滇文化旅游名城首期项目开放仪式在晋宁县项目地举行。古滇文化旅游名城项目总投资约220亿元，历经3年建设，已累计投资80亿元。此次开放项目有古滇艺海大码头、古滇精品湿地公园等，游客可以乘坐“汉习楼船”领略滇池风光。

【武定—倘甸—寻甸高速公路开工】 12月23日，武定—倘甸—寻甸高速公路项目（禄劝连接线）正式开工。项目起于武定县杨柳河村，与武昆高速公路交叉，接正在实施的武定至易门高速公路，路线总体为自西南向东北，至终点与嵩待高速公路交叉，设枢纽互通连接。主线全长约107千米，采用双向六车道高速公路标准建设，部分路段设计速度100千米/小时，部分路段80千米/小时，路基宽分别为33.5米和33米。该项目是滇中城市经济圈高速公路环线的重要组成部分，也是国家高速公路网京昆高速、武昆高速和渝昆高速、嵩待高速的横向连接线，公路建成后将实现昆明“县县通高速”目标。

【地铁4号线试验段开建】 12月30日，昆明轨道交通4号线试验段陈家营站、呈贡站正式开工建设。4号线是主城西北和主城与呈贡新区的辅助线路，线路串联高新区、主城中心区、经开区、螺蛳湾商贸城，呈贡新区的斗南、乌龙、吴家营、大学城、火车南站等客流密集区，是目前昆明地铁最长的一条线路，线路长度43.38千米，共设车站27座，其中地下站23座，高架站4座。

【市政府常务会议】 2015年，市政府坚持科学决策、民主决策，共召开21次常务会议。会议结合昆明市发展的实际需要，主要研究政府职能转变、政府自身建设、滇池治理、土地管理、城市规划建设、城市更新改造、机构改革、财税体制改革、预算绩效管理改革、国有企业改革、科技体制改革、文化体制改革、公共资源交易管理体制改革、集体林权制度改革、“三证合一”改革、户籍制度改革、公立医院综合改革、公务用车制度改革、公路路政管理、政府性债务管理、投融资管理、殡葬管理、道路交通安全管理、政府和社会资本合作项目管理、财政资金管理、电梯安全管理、燃气管理、公厕建设管理、物业管理、社会保障、扶贫开发、工业产业布局、产业转型升级、园区建设、招商引资、新能源汽车推广应用、民族工作、电子商务、会展业发展、人才工作、防汛抗旱、禁毒工作、党风廉政建设、公共停车场建设、社会治安体系建设、政府部门权力清单和责任清单、中医药发展、林下经济发展、政务督查检查等重要工作和事项。研究讨论《昆明市工业产业布局规划纲要》《昆明市城市更新改造管理办法》《中共昆明市委昆明市人民政府关于全面深化财税体制改革的实施意见》《中共昆明市委昆明市人民政府关于全面深化国有企业改革的实施意见》《昆明市公路路政管理规定（草案）》《关于进一步规范市属投资公司融资行为的意见》《关于进一步加强政府督查检查工作的实施意见》《关于清理整顿优化提升园区发展水平的意见》《昆明市深化文化体制改革实施方案》《关于加强和改进新形势下民族工作的实施意见》《昆明市促进经济平稳较快增长的若干措施》《昆明市企业工资集体协商办法（草案）》《推进公共资源交易市场建设深化公共资源交易管理体制改革实施意见》《关于进一步深化集体林权制度改革的意见》《关于促进电子商务发展的若干意见》《昆明市会展业促进条例（草案）》《昆明市殡葬管理条例（草案）》《昆明市道路交通安全条例（草案）》《关于滇池分级保护范围划定方案》《昆明市防汛抗旱办法》《昆明市城市防洪总体规划（修编）》《昆明市人民政府关于进一步推进户籍制度改革的实施意见》《昆明市政府重大行政决策合法性审查规定（草案）》《昆明市人民政府工作规则（修订稿）》《昆明市科技企业孵化器认定管理办法》《昆明市物业管理办法（草案）》《昆明市电梯安全管理办法（修订）》《昆明市人民政府政府规章制定办法（草案）》《昆明市公厕建设管理实施办法》《昆明市公务用车制度改革实施方案》《关于加强公共停车场建设的实施意见》《昆明市燃气管理条例（修订草案）》《昆明市政府部门权力清单和责任清单》等重要法规、规章和规范性文件。

【十三届政府第六次全体会议】 2月3日召开，主题是深入学习贯彻习近平总书记在云南考察工作时的重要讲话精神，全面贯彻落实省市“两会”、省政府全会和市委全会精神，进一步统一思想，凝聚共识，明确抓落实的具体措施，动员全市广大干部群众，立即行动起来，做到早安排、早落实、早见效，实现2015年工作良好开局，确保全年目标任务圆满完成，努力实现“十二五”圆满收官，为在全省率先全面建成小康社会做出更大贡献。

【政府令】 4月1日印发第129号政府令，公布《昆明市公路路政管理规定》，自2015年5月1日起施行。适用于本市行政区域内农村公路及依法授权或者委托本市进行管理的公路路政管理。昆明市人民政府2007年3月1日颁布施行的《昆明市公路路政管理办法》（昆明市人民政府令第69号）同时废止。

9月2日印发第130号政府令，公布《昆明市防汛抗旱办法》，昆明市行政区域内进行防汛抗旱活动适用本办法，自2015年11月1日施行。

11月26日印发第131号政府令，公布《昆明市汽车租赁管理办法》，昆明市行政区域内汽车租赁经营活动及其监督管理适用本办法，自2016年1月1日起施行。

11月30日印发第132号政府令，公布《昆明市人民政府规章制定办法》，昆明市人民政府规章的立项、起草、审查、决定、公布、清理等适用本办法，自2016年1月1日起施行。

11月30日印发第134号政府令，公布《昆明市电梯安全管理办法》，昆明市行政区域内电梯的生产（包括制造、安装、改造、修理）、经营、使用、日常维护保养、检验、检测及监督管理适用本办法，自2016年1月1日起施行。

12月9日印发第133号政府令，公布《昆明市物业管理办法》，适用于昆明市行政区域内的物业管理活动，自2016年2月1日起施行。

【公告】 1月28日印发《昆明市地方规范管理办法》（昆明市人民政府公告第84号），本市地方规范的制定、审查、批准及复审等活动，适用本办法，自2015年2月28日起施行。

2月25日印发《昆明市人工影响天气管理办法》（昆明市人民政府公告第85号），本市行政区域内的人工影响天气及其监督管理活动适用本办法，自2015年4月1日起施行。

3月12日印发《昆明市人民政府关于公布昆明市市级行政审批项目的公告》（昆明市人民政府公告第86号），为认真贯彻落实党的十八届二中、三中全会精神，进一步深化昆明市行政审批制度改革，转变政府职能，优化发展环境，促进全市经济社会又好又快发展，市政府组织有关部门重新清理昆明市市级行政审批项目，决定保留24个市级行政部门的83项审批项目，自公布之日起施行。《昆明市人民政府关于公布昆明市市级行政审批项目的公告》（昆明市人民政府公告第75号）同时废止。

11月5日公布《滇池分级保护范围划定方案》（昆明市人民政府公告第88号），划定滇池一、二、三级保护区具体范围，以及环湖路、滇池面山界线，自公布之日起施行。

【通知·意见】 3月13日印发《昆明市人民政府关于调整市级部门承接省级下放行政审批项目目录的通知》，市级承接省级下放行政审批项目共涉及22个部门，有73项，其中行政许可项目54项、非行政许可项目19项。《昆明市人民政府关于调整市级部门承接省级下放行政审批项目目录的通知》同时废止。

5月11日印发《昆明市人民政府关于印发昆明市促进经济平稳较快增长若干措施的通知》，在推进重大项目建设、激发民间投资活力、提高农业产业化经营水平、鼓励工业企业扩销促产、降低企业生产经营成本、加强土地供应管理、促进工业转型升级、促进现代服务业快速发展、加大对中小微企业的扶持力度、全力推动招商引资、积极推动创业创新、加大住房公积金支持住房消费力度、支持改善性住房需求、加快保障性住房建设、加快城市更新改造步伐、支持房地产开发建设、加大金融支持力度、优化发展环境等方面做出安排，并明确责任部门。

6月18日印发《昆明市人民政府关于促进电子商务发展的实施意见》，在加快昆明市电子商务发展的指导思想、基本原则、发展目标，以及营造良好的发展环境、提升电子商务应用水平、加强电子商务主体建设、完善电子商务支撑体系、设立电子商务专项资金、保障措施等方面做出安排部署。

6月24日印发《昆明市人民政府关于深入推进依法行政加快建设法治政府的实施意见》，对依法界定和规范政府职能、加强依法行政制度建设、坚持依法科学民主决策、深化行政执法体制改革、严格规范公正文明执法、强化对行政权力的监督和制约、全面推进政务公开、依法化解社会矛盾纠纷、全面提高行政机关工作人员依法履职能力、强化组织保障等方面做出安排部署。

7月8日印发《昆明市人民政府关于印发推进气象现代化建设健全气象防灾减灾体系的实施意见》，对推进气象现代化、健全气象防灾减灾的指导思想、工作目标、气象灾害防御体系建设、公共气象服务体系建设、气象预报预警体系建设、气象综合观测体系建设、气象事业发展保障体系建设等方面做出安排部署。

8月6日印发《昆明市人民政府关于规范全市各级政府部门行政审批行为改进行政审批有关工作的通知》，要求全市各级政府部门切实规范行政审批行为，改进行政审批工作，解决审批环节多、时间长、随意性大、公开透明度不够等问题，进一步提高政府工作效率和为人民群众服务水平。

8月28日印发《昆明市人民政府关于调整生育保险待遇及有关事项的通知》，对昆明市生育保险待遇标准及有关事项进行适当调整。

9月2日印发《昆明市人民政府关于取消和调整一批行政审批项目的通知》，决定全面取消市级非行政许可审批项目。昆明市有33项非行政许可项目，清理后，取消22项，调整为行政许可11项（含2项部分调整）。同时将“煤炭建设项目核准、初步设计审批”项目列入承接省级下放行政许可项目目录管理，由昆明市工业和信息化委员会具体负责实施。

10月30日印发《昆明市人民政府关于大力发展现代职业教育的若干意见》，在加快发展昆明市现代职业教育的指导思想、目标任务、加快构建现代职业教育体系、激发职业教育办学活力、加快推进职业教育内涵建设、提升发展职业教育保障水平、加强职业教育工作组织领导等方面做出安排部署。

11月9日印发《昆明市人民政府关于印发昆明市人民政府工作规则的通知》，对市人民政府工作准则、组成人员职责、全面履行政府职能、实行科学民主决策、推进依法行政、推进政务公开、健全监督制度、会议制度、公文办理制度、公务活动制度、作风纪律、廉政建设等做出明确规定。

11月30日印发《昆明市人民政府关于促进房地产市场平稳健康发展的若干意见》，结合昆明市实际提出23条促进房地产市场平稳健康发展的意见，自印发之日起试行，试行期1年。

11月30日印发《昆明市人民政府关于印发昆明市征地补偿标准（修订）的通知》，自2015年11月1日起执行。

12月17日印发《昆明市人民政府关于进一步推进户籍制度改革的实施意见》，在推进户籍制度改革的总体要求、户口迁移政策、创新人口管理、保障农业转移人口及其他常住人口合法权益、工作要求等方面做出安排部署，自2016年1月1日起施行。

12月18日印发《昆明市人民政府关于印发昆明市行政许可项目目录管理办法的通知》，昆明市实施行政许可的行政机关实施的行政许可项目目录编制、公布、增加、取消、调整以及目录的日常管理适用本办法，自印发之日起施行。

12月21日印发《昆明市人民政府关于加强公共停车场建设的实施意见》，在加强公共停车场建设的总体思路、基本原则、适用范围、工作重点、放宽市场准入、加大政策支持、保障措施等方面做出安排部署。

12月25日印发《昆明市人民政府关于加快林下经济发展的实施意见》，对发展林下经济的指导思想、基本原则、发展目标、主要任务、保障措施等做出安排部署。

【表彰·奖励】 1月15日印发《昆明市人民政府关于表彰获得2014年度昆明市市长质量奖及提名奖荣誉称号企业的通知》，授予昆明医科大学第一附属医院、昆明新飞林人造板有限公司“2014年度昆明市市长质量奖”荣誉称号；授予昆明中药厂有限公司、云南北方奥雷德光电科技股份有限公司“2014年度昆明市市长质量奖提名奖”称号。

2月2日印发《昆明市人民政府关于表彰奖励2014年度见义勇为先进个人和先进群体的决定》，对李斌等22名见义勇为先进个人和1个先进群体予以表彰奖励。

2月16日印发《昆明市人民政府关于命名、保留及撤销依法行政示范单位的决定》，2012—2013年，全市共命名52家单位为“昆明市依法行政示范单位”。通过复核，其中：2013年已命名的官渡区城管局因2014年出现一票否决情况，决定撤销“昆明市依法行政示范单位”称号；其他43家单位（不含安宁市和嵩明县的8家单位）继续保留“昆明市依法行政示范单位”称号。

2月26日印发《昆明市人民政府关于表彰荣获2014年度昆明名牌产品称号企业的通知》，对昆明冠生园食品有限公司等91家企业荣获“昆明名牌产品”称号的企业进行通报表彰。

2月26日印发《昆明市人民政府关于表彰2013年度实施品牌战略先进单位和先进个人的通报》，对西山区人民政府等34家获得“昆明市2013年度实施品牌战略先进单位”称号的单位和王键等56位获得“昆明市2013年度实施品牌战略先进个人”称号的个人给予通报表彰。

4月21日印发《昆明市人民政府关于2014年科学技术奖励的决定》，授予“诱发昆明地质灾害的气象条件和预警服务系统研发”等16项成果昆明市科学技术进步奖二等奖，授予“地下管线三维规划审批系统”等44项成果昆明市科学技术进步奖三等奖；授予“高效诱导培养百合小鳞茎的方法”昆明市科学技术奖专利奖一等奖，授予“双风强力饲料粉碎机”等9项成果昆明市科学技术奖专利奖二等奖；对侯先光等10个获2012年度云南省科学技术奖的公民、项目进行再奖励。

7月23日印发《昆明市人民政府关于全市民族团结进步模范集体和模范个人评选情况的通报》，授予五华区民族宗教局等50个集体为“全市民族团结进步模范集体”，授予张亚明等100人为“全市民族团结团结进步模范个人”。

12月15日印发《昆明市人民政府关于表彰2014年度实施品牌战略先进单位和先进个人的通报》，对在2014年度实施品牌战略工作中做出积极贡献的昆明高新技术产业开发区管理委员会等35个单位和王键等56名个人予以表彰。

12月25日印发《昆明市人民政府关于确认第十三批昆明市中青年学术和技术带头人及后备人选名单的通知》，确认习有建等15人为第十三批昆明市中青年学术和技术带头人，王姝瑭等9人由带头人后备人选经过培养期满综合考核确认为第十三批昆明市中青年学术和技术带头人，丁心志等35人为第十三批昆明市中青年学术和技术带头人后备人选。

12月28日印发《昆明市人民政府关于命名保留及撤销依法行政示范单位的决定》，命名昆明市质量技术监督局等10家单位为2015年“昆明市依法行政示范单位”。2012年至2014年，全市共命名70家单位为“昆明市依法行政示范单位”。通过复核，其中：2012年已命名的晋宁县住建局、2013年已命名的晋宁县交运局因2015年出现一票否决情况，决定撤销“昆明市依法行政示范单位”称号；其他68家单位继续保留“昆明市依法行政示范单位”称号。

12月31日印发《昆明市人民政府关于2015年科学技术奖励的决定》，授予昆明云内动力股份有限公司2015年度昆明市科学技术奖突出贡献奖；授予“磷肥生产含氟废气回收制取氟化铵（系列）产品开发”等2项成果昆明市科技进步奖一等奖，授予“FLLPM326-1070晶体超精密双面研抛机的研发与产业化”等14项成果昆明市科技进步奖二等奖，授予“昆明市科技信息决策服务系统建设”等42项成果昆明市科技进步奖三等奖；授予“多功能粉碎机”等10项成果昆明市科学技术奖专利奖二等奖；对获得2013年度国家或云南省科学技术奖的7个项目进行再奖励（其中，获国家级奖项2项，获云南省奖项5项）。

办公厅

【自身建设】 2015年，市政府办公厅始终加强学习型机关建设，坚持集中学习与自主学习相结合，倡导个人自学，鼓励干部职工借助现代媒体，深入学习政治理论、政策法规和相关业务知识。严格贯彻执行中央“八项规定”、省委实施办法和市委实施细则，坚决执行《党政机关厉行节约反对浪费条例》《党政机关国内公务接待管理规定》及省市实施细则，带头遵守《市政府办公厅领导班子改进工作作风密切联系群众的“十项”措施》。严格执行公务用车管理规定，未出现公车私用情况。严格按照中央及省、市清理办公用房要求和标准，切实做好办公用房清理整改及“回头看”工作，市政府领导及办公厅干部职工办公用房均符合标准。

始终重视制度建设。为推动办公厅各项工作的制度化、程序化、规范化，紧扣办公厅工作的新实际、新要求，进一步健全完善各项规章制度，规范工作流程，严密办事程序。修订《昆明市人民政府工作规则》《公文办理实用资料汇编》和《昆明市人民政府办公厅工作制度与规范》，先后制定出台《昆明市人民政府党组关于落实党风廉政建设主体责任的实施意见》《昆明市人民政府关于进一步严肃规范精简市政府常务会议的通知》《关于加强市政府常务会议议题材料审核把关的通知》《市政府关于进一步规范市政府领导部分审批事项权限划分的通知》《昆明市人民政府办公厅关于进一步加强政府信息公开工作的通知》《昆明市人民政府办公厅关于严格规范公文办理工作的通知》。

严格执行干部选拔任用程序，严把原则政策关、干部入口关、干部任免关、轮岗交流关。根据工作安排，完成11名非领导职务晋升、2名公务员遴选、4名公务员考试录用、3名副县级领导干部的试用期满测评工作。坚持干部任前廉政谈话制度，对干部提出廉洁从政要求和希望，进一步筑牢新任领导的思想道德底线。深入开展“挂包帮”“转走访”活动，全年为两个挂钩扶贫点协调经费共计140余万元，解决两个村急需实施的修路、自来水、校舍设施设备完善等项目资金，下派4名新农村队员到办公厅扶贫联系点开展驻村工作。

认真贯彻国务院《政府信息公开条例》，深化政务公开。始终以“公开为常态、不公开为例外”为原则，积极推进政府信息公开工作。2015年，市政府办公厅共受理政府信息公开申请（纸质）4份，申请公开政府信息事项共15项，均已办理回复。按照政府信息公开工作的具体要求，编发《昆明市人民政府公报》12期，《昆明市人民政府办公厅通讯》7期，并及时将《昆明市人民政府公报》的电子文本上传到昆明市政府信息公开门户网站主页刊载。下半年申请开通《政府公报》微信公众号，及时将刊登在政府公报上的所有文件及部分重要文件的政策解读发布到微信公众号，利用微信扩大《政府公报》的公开范围，优化信息公开的形式。

【开展“三严三实”专题教育】　紧扣专题教育具体要求，制定《市政府办公厅“三严三实”和“忠诚干净担当”专题教育方案》，精心组织、有序推进专题教育工作。抓实学习。有针对性地制定学习计划，严明学习纪律，先后组织221人次参加专题党课学习、141人次参加重温入党誓词活动、413人次参加专题辅导学习、86人次参加办公厅党组中心组理论学习；抓好正面典型引路和反面典型警示教育，组织397人次以阅读书籍、观看影片和参加先进事迹报告会的形式向焦裕禄、杨善洲、高德荣等先进典型学习，组织239人次接受反腐倡廉警示教育。抓紧整改。突出抓好“三对照三检查”和“六查六看”，推动领导干部真查实改存在的“不严不实”问题。主动开门纳谏，经梳理归纳，共形成厅党组班子三个专题问题清单9条，“一把手”问题清单8条，班子成员问题清单78条，其他县处级以上领导干部问题清单140条，及时反馈给厅党组及党组成员，对照查找问题，建立问题清单。认真组织召开专题民主生活会。经市委组织部批准，市政府办公厅党组分厅党组班子成员、厅党组成员以外参学人员两个批次召开“三严三实”专题民主生活会。民主生活会上，厅党组主要领导做班子对照检查，12位党组班子成员和28名党组成员以外的副县级以上领导干部做深刻的对照检查，开展坦诚的相互批评。对照检查敢于揭短亮丑、见人见事，不遮掩问题、不回避矛盾；相互批评有辣味，直截了

2015年3月，市政府办公厅在“三严三实”和“忠诚干净担当”专题教育中开展重温入党誓词活动。
（市政府办公厅　供稿）

当、动真碰硬；对批评意见正确对待、虚心接受，形成互动交流的良好氛围，达到团结——批评——团结的目的。边学边查边改。对厅党组班子和领导干部的问题清单按照落实责任和时限，进行挂账销号，整改落实完一项销号一项，确保整改动真格、承诺有监督。把“三严三实”专题教育作为党的群众路线教育实践活动的延展和深化。在反对“四风”方面，专治“六个严禁”、整治“为官不为”，坚持抓好中央八项规定及省委实施办法、市委实施细则的落实，先后下发《关于“五一”端午节期间严明纪律规定坚决防止“四风”反弹的通知》《关于中秋国庆节期间严明纪律规定的通知》和《关于加强对2016年元旦春节期间纪律作风建设监督检查工作的通知》，严明纪律，加强监督，着力形成专题教育与群众路线教育实践活动的有机衔接、良性互动。2015年与2014年相比，办公厅公务接待经费支出减少21%；公务用车购置费零增长，运行维护费减少2.4%，会议费减少19.9%，培训费减少8.1%。办公厅党组根据要求，进行重点、专项监督检查，没有接到投诉举报，没有发现违规违纪现象。

【综合协调】 2015年，为实现节奏提速、效率提升、质量提高的目标，强化主动服务，注重超前对接，搞好综合协调，全力推进政府工作顺畅运转、无缝对接，有力提升各项服务工作的精准化、精细化和科学化水平。针对全年大事多、时间紧、任务重的实际，主动加强与上级沟通对接，积极争取上级帮助与支持，全年直接和间接参与并成功组织“第三届南博会暨第二十三届昆交会”“2015中国国际旅游交易会”“2015年昆明环滇池高原自行车邀请赛”等一系列重大活动及展会的筹备、组织、协调、接待和服务保障工作。高质量、高水平完成中央、省级领导到昆明视察、调研等各类接待服务工作。科学合理安排领导公务活动，让领导有更多时间和精力搞调研、谋全局、议大事、抓落实、促发展。积极搞好同级之间、军地之间、部门之间、上下级之间的联系和沟通，充分发挥办公室“联系左右、沟通上下”的桥梁纽带作用。

【调查研究】 2015年，围绕市委、市政府的中心工作和人民群众关切的重点难点热点问题，深入开展调查研究，加强综合分析，着力破解难题，针对园区建设、产业发展、城市规划建设管理、社会保障、深化改革、社会治理、滇池治理、生态文明建设、政府自身建设等方面的工作深入开展调查研究。组织会同有关部门对工业产业布局、综合交通建设、地铁建设、保障房建设、滇池国际会展中心项目、七彩云南古滇王国文化旅游名城项目、螺蛳湾商业片区升级改造、火车新南站东西广场项目建设、滇池西岸片区开发建设、老320国道改扩建工程、巫家坝片区开发建设、草海片区开发建设、城市规划展览馆项目建设、政府信息公开、城市更新改造、公共停车场建设、精准扶贫、政府协商民主、党风廉政建设等问题进行调研，形成一批高质量的调研报告，为市委、市政府决策提供有针对性和可操作性的建议和对策，较好地发挥参谋助手作用。

【督办工作】 紧紧围绕中央和省、市的各项决策部署，强化督促检查，狠抓执行落实，及时掌握工作落实进展情况，努力构建“大督查”格局，确保各项决策部署落到实处。重点做好省政府确定的20个重大建设项目和20项重要工作，省政府惠民十件实事，以及稳增长促改革惠民生工作的落实，抓好全市重要会议确定的任务及市领导批示件的督查督办工作。全年共制发《领导批示录》50期；共收到市政府主要领导批示441件，交办率100%，催办率100%，办结率达85%；下发《督查通知》98期，上报《督查专报》55期。

【公文处理】 严格按照《党政机关公文处理工作条例》《党政机关公文格式》（GB/T9704—2012）和《昆明市人民政府办公厅工作制度与规范》各项规定，始终把公文办理作为以文辅政的重要环节，认真把好政策关、法规关、内容关、文字关、格式关和行文关，公文质量和运转效率明显提高。为市委、市政府科学决策，政策落地，传达政令，部署工作，有效应对经济下行压力发挥重要作用。严格执行精简文件有关规定，全年以市政府及市政府办公厅名义下发正式文件518份。其中：政府令7件，政府公告5件，昆政发62件，昆政复49件，昆政文50件，昆政函110件，昆政办182件，昆政办文38件，昆政办函15件。确保完成全年发文数量控制在680份的年度控制数。

及时发现办文工作中出现的新情况、新问题，制发《昆明市人民政府办公厅关于严格规范公文办理工作的通知》《关于加强市政府常务会议议题材料审核把关的通知》《昆明市人民政府办公厅关于贯彻落实市人民政府常务会议精神有关事项的通知》等文件，进一步推动市人民政府常务会议的决策部署及时得到贯彻落实，规范公文办理流程，促进公文处理工作规范化、制度化和程序化。积极指导全市政府系统的办文工作，根据需要有针对地采取讲座、授课等方式进行业务培训。

【政务信息】 按照年初确定的目标，积极推进政务信息各项工作。围绕市委、市政府和人民群众关心关注的热点、难点问题，办好各类信息刊物，共编发各类刊物334期。其中，《政务简讯》196期、《政务工作通讯》36期、《政务参考》16期、《政务要情》74期、《政务信息工作通讯》12期。认真做好向国务院办公厅和省政府办公厅的信息报送工作，紧扣国务院和省政府的关注点和决策要求，把对省和对国办信息上报作为反映昆明市改革开放和现代化建设的重要渠道，突出反映昆明市贯彻执行党的路线、方针、政策和各项重大决策部署情况；反映昆明市在推动改革、发展、创新等方面的成功经验和决策建议。2015年，市政府办公厅上报省政府政务信息累计积分1 166分，位居全省各州市第三，政务信息上报工作继续保持全省前列。进一步加强电子政务建设，推进完成市政府办公厅“即时通讯系统”和“移动信息平台（APP）”项目建设，努力提高厅机关办公效率和服务水平。继续加大政府信息公开力度，市政府办公厅官方微博共发布原创微博1 066条，转发839条。市政府门户网站共发布信息1 400余条，昆明市人民政府办公厅信息公开网站共发布信息260余条。

【应急工作】 结合省会城市和中心城市的特点，以“一案三制”建设为基础，以提高应急管理工作常态化、科学化、规范化为目标，以应急管理工作目标考核为推手，全面推进应急管理工作，圆满完成年度应急管理工作任务。不断建立健全应急管理机构。截至2015年12月，全市共建成应急管理机构397个，制定各级各类应急预案23 443个，组织各级各类应急演练13 995次、参与人数53万余人次。共建成各级各类应急队伍2 400余支，8万余人。全力推动全市应急管理宣传、教育、培训。与昆明广播电台“阳光频率”合作，组织“应急管理专家在线”“应急知识小百科”“应急小贴士”等广播节目，宣传应急知识，与听众互动。及时协调处置“3·04”重大火灾事故、“4·25”炮烟中毒事故、“4·30”晋红高速公路隧道冒顶事故、“12·14”液化气罐爆炸事故等影响较大的突发事件。上报《突发事件信息快报》27期，《应急管理工作动态》172期，《应急管理专报》5期。

（市政府办公厅办文处）

会展业

【制定政策法规】 《昆明市会展业促进条例》2014年被市人大常委会列入昆明市地方性法规立法计划的二类立法项目， 2015年被列入一类立法项目。2015年3—9月，圆满完成征求意见及修改、专家论证、召开听证会及公开征求意见、人大论证、政协协商、送审等六个阶段的工作。9月25日，《条例（草案）》通过省人大十二届常委会第二十次会议审议，并批准《条例》于2015年12月1日施行。为贯彻落实中央办公厅、国务院办公厅及云南省政府关于党政机关境内举办展会活动管理办法的文件精神，由市博览事务局牵头起草《昆明市贯彻〈党政机关境内举办展会活动管理办法〉实施细则》，12月16日，由市委办公厅、市政府办公厅联合下发，正式实施。12月17日，市博览事务局与市财政局联合印发《昆明市会展业发展专项资金使用管理试行办法》。通过设立会展业发展专项资金，出台相关管理办法，进一步加强对本市行政区域内会展活动的管理，优化会展环境，规范会展行为，促进昆明市会展业持续健康发展。2015年，《昆明市会展行业统计体系建设研究》课题被列为昆明市2015年决策咨询研究课题。9月30日通过中期评审。12月12日，课题以《昆明市会展行业统计体系建设研究报告》《昆明市会展行业统计体系建设咨询报告》《昆明市会展行业统计体系建设方案》《昆明市会展业统计报表制度》形式作为研究成果通过市科学决策咨询中心验收。完成《昆明市会展业统计报表制度》的审批工作，为昆明市会展业统计工作依法有序开展提供制度保障。开展《昆明市“十三五”会展业发展规划》和《昆明市会展活动管理办法》编制工作。

【展会活动】 国际性会展界年度盛会——第十一届中国会展经济国际合作论坛（CEFCO2015）于2015年1月15—17日首次在昆明举办。昆明市承办“春城之夜”、品牌展会项目推介会等活动。市博览局分别与泰国会议展览局和新加坡会展行业协会签署合作意向书。6月12—16日，第三届中国南亚博览会暨第二十三届中国昆明进出口商品交易会在昆明滇池国际会展中心举办。此次展会累计外经贸成交251.9亿美元，同比增长19.8%；外贸签约和成交完成126.1亿美元，同比增长8.6%；利用外资95.8亿美元，同比增长5.5%；外经签约项目12个，合同金额26.97亿美元，同比增长569.2%；签订外来投资项目903个，签约金额7 850亿人民币，同比增长10.8%。11月16—19日，2015年西部国际矿业展览会在昆明国际会展中心举办。主办方励展博览集团是全球最大的展览及会议活动主办机构，这是外资上市公司首次将专业展会长期落户昆明。12月5—13日，第20届国际（米兰）手工艺品展销会在意大利米兰召开，市博览局会同市妇联组织9家民族手工艺品企业共13人组成昆明展团赴意大利参展，并与展会主办方签订《框架合作协议》，这是昆明市会展业首次“走出去”的有益尝试，也为“引进来”打下良好基础，促进昆明市特色产业发展和中小企业开拓国际市场。

【对外宣传与联络】 搭建媒体宣传合作平台，分别与中国贸易报社、中国经济网、《中国会展》杂志社、新华网股份有限公司、新华通讯社云南分社、昆明信息港传媒有限公司签订合作协议，促进媒体合作的制度化、长期化，推进昆明会展宣传工作。全年共计发布稿件1 478篇，网站点击量34 171次，呈逐月上升趋势。加强与东南亚地区的会展业交流，与新加坡、泰国会展协会签署合作协议，建立会展业交流合作渠道。加强与国内重点城市会展机构及企业的交流，通过互访等方式逐步建立联系机制，了解和分析其会展业资源和发展情况，为各类展会的引进，开展联络及调研等前期基础工作。加强与励展集团中国公司、尚格会展有限公司、振威展览集团公司、上海会展协会以及上海国际展览有限公司、上海博华国际展览有限公司、上海万耀企龙展览公司等重要会展组织的联系，为引进重要展会活动奠定基础。12月17日，“2015昆明会展（上海）推介暨沪昆会展业交流洽谈活动”在上海举行，昆明市副市长孟庆红出席活动并致辞。上海会展业界专家学者、会展行业协会、会展机构以及沪昆两地会展企业代表共100余人出席交流活动。本次活动旨在加强昆明与上海以及长三角地区办展机构和企业的交流合作，吸引发达地区知名办展机构、会展企业及展会项目到昆明发展，促进昆明会展业繁荣。昆明市博览事务局与上海市会展行业协会签署战略合作框架协议，加强政府、协会和企业间的沟通交流，探索在政策建议、规范管理、调查统计、数据互换、人才培养等方面搭建对接交流平台，组织两地会展企业按照市场运作和国际通行做法，开展相互合作，帮助两地企业开拓国际市场。

【业内获奖】 2015年8月，在第十一届中国国际会展文化节上，昆明获得中国会展业“金海豚”大奖——“2014—2015年度中国会展名城”。这是继2013—2014年度之后，昆明市再次获得该奖项。12月，昆明市在2015中国会展产业展洽会上被评为2015年度中国会展最具办展幸福感城市；昆明滇池国际会展中心获得2015年度中国会展最佳城市形象场馆大奖。

（李 玲）

机关事务管理

【服务保障工作】 2015年，机关事务管理局围绕全市中心工作，不断提高服务能力和水平，为促进政府职能转变，确保机关高效运转提供优质服务和保障。认真履行行政中心物业管理服务监管职责，督查物管企业落实24小时值班、后勤管理服务明察暗访等相关制度规定，及时受理和督促整改相关物管服务投诉；进一步修订完善行政中心物业管理服务标准；完成市级行政中心新一轮安保、设施（备）运行维护、卫生保洁、绿化管养四项物业服务招标采购工作；开展外包服务单位满意度调查；后勤服务综合评价平均满意率98.66%。完成市级机关干部职工和外来办事群众的餐饮服务保障工作；完成四机关及市级其他重要会议、重大活动的餐饮服务保障任务；配合昆明市和呈贡区食品卫生等相关监管部门，定期组织对行政中心所辖食堂进行卫生、食品安全大检查，全年未发生食品安全责任事故；按照末位淘汰考核办法，淘汰2家餐饮服务窗口；餐饮服务满意率90. 27%。按照节俭办会原则，修改完善会议服务标准和会议保障机制，提高会务保障人员素质，保障各项会务运转有序。全年共保障四机关和昆明会堂各类会议4 255次，做到工作无差错。

【公务用车管理】 贯彻落实中央及省市有关文件精神，严格车辆购置审批程序、控制车辆配备标准和落实车辆编制管理。全年办理上级实物配发车辆落户手续49辆，审批购置特种专业技术用车144辆，审批报废车辆140辆，推广使用新能源公务车7辆，无违规审批购置公务用车现象。严格驾驶员教育管理，落实节假日车辆封存制度，服务和保障两个车队安全行车近130万千米。推进全市公务用车制度改革工作，研究制定《昆明市公务用车制度改革留用车辆及平台建设建议方案》《昆明市党政机关公务用车制度改革涉及的车辆处置办法》《昆明市党政机关定向化保障车辆管理办法》。

【安全工作】 组织开展市级行政中心社会治安综合治理，与驻市级行政中心120家单位签订《2015年度社会治安和消防安全责任书》。组织驻市级行政中心安保力量开展群体性上访事件处置演练。重大节日定期组织节前安全消防大检查，及时排查各类隐患并督促整改，对灭火器等消防器材进行填充和更换。配合相关部门处置上访550余起13 800人次，出动安

会堂服务人员培训　　（市机关事务管理局　供稿）

保力量6 100人次。完成一卡通授权6 700余人次、年审10 300余人次。绿化基地认真做好森林防火、苗木管养工作，盘查入山人员2 000余人次，收缴火种900余件，实现森林防火零火情的工作目标。

【政府采购】 贯彻落实《采购法》《招投标法》等有关法规，全面推行政府采购电子化，严格政府采购操作规程。2015年，累计完成政府采购257次，预算金额2.91亿元，成交金额2.64亿元，节约资金2 732万元，节约率9.38%。

【公共机构节能】 组织开展全市各县区共12个公共机构能源审计工作。完成年度全市公共机构能源资源消耗统计工作。完善并规范对市级部门实行差别化节能考核制度和标准。开展公共机构节能监察，发现存在问题并督促整改。紧紧围绕“节能有道 节俭有德”开展公共机构节能主题宣传活动，昆明日报、昆明电视台等新闻媒体对市级行政中心节能工作成绩和经验进行宣传报道。市地税局、西山区行政综合办公中心、石林县行政中心和禄劝县县级机关办公区4家单位成功创建为第二批国家级节约型公共机构示范单位。

【房产基建管理】 落实党政机关停止新建楼堂馆所和清理办公用房相关工作，完成市级党政机关办公用房清理腾退相关情况的统计上报工作。完成巡津新村5号共10余幢房屋屋面防水等公共部位维修工作；完成40套市县级领导周转房和14套博士公寓的管理、维护和使用保障工作。组织完成市党政机关及事业单位现有停车场新能源充电设施建设前期工作。协助昆明市城市资源公司圆满完成月牙塘小区立体停车场建设工作。

【资产管理】 落实财务管理和内部审计等相关规定，拟定印发《昆明市政府办公厅、管理局资产清查工作方案》，完成市政府办公厅和管理局固定资产清查，对国有资产的配置、使用、评估和处置程序进行规范。

【局属经济实体】 机关服务总公司协调配合综合楼14家社会化服务单位，做好服务机关的各项工作。茶花宾馆全面实行“内部目标责任管理”，激发和调动职工积极性，完成全年经营目标任务，宾馆职工队伍思想稳定。文印中心积极开拓市场，经营状况比2014年好转。昆厦物业公司注重强化服务意识，加强员工培训，提高服务技能，积极搞好服务，全年实现利润35万元，物业服务满意率94%。

【党建工作】 认真落实党建工作各项制度，严格落实党员教育管理目标责任制，积极实施党员素质提升工程。完成机关党委和机关纪委班子的换届选举，对机关4名中层干部进行轮岗交流；举办1期党务干部培训班，集中5天时间组织全局50多名党务干部在市委党校进行业务培训；组织局属相关部门单位共14人参加国管局组织的业务培训和市公务员局组织的任职培训。

【专题教育】 深入开展“三严三实”和“忠诚干净担当”专题教育，以副县以上党员干部为重点，采取个人自学、集体学习、领导上党课、专题研讨、召开专题民主生活会等多种形式，引导党员干部深刻领会、自觉践行。继续抓好党的群众路线教育实践活动中“两方案一计划一清单”的整改落实工作。针对局领导班子和成员查找“四风”方面存在问题和群众提出的意见建议，逐一加以整改落实，完成24项规章制度的修订、制定。

【扶贫工作】 局党组班子全体成员带领局属11个党支部200余名党员干部采取领导蹲点调研、党支部包村、党员干部包户、分批轮流走访等形式，多次深入到寻甸县先锋镇窑上村和羊街镇多合村开展“挂包帮”“转走访”活动，共走访贫困户170户642人次。为两个村协调项目经费70余万元，帮助解决修建饮水设施和道路硬化等经费问题。

（蔡　洪）

政务服务管理

【概况】 2015年，市政务服务局结合开展三严三实和“忠诚干净担当”专题教育活动，不断优化运行机制和管理模式，提高服务水平和办事效率，推进依法行政、加大政务公开、提供优质公共服务、探索创新公共资源市场化配置和交易监督管理、打造阳光政务、提升行政效能、节约政府投资项目成本等工作取得较好成效。2015年，市政务服务局荣获“云南省巾帼文明岗”称号，被评为云南省党政机关社会团体档案工作规范化管理示范单位，被市委、市政府命名为“文明单位”，市政务服务中心被共青团昆明市委授予“青年文明号”称号。

【深化改革】 在全省率先建立部门窗口“首席代表制”。按照“应进必进、进必授权”的原则，要求行政部门通过签发《行政授权决定书》对窗口人员充分授权。建立并严格执行“首问首办制，限时办结制，联合办理制，延时办理制”等工作制度，严格执行一次性告知，两次终结办理。2015年，全市政务服务中心（含乡镇为民服务中心）共接件9 377 573件，办件9 374 130件，办结率99.9%；市政务服务中心共接件114 226件，办结114 225件，办结率99.9%；受理业务咨询92 293件，以全年249个工作日计算，日均接待办事企业和群众咨询458余件；市政务服务中心连续8年实现书面投诉为零。

【为民服务体系建设】 建成昆明市政务服务三级联动信息系统，搭建起一个覆盖全市各级中心的信息工作平台，实现全市政务服务系统内部的公文传送、数据汇总、信息共享和协同办公。积极开展乡镇（街道）为民中心“星级评定”工作，以考评为契机，从“机构名称、办事制度、服务规范、窗口设置”等方面，不断推进乡、村两级为民服务中心（站）的规范化建设。已对全市55家为民服务中心进行“星级评定”。全市实现为民服务中心全覆盖，面向群众的2 081个为民服务事项进入为民服务中心，设置服务窗口1 887个。

【投资项目集中审批】 2015年，全市通过全省投资项目审批系统申报项目2 687项，投资概算5 536.17亿元，开展并联审批项目188个，三级联动审批项目151个，代办项目28个。

【推进“领导进中心”】 在市政务服务中心设立窗口的所有市级部门的主要领导或领导班子成员，每月10日（遇国家法定假日、公休日的顺延），轮流在市政务服务中心大厅本部门窗口与办事企业或群众“零距离”“面对面”开展现场服务工作，2015年，各部门窗口值班领导共接受办事群众咨询4 707人次，为群众办理审批服务项目2 727项。

【网上审批大厅建设】 市政务服务局5月底完成省级行政审批网上服务大厅综合演练工作。6月进行省级行政审批网上服务大厅上线试运行工作。7月下旬，配合完成昆明市行政审批网上服务审批大厅项目建设政府采购，项目建设实施正式开始，制定市政务服务局《关于做好昆明市行政审批网上服务大厅建设工作的实施方案》，开展两次行政审批网上服务大厅综合演练工作。12月份，分别开展两次针对县区和市级部门的业务培训。12月30日，昆明市市级行政审批网上服务大厅开始启动试运行。

【拓展服务功能】 2015年，结合自身职能职责和政务服务特色，创新工作思路和措施，提高为民服务能力。推进车管驾管业务进中心，每月最后一个周三，车辆管理所安排人员到市政务服务中心二楼办证大厅，现场办理业务。在政务服务中心一楼大厅设立母婴室，打造“母爱十平方”，为办事群众提供人性化服务。将互联网+概念引入政务服务工作。与昆明日报社合作共同开发掌上春城—政务板块，实现政务服务上手机。结合省级“红旗窗口”评比活动，对全市各县区政务服务中心窗口服务中心开展全面督查，强化管理。

【规范公共资源交易中心运行】 按照“统一进场、管办分离、规则主导、全面监管”的运作机制，做到项目统一进场、场地统一安排、信息统一发布、专家统一抽取、交易统一监督、结果统一公示，实行内部监管、行业监督、专门机构监督、纪检监察机关监督等四个方面的监督管理，做到运行良好，无违规操作、无投诉现象。2015年，市公共资源交易中心累计办理进场交易登记项目2 142个，完成全过程交易项目2 063个，累计成交金额257.535亿元；全市各级交易中心完成交易项目3 082个，累计节约行政成本23.42亿元。在市政务服务局加挂公共资源交易管理局牌子，履行公共资源交易监督管理职能，昆明市在公共资源交易市场化配置方面的创新探索，被国家发改委列为全国公共资源电子化交易试点城市，称为“昆明样板”。

【扶贫攻坚工作】 认真开展扶贫帮困工作。下派驻村帮扶工作队到倘甸镇竹园村；从局机关年度经费中调剂5万元，建设竹园村委会为民服务站；拨付10万元扶贫资金帮助竹园村解决进村主要道路周边排水问题；邀请省水利厅、市水利局领导到竹园村检查指导工作，察看竹园村辖区洗马河段河道淤堵和农作物因洪灾受灾情况，协调帮助竹园村解决辖区洗马河段河道清淤困难和洗马河竹园水闸工程尽快立项实施问题；开展扶贫“一日捐”活动；组织全体干部职工走访慰问贫困群众，掌握贫困情况，为制定帮扶措施奠定基础；协调龙镤公司、呈贡区蔬菜公司出资帮助竹园村建生态蔬菜瓜果园。印发《市政务服务局关于对倘甸镇竹园村扶贫攻坚包乡（村）对口帮扶工作方案》，成立由局长担任组长的“挂包帮、转走访”工作领导小组，由驻村新农村建设工作指导员具体做好对口帮扶工作，形成协调联动机制工作。

（莫柳节）

信访工作

【概况】 2015年，全市县以上党政机关信访总量9.3万余件次，同比上升8%。其中，来访2.6万批8.4万余人次，同比批次下降5%、人次上升13%；来信9 658件，同比下降31%。市信访局接待处理信访总量1.3万余件次，同比下降3%。其中，来信2 126件，同比下降43%，来访1 663批11 313人次，同比批次和人次分别上升7%和12%，接待集体上访427批9 115人次，同比批次和人次分别上升12%和14%。到省集体上访148批3 614人次，同比批次和人次分别下降36%和42%。进京非正常上访157批273人次，同比批次和人次分别下降11%和12%。进京非正常上访量、到省上访量下降，全市信访总量、到市集体访上升，呈“两降两升”态势。选取典型案件听取专家委员意见、举办信访听证会、专家论证会16件。坚持律师参与接访制度，全年组织27家律师事务所律师112人次定期到市委、市政府设立的信访接待场所接待信访群众559批3 216人次，免费提供

法律咨询、宣传法规政策，引导信访人依法、理性维权。

【加强组织领导】　市委、市政府高度重视信访工作，主要领导多次听取信访工作汇报，多次就信访维稳工作做出重要批示和指示，市委常委会议、市政府常务会议多次专题研究全市信访维稳工作，解决实际困难和问题。1月15日，按照市委第86次常委会议要求和全市干部大会的安排，相关市级领导集体约谈信访维稳工作问题突出的县区和市直部门主要负责人，督促被约谈县区和部门以高度的政治责任感做好信访维稳工作。2月28日，全市信访工作会议召开，安排布置2015年信访工作和全国“两会”期间信访维稳工作，市委副书记、政法委书记拉玛·兴高等市级分管领导出席会议并作重要讲话。市委第98次常委会研究通过，政府副秘书长兼任同级信访局长，进一步加强对信访工作的组织领导。

【领导干部接访下访】　结合开展“三严三实”和“忠诚干净担当”专题教育活动的要求，认真执行中央关于领导干部接访下访的要求，继续深入推进领导干部接访下访活动，不断拓宽信访诉求渠道，建成运行视频接访系统，把接访下访作为转变工作作风，做好群众工作的载体，把视频接访系统建设作为推进信访工作信息化的重要手段。2015年，全市县区领导干部822人接待上访群众1 235批4 934人次，市属部门领导646人次接待上访群众984批8 208人次，市信访局领导局长接待日共接待信访人338批2 609人次。按照市、县（区）、乡镇（街道）三级联动标准要求，已建成覆盖全市17个县区、开发（度假）区和117个乡镇（街道）的昆明市视频接访系统，实现互联互通。市信访局先后下发多个文件完善相关机制，市、县（区）、乡镇（街道办事处）三级视频接访系统于7月1日正式运行，试行市、县信访局领导每月定期通过视频系统接访信访群众制度。自运行以来，通过视频接访系统共接访群众52批99人次。

【协调解决突出问题】　按照“发现得早、化解得了、控制得住、处理得好”的要求，加大矛盾纠纷排查化解力度。2015年，全市共排查矛盾纠纷2 080件，化解920件，化解率为44%。根据《关于在全省开展矛盾纠纷大排查大化解专项工作的通知》和市委第98次常委会议精神，从4月28日起到年底，按照省的统一部署，全市集中开展矛盾纠纷大排查大化解专项工作，梳理出144件信访突出问题和矛盾纠纷，由市级领导联系督导，有关县区和市级部门一把手作为责任领导，2015年已化解75件。

【推进制度改革】　贯彻落实中央、省对信访工作改革的新要求，创新思路举措，信访工作制度改革取得成效。进一步推进信访信息化建设，扎实开展“百日会战”。自6月1日云南省网上信访信息新系统上线运行以来，昆明市已开通805家单位和部门，根据省信访局《关于启用云南省网上信访信息系统的通知》有关工作部署，昆明市作为“云南省网上信访信息系统”的试点单位首批开展新系统的上线运行和推广应用工作，2015年共办理网上信访件2 939件。按照省信访局的相关要求，通过严格落实主体责任，主要领导亲自挂帅，成立专项工作组等方式，多次召开推进（培训）会，积极推动信访信息录入“百日会战”扎实有效开展。进一步整合资源，开展“四级联动”，加大纪检监察政法信访部门解决群众诉求“四级联动”与现有“信、电、网、访”工作资源的整合力度，在各级信访部门加挂“群众诉求中心”牌子，制定《昆明市信访局群众诉求件办理及工作流程（试行）》，加强业务规范，有效发挥“四级联动”对依法引导群众逐级走访的积极作用。

【信访工作得到肯定】　5月14日，国务院副秘书长、国家信访局局长舒晓琴率领国家信访局调研组到云南调研，先后深入到昆明市中级人民法院、官渡区信访局、季官社区、昆明市长热线办、昆明市信访局、昆明新火车南站等实地调研，走访基层群众。调研组对昆明市信访工作给予充分肯定。

（市信访局）

国务院副秘书长、国家信访局局长舒晓琴到市信访局调研

（市信访局　供稿）

市长热线

【概况】 2015年，通过市长热线办电话“12345”、书记工作电话“63197977”、市长工作电话“63166500”、书记电子信箱、市长电子信箱、市长热线电子信箱、“昆明市长”新浪微博、“昆明12345市长热线”新浪微博及邮政渠道共接收群众来电（件）82万余个（件）（不包括县市区联动热线独立受理件）。其中，书记工作电话2 766件、市长工作电话683件、书记电子信箱邮件3 877件、市长电子信箱邮件8 644件、市长热线电子信箱邮件11 948件，全年办结率、群众受理满意率均达99%以上。11位市政府领导参加“市政府领导接听活动”，共接听群众来电133个，回答网友在线提问35个，办结率和反馈率均达100%。联合各职能部门到现场处理问题38次，局长（主任）接待日巡查14次，覆盖38个职能部门，编发各类信息120期，获得市领导批示15件。

【创新工作】 开通“昆明12345市长热线”微信公众号，并在昆明日报手机客户端“掌上春城”开设市长热线栏目，网民可通过“昆明12345市长热线”微信公众号和“掌上春城”手机客户端直接向市长热线反映问题，浏览相关政务信息。丰富市长热线的受理渠道和服务内容，让市长热线政民沟通渠道更便民、更快捷。

【政务微博】 截至2015年12月31日，“@昆明市长”新浪微博共有粉丝92.5万余人。编写报审发布博文229条，新增博文阅读量780万余次，网民评论、@给“昆明市长”的微博3.1万余条，共受理1 173件民生问题，对其中具有明确诉求的1 045件进行交办，已办结1 039件，办结率99.4%。2015年1月27日，中央网信办和腾讯网主办的2015年移动政务峰会上，“@昆明市长”新浪微博荣登“全国二十大公务人员微博”榜单。2015年12月24日，中国信息化研究与促进网评选出“2015年度中国优秀政务新媒体”榜单，“@昆明市长”新浪微博入选。

2015年，“昆明12345市长热线”新浪微博发布博文2 435条，回复网友评论3 000余次，办理反映明确的民生类问题共计1 365件。完成昆明市政府领导接听日微直播11次，开展市长热线开通15周年相关微直播2次、微活动6次。2015年6月3日，《云南省政务新媒体综合影响力报告》在昆明正式发布，“昆明12345市长热线”新浪微博在“基层单位政务新媒体综合影响力排行榜”中排行前三名，并荣获“云南省基层单位政务新媒体综合影响力奖”。“昆明12345市长热线”新浪微博在市网信办下发的《“中国昆明发布厅”2015年度运维工作总结及测评报告》（2016年1月发布）中名列53个市级政府部门的首位。

市长热线开通15周年座谈会　　（市长热线办　供稿）

【加大督办力度】 将1 647件群众反映的重点、疑难件列为督办件，针对群众反映问题的疑难程度和紧急程度，联合各职能部门到现场处理问题38次。通过督办督查工作，解决人民群众反映的热点、难点问题，使市长热线与各网络单位和市民拉近距离，提高群众满意率，提升市长热线的民生品牌。

【局长（主任）接待日】 加大对“局长（主任）接待日”工作的巡查力度，全年共巡查14次，范围覆盖38个职能部门。对巡查中存在的问题及时进行批评指正，对极少数部门无人接待或接待不规范的情况进行通报，确保“局长（主任）接待日”各项措施落实到位，杜绝形式主义。

【96128专线工作】 发挥12345与96128平台整合的优势，利用整合后的高效人力资源、信息资源、行政资源，打造品牌化的96128专线。96128专线昆明市平台（含12345热线）全年累计受理群众来电（件）390 327个，转接昆明市电话23 898个，转接成功23 898个，转接成功率100%。

【市长热线15周年纪念活动】 为纪念市长热线开通15周年，开展一系列主题鲜明的纪念活动。制作1部宣传短片《和声》，制作1份市长热线宣传册，修改完善汇编1套工作规范，借助电视台、广播电台、报纸和网络新媒体等平台就市长热线成立15周年开展宣传报道，邀请相关网络联动单位、新闻媒体及市民群众召开交流座谈会，反映热线15年来履行社会责任的优良传统和丰硕成果，提高市民对12345市长热线的知晓率、关注度和对政府公共服务工作的信任度、满意度，提高全市热线工作的凝聚力和战斗力。

（申 波）

人事制度管理

【公务员录用】 2015年，昆明市各级机关共计划考试录用公务员434人。其中，党群机关招录74人（含法院系统39人，检察院系统29人，其他非法检系统党群机关6人），政府机关招录360人（含公安机关170人，非公安机关190人）；市级机关招录167人，县区级机关招录157人，乡镇机关招录110人；招录硕士研究生31人，定向招录彝族、苗族少数民族考生10人；县、乡级机关有54个岗位定向招录近三年来服务期满的大学生村官、“三支一扶”、西部志愿者、特岗教师等四项目人员，占县乡机关计划的20.2%。经网络报名，全省约17.7万人报名参加2015年度公务员考试，其中有13 525名考生报考昆明市公务员岗位，平均报考比例31.2：1。录用工作于11月底办理完成，共录用公务员405名。按照《昆明市机关公开选调公务员暂行办法》，2015年昆明市市级和部分城区（含滇中产业新区委托遴选的安宁市）所属机关（含参照公务员法管理单位）共计划遴选公务员111人。其中，市级机关遴选71人，五华、盘龙、官渡三城区机关遴选21人，安宁市机关遴选19人；党群机关遴选35人，政府机关遴选76人。经报名，共有895人报名参加遴选，平均报考比例1：8。遴选工作于10月底完成，政府机关共遴选公务员52名。

【公务员培训】 2015年，对2014年新招录的811名公务员（含公安）开展初任培训；完成2014年市级机关新晋升为正、副科级领导职务公务员的任职培训，对来自市级党政机关的230名科级公务员进行为期12天的脱产培训；在全市行政机关公务员中开展提升依法行政能力、应对突发事件能力、公共服务能力的理论及实践运用，宪法、消防安全知识、云南省突发事件应对条例等法律知识为重点的通用能力培训，共计培训1.5万名科级（含）以下公务员。指导各级各部门开展公务员专门业务培训，全年上报培训内容（计划）400余个，共计培训公务员3万人次。开展全市少数民族公务员特殊培养的申报和审核，选拔3名符合条件的公务员到省级行政机关、省内重点院校以定向培养的方式学习半年；配合省人社厅完成两期较少民族基层公务员和村干部的对口培训任务，组织怒江州、迪庆州、楚雄州、玉溪市和普洱市等地州的100余名少数民族公务员和基层干部到石林、呈贡、经开区等地进行现场教学、观摩学习；选派45人分别到省委党校、清华大学、北京大学、中国人民大学等院校进行干部综合能力提升、业务素质、公务员职业道德与能力建设等专题培训以及人社局长法规政策解读与依法行政专题培训。

【公务员任免奖励】 全年共完成市级行政机关公务员晋升科级非领导职务备案145人，晋升科级领导干部备案121人，转任53人次，免职17人次。3次清理超职数配备干部问题，规范干部使用工作。印发《关于全面实施县以下机关建立公务员职务与职级并行制度的工作方案》，明确县以下机关公务员职务与职级并行工作的实施范围、工作程序以及时间要求。全年县以下机关共晋升职级3 103人。其中，晋升正处级105人，晋升副处级2 283人，晋升正科级355人，晋升副科级360人，每月增资额为976 793元。指导市级行政机关开展科级领导干部民主推荐，完成15家单位民主推荐干部方案的审核工作。按照省委省政府《云南省党政机关贯彻厉行节约反对浪费条例实施细则》和省评比达标表彰工作领导小组办公室《关于清理评比达标表彰工作情况的通知》要求，严格控制评比达标表彰奖励，完成12个先进单位和8名先进个人的审批推荐工作；完成市级行政机关各单位（部门）2014年年度考核为优秀的公务员嘉奖、记三等功审核备案工作。

【事业单位招聘】 2015年，全市事业单位面向社会和大中专毕业生公开招聘工作人员1 664人。其中，市属单位计划招聘569人，县区属事业单位计划招聘1 095人。截至12月31日，各市属事业单位和县区公开招聘考试工作全面完成，为1 309名人员办理聘用手续。根据省人社厅指令性分配给昆明市事业单位定向招聘110名“三支一扶”“特岗教师”“大学生村官”“西部志愿者”“四类生”的计划，经笔试、资格复审、面试、体检环节确定46名拟聘用人员，9月1日报到上岗。指导全市2015年20家事业单位公开选调16名工作人员。全市事业单位逐步启用“云南省事业单位岗位设置管理系统”，通过该系统办理事业单位岗位设置、岗位聘用变动、认定审核，先期实现事业单位岗位设置、岗位变动、人员聘用等信息化管理、无纸化办公。至12月31日，通过该系统审核完成1 094家次市属事业单位岗位聘用变动、认定。同时，审核完成24家市属事业单位岗位设置。全市21家市属事业单位通过竞争上岗（民主推荐）聘任30名工作人员到科级领导岗位。严格按照昆明市人员调配相关规定审核把关，为64名市属事业单位工作人员办理调动手续。在全市范围内开展26场次的事业单位考试考官培训，拥有涵盖事业单位各行各业的公开招聘（选调）考试考官2 641名，初步建立起事业单位考试考官库，规范事业单位考务行为。至2015年底，为全市100余家次事业单位公开招聘（选调）考试随机抽取考官1 700余人次。对全市86 426名事业单位在职人员情况进行详细统计并上报省人力资源和社会保障厅。

【军转干部安置】 2015年，云南省下达昆明市计划分配军队转业干部104人的安置计划，其中团职干部20人，营以下及专业技术干部84人，随调配偶6人。按照中央和省的要求，在深入各部委办局和各县（市）区组织人事部门调查研究的基础上，综合考虑各单位的编制数、历年接收数和单位性质、专业化程度等因素，召开联席会议，研究和编制预分计划，报市委、市政府研究批准后，由市长签发全市各接收单位。团职军队转业干部安置不参加考试，执行带编带职数安置，主要安置在党政机关和参照管理的事业单位；营级及以下职务主要安置在公安、执法部门和参照管理的事业单位，无空编的单位不安排；对主动要求到企事业单位（不含参照公务员法管理单位）工作的军队转业干部，可不参加考核考试，直接安置。2015年共提供团级军转干部岗位43个；营以下及专业技术干部岗位136个。7月19日，由省、市统一组织符合在昆明市主城区安置的专业技术和营级及以下职务军队转业干部《行政能力测试》和《申论》两个科目的考试，并及时将成绩和排名情况在网上进行公布和公示；9月21日，在昆明市人力资源中心组织召开报名大会，军转干部与接收单位双方见面，现场报名；10月13日，在2015年昆明市计划分配军队转业干部选岗大会上，军队转业干部按照个人考核考试总成绩高低排名，依次进行公开选岗。整个安置工作在10月20日前完成，各个环节和步骤始终做到公开、公正、透明。完成自主择业军队转业干部退役金的调整补发，按新标准为每名自主择业军队转业干部核算退役金，并从2014年1月起补发，确保5月31日前按新标准及补发的退役金准确足额发放到个人；根据年度确认及部分自主择业军队转业干部退役金的变化情况，每月8日前，核算出当月全市自主择业军队转业干部退役金应发数，向银行提供数据，由银行将退役金及时分发到每一位自主择业军队转业干部的账户。完成2015年接收的213名自主择业军队转业干部的安置服务工作，为自主择业军转干部开办银行账户，确保2016年1月按时领到退役金。开展2015年自主择业军队转业干部个性化培训，组织厨师、珠宝玉石鉴定、创业咨询师三个专业的培训，培训96人。组织2015年新接收安置212名自主择业军队转业干部开展创就业培训暨适应性培训。督促、指导各县（市）区完成自主择业军队转业干部医保账户管理，及时缴纳每月医疗保险费。为自主择业军队转业干部办实体、免税、购房、子女入学、出国等出具证明材料及办理相关手续。在春节、“八一”期间，分别为全市1 954名和1 953名自主择业军队转业干部开展走访慰问活动；组织召开2015年自主择业军队转业干部一、二等功臣、行政师职干部和创就业先进代表春节、“八一”座谈会，走访慰问重特病和住院人员94人。春节和“八一”期间为全市自主择业军队转业干部共发放慰问金57.2万元。

（周耀标）

人才开发与服务

【人才引进】 完成市委、市政府下达的引进高层次紧缺急需人才1 600名的目标任务，引进各类高层次人才和紧缺急需人才1 778人。其中，引进博士179人，硕士269人，副高以上职称425人。全年兑现引进人才生活补助和租房补助268万元。组织实施重大人才引进工程，开通“三五工程”和“551计划”工作热线电话，5个人才项目入选“三五工程”，分别获得扶持资金80万—130万元；2个人才项目入选“551计划”，分别获得扶持资金50万元。总计兑现优惠扶持资金550万元。编制完成全市2015年度海外高层次人才需求目录、紧缺急需人才需求目录和项目需求目录，在相关新闻媒体和网络上发布。完成昆明市第六届“云南省拔尖农村乡土人才”候选人推荐工作；组织开展云南省民营企业引进高层次人才享受政府购房补贴评审认定工作。下发《关于开展2015年度人力资源服务许可证年检工作的通知》，对全市142户人力资源中介服务机构和省人社厅移交下放人力资源中介服务机构进行年检，收集职业中介机构和人才中介机构信息，建立全市人力资源中介服务机构信息库。

【人才服务】 市人力资源和社会保障局在以下方面提供人才服务。人事代理服务。2015年，共接收档案17 534份，转出档案8 597份，装订流动人员档案906份，归档个人材料385份，开具档案接收函995人次、出具存档证明550份、政审证明321份，办理入党转正党组织关系材料借出手续156人次，接受档案查询和综合业务政策咨询近30 000人次；开具人才引进介绍信90份，办理落户手续97人、户籍迁出30人，出具户口证明155份；为各类人才提供职称评审政策咨询300余次，通过评审人员184人。

人力资源服务产业化。完善人力资源服务体系，全年新增派遣人员310名，对300多家会员单位进行服务质量一对一电话回访；为200余家民营、私营、外资等企业提供一对一的招聘推荐网络服务；组织召开现场招聘会130场，网络招聘会13场，校园招聘会32场，提供就业岗位5万余个，进场单位4 000余家。

高校毕业生就业服务。以高质量就业为目标推进“政校合作”，在云南大学、云南师范大学等12所高校设立“昆明市人力资源和社会保障局校园服务工作站”；开展各类就业讲座、职业指导6场，对1 900名在校毕业大学生开展就业创业指导；共为11 880名高校毕业生办理就业登记手续，办理“就业失业登记证”129本。

人事人才考试、培训。2015年，共组织职称外语考试、云南省公务员考试、二级建造师执业资格考试、经济师考试、职称计算机考试、云南省非临床医疗（药士）资格考试6项指令性考试，涉及13个考试科目，累计53 000余人次报名考试；接受178家机关企（事）业单位的考务工作委托，完成260个笔试考试科目及160个面试科目的试题命制工作，报名人数达58 000余人；受理全国社会工作者、经济师、执业药师等12类执（职）业资格证书办证申请6 521人，发放各类合格证书8 728本。

区域性人才合作。组织在昆企业参加人社部组织的2015年全国跨区域（秋）校园巡回招聘活动“武汉站”“济南站”“北京站”等8个站点的招聘会，承办“昆明站”的招聘会，共有来自云南、安徽、湖北、四川等33个省市的468家单位参与招聘，提供8 000余个就业岗位，驻昆各高校20 000余名大学生参与招聘活动，达成就业意向6 838人。在由全国人社部人才流动中心主办的全国大中城市联合招聘活动总结大会上，昆明市在8个巡回招聘城市及组团单位共144家参展城市的评选中，以480分的优异成绩位列全国第二。

流动党工团建设。2015年，流动党工团办理各类组织关系接收255人，转出组织关系151人，办理出国人员党籍保留10人；发放《劳动法》《女职工劳动保护特别规定》等宣传手册100余册；办理“工惠卡”500余张，为流动团员免费发放就业服务卡，免费注册求职信息，开展网上招聘会，推荐招聘单位130多家，提供就业岗位4 000多个。截至2015年底，昆明市人才服务中心流动党委管理党总支6个、党支部80个、流动党员2 400余人；流动团委管理团支部80个，流动团员2 100余人；流动工会联合会管理基层工会9个，会员3 800余人。

【专业技术人才】 截至2015年底，全市共有专业技术人员（不含中央、省属单位）185 623人。有职称资格的149 020人，占专业技术人员总数的80.3%。高、中、初级专业技术职称结构比例为1∶3.8∶5.2，接近国家中长期发展规划确定的1∶4∶5目标。启动2015年职称评审工作，指导全市各中、高级评委会开展评审，审核推荐高、中级申报材料4 245份，评审4 204人，通过3 531人，通过率84%；考核推荐非公经济单位专业技术人员高、中、初级职称2 202人；完成昆明市中小学教师队伍情况摸底统计工作。开展2015年度“享受云南省政府特殊津贴”人选推荐选拔工作，推选8名人选上报省人社厅参加全省评审；组织开展2015年度博士后工作扶持站申报评审，新设云南银河之星科技有限公司、昆明市农业科学研究院、昆明市城市排水监测站3家博士后工作扶持站。同时，推荐4个博士后工作扶持站申报国家级博士后科研工作站，昆明市延安医院和云内动力2个单位获选。组织农业、林业专家到东川拖布卡镇真象鼻村、寻甸县鸡街镇鸡街村开展送科技下基层服务，对核桃和烟草种植提供技术帮助；组织全市各县区人力资源和社会保障局专业技术工作人员参加2015年滇南片区州（市）人社部门专业技术人才工作业务培训；推荐昆明市延安医院李亚雄、金醒昉，贵研铂业股份有限公司胡昌义参加全省“云岭学者”选拔评选；完成第一批专家基层科研工作站授牌，与市委组织部协调配合，审核上报官渡区吴井街道社区卫生服务中心等12家单位作为第二批专家基层科研工作站申报单位。

【高技能人才】 开展第三届昆明市有突出贡献高技能人才暨昆明市优秀技术能手评选，评选出10名第三届昆明市有突出贡献高技能人才，30名昆明市优秀技术能手。推荐云南春风阁餐饮服务有限公司刘忠明、云南冶金昆明重工有限公司耿家华、云南白药集团股份有限公司范志伟、昆明锅炉

2015年4月2日，国家外专局信息研究中心及省、市外专局相关人员就“2014年中国城市引才十强”课题到昆进行调研。（市人社局　供稿）

有限责任公司牛犇4人参加云南省第四届“兴滇人才奖”选拔。完成全市机关事业单位技术工人等级考核，2015年，机关工考报实际参与鉴定总人数732人。其中，技师149人，高级工441人，中级工95人，初级工47人。完成全市技工学校招生工作，全市5所技工学校全年招生计划数2 700人。开展“云岭首席技师”的推荐选拔，推荐云内动力杜光纪、春风阁餐饮公司刘忠明、昆明电缆股份有限公司段林三位高级技师为“第二届云岭首席技师”。2015年，全市共开展职业技能鉴定1481场次，参加鉴定人数192 976人次。其中，专项职业能力考核374人次，计算机高新考试4 285人次，全省统一鉴定27 588人次，全国统一鉴定46 051人次。参加鉴定的初级工68 569人次，中级工49 524人次，高级工68 945人次，技师4 835人次，高级技师722人次；鉴定合格143 726人次，其中，初级工64 713人次，中级工42 633人次，高级工34 543人次，技师1 137人次，高级技师297人次。2015年，昆明市尚在开展鉴定的职业工种124个。其中，日常鉴定84个，国家统考16个、省级统考8个、计算机高新考试16个，124个职业工种2010—2015年鉴定合格人数为496 555人次。开展2015年昆明特殊人才职业资格评价试点职业3个，分别为中式烹调师、中式面点师、汽车维修工，参评人员140人。组织开展全市性竞赛16场，工种53项，参赛选手达4 000余名，其中有47名技术状元脱颖而出，被授予“昆明市五一劳动奖章”。2015年，昆明市共完成新增高技能人才12 791人。其中，高级工12 279人、技师、高级技师512人，完成全年目标任务9 500人的134%。开展第一届昆明市“名匠杯”餐饮技能竞赛，全市20支参赛队157名选手参赛，来自怡景园度假酒店的刘燕武、云南华地王朝酒店有限公司的易展秀、昆明茴香集团味之彩酒楼的曾景新分别荣获中式面点师、餐厅服务员、中式烹调师的技术状元称号，并被授予“昆明市五一劳动奖章”；欧灼荣等6名选手分别荣获优秀技术能手称号；李佳等23名选手分别荣获“技术能手”称号。开展第四届昆明市名匠进社区活动，搭建昆明市名匠和盘龙区技能大师的技艺展现平台，为三个社区近千名居民提供公益服务。推荐中国水利水电十四工程局有限公司机电安装分公司王秀然参评民委“少数民族高技能人才”。组织45名昆明市优秀高技能人才到广东青年职业学院学习。

【引进外国专家】 2015年，在昆明工作的外国专家有829人次。其中，经技管理类专家156人次，占在昆外国专家总人数的18.8%；科教文卫类专家673人次，占在昆外国专家总人数的81.2%；全市列入国家级、省级引智专项经费资助计划的项目12个，计划聘请26名专家。引进列入国家级专项经费资助计划的引进国外专家项目16个，完成全年目标任务133%；聘请经济技术管理类专家32人，完成全年目标任务123%；评选出昆明市延安医院执行的“诱导多能干细胞研究平台建设示范单位”项目和昆明金柯尔科技有限公司执行的“稀贵金属综合利用环保精炼技术示范单位”项目为“昆明市引进国外智力成果示范单位”，分别授予牌匾并颁发5万元奖金。截至2015年底，昆明市共有引智成果示范推广基地2家，引智成果示范单位6家。对昆明市五华区瑞林外语培训学校、昆明市盘龙区艾伦瑞森培训中心、昆明官渡慧迪英语培训学校、昆明滇池度假区长青藤美国友城幼儿园等8家教育机构申请聘外专资格进行实地考察，并获得聘请外国专家单位资格认可证书。截至2015年底，全市共有63家专科及专科以下教育机构获得聘请外国专家单位资格认可。出台《昆明市外国专家“春城友谊奖”暂行规定》。2015年，由国家外国专家局主办的“2014魅力中国——外籍人才眼中最具吸引力的十大城市”昆明再度获选。2015年昆明市共有5个审批类（有资助）出国（境）培训项目35人、1个审核类（党政）项目16人、4个审核类（专业技术类）项目54人，共计10个项目、105人获国家外国专家局批准列入计划。完成审批类项目5个，派出34人培训；审核类（党政）项目1个，派出15人；审核类（专业技术类）项目4个，派出50人；共计派出培训99人，分别赴美国、澳大利亚、意大利、泰国、日本等国家，学习发达国家引智领域的先进经验、先进技术和管理办法。

（周耀标）

参事室·文史研究馆工作

【学习教育】 迅速传达学习贯彻党的十八届五中全会精神，精心组织、周密安排，把全会精神及时准确地传达到每一个党员和干部；认真贯彻落实中央和省委“三严三实”专题教育要求，深入学习焦裕禄、杨善洲、高德荣、杨竹芳等优秀共产党员的先进事迹；认真学习领会国务院参事室、中央文史研究馆和省、市委、市政府领导重要讲话及会议、文件精神，深刻认识新的历史条件下，政府参事工作的地位作用和重要意义，激发围绕中心、贴近实际，积极开展“参政议政、建言献策、咨询国是、统战联谊”工作热情和积极性；认真学习党的统一战线工作、参事工作业务和科学文化方面的新知识、新理论，进一步增强统战意识和参谋服务意识，充实、更新科技文化知识。

【提升建言献策质量】 抓好参事队伍建设，围绕政府中心工作和社会热点、难点问题，充分调动发挥参事积极性，开展广泛深入的调查研究，参事选题针对性进一步增强，调研质量明显提高，提出许多有价值的意见建议，在政府科学民主决策中发挥着越来越重要的作用。周密安排，精心组织选题，紧密结合经济社会发展中迫切需要解决的战略性、长远性问题和人民群众最关心、最直接、最现实的利益问题，组织参事馆员研究确定集体课题和个人调研课题，做好提纲撰写、人员分工、集体课题执笔人、具体工作路线和工作进度计划制定等工作；深入调研，提高建言质量，组织召开参事馆员信息交流共享及工作座谈会8次，传达学习昆明市委、市政府有关文件精神，引导参事根据各自的研究领域和对昆明当前的社会现象交流发言，消除分歧，达成共识。先后10多次深入到全市各县（市）区、市级部门进行实地调查研究。上报《参事馆员建议》13份，内容涉及农业、城市、人口、法制和历史文化保护等多个群众关注的重点、难点问题。

【队伍建设】 聚良才，加强参事队伍建设。认真开展新参事遴选工作，经过筛选，对符合条件的30名人选进行重点考察，经反复研究，报市委组织部、市委统战部同意并经市政府常务会议研究批准，新聘8位、续聘5位政府参事，加强参事队伍建设。同时，我们还积极做好参事、馆员遴选后备人才资料的采集、整理、存档工作，为下一步开展遴选工作奠定良好基础。

【拓展交流领域】 召开统战工作会，邀请市委统战部副部长贾玉华传达习总书记在“中央统战工作会议”上的重要讲话精神和《统一战线工作条例》；发挥参事馆员身份超脱、学识渊博、社会影响大、海外关系广的统战优势，积极支持参事馆员参与国内外的科技文化交流活动。二战专家戈叔亚馆员历时6个月带中央电视台实地考察中国远征军在中缅印战区作战的缅甸野人山、史迪威公路、滇缅公路全线、印度蓝姆迦和雷多重要地区，为抢救我们抗战历史资料奔走呼吁。张维馆员5部名人传记作品《张香桐传》《中国著名数学家·熊庆来》《当代学者张文勋》《李广田传》《楚图南》被澳大利亚国立图书馆、维多利亚州立图书馆、墨尔本大学图书馆收藏；陈崇平馆员的5幅重彩画作品被收入《影响中国美术发展之水彩篇》大型画集（天津人民美术出版社）；胡晓幸馆员水彩画《专注的男人》获美国国家水彩画会第九十三届国际展览金奖、水彩画作品《加德满都大学教授》获美国国家水彩画会第九十四届国际展览“美国艺术家”杂志奖；支持鼓励参事馆员参与各种形式的艺术创作，加强室馆交流活动。国务院参事室、中央文史研究馆、中国美术馆在北京中国美术馆举办的 “文史翰墨——第二届中华诗书画展”，经过认真筛选，我们推荐张志平馆员的作品中国画《花开灿烂》参加了此次画展；深入开展文史研究活动，积极参与新昆明文化建设。整理出版石鹏飞馆员文存——《杞庐说诗》《砚边拾思》《说乾道坤》。张诚、马颖生馆员提出《关于纪念护国起义一百周年恢复重建<护国门碑记>的建议》，引起市政府领导高度重视，经专家论证、属地政府组织实施，11月20日，大碑镌刻完成，立于护国广场。编印出版《护国门碑记》字帖，碑文记述了护国起义的发生和重大意义，兴建护国门、护国桥、护国路的原因和经过；加强宣传力度，扩大工作影响。认真做好《参政咨询》刊物的组稿、编辑工作，围绕抗战胜利70周年和护国首义100周年纪念活动，编印出版《昆明馆员书画集》第二辑，收录的140幅馆员作品立意高远，形式多样，特色鲜明，积极向上，是昆明文史研究馆馆员传承、繁荣和发展中国书画艺术的又一次集中展示。整理出版《昆明参事馆员建议集》，总结2010年以来参事馆员的建言献策成果。

（刘俊其）

地方志工作

【第二轮市志编修取得重要突破】 2015年，《昆明市志（1978～2005）》编修取得突破性进展。市志办将二轮市志作为全办工作的重中之重，采取有力措施，按照推进方案和任务分工，责任落实到岗、细化到人。3月召开市志终审会议，10月完成出版前的出版印刷招标工作，并与中标公司签订《昆明市志（1978～2005）》出版印刷合同。11月已交付印刷厂进行出版前的排版工作。

由于《昆明市志（1978～2005）》规模宏大，涉及门类广、部门多，编纂工作从2005年启动以来，推进难度较大。2012年底开始组织协调各方面的力量参与《昆明市志》总纂，至2013底总纂班子按照总纂工作方案及行文规范，全力对1 000多万字的初稿进行总纂，形成600多万字的终审稿。为打造精品良志，2015年3月终审会后，按终审会专家提出的修改意见，调动、组织一批专兼职专家紧锣密鼓地进行修改、补充和完善。至11月，市志编修取得突破性进展，志稿已交印刷厂排版，进入印刷出版程序。

【《昆明年鉴》（2015）出版发行】 为把《昆明年鉴》打造成反映时代特征、体现昆明特色的精品年鉴。年初，市政府办公厅向全市下发关于编辑出版2015年版《昆明年鉴》〉的通知后，编辑部采取专人负责、电话跟踪、亲自上门等方式催收稿件，收稿速度加快，到3月份已达全部收稿量的90%，5月中旬已全部收齐稿件，为精心编辑、修改、补充、校对赢得时间。编辑部根据《昆明年鉴（2015）》工作方案确定的组织分工、责任人员、稿件时间及质量的要求，严格执行对口编辑工作责任制，既有分工又有协作，高质量强力推进，编辑工作于5月底全部完成。2015年10月，2015版《昆明年鉴》由云南民族出版社出版发行。本年鉴共126万字30个部类，全面系统地反映2014年度昆明市政治、经济、文化、社会发展等方面取得的成就，本版年鉴较以往更加优化精炼，字数规模大幅下降；首次采用摘要的形式刊登特载，内容更加精简浓缩；更新附录部类的全部内容，选录更加贴近读者关注和需要的内容；更加注重编校质量，提升年鉴的整体质量水平，是新一部反映昆明市情的权威性、资料性工具书。

11月10日上午，《昆明年鉴》（2015）发行会在昆明市级行政中心会议中心召开，昆明市志办全体人员、14个县（市）区志办主任及相关人员50余人参加会议。会议由昆明市志办副主任李洪主持。昆明市志办年鉴处处长方玉红介绍了2015版《昆明年鉴》的编辑出版情况，市志办副主任字应军、主任严宏纲就年鉴的工作提出要求。

【旧志整理工作稳步推进】 2015年，昆明市志办与云南大学图书馆、云南大学西南古籍所的专家合作，加快推进康熙《云南府志》、民国《昆明县志》、民国《续修昆明县志》、民国《昆明近世社会变迁志略》4部旧志的整理工作。上半年完成初校稿，至11月，4部旧志整理稿已交出版社排版。年底，又启动道光《昆明县志校注》和《昆明山水志合辑》的整理工作。由嵩明县委宣传部组织完成的清《嵩明州志校注》已交付出版；由富民县政协组织完成的清《富民县志校注》已内部出版；禄劝县4部旧志的整理进入复校阶段。

【《昆明市志（1978～2005）》终审会召开】 2015年3月24日，《昆明市志（1978～2005）》终审会在市级行政中心会堂召开。省地方志编纂委员会副主任、省人大常委会原副主任吴光范，省志办主任李一是，副主任陈天武、袁丽萍，市政府分管领导胡炜彤秘书长及省志办州市志审查验收组专家、省内部分州市志办代表、市属县（市）区志办主任、市属有关部委办局代表共80余人参会。会议由市志办副主任字应军主持。在胡炜彤秘书长讲话及市志办主任严宏纲简要汇报市志编修情况后，会议立即进入审稿程序。会议要求："审稿发言少谈或不谈优点，只看病开药"。参会人员发言紧扣主题，开门见山，直言不讳，既指出市志终审稿存在的问题，又提出诸多修改完善的意见和建议。在中午一小时的用餐后，又继续审稿。一天高效率高节奏的会议，实现了终审会预期的目的。在会议集中审稿之前，市志办利用政务网，将市志各专卷发送回各承撰单位，要求对专卷进行再次审核，审稿意见由单位盖章返回市志办，同时精选部分专家、知情人、领导进行相关专题审查，意见以书面形式返市志办。三种不同形式的审稿，共收到近千条意见和建议。

【石林县地方志纪录片培训班正式开班】 4月10日晚七时，石林县地方志纪录片首期培训班在石林方志馆正式开班，云南大学影视人类学实验室陈学礼主任为来自各部门的10多名纪录片爱好者授课，这是国内首次地方志纪录片培训。石林县地方志纪录片首届培训班预计时长近一年，分别在4月份、7月份和9月份集中培训三次，培训内容为纪录片历史和理论、纪录片的拍摄和剪辑实务、地方志纪录片展望，通过纪录片专家授课、学员开展地方志纪录片拍摄和作品讨论评比分享等方式，建立一套规范化常态化可持续的地方志纪录片制作培训交流机制，打造一支立足石林、永远不走的地方志纪录片摄制队伍，为石林历史文化的记录展示弘扬做出努力。

【《宜良县志（1978～2008）》出版发行】 2015年10月28日下午，《宜良县志（1978～2008）》发行工作会在宜良县委会议室召开。省志办副主任陈天武，市志办主任严宏纲、副主任字应军，宜良县四套班子相关领导，县属各部门、各街道、乡镇领导，驻宜良相关单位，县志撰稿人等参加会议。会上，宣读县委、县政府关于地方志工作先进集体、先进工作者、县志优秀撰稿人的表彰决定，并向受表彰的集体和个人代表颁发奖状。会上，还举行赠书仪式。市志办主任严宏纲、省志办副主任陈天武在讲话中充分肯定宜良县的地方志工作，高度评价新出版的县志，并对宜良县下一步的方志工作提出希望和要求。中共宜良县委书记傅希在讲话中，对二轮修志工作进行总结，并对读志用志及进一步做好宜良县的地方志工作做部署。

宜良县二轮修志于2008年正式启动，全县86家承编单位100多人参与县志的资料收集和撰稿。九调篇目，十易志稿，数次校对。召开一次省市县三级会审会，一次市志办领导、县相关领导参与的定稿。2015年3月，由云南人民出版社出版。新面世的《宜良县志（1978～2008）》，由25个部类93章319节1320目构成，全书138万字，65页彩图。

【昆明市贯彻《全国地方志事业发展规划纲要》会议】 2015年11月10日上午，昆明市地方志系统在昆明市级行政中心会议中心召开学习贯彻《全国地方志事业发展规划纲要（2015～2020年）》会议。昆明市志办全体人员、14个县（市）区志办主任及相关人员50余人参加会议。会议由昆明市志办副主任李洪主持。市志办副主任李洪传达中指组、省志办关于学习宣传《纲要》的要求，副主任字应军从"《纲要》主要内容""《纲要》在社会主义新方志编修进程中的历史地位”“《纲要》的历史意义和重要作用”“《纲要》对地方志事业地位的定位”“新提法与新概念”“扩大地方志工作内涵、拓展地方志工作新领域”“建设开放型地方志事业”“强调体系化建设，规划构建大方志格局”“提出适应时代要求、破解难题思路”等9方面对《纲要》进行解读、辅读。各县（市）区志办主任就《纲要》的贯彻落实及工作开展情况做交流发言。大家一致认为，《纲要》的出台是中国地方志事业发展历程中的一件大事、喜事，体现党和国家对地方志事业的高度重视，《纲要》是全国地方志事业发展的第一部规划性文件，是地方志事业发展中的一个里程碑，是新时期全国地方志事业的行动纲领，对确保地方志事业平稳、有序、健康发展具有重要而深远的意义，不但要认真组织学习，更重要的是要在实际工作贯彻落实，使之实实在在落到实处。最后市志办主任严宏纲做题为《深入学习贯彻落实发展规划纲要，全面开启地方志事业发展新篇章》的讲话，并就下一步提出三点要求：认真思考，准确把握《纲要》的重要意义和价值；加强宣传，营造良好的修志环境；开拓创新，全面开启昆明市地方志工作发展新篇章。

【安宁市史志办开展法治机关文化建设活动】 2015年，安宁市史志办大力抓好法治培训工作，开展法治机关文化建设活动。一是邀请相关法律界专业人士来市志办宣讲政策法规知识，相互交流经验，进一步提高建设广大干部职工队伍的综合素质、提高政治思想水准和依法行政能力。二是继续做好领导干部、工作人员的法制教育培训工作：举办法制讲座，以行政诉讼法、行政处罚法、行政许可法等法律法规为重点，分别对办领导干部、工作人员进行定期和不定期培训；领导领学，深入学习机关事务管理条例、公共机构节能条例、合同法、物权法、民法等相关法律知识，提高干部职工的法律意识；积极组织领导干部及工作人员参加上级部门举办的法制培训班，使领导干部、工作人员做到知法、懂法，规范执法程式和行为，进一步提高依法行政水准和依法办事能力。三是加强法治文化阵地建设，全面开展法治宣传。将法治文化建设与机关文化、廉政文化有机结合，充分利用宣传栏悬挂、张贴法律名言警句和反映行业特色的法制文化作品；设置法制标语牌或法制专栏等宣传法制常识、法制典故、法制警言等。四是广泛开展法制文化活动，注重法制文化作品创作。广泛开展不同层次、形式多样的法制宣传、法制文化建设活动，积极广泛参与法制宣传、法制文化作品的创作，活跃法制宣传、法制文化氛围，调动广大干部职工对法制文化活动的广泛参与。

（宇应军）

中国人民政治协商会议昆明市委员会

【政协昆明市第十二届委员会第五次会议】 1月18日，政协昆明市第十二届委员会第五次会议在昆明会堂开幕。应到委员473人，实到委员436人，符合法定人数。开幕大会由市政协常务副主席、大会执行主席张建伟主持。会议审议通过本次会议议程。市政协主席田云翔代表政协昆明市第十二届委员会常务委员会做工作报告，市政协副主席杨品才向大会做提案工作情况报告。

大会执行主席田云翔、张建伟、陆玉珍、汪叶菊、杨品才、常敏、周忻，昆明市委、市人大、市政府、市纪委、市新能源光伏产业发展督导协调组、市中级人民法院、市人民检察院、昆明警备区、武警昆明市支队、昆明高新技术产业开发区、昆明经济技术开发区、昆明滇池国家旅游度假区、昆明学院、市委党校的领导，部分原市级老领导，市级各民主党派、工商联、有关人民团体的负责人，市政协常委在主席台就座。

市级党政有关部门负责人出席会议。大会还邀请部分在昆的省政协委员，部分市政协、市委统战部离退休干部、市政府参事、文史馆馆员，市政协专门委员会顾问，部分市属国有及国有控股企业的负责人、外地驻昆商会的负责人、行业协会负责人，在昆台资企业代表以及有关方面的代表人士列席会议。部分公民代表旁听大会。会议听取和审议《中国人民政治协商会议昆明市第十二届委员会常务委员会工作报告》《中国人民政治协商会议昆明市第十二届委员会常务委员会关于十二届四次会议以来提案工作情况的报告》。会议听取和协商《政府工作报告》，协商《昆明市2014年国民经济和社会发展计划执行情况与2015年国民经济和社会发展计划草案的报告》《昆明市2014年地方财政预算执行情况和2015年地方财政预算草案的报告》《昆明市中级人民法院工作报告》和《昆明市人民检察院工作报告》。举行工商经济、城乡建设环境保护、社会事业和依法治市4个专题界别联组协商会。会议补选朱燕为政协昆明市第十二届委员会副主席。大会表彰2014年度优秀提案，通过《中国人民政治协商会议昆明市第十二届委员会第五次会议决议》。

市政协组织调研组调研名人故居　　（市政协　供稿）

1月22日，政协昆明市第十二届委员会第五次会议圆满完成各项议程胜利闭幕。

【常委会】　第二十次常委会　1月20日，全会期间，召开政协昆明市第十二届委员会第二十次会议，应到常委会组成人员72名，实到66名。会议由市政协主席田云翔主持。常务副主席张建伟，副主席陆玉珍、汪叶菊、杨品才、常敏，秘书长周忻出席会议，全会大会副秘书长列席会议。会议进行三项议题：协商政协昆明市第十二届委员会副主席候选人建议名单（草案）；审议政协昆明市第十二届委员会第五次会议选举办法（草案）、提出大会选举总监票人、监票人建议名单（草案）；有关免职事项。

第二十一次常委会　1月21日，全会期间，召开政协昆明市第十二届委员会第二十一次会议，应到常委会组成人员72名，实到65名。会议由市政协主席田云翔主持。常务副主席张建伟，副主席陆玉珍、汪叶菊、杨品才、常敏，秘书长周忻出席会议，全会大会副秘书长，各工作组组长，委员讨论小组1位召集人列席会议。会议有六项议题：听取协商讨论选举办法（草案）、酝酿候选人建议名单、总监票人、监票人建议名单的情况报告；通过选举办法（草案）、正式候选人名单（草案）、总监票人、监票人名单（草案）；听取审议政协昆明市第十二届委员会常务委员会工作报告情况的报告；听取审议政协昆明市第十二届委员会常务委员会关于十二届四次会议以来提案工作情况报告的报告；通过政协昆明市第十二届委员会第五次会议决议（草案）；听取政协昆明市第十二届委员会第五次会议期间提案收集情况的报告。

第二十二次常委会　3月20日，举行政协昆明市第十二届委员会常务委员会第二十二次会议，会期一天。应到常委会组成人员72名，实到51名。市政协主席田云翔，常务副主席张建伟、副主席陆玉珍、汪叶菊、杨品才、常敏、朱燕，市政协秘书长周忻出席会议。市政协老主席王任才、张朝晖，市政协原副主席傅汝林、林怡平等有关人员列席会议。上午的会议由市政协主席田云翔主持，下午的会议由市政协副主席朱燕主持。会议进行七项议题：省政协曾华副主席传达全国政协十二届三次会议精神；审议《政协昆明市委员会2015年工作要点》；审议《政协昆明市委员会2015年重点协商工作计划》；审议市政协提案委员会关于市政协十二届五次会议提案审查情况的报告；讨论市政协专门委员会、办公厅、研究室2015年工作计划；协商通过有关人事事项；其他。

第二十三次常委会　7月28日，举行政协昆明市第十二届委员会常务委员会第二十三次会议暨全体委员情况通报会，会期一天。应到常委会组成人员72名，实到52名。上午的会议由市政协主席田云翔主持，下午的会议由市政协常务副主席张建伟主持。市政协副主席陆玉珍、汪叶菊、杨品才、常敏、朱燕，秘书长周忻出席会议。会议邀请市政协全体委员列席会议。市委副书记、政法委书记拉玛·兴高应邀出席会议。市政府副市长阮凤斌，市纪委副书记、监察局局长王敏俊，市中级人民法院院长罗朝峰、市人民检察院党组书记、副检察长王亚锋到会通报有关工作情况。有关人员列席会议，相关公民旁听会议。会议进行六项议程：听取市政府关于我市上半年经济运行情况的通报；听取市纪委关于全市党风廉政建设及反腐败工作情况通报；听取市中级人民法院上半年工作暨司法体制改革工作情况通报；听取市人民检察院上半年工作暨司法体制改革工作情况通报；围绕“稳增长 调结构 促发展”和司法体制改革主题协商讨论、建言献策；其他。

第二十四次常委会　10月22日，举行政协昆明市第十二届委员会常务委员会第二十四次会议，会期一天。应到常委会组成人员72名，实到51名。上午的会议由市政协主席田云翔主持，下午的会议由市政协副主席陆玉珍主持。市政协副主席张建伟、陆玉珍、杨品才、常敏、朱燕，市政协秘书长周忻出席会议。市政协老主席张朝晖，市政协原副主席傅汝林、林怡平，部分市政协委员和市级相关部门负责人等有关人员列席会议。邀请5名公民旁听会议。会议进行四项议题：听取市政府王春燕副市长关于我市“十三五”规划编制情况的通报；围绕昆明市“十三五”规划进行议政建言，政协6位专委会主任和2位政协常委做大会发言；协商通过有关人事事项；市政协主席田云翔在会议结束时做讲话。

【纪念昆明市政协成立60周年活动】 2015年，是昆明市政协成立60周年。市政协举办纪念昆明市政协成立60周年一系列活动。4月9日召开纪念昆明市人民政协成立60周年座谈会。编辑出版《昆明市人民政协60年》画册，制作《甲子华章 共铸辉煌——纪念昆明市政协成立六十周年》电视专题片。市政协主席撰写纪念昆明市政协成立60周年文章在昆明日报上发表。向政协老领导、老委员征集回忆文章，分期刊登在昆明日报、《昆明政协》杂志上。通过系列活动，回顾过去，共话未来。

【议政建言】 2015年是“十二五”收官之年，2016年是“十三五”规划开局之年，昆明市政协把为“十三五”规划编制议政建言列为2015年的重要工作。先后开展经济金融、科技创新、教育卫生文化事业、城乡建设和环境保护、保障和改善民生、法治建设、扶贫攻坚、历史文化保护等各类专项调研视察8次、专题协商议政13次，参与的政协委员有100多人，市委政法委、市发改委等21个党政职能部门都对口直接参与到政协的协商活动中。10月下旬，市政协召开12届第24次常委会，政协常委、专家围绕“十三五”规划编制，对昆明市的发展定位、基础设施、民生改善、扶贫攻坚、生态建设以及未来发展面临机遇与挑战等方面提出建设性、有针对性的意见建议200多条，建言献策。

【纪念护国起义100周年系列活动】 2015年，是昆明爆发护国起义100周年。为弘扬爱国主义精神，擦亮护国运动这张历史名片，市委市政府将纪念护国运动100周年活动，列为2015年昆明市的一项重要工作，由昆明市政协牵头组织系列纪念活动。12月25日在呈贡区市级行政中心会堂举行昆明市各族各界隆重纪念护国起义100周年大会，会上，市委书记做讲话。召开研讨会，研究护国运动所体现出来的以爱国主义为核心的民族精神，市政协向社会各界广泛征集研究护国运动文章50多篇。策划制作三集电视历史文献片《护国风云》，并在昆明电视台黄金时间进行播放。组织文史专家、学者编纂《护国运动在云南》画册。组织参与民间团体的纪念活动。护国运动名将朱德元帅的后人朱和平将军，“护国三杰”蔡锷的后人蔡协先生、李烈钧的后人李赣骝先生、唐继尧的后人唐书琨先生参加纪念大会、研讨会议等活动。

2015年8月，市政协召开第十二届四十三次主席会议，布置为“十三五”规划建言献策任务。（市政协 供稿）

【加强界别工作】 加快昆明市民主法治建设，发挥政协委员的界别优势，市政协制定《政协昆明市委员会关于加强界别工作的意见》，《意见》吸收市政协原制定的有关加强界别工作的制度规定，对新形势下市政协界别的设置、界别活动小组的划分、界别活动的主要内容和方式，以及市政协领导、专门委员会联系界别工作等方面提出明确的指导意见，为政协委员有效履行职能提供工作指南和制度保障。

【出台加强人民政协协商民主建设的实施意见】 为深入贯彻落实中央、省关于加强社会主义协商民主建设的意见的有关精神，昆明市政协代市委起草《关于切实加强人民政协协商民主建设的实施意见》，2015年11月25日市委办公厅向全市印发《意见》。《意见》共分为政协协商的总要求、内容、形式、与党委和政府工作的有效衔接、加强人民政协制度建设、推进政协协商能力建设、加强党对政协协商的领导等共七个部分35条，分别阐述加强人民政协协商民主建设的重要意义、指导思想、重要原则，明确政协协商的内容、形式，规范相关制度，建立健全相关机制等内容。对昆明市加强政协协商民主建设具有重要的现实意义和指导意义。

【提案工作取得新成绩】 2015年，市政协共收到提案512件，立案459件，立案率89.65%。提案内容涉及经济建设方面的78件，涉及科教文卫体方面的123件，涉及城市规划建设管理方面的168件，涉及政法、人事、统战方面的90件。这些提案交由市委、市政府、滇中新区管委会等91个单位办理。截至2015年年底，除了未立案的53件外，其余459件提案全办复，办复率100%。市政协在提案办理中，主要夯实提案工作基础，积极推进提案办理协商，强化提案督办，不断增强办理实效。主席会议确定的8件重点提案，在市领导的领衔督办下，通过实地调研视察、召开督办座谈会、办理协商会等形式，发挥提案办理中的引领示范带动作用，收到明显成效。在十二届六次全会上，有17件优秀集体提案和26件优秀委员提案受到表彰。

附：2015年度重点提案简介及优秀提案名单

一、关于加快推进在昆玉高速公路呈贡段选址建设大型互通式立交桥的建议

提案人：张建伟委员

承办单位：呈贡区政府、新都公司

主要内容：随着昆明呈贡新火车南站2016年6月建成通车，现昆玉高速公路仅有的5个路窄口小的上下口远远不适应新火车南站客流物流需要，且存在安全隐患。针对这一问题，张建伟提出尽快从昆玉高速公路呈贡区域段新选一个上下口建设大型互通式立交桥，修一条城市景观主干道连接新火车南站，提高交通运输率，为建设昆明国际知名旅游城市的硬件项目起好保障支撑作用。请省政府高度重视、全力支持，尽快选址规划、立项、落实资金开工建设，争取与昆明新火车南站同步建成投入使用。

二、关于完善我市环境影响评价公众参与制度的建议

提案人：九三学社昆明市委

承办单位：市环保局

主要内容：针对昆明市环境影响评价公众参与工作中还存在公众参与范围较窄、信息公示效果较差、公众参与方式单一、公众参与环评的保障机制不完善 、公众参与缺乏主动、公众参与的真实性较低、参与权限小等问题和不足，九三学社昆明市委提出在环境影响评价中进一步健全完善公众参与机制和方式、强化提高公众参与作用、扩大环评公众参与适用范围、进一步完善环境影响评价信息公开制度、改进公众意见调查方式、完善公众参与方式、加强技术审查等建议。

三、关于大力发展社区医养结合养老服务机构的建议

提案人：农工民主党昆明市委

主办单位：市民政局

协办单位：市财政局、市人社局、市卫生局

主要内容：针对昆明市人口老龄化进程加快，高龄、失能、半失能老人增多，传统的养老方式和保障体系已难以满足老人养老服务需求，存在政策保障不足、设施建设滞后、服务能力欠缺、专业人员严重不足等困难和问题，农工民主党昆明市委提出利用综合医院和社区卫生服务机构的医疗资源与养老机构实现优势互补，在已建立的“以居家养老为基础，社区养老为依托、养老机构为支撑”的社会化养老服务体系的基础上，建立“以社区为平台、医养融合为载体、医疗和养老机构相结合”的医养护一体化新型养老化服务模式，建立会商协调机制和联合审批制度，推动医疗和养老资源结合，建立健全医养结合扶持政策和财政支持机制，加强医养结合服务人员的培训培养等建议。

四、关于市级行政中心呈贡新区配套住宅区成立社区居委会的建议

提案人：致公党昆明市委

承办单位：呈贡区政府

主要内容：针对昆明市市级行政中心呈贡新区配套住宅区存在管理责任不清，管理主体不明确，基础配套设施不全，服务不到位，小区的功能没有得到进一步发挥的问题，致公党昆明市委提出整合资源，明确权责，加强对住宅区的服务和管理；以社区居委会为载体，突出便民服务、文体娱乐、综合治理三大功能，寓管理于服务等建议。

五、关于大力推广立体车库，解决小区停车难问题的建议

提案人：叶明委员

主办单位：市交运局

协办单位：市规划局、市住建局、市公安局

主要内容：推广立体车库目前已经成为城市建设必须考虑的停车解决方案。针对目前昆明市立体车库的发展存在国家三部委出台的《关于城市停车设施规划建设及管理的指导

市政协主席田云翔率队调研呈贡基础设施建设项目　（市政协　供稿）

意见》还缺乏可操作性，高速增长的市场需求和目前停车设备行业技术现状和产品质量不协调，立体车库推广难，没有建立健全机械停车行业标准化体系等问题，叶明提出在立体车库扶持政策的基础上，加强行业前景分析和立法调研，立法发展立体车库；采取政府投资或者引入民间资本投入的模式建设立体停车库行业，有效解决群众停车难的问题；在建设立体车库前必须进行市场调研，为立体车库建设制定参考和依据；规划、交通、住建、消防等相关部门加强研究和协作等建议。

六、关于对推动我市小额贷款公司健康发展的建议

提案人：民建昆明市委

主办单位：市金融办

主要内容：针对昆明市的小额贷款公司受自身经营和外部环境等因素制约，在发展中存在性质定位不够清晰，法律法规缺失，经营税负重，征信系统风险控制难度大，融资较难，成本较高，行业规范缺乏等问题，民建昆明市委提出加强宣传，为小额贷款公司发展创造条件；政策上给予扶持，促进小额贷款公司良好发展；加强监管，维护金融秩序，发挥行业协会作用，维护小贷公司的合法权益等建议。

七、关于进一步加强我市轨道交通安防体系建设的建议

提案人：民进昆明市委

主办单位：轨道集团公司

协办单位：市公安局

主要内容：城市轨道交通安防设施是城市轨道交通工程的重要组成部分，是城市轨道交通安全运营的重要保障之一。轨道交通是昆明市要着力强化安防体系建设的重点。针对昆明市轨道交通安防建设统筹规划力度不够、警力配置不足等问题，民进昆明市委提出提高认识，加强统筹规划力度，结合实际情况将昆明市地铁安保工作放在政府工作中进行系统研究和统筹；加大投入，提升城市轨道交通安防技术水平，合理增加警员配置，设置轨道公安反恐大队，设置轨道公安警犬大队，设置科技大队等建议。

八、关于推进我市民族团结进步创建活动的建议

提案人：民革昆明市委

承办单位：市民委

主要内容：昆明是一个多民族的边疆省会城市，多民族边疆省会是基本市情，也是昆明的特色和优势，昆明市开展好民族团结进步创建活动具有十分重要的意义。通过总结分析“十二五”期间昆明市民族团结进步创建活动所取得的成绩，民革昆明市委提出推进昆明市民族团结进步创建活动，要提高认识，加强领导；以示范区建设为抓手，以示范点创建为着力点，完善机制、创新方式、丰富内容、典型引导，全面推动创建活动进机关、进企业、进社区、进乡镇、进学校、进部队；建立健全维护民族团结的长效机制；大力繁荣民族文化；推动建立相互嵌入式的社会结构和社区环境；加强城市和散居民族工作；加大民族地区产业园区建设扶持力度；大力推进具有民族特色的社会主义新农村建设，支持民族地区特色文化旅游产业发展等建议。

市政协2015年度优秀提案名单（43件）

序号	提 案 人	提 案 标 题
1	张建伟	关于加快推进在昆玉高速公路呈贡段选址建设大型互通式立交桥的建议
2	昆明市政协民宗委	关于对昆明市少数民族非物质文化遗产保护的建议
3	九三学社昆明市委	关于完善我市环境影响评价公众参与制度的建议
4	牟 辉 陈 文	关于扎实做好防洪排涝工作的建议
5	农工民主党昆明市委	关于大力发展社区医养结合养老服务机构的建议
6	致公党昆明市委	关于市级行政中心呈贡新区配套住宅区成立社区居委会的建议
7	刘志军 李 鸿（政协）	关于建立全市居家养老网络化管理体系的建议

续表

序号	提案人	提案标题
8	陈增会 闫丽萍	关于提升昆明市城乡气象灾害防御能力的建议
9	姚子龙	关于提升昆明市公共安全突发事件应急管理能力的几点建议
10	杨德春	关于重视失地农民的就业问题的建议
11	刘　翊	关于着力解决留守儿童安全教育问题的建议
12	民盟昆明市委	关于在昆明市全面建立农村法律顾问制度的建议
13	周　忻 何　燕 李　鸿（政协） 杨毅敏 李　勇（新知） 陶建宇 段　伟 尹　俊 张缨允 孙美丽	关于在全市组织开展诚信社会建设宣传教育的建议
14	昆明市台湾同胞联谊会	关于充分发挥我市有关人民团体在化解矛盾纠纷中作用的建议
15	昆明市政协社保界别、政法界别、医药卫生界别	关于加强昆明市精神病患者服务和管理工作的建议
16	昆明市政协政法界别	关于进一步加强我市禁毒工作的建议
17	李　鸿（宜良）	关于加强村庄规划规范农民建房管理的建议
18	韩　洁	关于重视我市特殊教育工作，促进残疾人享有平等教育的建议
19	张　艳	关于对我市园林绿化和生态建设的建议
20	杨绍斌	关于在呈贡区设立城市型社区居委会的建议
21	昆明市政协教文卫体委	关于扩大我市优质教育资源覆盖面 提升城乡义务教育服务水平的建议
22	姚韵梅	关于充分发挥城市经济圈“中央处理器”作用，积极推进区域经济发展的建议
23	叶　明	关于大力推广立体车库 解决小区停车难问题的建议
24	余映廷	关于健全校园安全法律保护体系的建议
25	昆明市政协文史委	关于开展系列活动纪念护国运动100周年的建议
26	刘亚南	关于推进政府智库建设 促进昆明科学发展的建议
27	民建昆明市委	关于对推动我市小额贷款公司健康发展的建议
28	傅汝林	关于发挥生态环境优势大力发展有机食用菌产业的建议
29	昆明市政协联络委	关于进一步发挥驻昆商会作用的建议
30	徐承谦	关于破解昆明城市交通拥堵的建议
31	昆明市工商联	关于加强企业诚信建设的建议

续表

序号	提案人	提案标题
32	蔡永福	关于在城乡清洁工程中加强垃圾分类和资源化利用的建议
33	毕娇娇	关于加强城市规划管理标本兼治缓解交通拥堵的建议
34	昆明市归国华侨联合会	关于在昆明西山“南洋华侨机工抗日纪念碑”周围建立英名碑墙等纪念设施的建议
35	洪　畅	关于城市建设施工扬尘污染防治改善空气质量环境的建议
36	存文学	关于加强昆明市近现代文物保护的建议
37	刘利升	关于把公共文化体育基础设施纳入城市更新改造的建议
38	民进昆明市委	关于进一步加强我市轨道交通安防体系建设的建议
39	彭萍安	关于推进政府向社会组织购买公共服务的建议
40	张家福 李琼洪 吴耀辉 余祖林 陆　琳 吴　丽 杨　伟 徐家政 李惠芬	关于将东川区布依族村纳入特色村寨试点项目的建议
41	昆明市政协经科委	关于加快我市畜禽规模化养殖发展的建议
42	孙文平	关于将农村垃圾集中进行处理的建议
43	民革昆明市委	关于推进我市民族团结进步创建活动的建议

（尹丽花）

民主党派·工商联

中国国民党革命委员会昆明市委员会

【思想教育】　2015年，民革昆明市委以坚持和发展中国特色社会主义学习实践活动为主线，以纪念中国人民抗日战争暨世界反法西斯战争胜利70周年为契机，全面加强思想建设。4月，从各基层组织选拔10名优秀党员报送省委参评“学习实践活动优秀党员”，其中6名党员获评民革中央的“学习实践活动优秀党员”。7月，召开2015年坚持和发展中国特色社会主义学习实践活动中期推进会，明确开展学习实践活动，是当前和今后一个时期民革市委推进思想建设的首要任务。11月，组织部分常委、委员和支委赴浙江、江苏两地参观民革前辈故居。

学习贯彻中央、省、市委重要会议精神。1月，召开常委会议，全面传达学习贯彻中共昆明市委十届六次全体（扩大）会议精神。3月，民革昆明市委七届三次全会组织全体委员学习中共十八届四中全会、民革中央十二届三中全会精神。4月，召开机关会议，传达学习昆明市领导干部大会精神。5月，召开专题学习会议，学习中央统战工作会议精神。7月，民革昆明市委委员及理论委委员聆听民革中央常委、宣传部长吴先宁莅昆做“学习贯彻《中共中央关于加强社会主义协商民主建设的意见》”的专题讲座。12月，专题学习中共中央十八届五中全会精神。

策划和组织纪念活动。8月，市委会组织的纪念中国人民抗日战争暨世界反法西斯战争胜利70周年系列活动在春城剧院举行。会上向云南省图书馆、昆明市图书馆、昆明学院、昆三中、中华小学等15家单位赠送民革昆明市委策划出版的《中国远征军》连环画册，并聆听一台主题为“铭记历史，开创未来”的交响乐演出。9月，市委会组建歌咏队参加民革云南省委纪念中国人民抗日战争暨世界反法西斯战争胜利70周年歌咏大会，演唱获得省委领导的好评。

新闻宣传拓宽渠道，扩大影响。以《昆明民革》刊物为平台，继续直观展现昆明民革工作动态和党员风貌，全年共采用稿件160余篇，多篇报道获民革中央、团结报社、民革云南省委、云南省政协报等官方网站、刊物采用或转载。

【组织建设】 市委会领导班子坚持民主集中，分工负责，各尽其职，相互支持的优良传统，坚持定期召开主委会议、常委会议，促进决策科学民主。丰富基层组织生活，提高党员同志的向心力。各基层委、总支、支部根据自身特点和优势，组织党员开展学习十八届四中、五中全会精神讲座、送温暖献爱心、关爱抗战老兵等形式多样的主题活动。稳固纳新，促进组织稳步发展。市委会把发展壮大有民革特色的高素质人才队伍工作放在重要位置，并将发展党员初审权下沉到基层组织，全年共发展新党员34人，平均年龄37.2岁，其中硕士3人，本科学历31人，县区政协委员2人。截至2015年底，全市有党员954人。推进后备干部队伍建设。市委会结合全市党员的实际情况，创新干部培养推荐方式，以推进后备干部队伍建设为主线，加强组织建设。加强与党员本职工作单位的联系，将课题调研、提案征求意见、提案撰写以及党员在党派工作、政协活动情况相结合并向党员单位反馈，争取单位领导支持，形成共同发现、培养、推荐干部的渠道。

【参政议政】 履行参政党职能，参政议政取得新成果。在2015年“两会”上，市委会向市政协十二届五次会议提交集体提案7件。其中，集体提案《关于推进我市民族团结进步创建活动的建议》，被市政协列为重点提案。围绕中共昆明市委、市政府的中心工作，完成年度调研课题《整合一二一高校集聚区资源，努力构建经济发展新引擎》。开展界别协商，发出民革声音。3月，市委会率市、区民革界别政协委员10余人赴石林县水塘铺村调研食用玫瑰种植和发展情况。4月，组织民革届别市、区政协委员、人大代表10余人前往大商汇，到五华区工商联建材商会的企业进行调研；前往石林县长湖镇的美丽乡村示范点——蓑衣村和彝文传习馆及大糯黑村的彝族文化馆、水塘铺村食用玫瑰种植园进行实地调研；组织民革界别和民宗界别的市县政协委员到昆明市人民政府救助管理站进行调研。5月，组织高校专家及民革界别政协委员到五华区调研一二一大街及学府路“产、学、园”智力经济创业带前期研究情况。6月，组织民革、民盟界别的市政协委员、人大代表到昆明市公租房公司进行调研。支持各基层组织做好参政议政工作。6月，市委会召开基层调研课题汇报会，各基层组织以PPT形式做课题汇报，现场评选出3个优秀奖和4个参与奖。

公租房分配情况调研　　（民革市委　供稿）

【祖国统一联谊工作】 发挥自身优势，结合实际开展促进祖国和平统一工作。5月，民革市委接待中国国民党中央委员会候补委员邓治平先生，为今后的双向交流奠定基础。8月，在“请进来”的基础上也积极“走出去”，组织30人赴台参访，并在回昆后形成课题报告，为昆台两地高层次交流交往发挥积极作用。

【社会服务工作】 做好民革昆明市委扶贫点——石林县鹿阜街道办事处水塘铺村的扶贫工作。具体帮扶项目为“石林撒尼风情紫金玫瑰种植”。该项目分五年实施，在2014年投资基础上，2015年投入资金3万元。开展送医、送科技、送文化“三下乡”活动。4月，前往石林县长湖镇将价值3万余元的衣物送到村民手中。6月，民革西山基层委前往西山区碧鸡街道办事处，开展送医送药活动，开出处方300余份，服务当地群众500余人。7月，组织民革党员为骨干的“爱中医疗队”一行20余位中医医生赴红河州屏边县六斗乡和玉屏镇王家村委会

民革市委领导深入石林县调研玫瑰种植帮扶项目　（民革市委　供稿）

开展免费送药义诊活动，接待诊疗患者800多人，免费发放治疗药品价值7万多元。9月，民革安宁总支开展“纪念抗战胜利，关爱抗战老兵”系列活动，共看望慰问11位健在的安宁籍抗战老兵。10月，对昆明市美丽乡村建设提出意见和建议，编辑出版专著《美丽乡村》。推动文化交流合作工作，努力拓展民间对外文化交流渠道。市委会参与策划和组织一系列文化交流活动。如“艺述英伦·文化中国”——2015中英国际文化交流年暨云南民族民间艺术英国巡回展，在英国伦敦、爱丁堡、曼彻斯特等城市宣传展出。在2015年中泰建交40周年之际参与策划组织“2015中泰情深国际艺术展”，组织66位云南艺术家到泰国曼谷与38位泰国艺术家进行现场创作、交流和展览活动。

【机构建设】　依据《中国国民党革命委员会章程》《中国国民党革命委员会内部监督暂行条例》，经12月10日民革昆明市委会七届四次全委会议研究通过，成立民革昆明市委内部监督委员会，产生第一届内部监督委员会委员。在云南省民革组织中是第一家成立。

（祁俊娴）

中国民主同盟昆明市委员会

【思想建设】　深入学习中共十八届四中、五中全会和习近平系列讲话精神。以开展坚持和发展中国特色社会主义学习教育实践活动为主线，开展专题教育，坚定政治信念。落实常委中心组学习和支部主题学习制度、“民盟讲坛”“读书启智、履职奉献”活动，加强理论学习，准确把握中国特色社会主义的精神实质，全面理解同心思想的本质内涵，不断增强道路自信、理论自信、制度自信。

抓好传统教育，增强责任意识。“魁阁”传统教育基地揭牌。在昆明呈贡“魁阁”举行中国民主同盟传统教育基地揭牌仪式，盟市委主委夏静主持揭牌仪式。民盟中央副主席、民盟省委主委倪慧芳和中共昆明市委常委、统战部部长熊瑞丽为“民盟中央传统教育基地”揭牌，民盟省委副主委徐宁和中共呈贡区委副书记尹家屏为“民盟省委昆明市委传统教育基地”揭牌；举办纪念抗战胜利70年龙泉记忆系列展。与盘龙区委、区政府联合举办“抗战胜利70周年·龙泉记忆”系列展览，即“龙泉记忆·文化名人肖像展”“龙泉记忆·闻一多纪念特展”“龙泉记忆·中国文化的守夜者——梁思成林徽因纪念特展”“龙泉记忆·第三届全国架上连环画展”，10多万人观展；召开《闻一多与昆明》《梁思成学术思想和城市规划与建设》座谈会。缅怀先贤，对昆明的规划与建设进行研讨；举办龙泉记忆系列展观展征文活动，编辑出版《纪念抗日战争胜利70周年龙泉记忆系列展专刊》，并作为民盟昆明市委第八次代表大会会议资料；创作的微电影《最后一次演讲》荣获2015中国粤港澳微电影明星大典“金种子”最佳影片奖。

纪念抗战胜利70周年“龙泉记忆·中国文化的守夜者——梁思成林徽因纪念特展”　（民盟市委　供稿）

【组织建设】 夏静继续担任民盟中央委员、民盟中央监督委员会委员、民盟云南省委常委。2015年12月11—13日，中国民主同盟昆明市第八次代表大会在昆明召开。会议学习中共十八届五中全会和中共中央、省委、市委统战工作会议及民盟中央十一届四中全会精神，审议通过民盟昆明市第七届委员会工作报告，选举产生由53名同志组成的新一届委员会，通过《中国民主同盟昆明市第八次代表大会决议》。举行民盟昆明市第八届委员会第一次全体会议，选举产生由25名同志组成的第八届常务委员会。夏静连任主任委员，李霞、孙骥、叶明、赵坚、郭鹏群当选副主任委员。任命徐萍为秘书长。组织发展有序推进。2015年，共发展新盟员60人，学历均为大专以上。其中，硕士6人，中高级以上职称24人，平均年龄41岁；主界别45人，非主界别9人，新阶层人士6人。现有盟员1 946人。其中，中高级职称1 430人，文化、教育、科技界别1 395人。开展基层组织建设年活动。召开推进示范创建工作会，总结经验、查找问题，有针对地指导、协助各基层委、总支、支部（小组）做好示范基层组织创建工作。加强后备干部队伍培训。在云南省社会主义学院举办50人新盟员培训班。中共昆明市委常委、市委统战部部长熊瑞丽做中央、省委统战工作会议精神及《统战工作条例》解读；昆明市人大常委会副主任、民盟昆明市委主委夏静讲授盟情教育；省社院、云南大学教授分别做《中国共产党领导的多党合作制度》《中华文化精神》《民盟史》讲授。以“如何集中整治脏乱差，打造整洁有序的城市环境”为主题，首次开设结构化研讨课程。推荐35名后备干部分别参加盟中央、盟省委和中共昆明市委统战部组织的干部培训。

【参政议政】 完成15个研究课题。其中，《深化科技体制改革，提升昆明市科技区域辐射能力对策研究》得到中共昆明市委书记程连元肯定，《发挥高校聚集优势，助力新区人文建设》《发挥“春城”品牌效应，彰显城市特质》主题建议被市委政研室《决策内参》采用，完成《昆明市发挥滇中经济圈城市群协同发展“中央处理器”作用对策研究》重点课题研究及成果转化工作。提交市政协集体提案12件。其中，个人提案《关于大力推广立体车库，解决小区停车难问题的建议》被列为市政协重点提案，集体提案《关于重视关心“失独家庭”的建议》和个人提案《关于把加大我市少数民族文化生态保护力度作为助推少数民族地区发展的建议》《关于建立确保网上购物安全体系的建议》获市政协优秀提案。《关于重视扩大公办和普惠性民办学前教育工作的建议》列为市人大五件重点建议之一。盟员骨干、专家参加各类协商会30多次，参加民盟中央“经济、民生、教育”论坛和省政协“民生论坛”、盟省委“教育论坛”“民盟西部城市盟务工作研讨会”投稿23篇，部分做交流发言。报送社情民意、工作动态信息57篇，被盟中央、省市政协、市委统战部共采用27篇，社情民意《强化巫家坝片区规划的建议》得到陈豪省长批示，《关于加快昆明科技与金融结合发展的建议》得到副市长龚晓坤批示，并召开专题会议研究。被盟省委评为反映社情民意先进集体。出版的《五年回眸》，被作为民盟昆明市委第八次代表大会材料。出刊《昆明盟讯》4期，快讯12期，网络短信平台发送信息159条、63 414人次，公共媒体刊登稿件100多篇。选择热点、焦点问题，开展与市科技局、市教育局对口联系活动，运用互联网思维，有效整合代表委员议政、实地调研考察、参政能力培训提升、政协委员之家挂牌等，形成“参政议政+”的工作格局和创新模式。

民盟昆明市第八次代表大会　（民盟市委　供稿）

【社会服务】 实施“同心·智力支持工程”：9名民盟名师团成员到“烛光行动实践基地”禄劝县茂山中学，对茂山、屏山、秀屏、云龙、皎平渡、汤郎学校教师及学生共690人次指导培训。开展“安全知识进校园，我为孩子捐套书”活动，向茂山中学图书室捐书150册价值2 955元。实施“同心服务社区工程”：盟市委、五华基层委、五华区司法局率先在全市共建首家社区矫正和刑释人员黄丝带安置帮教基地，新增五华监狱黄丝带帮教基地，提供心理咨询、指导监区绘画书法评选、文艺会演，帮教服刑人员1 000人次。持续对省女三监开展黄丝带帮教工作，省、市盟组织等合力开展“阳光路上、关爱同行”社会帮教活动，捐赠2万元医疗器械，为442名服刑人员及干警做《塑造阳光心态 拥抱幸福人生》讲座。担任“系列监区文化活动之演讲比赛总决赛”专家评委，为“监区书法、绘画展览活动”提供评选、点评等艺术指导，为四监区100余名服刑人员做《音乐与生活》讲座。以“春天的问候”为题组织文艺“三下乡”演出，到安宁、禄丰、楚雄、双柏、易门各演出两场。实施“同心改善民生工程”：共投入改善民生工程14.1万元。购买价值10 000元的打印复印机、安全警示牌、应急照明灯、电视机、收录机、升旗手服装等办学急需物资送到拖布卡中学；购5 000元粮油慰问上水坪村贫困村民15户；联系爱心人士资助汤丹中学2名贫困学生每人每年1 500元；购买价值20 000多元的230床过冬棉被和文具用品，送鲁甸灾区甘家寨红旗社区过渡安置点；投入专项扶贫资金3万元，帮助柯渡镇可朗、乐朗、新庄三个省级贫困村解决办公设备问题；援助石林大可乡中心小学7.02万元，用于购置大可乡中心小学太阳能路灯。开展法律宣讲活动：组建“民盟法律宣讲团”开展进校园、下基层等法律宣讲活动。与昆明学院共同举办昆明学院“法律讲堂”暨民盟昆明市委“民盟法律宣讲团进校园”启动仪式；为18个院系超过30个专业的近200名大学生，做《从劳动合同谈就业风险防范》讲座；到盘龙园博、五华西坝、西山船房、官渡云溪、寻甸县鸡街古城等小学进行《就在你身边》《小英不上学》《超市遭遇》等法治小品表演，以“知法懂礼，安全自护”为主题，宣传未成年人保护法、儿童教育权益法、民事权益法；到晋宁法院和晋宁职业中学用以案说法方式开展两场模拟审判；为嵩明、晋宁行政执法人员进行法制培训；以《依法治国背景下参政议政与维权》为主题，到东川进行法律宣讲。

（付红彬）

中国民主建国会昆明市委员会

【思想建设】 以坚持和发展中国特色社会主义学习实践活动为主线，以纪念中国人民抗日战争暨世界反法西斯战争胜利70周年和中国民主建国会成立70周年为主题，统领全会思想建设。组织班子成员、基层组织负责人、机关干部前往麻栗坡深入学习“老山精神”，到腾冲县国殇墓园、龙陵县松山战役遗址，进行理想信念现场教育，开展爱国主义教育活动。利用《昆明民讯》、民建市委网站“一刊一站”等载体，引导全体会员弘扬民建优良传统，坚定理想信念，矢志不移地走中国特色社会主义政治发展道路。开展“读会史续传统”专题学习活动，使会的思想政治工作更加深入扎实。抢救、搜集和整理昆明民建会史资料，传承民建优良传统，向2016年民建昆明市委成立60周年献礼。新闻宣传工作被民建云南省委评为2013—2014年度先进集体二等奖。

【组织建设】 发展吸收一批优秀人士加入民建，全年共发展会员40人。截至2015年12月底，全市共有会员875名。其中，经济界会员722人，占83%；省、市、区三级人大代表和政协委员有89人次。顺利完成西山区基层委换届工作，詹亚平当选为主委。有序推进会内监督工作。抓好班子建设，召开班子成员民主生活会；在门户网站上公开市委会部门预算及“三公”经费预算，在常委会上对市委会的经费使用情况进行通报。各基层以丰富活动增强组织活力。五华区基层委举办第一届“低碳出行、环保生活”环滇骑行活动；官渡区基层委选派的会员作为市委会唯一的画家参加在北京举办的纪念中国民主建国会成立七十周年“共筑中国梦”艺术作品展；西山区基层委组织会员到南侨机工纪念碑、聂耳墓开展“祭英烈庆胜利齐祝福共团圆”主题活动；各基层组织积极参与云南省委成立35周年和“三八国际妇女节”大型文艺会演。各专委会在五四青年节、重阳节开展丰富多彩的活动。在民建建会70周年纪念大会上，西山区基层委被评为全国先进集体，詹亚平、石磊被评为全国先进个人。五华区基层委会员李向丹被授予云南省五一劳动荣誉奖章。

【参政议政】 结合各地党派间的交流活动，探索昆明、郑州两地跨地域的调研。承办统战系统考察“全市综合交通建设工作”调研活动。全年提交省、市、区各类调研提案148件。在市政协十二届五次全会上，共提交提案40件。其中，集体提案7件，提交大会发言1件。《对推动我市小额贷款公司健康发展的建议》被确定为市政协重点督办提案。《昆明市工业化进程评价指标体系研究》入编《全市政协系统优秀视察调研报告》；重点调研课题《大力扶持昆明市小额贷款公司规范发展研究》通过专家组评审验收，得到高度评价。扎实开展“献一策”活动，全年共收集整理报送社情民意来稿7篇，被市政协采编3篇。指导、督促各基层组织和各专委会开展调研活动，完成《安宁市中小学校闲置资产情况调研》等8篇调研报告。2015年，民建市委被会中央评为全国参政议政先进集体。

【对外联系】 落实与市级委办局的对口联系调研制度，主动到市发改委、市商务局、市工信委等对口联系单位走访；联系市城管综合执法局、市发改委等部门就“建筑等废弃物循环经济产业链”“昆明市助推‘一带一路’建设方面的基本情况和特色举措”等课题进行调研，加强与对口单

争取民建中央"思源救助工程"向禄劝县中医院捐赠救护车

（民建市委　供稿）

位的沟通联系。2015年，分别与民建郑州市委、青岛市委、普洱市委、文山州委、大理州委开展会务活动。

【社会服务】　以"思源工程"和"同心工程"为依托积极争取帮扶项目。为禄劝县中医院争取到救护车辆等医疗设备，改善受助贫困地区医疗救助条件；配合会省委做好中华思源工程扶贫基金会新浪扬帆公益基金"思源方舟"项目云南项目点的筛选工作，申报东川区拖布卡中学作为项目实施学校；争取到20万元资金用于圭山村镇道路修建。拓宽帮扶工作思路，开展爱心帮扶活动。为石林雨美堵两个民族村寨村民，送去生活物资全新棉被262件、冬衣1 294件共计价值约15万元；开展"民建献爱心共圆大学梦"捐资助学活动，共筹集1万元爱心助学捐款；捐款5万元用于补助两户困难农村家庭改建危房资金；民建市委、五华区基层委为翠华头哨小学、大松园小学的贫困学生及教师捐赠全新衣物、文具、慰问金，共计6万余元。呈贡支部和盘龙区基层委共同承办"两岸同心情满掌鸠河"的大型公益活动，5天共义诊病人600余人次，免费送药价值3万余元。呈贡支部在寻甸县鸡街镇开展爱心义诊活动，共义诊862人次，送药价值2万余元。官渡区基层委积极做好帮扶结对，对22 户贫困户开展精准扶贫工作。西山区基层委开展"进社区"活动，到永昌社区永宁里和船房社区看望、慰问居家养老中心的老人，看望妇女之家、儿童之家的留守妇女和进城务工子女，送去围巾、披肩和文具。会员企业知青老年公寓组织医护人员到尼泊尔加德满都脊髓康复中心，为在4月25日尼泊尔大地震中受伤的患者进行专业照护。东川区基层委深入到联系点阿旺镇法罗村走访10户贫困户；安宁总支看望居住在昆钢的两位抗战老兵并参与安宁各民主党派和志愿者看望慰问安宁9位抗战老兵的活动。西山区基层委联合西山区工商联、中国创富志学院昆明分院举行"商业模式与资本共融，传统企业重生发展之道"的讲座，服务企业家会员。社会活动活动受到当地政府、百姓和广大会员的认可和好评。

（陈湘榆）

中国民主促进会昆明市委员会

【思想建设】　结合开展坚持与发展中国特色社会主义学习实践活动，开展纪念民进70周年华诞暨民进昆明市委成立35周年"十个一"系列活动。召开民进成立70周年纪念大会暨文艺演出；召开一次学习实践活动经验交流会暨中期推进会；编纂出版一本《流金岁月——前进中的昆明民进》；编纂出版一本《光辉十载　同心筑梦——十年履职风采》大型图册；编辑出版一期纪念会庆70周年暨昆明民进成立35周年《昆明民进》专刊；开展一次"同心·春暖"社会服务活动；组织书画艺术界会员围绕滇西抗战等爱国主义历史题材进行主题创作，承办昆明市统一战线纪念中国人民抗日战争暨世界反法西斯战争胜利70周年——"浴血滇西"画展；举办一次以"我与民进"为主题的征文活动；举办一次以"最美民进人"为主题的图文征集活动；组织一次"我身边的先进"宣讲报告会。由昆明市委统战部和民进昆明市委主办，昆明民进书画院承办的"昆明市统一战线纪念中国人民抗日战争暨世界反法西斯战争胜利70周年——"浴血滇西"画展"在昆明市博物馆成功展出，获得社会各界的高度关注和广泛赞誉。全国人大常委会副委员长、民进中央主席严隽琪对民进昆明市委和昆明民进书画院为纪念抗战胜利70周年所开展的工作给予高度评价。

各基层组织以会庆为契机开展好坚持与发展中国特色社会主义学习实践活动，引导广大会员深化对民进优良传统的认识，自觉践行社会主义核心价值观，积极投身建设中国特色社会主义事业。西山区基层委举行庆祝民进成立70周年诗歌朗诵比赛，五华区、官渡区和盘龙区基层委先后组织庆祝中国民主促进会成立70周年系列活动。

组织会员学习中共中央统战会议、《中共中央统战工作条例（试行）》和习近平总书记视察云南重要讲话精神。做好会员思想动态信息的收集和上报。结合基层调研、各类会议，加强对会员思想动态的了解和掌握，提高思想宣传内容的针对性。开展不同形式的学习培训，组织40余名会员参加2015年全市统战干部培训、20余名会员参加民进省委组织的2015年宣传干部培训，定期举行民进会史会章专题学习培训，全市各基层组织负责人和新老会员共计300余人次参加学习，巩固思想政治基础，提高会员中的市人大代表、市政协委员和骨干会员的参政议政能力。

【对外宣传】 2015年，《昆明民进》会刊发稿10万余字，刊登新闻报道百余篇，人物专访、学习心得与理论文章40余篇，散文诗歌20余篇，及时反映会员的思想动态，展现基层组织风采。民进市委与全国80个省市民进组织进行会刊交流。积极与各类宣传媒体保持联系，加强合作，报送宣传信息100余条，先后在民进中央网站、《云南民进》《昆明政协》《昆明统战》《昆明日报》《云南政协报》上登载消息和通讯文章50余篇，宣传信息工作在民进省委和全市各民主党派统战信息采用排名中名列前茅。民进市委官方微信订阅号"昆明民进"保持持续更新，把市委会最新的动态资讯及时发送给每一位会员，发挥新媒体平台作用。全年组织5次"同心文化大讲坛"，内容涵盖会史会章、昆明历史文化、参政党理论研讨等，根据专题内容组织相应的会员参与学习，提高会员整体思想理论素质和专业素养，受到会员欢迎。

【组织建设】 全方位联动，做好民进昆明市第八届委员会换届工作。6月4日，民进市委监督委员会召开第二次工作会议，审议民进昆明市第八次代表大会代表名额分配和代表产生办法。7月15日，召开新一届班子建议人选民主推荐会，对第七届委员会班子成员进行民主测评，对第八届委员会组成人员建议人选进行民主推荐。11月12日，组织对新一届班子人选进行考察，开展领导班子、机关中层干部年度述职考评工作。12月20—22日，民进昆明市委第八次代表大会召开，进行换届选举，顺利实现新老领导班子的调整，圆满实现组织上的新老交接和平稳过渡。

加强领导班子建设。认真贯彻执行民主集中制，明确领导班子成员分工，制定市委会主、副委联系基层组织制度，明确领导干部联系基层、联系会员、联系实际的具体要求，发挥领导班子成员的带头和表率作用。建立健全主委会、常委会、全委会、民主生活会等会议制度，积极参加民进省委举办的省委委员培训班和市委统战部举办的市级民主党派领导干部异地培训等。指导完成民进市委非公经济支部、金融支部换届工作。

开展争创民进全国先进集体和先进个人活动，将五华区和盘龙区作为全省民进高素质基层组织建设的试点。制定基层组织横向联系交流制度，为各基层组织举行横向工作经验交流活动提供指导和服务。

完善人才库建立工作，提高组织系统管理信息化水平。注重后备干部和骨干会员的培训，60余名会员参加民进市委2015年参政议政工作暨骨干会员培训，指导新会员学习撰写提案信息。完善"民进市委专业技术类会员人才库""民进市委县处级科级行政类会员人才库""民进市委校长及特级教师会员人才库"等。提高组织管理工作信息化水平。利用会中央组织管理系统平台不断完善组织管理、人才管理、会员管理和统计分析的相关信息，加强对会员信息的动态分析评价。民进市委组织处干部参加民进中央组织管理信息化工作培训。

加强民主监督的队伍建设。先后推荐8名会员担任法院监督员、检察院特聘检察员、教育督学、行风监督员等兼职或特约职务，为会员学习锻炼、展示才能提供平台和舞台。

【会员发展】 做好会员发展工作。截至2015年12月，共有会员1 451名，大学以上学历占75.9%，中高级职称人数1 144人，占总会员的80.2%，平均年龄43.8岁；有基层组织14个，有4个区级基层委员会、2个总支、9个直属支部、2个筹备小组，4个专委会、1个书画院和1个理论研究小组。

【参政议政】 开展调研工作，夯实参政议政基础。根据民进中央将大调研聚焦于助力构建现代公共文化服务体系的要求，分析昆明市公共文化服务体系存在的困难，确定调研重点，成立《昆明贫困地区公共文化服务建设对策研究》课题组，通过实地调研禄劝县、寻甸县、东川区、倘甸两区，与贫困地区乡镇、村组的群众开展面对面座谈，并到成都市走访学习座谈后，集智聚力，完成课题研究报告，提出对策建议，为编制全市公共文化服务"十三五"规划建言献策。按照《民进昆明市委调研管理规定（试行）》，指导全市各基层组织完成12篇专题调研报告。其中有：五华基层委《抗日战争文化遗迹保护及利用》，盘龙基层委《盘龙区打造特色街区的建议》，官渡基层委《关于减轻中小学教师工作压力关注中小学教师健康的调研报告》，西山基层委《关于昆明市如何传承和保护传统制茶工艺的对策研究》，理论研究小组《关于昆明市农村养老情况的调研》，教育专委会《关于昆明市小学教师编制严重缺编问题的调研》，文化专委会《关于加强昆明老街片区建筑规划保护的建议》等。

【提案信息工作】 在2015年市政协全会上共提交9件集体提案，涉及经济建设类2件、城市建设与管理类3件、科教文卫体类3件。民进市委《关于加强昆明市实验动物废弃物无害化处理工作的建议》《关于加快我市产业园区企业孵化器发展的建议》提案获得昆明市政协优秀提案表彰。《关于进一步加强我市轨道交通安防体系建设的建议》被市政协确定为2015年主席重点督办提案。提案受到市发改委、市公安局轨道分局、市轨道公司等提案办理单位的高度重视，市发改委主要领导牵头成立提案办理工作领导小组并亲自任组长。7月16日，市政协副主席汪叶菊和市长助理李河流带队调研、面商后，市发改委会同市公安局轨道分局、轨道公司认真落实提案面商中提出的意见。9月2日，面商意见报经市政府领导审批后，报送民进昆明市委。该提案建议已得到政府相关部门的迅速转化和落实。

【民主监督】 4月24日，组织民进界别市人大代表、市政协委员到西山区实地调研滇池治理“四退三还一护”工作开展情况，听取西山区政府副区长的滇池治理工作情况汇报，实地走访苏家村安置房，现场调研晖湾湿地、山邑村生态公园建设情况。7月1日，“市政协委员之家”正式在民进市委机关挂牌。7月9日，民进市委组织民进界别的省市人大代表、政协委员一行对五华区文化创意产业园区发展进行调研。

【“同心·春暖”活动】 以“同心·支教行动”“同心·助学活动”“同心·扶贫帮困”等形式，组织、引导和支持基层组织和会员开展社会服务工作。春节，到石林县西街口镇开展2015年“同心·春暖”慰问活动，向西街口镇农户捐赠棉被、食用油和大米等，并组织书画家现场撰写春联。年中，再次赴西街口向西街口镇中心学校捐赠3万元专项帮扶经费，用于学校师生太阳能工程建设；捐赠价值6 000余元的儿童读物和5 000元的书包；民进市委教育专委会还专门联系五华区海源小学与西街口镇中心小学结为帮扶结对学校，民进的李碧松和邓国谊两位特级教师到学校参加手拉手帮扶结对签字仪式。6月，民进市委、民进盘龙区基层委员会等组织优秀教师到盘龙区滇源镇三转弯小学开展“同心·春暖”送教捐助活动，送去8 000元的食品，组织名优特级教师为三转弯小学开展语文、数学和音乐送教活动。探索开展“同心工程”社会服务实践基地的建设工作，将滇源街道办作为“同心社会服务实践基地”，支持滇源街道办三转弯村建设优质核桃生产基地，使贫困山区农民群众长期受益，并扩大“同心·春暖”活动的品牌影响力，增强社会服务实效。

【获得荣誉】 2015年，市委会荣获民进全国社会服务先进地方组织表彰，官渡区基层委员会获民进全国先进集体表彰，昆明民进书画院王广范获民进全国先进个人表彰。

（曾　毅）

民进昆明市委领导对《关于进一步加强我市轨道交通安防体系建设的建议》主席督办重点提案进行调研面商　　（民进市委　供稿）

中国致公党昆明市委员会

【思想建设】 持续推动坚持和发展中国特色社会主义学习实践活动深入开展，积极实施“人才兴党”战略，推进自身建设。3月21日，市致公党妇女工作委员会举办法治教育专题报告会。4月30日—5月4日，市致公党承办昆明市为纪念中国人民抗日战争暨世界反法西斯战争胜利70周年系列重要纪念活动——“重走滇缅路，牢记抗战史”活动。10月9日，市致公党在昆明举行纪念中国致公党成立90周年暨表彰大会，会上为党龄满30年的党员颁发荣誉证书。11月10日，市致公党与昆明市博物馆、南侨机工学会联合举办“南侨机工”回国抗战史专题图片展和报告会，同时为党员进行致公党党史知识讲座。12月21日，市致公党等13家“涉侨、涉台、涉外”相关单位联合主办，昆明市博物馆承办的“祖国不会忘记——华侨与抗日战争图片展”启动仪式在昆明市博物馆举行。

【参政议政】 12月9日，在中共昆明市委书记程连元对“十三五”规划征求意见会议上，市致公党主委李冰晶发言，提出意见和建议。2015年1月，在云南省十二届人大三次会议上，市致公党副主委黄秋苹经大会选举增补为省人大常委会委员。在各级“两会”上，市致公党共提交建议、提案89件。其中，《关于制定〈云南省促进非公有制经济发展条例〉》《关于制定〈云南省建筑工程深基坑施工管理条例〉》被列为省人大议案；《关于挖掘和保护昆明近代历史文化资源的建议》被评为市政协优秀集体提案；《关于市级行政中心呈贡

“重走滇缅路，牢记抗战史”活动 （致公党市委 供稿）

新区配套住宅区成立社区居委会的建议》被列为昆明市政协重点督办提案，争取到项目资金100万元；被评为区政协重点提案1件；被评为区政协优秀提案1件；被区政协评为优秀调研报告1件。与昆明市侨联联合开展《昆明市归侨社会生活现状调研及对策》的课题调研，调研成果已通过内参和书面材料等形式提交市委、市政府决策参考。完成《昆明市加快推进社会信用体系建设对策研究》的决策咨询研究课题。完成29个课题的调研和成果转化工作。

【组织工作】 成立西山区基层委员会市一院总支离退休支部。安宁总支完成换届工作。2015年共发展新党员20人，平均年龄32.4岁。截至2015年12月底，共有党员565人。

广大党员立足本职，勤奋工作。1名党员被聘为宜良县人民检察院民事行政检察联络员，1名党员连续三年公务员考核优秀荣获记三等功奖励，1名党员荣获本职单位征文一等奖。1名党员的论文荣获省哲学社会科学优秀成果二等奖。1名党员指导的历史学专业11名学生考取硕士研究生，受到所在学院表彰。1名党员被西山区人民政府授予“优秀教师”光荣称号，并被评为“中学高级教师”。3名党员联合研发的昆明市脱毒马铃薯产业化科技成果应用申请国家专利并在2015年6月18日的海峡两岸职工创新成员会上荣获金奖。2名党员选育的昆薯4号品种通过审定。1名党员荣获“2015（第十一届）管理技能专业中国十佳培训师称号”，多名党员同志被所在单位授予“先进个人”“优秀管理人员”等荣誉称号。

在致公党中央扶贫工作会上，市致公党获扶贫工作先进集体殊荣，1名党员被评为扶贫工作先进个人。在致公党云南省委表彰大会上，市致公党6个基层组织被评为先进集体，28名党员被评为优秀党员，1人被评为优秀组织工作者。在市致公党表彰大会上，共评选出优秀党员45名，先进集体8个，参政议政、社会服务及信息工作先进个人21名。

【宣传工作】 开通《昆明致公》公众微信号，及时报送《昆明年鉴》等有关材料。编辑发行《昆明致公》两期。其中，1期为《重走滇缅路》专刊。向《昆明日报》《昆明政协》《昆明统战》、云南致公省委网站等媒体报送各类信息、简讯社情民意59条。其中，31条被致公党省委采纳，6条被昆明市政协采纳，15条被《昆明统战》采纳。

【联谊工作】 2015年，市致公党接待台湾国际洪门中华总会主席刘沛勋一行；南非半岛科技大学教授华人博士孙博华先生一行；美国加州华人健华社社长华人刘永乐一行；加拿大华侨黄郎先生一行。参团出访印度、斯里拉卡等国；组团出访老挝、泰国、缅甸并进行侨情交流活动。承办“涉侨、涉台、涉外”相关单位工作联系会议，到昆明市外事侨务办公室和昆明市投资促进局进行对口工作联系，加强沟通与协作。

【社会服务工作】 在市致公党的协助下，官渡区金马街道东华社区金祖鑫健华图书馆开馆、寻甸河口镇初级中学黄甘泉伉俪健华图书馆建成开馆。市致公党在挂职干部所在地石林县鹿阜街道办事处开展“同心致福”扶贫活动，为鹿阜街道办事处争取文化项目资金45万元，科技增粮项目资金5万元。在市致公党的牵线搭桥下，3月，“清凉月”教育基金会向禄劝马鹿中心学校捐赠价值35 000多元棉被、被套各360床及价值13 800多元图书368册，保证全校学生人均1床棉被和1册图书。5月，“香港暖心族”根据石林县鹿阜街道辖区三所学校的实际困难，捐赠50套双人课桌椅、40套高低床、30道纱窗、两台抽油烟机、两台冰箱、1台冰柜、1台消毒柜，为阿怒山小学捐赠730册书籍，捐赠金额共计58 200元。8月，经过实地调研，为鹿阜街道办事处青山村委会小色多村对过山引水渠道修缮工程拨付扶贫资金3万元，该水渠支砌工程已完工并投入使用。9月，经市致公党党员的牵线搭桥，玫琳凯（中国）化妆品有限公司云南分公司向石林县螺蛳塘小学、青山小学、大哨小学分批次捐赠总价值6万元的图书。市致公党发挥自身优势，组织多方力量帮助鹿阜街道被电击致残的贫困女孩严丽进行医疗。4月，积极联系昆明医科大学第二附属医院专家孙跃民主任为其免费诊治。5月，联系加拿大的复华国际慈善组织，该组织于11月10日到昆明为严丽免费成功实施手部第一次修复手术。在致公党西山区基层委的沟通下，云南德商汇组织“救助严丽捐款活动”，共捐款44 000元，所募资金用于严丽后期恢复治疗及生活使用。

（姚 伟 杨 杰）

中国农工民主党昆明市委员会

【思想建设】 认真学习习近平总书

记系列重要讲话精神，中共十八届三中、四中、五中全会，中共云南省委九届十一次会议，中共昆明市委十届六次会议精神，不断增强广大党员的政治意识、政党意识、大局意识和责任意识，做到内化于心、外践于行。夯实“同心”思想基础。举办多党合作理论、民主党派传统学习活动。市委会在各项会议之中坚持以政治理论学习贯穿会议全过程，采取以会代学、领导讲话、主题发言、专题培训等方式开展各项思想教育活动，学习中央统战工作会议精神。召开“坚持和发展中国特色社会主义学习实践活动”中期推进会和总结会。通过全委（扩大）会议、新党员培训、基层工作经验交流和参加中共昆明市委、昆明市委统战部组织的各项学习、通报、培训，加强政治理论学习，为新形势下巩固和发展多党合作提供理论指导。6月，农工党昆明市委代表队参加农工党云南省委组织“学精神、学党章、学党史”知识竞赛，勇夺竞赛第一名。市委会获优秀组织奖。9月，农工党昆明市委举办“纪念中国农工民主党成立85周年”演讲比赛，主题明确深刻，观点正确鲜明，弘扬主旋律，宣传正能量。

【参政议政】 围绕中共昆明市委、市政府的中心工作，联系市（县）区各级人大代表和政协委员，提交建议和提案73件。集体提案的答复面商工作年内已全部完成。2014年市委集体提案《关于昆明市推进县级公立医院综合改革的建议》获市政协优秀提案表彰；《关于大力发展社区医养结合养老服务机构的建议》被列为2015年8件主席督办重点提案之一。调研报告《在建设昆明知名旅游城市中充分发挥东川特种旅游作用的对策研究》获市政协“优秀调研视察报告”表彰。对昆明市如何开展医养结合服务模式进行调研。在调研过程中积极联系协调市民政局、市人社局、市财政局、市卫计委，根据各自职能职责，对昆明市老年人口和社会养老服务机构的基本情况、存在困难和问题、对策建议等开展研究，形成思路清晰、科学性强、有一定前瞻性和可操作性的课题成果。完成调研报告和决策咨询报告各1篇，为市委、市政府决策提供参考，受到主要领导的好评。

【组织建设】 截至2015年12月，全市有农工党员841名。其中，中高级职称563名，占党员总数的66.9%；高级职称208名，占党员总数的24.7%；女党员567名，占党员总数的67.4%；医卫界党员532名，占党员总数的63.3%。全市共有41个基层组织。其中，总支部委员会9个，支部委员会32个。现有各级人大代表、政协委员60名。

2015年，市委会支持东川区基层委员会进一步细分并成立5个支部，五华区基层委员会撤销下属总支，成立文化科技支部。

【社会服务】 结合自身优势，按照社会服务工作“量力而行、尽力而为”的原则，坚持深入农村、送医送药，为贫困地区捐资、捐物、帮学、助学、扶贫、济困，不断扩大农工党的社会影响力。6月，市委响应农工党中央和省委号召，联合中共盘龙区委统战部、农工党盘龙区委、盘龙区人民医院组织医疗专家队伍赴盘龙区滇源镇开展第八届“中国环境与健康宣传周”活动。向村卫生室赠送价值8 000余元的药品和科技书籍、为乡村医生和当地村民做妇科保健健康专题讲座。活动当天共诊疗群众280余人次，发放宣传材料400余份，并发放药品和计生用品。11月，市委在世博园广场组织开展第27届“国际科学与和平周”大型义诊活动。为社区居民免费义诊、健康宣传、医疗咨询、送医送药等。活动当天共计义诊803人次，发放健康咨询宣传材料300余份，免费发放价值5 000余元的药品。

【挂包帮、转走访工作】 2015年，市委主要领导带队到挂钩扶贫点寻甸县甸沙乡走访调研、慰问贫困群众。多次协调市水务局、市扶贫办负责人到甸沙乡实地走访调研，并与当地党委政府进行对接协调，明确扶贫思路和具体做法。市委主要领导自挂钩帮扶甸沙乡以来，共帮助协调争取帮扶资金276万元。其中，市政协10万元，市扶贫办188万元，市水务局40万元，市民委30万元，市委会为甸沙乡扶贫捐款3万元，农工党员周遵余扶贫捐款5万元。同时，市委积极响应中央和省号召，为贫困地区捐款，在中共昆明市委统战部的带领下，和

赴盘龙区滇源镇开展第八届“中国环境与健康宣传周”活动
（农工党市委 供稿）

其他民主党派成员开展“基本工资一日捐”活动。

（陈　琦）

九三学社昆明市委员会

【思想建设】　2015年九三学社昆明市委员会把坚持和发展中国特色社会主义作为对全市社员思想教育活动的聚焦点、着力点和落脚点，采用专题学习、以会代训等方式，全面提高社员的思想觉悟。春节前，围绕中共十八届四中全会精神，组织依法治国专题讲座，并传达中共昆明市委十届六次全会精神，全市260名社员参加学习。4月，组织5名新社员参加社省委举办的新社员暨骨干社员培训班，学习九三学社社章、社史，以及参政议政知识。8月，组织25名社员参加昆明市各民主党派、有关人民团体暑期干部培训班，学习《中央统一战线工作条例》精神，以及在“一带一路”战略下，云南、昆明面临的发展形势和机遇。在主任委员会议、常委（扩大）会、全委（扩大）会议、参政议政工作会和监督委员会工作会期间，结合工作实际，组织参会人员深入学习十八届四中、五中全会精神，准确把握中央关于“十三五”规划的新思路、新判断、新要求；学习中央统战工作会议精神，坚定对中国共产党领导的多党合作和政治协商制度的信念，坚定与党同心、同向、同行的决心。

【组织建设】　2015年，审批新社员18人，共有社员671名，下属6个基层委员会、2个直属支社和6个专门委员会。8月，召开组织工作会议，对基层组织和6个专门委员会进行目标责任完成情况考评，评选出2014—2015年度目标任务完成优秀基层组织和专委会并进行表彰，开展组织建设工作经验交流，组织5个基层组织撰写6篇基层组织活动典型案例报社中央。4月，完成九三学社昆明学院换届工作，民主选举产生社昆明学院第二届委员会。内部监督机制继续完善，六届监督委员会创新工作机制，建立工作办法，对社官渡区委员会、社昆明学院委员会以及社市委的换届工作、社市委八个基层组织社员大会、社市委各基层组织领导班子和各专委会的履职工作情况进行监督，促进社组织依规依程序规范开展工作。持续发扬关爱老社员传统，春节前社市委领导登门看望慰问老领导和85岁以上老龄社员16人；各基层组织登门看望慰问80—84岁老龄社员32人。举办迎新春老龄社员座谈会，100多名70岁以上老龄社员参加座谈会，社市委听取老社员的意见和建议。各基层组织及专委会开展丰富多彩的专题活动，增强社组织与社员间的沟通联系。根据《九三学社章程》，2015年12月17—19日九三学社昆明市第七次社员代表大会在昆明举行，共有133名代表，选举产生九三学社昆明市第七届委员会，常敏当选为第七届委员会主委，王云伟、秦亚洁、段伟、张铁松当选为副主委，圆满完成社市委换届选举工作，顺利实现新老交接。

2015年12月，九三学社昆明市第七次代表大会召开。

（九三学社市委　供稿）

【参政议政】　在政协昆明市第十二届委员会第五次会议上共提交《关于促进昆明市加工型食用花卉产业发展的对策建议》等8件集体提案。提案《关于进一步健全和完善我市农产品质量安全追溯体系的建议》《关于完善昆明市保障性住房分配与管理制度，缓解“住房难”供需矛盾的建议》、九三学社届别联名提案《关于完善昆明主城排水和防洪管理的建议》被评为2014年度优秀提案，《关于完善我市环境影响评价公众参与制度的建议》被列为2015年市政协重点督办提案。2015年共开展各级调研课题22个，其中社市委中标课题10个，基层调研课题9个，承担外单位中标课题3个，参政议政委员会年中对各课题的研究文稿进行中期评审，年末对课题研究报告进行结题评审，社市委13个各级中标课题全部顺利通过结题评审，并转换集体提案9件，社情民意5件，建言献策1件，参政议政水平进一步提高。4月，与市政协联络委联合举办“万溪冲梨花香”座谈会，邀请涉及万溪冲片区规划、土地、农业、园林、环保等政府职能部门的主要领导参加座谈，聚焦抢救性保护呈贡万溪冲古梨树生态群落，履行参政党民主监督职能。积极组织九三学社届别委员参与市政协的专题协商及调研活动，协商《昆明市会展业促进条例（草案）》《昆明市政府重大决策合法性审查规定》；听证《昆明市会展促进条例（草案）》《滇池分级保护范围划定方案》《昆明市电梯安全管理办法（修订）》；参加市滇池管理局《滇池流域中长期综合管理总体规划》监督协调组会议，参加市政协组织的昆明市大气污染行动计划工作情况汇报会、瓶、桶装饮用水质量安全情况视察工作、美沙酮维持治疗门诊调研活动、昆明市涉外企业发展中困难和问题调研活动，建言献策。

至2015年12月31日，九三学社市委有16名社员分别担任市监察局特邀监察员、市人民检察院特邀检察员、昆明市人民检察院人民监督员、昆明市公共资源交易人民监督员，盘龙区、西山区、官渡区、东川区人民检察院特邀检察员，积极参与各项督查和监督工作，发挥民主监督职能。

【宣传工作】 社市委机关建立机关联络员对基层组织和专委会信息报送文稿的初审制度，提高文稿在统战信息的采用率。全年共报送统战信息75篇，社情民意8篇，建言献策8篇；统战信息采用10篇，社情民意采用5篇，建言献策采用1篇。完成编辑出版《昆明九三》社刊和《第七次代表大会专刊》各1期；在2015年社刊上新增《学习贯彻中共十八届四中全会精神》《坚持和发展中国特色社会主义论坛》专栏。做好《中国统一战线》《九三中央社讯》《民主与科学》《云南九三》《昆明统一战线》《昆明政协》等宣传刊物的发放工作。完成九三学社昆明市委宣传片和宣传展板的制作、第六届委员会纪念画册和第六届委员会参政议政资料汇编的编辑工作。

【社会服务】 社市委组织社员中的书法、摄影爱好者和机关干部20余人分两次前往倘甸和轿子山两区管委会红土地镇法者村和东川区拖布卡镇格勒村委会开展迎新春“送文化下乡”活动，召开座谈会，走访慰问贫困户，为群众免费照全家福，写春联等，活动得到当地群众的好评。5月，在东川格勒大田坝小学开展庆“六一”助学活动，向大田坝小学150名学生赠送价值3 000余元涂氟防龋药品、洗漱用品，为11名品学兼优的困难学生捐资助学11 000元，捐赠2 000元给大田坝小学作为修理引水管的费用、资助格勒村2015年考上大学的三名贫困学生，分别给予每位学生生活补助5 000元。根据《昆明市2015年“扶贫日”活动方案》的要求，社市委主要领导率九三学社界别政协委员组成的调研组深入倘甸和轿子山两区管委会红土地镇龙树村调研指导扶贫攻坚工作，看望慰问困难群众，送去进村道路硬化项目捐款5万元，深入“挂包帮”2户贫困户进行问卷调查并送去慰问金及慰问品。组织医疗专家参加阿拉办事处“科技、文化、卫生、法律”四进社区活动，为当地村民医疗咨询100余人，深受当地村民欢迎。

（尹鸽娅）

2015年2月，组织医疗专家赴阿拉街道开展“科技、文化、卫生、法律”四进社区活动。

（九三学社市委　供稿）

昆明市工商联（总商会）

【执委会、常委会】 2015年1月和3月，昆明市工商联（总商会）先后召开市工商联十一届四次、五次常委会和十一届四次执委会，传达学习习近平总书记在云南考察时的重要讲话精神和党的十八届四中全会、中央、省委经济工作会议、市委十届六次全会精神。举办十八届四中全会精神宣讲报告、专题解读4次，举办“2015年新常态、经济转型与企业策略”“宏观经济热点分析与中国经济展望”“依法治国背景下如何依法治企”等专题学习3次，共800余名非公经济人士参加。深入学习贯彻中央和省委、市委统战工作会议精神。在党组中心组学习、干部职工会议、全市工商联工作会议、商会会长秘书长联系会上，对中央和省委、市委统战工作会议精神，特别是习近平总书记重要讲话、《统战工作条例》精神进行传达学习，用于指导工作实践。

【理想信念教育实践活动】 向市委常委会专题汇报全国、全省视频会议精神和开展教育实践活动情况。

召开全市动员部署会，市委常委、市委统战部部长熊瑞丽做动员讲话，下发《昆明市以守法诚信为重点深入开展非公有制经济人士理想信念教育实践活动实施意见》。举办600余名非公经济人士参加的守法诚信教育法律专题讲座，邀请知名法律专家讲授“民间融资法律风险防范”“企业家刑事法律风险”问题。开展一系列法治宣传教育、守法诚信宣传，开展法治企业、和谐企业、平安商会创建活动，全市广大非公经济人士社会主义理想信念更加坚定，守法诚信意识普遍增强。

中央统战部副部长，全国工商联党组书记、常务副主席全哲洙莅昆调研小微企业发展情况。（市工商联 供稿）

【非公党建】 加强对党员管理教育，做好发展党员工作，全年共发展新党员17名。注重发挥商会党组织堡垒作用和党员先锋模范作用，积极参与抗震救灾、扶贫攻坚、助学帮困等活动。开展商会党建调研，摸清商会组织党建工作现状。以现场观摩、集中培训、观看影片相结合的方式，举办1期60余人参加的基层党务培训班。

【宣教培训】 联合市委统战部、市工信委、市委党校、市经济干部学校等部门，采取“请进来、走出去、送上门”等多种方式，开展系列教育培训。联合市委统战部举办86人参加的非公经济代表人士培训班。组织59名民营企业家到中山大学进行素质提升研修。邀请云南大学、云南财经大学教授、专家深入东川区、石林县、阳宗海工商联，做“提高素质适应职场”“诚信赢天下”“税制改革方向及其影响”3次专题讲座，360余人参加培训。加强宣传非公经济的广度、深度和力度，在昆明电视台播出《商会纵横》节目24期，先后宣传浙江商会、晋商商会、凯旋利集团、创业榜样贺靖、张森等先进典型。在《中华工商时报》等国家、省市报刊发稿13篇；编印《昆明商会》会刊4期，发行7 200册；发布网站、微博、微信信息2 800余条。

【调查研究】 聚焦加快全市非公经济健康发展的重点、难点和热点，由会领导牵头组成调研组，分头开展调研。完成《昆明市加快民营企业实施“走出去”战略对策研究》《昆明市2015年民营经济发展情况调研报告》《昆明市民营企业电子商务发展情况调研报告》《昆明市园区工商联工作情况调研报告》4个调研课题。

【参政议政】 指导工商联界别政协委员撰写提案，协调2名委员在市政协十二届五次全会联组会上发言，提交《关于加强企业诚信建设的建议》等团体提案5个，委员提案29个。其中2个提案被市政协评为优秀提案。上报社情民意18篇，被市政协采用并报送相关领导及部门7篇。成立市工商联“政协委员之家”，召开座谈会、协商会，开展为“十三五”规划建言献策活动。12月8日，“昆明市工商联政协委员之家”正式揭牌仪式。

【政策服务】 组织商会会长、民营企业家110人次参加市委十届六次全会、市“两会”，及时将市委、市政府相关政策措施传递给广大民营企业家；将中央、省、市出台的落实扶持民营经济发展的政策法规汇编成册，发送给民营企业家。组织举办以产业政策、非公经济发展政策为学习内容的会议、培训、活动11次，参训800余人次。贯彻落实市级领导联系驻昆商会和非公经济代表人士制度，做好市级领导联系34家商会和68家民营企业的服务保障工作，搭建政企沟通平台，畅通政企交流渠道。完成昆明市全面支持小微企业发展政策措施落实情况第三方评估调研，全国工商联党组书记全哲洙莅昆调研检查时对昆明工作给予肯定。

【融资服务】 深化银行、商会、企业合作，多渠道帮助民营企业、特别是中小微企业解决融资难题。联合建行云南省分行、昆明日报社开展“成长之路——2015寻找昆明最具成长潜力的小微企业”评选活动。先后邀请兴业证券、深圳前海股权交易中心、上海股权托管交易中心专家，为300余名民营企业家、商会会长讲授证券交易、股权交易、中小微企业挂牌融资等专业知识。

【维权服务】 聘请云南天外天律师

事务所专业律师团队开展送法律进商会活动，为商会、企业提供定制式的免费培训。先后举办民企刑事风险防范、合同风险防控、PPP模式设计及法律风险防控、民间借贷风险防范及法律解决为主题的法律知识讲座4期，680余名民营企业、商会负责人参加培训。加强法律维权工作，组织召开法律维权工作研讨会，邀请省工商联、市级相关部门参加，商讨法律维权工作。全年为100余家民营企业提供法律服务，帮助解决实际问题30多件。

【经济服务】 广泛开展经贸交流活动，先后组织广西商会、晨农集团等68家商会、企业参加埃塞俄比亚投资环境暨项目推介会、澳门中小企业促进会到昆考察、第三届南博会及“云南青年创业创新成果展”、2015年农博会等经贸活动。联合市就业局举办民营企业招聘周活动，组织13家会员企业参加招聘会，提供就业岗位156个。推进扶持创业“贷免扶补”和“两个10万元”微型企业培育工程，通过“贷免扶补”扶持创业1 009人，超额完成“贷免扶补”850人的目标任务，发放创业贷款7 294万元，带动就业2 566人；通过“两个10万元”扶持企业1 093户，超额完成扶持1 000户的目标任务。

【光彩事业】 组织实施富民款庄徐谷村小水利工程建设、晋宁上蒜河泊村道路修缮、盘龙阿子营铁冲村公益房建设等9个光彩项目，投入资金380.1万元。组织开展“光彩事业昭通行”活动，向巧家地震灾区捐赠重建资金182万元。

【扶贫攻坚】 开展2015年度民营企业社会责任调研，115家民营企业填报调查表。加大精准扶贫力度，为原挂钩扶贫点倘甸和轿子山两区凤合镇积水村协调申报水利建设项目3个，落实建设资金24万元。认真落实“挂包帮”“转走访”工作要求，完成对新挂钩扶贫点倘甸和轿子山两区金源乡妥托村29户贫困户遍访工作。继续动员驻昆商会参与挂钩帮扶，组织30家商会走进贫困县开展帮扶工作。

【基层建设】 先后召开动员会、推进会，积极指导、帮助、推动“五好”县级工商联建设。官渡区、西山区、晋宁县工商联创建为全国、全省“五好”县级工商联，官渡区工商联还被命名全国、全省“五好”县级工商联建设示范点。推荐五华区、盘龙区、呈贡区工商联通过全省“五好”县级工商联综合评审。

【平安商会创建】 与市综治办联合印发《昆明市平安商会创建活动实施方案》，在全市商会中开展平安创建活动，19家商会通过创建验收。调整工作思路，变业务主管审批为业务指导服务，将驻昆商会吸纳为团体会员，密切工商联与商会的“血缘”联系。指导筹备成立桂林商会等5家商会，指导苍南商会等6家商会顺利换届。加强商会会长、秘书长队伍建设，举办1期会长、秘书长培训班。先后以建立商会调解组织、开展送法进商会为主题，组织举办4期商会秘书长联谊活动。

（朱家寿）

群众团体

总工会

【概况】 2015年，在市委和省总的坚强领导下，昆明市总工会深入贯彻落实党的十八大，十八届三中、四中、五中全会精神，习近平总书记系列重要讲话特别是考察云南重要讲话精神，围绕市委十届六次、七次全会和省总十一届四次、五次全会确定的各项目标任务，围绕中心、服务大局，彰显特色、主动作为，各项工作实现新的发展和突破，为推动昆明经济社会发展做出工会组织应有的贡献。

【提升职工队伍素质】 创新职工教育培训方式，不断完善“三网络一平台”，共组织8 000多人参加网络在线学习。开展“72行技术大练兵”活动，吸引12个类别、205个工种的30多万名职工参与。抓职工技术技能培训，共组织13 959名职工参加各类技术技能培训，其中13 164名职工取得国家职业资格证书。抓职工技术创新活动，共提出合理化建议5 463条，开展技术革新3 385项，推广先进操作法1 092项。广泛开展法律知识竞赛、主题演讲比赛等“中国梦·劳动美”主题活动，推动建成各类“职工书屋”752个。

【创新维权机制】 加大源头参与力度，共向各级人大、政协提出议案、建议、提案14件，上报各类调研报告25篇。加大“两书”推广力度，累计发出4 700多份《工会维权意见书》，推动解决一系列事关职工切身利益的问题。着力推动工资集体协商工作扩面、提质、增效，覆盖面达95%。积极开展厂务公开、职代会建制专项行动，全市已建会非公企业的职代会和厂务公开建制率分别达98.87%和98.75%。加大职工劳动保护力度，共组织32万多人次职工参加“安康杯”竞赛和新《安全生产法》知识竞赛。

【拓展服务职工载体】 继续推进节日送温暖、医疗互助等工作，共慰问和帮扶救助困难职工、农民工4.3万人次，为7.1万名职工报销医疗互助补助。举办各类职业技能培训班38期，培训下岗失业人员和农民工2 018人；累计发放“贷免扶补”121笔，金额888万元；发放小额担保贷款1491笔，金额1.03亿元。推行普惠服务，已发放兼具会员管理、团购优惠、金融服务等多项功能的“工惠卡”50余万张，发展特惠合作商户200多家。

【开展“基层工会组织建设落实年”活动】　加大工会组建和会员发展工作，非公企业建会覆盖率达98.95%，职工入会率达98.48%。抓规范建会，93.9%的乡镇（街道）工会达到规范化标准，55%以上的基层工会达到“六有”目标。抓典型引领。由市总领导分别联系2—3家基层工会，着力培育具有示范带动作用的基层工会建设样板，评选出10个“魅力工会”和10名“最美职工”。组织工会干部参加干部培训班、高级研修班、业务培训班以及网络在线学习，较好地提升工作能力。给予乡镇（街道）工会的工作经费补助由2014年的119万元增加到219万元，确保基层工会“建”起来、“转”起来、“活”起来。

【加强机关建设】　深入开展“三严三实”和“忠诚干净担当”专题教育，持续推进“下基层、进企业、学劳模、访职工、办实事”活动，形成改进作风、联系职工群众的新格局。大力推进“挂包帮、转走访”扶贫工作，派出86名机关干部对建档立卡贫困户进行入户遍访调查；全年共投入扶贫资金191万元，用于扶贫村道路、文化活动室等基础设施建设。

（袁　媛）

妇女联合会

【思想引领】　2015年发挥妇女之家等阵地作用，以“巾帼建新功、共筑中国梦”为主题，市妇联班子分成4个组深入8个县区16个社区（村）与妇女群众共同学习宣传习总书记视察云南的重要讲话精神，把党的声音传递到最基层。组织巾帼文艺队深入社区演出，把妇女群众的智慧和力量进一步凝聚到建设美好幸福新昆明的目标中来。年内，全国、省、市级各类媒体宣传报道昆明市妇联工作172篇，微博报道1 233条。其中，中央媒体报道14篇。《中国妇女报》2015年头版头条刊登云南省妇女工作3篇，其中昆明有2篇。2015年，昆明市妇联被全国妇联表彰为“全国妇女宣传舆论阵地建设先进单位”，被市普法领导小组表彰为“昆明市法律九进示范点”。

【典型示范】　培树和宣传新时期先进妇女典型，在昆明电视台开辟“巾帼英雄榜”专栏，用身边的故事启迪妇女。由市妇联挖掘培树的典型代琼兰受邀于纪念中国人民抗日战争暨世界反法西斯战争胜利70周年阅兵式赴天安门广场观礼。组织全市各级妇联以“庆三八”为契机，表彰一大批先进妇女典型，让广大妇女赶有目标，学有榜样。

【创业就业】　2015年市妇联积极向上争取项目、资金、政策，发放小额担保贷款17 918万元，扶持2 516人创业，提供5 403个就业岗位。发放“贷免扶补”创业贷款2 923万元，扶持411人创业，提供967个就业岗位。推荐17户劳动密集型小企业获得贷款1 670万元。完成“两个10万元”微型企业培育工程扶持工作600户的目标任务。举办春风送岗位女性专场招聘会，提供1 693个适合妇女就业的岗位，现场签订求职意向502人。

【巾帼建功行动】　围绕党群共建创先争优，在城市，动员各条战线妇女立足岗位争创一流；在农村，加快培育“妇”字号专业合作组织、农业企业和种养殖能手，推动发展家政服务、手工编织、刺绣等适合妇女从事的产业。命名昆明市“巾帼文明示范岗”63个，“巾帼建功标兵”103人，“女大学生创业就业实践基地”20个，“巾帼创新业示范基地”33个，“巾帼创新业带头人”49人，“妇女创业就业工作先进集体”23个，“妇女创业就业先进个人”42人，“优秀创业指导老师”16人。

【巾帼成才行动】　以培训为抓手，提高妇女的科学发展能力。扶持女性领军人物和创新团队，培养女科技致富带头人、巾帼创新业带头人206名。开展农函大、农村实用技术、失业、失地妇女创业就业技能培训，培训妇女14 816人。举办清华大学现代女性企业家经济管理高级研修班，培训女企业家53名。开展高级育婴师等培训3期193人，80%参训学员取得育婴师国家职业证书。将妇女干部培训纳入市级培训主体班次，在北京大学举办第十八期妇女干部培训班，全市82名实职正科以上妇女干部参加培训；举办基层妇女干部、妇女代表培训班，培训妇联干部1 560名；举办妇女干部社会工作骨干培训，培训社工人才100名。

【创业创新示范中心】　市妇联根据广大创业女性的需求，成立昆明妇女创业创新示范中心，采取“中心+公司”模式，联手北京大学创业训练营、中国小额信贷联盟、阿里巴巴第三方服务机构百万英才培训实践基地，提供政策支持、人才培养、创业指导、孵化加速等服务，强化联手、联心、联谊，服务妇女、服务家庭、服务社会“三联三服务”职能。此创业创新示范中心于11月19日开业，至2015年12月31日，入驻企业35个。其中，注册资本在100万元以上的25

2015年4月，全国妇联主席沈跃跃在晋宁县古城村调研妇委会工作。
（市妇联 供稿）

个，1 000万元以上的10个，覆盖科技、文创、商贸、教育、农牧、食品、工程餐饮等行业。12月4日，该中心通过北大创业训练营远程网络平台对41个餐饮企业管理人员进行免费培训。健全小额贷款"三公开"即政策公开、程序公开、结果公开的工作督查机制，邀请市第七纪工委参与小额贷款工作进行检查督导，确保民生工程在阳光下运行。

【推动源头维权】 推动男女平等基本国策相关内容纳入市委党校、行政学院主体班次的教学计划，增强性别决策意识，在市委党校举办男女平等基本国策讲座10期。贯彻落实《中华人民共和国妇女权益保障法》和《未成年人保护法》，促进性别平等，优化妇女儿童生存环境。发挥妇儿工委办公室职能作用，组织成员单位针对规划实施情况和确定的重点难点指标进行2次督导，推动《昆明妇女儿童发展规划（2011—2020年）》监测统计评估和重点指标攻关。完成妇女之家建设、加强和改进新时期妇联工作对策研究等一批专题调研，为市委市政府提供决策参考。

【促进社会稳定和谐】 发挥12338妇女维权热线和市、县、乡、村四级信访网络的联动作用，接待处理来信来访3 627人次，处理率99%。坚持妇女维权联席会议制度，推进人民调解进妇联，创建市级平安家庭零家暴示范社区（村）17个。推进"三进三联"即人民调解进妇联、妇女维权岗进为民服务中心、妇联主席进综治领导机构，来信来访联接、矛盾纠纷联排、维权服务联动，主动维权、依法维权、科学维权、综合维权，取得良好效果。

【推进实事项目】 发挥市妇儿工委办和市春蕾少年儿童基金会在实施"春蕾计划"中的作用，拓宽资助领域，在轿子山实验中学、昆明市女子职业学校、晋宁县一中开办春蕾班，共资助春蕾生2 303名。实施关爱女性健康工程、"母爱10平方"、关爱农村留守儿童等实事项目，加大对留守、流动、孤残妇女儿童、老龄贫困妇女等弱势群体的关爱帮扶，自筹资金慰问贫困母亲100名、失独家庭22户，慰问孤残、留守儿童200多名。分别向西山区、晋宁县等7个县区151名0—3岁实施母婴阻断HIV感染的受艾滋病影响儿童及婴幼儿提供价值16.1万余元的奶粉。免费开展"两癌"筛查活动，共为888名城镇特困家庭育龄妇女完成体检，将慰问方式从关注温饱拓展到关注健康，从关爱妇女延伸到关爱家庭，用真情换得关爱实效。

【深化家庭文明建设】 把广泛寻找"最美家庭"活动作为联系服务妇女群众、弘扬家庭美德、改善社会风气的有效载体，发挥妇女在弘扬中华民族家庭美德、树立良好家风方面的独特作用。2015年评选出的"昆明市最美家庭"王兰兰、杨金山、李永洪家庭囊括了云南省全国"最美家庭"。制作《因爱而聚》微视频和画册，宣扬最美家庭事迹。开展富有妇女儿童特点和家庭特色的思想道德教育工作，组织家教讲师团深入基层培训

王兰兰（左五）作为"全国最美家庭"代表上台领奖
（市妇联 供稿）

72场19 000人次，编印《家庭教育文摘》惠及近50万个家庭。

【展现巾帼志愿风采】 在册16 000多名巾帼志愿者活跃在农村和社区，成为服务群众、促进和谐的重要力量。开展“保护滇池巾帼行动”，市妇联领导班子成员及党组成员每人各牵头负责相应河道，构建市、区、街道、社区四级负责工作制，发动巾帼志愿者参与昆明市滇池草海主要入湖河道精准治污工作。制作拍摄展示昆明市巾帼志愿者风采的宣传片《滇池的女儿》在“纪念北京世妇会20周年深入贯彻男女平等基本国策”大会上宣传播出，并通过中国妇女英文网等网站向190多个国家和地区推送。开展“四自精神燃希望、维权帮扶送温暖”活动，组织巾帼志愿者报告团走进省女一监开展关爱活动。

【加强自身建设】 以开展“三严三实”和“忠诚干净担当”专题教育为契机，进一步改进工作作风。修改完善36项内部管理制度，加大按制度管理的力度。在市妇联领导班子的构成上实现历史突破，设兼职副主席5名，吸纳党政、科技、卫生、法律、非公企业界具有较大影响力的优秀人士进入市妇联主席班子，突出广泛性、群众性、统战性、代表性的特点。通过机关党建带妇建，加强机关、事业单位妇女组织建设，实行妇女组织归口管理，推动党建和妇建带促结合、同步推进、同步提高。全市83个机关、事业一级单位，正式明确由市妇联直管的单位共19个，与市委组织部直管单位一致，另有64个单位隶属于市级机关妇工委管理。以基层“妇女之家”为阵地广泛开展“下基层、访妇情、办实事”活动，妇联工作落实在基层，领导班子分组到基层接访，共收集整理意见建议8条。畅通妇联组织与广大妇女群众联系的渠道，建立妇女代表接访制度，组织428名妇女代表，57名执委广泛倾听群众呼声22次。为扶贫挂钩点争取资金52万元，改善村民生产生活条件。

【扩大对外交流合作】 市妇联先后接待古巴妇联总书记特蕾莎、英联邦协会、缅甸全国民主联盟主席昂山素季、菲律宾国会众议员考察团等对昆明市妇女工作的考察。首次组织优秀手工刺绣企业参加第20届国际（米兰）手工艺品展销会。强化对内服务。承接中华妇女联合会、北京英联邦协会支援农村留守妇女互助发展项目捐赠仪式、家庭教育现场观摩会。做好迪庆、红河等州市16名妇女干部到昆挂职工作。接待四川、腾冲、楚雄、保山等兄弟妇联来昆明交流学习。

（易新群）

共青团市委

【概况】 至2015年12月，昆明市共有14—28周岁户籍青少年1 075 478人，占云南省14—28周岁青少年的12.4%；有共青团员535 210人，占全省共青团员的20.3%。全市基层团委625个，团总支1 716个，团支部12 702个。其中“两新”团组织2 741个。

【服务昆明跨越发展】 团市委牵头举办首次“中国青年企业家进云南、进昆明”活动，邀请60余名来自北京、上海、天津、广东、湖南等省（市）的青年企业家到昆明围绕“加强昆明对外交流与合作”“促进昆明产业转型升级”“助推昆明主动服务和融入国家‘一带一路’、长江经济带和云南桥头堡建设等国家战略”开展经贸考察、项目洽谈等活动，并就石林农业光伏大棚等新能源项目达成初步意向。围绕昆明城市建设与管理，在全市组织开展“‘扮靓昆明青年志愿者在行动’市容环境整治系列活动”，着力打造共青团市容环境27条示范街、18条示范河，创建32个“青年文明号市容整治志愿服务点”，组建47支“突击队”，圆满完成第三届“南博会”、2015中国国际旅游交易会志愿服务工作，1万余人直接参与志愿服务活动，吸引超过60家企业及社会组织参加，服务时间累计达8万小时，平均参加志愿服务时长均在8小时以上，服务人次达9.7万。围绕建设法治昆明，组织开展“法治昆明，青年先行”系列活动，同云南凌云律师事务所合作开展“法制宣传、法律服务进基层”活动，深入社区、学校为青少年及社区群众开展法制宣传，解读法律法规，普及法律常识，提供法律咨询服务等活动。围绕扶贫和促进就业，组织开展“挂包帮、转走访”活动，实现机关干部和贫困户全部结对。围绕生态文明建设，开展保护母亲湖植树造林活动，截至2015年10月底，全市共组织26次，1 352人参与，共植树395亩36 410棵；开展青少年生态环保宣传活动共84次，累计5 983名青少年参与活动。

【服务青少年成长成才】 发挥昆明市青少年发展基金会的作用，帮助困难青少年，特别是贫困地区的青少年解决生活、学习方面的困难。2015年，青基会共筹集善款508.59万元，开展“暖冬行动”“遇见孩子新未来”“睛彩益视”“共享蓝天”“我懂你的心”“希望图书室”等主题活动，直接服务人数达5.35万余人，间接服务人数达14万余人，赢得广大青少年热烈欢迎和社会各界的一致好评。创新基金会筹款模式，以手机APP等新媒体为依托，开创网络公益基金众筹模式、公益项目众集模式，并在全市3 000余个电梯间张贴昆明市青少年发展基金会公益海报，覆盖市区两级所有政府部门、35个居民小区、15所医院，加大对青基会的宣传和对全市困难青少年的摸底帮扶力度。扎实服务青年自主创业。积极落实“贷免扶补”创业小额贷款、失业人员小额担保贷款、“两个10万元”微型企业培育工程和劳动密集型小企业贷款扶持等政策，加强青年创业就业扶持工作。截至2015年10月底，“贷免扶补”小额担保贷款2015年任务数400户，收到申请数505户，已会审数400户，已发放数153户，发放金额903万元，带动就业人数791人；失业人员小额担保贷款2015年任务数100户，已收到申请数130户，10月份发放60户；“两个10万元”微型企业培育工程2015年任务数1 140户，已收到申请数1 048户，初审通过数824户，会审通过数317户，已拨付93户，金额323万元。围绕青年人才培养，争取团省委、市商务局、市人才办等部门的支持，开展青年电商人才、专业社工人才等培训，共举办基础电子商务知识培训4期，390名创业青年受训；社工培训学习15期，500余人次受训；志愿者培训35次，2 000余人次受训。安排特别团费20万元，在元旦、春节期间慰问特困青少年179人，人均1 200元。

【宣传教育】 采用多种形式宣传和弘扬社会主义核心价值观。首开全国“共青团文化列车”——“昆明青年志愿者号”和“青春梦想号”，作为青少年思想教育流动阵地，以“向国庆献礼”为主题，结合“橙、黄、绿、蓝、青、紫”六彩色调和时尚设计分别打造“我爱祖国”“七彩云南”“低碳生活，绿色昆明”“大众创业，万众创新”“益起来”和“我型我 SHOW”6个主题。利用团市委宣传栏、官方网站、微博、微信等平台发布“图说我们的价值观”系列作品宣传展示；组织青年团员参加“我们的节日”主题活动，抓住“清明”“五四”“六一”“国庆”等主要节假日，以在市民和广大青少年中倡导文明行为、传播生态理念等形式，广泛宣传社会主义核心价值观。网络宣传工作不断创新。推进由昆明青年新媒体中心、共青团网站、团市委官方微信公众号、官方微博组成的“四位一体”的昆明共青团新媒体建设，实现共青团同广大粉丝、青少年进行多渠道沟通交流的局面。开辟漫画、网络签名等新形式宣传、互动平台，在青年中取得良好反响。截至2015年底，昆明共青团官方网站共发布信息1 900条，开辟网站专题专栏24个，浏览量达454 860次；新浪、腾讯官方微博发布信息4 487条，粉丝人数62 689人；官方微信公众号发布信息542条，粉丝人数32 597人，上述信息共416万名网友进行阅读、转发及讨论，有效地扩大新媒体运用对网络青年影响力。传统媒体报道再创历史新高。2015年昆明共青团传统媒体宣传取得大突破，中央电视台财经频道报道昆明市青年创业大赛相关工作，实现昆明共青团央视报道的零突破；《中国青年报》和中国青年网等全国性媒体12次报道昆明共青团工作。其中《昆明：激活基层团组织这个最小细胞》一文被《中国青年报》整版报道。《云南日报》《昆明日报》等省市媒体也曾多次对团市委工作进行头版刊登。截至2015年底，昆明共青团的工作被各级各类有声、平面及视频媒体报道228次。

首开“共青团文化列车”发车仪式　（共青团市委　供稿）

【青少年维权】 继续实施共青团承接政府购买青少年事务社工项目，提升青少年维权工作。新培育成立青少年社工机构8家，组建专兼职青少年事务社工队伍80余人，深化“七彩云”项目的实施，承担全市合适成年人的管理、培训和委派工作。截至2015年底，全市共有青少年社工机构8家，招募合适成年人800余人，收到办案机关的《委托函》3 284份，派遣合适成年人到场参与未成年人刑事诉讼3 679次，全面履行监督、沟通、抚慰、教育和见证等职责。加强与市中院、市检察院的合作，对19名附条件不起诉未成年人进行考察帮扶，对涉诉未成年人心理干预40余人次，完成社会背景调查12份，得到法检部门的充分肯定。深化“共青团与人大代表、政协委员面对面”活动。建立每季度一次的常态化倾听机制，通过专题调研、座谈走访、网络交流等多种方式开展倾听、调研活动，在“两会”前开展“面对面”集中活动，2015年16个提案建议在市、县“两会”上提出，反映和维护青少年普遍性利益诉求。其中，团市委2015年的“面对面”主题调研报告被评为全国市级二类调研报告。加大青少年法制宣传和自护教育力度。结合青少年特点，采取“走出去与请进来”相结合的方式，深入“警营”、少年法庭、青少年法制教育基地等场所，运用体验式教育的方法和手段开展活动，2015年共开展活动50次，覆盖青少年8 000余人，宣传教育的实效性进一步增强。推进12355青少年服务台建设。创新建立“志愿时+学分=星级”的评比机制和志愿时回馈培训激励机制，定期开展个案督导学习和专题培训，促进志愿者整体服务水平和专业素养的有效提升。12355青少年服务台与40多家单位建立合作关系，建立志愿服务工作站30个、心理咨询室15个，心理咨询师和律师组成的志愿者队伍保持稳定在500余人左右。2015年，12355接听热线334个，登记在案20个，安排面询12个，开展进校园、进社区各类活动9场次，服务1 020人次。

【团建工作】　强化党建带团建，与中共昆明市委组织部联合印发《关于深化全市党建带团建推进区域化团建工作的意见》。明确以区域化党建带动区域化团建，以组织共建为基础，以街道团工委为核心，以青少年综合服务平台、青年中心阵地和青年工作项目为依托，以青年社会组织为纽带，推动区域组织联动和区域资源共享，建立条块结合、以块为主、整体协同的合理机制，形成“横向联合、纵向联动、分级负责”的区域化整体推进工作格局。推进“两新”领域团建工作。2015年，全市共新建“两新”团组织97家。截至2015年底，“两新”团建工作覆盖到全市14个县（市）区、三个开发（度假）区和旅游、律师、公证、会计等行业，累计建立“两新”团组织2 741家，覆盖团员青年52 804名，35岁以下青年112 666名。推进农村基层团组织建设。深入推进农村区域化团建和基层服务型团组织建设工作。选树宜良县为省级农村基层团建示范县，并在全市各县区中选树9个农村基层团建示范乡（镇），带动昆明市农村团组织共同发展，实现团的活动经常化、项目化、品牌化，提升基层团组织的活跃度、服务力和影响力。在全市开展农村基层团建创新项目竞赛，围绕农村青少年现实需求，组织开展关爱留守儿童、乡村青年交流联谊、生态文明建设志愿行动、乡村好青年分享会等活动，因地制宜设计基层团组织建设、活动设计等各类创新项目，从村至县逐级梳理并上报12个优秀经典项目。加强对团干部的教育培训。联合市委组织部、市委党校举办昆明青年干部培训主体培训班1期，共培训来自全市各县区、乡镇（街道）、市直属学校团干部和少先队辅导员327人；赴上海交通大学开展全市青年文明号集体及“两新”组织负责人培训1期，共88人参加培训；各县区、开发度假园区组织开展培训共计14期、培训1 364人次。积极组织机关干部72人次参与上级团委及市级有关部门业务培训16期。

（马　栋　彭文怡）

台湾同胞联谊会

【组织建设】　2015年，市台湾同胞联谊会健全完善各项制度，做到年初有计划，活动有记录、考核有内容、年终有总结。按时收缴党费，规范党费的管理和使用。组织召开专题民主生活会和民主评议党员工作；开展党员进社区服务群众工作；开展“群众点亮微心愿 架起连心桥”活动，走访慰问困难群众，4名在职党员与松坪村12名困难老党员结成扶贫对子，捐赠慰问金2 400元。

【交流工作】　联络台湾团组赴昆考察交流。牵头组织接待10多个台湾交流考察团组及有关人士近200人。其中，邀请台湾桃园云南同乡会理事长、台湾传统市场联合总会总会长鲁李仁一行到昆明，与省、市、区有关部门交流座谈、实地考察、对接项目。同时，鲁李仁还专题介绍在台云南乡亲情况，提供云南省在台人员基本信息；联络亚洲台湾商会联合总会名誉总会长张峰豪率领台商参访团来云南嵩明等地考察，为越、缅、泰等东南亚台商寻找在昆合作项目、参加“南博会”等做好服务协调工作；牵头组织接待台湾新竹横山乡赴昆考察团一行20余人，实地考察石林台创园、万家欢生态科技园和云烟印象科技园等地，召开专题座谈会，开展两岸乡镇基层对口交流；联络接待台湾景文科技大学洪久贤校长一行在云南昆明的教育交流合作活动，促成台湾景文科大与昆明学院等云南多所院校签订交流合作协议，促进滇台教育交流合作取得实质性成果。开展两岸青年交流方面有创新和突破。举办

2015年昆明市台胞台属参观抗战文化展暨参加“迎中秋·庆国庆”活动

（市台联　供稿）

“2015·两岸青年七彩云南联谊活动周”；开展“两岸青年交流音乐会”重点交流项目，会同台湾海峡两岸青年交流服务基金会、台湾中国青年大陆研究文教基金会、台湾真善美基金会与云南师范大学、昆明学院师生3 000多人开展活动，组织台湾师生参观西南联大、云南陆军讲武堂等，两岸师生缅怀抗战先烈，加强民族认同和文化共识。全国政协常委、中华全国台湾同胞联谊会副会长、党组成员陈杰，台胞部副部长郭京斌等领导专程到昆明出席音乐会，对交流活动给予充分肯定，认为昆明市台联为两岸关系和平发展传递正能量，为推动两岸青年了解与交流的工作卓有成效。牵头组织“昆明市文教参访团”赴台参访交流，会同参团单位——致公党昆明市委、市委党校认真落实“昆明市文教参访团”赴台参访任务。在赴台交流中，拜会台湾文教方面的重要团体和人士，实地参观学校教育教学、实验研究场所及青少年活动中心，与台湾教育界进行座谈交流。参访活动取得圆满成功，受到广泛好评。

【为台服务】　开展领导干部公务电话接听工作，共接听工作电话近1 500个。受理台胞台属来信来访8件9人次，做到件件有答复，事事有回音。无集体上访、投诉事件发生，无到上级有关部门投诉事件发生。组成慰问调研组，看望走访15名困难台胞台属、重点工作对象、老党员。走访市属13个县区和昆明学院188名困难台胞台属，共发放慰问金5.56万元。编写《台联简讯》16期、《扶贫专报》9期、《廉政信息》13篇、《党支部工作信息》15期，积极向《昆明统战》《昆明政协》等刊物投稿。做好市台联网站的信息发布、管理维护工作，发布69篇工作动态信息，发布微博1 713条。按照《昆明市台联章程》的有关要求，组织理事、常务理事学习党的对台方针政策及习近平总书记系列重要讲话精神；邀请台商林淑丽女士等台胞指导女理事学习蝶古巴特创意拼贴艺术的制作工艺及流程；邀请全国人大代表、省台联会长杨晓红作全国“两会”精神专题报告；邀请省台办副主任段俐娟做“台情报告”；举办纪念中国人民抗日战争暨世界反法西斯战争胜利70周年的知识讲座；组织参观云南陆军讲武堂、国立西南联合大学旧址和昆明市博物馆飞虎队展厅；赴腾冲、保山、龙陵开展“昆明市台胞台属爱国主义活动”；召开2015年度县区台联工作联系会暨市台联宣传信息工作会、参政议政工作会等。组织市台联理事、台胞台属参加市委统战部组织的暑期干部培训班和市台办组织的对台工作培训班。

【参政议政】　全年提交提案49件。其中，集体提案14件，委员个人提案35件。集体提案《关于充分发挥我市有关人民团体在化解矛盾纠纷中作用的建议》和《关于提升昆明市公共安全突发事件应急管理能力的几点建议》《关于重视我市特殊教育工作促进残疾人享有平等教育的建议》《关于充分发挥城市经济圈“中央处理器”作用　积极推动区域积极发展的建议》3件个人提案，被市政协评为2015年优秀提案。提交社情民意39件（上报省政协3件）。其中，社情民意《关于进一步加强我市城乡清洁工程工作力度的建议》被市委常委、常务副市长何刚和副市长孟庆红批示，提交有关部门落实；7件被市政协以政协专报的形式向市委、市政协领导及有关部门报送，为党委、政府科学决策提供参考。召开2015年参政议政工作会，组织开展台联界别政协委员活动。组织开展《呈贡区外出租地农民创业存在的主要问题及对策建议》《充分发挥台胞台属特殊群体作用为昆明“四个全面”建设作贡献》《关于在现有编制情况下有效促进我市中小学和幼儿园师资队伍平台建设的调研》《关于促进台资企业在昆发展的调研》《借鉴台湾农业发展经验发展我市高原都市农业》《关于促进呈贡区旅游经济发展的调研报告》等8个课题的调研，并完成调研报告。制定出台《昆明市台湾同胞联谊会关于制定市县（区）、昆明学院台联工作联系（会议）的制度》《昆明市台湾同胞联谊会关于县（区）台联、昆明学院台联信息报送工作机制》《关于创新机制　提升昆明市台联工作水平》等3个制度，出台《关于创新机制，提升昆明市台联工作水平》文件。市台联7名政协委员，参加市政协组织的各类会议103次，视察调研37次；派专人参加市纪委党风政风室组织的清明节、端午节、五一节和中秋节、国庆节的明察暗访工作。

【扶贫济困送温暖】　市台联慰问调研组赴东川区拖布卡镇松坪村委会慰问困难群众，给60户困难群众发放慰问金12 000元。认真开展民情恳谈会、上党课、重温入党誓词等活动，与松坪村12名困难老党员结成扶贫对子，机关4名在职党员共捐资2 400元。下派驻村工作队员驻“十二五”期间“挂包帮”“转走访”联系点东川区阿旺镇鲁纳村，组织全体干部到鲁纳村进行入户走访调查活动和建档立卡工作。组织开展“一日捐”活动，市台联机关6名干部职工共捐款1 080元。

（张丽红）

归国华侨联合会

【九届三次全委会】　昆明市归国华侨联合会第九届委员会第三次全会于2015年1月30日举行。云南省侨联副巡视员杨晓波到会指导并做重要讲话。会议传达学习中国侨联九届二次全委会议、市委十届六次全会精神，选举增补7名委员。

【服务经济发展】 为达拉斯美中商会到昆投资考察做好牵线搭桥工作，请昆明市分管领导会见考察团，促成商会与云南信亿进出口贸易有限公司达成初步投资合作意向。组织侨商会企业家到倘甸和轿子山两区开展招商引资、扶贫公益活动，并深入市侨联扶贫挂钩点——倘甸镇骂秧村开展慰问资助困难家庭活动，为村民提供免费义诊和法律咨询服务，捐赠物资合计6.1万元。

【依法维护侨益】 2015年，接待来信来访群众30余人次，接收办理信访件11起，办结10起，办结率为91%。加强涉侨单位信访协作机制，健全与公检法司等部门的合作机制，完善市侨联法律顾问委员会案情通报制度，继续聘请市侨联法律顾问，为归侨侨眷提供法律服务。建立为困难归侨侨眷争取全市侨务工作“双百计划”的帮扶机制。由于工作突出，被中国侨联授予“2011—2015年度全国侨联系统维权工作先进单位”荣誉称号。

【拓展海外联谊】 加强与港澳两地滇籍侨团的沟通交流和良性互动，联合组织开展系列活动，在推介和宣传昆明的同时，积极向海外延伸联谊工作空间。参加“云南旅港同乡会第十届董事会就职典礼暨2015乙未年春茗联欢晚会”“澳门云南工商联会、澳门云南同乡联谊互助会成立周年庆典”等活动，开展昆明城市形象推介和宣传。注重涵养侨务资源，接待来自澳大利亚、阿联酋、土耳其等国家的侨团侨领。与加拿大云南总商会签署友好合作协议，互建海外和国内工作联系机构，支持国内企业借助海外侨胞的商业网络走出去。挖掘海外华侨华人高端人才资源，建立海外人士数据库，为他们回国创业、为国服务提供帮助。与土耳其、阿联酋、意大利、美国福罗里达州、世界越柬寮华人团体联合会等华侨华人社团建立常态化沟通协作机制，密切与海外侨团的友好往来，建设上下贯通、左右协同、内外联动的组织架构。组团出访老挝、越南、缅甸开展侨务访问及海外联谊工作，了解周边国家侨团发展情况，调研华侨华人海外投资及产业发展情况，并与当地华侨华人代表座谈，拓展联系渠道，凝聚侨心。

【参政议政】 在政协昆明市第十二届委员会第五次会议上，分别提交集体提案、侨界政协委员个人提案、建言献策、社情民意9个和10个、8篇和2篇。其中，1篇集体提案、2篇个人提案获“昆明市政协2015年度优秀提案”。在市政协指导下，成立昆明市侨联界别“政协委员之家”，为政协委员搭建起知情明政的平台、建言献策的平台、展现委员风采的平台。围绕国家“一带一路”战略，在全省范围内率先开展昆明市发挥侨务民间外交优势对策研究，《昆明市发挥侨务民间外交优势，服务建设面向南亚东南亚辐射中心城市对策研究》课题被列为2015年度市级决策咨询课题，课题成果通过市科学发展决策咨询中心结题评审，为市委、市政府提供决策参考。

“第十六届世界华人学生作文大赛”（昆明赛区）表彰会 （市侨联　供稿）

【弘扬中华文化】 认真学习习近平总书记给厦门集美校友总会的回信，举办昆明市侨界学习“嘉庚精神”座谈会，邀请昆明侨界归侨代表结合亲身经历讲述学习弘扬“嘉庚精神”的重要性，探讨“嘉庚精神”的时代意义，凝聚广大华侨华人的强大正能量，为昆明市当好全省经济社会发展的排头兵、火车头做出侨界新贡献。组织开展“老归侨口述历史”活动，深入挖掘在昆老归侨历史，发动归侨从各方面回顾自己回国奋斗的历史足迹，整理记述他们的坎坷经历和辉煌业绩，深化中国特色社会主义的宣传教育，引导侨界群众了解中国梦的基本内涵、重要遵循和本质属性，为实现中华民族伟大复兴的中国梦贡献智慧和力量。组织开展“归侨侨眷喜看新昆明”活动，邀请归侨侨眷代表人士近六十人参观近年来新昆明建设取得的成就，直观感受昆明市在滇池治理、城市发展、文化传承等方面工作，分享昆明改革发展各项事业的成果。参与支持华文教育事业发展，组织侨界小学生参加世界华人学生作文大赛，展现当代侨界青少年勇于探索、知行合一的积极进取精神和昂扬向上的精神风貌。官渡区关上实验学校、南站小学及云溪小学17名小学生在大赛中获奖。其中，3人获一等奖，9人获二等奖，5人获三等奖；昆明市侨联荣获大赛组委会颁发的“组织奖”称号。

昆明市侨联界别“政协委员之家”揭牌　　（市侨联　供稿）

【参与社会建设】 联合昆明侨商会共同举办“2015企业发展系列讲座”，邀请专家分析经济形势和市场机遇，帮助企业解答昆明市“走出去”和“请进来”、人才招聘的相关政策，推进商会工作创新。建立与省外兄弟侨联商会交流联系机制，与海南文昌侨属企业协会考察团开展座谈交流，为两地侨资企业牵线搭桥，寻求合作。引导侨资企业承担社会责任，组织侨商会企业参加第三届全国跨区域（秋季）高校毕业生巡回招聘会，提供就业岗位40余个。开展具有侨特色的公益活动，争取美国妈妈联谊会、云端青联会等慈善组织和爱心侨团向禄劝县、晋宁县、东川区、倘甸和轿子山两区等县（区）捐款捐物及支持当地饮水工程建设，累计接受捐赠（款物）约20万元，民族地区困难群众受益者逾600人，帮助200多名寒门学子继续攻读学业。联合市委统战部开展“送温暖、献爱心”活动，向困难归侨侨眷发放慰问金58 300余元，资助贫困归侨侨眷及困难群众135户，传递党和政府的关怀。

（陈　敏）

外事侨务

【缔结国际友好关系】 2月5—7日，市委副书记、市长李文荣率昆明市政府代表团及企业家代表团访问越南岘港市。6日，市长李文荣拜会岘港市政府，与岘港市人民委员会副主席冯进曰进行正式会谈，会谈结束后，两市签署《中华人民共和国昆明市和越南社会主义共和国岘港市建立友好城市关系协议书》，昆明市与岘港市正式缔结为友好城市关系。至此，昆明市国际友好城市增至20对。5月20日，副市长杨皕陪同副省长高树勋会见来昆明访问的爱尔兰克莱尔郡郡长约翰·克罗一行，会见结束后，双方签署《中华人民共和国云南省和爱尔兰克莱尔郡建立友好省郡关系协议书暨石林世界地质公园与巴伦莫赫悬崖地质公园建立友好公园关系协议书》。9月22日至10月1日，市长李文荣率友好代表团赴俄罗斯符拉迪沃斯托克、捷克奥洛莫茨、芬兰于韦斯屈莱3座城市进行友好访问，于9月27日签署昆明—奥洛莫茨《发展友好城市关系意向书》，昆明市友好交流城市增至18对。

【国际友城交流与合作】 2015年，昆明市与国际友城间开展友好交流与合作42项，推动友城关系从友好交往型逐渐向互惠互利型转变。第3届中国—南亚博览会暨第23届昆交会期间：昆明市在友城馆展示20座友城、4座准友城、3座友好交流城市的概况以及交往合作情况。昆明的友城清迈10家企业和博克拉4家企业参展，安塔利亚、沙托鲁、斯克耐克特迪分别做城市推介、城堡旅游推介和教育文

2015年5月，石林世界地质公园与巴伦莫赫悬崖地质公园建立友好公园关系协议书签字仪式。　（市外事侨务办公室　供稿）

2015年6月，昆明市与越南岘港市建立友好合作关系备忘录签约仪式。
（市外事侨务办公室　供稿）

化推介，藤泽市展出智能机器人，斯克耐克特迪市展示老昆明彩色照片与飞虎队老照片，瓦加瓦加展示瓦加小姐和社区公主等，扩充南博会参展国数量，丰富友城馆的展示内容；应市长李文荣邀请，藤泽市、博克拉市、清迈市、安塔利亚市、沙托鲁市、瓦加瓦加市、斯克耐克特迪市、本拿比市共8个友城代表团来访，计政府官员39人、企业家41人。其中，1位市长、2位副市长、1位州议员、2位市议员；安排友城代表们参加开幕式、省政府和商务部举办的小型招待会、云南省友城招待晚宴、昆明市友城招待午宴；安排博克拉市、清迈市、安塔利亚市、瓦加瓦加市4座友城代表团团长接受昆明电视台“博览会客厅”节目专访；安排《昆明日报》对博克拉代表团团长进行采访并为尼泊尔“4·25”大地震后重建和恢复旅游业进行宣传；安排瓦加瓦加代表团与澳贸委昆明代表处举行商务座谈；安排本拿比代表团与昆明市商务、卫生、民政部门及昆明学院进行项目合作会谈，市外侨办与本拿比市友城委员会签署《合作备忘录》；安排友城代表团参观云南省博物馆、海东湿地公园、石林和世博园。2015中国国际旅游交易会期间：接待友好交流城市捷克奥洛莫茨州市市长安东尼·斯坦克先生一行10人，安排来宾出席开幕式、参观场馆及空港垃圾焚烧发电厂、锦苑花卉、昆明市中医院、甘美医院、昆明市体育学校、昆明市福利院等，两市在旅游、中医药、花卉展览、教育合作等领域达成合作共识。

加强与南亚、东南亚友好城市的交流与合作。积极邀请南亚、东南亚友城来昆参加南博会、旅交会等大型会展活动。2月5—14日，市政府主要领导率团出访越南岘港、老挝万象、缅甸仰光和曼德勒4个东南亚友城，达成多项合作意向，省委书记和省长分别批示肯定。4月23日，副市长杨皕在机场宾馆会见途经昆明的老挝人民革命党中央委员、万象市委书记兼市长、老中友协会长辛拉冯·库派吞一行29人，同意接受万象市专业技术人员来昆培训。7月31日—8月3日，昆明市歌舞剧院一行10人赴马来西亚古晋南市参加“第27届城市纪念日”庆典活动演出，受到当地热烈欢迎。7月30日—8月4日，市博览局、市商务局、市外侨办组成6人代表团赴越南岘港参加“越南2015东西经济走廊贸易、旅游和投资展览会”，进一步深化与岘港市的合作交流。11月27日，昆明市邀请博克拉市体育代表团参加“2015第八届轿子山翻越挑战赛”。2015年，本着“亲诚惠容”的周边外交工作理念，昆明市先后向周边友城实施以下援助项目：赠送博克拉市两辆消防车；全额资助博克拉市来昆接受华文教育留学生5名；赠送万象市30台酒精检测仪和一批警用物资；培训万象市公安局警官10名；选派1名武术教练赴缅甸曼德勒支持对方开展武术运动等。

继续深化昆明与苏黎世的友好城市关系。3月18日，副市长王道兴会见来访的苏黎世前市长、瑞中友好协会主席托马斯·瓦格纳博士一行，双方就滇池治理相关项目及昆明芬美意香料有限公司富民新厂污水处理等有关事宜进行商谈。4月20—26日，根据昆苏城市合作项目，苏黎世技术代表团访问昆明，双方进行本年度第一轮工作会谈，并就城市发展、公共交通、文物保护进行交流。4月22日，根据昆苏互派艺术家文化交流项目，昆明市发布面向社会公选1名艺术家赴苏黎世进行艺术交流的公告，交流时间为4个月。9月，为促进双方在低碳领域的合作，市委常委、秘书长柳文炜率市发改委代表团一行6人赴苏黎世就中瑞低碳城市项目二期进行友好交流，为下一步签约合作奠定基础。10月20日，昆明市接待苏黎世著名钢琴家维尔纳·贝奇，安排钢琴家与昆明学院音乐学院师生进行交流，初步达成昆明学院邀请钢琴家维尔纳·贝奇先生为客座教授意向，当晚在昆明剧院举办维尔纳·贝奇独奏音乐会“苏黎世之夜”。11月2—6日，根据昆苏城市合作项目框架，昆苏友城合作项目负责人鲍姆先生及苏黎世技术代表团访问昆明，双方进行本年度第二轮工作会谈，并就2016年两市技术合作提出概要，对两市合作前景及2016年苏黎世市长访问昆明等工作进行探讨。

昆明市国际友好城市、国际友好交流城市一览表
（截至2015年12月31日）

类别	序号	城市名称	所在国	所在洲	建立友好关系时间
国际友好城市	1	藤泽市	日本	亚洲	1981年11月5日
国际友好城市	2	清迈市	泰国	亚洲	1999年6月7日
国际友好城市	3	曼德勒市	缅甸	亚洲	2001年5月10日
国际友好城市	4	吉大港市	孟加拉	亚洲	2005年8月18日
国际友好城市	5	仰光市	缅甸	亚洲	2008年12月1日
国际友好城市	6	金边市	柬埔寨	亚洲	2011年6月8日
国际友好城市	7	波隆纳鲁沃市	斯里兰卡	亚洲	2011年7月27日
国际友好城市	8	万象市	老挝	亚洲	2011年10月17日
国际友好城市	9	博克拉市	尼泊尔	亚洲	2013年7月8日
国际友好城市	10	加尔各答市	印度	亚洲	2013年10月23日
国际友好城市	11	岘港市	越南	亚洲	2015年2月6日
国际友好城市	12	苏黎世市	瑞士	欧洲	1982年2月17日
国际友好城市	13	于韦斯屈莱市	芬兰	欧洲	2008年9月18日
国际友好城市	14	安塔利亚市	土耳其	欧洲	2013年5月10日
国际友好城市	15	沙温市	摩洛哥	非洲	1985年5月14日
国际友好城市	16	丹佛市	美国	美洲	1986年5月15日
国际友好城市	17	斯克耐克特迪	美国	美洲	2014年3月25日
国际友好城市	18	科恰班巴市	玻利维亚	美洲	1997年9月25日
国际友好城市	19	瓦加瓦加市	澳大利亚	大洋洲	1988年8月14日
国际友好城市	20	新普利茅斯市	新西兰	大洋洲	2003年8月11日
合计	共20对，其中亚洲11对，欧洲3对，非洲1对，美洲3对，大洋洲2对				
国际友好交流城市	1	曼谷市	泰国	亚洲	1997年1月23日
国际友好交流城市	2	高阳市	韩国	亚洲	2001年9月
国际友好交流城市	3	海防市	越南	亚洲	2004年9月
国际友好交流城市	4	古晋南市	马来西亚	亚洲	2004年11月
国际友好交流城市	5	卡罗县	印度尼西亚	亚洲	2008年7月
国际友好交流城市	6	浦项市	韩国	亚洲	2008年11月25日
国际友好交流城市	7	高山市	日本	亚洲	2011年7月
国际友好交流城市	8	日惹市	印度尼西亚	亚洲	2011年7月
国际友好交流城市	9	本拿比市	加拿大	美洲	2011年5月30日
国际友好交流城市	10	齐纳市	墨西哥	美洲	2011年5月23日
国际友好交流城市	11	塔斯克鲁斯市	美国	美洲	2012年5月
国际友好交流城市	12	里维拉比奇市	美国	美洲	2012年7月28日
国际友好交流城市	13	新西敏市	加拿大	美洲	2012年11月
国际友好交流城市	14	迪岑巴赫市	德国	欧洲	2011年9月1日
国际友好交流城市	15	弗拉基米尔	俄罗斯	欧洲	2012年3月
国际友好交流城市	16	格拉斯市	法国	欧洲	2012年11月
国际友好交流城市	17	阿格玛市	荷兰	欧洲	2013年3月22日
国际友好交流城市	18	奥洛莫茨市	捷克	欧洲	2015年9月27日
合计	共18对，其中亚洲8对，美洲5对，欧洲5对。				

【与外国驻华使领馆的交往合作】在确保国家安全战略前提下，全年与驻华使领馆联络沟通96次，与有关驻华使领馆合作，妥善处置涉及交通、医疗和劳资纠纷的涉外突发事件6起。协助泰王国驻昆明总领事馆举办第七、八届“昆明·泰国节”。与印度驻广州总领事馆合作举办“首届中国（昆明）·印度国际瑜伽日”“2015中国—印度握手音乐会”。与以色列驻成都总领事馆合作举办“昆明—以色列友好交流音乐会”“医疗小丑”巡演活动。8月24日，新任印度驻广州总领事唐施恩先生上任后首站访问昆明，市长李文荣会见唐施恩先生，双方就加强商贸、文化等方面的合作进行深入交流。为纪念中泰建交40周年和昆明—曼谷国际公路贯通7周年，促进道路联通、民心相通，6月份，昆明市外侨办与泰王国驻昆明总领事馆共同发起“‘一带一路’大通道—昆曼公路摄影大赛”，面向全球征集以昆曼公路沿线人文、风光为主题的摄影作品。截至8月10日，共计收到来自全国各地乃至国际知名摄影师和摄影爱好者343人的参展作品6 500幅。10月13日，“‘一带一路’大通道—昆曼公路摄影展”开幕式在云南陆军讲武堂旧址举办。开幕式由昆明市委书记程连元和泰王国驻昆明总领事素查·亮桑彤先生揭幕，昆明市委常委、副市长关清华和泰王国驻昆明总领事素查·亮桑彤先生作为主办方代表分别致辞。此次展览以昆曼大通道线路途经地区为主线，分为宜居昆明、时尚昆明、多彩云南、风情云南、缤纷泰国、奇妙老挝、另类昆曼之旅和开放昆明8个展区，共展出200余幅摄影作品。12月15日，昆明市外侨办、泰王国驻昆明总领事馆共同主办的“‘一带一路’大通道—昆曼公路摄影展”泰国段展览暨泰国·昆明周在友好城市清迈市开幕，摄影展共展出200余幅作品，在清迈举办3天后在曼谷和昆明长水国际机场进行巡回展览；泰国·昆明周活动引入昆明外贸企业携带昆明鲜切花、鲜花食品、民族工艺品等特色文化产品参展，与摄影作品、形象展示、旅游推介相互辉映，集中展示和推介昆明文化、昆明旅游、昆明印象。

【对外民间友好交往】 2015年，昆明市通过民间友好渠道，接待来自美国、爱尔兰、法国、西班牙、瑞士、芬兰、罗马尼亚、日本、韩国、印尼、缅甸、柬埔寨等16个国家的友好组织和人士39批次393人次，支持“走出去”开展民间友好交流12批次78人次，推动文化、教育、体育、科技、规划、环保、商贸、旅游、卫生等领域的对外交流与合作。3月23—29日，应俄罗斯—中国友好协会的邀请，昆明市人民对外友好协会、昆明市教育局、共青团昆明市委组织儿童艺术团代表中国参加“开放的欧洲、开放的地球”莫斯科第12届国际青少年艺术节，获得舞蹈组大奖（最高奖）。4月，昆明市人民对外友好协会选送60幅小学生画作参加斯里兰卡“美嘉丽”美术作品竞赛和展览，获得一等奖2名、二等奖6名、优秀奖45名。6月3日，作为市长李文荣的信使，中国著名探险家、昆明市人民对外友好协会会员金飞豹一行6人，从美国华盛顿出发，开启“探寻开拓奋发之路，传播中美合作友谊——2015年中国人自行车骑行横跨美国交流活动”。9月6日，为纪念中国人民抗日战争暨世界反法西斯战争胜利70周年，昆明市举行授予美国二战老兵荣誉市民称号颁证仪式暨招待会，授予弗兰克·罗森斯基等15位美国二战老兵及莉迪亚·罗西等2位做出积极贡献的老兵遗属“昆明市荣誉市民称号”，为弘扬和传承“飞虎队”精神，深化中美两国人民友谊，共同开创和平、进步和发展的美好未来涵养人脉资源。11月12—15日，由中国人民外交学会和法国法中委员会共同组织的长期机制性会议——第十届中法市长圆桌会议在昆明市和红河州举行。11月13日，近30名法国的市长代表、中国的市长代表和法国施耐德、苏伊士、阿尔斯通和达索系统等大型跨国企业的代表齐聚昆明，以“中法城市2025年展望：网络城市和可持续发展城市”为主题，共同直面城市发展的机遇与挑战，共商城市发展的重要问题。代市长王喜良宴请与会代表并致欢迎词，市委常委、副市长关清华做《历史与现实——从昆明与法国的历史之缘看昆明城市的发展变化》

2015年11月，第十届中法市长圆桌会议在昆明市开幕。
（市外事侨务办公室　供稿）

的主旨发言，回顾昆明与法国的历史渊源，介绍昆明，表达在昆明与法国之间架起一座友谊和合作之桥的美好愿望，与中法两国市长进行良好互动。会议期间，中法市长们还参观考察石林地质公园、滇池治理和第七污水处理厂。会后，中国人民外交学会、法国法中委员会对会议的成功举办专门致函市政府、市外侨办和市对外友协表示感谢。

【外事礼宾接待】 2015年，昆明市外事礼宾工作严格执行中央八项规定，狠抓服务细节和服务质量，突出务实、节俭、规范，圆满完成国家、省级及市级重要外事接待69起710余人次，包括接待越共中央书记阮富仲、缅甸全国民主联盟主席昂山素季、老挝副总理潘坎·维帕万等高级别代表团，以良好的服务展示昆明美好形象，增进中外双方的政治互信、经济交往和利益交融。为丰富外事接待参观内容，更好地宣传昆明，新增“花之城”“山灞集团”为外事参观点。

【因公出国（境）管理】 制定出台规范厅级以下国家工作人员因公临时出国（境）规范性文件。继续贯彻落实中央和云南省关于因公出国（境）管理的政策规定，坚持“按需派出，讲求实效”原则，进一步加强因公出国（境）计划审核和因公出国（境）审批工作，严控因公出国（境）团组数量，大幅压缩派出团组及人数，不安排考察性出访。全年因公出访计划获省外办正式批复81批422人（不占计划数：赴越、老、缅计划12批71人），计划内出访总量为74批398人（不占计划数：赴越、老、缅9批54人），实现全年计划数的94.31%，完成总量控制任务。对优势产业、支柱产业和开展招商引资、经贸推介、“一带一路”建设、友城实质性交往、医疗合作培训、设备监造等活动的团组及企业“走出去”提供服务与便利，为企业举办申办APEC商务旅行卡培训，共有13家国企和29家民企参加。坚持制度约束、量化管理、经费控制，进一步完善监督与跟踪问效制，严格执行因公出访报告制度，收集2015年因公出访报告50余份，切实加强行前教育培训，进一步强化因公出访的纪律性、规范性和实效性。

【港澳事务工作】 推动昆明与香港、澳门交流与合作事项11项，包括：组织在昆港澳代表参加春节招待会；接待澳门演艺人协会访问禄劝；邀请接待香港贸发局副总裁考察昆明；接待香港汇基书院、香港贸发局成都办事处、香港特区政府驻粤办事处、香港（成都）商会考察团、香港贸发局大中华区总经济师黄醒彪一行、澳门同乡会、澳门中小企业协进会来昆考察交流；组织昆明高原特色农产品参加香港推介会等，促进引资引智与交流合作。

【国际展会活动】 2015年，外事侨务工作继续为昆明市主办、承办或协办的各类国际会展和赛事活动服务，促进经贸、旅游、文化、艺术、体育、农业等多领域的合作交流。全年服务的国际会展和赛事活动主要有：第3届中国—南亚博览会暨第23届昆交会、2015中国国际旅游交易会、第11届中国·昆明泛亚国际农业博览会、第13届东盟华商会、2015昆明高原国际半程马拉松赛、首届中国（昆明）·印度国际瑜伽日、第8届轿子山翻越挑战赛、2015东川国际泥石流汽车越野拉力赛等。

【外交外事知识培训】 1月5—10日、3月12—16日，围绕国际形势、“一带一路”与昆明的发展、外事礼宾礼仪、涉外事件处理、因公出国（境）任务办理等内容，市外侨办与外交学院合作，在外交学院分别举办1期外交业务培训班、1期“一带一路与昆明”高级研讨班，共培训全市外事和涉外干部70余名。10月14日，由市外侨办牵头，邀请中国对外经贸大学副校长张新民教授专程到昆明市，

市人大常委会授予为中国抗战胜利做出卓越贡献的美国二战老兵及遗属共17人“昆明市荣誉市民”称号 （陈敏 摄）

举办昆明市领导干部培训日专题讲座第12讲——《中国企业走出去：动力与战略》。该培训讲座在市级行政中心设1个主会场，通过电子政务网络视频现场直播方式，在各县区、高新区、经开区、度假区、阳宗海风景名胜区、倘甸产业园区设置16个分会场，各级干部近2 000人参加培训，市委常委、副市长关清华主持培训会。

首届中国（昆明）·印度国际瑜伽日于2015年6月21日在昆举办

（市外事侨务办公室　供稿）

【与南亚、东南亚区域合作】 2015年，昆明市共派出37个团组132人赴南亚、东南亚国家访问，包括友城交流、侨情联谊、经贸文化交流、华侨企业调研等，推动与南亚、东南亚开展区域合作交流项目40个，涉及商贸、旅游、医疗、教育、文化、会展等领域。商贸方面：昆明在东盟国家设立境外投资企业178家，协议投资总额172 754.26万美元，中方投资额148 597.07万美元，对东盟国家对外承包工程项目28个，合同金额13 828.47万美元；昆明在南亚国家设立境外投资企业6家，协议投资总额364.38万美元，中方投资额358.38万美元，对南亚国家对外承包工程项目2个，合同金额12 042.29万美元。南亚在昆投资有印度、孟加拉国、斯里兰卡、尼泊尔共4个国家、12个项目，合同外资86.66万美元；东南亚在昆投资有新加坡、泰国、缅甸、马来西亚、印度尼西亚、文莱、菲律宾共7个国家、86个项目，合同外资22 721.49万美元。旅游方面：进一步加大与东南亚国家的旅游宣传与合作力度。尼泊尔发生“4·25”大地震后，市政府第一时间发出慰问和支持，8月18—23日，受尼方邀请，昆明市派出媒体代表团赴尼泊尔加德满都、博克拉、奇特旺三大城市考察采访，协助尼方开展重振旅游业的宣传报道。12月，市旅发委带队，相关部门、县区、景区、旅游企业组成的促销交流小组一行11人赴越南、缅甸、泰国开展旅游促销活动，促销团分别在越南河内、泰国清迈、缅甸内比都召开昆明旅游推介会。文化体育方面：2015中国—印度握手音乐会中国首场演出在昆明剧院上演；昆明市民族歌舞剧院参加欢迎越共中央总书记阮富仲的晚宴演出，该院还代表昆明市赴马来西亚古晋南市参加“第27届城市纪念日”庆典为期3天的演出活动；昆明报业传媒集团火把果文化传播有限公司和昆明0871文化传播公司合作，在清迈central festival广场举办清迈国际音乐节；昆明市体育学校选派1名武术教练前往缅甸曼德勒体校进行为期4周的教学活动，建立昆明与曼德勒的友好纽带。教育方面：昆明市教育局与泰国教育代表团就基础教育教学、管理现状及发展前景进行座谈交流；昆明市第十四中学受邀参加新加坡“北区科技挑战赛”，获得一金一铜的好成绩，新加坡安德信初级学院师生一行37人按惯例对十四中进行回访，双方开展文体活动友谊比赛和课堂教学交流；昆明市旅游职业高级中学与泰国南邦皇家大学开展交流活动，与缅甸曼德勒云华师范学院达成珠宝玉石专业教学合作，该校2人赴曼德勒云华师范学院进行为期5天的文教交流；昆明市外国语学校与泰国东方大学附中、泰国帕提亚Huayyai Municipality学校开展互访交流活动；昆八中与印度加尔各答贝拉高中、素希拉贝拉女子中学开展互访交流活动。医疗方面：昆明市延安医院与泰国皇家北海岸胸科研究所、马来西亚国家心脏中心开展合作交流，与泰国清迈大学医学院马哈拉吉那空医院Boonchalao Suriyavan、泰国曼谷医疗保健认证机构Phongpan Tana、新加坡国立大学医院Lee Siu Yin、香港广华医院徐明慧教授、台北荣民总医院卢淑芬教授合作，在昆明建立“心血管疾病专科护士培训基地”；昆明市第一人民医院继续与老挝开展合作交流，老挝副总理潘坎·维帕万专门到访医院，双方商谈深化合作事宜；昆明市第三人民医院与泰国宋卡王子大学医学院流行病学教研室及附属合艾医院感染科签署人才合作培养协议，定期选拔优秀医务人员前往进修学习，聘请对方2位流行病专家为客座教授，2位教授应邀参加医院主办的“第一届东南亚感染性疾病论坛”并进行主旨演讲；昆明市中医医院应泰国清迈大学医学院邀请，选派6人赴泰进行为期30天的“临床优质护理服务及技能创新培训”。会展业方面：云南省贸易促进委员会、昆明市博览事务局与泰国会议展览局、泰国展览业协会、新加坡会展行业协会共同举办“滇泰会展洽谈交流会暨昆明市博览事务局与泰国展览业协会签约仪式”“云南省贸易促进委员会、昆明市博览事务局与新加坡会展行业协会签约仪式”，昆明与泰国签订展览业合作意向书、与新加坡签订会展行业谅解备忘录。合作机制方面：5月15日，由中国人民对外友好协会和中国国际友好城市联合会共同主办的首届中印地方合作论坛在北京人民大会堂成功举办，昆明市杨皕副市长出席并围绕论坛主题“智慧城市、智慧生活”做发言。11月24日，中国云南省与印度西孟加拉邦经济合作论坛（K2K合作论坛）第11次会议在加尔各答开幕，昆明市举办论坛的重要项目“昆明周”活动，重点推介昆明的文化、旅游及经济社会发展情况。12月23日，第七次中越五省市经济走廊合作会议在昆明举行，昆明市作为合作会议机制成员单位，由副市长孟庆红带队参加经贸投资组、旅游教育卫生组的研讨。

【“双百计划”实施情况】 2015年，昆明市继续实施侨务工作“双百计划”，围绕帮扶救助100户困难归侨侨眷目标，帮扶慰问市属困难归侨侨眷410户次，市级财政共支付42.22万元帮扶慰问金，使党和政府的政策惠及贫困归侨侨眷，温暖侨心；围绕发展、凝聚“百名”华侨华人高端人才目标，完成55名侨界高端人才的信息收集入库工作，扩大引资引智的人脉网络。

【侨法宣传与社区侨务工作】 10月，组织开展对各县区侨法执行情况的专项检查。推动官渡区董北社区和五华区翠北社区创建“侨法宣传角”，并分别于10月15日、16日举行挂牌仪式。推动东川区铜都街道办事处金桥社区通过国务院侨办评选，被评为2015年度“全国社区侨务工作明星社区”，省侨办给予创建经费支持5万元，于11月3日举行挂牌仪式。按照国侨办《关于开展2015年“暖侨敬老行动”的通知》要求，做好暖侨敬老行动候选社区的甄选和推荐工作，最终五华区富春社区被国侨办评为2015年度全国“暖侨敬老行动”联系示范点，省侨办给予专款支持2万元，并于10月15日举行挂牌仪式。以“为侨服务”为宗旨，依法做好维权护侨工作，全年妥善处理各类侨务信访63件（次），涉及医疗保险、回国定居落户、房产赔偿、“文革”冤案、孩子入学等问题，办结率达95%以上。

【“南侨机工”品牌打造】 继续关爱南侨机工健在老人，每逢传统节日和南侨机工老人的生日，省、市领导均专程上门看望慰问南侨机工老人，体现党和政府的真切关怀。大力支持五华区委、区政府打造“南侨机工历史文化社区”，继续扩大“南侨机工”品牌效应。认真办结“南洋华侨机工抗日纪念碑墙等纪念设施的建议”提案件，提案人南侨机工暨眷属联谊会会长表示满意。推荐近年来昆明市牵头拍摄的南侨机工题材影像片参加中国电视艺术家协会、国家档案局主办的“让历史告诉未来——中国人民抗日战争全纪录抗战题材纪录片”推选活动，其中，《南侨机工——被遗忘的卫国者》获系列片一等奖、最佳编导奖，微电影《没有寄出的信》获短片一等奖、最佳摄像奖，《南侨机工》获长片三等奖。《没有寄出的信》并被评为第21届中国电视纪录片短片十优作品。

【华文教育】 召开全市华文教育基地工作会议，对华文教育工作进行总结和安排。接待并安排新加坡创价学会2批32人到盘龙区双龙中学和禄劝县翠华中学进行友好交流；接待并安排“文化中国·2015海外华文媒体云南行”一行40人参加在昆明举办的纪念抗战胜利70周年有关活动；接待“2015美国侨报小记者访华团”一行24人，安排该访华团赴石林县糯黑村开展“探寻民俗文化”采访活动。昆明市外国语学校于2014年与泰国碧差汶府的六所学校建立友好交流关系，主旨是对泰国学生（主要是华裔后代）进行汉语培训和中华文化的介绍。2015年10月12—31日，泰方1名教师带领12名学生（其中一半是华裔后代）到市外国语学校开展为期三周的“华语夏令营”访问活动。为提高华文教育资金的使用效益，市外侨办对省侨办和市财政拨付到6所市属华文教育基地学校的专项资金进行第二次内部审计。

【侨务外联】 2015年初，市委、市政府通过举办“昆明市归侨侨眷新春座谈会”，表达对广大归侨侨眷及侨商的关心、尊重和爱护，联络感情，凝聚侨心。年内，市外侨办继续与泰国，缅甸，老挝，新加坡，马来西亚，中国香港、澳门等的侨团保持友好联系，积极协助国侨办、省政府成功举办第13届东盟华商会，圆满完成参会海外华侨华人、侨团侨社的接待任务及昆明企业参会的组织筛选工作。市外侨办联合市侨联参加“中国（深圳）华人华侨产业交易会”。为纪念抗战胜利70周年，市外侨办与省侨办共同拍摄1部《赤子丹心——华侨华人云南抗战纪实》专题片，印发同名纪念画册3 000册，扩大华侨华人支持抗战的宣传影响。

【招商引资】 2015年，市外侨办继续利用外事侨务资源，积极协助和配合全市招商引资工作。协助五华区引进泰国TCC集团投资改造“昆明中心皇冠假日酒店”项目外资1 037万美元，引进“昆明联想科技城”项目累计投入资金达25.96亿元。

（市外侨办综合处）

政策·经济研究·咨询

政策研究

【文稿起草】 2015年，市委政研室紧紧围绕市委、市政府的中心工作，完成《中共昆明市委 昆明市人民政府关于进一步加快呈贡新区改革发展的决定》《中共昆明市委关于加强和改进党的群团工作的实施意见》《中共昆明市委关于制定国民经济和社会发展第十三个五年规划的建议》《中共昆明市委关于深入贯彻落实习近平总书记考察云南重要讲话精神当好全省跨越式发展排头兵和火车头的实施意见》《朝阳区—昆明市党群口合作框架》5个重要文件的起草任务。起草完成市委书记程连元在全市扶贫开发、农村危房改造和抗震安居工程建设会、“挂包帮”“转走访”及扶贫开发与基层党建双推进工作会议上的讲话和在市委党的群团工作会议上的讲话、副市长杨皕在昆明市社会事业发展工作会议上的讲话等6篇市委、市政府领导讲话稿。围绕市委市政府重点、难点、热点工作，调研撰写《决策内参》23篇供市领导决策参考。其中，《加快把轿子山旅游专线打造成北部地区发展轴的建议》《禄劝县积极探索生态功能区扶贫开发新路子》《稳增长 促跨越 富民工业经济阔步前行》等获得市级领导肯定性批示。

【书刊编辑】 编印发行《昆明政研》双月刊6期，并获得全国城市优秀党刊称号。编印发行《昆明市2014年调研文选——谋事之基》一书和《昆明市情手册（2015年版）》，为市领导和全市干部职工提供参考和借鉴，为宣传昆明和献计昆明，加快昆明发展做出积极贡献。

【深化改革工作】 建立定期研究改革工作制度，每月组织一次改革工作推进情况专题研究。建立定期学习制度，每周例会由党总支组织学习中央、省、市出台的重要改革文件和会议精神。全室完成改革目标任务1个，即出台关于加快呈贡新区改革发展的决定。提出加快新区改革发展的重要意义、总体要求、主要任务、体制机制和保障体系。参与完成改革目标任务3项，即制定昆明市深入贯彻落实习近平总书记考察云南重要讲话精神当好全省跨越式发展排头兵和火车头的实施意见；制定加强昆明市新型智库建设的实施意见；制定贯彻《中共中央关于加强党内政治生活的决定》的实施意见，修订昆明市党内民主生活会相关制度。

【创新性工作】 牵头调研起草《中共昆明市委关于制定昆明市国民经济和社会发展第十三个五年规划的建议》。在市委领导下，由市委政研室牵头，在认真学习习近平总书记系列重要讲话和考察云南重要讲话精神，学习中央和省有关文件精神的基础上，深入开展调查研究，广泛听取各方面意见建议，形成建议稿。《建议》共分深入分析研判，牢牢把握“十三五”时期昆明发展面临的形势和任务；培育创新发展新动力，着力推进产业发展迈向中高端水平；拓展协调发展新空间，努力打造全省最具活力的核心增长极；增创绿色发展新优势，加快建设人与自然和谐共处的美丽家园；构建开放发展新格局，全面提升区域辐射力竞争力影响力；提升共享发展新水平，不断增强全市各族人民的获得感幸福感；加强和改善党的领导，为实现“十三五”规划提供坚强保证七个部分。《建议》将中央创新、协调、绿色、开放、共享的发展理念与昆明实际有机结合，坚持问题导向，聚焦突出问题和明显短板，回应人民群众诉求和期盼，描绘发展蓝图，明确昆明“十三五”发展的指导思想、基本原则、目标要求、基本理念、重大举措，对昆明经济社会持续健康发展具有很强的思想性、战略性、前瞻性、指导性。

【开展专题教育】 强化理论武装，提升党性修养。采取自学必读书目、讲党课、听党课、做读书笔记、撰写心得体会、理论中心组集中研讨等多种形式，深入学习习近平总书记系列重要讲话特别是考察云南重要讲话精神，学习党章和党的纪律规定，读原著、学原文、悟原理，深刻领会核心要义和精神实质。认真学习“三严三实”和“忠诚干净担当”的重大意义和丰富内涵，解决县处级干部存在的“不严不实”的问题。组织观看杨善洲、高德荣、沈浩先进事迹和《人生不能重来》《沉痛的代价》警示教育片。通过正面典型激励、吸收正能量，反面案例警醒、警钟长鸣，教育全体党员牢固树立正确的世界观、人生观、价值观和公私观、是非观、义利观，坚定马克思主义信仰和中国特色社会主义信念，自觉做到“忠”字当头，“廉”字托底，保持高尚道德情操和健康生活情趣，坚决抑制歪风邪气，坚守共产党人精神家园。把专题教育的实效体现在深入基层调研、文稿撰写和服务水平的提升上，做到头脑敏锐、思维敏感、行动敏捷；转作风改文风，锤炼调查研究基本功，提高思辨能力、分析解决问题的能力；始终紧盯每天新闻动态，确保了解前沿观点，紧盯党报党刊，确保正确的研究方向，紧盯省市领导讲话，确保掌握昆明实情，紧盯外地经验，确保跳出昆明看昆明，进一步提升对策建议的针对性和可操作性。

【精准扶贫服务基层】 组织开展

"转变作风、服务基层"主题实践活动。分管领导、工作队员主动与寻甸县甸沙乡治租村、寻甸县水务局、市财政局、市水务局等相关部门对接，协调2015年市级第一批水利建设到位资金20万元，用于大治租、铁厂、螃海箐三个自然村人畜饮水工程水池及管网建设。按照省、市有关要求，组织全体干部职工到寻甸县甸沙乡治租村开展"挂包帮""转走访"和扶贫济困献爱心"慈善一日捐"活动。分组入户遍访29户贫困户，"摸实情、查穷根、真扶贫"，自愿捐款共8 400元。结合"三严三实"专题教育活动，机关党总支多次组织在职党支部全体党员深入明通巷社区调研，本着"社区所需、单位所能"的原则，开展落实社区群众"微心愿"承诺活动。在行政经费非常紧张的情况下，投入3 000元，走访慰问明通巷社区10户困难党员、群众，把室机关全体党员的牵挂送到困难群众心中。

（张向明）

经济研究

【重要文稿起草】 2015年，按照市政府安排，市政府研究室完成《政府工作报告》起草工作。起草的《政府工作报告》既考虑主动适应经济发展新常态的要求，又考虑昆明改革发展稳定的实际，坚持问题导向，突出依法行政和深化改革，突出保障和改善民生，强调务实性、注重操作性，文字简练精准，文风清新朴实，得到市领导和市"两会"与会人员的充分肯定。完成市委、市政府交办的文件和领导讲话稿等重要文稿起草。全年共完成各类文稿起草36篇，多数文稿得到市领导的充分肯定。

【重大课题调研】 围绕全市经济社会发展中的重大问题深入开展调查研究，多方听取意见建议，充分借鉴外地成功经验，提出符合昆明实际的相关对策和工作建议。按照《市委办公厅印发〈关于开展学习贯彻落实习近平总书记考察云南重要讲话精神和省委九届十次全会精神专题调研的工作方案〉的通知》要求，完成《再创三个国家级开发（度假）区体制机制新优势的调研报告》，得到市政府领导的批示认可。完成《五华区"十三五"时期促进产业转型升级和构建现代产业体系调研报告》《昆明市区域发展与扶贫攻坚规划调研报告》《倘甸扶贫开发综合实验示范区发展调研报告》《昆明市深化旅游综合改革调研报告》《昆明市教育系统事业编制管理机制调研报告》。为进一步破解少数民族聚居社区治理的体制机制障碍，实现少数民族聚居社区又好又快发展，对昆明市城区（主城四区和呈贡区）少数民族聚居社区的现状进行调研，形成《昆明市城区少数民族聚居社区治理现状、问题及对策研究》研究成果，该研究成果在省民宗委系统调查研究成果奖评选中获一等奖。

【深化改革工作】 积极参与深化改革工作，建立有效工作机制，发挥部门职能，开展相关工作。研究起草《关于加强昆明市新型智库建设实施意见》。该《意见》对智库组织管理体制改革、决策咨询研究体制改革、建立政府购买决策咨询服务机制等方面进行创新性研究，研究成果获得相关部门和专家的认可，并最终形成市委市政府文件下发执行。结合昆明市深化改革工作，组织开展相关专项研究。完成《昆明市公务用车制度改革研究》《昆明市新形势下进一步加强政务督查工作对策研究》，研究成果形成市委市政府文件下发；《昆明市引领滇中城市经济圈发展对策研究》《昆明市机关事业单位养老保险改革财政保障机制对策研究》等课题提出的意见建议得到市领导的批示认可，并在相关工作中得到借鉴和吸收，对推动全市改革创新起到积极作用。

【书刊编辑发行】 完成《昆明经济》编辑发行工作，全年共编发《昆明经济》6期。完成《2015·昆明·政府工作报告汇编》《2014·昆明市决策咨询研究成果汇编》《昆明市人民政府研究室2014重要文稿汇编》等书籍的编辑发行工作。完成2015年《中国城市年鉴》《云南经济年鉴》《昆明年鉴》的经济研究、决策咨询条目以及《昆明日报》智库建设专题报道等相关专题约稿。

【挂钩扶贫工作】 认真落实党员领导干部直接联系群众工作，多次组织党员干部职工到扶贫点和"四群"工作点开展扶贫调研和"挂包帮、转走访"工作，积极协调资金，抓好项目落实，看望慰问困难群众。制定扶贫攻坚帮扶计划，完成寻甸县六哨乡五村和功山镇横山村共173户建档立卡贫困户的遍访和回访工作，共出资14.5万元，帮助两个挂钩村实施基层党组织活动场所建设和村民饮水设施改造。

【建议提案办理】 高度重视人大代表建议、政协提案办理工作，完成市十三届人大六次会议第33号建议《关于一府两院向人大工作报告增加依宪履职内容的建议》，第216号建议《关于加快现代新昆明南城、西城新区规划建设的建议》；政协云南省第十一届委员会第三次会议第00345号提案《打造高品质中心商务区把云南建设成为面向东南亚辐射中心的建议》；政协昆明市第十二届委员会第五次会议第125379号提案《关于推进政府向社会组织购买公共服务的建议》，第125303号提案《关于推进政府智库建设，促进昆明科学发展的建议》5项人大代表建议和政协提案的答复、面商工作，办复率、面商率、满意率达100%。

（罗林麟）

咨询工作

【市决策咨询中心工作】　2015年，按照“中心统揽，归口管理”的工作模式，进一步强化市决策咨询中心在课题征集、筛选、立项、管理和经费统筹等方面的统揽作用，课题立项充分考虑研究成果的转化应用，调动和发挥市委政策研究室、市人大常委会研究室、市政府研究室、市政协研究室4个归口管理部门的积极性，围绕市委、市政府中心工作，动员各方面的力量，扎实开展工作。全年共组织近百家市级部门、在昆高校和科研机构，完成课题研究108项。其中，年度计划课题106项（党群口33项、人大口9项、政府口59项、政协口5项）。按照市领导的批示，结合新形势、新任务，新增课题2项。抓质量，严格落实课题研究中期论证、结题评审“双评审”制度，课题质量把关的关口前移，加大中期检查力度，每个课题都由管理部门邀请专家，就研究方向、重点、思路、对策措施等严格把关。组织召开年度决策咨询研究工作会议，进一步明确课题研究方式、方法和关键环节，帮助课题组清理研究思路，突出问题导向，突出抓好课题研究质量和成果转化率，研究成果转化率达60%以上。抓规范，结合管理工作实际，对《昆明市决策咨询研究公开招标课题管理办法》《昆明市决策咨询研究定向委托课题管理办法》《昆明市决策咨询研究优秀成果奖评定奖励办法》等制度进行修订完善。抓运用，课题成果转化抓好结题管理制度落实，每个课题都要求形成文件，或报送市领导的参阅件。

【咨询研究】　按照抓规范、提质量、促实效的要求，加大对课题研究的管理服务力度，促进研究质量和成果转化率的提升。《昆明市新能源汽车充换电及配套设施建设研究》《昆明市深化粮食流通产业发展对策研究》《昆明市加快推进民族团结进步示范区创建对策研究》等11项研究成果形成市委市政府文件下发执行。《昆明市深化国库支付制度改革对策研究》《昆明市会展行业统计体系建设研究》等4项研究成果形成部门文件下发执行。《昆明市引领滇中城市经济圈综合交通一体化的发展对策研究》《昆明市政府协商民主工作对策研究》《加强地方审计机关依法独立审计对策研究》等25项研究成果形成《决策调研报告》，有的成果得到市领导的批示认可，进入决策。完成《2014·昆明市决策咨询研究成果汇编》编印发行工作。

【咨询建议】　做好服务，加强联系，充分发挥由22名国家有关部委领导和专家组成的昆明市科学发展决策咨询特聘顾问和90名省内知名专家组成的昆明市科学发展决策咨询专家的智力优势，及时为特聘顾问、咨询专家寄送市委全会、市“两会”、市委工作会、市委中心组理论学习会等重大会议讲话稿和有关市情材料，便于专家了解市情。定期或不定期召开专家组会议、专家组长会议，向专家介绍市委、市政府领导关注的重大问题，为专家有针对性地建言献策提供参考。特聘顾问和咨询专家积极为市委、市政府决策建言献策，编辑报送《关于对昆明市农业创新发展的几点建议》《对昆明市“十三五”经济社会发展思路的几点建议》等9期《决策咨询建议》，部分建议得到市领导的批示，进入决策。

【咨询论证】　围绕市委、市政府中心工作和昆明经济社会发展的重点、难点问题，借助市科学发展决策咨询专家和市政府咨询委员智力资源，组织专家对市级决策咨询研究重大课题进行评审论证近千人次，《昆明市公共地理信息资源共享对策研究》《昆明市房地产税收一体化管理对策研究》《昆明市加强“滇中一体化”跨区域公共安全管理对策研究》《深化改革依法治粮，推进昆明市粮食流通产业发展的对策研究》等一批课题，经过专家咨询论证，得到充实完善，进入决策。

（盘继斌）

军 事

◆责任编辑　熊　英

昆明警备区

【教育活动】 警备区按照“常委领导上大课，团级单位集中学，党小组重点作讨论，人人写心得体会”思路，采取理论灌输、教育引导、讨论启发、实践转化方式，推进主题教育活动。认真开展“讲政治、顾大局、守纪律、促改革、尽职责”教育，引导全区官兵职工坚决保证在服从改革大局中彰显忠诚。结合实际制定出《关于警备区部队深入开展主题教育活动和专题教育整顿的意见》，为全区主题教育活动增添动力。

3月，结合第一批“二分之一”轮训、组织26名新任职干部岗位培训和基层党委（支部）书记培训。狠抓“三严三实”专题教育整顿，成立教育整顿领导小组，集中4天时间，由每名党委委员带头讲党课，教育引导全区党员干部自觉践行“三严三实”要求。全区一个师级党委、17个团级党委严格按照动员部署，以学习教育、专题民主生活会、专项清理整治、督查执纪等步骤扎实从严从紧整顿思想、整顿用人、整顿组织、整顿纪律。围绕学习主题，收集整理汇编成9万余字学习资料，印发全区干部人手一册。专题教育整顿的经验做法11月23日刊登在《中国国防报》头版头条，受到各级领导高度评价。

5月，按照“贯穿主线、抓住根本、选准抓手、突出重点、遵循原则”总体要求，结合理论集训，组织修订《纲要》培训。通过党委4次辅导授课、4次领导串讲、4次分班讨论、1次大会交流，干部骨干进一步深刻领会《纲要》新思想、新标准、新要求。

5月下旬，在省军区政治部工作组全程指导下，党委常委召开“有辣味、有质量、有成效”专题民主生活会。之后五名常委带工作组分头指导，17个团级单位召开专题民主生活会均达到预期效果。警备区着重在官兵职工中强化信仰信念、练兵动力、血性胆气、道德品质等方面进行针对性教育。采取辅导串讲、专题讨论、互动交流等形式，认真开展拥护改革、优良传统、军人道德、法纪法规等教育；开展经常性的四反教育和法纪教育共18次；举行“新一代革命军人样子”大讨论，对照“四有”标准进行“三查三看”，先后三次集中开展“拥护支持改革教育和一次改革大家谈”活动。

预通团作为省军区确定的三个主题教育联系点之一，先行试点，主要探索团以上领导干部、现役官兵、民兵和预备役人员等四个层面组织教育的方法路子。其经验得到省军区认可，为全区教育活动的开展探索了途径。

在纪念抗日战争暨世界反法西斯战争胜利70周年系列活动中，充实布展军史馆、规范荣誉室、重走长征路、集中观看抗战胜利70周年阅兵仪式，铭记历史、传承精神。举办“强军风采”文艺晚会，通过“兵写兵”“兵演兵”“兵唱兵”形式，生动展示部队官兵职工强军兴军的新风貌。

【备战训练工作】 全年度务虚训练工作紧张有序地圆满完成，并突出任务牵引，着力强调深入推进，随时做好能应对处置可能发生的各类突发重大事件的准备。对各武装部、预备役民兵应急分队抓紧备战训练工作的督促，使所属各单位对遂行军事及其他任务做到胸有成竹应对。

1月4日，组织召开部队开训动员大会，全面部署任务，强调具体要求、明确目的标准。5月4日，召开抓战备工作任务部署会，认清昆明市“多重威胁叠加”基本势态，强化应对暴力恐怖袭击、社会应急处突、重大自然灾害三大威胁能力，全面落实日常战备工作、体系作战能力建设、实战化军事训练、非战争军事行动4个方面16项具体任务。

1月17日，出动官兵352人，采取同步导地方式，组织两种形式野外战备训练，40千米摩托化行军，30千米山地徒步行军都达到预期目标，锤炼部队在近似实战条件下“走、打、吃、住、藏”的能力。

为加速推进能打胜仗的首长机关和干部队伍建设。从3月22日起，组织全区干部各“二分之一”分两批

反恐演练（昆明警备区　供稿）

按照“连队化管理、院校式教学、强化式训练、竞赛性考核”方式轮训，并将考核成绩记入干部个人档案。通过两期轮训，全面提高师团两级首长机关能参善谋，辅助决策能力。

7月23日，组织晋宁县民兵60人，预备役通信团官兵40人参加昆明市“2015昆明行动”地震应急演练。主要检验从进场至72小时自我保障全过程等10余科目完成情况。8月31日，组织五华区人武部和预备役通信团民兵预备役应急分队470人、车辆26台次、物资器材360余件套参加昆明市“平安春城”应急处突演练，强化民兵预备役应急分队与地方专业处突演练；强化民兵预备役应急分队与地方专业队伍和社会力量合成作战的能力，达到检验和提高应急处突能力和水平目的。

8月5—21日，按照训练标准化、驻训规范化、考核实战化的要求，出动民兵87人，双25高炮7门、车辆11台、训练器材70余件套及部分保障物资，赴西昌迎接军区双25高炮检验性实弹考核。期间，完成单个炮手、炮班协同、连射击前准备、实弹射击防空分队战术等科目训练。在军区考核中，实弹击落靶机一架，实现昆明民兵高炮分队首次跨区远程机动；首次在陌生地域驻训和首次在军区考核中取得优秀成绩。

2015年，昆明警备区到禄劝县法乌上村开展帮扶活动。（昆明警备区　供稿）

【党风廉政建设】成立干部工作检查监督领导小组和办公室，完善机制转入常态步骤。对上级明确的8类48项165个检查内容进行全面检视，项目逐一过，内容逐一查，问题逐一核。主要查找出4名同志脱产参加全日制学历教育期间提前晋升；1名同志未落实回避制度；超配3名副团职（副处级）干部；新增超编2名干部评任技术职务和1名转业干部离队未及时报到5个方面问题。依据“四查四治”标准和警备区部队实际，对全区31 000份凭证认真翻阅、复核，审查420份合同，共梳理出五大类285个问题，涉及金额120万元。经党委核准解决问题159个，金额64万元；因超标接待、走访慰问、搭车报销个人开支、采购虚高价格等违规经费支出问题126个，已主动退款92.95万元。全年度两项工作检查已落实完成。

警备区结合实际对省军区制定的“8个专项清理整治”方案认真承接细化，拿出具体实施计划，每季度召开一次专项清理整治推进会，在8个方面做到动起来、改起来、严起来、落下去。

纪委5次派出工作组对五华区人武部虚列项目套出经费事项、宜良群众2次反映人武部干部违反廉洁征兵和盘龙区人武部3次匿名越级反映的情况进行调查核实和严肃查处。给予五华区人武部2名主官行政严重警告处分；派出3个训练监查组发现纠治23个训风演风考风问题。2015年，调整使用31名干部、22名转业干部、46名士官选晋、一名大学生士兵提干及2项工程建设、7宗物资采购均无违规违纪情况。12月31日前问题整治工作已全部完成“清零”，后续工作做出部署。

【基层全面建设】根据《士官管理规定》，坚持依法办事、注重素质、公开公平公正、优中选优原则，结合个人技能、岗位需求、工作实绩等方面选晋46名士官，为全区部队安全健康发展提供人才支撑和保障。严格组织基层规范化建设，全市153个基层武装部全部达标。

以深入贯彻习主席视察云南及驻滇部队重要讲话精神为动力，认真扎实地抓好经常性工作。围绕“四个坚持扭住”制定完善推动强军目标落实到基层的5个具体措施，督促各级党委把强基固本的责任扛在肩上，一任接一任、一年接一年抓。针对警备区部队类型多、团级单位多、职工多、分布散、岗位杂、所处环境复杂、“两个以外”管理难度大等特点，采取远的拉近管，散的集中管，暗的透明管，杂的合并管，区分类型、区分人员、区分时段抓实两个经常性工作。

着力推进常态化帮带，建立起挂钩式联系、解剖式调研、经常性督导机制。5名常委4次深入各自挂钩的联系点蹲点帮带，指导督促各团级单位筹划新年度工作，开展五项工作排查，召开“三严三实”专题会和组织半年备战训练检查考核，真正做到沉到一线面对面帮带。

5月19—22日，由常委带队分四

个组对全区17个团级单位军民整合深度发展、基层武装部规范化建设、民兵预备役整组训练、征兵准备和学生军训等“五项工作”交叉检查调研和拉网式安全隐患大排查。2次组织5名常委、14名机关干部下部队当兵蹲连，掌握基层全面建设情况。党委承诺为基层办10件实事已全部落实见效、特别是开展“理财进军营、法律进军营、健康进军营”活动深受全区官兵职工欢迎，部队内部关系显得更加和谐纯洁。

根据实战要求，驻地特点和部队担负“4+3”任务，通过边实践边修订逐步完善各类方案，做到保障计划与部队担负任务相适应；与军事行动方案相一致。按照“利于战备、方便生活、便于管理”要求，及时更新轮换战储物资，指导人武部、预备役通信团规范完善“三室两库”建设。派员参加两级军区组织的财务大清查、等级厨师、卫生、国家物资采购师等业务培训，完成后勤装备实力会审、经济实用住房会审、给养业务集体办公、军交运输系统数据会审等工作。

6月23—26日，按照对口培训、专家授课、业务考评、参观见学、野炊比武等5个步骤，组织全区57名后勤人员开展后勤综合业务培训，使后勤保障准备综合能力大幅提升。

【管理服务】 认真组织按时间节点开展对经费管理、生活补助、经适房建设、医德医风、军需物资、油料、工程项目等方面专项清理整治。2次编印发放《清理纠治违规住房相关法规宣传手册》350份、《公务用车专项治理相关法规宣传手册》120份。机关本级、五华区、官渡区人武部迎接省军区财务大清查工作组复查复核。对全区17个团级单位进行复核复审，指导东川区人武部迎接省军区工作及对主官的经济责任审计。

组织开展油料供应规范年活动，落实一车一卡保障要求，完成72辆军车OBU安装激活。指导2个干休所迎接省军区工作组对经适房建设项目专项清理调查摸底现地核查验收。组织民兵武器装备和弹药调运，15个单位运用100余台车辆，上交武器装备10 129支（门、挺）和弹药5 937发（枚），管理秩序得以进一步规范。

1月，及时完成全区现役官兵、转业退伍人员工资、住房补贴、公积金补计补发；核算并发放2014年10月已退役的22人养老保险；为全区12名官兵办理公积金贷款。

新建机关理发室，可保证官兵职工每月理发2次。规范后门岗亭执勤设施，完成全区251名干部家属保障卡年审，组织官兵职工392人做健康体检。投入30余万元，研发固定资产、租赁及车辆管理系统，配发机关本级和17个团级单位，此举在省军区属内为首创，对服务质量提升大有助益。

坚持党委统一领导、军政主官亲抓、机关部门合力抓。做到一个年度工作规划统住全年工作；一个行政办公会统筹全月工作；一次交班会安排全周工作；一天早点名调控当天工作；一个值班电话指挥基层活动。真正从源头上统筹了工作、控制了节奏、规范了秩序。3次召开常委会专题学习上级指示，统一思想。研究“6个肃清”办法措施。通过主抓正面教育，细查遗留信息，严格督导问责，迎接两级军区工作组督导检查，得到良好评价。认真贯彻军队保密工作“八个从严规范”要求，层层签订《保密工作责任书》和《保密承诺书》，组织开展专项保密清理清查活动，共查找纸质文件14 787份，图书资料74册，图像资料75册，计算机109台，移动硬盘137个，打印机27台，复印机5台，传真机6台，扫描仪10台，摄影摄像设备16部，移动储存设备24个，消除失泄密隐患。

【重大安全问题防范】 重点突出六类重大安全问题防范，认真推进“拉网式安全隐患大排查”、燃爆危险品清查清理工作。针对秩序正规、管理规范等方面共检查出5类152个安全隐患问题，对照军区明确清理清查燃爆危险品5个方面21项，共排查整改问题隐患42个。切实开展“百日安全竞赛”活动和“三不出”专题教育整顿，积极营造群策群力、群防群治的浓厚氛围，确保“十个不出”和“四个严防”安全目标。

全年度，共派出8批次督导组直插末端进行不打招呼检查，紧盯春节、五一、端午、国庆等敏感节日，严格落实军区“五条禁令”和“十项纪律”，督导“禁酒令”等规定落实情况。12月18日，召开单位主官会议，部署当前任务，强化深刻教育，采取有力措施，严防事故案件发生。

【国防后备力量建设】 深化军民整合发展，不断引导地方党政领导对军民整合深度发展的未来方向和光明前景，自觉担当起宣传和实践军民整合的履行者责任。各级都建立健全政府主导、军地协同、社会参与、分组落实的民兵预备役工作机制。

3月，召开民兵预备役部队工作推进会，采取现场办公方式集中汇审2014年度整组计划。组织整组业务培训，围绕“一份计划”“一份图册”“一份材料”“一份花名册”的“四个一”工作成果，对民兵干部配备、人员出入转队、重点分队建设、人装结合点检查等具体工作进行安排部署。圆满完成2.2万名基干民兵整组任务，在省军区会审中获得好评。圆满完成1 951名新兵征集任务，其中男兵1 857名、女兵94名。大学生征集比例为37.26%，同比增加10.31%。初中生比例为2.67%，同比下降1.87%。

【落实党管武装制度】 2月，召开2015年市委议军会暨党管武装述职会，深入学习贯彻习总书记关于国防和军队建设的重要指示精神。8月19日，召开党委第一书记任职大会，调整增补预备役通信团第一政委和四个人武部党委第一书记。召开“支持国

征兵现场 （昆明警备区 供稿）

防建设、争当光荣军属”座谈会，宜良县人武部组织2014年立功受奖的21名官兵家属参加会议。富民县委书记定期到人武部召开第一书记办公会，研究解决具体问题的做法正在全区推广。预备役通信团与省科技厅共同论证、研究制定国防动员指挥信息系统升级改造方案。规范全市中、小学生军训工作，解决经费198万元。按照省委议军会议的安排部署，着眼实现强军目标，结合昆明实际，研究解决全市国防后备力量建设中有关问题，同时讲评人武部委第一书记、预备役通信团第一政委履职尽责情况。组织市、县（市）区党政军领导共900余人开展八一军事日活动，严格落实党管武装原则和双重领导制度。

【参建参治工作】 2015年，共出动民兵预备役人员2万余人次，出色完成10多起森林火灾扑救和嵩明“3·09”地震救援，以及东川泥石流国际汽车越野赛保卫、东川“4·25”矿难救援、昆明市抗战胜利70周年维稳、第三届“南博会”维稳、宜良县“花街节”执勤等任务。全年共协调随军家属调动安置13人，解决驻昆部队干部子女入学入托47人，深受驻昆部队官兵称道。

警备区先后投入65万余元，官兵职工捐款8万余元，对帮扶禄劝县茂山镇乌上村和寻甸县七星镇七星村，实施“修一条路”“建一座桥”“挖一批水窖”“助一群学生”五个一工程，受到当地群众热情赞扬。

（昆明警备区）

消防安全

【火灾概况】 2015年，全市共发生火灾569起，死亡14人，受伤4人，直接财产损失1 001.6万元。同比2014年，火灾起数下降62%，亡人数下降22.2%，伤人数持平，直接财产损失下降68%，“四项指标”三降一平。

【灭火救援】 全市消防部队共接警出动4 386次，出动警力37 290人次，出动车辆6 258辆次。其中，火灾扑救出动753次，占出动总数17.13%；抢险救援出动1 935次，占出动总数44.11%；社会救助出动1 629次，占出动总数37.14%；其他出动63次，占出动总数的1.43%。共抢救人员1 491人，疏散人员2 329人，抢救财产价值5 584万元。

【政治建警】 以贯彻落实全军、公安现役部队、公安消防部队政治工作会议精神为主线，扎实开展“学习践行强军目标，做新一代革命军人”主题教育、“三严三实”和“忠诚干净担当”专题教育整顿活动。围绕《公安消防部队思想政治教育大纲》抓好基本教育制度落实，统筹教育资源，升级改造队史馆。建立基层政工干部轮流备课评比机制，组织开展全市消防部队政治教员比武和等级评定工作。支队所有干部参加学习贯彻全军和公安现役部队政治工作会议精神干部轮训班。

【消防力量建设】 积极挖掘消防力量新增长点，大力推进微型消防站建设，按照消防安全重点单位、社区（行政村）微型消防站建设标准，推动全市建立961个微型消防站。积极探索公安派出所消防警组建设改革创新之路。全市190个派出所全部组建消防警组，配置警组人员956人。其中，专职消防协警505人，每名消防协警配发警用电动车、服装和监督检查包；每个派出所配发监督检查箱。编印《昆明市派出所消防警组建设标准》和《公安派出所专项整治工作手册》，开展公安派出所消防业务培训，承办全省公安派出所消防警组建设工作会议。组建3支一级政府专职消防队和5支二级政府专职消防队，开展全市政府专职消防队、企事业单位专职消防队大比武活动。

【社会面火灾防控】 按照“重点管控、以点带面、以面保点”工作思路，统筹抓好第3届中国——南亚博览会消防安保与社会面火灾防控工作，紧盯养老院、福利院、幼儿园、托儿所、寄宿制学校、医院等人员密集场所以及“三合一”“多合一”、文物古建筑、彩钢板违章建筑等场所，扎实开展“百日消防安全大检查”、夏季消防检查、冬春火灾防控等火灾隐患专项整治工作。实行消防违法打击整治“零容忍”，严格落实“每日一查”、顶格执法、强制封停等措施，始终保持对火灾隐患排查整治的高压态势。2015年，全市消防部门共检查单位46 501家，督促整改火灾隐患59 838条，查封场所330处，挂牌整治重大火灾隐患单位36家，受理火灾隐患举报投诉1136起，回复率为100%。尤其在“三合一”“多合一”专项整治中，成立由市长担任组长，政法委书记任常务副组长，市政府4位副市长担任副组长的专项排查整治工作领导小组。各级各部门密切配合，采取“清人清危、断水断电”等强硬措施，共清理“三合一”“多合一”场所19 521个，清理违规住宿人员37 226人，对249家商场、市场、商铺实行断水断电，清除一大批危化品。

【消防宣传培训】 联合市教育局组织全市大专院校、高中开展消防进军训活动，共培训学生78 894人。在各级主流媒体刊发消防稿件1189篇，刊播消防公益广告2 700余条。以“安全生产月”“119消防日”等重大节事活动为契机，组织开展“生命通道”体验、火灾隐患随手拍、消防安全示范课评选等系列宣传活动，承办全省2015年“119”消防宣传月系列活动启动仪式主题晚会。利用户外大型电子显示屏和楼宇电视播发消防安全提示信息20余万条，招募消防志愿者56 670人，全市消防教育基地及消防（队）站开放接待群众20万余人次，着力提升群众消防安全常识知晓率。大力推进消防控制室人员持证上岗工作，1 762名人员取得“建构筑物消防员”执业资格证书。

【灭火救援指挥机制建设】 制定《灭火救援作战指挥部规定》，系统规范作战调度指挥程序，精心选拔能打仗、会指挥、有经验的人员担任指挥长和指挥助理，全面推行指挥长负责制，全员参与总队基层指挥员培训，明确分工，落实责任，严明纪律，确保一旦发生灾情，指挥部人员能够迅速集结遂行指挥。

【实战化练兵】 将熟悉辖区情况和实战演练作为主要训练内容，全市共组织对辖区重点单位、重要场所和重点区域开展六熟悉3 047次。组织全市消防部队分片区、分类别开展大型市场、大跨度大空间建筑群、人员密集场所和高层、地下建筑、文物古建筑等灭火救援演练1 989次。

石油化工综合消防演练　　（市消防支队　供稿）

【专业救援队伍建设】 依托特勤三个中队成立地震救援轻型、重型专业救援队、石油化工专业救援队、高层建筑专业救援队和地下建筑专业救援队；依托普通中队组建高层建筑、地下建筑、大跨度大空间建筑、公众聚集场所、文物古建筑、石油化工、公路隧道救援、山岳救援、水域救援、交通道路救援等10大类灾害事故专业救援队。针对昆明老城区、城郊接合部灭火救援水源缺乏问题，购置1套进口远程大功率供水系统、6台25吨大功率水罐消防车和2台供液消防车，调配专门兵员组建供水中队。调整支队灭火救援专家组成员，聘请28名灭火、石化等10类专业人员为支队灭火救援专家组成员。

【信息化建设】 对支队作战指挥中心进行升级改造，实现灭火救援可视化、实时化和“一键式”调度指挥。扩容金盾网、直连网为百兆链路，提升数据交互处理能力。成立11人的应急通信保障分队，配备1辆卫星通信车、1个移动指挥中心。新配3套便携式卫星地面站、30套卫星电话和海事平板通信设备以及1套旋翼机航拍系统，提高恶劣救援环境中的音视频传输保障能力和辅助决策能力。加强和规范社会联勤，实现与市应急办指挥中心、市公安局110指挥中心图像和语音的互通互联。

（王宇坤）

人民防空

【开展专题教育】 按照市委统一部署，在第10巡回督导组指导下，专题教育全面谋划、精心安排。采取专题党课、专题辅导、集中学习和研讨、正反面典型教育等形式抓好干部队伍学习教育，组织全体党员赴麻栗坡烈士陵园祭奠烈士，开展爱国主义教育；组织全体干部职工到云南省反腐倡廉教育基地接受警示教育；邀请省检察院办案人员进行专题讲座；组织干部职工观看警示教育片。通过一系列学习教育和活动开展，使人防干部职工更加牢固地树立正确的世界观、人生观、价值观、权力观和政绩观，提高党性修养和责任意识，进一步增强全心全意为人民服务的宗旨意识。

【开展专项整治】 开展“六个严禁”专项整治，在“拒收红包”专项整治工作中，着重加强对人防重点领域、重要岗位、关键环节的廉政风险防控力度，责成纪检监察室对要害岗位、风险点加大监督力度。开展机关纪律作风问题专项整治，在全办开展作风问题问卷调查，对广大干部职工反映最强烈和迫切的问题，通过建立工作巡查制度、工作日志制度、严格设岗定责、严格车辆管理等进行限期整改，切实改进机关纪律作风。开展“为官不为”专项整治，以着力解决群众观念淡薄、工作执行不力、工作能力不强、工作标准不高、工作不敢担当、精神状态不佳、工作作风漂浮、工作推诿扯皮等8个方面问题为重点，营造风清气正、干事创业的良好环境。

【起草纲领性文件】 组织起草《中共昆明市委昆明市人民政府昆明警备区关于深入推进人民防空改革的实施意见》（征求意见稿）和《昆明市人民防空“十三五”建设发展规划》（征求意见稿），广泛征求市级相关部门意见和建议。

【完备指挥平台】 昆明市人防基本指挥所平时作为昆明市应急指挥中心，充分利用市应急指挥的资源和数据，接入公安、城市交通、城市综合执法等部门的数据，实现资源共享和实时指挥，连接公安部门安装的8 000多个监控点进行实时监控；战时（发生公共突发事件时）具备对相关数据的采集上报、实时沟通、联动指挥及领导辅助决策，能够向应急救援队伍下达指挥命令，协调各职能部门统一行动，实施现场指挥控制。市人防机动指挥所与市人防基本指挥所通过短波、超短波、3G等，构建一支可执行多种通信保障任务的机动通信平台，是昆明市应急通信队伍的重要组成部分之一。全市人防组织指挥信息化运用初步通过无线短波、超短波和3G系统形成互通体系，市县两级每周通信联络形成常态化。

【提升应急保障能力】 利用人防指挥平台参加“3・09”嵩明县小街镇地震灾区通信保障工作、全省无线电短波应急通信演练、昆明市2015年处置电网大面积停电应急演练、“2015昆阳行动”“2015平安春城”应急处突演练、昆明市应急指挥通信演练、全省人防通信培训暨拉动训练，圆满完成通信保障任务。2015年9月21—25日，在贵州地区开展昆明市人防机动指挥通信系统跨区域应急救援通信保障拉动训练；与六盘水市、贵阳市人防办进行野战天线架设、急行军、短波电台、3G图传、单兵图传等科目的联合演练。通过演练检验了人防机动指挥通信系统的性能，增强了人防协同作战、应急处突能力。

【增强预警报知能力】 年度新增防空警报器60台，主城8区（五华区、盘龙区、西山区、官渡区、呈贡区、高新区、度假区、经开区）及县（市）区政府所在地范围内防空警报音响覆盖率96%。圆满完成“9・18”防空警报试鸣活动，警报鸣响率100%。

【“应建尽建、应收尽收”】 严格落实城市新建民用建筑结合修建防空地下室管理规定，全年审批新建防空地下室面积 ××平方米，收取防空地下室易地建设费 ××元，在建防空地下室××余项，面积 ××平方米，竣工验收面积××平方米，做到“应建尽建、应收尽收”，建设的防空地下室符合国家技术标准，收取的防空地下室易地建设费按照收支两条线管理，专储财政专户。

【轨道交通兼顾防空建设】 严格督促市轨道公司按照国家有关人防法律法规进行轨道交通建设，组织召开昆明市轨道交通1号线支线人防工程初步设计专家评审会和机场示范线（6号线）人防工程初步设计复审会。对轨道交通1号线支线和机场示范线（6号线）人防工程初步设计图纸进行认真审查，确保轨道交通工程建设符

开展跨区域应急救援通信保障拉动训练 （市人防办 供稿）

合战时人防功能和防护要求。年内召开昆明市轨道交通人防工程建设和维护管理座谈会，与轨道公司就轨道建设期和运营期管理服务的内容达成一致意见。

【推进新型指挥所试点建设】 新型指挥所项目建设方案已报市政府审批，完成指挥所选址、项目建议书审批、可行性研究报告编制、项目立项审批等手续，正在办理建设用地手续。

【人防工程及道路综合整治】 按照2014年市规委会第六次会议纪要，市人防办与盘龙区政府共同协作推进项目建设，经过多轮征求意见和修改方案，基本确定项目方案。按照常务副市长何刚对《关于成立白云路地下人防工程及道路综合整治工作领导小组的请示》批示，组织召开白云路地下人防工程及道路综合整治项目推进协调会，研究建设实施方案和交通疏解方案等核心问题，力争项目工程2016年内动工。

【严格执法巡查】 全年完成主城区质量监督管理工程项目××项，开工在建面积××平方米，现场质检1 054次，召开工作例会230余次，人防工程建成面积××平方米，下达调查（处理）通知书36份，对防空地下室工程建设进行全程监管，社会投资建设中违法违规行为得到有效的控制和纠正。

【人防知识宣传教育】 继续巩固对在校学生的人防知识教育，全市城区初一年级开课率持续保持100%。创新人防知识教育“进学校”形式，制作人防知识教育动画视频教材，以增强人防知识宣传教育的趣味性，提高学生学习人防知识的积极性。积极向司法局争取，将《人民防空法》以问答形式纳入昆明市2015年普法教育读本。作客云南人民广播电台《普法零

人防知识宣传教育进社区　（市人防办　供稿）

距离》栏目，向广大市民宣传有关人防的法律法规知识。在乌龙社区开展人防知识进社区试点，拨付人防宣传教育经费10万元，把人防宣传教育融入社区的各种文化体育活动中，向社区居民宣传人防法规、突发事件预防与避险、自救与互救等基本技能。

【加大干部业务培训】 2015年6月4—5日，在中国人民解放军昆明民族干部学院举办昆明市人防系统“准军事化”建设培训班，培训期间实施军事化管理，邀请学院教授从军事技能、国家安全环境与安全战略、指挥运行系统及常用军事术语、军事地图常用标识等方面进行授课，增强人防干部职工履职能力和平战转换能力。9月14—16日，分别组织昆明市防空地下室工程专项监理培训和昆明市防空地下室建设管理培训，进一步规范全市人防工程建设与管理，提升人防工程从业人员业务能力，切实提高工程建设质量。

【国家新颁行业技术标准】 将《人民防空设备设施标志和着色标准》（RFJ01-2014）发放到各防护设备生产安装企业，下发《关于认真落实〈人民防空工程设备设施标志和着色标准〉的通知》，在人防设施设备生产企业召开《人民放空工程设备设施标志和着色标准》宣贯会。按照通知要求，制作人防工程标志标牌样本，完成首批人防工程标志牌的采购，积极组织新标志标牌的生产安装工作，计划3年内逐年完成对已建人防工程的改造。以红云红河集团管理总部和云烟科技园项目、同德广场项目2个人防工程为试点，按照新标志和着色标准进行着色，在全省人防工程建设会议上，作为示范工程参观。

（胡小兰）

武装警察

【概况】 中国人民武装警察部队昆明市支队（简称昆明市支队），旅级。1950年4月，由中国人民解放军第二野战军第四兵团留守处警卫连全连与原保安警察大队合并改编组建。2005年6月，由原昆明市支队、东川支队、一支队三大队和五中队合并整编，调整为一类支队，主要担负昆明市党政机关、重要目标的安全警卫和昆明地区的看守、看押、城市武装巡逻、处置突发事件等任务。支队机关驻昆明市盘龙区颐华路1号。

2015年，武警昆明市支队深入贯彻总队党委、昆明市委、市政府决策部署，坚持聚焦强军目标建设过硬维稳劲旅，聚力“两个确保”持续，聚人气、提士气、砺血气、正风气、蓄底气，着力在坚定信仰信念、提高核心能力、依法从严治警、夯实基层基础、提升保障效能、建强各级班子上下功夫。厚实部队上层次、上水平的内涵和底蕴，出色完成年度工作任务，实现连续10年安全无事故，被总队表彰为“基层建设先进支队”。

【理论学习】 积极倡导“三如精神”“四种眼光”，采取领导宣讲、邀请专家辅导、交流讨论、热点辨析、中心组学习和参加前沿知识讲座等措施，深入学习习主席系列重要讲话、党的十八届五中全会精神和古田政工会、武警推进会精神，不断强化“三个自信”，立起精神旗帜。

【政治教育】 严格落实总队“112”教育模式，采取每周查课、推门听课、现场录像、定期讲评、优秀“四会”政治教员评比推荐和比武竞赛等方法，抓好基本人生观和主题教育。广泛开展“新一代革命军人样子”大讨论、身边典型先进事迹报告会等活动，巩固教育成果。2名同志参加总部、总队比武竞赛名次均靠前。认真落实经常性思想工作制度，高度关注官兵思想道德、网络负面影响和深化改革中引发的思想问题，扎实做好一人一事思想工作。下发380本心理教育、训练教案和心理学习教育书籍，深入基层搞好心理咨询、心理宣讲和法律服务，邀请云南师范大学周宁教授为全体官兵做心理疏导、减压释负，确保官兵政治坚定、思想纯洁稳定。

【文化建设】 按照建文建武、习文习武、晒文晒武、能文能武的建设思路大抓基层文化建设，大力推进××个中队“四室合一”建设、××个营区文化环境建设、××个中队互联网进军营、××个中队硅PU篮球场和××中队“一网五电”建设。筹备组建支队篮球队，举办迎新春文艺晚会、党员宣誓仪式、“军魂永铸迎国庆”演讲比赛、强军故事会、微电影展评、书画展，开展读书育人等活动，逐步走向文化建队、文化兴队、文化强队的内涵发展道路。全年，在中央级媒体上稿40余篇，拟写2篇经验材料被总队转发。

【执勤战备】 认真贯彻总部“湖北会议”、总队“红河会议”精神，始终把“三听、三查、三决策、三天一覆盖”作为勤务管控的重要手段，确保勤务管控质量；深入开展执勤隐患“六查”活动和专勤专训、专哨专训，有效治理执勤隐患××处，×中队成功处置一起犯罪嫌疑人收监时企图脱逃事件。主动加强与目标单位协调，采取联合设计、联合论证、联合验收的方法，在西山中队召开全市看守所AB门建设及监门哨上勤工作现场会，强力推进监门建设改造，上勤率达到100%。总队和市委、市政府先后投入1 400余万元，购买20辆反恐运兵车、40辆敞篷巡逻车用于任务保障，投入90余万元购买配发背囊睡袋、防潮垫、夜视瞄准镜、密录密拍设备、移动追踪监控系统、防暴防护装备、抢险救援装备、后勤保障等战备物资234件（套）。出色完成武装押解、要道设卡、“南博会”、市运会、火把节安保和社会面巡逻防控等任务200起。

【训练演练】 围绕提升“八种能力”，以军事训练“八落实”为根本遵循，研究制定支队贯彻落实“42条措施”。突出实战训练演练，分3个批次严密组织勤训轮换、教练员集训、特战排（应急班）集训。筹备组建飞虎野营训练基地，按照实战化、野战化标准严密组织新兵新训。积极参加省、市抢险救灾拉动演练和防汛救援联合演练。精心组织首长机关带兵参加“卫士-15”演习，组织营门哨兵情况处置战法研究和机动中队封控阻截行动现地摆练演示，反恐实战训练基础进一步夯实。

【巡逻勤务】 按照队伍专业化、组勤规范化、指挥实时化、装备体系化、协同制度化的“五化”标准精心组织巡逻勤务，加强“两区八圈十路段”定点警戒和乘车控面巡逻。邀请法律专家和一线民警讲授法律知识和业务常识，扎实开展基础训练、应用训练、防袭训练和两警联演联训，提升部队战斗力。累计投入兵力12万余人次，先后处置各类情况1 100余起，协助公安机关破获督办的涉恐警情12起，抓获各类犯罪嫌疑人113名，有效打击和震慑了不法分子。

【后勤建设】 强化队伍建设。按照“一组五队”模式加强应急保障力量体系建设，加大应急保障综合演练，利用勤训轮换、司务长集体办公等时机，先后组织××批次司务长、炊事员、理发员、卫生员、驾驶员、军械员、网络管理员等培训集训轮训，扎实推进后勤专业兵“一专多能、一兵多用”训练，提高快速反应和综合保障能力。

强化科学管理。严格落实党委理财、预算开支、大宗物资集中采购和双主官联审联签等制度，强化“预算就是法规”意识，规范大宗物资采购、军人保障卡使用、伙食标准化管理，严格审计监督，做到按法规制度办事、按标准程序保障，防止跑冒滴漏，防范经济风险。

强化保障效能。坚持统筹兼顾、突出基层、保障重点的原则，集中财力重点保障基层设施建设，投入1 200余万元加强正规化建设、更换基层系列化营具、建设综合射击训练场、维修改造营房设施、改善基层政治环境、弥补基层经费不足，从严控制行政消耗性经费、接待性经费、会议集训经费等“三项支出”，公务接待和行政消耗性大幅降低，有力保障了中心、服务了基层。

【支队党委全体（扩大）会议】 2月7日，支队召开一届十五次全体（扩大）会议。会上，党委书记、政治委员孙伟明代表党委常委会做《聚焦强军目标、聚力两个确保，在整风整改中推进支队全面建设上层次上水平》报告，党委副书记、支队长方红霄传达学习总队党委三届九次全体（扩大）会议精神并做重要讲话。支队党委常委、机关干部及各大（中）队主官参加会议。期间，表彰了2014年度先进单位和个人。

8月14日，支队召开半年工作总结部署暨干部队伍建设讲评会，总结分析上半年部队建设形势，研究部署下半年工作任务，动员各级党组织和全体官兵进一步振奋精神、开拓创新、扎实工作，推动支队建设全面发展。会上，党委书记、政治委员孙伟明代表党委常委会做题为《紧跟形势、务实担当，为建设春城维稳尖兵而奋斗》工作报告，支队党委副书记、支队长方红霄讲评干部队伍建设情况并做重要指示。

【“三严三实”专题教育整顿】 根据党中央、中央军委和总部、总队党委统一部署，支队党委研究决定，从2015年1月开始，按照思想发动、学习教育、开好专题民主生活会、抓好专项清理整治、进行总结验收5个步骤在支队党委机关开展“三严三实”专题教育整顿，深入扎实推进“四个整顿”和“8个专项清理整治”，有力地解决部队存在的沉疴积弊;有力地廓清思想迷雾，纠治问题积弊；促进部队建设，积极营造风清气正的良好态势。

【安全保卫勤务】 6月12—16日，第三届中国—南亚博览会暨第二十三届中国昆明进出口商品交易会在昆明举行。根据总队命令，支队出动兵力和车辆，担负“南博会”现场警卫、社会面巡逻防控、收费站武装设卡、地铁重要站点警戒、火车站要点驻守和机动备勤6项任务。任务期间，控制情绪激动上访人员1人、协助公安民警抓获涉毒人员4人、查获冰毒4.5千克、检查车辆2 873辆、人员3 357人、查获管制刀具51把、帮助群众1 200余人次，高标准实现“三个确保、一个展示”目标，出色完成任务。

7月25日，昆明市第五届运动会在宜良县体育馆隆重举行，支队出动兵力和车辆，圆满完成现场警卫和机动备勤任务。

8月9日，“2015年中国石林国际火把狂欢节”在石林县隆重举行。支队出动兵力和车辆，圆满完成现场警卫和机动备勤任务。

11月25日，禄劝彝族自治县隆重举办县庆30周年大型活动，支队出动官兵和车辆，圆满完成活动现场警卫及机动备勤任务。

11月13—15日，2015年中国国际旅游交易会在昆明隆重举行，支队出动兵力 、车辆，圆满完成要点警戒、武装巡逻、机动备勤及社会面防控等任务，实现“四个确保一个展示”的总目标，赢得省市领导和中外宾客一致赞誉。

【抢险救援】 12月17日，昆明地区普降雨雪，大部分桥梁道路积雪严重，给市民出行带来极大不便。支队奉命出动官兵、动用各类装备、车辆迅速奔赴机场高速公路两面寺段担负铲冰除雪任务。经过近7个小时的连续奋战，有效清除10余千米高速路面积雪，为群众出行消除安全隐患，圆满完成任务。

【宣布命令大会】 11月17日，支队隆重召开宣布命令大会，总队李志刚司令员宣布武警总部关于王宇同志兼任昆明支队第一政委的命令和总队党委党内任职通知，颁发任命状，介绍王宇同志任职简历，并就高标准推进支队建设发展作重要指示。

【入党宣誓仪式】 9月30日，支队组织党员赴抗战胜利纪念堂举行宣誓仪式，参观纪念馆，重温云南厚重的革命历史。通过宣誓，广大党员忠诚于党的灵魂得到洗礼、无私奉献精神得到升华、爱国主义精神得到加强，凝聚了人心、鼓舞了士气、激励了斗志。

（武警昆明市支队）

政　法

◆责任编辑　熊　英

综　述

【维护社会大局稳定】　突出重要时段和敏感节点社会维稳，妥善处置涉军群体、"泛亚"问题等引发的聚集上访，确保"3·01""7·5"等敏感节点的安全平稳和抗战胜利70周年纪念活动、旅交会及第三届南博会的成功举行。加强基层"国安办"建设，以市"两办"名义下发实施意见，将各县（市）区国安办理顺至政法委，确保基层国家安全工作有人抓、有人管。严密防范和打击邪教组织破坏活动，侦破涉邪案件21起，全市"无邪乡镇、街道办事处"复核达标率95%以上。不断提升应急处突水平，制定下发《昆明市群体性事件预防和处置办法》，组织开展"平安春城"应急处置演练，全市群体性事件发生率同比下降26.2%。认真做好晋宁"10·22""10·14"案件审理工作，成立以市委副书记、政法委书记为组长的领导小组，下设案件审理、安全保卫、信访维稳、宣传及舆情引导、医疗卫生5个专项小组，庭审和宣判期间均未发生人员大量聚集、串联等行为。

【创新治安防控体系】　总结全市立体化治安防控"365"工程建设经验，制定出台《关于加强社会治安防控体系建设的实施意见》等系列文件，大力深化治安防控"六张网"和"七项机制"建设，在全市布建移动警务亭171个，设立社区警务室400个、校园（医院）警务室85个、护学安全岗626个，配备专职社区民警1 742人、辅警9 197人、武装机动处突单元36个、武警反恐处突车40辆，并将全市2 268个小区、320个商场纳入治安星级管理。重视运用视频监控科技引领，研究制定《关于加强基层治安视频监控系统建设的实施意见》，市级安排1 000万元专项资金，力争到 2017年底，全市村（社区）视频监控平台建设覆盖率100%。全面推行网格化服务管理，将全市1 444个社区划分为3 442个网格，市级财政每年安排700万元补助经费，推广应用"6995"信息服务平台，配备网格管理员3678名，"五级联动"网格化服务管理体系进一步完善。拓展平安建设深度和广度，大力推进严重精神障碍患者监护责任"以奖代补"和"综治双进"，创新开展未成年人司法项目工作。依法严厉打击各类违法犯罪活动，群众安全感及政法队伍执法满意率较上年提升7.31个百分点。

2015年12月，市委书记程连元、市长王喜良领誓2015年国家宪法日宪法宣誓。
（市委政法委　供稿）

【排查化解矛盾纠纷】　在全省率先建立纪检监察政法信访部门"四级联动"工作机制，畅通群众诉求解决渠道，市、县（市）区、乡镇（街道）、村（社区）分别设立解决群众诉求工作平台，并在五城区选取7个社区先行试点，全市各级诉求中心（站、点）累计受理群众诉求66 648件，办结66 608件，办结率99.94%，进京、赴省上访数量呈下降趋势。持续开展社会稳定风险评估，结合昆明实际出台实施办法、考核细则及责任追究办法，全年共指导开展稳评报备16件，向省维稳办报告稳评工作情况12次。集中力量化解重点矛盾，严格落实市"两办"《关于在全市开展信访突出问题和矛盾纠纷排查化解工作的通知》要求，加大责任落实包保工作力度，市委梳理排查出来144件信访突出问题和矛盾纠纷，有效化解75件。

【全面推进依法治市】　调整充实市委依法治市领导小组及其办事机构，由市委书记担任组长，下设依法执

2015年9月，云南大学与昆明市法治建设合作签字仪式。

（市委政法委　供稿）

政、地方立法、依法行政、公正司法、法治文化、法治宣传教育6个专项组，形成以依法治市办为总牵头、专项组分别抓好任务落实的“1+6”依法治市新模式。扎实推进司法体制改革试点，围绕完善司法责任制等四项改革重点，6家试点单位首批遴选252名法官、检察官，市法院在全市6个法庭启动主审法官办案责任制试点，市“两办”下发《昆明市贯彻落实〈领导干部干预司法活动、插手具体案件处理的记录、通报和责任追究规定〉的实施办法（试行）》。大力培育法治信仰，投入专项经费142万元，组织开展“双百”报告会、国家宪法日宣传及法治先进典型评选等活动，完善不同领域法治创建标准，创新开展“法律九进”。探索建立律师参与化解和代理涉法涉诉信访案件等制度，市级财政每年保障200万元司法救助资金，全年救助困难群众55人，使用救助资金85.56万元。在全省率先建立新型法治智库，制定出台《关于加强新型法治智库建设的实施意见》和《昆明市法治智库管理办法》，工作成效得到省委政法委和中国法学会的肯定。

【政法队伍建设】　注重强化作风建设，组织开展“三严三实”和“忠诚干净担当”专题教育及“严纪律、转作风、树形象”主题教育活动，健全完善政法系统县处级领导干部挂区包案联所、内设处室“五个一”基层联系点和下基层“五必访五走访五必问”制度，人民群众对政法机关和政法干警执法满意度不断提升。持续推进“挂包帮、转走访”扶贫攻坚，建立健全“领导挂点、部门包村、干部帮户”长效机制，政法干警直接联系群众制度不断深化。深入推进全市政法机关党风廉政建设和反腐败斗争，制定下发实施意见，进一步推动党风廉政建设“两个责任”有效落实。加强政法干警业务能力建设，先后7次组织开展各类理论研讨、法治讲座、专题培训，举办全市政法系统庆“七一”运动会。注重政法宣传和舆论引导，昆明长安网连续三年荣获全省长安网群建设考核一等奖；昆明政法微博全年发布信息2 300余条，开展政民互动50余次，答复公众咨询40余次；《昆明政法》刊物全年出版12期。

（张高燕）

公共安全保卫

【维护社会稳定】　2015年，全市公安机关紧紧围绕境内外敌对势力、NGO组织、特殊利益群体、重点领域、重大事件、重大节庆、重要会议和敏感节点，坚持条上与块上、网上与网下、人力与技术、公开与秘密相结合的方式，强化维稳信息搜集研判预警，加强矛盾纠纷排查调解，严格落实重点人员管控，加强敏感节点和特殊群体维稳处置工作，确保全市社会大局和谐稳定。年内，收集上报各类信息2.1万余条、报告预警情报和重大情况2 100条；有效应对并妥善处置“泛亚”“涉军”“民师”“中豪螺蛳湾国际商贸城经营户群访、缠访、闹访”等群体性事件110起，同比下降26.2%；开展境外非政府组织专项清理整治，对涉嫌政治渗透的重点组织，建立“重点关注人员信息库”，落实监管措施，严密防范、严厉打击渗透破坏活动。

【反恐维稳】　坚决贯彻落实中央、省、市党委政府决策部署，始终把反恐怖工作作为重中之重，紧紧围绕“堵通道、铲土壤、防事件”和“打蛇头、管黑车、防回流”目标任务，着力提升反恐能力水平和实效。及时调整全市反恐怖工作领导小组及办公室职责任务，反恐成员单位由原来25家扩充到36家。加强反恐情报工作，与铁路、民航、民委、宗教以及部队、武警、安全等部门建立情报交流协作机制，及时发现并打处危安人员和偷渡人员，实现暴恐活动“止于未发”。深化反恐大排查专项行动，成立情报研判、技术侦控、排查整治等10个小组，紧紧围绕8类重点人员及省厅确定的10类重点人员落实排查管控措施，及时采集录入特殊关注人群动态信息，做到“来知动向、去知轨迹”。持续深化暴恐活动“严打年”专项行动，以“4·29”专项行动为切入点，由刑侦牵头、多警种联动、多手段上案，侦破“7·04”“1·28”“5·29”等多个专案。狠抓防范控制，组织开展重点目标防范反恐检查236次，对570个部门1 791个单位进行检查，发现整改隐患338个。狠抓反恐宣传，向社会开展反恐宣传培训144次，教育群众6万余人。

【110接处警】 2015年，昆明市公安局110报警服务台接报警情179.37万起（日均4 914起），有效报警97.65万起（日均2 675起），其中刑事警情14.19万起（日均389起），治安警情7.47万件（日均205起），交通事故17.42万起，灾害事故281起，受理警务监督投诉4 709起。处警192.45万起，其中群众求助30.3万起，调解矛盾纠纷11.7万起，走失寻人1.4万起，挽救自杀者612人。接听办理12345市长热线1.38万件，96128电话65件。

【打击刑事犯罪】 紧紧围绕影响社会治安突出问题，认真开展“春雷”“利剑”“四严打两整治”等系列专项行动，始终保持对刑事犯罪严打高压态势。全市立刑事案件11.37万起，破案4.13万起；立“杀人、放火、爆炸、劫持、绑架、伤害、抢劫、强奸”等八类案件4 181起，破2 065起；立命案137起、破133起；抓获刑事作案成员13 916人，逮捕9 174人。破获涉枪案件159起，收缴各类枪支196支，子弹1 358发。严打黑恶势力犯罪，打处涉恶团伙8个、成员77人。深入开展打拐工作，立拐卖儿童案件14起，解救被拐儿童11名，抓获拐卖儿童犯罪嫌疑人5人。成功处置、破获一批影响重大、性质恶劣的案件，全力保障人民群众生命财产安全，维护社会治安大局稳定。

【打击经济犯罪】 深入开展“打假币、打假、打传销、联合整治银行卡网上非法买卖、猎狐2015境外追逃”等14个专项行动，全年侦办大要案件34起（公安部督办案件6起，省厅督办案件28起），申报发起全国性集群战役5起，参与省外发起全国性集群战役20起；受理各类经济犯罪案件2 537起，立案2 348起，破案1 933起，抓获犯罪嫌疑人919人，涉案总价值28亿元，挽回经济损失1.85亿元。收缴假币928.5万元；缴获假发票296万份，挽回税款损失2 363.8万元；查获涉案各类假冒伪劣商品价值1.27亿元；抓获传销犯罪嫌疑人99人，取缔传销窝点52个，遣散427人；抓获非法集资犯罪嫌疑人25人，挽回经济损失2 440万元；查获涉嫌走私冻品车辆25辆，冻肉540余吨。破获杨万华涉嫌合同诈骗案，涉案金额5 950余万元；破获宋寒等人涉嫌销售假冒汽车配件注册商标案，涉案金额1 400余万元；破获张云等人涉嫌非法经营案、王超等人涉嫌骗取贷款案、陆宗来等人涉嫌组织领导传销案、顾国起等人涉嫌运输假币案等一批大要案件，维护了全市经济发展的安全。

2015年8月，“平安春城”演练。 （市公安局 供稿）

【禁毒人民战争】 以“打团伙、摧网络、抓毒枭、端毒窝、断通道”为主攻方向，通过开展吸毒人员大排查、大收戒、大管控，百城禁毒会战等专项行动，深入推进第三轮禁毒人民战争。全年破获毒品案件4 389起（万克以上案件28起，千克以上案件111起），缴获毒品1 871.6千克（海洛因1 099.6千克、冰毒768.4千克），易制毒化学品68.81吨，抓获犯罪嫌疑人4 582人，逮捕1 512人，收戒吸毒人员12 777人。侦破部级目标督办案件20起，省级目标督办案件5起，抓获省公安厅列捕的毒贩（钉子）4人，打掉贩毒团伙85个。强化对宾馆饭店、夜总会、KTV量贩等易涉毒场所重点整治和零星贩毒的打击，破获零星贩毒案件3 553起，捣毁吸贩毒窝点166个、涉毒场所4个。创新戒毒康复工作模式，大力推进戒毒康复人员就业安置工作，全市成立社区戒毒工作小组161个，禁毒工作站560个，参与社区戒毒康复工作人员1 400人，执行社区戒毒4 990人次，社区康复855人次，建立昆明市戒毒康复中心、12个就业安置基地，安置就业1万余人，就业安置率达到70%，戒断三年未复吸9 673人，较10年前增加3.2倍。强化禁毒宣传攻势，通过全国性主流新闻媒体刊载报道52条，通过省级、市级新闻媒体刊载报道103条，在五大新闻网站和商业网站刊发报道130条，根据群众举报查破毒品刑事案件56起，查获吸毒人员638人。昆明公安禁毒工作在2015年“全国百城禁毒会战”取得综合排名第一名的好成绩，昆明市公安局荣获全国公安机关百城禁毒会战先进集体，禁毒支队荣获全国禁毒工作先进集体，受到公安部、国家禁毒委表彰。

【查禁网络犯罪】 积极开展集中打击黑客攻击破坏违法犯罪、打击整治网络违法犯罪“净网行动”、网络反恐大排查等专项行动，强化网上监控、舆情导控和网上情报信息搜报工作，持续净化网络环境。全市公安网安部门协助其他警种开展案件协查工作824次，分析梳理涉网案件线索近12万余条，协助抓获违法犯罪嫌疑人1 036名，协助捣毁违法犯罪团伙22个。上报网侦情报线索214期，涉及重点人员1 200余人，涉及银行卡线索98条，毒品线索880余条，枪支线索220余条，“黄赌”线索190余条。组建网络涉恐情报工作专班，发现案件线索700余条，协助新疆、河南、广州等地公安机关破获多起暴恐案件。及时收集、掌握、研判苗头性涉众、涉稳信息，加强对“民运”“维权”等重点领域的情报信息收集、研判和报送工作。加强网上舆情导控，针对各类突发舆情事件，做到第一时间对网上炒作发声、对网上不实言论澄清、对网上不实信息封堵删除、落地查处。搭建昆明网警网上巡查执法平台，加强24小时网上巡查监控，处置互联网违法信息1.37万条，查处违法网站58家次，下发警告49份，整改109份。严格落实实名上网制，在全市865家网吧安装互联网上网服务营业场所管理系统，安装率达100%，主城区监控率达90%以上。坚决打击网上造谣、网络卖淫、贩卖枪支毒品和侵害公民个人信息等违法犯罪活动，成功完成公安部督办的“10·15特大跨境卖淫案”、省厅督办的“6·11特大网络诈骗案”以及“3·20网络贩枪案”“7·02妨害信用卡管理案”“昆明2·03交警总队服务器被非法入侵案”“周正芬介绍卖淫案”等132起全国性案件的侦办、取证、抓捕工作。侦控掌握网上涉嫌违法犯罪通讯群组（QQ、微信、陌陌等）750余个、违法犯罪嫌疑人员970余名。

【治安行政管理】 围绕治安重点地区和行业场所，深入开展缉枪治爆、打击危害食品药品安全犯罪、打击整治桑拿洗浴按摩场所涉黄违法犯罪等专项行动，持续净化社会环境，维护良好治安秩序。全年办理治安行政案件6.3万件，查处违法人员7.9万人次；侦办涉黄涉赌刑事案件102起，刑拘197人，逮捕69人，行政案件723起，行政拘留1 610人，查处涉赌游戏室51家，收缴赌博机4 004台，主板709块，赌资381万元。查处涉枪涉爆案件310起，收缴各类枪支（含仿真枪）6 586支、子弹18万余发、炮弹413发、手榴弹2 971枚、炸药9.4吨、雷管8.1万余枚，管制刀具2.8万把、剧毒化学品959千克。积极开展食品药品打假“利剑行动”，查处“四黑四害”刑事案件38起，涉案价值1 646.9万元，捣毁“黑窝点”27个、“黑作坊”5个、打掉制假贩假团伙8个。深入开展环境安全整治行动，公安机关成功办理陈某等人倾倒垃圾渗滤液污染环境案、张某等人非法捕捞水产品案等环保案件。积极参与云南省政府成立的官渡区“3·04”重大安全生产事故火灾事故调查、东川区“4·25”金水公司落雪矿区炮烟中毒窒息事故调查和市政府成立的晋宁县晋红高速公路建设项目“4·29”冒顶事故调查等安全生产事故调查工作。

【人口服务管理】 推进户籍管理制度改革，代市政府拟写《昆明市人民政府关于进一步推进户籍制度改革的实施意见》，制定《昆明市积分落户试点办法》和《昆明市公安机关积分落户工作实施方案》，积极推进西山区、呈贡区积分落户试点工作，全年共办理积分落户16户27人。完成16 415条“同人不同证”（双重虚假户口）疑义信息核查工作，核实需注销的重复户口3 258个。完成“猎鼠”追逃专项行动任务，抓获4名疑似“漂白身份”在逃人员。加强户政窗口服务“制度化、规范化、优质化”建设，审批各类户口101 490人，办理“二代指纹身份证”317 476份，审核驻滇现役军人和人民武装警察居民身份证888份。加强流动人口管理服务，组织开展流动人口拉网式、滚动式清理排查工作，登记在册流动人口260万人，出租房77.1万间（户），共办理居住证322.4万份（临时居住证311.3万份，正式居住证11.1万份）。截至2015年底，昆明市实有人口811.2万人，其中常住人口（户籍人口）199万户550.5万人，流动人口260万人，境外人员6 779人。

【社会治安防控体系建设】 落实市

地铁安保　　（市公安局　供稿）

委、市政府关于加强社会治安防控体系建设三年行动计划，积极构建治安防控新格局。深化街面巡逻防控网，在全市布建195辆巡逻车、171个移动警务亭、400个社区警务室、85个校园（医院）警务室、626个护学安全岗、36个武装机动处突单元、8辆装甲车、40辆武警反恐处突车等警力的基础上，按照“一拖一”原则，为全市PTU、巡逻车等街面防控处突单元配置317辆警用摩托车，缩短快速反应时间。深化社区防控网，以社区综治服务站和群防群治队伍建设为载体，建成社区警务室400个、社区综治服务站565个，配备社区民警1 644人、辅警11 286人；出台全面加强群防群治工作暨治安志愿者队伍建设实施意见，推动群防群治力量成规模、见成效。深化实有人口防控网，完善常住人口常态化入户核对机制，由警种牵头、属地派出所为主，列管重点人口1 781人，纳入监管的肇事肇祸精神病人2 199人，录入在册重点人员3.6万余人。深化单位内部防控网，在内部单位组建配备保卫组织1 547个，专兼职保卫人员2.4万人，安装红外线报警装置4.03万个，防火、防盗门、出入口控制、门禁系统4 484个（道）。深化行业场所防控网，出台加强物流寄递业安全管理工作实施意见和开锁服务业治安管理办法，加大“七小场所”排查整治，将旅馆、出租房、加油站、建材市场等纳入整治范围，严格行业场所安全、规范管理措施，及时将安全隐患消灭在萌芽状态。深化技防视频防控网，建设完成高清探头3 700个，逐步实现重点目标、重点单位、复杂区域视频监控“全高清全覆盖”。深化区域警务协作网，与全省其他15个州市建立全省警方跨区域协作机制，与铁路、机场公安机关建立社会面治安防控和应急响应联勤联动机制，提升整体防控水平。

【出入境管理】 共受理出国（境）申请570 701人次，占全省受理量53.8%。其中，护照申请219 381人次；“往来港澳通行证”申请151 077人次；“往来台湾通行证”申131 979人次；签注申请68 220人次；“前往港澳通行证”申请44人次。共办理境外人员各类申请12 276人次。其中，外国人证件申请9 038人次；台湾居民申请2 994人次；“中华人民共和国出入境通行证”申请244人次。办理涉外案（事）件287起，依法处理涉案人员共440人。发生其他涉外案（事）件202起218人，查处涉嫌犯罪境外人员65起83人，遣送27批164名外国人出境。公安机关出入境管理部门依托科技创新，自主研发出入境办证网上预约系统，推出网上预约办证服务，年内共完成313 090人次网上预约申请。改进“昆明出入境”微信公众号服务功能，提供申请人通过微信号在线办理业务、咨询、投诉、查询等服务，关注人数近11.8万人，日均发送消息1 000余条，累计发送消息60余万条。构建出入境信息服务中心，开通出入境咨询服务热线电话“63357157”及短信服务平台，提供24小时全天候办证在线咨询及短信回复服务，共接听申请人电话咨询11 950人次。研发启用“昆明公安外国人管理动态信息系统”，实现对在昆外国人各类信息动态管理，昆明市临住外国人“三率”申报、涉外单位网上登记备案管理、涉外事案件的信息管理等工作有新突破。

【交通安全管理】 围绕“降事故、保安全、保畅通、促和谐”目标，突出抓好事故防控、隐患治理、秩序整治和疏堵保通，深入开展迎南博交通秩序综合整治和违法停车、电动自行车违法、渣土运输车违法、夜间交通违法集中整治等20余个专项行动，严查各类交通违法违规行为。全年纠正查处各类机动车交通违法行为416.2万起，暂扣各类车辆59 517辆，证件17 255本，行政拘留1 980人；查处非机动车各类交通违法行为111.53万起，查扣非机动车6 587辆。全市发生各类道路交通事故84 967起，其中适用一般程序处理的道路交通事故1 606起，造成329人死亡、1 731人受伤、直接经济损失650.83万元；发生一次死亡3人以上较大交通事故6起，造成21人死亡、7人受伤、直接财产损失22.45万元；万车交通事故死亡率从2014年1.65人/万车下降至1.53人/万车。截至2015年底，全市机动车保有量达218.33万辆，净增18.3万辆，机动车驾驶人252.01万人，净增22.27万人。全年受理机动车注册登记24.84万件，转移登记15.47万件，监销报废机动车5 263辆。推进机动车检验改革，涉及公安机关4个检测站与检验机构全部脱钩，派驻全市21家检测机构驻站民警全部撤回，完成21家检测机构46条汽车检测线的检验监管系统建设，通过系统检验车辆45.34万辆，设立51个窗口为24.89万辆符合免检条件的车辆核发检验合格标志。优化违法告知模式，向市民发送交通违法提示短信396.47万条。

【疏堵保通】 围绕地铁建设、铁路枢纽扩容改造、部分交通节点改造等市政工程大量占用城市道路资源，造成主城区交通拥堵、车辆通行缓慢问题，公安交管部门在各交通拥堵路口及节点设置136个高峰固定执勤岗，加大路面警力投放力度，严格执行“三级保通责任制”“24小时保通联勤制”和机关干部民警参与路面交通指挥疏导等长效机制，切实加强城市主干道、重要支次道路以及施工区域周边道路的指挥疏导。深化警用摩托车巡逻、两级视频巡逻、全警参与交通事故处理和警区责任制等勤务模式，开展视频巡逻10.5万余次，快速处警1.7万余起，有效提升对各类交通突发警情快速反应和处置能力，确保城市交通正常运转。

2015年6月，第三届南博会安全保卫。　（市公安局　供稿）

【公安改革创新】 在全市公安机关总结推广400多项创新项目，深入推进公安改革创新工作。对照中央《“1+3”改革意见方案》和省委、省政府全面深化公安改革的实施意见，代市委、市政府草拟《昆明市全面深化公安改革的实施意见》，明确6个方面31个大项158条细项改革任务。全面完成市委确定深化户籍制度改革、主城区流动人口积分落户制度、加强禁毒工作意见和禁毒工作三年行动计划等19项重点改革事项，同步完成省厅确定的构建“大情报工作格局示范点、刑事案件统一审核统一出口、消防文职”等9项试点改革任务。在市公安局收容教育所加挂“警务心战工作支队”牌子，成立警务心战工作专门机构，突出警务心战在维护社会稳定、预防打击犯罪、纠纷隐患调处、落实上级决策部署、提高警务实战执行力、降低执法风险、密切警民关系等方面的作用。推出一批具有昆明特色的改革创新项目，基层改革创新方面，交警创新建立社会组织动员机制，有效缓解警力不足问题；消防开展“消防警组”建设改革创新有效破解派出所消防监督“有名无实”难题；盘龙分局自主研发“勤务指挥系统”，有效提升勤务指挥和治安防控效能。反恐维稳方面，大力推进快速反应机制建设，提升反恐维稳应急处置能力和水平；五华分局组建快反突击战术单元（RTU），优化升级反恐制暴快速处置能力，研发“反恐基础信息管理系统”，借助信息化手段提高反恐实战能力；呈贡分局出台加强反恐快反快处工作的决定，深化反恐制暴快反快处机制建设。群防群治方面，西山永顺里社区“互联网+幸福网格”打造群防群治“样板工程”；西山盛高大城社区构建“六位一体”实有人口管理新模式；盘龙金沙社区探索构建“党委领导、公安牵头、居民参与”平安建设新路子。

【四项建设】 贯彻落实公安部关于大力推进基础信息化、警务实战化、执法规范化、队伍正规化“四项建设”部署和要求。基础信息化建设方面，加强视频监控系统、PDT系统、警用地理信息平台、警务指挥调度平台、情报研判分析系统和网络信息安全平台建设，各类平台累计采集337.3万条地址信息、327.3万条房屋信息、250万条接处警数据、51万条案件数据、23.2万条机构数据，关联实有人口760万人、从业人员143万人。全市163辆巡逻车、9 328个视频探头、160个移动警务亭、65个三道防线卡点、112个快速处置区域完成图上标注，实现实时动态展现。警务实战化建设方面，完善全市110警情指挥调度分级分类工作规范及指挥勤务作战机制，建立“情指一体化”工作模式。加强指挥辅助系统实战化建设，升级改造市县两级110接处警系统，启动350M数字集群、智能警情分析系统、日常勤务动态化管理系统、应急指挥辅助决策系统等信息系统建设，构建日常运行、警情研判、决策调度、准确定位、应急指挥“五位一体、平战结合”指挥体系和警务模式。健全完善重大警情“4+1”和“6+1”随长作战机制、重大案（事）件合成作战机制、重特大警情报告制度、涉恐涉暴等重特大警情处置工作流程规范等规章制度。执法规范化建设方面，制定领导干部法律学习培训制度、党委理论学习中心组学法制度，组织开展法律知识讲座7期，参训民警9 000余人次，组织民警参加旁听庭审活动30次，有14 055名民警通过基本级、6 731名民警通过中级、31民警通过高级执法资格考试，36名民警通过国家司法考试并受到相应奖励。健全完善执法办案制度，出台冤假错案责任追究规定、执法办案终身责任及过错跟踪追究规定以及领导干部、公安民警、内部人员干预司法活动、插手具体案件处理的记录、通报和责任追究实施办法等系列执法制度，使每个执法管理环节都纳入程序化、规范化轨道。强化执法安全监管，对全市16个执法办案中心、210个执法办案区进行监督检查，实现执法办案场所“零事故”。队伍正规化建设方面，出台《关于落实全面从严治警要求建设忠诚干净担当高素质队伍的实施意见》和12个制度办法，将队伍教育管理延伸到每个执法环节。全面启动文职人员招录、培训工作，制定昆明市公安机关文职人员管理暂行办法，规范文职队伍管理。建立处突备勤警力集中轮值轮训机制，将市局直属部门每天100名备勤警力集中到训练支队开展警务技能培训，按照“边受训、边备勤、边处突”原则，开展警务技能培训，实现“紧急调警快速反应、常态备勤实战训练、轮值轮训战训合一”的动态布

2015年12月，英模代表参加云南省第四届“百姓最喜欢人民警察”颁奖典礼。
（市公安局　供稿）

警、科学用警目标。及时表彰先进典型，全局864个集体、1 690名个人受到上级表彰奖励。涌现出“全国禁毒工作先进集体”市局禁毒支队和“全国先进工作者”李安等一批先进集体和个人。

【公安警卫】　以确保警卫任务绝对安全为中心，以严之又严、细之又细工作作风抓好公安警卫工作。全年圆满完成中共中央总书记习近平，全国人大常委会副委员长沈跃跃、桑国卫、杜青林；中央军委副主席许其亮等党政军领导和越南、缅甸、老挝、尼泊尔等外国元首到昆高规格警卫任务，以及省市“两会”、第三届南博会、旅交会、昆明高原国际半程马拉松赛、昆明环滇池高原自行车邀请赛等大型活动现场安全（警）保卫任务324起。其中，一级警卫9起，二级警卫28起，三级警卫任务78起，其他任务勤务209起，实现全年警卫任务“绝对安全”和“零差错”。

（阮云鹤）

检　察

【审查批捕起诉】　积极投入平安昆明建设，依法履行批捕、起诉职能，批准逮捕各类刑事犯罪嫌疑人8 689人，同比上升1.2%，提起公诉11 285人，同比下降11.7%。深入开展“缉枪治暴”“禁毒禁赌”等专项整治，突出打击严重影响群众安全和社会秩序的故意杀人、抢劫、绑架等暴力犯罪，批准逮捕850人，提起公诉927人；依法惩治抢夺、盗窃、诈骗等多发性侵财犯罪，批准逮捕2 982人，提起公诉2 962人；持续打击毒品犯罪，批准逮捕1 512人，提起公诉1 544人。注重办理涉医案件，维护正常医疗秩序。

【查办贪污贿赂职务犯罪】　立案侦查贪污贿赂、渎职侵权等职务犯罪嫌疑人349人，通过办案为国家挽回经济损失15 496.3万元。查办贪污贿赂大案218件，其中贪污、贿赂、挪用公款100万元以上案件71件；查办县处级干部34人，经省检察院指定管辖查办厅级干部14人，要案同比上升14.3%。依法查处临沧市市委原书记李小平，省物流集团公司原党委书记周少方，省招商合作局原副局长蔡江华，昆明市委原常委、副市长谢新松等一批重大受贿犯罪案件。开展惩治和预防惠农支农领域职务犯罪专项工作，重点查办社会保障、征地拆迁、教育卫生及基层组织等领域损害群众利益的职务犯罪，立案侦查152人，查处石林县鹿阜街道办事处会计段红云贪污集体资金670万元等一批“小官巨贪”案件。针对“执法不严、司法不公”的突出问题，严肃查处执法司法人员利用职权贪赃枉法的犯罪，立案侦查33人。开展打击行贿犯罪专项行动，查处行贿犯罪嫌疑人99人，同比上升32%。继续与相关单位配合将行贿犯罪档案查询纳入招投标、公共资源出让的必经程序，接受查询47 188次，对261个有行贿记录的单位和个人，建议限制市场准入。加大追逃工作力度，协助外地检察机关抓获职务犯罪嫌疑人48人，追捕在逃人员3人。

【查办渎职侵权职务犯罪】　针对群众反映强烈的“为官不为”“为官乱为”问题，立案查办玩忽职守、滥用职权、徇私舞弊等渎职侵权犯罪嫌疑人73人，同比上升12.3%。落实检察机关同步介入重大责任事故调查工作机制，及时介入官渡区东盟联丰农产品商贸中心重大火灾事故调查，依法查处6名玩忽职守的国家机关工作人员。

【预防职务犯罪】　紧密结合办案开展预防调查，撰写年度报告和专题报告115篇，深入分析系统性、行业性、区域性职务犯罪特点和原因，向涉案单位发出104份防控风险、堵塞漏洞的检察建议；围绕重点工程建设，针对乌东德水电站、小龙高速等重大项目开展专项预防，促进工程项目建设规范运行。开展预防职务犯罪宣传，发挥警示教育基地作用，宣传教育1223场，受教育人员3万余人。

【刑事诉讼监督】　督促侦查机关立案435件，撤案136件，追加逮捕346人，追加起诉131人；对侦查活动中违法情形，提出纠正意见572件，采纳551件。积极适应以审判为中心的诉讼制度改革，建立重大疑难案件侦查机关听取检察机关意见制度，强化引导侦查取证，规范取证的程序和标

市检察院在乌东德水电站建设工地设立预防职务犯罪工作联系点
（市检察院　供稿）

准；制定加强“命案”犯罪案件审查工作意见，探索介入现场勘查。加强案件证据审查核实，对不构成犯罪和证据不足的，决定不批捕2 569人，不起诉375人；对认为确有错误的刑事判决、裁定提出抗诉47件，法院采纳37件。

【刑罚执行和监管活动监督】　审查减刑、假释、暂予监外执行案件26 901件，纠正不当1 714件，派员参加刑事执行案件庭审444件。落实巡视检察制度，纠正刑罚执行和监管活动违法193件，促进监管安全；开展羁押必要性审查，建议办案机关对99名犯罪嫌疑人变更强制措施。

【民事审判和行政诉讼监督】　综合运用抗诉、检察建议等监督方式，强化对民事、行政生效裁判、调解监督，向法院提出抗诉5件，发出再审检察建议19件，提请省检察院抗诉44件，对民事审判和执行活动问题提出监督意见865件，监督纠正虚假诉讼案件3件，维护正常诉讼秩序。开展公益诉讼试点工作，受理行政公益诉讼案件15件，通过发出诉前履职检察建议，督促行政机关履行职责，行政机关及时整改。

【控告申诉检察】　畅通群众合理表达诉求渠道，坚持检察长接待日制度，受理群众信访1 312件（次），复查刑事申诉案件126件，对133名刑事案件被害人提供救助金184.6万元。

【检察改革】　市检察院、西山区检察院和寻甸县检察院作为司法改革试点单位，按照司法改革系统化的顶层设计，围绕检察人员分类管理、司法责任制、职业保障、人财物省级统管等改革内容，结合昆明检察工作实际，制定司法体制改革试点工作实施方案。根据检察官、检察辅助人员、司法行政人员分类管理要求，以25%比例开展首批检察官遴选，通过考试、考核、公示，经省法官检察官遴选委员会遴选，3个试点单位首批入额108名检察官。

因办理“3·01”案件成绩突出，市检察院被最高人民检察院记集体一等功。　（市检察院　供稿）

【队伍建设】　扎实开展“三严三实”“忠诚干净担当”专题教育和“严纪律、转作风、树形象”主题教育活动，引导检察人员加强党性修养、坚定理想信念、强化司法为民意识，建设忠诚可靠、敢于担当、务实进取的检察队伍。健全与专业化、职业化要求相适应的教育培训模式，推行检察官定期研修制度，轮训检察人员500余人次，42人进入全国全省检察业务专家人才库。开展岗位练兵、业务竞赛等活动，3人荣获全国检察业务能手，刑事执行、侦查监督、未成年人检察等工作在全省检察业务竞赛中取得优异成绩。开展文明行业创建，提升检察形象，促进司法文明，市检察院连续两届被评为全国文明单位，安宁市检察院被评为全国文明单位，10个基层院被评为省级文明单位。全市检察机关61个集体、94名个人受到市级以上表彰，市检察院被高检院荣记“集体一等功”。

【强化自身监督】　坚持向人大、政协报告工作，接受市人大常委会对刑罚执行和监管活动监督工作专项视察，认真落实反馈意见，及时整改，推动工作进展；向政协委员、各民主党派、工商联汇报查办和预防职务犯罪、检察队伍建设情况。通过座谈、听庭评议、邀请视察等方式，密切同人大代表、政协委员的联系，凝聚智慧，接受监督，对代表、委员提出的2件建议、5件提案全部办结并及时答复。拓宽人民监督员和特约检察员知情渠道，邀请参与信访接待、案件听证，发挥好与群众的桥梁纽带作用，人民监督员监督拟不起诉案件5件。

（余　芳）

审　判

【概况】　2015年，全市法院忠实履行审判职责，服务全市经济社会发展。共受理各类案件134 208件，审结108 801件，收结案同比上升33.9%和17.8%。中级人民法院受理各类案件41 678件，审结36 451件，收结案同比上升11.3%和11.0%。其中，受理各类诉讼、执行案件18 898件，审结13 671件，收结案同比上升28.5%和35.5%。审判工作呈现收结案件上升，未结案件增多的运行态势。

【推进平安昆明建设】 受理各类刑事案件10 740件，审结9 784件，收结案同比上升8.9%和6.6%。其中，中级人民法院受理2 184件，审结1 794件，收结案同比上升8.0%和18.1%。依法严惩严重刑事犯罪，审结故意杀人、抢劫、绑架、毒品犯罪等案件2 009件。依法严惩职务犯罪，审结贪污、贿赂、渎职等犯罪案件 136件183人。其中，处级干部15人，厅级干部3人。依法严惩经济犯罪，审结传销、走私、洗钱、非法集资、金融诈骗、内幕交易等犯罪案件107件。注重抓好社会关注的案件审理工作，依法审理晋宁“10·22”和“10·14”案件。坚持罪刑法定、疑罪从无原则，推进以审判为中心的诉讼制度改革，严格落实证据裁判原则，对不构成犯罪的39名自诉案件被告人依法宣告无罪。规范证人、鉴定人出庭作证工作，充分发挥庭审的举证、质证功能，进一步提高庭审质量。实行未成年人犯罪记录封存制度，在全省率先发布《未成年人案件审判白皮书》。正确适用宽严相济刑事政策，对立功、自首、罪行较轻、确有悔罪表现的未成年犯、初犯、偶犯，依法从轻、减轻或免予处罚，宣告缓刑1 413人；对22 780名确有悔改表现的罪犯依法予以减刑、假释；按照全国人大常委会的决定，依法对符合条件的服刑罪犯进行特赦。

【促进和谐昆明建设】 受理各类民商事案件70 630件，审结54 516件，收结案同比上升47.5%和25.1%，结案标的额186.5亿元。其中，中级法院受理11 275件，审结8 624件，收结案同比上升21.6%和36.9%，结案标的额112.5亿元。依法审理涉民生案件，审结婚姻家庭、抚养继承等案件7 411件，为老人、妇女、儿童等群体追索赡养、抚养、扶养费313.4万元；审结人身损害、劳动争议、物业服务、医患纠纷、土地承包、征地补偿等案件7 652件，同比上升38.5%。主动适应经济新常态，平等保护各类市场主体合法权益，审结企业破产、股权转让、票据纠纷等案件131件，同比上升33.7%；审结民间借贷、金融借款等案件11 222件，同比上升77.5%，结案标的额77.9亿元。加大对知识产权和生态环境保护案件的审判力度，依法审结知识产权案件877件、环境保护案件137件。

2015年5月，市中级人民法院在全省首发未成年人案件综合审判白皮书。
（市中级法院 供稿）

【助推法治昆明建设】 受理各类行政案件1 282件，审结983件，收结案同比上升133.5%和114.6%。其中，中级人民法院受理647件，审结459件，收结案同比上升121.6%和155.0%。审查非诉行政执行案件337件。审结关系公民基本权益，涉及住建、工商、税务、卫生、劳动和社会保障等部门的案件352件；审结国家赔偿案件26件。继续推进行政机关负责人出庭应诉制度落实，行政机关负责人出庭应诉192起案件，同比上升392.3%。进一步发挥依法行政干部教育培训现场教学基地作用，促进政府依法行政能力提升；中级人民法院针对土地管理部门申请基层法院强制执行房屋、土地征收补偿决定案件不断上升的趋势，加强指导，统一执法标准，规范执法行为。

【努力维护司法权威】 受理各类执行案件27 993件，执结20 058件，收结案同比上升50.7%和26.2%，执结标的额238.8亿元。其中，中级人民法院受理4 086件，执结2 180件，收结案同比上升57.0%和33.1%，执结标的额208.5亿元。严厉打击拒执行为，依法判处拒执犯罪案件2件2人，实施司法拘留191件201人。认真开展转变执行作风，规范执行行为专项活动，进一步明确执行工作中的执行事项和裁判事项，推进分阶段执行工作模式，加强流程管理、节点控制和相互监督，实行执行案件繁简分流；完善评估、鉴定、拍卖工作，规范拍卖涉诉资产的降价幅度，实现涉诉资产利益最大化。

【深化司法公开】 继续打造审判流程公开、执行信息公开和裁判文书公开平台。深化审判流程公开，强化庭审公开，开展示范庭审、庭审网络直播活动809件次。全市法院建成科技法庭146个，在科技法庭开庭的案件实现庭审全程同步录音录像；实行听证公开，对司法赔偿案件、执行异议案件、涉诉信访疑难案件、有重大影响的被告人减刑、假释案件等，严格按照有关规定实行公开听证；落实审务公开，利用法院网站公布法院重大案件审判和重要工作信息，建立与媒体沟通联络机制，举办新闻发布会35次，公开发布精品案例13件。坚持执行信息公开，建立执行案件流程数据库和法院微博、微信平台，向社会提供最新的执行动态；完善失信被执行人惩戒数据库，公布失信被执行人信息，依法采取限制高消费等信用惩戒措施。探索网上拍卖，2014年9月起全市法院先后在淘宝网开通司法拍卖，成交金额达2 000余万元。扩大裁判文书公开，2015年1月1日起，全市法院所有生效裁判，除法律有特别规定以外，全部在中国裁判文书网公布，共公布生效裁判文书30 897篇。其中，中级人民法院公布13 997篇。加强人民陪审员工作，扩大司法民主，2014年增选人民陪审员391名，提前完成两年倍增人民陪审员1 600名的计划；拓宽人民陪审员参审范围，人民陪审员共参审案件17 656件；加强人民陪审员素质培训，共培训392人次。

【拓展服务职能】 坚持以信息化手段助推审判执行工作，加快全市法院信息化建设转型升级，服务群众诉讼。进一步完善诉讼服务中心功能，开展网上立案、预约立案、远程视频接访，设立案件网上查询系统，把诉讼服务中心打造成方便群众、服务群众的重要平台，为当事人、诉讼代理人、来访群众导诉分流49 592人次，现场办理案件查询、收转材料等办理类事项64 052件次，受理立案、申请、异议等受理类事项7 838件次。完善执行指挥中心查控、分流、应急指挥处置功能，中级人民法院及12家基层法院加入全国法院执行网络查控系统，实现全国范围内商业银行账户查询，完善执行联席会议制度和执行联动机制，实现与公安、银行、国土、住建、税务等部门信息共享，中级人民法院执行指挥中心完成商业银行查询1 123人次，查询金额3.6亿元，房产和车辆查询1883次，推动执行效率的提高。建设信息数据中心，部分法院利用信息化手段实现审判工作全程监督、全程公开、全程留痕，保障人民群众的知情权和监督权。

【推出便民利民新举措】 5月1日起实行立案登记制改革，切实解决立案难，充分保障群众诉权；7月1日起在全市推行大立案登记制，凡属于全市两级法院管辖的案件，当事人可在就近法院递交诉讼材料，接收材料的法院有权管辖依法登记立案，无权管辖的，通过法院内部转到有管辖权的法院进行立案登记，让信息多跑腿，让群众少跑路；创新法律文书送达方式，推行法院邮政专递、网上公告送达等方式，提高诉讼效率；加大巡回审判力度，深入社区乡村、及时就地化解矛盾，巡回审理案件2 341件，让群众切实感受到司法服务就在身边；健全多元化纠纷解决机制，加大调解力度，降低当事人诉讼成本，全市法院共调撤案件24 833件，占结案总数的37.7%。其中，中级法院调撤案件2 353件，占结案总数的21.3%。

【开展司法救助】 进一步加大特困人员救助力度，对189人进行执行救助，发放特困救助金203.2万元；为29名特困涉诉信访人发放救助金71.3万元；依法缓交、减交、免交诉讼费1 575件729.1万元；为符合法律援助条件的被告人指定辩护人308名。

【改革和创新】 中级法院与西山、寻甸法院作为全省司法改革试点法院，围绕“完善法院人员分类管理、完善司法责任制、健全职业保障机制、建立人财物统一管理体制”四项改革内容，积极稳妥推进。人员分类管理改革迈出实质性步伐，经过组织报名、考核考试、组织推荐、省法官遴选委员会审查、公示公告、省高院党组决定等程序，确定三家法院144名审判人员首批进入法官员额，入额法官年龄结构、职务层次合理，男女比例均衡，一线审判法官占员额的92.5%。中级法院合理确定不同审判业务部门的法官员额，推行法官、司法辅助人员、司法行政人员分类管理。完善司法责任制，建立以审判权为核心，以审判监督权和审判管理权为保障的审判权力运行机制；突出法官主体地位，落实主审法官、合议庭办案责任制，切实做到“让审理者裁判，由裁判者负责”；完善院、庭长

做好巡回审理，延伸便民之路。　（市中级法院　供稿）

办案工作制度，健全院、庭长审判监督管理机制；改革审判委员会制度、完善司法廉洁监督机制，健全和落实办案质量终身负责制，落实法官惩戒制度，实现全程留痕、相互监督、相互制约；全市人民法庭主审法官办案责任制改革试点工作稳步推进，初见成效。健全职业保障机制，探索建立法官职业保障和单独薪酬待遇制度。按照试点法院人财物统管的要求，积极争取市委、市政府的支持，妥善解决法院经费保障、编外用工人员等问题，使法院更好为全市经济社会发展服务。

继续深化涉诉信访改革，强化诉访分离，健全涉诉信访终结机制，畅通信访案件入口和出口，积极探索律师等第三方参与化解信访案件的做法。加大保险纠纷诉调对接机制改革，将调解室设在法院，快捷化解保险纠纷，形成独具特色的“昆明模式”。

【加强队伍建设】 以正规化、专业化、职业化建设为方向，努力建设一支高素质的法院队伍。深入推进素质提升年活动，通过专家讲座、外出培训、青年法官研讨、应用法学研究、演讲比赛及加强与院校合作等多种形式，全面提升法官业务素质，共组织各类培训讲座82期，参加人员达5 148人，邀请9名知名专家学者到中级人民法院授课，20余篇调研文章获得国家和省市级奖项。进一步规范法官的选任，中级人民法院共任命13名助理审判员，提请市人大常委会任免审判人员34人次；通过挂职锻炼、跟班学习等方式，加强对法官干警的教育和培养。开展基层法院院长向中院党组述廉述责工作，约谈基层法院纪检组组长，加大协管基层法院班子和联系基层法院工作力度，加强基层法院领导班子和队伍建设。加强司法巡查、审务督察和绩效考评工作。加强对基层法院审判监督和业务指导，通过举办审判业务培训、典型案例通报、庭审观摩等方式，统一两级法院执法尺度。积极推动基层法院信息化建设，走内涵式发展道路；为基层法院配备巡回审判便携办公设备，巡回审判点实现远程办公及远程电子签章。

【接受监督促公正】 自觉接受人大及其常委会的法律监督、工作监督和政协民主监督。落实重大事项报告制度，向市人大常委会专题报告关于加强执行工作破解执行难的工作情况，向市政协通报法院司法体制改革和人民法庭建设情况；加强与人大代表、政协委员联络工作，邀请部分全国人大代表、政协委员视察法院工作，开展“走进法院、走近法官”视察月活动，中级人民法院班子成员到14个县（市）区听取驻区人大代表、政协委员的意见、建议；共接受代表、委员视察8次，邀请代表、委员旁听案件庭审和宣判，通过手机短信平台向代表、委员通报法院重大事项、重大审判活动26条23 400余人次；认真办理市“两会”交办的建议、提案、督办事项和来信来访，共办理代表建议2件，政协提案3件，办结率和代表、委员满意率均达100%，办理督办案件56件；针对市“两会”期间代表、委员提出的四个方面40条意见和建议，将责任分解到中级人民法院各部门，定期督查完成情况，并及时向市人大和市政协反馈。自觉接受检察机关的监督，依法审理检察机关提起的抗诉案件，邀请检察长列席审判委员会22次，参与讨论案件46件。自觉接受社会监督，建立部门新闻发言人制度，加强与媒体沟通；公开举报电话和邮箱，畅通民意沟通渠道。

【荣誉表彰】 2015年，中级人民法院荣获全国巾帼建功先进集体、最高法院环境资源司法实践基地、全国保险纠纷诉调对接机制建设示范法院、全国青年法官优秀案例评选活动先进组织单位等荣誉称号；法警支队荣获全国法院司法警察先进集体；刑一庭被省高院荣记集体二等功；刑一庭和知识产权庭分别荣获全省法院系统先进集体；有105人次荣获国家省市级表彰。

（市中院）

司法行政

【法治宣传教育】 2015年初，按照市委、市政府安排部署，将依法治市、法治昆明工作移交市委政法委。认真履行市委依法治市领导小组法治宣传教育专项组职能，抓好《关于深入推进“谁主管谁普法、谁执法谁普法”工作的实施意见》的落实。制定下发《昆明市2015年法治宣传教育工作方案》，安排部署年度工作。组织开展“六五”普法检查，通过全省“六五”普法检查验收。研究出台《昆明市2015年群众法治文化活动方案》《加强法治文化实施意见》及《媒体公益普法办法》，加强法治文化阵地建设。印发《昆明市“法律九进”三年行动计划（2015—2017）》和《昆明市深入开展“以案释法”工作实施意见》，在“法律六进”基础上，创新开展“法律进宗教场所”“法律进军营”“法律进少数民族聚居区”活动。全年组织“以案释法”巡回宣讲、“12·4国家宪法日”“全国文化市场法治宣传”“安全法律知识进校园”“2015年文化、科技、卫生‘三下乡’”及“法律六进”等普法宣传活动17场次。围绕市委、市政府中心工作和民生关注内容，编写《2015年全民普法教育读本》《宪法知识问答》《昆明市中小学生安全手册》及《昆明市村（居）民法律知识读本》。认真贯彻落实领导干部学法守法工作制度，举办全市拟任县处级领导干部法律知识讲座，组织全市正科级以上领导干部学法用法考试及普法骨干、联络员培训班。加大青少年普法力度，出台《昆明市进一步加强法治副校长工作的实施意见》，完成全市1 900名中小学法治副校长培训。推进全市2015年度未成年人司法项目工作，对全市青少年法治教育示范教育基地进行授牌命名。创新法治文化载体，打造荧屏“普法进行时”、广播“普法零距离”、《昆明普法》手机APP、普法短信、《法治昆明》等传统媒体与新媒体结合的全新普法宣传平台，创建“法律九进示范点”15个、“法治文化示范点”5个、“法治主题公园（广场）观摩点”2个。加强法治创建工作，年内共创建“法治乡镇（街道）”20个、“法治企业”9个、“民主法治村（社区）”17个，五华区护国街道文庙社区、寻甸县七星镇必寨村被表彰为第六批“全国民主法治示范村”。同时，对已命名的各级“民主法治（示范）村（社区）”的创建效果进行复核检查、实行动态管理。

【律师工作】 组织开展对律师事务所和律师考核和年检，创建“第四批规范管理律师事务所”17家。召开全市律师工作会，部署落实保障律师执业权利、规范律师执业行为、深化律师制度改革等工作。出台《昆明市关于进一步依法保障律师执业权利的实施细则（试行）》和《昆明市关于加强律师职业道德建设的实施意见》，保障律师执业权利，引导律师诚信执业。推动律师参与涉法信访长效运行，组织36家律师事务所100名律师参与市信访局涉法信访，14家律师事务所100余名律师参与12355青少年综合服务热线，20家律师事务所200多名律师参与昆明五一工人维权岗。深入开展公益法律服务，做好律师进城市社区公益法律服务工作试点，昆明主城272个社区已全面实施“一社区一律师服务站一服务公示牌一挂钩律师事务所一名律师每周一天咨询服务”机制。协助建成云南省律师协会贫困少数民族、贫困老年人、贫困妇女儿童、贫困青少年、贫困残疾人、贫困农民工6个公益法律服务中心和1个工作站。积极推动律师下基层，安排10名律师到地州开展“驻点执业”。依法做好律师维权和投诉查处工作，共办理律师投诉维权事项36件。年内，全市276家律师事务所和4 205名律师共办理各类案件24.5万余件。

【公证工作】 开展公证规范化建设，出台《公证质量评选暂行办法》《关于进一步加强公证宣传工作的通知》及《公证信息联络暂行办法》等规范化文件，完成明信、中衡、华信等11家公证处的规范化建设验收。加强对公证执业活动的监管指导，组织对15个公证处开展4次平时检查和1次集中评查，共涉及公证事项635件。引导全市公证机构通过驻点帮扶、派员指导、跟班学习、专项培训、捐资援物等形式，推进公证法律服务“进基层、到农村”。完成全市15个公证处信息管理员培训，在云南省公证综合管理信息平台录入全市公证机构、公证人员信息502条。直属单位明信公证处创新家事公证法律服务模式，推出“绿色继承”和“温情遗嘱”等便民法律服务项目，为公民办理继承遗嘱公证事项提供便捷有效的通道。在官渡区人民法院建成全国首家“多元化纠纷解决机制探索服务基地”，发挥公证员基于中立性的纠纷调处能力，构建多元化纠纷解决机制。认真做好投诉查处工作，共办理投诉29件。年内，全市15个公证处和122名公证员共办理各类公证事项179 555件。

【司法鉴定】 提升司法鉴定人能力，成功申报司法鉴定行业2名科技带头人及1名后备人选。组织司法鉴定机构参加司法部、司法鉴定科学研究所2015年度能力验证和认证认可工作，开展司法鉴定人学术交流。加强司法鉴定工作宣传，分别在呈贡区、官渡区组织开展司法鉴定进社区宣传活动2次。开展司法鉴定机构内部管理规范检查，加强规范化建设，提升鉴定质量。加强对鉴定机构和鉴定人的管理工作，完成新申请设立4家机构初审，50家机构74项执业变更初审，133名新增司法鉴定人初审，共办理投诉22件。年内，全市113家司法鉴定机构和1 888名执业鉴定人办理司法鉴定案件数72 130件，采信率99%。

【法律援助】 在全市新建60个法律

司法部副部长赵大程在昆明市明信公证处调研基层公证工作
（市司法局　供稿）

援助工作站。完善与昆明市经济社会发展相适应的法律援助制度，制定出台《进一步加强农民工法律援助工作的实施办法》《昆明市少数民族法律援助工作实施办法》及《关于在政务（为民）服务中心加快创建“妇女儿童法律援助中心”（维权岗）的通知》等7个制度性文件，维护弱势群体的合法权益。完成全市7家法律援助机构年度公告、33名法律援助律师和65名法律援助工作者年度考核检审。年内，全市共受理各类法律援助案件11 503件，接待各类法律咨询 30 708人次。实现对法院指定的刑事案件法律援助达到100%，对于符合法律援助条件的农民工、残疾人、妇女、未成年人的法律援助达到100%，接待法律咨询达到100%。

【基层法律服务】 夯实基层法律服务“三个一”工程，引导基层法律服务所为乡镇（街道）、村居（社区）提供公益性法律服务，构建覆盖县、乡、村三级为民服务体系。鼓励基层法律服务工作者免费担任村（居）委会法律顾问，参与村规民约制定，为当地党委政府、人民群众提供免费法律咨询。年初，对基层法律服务队伍进行职业道德和执业纪律教育培训。完成全市161个基层法律服务所和749名基层法律服务工作者年检注册和公告。认真做好投诉查处，共办理投诉15件。年内，全市基层法律服务队伍共担任法律顾问1 066家，代理诉讼和非诉事务9 572件。

【国家司法考试工作】 9月19—20日，严格、有序地做好全市2个考点、301个考场的考务工作，昆明考区共有9 009名考生参加2015年度国家司法考试，顺利完成本年度国家司法考试任务。年内，为2014年通过国家司法考试的819名考生颁发“法律职业资格证书”。

【人民调解】 巩固和加强人民调解在大调解工作中的主体地位和主导作用，健全完善大调解工作体系。出台《关于推动人民调解员担任社区（村）网格管理员的意见》，全市有813名人民调解员担任网格管理员。开展人民调解“以奖代补”检查工作，下达2014年度人民调解“以奖代补”市级奖励资金600万元。推进行业性专业性人民调解组织建设。年内，在盘龙区建成全市首家物业管理纠纷人民调解委员会；在东川区建成教育系统内部矛盾纠纷人民调解委员会；在呈贡区建成“雨花街道、云南开放大学矛盾纠纷地校联合调解中心”。加强人民调解规范化建设，依法规范人民调解组织设置、人员组成、名称标识、调解程序、工作制度等，重点加强村（居）人民调解委员会、行业性专业性人民调解委员会、派驻调解室、个人调解室规范化建设。组织开展100件人民调解案件和100件基层法律服务案件的集中评查，规范人民调解和基层法律服务案件卷宗档案工作。总结全市人民调解典型案例，编印12期《人民调解案例》。全市各级人民调解组织共调解矛盾纠纷130 275件，调解成功129 376件。

【强制隔离戒毒】 依法履行强制隔离戒毒职能，做到随送随收、超员收治。牢固树立红线意识和底线思维，构建规范管理长效机制，强化分析研判，狠抓隐患排查整治，确保场所持续安全稳定。坚持把对强戒人员的教育戒治作为戒毒工作的中心任务，强化“四课”教育，开展职业技能培训，加强心理咨询工作，深化“391”云南戒毒模式，延伸管控触角，建成后续延伸管理工作站3个，增强法治效果和社会效果。创新建设“昆明市社区戒毒社区康复信息化动态管控平台”，成功申报云南省科技惠民计划项目，推动全市戒毒康复信息化建设。坚持安全生产，强化生活卫生，加强与社会医疗机构合作，开展专业培训，落实医疗保险政策，不断提高场所医疗和戒毒治疗水平。

【社区矫正和安置帮教】 2015年，完成全市267名符合特赦条件的社区服刑人员特赦工作。推动社区矫正工作创新，经过前期调研、征求意见建议和实践探索，印发《昆明市社区矫正综合评审委员会工作制度》。开展社区矫正执法规范化建设，组织开展全市社区矫正执法质量检查2次。开展社区矫正动态信息监管平台建设，

“雨花街道　云南开放大学矛盾纠纷地校联合调解中心”在呈贡区建成
（市司法局　供稿）

推进全市社区矫正执法监控指挥中心建设，在全市继续推广使用可穿戴化社区矫正定位监管设备和执法记录仪等电子设备的使用。完成社区矫正专职工作者队伍考核、解聘、录用，实现220人规模的社区矫正专职工作者队伍。

积极建设社区矫正和刑满释放人员帮教示范基地，年内分别在五华区和禄劝县建成1个市级示范基地和1个县级示范基地，并投入使用。在官渡区看守所建立社区服刑人员警示教育基地，开展远程探视帮教系统推广使用工作。

（董菁菁）

法制工作

【政府立法】 2015年，完成6件地方性法规起草、审查和报送工作，分别是新制定的《昆明市会展业促进条例》《昆明市保障残疾人合法权益条例》和修订的《昆明市殡葬管理条例（修订）》《昆明市道路交通安全条例（修订）》《昆明市客运出租汽车管理条例（修订）》《昆明市燃气管理条例（修订）》；完成7件政府规章和规范性文件的起草、审查、报送工作，分别是新制定的《昆明市人民政府规章制定办法》《昆明市物业管理办法》《昆明市环湖滨生态区保护规定》《滇池分级保护范围划定方案》和修订的《昆明市汽车租赁管理办法》《昆明市电梯安全管理办法》《昆明市已购住房土地使用权登记规定》。

加强规章、规范性文件管理。将《昆明市公路路政管理规定》《昆明市防汛抗旱办法》《昆明市汽车租赁管理办法》《昆明市人民政府规章制定办法》《昆明市物业管理办法》《昆明市电梯安全管理办法》《滇池分级保护范围划定方案》7件市政府规章、规范性文件上报省政府备案；完成对各县（区）、开发（度假）园区、市级各部门报送登记、备案的25件规范性文件的审查工作，对符合条件的22件规范性文件予以登记，涉及经济发展、科技进步、文化保护、公租房管理等方面。

科学编制立法规划、计划。将涉及环境保护、社会事业、民生改善、非公经济、政府自身建设等方面的立法作为重点，在认真总结“十二五”立法计划完成情况的基础上，严格编制地方立法规划、计划。经广泛征求意见和多轮修改，将《“十三五”立法规划（草案）》《2016年立法计划（草案）》及其说明，报送市政府审议。

【依法行政】 为了贯彻落实《中共中央关于全面推进依法治国若干重大问题的决定》和省市实施意见，市法制办拟定《深入推进依法行政加快建设法治政府实施意见重要举措分工方案的实施意见》，从依法界定和规范政府职能、加强依法行政制度建设等十个方面作出全面具体的规定。本《实施意见》已于2015年6月24日正式印发。

抓好年度依法行政考核工作。在2014年考核方案基础上，研究制订2015年度依法行政考核方案，对考核对象、指标设置、分值权重等做进一步优化；在被考核对象开展自检自查自评的基础上，分别开展依法行政半年、年终考核。

抓好市委依法治市领导小组依法行政专项组工作。在市委依法治市领导小组的领导下，统筹推进依法行政专项组各项工作。建立健全工作机制，本着促进工作开展的原则，将市人大、市政协、市防范邪教办等8家单位增加为专项组成员，充实领导机构；建立日常工作机构和联络员制度、协商议事机制、工作检查制度；制定2015年工作要点，对依法行政工作任务进行细化，强化落实责任。切实抓好工作落实，认真贯彻市委市政府重大决策部署，将推进依法行政作为事关全局战略性任务和关键性工作，着力抓好2015年工作要点、任务清单的落实，各项工作呈现出积极稳妥、有力有序的态势。开展市委依法治市领导小组依法行政专项组工作考核，依据任务清单、工作要点推进落实情况对涉及的市级部门进行考核评定，根据各部门工作任务完成情况，结合平时工作表现对各部门进行综合评分，有力地促进工作开展。

【推行权力清单制度】 把权力清单梳理公开作为推行权力清单制度的着力点，完成市、县两级行政权力清单审核公布工作，先后对12个县（区）、部分市级部门行政权力清单及运行流程图公开执行情况进行检查，并将检查情况进行通报。

【示范单位创建和法律知识培训】 2015年，全市共有58家单位提出示范单位创建申请，选定29家单位作为培育对象，完成25家单位考评验收，同时对2012—2014年命名的62家示范单位进行复核；全年共举办法律知识培训10期。其中：新办证人员培训5期、通用法律知识轮训5期，培训3 213人，办理执法证件2 078份。

【执法案卷评查工作】 对全市12个县（区）、5个开发（度假）园区和市国土局、市林业局等8家市级部门的811 件行政执法案卷进行评查。经评查，优秀案卷294件，占36.25%；合格案卷436件，占53.76%；不合格案卷81件，占9.99%。向被评查单位书面反馈案卷评查情况，并向存在不合格案卷的执法单位发出《行政执法督查书》。

全面开展清理行政执法主体公告工作，完成第一批59家市级行政执法部门资格审核和公告工作。

【重大决策】 为进一步规范重大决策行为，完善全市行政机关重大决策合法性审查制度，2015年10月出台

昆明市政府法律顾问及法律专家咨询委员聘请仪式　（市政府法制办　供稿）

《昆明市行政机关内部重大决策合法性审查规定》，界定了重大决策范围，明晰了审查程序，明确了审查方式。

市法制办积极指导各县（市）区、市级各部门开展重大决策听证工作。2015年，全市开展重大决策听证242件（包含市级部门、开发区及县区政府及部门），对上报的35件重大决策听证报告进行认真审查。经审查，重大决策听证均严格按照听证工作的有关程序、人员构成等组织开展。

【行政复议诉讼】　为贯彻党的十八届四中全会健全行政复议等社会矛盾纠纷预防化解机制的部署，出台《昆明市人民政府行政复议案件审理机制改革方案》，大力推进行政复议案件审理机制改革，不断健全行政复议案件审理机制。

切实抓好新修订的《昆明市行政机关法定代表人行政诉讼出庭应诉规定》的落实，大力推进行政机关法定代表人出庭应诉工作。2015年，以市、县（区）政府为被告的一审案件开庭，行政机关法定代表人均出庭参加应诉。其中，以昆明市政府为被告的3起行政诉讼案件政府领导均出庭参加应诉，对全市党员干部起到很好表率作用。

严格依法依规、按时高效办理行政复议案件，积极配合人民法院和省政府法制办开展案件审理、调解工作。2015年，市政府收到行政复议申请53件。其中：受理35件、不予受理4件、补正材料11件、告知3件；以市政府为被告的行政诉讼21件、民事诉讼1件，以市政府作为被申请人的被复议案件10件。各类案件均在时限内全部办结。

【法律顾问及涉法事务处置】　完成新一届市政府法律顾问、法律专家咨询委员会委员的聘任工作，健全完善市、县（区）、乡（街道办事处）三级法律顾问制度，进一步完善法律顾问制度的经费保障体制。围绕市委、市政府中心工作，坚持原则、灵活运用，妥善处置各类涉法事务。2015年，共处理涉法事务344件，主要涉及投融资、土地问题、基础设施建设、政府及政府部门各种涉法事务的合法性审查、涉诉案件处理处置等方面。

（张敏　韩波）

经济管理

◆责任编辑　熊　英

宏观经济管理

【计划执行情况】　2015年，全市坚持稳中求进工作总基调，主动适应经济发展新常态，着力抓好稳增长、调结构、促改革、惠民生、防风险各项工作，全市经济平稳运行。

2015年经济社会发展主要指标完成情况

指标名称	年度计划（不含滇中新区）	实际完成（含滇中新区）		实际完成（不含滇中新区）	
		绝对值	增速（%）	绝对值	增速（%）
地区生产总值	增长9%左右	3 970	8	3 456.90	8.70
一般公共预算收入	增长7.50%	502.2	5.10	458.89	4.10
万元生产总值能耗	下降3.40%	下降9%以上		—	—
规模以上固定资产投资	增长14%	3 497.88	11.50	2 957.34	10.70
社会消费品零售总额	增长12.50%	2 061.66	8.20	1 937.00	8
城镇常住居民人均可支配收入	增长9%以上	33 955	8.50	—	—
农村常住居民人均可支配收入	增长10%以上	11 444	10.40	—	—
居民消费价格总水平	涨幅控制在3.50%以内	上涨2.40%	—	—	—
城镇登记失业率	控制在4%以内	2.98	—	—	—
人口自然增长率	控制在6.50‰以内	6.50‰以内	—	—	—

【规划计划编制】　全面完成《昆明市国民经济和社会发展第十三个五年规划纲要》（以下简称《纲要》）、20个部门（行业）规划、12个重点专项规划、17个县区规划编制工作。注重《纲要》前期研究工作，完成12个对社会公开招标课题、16个委托部门研究课题的前期研究。同时，为进一步提高规划编制社会参与度和透明度，通过微博、微信和网站等新媒体发起以“我的‘十三五’梦想新昆明”为主题的昆明市“十三五”规划意见建议征集活动，并在人民网、新华网、腾讯网、云南网、昆明日报、都市时报等媒体进行新闻报道和消息推送。获得广大市民的支持，活动总阅读量达200余万次，新浪微博话题主页共有276条微博，微博阅读量超过81.6万次，反馈意见建议共计430余条。积极开展年度计划编制工作，编制完成《昆明市2015年国民经济和社会发展计划执行情况与2016年国民经济和社会发展计划草案的报告（书面）》，提交市第十三届人大常委会第三十三次会议审议通过。

【固定资产投资】　2015年，全市规模以上固定资产投资完成3 497.88亿元（含滇中新区），同比增长11.5%。不含滇中新区，全市规模以上固定资产投资完成2 957.34亿元，同比增长10.7%；一、二、三产业投资分别完成32.34亿元、508.99亿元和2 416.00亿元，同比分别增长76.5%、14.2%和9.5%，三次产业投资结构为1.1∶17.2∶81.7；房地产投资完成1 369.02亿元，同比增长0.6%；工业投资508.99亿元，同比增长14.2%；基础设施投资590.59亿元，同比增长27.8%。推进政府和社会资本合作，向社会公布第二批70个PPP示范项目，总投资913.69亿元，轨道交通4、5号线项目和昆武高速入城段地面工程3个项目入围国家财政部第二批PPP示范项目。抓好专项建设基金申报，4批专项建设基金共48个项目争取到113.8亿元。建立固定资产投资包保责任制、定期会办制、现场办公制，市政府共会办项目239个，协调解决382个问题。成立9个固定资产投资督导组，对投资比较大和完成情况不理想的县区和开发（度假）区进行专项督查。加强重点项目督查、稽查力度，全年共督查项目98个，稽查项目210个，发现问题113个，提出整改意见建议107条，对完善项目管理、推进项目实施、保障资金安全起到积极作用。

【重点项目】　抓好省“四个一百”和市级重点项目建设，建立包保责任制，坚持市级领导联系重点项目制度，加大项目会办力度，集中开工84个重大项目。市级重点项目完成

投资700亿元，为年度计划的112%。其中：100项基础设施项目完成投资370亿元，为年度计划120%；95项重点产业项目完成投资330亿元，为年度计划105%。新开工项目25项，为年度计划57%。50项重点前期项目总体进展顺利。抓好项目储备谋划，建立“十三五”集群项目库、专项建设债券三年滚动投资项目库、“五网”建设项目库等重大建设项目库，增强投资增长的项目支撑。农业基础设施方面：宜良海马箐水库完成工程建设，禄劝真金万水库、东川轿子山水库、石林县鱼龙水库、两区罗泊河水库完成年度投资计划，13件小（一）型水库和2015年五小水利及爱心水窖工程顺利推进。综合交通方面：呈贡至澄江高速公路基本通车，轨道交通1号线支线、2号线（二期）、3号线、6号线、晋宁线（一期）等项目进展顺利，昆明新南站配套道路、云桂铁路引入昆明枢纽等工程加快推进，昆明南站东西广场、黄土坡至马金铺高速公路、东川至倘甸公路（一期）等工程正在进行主体施工，呈贡联大街昆玉立交桥、功东高速公路、禄劝至倘甸公路（一期）等工程正在进行基础施工。市政基础设施项目方面：飞虎大道南段通车投入使用、官渡3号路、宜良县蓬莱大道主体工程基本完工，国道320改扩建等项目进展顺利，马澄路改造等项目加快推进。生态环保方面：东大河、姚安河、虾坝河水环境综合整治项目已完工，第十一污水处理厂、金汁河水环境综合整治、老宝象河水环境综合整治基本完成主体工程，滇池环湖生态经济试验区生态建设、老运粮河水环境综合整治等项目进展顺利。社会发展方面：滇池星城小区配套小学和初级中学已完工，昆一中校园改扩建项目除消防工程外基本完工，市妇女儿童保健中心正在进行装修施工，云南师范大学附属中学、小学呈贡小区等项目进展顺利，市殡仪馆改扩建、昆明铁路机械学校等项目正在进行主体施工，市社会福利院医疗养护楼建设等项目正在进行基础施工。园区基础设施方面：16个项目基本完成年度投资计划。农业产业发展方面：斗南国际花卉产业园完成园区一期建设进入试运营阶段，云南烟叶醇化仓储中心正在进行基础施工，启动10个都市农庄建设。工业项目方面：昆明克林轻工机械有限责任公司异地搬迁技术改造、云南新泽兴人造板有限公司优质刨花板生产等项目建成投产，云南理想药业有限公司药品生产基地等项目主体工程已完成，云南环保产业科技园、云南海绵钛生产加工、昆明金星啤酒有限公司搬迁及技术改造工程及新建印刷包装公司等项目正在进行主体施工。文化旅游方面：七彩云南·古滇王国文化旅游名城首期项目开放，石林冰雪海洋世界、滇越铁路公园等项目正在进行主体工程施工，转龙国际健康怡养度假地、云南凤龙湾国际旅游度假区等项目已启动项目建设。商贸流通方面：联想科技城、东盟多式联运仓储物流园（二期）等项目正在进行主体施工，拓东大成中央商务区等项目正在进行基础施工。能源方面：乌东德水电站进展顺利。呈贡尖峰山风电场已开始动工。东川野牛风电场、禄劝卓干山风电场等项目已实现并网发电。

【调结构转方式】 产业结构持续优化，第一产业完成增加值188.10亿元，同比增长5.8%；第二产业完成增加值1 588.38亿元，同比增长7.4%；第三产业完成增加值2 193.52亿元，同比增长8.7%。三次产业结构调整为4.7：40.0：55.3，第三产业占比进一步提升。加快推进高原特色农业，粮食生产保持稳定，蔬菜、花卉等特色产业稳步发展，55个农产品获云南名牌农产品称号。启动实施培育和发展战略性新兴产业三年行动计划，重点抓好产业培育提升、重大项目攻坚、龙头企业培植、创新能力提升、园区转型提升、工业绿色发展6项工作。全市规模以上工业企业从年初718户增加到777户，净增59户。抓好123个市级转型升级重点项目建设，27个技术改造项目获得省级财政补贴专项资金5 350万元。完成园区基础设施建设投资75亿元，主营业务收入超百亿元园区达10个，园区规模以上工业增加值占全市86%以上。昆明市现代中药与民族药、新型疫苗和生物技术药产业集聚发展试点方案获得国家批复，争取中央、省专项资金补助8 250万元。15户企业获得省级工业企业电子商务补助资金796万元。40户中小微战略性新兴产业企业获得500万元资金补助。下拨省市“两个10万元”微型企业培育专项资金1.8亿元，7 500户企业从中受益。现代服务业加快发展，第三产业增加值增长9%。大力实施创新驱动，42个项目获得市工业企业技术创新资金扶持补助2 905万元。新认定117家高新技术企业和6家市级重点实验室、10家市级工程技术中心，认定赛格迈电气等37家市级企业技术中心，年发明专利授权量达到每百万人139件。

【桥头堡建设】 加快融入国家“一带一路”战略，完成《昆明在全省建设面向南亚东南亚辐射中心中的地位和作用》专题调研报告，提出95项重大项目纳入省“一带一路”重大项目储备库。推进滇中城市经济圈一体化发展，制定《昆明市参与滇中城市经济圈一体化发展工作方案》，滇中四州市取消长途漫游费，初步实现通讯同城。滇中新区获批成为第15个国家级新区，昆明综合保税区与海关特殊监管区申报建设招商积极推进。成功举办第六届川滇黔12市州合作与发展峰会，川滇黔12市州合作得到深化。成功举办第3届中国—南亚博览会暨第23届中国昆明进出口商品交易会，签订招商引资项目98项，总投资超过千亿元。昆明高新保税物流中心、腾俊国际陆港B型保税物流中心获国家批准，昆蓉欧班列开通，新开通昆明至温哥华等17条国际航线，与越南岘港市缔结友好城市。全市实现进出口总额123.64亿美元，对外投资项目38项，协议投资总额6.1亿美元，增长26%。

【经济体制改革】 深化商事制度改革，推行注册资本认缴登记制，放宽注册资本登记条件，简化住所（经营场所）登记手续，推进实施“三证合一”“一照一码”，新登记注册企业同比增长49.4%。加快推进财政领域改革，出台《关于全面深化财税体制改革的实施意见》，提出“1+3+18”财税改革一揽子方案。全面推行零基预算管理，继续开展“营改增”改革，累计减税21亿元。国家公共资源电子化交易创新试点取得成效，电子化交易总额达434亿元。推进农村土地承包经营权确权登记，完成105.7万亩耕地确权登记颁证。推动农村土地经营权有序流转，富民县、宜良县农村产权交易服务中心试点加快推进。推进东川区、晋宁县“三农”金融服务改革省级试点。

【行政审批制度改革】 深化行政审批制度改革，对市级行政审批、行政处罚等10项行政权力进行清理，向社会公布市级权力清单和责任清单，市级行政审批事项精简74项，行政处罚等其他9类行政权力共计5 933项，通过市级各部门门户网站、政务微博等形式对外公布实施。进一步压缩行政审批时限，大部分审批事项办理时限均在7个工作日以内。做好省政府下放行政审批事项承接工作，承接省级下放行政审批项目共涉及22个部门，73项。其中行政许可项目54项、非行政许可项目19项，承接省级下放行政审批项目均规范有序运行。清理非行政许可，推进非行政许可事项取消工作，清理完成后不再保留“非行政许可”审批类别。

【医药卫生体制改革】 加快城市公立医院改革，积极推进9个国家级和1个市级试点县共20所医院启动县级公立医院综合改革试点。探索新型药品采购配送机制，20所县级公立医院全部取消药品加成，全面推行药品配送企业积分制管理，建立短缺药品供应保障机制。巩固国家基本药物制度，县、乡、村医疗机构实行药品零差率销售。试点启动分级诊疗和双向转诊制度，完善公共卫生与基层医疗卫生事业单位奖励性绩效工资分配机制。推进医疗保险付费制度改革，完善医疗保险总额控制结算办法。鼓励社会办医，新增审批社会办医机构17家，全市非公医疗机构床位数和服务量达到总量的28%。修订《昆明市医师多点执业管理办法》，累计办理5 484人多点执业。

（吴宜亮）

国有资产监督管理

【国资监管体制】 2015年，出台《昆明市市属投融资公司人员编制核定管理暂行办法》《关于进一步明确市属投融资公司融资审批相关工作的意见》。草拟《昆明市市属企业负责人薪酬制度改革实施方案》，报送市政府。草拟《昆明市属国有企业市场化选聘高级经营管理者指导意见》和《进一步规范市属国有企业董事会建设意见》。修订《昆明市国资委监管企业工资总额调控暂行办法》。

【国有企业规范化管理】 完善法人治理结构。完成3户企业董事会、监事会换届和组建工作，调整充实29户企业董事会、监事会和经理层，任免和调整企业高管人员和董事会、监事会成员75人次。严格执行企业领导人员考察预告制度、民主推荐制度、任前公示制度、任免谈话制度，把公开性和民主性贯穿在考察选拔企业领导干部工作的始终，扩大职工参与和监督范围。完善24户企业143名企业领导人员信息库，为企业领导班子建设和领导人员选拔、配备、使用和管理奠定基础。继续做好向监管企业派驻外部董事工作，完善对任职外部董事的培训和管理制度，遴选适合国资监管需要的人才充实外部董事专家库，2015年增补外部董事专家库专家8人。

实行综合考核评价。完成20户监管企业2014年度经营业绩考核和高管人员薪酬测算及兑现，与19户监管企业签订2015年度经营业绩责任书，与1户监管企业签订2015年度经营目标责任书。完成122户企业工资总额核定。完成109户企业劳动工资季报及年报统计。按照《中共昆明市委办公厅印发市直部门、县（区）市属国有企业领导班子和领导干部综合考核评价办法的通知》要求，对纳入考核的20户监管企业领导班子和131名领导人员进行综合考核评价。其中，昆明轨道交通有限公司、昆明产业开发投资有限责任公司、昆明公交集团有限责任公司、昆明云内动力股份有限公司等4户企业领导班子被评为优秀等次，占比20%；13名企业领导人员被评为优秀等次，占比10%。

加大产权管理力度。完成监管企业及其2级以下企业国有产权新设、变革登记制证发证198户（份）。完成企业非经营性国有资产无偿划转、监管企业国有产权转让、企业国有资产报废及核销处置等资产处置事项共计36项。完成监管企业国有产权转让进场交易事项10项，进场成交金额2.281亿元。完成协议转让1项，涉及金额3.234亿元。完成国有资产进场公开招租事项60项，进场成交金额3 576.87万元。完成企业国有资产评估备案55件，涉及资产总额226.6亿元。完成昆明保安服务总公司国有产权界定。

加强企业年度资产统计和重大财务事项日常监督。完成全市194户企业2014年度国有资产统计年报的审核、汇总和上报工作，完成25户监

管企业2014年度财务决算审计的审核认定和2015年度财务预算会审备案工作。做好全市月度财务快报的统计报送和监管企业各月度的经济运行分析，发挥财务动态监测预警作用，提示企业关注、解决经济运行中出现的问题。加强对投融资平台公司运行情况的分析，完善运行指标报送体系，全面了解掌握平台公司融资、偿债相关情况，强化融资情况季度分析通报，促进公司控制融资成本、改善融资结构、提高资金使用效率、加大资源资产盘活力度，进一步加强债务管理，切实防范债务风险。加强企业对外捐赠管理，规范企业对外捐赠行为，引导企业正确履行社会责任。强化企业资金账户管理，增强企业资金使用、银行账户监管力度，为市政府领导及时提供投融资公司资金余额情况。加强企业对外借款的审批，规范企业资金风险。2015年，核准（备案）企业新开账户190个，撤销、变更账户65个；核准（备案）企业对外捐赠资金1.149亿元；完成12户企业向外提供借款和担保的审批（备案）。

推进市本级国有资本经营预算。结合项目进展情况向市财政局、市政府提出2015年度预算调整建议，完善2015年度市本级国有资本经营预算方案；落实2015年度市本级国有资本经营预算方案，完成2015年度国有资本经营预算收入的收缴组织工作并结合项目进度及时协调财政拨付预算支出资金；对2014年度国有资本经营预算支出资金使用情况进行专项审计，并要求各相关企业开展2014年度市本级财政项目支出绩效自评；开展2016年国有资本经营预算收支计划编报，提出2016年度预算收支建议草案。

增强监事会监督实效。出台《关于推动市属企业监事会工作的指导意见》，对监管企业2014年支持配合监事会开展工作情况进行检查，结果纳入企业领导人员薪酬考核。对监管企业2014年度企业财务信息真实情况、经营业绩考核目标完成情况、国有资产保值增值情况，以及企业内部管理等情况开展监督检查；对11户监事会派驻企业2014年融资方案执行情况、21户监事会派驻企业2015年1~6月份企业负责人履职待遇、业务支出管理规定执行情况进行专项检查；针对检查中发现的可以由企业进行整改的问题，下发整改通知，督促企业整改。组织实施6名企业领导人员任期经济责任审计。举办监事会成员和内审人员培训班，230人参加培训，进一步提高参训人员的监督能力和业务知识水平。

加强企业人才队伍建设。组织17户市属企业464名领导干部参加昆明市干部在线学习。完成云南省第四届“兴滇人才奖”推荐人选工作，共推荐4户企业5名人选。配合市人才办制定《中共昆明市委 昆明市人民政府关于创新体制机制加强人才工作的实施意见》，出台《关于加强昆明市国有企业经营管理人才队伍建设的实施意见》。在北京大学举办“昆明市国资委企业管理专题研修班”，监管企业领导人员、外部董事和市国资委机关干部共70人参加。做好24户监管企业领导干部109份人事档案管理。完成企业76名中、高级职称审核和86名初级职称考核认定。

【投融资体制改革】 适应国家宏观经济形势及金融监管政策的变化，进一步深化全市投融资体制改革，推进市属投融资公司商业化转型市场化运作规范化管理，起草上报《昆明市人民政府关于加快市属投融资公司发展的实施意见》。继续加大清理政府掌控的土地资源、特许经营权、房屋资产等各类资源力度，按照业务板块划分，合理注入各投融资公司，将福缇岛项目127配套经济适用住房资产注入公租房公司，价值4 570万元。减少资源配置的行政干预，尽量通过商业化招拍挂的方式配置土地资源，最大限度发挥土地价值，交投公司全资子公司东骏置业通过商业化招拍挂方式在昆明市土地和矿业权交易中心挂牌出让其开发的80余亩土地，挂牌交易起价3.993亿元。支持滇池水务通过TOT、BOT等模式投资建设全省乃至全国各地的污水处理、垃圾处理项目。鼓励投融资公司积极申报或注册企业债券、项目收益债、公司债券、中期票据、短期融资券、非公开债务融资工具（PPN）等直接融资产品，扩大直接融资规模。市城投公司获取非公开定向债务融资工具（PPN）接受注册通知书，产投公司完成10亿元私募公司债的发行，昆发展公司完成6亿元私募公司债的发行。加强债务管控，对投融资公司的债务实施动态监控，定期向市政府常务会通报季度融资情况。稳步推进投融资公司转型发展，提高投融资管理水平，引导和发展金融投资、土地开发、社会服务多项业务并举的业务结构。落实《关于进一步明确市属投融资公司融资审批相关工作的意见》，对融资行为进行高位统筹，加强融资成本、抵质押物利用效率、融资用途的审核，着力提高监管企业融资质量和资金使用效率，防控融资风险。指导市属投融资公司对新增融资制定对应还款计划，确保债务不悬空。落实《昆明市国资委监管企业投资监督管理暂行办法》，指导各监管企业积极审慎开展投资活动，重点审核投资决策程序、投资方式选择、合作伙伴实力及投资效益，加强项目可研分析、强化企业市场主体意识。帮助交投公司协调解决重大资产重组事宜涉及的相关问题，稳步推进重大资产重组工作；指导滇池水务公司进行资源资产整合，进一步理顺与母公司的业务关系，提高公司资本运作能力，积极开展通过投资、收购股权等方式提高行业市场占有率，扩大业务范围，支持滇池水务以A+H模式推进上市工作。

【党的建设】 完成2014年度企业落实党建目标责任制的检查考核工作，与56户企业签订2015年度党建目标责任书，制定《两个考核细则》。为认真贯彻中央及省市委有关指示要求，确保党在国有企业的领导地位，完成5户企业设立党委，指导1户企业撤销党委成立党总支及2户企业换届选举工作，完成2户企业调整党组织管理关系。对46户企业党组织及48个基层党支部落实党建工作情况进行检查调研，及时收集上报有关情况。深入开展“三严三实”和“忠诚干净担当”专题教育，坚持把抓党委班子自身建设、促进作风转变贯穿专题教育始终，召开动员推进会2次，党委班子集中学习16次，组织正反典型教育18次，学习廉洁自律准则和纪律处分条例1次，集中学习研讨6次，制定问题整改责任清单。认真贯彻落实市委组织部对全市基层党组织书记进行集中轮训的要求，组织市国资委党委系统企业党组织书记和机关支部书记248人在昆明市委党校进行集中培训。举办一期昆明市国资委党委系统2015年度党员发展对象培训班。

【综治维稳暨平安创建工作】 2015年，委领导共下访企业17次，接待职工300余人次，主任接待日共接待群众来访6起41余人次。日常接待来访群众44起112余人次，办理上级转办件及群众来信16件，受理政务一号通件共计131件。其中：96128电话件2件，市长信箱件4件，12345市长热线件100件，市长接听日件1件，书记信箱件8件，热线信箱件4件，书记工作电话件1件，市长微博件7件，12345微博件4件。在办理群众来信来访时，做到“件件有答复，事事有回音”，保障职工合法权益，维护本市企业稳定。处理好昆明电工等企业改制、搬迁补偿等历史遗留问题，重点化解影响全市社会稳定的因素，做好黄龙山饲料公司等7户企业产权纠纷调处及相关企业职工上访的维稳工作。

（尚　明）

统　计

【全国1%人口抽样调查】 扎实开展全国1%人口抽样调查工作，圆满完成17个县区、开发（度假）园区、98个乡镇、224个小区的调查任务，调查户数约23 000户，调查65 000余人，接受国家和省组织的事后数据质量抽查，中国信息报2015年11月10日整版（第5 470期第8版）专题报道昆明市1%人口抽样调查工作，在全国进行广泛宣传。

【第三次全国经济普查】 圆满完成第三次全国经济普查工作，积极开展10个课题研究，编印《昆明市第三次全国经济普查课题集》。通过课题汇编充分发挥经济普查数据效用，为地方政府科学制定“十三五”规划及各项决策提供重要参考依据，荣获第三次全国经济普查国家级先进集体称号，在省政府第三次全国经济普查目标考核中被评为一等奖。

【统计改革创新】 昆明严格按照国家、省的统一部署，积极认真落实各项统计改革方案。积极建立《昆明市国民经济核算工作部门联席会会议制度》和《昆明市国民经济核算部门主要指标月度提供和评估制度》，在全省首创性对GDP进行月度监测，以开创性工作服务于政府决策；圆满完成固定资产投资改革试点工作；完善工业预警监测机制，创造性开展《昆明市工业转型升级统计监测指标体系研究》课题研究；率先编制完成投入产出表；做好全面建成小康社会统计监测工作；积极开展企业创新调查；率先在全省开展乡镇（街道）统计工作规范化建设；率先在全省实施规模以下单位劳动工资的联网直报工作。针对统计体制和现行统计指标体系不适应经济社会发展需要等关键问题和薄弱环节积极开展统计创新，突破统计工作瓶颈制约，以适应新时期、新任务对统计工作的新要求。

【统计规范化建设】 2015年，昆明市政府首次将“部门统计工作”作为“专项职能目标”列入各相关责任单位年度主要工作目标进行考核。通过严格考核，市级各有关部门对部门统计工作重要性认识进一步提高，统计工作规范化建设力度进一步增强。积极全面开展乡镇统计工作规范化建设，充分调动全市开展乡镇（街道）统计工作规范化建设积极性，巩固乡镇（街道）统计工作规范化建设成果，对乡镇（街道）统计工作规范化考核项目、加分项、专业自评标准等进行进一步充实、明确和细化，加大对村（社区）考核力度，重点督促村（社区）考核制度建立和统计数据质量定期评估机制的完善等。通过加强统计业务培训、基层法制宣传、检查考核等方式进一步规范统计工作，提升乡镇统计能力，为2016年全国第三次农业普查工作顺利开展奠定坚实基础。

【统计数据质量】 坚持以提高统计数据质量为统计工作的中心，把提高统计数据质量作为推动统计事业发展的生命线，作为维护政府公信力的重要手段，扎实推进国民经济核算工作。加强基本单位名录库建设，完善能源平衡表编制工作，强化工业、能源、农业、投资、贸经、能源、人口、劳动、工资、社会和科技等统计基础工作，确保各项数据客观真实地反映全市经济社会发展状况。

【统计服务】 紧紧围绕市委、市政府中心工作，深入开展统计调查分析，搞好经济运行的趋势预测，为党委、政府正确判断宏观经济形势、科学决策提供统计调查保障，当好参谋助手。撰写128篇统计分析报告，编辑完成《2015年昆明经济工作手册》《2015年昆明统计年鉴》，发布《昆明市国民经济和社会发展统计公报》，按月编制《昆明市国民经济主要指标》《昆明市工业经济运行统计监测快报》，按季度编制《昆明市与全国27个省会城市、全省16个州（市）主要经济指标对比资料》，完成《昆明市第三次全国经济普查课题集》编印工作，为市委、市政府分析判断经济形势和正确选择宏观调控提供准确的数据支撑，提出有价值的建议。通过“@昆明统计”新浪政务微博发布信息2 000余条，通过政府“一号通”发布信息50余条，受理完成“96128”政府热线统计信息咨询服务及现场统计信息咨询服务500余次，完成市委、市政府、人大、政协和相关部门的统计信息服务1 000余次，使统计成果真正为社会公众服务。

【依法行政】 2015年，向全市“四上”企业和行业主管部门发放《致全省企业的一封信》7 996份，联合工信委、发改委、住建局、商务局印发《关于印发开展全市统计数据质量检查方案的通知》，按照“四上”企业20%比例共抽检500户企业，进一步增强统计调查对象的法治观念。积极贯彻执行《全市社会信用体系建设任务分解》要求，完善行业信用记录和从业人员信用档案，通过社会信用体系的奖惩联动机制，使在统计上严重失信的企业寸步难行。同时，充分利用电视、广播、报刊、网络、标语等多种方法广泛宣传统计法律法规，两次被昆明日报等主流媒体进行专题刊登，编印《统计法律法规学习资料汇编》发放至所有乡镇（街道）统计站。

【统计信息化建设】 严格按照国家标准及行业标准，将局内外网站建设成为符合行业、政府相关法规和标准要求的现代化网站，保障数据集成、信息共享等多个业务与服务平台的有效运行，大力提高决策服务、公众信息发布的能力与水平，形成以昆明市统计局网站为中心，数据采集、信息发布、信息共享、政府服务有机整合，高效地为政府、公众、相关部门提供快捷、可靠、准确的信息发布以及公众服务平台。

【统计队伍建设】 昆明市统计局紧扣市委、市政府中心工作，围绕昆明经济社会发展新问题和统计工作重点开展讲座培训，提升干部职业技能；积极组织局领导、县区统计负责人和机关中层干部到清华、北大、成都工程信息学院等高等院校进行统计知识提升培训；组织局班子成员和专业处室负责人赴朝阳区统计局交流学习；认真贯彻《党政领导干部选拔任用工作条例》，上派干部到省统计局跟班学习，下派干部到县区挂职锻炼。通过竞争上岗和民主推荐方式，选拔14名年轻干部走上领导岗位。采取各专业处室组织，分专业进行统一集中培训的方式对统计调查对象进行培训。

（市统计局）

工商行政管理

【商事制度改革】 制定下发《昆明市工商登记制度改革方案》等多个规范性文件，市政府领导多次到工商（市场监管）部门进行调研，形成政府主导、工商（市场监管）部门牵头、相关部门联动的工作格局。“先照后证”改革全面实施，134项工商登记前置审批事项改为后置审批。与全国、全省同步启动“三证合一”改革。通过商事制度改革的实施，有效调动民间资本投资热情，极大地促进市场主体发展。至年末，全市新登记注册市场主体总量12.18万户，比上年同期增长45.78 %。其中，国有集体企业1 729户，外资企业160户，私营企业注册4.67万户，新登记私营从业人员达11.08万人，个体工商户新注册7.27万户，新登记个体从业人员达15.5万人，农民专业合作社注册548户。全市市场主体总量达到63.93万户，比去年同期增长11%。其中，国有集体企业实有1.3万户，同比增长11.34%；外资企业1 418户，同比减少3.27%；私营企业1.91万户，同比增长28.5%；个体工商户43.1万户，同比增长4.71%；农民专业合作社3 100户，同比增长17.47%，市场主体总体保持稳定增长的良好态势。

【企业信用监管】 在“宽进”的同时积极强化“严管”，大力推进信息化监管平台建设，全市市场主体信用信息服务监管平台经市政府批准立项进入招投标阶段。正式启动昆明工商电子证据取证分析中心、昆明工商网络商品交易监测中心和企业档案电子化建设工作。积极探索商事制度改革后续市场监管机制、制度、措施，出台《昆明市工商局推进商事制度改革促进经济平稳较快增长实施意见》，加紧研究制订全市后续市场监管方案。圆满完成企业年报公示工作，2015年各类市场主体年报率均在80%以上。完成即时信息抽查、出资信息抽查、公示信息抽查，共抽查4 295户企业。认真抓好经营异常名录的录入工作，全市列入经营异常名录4万条，公示行政处罚案件627件。

【维护南博会秩序】 2015年6月12—16日，在第三届中国—南亚博览会暨第二十三届中国昆明进出口商品交易会在昆明滇池国际会展中心召开期间。市工商局作为馆内交易秩序整治牵头单位，联合市民委、市公安局、市城管综合执法局、市商务局、市文化广电体育局、市食品药品监管局、市质监局、市知识产权局、会展中心等部门组成会场交易秩序工作组，抽调452名执法人员（其中工商部门抽调近300人）入场参与交易秩

2015年5月，昆明市企业“三证合一”登记制度改革工作启动仪式。
（市工商局 供稿）

序管理工作。工作人员克服场馆较多、面积较大、展位大幅增加等困难，提前制订《南博会场馆交易秩序管理工作方案》，抢救无效方法印制《会场交易秩序工作手册》，主动联合消防武警官兵、会展中心工作人员等对展馆占道经营、消防隐患进行联合整治，圆满完成南博会场馆交易秩序管理工作任务，得到市领导批示肯定。交易秩序组共出动执法人员10 876人次，巡查场馆4 243次，受理并办结消费投诉60件、举报6件，为消费者挽回经济损失154 981元，劝告、清理占道经营摊、户4 749次，查处游动商贩2 301个，联合整治192次，扣留各类物品173件。南博会展览期间，整个场馆流动商贩较往年大幅减少，四川黑水藏族入场人数被控制在很小范围内，交易秩序明显改善。

【农贸市场整治提升】 全局将80%以上人员和精力投到农贸市场的驻场、督查、指导。同时，成立五个督查指导工作组，对各自分片包保范围积极开展督查指导工作，及时通报工作推进落实中正反两方面的典型。加大对农贸市场整治力度，依法查处农贸市场各类违法行为。通过相关部门协调配合，形成农贸市场监督整治合力，齐抓共管整治农贸市场交易秩序。科学合理调动工作力量，做到农贸市场整治提升全覆盖。实行严格责任倒查，市局主要负责人与班子成员，班子成员与各处室主要负责人层层签订农贸市场整治提升包保责任书，对工作不负责、责任不到位、造成不良影响的相关单位及责任人予以严厉问责和组织处理。广泛开展“宣传进市场”活动，通过张贴宣传画、发放宣传手册、播放宣传短片，制作宣传栏、黑板报等，大力宣传创卫工作。

【商标广告战略】 2015年，实施商标战略，大力实施“四标工程”，促进全市商标增量提质。全市系统指导市场主体新申请注册商标969件，组织新申报云南省著名商标62件，新获认定中国驰名商标9件。全市有效注册商标总量达到5.8万件；中国驰名商标达到49件；云南省著名商标达到567件；昆明市知名商标557件；地理标志证明商标8件。深入开展打击侵犯知识产权和制售假冒伪劣商品专项行动，共查处商标违法案件26件。实施广告战略，继续强化广告市场监管，针对人民群众反映突出的违法医疗广告问题，组织开展医疗广告专项整治；加强广告监测，共监测7.4万条次，对发现违法广告1 856条次进行纠正。同时大力扶持广告业发展，向国家工商总局《扶持广告业发展推荐项目库》推荐8个重点广告企业，组织多家企业参加第十一届中国广告论坛等活动，推动广告企业对外交流。

【扶持小微企业】 制定《昆明市工商行政管理局关于扶持小微企业持续健康发展的实施意见》，出台17条具体措施，强化对小微企业政策支持。扎实开展“两个10万元”微型企业培育工程，全市共受理申请4 062户。继续做好“贷免扶补”工作，帮扶603人创业，发放贷款4 399万元。继续深化“银政”合作，通过动产抵押、股权质押、商标权质押等方式，积极帮扶企业解决融资难问题。

【消费维权】 紧扣“12315”昆明工商知名品牌建设，进一步建立和完善12315行政执法体系。在全市系统推行消费纠纷调处服务承诺制、限时办结制、工作考核制，建立完善“诉转案”工作机制、“消费者投诉回访”工作机制、“快处快调”工作机制和“消费维权直通车”工作机制。完成12315指挥中心升级改造工程，通过硬件设施改造和地理信息系统、视频、微信等即时通信技术的引入，打造可视化、智能化、高效率的申诉举报平台和指挥调度系统。优化接听服务，投诉电话一次性接通率达90%。进一步畅通消费者诉求渠道，提升消费维权工作效能。积极推进群众维权，形成社会共治的良好局面。连续四年开展“十个最贴近民生的消费警示”“十个最具代表性的典型案例”和“双十”评选活动。大力开展消费教育基地建设，全市消费教育基地达到14个。强化消费社会监督和指导，市消协联动中国消费者报开展昆明洗护用品消费行为调查，组织开展“一日游”消费体验暗访活动。

发布消费提示17个，公布典型案例28个。强化消协组织建设，完成昆明市消协换届工作。市消协首次当选中消协第五届理事成员。持续深入开展消费维权“五进”活动，继续推进消费维权网络建设，全市消费教育基地达到14个，消费维权服务站达到1 090个。至年底，全市共受理消费者投诉10 267件，为消费者挽回经济损失4 130万元。在此基础上，针对消费维权焦点开展重点市场专项检查，对家用电子电器、服装鞋帽、装饰装修材料、交通工具、家用燃气灶具五大类商品进行抽检，抽检商品348组。以儿童用品、液化气质量、玉器银器市场、电动自行车整治等为重点开展专项整治7次，查处违法案件158件，案值5 178万元。强化服务领域消费维权，查处服务领域消费维权案件190件，案值228万元，罚没款155万元。

【市场综合整治】 围绕社会关注度高、群众反映强烈的农资市场、旅游市场、格式合同条款等重点领域开展专项整治，进一步净化市场环境。加强网络交易监管，启动商品交易“两个中心”建设，深入开展“红盾网剑”专项行动。积极开展各类诚信创建工作，推进市场诚信体系建设，全年公示各级平安市场49个，农村文明集市11个、诚信市场3个。首次采取公示和公示认定形式评出2014—2015年度“守合同重信用”企业。大力开展商业贿赂治理、查处取缔无照经营、查禁传销等工作，积极参与社会治安综合治理、安全生产、扫黄打非、禁毒防艾等工作。全市共查办各类经济违法案件832件。

【队伍建设】 以“三严三实”和“忠诚干净担当”专题教育为契机，思想政治建设进一步加强。突出“正确面对困难并在困难中求发展的意识”和“阵地意识”，队伍理念意识进一步强化。认真落实党风廉政建设主体责任和监督责任，党风廉政建设工作取得新进展。制订《工作不落实、落实不力问责办法》，狠抓队伍执行力建设。通过网络学习、以会代训、专题培训等方式，强化队伍业务能力提升。适应改革发展形势，组织多批次人员赴发达地区就商事制度改革、网络商品交易、消费维权等与同行交流。2015年12月开始，分6批次组织市局机关干部和各县区工商、市场监管局领导班子成员到复旦大学开展综合能力提升培训。同时，机关党建、工会、老干等工作扎实开展，各级学会、协会围绕中心开展工作发挥作用。

（王自勇）

价格管理

【全年价格走势】 2015年各月居民消费价格同比分别上涨2.8%、2.7%、2.2%、3.0%、2.9%、2.1%、1.6%、2.7%、2.7%、2.5%、2.1%、1.8%。全年累计上涨2.4%，低于预期控价目标1.1个百分点。八大类价格指数中，除交通和通信类下降0.7%外，其余七大类价格指数全部上涨，食品类、烟酒类、衣着类、家庭设备用品及维修服务类、医疗保健和个人用品类、娱乐教育文化用品及服务类和居住类涨幅分别为3.8%、3.5%、3.7%、2.1%、4.1%、1.4%、0.3%。

【价格管理】 以保持价格总水平基本稳定为目标，强化价格调控管理，服务经济社会发展。深化资源性产品价格改革，在原有临时价格基础上，调整管道天然气价格，实现全市民用和非民用天然气价格与全省统一，推进大工业大用户天然气直供享受优惠气价，居民用管道天然气阶梯价格方案通过听证。深化医药价格改革，正式放开除麻醉药品和第一类精神药品外的所有药品价格，实行市场指导价，医药价格改革工作进入全新阶段。推进电力价格改革，积极贯彻落实云南省电力用户与发电企业直接交易试点输配电价文件精神，切实为企业节省用电成本。开展汛期富余水电消纳，将富余水电消纳的优惠范围扩展至普通城乡居民用户。加强保障性住房价格管理，制定并向社会公布11个公共租赁住房项目的租金基准价标准。规范机动车停放服务收费秩序，将主城区范围内机动车停放服务收费全部纳入政府定价（政府指导价）管理范畴，实行划区域差别收费，共审批学校、医院和路内停车等10个停车场（地）收费标准。规范物业企业服务收费行为，审批了天宇澜山、润城和南亚未来城3个80万平方米以上的大型小区物业服务收费标准，并监督物业服务企业严格按服务内容、服务标准逐项进行公示。

【收费管理】 不断深化收费制度改革，提高服务质量和效率，营造良好价费环境。落实重要节假日降低游览参观点门票价格制度，全年各市属旅游景点累计降价优惠金额共计2 019.07万元。调整昆明动物园和昆明市大观公园门票价格，分别调整为20元/人次和26元/人次，实行一票制。加强出租汽车运价管理，贯彻落实燃油联动机制，全年2次调整燃油附加费，平稳应对市场燃油价格变动对出租车行业的影响。探索常规公交实施分段计价，统一《昆明公交集团公司“分段计价”十点工作方案》，初步选定129路（普线）、175路（空调）两条“定价两元，一票通乘”的营运路线作为试点。规范客运市场秩序和价格秩序，核定道路客运班线票价表并印发。印发《昆明市普惠性民办幼儿园认定和管理办法（试行）》，进一步加强普惠性民办幼儿园建设，保障适龄儿童接受基本的、有质量的学前教育。

【价格和收费检查】 加强市场价格

和收费检查，采取多种检查方式方法，抓好市场价格巡查、收费专项检查、努力做好价格服务工作。全年共受理各类价格举报、投诉、咨询8 463件，办结率为99.67%。加强对重点产品市场价格特别是农副产品等群众生活必需品价格的动态监管，防范价格异常波动。元旦、春节、五一、端午及南博会、中秋国庆等重大节日和活动期间，市、县、区级物价检查部门共出动1 664人次，检查农贸市场161个、粮店76个、零售商店247个、大小超市290家、机动车停放服务收费263个、83个物业、268家酒店和餐饮企业、57个游览参观点、17家旅行社、37个客运站、117个加油站、14个高速公路收费站、出租车公司8个。开展商品房销售明码标价备案工作，全年共办理217个新增商品房项目销售明码标价公示备案。开展旅游景区价格政策执行情况专项检查，召开规范昆明市旅游市场及游览参观点商品及服务明码标价工作会，规范昆明市旅游市场明码标价行为。积极组织开展机动车驾驶培训收费、银行收费、教育收费、涉企收费等各项专项检查，对个别违法违规行为进行处罚。加大价格政策宣传力度，积极举办价格政策培训，发放价格政策汇编手册500余份。

【价格监测和成本监审】 紧紧围绕"稳物价、惠民生"工作主线，扎实推进"稳价保供"工作，努力发展生产、保障供给、搞活流通、全面加强价格监管。继续贯彻执行"价格通报制度"，及时了解各县（市）区市场价格波动情况并准确地向市政府和各县（市）区进行通报。坚持开展"重要民生商品价格信息公布"工作，通过各大新闻媒体发表173期民生商品价格信息。加强平价商店管理工作，通过日常巡视、突击抽查等方式对100家平价商店日常经营进行检查，进一步规范平价商店的经营。继续认真做好价格常规工作，在全市设置140余个监测点，对近400种重要商品和服务价格总体情况进行跟踪、采集、分析、预测和预警，每月上报数据2 200余条，在重要商品及服务价格发生异常波动时及时预警。科学公正开展价格认证，全年受理办结各类案件4 830件，涉案金额1.246亿元。

（李　萍）

质量技术监督

【质量管理】 2015年11月，市质量技术监督局被国家质检总局批准创建"全国质量强市示范城市"。全市147家生产许可证获证企业进行为期3天的培训和考核，273人考核合格，取得首席质量官培训合格证书，并由企业进行任命。云南白药集团股份有限公司、昆明中铁大型养路机械集团有限公司、云南石林旅游集团有限公司申报并获得第二届云南省政府质量奖。全市企业获云南省政府质量奖数5家，占全省获奖总数50%。组织国内知名专家对申报第五届昆明市市长质量奖的企业开展评审，最终云南鸿翔一心堂药业（集团）股份有限公司、昆明中药厂有限公司、昆明市儿童医院获第五届昆明市市长质量奖；昆明市延安医院、昆明中天达玻璃钢开发有限公司获提名奖。截至2015年，全市有13家企业荣获昆明市市长质量奖，4家企业获得提名奖。在广泛征集基础上，形成"诚信阳光、卓越惠民"的城市质量精神，获市政府批准。

【名牌战略】 继续加大品牌培育力度，积极引导企业争创名优产品，提高产品产业竞争力。全年新增"昆明名牌"63个，昆明名牌产品数量达到365个。新增"云南名牌产品"31个，占全省新增"云南名牌产品"总数32.3%，全市拥有云南名牌产品数量突破300个，占全省"云南名牌产品"总数48.24%。省市名牌实现产业全涵盖。

【标准化战略】 加强地理标志产品保护工作，积极做好撒坝火腿、东川面条（东川挂面）通过技术审查会的后续工作，督促已具备申报条件的"石林路南卤腐""东川洋芋""汤池老酱"完善相关申报材料，积极做好推进工作。强力推进服务标准化，经项目征集、自愿申报、考核调研等环节，确定上报昆明市五华区国税局、昆明市盘龙区医保中心、云南省急救中心、昆明市社会福利院4个省级服务业标准化试点项目。持续加强农业标准化，在建国家级、省级农业标准化示范区各1个，其中省级农标示范区计划等待验收。建成农业标准化示范区29个，其中国家级项目25个，省级项目4个。征集省、市级农标项目19个，逐一进行实地调研，为选取优质项目立项做好准备。

【计量】 组建"市民计量监督员"队伍，首批招募60位热心市民成为"市民计量监督员"，监督检查计量器具、举报计量违法违规行为。加强集贸市场计量专项监督检查，完成全市18个县区（含嵩明）202个集贸市场14 834台贸易用衡器的检定，确保辖区内集贸市场计量器具受检率达100%。开展"诚信计量自我承诺示范单位"活动，引导筛选50家单位实现"诚信承诺"。强化商品量计量监管，在民生产品生产企业中开展定量包装商品净含量国抽、省抽专项监督抽查和商品包装国家计量监督专项抽查。其中，定量包装商品净含量国家监督专项抽查工作共抽查43家企业，抽样67批次，合格率 92.54%；云南省定量包装商品净含量专项监督抽查工作共抽查54家企业84个批次，合格率为91.67%，较2014年提高0.37%。开展民生计量专项监督检查，对全市烟站用烟叶收购衡器进行强制检定，检定7个县区51个烟站448台衡器，合格率100%；开展能源效率标识专项执法检查，检查生产企业11家；销售企业259个；合格258个企业，合格率

91%。检查不同型号电冰箱、洗衣机、自动电饭锅、家用电磁灶等产品1 419台（件），合格1 410台（件），合格率99.3%。开展重点用能单位能源计量数据采集工作，完成数据采集现场工作27家，完成数据采集上传工作22家。开展计量合格确认工作，截至12月14日，完成19家。加强计量行政许可管理，对计量行政许可工作进行日常监督，依法受理计量行政许可，全年完成18家企业50个计量标准考核和21个计量授权。

【认证认可】 认真开展检验检测服务业统计，对全市范围内获得资质认定（计量认证），并向社会提供检验检测服务技术机构，统一安排统计工作，全市完成316家检验检测机构上报数据并通过审核，比2014年增加30家，完成率100%。对食品检验检测机构和有机产生产企业进行重点检查，检查食品检验检测机构24家，农林牧渔检验检测机构6家。完成全市20家机动车安检机构监督检查工作，检查覆盖率100%。检查有质量管理体系认证获证企业9家，对强制性产品认证目录内儿童乘员用约束系统及新增消防产品开展行政执法工作。检查消防产品获证生产企业7家，防火门生产企业检查覆盖率100%，儿童乘员用约束系统销售超市6家。开展电缆电线流通领域监督抽查工作，共抽样100组。组织各县区16名相关人员，参加强制性产品认证监管工作业务骨干培训。及时处理12345针对机动车安检机构投诉举报33件，满意率100%。

【产品质量】 强化产品质量监督抽查，按照全市产品质量监督抽查计划，组织对全市洗涤用品、危化品、絮棉制品、食品包装及容器等22类80余种产品分批开展市级监督抽查。完成香精香料、洗涤用品、絮棉制品等市级监督抽查工作。完成烟花爆竹产品专项监督抽查及食品相关产品专项检查。全年共抽查企业518家，合格企业483家，企业抽查合格率93.05%；抽查产品1 053个批次，产品实物质量合格950个批次，实物质量抽查批次合格率为90.22%，完成预算经费315万元。开展风险预警监测工作，全年完成风险预警监测工业产品为食品相关产品、卫生用品、天然气产品、童车产品、复印纸、建筑防水卷材五类。其中，食品相关产品纸质包装共抽查8家20个批次产品，检测结果较好，均未发现VOC检出的情况。卫生用品抽取60个批次样品，有5个批次不合格，综合合格率为91.67%；天然气产品，全市2家管道天然气经营企业、8家车用天然气加气站，10批次天然气产品质量抽检合格率均为100%；童车产品，全市抽查13家40个批次，其中2个批次样品冲击强度不合格，1个批次样品标志和使用说明不合格，合格率为92.50%；塑料包装全市抽查34家48个批次产品，检出塑化剂DEHP超标产品34个批次，合格率为29%。严格工业产品许可证受理和食品相关产品许可核发证工作。截至12月3日，全市工业产品获证企业298家341张证书，食品相关产品获证企业146家146张证书。受理工业产品95家企业108个产品单元，发证31家49张证书，不予许可6家6个申证单元。受理食品相关产品20家企业20个产品单元，发证17家17张证书，不予许可1家申证1个产品单元。改进许可证年审方式，被受理企业100%建立质量档案。组织对昆明市危险化学品包装物及容器生产企业开展为期两个月专项整治，出动执法人员200人次，检查危化品及其包装物生产企业13家，特种设备85台件，同时开出《特种设备安全监察指令书》8份。组织开展儿童用品专项监督检查，出动执法人员200人次，检查儿童服装生产企业8家，抽样2家，主要问题为标识标志不规范，已下达责令改正通知书。组织开展烟花爆竹产品联动专项监督抽查、防水卷材专项检查，完成监督抽查情况通报8期。编制《2015年昆明市重点产品监控目录》，包括日用消费品、建筑装饰装修材料、工业生产资料等4大类11个小类共计287种产品。组织对本市水泥企业生产条件、获证情况专项调查，听取各方意见和建议，进一步明确工作思路和方向。全市有17家（不含滇中）水泥生产企业（其中粉磨站7家，其余为干法旋窑生产线），有效许可证16家，到期未申请换证1 家。召开昆明市食品相关产品质量监督专项抽查情况通报暨抽查不合格的企业集体约谈。同时组织省产

深入企业进行质量安全检查　　（市质监局　供稿）

品质量监督检验研究院6名质量专家对经开区、高新区的40家企业进行上门服务。

【特种设备安全】 2015年，开展特种设备安全和危险化学品生产企业大检查，深化“六打六治”为重点的“打非治违”专项整治工作。召开53个特种设备专题会，出动车辆1 760辆次，执法人员4 220人次，检查特种设备使用单位2 700家，检查各类特种设备9 632台，发出安全监察指令书250份，发现安全隐患940条，整改860条。成立4个督查检查组，出动车辆120辆次，执法人员380人次，检查特种设备使用单位160家，发现安全隐患110起，整改89起。“南博会”期间，成立领导小组，制定实施方案，局领导率队提前介入、主动协调，抽调20多人，组成特种设备安全保障组、展馆交易秩序保障组和珠宝检验保障组进驻现场，热情服务，全力保障会展中心100多部电梯如期使用和安全运行。切实加强隐患排查，开展老旧电梯专项检查、油气管道专项整治、客运索道抱索器隐患排查整治等。全市电梯总数32 388台，其中乘客电梯26 235台，占81%。投用5年以内的电梯总数20 226台；5—10年的总数7 703台；10—15年的总数3 146台；15年以上的总数1 313台，其中乘客电梯921台。组织开展昆明市“百城万校”儿童安全乘梯流动宣传活动、昆明市“安全生产月”电梯安全宣传活动，有80多名工作人员参加咨询服务活动，设置咨询台12个，展出安全宣传展板、警示展览40余块，接受100余人现场咨询，向过往行人发放电梯安全宣传材料5 000余份。向参加宣传活动的群众发放电梯安全宣传手册，普及安全乘梯教育知识，树立安全意识，减少乘梯安全隐患。《昆明市电梯安全管理办法》修订列入市政府2015年立法计划，3月正式启动立法修订工作，11月24日昆明市人民政府第102次常务会议讨论通过，11月30日发布，2016年1月1日正式施行。“3·04”事故发生后，立即在全市范围内开展特种设备安全大检查和隐患大排查，按照“全覆盖、零容忍、严执法、重实效”总要求，以“四不两直”方式，对重点场所、要害部位、关键环节逐条逐项检查，全市质监系统共出动642人次，组成65个检查组，检查特种设备使用单位1 420个，查出安全隐患230起，完成整改180起，打击特种设备违法行为2起。开展客运索道抱索器隐患排查整治，检查运营使用单位5家，未发现抱索器存在裂纹缺陷。完成油气管道专项整治阶段工作，共出动检查车辆20辆次，出动人员34人次，检查长输管道（输油、输气管道）和公用管道（燃气管道）单位7家，涉及管道12条。为认真贯彻落实新颁布的《安全生产法》和《特种设备安全法》，印制《特种设备安全法》5 000册，发放特种设备使用单位；举办《特种设备安全法》宣传贯彻培训班7期，有150家企业、5家监管单位共计800余人参加培训。

【打假执法】 2015年，认真履行市打假办职责，制定全市打假工作计划，明确打假工作重点，细化目标任务，明确责任部门。全市质监系统共出动执法人员2 496人次，检查生产企业978家次，立案查处225件，涉案货值807.1万元。坚持依法行政，规范行政执法行为，严把执法办案质量，全年无行政诉讼案件。

（李 丹）

食品药品监督管理

【获证食品药品单位数】 昆明市是全省食品药品生产大市和流通集散地，辖区内获证的食品药品生产、经营和使用单位近9万户。其中，食品及添加剂生产企业1 456户，流通经营户65 411户，餐饮服务企业26 077户；药品生产企业58户，批发企业265户，零售药店2 669户，中药材专营市场1个（菊花园中药材市场），药品使用单位4 500多户；医疗器械生产企业77户、专营批发企业321户；保健食品生产企业5户、经营企业1 240户；化妆品生产企业21户。

【完善食品药品责任体系】 将食品药品安全工作纳入昆明市2015年县区、开发（度假）园区主要工作目标，制定《2015年食品药品安全工作目标》签订到市、县、乡、社区。另外，依据各部门职能职责，昆明市政府与31家食品安全委员会成员单位分别签订食品安全工作目标责任书。市委、市政府目督办对食品安全工作进行立项督查，市食安委组织开展半年督查、专项督查及目标责任考核。进一步强化各级政府“食品药品安全负总责”意识，市委、市政府在市委全会、市两会等重要会议上都对食品药品安全工作进行部署，将食品药品安全工作列入昆明市“10项惠民实事”，并将食品安全纳入市直部门领导班子和领导干部综合考核。合理划分市县两级事权，出台市、县两级食品药品监管职责职能事权划分实施意见。

【健全食品综合监管机制】 牵头召开食安委全体、联席、专题等会议。将水务、民政、林业、住建等7个部门新纳入食安委成员单位。牵头制定《昆明市食品安全委员会工作规则》《2015年昆明市食品安全工作要点》等各项工作文件。积极筹划组建食品安全专家委员会。协调加大食品安全经费保障力度，全年市财政筹措食品安全项目资金3 662万元，安排市食品安全工作经费 130万元。推进乡镇食品药品监管所（市场监管所）能力提升项目，夯实基层监管基础。开展食品风险监测39 460批次、食源性疾病监测2 575例。

安全用药宣传活动　　（市食品药品监管局　供稿）

【构建食品药品安全共治格局】　主动争取人大政协支持，接受省人大常委会副主任杨应楠带队的食品安全、省政协罗黎辉带队的食品药品监管体制等督查调研。积极办理人大建议、政协提案，11件建议提案办理结果均为满意。推动食品药品监管、法院、检察院、公安4个部门联发《昆明市食品药品重大案件督办制度》《打击食品药品违法犯罪行政执法与刑事司法衔接工作机制》，完善行刑衔接机制。

【营造良好社会氛围】　通过创建食品安全示范县、药品安全示范县、餐饮服务食品量化分级管理、食品安全示范街等形式，发挥示范榜样作用。开展食品安全志愿服务、食品安全宣传周、安全用药月等大型群众性活动。在《昆明日报》设立“昆明市食品药品监督管理”专栏，充分利用七彩公交、都市条形码、出租车顶灯等媒介，定期向社会发布有关食品药品监管动态、安全信息、科普知识及重大事故查处情况。开通政务微博、微信，在全市每月党政微博测评考核中，排名一直保持在重点部门前10名。

【食品药品安全水平进一步提升】　2015年，全市食品药品监督管理系统累计出动执法人员9.6万余人次，车辆3.5万余辆次，检查食品、药品、医疗器械、化妆品、保健食品单位11万余家次，查处违法案件2 125件。

【加大日常监管力度】　以实行全过程监管为目标，提高食品药品日常监督检查频次和覆盖率，全市食品药品单位年度检查覆盖率达到100%。严格行政许可，发挥窗口“一站式”服务功能，建立规范化、程序化工作机制，共受理和办理各类行政审批和管理服务事项5 044件，全年无投诉、延误办理情况发生。

【开展专项整治】　在做好日常监管同时，加大重大节庆活动期间、重点行业的专项整治力度，特别是针对社会广泛关注的米线、白酒、中药饮片、学校食品安全等，开展12项全市性专项整治行动，取得明显成效。同时，全面做好重大活动食品安全保障工作，圆满完成市“两会”、南博会等多项重大活动保障任务。

【食品药品检验能力提升】　在云南省食药监管系统中，首家通过国家实验室认可评审，投入2 000多万的二期工程——国家级食品安全检（监）测能力建设项目推进顺利，完成全省检验机构首次药品应急检验演练，多次参与能力验证/比对、测量审核。2015年共参加外部质量控制24个项目，其中实验室比对1个项目，测量审核13个项目，能力验证10个项目，满意率为86%。加快推进县区检验机构建设，启动石林县食品药品检验所标准化建设试点项目。全年共检验食品药品3 904批次，其中食品2 224批次，药品1 562批次；保健食品56批次；化妆品54批次。

【加强对不良事件监测】　建立市、

食品安全检查　　（市食品药品监管局　供稿）

县、乡三级药品不良反应监测员网络，做到监测全覆盖。以基本药物、疫苗、中药注射剂和高风险类药品为监测重点，加大监测力度。2015年，昆明市共报告《药品不良反应报告表》5 289份、《可疑医疗器械不良事件报告表》997份。

（蔡英雄）

审　计

【概况】　2015年，全市两级审计机关完成审计和专项审计调查项目782个。查出违规问题金额123 080万元，管理不规范金额877 425万元。审计发现非金额计量问题225个，被审计单位损益或收支不实问题金额10 583万元。审计后移送有关部门处理事项21件，移送处理金额2 876万元。通过审计，为国家增收节支65 221万元。其中，上缴财政34 440万元，减少财政拨款或补贴14 740万元，归还原渠道资金16 040万元。调账处理148 999万元，核减固定资产投资额181 788万元，为被审计单位挽回或避免经济损失136 436万元。

市本级完成审计项目131个，查出违规问题金额63 437万元，管理不规范金额506 245万元，被审计单位损益或收支不实问题金额1 456万元，移送有关部门4件，涉案金额76万元。通过审计，促进整改落实有关问题资金104 528万元。其中，直接为地方财政和有关单位增收节支3 042万元，已调账处理100 339万元，已缴纳其他资金304万元。审计后挽回损失86 451万元，核减固定资产投资额122 326万元，提出审计建议408条，审计信息被批示、采用292条。

【市级预算执行和其他财政收支审计】　2015年上半年，组织对2014年度市级预算执行和其他财政收支情况进行审计。从审计情况看，财政收入稳定增长，收入质量有所提高。2014年，市级地方公共财政预算收入完成236.90亿元，完成预算的104.3%；市级政府性基金预算收入完成216.91亿元，完成预算的102.4%。财政支出结构持续优化，民生等重点支出得到较好保障。市级财政用于医疗卫生支出20.07亿元、社会保障和就业支出25.57亿元、文化体育与传媒方面支出1.88亿元，分别完成预算的94.2%、95.3%和99.5%。审计发现：市本级代编预算规模扩大3.13亿元；土地出让收入未及时足额上缴国库8.43亿元，市本级等非税收入未纳入预算管理6.96亿元；预算支出使用效率不高，未按预算所列项目拨付实现预算支出9.68亿元。此外，存在专项资金结余未纳入预算管理、财政专户管理不规范等方面问题。通过审计，有关部门、单位积极采取措施进行整改。

【部门预算执行审计】　2015年对11个市级部门2014年度预算执行情况进行审计。11个部门年初预算总收入29 638.55万元（含下拨至各县区项目经费7 950.06万元），实际收到财政资金26 958.65万元（不含下拨至各县区项目经费），较年初预算增加5 270.16万元，增加的预算主要用于各类项目支出，部门实际支出26 955.04万元（不含下拨至县区项目资金），年末累计结余资金505.80万元。审计发现：应缴未缴财政资金976.52万元，固定资产管理不规范2 976.05万元，预算管理不规范126.23万元，未按规定用途使用资金57.45万元，财务管理不规范2 676.87万元。通过审计，相关部门对存在的问题进行整改。

【财政专户管理情况审计】　市两级审计机关分别对市本级、5个开发（度假）区、12个县区2014年财政专户管理情况进行审计。审计发现，全市未归口财政国库部门统一管理财政专户68个，不符合有关规定的专户79个，非税收入未按规定及时、足额缴库51 821万元，未采取定期存款和购买国债等方式实现保值增值32 850万元，利息收入等收益未按规定缴入国库4 034万元，违规出借财政专户资金借出周转使用204 904万元。针对上述问题，审计机关已做出相应处理意见或建议。

【稳增长促改革调结构惠民生防风险政策审计】　2015年，面对经济下行压力大等诸多严峻考验，全市审计机关组成24个审计组，57名审计人员，对各地各部门贯彻落实稳增长促改革调结构惠民生防风险政策措施情况进行审计，审计和延伸审计部门单位325个。审计结果表明，各地各部门贯彻落实稳增长促改革调结构惠民生防风险政策效果明显，但存在一些问题。一是取消和下放行政审批事项、推进简政放权政策措施落实方面存在“先照后证”工作力度不够，企业信用信息公示工作进展慢等问题。二是加快城市基础设施建设政策措施落实方面存在受资金、土地资源配置等因素制约，市政基础设施建设推进难度大问题。三是实行精准扶贫、减少农村贫困人口政策措施落实方面存在项目推进慢，资金下达不及时等问题。四是金融支持实体经济方面存在企业融资资金监管难度大，政策扶持面窄，县（区）农信社以“三权三证”为主的农村产权抵押融资创新服务发展缓慢等问题。通过审计，有关地方和部门进行整改。

【领导干部经济责任审计】　2015年，全市共对128名领导干部进行经济责任审计。其中，任中审计30人，离任审计98人。县处级干部16人、乡科级干部110人，其他2人。审计单位132个，审计共查出主要问题金额19.1亿元。通过审计，增收节支1.2亿元，提交审计报告212篇，提出审计建议406条，被采纳审计建议326条，市县两级党委、政府领导批示18篇次。在一定范围内向党委、政府及有关部门上报审计结果81篇（次），向社会公告审计结果14篇。市本级对16位市管领导干部（含个别原市管领导干部）实施经济责任审计。截至12月底，审计查出主要问题金额17.91亿元，提出审计建议82条。市审计局在审计中，选择部分审计项目尝试领导干部环保责任履行情况审计，单独出具环保责任审计报告，并对领导干部履行环保责任进行审计评价，从制度和实践上推进领导干部自然资源资产离任审计工作的开展。

审计人员素质提升专题培训　（市审计局　供稿）

【政府投资项目审计】　市本级加强滇池生态、文化、旅游圈建设、“3015行动计划”项目建设、轨道交通项目建设等市政重点建设项目的审计监督，对48个重点建设项目实施竣工决（结）算审计，组织相关县（区）审计局对昆铁枢纽改扩建工程、云桂铁路、长昆铁路、昆玉铁路等项目的征地拆迁开展跟踪审计。截至2015年12月底，完成30个政府投资决（结）算审计项目，审计金额79.54亿元，依照审计法律法规以及建设工程管理制度规定调整工程投资5.6亿元，占审计金额7.04%，提出审计建议93条。正在实施决（结）算和跟踪审计项目69个，投资概算总额1 147.17亿元。完成土地储备支出评审项目19个，评审面积6 618.66亩，评审额58.59亿元，调减投资20.48亿元，提出建议40条，向市政府上报15个专项审计情况报告。

【农村义务教育专项资金审计】　根据省审计厅统一计划安排，市审计局对所属12个县区2013年、2014年农村义务教育专项资金进行审计。重点审计农村义务教育阶段中小学校公用经费、寄宿生生活费补助、营养改善计划和免费教科书等专项资金分配、拨付、使用管理情况。延伸抽查265所公办中小学校和43个教学点、 23所民办中小学校和1个教学点、2所特殊教育学校。审计发现，昆明市在农村义务教育经费保障新机制政策执行、专项资金筹集、管理和使用，免费教科书管理等方面存在一些问题。此次审计，全市共发现5个涉嫌违纪违法问题线索，涉及相关责任人员8人，涉嫌问题金额100.29万元，市县两级审计机关依法分别移送有关部门调查处理。

【农、林、水专项资金审计】　市两级审计机关对昆明市2014年农业、林业产业化资金分配、管理和使用情况进行审计，重点抽查农业、林业、水务及扶贫等相关单位，涉及市本级、5个开发（度假）区及市所属12个县区，农业、林业产业化项目48个，资金5 438.1万元。通过审计，发现存在资金拨付不及时、出借专项资金、项目推进缓慢、资金管理不规范等问题，审计机关已就上述问题做出相应处理意见或建议。

【审计制度建设】　2015年，制定出台《社会投资人参与城市更新改造项目退出规定》《加强公务支出和公款消费审计的实施意见》《昆明市人民代表大会常务委员会对审计查出问题整改工作的监督办法》《审计组长管理办法》《昆明市审计局审计回访和审计约谈办法（暂行）》《关于进一步提高经济责任审计监督时效性的意见》《领导干部自然资源资产离任审计工作方案》等规章制度，这些规章制度，进一步理顺审计实施过程中的一些障碍，为更好地发挥审计监督起到较好作用。

【审计队伍建设】　2015年，加强审计干部队伍建设，组织全市审计干部分批赴清华大学、南京审计学院、市委党校，围绕《投资审计》《经济责任审计》《财政审计》《世界审计史》《审计组长管理办法》和《审计回访和约谈办法》《综合治理小金库》《政策跟踪性审计》等培训内容，提升干部能力、素质和专业知识，更好地适应审计事业发展的需要。

【帮扶工作】　2015年，为禄劝县马鹿塘乡马鹿塘村争取整村推进项目经费100万元，道路修建经费45万元，为村委会解决工作经费5万元。经局党组研究决定，从机关经费中出资25万元，为红德村修建党员活动室等提供支持。组织全局96名在职党员到昆明市五华区水晶宫和五华山社区报到，积极为社区解决实际困难，从机关经费中为两社区各解决办公经费5 000元，慰问困难群众和党员60余户，资助金额3万元。

（牟显福）

农林水利

◆责任编辑　熊　英

2016 KUNMING YEARBOOK

农业农村工作

【农业生产稳定增长】　严格落实粮食安全行政首长负责制，开展粮食高产创建，加快现代农业基地、粮食生产基地建设，大力发展优势特色产业。全年粮食播种面积369万亩，粮食总产预计达100万吨。完成高产创建64.75万亩，推广抗旱节水肥粮食高产综合配套技术120.4万亩。加快蔬菜、花卉、畜牧、烤烟、林果、生物资源六大特色产业发展，全市播种蔬菜128万亩，上市266万吨；种植花卉园艺23万亩，生产鲜切花（含切枝、切叶）45亿枝；肉类总产49.16万吨，奶类总产10.56万吨，禽蛋产量6万吨；渔业产量3.25万吨，产值7.2亿元；收购烟叶130万担，实现烟叶收购总值19.69亿元；核桃种植136万亩，建设苗木基地3.2万亩，省级林业龙头企业118家，林业产值达100亿元以上。大力推进"三品一标"认证，全市有55个农产品获得云南名牌农产品称号。2015年全市完成农业增加值197.38亿元，同比增长6.12%；农村常住居民农民人均可支配收入11 506元，同比增长11%。

【农业发展方式不断优化】　紧紧抓住滇中城市经济圈一体化发展机遇，科学谋划全市高原特色农业结构布局，大力培育发展农业园区、龙头企业、都市农庄、农民专业合作社、种养大户与家庭农场五类新型农业生产经营主体。全市8个重点农业园区不断发展壮大，各类农业园区占地近60万亩，入园企业累计达322户，完成投资96.47亿元。全市纳入产业化经营统计龙头企业共计679家，其中龙头企业带动型345家，省级以上龙头企业95家，农业产业化总产值达498.7亿元，同比增长12%，带动了农业产业发展，促进了农民增收。2015年启动都市农庄建设10个，新增农民专业合作社300个。做大做响"泛亚农博会""花博会"等农业博览会，积极打造全省乃至西南地区、辐射南亚东南亚的农业博览会展中心。培养新型职业农民，2015年培训职业农民1 000人，创建农业创业示范村20个。

【不断夯实农业基础设施】　开展农村公路硬化里程933千米，新增城乡公交线路5条，城乡公交覆盖率达100%。启动2件中型水库，7件小型水源工程建设，新开工79件小型病险水库除险加固，建成"五小水利"工程5.1万件，新增灌溉面积14.32万亩，恢复改善灌溉面积36.33万亩，新增节水灌面7.03万亩，解决17万农村人口饮水安全问题。在东川、禄劝、倘甸两区县组织实施3万户"户户通"置换试点工程，建设150个农民体育健身工程点、200条健身路径，建成5个文化惠民示范村，新建（改扩建）文化站4个、文化室46个；建立统一的城乡居民医疗保险和城乡居民养老保险制度，昆明市率先在全省实现农村和城市医疗保险和养老保险两项并轨。启动以贫困地区农村为主的电网建设工作，建设8个35千伏农网改造升级工程项目，完成803个行政村有线光纤宽带覆盖和无线4G网络覆盖。

【农村环境综合整治成效明显】　2015年新增造林32.18万亩，义务植树959.5万株，全市森林覆盖率达50%。继续推进滇池流域、城镇面山、主要交通沿线、入滇河道沿岸、"五采区"等区域的生态修复和绿化美化，实施低效林改造及抚育14.5万亩，封山育林及补植31.77万亩。持续开展生态创建工作，加大传统村落保护，18个村落列入国家级传统村落名录。扎实推进新农村和美丽乡村试点示范建设，建成72个省市级美丽乡村示范村、3个民族团结进步示范乡镇、3个民族团结进步示范社区。深入推进清洁乡村行动，通过市、县（区）、乡镇及群众共同筹资投入，加大村庄保洁队伍以及环卫设施建设力度。据统计，全市开展有偿保洁行政村覆盖率达92%、生活垃圾定点存放及清运率达94.3%、农作物秸秆综合利用率89.5%。

【脱贫攻坚取得新突破】　2015年，全市认真贯彻落实习近平总书记关于扶贫开发系列重要论述，特别是在云南考察时的重要讲话精神和中央、省、市扶贫开发工作会议精神，高度重视，加大投入，聚力攻坚，精准扶贫，累计投入财政扶贫资金3.7亿元、省市到户贷款2.51亿元、社会帮扶资金4.64亿元，累计减少建档立卡贫困人口68 233人和边缘贫困人口75 576人。启动实施3个整乡推进项目，实施省市级整村推进250个，开展以禄劝皎平渡为重点的"红色乡村幸福家园"项目38个，完成1 400人易地搬迁，启动实施 1 717人易地搬迁，实施宜居农房建设10 012户，产业项目23个。广泛动员，开展社会扶贫，实现38个乡镇对口包乡（村）

全覆盖。先后邀请驻昆高校、金融机构、科研院所、国有企业、民营企业、新闻媒体、商会代表、上海青年企业家联合会企业家代表召开5个走进国家级贫困县帮扶工作座谈会，市政府与云南民族大学、省农信社、省农科院、昆明诺仕达集团公司签订《合作框架协议》。大力推进包乡包村帮扶工作，141个包乡包村对口帮扶单位落实帮扶项目资金45 448.89万元。

【农村改革任务有序开展】 启动富民、五华两个县区整县推进、10个乡镇农村土地承包经营权确权颁证工作。全市累计流转农村土地88万亩，占全市家庭承包土地面积43%。全面启动农村集体土地使用权确权登记颁证工作，完成集体建设用地使用权确权登记发证1.07万宗，累计完成宅基地使用权确权登记发证46.43万宗。深化推进林业改革，昆明市作为全国唯一一个省会城市被列入国家林业局集体林业综合改革试验示范区，实现林权流转22.79万亩，抵押贷款13.6万亩，贷款金额12.42亿元。加快推进农村产权交易体系建设，富民县、宜良县农村产权交易服务中心试点建设加快推进，市县两级林权管理服务中心建设全面完成。加快推进“三农”金融服务改革，开展农村金融组织体系建设、农户小额信用贷款、“三权”抵押贷款、保险金融服务等试点，东川区、晋宁县省级试点积极推进。

【统筹城乡发展】 2015年，认真贯彻落实国家和省关于进一步推进户籍制度改革的安排部署，出台《昆明市人民政府关于进一步推进户籍制度改革的实施意见》及《中共昆明市委办公厅昆明市人民政府办公厅关于做好新形势下农业转移人口市民化工作的通知》，主动将农业转移人口市民化工作融入国家、省户籍制度改革和新型城镇化建设进程中去谋划和推动，积极做好“农转城”和户籍制度改革两项政策对接和融合。紧紧围绕全省统筹城乡发展试点工作总体要求，因地制宜，大胆探索，积极推进东川区、宜良县两个统筹城乡试点建设。全市城镇化率达到70%。

从养老、医疗、教育、就业、住房等民生基本需求层面制定出台一系列政策措施，保障农业转移人口权益落实到位，稳步推进城镇基本公共服务常住人口全覆盖。自2011年以来农业转移落户进城的111.4万人中，为74.5万人保留土地承包经营权、74.8万人保留宅基地及农房使用权、61.5万人保留林地承包经营权及林木所有权、692 527人继续享受农村集体经济组织资产收益分配权，为33.62万人提供就业服务、54.8万人办理各种社会保障、22.98万人享受教育服务、76.28万人参与城市各种医疗保险、31 708人享受住房保障。通过促进农业转移人口市民化工作的开展，为推进“四化”同步，城乡统筹发展奠定坚实基础。

【新农村及美丽乡村建设工作】 2015年，连续将新农村及美丽乡村建设列入全市“十项惠民实事”工程，坚持点上突破与面上整治共同发力，有效改善农村人居环境，取得明显成效。全市共组织实施完成72个省级重点村及美丽乡村建设，在所有行政村所在地的中心村开展以环境卫生整治和村庄日常保洁为主要内容的“乡村清洁行动”。共计投入新农村建设专项资金17 459万元，其中省级补助3 240万元、市级安排财政补助3 240万元；下拨市级“清洁乡村行动”专项以奖代补资金2 200万元。

累计完成村庄道路硬化241条40.3万平方米，修建各类挡墙1.56万立方米，开展村庄绿化6.3万平方米，建设村内公共活动场地7.75万平方米，修建村庄公厕89间、垃圾房92间，新建农房6 086户，安装路灯1 921盏，项目村基础设施得到较大提升。同时，积极培育产业，发展特色种植业2万亩、林产业3万亩、养殖畜禽等29万余头，项目建设惠及群众1.9万户6.6万余人，群众满意度达99%。开展“乡村清洁行动”实现生活垃圾定点存放及清运率达94.3%、农作物秸秆综合利用率89.5%，行政村生活污水处理收集设施占比75.67%。

【农村土地制度改革】 出台《市委市政府关于开展农村土地承包经营权登记颁证实施意见》，下拨中央、省级、市级专项财政补助资金1 500万余元，启动富民和五华两个县区17个乡镇的农村土地承包经营权确权登记颁证工作。全市共确权登记集体建设用地使用权1.07万宗，完成率52.4%，累计共完成宅基地使用权确权登记发证46.43万宗。

【构建新型农业经营体系】 出台《昆明市加快转变农业发展方式“一县一示范”实施方案》《昆明市人民政府办公厅关于进一步推进都市农庄建设的通知》《昆明市人民政府办公厅关于加快发展家庭农场的实施意见》《昆明市加强培育新型职业农民实施方案》。2015年启动建设10个都市农庄，完成年度投资5亿元；完成新型职业农民培训项目1 230人。探索“互联网+农业”示范，推动五华区云南高原特色农产品交易中心市场、官渡区农业电商示范园建设。

【林业改革】 昆明市在全国林业改革中先行先试，被国家林业局列入国家集体林业综合改革试验示范区，制定《昆明市国家集体林业综合改革试验示范区建设总体方案》《进一步深化集体林权制度改革的意见》，开展林木权证发证试点，启动海口林场改革试点。林权抵押贷款规模继续扩大，全市共办理林权流转1 447宗，流转面积22.79万亩，流转金额4.82亿元。

【农村水利改革】 全面完成晋宁县六街镇农业水价综合改革试点工作、石林县台湾农民创业园创新运行管理机制试点。开展水权交易制度研究，探索初始水权分配及水资源“负面清单”管理。编制主城饮用水源区扶持补助办法。深入推进安全生产标准化建设和分类分级管理，率先在松华坝水库、柴石滩水库开展水利工程管理一级达标示范建设。

【创新扶贫攻坚新机制】 制定出台《市委市政府关于举全市之力打赢扶贫攻坚战的意见》等1+8系列精准扶贫文件，以东川、禄劝、寻甸和倘甸“两县两区”为主战场，2015年8月，全市启动脱贫攻坚“挂包帮”“转走访”工作，实施科学扶贫、精准扶贫、内源扶贫，减少建档立卡贫困人口68 233人和边缘贫困人口75 576人。建立以市委副书记、市委政法委书记拉玛·兴高同志为总召集人，相关市领导为召集人，市级相关部门领导为成员的“挂包帮”“转走访”工作联席会议，在全市范围内动员各级机关部门、企事业单位，组织近4万干部职工，对“两区两县”包括18个建档立卡贫困乡镇（街道）在内的38个乡镇（街道）和全市纳入建档立卡的172个贫困村、86 982户贫困户、21.23万贫困人口开展对口帮扶。组建驻村扶贫工作队303支（省级贫困村172支，市级贫困村69支，市县级62支），选派862名扶贫队员（其中省级14名，市级246名，县级派出602名），在各级党组织的带领下，分批分期到对口帮扶贫困村开展遍访工作。截至10月底，全市919家省市县乡四级挂联单位，38 666名干部职工对172个省级建档立卡村和69个市级贫困村开展遍访工作，遍访率达100%。

【深化农村改革工作】 2015年，全市完成农业增加值197.38亿元，同比增长6.12%；农村常住居民农民人均可支配收入11 506元，同比增长11%。加快推进“三农”金融服务改革。制定《昆明市推进“三农”金融服务改革创新试点实施方案》，积极推进以“三权三证”为抵押的融资贷款工作，综合应用项目融资、信托融资等多种方式，实现农业发展融资34.59亿元。

全面启动东川区、宜良县全省统筹城乡发展试点建设工作。制定出台市、县两级试点工作方案，围绕城乡发展规划一体化、城乡产业发展一体化、城乡基础设施建设一体化、城乡社会事业一体化、城乡社会保障一体化、城乡社会治理一体化等方面开展先行先试。

创新农村治理机制。出台《市委市政府关于加强农村集体资金资产资源管理工作的意见》等“1+10”配套政策，深入推进农村财务管理规范化建设，系统性完善农村“三资管理”监管机制和制度。

（市委农办）

农　业

【概况】 2015年，昆明市农业紧紧围绕“稳增长、优结构”，按照以工业化理念谋划农业，全面深化农业农村改革，加快推动都市现代农业转型升级，大力发展高原特色现代农业，总体保持稳中有进的发展态势。全年实现农业总产值328.58亿元（数据除特别注明外，不含滇中产业区），同比增长5.8%，实现农业增加值194.71亿元，同比增长5.9%。农民人均可支配收入11 444元，同比增长10.5%（以上数据含滇中产业区）。大力夯实农业基础设施，确保粮食产量稳定，发展特色优势产业，稳步推进蔬菜、花卉、水果、油菜、中草药、山地牧业、生物产业、农产品深加工等具有昆明高原特色的优势产业，大力促进互联网与农业的融合发展，进一步优化产业结构和区域布局，加大农业科技成果转化，主要良种基本实现全覆盖。2015年实现粮食作物产量106.71万吨，蔬菜上市量272.6万吨，花卉实现产值41亿元，肉类总产49.66万吨，实现产值113.12亿元，渔业产量实现3.25万吨，产值6.35亿元，实现特色生物产业农业产值16.5亿元，现代农业园区产值25亿元。主要农作物耕种收综合机械化水平达到50%，农业污染防治得到有效控制，检测点建设稳步推进，太阳能、节能灶、沼气池建设、滇池农业污染面防治完成预定目标。农产品质量安全防控能力稳步提高，全年没有发生较大

农产品进超市　（市农业局　供稿）

农产品质量安全事件。

【粮食生产稳定】 2015年，粮食生产保持稳定，大力推进农业科技转化，积极落实测土配方、病虫害统防统治等科技增粮措施。完成中低产田地改造17.54万亩，完成万亩高产创建60片，示范面积64.75万亩，推广以玉米、马铃薯地膜覆盖为重点的抗旱节水节肥粮食高产综合配套技术120.4万亩。其中小春粮食作物地膜覆盖栽培面积达25.35万亩，大春粮食作物地膜覆盖栽培面积达95.05万亩。全年粮食作物产量达106.71万吨，夏粮产量19.35万吨，秋粮产量87.35万吨。全年完成种粮农民补贴2.3亿元，农资综合补贴1.71亿元。

【蔬菜产业稳步发展】 2015年，蔬菜播种面积134.02万亩，同比增长7.2%，总上市量272.6万吨，同比增长4.8%，实现产值46.7亿元，其中外销量210.1万吨，同比增长10.58%，占总产量77%。

【花卉园艺产业发展】 2015年，全市花卉园艺总面积完成21.26万亩，同比增长1.23%，实现产值41亿元，出口创汇8 800万美元。其中，鲜切花面积7.5万亩，产量（含切枝、切叶）48亿枝，同比增长6.6%；外销（出昆）44.7亿枝，占总产量93%，实现产值22亿元。

【畜牧业及渔业生产】 全市畜牧生产情况良好，全年未发生区域性重大动物疫病，畜牧业实现产值113.12亿元，肉类总产49.66万吨，同比增长3.15%。其中，猪肉产量34.14万吨，同比增长3.84%；奶类总产10.62万吨，同比增长2.17%；禽蛋产量6.15万吨，同比增长10.59%。出栏生猪370.41万头，同比增长5.75%，出栏肉牛29.51万头，同比增长3.82%，出栏羊90.92万只，同比增长3.33%，出栏家禽5 502.37万羽，同比增长1.62%。创建省级标准化示范场3个，宜良、寻甸、禄劝县3个生猪调出大县奖励资金903万元，实现参保能繁母猪136 405头，奶牛5 403头。争取对19 500头奶肉牛良种补贴36.5万元，对新增犊牛4 504头补贴319万元。为确保全市不发生区域性重大动物疫情和畜产品质量安全事故，全年免疫猪、牛、羊口蹄疫，分别为553.22万头、117.7万头、299.5万头，猪瘟疫苗免疫541.44万头，高致病性蓝耳病免疫545.98万头，高致病性禽流感免疫3 412.57万羽。做到免疫密度100%和免疫抗体合格率达到80%以上。在全力做好强制免疫工作同时，大力加强各地动物卫生监督工作，以活禽交易市场、屠宰加工厂、规模化养殖场为重点产所，强化卫生、消毒、病死畜禽无害化处理、监督执法等环节工作。清理检查城区动物诊疗机构63家，乡村动物诊所260个，清理关闭非法动物诊疗机构7个，查处违法案件4起。

2015年，昆明市渔业产量3.25万吨，实现产值28.71亿元，同比增长3.7%。积极开展长珠江禁渔工作，加强渔业资源保护力度，发宣传资料7 000份，出动宣传、执法车辆120辆次，渔政执法船56船次；在昆明市长、珠江流域投放滇池高背鲫200多万尾、华南鲤30万尾、尖头金线鲃4万尾。开展水产品质量安全检测工作，完成水产品874个样本的检测，合格率达95%以上。

【推进现代农业园区和都市农庄建设】 2015年，全市现代农业园区产值实现25亿元，基础设施投入50 281.4万元，招商引资完成内资111 327万元，完成外资300万美元，完成固定资产投资92 506.4万元，土地流转16 890.5亩，引进项目29个。8个现代农业产业园区入园企业累计达322户，已批复都市农庄项目52个，累计完成投资46亿元。新审定并启动都市农庄建设10个，完成年度投资5亿元，其中94%的投资来自民营资本。

【农产品质量安全】 昆明市围绕“提高农产品质量、增强市场竞争力、保障消费安全”三大目标，农产品质量安全保障水平稳步提高，农产品质量安全管理综合信息应用平台投入使用，农业部、省农产品质量安全抽检合格率连续三年保持在96%以上。2015年全市种植业产品、畜产品、水产品综合合格率分别达96.8%、100%、95.3%，全年快速检测样品60 905个，合格99.4%，全年未发生重大农产品质量安全事件。通过推广小麦、水稻、玉米等主要农作物病虫害统防统治40.07万亩和“321”免疫新技术，动物防疫整村推进工作，建立畜禽有效免疫屏障，抓好重大动物疫病强制免疫工作，全市没有发生区域性动物疫情和植物病虫害。完成“三品一标” 产品申报32个，完成计划的128%。

全市共出动农业行政执法人员8 326人次，检查屠宰企业10个，农贸市场24个，受理举报案件24件，立案查处10件，整顿市场1 441个次，受理行政审批6件，收到省市提案建议30件，已全部完成面商及调研，满意率100%。

【农机推广应用成果喜人】（含滇中） 2015年，全市各类农机具拥有量达到40.7万台，较上年增加1.2万台，农机总值达29亿元；农机化经营总收入达到9. 5亿元；农机总动力达到317万千瓦，较上年增加6万千瓦；农机作业面积580万亩。主要农作物耕种收综合机械化水平达到50%，较上年增加2个百分点。全年完成农机购置补贴2 500万元，培训农机实用技术人才7 500人。强化农机安全生产源头管理，开展“平安农机”创建、“两机”清理等专项行动，农机事故三项指标（事故率、重伤率、死亡率）均控制在4‰、3‰、2‰以内。

【科技扶农政策全面落实】 2015年农业科技示范水平进一步提高，组织富民、禄劝、石林、寻甸、宜良、东川、西山、五华8个县区完成基层农技推广体系改革与建设申报工作，构建“农技推广+基地+专家团队+农技人员+农民”推广体系，获得补助资金680万元。继续推进农村劳动力转移就业特别行动计划，完成农民转移13.90万人，培训16.42万人，技能培训3.96万人，培训费用共计378万元；新型职业农民培训1 230人，下达各县区培训资金239万元。

【农村综合改革】 为顺利开展农村土地承保经营权确权登记颁证工作，共发放《致广大农民朋友的一封信》《农村土地承包经营权确权登记颁证试点宣传册》等宣传资料数111.3万份，累计培训市、县、镇（街道）人员达2 988人次，启动富民、五华2个整县区、17个乡镇部署开展确权登记颁证工作，已确权2 333户农户、完善土地承包合同2 333份、确认家庭承包耕地面积6 271亩。富民、宜良、东川3个县区开展土地确权影像工作底图制作及外业工作，共完成权属调查任务8个乡镇、30个行政村、216个村小组；清理土地承包档案1 431卷，调查承包方户6 826户；实测承包地17 733块，实测承包土地面积28 817亩，全年没有发生因土地流转而引发的群体性事件。将农村土地承包经营权确权登记颁证工作纳入财政预算，下拨870万元市级补助资金。创建省级示范社22个，市级示范社26个。

【农业污染防治】 农村新能源建设加快推进，全年累计完成农村太阳能热水器8 859台，省柴节煤炉灶14 070眼（台），农村户用沼气池100口，完成畜禽饲料化利用322 513吨，完成秸秆直接还田127.45万亩。完成燃料及沼气池建设80 851吨，秸秆深度利用60 607吨。为防治农产品产地重金属污染，布设水稻样品采样点104个。

滇池农业面源污染防治，“十二五“期间，承担五个项目，已顺利验收，累计完成畜禽粪便资源化利用项目5 227立方米；农业有害生物综合防治（IPM）项目累计完成建设IPM示范园区（村）42个、植保专业化防控组织31个、杀虫灯1 689盏及农药废弃物收集池426口等；农业有机废弃物资源化再利用项目累计完成秸秆还田50万亩，建设双室堆沤池2 610口；滇池流域及补水区测土配方施肥技术推广项目累计完成测土配方施肥224.36万亩；农田面源污染综合控制示范工程项目完成安乐、柳坝及观音山片区建设任务，完成（柳坝、观音山片区）生态集水井建设80座，生态水窖50座，农药袋收集池110座，生态堆沤池450座，（一）型生态沟建设4 995米、台地收水系统集中收水池5个，容水量40米^3/个，总容水量200立方米，（一）型堆肥桶安装15套，（二）型堆肥桶安装250套，仿肾系统建设完成2个。

【第十一届昆明泛亚国际农业博览会】 9月19—23日在昆明国际会展中心举办，首次设置斗南分会场，展会共吸引参展企业2 215家，展位3 517个，签约项目355个，达成销售合同和协议金额5.3亿元，现场交易金额突破1.64亿元，与会客商和入场人数51.1万人次，展示面积达10万平方米。本届农博会重点展示云南高原特色农业发展新成就和农业龙头企业新形象，促进现代农业新技术、新成果的推广运用，推进农产品电子商务平台建设，推进“互联网+农业”融合发展，强化优质特色农产品产销对接和国际间农业交流与合作，打造云南高原特色农业品牌。昆明泛亚农业博览会正逐渐成为中国面向南亚、东南亚，展示云南高原特色农业的区域性国际专业品牌展会，为中国农产品交易会在昆明举办奠定坚实基础。

【农业市场建设】 根据昆明市社会经济发展需要，按照云南省政府指示和要求，根据昆明市政府研究部署，成立工作领导小组，由农业局牵头先后对晋宁县余家海、郊龙村、宝峰村；宜良县北羊街、狗街；高新技术产业开发区的马金铺；阳宗海管委会的七甸工业园区以及五华区桃园片区进行实地踏勘，多方案比选。通过精心调研考察，初步将五华区桃园片区确定为“云南高原特色农产品交易中心市场（暂定）”建设地，并完成项目建设书，计划2016年开展项目前期规划及报批工作，底前可具备开工条件。

【政府信息公开】 依托昆明农业信息网、政务微博、微信和新闻媒体等，主动公开政府信息，回应公众关注热点和重大舆情。全年共公开政府信息数6 779条，通过政务微博公开82条，政务微信公开8条，其他方式13条。

【特色生物种植业】 依托全省丰富特色生物资源，充分发挥昆明区位、人才、科技、市场、资本和产业集群等优势，按照项目促进产业发展思路，加强项目扶持建设，努力培育特色中药材、玛咖、蓝莓、食用菌等骨干企业，促进农民增收，加快中药材等特色生物种植业发展。2015年，在禄劝、倘甸、东川、寻甸、富民等北部县区以及五华、西山、石林、宜良等县区发展三七、丹参、草乌、重楼、续断特色中药材种植16.5万亩；在倘甸、禄劝、东川、寻甸等县区发展玛咖种植4.6万亩；在石林、寻甸、宜良、五华、东川等县区发展蓝莓种植5 500亩；在寻甸、石林、西山、宜良等县区发展香菇、茶树菇、球盖菇等食用菌种植1 300亩。实现特色生物产业农业产值16.5亿元。

（市农业局）

林 业

【概况】 2015年，完成营造林78.45万亩，其中新增造林32.18万亩，义务植树959.5万株；森林管护1 346.71万亩；新增造林郁闭后，森林覆盖率可实现增长一个百分点达到50%。全社会林业总产统计值预计达100亿元以上。争取国家、省级林业投入2.65亿元，市级投入林业生态建设1.85亿元。森林火灾受害率0.0018‰，林业有害生物防治率86%，有害生物成灾率为1.73‰，林业灾害防控主要指标均控制在任务指标范围内。

【生态资源保护】 组织完成全市森林资源二类调查外业调查、林地变更调查及“十三五”采伐指标编制等工作。全市森林公安严厉打击涉林违法犯罪，与相关州市联手侦破“7·01”特大跨境走私象牙制品案、“8·03”非法收购濒危野生动物制品案等一批重特大案件。开展“秋季破案攻坚战”“雷霆行动”等严打整治专项行动。全市共受理涉林案件1 363起，查处1 343起，查处率98.5%；收缴林木168.21立方米、野生植物125株、国家重点保护动物及制品938头（只、件），猎枪猎具38支（件），为国家挽回经济损失294.78万元。落实天保公益林管护责任，实施森林管护1 346.71万亩，兑现森林生态效益补偿资金1.38亿元，全市生态公益林得到有效管护。依法办理征用占用林地项目，保障各级重点建设项目落地，上报林木采伐报件29件，涉及采伐林木蓄积10 078.5立方米，争取追加采伐指标5 863.4立方米。受理上报征占用林地申请55件，涉及征占用林地面积459.99公顷。

【林业综合改革】 集体林权制度配套改革工作进一步深化，经批准昆明

调研基层林业改革工作　（市林业局　供稿）

市作为全国唯一省会城市列入国家林业局集体林业综合改革试验示范区，市委市政府发布《进一步深化集体林权制度改革的意见》，开展林木权证发证试点，推进国有林场改革试点。林权抵押贷款规模继续扩大，全市共办理林权流转1 447宗，流转面积22.79万亩，流转金额4.82亿元；办理林权抵押贷款640宗，抵押面积13.6万亩，贷款金额12.42亿元。成立林农专业合作社53家，其中国家级示范社2家，省级示范社8家。

【林业生态治理】 全面落实林业“双增”目标责任状，强化目标管理。开展“省市联动·绿化昆明·共建春城”绿化植树行动，省市参加共建单位126家，投入到位资金118.87万元，完成植树造林1 704亩。实施天保工程、新一轮退耕还林工程、石漠化综合治理、低效林改造等国家、省级林业生态建设工程，“五采区”植被修复、杨树及速生林培育等市级林业工程按计划任务全部完成。全市共完成营造林78.45万亩。其中，人工造林32.18万亩；低效林改造及抚育14.5万亩；封山育林及补植31.77万亩；各项任务完成率达到100%。

【生物多样性保护工作】 贯彻落实《云南省自然保护区管理机构管理办法（试行）》，积极推进云南轿子山国家级自然保护区和云南寻甸黑颈鹤省级自然保护区管理体制改革，规范和完善全市自然保护区机构设置；编制轿子山国家级自然保护区生态旅游规划，探索轿子山国家公园体制建设。加强湿地资源保护，组织制定昆明市一般湿地认定标准，开展晋宁南滇池国家湿地公园试点工作，探索打造集保护管理、科普教育、生态恢复、湿地资源合理利用的示范区。第二次陆生野生动物资源调查23个样区及2个地理调查单元外业工作全部完成。组织鸟类同步调查试点，对滇池周边24个样点开展越冬水禽资源同步统计。启动第二次全国性重点保护野生植物资源调查，完成8个县（区）外业调查。开展极小种群物种富民枳保护工程建设，在原生地回归定植富民枳250株，并在原生地修建防护栏和保护碑加强管护。做好野生动物保护救治工作，收容拯救野生动物175只（条）。依法对穿山甲片、蛇类资源、麝香等重点、敏感物种药用原材料的消耗、库存及使用情况实施监管。落实省、市野生动物肇事补偿政策，完成年度野生动物肇事补偿兑现。加强红嘴鸥保护管理和科研，开展“海鸥去哪儿”大型科学探秘

活动，为红嘴鸥佩戴GPS信息追踪器34枚，环志红嘴鸥177只，回收环志3只，为研究红嘴鸥的迁徙研究及生活习性提供科学基础数据。按执行标准采购鸥粮，规范鸥粮售卖，确保红嘴鸥进食安全；安排布置红嘴鸥同步统计、环志和监测等工作。

【林业灾害防控】 2015年，全市各级森林防火指挥部以强化野外火源管理为抓手，突出森林防火宣传教育，狠抓森林防火"三线"责任制和"五个关键人"工作措施落实，加强火险预警监测，强化封山管护、巡山管理、应急值守及地方专业扑火队伍建设，及时处置森林火灾。全市共扑救森林火灾2起，均为一般森林火灾，火场总面积164公顷，受害森林面积1.46公顷，受害率0.001 8‰，当日扑灭率100%。较往年相比，森林火灾次数明显下降，防控工作创历史最好成绩，森林火灾次数、过火面积、受害森林面积与近4年均值相比分别下降80.95%、48.49%、97%，实现"三个下降"和"零伤亡"目标。高度重视林业有害生物监测防治工作。启动第三次全国林业有害生物普查工作，已采病虫害标本1 126份，有害植物标本62份。开展"利剑2015"检疫执法工作，完成检疫追溯基础数据库建设，实施"云南松小蠹灾害无人机监测"项目取得初步成功。全市林业有害生物发生面积24.69万亩，防治面积23.51万亩，防治率96.68%，林业有害生物成灾率2.45‰，种苗产地检疫率99.7%。扎实做好野生动物疫源疫病监测防控工作，认真落实市委关于人感染高致病性禽流感防控防治工作专题会议精神，针对本市出现人感染高致病性禽流感病例，全面做好各项应急准备工作，落实信息报告、值班制度，做到"勤监测、早发现、严控制"，开展全市范围内野生动物疫源疫病监测防控培训和演练。市域内未发生重大陆生野生动物疫源疫病案例。

【林业产业发展】 推进木本油料基地建设，通过打造示范基地，按"一村一品"发展规划，市级投入扶持资金517.5万元，培育一批核桃种植大户示范推广。2015年度发展核桃9.65万亩，全市种植核桃达到136.35万亩。为推广和培育油橄榄产业，成立油橄榄行业协会，在东川区实施油用牡丹种植试点。进一步做大做优苗木产业，投入资金1.6亿元，建设苗木基地3.2万亩。为降低苗木企业和经营户经营风险，推行苗木保险，提高抵抗自然灾害能力。在宜良县成功举办第二届中国昆明（泛亚）国际观赏苗木展览会，来自国内外参展企业达283家、展位531个，签订合同交易额1.5亿元，有力推动云南观赏苗木产业由粗放型向精品苗木和特色苗木方向转型，带动区域特色经济发展；宜良县荣获"中国花卉苗木之城"和"中国林下经济示范县"称号，"云苗"在国内市场扩大了影响。以龙头企业和产业园区带动作为林产业发展的重要突破口，省级林业龙头企业已达118家，林业产业园区共完成投资14.45亿元。其中，中国·昆明泛亚国际林业产业园区100万平方米标准化厂房主体工程已基本完工；云南新泽兴人造板产业园将进入试产阶段；宜良泛亚花木城入驻企业230户，交易额达1.8亿元。

【林业支撑体系建设】 以科研基地建设推进林业科学技术研究和推广，在富民县成立市级林业技术实验推广基地，并以企业托管市场化模式运作，探索林业科研新机制。林业科研取得重要进展，《滇中地区核桃林下油用牡丹栽培试验研究与示范》等3项课题通过专家评审立项，《昆明市核桃丰产栽培技术示范及核桃种质资源收集培育》等5个项目通过中期检查。国家推广项目《东川难造林地植被恢复技术推广示范》通过省级现场查验，《东川干热河谷抗旱造林技术示范》通过省级验收。国家滇池湿地生态系统定位研究站建设进入招标程序。林下食用菌仿野生栽培研究试验取得初步成功，林下种植的香菇、真姬菇、大球盖菇、榆黄磨、长根菇等均已出菇。重视林业技术人才培养，油橄榄优良种质资源开发利用创新团队被认定为昆明市第八批科技创新团队。依法治林，推进《昆明市轿子雪山保护和管理条例》（修订）进入立法程序。按照简政放权要求，清理出拟废止的地方性法规和规范性文件2件，需要修改重新发布的政府规章1件。规范行政执法行为，制定权力公开运行流程图，公开市林业局行政权力清单，进行执法主体清理工作。充分发挥行政调解工作作用，制定《昆明市林业局行政调解程序及规则》，成立昆明市林业局行政调解委员会，配备专职调解员。深入推进相对集中林业行政处罚权工作，组织全系统行政执法案卷质量评查。实行法律顾问制度，聘请两位专业律师作为市林业局法律顾问；推进云南林业法制宣传基地在海口林场建设工作，昆明市林业局获得全市"六五" 普法先进集体。加强林木种苗管理工作，市县两级签订《2015年度林木种苗工作目标责任书》，进一步明确县级林木种苗管理主体责任。大力推广良种种苗，良种苗木使用量843万株，良种苗木使用率32%。本地核桃良种"石林6号""东川4号""寻倘1号"培育推广取得初步成效，良种采穗基地基本建设完成；寻甸县三月三苗圃纳入国家林木良种育苗补贴。开展专项执法行动，严厉打击假冒伪劣林木种苗，保障绿化生态建设种苗安全。加强技工学历教育和林业技术培训，市林业技工学校2015年招生104人；开展苗木经纪人、核桃栽培管理技术、林业技术人员知识更新培训等各类林业技术培训3 611人次，有力提高林业从业人员和林农的专业技能。

【生态文化宣传】 昆明市林业局被国家林业局宣传办列为全国首个工作

国家林业局"百家媒体百名记者进林场"宣传活动海口林场启动仪式
（市林业局　供稿）

联系点，并拨50万元专款支持，全国"百家媒体百名记者"进林场活动在海口林场举行启动仪式。完成《华夏古镇》《生态文明世界》约稿工作，展现一批极具民族文化特色的村镇风貌。召开新媒体形势下林业宣传工作座谈会，全年在各大主流媒体上播发新闻和文章达880余篇，林业局网站编发工作信息625篇，发布官方微博1 960条，处理"领导信箱"群众来信10件，"政民互动论坛"5次，在全市65家测评网站中排名第二。配合党办完成"春城热线"领导上线工作。出版《2014昆明林业》年刊和《林度》杂志4期。在全省林业宣传工作综合考评中连续五年第一名。

【机关自身建设】　深入开展"三严三实"和"忠诚干净担当"专题教育。及时动员，安排部署，扎实开展系列学习活动。共组织7次党组中心组集中学习研讨，结合工作实际深入探讨践行"三严三实"和"忠诚干净担当"要求。坚持"三会一课"制度，以"书记讲党课"为主题，创新党员教育培训管理机制，部分支部还开展支部委员、普通党员讲党课活动。局属党组织共开展20多次专题党课活动。联系正反典型，深化三个专题学习研讨，通过个人自学与集中学习相结合的方式，重点分3个专题开展6次学习研讨，每两个月1个专题，每月组织1次集中学习研讨。坚持边学边查边改，深入治理"为官不为"，落实"六个严禁"专项整治。局班子查找问题6项、局属副处以上干部查找问题104项，通过每个专题问题清单梳理和整改，落实边学边查边改责任和措施，及时完善修订《昆明市林业局公务用车管理制度》《中共昆明市林业局党组议事规则》，制定下发《昆明市林业局科级领导干部个人事项报告制度》《昆明市林业局领导干部谈心谈话制度》和《昆明市林业局关于规范行政审批行为改进行政审批有关工作的通知》等文件。严格落实党风廉政建设主体责任，落实"一岗双责"，一把手与分管领导、分管领导与分管部门（单位）逐级签订党风廉政责任书，制定领导班子和班子成员落实党风廉政建设主体责任清单。33个局属部门、单位和118名科级以上党员干部做出拒绝收受红包的书面承诺；主要领导实行"六个不直接分管"，单位"三重一大"事项，实行集体决策、民主决策、科学决策，主要领导末位表态制度。狠抓"三公"经费管理，公务接待费用较2014年同比降低27%；加强制度建设，进一步完善办公室管理、财务管理考勤管理等制度，以规范考勤管理为抓手，一周一统计、一月一公布。通过抓上下班打卡制度、请销假制度、因公外出备案制度等配套管理制度落实，工作作风得到极大提高。多形式开展党风党纪警示教育，邀请省委督导组及省纪委领导开展《"三严三实"和"忠诚干净担当"》《认清当前党风廉政建设和反腐败斗争形势，忠诚干净担当履职》专题辅导讲座。在各直属党组织自评基础上，对机关直属19个党组织审核评定，评定为"先进"党组织的7个，"一般"的11个，后进的1个，局党组专题研究选派班子成员兼任部分支部常务书记，进一步加强基层党组织建设。加强林业技术人才培养，局属事业单位公开招聘技术人员10名，全市林业技术人员44名取得高级技术职称，76人取得林业工程系列工程师职称资格。做好老干部服务工作，落实政治待遇，发挥老干部余热。维护群众切身利益，接待群众来信来访21次，解决群众诉求18件。加强督促检查，强化措施，林业系统未发生重大安全生产事故。

【扶贫工作】　市林业局召开8次专题会议研究扶贫攻坚对口帮扶和定点挂钩扶贫、"挂包帮""转走访"工作，局领导先后10次深入到挂钩扶贫点开展调研，研究解决修缮、硬化道路等当地群众的实际问题，发展特色养殖、林下经济、经济林果等引领林农脱贫致富对策。市林业局选派4名工作队员到驻村开展帮扶工作，队员结合各村的实际情况，为驻村想办法、出主意、谋发展，通过各种渠道筹措建设资金，开展技术培训。2015年市林业局投入扶贫经费102万元。全局干部职工301余人深入贫困户家中走访建档立卡贫困户482户，与贫困户结成对子，了解其生产生活需求及困难，切实开展"送资金、送技术、送物资、送关怀、献爱心"活动；捐赠了不少于1天的收入共9.64万元。全市林业部门结合职能，实施扶贫退耕种植经济林果12.65万亩，天保工程森林管护和森林抚育投入2 841.6万元，投入公益林补偿资金3.2亿元，共有14.53万个农户近72.02万人直接从林业生产及林业扶贫中受益。

（市林业局）

水　务

【概况】　全年完成水利建设投资34.56亿元，其中基建投资17.56亿元，农水投资16.91亿元。“十二五”期间，认真贯彻落实中央加快水利改革发展和云南省“兴水强滇”战略，防汛抗旱并重，开源节流并举，保护利用兼顾，城乡水务统筹，初步构建水安全保障、水资源科学配置、水环境保护和水管理服务四大体系。5年共完成水利建设投资140.66亿元，争取省级以上资金50.74亿元。累计新开工水源工程32座，建成“五小水利”工程24万件，新增蓄水库容1.4亿立方米，新增供水能力2.4亿立方米。清水海引水和牛栏江——滇池补水工程建成通水，解决77万农村人口饮水安全问题，有效应对5年连旱、局地洪涝灾害。最严格水资源管理制度加快落实，水生态文明建设深入推进，水务改革与管理成效明显。

【雨情】　2015年，全市降雨具有时空分布不均、单点暴雨突出特点。1~4月降雨明显偏多，全市平均降雨量172毫米，较历史同期76毫米偏多126%。主汛期除嵩明、晋宁和安宁降雨量较历史同期略少外，其余县区均偏多，其中昆明主城偏多14%。截至12月31日，全市平均降雨量1 077毫米，是“十二五”期间降雨量最多一年，比2014年同期947毫米多130毫米，多14%，比历史同期924毫米多153毫米，多17%。

【水情】　2015年末，全市库塘蓄水10.69亿立方米，比2014年同期10.04亿立方米多0.65亿立方米，多7%，比历史同期12.32亿立方米少1.63亿立方米，少13%。“七库一站”蓄水4.01亿立方米，比2014年同期2.91亿立方米多1.1亿立方米，多38%，比历史同期5.68亿立方米少1.67亿立方米，少29%。其中：云龙水库蓄水18 468万立方米，松华坝水库蓄水7 219万立方米，清水海水库蓄水11 010万立方米。

【抗旱】　因旱造成西山、宜良、石林、禄劝、寻甸、阳宗海6个县（市）区、开发（度假）园区不同程度受旱，3.04万人、1.45万头大牲畜饮水困难，农作物受旱3.29万亩，受灾1 177亩，直接经济总损失160万元。全市坚持和完善抗旱救灾制度体系，加强雨情、水情、墒情和旱情科学监测预报，制定和调整城乡抗旱保供水对策，合理调配水资源，强化节约用水和计划供水，蓄、引、提、抽、截流等多种措施增加库塘蓄水，推进全国抗旱规划项目建设，发挥700余件抗旱应急工程作用。2015年，全市共投入抗旱人数1.03万人，投入抗旱设施机电井1眼，泵站1处，机动抗旱设备691台套，机动运水车159辆，临时解决3.04万人、1.45万头大牲畜饮水困难。

【防汛】　2015年，因强降雨造成全市10个县（区）、开发（度假）区52个乡镇（街道）4.62万人受灾，房屋倒塌465间，农作物受灾面积16.95万亩，公路中断42条（次）、供电中断4条（次）、通讯中断2条（次），损坏堤防8.08千米、护岸50处、灌溉设施 111处，堤防决口10处500 米。因洪涝灾害造成的直接经济损失

柴石滩水库　　（市水务局　供稿）

2.0549亿元。全市严格落实以行政首长负责制为主要内容的各项防汛责任制，做好防汛排涝安全检查，完善防汛应急预案，省、市、县联合开展防汛抢险应急演练，落实抢险应急队伍和物资，加强防汛应急值守，有效处置主城区淹积水及县区洪涝灾情。全市共投入抢险人员2 691人次；投入防汛物资编织袋3.53万条，编织布2万平方米、挡水设施200延米、砂石料2.06万立方米、木材620立方米，抗灾用油11.7吨、用电7 000度，总物资消耗折算资金398万元；投入抢险设备运输设备15班（次）、机械设备101台（班）；转移人员718人，减淹耕地5 698亩，减灾经济效益1 025万元。

编制完善《昆明滇池国际会展中心及周边片区防汛排涝工作实施方案》《2015年昆明城市防汛排涝应急抢险方案》《2015年滇池国际展中心及周边防汛排涝应急预案》，组织相关单位对场馆建设、道路建设、水系调整等多个施工现场进行实地勘察，及时整改存在问题。重点对昆明滇池国际会展中心周边供水管网及场馆内二次供水设施、自来水管网末梢水水质情况进行检查，加强各片区供水调度和水质检测，认真做好供水管网巡查及供水设施安全隐患排查消除工作，确保南博会期间防汛排涝和供水安全。

【城市防汛排涝清淤工程】 2015年投入1.7亿元，组织实施清淤除障应急工程，完成市政管网清淤202.6千米、河道清淤23.6千米，清淤总量21.3万立方米；新增雨水收集系统1 351套；节点改造和行洪通道恢复16处；完成牛栏江——滇池补水草海清水通道清淤除障工程。一定程度上提高老运粮河水系、船房河水系、明通河（大清河）水系、海明河水系涉及的河道、管网防汛排水能力。

【山洪灾害防治非工程措施建设】 2010—2014年，山洪灾害防治县级非工程措施项目建设全面完成并投入试运行，2015年度项目正在建设实施。全市已建成以若干水雨情监测预警站（435个自动水雨情站、1 830个简易监测预警雨量站、268个简易监测预警水位站、1 072个无线预警广播站、3 256台手摇报警器、3 540套以高音口哨为主的简易预警设备）、水库河道视频图像监控站（26台套淹水点视频监控站、40台套水库、河道视频图像站）、群测群防体系（县乡村三级预案、宣传栏牌、明白卡手册、培训、演练等）为基础，县级山洪灾害监测预警信息管理系统和高清视频会议系统平台为分中心，市级山洪灾害监测预警信息管理系统和高清视频会议系统平台为中心的防汛抗旱信息系统。

【水利前期工作】 完成“十三五”水务发展规划、城乡给水规划、水务信息化发展、集中式饮用水源保护指导性规划等“十三五”综合规划、专题规划及研究；完成环滇自来水供水管网建设规划、滇池流域城镇水系专项规划（修编）；昆明市城市防洪总体规划（修编）2015年7月20日经市政府常务会通过，10月16日市政府批复执行；组织编制水资源综合规划、水资源保护规划、滇池流域城乡供水水资源保障规划、水资源承载能力及供水保障规划等。柴石滩水库灌区工程项目建议书获国家发改委批复，可报经水利部审查；完成东川轿子山中型水库工程初步设计报告上报审批；完成石林鱼龙、“两区”罗泊河中型水库工程可行性研究报告上报审批；完成宜良新庄中型水库工程项目建议书上报；完成禄劝本业水库、寻甸龙泉水库2件小（一）型水库工程可行性研究报告评审及批复；完成富民拖担水库、东川水井山水库、宜良老青龙水库、寻甸龙泉水库4件小（一）型水库工程初步设计报告评审、省级审核及批复；完成禄劝小板桥，寻甸东海，石林结胜、白龙潭、威黑水库（三期），两区王家湾6件小（一）型水库除险加固工程初步设计报告评审及批复；完成寻甸边水库，禄劝马牙石水库，呈贡马鞍山水库3件小（二）型水库工程初步设计报告评审及批复。

【重点工程建设】 续建3件中型、10件小（一）型水源工程，完成年度建设投资6.16亿元。3件中型水库完成年度投资20 700万元，海马箐实现大坝封顶，真金万坝体填筑接近尾声，轿子山主体工程动工。10件小（一）型水库完成年度投资31 900万元，矣马伴完工，天生坝、杨梅箐、杨梅山、明朗、大河边主体完工，其余4件平均进度为60%。启动2件中型、7件小型水源工程。实施86

农村水利改革助力农业生产　（市水务局　供稿）

件小型病险水库除险加固，其中：小（一）型7件，规划内小（二）型43件，规划外小（二）型36件。完成坝塘中型水库竣工验收，加快推进已完工病险水库除险加固项目竣工验收和蓄水安全鉴定。

【农村水利建设】 解决17.048 5万农村人口饮水安全问题，建成集中式供水工程457处，全面完成“十二五”规划内目标任务。组织实施宜良、富民、禄劝县中央财政小型农田水利重点县项目建设。完成富民县罗免、五华区西翥2个片区高效节水灌溉项目。建成“五小水利”工程5.1万件。加快盘龙区双玉整村推进项目和农田水利工程维修养护项目建设。圆满完成冬春修农田水利基本建设，修复水毁工程161处，新建防渗渠道505.38千米，新修加固堤防66.9千米，疏浚河道346.83千米，新增灌溉面积14.32万亩，恢复改善灌溉面积36.33万亩，新增节水灌面7.03万亩。

【中小河流治理】 实施禄劝九龙小河、巴江河石林三家村—鱼龙湖段、禄劝洗马河转龙镇段等11条中小河流治理，完成投资21 368万元，治理河长40.7千米。积极推进中小河流项目验收工作，开展寻甸县前进河、木板河、两区洗马河转龙段、禄劝九龙小河、宜良巴江、阳宗海汤池河等单位工程验收。

【抗旱规划项目建设】 根据国家防办批复（2014—2016年）全国抗旱规划建设项目，省防办三年共下达昆明市26件引调提水工程和89眼抗旱应急备用井建设任务，总投资16 603.37万元。其中，中央补助资金12 306万元。2014年8件引调提水工程和42眼备用井全部完工，提供城镇供水和农业灌溉水量1 496万立方米，解决城乡24.86万人饮水，保障农业灌溉面积1.29万亩。2015年8件引调提水工程，7件基本完成主体工程建设，提供城镇供水和农业灌溉水量76.4万立方米，解决城乡4.51万人饮水，保障农业灌溉面积0.37万亩。13眼抗旱应急备用井开工7眼，出水3眼，进度43%。2016年10件引调提水工程全面开工建设。

【水土保持】 采取坡耕地整治、植物防护、小型水利水保工程、封禁治理、保土耕作等措施，完成国家重点水土保持工程东川区大冲子沟小流域水土流失治理项目，治理水土流失面积2.5平方千米。继续实施盘龙区双玉、老坝（三期）生态清洁小流域综合治理，打造水土流失治理亮点。全市共治理水土流失面积391平方千米。开展“绿化昆明·共建春城”活动，实施呈贡区青草山二号地块绿化。积极推进阳宗海意思桥水土保持科技示范园创建工作。狠抓重点生产建设项目，全面开展水土保持监督执法。严格落实水土保持“三同时”制度，有效控制生产建设项目过程中的水土流失。全市共审批开发建设项目水土保持方案257个，征收水土保持补偿费587万元。

【农村水电增效扩容改造】 加快推进农村水电增效扩容改造，7件农村水电增效扩容改造项目通过启动验收及完工验收。全面开展“十三五”增效扩容改造项目前期摸底调查，完成6件增效扩容改造项目初设审批；积极推进水电站安全生产标准化，完成4件小水电安全生产标准化工作。

【水资源管理】 积极落实最严格水资源管理的各项工作措施，推行工业园区规划水资源论证制度，严格建设项目水资源论证和取水许可制度，办结取水许可6件和审查批复水资源论证12件。开展到期取水许可证延续评估和取水许可户计划用水审批。全面贯彻水资源有偿使用制度，健全计量取水和缴费制度，征收水资源费4 762万元。继续开展地下水清理整顿，完善地下水分类管理制度。加强计划与定额用水管理，严格落实节水“三同时”制度，新建分散式再生水利用设施52座，设计处理规模1.38万米^3/日；新建雨水收集利用设施55个，规模4万立方米/日。顺利通过国家节水型城市首次复检。与市工信委联合对78家重点工业企业节水工作进行专项监察。推进企业用水水量平衡测试或用水效率评估，开展节水型企业、单位、小区创建，完成水平衡测试107家，测出漏水点20余处，漏水量2 193米^3/日，创建节水型企业（单位）、小区66家。在昆明市计划供水节约用水办公室加挂昆明市水资源信息监控中心。推进盘龙区省级水生态文明试点建设，开展省级盘龙区清水河道和石林县清水湖库试点，组织晋宁县、富民县、盘龙区、安宁市、嵩明县完成编制省级最严格水资源管理试点实施方案。昆明市在全国、全省2014年最严格水资源管理制度考核中均评定为优秀等次。首次启动对各县（区）落实最严格水资源管理情况考核，完成2014年考核并进行通报，“三条红线”控制指标完成情况纳入“三农”考核体系。

【饮用水源保护】 昆明市人民政府办公厅印发《昆明市2015年集中式饮用水源地管理保护工作的实施意见》，指导全市开展2015年度饮用水源保护和管理工作。会同市委编办建立健全清水海、云龙水库水源管理保护县级专门机构。落实扶持政策，拨付生态扶持补助资金1.72亿元，编制主城饮用水源区扶持补助办法。开展18个饮用水源地安全保障达标建设，组织县级水源地达标方案评审。强化日常监管，开展水源区检查280余人次；组织全市市、县、乡、村四级集中式饮用水源地保护工作拉网式兜底式全面督查，并组成专项督查组检查、指导、督促相关部门全面整改水源区保护工作中存在的问题，进一步提高水源区管理保护水平。

【供水管理】 制订《昆明市城市供水应急预案》并上报市政府审批。编制年度供水调度计划，通过采取优化调度、启用牛栏江应急备用水源等综合措施，云龙水库提前达到1.8亿立方米蓄水目标。加强水质监管，委托水质监测机构对昆明市主城公共供水水质定期进行监测，确保水质符合国家饮用水标准。组织开展城市公共供水企业监督检查，抽取水样61件。加大对二次供水设施整治和管理力度，组织二次供水设施检查，完成30户困难群体（单位）525个、29 110立方米二次供水设施清洗消毒任务。对已取得证书的9家公共供水企业进行经营许可证年度复审。

【水法规建设】 完善地方性水法规体系建设，《昆明市防汛抗旱办法》2015年7月20日经昆明市人民政府第95次常务会议讨论通过，9月2日昆明市人民政府令第130号公布，11月1日起施行。编制完成昆明市水务局权力清单和责任清单，清理出本局行政权力共9类、179项，行政职权对应“责任事项”1 566项，“追责情形”1 316项，制作权力运行流程图27张。深化行政审批制度改革，下放1项非行政许可审批事项，承接5项行政审批事项，全面推行一个窗口办理、并联办理、限时办理、规范办理，提高行政效能，推行重大行政决策合法性审查有关规定。

【水行政执法】 强化水行政执法，依法查处各类水事违法案件181件，结案179件，结案率98%。全面推进水务综合执法，基本实现行政处罚、行政征收“两位一体”模式。认真做好水土保持、供水管网执法检查，开展取水许可、重点用水户、入河排污口、水资源费征收等专项执法活动，强化河道、饮用水源地巡查。通过日常巡查和专项执法活动，提高城市公共输水设施及供水干线保护和监督力度，推动和督促在建项目落实水土保持“三同时”制度，规范取用水秩序，严厉打击非法取用地下水等水事违法行为。

【水利工程建设和运行管理】 认真落实业主责任制、招标投标制、建设监理制和合同制四项制度，严格招投标审查与工程验收，强化工程质量、安全及资金管理。制定《昆明市水利建设市场主体信用信息管理暂行办法》，逐步推进水利建设市场主体信用信息评价与招投标挂钩，与项目实施绩效挂钩。完成2015年度中央财政补助公益性水利工程维修养护项目31件，组织开展水库（坝塘）工程管养考核。落实水库大坝安全管理责任制，加强水库安全监测和运行管理，全市水利工程设施安全运行。积极开展水利风景区申报，九乡明月湖水利风景区（柴石滩水库）列入第15批国家水利风景区。

【安全生产】 建立健全水利安全生产责任体系，制定《昆明市水务局安全生产党政同责实施办法》，进一步落实水务安全生产党政领导责任；将水务安全生产网格责任划分为水利工程运行管理、水利工程建设管理、河道管理、城市公共供水管理、水源区保护5个责任区域，明确责任领导和责任处室工作职责和工作内容，全面提升安全生产网格化监管工作；制订《水利安全生产分类分级管理工作实施方案》，完成试点范围内生产经营单位考评定级工作，按照属地管理和分级管理原则，对生产经营单位实施差异化管理；积极组织水利水电工程施工企业、大中型水库建设项目法人和水库工程管理单位开展以岗位达标、专业达标和单位达标为主要内容的安全生产标准化建设，先期组织松华坝水库和柴石滩水库参加水利部安全生产标准化一级达标评级工作；建立完善水务信息库，全市水务部门管辖的2 028个水利设施纳入安全生产信息上报系统中实施动态管理，实现每月生产安全事故和隐患排查治理的在线填报；强化安全生产监督管理，全年安排各类安全生产检查16项，排查、整治一般隐患198项；加强应急救援，印发《昆明市水务局生产安全事故应急预案》。2015年，水务安全生产形势保持总体平稳。

【科技教育】 组织申报2015年第十二批昆明市中青年学术和技术带头人及后备人，1人成为中青年学术后备人。加大科技培训力度，积极开辟境外培训。开展主城饮用水源地生态补偿机制研究、牛栏江—滇池补水工

防汛抢险演练 （市水务局 供稿）

程对滇池湖体水质变化影响预测、主城多水源联合调度方案、降低昆明主城自来水管网漏损率综合研究及新技术应用项目等课题研究，完成昆明市水生态文明建设对策研究。积极推进水务信息化项目建设，数字水务昆明城市水资源实时监控管理系统一期、数字水务昆明市防汛抗旱指挥系统升级完善项目顺利推进，水务基础信息平台投入运行。

【水利改革】 开展昆明市水务投融资机制研究，举办水利项目PPP建设模式培训，积极推进富民拖担水库PPP和柴石滩灌区EPC建设模式，鼓励和引导企业、个人等符合条件的投资主体，以多种形式参与水利建设。加快农村水利改革，启动晋宁县六街镇农业水价综合改革试点、富民县农业水价综合改革试点、石林县台湾农民创业园创新运行管理机制试点、宜良县德马片区吸引民间资本参与水利工程建设管理等试点。按照“先建机制，后建工程”的水利改革思路，以促进农业节水增效为目标，以引入市场机制为重点，在水价改革、引入社会资本、节水减排等方面，进行探索，充分发挥示范带动作用，提高水资源利用效率。加强基层水务服务机构能力建设，督促各县区按规定核定乡镇水务站人员编制，明确机构职能，理顺管理体制。争取支持禄劝县3个乡镇水务站列入省级规范化建设。积极探索建立水权交易制度，实行用水总量控制指标红、黄、绿分区预警管理，印发《昆明市开展用水总量控制指标分区管理的通知》。推进群众参与式水利建设与管理，印发《昆明市群众参与农村供水工程建设管理实施细则（试行）》《昆明市水务局关于全面开展群众全程参与农村水利建设管理的实施意见》，指导县区实施群众全程参与改革。

（市水务局）

KUNMING
YEARBOOK

工　业

◆责任编辑　李　震

2016 KUNMING YEARBOOK

综　述

【概况】　2015年，全市完成规模以上工业增加值990.62亿元，增长5.4%（不含滇中新区完成868.32亿元，增长6.6%）；完成工业固定资产投资645.2亿元，增长6.7%（不含滇中新区508.99亿元，增长14.2%）；单位GDP能耗下降10.75%；民营经济增加值增长8.1%；电信业务总量增长39.9%。

【工业产业结构】　2015年，全市规模以上企业1 013户，实现主营业务收入3 173.10亿元，利税总额465.36亿元。轻重工业比46.5∶53.5，采矿业下降5.4%，制造业增长4.2%，电力热力燃气及水的生产和供应业增长24.32%，三大门类在规模以上工业比为5.92∶83.21∶10.86。其中，非烟工业完成增加值672.48亿元，增长6.32%，非烟工业占全市工业比重67.88%，增速低于全市0.28个百分点，拉动增长4.3个百分点。

【主要产品产量】　2015年，化学药品原药产量136.01吨，同比增长3.9%；中成药3.63吨，下降15.76%；卷烟176.8万箱，增加2.52万箱，增长1.44%；烟叶复烤产量36.65万吨，下降12.46%；磷矿石（折纯）产量2 543.5万吨，增长11.74%；农副食品加工增长0.9%，酒、饮料行业增长4.32%；累计生产10种有色金属产量82.72万吨，增长3.21%。其中，阴极铜增长2.71%；电解铝下降1.15%；黄金59吨，增长30.46%；白银627.3吨，下降3.22%；生产钢材493.67万吨，下降20.75%；磷酸一铵153.9万吨，增长11.3%；磷酸二铵455万吨，增长10%；黄磷14.1万吨，增长9.75%；水泥1 928.54万吨，增长19.32%；金属切削机床2.29万台，下降44.74%；变压器1 461.65万千伏安，下降3.89%；发动机1 970.68万千瓦，增长33.7%。

【园区发展】　2015年，制定出台《昆明市工业产业布局规划纲要（修订版）》。主营业务收入高新区、经开区突破千亿元，五华园区突破五百亿元，宜良、呈贡、东川、晋宁、海口等7个园区突破百亿元。成功创建3个国家级，10个省级和7个市级新型工业化产业示范基地。全年全市工业园区实现规模以上工业增加值750.39亿元，同比增长7.6%，占全市86.4%；园区规模以上工业主营业务收入、工业利税总额分别为2 214.1亿元和379.16亿元，均占全市工业比重85%以上。“十二五”以来，累计完成基础设施投资647.4亿元，收储土地及预收储土地超100平方千米。

【工业投资】　2015年，全市完成工业固定资产投资645.2亿元，增长6.7%（不含滇中新区508.99亿元，增长14.2%），增速比上年提高5.7个百分点。完成亿元以上开工项目47个，竣工42个。列入省级21项“四个一百”重点项目完成投资44.43亿元。

【企业自主创新】　2015年，组织实施100项重大技改项目，计划总投资270.94亿元。27个项目获得省级技术改造专项资金5 350万元，安排市级技术创新扶持资金项目42个。俊发房地产、南磷集团、高深集团等41户企业进入云南民企100强。新增成长型中小企业51户，325户列入省级成长型中小企业。新增省级企业技术中心15家，市级37家；4家新获核定为省工业产品质量控制及技术评价实验室；2家企业认定为新增质量强企试点单位。

【节能降耗】　据统计部门初步统计，2015年全市规模以上工业能源消费总量1 494.97万吨标准煤，同比减7.5%；规模以上万元工业增加值能耗同比下降12.3%。据初步核算，全年全社会能源消费总量2 417.57万吨标准煤，同比减3.61%；单位GDP能耗同比下降10.75%，超省政府下达年度目标8.15%，超额完成单位GDP能耗下降3.4%节能降耗目标任务。全市淘汰落后产能92.78万吨，超额完成年度淘汰落后产能目标任务。

【工业循环经济】　2015年，全市完成自愿性清洁生产审核评估企业47户。在有色、化工、电力、机械、烟草、建材等重点行业，鼓励企业开展持续性清洁生产工作，云南云成印务有限公司等3户企业获得云南省清洁生产合格企业称号。“十二五”时期有326户企业完成自愿性清洁生产审核工作实施无/低费方案和中/高费方案6 452个，产生经济效益近47 844万元，累计节电10 209万千瓦时，节水约139.4万吨，节煤近5.14万吨，减少废水排放近34.71万立方米，减排固体废弃物近706.9万吨。以提高资源利用率为重点，推进尾矿、粉煤灰、工业副产石膏、冶炼渣等大宗工业固废规模化利用，截至2015年底，全市资源综合利用企业70户，比2010年增加21户。贯彻落实最严格水资源管理制度促进工业节水，2015年全市万元工业增加值用水量下降到45立方米/万元，比2010年下降55%。云南云天化国际化工有限公司三环分公司等19户家企业成为节水型企业。全年回收报废机动车16 821辆，拆解11 492辆。

【两化融合】 昆明列为国家“宽带乡村”试点城市，项目惠及10个县区、开发区。实施两化融合重点项目27个，在智能交通、智慧医疗、平安城市等方面开展智慧城市示范应用。制定信息产业跨越发展工作方案，启动云南“云上云”信息产业核心区建设。加强浪潮云计算产业园、云南地理信息产业园等项目对接，呈贡信息产业园规划建设全面展开。

（市工信委）

2015年全市工业经济主要指标

指标分类	指标名称	范围	2015年完成	
			绝对数	增长（±%）
工业经济	规模以上工业总产值（现价、亿元）	全 市	2 991.70	-2.89
		不含滇中	2 390.70	0.20
	规模以上工业增加值（亿元）	全 市	990.60	5.40
		不含滇中	868.30	6.60
	规模以上工业主营业务收入（亿元）	全 市	3 173.10	—
		不含滇中	2 569.90	-4.20
	规模以上工业利税总额（亿元）	全 市	465.36	—
		不含滇中	455.97	0.40
工业投资	工业固定资产投资（亿元）	全 市	645.20	6.70
		不含滇中	462.70（非电）	—
			508.99（含电力）	14.20
	亿元以上新开工工业项目（个）	不含滇中	47	—
	亿元以上竣工工业项目（个）	不含滇中	42	—
园区建设	园区规模以上工业增加值（亿元）	不含滇中	—	7.60
	园区基础设施投资（亿元）	不含滇中	94.88	—
	园区收储及预收储土地面积（亩）	不含滇中	12 915	—
民营经济	民营经济增加值（亿元）	不含滇中	1 850.34	8.10
	民营经济从业人员（万人）	不含滇中	251.37	10.65
节能降耗	规模以上万元工业增加值能耗下降率（%）	不含滇中	—	-12.30
	单位GDP能耗下降率	全 市	—	-10.75
	清洁生产审核评估（户）	不含滇中	47	—
支撑性指标	规模以下工业总产值增速	全 市	—	12.20
	铁路运输总周转量增速	全 市	—	-0.60
	电信业务总量增速	全 市	—	39

装备制造工业

【经济指标】 2015年，全市装备制造业规模以上企业213户，累计实现增加值71.27亿元，占全市工业7.2%，增长4.6%（包括滇中新区部分）。装备制造业累计完成投资63.94亿元，同比增长20.6%。其中，仪器仪表、电子设备制造、汽车、铁路船舶制造业、电气机械制造业分别增长366%、273%、172.6%、25%和19%，通用和专用设备制造业分别下降50.6%、33.6%。通用设备制造业、专用设备制造业产值下滑，汽车发动机、光学仪器、变压器产量增长，金属切削机床、汽车、发电机组等产品产量不同程度下滑。工业机器人、3D打印行业等智能制造业发展势头良好，主要新能源汽车生产企业汽车车型资质24个，产销情况好于2014年，新能源动力电池开展产业化研发。

【分行业情况】 2015年，全市规模以上装备制造业8个主要子行业中，金属制造业、汽车制造业、铁路船舶航空航天和其他运输设备制造业、电气机械和器材制造业、仪器仪表制造业等5个行业增加值实现正增长，通用设备制造业、专用设备制造业、计算机通信和其他电子设备制造业3个行业增加值下降（分行业数据不包括滇中新区部分）。

金属制品业工业企业29户，完成工业总产值21.35亿元，占全市装备制造业8%，同比增长2.8%；完成工业增加值4.5亿元，增长14.6%；完成主营业务收入22.65亿元，下降22.6%；完成利税-0.17亿元，负增长116.9%；完成利润-0.8亿元，下降239.1%；全年平均用工人数5 064人，下降7.4%。

通用装备制造业工业企业27户，完成工业总产值46.73亿元，占全市装备制造业18%，下降16.1%；

完成工业增加值17.32亿元，下降12.2%；完成主营业务收入19.77亿元，下降19%；完成利税1.06亿元，增长1.1%；完成利润0.12亿元，增长98.1%；全年平均用工人数6 327人，下降7.6%。

专用设备制造业工业企业26户，完成工业总产值31.49亿元，占全市装备制造业12%，下降3.5%；完成工业增加值8.39亿元，下降0.9%；完成主营业务收入33.61亿元，增长3.9%；完成利税2.11亿元，下降42.8%；完成利润0.85亿元，下降63.7%；全年平均用工人数5 494人，下降9.5%。

汽车制造业工业企业10户，完成工业总产值44.2亿元，占全市装备制造业17%，增长8.7%；完成工业增加值7.75亿元，增长4.7%；完成主营业务收入33.64亿元，下降1.8%；完成利税2.05亿元，增长1.2%；完成利润1.66亿元，增长2.9%；全年平均用工人数3 845人，下降15.6%。

铁路、船舶、航空航天和其他运输设备制造业工业企业4户，完成工业总产值38.24亿元，占全市装备制造业14%，增长7%；完成工业增加值12.25亿元，增长6.5%；完成主营业务收入42.39亿元，增长17.5%；完成利税6.02亿元，下降23.5%；完成利润5.1亿元，增长27.7%；全年平均用工人数1 803人，下降4.7%。

电气机械及器材制造业工业企业42户，完成工业总产值69.35亿元，占全市装备制造业26%，增长18.5%；完成工业增加值12.99亿元，增长25%；完成主营业务收入73.88亿元，增长13.1%；完成利税3.52亿元，下降10.1%；完成利润1.94亿元，下降21.3%；全年平均用工人数6 979人，下降7.7%。

计算机、通信和其他电子设备制造业工业企业5户，完成工业总产值6.5亿元，占全市装备制造业2%，下降19.6%；完成工业增加值1.28亿元，下降17.7%；完成主营业务收入16.34亿元，增长9.2%；完成利税0.63亿元，下降27%；完成利润0.35亿元，下降36.1%；全年平均用工人数1 097人，增长1.4%。

仪器仪表制造业工业企业14户，完成工业总产值7.04亿元，占全市装备制造业3%，同比增长18.1%；完成工业增加值1.35亿元，增长22%；完成主营业务收入23.65亿元，下降18.7%；完成利税-0.32亿元，负增长558%；完成利润-0.73亿元，增长43.6%；全年平均用工人数2 767人，下降0.6%。

【主要产品产量】 2015年，全市装备制造业产品产量大面积下滑，在52种产品分类中，仅有12种保持增长，其余40种均为同比负增长。汽车用发动机1 960万千瓦时，同比增长33.7%；工业自动调节仪表与控制系统51台（套），同比增长18.6%；光学仪器252.88万台（个），同比增长16.2%；大气污染防治设备13台（套），同比增长30%；金属切削机床40 457台，下降26.49%；汽车2 364辆，下降20.1%；矿山专用设备5 591.6吨，下降60.4%；炼油、化工生产专用设备1 240.21吨，下降38.3%；饲料生产专用设备12 570台，下降17.5%；发电机组93.98万千瓦，下降18.1%。其中，风力发电机组34.6万千瓦，同比增长203.5%；电动机72.88万千瓦，下降7.8%；变压器1 422.53万千伏安，下降6.5%；打印机62 051台，下降19.2%。（不包括滇中新区部分）

【企业竞争力】 2015年，通变电器有限公司、云南北方奥雷德光电科技股份有限公司、昆明泊银科技有限公司、昆明台工精密机械有限公司、昆明705所科技发展总公司等5家装备制造业企业技术中心被认定为省级企业技术中心；昆明赛格迈电气有限公司、昆明正晓电缆有限公司、昆明五威科工贸有限公司、东风云南汽车有限公司、云南能投海装新能源设备有限公司等5家装备制造业企业技术中心被认定为市级企业技术中心。经中国证券监督管理委员会批准，中国铁建高新装备股份有限公司在香港联合交易所发行上市，股票2015年12月16日在香港联交所主板上市交易，股票代码1786，简称“铁建装备”。铁建装备本次发行53 190万股H股，发行完成后铁建装备总股本为16.20亿股。

【产业项目建设】 2015年，昆明市装备制造业续建重点产业项目8个，包括中船重工七〇五所研究所昆明分部，昆明三昌汽车配件制造有限公司汽车配件生产加工制造项目（二期），电线电缆技术研发和制造基地，云南天威变压器股份有限公司铁路牵引变压器生产项目，军品及烟草机械成套设备、自动化物流系统设备等民品研发制造项目，昆明风动新材料研发、生产、销售基地，正成工集团总部及数控机床生产基地，昆明克林轻工机械有限责任公司异地搬迁技术改造项目，其中昆明克林轻工机械有限责任公2015年12月3日在富民县落成。新开工云南金鑫智能泊车设备有限公司年产2万个停车位城市智能立体停车设备项目、净水设备工业生产项目等项目。以众诚仕德公司、云南增材佳维科技公司为代表智能制造业加快发展，在昆明高新区马金铺片区投资建设机器人产研基地、泛亚3D打印产业创新基地项目开工建设。2015年8月，云南铝业股份有限公司宣布与昆明冶金研究院合作在昆明高新区马金铺片区共同出资组建云南冶金集团创能铝空气电池股份有限公司，投资4 000多万元建设铝空气电池研发项目。该项目研发进展顺利，具备产业化条件。项目投产后，昆明市动力电池生产将取得新突破，填补昆明市没有动力电池生产空白。

【行业管理】 2015年，市工业和信息化委员会组织全市范围内12家进入铸造行业准入公告企业开展自检自查工作，自检自查率100%。开展电缆行业产业政策认定工作，组织对昆明明超电缆有限公司、昆明市丰晨电线电缆制造有限公司、昆明红星电缆有限公司等电线电缆生产企业开展产业政策认定。

【产业政策】 2015年，昆明市出台《昆明市培育和发展战略性新兴产业三年行动计划（2015—2017）》，明确先进装备制造产业发展重点、任务和方向，着力在财政投入、金融支持、招商引资、市场支持等方面给予包括新装备制造业在内战略性新兴产业以倾斜和支持。对使用昆明市自主研发国产首台（套）重大装备企业，市级工业发展引导资金按照设备价格10%给予补助，补助金额最高不超过500万元；对自主研发且经国家有关部门认定国产首台（套）重大装备，根据研发企业投入及重大装备运行效益等情况，给予研发生产企业最高不超过800万元一次性奖励；对利用自主首台套技术开展省外市场拓展的，给予企业合同金额1%补贴，最高不超过500万元。同时，贯彻落实国家首台套装备产品保险补偿政策。

【新能源汽车产业】 截至2015年底，昆明市有云南五龙汽车有限公司和云南航天神州汽车有限公司2家新能源汽车整车生产企业，24种新能源汽车车型进入国家《车辆生产企业及产品公告》，比上年增加13种，具有多种型号纯电动和混合动力新能源客车、纯电动厢式物流车生产能力，用户可选择空间不断扩大，新能源汽车生产总能力达5 000车辆，产销形势均好于上年。2015年全市实现新能源汽车销售1 270多辆，销售收入6.2亿元（包括国家和昆明购车补助）。东风云南汽车有限公司利用东风集团总部研发资源，结合自身能力提升，研发、试制“东风牌”EQ6810CLBEV和EQ6620CLBEV等2个型号纯电动城市客车新产品，该2个型号样车经国家机动车质量监督检验中心（重庆）试验、检测，均满足国家新能源汽车相关法规、标准和要求。2015年，开展申报新能源客车产品准入工作，报请国家工信部审核。

推进昆明客车改装厂保资质工作。2015年5月，保资质项目开工建设，计划总投资6.25亿元，建成后新能源汽车和清洁能源汽车产能达2 000辆。保资质工作在完成重组昆明市客车改装厂、招商引资、规划设计和可研报告、项目建设前置审批事项，实施大量软硬件建设等工作基础上，2015年9月昆明市将昆明客车制造有限公司暨原昆明市客车改装厂《商用车生产企业准入申请书》上报国家工信部。2015年11月，工业和信息化部网站公布《〈特别公示车辆生产企业（第1批）公告〉执行情况通报》显示，昆明市客车改装厂名列“22家企业近期提出准入条件考核申请，目前正在组织考核”企业名单，为保资质工作留下空间。截至2015年12月，公司签订合同标的金额1.69亿元，实际投资0.76亿元，加上借给海口工业园区用于拆迁的1亿元，公司累计实际投资1.76亿元。完成涂装设备生产线、焊装设备、总装设备共计188台设备采购。完成总装车间、焊装车间封顶断水和地坪建设，完成涂装车间基础承台建设以及该车间立柱吊装和屋架制作80%。

（市工信委）

原材料工业

【经济指标】 2015年，全市规模以上原材料工业企业414户，实现增加值352.89亿元，占全市规模以上工业35.62%，同比增长3.7%；实现工业总产值1 393.13亿元，占全市规模以上工业46.57%，同比增长−9.4%。其中，规模以上化工生产企业129家，实现增加值93.48亿元，占全市规模以上工业9.44%，同比增长5.1%；实现工业总产值424.55亿元，占全市规模以上工业14.19%，同比增长2.7%；规模以上建材企业126户，实现增加值33.70亿元，占全市规模以上工业3.40%，同比增长2.2%；实现工业总产值119.93亿元，占全市规模以上工业4.01%，同比增长−4.6%；规模以上黑色金属工业生产企业29家，实现工业增加值18.04亿元，占全市规模以上工业1.82%，同比增长−16.8%；实现工业总产值148.44亿元，占全市规模以上工业4.96%，同比增长−34%；规模以上有色金属工业企业56家，实现增加值148.98亿元，占全市规模以上工业15.04%，同比增长10.6%；实现工业总产值608.56亿元，占全市规模以上工业20.34%，同比增长−7.7%。

【产业结构优化】 加快推进原材料工业传统产业提升调整。对全市化工、有色金属等传统产业开展研究和分析，以转变发展方式、优化调整产业结构为主线，以重点项目建设为抓手，以行业管理为手段，促使原材料工业优化结构、提高质量和增加附加值，提高资源利用效率和加快技术进步，全力推进有色金属、化工等传统产业提升和改造。进一步理顺和规范原材料工业行业管理秩序，组织宣贯国家黄磷、电石、水泥、合成氨、多晶硅、铜铅锌、焦化等行业准入条件。配合国家工信部和省工信委，开展黄磷、农药、铜冶炼等行业企业准入公告申报，做好铸造用生铁企业准入公告复核上报等改造。开展耐火黏土（高铝黏土）、黄金和食盐等产品的年度生产指令性计划。严格执行原材料工业产业政策，倒逼产业结构调整。认真实施国家产业结构调整指导目录、行业准入条件、专项规划等产业政策，为原材料工业各项工作开展奠定基础。继续按照国家《关于做好部分产能置换改造的通知》《关于做好过剩产能在建项目有关工作的通知要求》，认真做好涉及水泥、钢铁、电解铝、平板玻璃等产业产能置换。开展黄磷、磷酸、磷酸氢钙、硫酸、磷肥、盐及氯碱化工、电石、水泥、钢铁、铁合金、铜铅锌、稀散金属等行业产业政策认定。

【重点项目建设】 2015年，全市重点做好原材料工业项目中云南铜业股份有限公司王家桥铜锌产业退城入园搬迁技改项目、云南浩鑫铝箔异地技改搬迁项目、昆明云锗高新技术有限公司高新锗产业、黄金集团晋宁深加工建设项目服务工作。根据原材料工业产业政策和行业规划，严格执行落实国家和省产业政策，做好原材料工业项目登记备案审批的产业政策核查工作。

【节能减排和资源综合利用】 2015年，全市重点组织开展黄磷、电石、合成氨、水泥、钢铁、铁合金、电解铝、工业硅等9类行业资源能源消耗调查公告。围绕氯碱化工，打造多种基础原料、新型合成材料及型材加工、“三废”利用产品组成的产业链。重点推动磷炉尾气治理和节能技术改造，鼓励黄磷炉尾气发电或制甲酸钠、醋酸等碳一化工产品。严格限制单一湿法磷酸、热法黄磷项目，着力推进磷石膏综合利用，支持新工艺磷酸生产，以磷酸净化分级利用为方向，大力发展规模化、系列化、专用化磷精深加工产品。全面推进水泥生产装置配套低温余热发电，支持利用水泥窑协同处理城市生活垃圾、城市污泥和工业废弃物，推进建材工业与电力、化工、煤炭、钢铁、有色等建立紧密结合循环经济产业体系。鼓励利用磷石膏、电石渣、黄磷渣、钢渣等工业废弃物发展水泥或新型建材。

【行业管理】 2015年，组织宣贯国家钢铁、电解铝、黄磷、铜铅锌、焦化水泥等行业规范经营和准入条件。开展合成氨、防水卷材、黄磷、农药、水泥等行业企业规范经营公告申报和日常监督管理。严格执行原材料工业产业政策。认真实施国家产业结构调整指导目录、行业准入条件、专项规划等产业政策。严把产业政策关，开展黄磷、磷酸、磷酸氢钙、硫酸、磷肥、盐及氯碱化工、电石、水泥、钢铁、铁合金、铜铅锌、稀散金属等行业产业政策认定，禁止不符合国家、省产业政策的企业和项目进入，开展有关原材料企业产业政策认定等工作。积极谋划以新材料为重点战略新兴产业发展，编制新材料产业发展规划，完成《昆明市“十三五”新材料产业发展规划》初稿。开展耐火黏土（高铝黏土）、黄金和食盐等产品年度生产指令性计划管理。在加强基础管理同时，开展监控化学品管理工作自查，重点配合省禁化武办做好有关核查工作。履行禁止化学武器工作职责，建立原材料工业经济运行分析制度，加强对全市28户重点原材料企业适时监测，全面掌握原材料工业发展动态，做好原材料工业促增长工作。组织宣贯《云南省盐业管理条例》，指导和协调昆明市盐务局，全面履行盐业行政管理职能。查处盐业违法案件262件，查获违法盐产品248.8吨，捣毁制售假冒食盐的黑窝点4个，移交公安立案侦查1件，维护昆明市盐业市场秩序。加强原材料工业安全和环保工作，加大对合成氨、金属粉尘、锅炉、汞等产品、设备使用和生产工作指导督促，力保原材料行业生产安全。

（市工信委）

消费品工业

【医药制造业】 2015年，全市生物医药产业依托研发和原材料优势，不断完善研发支撑服务，加快产品创新升级，强化品牌营销推广，支持企业跨国经营，以昆明国家生物产业基地为代表的一批生产、研发、创业等服务平台支撑体系不断完善。云南白药集团、昆明制药集团进入全国医药工业企业百强；滇虹药业、积大制药、圣火药业、龙津药业、生物谷药业等龙头企业具备较强技术和经济实力；拥有一大批具有地方特色三七系列、天麻系列、板蓝根系列、灯盏花系列、黄藤系列、丹参系列等云药知名品牌及优势产品。2015年，全市生物医药制造业有医药工业企业81户，规模以上企业42户，销售收入过亿元企业20户。全年完成工业总产值134.07亿元，同比增长-1.5%；实现工业增加值51.91亿元，同比增长0.9%。医药产业在昆明市高新技术产业利税中保持较高贡献率，成为省内最重要医药生产和流通基地。

【烟草及配套业】 2015年，坚持整合资源、培育品牌、调整结构、创新驱动、提升产业竞争力，带动做大配套产业，争取烟草产业新突破、新跨越，优质烤烟卷烟在全国影响力和控制力进一步提升，卷烟规模和效益继续保持全国领先地位。鼓励烟草配套企业以优势产品为龙头，以资本和品牌为核心进行重组，高起点发展烟草配套产业，形成卷烟丝束（二醋酸纤维）、卷烟纸，卷烟条与包裁纸、接装纸、内衬纸、框架纸、烟用纸箱、烟用香精料、卷烟用胶、烟用BOPP薄膜、拉线、曾塑剂、烟草机械等门类齐全卷烟配套产业集群。推进企业开展烟机应用技术基础研究，推进工业技术自主创新，突出优势发展辅料生产，重点发展以天然植物提取香精香料，开发安全、环保的新型烟用添加剂，保持烟用增塑剂生产技术国内领先水平，适度发展高速卷烟搭口胶，壮大卷烟用胶生产企业规模和实力。2015年，全市烟草制品业完成工业总产值406.2亿元，同比增长2.7%；实现工业增加值318.14亿元，同比增长3.5%；占全市工业

32.12%。利税总额290.75亿元，同比增长5.5%。

【非烟轻工业】 2015年，坚持创新驱动，以提升重点行业、龙头企业、主要产品技术水平为核心；以“做强做大、扶优限劣、抓特促精”为重点，利用高新技术和先进适用技术改造和提高传统非烟轻工业，在造纸、橡塑、家具等重点领域，加强对外合作和消化吸收，提高关键技术和装备水平。扩大现有优势，拓展市场领域，全面提升产业层次，强化质量品牌意识，引导企业科学制定品牌策略、广告策略、营销策略和价格策略，加大名牌创建力度，为名牌产品市场开拓创造条件。积极采用新材料、新工艺、新装备，加强资源节约和综合利用技术研究和应用，提高产品质量和档次，加快发展高附加值产品，培育新的经济增长点，创建一批具有市场影响力知名品牌。2015年，规模以上企业299户，实现增加值85.78亿元，占全市工业8.66%，增长3.4%，增速比2014年回落2个百分点。其中，农副食品加工增长0.9%，酒、饮料行业增长4.32%。

（市工信委）

煤炭业

【概况】 2015年，全市强化安全保障能力和应急救援能力建设，推进煤炭转型升级和煤矿扩能提产。6对矿井关闭通过省级初步确认，3对矿井机械化改造项目进入验收阶段。全年检查煤矿安全生产70对次，组织联合执法大检查3次，全年没有发生伤亡事故，工业生产安全运行。

【分类管理】 制定《昆明市煤炭行业煤矿企业分类分级管理工作实施细则》，从安全管理、证照管理、机电提升运输管理、采掘管理、培训管理、“一通三防”、安全避险“六大系统”等方面对煤矿企业进行评分定级。根据评分高低把全市煤矿确定为A、B、C、D四个等级，对不同等级煤矿实施差异化管理，确定不同监管和检查频次，提出不同要求。采取不同监管措施，以强化和落实企业安全生产主体责任，全力预防煤矿安全事故发生。

【整顿关闭】 按照政府引导，企业自愿原则，组织整合重组煤矿、开展煤矿资产评估、市场作价等工作，全力支持整合主体和关闭对象利益融合。对互抬价格、久谈无果、久拖不决煤矿，采取封停绞车、停水停电、严禁人员入井等措施强硬推进整合进度。组织企业申报资金补贴，加快整合和关闭进度，确保关闭工作按期完成。2015年，关闭6对煤矿矿井，通过村、镇、县逐级验收，顺利完成关闭任务。

【安全生产】 强化煤矿安全生产责任，认真组织全市煤矿集中开展隐患排查治理行动，切实落实安全生产各项措施，全力防范和遏制生产事故发生。配合云南煤矿工业管理局和云南煤矿安全监察局及红河监察分局检查10次，有效避免煤矿重大事故发生。

（市工信委煤炭行业管理处）

供　电

【概况】 昆明供电局下设14个职能部门，16个基层单位和8家县级供电公司，有员工3 896人，资产总额169.81亿元。有35千伏及以上变电站199座（其中500千伏5座），35千伏及以上输电线路7532.85千米，10千伏配电线路20 806.81千米，用电客户232.67万户。

供电技术指标

项　目	单　位	上年完成	本年完成	同期相比（%）	备　注
供电量	万千瓦时	2 878 715.60	2 783 999.00	−3.29	
售电量	万千瓦时	2 771 841.78	2 685 877.75	−3.10	
售电收入	万元	1 76 673.52	1 062 210.96	−9.73	不含税
售电平均电价	元/千千瓦时	421.02	402.13	−4.49	不含税
供电环节总成本	万元	254 466.75	238 388.90	−6.32	
供电环节单位成本	元/千千瓦时	91.80	91.13	−0.73	
最高日供电量	万千瓦时	8 986.50	8 916.92	−0.77	
最高日负荷	万千瓦	452.71	445.09	−1.68	

续表

项 目	单 位	上年完成	本年完成	同期相比（%）	备 注
线损率	%	3.71	3.52	–0.19	百分点
综合电压合格率	%	99.69	99.56	–0.13	百分点
综合供电可靠率	%	99.9766	99.98	0.0016	百分点
负荷率	%	88.84	87.62	–1.22	百分点
电费回收率	%	99.99	99.94	–0.05	百分点
全员劳动生产率	万元/人·年	84.59	79.87	–5.58	不变价计算

【安全生产】 落实7大电网风险38项重点防范工作，管控中石油炼化项目接入等重大电网风险。推进设备规范化管理，落实“一办法、两规程”，提升设备运维水平。全面识别新安全生产法、南网新安规带来的管理变化，分层分级组织宣贯和培训，扎实开展“打非治违”专项整治及安全大检查，严打“三违”，严控人身风险。运用“5W2H”方法，深入分析安全生产事故原因，有针对性地制定措施并闭环整改。开展“两票”专项治理工作，将存在问题纳入“三种人”培训课程，强化安全区代表履职能力，全年提出793项建议。全面开展图实相符专项整改，排查治理防误闭锁隐患825项。2015年，事故事件同比下降42.95%。

【供电保障】 深化停电计划“概算、预算、结算”机制，全面推广应用配网自动化，严抓重点线路故障管控，规范故障抢修复电流程。大力推广配网合环调电和带电作业，配网带电作业3 338次，同比提高10.42%。全年用户平均停电时间1.91小时/户，同比减少0.14小时/户，降幅6.83%。强化应急处置能力，在省内首次开展以政府为主导处置电网大面积停电事件应急演练，检验跨区域、跨行业应急联动机制。完成习近平总书记考察云南及纪念抗战胜利70周年等重点保供电工作313次。

抢修500千伏草铺变电站500千伏Ⅲ段母线故障　　（昆明供电局　供稿）

【优质服务】 开展市场化交易，全年417家客户参与市场化交易，成交电量61.64亿千瓦时。做好省、市重点工程服务工作，完成昆明滇池国际会展中心等项目通电任务。全力解决业扩受限“卡脖子”问题29项，立项率100%。不断优化客户工程投产通电流程，临时作业审批流程由8个环节减少至6个，审批时限由8个工作日缩短至3个，客户办电效率得到提升。全年累计新增客户14.26万户，新增容量227.87万千伏安。

构建“电力网格化服务”管理新模式，首创客户抱怨零容忍机制和第三方暗访监测营业网点服务，优化服务单元，提升服务质量。2015年，投诉率同比降低60.93%。创新银行代扣办理方式，通过95598服务热线和微信获取客户预约信息，主动上门服务，全年非现金缴费比例88%。联合云南省能监办开展客户受电工程承揽单位履职情况通报，搭建供电企业、客户、施工设计方三方无缝沟通平台。在全省率先开展远程抄表及停、复电工作，覆盖昆明电网用电客户约20万户。

【经营管理】 加强对预算、资金过程管理，突出业务部门归口管理职责，不断提高预算与资金完成匹配度。加强固定资产管理，对固定资产“账、卡、物”进行清理核对。开展贯彻执行中央八项规定精神、严肃财

积极应对寒潮消除线路缺陷，确保可靠供电。　（昆明供电局　供稿）

经纪律和“小金库”专项治理，纠正和查处各种违反财经纪律行为。2015年，差旅、会议和业务招待费用分别同比降低1.3%、8.2%和22.4%。加大电费催缴力度，面对经济下行造成企业电费支付能力下降等困难，通过信用等级评价，建立电费回收特殊客户档案，对风险客户采取预付费、缩短抄表周期等方式，降低电费回收风险。2015年，电费回收率99.94%。

做好例行审计工作，重点对县公司和职工持股企业开展专项审计，系统查找存在问题和漏洞，督促其规范管理、依法运作。强化审计整改问责，通过审计整改联席会议等手段建立联合督办工作机制，针对内、外部审计和检查发现问题，实行“对账销号”整改，审计报告问题整改完成率100%，通过审计促进增收节支737.13万元。

【电网建设】　应对稳增长投资需求，在原有投资建设1 213个配网项目基础上，及时开展435个新增配网项目。完成“十三五”农村配电网专题规划编制，安排新增项目77项，总投资4 258万元。促成由分管副市长牵头组织月度协调会议机制，完善电网建设目标责任考核要求。在110千伏关雨、富有等4个输变电项目站址和路径问题上取得突破，有效支撑昆明电网发展。全年下达电网投资计划12.65亿元，完成率100%。

以施工风险闭环管控为主线，抓实标准化建设和质量缺陷防治工作。加强工程进度和造价全过程管控，有效推进220千伏石城、余屯、昆明至长沙电铁外部供电工程等重要项目建设进度。全年投产110千伏及以上变电站3座，新增主变容量58.6万千伏安。强化物资采购和品控管理，提高“七天准时到货率”，保障物资供应和质量。探索构建框架招标采购平台，确保招标、非招标工作规范高效。全年完成招标项目816个，金额8.89亿元。

【队伍建设】　持续优化机构和岗位设置，优化24家单位领导班子配置，实现干部队伍年龄、知识、能力结构合理搭配。不断优化薪酬激励机制，规范处级及以上人员薪酬管理，制定实施县公司负责人薪酬倾斜政策。畅通基层与机关、县公司与局层面交流通道，通过竞聘将22名干部人才选拔到重要岗位。完成县公司规范用工管理工作，711人通过规范用工考评组聘上岗。启动人才发展“123N6”工程，开展员工教育培训，加强技术技能人才培养，培训员工4万人次，2名员工入选“云岭首席技师”，21名员工获评云南电网公司技能专家。

【荣誉建设】　推进劳模、创新工作室创建，变电管理二所李辉荣获“全国劳动模范”称号。10人在昆明市2015年职工“七十二行”技术大练兵中获得“技术状元”称号；昆明供电局荣获“云南省第二批云岭职工跨越发展先锋活动暨云岭职工素质建设工程示范点”荣誉称号。在“创先杯”变电站站内节能竞赛中，被授予南方电网公司五一劳动奖状；荣获南方电网公司离退休工作“先进集体”称号。

（张　毅）

安全生产监督管理

【安全生产形势】　2015年1—12月，全市发生各类安全事故2192起，死亡401人，受伤1 766人，直接经济损失5 686.59万元。与上年同期相比4项指标“三降一升”：事故起数下降32.09%，受伤人数下降8.92%，直接经济损失下降18.07%，死亡人数上升1.78%。

【健全安全生产责任体系】　推进安全生产责任体系“五级五覆盖”。全市所有县区和乡镇（办事处）党委政府全部出台“党政同责，一岗双责”文件，将责任延伸落实至全部村（居）委会，村（居）委会党支部书记、主任为安全生产第一责任人等要求得到落实，推进“三个必须”落实。进一步明确市政府领导和各级各部门安全生产监管职责，提升各行业领域专业化管理水平，形成权责明确安全生产责任体系。推进企业责任体系“五落实五到位”。对1 500余家企业近2 000名负责人开展安全生产培训和考核，全市规模以上企业均完成“五落实五到位”责任体系建设，逐步向中小型生产加工型企业延伸。

【“打非治违”专项行动】 2015年，全市检查企业（单位）2.66万家（次），排查隐患2.75万项，整改2.70万项；打击非法违法行为2 377起，整治违规违章行为3 615起；责令企业停产整顿62户、限期整改825户；安监部门实施经济处罚366.9万余元；组织宣传活动375次、1.35万人次参加，开展警示教育386次。

【安全监管】 突出煤矿、非煤矿山、危险化学品、建筑施工、道路交通、消防等重点行业领域安全监管。煤矿领域，自2014年4月以来全部处于停产整顿状态；非煤矿山领域，组织开展矿山攻坚克难专项行动，明确3个重点地区、2个重点矿区和20个重点矿山，通过购买专家服务方式对85座尾矿库、125家选矿厂进行明察暗访。全市安监部门检查非煤矿山2 391家次，包括地下矿山165家次、露天矿山1 982家次、尾矿库244家次。查出隐患5 753项，整改5 128项，完成整顿关闭21座矿山任务，实际关闭23座。30家地下矿山完成安全避险“六大系统”建设，8家三等以上尾矿库完成在线监测系统建设。对13家非煤矿山企业重大隐患实施挂牌督办，公告注销6家企业安全生产许可证。危险化学品领域，组织开展危险化学品和易燃易爆物品安全大排查大整治工作，检查企业3 817家次，查出隐患2.15万项，整改2.14万项，打击非法违法行为226起，整治违章违规行为512起；组织开展危险化学品事故隐患大排查，对66家危化品生产企业、4家储存企业、393家带储存经营企业全部进行排查，查出隐患1 734条；对13家涉氯涉氨危化品企业进行全覆盖检查，完成省政府挂牌督办3项重大隐患整改。在冶金等工贸行业开展金属冶炼行业专项整治、有限空间作业专项整治、涉氨制冷企业液氨使用专项治理、粉尘防爆专项整治、机械行业重点危险部位专项整治，排查涉粉尘企业208家，责令停产2家、限期整改110家。

【安全生产机制建设】 对市、县安监局相关负责人和工作人员80余人进行培训，各县区对街道和相关企业人员进行培训。根据昆明市安全生产网格化、分类分级监管和信息化建设实际需要，开发建设昆明市安全生产事故隐患排查治理信息化综合系统，该系统与省安监局安全生产大检查长效机制管理系统正在对接中。利用信息化综合系统开展企业隐患自查自报工作，458家企业上报查出隐患1 116项，全部由企业自行完成整改工作。

国家安全监管总局领导检查昆明市安全生产工作 （市安监局 供稿）

【转型升级】 截至2015年12月，关闭金属非金属矿山（尾矿库）任务23座，超额完成省下达整顿关闭任务。全市涉及非煤矿山转型升级14个县（市）区全部建立转型升级联系会议制度，市政府统筹118.4万元（不含滇中新区）用于保障转型升级专家排查会诊工作，组织完成655座非煤矿山专家排查会诊工作。截至12月底，各县（市）区完成非煤矿山转型升级实施方案制定并报市政府审核。

【安全生产培训】 加强新《安全生产法》宣贯工作，借助各新闻媒体和自有宣传平台，积极组织各类宣传教育活动，在全社会营造浓厚安全生产氛围。全市发放宣传资料40余万册，组织1 621支队伍开展安全知识竞赛，组织安全生产演讲比赛2 509场次，发送公益短信75万条，在各类媒体播放安全视频超过50余万次，重点报道40余期，培训取证（复审）特种作业人员3万余人。

【分类分级管理】 市政府印发《昆明市生产经营单位安全生产分类分级管理暂行办法》。2015年4月份，推进分类分级工作，着力建立按类分级、按级监管的安全生产监管体系，强化对企业安全监管。市安委会印发《2015年安全生产分类分级管理实施方案》，选择部分重点类别生产经营单位作为试点稳步推进，取得经验后再全面推开。市安监局督促开发企业

危险化学品应急演练　（市安监局　供稿）

完成信息系统优化升级，组织各县区安监局进行专门培训。列入试点13家市级部门全部制定印发企业分级评定标准，全部县区完成对分类规范调整，部分县区、部门对部分企业完成分级评定。

【安全生产“三化”建设】　深化安全生产监管网格体系建设，充实和丰富网格化监管体系内容，规范完善网格化监管体系运行，建立安全专干奖励淘汰机制，结合分类分级工作健全完善网格化监管信息系统。开展全市安全生产信息化系统建设和使用工作，组织矿山、危化、规模以上工贸等重点企业通过信息化系统开展事故隐患自查自改自报工作。推进安全标准化建设，按照成熟一家评定一家原则，加强对达标企业督查检查，评定复审三级标准化企业247家。

【应急处置】　组织开展安全生产应急演练活动，提升安全保障水平和应急救援能力。2015年，全市组织演练1 300余次，参加演练人员3.7万余人。4月29日，成功营救出“晋—红”高速公路安企隧道垮塌被困12名工人。

（王明新）

2016 KUNMING YEARBOOK

交通运输

◆责任编辑 李 震

2016 KUNMING YEARBOOK

综 述

【年度数据】 2015年，全市累计完成交通投资350.70亿元，公路里程17 601.57千米，公路网密度每百平方千米达83.82千米，公路密度居全省第一。高速公路通车里程561千米，二级及以上高等级公路1 861千米，占总里程10.6%。完成旅客运输周转量82.48亿人/千米，货物运输周转量157.15亿吨/千米，完成客货运输总周转量165.40亿吨/千米。全市公交企业16家（其中城市公交企业7家，城乡公交企业9家），运营车辆8 330辆（其中城市公交5 791辆，城乡公交2 539辆），公交线路892条（其中城市公交线路362条，城乡公交线路530条）。城市公交日均运送旅客241万人次，城乡公交通达率95.5%。

【重点交通基础设施建设】 呈贡至澄江高速公路：截至2015年12月25日，累计完成投资24.1亿元，完成投资比例83.7%。2015年度完成投资10.1亿元。黄土坡至马金铺高速公路：截至2015年12月29日，累计完成投资约30.47亿元，完成投资比例87.78%。2015年度完成投资约16.13亿元。金东大桥：截至2015年12月28日，累计完成投资约3.76亿元，完成投资比例91.8%。2015年度完成投资约1.26亿元。寻倘公路：截至2015年12月28日，项目一期工程累计完成投资约5.12亿元，2015年度完成投资约3.08亿元。东倘公路：截至2015年12月28日，项目一期工程累计完成投资约7.65亿元，完成投资比例68.63%。2015年度完成投资约3.51亿元。禄倘公路：禄劝至倘甸公路一期工程2015年12月23日开工建设。待补至功山高速公路作为全省南北大通道重要路段，9月25日通车。昆明绕城高速公路东南段：9月30日，昆明绕城高速公路东南段跨越滇中新区嵩明县和昆明市宜良县控制性工程杨林隧道斜井实现贯通；10月30日，昆明绕城高速公路东南段昆明市宜良县境内控制性工程北羊街隧道实现贯通；11月18日，昆明绕城高速公路东南段昆明市宜良县境内控制性工程黄草铺隧道实现贯通。昆明中桃公路：9月19日开工建设，12月25日实现主线通车。

2015年3月，市领导调研综合交通基础设施建设。（市交运局 供稿）

【新开工建设项目】 2015年8月31日，功山至东川高速公路开工建设；9月19日，昆明中桃公路开工建设；9月28日，呈贡联大街昆玉立交开工建设，截至12月21日完成投资26 200万元；9月30日，大渔立交开工建设，项目累计完成投资约5 000万元，工程形象进度约12%；12月23日，武倘寻高速公路开工建设。

【干线公路路网建设】 重点高速公路：2015年9月25日，功山—待朴高速公路建成通车；功山—东川、武定—禄劝—倘甸—寻甸（滇中环线）高速公路相继开工建设；昆明绕城高速公路外环线（东南段）、黄土坡—马金铺、新嵩昆、小铺—乌龙等高速公路项目快速推进；配合相关州市及滇中产业新区推进晋宁—红塔区高速公路建设。区域干线公路：东倘公路、金东大桥、易隆—白石岩、长水机场至杨林经济技术开发区道路建设项目（一期）顺利推进；G320、G213等国道出入城段提升改造即将完成。

【建制村公路建设】 2015年，全市行政村公路路面硬化工程完成投资36 905.50万元，实现建制村公路路面硬化率100%。

【农村公路管养】 2015年，全市

地方管养范围的农村公路总里程1.54万千米。其中，省道152.29千米，县道2 922.52千米，乡道7 006.80千米，村道4831.13千米，专用公路518.97千米，二级以上公路406.58千米，三级公路313.57千米，四级公路12 029.86千米，等外公路2 681.70千米。桥梁1 079座。其中，特大桥20座，大桥91座，中桥166座，小桥802座。2015年，全市农村公路养护总投资12 966万元。其中，省补资金4 325万元，市补资金2 512万元，各县区自筹资金6 129万元。全市处理水毁路基3 908.85千米，125.50万立方米；水毁路面1 817.40千米，299.67万平方米；水毁桥梁17座，438延米；水毁坍塌方6 544处，410.68万立方米；水毁挡墙829处，11.36万立方米；水毁护坡61处，4 675立方米；公路中断284条，738处。市级投入水毁修复资金800万元。2015年，大中修项开工16个，未开工3个（禄劝县108老线、撒则线，寻甸县县城—白石岩线）。

【高速公路调费】 2015年8月16日零时起，对昆石高速等全省26条高速公路车辆通行费收费标准进行统一调整。本次调费涉及市属高海（高峣—海口）高速公路、东绕城（乌龙—广卫）2条高速公路；省属昆石（昆明—石林）高速公路、西石（陆良西桥—石林北）高速公路、石锁（石林—锁龙寺）高速公路、安晋（安宁—晋宁）高速公路、昆安（昆明—安宁）高速公路、嵩待（嵩明—待补）等6条高速公路；昆明市辖区范围内因联网调费涉及武昆（武定—昆明）高速公路、西北绕城高速公路、昆玉（昆明—玉溪）高速公路、昆曲高速公路（昆明至嵩明段）、南连线高速公路等5条高速公路，共13条高速公路、48个收费站。

【路产路权管理】 2015年，全市依法纠正和查处各类路产路政违章违法案件70 042起，立案数69 776起，警告266起，查处率100%。其中，查处赔（补）偿案件939起，路产恢复率100%，其他路政案件发生数640起。

【治超工作】 2015年4月，昆明市治超办牵头组织召开滇中城市群第六次治超工作联席会，治超联动区域增加红河州及滇中产业新区，由4州市扩展到6区域，重新签订《滇中城市群治超联动工作协议书》，与滇中州市建立治超联动协作机制。10月，全市超限运输区域联动集中整治外延到与滇中州市相邻县区。全年全市路面治超检查货运车辆441.11万辆，查处超限车辆7.87万辆，出动治超执法人员48 629人次，货车超限车辆与货车流量比率1.57%，超限率控制在4%以内。

【保通工作】 2015年，出动执法人员360人次，车辆60辆次。做好重大节假日保通工作，组织完成市级以上重大考察调研活动保通和部队机动保障15次；组织开展在建呈澄、黄马和东南绕城高速公路的相关保通工作；先后12次完成呈贡新区市委市政府两会期间及重大会议保通工作；完成所辖公路高速公路通行费标准调整工作；配合完成广卫立交桥梁检测保通工作。

【新《昆明市公路路政管理规定》正式施行】 新《昆明市公路路政管理规定》经2015年2月2日昆明市人民政府第87次常务会议讨论通过，自5月1日起施行。昆明市人民政府2007年3月1日颁布施行的《昆明市公路路政管理办法》同时废止。

【路域环境整治】 每月两次开展主城出入口及服务区卫生环境整治，高海高速、东绕城高速有5座加油站全部评定达标服务区；完善归档目录内容，迎接“十二五”全国干线公路养护管理检查；组织实施省市联动开展主要道路沿线“绿化昆明、共建春城”义务植树活动。2015年，全市完成道路沿线新增植树造林2 154.68亩，补植补种完成18 254亩，联动单位到位资金1 230.25万元。8—10月，在全市范围内开展2015年公路路域环境专项整治工作，出动车辆193辆次、路政人员520人次，依法清理违法非公路标志标识164处，查处公路用地范围内堆积物176处，取缔违法占道经营254起，清除交通标志前后500米广告48起，拆除违法搭建24起。

【海事管理】 全年完成对市内及各县（区）公务用船、旅游船、工程船、渡口船等170艘船营运检验工作。4月22日，在东川区开展以落水乘客水上搜救、船舶失火应急处置、船舶水上停车应急救援为主要内容的水上应急救援演练。加强对船员的管理和培训，进一步强化12座以上客船船员特殊培训，84名船员参加培训，其中有82名船员通过考核，取得特殊培训合格证书；加强水上交通安全生产，印发春节、安全生产大排查大整治、打非治违、水路运输及库区交通安全、汛期水上交通安全、安全生产月活动、六打六治等方案通知31份，进行11次安全大检查、大排查、大整治等专项行动，出动检查执法人员117人次，出动车辆89辆次，船舶27艘次，发现一般性水上交通安全隐患69起，整改69起，整改率100%。办理船员基本安全培训合格证258本，船员服务簿258本，办理船员适任证书111本。办理船名申请71件，办理船舶识别号155件，办理新增船舶所有权、国籍证书各72件，换发到期船舶所有权、国籍证书11件，办理船舶所有权、国籍证书注销登记3件。11月15日，滇海古渡大码头开业运营。

【道路运输】 2015年，全市有客运业户56户，货运业户10.98万户，机动车维修业户3 237户，机动车综合性能检测业户17户，驾驶培训业

户115户，汽车租赁业户319户，货运代办业户993户，信息配载业户547户，停车场1 082户，洗车场580户。有客运车辆7 970辆，货运车辆12.74万辆，完成旅客运输周转量82.48亿人/千米，货物运输周转量157.15亿吨/千米，完成客货运输总周转量165.40亿吨/千米。有市际客运线路152条，省际客运线路119条，国际客运班线4条。

【旅游客运】 2015年，全市有旅游客运企业16家，旅游客运车辆2 043辆。完成2014年度旅游客车新增运力发展计划招投标工作，通过公开招标，15家企业中标，所有新增车辆8月31日前办理完相关手续并投入运营。2015年1月，推广使用昆明旅游客运企业省内包车系统，全市25个包含旅游、班线客运企业在内的经营业户在省内包车系统开通账号，2 044辆旅游车，2 894名从业人员入库。通过网上备案，完成包车业务61 346趟次（其中旅游车完成网上备案60 462趟次，班线客运车辆完成临时包车备案944趟次）。

【驾驶培训管理】 2015年，有教练车辆9 570辆，同比增长21.29%。开展昆明倘甸产业园区和昆明轿子山旅游开发区机动车驾驶员培训管理试点工作。“两区”批准成立驾校6所，教练车276辆，教练员123人。开展新办驾校核定，按标准对驶培训机构训练场所进行测量，完成8所驾驶培训机构核定工作。道路运输从业资格无纸化考试覆盖率100%。年内全市范围内完成233场无纸化考试，组织道路旅客运输、道路普通货物运输从业资人员参考5 563人次，整体合格率56.73%。加强驾驶培训市场专项治理，对驾驶培训机构违规教学行为、违规经营行为和驾培行业不良风气进行重点整治。

【新能源汽车推广应用】 2015年，完成556辆新能源公交车（纯电动）投放工作。其中，昆明公交集团有限责任公司446辆，昆明中北公交有限责任公司110辆。

【节假日运输保障工作】 完成元旦、省市“两会”、春节、清明节、五一“文化旅游节”、端午节、中秋节、无车日、十一国庆节、第三届“南博会”等重大活动期间公交保障任务，投入充足公共交通运力满足乘客乘车需求，确保节日和重大活动交通安全，保障市民平安出行。

【出租汽车市场监管】 2015年，处理出租汽车违章2 463起，罚款1 845万元。受理投诉1 475起。其中，拒载235起、议价192起、绕道213起、服务态度差515起、不正确使用计价器135起、不提供发票133起、计价器有问题52起。处理投诉1 445起。其中，教育1 317起、学习121人、处罚7起、罚款6 000元整。驾驶员上交失物2 043起，价值约28万元，查找归还失主1 075起，收到国内外乘客感谢信表扬信、表扬电话、锦旗227起。

2015年5月，第十二届爱心送考活动启动。 （市交运局 供稿）

【出租汽车服务信誉考核和星级驾驶员评定】 开展服务质量信誉考核和星级驾驶员评定工作，按照《昆明市出租汽车服务质量信誉考核实施细则》，对全市主城中心区27家出租汽车企业进行服务质量信誉考核，评出AAA级企业5家，AA级企业15家，A级企业3家，B级企业4家。通过服务质量信誉考核，将考核结果与企业发展挂钩，促进企业管理主体责任落实，提高企业加强服务管理积极性。经企业评选上报行业管理部门审核，评选出星级驾驶员1 417名。其中，一星级驾驶员970名、二星级417名、三星级18名、四星级12名。评选2015年度百名优秀驾驶员，乾盛、中北、明成、宏华、世博5家先进出租汽车企业。

【打击非法营运】 2015年，开展4次集中宣传，联合主城5个区政府、公安、交警等部门，在全市范围内开展4次集中整治行动，出动执法人员12.11万人次，检查车辆32.90万辆次，查扣非法营运车辆2 052辆。

【交通工程造价管理】 2015年，完成高等级公路、农村公路路面硬化工程、农村公路养护工程招标控制价、工程量清单评审58项，总造价约5.1亿元，审减金额约0.6亿元。发布《昆明市交通工程价格指导》6期。

（白 燕）

铁路运输

【概况】 昆明铁路局属国家铁路运输企业，主要负责管辖区域内旅客和货物运输组织工作，管辖线路跨越云南、四川、贵州3省，涉及11个地州市、47个市（区）县。有准轨（轨距1 435毫米）、米轨（1 000毫米）两种轨距，是全国18个铁路局中唯一准米轨并存的铁路局。管辖沪昆、成昆、南昆、广昆、盘西、昆阳、威红7条准轨电气化铁路，羊场、东川、安宁、东王4条准轨支线，昆河、蒙宝、草官、昆石、昆小5条米轨铁路，广大、大丽、水红、玉蒙、蒙河5条准轨合资铁路，昆玉1条准轨地方铁路。成昆线在四川省攀枝花站至迤资站间K750＋897处、沪昆线在凤凰山站至且午站间K2370＋000处与成都铁路局交界，南昆线在贵州省威舍站至品甸站间K491＋129处与南宁铁路局交界，昆河线在中越铁路大桥K464＋444处与越南铁路衔接。截至2015年末，线路总延展长度4 461.46千米（正线3 313.42千米）。其中，国铁3 311.24千米（米轨763.57千米）、合资1 076.13千米、地方74.1千米；营业里程2 974.72千米。其中，国铁2 092.22千米（米轨656.03千米）、合资826.60千米、地方55.9千米；电气化铁路1 774.83千米。其中，国铁1 270.73千米、合资504.1千米。桥梁1 826座24.93万延长米，隧道891座71万延长米。管辖车站191个。其中，国铁车站120个、合资及地方铁路车站71个。按等级分，特等站1个、一等站4个、二等站8个、三等站18个、四等站93个、五等站67个。拥有各种型号机车544台（准轨517台、米轨27台）。其中，内燃机车204台（合资公司配属11台）、电力机车340台；配属客车1 941辆（准轨1 919辆、米轨22辆）。客运营业站46个，日均开行旅客列车67.5对，日均发送旅客10.37万人，最高日发送旅客19.28万人（10月1日）；货运营业站90个，日均装车2 564辆，同比增长2.8%，日最高装车3 355辆（12月14日），日均发送货物15.83万吨，最高日发送货物21.14万吨（12月14日），日均卸车3 458辆，同比增长10.80%。

昆明铁路局机关设行政机构78个。其中，职能机构35个，部管附属机构25个，局管附属机构14个，学会、协会2个，派出机构2个。党委职能部门4个，直属单位3个。下设基层单位40个。其中，运输站段18个，运输辅助单位2个，直属单位11个，非运输企业9个。运输站段中，车务系统6个、客运系统1个、机务系统1个、工务系统5个、电务系统2个、车辆系统2个、供电系统1个。截至2015年末，全局职工总数3.60万余人，固定资产原值811.80亿元。

【铁路运输】 2015年，昆明铁路局完成旅客发送3 786.40万人，同比增加371.60万人，增长10.90%；货物发送5 778万吨，同比减少15.30万吨，下降0.30%；换算周转量483.30亿吨千米，同比减少9.06亿吨千米，下降1.80%；出省物资运输2 582.20万吨，同比减少433.10万吨，下降14.40%。

【重要物资运输】 2015年，昆明铁路局完成电煤运输379.0万吨，同比增加55.8万吨，增幅17.3%；云南省电煤运输完成218.2万吨，同比增加40.4万吨，增幅22.7%。成品油接入726.5万吨，同比增加79.1万吨，增幅12.2%，接入总量创历史最高。其中，汽油接入290.8万吨，同比增加42.2万吨，增幅17.0%；柴油接入342.9万吨，同比增加22.2万吨，增幅6.9%；航空煤油接入91.1万吨，同比增加15.5万吨，增幅20.5%；蔬菜瓜果运输0.1万吨，同比减少1.7万吨，减幅94.4%。

【假日旅客运输】 元旦假日期间，昆明铁路局发送旅客41.1万人，同比增加13.2万人，增长47.7%。其中，直通8.5万人，同比增加0.8万人，增长10.6%；管内32.6万人，同比增加12.5万人，增长60.2%。开行昆明至宣威、河口北等临客13列，重点对管内列车加挂扩编192辆次。

2月4日至3月15日为期40天春运，发送旅客505.57万人，同比增加38.7万人，增长8.3%。其中，直通186.93万人，同比增加11.68万人，增长6.7%；管内318.64万人，同比增加27.0万人，增长9.3%。增开临客251列，加挂扩编客车3 255辆次。期间，全局开设售票窗口654个，同比增加99个，314个代售点全面覆盖云南县级城市中心镇及46个乡镇，同步发售车票并办理互联网售票、电话订票换取票业务。

4月3—6日清明小长假期间，发送旅客58.2万人，同比增加11.8万人，增长25.4%。其中，直通14.1万人，同比增加3.1万人，增长27.9%；管内44.1万人，同比增加8.7万人，增长24.7%。开行昆明至曲靖、宣威等临客32列，重点对管内列车加挂扩编508辆次。

4月30日至5月3日“五一”假日运输期间，发送旅客59.03万人，同比增加12.14万人，增长25.9%。其中，直通13.04万人，同比增加1.13万人，增长9.5%；管内45.99万人，同比增加11.01万人，增长31.5%。开行昆明至曲靖、宣威、大理等临客39列，对贵阳及管内列车加挂扩编482辆次。

6月19—22日端午节期间，发送旅客50.95人，同比增加6.98万人，增长15.9%。其中，直通10.64万人，同比减少0.29万人，下降2.7%；管内40.31万人，同比增加7.27万人，增长22.0%。开行临客39列，加挂扩编客车156辆次。

7月1日—8月31日，暑运62天，发送旅客786.7万人，同比增加67.97万人，增长9.5%。其中，直通

236.05万人，同比增加7.53万人，增长3.3%；管内550.66万人，同比增加60.44万人，增长12.3%。开行临客136列，加挂扩编客车1 511辆（次）。期间，日均发送旅客12.7万人，单日最高发送14.37万人。

9月25日至10月7日中秋、国庆假日运输期间，发送旅客174.14万人，同比增加21.83万人，增长14.3%。其中，直通39.87万人，同比减少1.49万人，下降3.6%；管内134.27万人，同比增加23.33万人，增长21.0%。增开昆明至曲靖、宣威、蒙自北、大理、丽江临客83列，对重庆、成都、桂林方向及管内旅客列车加挂扩编862辆（次），最大限度满足旅客需求。10月1日，全局旅客发送19.28万人，创历史新高。

【昆明—太原列车开行】 5月8日12∶51，昆明—太原K506/5次直通旅客列车开行。列车途经云南、贵州、重庆、四川、陕西、山西5省1市，单程运行2 570千米，停靠33个车站，采取开2日停3日方式开行，使用25G型空调车。其中，昆明站始发K506次运行时间41小时02分，太原站始发K505次运行时间43小时11分。

【滇中城际列车开行】 8月31日，组织开行昆明往返楚雄Z8602/3Z8604/1次、Z8606/7Z8608/5次、Z8612/3Z8614/1次3对管内直达特快城际列车，最高运行时速140千米，全程运行时间88分钟（原来车程150分钟），中途不停站；同时，昆明往返曲靖T9004/3次、T9008/7次、T9012/11次3对城际列车，等级改为管内直达特快，车次分别改为Z8204/3次、Z8208/7次、Z8212/11次，单程运行时间由88分钟缩短为73分钟。

11月2日10∶45，开行曲靖至楚雄首趟Z8513次城际列车，从曲靖站始发，途经昆明站、禄丰南站，终点楚雄站，每天开行1对，最高运行时速160千米，历时3小时零3分。至2015年末，滇中城际列车开行12对，发送旅客101.9万人。

【中欧国际货运班列开行组织】 7月1日10∶00，昆明铁路局首趟中欧集装箱国际货运班列装载2 050吨咖啡豆由王家营西集装箱中心站发出，贯穿丝绸之路经济带，终抵荷兰鹿特丹，行程15天。11月30日，中欧班列（昆明—成都—荷兰罗兹）首趟返程班列装载20个集装箱的欧洲商品抵达王家营西站，云南中欧班列实现双向对开。此趟国际班列以班列化、客车化方式组织开行，初期每月开行2对，定期发班，由王家营西站出发，到达成都后编入蓉欧班列，经成都、兰州到新疆阿拉山口出境，途经哈萨克斯坦、俄罗斯、白俄罗斯等国直达荷兰，线路全长10 956千米，运行时间13—15天。

【散货入箱组织】 实施“宜箱则箱”战略，针对煤焦等散货运输需求，将800余只老旧集装箱开顶改造成敞顶式集装箱，协调企业自购500只敞顶式集装箱。自1月起，通过开行集装箱专列形式，在滇东北至滇中、滇南、滇西、越南4个方向28个站点，组织焦炭、块煤、铁矿石等散装货物入箱重来重去对流运输。敞顶箱兼具敞车和集装箱特点，具有零损耗、装卸快（装车时间从3—5小时缩短至40分钟，卸车时间从40分钟缩短至20分钟）、污染小、运输成本低、便于开展多种方式联运等优势，被客户称之为“万能集装箱”。针对焦炭等轻质货物，新造2 000只“高标箱”，比普通箱高出30.5厘米，在标记载重不变情况下，有效增加容积量。联合企业新造520只35T宽体箱，相对于普通箱每箱增加载重4.5T，既可匹配70T货车载重，又可降低吨成本，有利于提高铁路产品竞争力。全年，新开集装箱办理站点20个，组织煤焦矿等散货入箱运输5.48万TEU，吸引货源回归134.4万吨，集装箱日均装车461车，同比增长47.7%。

【2.5吨小型集装箱投用】 7月6日，首批100只2.5吨小型集装箱在王家营西快运中心站搭载“云岭货物快运”列车试运成功，在全局推广运用。2.5吨小型集装箱由于规格和容积较小，具有装载适用面广、运输和装卸便捷等优点，有利于推进零散货物全程集装化运输，有效减少货损货差，实现货运服务质量提升。至年末，小型集装箱增至500只，累计发运4 457箱1.4万吨。

【西南货运城际快线列车开行】 10月17日，与成都铁路局、南宁铁路局联合，启动实施滇川黔桂渝5省区市区域货运联动机制，构建运力配置、运价调整、货运服务联动体系，开启西南地区物流一体化进程。11月11日，开行昆明—成都、昆明—南宁间西南货运城际快线专列，主要承运零散货物和152个品类白货，按固定时间、固定区段、固定线路“客车模式”运行，昆明—南宁28小时、昆明—成都47小时左右到达，且全程运费低于公路，实现昆明与成都、南宁之间零散货物快速挂运和中转，与西南5省区市境内循环的零散货物快运列车实现无缝衔接，打造区域大循环“西南快运”品牌。截至2015年12月31日，累计发运货物205车5 403吨。

【中国铁路95306网站上线运行】

4月10日，中国铁路95306网站（http://www.95306.cn）上线运行。该网站主要开展三项服务业务：提供铁路货运电子商务服务，办理“我要发货”、运费查询、货物追踪等铁路货运业务；提供大宗物资交易服务，支持煤炭、矿石、钢铁、粮食、化工、水泥、矿建、焦炭、化肥、木材、饮食品等11个品类物资在线交易并提供配套物流服务；提供小商品交易服务，包含商品选购、在线支付、物流配送、网络营销、客户服务等功能。5月18日，网站开办货运“网上提赔”服务，客户在网站下载《赔偿要求书》，填记完成后在网上提交理赔相关资料，可随时查询理赔进度，查看办赔结果，对理赔服务质量进行满意度评价。6月，运输需求提报功能增加新版国联运单填写功能；9月，品类板块和区域板块上线，品类板块25个，其中文教用品板块由昆明铁路局负责维护；区域板块32个，其中云南服务市场由昆明铁路局负责维护。

95306网站开通过渡期结束后，原由中国铁路客户服务中心12306网站办理货运服务功能取消，客运、货运相关服务业务分别由12306、95306网站办理，两网站可以互相链接，方便旅客货主办理相关业务。截至2015年12月31日，95306网站昆明铁路局注册客户7 259家，店面1 077家，挂单473单，应单479单，成交52单。

【路企战略合作】 2015年，中国经济面临增速放缓和结构调整新常态，经济增速从2014年7.4%降至6.9%，煤炭、钢铁、化肥等大宗物资产能过剩，运输需求总量不足。针对这一实际，昆明铁路局按照互惠互利、合作共赢思路，与昆钢集团、冶金集团、云维集团、云天化集团、黔桂天能等17家大型企业签订路企战略合作协议，按“一企一案”方式，提供物流解决方案，降低客户物流成本，稳住基础运量。加强价格政策研究和解读，按照“紧贴公路、覆盖成本、运输效益最大化”原则，构建铁路比较优势吸引货源，将大客户长期“可走铁路而未走铁路”公路货源吸引到铁路运输，协议运量2 550万吨，钢材、焦炭、矿石、煤焦、焦炭、煤炭和磷矿石等大宗物资运量实现回升。

5月末，与云南省工信委联合开展为期半年“进百家园区、访千家企业、揽万吨货源”主题营销活动，联合省、市工信委召开推介会46场次，对全省137个工业和物流园区5 000余家企业开展拉网式营销。7月7日，联合云南省工信委召开昆明地区工业园区货运产品推介会，开展货运产品集中推介活动，昆明地区18家工业园区管委会及园区内70家重点企业参加，与嵩明杨林经济技术开发区、安宁工业园等4家国家级工业园区签订战略合作协议。对煤焦、化肥、烟草等9个板块实施项目制管理，专人负责项目推进，制定“一企一案”物流解决方案，跟踪、分析并协调解决项目推进中出现的问题，优化物流解决方案，打通物流全流程环节，降低企业物流成本。遇适合开展物流总包的，介入企业供应链管理，承接企业原材料采购、仓储、分拣、包装、搬运、装卸、信息查询、保险理赔等物流外包业务。全年，吸引478家从未采用铁路物流的客户到铁路运输，新增啤酒、玻璃、饲料、瓷砖、饮料等产品，完成货物发送111.5万吨。

【南博会参展服务】 6月12—16日，第三届中国—南亚博览会暨第二十三届中国昆明进出口商品交易会在昆明滇池国际会展中心举行。昆明铁路局在云南馆内设立铁路服务台，成立30人营销团队，制作8 000余份客货运营销资料，突出铁路服务“方便、快捷、经济、温馨”特点，吸引观展人士体验铁路客货运电子商务服务。对照参展商名录和联系方式逐一走访，介绍铁路货运业务办理流程，为企业量身定做物流方案，现场为参展商办理物资交易、货物发送、火车票预订购买等业务，“零距离”服务南博会。300余家企业咨询和体验铁路电子商务等服务，出售火车票600余张，其中团体票255张。与参展企业签署49.6万吨货物运输意向协议，其中饮料、食品、日用百货等零散货物5吨。

【火车票改签措施调整】 6月10日起，铁路推出火车票“变更到站”服务措施，旅客购票后，需调整行程、变更新目的地，在车票预售期内、开车前48小时以上的，到车站售票窗口或12306网站变更新到站即可。原来车票改签规定，旅客购票后仅能变更乘车日期、车次、席位，不能变更到站，需变更到站时，须先退旧票，再买新票。实施此措施后，旅客“变更到站”，无需将原车票退票后再另购新车票，新车票票价高于原车票的，补足车票差价，不需支付原车票退票费；新车票票价低于原车票的，需支付差额部分退票费。针对部分囤票者利用火车票预售期延长至60天、距开车15天以上退票不收退票费规定，在临近开车前48小时将囤积未出手车票改签为距开车15天以上的其他列车车票，然后办理退票，既逃避囤票成本，又占用客票资源，影响其他旅客正常购票问题，对开车前48小时至15天内，改签或变更到站为距开车15天以上的其他列车车票，在距开车15天前退票的，核收5%退票费，维护正常购票秩序。

【火车票改版投用】 7月1日，新版火车票投入使用。8月1日，列车上移动补票使用新版火车票，新版火车票全面推行。新版火车票与旧版相比，原来位于票面右上角售票车站信息被调整至车票最下方21位售票码右边，原来位于票面二维码左边候车检票位置信息则调整到票面右上角。新版火车票上，首行依旧为始发站、到达站和车次，站名后分别增加“站”字；第二行为发车日期、时间和车厢座位号；第三行、第四行是票价及座位类别，标注“限乘当日当次车”提醒；第五行原为乘车人姓名，改为乘车人身份证号和姓名并排标注；票面右下角保留一枚二维码，增加“买票请到12306，发货请到95306”提示。

【旅客人身意外伤害保险业务推出】 11月1日起，铁路推出旅客人身意外伤害保险业务，供旅客购票时自愿选择投保，保费3元，最高保障30万元意外身故、伤残和3万元意外医疗保险金。该业务是指被保险人在保险期间内持有效乘车凭证，乘坐境内旅客列车遭受意外伤害，致使身故、伤残或者受伤治疗，由中国铁路财产保险自保有限公司按照约定给付保险金的一种保险服务。2013年1月1日后，火车票价中不再包含旅客意外伤害强制保险费用。此项业务推出，可适应旅客个性化服务需求，为旅客提供人身安全经济保障。

【铁路建设推进】 2015年，云南省内15条在建和新开工铁路、昆明南站建设投资301.9亿元，完成投资计划100%，其中昆阳—玉溪铁路扩能改造工程完成3.4亿元。11月22日，铺架完成全长3 878米大犁铧营特大桥，控制性工程宝峰隧道剩余50.9米，架梁剩余156孔，广通—大理铁路扩能改造工程完成20.0亿元；11月12日，全长5 690米广通4号隧道贯通，控制性工程普棚1号隧道（全长13 795米）剩余5 211米，昆明枢纽扩能改造工程完成3.0亿元；1月10日，开通广昆下行线温泉—读书铺、昆阳支线上行线桃花村—读书铺；1月31日，开通使用金马村—杨方凹联络线；8月31日、10月26日，控制性工程碧鸡关、长坡隧道扩建工程先后贯通；11月19日昆西双线特大桥（全长1 342.5米）架梁施工完成，昆明枢纽东南环线完成4.6亿元；11月21日，呈贡隧道顺利贯通，路基、桥梁、隧道工程全部完成，云桂引入昆明枢纽工程完成27.0亿元；7月12日，控制性工程头山隧道（全长775米）贯通；10月26日，大石坝隧道（全长1 860米）贯通；12月4日，官山隧道（全长3 080米）贯通，长昆引入昆明枢纽工程完成7.6亿元；3月20日，开始架梁施工，永仁—广通扩能工程完成25.0亿元；9月13日，茂易隧道（全长3 006米）贯通，蒙自—河口铁路完成1.6亿元；3月20日，河口—河口北站米轨联络线开通，打通国际联运通道。丽香铁路完成12.0亿元；玉溪—磨憨铁路完成24.0亿元；大理—临沧铁路完成6.0亿元；弥勒—蒙自铁路完成5.0亿元；大瑞铁路完成7.6亿元；12月1日，保山—瑞丽段全面开工建设，沪昆铁路客运专线云南段完成投资25.4亿元；3月20日，“四电”（高速铁路电力、牵引供电、通信、信号四个专业）系统集成工程全面开工；7月24日，凤凰山隧道全线贯通，路基、桥梁、隧道工程全部完工；12月25日，进入铺轨阶段。云桂铁路云南段完成67亿元，6月23日，全长12 787米幸福隧道贯通，90座隧道未贯通7座；8月20日，全长358.93米的谷拉河大桥合龙，路基、桥梁全部完工；9月16日，“四电”系统集成工程全面开工，昆明南站完成6.0亿元；12月31日，站房封顶，主体结构施工全部完成，全面转入装饰装修、机电设备安装调试阶段。

【桃花村物流基地改扩建】 12月25日，桃花村物流基地改扩建工程开工建设。桃花村物流基地位于安宁市，与昆明铁路枢纽昆阳支线接轨，为昆明局管内综合性货运中心。桃花村站与安宁南亚国际陆港、晋宁东南亚国际陆港、东盟钢铁城、中南城建材交易市场等大型物流项目相邻，主要承担昆明南亚国际陆港周边工业园及地方货物运输任务，具备昆明东站改造后货运分流功能。昆阳支线桃花村站为昆明枢纽扩能改造工程新建车站，设到发线5条（含正线）、牵出线1条、货物装卸线4条、清洗线2条，总投资4.3亿元，计划2016年12月25日竣工，总工期12个月。

【5A级物流企业资质通过认证】 4月2日，全国A级物流企业暨质押监管企业授牌大会在合肥召开，昆明铁路局被授予“AAAAA级综合型物流企业”牌匾及证书，成为云南省第一家5A级综合型物流企业，也成为全国195家5A级物流企业之一。

【“金花”服务品牌建设】 2015年，继续开展“金花”服务品牌建设，在昆明站、石林站、曲靖站、大理站、丽江站、建水站候车室分别设立“彩云之窗”“阿诗玛”“珠江源”“金花”“七彩玉龙”“多彩昆河”服务台，帮助旅客开展行程规划、互联网购票服务等，发挥“金花”岗台文艺、技能、民族、爱心、微笑等特色服务作用；在售票厅安装订票电话，设置互联网购票“体验吧”，由专人指导旅客通过网络、电话、自助售票机购票，满足旅客多层次购票需求；在昆明站出站口设置“中转换乘驿站”，开设售票专窗，指定专人引导，方便旅客不出站顺利换乘。对老、弱、病、残、孕等重点旅客，提供优先购票、免费搬运行李、提供轮椅和担架接送进站上车、出站等服务；对无人陪伴、行动困难的特殊重点旅客百分之百重点照顾，实行站车交接“一条龙”等服务。推行电话预约服务，旅客通过12306服务热线，获取预约重点服务。在值乘各次列车上推出“金花三宝”，即免费供儿童使用的小枕头、供旅客选购的眼罩等辅助休息用品以及成套旅行洗漱用具；在金花服务点，配置装有针线包、放大镜、旅游交通图等物品的“便民箱”；在每辆硬座车厢配备5个便民凳，每辆卧铺车配备1个吸烟凳供旅客使用。7月，经中国企业联合会与中国企业家协会评审，昆明铁路局“金花”服务品牌被评为全国企业文化优秀成果。

【安全管理】 2015年，围绕构建安全管理、过程控制、责任落实三大体系，动态修订和增补安全管理办法；围绕客车、防洪、设备质量、施工和建设、现场作业等12项安全重点及惯性问题，全面排查研判安全风险；结合风险排查及每月风险识别研判情况，进一步分析研判已知风险、冷门风险和潜在风险，研判新增风险，修订路局“安全风险数据库”15项系统安全风险控制表、32个部门管理风险控制表，从源头堵塞风险防控漏洞。组织开展安全专项整治、安全生产大检查、安全关键环节风险控制等12项专项整治活动，突出问题整改，加大现场作业风险防控；完善干部履责标准和考评机制，实行事故及安全问题倒查追责，常态化开展干部作风督查，问责干部150人，促进干部履职尽责，提升安全管理规范化、现场作业标准化、检查整治常态化水平，确保运输安全持续稳定，实现全年安全目标。截至12月31日，全局实现无责任一般A类及以上铁路交通事故2 887天，杜绝责任客车一般C类以上、责任旅客伤亡、责任货车一般B类及以上、责任职工重伤及以上、责任道口、责任火灾爆炸及食品安全事故。

（吴立群）

航空运输

【机场吞吐量和航线】 截至2015年底，云南省内民航机场13个，在建机场3个，到“十二五”末机场密度将达到每十万平方千米4个。云南机场集团旅客吞吐量突破5 200万人次，比2010年翻一番；地州机场旅客吞吐量由2010年610万增长到2015年1 520万，年均增速达20.0%；省内旅客吞吐量百万以上机场5个，成为全国百万级机场最多省份之一。昆明机场实现22#跑道II类盲降运行和双跑道独立运行，基地航空公司增至5家，保障航班运输起降27.4万架次，旅客吞吐量3 451.9万人次，货邮吞吐量32.4万吨，较2014年分别同比增长11.4%、17.2%、12.3%，比“十一五”末翻一番。昆明机场航班放行正常率连续保持全国十大机场之首。云南机场集团开通航线387条，比2010年增加140条。其中，国内航线323条，同比增加108条，国际地区航线64条，同比增加24条。开通巴黎、温哥华两条洲际航线和首条国际全货运航线，举办第十三届亚洲航线大会。

【经济指标】 2015年末，集团合并资产总额360.39亿元，所有者权益213.09亿元，同比“十一五”末增长54.65%、38.55%。合并营业收入由2010年17.8亿元增长到2015年34.42亿元，年均增长15.4%，其中航空主业非航业务收入由2011年不足8 000万元攀升至2015年7.44亿元，年均增长率165%。2015年，云南机场集团有限责任公司营业总成本21.38亿元，净利润-7.75亿元，实现营业收入13.63亿元，完成全年预算85%，较上年同期增长16%。其中，航空性收入9.39亿元，完成全年预算88%，同比增长19%；非航收入4.24亿元，预算完成率77%，同比增长10%。特许经营权收入3.07亿元，租赁收入0.94亿元。2015年，昆明机场实现非航收入5.8亿元，比“十二五”初期翻两番。

【门户枢纽建设】 2015年6月9日，俄罗斯奥伦堡航空开通昆明—莫斯科包机；6月26日，东航开通昆明—浦东—温哥华航线；印尼城市快线及印尼鹰航分别于7月、8月开通昆明—巴厘岛包机航线；5月27日，浙江长龙航空公司开通昆明—孟加拉国首都达卡定期货运航班，成为从云南始发首条定期国际货运航线。10月，昆明机场进境水果口岸获批建立，基地航空公司比起“十一五”期间，由4家扩大至5家，第6家基地航空公司云南红土地航空正在运营筹备阶段。“十二五”期间，昆明机场通航城市145个。其中，国内通航城市104个，国际通航城市37个，地区通航城市4个。在昆明机场运营航空公司48家。其中，国内29家，国际16家，地区3家。开通连接东南亚8国、南亚5国、东北亚2国、中东1国，欧洲1国，北美1国的航线。

【重大工程项目建设】 昆明机场“9+2”配套项目建设加紧推进，机坪扩建及附属工程2015年12月10日完成主体工程。11月19—20日，昆明机场机坪扩建及附属工程项目第一批工程通过竣工验收。Ⅱ、Ⅲ类盲降项目改造工程、22号跑道II类盲降建设及低能见度运行程序制定完成，4月1日运行。4月7日起，昆明机场实施独立平行仪表进近，成为继北京首都机场、上海浦东机场之后第三家，西南地区第一家实施该模式运行机场。除冰雪设施设备工程、职工倒班房和文化活动中心工程等项目正在有序推进中。

【安全管理】 2015年，云南机场集团有限责任公司严格落实安全目标管理责任制，强化SeMS、SMS体系建设，建立新形势下安全新常态管理模式，进一步完善和深化安全监管，强化过程、环节风险管控，创新安全工作思路和方法，完善体系、整章建制、规范管理。组织各运行保障单位、集团公司保障型企业签订年度安全责任书，分解工作任务，落实安全责任，实行分级管控，强化监督检查。修订完善《昆明机场不停航施工管理实施细则》，明确各部门在不停航施工中应当承担的职责，加强对飞行区跑道、滑行道、巡场道、机坪管理，最大限度减少工程施工对机场运营干扰。开展大面积停电、大面积航班延误处置及除冰雪、消防应急、反恐防恐等一系列综合演练，持续提升机场应急处突能力。完成春运、“两会”“南博会”“抗战胜利70周年”等重大运输保障任务，持续提升机场综合安全保障能力。

【服务保障】 通过开展航站楼环境

卫生、服务设施、运营管控、安检秩序、值机、登机、行李服务提升，引导标识改进，WIFI改善提升，公共区秩序管控等方面服务专项整治工作，完善服务保障基础。优化做好航班延误服务保障工作，将“诚信机场”品牌创建优势和旅客服务促进委员会沟通交流平台有效整合，组建昆明机场创建“诚信机场”服务质量提升协调委员会，为新常态下切实做好航班正点以及大面积航班延误后处置工作奠定基础。2015年，昆明机场成功处置6次因雷暴、大雾、冰雪等极端天气导致的延误航班保障工作，实现航班延误处置工作常态化。

【“绿色机场”建设】 云南机场集团有限责任公司制定节能减排工作计划，开展一系列节能减排工作，强化全员节能意识，调动和发挥员工积极性。明确《昆明长水国际机场能源管理手册》《节能减排考核细则》等具体内容，合理规划、优化配置，开展能耗统计分析和作业分析优化，积极探索节能增收方式方法。2015年，机场中水厂水耗较上年降低43.7%，机场供水站水耗较上年降低22.9%。

（云南机场集团有限责任公司）

城市公共交通

【概况】 2015年，昆明公交集团有员工13 546人。其中，在职10 391人（驾驶员7 592人），离退休人员3 155人；集团下设17个机关部门、7个营运公司、2个修理厂、1个驾驶员培训站、1个点钞收银中心；拥有6个全资子公司、2个控股公司、6个参股公司。

【生产经营指标】 2015年，昆明公交集团票款收入8.38亿元，同比上升3.47%，比计划增长8.79%，比2014年净增2 812万元。其中，集团公司收入7.03亿元，完成年计划105.73%；城市巴士公司实际完成9 824万元，完成年计划133.99%；城乡巴士公司实际完成3 670.5万元，完成年计划114.52%。客运量7.73亿人次，比上年同期提高2.68%，比计划增长9.3%，比上年净增2 004万人次。其中，集团公司收入7.42亿人次，完成年计划107.93%；城市巴士公司实际完成978.81万人次，完成年计划135.25%；城乡巴士公司实际完成2 096.73万人次，完成年计划169.02%。总行驶里程2.21亿千米，同比提高1.7%，比计划增长8.15%，比上年净增365.65万千米。其中，集团公司1.96亿千米，完成年计划106.08%；城市巴士公司1 358万千米，完成年计划111.17%；城乡巴士公司实际完成1 148.61万千米，完成年计划154.78%。

【经营发展思路】 2015年，昆明公交集团细化提出“走出传统发展公交、走出公交发展公交、走出老城发展公交”“三个走出”具体目标，通过抓生产、抓营运、抓制度创新、抓干部管理，跳出传统思维，寻找社会效益和经济效益最佳契合点。公司从“控公里、增效益”环节入手，贯彻“两加强、两控制、两优化、两转变”营运组织方式，以各公司车公里人次指标为标准，高于标准的黄金大线、旺线，加大运力投入，加强高峰时段发车密度；控制小线、冷僻线路运力投入，控制低峰时段发车密度；优化黄金线路车辆结构，保证运力供给，优化空调线路营运组织；转变营运模式，转变分配考核方式，如期实现年初提出‘2015年全年票款收入、客运量不低于2014年实际完成数；营运里程比2014年减少400万千米”工作目标，日均客运量由连续几年下滑出现止跌回升，稳定在日均210万人次。

【安全服务】 2015年，昆明公交集团优化营运管理、公交服务、乘车环境、服务设施、乘车秩序，实现乘客满意、市民满意、政府满意。在中国社会科学院发布的2015年《公共服务蓝皮书》中，昆明公交服务满意度位列全国第七名。从“乘客满意度问卷调查”反馈，市民、乘客综合满意率97.60%。事故间隔里程公司288.14万千米/次，同比增长23.65%，增长幅度234.92万千米，万千米事故费用479.21元/万千米，同比下降25.25%；双百两率1—7公司遵章守纪平均分99.81分，安全管理总分97.10分；1—7公司车厢服务合格率99.99%，车辆整洁合格率98.18%。昆明公交客服中心接听市民、乘客电话44.82万个。

【安全培训】 2015年，昆明公交集团组织404名管理人员参加安全从业资格证取证培训考试，累计投入13.5万元。与企业法律服务咨询机构合作，对40个车队安全员开展专项培

开通南博会直达车　（市公交集团　供稿）

训，组织81名安全服务质量管理员参加安全信息化技能培训。1-10月，组织开展18次新能车专项技能培训，1 824人参加；组织7批次30余名维修技术骨干参加专项维修培训、技能竞赛。1—12月，组织13批次724名车长完成“三级教育培训”。

【营运多样化】 昆明公交集团先后开通机场巴士、夜班车、校园巴士、地铁接驳车、交通车等非传统公交模式，减少公交覆盖盲点，做好主城外围覆盖与主城相连公交线网分级扩张优化。完善公交轨道接驳换乘，在先期完成总体规划指导下，新开轨道接驳线路34条，优化调整线路14条，停运与地铁没有竞争优势线路24条，削减受地铁影响而客流下滑的10条线路运力。推广公交特色个性化定制服务，开设呈贡大学城各大高校至主城区昆明站和南屏街的定制服务试点公交线路，先后在市政府行政中心、大学城各大高校、云大医院、市中医院开通通勤班车，使公交线路向居住区、商业区、学校、医院等“六区”延伸，解决乘客“最后一公里”出行难问题。2015年，新开线路35条，优化调整线路115条；新开社区线路7条，地铁配套接驳支线4条，校区线路1条，商业区线路2条，景区线路4条；开通赶集专线4条、9条南博会公交专线。紧紧抓住南博会、赶集日、学生春游等临时性客流集中时段，主动寻找客源、变以往“等客上门”为“揽客进门”，满足乘客出行需求。南博期间，集团运送乘客60万人次，占整个南博会参会人次2/3以上。

新火车南站东广场项目合作签约仪式　　（市公交集团　供稿）

【拓宽发展空间】 深入推进城乡一体化整合，探索突破传统公交之道，探索城市公交行业混合所有制发展模式改革之路。推进与晋宁县“滇骏”城乡公交有限责任公司组建成立股份制公司；主动介入新火车南站东广场公交枢纽项目建设，抢占线网布局制高点，通过兼并重组，实施规模经营；收购呈龙公交等一批规模较小、亏损严重的客运企业；成立呈贡新区客运公司、交通车服务分公司；开通呈贡—宜良等线路，与滇中产业区、省建工集团等单位签订交通车长期包车合同，为集团培育新盈利点提供新的发展空间，成为滇中一体化交通圈中重要支点。

【提升服务质量】 2015年，昆明公交集团拨款近3 000万元，实施车长星级服务考核、出台史上最严着装规范管理，开展“提服务，优质量，亮品牌，塑形象”百日竞赛活动和“三优”示范线建设活动，促进服务质量稳步提升。集团推行《管理人员绩效奖计发办法》，规范统一不同管理层级间经营性奖励（奖金）考核与发放标准。制定印发《星级服务等级考核暂行办法补充规定》《关于重申严格执行媒体曝光暨服务投诉事件相关管理规定的通知》《营运车队着装规范暂行考核办法》《关于开展严重违章违纪行为专项整治工作的通知》等规定。扩大四星、五星车长覆盖范围。累计评选出星级公司3个次，星级车队42个次，星级车长4.91万人次，奖励费用1 062.35万元。

【场站建设】 2015年，昆明公交集团使用场站38个，封家山公交修理厂、信息产业基地停车场、万溪冲公交停车保养场、东南部停车场、五甲塘车场、新火车南站东广场公交车场、中卫公交停车保养场、大渔停车场等公交场站建设均在逐步推进中。半岛公交车场2016年5月10日完工。

公交场站建设项目情况

序号	项目名称	占地面积（亩）	建设规模（m²）	建设内容	估算总投资（亿元）	备　注
1	大渔停车场	93	19 963	停车场综合楼	1.2	配合昆远投资办理土地证等前期手续，并办理土地前期手续延期工作。

续表

序号	项目名称	占地面积（亩）	建设规模（m²）	建设内容	估算总投资（亿元）	备注
2	中卫停车场	45	7 869	调度综合楼、检测间	0.47	已签订征地协议，地面附作物赔偿已经完成，现因该社区村民对街道办事处有其他诉求，等待街道办事处处理。因此无法进场施工。建设同地规划许可证延期已经办理完成。
3	两面寺（封家山）公交修理厂	78.80	28 596	修理车间、立体车库	3.80	已取得可研批复，项目选址意见书，用地指标已取得，已经取得排水意见。已取得水保批复。已经取得建设项目选址意见书延期。正在办理征转用地及协商林木补偿相关事宜。
4	呈贡万溪冲停车场	60	12 126	综合楼、检测间	0.84	用地规划许可证及附图已经取得，已取得规划条件，正在进行二堪。
5	信息产业基地停车场	50	5 673	调度综合楼、检测间	0.375	已取得可研批复，已经取得建设项目选址意见书，已经取得地下断层对地面建筑的影响的批复。已经取得防震选址意见书，已取得排水意见书，已取得水保批复。已经取得滇池流域定点意见。已经取得节能审查意见及环评批复，正在办理用地指标。
6	东南部停车场	117	约100 000	停车场综合楼	10.80	已取得“国有土地使用证”，地勘工作已经完成，已经取得建设工程规划许可证。
7	五甲塘车场	63.76	51 600	调度楼、修理车间	3.20	已取得同意开展前期工作函、排水意见、节能批复、规划选址意见、土地部门初步意见环评报告评审会已通过，待修改上报取得批复后，上报审批《可行性研究报告》
8	半岛公交车场	40.46	19 742.64	调度楼、修理车间	2.60	已取得选址意见书，排水咨询意见，已完成地勘施工，正在进行回填土施工，预计2月完成
	总计	548.02	145 569.60		22.57	

【信息化建设】 “十二五”以来，昆明公交集团投入1.54亿元进行信息化建设，建成GPS智能度系统、城市公交车动态监控系统、电子站牌、信息安全教育警示基地、客服中心、加油监管系统、营运分析系统、办公自动化系统、场站视频监控系统、CAN总线数据远程监控系统等在内多个信息化平台和IC卡自动收费系统。2015年，改造完成运营信息监管中心，将原有各个信息化“孤岛”有机地整合在一起，提高运行效率。仅加油系统一项将每年为企业节约600万元费用，而车辆动态监控系统也大大地降低服务监督成本，公司检查组由原来200多人减少到20多人，节省人工成本1 000多万元。3月启动集团基础网络改造工程完成；ERP管理平台机务和物资管理两个重要模块部署使用；利用现有ERP平台通过对车辆CAN数据解析，把车辆各种状态进行远程监管；建成覆盖全公司办公楼、车场、厂区视频监控网络；对全司场站视频监控系统进行升级改造；开始试用结合ERP平台新型营运报表系统，将实现与GPS调度系统无缝对接；完成人力资源管理系统和OA系统招投标工作开始建设。

【新能源车推广应用】 2010—2013年先后采购混合动力公交车680辆，纯电动公交车4辆，增程式（插电式）电动公交车66辆。新能源车辆总体上节油率15.6%左右（增程式为30%）。截至2015年底，经测算，750辆节能与新能源汽车每年节约燃油1 400余吨，实现二氧化碳减排7 500余吨，5年累计节约燃油7 000余吨，减排二氧化碳37 000余吨。分别与安凯客车有限公司、云南五龙客车有限公司、云南神州航天客车有限公司分别签订新能源公交示范线（60辆8米纯电动公交车）合作框架协议。2015年末，将开通一条新能源公交示范线路（20辆安凯纯电车）运营。年内新购300辆插电式混合动力公交车，用于加快“黄标”车辆报废更新，140余辆纯电车用于“定制公交”服务。加快充电配套基础设施建设，在原有42个充电桩基础上，再新增建设100余个充电桩，同时建设充电桩监控管理系统，暂时缓解新能源车型推广过程中瓶颈问题。

【加快三产发展】 成立云久食品等一批专业化公司，完善企业产业结构。扩大企业经营范围，以修理一厂、二厂等修理部门为代表，以云久食品为龙头，初步形成“修理食品左右驱动，拉动三产业整体上台阶”。2015年，三产产值历史性地突破3 000万元。

【企业文化建设】 加强员工职业化教育，企业没有出现一起工业安全、消防安全和食品安全事故。先后举办清华研修一期、清华讲座三期、交通运输专业专升本班一期等形式多样岗位教育，提高员工素质，提高员工工资福利待遇。在连续多年调资基础上，2015年，再次为职工人均调资300元，仅此一项，每年企业就要多增加支出600多万元。投入3 000万元启动企业年金项目，规范退休员工企业承担部分资金来源，增加员工退休收入；为100多名员工配租公租房，协调解决巴士西苑房产证办理工作，把企业对员工关心落到实处；开展丰富多彩文化活动，工会通过开展员工参与面广泛的足球赛、迎新联谊会等一系列文娱活动，增强员工凝聚力和向心力，丰富企业文化内容和员工业余文化活动，促进企业两个文明建设。

【扶贫帮困】 2015年，昆明公交集团公司扶贫工作组分7次赴禄劝县扶贫办、团街镇及卓干村实地考察，投入资金351万元，硬化道路2条，7个村小组302户1 103人受益。修建饮水设施工程1项，为新村现有损坏及不符合人饮安全标准的饮水设施进行改造，53户225人苗族村民受益。公司组织动员全公司9 300余名在职员工，开展自愿捐赠一天收入“一日捐”活动，所捐赠60万元爱心善款用于团街镇卓干村文化小广场项目建设。6月，公司组织爱心志愿者团队，到卓干村华钟第四希望小学进行慰问活动，向全校80余名小学生赠送书包、学习用具、体育用品等六一儿童节礼物，帮助同学们丰富课外生活。

【荣誉】 公司先后荣获“全国五一劳动奖状”“全国模范员工之家”“全国和谐劳动关系企业”“中国绿色公交优秀贡献企业”“中国城乡建设突出贡献企业”“中国城市交通重点企业”“中国最具创新力企业”“云南省先进基层党组织”“云南省基层党建工作示范点”“最具社会责任感企业”“效能昆明建设活动满意单位”等各级各类荣誉达百余项；集团公司董事长、党委书记苗献军荣获“中国最具社会责任企业家”“中国公交行业改革创新最具影响力十大杰出人物”“中国经济优秀人物”“中国企业创新优秀人物”称号；集团公司31人先后荣获全国、建设部、省、市劳模，全国劳模2人，省部级劳模9人，其中全国“五一劳动奖章”获得者2人。市级劳模20人，其中省级“五一劳动奖章”获得者1人。

（陈健　胡艺　焦颖）

昆明公交集团职工李广坤、陈鸿、段志坚、蒋光保入选“昆明好人”

（市公交集团　供稿）

轨道交通

【轨道交通建设】 2015年，地铁3号线、6号线及1号线支线纳入省“四个一百”重点项目，全年完成地铁建设投资50.03亿。3号线（1、2期）工程设车站23座，19个车站主体土建全部完工。一期除西昌路站至市体育馆站区间、大树营站至盾构井区间和盾构井至太平村站明挖区间外，其余区间工程全部完工；二期区间完成工程量95%。2号线盘龙村、六甲、龚家村和火车站站4个车站围挡建设；1号线支线前4个车站主体结构完成，盾构区间全部贯通；6号线二期3座车站开工建设；9号线一期（晋宁线）电大学站主体结构、车站内部结构、换乘通道附属结构、明挖段主体结构、车站及明挖段结构防水等全部完成；晋城车辆段完成试车线工程。4号线工程PPP项目纳入国家财政部PPP示范项目库，投资管理有限公司成立获国资委批复，首批试验段陈家营站和呈贡站2015年12月30日开工建设。

【轨道交通运营】 2015年1月1日，昆明运营公司团队接手地铁运营管理。全年整体运营情况平稳有序，地铁基本运营指标均保持在行业内较高水平，年内全网累计运送乘客8 367.06万人次，全线网日均客流约22.92万人次，单日最高客流30.56万人次，列车运行正点率99.96%以上，运行图兑现率99.99%以上。

（昆明轨道交通集团有限公司）

城市交通管理

【交通事故防控与处理】 2015年，全市发生各类道路交通事故84 967起。其中，简易程序处理83 364起，同比上升6.2%；一般程序处理1 606起，造成329人死亡、1 731人受伤、直接经济损失650.83万元，同比事故

2015年12月，轨道交通4号线试验段开工仪式。（市交运局 供稿）

起数减少94起，下降5.54%，死亡人数减少1人，下降0.3%；受伤人数减少181人，下降9.47%；直接财产损失增加18.31万元，上升2.9%，道路交通事故4项指标三降一升。发生一次死亡3人以上较大交通事故6起，造成21人死亡、7人受伤、直接财产损失22.45万元，同比事故起数持平，死亡人数下降38.24%，受伤人数下降36.36%，直接财产损失上升96.93%。全市生产经营性道路交通事故死亡人数低于省安委会下达目标控制数，万车交通事故死亡率从2014年1.65人/万车下降至1.53人/万车，全市道路交通安全形势总体保持平稳。

【交通安全整治】 围绕“两节”“两会”、南亚博览会、旅交会安保和“创卫”复审等活动，坚持“严防、严控、严管、严治、严打”并举方针，突出对重点路段、重点车型、重点人群和重点违法行为管理。在全市部署开展迎南博会交通秩序综合整治和违法停车、电动自行车违法、渣土运输车违法、夜间交通违法集中整治等20余个专项行动。全面加强对货车、“两客一危”“营转非”客车、校车、面包车、摩托车、电动自行车等重点车型整治。2015年，查处各类机动车交通违法行为416.2万起，同比上升16.28%。其中，饮酒驾驶1 730起、醉酒驾驶1 365起、无证驾驶6 467起、货车违禁行驶55 199起、违法停车122.38万起。扣留机动车59 517辆，扣留驾驶证17 255本，吊销驾驶证1 699本，行政拘留1 980人。对15 775辆违法停放车辆实施“锁车”管理，拖移违停机动车4 721辆。查处非机动车各类交通违法111.53万起，查扣非机动车6 587辆，强制拆除电动自行车非法加装雨棚8 239顶。

【车辆及驾驶人管理】 截至2015年12月20日，全市机动车保有量218.33万辆（含农机部门和交警总队管辖车辆），净增18.3万辆，同比增长9.15%。机动车驾驶人252.01万人，净增22.27万人，同比增长9.7%。主城5区机动车保有量139.59万辆。全年受理机动车注册登记24.84万件，转移登记15.47万件，转入登记6 996件，变更登记8.57万件，抵押登记7.16万件，注销登记4.06万件。监销报废机动车5 263辆，申请检验合格标志103.58万件，机动车档案查询4.96万件，公告强制注销、逾期检验、临界检验、临界报废信息131.91万条。受理驾驶证申领30.16万件，补证换证29.84万本，考试预约72.94万件，各科目考试和记满12分学习考试174.37万件，提交身体条件证明4.36万件，公告记满12分未学习考试、驾驶证作废、记满12分及临界记满12分、逾期审验和换证等信息5.86万条。稳步推进机动车检验改革，涉及公安机关4个检测站与检验机构全部脱钩，派驻全市21家检测机构驻站民警全部撤回，完成全市21家检测机构46条汽车检测线检验监管系统建设，通过系统检验车辆45.34万辆，设立51个窗口为24.89万辆符合免检条件车辆核发检验合格标志，办理异地检验车辆24 517辆。

【疏堵保通】 围绕地铁建设、铁路枢纽扩容改造、部分交通节点改造等系列市政基础设施建设工程保通工作。在各交通拥堵路口及节点设置136个高峰固定执勤岗，全面加大路面警力投放力度，严格执行“三级保通责任制”“24小时保通联勤制”和机关干部民警参与路面交通指挥疏导等长效机制。切实加强城市主干道、重要支次道路以及施工区域周边道路指挥疏导。继续深化警用摩托车巡逻、两级视频巡逻、全警参与交通事故处理和警区责任制等勤务模式，开展视频巡逻10.5万余次，快速处警1.7万余起。

【交通安全管控设施建设】 积极争取资金，如期完成滇池国际会展中心片区和重要城市道路综合整治提升工程交通安全管理设施建设工作。不断更新、完善城区交通安全管理设施，漆划35条道路33.31万平方米交通标线；更换各类交通标志牌81块、信号灯168组；及时修复交通隔离护栏47743米、标志牌148块、标志杆120根、反光柱13 674根、信号灯灯盘372个，确保各类交通安全管理设施齐全有效。完成主城货运交通组织调整管控系统1个中心机房、30套LED交通诱导屏、58套视频监控、297套卡口建设任务；完善绕城高速周边卡口抓拍违法数据筛选软件升级；完成滇池国际会展中心片区新建道路28套视频监控、36套电子警察建设任务及10套卡口接入工作；更新滇池国际会展中心周边道路高清视频监控设备50

套、电子警察30套。

【交通安全宣传】 抓好“五进”“阵地宣传”“交通专项整治宣传”“舆论引导”工作不放松，继续深入机关、部队、企业、乡镇、学校大力开展交通安全、法律法规宣传。深入各中小学开展“上好中小学生开学第一堂交通安全宣传课”活动，分年龄、分步骤组织相关人员到昆明市道路交通安全宣传警示教育基地学习观摩。进一步整合资源，集中发放《交通安全日精品视频集》《拒绝毒驾》《全国文明交通优秀宣传作品集》等一批交通安全宣传视频，组织召开10场新闻发布会，制作发放80万册《交通安全行车手册》，与媒体合作完成40期交通安全专题访谈节目。坚持媒体记者随警采访报道交通违法夜间整治、集中整治活动，曝光交通违法行为，震慑交通违法。制作交通事故“快处快赔”定格动画宣传片，通过昆明交警微博、微信平台向社会发布。指导广大车主自行开展“快处快赔”。全年，印发各类交通安全宣传材料110余万份，通过媒体刊播交管信息5.96万篇。

【交通安全保卫】 完成中共中央总书记习近平，全国人大常委会副委员长沈跃跃、桑国卫、杜青林，中央军委副主席许其亮等党政军领导和越南、缅甸、老挝、尼泊尔等外国元首到昆，以及省市“两会”、第三届南博会、旅交会、昆明高原国际半程马拉松赛、昆明环滇池高原自行车邀请赛等大型活动现场交通安全（警）保卫任务600余起。其中，一级任务12起、二级任务42起，其他警卫任务500余起。

【基础信息化建设】 加快科技信息化系统研发和运用步伐，建设执法记录仪采集站及信息管理平台，解决执法记录仪数据存储问题。更新完善违法外挂系统，进一步规范行政复议诉讼、业务监督、执法档案、考核管理、听证、危险驾驶案件办理等业务工作。继续优化违法告知模式，向市民发送交通违法提示短信396.47万条，同比增长323%。扩充昆明道路交通安全网功能，推出“网上车管所”网站，细化和拓展车驾管互联网服务功能，网站访问量突破6 978.9万次，注册会员28.89万人。提供各类交通管理数据查询519.31万次，通过网上自选号牌系统办理落户车牌29 010副，各类留言帖子6 710万条，答疑回复5 277条。推广使用46台交通违法自助处理多媒体终端机，处理违法88.44万起，缴款18.71万起。继续深化“畅行昆明”软件二期研发工作，软件下载量32.8万次，注册用户3.2万人，通过软件查询各类交通信息402万次。先后对主城区交通流量较大、拥堵较严重、市民较为关注190余个路口路段交通信号相位、配时进行优化调整。

【警务实战化建设】 减少指挥层级，提高快速反应能力，依托指挥系统、设备及平台，推动重大、重要及紧急指令直接下达到最小作战单元的扁平化指挥机制，促进政令警令落实。改进强化两级指挥调度与接处警工作考核，规范处警流程，提升接警员实战指挥能力。健全完善重大警情与接处警反馈机制，提升警情处置效率，确保警情现场反馈及时、准确。加强日常教育培训，提高民警实战能力，制定《2015年度民警教育训练计划》，组织585名民警轮值轮训、120名副科以上领导干部外出培训，完成15名民警初任培训、51名民警晋衔培训。深入开展岗位“大练兵”“大比武”活动，组织开展“执勤执法规范、道路交通事故处理、科技信息化应用技能、车驾管业务知识”岗位“大练兵”暨实战“大比武”竞赛活动，在全省公安交警事故处理大比武活动中获得第一名，在市公安局“大比武”活动中获得个人第一、团体第二优异成绩。

【执法规范化建设】 开展执法突出问题和立案突出问题专项治理，制定下发《执法记录仪使用管理规定》《案件主办责任工作规定》《案件办理网上巡查制度》《交通违法处理系统授权管理工作规定》等制度，切实规范民警执法行为。严格抓好执法质量考核，建立健全案卷质量责任机制和案件审议监督机制。开展执法规范化建设示范单位创建，七大队、八大队、晋宁大队被省公安厅交警总队确定为2015年度执法规范化建设示范单位；三大队被市公安局确定为2015年度执法规范化建设示范单位。开展新《行政诉讼法》《刑法修正案（九）》法律知识培训28期，组织209人参加执法资格等级考试。制定《扣留车辆管理处理规定》，强化涉案车辆管理，实现涉案车辆停放保管、拖移施救费用由市财政全额保障。推行律师免费为群众提供法律咨询和事故调解服务。协助完成交通事故社会救助资金申请、审批案件18起，发放救助金130余万元，同比分别上升10.72%和15.96%。

【队伍正规化建设】 抓好“五条禁令”“三项纪律”“六条警规”“六个一律”等相关纪律规定落实。组织8名实职副县以上干部、1 422名科级以下干部民警到省、市公安机关廉政教育警示基地开展警示教育活动；组织全体干部民警观看警示教育片《忏悔》《火中取栗必自焚》；组织开展纪律作风专项整治工作，排查整改队伍中存在问题；组织心理工作者开展活动7次，参与人数500余人，有效缓解民警心理压力。深入开展“创先争优”活动，表彰奖励集体35个、个人157人。

昆明市2015年较大以上道路交通事故统计表

序号	行政区划	事故时间	事故地点	死亡人数	受伤人数
1	禄劝县	2015.2.21	禄劝县撒营盘镇康荣村委会至则黑乡便道老鹰岩路段	5	0
2	官渡区	2015.04.18	官渡区彩云北路新亚洲体育城地铁站路段	3	0
3	寻甸县	2015.06.07	嵩待路（二级）K69+400M路段	3	1
4	寻甸县	2015.06.19	嵩待高速路K15+400M路段	4	3
5	官渡区	2015.08.25	环湖东路王官村路段	3	3
6	五华区	2015.09.13	一二一大街与天君巷交叉口	3	0

【2015年较大以上交通事故】

一、禄劝县“2·21”死亡5人较大道路交通事故

2015年2月21日，王玮（男，26岁）驾驶云AL1J98号“福克斯”牌小型轿车（载乘文光丽、文绍荣、段子秋和文光玉），由禄劝县撒营盘镇康荣村委会三组前往禄劝县则黑乡。14：00许，王玮驾车沿禄劝县撒营盘镇康荣村委会至则黑乡便道由南向北行驶至老鹰岩路段上坡转左弯时，车辆坠下道路东侧悬崖，造成车内驾驶人王玮及乘客文光丽、文绍荣、段子秋、文光玉5人现场死亡，车辆严重受损的较大道路交通事故。

二、官渡区“4·18”死亡3人较大道路交通事故

2015年4月18日，梁顺（男，40岁）驾驶未经公安机关交通管理部门登记，也未取得临时通行牌证无号牌“哈弗”牌小型普通客车，由昆明市呈贡区王家营前往昆明市官渡区虹桥立交桥附近停放。当日凌晨2：00许，梁顺驾车沿彩云北路东侧机动车主道由南向北以约97千米时速行驶至新亚洲体育城地铁站附近路段时，与车前横过机动车道行人王奕锦、郭俊、蒋云顺3人身体相碰撞，造成王奕锦现场死亡，郭俊、蒋云顺受伤经送医院救治无效死亡，车辆局部损坏的较大道路交通事故。

三、嵩待公路“6·07”死亡3人较大道路交通事故

2015年6月07日，周志军（男，40岁）驾驶湘A52776号“解放”牌重型半挂牵引车（车内载乘王科），牵引湘A3969挂号重型集装箱半挂车，由成都前往昆明。当日凌晨0：30许，周志军驾车沿嵩待高速公路由北向南行驶至K69+400M处，车辆失控后右侧车身先与护栏相撞，右前部又追尾撞碰前方同向行驶李飞龙驾驶的云AB3661号重型仓栅式货车（车辆驾驶室载乘李才会、锁配露2人），造成云AB3661号车侧翻，车内人员李飞龙、锁配露、李才会3人现场死亡，湘A52776号重型半挂牵引车载乘人王科受轻微伤，两车及道路设施受损的较大道路交通事故。

四、嵩待公路“6·19”死亡4人较大道路交通事故

2015年6月19日凌晨4：01，罗磊（男，27岁）驾驶云AW7G81“宝骏”牌小型普通客车（该车核载7人，实载7人）沿嵩待高速公路由北向南行驶至K15+400M时，所驾车辆与前方同向行驶的尹建祥（男，41岁）所驾云D62273“福田”牌重型仓栅式货车尾部相撞，造成驾驶人罗磊及其所车内乘客徐光恒、杨之龙、刘加兵4人现场死亡，乘客陈文宇、黄天达、张才润3人受伤，两车不同程度受损的较大道路交通事故。

五、官渡区“8·25”死亡3人较大道路交通事故

2015年08月25日，张翔（男，21岁）醉酒后（其血中乙醇含量为161.94mg/100mL）驾驶云AU0R60号“大众”牌小型轿车（车内载黄云东、刘云红、俞菲、罗宗雪），由昆明市国防路“昆都”前往昆明市呈贡区。途中05:20，张翔驾车以约107千米时速，沿昆明市环湖东路西侧机动车道由北向南行至王官村路口时，与行人李彪身体相碰撞后，车辆驶往道路西侧碰撞绿化带内树木及路灯杆，造成行人李彪以及驾驶人张翔、车内乘客黄云东3人现场死亡，乘客罗宗雪、俞菲、刘云红受伤，车辆及绿化树木、路灯杆损坏的较大道路交通事故。

六、五华区“9·13”死亡3人较大道路交通事故

2015年09月13日23：15，余隆辉（男，23岁）驾驶未登记无号牌“宝马”牌二轮摩托车（后座载乘苏成昆），沿一二一大街南侧公交车专用车道由西向东以约160千米时速行驶至天君殿巷交叉口时，与王军（男，53岁）驾驶云AAD165号“长安”牌微型普通客车相碰撞后两车倾覆，造成王军、苏成昆现场死亡，余隆辉受伤经医院抢救无效死亡，两车不同程度损坏的较大道路交通事故。

（纳　贤）

城乡建设与管理

◆责任编辑 李 震

综 述

【市政基础设施建设】 截至2015年12月，昆明中心城区按规划建成道路增加到1535千米（宽度15米以上道路）。“十二五”期间，年均增长97千米，年均增长率为7.8%。启动建设80条、77.7千米、投资约70.8亿城市道路。完善城市新区内部次支路网，提高城市各片区内部路网密度，引导和支撑新区发展。截至2015年12月，完工11条，在建38条，开展前期工作31条；开展市容环境综合整治提升工作，完成3条微循环道路、2条断头路、7条重要城市道路和5个节点整治等17项综合整治工作；按时完成飞虎大道南段、官渡3号路、小清河河道整治、昌宏路提升整治等项建设任务，完成投资21.42亿元。

【村镇建设】 2015年，昆明市村镇建设突出抓好农村危房改造、建制镇供水、污水、垃圾处理设施（“一水两污”）建设，以及传统村落申报保护等工作。县乡基础设施建设：2015年，昆明市除主城五区外，各县城、乡镇完成道路交通、公交、供排水、燃气、垃圾处理、污水处理、绿化美化亮化工程、供电、通讯、地下配套管网等市政基础设施建设119项，完成投资9.82亿元。其中，县城市政基础设施建设完成24项，2.16亿元；乡镇市政基础设施建设完成95项，7.66亿元。建制镇“一水两污”建设：根据《云南省建制镇供水、污水和生活垃圾处理设施建设专项规划（2013—2017年）》，昆明市39个建制镇84个“一水两污”项目列入该《规划》，涉及投资8.07亿元。其中，供水项目13项，污水项目33项，垃圾项目38项。截至2015年底，启动“一水两污”项目建设28个。其中，14个项目正在开展前期工作，5个项目正在建设，9个项目竣工。传统村落申报保护工作：2015年末，全市审核上报53个村庄申报国家传统村落，其中2015年新增上报村庄8个。18个村庄分别列入第二、三批国家传统村落名录；11个国家级传统村落编制传统村落保护发展规划，其中9个通过省级专家评审。

【安全监管】 2015年，开展“建设工程质量治理两年行动计划”各类专项及综合监督执法检查1 328次。其中，省级开展2次，市县级开展1 326次；各类专项及综合监督执法检查工程 812项次部分工程检查2—3轮。其中，省级检查工程5 项次，市、县（区）级检查工程 807项次；下发监督执法检查整改单 785 份。其中，省级下发2份，市县下发783 份。市、县（区）两级住建部门严格按照相关规定开展建设工程施工图审查工作，施工图设计文件100%符合工程建设质量强制性标准。各级建设工程质量安全监管机构严格建设工程过程监管，对建设过程中违反工程质量强制性标准情况，坚决要求按标准整改，加强建设领域打假治劣，确保全市建设项目各分部、分项工程均按工程建设质量强制性标准施工，竣工验收并投入使用项目质量均符合工程质量强制性标准。

【建筑业市场管理】 2015年，昆明市完成建筑业总产值2 013.5亿元（不含滇中产业新区）。做好新版建筑业企业资质标准过渡期相关工作，组织各县区住房城乡建设局，各国家级、省级开发（度假）区住房城乡建设局召开专题会议，对建筑业企业资质管理规定和资质标准进行宣贯。组织人员分到县区，深入基层，对企业进行建筑业企业资质管理规定和资质标准宣贯和讲解，为企业进行现场答疑解惑。继续做好昆明市工程质量治理两年行动相关工作，定期不定期开展各类专项及综合监督执法检查，对存在问题企业下发监督执法检查整改单。

（柳　润）

城市规划

【城市规划及梳理审查】 对《昆明城市总体规划（2011—2020）》进行调整完善并上报住建部。 按照市政府工作安排，昆明市规划局配合各区（规委会）组织中心城区控制性详细规划梳理。截至2015年10月底，中心城区盘龙区、官渡区、五华区、西山区、高新区、呈贡区、度假区控制性详细规划全部上报市规委会审议通过，按审议意见调整完成。盘龙区、度假区控规上报市政府审批。高新区（建成区和产业基地片区）、官渡区、西山区控制性详细规划市政府批复。 拟定《昆明市控制性详细规划修改管理规定》上报市规委审议通过，待上报市政府常务会审议通过后下发执行。

【专项规划编制】 组织完成《2015年昆明市中心城区道路建设白皮书》编制工作。《昆明城市地下空间开发利用专项规划》《昆明市中心城区竖向专项规划（2014—2020）》和《昆明市中心城区综合管线专项规划

（2014—2020）》完成审议和公示，待市政府审批。配合相关部门完成《昆明市燃气专项规划》《滇池流域城镇水系专项规划》编制工作，进行技术审查并按程序上报。

【开展系列规划研究】 完成《昆明市“多规合一”工作方案》和招投标工作。经市政府常务会议和市委常委会审议通过，市人民政府办公厅印发《昆明市“多规合一”工作方案》，标志全市“多规合一”规划工作全面启动。完成滇池流域地区“多规合一”规划工作招标工作和材料收集整理；完成《昆明城市景观风貌及高度控制规划研究》工作，对外进行公布执行；完成《2014年城市道路交通发展年度报告》及年度交通模型维护工作。启动《昆明市海绵城市规划研究》《昆明市近期建设规划（2016-2020）》《昆明“十三五”城乡发展规划》《昆明晋宁南城片区控规梳理》《昆玉同城化发展研究》等，各项规划全部完成招标工作，各项规划研究编制工作正在推进。

【实施规划改革】 拟定《昆明市城乡规划管理巡查制度（试行）》，上报市政府常务会研究，待批复；修编《昆明市城乡规划管理技术规定》，通过市规委会审议，待市政府常务会审议；制订《〈昆明市城乡规划管理技术规定〉修订工作方案》，组织专家咨询会、建设单位和设计单位等咨询会，召开听证会、市人大专题审查和市政协专题协商会，上报市政府领导小组会议讨论；拟定《昆明市城市更新改造管理办法》和《昆明市城市更新改造管理办法实施细则》，经市规委会审议和市政府常委会审查后，2015年3月2日印发执行。

【规划管理】 2015年1月1日至10月30日，昆明市规划局受理行政审批事项942件。其中，《建设项目选址意见书》143件，“建设用地规划许可证”118件，“建设工程规划许可证”229件，建设项目规划条件119件（2015年9月以后规划条件不作为行政认可），费用减免83件，规划核实113件，行政许可变更与延续137件。核发行政审批证书1 054件。其中，《建设项目选址意见书》151件，“建设用地规划许可证”121件，“建设工程规划许可证”328件，建设项目规划条件121件（2015年9月以后规划条件不作为行政认可），费用减免审核82件，规划核实128件，行政许可变更与延续123件。代收费15.55亿元。

【规划管理机制体制改革】 推进行政审批制度改革。2015年1月1日，《昆明市规划局关于流程再造有关事宜的通知》下发执行，市规划局内部所有规划审批及服务事项全部下放规划分局办理。各规划分局负责所在辖区建设项目规划审批咨询、受理、审查、审批或上报审批、代收费和发证等工作，参与区或管委会政务中心联合踏勘、联席会议、特事特办等并联审批工作，大大缩短审批流程。

提高规划审批效率。由全局规划编制与信息中心负责，结合行政许可流程再造，对原有规管2008系统进行升级改造，2015年1月1日起施行。

【重大项目规划服务】 昆明新火车南站东西广场项目：市规委会审议通过规划方案，东广场核发选址意见书和用地规划许可证，正在办理规划条件；组织编制火车新南站周边配套市政基础设施修建性详细规划并按程序通过审批。昆明滇池国际会展中心项目：核发该项目建设项目规划条件7件，“建设用地规划许可证”12件；核发“建设工程规划许可证”（副本）7件，“建设工程规划许可证”（正本）3件，办理2个地块的费用减免。加油站选点及规划审批：配合完成昆明市主城区168座加油站点现场踏勘，对主城区86座站点进行城市控详规、土地利用总体规划、道路交通规划和商业行业规划核实，筛选出67座“四规合一”站点。轨道交通线网项目：积极与轨道公司对接1号线西北延、2号线二期、3号线二期、6号线二期、4号线主线方案。完成1号线呈贡支线、3号线二期、2号线二期、6号线二期用地规划许可办理。

【服务城市建设】 开展各项测绘工作。完成昆明主城区三等水准网复测面积3 000平方千米及水准点数近1 000个；完成2015年城市三维模型更新80平方千米后期内业数据处理；完成昆明市主城区及周边8 000平方千米影像数据处理，委托省质检站进行成果检查；完成采集街景数据200千米，含高精度高密度点云数据、全息影像数据、街景数据。做好城市交通研究工作。完成《2014年城市道路交通发展年度报告》全部工作并印发各部门参考使用；完成《2016年昆明城市道路设施建设白皮书》及《昆明中心城区三年道路建设计划（2016—2018年）》编制工作。重点项目档案管理工作。完成城建档案接收2.2万余卷；完成规划档案数字化3 700余卷；完成城建档案接收及规划档案数字化工作全年任务。开展地下管线信息资料入库和探测服务。全年完成地下管线数据入库114个项目，入库管线总长度504.74千米。接收入库检查项目11个，管线长度约700千米。完成地下管线数据内业质检项目140个，打印、装订、刻盘资料项目167个，整理管线普查档案、老图资料工程档案归档115项。

【完善法规体系】 加强规范文件制定完善，制定《关于执行“建设工程规划许可证”绿地率审查工作的通知》《关于在“建设项目规划条件”和“建设工程规划许可证”审批阶段明确绿色建筑审查内容的通知（试行）》《昆明市规划局建设工程规划核实管理规定（试行）》《昆明市规划局法律咨询工作实施细则（暂行）》《建筑外立面附属广告设置规划审批暂行规定》《昆明市交通影响评价规划管理暂行办法》《昆明市规划局关于规范临时建筑规划审批管理工作的通知》等规范性文件。

【推进依法行政】 结合工作实际，制订《昆明市规划局行政执法案卷评查实施方案（试行）》。全局51人参加法律知识培训。健全法律顾问制度，继续聘请刘胡乐律师事务所作为全局法律顾问，报市政府法制办备案。建立法律咨询制度，全局制订《昆明市规划局法律咨询工作实施细则（暂行）》，为全局依法行政工作提供法律支持。

【建议提案办理】 2015年，昆明市规划局收到省、市两级人大代表建议和政协委员提案43件。2015年3月，全部梳理汇总，按照人大建议和提案内容分发给各承办处室、分局及直属各单位。年内人大建议和政协提案工作按方案顺利完成。

【信访工作】 2015年，昆明市规划局办理云南省网上信访交办件5件，云南省政务信息在线解答系统交办件3件，市长热线（一号通平台）交办件293件，接听96128热线电话9次，日常来访件63件，均及时进行解答与回复。

（谢 涛）

园林·绿化

【城市绿化】 2015年，实现全市新增城市绿地870.77公顷（年度计划858.15公顷）。其中，主城新增城市绿地733.38公顷，种植乔木21.4万株，屋顶绿化6.11公顷，林荫路25 187米，生物防治点28处。阳宗海风景名胜区、倘甸产业园区和轿子雪山旅游开发区新增绿地58.63公顷，种植乔木4.3万株，种植攀缘植物10万株；其他县区（除安宁市和嵩明县）新增绿地78.76公顷，种植乔木5.08万株，种植攀缘植物30.04万株。

【创建国家生态园林城市】 结合创建指标，对照国家住建部申报国家生态园林城市要求，梳理48项未达标指标，印发《昆明市人民政府办公厅关于印发昆明市创建国家生态园林城市未达标指标任务分解表的通知》，建立月报制度，每月5日上报月进展情况；多次召开相关会议认真研究部署，补充完善各项材料和报告，积极整改存在问题，查缺补漏，强化管理，备齐台账资料，奠定创建基础。

【管养水平提升】 强化对主城各区城市道路绿化管养巡查考评，从市园林绿化局属各单位抽调人员组成8个巡查考评组，每周对主城五区和三个开发（度假）区进行巡查考评打分。针对巡查过程中发现问题，详细填写周报表，以现场口头通知、下发整改通知书形式责令辖区园林绿化行政主管部门及时完成整改。全年完成巡查考评47次，开展第三届南博会专项巡查14轮，覆盖全市主城八区84个小游园和街头绿地、62条重要城市道路以及88个摆花点。通过巡查考评，全市园林绿化管养水平及整体绿化景观实现质的提升，以评促管效果初见成效。

【环境综合整治】 完成滇池国际会展中心周边道路绿化整治。通过清理垃圾杂草、平整土地、归并地被植物，增加色叶植物和开花植物，增加树木丰厚度，种植滇朴、银桦、香樟、杨树等速生高大乔木等措施，开展会展中心周边道路红线外视觉补差。督促指导呈贡区、官渡区、度假区完成滇池国际会展中心周边道路绿化美化。昆明市旅交会期间，做好全市花卉布置，完成花卉布置116.2万盆。牵头完成城市公共绿地植树造林分指挥部工作任务，做好城市公共绿地植树造林工作，推进城镇绿地系统建设。全年对接省市联动“绿化昆明·共建春城”义务植树活动城市公共绿地建设共建单位45家，对接率100%；完成城市公共绿地植树造林面积158.39公顷，完成年度计划103%。

【园林文化交流】 参展第十届中国（武汉）国际园林博览会，举办第九届中国茶花博览会、梅花节、年宵花展、牡丹花展、樱花节、桃花节、菊花展、荷花展等花事活动。逐步培育形成金殿茶花、黑龙潭梅花、昆明动物园樱花和郊野公园桃花、大观公园菊花等品牌，扩大昆明园林旅游文化影响力，丰富市民休闲文化生活，提高公园在游客心中美誉度。

【景观提升改造】 完成金殿名胜区茶花园区改造、大观公园西区景观改造、昆明动物园樱花中心区古迹区景观改造、黑龙潭公园东山历史文物片区景观改造、西华公园湖塘区域景观改造、昙华寺公园袁嘉谷纪念园等13个景观提升项目，丰富公园名胜区历史文化内涵，提升景观价值，获得游客好评。

【扶贫工作】 完成扶贫攻坚“挂包帮”“转走访”工作，走访贫困户245户、贫困人口757人，填写贫困村贫困户访谈问卷247份。在充分调研基础上，有针对性制定“一户一策”帮扶措施，选派得力工作队员，细化责任、强化措施，确保扶贫目标任务落实到位。

【队伍建设】 2015年，全系统调整干部17人。其中，机关科级领导干部选拔任用2人、平级转任1人、县处级退休2人；局属单位科级领导干部调整8人、平级轮岗交流4人。加强报备人员因私出国（境）证件集中管理。完成全系统1 617人（机关37人、事

业单位在职职工852人、离退休职工728人）工资调整，办理工人技术等级晋升、聘用44人。

（强　蕊）

国土资源管理

【用地保障】　2015年，全市完成建设用地预（初）审2.04万亩；受理用地报件4.05万亩，批复用地2.51万亩；完成1 902亩临时用地审批工作。重点保障昆明新机场、昆明绕城高速公路东南段（东南绕）、呈澄高速、嵩昆高速、昆明市2015年城市建设用地、各区城中村改造等项目；完成西山区、东川区2个区3个区块、1.46万亩低丘缓坡土地综合开发利用试点项目实施方案上报审批；完成寻甸县河口镇营河村项目区城乡建设用地增减挂钩试点实施规划、盘龙区松华街道办事处城乡建设用地增减挂钩试点项目区实施规划上报审批。

【土地供应】　2015年，全市供应土地2.82万亩。其中，以划拨方式供地2.03万亩；以出让方式供地0.78万亩，全部以招拍挂方式供地。截至2015年底，追缴及处置欠缴土地出让价款71.21亿元，清非补缴土地出让价款7 664.54万元。全市清理闲置土地2.33万亩，其中处置完毕2.31万亩。

【耕地保护】　全面完成基本农田落实到地块、上图入库、设立统一标识工作，落实保护责任、成果初验和报备各个环节工作，项目成果质量达到规范要求通过省级验收。全市划定基本农田34.11万公顷，设立统一规范的基本农田保护牌和标识，设立标志牌 175块，标准界桩 9 343 个，简易界桩37 424个，同时增设宣传牌 6块。层层落实保护责任，签订责任书县和乡镇100套，乡镇和村1 254套，村和小组1.08万套。完成昆明主城城市周边永久基本农田划定初步任务核实举证工作，举证成果上报国土资源部。积极申报土地整治项目，经省厅批准入库6个，建设规模4.05万亩，预计新增耕地0.31万亩。深入推进7个高标准基本农田建设，建设规模4.93万亩，预计新增耕地0.2万亩。完成1个新增补充耕地项目可研和规划设计评审，建设规模865.45亩，预计新增耕地530.04亩。组织开展59个土地整治项目验收工作，其中39个通过验收。建设规模15.86万亩，新增耕地6.73万亩，投资规模4.11亿元。受理23个省、市级评审土地复垦方案，省级12个通过市级审核，市级2个通过专家审查。落实耕地占补平衡8 804.26亩，流转西双版纳州补充耕地指标4 933.34亩。争取省级下达昆明市2015年中低产田地改造项目资金5 900万元。

【提升矿政管理水平】　2015年，全市发现矿资源违法行为1 040宗，立案查处226宗，结案218宗，非立案查处和制止814宗，收缴罚款60.51万元，没收违法所得147.7万元，没收矿产品8 000吨，吊销采矿许可证15个。完成168个探矿权、1 017个采矿权年检网上报备工作，全面实现矿业权年检工作的部、省、市、县四级联动和成果共享。全年累计受理、审查、上报探矿权、采矿权登记申请280件，发放矿业权到期预警通知书600份，矿业权年检预警通知书150份。完成全市34种重要矿产资源（二类矿产）矿业权设置方案的编制和初审上报工作；完成全市非34种重要矿产资源（二、三类矿产）矿业权设置方案审查、报批和报部备案工作；完成21个探矿权出让计划的重新复核复审工作；完成2016年度2个探矿权出让计划审查上报工作；完成1 017个采矿权和168个探矿权的行政合同签订工作。全面完成2014年度矿山储量动态测量工作，52个矿山参与评审，形成专家审查意见书和储量动态测量数据库。配合筹备第三轮矿产资源规划方案编制前期工作。全面开展“严禁领导干部违规插手矿产资源开发利用专项整治”工作。完成地热水（矿泉水）省级发证13个、市级权限5个储量核实报告评审备案工作；完成75个建设项目压覆矿产资源查询和审查等基础性管理工作。累计征收矿产资源补偿费7 098.51万元。

【执法监察】　2015年，全市发现土地违法行为土地3 564宗，立案查处1 704宗（移送司法机关强制执行91宗），结案1637宗；非立案查处1 860宗，拆除违法构建物189.54万平方米，没收违法构建筑物201.5万平方米，收缴罚款5 055.68万元；发现矿资源违法行为1 040宗，立案查处226宗，结案218宗；非立案查处和制止814宗，收缴罚款60.52万元，没收违法所得147.7万元，没收矿产品8 000吨，吊销采矿许可证15个。完成11个高尔夫球场阶段性清理整治工作。开展历史违法用地清理整治、商品交易市场专项整治、执法监察实地踏勘、共同责任机制落实、执法督查、耕地破坏程度鉴定等各类专项工作。

【地质灾害防治】　重视地质灾害防治工作。及时召开年度地质环境工作部署会，制定下发年度地质环境保护工作意见、地质灾害防治方案，组建突发公共事件地质灾害防治应急工作组。2015年，全市发生地质灾害47起（其中3起中型，44起小型），直接经济损失1 152万元，无人员伤亡或失踪。对全市1 554个地质灾害隐患点进行现场核查。其中，人为工程活动引发地质灾害隐患149个，自然因素形成隐患1 405个，涉及89个乡镇，威胁3.47万户、15万人，潜在经济损失45亿元。逐点发放地质灾害防治工作明白卡4 085份、避险卡2.98万份、隐患通知书1 712份，落实监测人员3 016人。发布“地质灾害天

2015年8月，市国土资源局领导率队到阳宗海实地检查地质灾害防治工作。
（市国资局　供稿）

气预报短信”11次、3 671人次、4.04万条。组织开展年度地质灾害宣传培训、应急演练及《2015年度防治方案》编制工作，组织培训46起、2 252人，借助土地宣传日对地质灾害防治进行宣传，发放宣传资料5000份，增强广大农村干部群众知灾、防灾、避灾意识。组织开展地质灾害应急演练24次，参加演练人员4 159人，有效提高人民群众防灾避灾能力。积极推进12个地质灾害工程治理和避让搬迁治理项目，争取省级资金501.6万元、市级配套资金1 177.83万元。完成32个矿山地质环境恢复治理方案审查工作。昆明市滇池东岸关停矿区地质环境治理示范工程基本完工，二期工程正在实施，该项目争取国家资金3亿元，年度下达资金1.25亿元。收取1.3亿元矿山地质环境恢复治理保证金，缴纳矿山750个。

【人大建议、政协提案和群众信访】2015年，34件人大建议、政协提案全部办理完成。依法办理行政复议和诉讼案件13件，协助司法执行办理各类查封、查询函件207件。接听“96128”热线解答咨询电话64个，转接成功率和群众满意率100%。受理来信来访 149件。其中，接待群众来访114件310人次，办结率100%；受理群众来信35件，办结率100%。

【测绘管理】　全面完成昆明市第一次全国地理国情普查信息采集工作，12个县（区）地理国情普查信息采集项目通过验收，质量均为良好等级以上。全面加强昆明市卫星定位综合服务系统运行维护与管理，发展注册80多家用户单位，注册100余台（套）GPG接收机。完成“昆明市卫星定位综合服务系统基站防雷设施安装及设备更新维护升级”项目政府采购工作。积极开展测绘地理信息保密检查暨地图市场监督检查工作，对全市4家丙级测绘单位开展抽查，现场对3家存在严重问题单位下达限期整改通知。开展省市两级测绘地理信息综合检查工作，完成10家乙级单位及4家外省驻昆单位抽查工作。认真做好测量标志保护工作，迁建2个测量标志点。全年受理测绘资质申请32家，通过省级审批30家；完成“昆明市2004昆明坐标系数字网使用批准书”使用审查755件；完成国家秘密测绘成果提供使用审查102件；完成昆明市卫星定位综合服务系统会员申请审查18件，注册使用GPS接收机23台（套）；完成测绘项目施测核准3件。

【国土资源基础工作】　推进农村集体土地使用权确权登记发证工作，全市确权登记集体建设用地使用权1.07万宗，完成宅基地使用权确权登记发证46.43万宗。收回注销国有土地使用权274宗、2 749.32亩。完成勘测定界验收备案151宗、3.16万亩；完成2014年度土地变更调查与遥感监测工作。启动完成城市土地定级与基准地价更新工作。全市不动产登记工作完成登记职能整合、机构设立和挂牌等工作。继续完善昆明市国土资源远程联网审批项目建设，“一张图”及综合监管平台建设（一期）项目初步建成进入试运行，国土资源执法监察监管项目完成一期建设。国土资源档案管理系统二期投入使用，接收专业档案3879卷、文书档案8 220件、实物档案19件，电子档案11 076件；整理归档专业档案207卷、文书档案12 124件、实物档案19件；完成历史档案基础数据清理30 676卷。

【干部队伍建设】　2015年，组织选派全国国土资源局长培训12人，全国扶贫工作培训2人，全国国土所长示范班培训7人，全市公务员初任培训9人，市级机关公务员任职培训16人，跟岗学习锻炼12人；开展“三严三实”和“忠诚干净担当”专题教育培训4次240余人次，法制教育培训班1期56人；组织参加云南省干部在线学习教育312人，开展中层领导干部理论学习班2期132人，开展全市国土资源系统基层国土所骨干集训108人。加强干部选拔任用和监督管理。开展16个科级领导职务民主推荐干部工作，办理11名干部调动备案、6名干部非领导职务晋升、45名同志享受职务与职级并行政策晋升提高职级待遇；完成1名公务员选调、2名军转干部接收安置、3名事业单位人员招录、2名工作人员辞职、17名同志退休；完成15名干部任职试用期满考核

和16名新招录公务员和事业单位人员试用期满考核；完成42宗处级档案审核，63宗科级干部档案审核。

【政策法规宣传】 利用“4·22”世界地球日、科技活动周、全国“6·25”土地日宣传周等活动，通过广播、电视、报刊、微博、网络、手机短信、发放宣传资料等方式，向全社会宣传稳增长保发展、节约集约用地、永久基本农田划定、执法监察、土地整治、地质灾害防治、不动产登记、党风廉政、三严三实、改革创新、地灾害防治公益广告等全市国土资源管理工作中重点、亮点，以及国家和省、市新近出台国土资源政策法规。全年在《昆明日报》等媒体登载15个专题专版、约45篇新闻稿件宣传；在《昆明日报》开展“国土资源地灾防治公益广告”宣传10次；在昆明人民广播电台组织春城热线1次；发放宣传资料10万份，悬挂宣传标语、张贴宣传挂图200余条（幅），摆放宣传展板140余个；向省厅和市委、市政府上报政务信息398条，采用133条；网上发布各类政务信息2 089条，发布微博信息2 316条，处理问题咨询60件、投诉4件、信访6件。加强新闻发言人和网络发言人制度建设，加大网络舆情监测、微博、网络问政、问题咨询答复等工作力度，及时反馈和回复。

（聂本娆）

城市管理

【环卫常态化管理】 2015年，主城区8 837万平方米城市道路全部实行清扫保洁市场化服务外包、清运处置生活垃圾约140万吨。突出开展对主要城市道路、二环快速系统、机场、火车站、汽车客运站、酒店周边、各高速公路、铁路沿线出入城段、立交桥、步行街和广场等重要区域环境卫生整治工作，实行全天候保洁。加强对城市道路冲洗和洒水降尘力度，城市主要道路每周冲洗不少于1次，每天洒水不少于3次，累计冲洗道路1.52亿平方米。开展对重要城市道路交通隔离栏（护栏）清洗力度，累计清洗交通护栏276万米。加强环卫设施管养维护，更换、补装果皮箱6 276组。狠抓临街商铺、单位“门前三包”责任书签订、履约工作，补签“门前三包”责任书29 784份，规范“门前三包”61 704起，清理覆盖非法小广告14万余条。加强公厕、垃圾房、果皮箱等环卫基础设施建设和维护，清理城郊接合部卫生死角4 919个，清理乱倒垃圾2 422.95吨。

【垃圾分类试点】 2015年，全市建成423个垃圾分类回收网点。市城管综合执法局在中华小学、红旗小学、西坝小学、南站小学、东华小区、桃源广场、官渡古镇、永胜路社区等学校及社区开展垃圾分类宣传活动，包括“垃圾分类知识PPT现场培训”和“校园垃圾分类运动会”，参与活动人数近万人次。向部分学校、政府部门发放垃圾分类柜45个。2015年，昆明市被国家住建部、发改委、财政部、环保部、商务部列为第一批26个生活垃圾分类示范城市之一。

【基础设施和重点工程建设】 2015年，昆明市完成新建垃圾中转站6座，新建公厕36座，提升改造公厕22座的目标任务。完成200辆新能源环卫车辆采购并分别配发到主城五区投入使用。根据南博会会展中心周边市容环境整治和提升工作需要，购置8座移动公厕。

昆明市东郊垃圾卫生填埋场封场工程取得项目用地初步审查意见、规划意见、用地审查意见、环评批复；西郊垃圾卫生填埋场封场可研编制完成，正在编制环评；呈贡区旧垃圾填埋场封场工程可研编制、场地测量、规划手续完成；晋宁县垃圾卫生填埋场渗滤液处理站工程建设完成投入运行；寻甸县旧垃圾填埋场封场工程建设完成。

【道路桥梁管养维护】 2015年，市城管综合执法局督促指导主城各区检测桥梁67座，投入检测经费570万元。对主城区破损道路进行全面整治、修复。积极推进昆明市城市道路桥梁管理信息系统建设，目前软件方面正在调试并录入城市道路桥梁基础数据，硬件方面完成传感器安装，正在进行调试工作。进一步规范道路开挖管理，认真落实常态监督检查，减

道桥检测消除隐患 （市城管局 供稿）

少因开挖城市道路对市容环境影响，缓解城市交通拥堵。

【引摊入市】 昆明市在向社会公布65条重要城市道路为占道经营“绝对禁止区域”基础上，对“绝对禁止区域”占道经营行为坚决予以清理取缔。为实现引摊入市点位管理规范、经营有序、市容环境干净整洁目标，进一步加强引摊入市管理工作，市城管综合执法局督促指导主城五区、三个开发（度假）区按照疏堵结合思路持续规范做好引摊入市工作，建成各类引摊入市点29个，有效缓解占道经营整治工作压力，给广大人民群众生产、生活提供便利。

【城市照明和景观亮化】 市城管综合执法局每周组织专业人员对全市城市照明设施亮灯率及设施完好率进行检查。全年进行路灯亮灯率抽查96次，检查路灯18万余盏，平均亮灯率99.56%；完成40次城市照明设施完好率检查，检查路灯2.21万盏，设施完好率99.82%。针对检查中发现问题，及时督促法方进行整改。全年清洗路灯灯杆7 088棵，漆化584棵。通过邀请专家调研论证和竞争性谈判方式，阶段性完成昆明机场路、滇池路、广福路、西山草海片区景观亮化提升改造项目建设。

【户外广告】 组织开展《昆明市户外广告设施设置控制性详细规划》修编工作，审核备案大型户外广告7件，办理审批店招店牌4 392件，办理审批地铁导向标识牌172块。户外LED显示屏累计播放公益宣传广告70天、2.73万次。按照《昆明市特许经营权管理办法》《昆明市户外广告管理条例》，市城管综合执法局有序推进户外广告设施特许经营权工作。

【建筑垃圾运输处置管理】 2015年， 市城管综合执法局检查施工工地70家次，下达《责令限期改正通知书》10份，对20家设置未使用“三池一设备”施工单位提出警告，约谈3家违规行为突出渣运公司和3家多次发生泼洒污染施工工地主要责任人。加强弃土消纳场及调拨点安全监管工作，督促辖区对安全生产措施不到位，存在安全隐患的弃土消纳场，一律暂停接纳弃土，责令其限期整改，限期内整改不到位的一律关停。

整治违章建筑 （市城管局 供稿）

【拆临拆违】 2015年，全市拆除原普查存量和新增量违法建筑1 020宗、面积约378万平方米。按照市委、市政府安排部署，对全市范围内56条道路两侧临违建筑进行集中整治，特别是将机场高速、东绕城线、广福路、滇池路、环湖东路等5条道路作为重点整治对象，经过市、区两级联动，分4批普查临违建筑330宗，至2015年底拆除35宗。

【数字化城市管理】 在现有系统和立案处置标准基础上，通过创新技术手段对常见案件派遣自动化程序调试，基本实现常规案件自动化派遣，拓展系统应用功能。全年受理案件99.47万件，结案95.41万件，

依法取缔占道经营 （市城管局 供稿）

结案率98.94%。收听立案跟踪新闻媒体案件558件，结案552件，结案率98.92%；承办市长热线督办件1 104件，办结971件，结案率87.95%；监督员快捷上报各类案件2.61万件，辖区城管部门先行处置各类案件3 918件，发布主城区环境卫生“清洁指数”49期，郊县区环境卫生“清洁指数”35期；“城管部件更新普查”实际完成439平方千米，采集部件总数约150.61万个，完成外业数据质检439平方千米，12月21日通过验收。昆明市数字化城市管理模式创新项目，被国家住建部授予“2015年中国人居环境范例奖”。

【市容环境综合整治】 2015年，市和县区两级城管执法部门拆除各类户外广告设施6 027块，拆除布标布幔5 437条，规范整治店招店牌3 980块；清理覆盖非法小广告13万余条，查获违法人员855人，没收非法小广告宣传品51 487余份；处理规划类行政处罚案件14件，建设类行政处罚案件11件；查处建筑渣土违规运输类案件62件；清理占道经营91 163起，取缔流动摊点17 566个，劝离21 447起；整治夜市及违反“门前三包”27万余起；劝离沿街乞讨人员5 274人。

（卢云春）

住房建设

【保障性住房建设】 2015年，全市计划开工建设各类保障性住房28 045套（户），基本建成30 000套（户）。截至2015年底，启动建设31 575套（含提前启动的2016年棚户区改造项目3 530套），启动率112.59%，基本建成36 181套，占年度基本建成任务30 000套120.61%。2015年，年度计划投资30亿元，完成投资58.63亿元，完成率195.44%，超额完成年度目标任务。

【保障性住房分配】 在2014年公共租赁住房“一审三公示”制度基础上，启动常态化分配工作。项目具备基本交付使用条件即启动分配，由原来每年分配1—2次，实现每季度都有房源推出，每季度都进行公租房分配。2015年，分配公共租赁住房（含廉租住房）1.18万套。创新管理方式，整合管理资源，全力推进昆明市保障性住房信息管理平台建设，推出“安居卡”，实现对公租房信息化管理，最大限度为入住人群提供生活便利；破解保障性住房后续管理难题，创新工作机制，与街道办事处、公安、民政、综治维稳等部门联系，研究探索保障性住房社区化管理模式，有效发挥工会、共青团、妇联、残联、老龄协会、慈善协会等群众组织各自优势，确保保障性住房后续管理服务性、公益性和互助性功能；扩宽申请方式，将企业（单位）申请公共租赁住房纳入分配试点。

【房地产业】 2015年，办理房地产开发资质208家。其中，二级17家，三级25家，四级50家，暂定48家，延期68家。全年完成房地产开发投资1 369.02亿元，占全市全社会固定资产投资比重46.29%。全市房屋施工面积8 228.16万平方米，同比增长4.8%，增幅同比上升0.9个百分点；新开工面积1032.57万平方米，同比下降43.7%；房屋竣工面积649.17万平方米，同比下降20.1%。全市商品房销售额772.69亿元，同比增长35.51%；销售面积1 245.29万平方米，同比增长12.1%。全市房地产待售面积647.16万平方米，与上年同期相比增长18.3%。加大普通商品房市场供应量。2015年，核发“建筑工程施工许可证”55件，总建筑面积793.63万平方米；核发“商品房预售许可证”175件，批准预售面积1 028.26万平方米。

【房地产交易】 新建商品房销售情况：2015年1—12月，昆明市主城区及其余县区累计成交新建商品房15.56万套、1 414.59万平方米，实现交易金额1 040.04亿元，整体市场成交价格7 352.23元/米^2。与上年同期相比，成交套数减少18 145套，跌幅10.4%；成交面积减少154.38万平方米，跌幅9.8%；交易金额减少68.0亿元，跌幅6.1%；成交价格每平方米增加290.03元，涨幅4.1%。其中，主城区累计成交新建商品房112 028套、994.46万平方米，实现交易金额831.51亿元，整体市场成交价格8 361.47元/米^2。与上年同期相比，成交套数减少11 753套，跌幅9.5%；成交面积减少57.16万平方米，跌幅5.4%；交易金额减少21.45亿元，跌幅2.5%；成交价格每平方米增加250.54元，涨幅3.1%。县区累计成交新建商品房43 557套、420.13万平方米，实现交易金额208.53亿元，整体市场成交价格4 963.35元/米^2。与上年同期相比，成交套数减少6 392套，跌幅12.8%；成交面积减少97.22万平方米，跌幅18.8%；交易金额减少46.55亿元，跌幅18.3%；成交价格每平方米增加32.87元，涨幅0.7%。

存量房交易情况：2015年1—12月，昆明市主城区及其余县区累计成交二手房43 811套、448.05万平方米。与上年同期相比，成交套数增加8 259套，涨幅23.2%；成交面积增加83.30万平方米，涨幅22.8%。其中，主城区累计成交二手房35 339套、336.51万平方米，实现交易金额241.48亿元，成交均价7 135.49元/米^2。与上年同期相比，成交套数增加10 724套，涨幅43.6%；成交面积增加95.05万平方米，涨幅39.4%；交易金额增加74.95亿元，涨幅45.0%；成交均价每平方米增加305.73元，涨幅4.5%。

县区累计成交二手房8 472套、111.54万平方米。与上年同期相比，成交套数减少2 465套，跌幅22.5%；成交面积减少11.75万平方米，跌幅9.5%。

【农村危房改造和地震安居工程建设】 2015年，全市农村危房改造和抗震安居工程建设任务32 715户。截至2015年底，全市累计实施农村危房和抗震安居工程建设34 452户，竣工33 912户。争取中央、省补助资金43 170.62万元，市级财政第一批配套补助1 488.75万元。

（柳　润）

煤气·燃气

【经济指标】 2015年，昆明煤气集团公司总收入17 399万元。净资产收益率2.81%，利润总额2 262万元。

【安全生产】 2015年，公司签订安全生产目标责任书373份。全年出动安全检查组231组，参加检查人数1 138人，检查一般安全隐患304起，对检查出隐患现场整改，现场整改不了下发整改通知限期整改，明确责任人，整改率100%。全年公司所属安全经费投入83.67万元。其中，隐患整改经费39.83万元，劳动保护经费27.88万元，教育培训、活动经费93 861元，消防经费32 868元，奖励经费25 300元，其他经费7 658元。全年全公司范围内组织开展应急预案演练及消防安全突发事故防范演练活动11次，参加演练263人次，参加观摩209人次。实现年初提出“六个杜绝”“三个降低”“两个提高”安全生产工作目标，确保全年未发生重大安全责任事故。

【安全教育培训】 2015年，按照《集团公司2015年安全教育培训计划》，组织开展由公司领导主讲《安全生产应急管理知识》培训；由安全管理部门主讲《安全管理制度》；外聘老师主讲《危险源管理、安全生产网格化管理》等培训。组织实施新安法、公司新修订《安全管理制度》、消防安全知识、员工“三级”安全教育、“员工应知应会”、安全检查知识、五级五覆盖教育、公司内部准驾证人员交通安全知识答题、社会风险公告、五落实五到位等培训。组织284人参加新安法知识竞赛。全年公司及下属单位组织员工教育培训3 948人次。

【重点工程】 2015年，公司负责建设中缅天然气昆明东支线空港连络线燃气工程。管道从昆明东支线拓磨山输气末站接气，将来气分别输送至东绕城高中压调压站和环湖东路高中压调压站，向昆明市主城区的盘龙区和官渡区各类天然气用户供气，是昆明市保障全市天然气置换重点工程。2015年，完成空港连络线次高压天然气管道及配套场站、规划60号路临时天然气管道、新320国道（1—4标）燃气干管工程，保证天然气顺利下载和昆明长水国际机场安全、稳定供气。

【天然气置换】 2015年，全市天然气置换任务目标33万户。成功实施26个小片区，涉及呈贡、官渡、五华、经开、西山、高新6个行政辖区33.03万户居民用户、298户商业用户、27户工业用户天然气置换工作。置换中压燃气管道248千米，低压燃气管道577.5千米；完成26项天然气置换配套改造工程；排查出风险点3 969个，完成隐患整改3 200处。新建燃气管道工程、配套适应性改造工程和隐患整改工程基本满足天然气置换逐步实施需求。完成置换西门站天然气供应日供气峰值达8.42万米^3/天（12月18日）；东门站天然气供应日供气峰值达6.08万米^3/天（12月29日）。至12月31日，2015年昆明市天然气下载量累计达1 752万立方米。

【社会扶贫】 2015年，公司派出各级干部90人次到帮扶点蹲点、调研，直接投入资金20万元，落实项目4个。对90户贫困户建档立卡，做到精准化识别、针对性扶持、动态化管理，为精准扶贫提供条件。

（杜瑜丽）

城市供水

【经济指标】 2015年，完成老旧管网更新改造30千米，超额完成市政府下达管网更新14.5千米目标。供水保障率99.53%，管网压力合格率99.19%，用户满意度97.89%。全年售水量2.55亿立方米，同比增长5.69%；自来水用户107.89万户，同比增长9.38%。产销差率、历史欠费余额降至近十年来最低水平，供水量、售水量也实现历史最好水平。

【城市供水安全】 由于5年连旱影响，为保障昆明城市供水可持续发展，集团公司在2014年完成1亿立方米调蓄任务基础上，积极围绕省水利厅下达云龙水库年底调蓄1.8亿立方米目标，根据省市相关专题会议精神要求，继续实行正常偏紧、相对稳定、动态调节供水调度模式。充分合理使用现有城市供水水源，提高城市供水保障，积极启用牛栏江原水，为云龙水库调蓄增蓄创造条件。

下半年，在全面分析水源水情基础上，根据市政府分管领导召集昆明城市供水保障及水源水库增蓄工作专题会议精神，集团公司采取6项有效调蓄措施。截至2015年12月8日，云龙水库水位2 077.25米，库容1.8 037亿立方米，比上年同期库容多7 315万立方米，提前22天实现省水利厅下达年末蓄水任务，为全年调蓄目标实现及确保城市供水安全、优质、稳定奠定良好基础，也为云龙水库恢复生态，确保昆明城市社会经济可持续发展做出应有贡献。

【提升服务水平】 2015年，通过改

2015年节水宣传周活动现场　　（市水务局　供稿）

表出户及新装一户一表，完成新增用户立户数9.26万户。积极实施新旧管网建设及改造项目，新增DN100以上管道36千米，集团公司管网总长3 900千米，管网更新约30千米，超额完成与市政府签订老旧管网更新改造年度计划14.5千米206%。全年“96106”客服热线受理客户咨询、报修报漏、水费查询、违章用水举报、客户建议等电话65.14万个，信息传递准确率100%。充分运用新媒体做好服务工作，集团公司官方微博粉丝数44 076人，发布微博信息3 303篇。采取微直播方式与集团领导做客“春城热线”同步进行现场发布。实现与“春城热线”“96106”“12345市长热线”及网民互动。集团微信公众平台关注量13 118人次，违章举报模块点击量453次，其中提交总量78次。实施工程一站式服务，从用户申请用水直至协调设计、施工至最后完工都有专人服务。成立工程维护中心，与“96106”实现联动，24小时进行抢修、维护。实现主动上门为用户服务，采取多种便民措施，通过支付宝、微信支付等手段，使柜台缴费比例持续下降到6.15%左右。

【供水重点工程建设】　列入政府应急工程滇池国际会展中心双管供水南连接线—飞虎大道DN600给水管网工程，克服时间紧、任务重、规划审批、征地拆迁、交叉作业等重重困难，通过采取边勘测、边设计、边施工工作方式及24小时不间断施工等应急措施，连续奋战156 天，2015年5月15 日，实现全长10.98千米DN600管应急工程项目完工通水，为南博会顺利召开提供有力供水保障服务。古滇国项目作为全省十大历史文化旅游项目之首，经过198天努力，完成全线供水管网6.54千米敷设工作，9月25日完成并网通水。其他重点工程项目空港经济区南、北加压泵房、火车新南站配套给水工程、西翥自来水厂、北部山水城等正按计划有序推进。

【企业内部建设】　持续推进内控制度建设。严格按照各项规章制度及议事规则，坚持“三重一大”事项集体决策原则，科学决策、民主决策。2015年下发执行《昆明自来水集团有限公司督查督办工作制度》等 14个规章制度及管理办法，截至2015年底，下发完成53个规章制度，各子公司梳理完善管理流程及规章近500个统筹兼顾，认真做好“十三五”规划编制工作，形成征求意见稿，提交职代会审议后实施。进一步统一全集团财务制度，完成统一固定资产折旧政策方案。2015年获得市国资委年度财务报告管理工作先进单位。积极推进建立企业年金制度，保障和提高退休职工基本生活水平，方案按程序通过职工代表大会审议，获得上级相关部门批准启动实施。组织排水专业、财务、计算机、反恐、安全等员工培训594人次，对提升供水服务水平及规范化管理起到积极推进作用。夯实信息基础，打造智慧水务。充分应用水力模型和GIS系统，为应急预案、供水方案制定及领导决策提供依据；集团公司信息中心建设按计划有序推进。生产数据管理平台建设项目取得阶段性成果；通过对OA办公系统进行应用升级，功能模块扩展，进一步提高工作效率。加快科技创新，率先引进分子链双峰性能结构高抗应力开裂等级材料管材、超大功率100吨顶拖力拖管设备及德国TT公司的裂管设备等新工艺、新材料，应用在管网施工、老旧管网更新改造中。紧紧围绕“科学发展，安全发展”主题，强化危险化学品和易燃易爆物品专项整治，进一步排查各类安全隐患，堵塞管理漏洞，全面提高事故防控能力，确保供水持续安全稳定。在水源地、水厂、泵站等23处供水重点要害部位，安装110联动报警系统23套，报警按钮31个，新增安装报警监控探头110个。积极组织开展反恐应急演练，提高重点供水设施应对突发事件的快速反应能力。

【水库水质安全保障】　云龙水库全年供应原水1.206亿立方米。云龙、清水海水库、输水管线主要设备设施完好率100%，供水管线安全零事故，供水保障率100%。云龙、清水海水库水质达到II类。加强生态治理，投放食藻花白鲢鱼苗38.5万尾。持续加强水源保护宣传。

【扶贫工作】　按照市委、市政府工作安排和部署，集团公司扶贫项目涉及云龙乡7个村委会、42个自然村，总施工里程151.9千米，投资概算

3 965万元，计划分3年对云龙乡境内实施7项村镇道路建设和37项村内道路硬化工程。2015年，实施完成1条公路硬化、4条村内道路硬化项目，完成工程实物量820万元。深入开展“转走访”工作，集团公司领导班子成员9人，每人挂钩帮扶2户，帮扶18户47人。

【落实党建党风廉政工作责任制】 2015年，集团公司党委按照省、市部署，深入开展“三严三实”“忠诚干净担当”专题教育活动，认真贯彻落实省市要求，围绕“做深、做实、出彩、出新、出特色”，立足实际制订实施方案和措施，按质按量完成三个专题内容。继续加强作风建设，不断提高党员干部践行党的群众路线思想自觉性，党风行风和干部队伍作风得到切实转变。认真开展严禁领导干部收送“红包”“六个严禁”“个人岗位廉政风险防控”等排查治理工作。集团公司6个基层党组织、57名领导干部做出公开承诺。行政发文同比减少36.92%，业务招待费同比下降10%，集团公司“三公”经费总体下降5%。

【昆明城市供水百年纪念活动】 2015年，是昆明城市供水一百周年，为进一步传承百年企业文化精神，打造现代企业新形象，集团公司组织开展续修昆明水志、编辑制作昆明城市供水百年纪实专题片、举办“水健康”职工系列健身运动以及“昆明城市供水百年纪念大会”等9项系列活动。

（昆明自来水集团有限公司）

城市节水

【节水宣传】 2015年，在全国城市节水宣传周、世界水日、中国水周期间，通过发放宣传资料、摆放展板等形式，营造全民节水行动、共建节水型城市、改善城市水生态氛围。以水生态文明建设、节水型社会建设、落实最严格水资源管理制度为重点，广泛、深入开展节水宣传活动，宣传节水重要意义、方针政策、法律法规、节水技术和方法，发动广大市民参与节水工作，倡导科学用水，普及节水型器具，巩固和增强全民节水意识。做到电视里有影像、报刊上有文字、广播里有声音。配合新闻媒体和支持企业、单位、社区等组织开展节水宣传公益活动。在开展企业（单位）和住宅小区的水平衡测试、节水业务指导等工作时，邀请新闻媒体记者参与，对节水工作开展较好、较有特色县区和部分企业（单位）进行新闻报道。

【节水管理制度】 制定实施《昆明市城市雨水收集利用设施竣工验收规范》，重新修订《昆明市城市计划用水管理工作规范》《昆明市再生水利用设施竣工验收规范》《昆明市企业（单位）水量平衡测试规范》《昆明市节水型小区创建考核办法》。完成《昆明市雨水收集利用管理办法》立法调研，起草《关于进一步加强城市再生水利用工作的实施意见》《关于加强昆明市城市分散式再生水利用设施运行监管的意见》。根据《昆明市全面深化生态文明体制改革总体实施方案》要求，推进节水型社会建设，起草《关于加强节水型社会建设的实施方案》。

【复核复检】 2011年，昆明市荣获“国家节水型城市”称号。按照有关要求，国家节水型城市每4年进行一次复查。通过近年努力，昆明城市节水成效明显，主城区万元地区生产总值取水量和万元工业增加值取水量均低于全国平均值50%以上，城市污水处理率97.45%；非常规水资源利用率93.05%；城市供水管网漏损率13.38%；节水型企业（单位）覆盖率21%；工业用水重复利用率87.42%；工业废水排放达标率100%。城市居民生活用水量106.22升/人·日，各项指标达到或优于国家考核指标和要求。2015年6月29日，通过昆明市国家节水型城市复查考核组检查，认定昆明市达到和优于国家节水型城市标准。

【计划用水管理】 对主城区内月用水量在100立方米以上非居民用水户继续实行计划用水管理，每年分两次编制下发计划用水指标，按月考核，对超计划用水的严格收缴超计划用水累进加价水费。将主城区内5 700多户非居民用水户和呈贡、马金铺、经开区达到管理要求用水单位纳入计划用水管理。在管理过程中，开展节水信息管理系统建设。2015年，与开发合作单位密切配合，联合财政部门，实现超计划用水加价水费机打发票开单，进一步提高计划管理科学化水平。

【再生水利用】 严格落实节水“三同时”制度。2015年，主城及呈贡区范围内建设分散式再生水利用设施52座，总设计处理规模1.38万米^3/日。“十二五”期间，主城及呈贡区范围内建设分散式再生水利用设施235座，总设计处理规模7.11万立米^3/日。再生水年平均回用量24 409.56万立方米（含回补城市河道生态环境用水），其中用于绿化、环卫、冲厕等杂用水1 258万立方米。加强对建成再生水设施日常运行监管，建立日常监管台账。2015年，对纳入日常监管430个再生水利用设施进行2 100余次站点巡查。依照《昆明市城市再生水利用专项资金补助实施办法》，对106个递交再生水利用资金补助申请的再生水利用设施进行按月抄表计量和抽检水质，对符合再生水利用资金补助条件及时完成补助资金核算和发放工作。与昆明冶金高等专科学校合作，2015年7月和11月分两批组织各分散式再生水利用设施运行管理人员进行国家职业资格证书培训，138人参加培训并分别获得初、中、高级污水处理工职业资格证书。

【雨水综合利用】 2009年9月起，昆明出台《昆明市城市雨水收集利用的规定》，要求所有新、改、扩建城市道路、高架桥、公园、广场绿地等市政工程项目和民用建筑、工业建筑，符合条件都应同期配套建设雨水收集利用设施，对雨水进行综合利用。主城及呈贡区范围内建成161个雨水收集利用设施，设计规模10.7万米^3/日。其中，2015年，主城及呈贡区范围内建成55个雨水收集利用设施，设计规模4万米^3/日。“十二五”期间，主城及呈贡区范围内建成120个雨水收集利用设施，设计规模7.9万米^3/日。主要通过下凹式绿地、渗透铺装、植草砖、渗排一体化系统、地下建筑顶面与覆土之间滤水层、雨水收集池、模块水池及景观水体等低影响开发设施的组合应用对项目区域内的径流雨水进行控制，提高对径流雨水渗透、调蓄、净化、利用和排放等能力。在新建和改建道路中推行生态道路建设，68条道路采用雨水生态断面技术。此外，还对黑龙潭公园、金殿公园、郊野公园等51个市政公园绿地补建雨水集蓄利用设施。

【水平衡测试和节水型企业（单位）小区创建】 2015年，完成水平衡测试107家，测出漏水点20余处，漏水量2 193米^3/日，创建节水型企业（单位）、小区66家。“十二五”期间，完成325户用水单位测试工作。其中，2012－2015年查出漏损300万立方米，为用户挽回损失1 000多万元。累计创建节水型企业（单位）、节水型小区190家，为昆明市创建和巩固“国家节水型城市”成果奠定基础。

（市节水办）

测绘管理

【基础测绘工作】 2015年，昆明市测绘管理中心完成滇池西岸区域主干道1∶500地形测量29.4平方千米。

【市级重点项目】 组织实施《昆明市城市规划建设管理数字化应用》项目。2015年，完成项目顶层设计和标准制定、航空摄影测量及数据处理加工、数字化应用系统研发、专业软件升级、GIS空间数据加密系统建设工作。形成项目成果：顶层设计大纲1套，技术标准6套，应用子系统7个，航空摄影测量、实景三维模型、数字高程模型、数字表模型、正射影像、专题数据、政务电子等数据507平方千米，成果数据量达110T，在昆明市测绘管理中心部署数字化实景三维展示系统1套。正在开展数字化应用平台试运行工作完成后，将上线运行。

【地理信息资源整合】 落实省委“推动城乡、土地利用、生态环境保护等规划‘多规合一’和空间‘一张图’管理”要求，推动全市地理信息资源有效整合共享。2015年，市测绘管理中心完成昆明市公共地理信息资源整合项目（一期）建设和《昆明市公共地理信息资源共享对策研究》课题，形成《昆明市公共地理信息资源共享实施意见》上报政府。地理信息资源整合以昆明市测绘地理信息资源为基础，利用市工信委网络资源，建立软硬件支撑环境，整合全市公共地理信息资源，制定公共地理信息标准，建立公共地理信息数据库，开发昆明地理信息公共服务平台，提出公共地理信息共建共享建议，实现公共地理信息资源共享服务，促进社会经济发展。

【测绘成果】 2015年，市测绘管理中心为市委市政府及各委办局提供专题图近200份，完成昆明市林业局空中视廊范围落图工作。为市城市管理综合行政执法局提供用于城管部件更新普查工作的主城及呈贡区域CGCS2000坐标系卫星影像数据710平方千米；为市林业局提供用于城市主要出入口道路进行植被修复和造林绿化工作的1980坐标系卫星影像图及行政区划界线5 560平方千米。完成观音山社区美丽乡村管线、路网建设数据处理及提供工作，数据内容为观音山社区范围地形图及影像图的纸质图片。完成中油辽河工程有限公司用于林业调查数据坐标转换工作。

【人才培养和宣传教育】 重视人才培养，注重教育培训，提高市测绘管理中心全体干部职工能力素质。2015年，市测绘管理中心4人被省测绘局聘为“云南省测绘地理信息质量检验专家”；1人被云南省测绘地理信息学会聘为第十届常务副理事长；1人被云南省测绘地理信息学会聘为第十届理事会理事。昆明市测绘管理中心组织专业技术人员在测绘专业类公开刊物发表学术论文3篇。

（李国英）

测　绘

【城市基础测绘】 2015年，完成覆盖昆明市8 000平方千米0.5米分辨率数字正射影像制作；完成包括南博会、呈贡新区、剑川县、石林风景区等区域1 000多平方千米航摄生产任务；完成昆明市主城区580平方千米1∶500数字地形图修补测；完成昆明市主城区三维地理信息模型现状数据更新制作约80平方千米；完成覆盖昆明中心城区5 000平方千米一等水准基准网测量，水准测量路线全长739.2千米；完成覆盖昆明市域范围2.1万平方千米一等重力基准网测量，观测12个一等重力基准点。

【服务规划测绘】 2015年，完成建设工程定线测量171件、验线测量140件、基础±0.00测量332件、竣工测量230件；完成市政管线测量500余千米；完成昆明市规划三维辅助审查项目71项，总建筑面积约1 284.8万平方米。

【数字昆明建设】 2015年，“数字昆明”项目各项建设内容完成，包括建设完成昆明市380平方千米公共平台数据集；建设完成“数字昆明地理信息公共服务平台”；建设完成涉及规划、城管、园林、住建、土储、林业等多个部门7个典型示范应用系统；草拟《数字昆明地理信息公共服务平台管理办法》。“数字昆明”项目各分项建设内容均通过专家验收，市规划局向云南省测绘地理信息局申请项目总体验收。

【地图编制】 2015年，完成《昆明市融入“一带一路”建设发展示意图》《建设世界知名旅游城市——新昆明旅游交通图》《2015昆明搜房图》《2015昆明焦点购房图》《五华区安监单位分布图》等专题地图；完成昆明市主城区780平方千米公众版电子地图和政务版电子地图；完成昆明市域2.1万平方千米影像电子地图；完成12个地图成果参加全国测绘地理信息应用成果和地图网上展览。

【重点测绘项目】 2015年，完成昆明市五华区、官渡区、晋宁县地理国情普查信息采集时点更新工作，项目通过昆明市地理国情普查办公室组织的专家验收；完成昆明市城市规划建设管理数字化应用——大树普查及动态监测系统开发项目的外业大树普查工作；调查完成昆明市建成区胸径大于25厘米大树约11万棵；完成昆明市重点区域地下空间普查（二环路内）约10平方千米地下空间普查；完成建筑面积200平方米以上地下空间普查307个。

【测绘科技项目】 2015年，完成住建部科技项目《基坑变形的策略机器人自动化监测技术研究与应用》和《三维激光扫描技术在隧道工程竣工测量中的应用研究》研究，通过住建部组织专家验收。

【获奖项目】 2015年，《昆明市市域范围内建筑、道路现状调查属性调查（一标段）》项目荣获全国优秀测绘工程奖铜奖；《昆明市测绘研究院资源管理平台》荣获2015中国地理信息产业优秀工程银奖。

（市测绘院）

城建档案

【概况】 按照市政府系统目标责任单位年度主要工作目标和规划局工作目标分解方案，2015年，昆明市城建档案馆完成城建档案接收22 000余卷，完成规划档案数字化3 700卷，城建档案接收及规划档案数字化工作完成全年任务。

【工程档案管理】 认真开展档案业务协调沟通工作，加强与省、地州、市及各县区城建档案系统业务联系，积极强化对工程项目尤其是重点工程项目档案管理，指定专人负责工程档案接收管理，提前介入，主动服务上门，对昆明轨道交通、滇池治理等重点工程项目及时跟进，做好现场档案业务指导和跟踪管理，有效促进工程档案接收。2015年，接收建筑工程档案9 919卷，市政工程档案9 493卷，规划档案3 717卷。

【信息化建设】 开展城建档案馆信息化建设，认真研究城建档案信息化发展方向和趋势，编制完成昆明市城建档案馆基础数据衔接“数字昆明”平台需求，为下一步推进数字化档案馆建设打下良好基础。

【库房管理】 大力开展档案提供利用工作，充分发挥城市建设信息中心功能，展现城建档案独有价值，档案查阅利用工作取得新进展。全年接待查阅单位897家，调阅档案17 474卷。

【城建档案编研】 强化城市规划、建设、管理中重大活动、重大建设项目及重点工程跟踪拍摄、资料收集，对城市风貌、人文景观开展声像资料素材收集整理，重点围绕湿地建设及滇池治理、城中村改造、滇中产业园区等项目开展声像档案收集，组织对昆明五大片区（呈贡核心区、巫家坝片区、草海片区、三个半岛、经开区）开展航拍，相关声像资料拍摄收集工作顺利完成。完成《阳光下的地平线》《数字昆明 智慧春城》《扬测绘精神 促科技发展》等3部专题片制作。全年接收声像档案537卷，照片42.77万张。

（市城建档案馆）

环境保护

◆责任编辑　李　震

2016 KUNMING YEARBOOK

环境保护

【污染物总量减排】　2015年，昆明市政府分别与各县（区）政府、管委会、市级各有关部门、各重点企业签订《2015年度主要污染物总量减排目标责任书》，将污染减排任务落实到具体单位、项目和责任人。突出抓好火电、钢铁、水泥、冶炼、化工等重点行业及机动车、城镇污水处理厂、规模化畜禽养殖场污染物减排工作；淘汰落后产能，推进产业转型，坚持对年度重点减排项目和重点企业生产线工程进度、产品产量、排污情况等实行每月跟踪调度，针对存在问题及时督促整改；强化监督管理、确保重点减排设施正常稳定运行。2015年，昆明市实际完成重点减排项目83项，超额完成云南省下达减排任务。

【环评审批】　加强对滇池流域、牛栏江流域、饮用水源地等重点区域、敏感区域环评管理。引导工业项目向工业园区集中集群发展，严格控制高能耗、高污染、资源消耗型项目建设。严格执行“三同时”制度，加强建设项目全过程监管。修订《昆明市环境保护局行政审批工作管理制度》，不断简化审批流程，规范审批行为。制定《昆明市环境保护局建设项目环境影响评价信息公开规定》，认真开展环评信息公开工作，保障公众对环境保护参与权、知情权和监督权。成立昆明市环境工程评估中心，实现环评文件技术评估与行政审批分离。“十二五“期间，审批非辐射类建设项目环评文件1 172个；组织非辐射类竣工环境保护验收项目450个；公开环评文件信息752个；完成环评文件技术评估678个。

【“一湖两江”流域水污染防治】2015年，组织完成《滇池流域水污染防治规划（2011—2015）》执行情况末期评估、滇池流域总量控制基础调查报告、滇池“十三五”规划大纲文本并上报云南省环保厅审查。2015年，外海水质综合营养状态指数62.4，营养状态中度富营养。与2014年同期比较，外海水质类别和营养状态均无变化，中度富营养，综合营养状态指数下降3.5%。草海水质综合营养状态指数69.3，营养状态中度富营养。草海水质类别无变化，营养状态由重度富营养转为中度富营养。综合营养状态指数下降4.5%，水体透明度上升7.9%。主要污染物五日生化需氧量、氨氮、叶绿素a、高锰酸盐指数、化学需氧量、总磷的平均值分别降低。印发实施《关于印发普渡河及牛栏江昆明控制单元2015年水环境综合治理工作方案的通知》。牛栏江昆明出境断面河口平均水质达到地表水Ⅲ类。组织对2014年度阳宗海流域水环境综合治理目标责任完成情况进行检查考核，拟制《2015年阳宗海流域水环境综合治理目标责任书》上报昆明市政府办公厅；2次对阳宗海西南岸泉眼出水采样进行监测分析，对原锦业公司厂区区域多个积水点采样进行监测分析；阳宗海环湖截污工程2015年12月2日启动建设。根据2015年监测数据显示，湖体水质基本达Ⅲ类。

【饮用水源地保护】　2015年，全市集中式饮用水源地水质达标率100%。对保护区内面源污染、建设项目情况、水库周围放牧、钓鱼等情况进行严格排查和管理，对发现散户养殖进行处罚教育。昆明市集中式饮用水源地一级保护区内无排污口、无网箱养殖、畜禽养殖、无与供水设施和保护水源无关建设项目；二级保护区内无违法排污口，无违法养殖。没有发生污染性缺水，饮用水源地周边无新、改、扩建项目，无采石挖沙情况，无放牧情况。按时完成昆明主城及县级集中式饮用水源、典型农村饮用水源环境状况评估工作上报。

【大气环境综合整治】　2015年，昆明市住建局对建设工地环境整治督察范围扩展到昆明市17个县区。昆明市城管综合执法局开展“昆明市建筑垃圾专项整治活动”“建筑垃圾运输处置专项整治”活动；印发《昆明市工业企业厂区扬尘污染防治工作规范（试行）》严管工业企业厂区扬尘，确保达标排放；开展昆明市有机化工、表面涂装、包装印刷等行业实施挥发性有机物综合整治调查工作及加油站、储油库、油罐车油气回收治理摸底调查工作；印发《昆明市储油库加油站油罐车油气回收综合治理工作方案的通知》等指导性文件；出台《关于扩大昆明市高污染燃料禁燃区范围的通告》，城市禁燃区范围新增西山区碧鸡办事处和高新区马金铺办事处部分区域，新增面积43.656平方千米。组织执法人员开展高污染燃料设施调查和蜂窝煤制售点调查。

2015年，昆明市空气质量优161天，良196天，轻度污染8天，优良天数357天。空气质量达标率97.8%，细颗粒物（PM2.5）、可吸入颗粒物（PM10）、二氧化氮（NO_2）、二氧化硫（SO_2）等6项污染物年均浓度均达《环境空气质量标准》（GB3095–

2012）二级标准。

【机动车尾气防治】 实施机动车凭“标”管理制度。2015年7月1日，主城黄标车限行区域扩大到二环以内全部区域。昆明市22家机动车安检站（汽车）全部建设简易工况法环保检测线，实现机动车安检和环检全覆盖。2015年，昆明市建成22家机动车环保检测场站，检测机动车62.9万辆，发放标志74.7万个。公安交管部门按照环保部门提供机动车环保标志信息，对违规进入限行区域范围内机动车进行处罚，全面实现机动车凭“标”管理制度。出台“昆明市治理淘汰黄标车及老旧车工作方案”。2015年，全市淘汰营运黄标车3 682辆。

【应急管理和安全】 2015年，在云南大地丰源环保有限公司（昆明危险废物处理处置中心）厂区内开展突发环境事件应急演练。编制完善昆明市突发环境事件应急管理方案；组织开展环境安全隐患排查活动；开展昆明市放射性物品、废弃危险化学品、医疗废弃物隐患排查和监督管理工作。健全完善昆明市环境应急预案体系，组织寻甸县、东川区等县区和企业开展突发环境事件应急演练。

【核安全与辐射、危废】 2015年，市环保局督促昆明北方红外技术股份有限公司、云南昆船第一机械有限公司等62家单位279枚废旧放射源完成收贮；督促昆明理工大学完成其生命科学与技术学院14C非密封放射性物质完成收贮。自2013年5月起，核发211个辐射安全许可证；办理42家辐射工作单位辐射安全许可证延续手续、125起辐射安全许可证变更手续；注销30个辐射安全许可证；审批339个辐射项目环评；完成84个辐射项目竣工环境保护验收。在云南省率先建成医废处置中心，在西南地区率先建成危废处置中心。截至2015年，审批办理569件危险废物跨市转移许可，对昆明市涉危47个行业1 909家单位进行摸底申报排查，开展危险废物申报登记2 212家次，做到危险废物申报登记管理工作全覆盖。昆明市危险废物处置利用率100%、医疗废物集中处置率100%。

【数字环保】 2015年，市环保局发布监控周报46期，监控污染源超标异常次数685次，统计环境自动站联网监控周报45期。完成国控污染源自动监控平台29家可控国控企业日常修约工作，修约处理异常数据23 500余条，上传国发平台凭证480余份，标识停产272次。全市国控可控企业数据传输有效率94.46%，远高于国家考核指标75%的要求。每日对全市82家企业、153套设备（其中水75套，气78套）、15个地表水自动站、11个空气自动站、30个噪声自动站进行全天候监控。

【生态文明建设】 2015年，全市12个县区及市本级获得生态功能区转移支付资金18 438万元，其中寻甸、石林、禄劝3个民族自治县获得生态功能区转移支付10 275万元。组织完成《昆明市建立健全生态补偿机制对策研究》课题，上报昆明市委改革办。指导石林县申报国家级生态县技术审查工作，石林成为云南省第一批、昆明第一家通过国家级生态县技术审查县区；持续开展生态县（区）、乡镇（街道）、村（社区）创建，20个省级生态文明乡村（社区）获省政府命名；推进17个国家级生态乡镇（街道）申报工作，获得环保部命名；推进9个省级生态文明乡镇（街道），其中6个获得省政府命名，3个通过云南省考核待命名；五华区、官渡区、盘龙区、富民县、禄劝县5个县区创建云南省生态文明县（区）工作通过省厅组织的技术审查。昆明市26所学校、13个社区、1家单位通过绿色学校、绿色社区、环境教育基地审核。2015年10月19—30日，组织专家现场考核，命名25所绿色学校、13个绿色社区、1家环境教育基地。指导完成获云南省级资金支持的晋宁县六街镇三印村村落环境综合整治项目，进行验收；指导完成获省级资金支持的呈贡区“小古城及溪波村村落污水收集系统完善工程”，待云南省环保厅验收；开展石林县圭山镇糯黑村委会大糯黑村农村环境综合整治项目，组织专家对该项目实施方案进行审查。争取国家、省级对民族地区“以奖促治”“以奖代补”农村环境综合整治资金支持项目4个：禄劝县省级生态文明县创建项目（50万元）、禄劝县九龙镇老街村岩上村（50万元）、寻甸县清水海水源保护区板桥河上游支流水源地村庄环境连片综合整治（200万元）、石林县鹿阜街道办阿乌村委会上赵公庄村环境综合整治（50万元）。

【土壤环境保护和综合治理】 按照《云南省土壤环境质量监测国控点位布设方案》要求，启动开展特定点位布设工作。牵头组织编制完成《昆明市近期土壤环境保护和综合治理方案》，经昆明市政府同意下发各县、区人民政府，昆明市政府有关委办局。印发《昆明市环境保护局关于印发昆明市近期土壤环境保护和综合治理重点工作任务责任分工方案的通知》，有序推进土壤环境保护及综合治理工作。2015年，昆明市环境保护局被国家环保部评为全国土壤污染状况调查工作先进集体。

【环境监管执法及信访投诉】 2015年，全市使用《新环保法》及4个配套办法处以查封扣押、限制生产，停产整治、按日连续处罚、行政拘留案件20件。重点查处云南南磷集团电化有限公司、云南寻甸磷电有限公司、云南建工云岭水泥有限公司等多家企业环境违法行为。组织开展环境保护大检查和环境安全隐患排查

整治工作，检查企业3 156家，查处违法企业259家。出动环境监察人员2 821人对滇池、阳宗海流域内11家城市生活污水处理厂、9家国控省控及其他重点企业、742个新建项目进行现场监察。出动712人次，检查牛栏江水源区污染源140余家次。对流域内云南宝琨置业有限公司、云南方森混凝土有限公司、昆明金星啤酒有限公司、阳宗海污水处理厂等企业环境违法行为进行处理处罚。查处一般案件169件，罚款760.74万元；简易案件193件，罚款30.32万元。完成排污费征收5 960万元，其中进入市本级金库排污费征收1 788万元。受理环境投诉案件9 081件。其中，承办“12369”环保投诉件5 212件；承办市政府“12345”市长热线转（交）办件2 999件。处理群众来信来访205件，办结率100%。“12369”环境污染投诉与上年同期相比下降2.3%。

【环境宣传教育】 2015年1月14日，在呈贡区洛龙河公园广场举办以“学习新环保法·保护治理滇池”为主题的贯彻学习新修订《中华人民共和国环境保护法》系列宣传活动启动仪式；4月28日，深入宜良县耿家营集镇和宜良县工业园区管委会，与宜良县环境保护局联合开展新环保法“五进”系列宣传活动，发放各类宣传手册4 000多份；5月21日，与石林县环保局联合组织全县120家企业主要负责人、各乡镇（街道）环境监察员等，在建业石材厂举办新《环境保护法》培训；8月28日，与东川区环保局联合在钻石年华广场开展新环保法“五进”系列宣传活动，组织东川辖区内排污企业100余家参加《新环保法》知识讲座；9月18日，与寻甸县环保局联合开展新环保法“五进”系列宣传活动，对12家煤磷化工企业等进行新环保法培训；10月16日，与禄劝县环保局联合开展新环保法“五进”系列宣传活动，组织举办辖区内企业负责人《新环保法》培训；6月5日，在呈贡洛龙公园广场组织开展“六五”世界环境日“贯彻落实‘新环保法’倡导低碳生活方式”主题现场宣传活动。开通“昆明环保”微信平台，与全国同步开通“12369环保举报”微信平台。完成7家“宁静小区”创建工作。

（李　佳）

滇池保护

【规划项目完成情况】 截至2015年12月底，《滇池“十二五”规划》项目完成67个，累计完成投资289.79亿元。

【滇池水质】 2015年，滇池营养状态为中度富营养，除总氮、总磷和化学需氧量3项指标超Ⅳ类水标准外，其余19项指标均达到或优于Ⅳ类标准。滇池外海除化学需氧量、总磷2项指标外，其余20项指标达到或优于规划目标；滇池草海除总氮、化学需氧量2项指标外，其余20项指标达到或优于规划目标。与2014年比较，滇池水质持续改善，营养状态指数由66.93下降为64.47，降幅3.7%；水体中主要污染指标氨氮下降29.4%、总磷下降19.9%、总氮下降1.8%。与2010年比较，滇池水质由重度富营养转为中度富营养，营养状态指数由71.04下降为64.47，降幅9.2%；水体中主要污染指标氨氮下降72.8%、总磷下降56.9%、总氮下降46.8%。

【入湖河流水质】 2015年，纳入滇池“十二五”规划考核16条河流中，除新运粮河、海河2条河流水质未达到规划目标外，14条河流水质均达到规划目标。与2014年比较，16条河流污染程度总体有所减轻，水污染指数平均值由12.7下降为7.8，降幅38.6%；水体中主要污染指标化学需氧量下降23.1%、氨氮下降57.8%、总磷下降26.2%。与2010年比较，16条河流水污染指数平均值由22.0下降为7.8，降幅64.5%；水体中主要污染指标化学需氧量下降45.9%、氨氮下降82.8%、总磷下降65.2%，河流水质及生态景观改善明显。

【饮用水源地水质】 2015年，滇池流域内7个集中式饮用水源地水质类别均达到规划目标。

【滇池保护立法】 认真抓好《云南省滇池保护条例》贯彻落实，公布

滇池保护志愿者全程联动招募活动　（市滇管局　供稿）

《滇池分级保护范围划定方案》，明确滇池一、二、三级保护区具体范围；组织《昆明市环滇池生态区保护规定》《云南省滇池保护条例》实施细则等规章制定工作；开展《昆明市河道管理条例》《昆明市城市排水管理条例》修订立法工作，不断健全滇池保护治理法律法规体系。加强环境监管执法，建立环境监管网格，严厉打击违法违规行为。

【草海综合整治】 2015年9月，昆明市开展草海及周边水环境提升综合整治工作。成立以市委书记、市长为指挥长滇池草海及周边水环境提升综合整治指挥部，制定印发《滇池草海及周边水环境提升综合整治工作实施方案》，明确任务分工和各部门工作职责。以草海水体及周边河道水质明显改善为中心，以河道综合整治、沿河沿湖生态建设、污水处理厂出水水质提升为重点。草海重点区域蓝藻打捞处置，实施水质净化厂水质提标、草海区域水环境监测信息平台建设、新老运粮河现有截污治污措施提升工程、盘龙江南坝卧倒闸提升改造工程、西山区王家堆片区3个村组征地拆迁安置及片区湖滨生态湿地建设、滇池草海大泊口湖滨带0.57平方千米生态修复示范工程，同步开展草海水体流动场，草海湖体不同季节水质、水位变化规律，草海生态修复方案，草海治理工程地质灾害影响及预防等5个课题研究。充分运用工程技术、生物技术、信息技术，全面推进草海及周边水环境提升综合整治工作，进一步改善草海和入草海河道水质。

【构建健康水循环体系】 进一步优化滇池补水空间布局和水量分配，加强对牛栏江—滇池补水、污水处理厂尾水和水库蓄水水源调度。制订《昆明市“七库一站”和牛栏江—滇池补水工程联合调度方案》《草海水资源调控运行方案》。在牛栏江补水滇池外海基础上，投资3 254万元，完成玉带河、篆塘河及西坝河节点改造及除障清淤工作，建成草海生态补水通道。2015年，向草海补水1亿多立方米，实现牛栏江水同时补给外海和草海。

【滇管综合执法】 2015年1–12月，开展专项整治活动19次，受理群众举报、市长微博和“12345”交办件147件，查处违法案件482件、处罚金额220万元。拆除滇池水体保护区、入湖河道违章建筑2 920平方米；收缴船只、轮胎筏子等偷捕工具326个，查处1 859人。组织大型联合行动72次，取缔各类违法网具（草排、地笼、虾笼等）17.1万余个、拔除竹竿11.8万余根；检查船舶500余艘次，排除隐患25个。

【环境准入监管】 强化开发建设项目滇池保护审查和排水许可审批。2015年1—12月，办理开发建设项目滇池保护审查75件；完成项目排水接驳方案技术指导和审查376份；审批核发“排水许可证”251份。

【河（段）长责任制】 将36条主要入（出）湖河道及84条支流沟渠日常管理向乡、村、小组、住户延伸，加强入湖河道巡查和日常保洁，使河道管理实现常态化、制度化。2015年1—12月，河（段）长及河长助理巡河422次，发现并协调解决88个问题。出动河道保洁人员19.1万人次，打捞河道垃圾漂浮物13.6万吨。

【生态湿地建设】 完成王官生态湿地、斗南生态湿地、海东湿地（二期）、晋宁东大河水上森林生态湿地、捞鱼河湿地建设向市民开放。海埂公园提升改造、盘龙江西岸入湖口湿地、盘龙江东岸入湖口湿地正加紧建设；西华湿地、观音山南湿地、观音山北湿地正在开展施工前准备工作。

【污水处理】 2015年，昆明市主城10座污水处理厂及东川、富民、禄劝、寻甸、呈贡、晋宁、阳宗、宜良、石林污水处理厂根据来水量保持全天24小时不间断运转，出水水质除东川污水处理厂执行GB18918–2002《城镇污水处理厂污染物排放标准》中的一级B标外，其余污水处理厂（水质净化厂）出水水质执行GB18918–2002《城镇污水处理厂污染物排放标准》一级A标准。2015年，处理污水4.8亿立方米，日平均处理水量132.87万立方米，削减化学需氧量约14.13万吨，削减氨氮13 233.12吨。其中，昆明市第一至第八污水处理厂设计处理能力110.5万米^3/日，处理污水44 415.11万立方米，日平均处理水量122.02万立方米，削减化学需氧量约13.50万吨、氨氮约12 560.71吨。

【滇池水位调控】 严格落实省防汛办《关于对昆明市松华坝等水库湖泊2015年汛期调度运行计划的批复》，调度滇池外海水量。截至2015年12月31日，滇池外海水位1887.48米，库容15.87亿立方米。按照省防办批复《2015年草海度汛计划》，进入汛期后，严密监视雨情、水情，及时报送水情信息，科学、灵活调控草海水位。截至2015年12月底，西园隧道排水4.36亿立方米，充分发挥工程分洪功能。

【滇池科研示范】 积极实施国家重大水专项滇池项目，示范工程纳入滇池“十二五”规划。省、市政府与环境保护部、住房和城乡建设部签订《共同推进滇池流域水体污染控制与治理科技重大专项合作协议》，积极加快国家重大水专项湖泊主题滇池项目和城市主题昆明项目实施和技术成果在滇池治理中应用步伐，部分课题研究成果被应用到环湖截污、生态修

《滇池分级保护范围划定方案》听证会　（市滇管局　供稿）

复、河道综合整治、面源污染治理、排水系统优化与改造和污水处理厂技术改造等多个治理滇池项目中，发挥对滇池治理科技治污作用。

（市滇池管理局）

环境监测科研

【环境监测】　每月组织开展昆明市水环境质量108个断面监测、19个饮用水源地、6个重金属监控断面、11个空气质量自动监测站、13个水质自动站及全市酸雨、降尘、环境噪声、100余个土壤监测点的监测和分析。每月编报《滇池水质月报》《饮用水水质月报》《阳宗海水质月报》《国家重点流域水质月报》《九湖月报》《滇池出入湖河流水质月报》《昆明市环境质量综合月报》等各类月报。提供各类综合监测数据30余万组，各类环境质量分析报告200余份。

组织开展滇池湖体10个测点及35条入滇河流72个断面每月水质监督性监测，按时向河长、段长报送水质监测结果，上报《滇池水质月报》12期、《滇池流域主要入河道水质监测月报》12期。开展昆明市主城区集中式饮用水源地水质监测，每月监测1次。报送《昆明市主要集中式饮用水源地、重点湖库、河流水质监测及达标综合排名情况的通报》6期。

【环境科研】　完成《滇池流域水污染防治规划（2011—2015年）》《昆明市生态建设与环境保护十二五规划》《昆明市重金属污染防治“十二五”规划》等规划工作任务；完成《滇池流域水污染防治（2011—2015年）实施方案》《滇池流域及补水区农村环境综合整治方案》《云南省生物多样性保护行动计划昆明市实施方案》等29个方案工作任务。申报国家及省市各类科研项目及成果奖项中，“典型农区农业面源污染防控关键技术研究与示范”获得云南省科技进步二等奖；“昆明市碳减排潜力分析及对策研究”及“昆明市化石燃料二氧化碳排放清单报告”获得昆明市第十一届社会科学优秀成果奖；成功获得“新型高效雨水弃流下渗装置”等5个实用型专利及1个发明专利。

成立昆明低碳城市发展研究中心，编制《中共昆明市委　昆明市人民政府关于建设低碳昆明的意见》《昆明市低碳试点工作实施方案》《昆明市低碳城市建设规划》《昆明市“十二五”低碳发展实施方案》等15个规划和实施方案；完成《废弃物处理温室气体排放清单编制项目研究报告》《昆明市低碳发展现状及努力程度评估报告》《昆明市生物质固体成型燃料应用现状调查及分析》等20余个研究报告。与瑞士发展合作署签署“应对气候变化谅解备忘录”，成为“中瑞合作中国低碳城市项目”试点城市（LCCC），积极开展低碳城市建设各项工作。2015年，完成《昆明市“十三五”节能减排低碳发展规划》，开展《臭氧污染成因分析及对策措施研究》《昆明市温室气体排放核算基础数据统计制度建设》《昆明市低碳试点建设成效评估》等课题研究工作。

昆明市世行贷款城市环境建设项目5个，分别是嵩明、寻甸、禄劝3个县级垃圾处置项目和滇池流域水污染总量监控与管理支持系统、滇池流域中长期综合管理规划2个市级滇池流域综合管理项目。项目2009年5月5日获世行执董会批准，2009年9月项目生效实施。2015年，寻甸、嵩明、禄劝3个垃圾填埋场及配套设施建设完成，全部投入试运行；滇池流域水污染总量监控与管理支持系统项目正在进一步推进，预计2016年内全部完成建设；滇池流域中长期综合管理总体规划项目结题，具体实施方案待上报昆明市政府批复后实施。

（市环境科研所）

现代新昆明建设·开发区建设

◆责任编辑 李 震

2016 KUNMING YEARBOOK

昆明呈贡新区

【概况】 2015年，全区完成地区生产总值180.42亿元，比上年增长10%；地方一般公共预算收入完成17.49亿元，比上一年增长22.38%；规模以上固定资产投资完成210.94亿元，比上一年增长31.1%；实现社会消费品零售总额38.3亿元，比上年增长12.6%；引进市外内资49.91亿元、省外内资42.27亿元、外资23 418.5万美元；三次产业结构调整为2.7：54.82：42.48；城镇居民人均可支配收入34 352元，比上年增长8.3%；农村常住居民人均可支配收入15 164元，比上年增长10.2%。2015年末，全区金融机构各项存款余额351.33亿元，比上年末增加41.99亿元，增长13.57%。其中，个人储蓄存款余额170.19亿元，比上年末增加14.38亿元，增长9.23%；各项贷款余额202.45亿元，比上年末减少3.1亿元，增长-1.51%。

【征地拆迁】 根据新区建设用地需求，制定《呈贡区2015年上报国务院批准城市用地报批计划》。其中，上报国务院25个地块，面积5 912亩；获批城市建设用地指标5 201.45亩。2015年，完成铁路1号线呈贡支线、火车昆明南站东西广场、黄马高速公路二次征地、火车昆明南站配套道路工程、昆明铁路枢纽扩能改造工程（B线）、昆明铁路枢纽扩能改造工程（C线）、新北路B段、呈贡供销合作社中庄化肥仓库、万溪冲公交保养场、国道213改扩建工程呈贡段、南连接线高速公路杜家营立交桥绿化、众和东苑进场道路、联大立交、大渔立交、金盾俊园二期配套道路15个项目943.02亩征地工作。其中，完成征收洛龙、吴家营、斗南、龙城、雨花、乌龙街道集体土地各386.38亩、233.82亩、142.64亩、60.03亩、63.1亩、57.06亩；完成斗南花卉产业园、云南城投天堂置业、昆明邦元置业等11个项目1 097.55亩土地供应工作，土地成交总价24.07亿元。同城内社区7户居民签订《土地房屋征收补偿协议》，拆迁房屋建筑面积586.05平方米；同城内社区居委会签订《土地房屋征收补偿协议》，实施公房征收补偿，拆迁房屋建筑面积346.16平方米；对北门街及其南北延长线地上建构筑物进行调查统计，西口二期房屋土地调查工作，初步测算拆迁经费，为下一步实施拆迁做准备。

【城市建设】 园区建设取得新突破。昆明呈贡信息产业园区获批省级工业园区，园区各项规划编制完成，一期规划建设方案获省政府批准，争取国家、省、市资金8亿元。成功引进浪潮昆明云计算产业园、云南移动信息技术中心、云上云·云南省信息化中心（首期）、呈贡科技信息产业创新孵化中心4个产业项目落户园区并启动建设，一批道路、电力专线等基础设施项目开工建设。斗南国际花卉产业园区一期建成投入运营，成功举办第十一届中国昆明泛亚国际农业博览会斗南花卉分会场展会，二期建设按期推进，实现产值42.92亿元。三台山文化旅游产业园区建设有序推进，兴冶国际及周边配套道路、西口景观视廊一期加快建设，完成投资6.39亿元。金融产业园区建设积极推进，年内完成投资19.24亿元；云投基金公司、中信银行呈贡支行等40余户企业入驻园区。昆明医疗医药康体产业园区基础设施建设积极推进，与启迪控股有限公司签订《全面战略合作框架协议》，实现产值55亿元。

重点项目稳步推进。火车昆明南

建设中的新火车南站 （唐荣华 摄）

站站房主体封顶，东西广场及周边6条市政道路等配套设施建设快速推进；七彩云南·第壹城、实力心城、惠景园、蓝光天骄城等项目建成交付使用；滇池明珠广场一期、昆明置信银河广场、新都昌广场、中国移动呈贡通信楼、花香满径、雨花国际商务中心等项目加紧建设。全年完成征地1 005.92亩，拆除建（构）筑物6.56万平方米，搬迁苗木521.6亩，迁改管线37条，完成白龙潭社区755户1 568人整村搬迁工作，有力地保障火车昆明南站等国家、省、市重大项目建设用地需求。

市政配套更加完善。地铁1号线呈贡支线盾构全线贯通，其他工作正常推进；完成43号道路6.88千米建设工作；联大立交、花都路、龙兴路及国道213线改扩建等基础设施建设加紧实施；王家营收费站、呈贡立交改造、石竹路等一批建设和改造项目启动前期工作；10千伏斗南变电站电力通道和米兰园片区自来水供水管网建设完成；百大新都会、七彩云南·第壹城、实力心城等一批商业配套项目招商进展顺利；昆医附一院呈贡医院、市中医院呈贡医院营业；惠兰园标准化生鲜市场建成投入使用。

建成投入使用地铁一号线驼峰街站A出口　（唐荣华　摄）

【城市管理】　2015年，投入566.5万元，完成彩云路、石龙路、祥园路、环湖东路、景明路、联大街等道路296处破损点位修复工作；投入45.1万元，设置彩云路小王家营限高杆；投资60万元对呈黄立交桥、春融东路（教堂段）跨线桥、驼峰街（昆玉高速）跨线桥、锦绣大街跨洛龙河桥、景明北路洛龙河桥5座市政桥梁进行检测；投资45万元，完成捞鱼河桥维修加固工作，重新铺装层沥青路面866平方米，黏贴梁体钢板652平方米。完成小王家营立交桥、彩云路昆玉路跨线桥、呈黄立交桥桥梁总长9 310米护栏刷漆翻新工作。对辖区内36户液化石油气供应站点进行6轮全覆盖安全大检查，消除安全隐患3户，取缔合并1户，对辖区384个破损消火栓进行及时更换和修复。拆除户外广告、店招店牌2 150块，清除乱拉、乱挂的布标、布幔305块，拆除违规广告274块。清理占道经营、店外经营81 533件，清理流动摊贩摆摊设点2 201件，取缔占道经营摊点513件，处罚占道经营116件。规范工地和渣土运输管理。审批弃土运输建筑工地15户，审批调拨回填点7个、弃土消纳场2个，办理《昆明市建筑垃圾运输处置备案卡》15 776张，检查渣土车3.21万辆，查处各类违章车辆（密闭不严、无证运输建筑垃圾、路面污染等）498辆。查处违法违章建设40件。数字城管系统受理数字案件15.29万件，结案15.09万件，案件处置率98.66%。处罚各类违法违章案件522件；处罚违章运输建筑垃圾案件364件，涉及违章车辆420辆次；处罚污染路面案件35件，涉及污染面积11 475平方米。坚持城市道路每周冲洗不少于1次，晴天洒水降尘3次；每周对果皮箱、垃圾桶、公交站台进行一次大清洗；每周安排护栏清洗车对全区约19千米交通隔离栏进行清洗，清除辖区主次干道建筑物外立面、公交站台、果皮箱、路灯灯杆等设施上粘贴、喷涂的各类小广告14万余条。清运、处置生活垃圾8.46万吨，新建公厕6座，提升改造公厕2座，购置高压洗扫车9辆、新能源环卫车辆40辆，完成全区3 000余只果皮箱统一刷漆翻新工作，提升改造城区22座垃圾房，全区城市照明设施亮灯率99.69%以上。

【生态建设】　开展“十万人种百万棵树”活动，在梁王路、致远路、博大路人行道外围种植杨树6 500株；在雨花社区种植杨树1 200多株；在大方居种植杨树1万株；在雨季种植香樟、栾树、枫香、云南樱花、杨树等乔木1.21万株；完成环湖路（呈贡段）绿化景观提升改造，种植各类乔木2 423株、地被2.8万平方米；完成彩云路、春融街、呈黄路、兴呈路、环湖路、雨花路、驼峰街进行景观提升改造。推进“省市联动·绿化昆明·共建春城”义务植树活动，开展“五采区”、石漠化、荒山荒坡生态修复治理。2015年，全区新增绿地面积128.27公顷。其中，公园绿地37.24公顷、附属绿地37.73公顷、防护绿地20.83公顷，生产绿地32.47公顷。新增植树198.6万株，其中直径8厘米以上乔木3.56万株。全区绿化覆盖率48%，城市绿地率42.99%，人均绿地面积22.51平方米。完成三台山公园灯光亮化，东骧阁修复，革命烈士纪念碑清洗及基座修复等工程；完成洛龙公园宿根花卉种植以及对园内所有游廊亭阁的原样翻新，在石碾广场、龙珠山、环湖路一环路段、运动广场长廊等地安装各类灯具1 235套、LED软性带灯1 200米，对环湖路及太阳广场原有损坏路灯进行拆除更换，在洛龙公园主入口、昆玉路入城景观公园，春融公园等地摆放海棠、一串红、孔雀草等时令花卉33万余盆。推进“百湖城市”建设工作，先后设立“彩云湖”“彩龙池”“望清湖”“雨霸塘”“菜根潭”“洛羊湖”“颐景湖”“大冲潭”“白云湖”“梁王湖”10块景观石。

持续开展滇池流域水环境综合治理工作。4条入滇河道水质全部达到考核目标，通过滇池治理国家考核。斗南生态湿地公园建成向市民开放，种植乔木5 000余株，灌木、地被536.75万株，投资760万元，完成9个美丽乡村项目建设。水环境质量稳中向好，饮用水水质达标率100%，大气环境质量达标率98%，声环境质量优于上年，生活垃圾、工业固体废弃物无害化处理率100%，城镇生活污水收集处理率85%，4项主要污染物排放量均控制在总量指标以内。万元GDP能耗下降4.2%，首批600辆新能源“微公交”汽车落户上牌，完成10.05万户天然气置换工作，完成主要道路沿线和重点区域绿化景观改造。

【民生保障】 加快社区居家养老服务中心建设，对运营的乌龙、上可乐、小古城、七步场等8个社区居家养老服务中心给予政府购买服务补助41.49万元及运营补助42.52万元。严格落实《农村五保供养条例》，切实做到“按标施保”。从4月1日起，农村五保供养对象标准由每人每月530元提高到610元；分散供养标准由每人每月430元提高到495元。先后购置救灾粮80吨、衣被600套（件）解决灾民缺衣少被问题。走访慰问困难群众363人，发放慰问金12.41万元；向80岁以上高龄老人发放高龄补贴146.52万元。城市居民最低生活保障实现全覆盖。从4月1日起，城市低保标准由每人每月475元提高到530元,全年发放城市低保金94.42万元。7月1日，开通“一站式”网络结算服务，城乡困难群众医疗救助方便快捷。向872人发放城市医疗救助金20.23万元。按照每户7 068元/年标准，向全区127户（外籍大学生11名）现役义务兵家庭发放优待金89.76万元；向全区1 184名各类优抚对象发放抚恤和生活补助金716.59万元、自然增长补助金40.07万元；审批发放2名病故军人一次性抚恤金39.7万元，接收退役士兵53名。向522名重点优抚对象发放生活困难补助金额250.56万元；向196名优抚对象发放住院医疗补助金27.59万元，投入资金38.57万元，组织1 102名优抚对象进行体检。

大力开展“大众创业，万众创新”工作。2015年，全区新增企业1 157户、个体工商户1 499户，分别比上年增长228%、53.9%。大力实施“两个10万元”工程，扶持小微企业260户。全区提供有效就业岗位2 213个，新增城镇就业1 565人，城镇登记失业率3.6%；实现农村劳动力转移就业3 812人。在全省成立首个“昆明妇女创业创新示范中心”。大力支持失地农民外出租地创业就业，兑付失地农民外出租地扶持资金1 157万元、村庄搬迁过渡期租房补助资金1.03亿元，购置20套商品房充实保障性住房房源。全区用于各类民生类支出12.08亿元，占区级一般公共预算支出66.68%。

稳步推进安置房建设。积极争取国家、省、市政策支持，筹集国家棚户区改造中长期贷款近70亿元，推进失地农民安置房建设。其中，雨花二号地块2期、雨花五号地块1期部分主体工程封顶，七星山地块、雨花一号地块3期正在实施主体工程建设；雨花一号地块、雨花二号地块、龙斗一号地块1期正在开展基础施工；龙一地块、龙四地块、龙斗三号地块1期、回回营地块、彩龙村安置房等项目开展规划、土地等前期工作。

【平安建设】 深化“平安呈贡”建设，开展法制宣传教育，完成“六五”普法，建成“青少年法治宣传教育基地”，实现全区各中小学法治副校长配备全覆盖，开展法律进机关、社区、学校等系列活动。严格落实信访工作制度，加强和改进初信初访办理和积案化解力度，依法妥善处理各类非正常上访和综治维稳工作。对重大项目建设及征地、拆迁等实行区四班子领导定责任、划区域包保推进，对136个建设项目实行领导挂钩开展综治维稳工作。组织各群防群治力量在工地周边开展巡逻防控，全力保障重点工程、重大项目顺利实施。制定下发《关于深入推进全区矛盾纠纷大调解工作的实施意见》，成立7个医患、劳资等专业性、行业性调解组织，建成7个地方与高校矛盾纠纷联合调处中心，建立地方与驻呈高校平安联建、治安联防、矛盾联调三大机制，实施网格化服务管理、社区综治服务站建设、法治宣传教育、法治创建工作。实现大学城片区28条道路路灯亮化，加大市级行政中心、大学城、老城、地铁站口等重点区域治安防范，着力构建和谐平安呈贡。制定下发《呈贡区2015年依法治区工作要点》《依法治区办及专项组工作职责》《依法治区领导小组专项组任务清单》，逐一明确各单位工作职责、任务清单，保障工作有序推进。坚持前端治理与末端处理相结合，健全完善社会稳定风险评估机制和应急处置机制，做好各类突发性事件预警、信息研判、处置等工作。强化对征地拆迁、失地农民安置、就业创业、债务纠纷等重点领域风险隐患分析研判，预防和化解各类矛盾纠纷，打通群众诉求“最后一公里”。2015年，全区无进京非正常上访，到省、市大规模群体性上访继续呈下降趋势。下发各类风险隐患预警通知书8份，完成6个街道180人应急队伍建设。全年办理法律援助案件157件，为2 828名务工人员追讨劳动报酬5 772余万元。严格落实辖区负责制、领导责任制和包保责任制，及时就地化解影响社会稳定突出问题。对排查出12类31件矛盾隐患做到依法妥善处理，排查调解各类纠纷14 229件。其中，排查调解各类民间纠纷13 116件，调解成功13 005件。开展社会面防邪宣传警示教育及无邪教创建、反邪基地建设等基础工作，在衡水实验中学建成反邪教警示教育基地。完成乌龙社区、回回营社区“无邪教社区”创建工作，实现辖区无造成影响邪教案（事）件发生。强化综治、公安、市场监管、金融等部门协作配合，预防和打击经济领域违法犯罪活动。2015年，破获各类经济犯罪案件48件，挽回经济损失1 425.9万元。

加强警务基础设施建设，乌龙派出所建成投入使用。加快立体化社会治安防控体系建设，严格落实《呈贡区社会治安防控体系建设三年行动计划实施意见》。加强“6张网”和“5个机制”建设，建成1200路高清探头、150余套卡口抓拍系统，实现辖区城市报警监控全高清、全覆盖。完成25个社区视频监控系统安装使用，社区视频监控系统安装使用率87%。强化群防群治力量义务巡逻、联户联防等群众性治安防护工作，与43个重点单位签订安全责任书，落实单位内部防控主体责任，强化43支1 800人重点单位内保队伍建设。落实《关于在全区社区推行网格化服务管理进一步加强群防群治工作的实施意见》，全力推进网格化服务管理工作，区、街道、社区分别成立网格管理指挥中心、管理中心和工作站。全区划188个四级网格，网格化服务管理工作有效开展，强化政法专门力量与各综治部门间协同配合，依托综治信息系统、无线对讲系统等信息平台，组织开展“利剑”“百城禁毒会战”等系列专项行动。

稳步推进司法改革，保障依法独立公正行使职权。2015年，区检察机关受理提请批捕各类刑事犯罪案件486件，结案率100%；受理移送审查起诉案件569件，办结541件，结案率95.1%。立办贪污贿赂案件14件18人，办结13件，结案率92.9%；查办渎职侵权犯罪案件3件4人。受理群众来信来访34件，处理率100%。批捕涉毒犯罪嫌疑人132人，提起公诉59人；批捕涉赌犯罪嫌疑人18人，提起公诉8人；批捕抢劫犯罪嫌疑人63人，提起公诉74人；批捕盗窃嫌疑人214人，提起公诉199人；批准逮捕金融诈骗、传销等犯罪30人，提起公诉36人。办理渎职案件2件2人、重大责任事故案件1件2人。持续推动刑事被害人救助工作开展，为5名刑事被害人申请救助金9万元。受理各类民事行政监督案件22件，发出再审检察建议2件，监督纠正审判违法情形并发出检察建议15份，支持起诉案件3件，为受害当事人挽回经济损失33万元。审判机关受理刑事案件492件，审结382件。

（唐荣华）

昆明国家高新技术产业开发区

【主要经济指标】 2015年，实现营业总收入 1 680亿元，地方公共财政预算收入18.05亿元，同比增长9.38%；规模以上固定资产投资116.85亿元，同比增长20.2%。基础设施投资14.94亿元，实现规模以上工业增加值增长9.8%。完成亿元以上开工项目9个，亿元以上竣工项目6个。

【特色产业集群建设】 围绕做强做大主导产业，创新招商引资方式，实行项目经理人制度，积极探索顾问招商、代理招商等模式，引进一批有科技含量、有发展潜力好项目。生物医药、新材料及先进装备制造两大主导产业集群优势明显，营业收入分别占园区总收入25%和53%，IT和现代服务业等新兴产业稳步发展。在生物医药产业方面：聚集昆明制药、积大制药、德国拜耳滇虹等一大批知名药企，成为发展最好、潜力最大主导产业之一。“昆明国家生物产业基地”“‘云药’国家创新型特色产业集群试点”集群效应不断凸显，国药集团云南医疗器械有限公司、博奥基因、华大基因、江苏舜喜等一批项目落地，云南特色植物药产业基地等项目竣工，龙津药业、中国医学科学院医学生物学研究所（一期）等项目投产，以青蒿为原料的蒿甲醚系列产品，以灯盏花为原料的灯盏花注射液、滴丸等产品，成为云南特色优势高技术生物医药新锐，海正药业等一批企业陆续入驻，生物医药产业经济贡献占比不断提升。在新材料及先进装备制造产业方面：聚集云锗、贵研铂业、贵研催化、大泽电极等龙头企业。引进香港五龙集团在高新区成立云南五龙电动汽车有限公司，生产电动系列客车及商务车，实现规模化生产；国内3D打印最知名卢秉恒院士在高新区建立院士工作站，填补云南省3 D打印空白。云南冶金集团创能铝空气电池落户高新区，该项目将填补全国铝空气电池生产空白。智能机器人、卫星技术运用、云计算、无人飞机、电子商务等新兴产业示范效应正在显现。蓝源资本即将入驻高新区，科技金融助力园区发展将有新突破。“高新保税物流中心（B型）”获国家海关总署等四部委批复。

云南省首批3D打印机在昆明高新区下线　（高新开发区管委会　供稿）

【创新能力提升】　实施“科技创新服务三平台建设六年（2015—2020年）行动计划”，推动园区从“线性增长”到“非线性爆发式发展”。昆明高新区先后被科技部批准和认定为“创业苗圃–孵化器–加速器”科技创业孵化链条示范单位、国家技术转移示范机构、中国产学研合作创新示范基地；与清华科技园合作共建启迪孵化器顺利推进，创业咖啡吧、创客空间等新型创业模式正在兴起。园区企业与清华大学、中科院半导体研究所、联想集团、中国网库等中关村内大学、科研院所、医院和企业在产品研发、软件开发、临床实验、技术服务等方面开展深度合作。区内拥有国家级创新基地17个，国家级工程技术研究中心、技术中心、重点实验室、研究院（所）、国家地方联合工程研究中心18个，院士工作站、专家工作站和博士后工作站16个，科技企业孵化器9个。“新三板”挂牌企业12家，上市企业10家。拥有中组部“千人计划”人选4人，云南省技术创新人才70人，获得国务院特殊津贴人员12人，获得云南省人民政府特殊津贴人员36人。高新技术企业180家，占全市高新技术企业总数34%，云南省占23%，高新技术企业总收入占全区总收入67.5%。

【基础设施建设】　2015年，续建道路7条（段），新开工道路7条（段），新增绿地34万平方米。马澄路一标段双向六车道改造提升完成实现通车。累计建成道路48.34千米，路网覆盖16平方千米，实施梁王河、南冲河综合整治工程。在建成区继续推进提升改造，对海源路等交通干道进行综合改造，实施美化、绿化、亮化工程，对辖区内环境、交通等进行全面整治。梁家河、大塘子城中村改造平稳推进。

【社会事业】　2015年，园区义务教育小学、初中入学率100%，园区教育质量整体水平不断提高，教育基础设施不断完善。投资200万元实施化城文庙维修工程。实现城镇新增就业人数956人，城镇登记失业率控制在3.3%以内，实现农村劳动力转移就业554人。基层卫生服务机构标准化建设继续加强，疾病防控、卫生监督服务水平得到提高。人口计生、民族宗教、残疾人、双拥等工作取得新进步。严厉打击各种刑事犯罪，积极稳妥处理好群众信访、征地拆迁、社会舆情等各种突发事件，认真落实处突维稳网格化包保责任和“零报告”制度，安全生产形势总体平稳。数字城管考核连续6年居三个开发（度假）区板块第一名。

（昆明高新区管委会）

昆明高新区6个亿元以上重大项目集中开工　（高新区管委会　供稿）

昆明国家经济技术开发区

【主要经济指标】 2015年，经开区营业总收入1 320亿元，同比增长12.34%；工业总产值404亿元，同比增长5.76%；规模以上工业企业112户，亿元以上企业52户，10亿元以上企业8户。规模以上工业企业完成工业总产值334.55亿元，同比增长5.8%；规模以上工业增加值完成97亿元，同比增长9.5%，增速较2014年增加两个百分点。其中，亿元以上规模工业企业实现产值309.14亿元，同比增长7.63%，占全区规模以上工业总产值比重92.4%。加大对技术改造扶持力度，全年帮助企业争取省、市技改资金及拨付区级扶持资金1 469.6万元，扶持昆明台工精密机械有限公司等3户企业成功创建省级企业技术中心。

【科技创新】 2015年，经开区财政科技投入1.38亿元，占统计财政支出3%，全区新增高新技术企业18户，新三板上市企业4户，获授权专利253件，全社会R＆D经费投入占销售收入3.7%。全年实现高新技术企业产值167亿元，增长10.9%，占工业总产值41.34%。积极建设各类生产力服务中心、科技企业孵化器、院士专家工作站、企业技术（工程）中心、重点实验室等创新平台载体，鼓励企业与高等院校、科研院所进行研发合作，大力吸引高等院校、科研院所在园区设立专业研发中心，促进创新成果转化和产业化。2015年，全区获批云南省众创空间4家、云南省生产力促进中心1家、云南省院士专家工作站2家、云南省工程技术研究中心1家、云南省企业技术中心3家、云南省产业技术创新战略联盟1家、云南省国际科技合作基地1家、昆明市科技企业孵化器1家、昆明市众创空间4家、昆明市企业技术中心7家、昆明市重点实验室1家、昆明市新型创业创新孵化服务园区4家，昆明经开区青年（大学生）创业园被认定省级青年（大学生）创业示范园。

【对外贸易】 2015年，经开区完成市属进出口总额52.1亿美元，超额完成市政府下达目标任务133.9%，占昆明市全市完成情况50.4%。新增总部企业2户，完成税收33 760万元，同比增长25.98%。完成新增税收亿元楼宇1幢，税收27 016万元。电子商务发展迅猛，行业覆盖日用品、食品、茶叶、乐器、钢材、工程机械、航空票务、物流服务信息等领域。

【项目建设】 2015年，经开区完成规模以上固定资产投资137.01亿元，超额完成市政府下达目标。协调督促云南航天新能源汽车及专用车生产能力建设、云内动力D系列先进乘用车柴油发动机30万台生产能力建设、云南能投电力装备产业园、云南东盟国际冷链物流中心等续建项目加快进度；积极推进统一食品二期、东方航空培训中心、云之茶等新建项目投资进度。提早发挥投资增量替补效应，合力助推投资快速增长。纳入市级重点项目16个，完成投资17.3亿元，占全年投资计划84.4%。其中，重点基础设施投资项目完成投资4.83亿元，占全年投资计划120.7%；重点产业投资项目完成投资12.47亿元，占全年投资计划75.6%。纳入省“四个一百”重点建设项目4项，完成投资9.44亿元，占全年投资计划104%。其中，新开工项目完成投资8.12亿元，完成全年投资计划162.4%。

【招商引资】 2015年，经开区强化定向招商、精准招商、科学招商，大力开展楼宇产业化招商，将金融、科技、商贸服务、互联网、文化创意类企业作为重点，成功引进云岭高速集团、中信资产管理有限公司西南分公司等多家知名总部经济企业入驻，云南中科本源生物工程技术有限公司、云南铁坦新材料科技股份有限公司等高新企业入驻，促成云南省新一代信息技术（移动互联网）产业基地、云南新丝路快铁班列有限公司、云南东南苑商务有限公司等企业落户经开区，促进全区跨境电商平台建设及产业集聚。全年推进招商引资用地类项目30个，引进外商投资企业8家，完成固定资产投资15.8亿元。迅图国际、能投电力装备制造、铭信塑料检查项目、敏德尔化妆品研发、云荣机械、昆明有色金属新材料战略性新兴

经开区信息产业基地 （经开区管委会 供稿）

产业示范基地、电线电缆生产项目均100%完成投资计划。继续加强项目跟踪服务机制和协调联动，全力推进项目建设落地。全区实际到位市外内资108.98亿元，实际利用外资3.6亿美元，经开区亿元以上项目开工6个，亿元以上项目竣工6个。

【社会发展】 2015年，经开区不断加快园区建设，促进产城融合。区级财政投资基本建设项目完成固定资产投资22.1亿元，开展基础设施建设项目107项。其中，在建市政道路17条，里程长度30.97千米；在建公共租赁住房3 766套。城镇登记失业率始终控制在3.5%以内。稳步提升城镇化水平和质量，缩小城乡差距，实现区域均衡发展，农村转户群众医疗保险参保率、基本社会保险覆盖率均超过95%。学前三年教育毛入园率、义务教育毛入学率和高考上线率均100%，教育均衡发展格局基本形成。医疗卫生资源配置不断优化，人均医疗保障水平逐步提高，初级卫生保健覆盖率100%，人口平均寿命78岁，孕产妇死亡率0，婴儿死亡率下降0.6‰，公共卫生和基本医疗卫生服务能力明显增强。

【生态建设】 2015年，经开区环保投资5.1亿元，环保投资增长1.32%，区域环境质量持续改善。其中，黑龙潭水质达到地下水Ⅲ类标准；洛龙河达到地表水Ⅱ类水标准；宝象河和马料河达地表水Ⅳ类水标准，均达水质保护目标或阶段保护目标要求。创建国家生态工业示范园区工作取得积极进展，2015年 7月3日国家环保部、商务部和科技部联合下发《关于同意昆明经济技术开发区等6个园区建设国家生态工业示范园区的通知》，同意批准昆明经济技术开发区等6个园区开展国家生态工业示范园区建设。持续加大园区绿化建设，打造绿色产业园区。全区新增城镇绿地73.78万平方米，种植乔木4.04万株。严格抓好节能减排，促进经济循环发展。全年规模以上工业万元增加值能耗下降率18.62%，经开区倪家营水质净化厂处理污水793.09万立方米，削减化学需氧量952.67吨，削减氨氮98.10吨。

【法治建设】 2015年，经开区深入推进权力清单制度，对全区现有1 492项行政处罚、33项行政强制、5项行政征收、22项行政给付、62项行政检查及8项行政确认等依法公开权力运行流程，规范政府权力行使。全面开展行政执法主体清理工作，明确19家工作部门具有独立行政执法主体资格对外公告。进一步提高全民法治意识，全区法律普及率平均95%以上，探索完善人民调解工作体系，全面提升调解工作质量。2015年，全区累计调解案件5 521件，调解率100%，成功率99.71%。深入持续扎实推进全区“民主法治社区”创建工作，经过近年连续开展创建工作，创建1个国家级“民主法治社区”，12个市级“民主法治社区”。

经开区果林·众创空间揭牌仪式 （经开区管委会 供稿）

【平安创建】 2015年，经开区平安创建扎实有效，治安防控实现共享。加强应急处置突发公共安全事件体系建设，修订、出台应急预案2个，社会安全指数100%，亿元工业增加值生产安全事故死亡率下降到17‰人。

【深化改革】 2015年，经开区研究出台《昆明经济技术开发区2015—2020年全面深化改革总体方案》《昆明经济技术开发区关于推广中国（上海）自由贸易试验区可复制改革试点经验的工作方案》；修订推出《昆明经济技术开发区产业发展指导目录（2016年本）》，促进产业结构优化升级；简化行政审批事项，梳理绘制行政审批流程，健全权力清单动态管理；深化全员聘任用制度，全面启动部门绩效考核管理，政务信息化建设不断加强。加大政府信息化建设工作，实现服务流程的再造和优化。把握当前政府信息化发展趋势，开展行政审批网上服务大厅建设工作，提高公共服务质量；组织投资项目分批录入国家重大项目库，促进有效投资，增强发展后劲；完成管委会办公平台三期建设，创新性建设可量化政府绩效管理系统，提升管理服务水平；完成“昆明经济技术开发区经济社会运行分析（GIS展现）平台”一期的开发建设。积极开展智慧园区建设，成立“经开区互联网+行动、大数据战略推进工作领导小组”。加强顶层设计和规划指导，完成“经开区智慧园区可研报告”编制；启动“昆明经济技术开发区智慧城市智能运行中心”项目；深入推进经开区经济社会统计分析大数据平台建设，为园区“更智慧的城市治理、更智慧的产业转型、更智慧的民生服务”奠定基础。

（林 竹）

昆明滇池国家旅游度假区

【主要经济指标】 2015年，度假区完成招商引资1.53亿美元，完成内资30.8亿元；完成旅游接待1 150万人次，同比增长9.1%；争取上级资金1.3亿元；完成融资52.53亿元；地方政府债务完成置换3批、共28.78亿元；实现土地收储1 135.5亩。对照与市委、市政府签订46项主要目标任务，全部完成或超额完成。

【产城一体化】 坚持“以产促城，以城兴产，产城融合”一体化发展，加快发展园区经济，瞄准现代服务业向高端化、高附加值、高带动性发展方向，促进旅游度假产业集聚和集群发展，公元1903金格奥特莱斯3万平方米商场投入运营，金城财郡商业中心10万平方米商业全面对外招商，在第3届南博会暨第23届中国昆明进出口商品交易会上，与4家投资商签约，涉及金额43.87亿元。新增4条公交线路及7个公交站点、医疗机构3家、超市2家，确保产业结构、就业结构、消费结构相互匹配，实现产城融合发展。

【全域城市化】 推进海埂“城中村”重建改造、大渔欣城二期和“四退三还一护”回迁安置房项目建设。重点加快金河二期、三期和金家、云南民族村老旧生活区回迁安置房建设步伐。完成静海园二期1 164套安置房工程验收工作，全面启动分房工作。积极稳妥做好征地拆迁、安置房分配以及物业管理。认真研究政府和社会资本合作（PPP）模式，积极引进云能集团居正公司、云南城投参与大渔欣城二、三期安置房建设。启动海埂村拆迁安置工作。

【规划建设管理】 对海埂片区和大渔片区47.5平方千米控制性详细规划进行认真梳理，形成度假区控详规梳理成果。完成海晏村保护与发展规划上报审批及申报昆明历史文化名村工作。加强辖区公共户单位和小区管理，按照全市拆临拆违三年整治行动统一要求，依法依规拆除存量和新增临违建筑，拆除存量72宗、完成率100%，拆除增量197宗。实施市容市貌提升改造工作，继续完善数字化、网格化、全覆盖城市管理服务模式，在绿化管养、环卫保洁、亮化美化、过渡农贸市场整治、“七小”行业、排水防涝、公共设施维护上不断提高精细化、科学化管理质量和水平。

【生态环境建设】 围绕创建生态文明示范区，在滇池治理、河道保洁、环境美化、节能环保、绿色低碳上加大工作力度。推进环湖生态、旅游、文化“三圈”建设工作，强化河长负责制和“河道三包”责任制，实施永昌湿地及洲际酒店周边水环境提升改造工作。推进“四退三还一护”工作，完成捞渔河入湖口湿地改扩建项目及后续工程。开展省市联动“绿化昆明、美化春城”活动，对辖区死角、空地全部纳入整治范围，实现绿化全覆盖，不断提高绿地率和森林覆盖率。2015年，新增城市绿地65公顷，种植乔木2.5万株。

【保障和改善民生】 加快推进基础教育“增量扩优”工程，不断扩大公办优质教育覆盖面，重视平安校园建设。落实更加积极就业政策，提高养老、医疗、失业社会保险标准。坚持依法行政、依法执政，梳理《度假区条例》出台以来综合行政执法工作，进一步规范综合行政执法主体资格，提高执法能力和服务水平。推进政务公开、阳光政务，完成管委会各部门、派驻机构、街道办事（管理）处权力清单和责任清单梳理和公示工作，把行政审批、执行、监督等各环节装进制度笼子，使行政权力运行更加公开、透明。加大法治宣传教育，开展社会治理创新，提高各级党员干部运用法治思维和法治方式推动发展、化解矛盾、维护稳定的能力，进一步完善群众利益诉求表达和调处机制，从源头上预防和减少社会矛盾，实现社会和谐稳定。

【科学编制“十三五”规划】 认真组织力量，深入开展调研，科学编制“十三五”规划。紧扣度假区功能定位和发展思路，更加注重以解决长远问题办法来应对当前矛盾和挑战，对完成编制1个规划纲要、5个重点课题，经过四轮征求意见以及讨论研究，基本实现规划纲要与国家发展战略和大政方针相结合，与省、市“十三五”规划相结合，与度假区经济社会发展实际相结合。通过开展“多规合一”，统筹考虑产业规划、城市规划、土地利用规划以及环保、教育等专项规划，实现规划有机衔接，更加集约利用土地、空间等资源，全面提高资源配置效率。

（昆明滇池度假区管委会）

昆明倘甸产业园区和轿子山旅游开发区

【主要经济指标】 2015年，“两区”主要经济指标较之2010年大幅增长，公共财政预算收入由3 161万元增长到1.67亿元，是2010年的5.3倍，年均增长39.5%；地区产业增加值由

4.33亿元增长到8.4亿元，是2010年的2倍，年均增长14%；规模以上固定资产投资由3.69亿元增长到22亿元，是2010年的6倍，年均增长42%；旅游综合服务收入由755万元增长到4 516万元，是2010年的6倍，年均增长43%；农民人均可支配收入由1 680元增长到4 400元，年均增长21.3%。

【园区建设】 投资33.2亿元，实施城镇及园区重点基础设施建设项目21个；组织申报、审批、备案投资项目297个。招商大厦、公租房、廉租房、安福小区等一批重点工程投入使用；园区十三条道路、中庆路、昆泽路、古马路、银河路建成通车；园博园、人民医院、东倘公路等重点项目加速推进。投资2.2亿元，完成白章、长麦地等8件小（二）型水库除险加固，建成“爱心水窖”15 500件、“五小水利”7 552件、农村供水工程175件；投资4 300万元完成洗马河倘甸段、转龙段河道治理；投资3.3亿元，完成478千米建制村路面硬化、84千米大中修工程；投资4 500万元实施228千米农村专项安保工程，建成农村公交招呼站71个。开展农村电网升级改造，开发太阳能、沼气等清洁能源，基础设施条件极大改善。实施“六创联动”，以“城乡环境综合整治”为重点，构建村组收集、乡转运、区处理垃圾收运体系。投入4 000万元实施集镇形象提升工程，城乡环境显著改善。完成倘甸、转龙片区2 053套保障性住房建设；完成市级营造林10.3万亩、低效林改造1.7万亩、退耕还林7.6万亩、新增绿化10万亩、植草护坡9.4万平方米、义务植树20万株；完成金源沙湾大沟、乌蒙恨中村等地质灾害隐患治理，最大限度保障群众生命财产安全。

【招商引资】 “两区”实行外出招商和招商回乡双管齐下，赴珠三角、长三角、环渤海等地区招商100余次，举办推介会40余次，参与各类洽谈签约会50余次。成功引进中电投风电、胶原蛋白肽、英茂研发中心、佰旺豆奶、华盛子山苑、旺统花园酒店等28个重大项目，涉及新能源开发、高等教育、食品加工、房地产开发等领域，签约金额280亿元。累计引进内资56.42亿元，利用外资1 687万美元。

【扶贫攻坚】 争取扶贫专项资金4.18亿元、农村小额信贷1.27亿元、宜居农房建设贷款4 320万元和区级配套6 782万元，实施整乡推进2个、整村推进339个、危房改造14 130户、宜居农房建设10 746户、扶贫安居工程550户。投资5亿元，完成倘甸塔块、转龙法期、联合则八等44个幸福乡村建设；建成新农村省级重点建设村17个、市级示范村2个。解决5.64万贫困群众温饱问题。实现农村常住居民人均可支配收入由2010年1 680元增加到4 400元，年均增长21.3%。农林牧渔业总产值由5.95亿元增加到9.16亿元；种植冬马铃薯21.4万亩、特色中草药1.49万亩。

【社会事业】 累计完成社会事业投入15亿元，按照省级完中标准建成轿子山实验中学，完成校舍新建项目98个、薄改项目91个，义务教育毛入学率112.75%、巩固率99.78%；完成人民医院主体工程，扩建卫生院3家，新建中医馆3所、标准化卫生室25个。建成居家养老中心5个、幸福院22个、救灾储备点4个；完成图书馆、体育馆、94个文化室、

鲁嘎美丽乡村一期 塔块宜居农房建设项目

一、塔块村基本情况

塔块村位于倘甸镇西南方向，轿子山旅游专线东侧，距集镇7公里。全村共有农户88户360人，均为彝族，村民收入以种养殖和外出打工为主，2013年农民人均纯收入2897元。该村坐落于左右临崖、前后靠山的石山腰上，通村道路为一条坡陡弯急狭窄的简易土路，村民住房大多为50年前建盖的低矮破旧土坯房，已不适宜居住。该村2012年获批为宜居农房建设易地搬迁项目村。

二、项目实施情况

塔块村宜居农房建设易地搬迁项目占地40亩，采取“统规统建”模式建设，总投资2670万元建成五种户型共88套房屋，总建筑面积16000㎡；建成养殖小区2376㎡、户均27㎡；建成活动室、医务室、阅览室、公厕共300㎡。项目于2012年10月8日开工建设，2013年8月29日竣工交付使用，11月10日全部搬迁入住。

鲁嘎美丽乡村一期 塔块宜居农房建设项目 （“两区”管委会 供稿）

9个文化陈列室、69个全民健身工程点、10个农村活动广场建设，放映农村电影2720场，发放保障和救助资金3.7亿元；完成农村劳动力转移就业11.68万人次，实现劳务收入32亿元。征缴各类社会保障金4.24亿元，支付3.79亿元，“五类保险”应保尽保。政务服务中心运行，受理行政审批、管理服务事项36 087件，办结35 548件，办结率98.5%。加强劳动执法监察，受理农民工劳资纠纷案件93起，涉案2 495万元。

【旅游开发】 启动全区旅游开发建设规划编制，完成红土地旅游总体规划、转龙健康怡养度假地规划和乌蒙何家村、红土地花沟村、轿子山东坡、南坡等专项规划编制工作。红土地旅游总体规划获中国最佳旅游规划设计奖；轿子山旅游开发区荣膺中国最具投资潜力旅游开发区称号；轿子山成功申报昆明北部首个国家4A级景区。引入转龙道“一心两园八谷”项目，总投资190亿元，打造转龙旅游小镇。成立彝学会，深入挖掘彝族文化资源、红土地农耕文化精华。成功举办五届轿子山旅游节、四届轿子山翻越赛、两届“发现之旅”摄影大赛；创新开展轿子山杜鹃微摄影赛、红土地户外跑、“情定轿子”登山活动。投入1.05亿元提升改造轿子山旅游基础设施；投资5亿元凤仪大酒店全面营业、旺统花园酒店顺利封顶；投入550万元，扶持小旅店、农家乐151家，新增床位3 000余个；开展旅游从业人员培训2 000余人次。开通官方微博、微信公众号，实时发布气象预报预警、景区资讯信息。实现旅游综合服务收入由2010年755万元增加到4 516万元，接待游客由7.89万人次增加到55.41万人次，分别年均增长43%和47.7%。

（杨茂宏）

昆明阳宗海风景名胜区

【概况】 阳宗海风景名胜区位于昆明市东南部，毗邻昆明市主城区，距呈贡新区10千米、昆明市主城区18千米，辖3个镇（街道）、38个村委会（社区）、178个村民小组、181个自然村，总面积546平方千米，居住人口12.5万人。区域内阳宗海是云南省九大高原湖泊之一，流域面积为192平方千米，湖面面积31.9平方千米，总蓄水量6.17亿立方米。

【主要经济指标】 2015年，全区一般公共预算收入4.72亿元，规模以上固定资产投资67.96亿元，规模以上工业增加值23.66亿元，规模以上工业主营业务收入291亿元，农业总产值7.79亿元，旅游总收入5.29亿元，三次产业结构为13：47：40。

【生态治理】 加大阳宗海保护治理力度，重点推进阳宗海流域水污染防治“十二五”规划项目实施和收官工作；争取将阳宗海纳入国家良好湖泊盘子，争取1亿元湖泊治理扶持资金，阳宗海环湖截污项目开工；全面落实阳宗海入湖河道河长责任制，强化源头防范和治理，切实加强阳宗海滩涂治理和取水管控；紧紧围绕打造绿色廊道、绿色板块思路，全面推进春季植树造林，完成杨树种植53.77万株，新增造林面积4 154亩，完成五采区植被修复38亩，完成义务植树29万株。

【园区建设】 统筹推进环阳宗海国家级旅游度假区、七甸省级工业园区和梁王山现代农业园区建设。引导企业不断开发适销对路特色旅游产品，促进旅游产业转型发展；依托华侨城水公园、热水河等一批适应大众需求、聚集人气旅游项目，不断促进汤池温泉产业发展；依托一条龙、菜根潭等都市农庄和前所、马郎等美丽乡村，举办樱桃文化节，着力打造庄园经济，促进乡村旅游发展；支持春城湖畔项目拓展特色婚庆等业务，提升区域人气和促进企业良性发展；扎实开展国家级旅游度假区创建申报工作，6月通过省级专家组初评，10月通过国家旅游局评定，正式创建为国家级旅游度假区。加强项目服务推进工作，在贯彻落实好省市出台稳增长政策措施同时，结合园区实际出台19条稳增长措施办法，明确重点推进64个在建项目和16个新开工项目；建立完善重点项目管理、会办、推进和督办机制，促进项目早落地、早开工建设、早投产达效。2015年，亿元以上工业项目开工5个、竣工3个，全年新增规模以上工业企业9家。大力发展高原特色现代农业，充分发挥阳宗镇毗邻呈贡大学城、土地开阔平整、面积大优势，规划建设梁王山现代农业园区，规划面积10 000亩，致力于打造集农业现代科技示范、农业休闲观光、农事体验、家庭农场为一体都市型农业生态示范园区。

【招商引资】 主动与省市发改、工信、商务、旅发、投促等部门及市级各产业招商分局沟通对接，及时捕获重大项目信息；主动拜访一些符合园区产业发展方向知名企业，拜会一些商会、行业协会、咨询公司，了解行业发展趋势和要求，有针对性地上门招商，最大限度地挖掘现有客商人脉资源，营造以商引商氛围；重点鼓励中铝昆铜、云南铝业等企业利用自身资源和优势，围绕产业转型升级和延伸产业链开展以商招商，走产业抱团发展、集群发展新路子；紧紧围绕园区成熟地块及闲置地块和标准化厂房开展招商，有目的、有针对性地开展项目洽谈工作，成功引进荣事达、加加宁、中弘生物科技等一批项目入驻；逐步改变招商引资工作模式，变招商引资为招商选资，积极与知名企业对接洽谈，洽谈项目110余个。组织召开招商引资项目预备评审会2次，预评审项目10个；组织召开招商引资项目评审会2次，评审项目9个。通报项目10个，计划总投资49.5亿元。

【基础设施建设】 2015年1月，阳春大道建成通车；刘家箐水库、云桂铁路阳宗海段、桃李变电站和老324国道阳宗海段大修工程进展顺利；启动七甸污水处理厂改造提升、阳宗自来水厂改扩建和一批乡村道路建设项目；实施汤小线青龙山段（草甸—宜良）大修工程；对老呈七公路、三铝线、草汤公路、澄阳公路、饮马池线、可宰公路等公路进行中修、小修保养、清理排水沟，修复安全防护设施；争取阳宗海大道马郎立交、大哨变电站、现代农业园区项目、环湖截污工程项目、三铝公路改造提升项目等14个项目进入市级“十三五”重点基础设施建设项目盘子。全年完成基础设施投资5.03亿元。

【城乡统筹】 加大农业产业结构调整力度，加快发展绿色蔬菜、经济林果等近郊型特色农业基地，一条龙、菜根潭、南国山花等都市农庄初具规模；优化完善集镇和村庄规划，加强集镇综合治理和农房建设管理工作，加强环卫基础设施建设，大力开展清洁乡村行动，加大市容环境综合整治力度，提升区域环境品质；加快美丽乡村建设，申报实施2个美丽乡村和4个省级新农村示范项目，努力打造昆石高速沿线美丽乡村示范带；实施扶贫攻坚工程，深入开展“挂包帮”“转走访”，完成建档立卡工作；大力发展农产品加工业和休闲观光农业，延长农业产业链，推进农业经济“接二连三”，有效解决农村剩余劳动力就近就地就业，农民收入稳步提高。

【民生保障】 完成7所中小学校安工程13 787.3㎡建设任务；实施全面改薄项目，完成841.7万元课桌椅、铁床、图书、信息教育设备和安保设备采购；新创建区级“平安校园”5所、市级“平安校园”2所，推荐申报省级“平安校园”1所。通过公开招聘，择优招聘20名中央特岗教师。开展社区全科医生和乡村医生签约服务试点工作，巩固基本药物规范化采购使用制度，切实开展基础免疫和加强免疫活动。逐步健全社会保险体系，扩大城乡参保范围，稳步提高社会保险待遇水平，基本社会保险参保人数18.76万人。积极实施就业优先战略，提供有效就业岗位454个，开发公益性岗位171个，农村劳动力转移就业2 008人，城镇新增就业306人。加强对被列入国家级非物质文化遗产的关索戏、被列入省级保护名录的阳宗大香会、洞经音乐等文化保护与挖掘，完善农村文体基础设施，不断丰富人民群众精神生活。高度重视安全生产，组织开展煤矿及非煤矿山整治、“三合一”场所消防安全隐患大排查、防汛减灾、地震应急演练等工作，确实保障人民群众生产生活安全。

【改革创新】 深化行政审批制度改革，全面梳理管委会权力清单、责任清单、负面清单。优化审批流程，推行并联审批制度，实行企业项目备案、规划选址、用地预审、环评等手续同步办理。实行重点项目委领导挂钩推进、定期会办等制度，对重点项目实行全程代办制，加快商事制度改革，全面落实促进民营经济和小微企业发展的各项改革措施，鼓励民间资本进入医疗、卫生、学前教育等社会事务领域。拓宽投融资渠道，积极探索PPP等融资模式，解决环湖截污工程等项目建设资金问题。充分利用开发公司土地一级开发优势，加强与市产投公司、市土储中心等平台合作加强融资。紧盯国家发行新增债券、专项建设债券，扎实做好项目包装工作，积极和省市相关部门对接协调，争取债券工作取得重大突破，全年争取各类地方政府债券、国家专项建设基金11.48亿元。

（昆明阳宗海风景区管委会）

嵩明杨林经济开发区

【主要经济指标】 2015年，园区地方公共财政预算收入1.86亿元，增长1.33%；规模以上固定资产投资完成63.42亿元，增长24.01%，占全年目标任务100%；规模以上工业增加值完成24.32亿元，增长9.7%，占全年目标任务86.61%；新增规模以上工业企业5户；新增“入限”企业1户；进出口贸易额完成4 533万美元，减71.60%，占全年目标任务27.47%；规模以上工业企业主营业务收入完成103.03亿元，增长7.9%；工业固定资产投资完成7.89亿元，减少73.5%；规模以上工业单位增加值能耗下降3.12%，超县下达任务0.12个百分点。

【产业结构转型升级】 截至2015年底，入园企业219户，投产企业168户，规模以上企业53户。2015年1—12月完成工业总产值108.48亿元，轻重工业比17∶83。重点行业中，橡胶行业占27.86%,金属制品业占24.15%；食品饮料业占16%；新材料业占11.63%；精细化工业占8.78%；包装业占4.34%；饲料业占1.75%。专利申请授权84项，申报科技项目2项，新增国家高新技术企业2户，创新型企业1户，农产品深加工科技型企业1户，科技型中小企业2户。

【招商引资】 2015年，园区实现内资到位53.99亿元，外资到位1 800万

美元，新引进昇兴集团股份有限公司马口铁三片罐生产项目、昆明市满天红生态园艺有限公司红梨酵素生产项目、云南泰妥生物科技有限公司花蜜膳食品生产项目、嵩明宇之源太阳能科技有限公司太阳能设备研发生产项目、昆明闳凌机械设备制造有限公司智能健身器材及安全门生产项目等11个项目，协议总投资12.88亿元。其中，亿元以上项目3个，总投资约 11.5 亿元。

【项目建设】 2015年，园区37个项目列入县级重点工程、重点项目，年度投资34.3亿元，累计完成投资94.47亿元。25个产业项目中，贵鼓风机等3个续建项目完工；昆明森工等2个项目推进缓慢；摩天电缆等20个项目正常推进。政府性12个项目中，天创路改造等3个续建项目完工，装备制造园公租房主体工程封顶断水，核心商务区四号路等7个项目正常推进，新材料片区七号路完成施工图审查。推进完工项目达产达效，岸宝纸业、新里程等14个项目通过试生产。

【土地节约集约利用】 2015年，园区完成协议收储土地1 835.49亩，迁坟2 200冢，完成15户农户及3户企业拆迁工作，解决各类因征地拆迁产生矛盾40余起，收储土地1 719.99亩，报批农转征7个批次，涉及16个项目，2 367.57亩。办理供地18个项目，1 721.68亩。完成供地组件上报38个地块，4 182.93亩。争取专项发展资金7 860万元，占县下达目标任务112.29%，增长15.42%。培优扶强，鼓励投资，奖补昆明新高深橡胶有限公司等5家发展快、税收贡献大的企业776.8万元。

【提升公共服务水平】 以中信嘉丽泽、空港俊发城项目建设为重点，培育生活性服务业。筹资2.57亿元，完成麦地塘东侧道路工程、天创路改造工程、南环路（艺宇包装）段道路工程建设。推进景观大道二期加快施工进度。加强园区零排放配套设施建设，完善中水循环系统。园区建成区面积8.7平方千米。全面落实森林防火、安全生产、食品安全、消防安全、交通安全责任制，层层签订责任书；落实重大隐患督查整改制度，推进“五定”工作；组织开展“安全生产月”“安康杯”竞赛等宣传活动，开展培训取证等工作。推进网格化等长效机制建设，组织28家企业开展安全生产标准化创建。实行全方位立体化安全监控，全年无火灾、无重大刑事犯罪、无吸毒人员、无邪教组织和“法轮功”练习者，有效遏制重大安全事故发生；坚持入园项目严审核，入驻项目强服务，生产项目重监管，严格执行环境影响评价制度，“三同时”执行率100%。园区范围内生活垃圾无害化处理率逐步提高，工业固体废物综合利用率稳中有升，危险废弃物处理处置安全、规范、有序，工业固废处置利用率90%以上。重视民生改善，做好社会事务服务。强化市政道路、雨污水管网、排洪设施、道路交通安全设施、路灯照明、夜景等市政基础设施维护管理工作。强化“就业、就学”民生保障，做好企业困难职工保障工作，妥善解决20余件拖欠农民工工资纠纷。加强市场监管，服务经营主体。做好园区600多户企业换发新版营业执照工作，大力整治无照经营，取缔非法经营。打击流通领域制售假冒伪劣商品违法行为，查处不正当竞争行为。

【扶贫济困】 派驻新农村指导员驻点花窝村委会精准扶贫，补助资金13万，领导干部结对帮扶在册贫困户17户。开展慈善一日捐、孝老敬亲、红十字会助学、党员关爱资金等捐款活动，募集善款17.07万元。

（嵩明杨林经济技术开发区管委会）

信息·通信

◆责任编辑 李 震

信息产业

【概况】 2015年，全市电子信息产业累计完成主营业务收入252.9亿元，同比增长5.5%，增速高于2014年1.6个百分点，较“十一五”末（2010年）增长50.8%。其中，电子信息制造业统计内企业15户，累计实现工业总产值72.8亿元，同比增长9.2%；实现营业收入92.7亿元，同比增长12.1%；软件信息服务业统计内企业113户，累计实现营业收入62.4亿元，同比增长11%。其中，软件业务收入45.4亿元，同比增长12.4%；全年完成电信业务总量252.6亿元，参照全省同比增长39.9%。受提速降费因素影响，全市电信业务收入97.8亿元，增长0.4%。

【产业集群】 产业集聚逐步发展壮大，面向南亚东南亚信息科技辐射带动效应初步显现。贵研铂业、北方夜视等13户电子制造企业年产值突破亿元大关，云南山灞图像传输科技有限公司、昆明金质先锋智能仪表有限公司发展迅速，工业产值增速50%以上。软件和信息服务业营业收入超亿元企业10户，云南南天电子信息产业股份有限公司在全国软件和信息服务业100强企业中排名74位。2015年全年营业收入突破21亿元，同比增长12.8%。

【重点项目】 拟在建重点项目11个，总投资56.6亿元，累计完成投资5.2亿元。2016年，计划投资18.3亿元，建成后预计新增销售收入44亿元，利税5.7亿元。浪潮云计算产业园、呈贡信息产业园科技创新孵化中心等项目开工建设，银河之星T-PARK科技园一期2015年4月投入使用，二期将于2016年底建设完成。

【智慧昆明】 昆明列为国家“宽带乡村”试点城市，项目惠及10个县区、开发区。实施两化融合重点项目27个，在智能交通、智慧医疗、平安城市等方面开展智慧城市示范应用。制定信息产业跨越发展工作方案，启动云南“云上云”信息产业核心区建设。

【无线电管理】 依法实施无线电频率台站行政许可，核发电台执照182份，注销设台单位6家。规划建设移动通信基站3 784个，成功查获“黑广播”15起，没收设备16台（套），拆除干扰移动运营企业宏基站“直放站”48台（套），保障南博会、农博会、旅交会等大型会展活动通信畅通。

（市工信委）

邮 政

【概况】 截至2015年底，全市280个邮政服务网点及11个机要通信服务网点，46家品牌快递企业，186家依法取得快递经营许可证法人企业和199个备案分支机构。快递业呈现国有、民营、外资多元资本协调发展态势，民营快递企业快递业务量、快递业务收入保持持续快速增长，增幅超过行业平均水平。快递业作为现代服务业重要组成部分，对推动全市流通方式转型、促进消费升级、带动创新、扩大就业等方面发挥积极作用，促进地方经济发展作用逐步凸显。全行业从业人数13 756人。

【业务收入】 2015年，全市邮政业完成业务收入20.09亿元，同比增长18.93%；业务总量17.45亿元，增长24.94%，超额完成邮政业务总量增速目标要求。其中，快递业务收入13.58亿元，增长23.53%；业务量7 599.58万件，增长20.94%。全市邮政业务收入、业务量、快递业务收入、业务量分别占全省比重50.38%、49.44%、67.53%、68.41%，邮政、快递业务量、快递业务收入在全省均排名第一。“双十一”期间，全市快递邮件处理量936.65万件。

【员工培训】 组织快递从业人员参加省、市举办的相关业务培训，邮政、快递企业负责人及专（兼）职安全生产管理人员44人参加“安全管理人员从业资格证书”取证培训；32人参加X光机操作培训；250余人参加全省物流寄递业缉毒培训；40人参加安全生产专题讲座。通过开展执法检查以及安全管理、突发事件应急管理培训、安全生产人员与安检机使用等大型专项培训及各类消防应急演练活动，有效规范快递市场经营秩序，加强企业履行安全生产主体责任意识。

【安全监管】 出台《关于加强邮件、快件寄递安全管理工作实施意见》下发全市贯彻执行。全面开展寄递渠道清理整顿专项行动，开展专项执法检查行动，切实督导各企业贯彻落实“收寄验视+实名收寄+过机安检”三个100%工作措施，与安全生产责任主体各企业签订《责任书》，要求各企业总部逐级落实安全生产责任，明确各层级责任划分。全市辖区主要快递企业19家，其分拨中心配备安检设备24台，主要快递企业省际分拨中心基本实现100%购置安检机目标。通过与综治、公安、国安、工商、海关等各部门沟通协作，做到信息互通、资源共享、协调配合，形成长期、有效、稳定联合协作机制。

【安全服务保障】 在“两会”、南博会、旺季服务等期间，与反恐、公安、安全等部门联动，开展收寄验视、危化品寄递、信息安全、行业安全生产及隐患排查等系列专项检查整治活动。加强行业安全监管协作配合，检查10余次，检查分拨中心86个次、网点179个次、集邮市场1个次。累计出动执法人员813人次，下达限期整改通知书63份，下达行政处罚决定书9份，处罚金额35 000元人民币。以罚促改，督促企业真正履行主体责任。

【规范清理】 通过与工商部门联合检查、约谈企业负责人、责令整改及行政处罚等方式，分阶段、有重点对快递企业超范围经营和无证无照经营进行规范清理。2015年，76家企业申请快递业务经营许可证、61个分支机构申请登记备案，快递市场经营秩序进一步规范。

【“交邮合作”】 组织召开2次“交邮合作”工作座谈会，着力推动邮政业与交通运输融合发展，邮政企业陆续开展火车票、汽车票、飞机票代售业务，部分县区邮政企业还利用客运班车代运邮件，“交邮合作”取得初步成效。

【通邮调查】 4月至9月，完成邮件投递处理场所和建制村通邮情况调查工作。调查覆盖全市14个县（市）区，129个乡镇（街道），录入建制村通邮情况表1 587张，投递路线图139条。12月，市邮管局牵头联合市规划局、住建局对盘龙区、宜良县等县（区）13个住宅小区11 443户信报箱设置情况开展联合检查，针对信报箱建设中存在问题，提交加强新建小区信报箱建设提案。

【监督检查】 开展邮政普遍服务综合监督检查、法定业务开办专项检查，出动执法人员524人次，检查县（市）区14个，网点113个和10个机要通信网点，下发责令改正通知书，责成企业整改；组织执法人员以及特邀监督员41人次开展《中国人民抗日战争暨世界反法西斯战争胜利七十周年》等特种邮票发行与销售专项监督检查工作；加强邮政专用标志车辆监督检查，对8个县（市）区邮政企业邮政专用车辆标志使用和管理情况进行检查；开展调查工作及邮件时限监测工作；开展邮政机要通信用户满意度调查及普遍服务满意度调查等工作；组织开展邮政特邀监督员工作培训。组织社会监督员监督邮政服务网点194个，走访消费者194人次，反馈问题6个。10月，完成监督员换届工作，对新聘监督员开展培训。2015年，昆明市邮管局荣获国家邮政局授予“空白乡镇邮政局所补建先进集体”荣誉称号。

（李春娟）

中国联通

【发展思路】 2015年，昆明联通贯彻落实“移动宽带领先与一体化创新”战略，坚持发展模式转型，深化企业改革，推动机制体制创新。

【网络质量提升】 2015年，昆明联通对三环以内、二类以上高校、重点交通枢纽、大型商业广场、流量热点区域以及高档楼宇等用户投诉热点区域投入资源，完善网络覆盖能力，优化网络投诉机制，实现以“用户感知”评价网络质量。与年初相比，移动网络投诉率有所下降,客户感知得到改善，网络质量明显改善。下沉网络维护人员到基层，强化网络力量，建立绿色快速响应通道，形成紧贴市场前端并与机关本部高效协同合作联动机制。围绕客户投诉热点区域，深入实地现场勘查测试。

【推进企业改革】 2015年，昆明联通按照“集中化、扁平化、专业化”发展思路，大力推进组织架构改革，充实前段营销队伍，实现后台支撑、物资和财务集中化管理，开展岗位职责梳理、流程制度持续优化工作。深化用工制度改革，增强优秀员工归属感和凝聚力，激发基层人员工作积极性和主动性。通过优化机关部门组织机构、管理职责，精简机关部门人员，冗余人员充实到一线营销队伍，打通基层反映问题快速通道，形成问题和流程闭环管理，公司运营效率和管理水平明显提高，基层单元经营活力明显增强。

【经营转型】 贯彻执行“实施聚焦战略，创新合作发展”战略，以4G为引领，通过聚焦重点区域、重点业务，整合现有资源，精准投放成本，全面优化产品、终端、渠道体系，加快移动业务规模发展。2015年，公司高度重视宽带业务发展，全面加大宽带投资，积极推进光改建设，以“提速降资费”为指导，有效制定市场竞争策略，推动宽带营销模式转型，宽带业务发展得到有效破局。公司成立宽带工作领导小组，统筹安排固网宽带业务建设、维护及运营等工作。以“广接入、薄覆盖”经营策略，彻底调整投资模式，对“装、拆、移、修、营”进行流程优化和再造，工作效率明显提高；全面强化项目前评估和后评价工作，有效指导基层单元市场针对性和投资科学性，制定一系列效能提升工作计划，提升销量，拉动收入增长，扩大有效代理商规模，提升效能。

（联通昆明市分公司）

中国移动

【经营业绩】 2015年，中国移动云南公司昆明分公司累计完成收入超52亿，较2014年增长4%以上；移动通话客户数超700万，移动通话市场份额78%；4G客户300万，年度4G渗透率40%；在网宽带客户20万，较2014年明显提升。

【4G运营】 2015年，昆明分公司加大成本、资源投入，助推4G客户渗透率。拓展销售渠道，实现销售规模发展，昆明分公司聚焦4G终端规模销售和健康发展，在上半年大力推广自备机销售，加强与品牌店合作，拓展品牌店合作范围，实现4G客户规模发展；梳理销售流程，提升客户健康度，上线自备机串号管理系统，规范串号管理流程，降低渠道违规套利风险，实现4G客户健康发展；固化销售流程，提高渠道参与率。聚焦重点战略渠道，重奖重罚；兼顾普通渠道，重奖激励；激发渠道积极性，实现4G终端健康销售和全面转化双重目标。2015年，昆明分公司4G客户超300万，年度净增4G客户200万以上，4G渗透率40%。

【网络发展】 加强农村地区、密集城区楼宇覆盖，提升4G网络覆盖，改善用户满意度。针对网络类投诉中信号差、无法主被叫、上网掉线等问题，从弱覆盖、室内网络质量、城区网络质量、业务均衡以及投诉5个维度开展整治工作，提升网络质量；针对重点区域问题进行“三金”专项整治。梳理“金点子”问题4 946个，解决4 345个，解决率87.85%。“金链子”完成昆曲、昆石、环湖南路等34条线路及地铁线路测试、问题分析；“金面子”完成机场区域周边宏站替换入网优化、机场跑道信号增强和优化、机场室内改造等工作，机场4G投诉量由每月12单下降至1—2单。2015年，昆明分公司月均全量投诉量大幅下降，客户满意度、4G上网满意度明显提升。

【通信保障】 2015年，完成各项应急通信保障任务52次。其中，节假日类保障30次；自然灾害类保障7次；政治经济类15次。完成第三届南博会、火把节、昆明国际马拉松运动会、乐堡音乐节、农博会、旅交会、车博会、古滇王国启动、周杰伦演唱会等重大保障活动。其中，第三届南博会首次在滇池会展中心举行，用户数多，保障时间紧、任务重，现场保障在新开站点同时，新增4台应急车，确保通信畅通；2015年11月同时保障旅交会、车博会和古滇王国开业，同时在3个场地开展应急保障工作，通过紧急开通2/3/4G站点和应急车，圆满完成保障工作；2015年12月周杰伦演唱会是昆明前所未有一次4G业务高密度大规模保障，会场3.5万人，4G用户超过1.5万，新增2G室分站点2个，应急车1台，新增4GTDD室分小区14个，4GFDD室分小区3个，首次在大型活动中采用TDD+FDD混合组网进行保障，也是省内首次FDD商用场景。

【宽带乡村】 通过科学规划、抢抓进度、快速推进，全力推进宽带乡村建设，有效改善农村信息化基础设施。在建设方面，采用‘无线+有线’立体式解决方案，不仅可保证客户快速流畅上网体验，并且使客户随时随地使用终端快速灵活接入，作为有线有效补充，解决地广人稀、有线建设难度大的农村地区高带宽上网问题。

（徐东梅）

非公经济·乡镇企业

◆责任编辑 李 震

2016 KUNMING YEARBOOK

民营经济

【经济指标】 2015年，全市个体私营企业62万户，增加6万户，增长10.7%；民营经济吸纳就业251.18万人，增加24.01万人，增长10.6%；民营经济实现增加值1 850.34亿元，增长8.1%，占地区生产总值46.6%，比2014年提高0.1个百分点，对GDP贡献率46.7%。

【产业结构与企业培育】 2015年，全市民营经济第一产业完成增加值58.53亿元，增长5.1%；第二产业完成增加值691.26亿元，增长7.4%，其中工业实现增加值396.34亿元，增长5.5%；第三产业完成增加值1 100.55亿元，增长8.8%。大力推进“两个10万元”微型企业培育工程，全年新培育创办7 500户微型企业。新增成长型中小企业51户，325户民营企业列入省级成长型中小企业。高深（集团）有限公司等21户企业被授予“云南省优强民营企业”荣誉称号；陈鸿睿等15位企业家被授予“云南省优秀民营企业家” 荣誉称号；富民县人民政府被授予“云南省促进民营经济发展先进单位”荣誉称号；昆明北理工科技孵化器有限公司等5家服务机构北授予“云南省十佳中小企业服务机构”荣誉。

【“两个10万元”微型企业创业扶持】 认真落实《云南省微型企业扶持实施办法》和省“两个10万元”微型企业培育扶持政策，制定《昆明市微型企业创业扶持实施细则（试行）》，大力推进“两个10万元”微型企业培育工程。2015年，全市下拨6 750万元，扶持7 500家新创办微型企业，带动就业40 706人。

【项目经费支持】 指导企业做好项目申报，重点用于支持民营中小企业技术改造、企业上市、贷款贴息、自主创新平台建设补助、重大科技成果产业化项目资金补助、新创办小微企业租用经营场地租金补贴及其他政府鼓励事项等。2015年，全市23个项目获得云南省民营经济暨中小企业发展专项扶持资金2 080万元；获得云南省百户优强民营企业及十强中医药工作先进民营企业补助1 080万元。2015年，安排市级扶持资金500万元，对40户中小微战略性新兴产业企业进行扶持。

【放宽市场准入】 向民企放开电信业领域投资，逐步消除民营经济在垄断行业投资“玻璃门”“弹簧门”现象。鼓励和引导民间资本进入金融服务领域，推动云南省银行业金融机构根据中小微企业客户不同类型和特点，提供多种多样金融产品设计、投融资咨询等系列创新服务产品服务，创新中小微企业专属融资产品，拓宽企业融资渠道。

（市工信委中小企业处）

乡镇企业

【经济指标】 2015年，全市完成农产品加工业现价总产值285.04亿元（不含滇中产业新区），同比增长12.2%，完成省政府下达农产品加工业发展目标任务。全市各县区均同步完成市政府下达农产品加工业发展目标任务。乡镇企业完成总产值1 995.65亿元，同比增长6.7%。

【经济效益】 2015年，全市农产品加工企业实现利润总额22.82亿元，同比增长2.24%；上缴税金7.98亿元，同比增长4.44%；支付劳动者报酬17.89亿元，同比增长6.57%；完成出口交货值8.15亿元，同比增长3.23%。从农产品加工业各项发展指标粗略估算，农产品加工业创造增加值超过80亿元以上。从2015年12月昆明市40户农产品加工监测样本企业景气调查情况看，近半数以上企业生产总成本、主要原材料采购量、产品产量、产品订货量、出口订单与上年相比处于持平水平。

【重点行业】 2015年，全市696户农产品加工企业完成现价总产值234.99亿元，占全市总产值285.04亿元82.44%。其中，270户农副食品加工企业完成120.25亿元；94户食品制造企业完成25.28亿元；85户饮料制造企业完成21.06亿元；20户医药制造企业完成13.43亿元。农副食品加工、食品制造、饮料制造、医药制造四大类农产品加工行业产值均超过10亿元，累计现价总产值180.02亿元，占全市农产品加工业现价总产值63.16%。

【业态趋势】 农产品加工业把产业链、价值链等现代产业理念、组织方式和商业模式引入农业，引领农村一、二、三产业融合发展，不断推进农业产业分工分业、增值增效。接二连三融合：引导农民合作社、都市农庄、家庭农场等新型市场主体由一产向二、三产发展，坚持以资产为纽带，吸收农民以资金、土地经营权、交售农产品入股，建立紧密利益联结机制，发展农产品加工流通和休闲农业。如：昆明品世公司实施生态畜禽定制养殖商业模式、云南海潮听牧公司依托生产加工牛肉主业拓展餐饮服务业等。前延后伸融合：鼓励企业或工商资本向农户注资建基地，向经销商注资连物流。推进农产品加工企业向园区、基地适度集中，提高农产品精深加工能力，培育一批消费者认可、具有云南或昆明独特地理标志“滇牌”“昆牌”农产品，打造特色优势区域品牌。如：斗南花卉市场扩建花花世界综合花卉市场、经纪人收购花农初加工产品收取拍卖佣金、蔬菜出口企业建基地带动农户种植蔬菜和组织出口等产销衔接、跨界发展。技术渗透融合：将“互联网+”等信息技术向农业渗透，发展农业物联网、电子商务、食品短链、社区支持、加工体验和中央厨房等新业态，提升农业生产和管理信息化水平，模糊产业边界，实现网络链接，缩短供求时空距离。如嘉华公司建立线上销售鲜花饼分发车间、星桥公司推广过桥米线方便食品等。

（市工信委乡镇企业处）

财政·税务

◆责任编辑　方玉红

2016 KUNMING YEARBOOK

财　政

【财政收入】　2015年，全市（不含安宁市、嵩明县、大板桥镇，下同）一般公共预算收入4 588 937万元，增长（与上年同期同口径相比，下同）4.1%。市级一般公共预算收入2 506 632万元。市本级一般公共预算收入1 808 978万元。

【财政支出】　2015年，全市一般公共预算支出5586 297万元，增长2.6%。市级一般公共预算支出2 460 799万元。市本级一般公共预算支出1 652 388万元。

【政府性基金预算】　全市政府性基金预算收入1 412 253万元，上级补助收入39 004万元，专项债务转贷收入3 703 000万元，上年结转438 188万元，收入方总计5 592 445万元；政府性基金预算支出1 502 016万元，基金上解74 000万元，调出资金118 624万元，专项债务还本支出3 572 000万元，结转支出325 805万元，支出方总计5 592 445万元。收支相抵，年终结余为零。

市级政府性基金预算收入1 027 326万元，上级补助收入39 004万元，专项债务转贷收入3 432 891万元，上年结转362 532万元，收入方总计4 861 753万元；政府性基金预算支出1 064 383万元，基金上解24 000万元，专项补助下级支出43 736万元，调出资金95 569万元，专项债务还本支出3 301 891万元，结转支出332 174万元，支出方总计4 861 753万元。收支相抵，年终结余为零。

市本级政府性基金预算收入718 130万元，上级补助收入39 004万元，专项债务转贷收入2 928 285万元，上年结转330 084万元，收入方总计4 015 503万元；政府性基金预算支出789 999万元，基金上解24 000万元，专项补助下级支出57 071万元，调出资金83 347万元，专项债务还本支出2 797 285万元，结转支出263 801万元，支出方总计4 015 503万元。收支相抵，年终结余为零。

2015年全市财税工作会议　　（市财政局　供稿）

【国有资本经营预算】　市本级国有资本经营预算收入2 826万元，其中：利润收入391万元，股利、股息收入249万元，产权转让收入2 186万元，收入方总计2 826万元。国有资本经营预算支出1 978万元，上解上级支出848万元，支出方总计2 826万元。

【社会保险基金预算】　全市社会保险基金收入2 211 131万元，上年结余2 046 668万元，收入方总计4 257 799万元。社会保险基金支出1 986 090万元，年终结余2 271 709万元，支出方总计4 257 799万元。

【贯彻落实新预算法】　加强新预算法学习宣传培训，准确掌握新预算法的精神、原则和各项具体规定，自觉把新预算法的各项规定作为预算管理活动的行为准则，严格依法行政、依法理财。协调推进新预算法实施与财税改革工作，加强各项财税改革具体方案与新预算法的相互衔接。按照税收法定原则，加强财政收入组织，确保依法征收、应收尽收。

【推进财税体制改革】　出台全面深化财税体制改革的实施意见，一批关键性的改革举措稳步推进。预算管理制度改革取得实质性进展，印发“完善预算编审体系”“推广运用政府和社会资本合作模式”“强化预算绩效管理”等系列文件，制定权责发生制政府综合财务报告制度实施方案并启动试编工作。围绕建立事权与支出责任相适应的制度，对县（市）区事权和支出责任开展调研分析，财政管理体制改革研究取得阶段性成果。制定改革和完善市对下转移支付制度实施方案，优化转移支付结构，严格落实均衡性、民族地区、生态功能区、资源枯竭城市等具有财力补助性质的转移支付。深入推进财税收入管理，落实国家税收改革措施，清理规范财税优惠政策，完善税收征收管理机制，深化非税收入管理改革。

【促进经济社会发展】 认真贯彻落实稳增长、调结构的政策措施，制定支持工业转型升级、大众创新创业、现代服务业发展、中小企业发展、政策性投融资担保体系等促进经济平稳较快增长的17条具体财税措施。创新财政投入方式，积极探索设立产业发展引导基金，发挥财政资金杠杆作用和引导功能，全力支持产业发展和重大基础设施建设。

【强化预算执行刚性约束】 认真执行市人大批准的预算，维护预算的权威性。在规定时限内批复市本级部门预算，严格控制预算追加事项和追加时限，减少部门预算调整。出台加强财政预算支出管理的制度，对各类财政资金拨付时限做出明确要求。加快市对下转移支付下达进度，一般性转移支付下达时间缩短为人大批准预算后的30个工作日内。完善预算支出进度考核办法，及时督促支出进度慢的地区和部门加快执行。加强结转结余资金清理，出台盘活财政存量资金的具体措施，建立存量资金动态管理机制。

【完善政府债务管理制度】 出台深化政府性债务管理体制改革实施方案，规范地方政府举债融资机制，对政府债务实行限额管理和预算管理，建立"借、用、还"相统一的政府性债务管理机制。争取新增债券16.6亿元，置换债券473.6亿元，与金融部门合作过渡性融资150亿元，在保障到期债务及时偿还及新建项目资金需求的基础上，进一步降低存量债务资金成本、优化存量债务期限结构。推广运用政府和社会资本合作模式，3个项目入选财政部第二批示范项目。

【实施预算绩效管理】 制定预算绩效目标编报、项目支出绩效评价报告质量考核标准等措施，组织开展预算绩效目标审核、绩效运行跟踪监控、部门整体支出绩效评价，逐步建立绩效评价结果与部门预算资金安排相结合，与部门次年预算编制和项目支出预算挂钩的机制。

【推进内控制度建设】 在全国率先推行以政府为主导的行政事业单位内部控制规范工作，以财政资金分配与使用为主线，以内部控制量化评价指标为指引，以财政资金支出绩效评价为核心，通过问题驱动、部门联动、政府推动，采取分步方式，逐步构建行政事业单位内部控制体系。完成38家市级单位基础风险评估，确定首批19家单位开展内部控制规范体系建设。

【加大农林水支持力度】 农林水方面支出51 907万元，对下转移支付249 114万元。加大扶贫攻坚支持力度，完成整乡推进4个、行政村整村推进15个、自然村整村推进235个。支持特色农业稳步发展，主要农作物耕种收综合机械化水平达50%。完善林业保护支持政策，培育速生林5万亩、改造低效林3.4万亩、补助公益林134.3万亩、建设核桃基地及苗木基地12.9万亩，大力支持"绿化昆明·共建春城"义务植树活动。加大水利建设投入，建成集中式供水工程457处、"爱心水窖"1.5万件，新增和改善灌溉面积6 821亩，续建、新建中小型水库19件、加固病险水库79件，建设五小水利工程242件、防汛抗旱工程21件，对云龙水库和松华坝水库移民搬迁11 120人进行生活补助。实施农业综合开发项目28个，建成高标准农田6万亩。实施村级公益事业建设一事一议财政奖补普惠制项目731个、新农村省级重点村建设项目72个、传统村落保护项目4个，推进美丽乡村建设项目10个，开展新型农业社会化服务体系试点项目1个。

【保障教育资金投入】 教育方面支出114 783万元，对下转移支付93 835万元。实施学前教育3年行动计划，加大对普惠性民办幼儿园的支持力度，对新建或扩建公办幼儿园给予基建和设施设备补助。完善农村义务教育经费保障机制，对农村义务教育学校实行生均公用经费补助和寄宿生生活补助，实施学生营养改善计划，惠及32.3万名农村中小学生。加快推进农村标准化学校建设、中小学校舍安全工程和抗旱保教基础设施建设。免除农民工随迁子女学杂费，按学生人数足额拨付教育经费，使进城务工人员随迁子女平等接受义务教育。提高普通高中和中等职业学校国家助学金补助标准，每生每年提高500元。扩大中等职业学校免学费补助范围，对公办和民办中职学校涉农和家庭困难学生实行免学费补助。建立从学前教育到考入高校的贫困新生资助体系，惠及21.4万名学生。

【推动科学技术创新】 科学技术方面支出65 802万元，对下转移支付5 561万元。推动产业创新和园区创新能力工程，对123个重点新产品、科技企业孵化器、创新型试点企业、工程技术研究中心、产业技术创新联盟、重点实验室等项目给予补助，支持137个重大科技专项、重大新产品开发和重大科技成果转化。推动科技创新创业人才培引，对41个科技创新人才的院士工作站、科技创新团队、中青年学术技术带头人、青少年科技创新实验室等项目进行补助。支持78个区域创新与科技惠民项目、18个重

点信息化建设项目。

【完善社会保障制度】 社会保障和就业方面支出213 468万元，对下转移支付129 053万元。推动创业引领计划实施，激发大众创业、万众创新活力。提供有效就业岗位12.3万个，新增城镇就业人员11.1万人。对504户企业进行稳岗补贴，稳定企业就业岗位30.3万个。月人均城乡居民基本养老保险基础养老金从70元提高到85元，月人均被征地人员基本养老保险基础养老生活费增加50元，月人均城市低保和农村低保提高到530元和295元。全面实施临时救助制度，对参战退役人员、残疾军人、烈属、在乡红军老战士和老复员军人等优抚对象进行抚恤和解困帮扶。加大对残疾人事业发展、养老服务体系建设和高龄老人补贴力度。

【增加医疗保障力度】 医疗卫生与计划生育方面支出219 736万元，对下转移支付52 033万元。对医疗卫生机构实施基本药物制度进行补助，支持市妇女儿童医疗保健中心、延安医院医技综合楼暨全科医师培训基地等重点项目建设。加大城乡居民基本医疗保险财政补助力度，补助标准提高到每人每年400元，城乡居民大病补充医疗保险最高支付限额提高到9.8万元。增加城乡医疗救助补助资金，进一步提高救助标准、扩大救助范围。基本公共卫生服务项目人均经费标准从35元提高到40元，重点向乡村医生倾斜。

【完善文体服务体系】 文化体育与传媒方面支出16 483万元，对下转移支付14 535万元。推进公共图书馆、博物馆、纪念馆、文化馆、文化站等公益性文化设施向社会免费开放。继续按人均10元标准实施“基层公共文化服务包”，推进基层公共文化服务均等化。完善公共文化服务设施网络体系，支持基层公共文化服务网络设施新建和改扩建工程。加快推进广播电视节目无线数字化覆盖工程。进一步改善基层公共体育健身设施，推动大型体育场馆向社会免费或低收费开放。加大文化遗产保护投入力度，支持发展文化产业，推进文化创意、设计服务与相关产业融合发展。

【助推节能环保理念】 节能环保方面支出173 596万元，对下转移支付65 057万元。大力支持滇池治理，推进牛栏江—滇池补水、河道清淤除障、水体置换通道提升等工程实施。加大对主城区公共排水设施运行维护、滇池主要入湖河道管理、蓝藻及水面漂浮物打捞清运、环境监测等方面的投入。支持新能源汽车示范推广，按照中央补助标准1:0.5对购买新能源汽车给予补助。

【保障城乡社区支出】 城乡社区方面支出90 871万元，对下转移支付32 146万元。采取“以奖代补”方式，大力支持城乡清扫保洁、园林绿化及园博园建设、环卫基础设施建设，保障城市景观照明工程实施。积极推进天然气置换利用工程，对居民用户灶具更新每户按100元进行补贴。

【加大交通基础设施投入】 交通运输方面支出244 276万元，对下转移支付144 753万元。加大交通基础设施建设的投入，支持铁路枢纽扩能改造、绕城高速东南段、建制村公路、地铁3号线和6号线二期、联大立交、大渔立交等项目建设。推进城乡公交发展，对公交集团、中北公交集团、城乡巴士集团进行公益性服务补助、贷款贴息、新能源汽车管养补贴和购车补贴。

【支持各项产业发展】 资源勘探信息等方面支出48 036万元，对下转移支付92 215万元。打造全省信息产业高地，推动信息产业发展，全力支持呈贡信息产业园区建设。兑现产业发展扶持政策，支持工业经济增产扩销、“财园助企贷”风险保证、微型企业培育、工业企业技术创新、工业扩大固定资产、节能降耗及资源综合利用、园区基础设施建设。

【促进商业服务升级】 商业服务业方面支出4 715万元，对下转移支付42 566万元。加快推进昆明建设世界知名旅游城市步伐，对晋宁“古滇国”等旅游项目进行重点扶持，支持乡村旅游、酒店餐饮服务业发展，加大智慧旅游、旅游厕所等旅游公共基础设施建设的投入。大力支持内外贸和电子商务业发展。对标准化菜市场、乡镇农（集）贸市场、生鲜超市、社区菜店进行补贴，对批发业、零售业、住宿业、餐饮业持续发展进行扶持奖励。

【支持住房保障建设】 住房保障方面支出82 069万元，对下转移支付90 589万元。积极争取上级财政资金支持，足额配套地方建设资金，基本建成保障性住房、棚户区改造住房3.3万套。支持农村危房改造及抗震安居工程建设，完成农村危房改造和抗震安居工程建设3.3万户。

（时　芸）

2015年昆明市地方一般公共预算收支完成情况表

单位：万元

收入					支出			
项目	预算数	完成数	完成预算（%）	增幅（%）	项目	预算数	完成数	完成预算（%）
一、增值税	772 547	708 122	91.70	0.60	一、一般公共服务	570 133	563 040	98.80
其中：改征增值税	272 917	277 073	101.50	14.20	二、外交	0	0	—
二、营业税	1 379 950	1 116 171	80.90	-11.30	三、国防	5 171	5 169	100
三、企业所得税（16%）	258 132	217 017	84.10	-7.30	四、公共安全	417 430	414 253	99.20
四、个人所得税（16%）	120 484	86 154	71.50	-16.30	五、教育	842 059	809 671	96.20
五、资源税	35 959	29 254	81.40	-18.60	六、科学技术	138 448	137 863	99.60
六、城市维护建设税	348 630	297 684	85.40	-11.90	七、文化体育与传媒	61 600	59 250	96.20
七、房产税	199 735	177 367	88.80	-2.10	八、社会保障和就业	691 663	677 641	98
八、印花税	107 181	87 996	82.10	-5.50	九、医疗卫生	427 818	417 731	97.60
九、城镇土地使用税	89 756	90 556	100.90	10.30	十、节能环保	270 733	265 466	98.10
十、土地增值税	258 985	367 513	141.90	70.30	十一、城乡社区	617 124	604 150	97.90
十一、车船税	55 437	57 917	104.50	13.10	十二、农林水	491 381	459 545	93.50
十二、耕地占用税	40 536	67 879	167.50	85.10	十三、交通运输	426 365	425 320	99.80
十三、契税	312 725	292 388	93.50	0.20	十四、资源勘探电力信息等	180 334	173 324	96.10
十四、烟叶税	42 029	43 381	103.20	5.30	十五、商业服务业等	63 005	53 090	84.30
十五、专项收入	332 108	434 272	130.80	80.10	十六、金融	9 520	9445	99.20
其中：教育费附加收入	138 991	119 215	85.80	-11.50	十七、国土海洋气象等	73 439	67 510	91.90
十六、行政事业性收费收入	180 961	122 039	67.40	-43	十八、住房保障	265 018	262 207	98.90
十七、罚没收入	95 956	119 187	124.20	24.60	十九、粮油物资储备	33 646	32 332	96.10
十八、国有资本经营收入	1 000	3 470	347	-59.90	二十、国债还本付息	1 327	—	99.90
十九、国有资源（资产）有偿使用收入	82 932	189 512	228.50	128.80	二十一、其他	156 032	149 290	95.70
二十、其他收入	25 688	81 058	315.50	-20.60		—	—	—
地方一般公共预算收入小计	4 740 731	4 588 937	96.80	4.10	地方一般公共预算支出小计	5 742 246	5 586 297	97.30
上级补助收入	—	1 883 424	—	—	上解上级支出	—	931 554	—
返还性收入	—	253 792	—	—	原体制上解支出	—	860 331	—
一般性转移支付收入	—	657 269	—	—	专项上解	—	71 223	—
专项转移支付收入	—	972 363	—	—	地方政府债券还本	—	1 164 000	—
调入资金	—	161 112	—	—	安排预算稳定调节基金	—	109 445	—
调入预算稳定调节基金	—	13 215	—	—	结转支出	—	169 502	—
债券转贷收入	—	1 199 000	—	—	年终结余	—	57 537	—
上年结转	—	139 794	—	—		—	—	—
上年结余	—	32 853	—	—		—	—	—
地方一般公共预算收入总计	—	8 018 335	—	—	地方一般公共预算支出总计	—	8 018 335	—

国 税

【国税收入】 2015年，昆明市国税局累计组织国税收入（不含海关代征）516.7亿元，同比上年下降4.9%，减收26.5亿元。其中：国内增值税完成217.4亿，同比下降3.51%，减收7.9亿元；国内消费税完成152.7亿元，同比增长0.29%，增收0.4亿元；企业所得税完成116.7亿元，同比下降12.2%，减收16.2亿元；车辆购置税完成29.9亿元，同比下降8.7%，减收2.9亿元。累计组织昆明市地方一般公共预算收入84.6亿元，同比下降1.4%，减收1.2亿元。滇中产业新区地方公共预算收入6.59亿元，同比增长10.95%，增收0.65亿元。剔除滇中新区后完成84.62亿元，完成全市增幅4%的目标任务。

【依法治税】 2015年，昆明市国税局推进普法依法治理，制定下发《昆明市国家税务局开展法制宣传教育暨依法治市工作第六个五年规划（2011—2015年）〉的通知》，《昆明市国家税务局2015年法制宣传教育与依法治市工作计划》始终贯穿于税收工作。加强执法责任制考核，2015年度1—6月份，全市执法业务量630 394项次，实际发生执法过错26个，考核期平均过错率为0.041‰，低于市国税局主要工作目标确定的“执法过错率控制在0.3‰范围内”的工作目标。继续保持市政府颁发的“昆明市依法行政示范单位”荣誉称号。扎实推进法治税务示范基地建设，石林县和禄劝县国税局被云南省国家税务局授予第一批“法治税务示范基地”称号。深入落实行政审批改革和推行权利清单制度，根据国家税务总局公布的87项税务行政审批事项中，7项行政许可予以保留，80项非行政许可审批事项已清理完毕。发布第一批税务行政处罚权力清单和权力运行流程图，推行权力清单和责任清单制度。

【税收优惠政策执行】 2015年，市国税局累计办理各项减免税138.1亿元，出口货物退（免）税17.86亿元。认真落实增值税起征点调整的税收政策。减免起征点以下12.7万户个体工商户增值税4.11亿元，比上年度该项减免税额增长48.91%。严格贯彻小微企业所得税优惠政策和暂免征收小微企业增值税的优惠政策。全市共有1.7万户小微企业符合所得税优惠政策享受条件，减免企业所得税6 890.8万元，受惠面达到100%；14.6万户符合增值税减免条件的小微企业，免征增值税4.8亿元。4.3万辆汽车享受到车辆购置税优惠2.7亿元。

【税务稽查】 2015年，全市国税系统大稽查入库6.64亿元，比上年同期减少1.6亿元，降幅19.06%。重点稽查选案准确率达99%，偷税处罚率达75%，入库率达100%。开展专项检查和分级分类稽查。2015年，全市专项检查自查和重点检查户数为1 223户，查补收入2 012.97万元；税收专项检查的指令性检查项目为出口退税企业238户、黄金交易企业11户、资本交易409户；指导性检查项目为房地产及建筑安装业283户、营利性教育培训机构78户。纳入2015年分级分类稽查的企业有255户。专项检查和分级分类稽查共计入库收入3 814.98万元，调减亏损企业申报亏损额124.38万元。全市共对428户企业的发票使用情况进行检查，查处违法企业207户，查处非法发票50 117份，涉及金额2.95亿元，查补税款1 487.74万元，滞纳金200.55万元，罚款139.80万元，企业自查补税53万元，查补收入合计1 881.09万元。

【金税三期工程优化版成功上线运行】 2015年7月1日，市国税局直属税务分局、五华区、石林县、禄劝县国税局作为全省首批“双轨”运行单位，开展金税三期工程优化版“双轨”运行，8月1日，实现19个单位双轨运行，9月1日，实现全市国税系统单轨运行，系统运行平稳顺畅，达到“四无”标准，市国税局被省国税局授予“集体三等功”。截至12月31日，通过金税三期优化版系统办理税务登记21 452户；变更登记62 645户；注销登记2 186户；票种核定30 354户；发票发售767.71万份；代开发票8.55万份，代开金额1.61亿元；发票验旧1 144.26万份；一般纳税人登记2 337户；申报95.75万户（次）（其中网络申报36.59万户次）；征收税款176.51亿元；税库银成功扣款12.52万笔，扣款金额118.18亿元；简易处罚2 475户；一般处罚2 853户。

金税三期工作组数据采集现场 （市国税局 供稿）

【国地税共建联合办税服务厅】 2015年，市国税局进一步深化国地税合作，拓宽领域，整合资源，创新方式，提升水平。加强与昆明市地税局沟通协调，密切配合，共同推进官渡区国地税共建办税服务厅试点工作，实行"一人双网一窗办税"。截至年底，共办理税收业务2 300余户次。及时总结试点成功经验，为适时扩大国地税共建联合办税服务厅推行范围做准备。

【统一社会信用代码证】 自2015年9月30日西山区局成功办理全省第一笔"三证合一、一照一码"税务登记事项以来，全市19个县区国税局（含开发区，下同）陆续开出"三证合一、一照一码"统一社会信用代码证，标志着昆明市全覆盖的工商、税务、质检三家机构联合办证的顺利上线。截至12月31日，昆明市共办理7 908户"三证合一，一照一码"税务登记，其中7 485户为新办户，423户为变更户，1户清算状态，32户为注销户。全市均有纳税人申请办理"三证合一，一照一码"登记后的涉税后续事项，成功开展此项业务。

【增值税管理】 2015年，市国税局组织增值税收入217.4亿元，占全年国税收入42.07%。切实贯彻落实国家关于结构性减税政策，全年全市146户企业享受增值税即征即退优惠，退还增值税10.8亿元，同比上升21.54%；8 026户企业享受增值税免税销售优惠，免税销售额达1 137.44亿元。

【"营改增"工作】 2015年，市国税局共有5.5万户纳税人纳入"营改增"试点范围，比2013年8月"营改增"启动之初增长227.38%，净增"营改增"纳税人3.82万户。全年共组织"营改增"税款30.06亿元，同比增长15.26%。"营改增"以后，服务业迎来多重利好，发展势头强劲，促进制造企业转型升级，推动生产经营企业主辅分离，扩大就业空间。

【所得税管理】 市国税局2014年度企业所得税管户为81 831户，比上年增加21 279户，同比增长35.14%，管辖户籍增速提高21.65%。2015年，全市国税系统累计征收企业所得税116.72亿元，同比上年的133亿元减收16.18亿元，减幅12.18%，

【车辆购置税管理】 市国税局贯彻执行国家支持新能源和小排量汽车发展措施。截至2015年12月31日，共组织征收车辆购置税31.44亿元，车辆数25.01万辆。共办理减免税车辆4.30万辆，减免税金额26 597.15万元。

【优化纳税服务】 2015年，市国税局积极探索纳税服务新模式，将《全国税务机关纳税服务规范（2.3版）》通过扫描二维码的方式为纳税人提供"码上知道"的信息化纳税服务方式。通过开展"纳税人学堂"建设和"纳税人大走访"活动，继续推进"便民春风办税行动"。年内举办301场次、4.8万人次的纳税人培训。对超过10万户纳税人开展多种形式的走访，单位纳税人的走访面达到86%。与市地税局联合完成2014年度纳税人信用等级的联合评定，市国地税局与建设银行联合签署"税银助力通"合作协议，55户企业通过"税银助力通"申请贷款近3 000万元，有效推动社会信用体系建设。部分涉税业务"同城通办"在全市国税系统推行，全年共受理"同城通办"业务8 300余户次，纳税人享受到国税部门"管理有界、服务无界"的优质服务。

【服务"一带一路"工作】 按照党中央、国务院实施"一带一路"发展战略的重大部署，市国税制定开展"一带一路税收同行"系列宣传活动安排，为"走出去"纳税人开展实施"六个一"服务活动，即"汇编一本手册，开设一个专栏，举办一次访谈，召开一次座谈，走访一部分单位，解决一批问题"。截至2015年12月31日，昆明市"走出去"企业共计107家，约占全省"走出去"企业的22%，涉及境外投资所在国或地区19个。市国税局以服务"走出去"纳税人和开展"一带一路，税收同行"系列宣传活动为契机，配合"便民办税春风行动"，分阶段、分步骤，为"走出去"纳税人提供咨询和方便。

【荣誉】 2015年，市国税局全面实施绩效管理，在云南省国税系统2015年度绩效考评中名列全省第一名。市局机关获得"全国文明单位"荣誉称号，全市系统有2个集体获得省国税局、省妇联联合表彰命名的"巾帼文明岗"荣誉称号，15家单位获得"全省国税系统文明单位"荣誉称号，5家单位获得市国税系统"文明单位"荣誉称号。

（王惠媛）

2015年昆明国税分税种收入情况表

（单位：万元）

项　目	累　计			上年全年入库	为上年全年（%）
	入库	比上年增减额	比上年增减（%）		
总计	5 213 512	−303 570	−5.50	5 517 082	94.50
一、税收收入合计（计划口径）	5 167 360	−265 034	−4.88	5 432 394	95.12
（一）国内增值税	2 173 776	−79 081	−3.51	2 252 857	96.49
其中：1.直接收入增值税	2 135 474	−75 585	−3.42	2 211 059	96.58

续表

项　目	累　计			上年全年入库	为上年全年（%）
	入库	比上年增减额	比上年增减（%）		
2.免抵调增增值税	38 302	-3 496	-8.36	41 798	91.64
（二）国内消费税	1 527 373	4 394	0.29	1 522 979	100.29
（三）营业税		0			
（四）企业所得税	1 167 161	-161 803	-12.18	1 328 964	87.82
（五）个人所得税	12	-16	-57.14	28	42.86
（六）车辆购置税	299 039	-28 527	-8.71	327 566	91.29
二、海关代征	74 411	-39 659	-34.77	114 070	65.23
三、其他收入合计	10 042	-2 377	-19.14	12 419	80.86

地　税

【税费收入】　2015年，全市地税系统累计完成税费收入485.9亿元，其中完成地方税收入321.36亿元，占全省地方税收入的28.91%；完成地方一般公共预算收入253.26亿元，占全市地方公共预算收入的55.2%；完成规费收入155.65亿元，同比增长6.73%，超额完成市政府重点目标任务、省地税局下达的规费收入任务、征收率任务和养老保险清欠任务。

【组织收入举措】　2015年，面对经济下行、房地产持续低迷、固定资产投资增长乏力等严峻形势，昆明市地税局着力“挖存量、盯增量、开新源、防风险”，实行局领导“三挂钩”督导制度，及时推送税收数据风险预警指标，市地税局先后召开7次组织收入分析会，并加强收入巡查管理和考核问责，牢牢把握组织收入主动权。各基层单位和广大地税干部严守“三个反对”“四个追究”“五个杜绝”的组织收入原则，落实“一清二要三挖四查五控”的组织收入措施。4季度，尤其是从12月份开始，面对较大的收入缺口，全市地税系统取消双休日和年休假，持续采取“三个倒排”（目标倒排、任务倒排、措施倒排）的保收措施，实行每周1次组织收入例会制度，以严厉的督查手段、细密的税政管理、有力的增收途径，确保应收尽收。8月4日，省长陈豪到市地税局调研考察时，对市地税局组织收入原则给予充分肯定。12月4日，云南省地税局局长刘德强对昆明市地税局组织收入举措给予充分表扬。全市地税系统通过“四个紧紧依靠”，即依靠地方党委政府、依靠广大纳税人、依靠各级财政部门，依靠一线地税干部的共同努力，克服诸多困难，采取超常举措，付出百倍辛劳，取得优异成绩。

【征管管理】　以风险管理为导向，深化税源专业化改革。成立数据中心和风控分局，首次开展市地税局定点联系企业全流程税收风险管理试点工作，循序渐进开展风险防控，有效防范税收执法风险。将全市年纳税50万元以上的纳税户纳入风险管理，全年采集市发改委、规划局、国土资源局、住建局、房管局等10余个部门20多项共计200多万条数据，通过对房产、土地、国税、地税等数据进行深入比对，建立税收风险监控指标和行业风险特征库，先后推送《税收数据风险预警通报》21期，把税收风险及时传递给税收管理员，倒逼管理前移，实现“工作找人”“信息找税”；以电子税务局为依托，着力提升征纳水平。围绕服务最优化目标，继续深化电子税务局应用，切实优化完善系统功能，最大限度为基层和纳税人减负，有效落实《全国税务机关纳税服务规范》和《全国税收征管规范》，为金税三期工程顺利上线奠定坚实的基础。同时，建设基于智能手机终端的微信公众平台，将电脑和办税厅的办事流程搬到手机微信平台上，征纳双方通过在线及时沟通交流，第一时间推送税收政策和涉税资讯，第一时间回应纳税人的关切，促进征纳和谐和税法遵从；以深化国家税制改革为己任，切实做足“营改增”准备，扎实推进煤炭资源税从价计征改革。全面开展营业税专项清理和营业税减收测算，突出开展对房地产业、建筑业及年纳税额20万以上企业的重点检查，通过专项清理，共发现营业税政策执行风险点23个，清理核查营业税及附加4.67亿元，入库税款3.23亿元。完成35家煤炭企业的资源税改革，全年实现煤炭资源税收入3 789万元，同比增长83.49%，增收效果明显。

【信息化建设】　以无缝对接金税三期系统为前提，6月1日，房地产税收一体化税源管理平台在全市成功上线，实现对房地产所有税收管控环节异常状况的自动预警和风险推送，自上线以来，共有590个房地产项目纳入房产一体化平台管理。在全面推进房地产税收一体化税源管理平台建设的过程中，市地税局牢牢把握“一心四线”的总体思路，即以项目管理为核心，以项目识别号为主线，以环节管理为控线，以数据采集为基线，以税收征管为导线，有效实现对房地产行业税收从起点到终点的事前、事中和事后的全覆盖一体化闭环管理。市地税局的房地产税收一体化管理工作得到国家税务总局肯定。以金税三期系统成功上线为目标，加强数据清理维护。全市地税系统抓实数据清理这一基础和关键，清理补录系统数据27万条、核对岗位数据19 555条、出具清册数据19万条、考试测试1 900余人次。9月8日，金税三期顺利上线、平稳运行，全面实现税收票证管理电子化；以金税三期系统为契机，不断构建税收共治格局。市地税局积极推进办税服务厅智能化建设，实现“费入横联”全流程电子化。与建行省分行建立税银互动机制，实现纳税信用评价结果与银行金融服务的联动对接。深化国税、地税合作，各基层征收单位均设立“国地税联合办税窗口”，采取“一人双屏双机双网双系统”，整合业务、优化流程，双方涉税实现合作达到32项。与36家成员单位建立工作联席制度，对39类涉税信息进行共享，构建“政府主导、部门协作、齐抓共管、司法保障、信息支撑、管理规范、保障有力”的税收征管协作数据保障机制，使“互联网+大数据”成为服务收入、服务纳税人、服务征管、服务执法、服务改革的有力支撑。

【依法治税】　突出抓好欠税管理。认真做好欠税认定、欠税台账、欠税清理、欠税追缴等工作，定期进行欠税公告，对欠税企业采取按月报送银行对账单及财务报表等资料、根据实际情况停供欠税企业发票、查询银行账户、要求欠税人提供纳税担保、开展税收保全或强制执行等措施。11月24日，与中国人民银行昆明中心支行合作，将欠税信息载入“征信系统”，在全省范围内首次建立欠税信息与金融信息共享机制。2015年，全市地税系统清缴欠税款13.87亿元；突出抓好税务稽查。全年开展年度税收专项检查和区域税收专项整治7次，查处税收违法案件1 181户，查补各项地方税费341 764万元，入库税费310 423万元；突出抓好土地增值税清算。严格按照“7654321”的思路进行土地增值税清算，即比对“七个差异”（即项目预售时间和实际销售时间的差异、建筑面积和销售面积的差异、预售价格和销售价格的差异、成本价和最低价的差异、备案指标和实际指标的差异、预警指标与实际指标的差异、应缴税金与已缴税金的差异），分析“六多”特点（即问题多、风险多、政策多、避税手段多、假发票假交易多和所涉税种多），引入中介机构参与清算审核，全年清算审核项目56个，清缴土地增值税23.87亿元；突出抓好“两权”监督。制定印发《中共昆明市地方税务局党组加强对税收执法权和行政管理权监督制约实施办法（试行）》，强化对两权运行的监督制约。对6个少缴税款案件组织重大税务案件审理，有效提升依法行政水平。切实提升企业所得汇缴质量，开展企业所得税汇算36 975户，比上年增加5 538户，汇算申报率达100%；突出抓好税收优惠。从加强宣传入手，强化政策执行跟踪问效检查，千方百计扩大优惠政策覆盖面，极力让减税政策助力企业发展壮大，有效推动大众创业、万众创新。2015年，全市29 202户小微企业有5 387户享受小微企业所得税优惠，受惠面达100%，减免企业所得税2 762.35万元。全年排查小微纳税人营业税异常数据9 708条，减免小微企业营业税1.54亿元，减免二手房交易营业税8.23亿元。

【纳税服务】　梳理“同城通办”涉税费业务事项，按照“一窗通办、同城通办、自助办税”的要求，对5类9项业务实行同城通办，减轻办税负担。对不同信用等级的纳税人实施分类管理，给诚信守法的纳税人提供更多办税便利，公开纳税人信用状况和重大违法案件情况，让守信者“一路畅通”，让失信者“寸步难行”。围绕“创新服务、和谐征纳”和“新常态、新税风”主题，通过街头税法宣传及政策咨询、政策解读会、座谈会、演讲竞赛以及“税收宣传六进”等形式，深入开展税收宣传，营造“诚信纳税光荣、不诚信纳税可耻”的新风尚。遵循“始于纳税人需求，基于纳税人满意，终于纳税人遵从”的服务理念，及时总结上年试点创办纳税人学堂的经验，进一步完善相关管理办法和章程，在全市建立集税法宣传、纳税咨询、培训辅导、权益保障为一体的税收知识学习新平台。

【干部队伍建设】　深入开展“三严三实”和“忠诚干净担当”专题教育。全年公务接待费支出降低49.18%、车辆运维费支出降低32.7%，会议费支出降低32.2%；突出抓好人才培养和干部培训。通过竞争上岗选拔正科级领导干部5名，对40名科级干部进行交流轮岗。积极探索教育培训工作新机制，科学有序地开展金税三期推广上线全员培训、房地产税收政策及税源管理等16期大规模的干部教育培训工作，培训人次达4 000人次；科学设置绩效指标体系。从指标设置、过程管理、考评运转到结果运用形成闭环，建立和完善考评、问责和加分“三位一体”的昆明地税系统特色绩效管理指标体系，以此推动各项目标责任落到实处、取得实效。全年共完成各项督办及批交办件395件，有力推动绩效目标的落实；注重实施民生工程、提升文明形象。2015年，全市地税系统尽全力参与扶贫攻坚，仅昆明市地税局机关就拨付扶贫资金600万元。通过昆明地税微信公众平台发送信息300余条，关注用户超过2 300余户，实施“网络蹲企”1 994户，充分展示昆明地税关注民生、心系民生的良好形象；加强精神文明建设。2015年，全市地税系统有16家单位创建为云南省文明单位，呈贡区地税局一分局荣获全国巾帼文明岗称号，富民县地税局被命名为云南省绿色园林社区，昆明市地税局荣获全国第二批节约型公共机构示范单位、云南省促进民营经济发展先进单位、昆明市按比例安排残疾人就业服务工作先进单位、昆明市首家档案室建设规范化管理示范单位等荣誉。

（张国泽）

昆明市地方税务局2015年12月份税费收入完成情况表

单位：万元

序号	项目	当月收入完成情况				累计收入完成情况			
		本月数	上年同期当月数	比上年同期增减（%）	比上年同期增减额	累计数	上年同期累计数	比上年同期增减（%）	比上年同期增减额
1	一、地税税收收入总计	562 537	677 552	-16.98	-115 015	3 213 552	3 337 525	-3.71	-123 973
2	（一）税收收入小计	546 917	656 263	-16.66	-109 346	3 082 470	3 187 134	-3.28	-104 664
3	营业税	186 388	234 634	-20.56	-48 246	1 017 706	1 169 201	-12.96	-151 495
4	其中：金融保险	1 487	4 178	-64.41	-2 691	23 486	22 525	4.27	961
5	交通运输	338	795	-57.48	-457	4 681	7 696	-39.18	-3 015
6	建筑安装	52 429	70 459	-25.59	-18 030	254 539	293 727	-13.34	-39 188
7	电信	97	295	-67.12	-198	3 957	21 297	-81.42	-17 340
8	邮政	32	21	52.38	11	317	543	-41.62	-226
9	住宿餐饮	3 581	4 142	-13.54	-561	40 440	44 905	-9.94	-4 465
10	租赁和商务服务	22 319	23 167	-3.66	-848	125 542	113 669	10.45	11 873
11	房地产	76 564	102 100	-25.01	-25 536	405 437	513 811	-21.09	-108 374
12	其他	29 541	29 477	0.22	64	159 307	151 028	5.48	8 279
13	资源税	3 271	4 968	-34.16	-1 697	28 832	35 566	-18.93	-6 734
14	城市维护建设税	35 132	47 887	-26.64	-12 755	297 013	34 760	-12.84	-43 747
15	其中：卷烟	13 861	24 664	-43.80	-10 803	136 457	161 178	-15.34	-24 721
16	个人所得税	34 354	63 521	-45.92	-29 167	310 628	365 629	-15.04	-55 001
17	其中：工资薪金所得税	18 017	22 297	-19.02	-4 280	225 476	222 350	1.41	3 126
18	印花税	11 642	13 173	-11.62	-1 531	67 689	74 010	-8.54	-6 321
19	土地增值税	88 283	70 212	25.74	18 071	326 995	200 568	63.03	126 427
20	城镇土地使用税	11 773	8 937	31.73	2 836	80 441	71 864	11.94	8 577
21	房产税	19 706	32 123	-38.65	-12 417	144 775	150 413	-3.75	-5 638
22	车船税	4 712	5 055	-6.79	-343	57 738	51 331	12.48	6 407
23	企业所得税	27 150	60 204	-54.90	-33 054	334 757	361 435	-7.38	-26 678
24	烟叶税		98	-100.00	-98	43 381	41 205	5.28	2 176
25	耕地占用税	73 395	16 496	344.93	56 899	96 526	52 640	83.37	43 886
26	契税	51 111	98 955	-48.35	-47 844	275 989	272 514	1.28	3 475
25	（二）教育费附加	15 546	21 171	-26.57	-5 625	130 676	149 755	-12.74	-19 077
26	其中：卷烟	5 940	10 570	-43.80	-4 630	58 479	69 065	-15.33	-10 586
27	（三）其他收入（罚没收入）	74	118	-37.29	-44	404	636	-36.48	-232
28	二、其他非税收入小计	162 039	149 594	8.32	12 445	1 645 065	1 560 038	5.45	85027
29	文化事业建设费	101	124	-18.55	-23	1 208	1437	-15.94	-229
30	地方教育附加	10 447	14 149	-26.16	-3 702	87 370	100 281	-12.87	-12 911
31	社会保险费收入	137 703	125 757	9.50	11 946	1 486 543	1 341 111	10.84	145 432
32	离休干部统筹费	477	217	119.82	260	3 263	2 332	39.92	931
33	残疾人保障金	1 843	131	1306.87	1 712	12 512	10 955	14.21	1 557
34	工会经费	11 468	9 216	24.44	2 252	50 839	48 643	4.51	2 196
35	价格调节基金					3 330	55 279	-93.98	-51 949
36	三、地税组织收入总计	724 576	827 146	-12.40%	-102 570	4 858 617	4 897 563	-0.80	-38 946

商　业

◆责任编辑　方玉红

商业贸易

【概况】　2015年，面对国内外经济下行压力持续加大的严峻形势，在供给侧结构与需求侧结构失调的情况下，全市商务系统积极策应新常态，主动谋求新作为，商务事业持续发展，批零住餐4个行业在GDP核算中的占比达15%，商务工作在国民经济发展中的支撑作用持续增强，呈现出“123”的鲜明特点，即一个平衡运行、两个加快推进、三个成效明显。市商务局通过加强保供稳定消费、应统尽统增加消费等措施，实现内贸流通平衡运行。全年全市社会消费品零售总额实现2 061亿元，同比增长8.2%。增幅从一季度的1.0%、二季度的4.1%、三季度的7.0%到四季度达8.2%的中高速增长。这个结果是在年初负增长的背景下取得的，虽然没有达到年度目标，但呈现出低开、上扬、稳走的特点，过程饱含艰辛、成绩来之不易，为“十三五”内贸流通持续发展奠定坚实的基础。

【内贸流通布局】　2015年，昆明市坚持市场搬迁和片区开发相结合，按照政府注重引导、市场配置资源的原则，进一步完善主城区商品交易市场向外疏解的思路和措施，截至年底，累计完成110个市场的关闭搬迁任务，10个泛亚商贸中心建设稳步推进，现代商贸流通产业发展核心区得到完善提升。着力优化城市商业网点布局，统筹推进中央商务区、商贸功能区、特色商业街区协调发展，东风广场片区、老螺蛳湾片区等中央商务区和次级商务区建设有序推进，万达广场、汇都国际、同德广场等商业综合体建成使用；在主城区建设打造10个商业服务示范社区，5条特色旅游文化商业街区，9条特色餐饮美食街区。

【城乡流通体系】　完成昆明市中小商贸流通企业平台建设，争取培育重点商贸流通企业资金80万元，向省级推荐10家商贸物流标准化重点推进企业，商贸物流标准化试点城市申报工作有序进行。积极争取省级大型专业批发市场、乡镇农贸集贸市场建设改造项目，征集2个乡镇集贸市场建设项目报省级评审。积极开展电子商务进农村示范县的申报工作，构建集配送中心、购物中心、信息平台、连锁店于一体的新型农村商贸流通体系，在加速工业品下行销售的同时，促进农产品依托网络实现上行销售，实现农业增效、农民增收。

【社会消费品零售总额平稳增长】在全国社会消费增速明显放缓的情况下，2015年，昆明市通过加强保供稳定消费、政策扶持推动消费、开展活动促进消费、培育热点拉动消费、应统尽统增加消费等措施，全市社会消费品零售总额从第一季度的负增长至年底实现增长8%的目标，达到1 937亿元。1—12月份，实现批零住餐商品销售额同比分别增长11.6%、10.1%、14.0%、16.9%。

【民生工程建设】　2012—2015年，菜市场建设工作被列为全市惠民工程和惠民实事，市商务局坚持把建设改造菜市场作为商务惠民的重要抓手，2015年新建改造菜市场32个。年内，主城区标准化菜市场、社区菜店（便利店）累计达422个，有效缓解买菜难和买菜贵的问题。

【规范市场秩序和监测体系】　2015年，昆明市肉类蔬菜流通追溯体系建设有序推进，14个县区开发（度假）区建设纳入考核的追溯节点有112个，累计发放电子秤总数2 551台，流通服务卡6 476张，向国家中央平台上传数据累计342万余条。市场监测取得重大进展，保持监测样本企业190家，覆盖生活必需品、重要生产资料、重点流通、应急商品等领导，监测实效明显增长。

【电子商务快速发展】　促进出台《昆明市人民政府关于促进电子商务发展的实施意见》，设立电子商务发展专项资金；阿里巴巴“1688进口货源平台”正式上线，昆明成为全国首批4个与阿里巴巴合作共建城市之一；阿里巴巴·昆明产业带平台共建协议签订，推动昆明地方特色产业在电子商务领域的深度融合。引入九樱天下（北京）信息技术有限公司投资建设“互联网+社区经济”项目，探索智慧社区建设新模式。争取和落实省、市资金2 000余万元，扶持40余家电商企业发展。

【总部（楼宇）经济规模提升】2015年，商贸业固定资产投资完成166.94亿元，认定总部企业31户，新增税收千万元楼宇11幢，亿元楼宇10幢，总部企业入库税金增长10.35%。

【商务行政执法力度增强】　“12312”投诉举报热线正式开通，编制《商务行政执法法律法规汇编》，公示商务执法权力清单、执法程序和自由裁量权；2015年，共接听举报投诉电话66个，开展执法行动160余次，办结案件8件、罚没款16万元。

【建设现代物流】 2015年，全市物流业实现产值196亿元，公路货运总量26 528万吨，货运周转量1 571 516万吨千米；铁路货物发送量5 778万吨，货物周转量37 182.8万吨千米，同比分别增长11.4%、16.8%；昆明长水国际机场保障航班起降30.02万架次，完成旅客吞吐量3 765.39万人次，完成货邮吞吐量35.56万吨，同比增长12.3%，开通国内国际航线200多条，居西部城市首位；昆明王家营铁路集装箱物流园区、腾俊国际陆港物流园区、昆明南亚国际陆港物流园区等一批大型综合物流园区正在加快推进。云南省昆明交通运输集团有限责任公司、昆明南亚国际陆港有限公司、中铁联集、云南新铁物流、昆明阳都等一批现代化企业迅速发展。主城区商品交易批发市场搬迁加快推进，昆明螺蛳湾国际商贸城、叁斗钢铁物流中心等项目建设完成；云南省物流行业协会主导投资建设的七甸城市配送物流园区已经施工建设，东部、北部、西部等多个物流（城市）配送园区纳入昆明“十三五”规划发展修编；新能源车在物流、商业超市、搬家等企业进行推广，为实现智慧物流、绿色物流打下基础。

【规划制定】 编制《昆明市“十三五”商务发展规划》《昆明市关于推进国内贸易流通现代化建设法治化营商环境的意见》《昆明市加快发展服务贸易的实施意见》《境外投资5年发展规划》，为商务事业跨越发展奠定基础。

（余结兵）

供销合作

【经济指标】 2015年，全市供销社系统完成经营总额74.88亿元，占年度目标任务的101.20%；完成销售总额55.19亿元，占年度目标任务的100.30%；完成营业收入28.16亿元，占年度目标任务的105.40%；汇总利润总额12 727万元，占年度目标任务109.60%；完成农副产品购进6.22亿元，占年度目标任务的103.70%。市供销社资产总额37 620万元，占年度目标任务110%。全年销售化肥33.96万吨，占年度目标任务的102.9%。争取专项资金225万元，占年度目标任务的112.50%。完成各类人员培训10 412人，占年度任务120.70%，其中持证培训1 236人，占任务的103%，“两县两区”培训农产品经纪人1 873人，占任务的104%。

【新型合作经济组织建设】 2015年3月13日，《昆明市加快农村综合服务社建设实施意见》经市政府批准印发实施。方案的实施促进全市农村综合服务社更加健康、规范、持续发展，新建农村综合服务社42个，占年度目标任务100%；改造农村综合服务社37个，占年度目标任务100%；提升农村综合服务社31个，占年度目标任务100%，全系统农业生产资料连锁经营网络得到巩固。新建农民专业合作社40个，占年度目标任务114.3%；规范27个专业合作社、15个示范社，占年度目标任务100%。其中，在“两县两区”新建20个、规范27个专业合作社，建设15个示范社，占年度目标任务100%；创办7个城市社区消费合作社，占年度目标任务的100%。

【现代流通网络体系建设】 加快推进农资连锁经营服务、农副产品市场购销、日用消费品现代经营和再生资源回收利用“四大网络”主体农村现代流通服务体系建设。2015年，全市供销社系统销售化肥33.96万吨，达80%以上市场占有率，超额完成市级农资“淡储”化肥3.36万吨、农药1 905吨的任务，有力保障农业生产资料供应。注重结合农民专业合作社建设，引导农民开展规模化生产，完成农副产品购进6.22亿元。以农村综合服务社、乡村便民超市为基础，采取网点加盟、统一配送的模式，构建城乡结合、上下贯通的县乡村三级日用消费品现代经营网络。全年实现

2015年6月，省市供销社领导到三瓦村再生资源交易市场建设工地调研。
（市供销社　供稿）

2015年9月，昆明市供销社综合改革现场推进会。（市供销社　供稿）

日用消费品零售3.91亿元。再生资源回收利用基地招商顺利，全系统再生资源购进10.28亿元，销售9.85亿元。

【云南最大再生资源回收基地正式投入使用】　云南最大的再生资源回收基地——三瓦村再生资源回收利用基地是在国家大力发展再生资源回收利用产业化和建设资源节约型社会的环境下，由市委、市政府规划，官渡区供销社全资建设的重点项目。项目位于经济开发区阿拉街道办事处，占地面积200亩，总投资达2.8亿元。业务范围除了省内，还将覆盖四川、贵州、重庆、广东、广西、浙江、福建等地。2015年11月2日，三瓦村再生资源回收利用基地正式投入使用，预计年交易量在50万吨以上，年交易额有望突破20亿元。

【直属企业发展】　安排资金365万元扶持直属企业发展项目18个。其中安排市级“供销社二次创业暨乡村流通网络建设资金”200万元、市供销社专项资金100万元，争取省级资金65万元。全系统持股10%以上企业资产总额160 049万元，占年度目标任务110%。7家供销社有企业资产总额37 620万元，占年度目标任务110%；全年实现经营总额18.47亿元，销售总额7.16亿元，营业总收入70 213万元，实现利润总额1 493万元，上缴国家税费851万元。

【县级供销社管理提升】　2015年，昆明市实现县级以上供销社“社企收支两条线”管理；发展40个专业合作社，为实现综合改革目标任务奠定良好开局；全市共有基层社99个，实现乡镇供销社全覆盖；基层组织建设稳步推进。8个县区供销社完成建立县级监事会的任务。9月22日，在石林县召开全市供销社综合改革现场推进会；9月24—25日，昆明市政协部分委员视察市供销社综合改革推动情况。10月9日，中华全国供销合作总社主任王侠视察昆明市官渡区供销社三瓦村废旧物资回收处理中心项目。

【电子商务建设】　2015年，昆明市供销系统电子商务建设初见成效。制定出台《昆明市供销社关于加快电子商务建设的实施意见》，指导县区探索“互联网+供销合作社”的经营模式，结合综合服务社提升建设，以线下实体店建设为主体，积极开展代购代销、网上交易、终端配送等服务。指导宜良县、石林县供销社先行试点，多渠道发展拓展营销平台，帮助企业与市场进行对接融入。

【行政效能提升】　完善和新建《昆明市供销社直属单位党建考核实施办法》《昆明市供销社安全生产分类分级管理实施方案》等4项制度。多次向省供销社、省财政厅等省直部门报告工作，积极申报项目。2015年，争取专项资金225万元，占年度目标任务的112.5%。政务公开和保密工作扎实推进。政务公开信息网站公开信息332条；昆明供销合作网公开信息207条，公示事项5项，通报事项5项。向市政府报送专题信息71条，被采用42条。印发《信息简报》30期。在公开政务信息的同时，狠抓保密工作落实，全年未发生泄密事件。

【农村劳动力培训工作】　市供销社将培训工作融入当地党委、政府实施的农村劳动力素质培训工作中，积极开展以农产品经纪人为主要内容的培训。2015年，共举办培训班547期，完成各类人员培训10 412人，占年度任务120.7%，其中持证培训1 236人，占任务的103%，在“两县两区”培训农产品经纪人1 873人，占任务的104%。被中华全国供销合作总社表彰为“全国供销合作社行业职业能力建设工作突出贡献奖单位”。

（马　龙）

粮　油

【经济指标完成情况】　2015年，全市统筹设立粮食收购网点168个，抓好粮食收购。全市纳入统计范围的粮食企业总购进（含本地收购、原粮）251万吨，完成市政府下达目标任务155万吨的162%；总销售（原粮）255万吨，完成市政府下达目标任务150万吨的170%。全市纳入考核的粮食企业实现营业收入24.14亿元，完成市政府目标考核任务19亿元的126%；实现利润3 012万元，顺利完成市政府3 000万的目标考核任务；

全市纳入统计范围的涉粮企业455户，占工商登记的100%。

【粮食安全责任制】　认真贯彻落实粮食安全行政首长责任制，继续对12个县区和5个开发（度假）园区管委会实行差别化考核，加强调研指导和督促督办，有效调动各责任单位重农、抓粮、保供应的积极性。市政府召开粮食工作会，层层签订责任书，加大对县区和开发（度假）园区管委会落实粮食安全行政首长责任制工作的考核力度，市粮食局加强过程化管理考评和督办通报，充分掌握各责任单位具体工作情况。积极落实中央和省粮食安全责任考核新要求，不断完善考核机制，及时修订《昆明市粮食安全行政首长责任制考核办法》。

【粮食宏观调控】　立足昆明市粮食主销区实际，紧紧守住粮食收购、储备和销售三条底线。积极引导粮食购销企业认真做好粮食购销、调运工作，确保昆明市粮油供给稳定。在做好本地粮食收购的同时，加强与粮食主产区的产销合作，积极调粮入昆，搞活流通，掌控粮源，切实提高粮食安全保障能力。借助第三届南博会暨第二十三届昆交会契机，在“中国好大米—长春松花江大米”昆明推介会上，与长春市粮食局签署粮食产销合作框架协议，进一步加强粮食产销合作；组织省内外26家粮油企业500余个粮油产品参展2015年第十一届中国昆明泛亚农业博览会，荣获最佳组织奖和观众最喜爱展台奖；邀请越南工贸部进出口局及越南大米贸易商13家到云南粮油展区进行交流，促进越南—中国昆明之间粮油经济友好合作，为昆明市与南亚、东南亚粮食产品贸易、技术交流搭建平台。做好储备粮管理工作。市县两级地方储备粮按规模存储到位；严把储备粮质量关，坚持省、县级储备粮一年两检和市级储备粮一年四检制度；加强对县区储备粮管理的监督和指导；储备粮管理工作向实现“五化”（科学化、制度化、规范化、精细化、信息化）迈进。年内，昆明市存储的各级储备粮质量良好，存储安全。全市各级地方储备粮“一符”率达到100%，四无储粮率达到95%以上，省市级科学储粮率达到100%，县级储备粮达到85%。不断提升粮食应急水平。积极指导督促各县区、开发（度假）园区完善辖区“粮食应急预案”，据实调整签订粮食应急加工、销售、运输委托协议书。健全全市粮食应急供应保障体系。年内新增粮食应急供应网点43个，全市共建成粮食应急供应网点190个；完善军粮应急预案，开展跨区域建立野战军粮站应急演练，提高军粮应急保供的能力。实施“放心粮油”工程建设。“放心粮油”五进活动中进校园、进机关取得突破进展，共进校园105所，进机关29个。全市145个粮油平价销售点、42个稳价保供点、59个“放心粮油示范企业”购销正常，粮油市场稳定有序。

越南—中国（云南）大米与农产品对接会　（市粮食局　供稿）

【粮食流通产业项目建设】　市政府出台《昆明市关于深化改革依法治粮推进粮食流通产业发展的意见》，积极编制《昆明市“十三五”粮食流通产业发展规划》。年初与各责任单位签订重点项目建设目标责任书，年中组织集中检查指导，积极协调解决项目进展中的问题困难，督促各责任单位按照时间节点完成工程进度，粮食流通重点项目建设增速明显。2015年实施的20个粮食流通重点建设项目，年内完成投资3.43亿元，比2014年增加1.42亿元，增长率为70%，各重点项目均取得突破性进展，大部分项目竣工投入运营，项目建设情况及投资金额均创历史新高。黄龙山、宜良县、晋宁县3个粮食产业聚集区建设不断深入。昆明凉亭粮食转运站迁建项目累计完成投资近3亿元（2015年完成1.1亿元投资），宜良县工业园区饲料产业基地基本建成。

【粮食质量监督检查】　加强粮食质量监管和抽检，加大专项检查和联合检查力度，定期向社会发布粮油质量抽检信息，严禁不符合质量卫生的粮油进入市场。开展联合检查。“两节”“两会”期间，配合省粮食局，联合市工商、质检、卫生、发改委等部门，严格执行昆明市粮食流通监督检查联席会议制度，对全市粮油批发市场、大型超市、农贸市场进行专项检查，充分发挥各部门职能优势，确

检查超市粮食安全质量情况　（市粮食局　供稿）

保粮油供应充足、质量安全、价格基本稳定。加大平时检查力度。结合昆明市实际，对大中型超市、大型批发市场、粮油平价销售点、稳价保供点、“放心粮店”进行检查。2015年，共检查91个粮油销售网点，有效规范粮油市场的经营；与玉溪市、曲靖市建立三市联动检查机制，有效防止区域间漏管、脱管现象发生，确保全市粮油质量安全。切实抓好“三安”监管工作。落实安全生产责任制，抓实隐患排查整治专项行动，确保全市粮食系统安全生产形势持续稳定。圆满完成2015年度全市粮食库存清查工作。

【粮食流通产业发展】　狠抓全市粮食流通产业转型升级，不断改善粮食流通产业结构，提升粮食流通产业效率。明确产业发展思路。加快推进粮食信息化项目建设。开发完成昆明粮食流通综合管理系统一期工程，粮食流通综合管理系统支撑平台验收成功；完成购销公司“数字粮库”建设初验，进入调试阶段；昆明国家粮食交易中心启动运营，全年完成交易量2.8万多吨；着手规划昆明市粮食系统信息化建设工程，组织开展信息化专项调研。积极推进粮食文化展览馆项目，继续开展收集实物及布展大纲等工作。

（袁春梅）

烟 草

◆责任编辑 方 玲

烟草专卖

【“两烟”效益】 2015年，昆明市烟草专卖局（公司）系统“两烟”经营实现不含税销售收入138.56亿元，同比增长1.32%；实现税利50.05亿元，同比增加3.55亿元，增长7.47%，其中：利润28.83亿元，同比减少1.71亿元，下降5.59%；税金22.22亿元，增加5.25亿元，增长30.97%。

【烤烟生产】 2015年，全市烤烟种植面积48.43万亩，收购烟叶量141.06万担，其中，上等烟比例68.35%，均价30.27元/千克，同比提高2.23元/千克，较全省均价高1.03元/千克；实现烟农收入21.35亿元，同比增加1.04亿元，增长5.12%；实现烟叶税4.7亿元，同比增加0.23亿元；国家局烟叶收购等级综合合格率83.44%，工商交接等级合格率64.03%，同比提高0.44个和1.83个百分点，实现政府、烟农、工业、商业“四满意”的目标。

【烟叶生产基础设施建设】 2015年，全市烟草投入资金1.74亿元，其中，国家烟草专卖局补贴0.89亿元，省内烟草系统配套投资0.85亿元；建成烟水工程1 327件，其中，水池176个、水窖1 130个、沟渠2条、管网11条、提灌站8座；机耕路5.64千米；新建标准化密集型烤房3 605座；购置烟夹638套；烟草农用机械补贴购置395台（套）；可移动式育苗小棚177群共6.23万个。

【卷烟销售】 2015年，昆明市销售卷烟33.90万箱，同比增加0.21万箱，增幅0.63%；实现卷烟含税销售收入109.39亿元，同比增加3.65亿元，增长3.45%；卷烟综合毛利31.02亿元，同比增加3.32亿元，增长11.98%；单箱销售收入3.2万元，同比增加354元，增长1.12%；销售一类卷烟8.40万箱，同比减少2 914箱，下降3.35%；销售二类卷烟2.20万箱，同比增加1 528箱，增长7.45%；销售三类烟卷烟21.57万箱，同比增长3.17%；销售四类烟销售1.94万箱，同比下降5.36%；销售五类烟销售1 990箱，同比下降48.63%。

至年末，全市有效零售户2 747户，实现网上订货的零售户2.24万户，占零售客户比例98.28%，参与网上配货零售户91户，占零售户比例0.40%。

【物流配送】 2015年，物流分公司共计配送卷烟33.90万箱，平均仓储量1.8万箱，平均分拣作业效率1.1万件/小时，人均分拣效率396.54条/小时；日均送货客户数3 923户，日均送货里程1.16万千米。配送总里程302.79万千米，全市有效零售客户数2.29万户，“T+0”客户数4 840户，“T+1”客户数1.27万户，“T+0”及“T+1”客户占全市的76.82%。

【专卖管理】 2015年，出动打假人员3.52万人次，查办各类涉烟案件2 202起，同比增长16%，总案值1.38亿元，同比增长8.7%；查获假冒卷烟1.04亿支，同比增长158.4%，案值5 972.6万元，同比增长49.4%；走私烟（含出口回流）613万支，同比下降3.5%，案值604.2万元，同比增长11.9%；罚没真品卷烟5 264万支，同比增长44.3%，案值1 899.3万元，同比增长32.4%；查获烟叶、烟丝1 362.2吨，同比下降28.7%，案值5 317.7万元，同比下降34.3%；破获国家局标准的非法涉烟网络案件9起，查处5万元以上大要案件551起。公安机关刑事拘留76人，逮捕24人，判刑18人。7月，历时4年的昆明市呈贡区回回营非法烟叶经营综合治理工作圆满收官，标志着昆明市烟草专卖管理工作实现新跨越。

【社会公益】 2015年，昆明市烟草专卖局（公司）对外捐赠300万元；帮助烟区修建基本烟田水利及道路等基础设施建设，支付资金1.79亿元；支付防范自然灾害资金2 451万元；专项转移支付鲁甸灾区救灾款1.2亿元。

2015年昆明市烟草商业系统主要情况统计

<table>
<tr><th colspan="2">地市级局（公司）名称</th><th>昆明市烟草专卖局（公司）</th></tr>
<tr><td colspan="2">主要负责人/法人代表</td><td>吴永明</td></tr>
<tr><td colspan="2">总资产（万元）</td><td>898 765</td></tr>
<tr><td colspan="2">资产负债率（%）</td><td>25.62</td></tr>
<tr><td colspan="2">所属县级局（个）</td><td>14</td></tr>
<tr><td colspan="2">所属县级公司/分公司（个）</td><td>15</td></tr>
<tr><td colspan="2">所属县级营销部（个）</td><td>0</td></tr>
<tr><td colspan="2">从业人员（人）</td><td>1 698</td></tr>
<tr><td rowspan="4">所属业务机构</td><td>营销机构</td><td>1</td></tr>
<tr><td>物流配送机构</td><td>1</td></tr>
<tr><td>专卖稽查机构</td><td>14</td></tr>
<tr><td>烟叶机构</td><td>51</td></tr>
<tr><td rowspan="2">销售卷烟</td><td>亿支</td><td>169.50</td></tr>
<tr><td>2015年比2014年（%）</td><td>1.31</td></tr>
<tr><td colspan="2">卷烟销售收入（万元）</td><td>1 093 900</td></tr>
<tr><td rowspan="2">实现税利</td><td>万元</td><td>510 552</td></tr>
<tr><td>2015年比2014年（%）</td><td>7.47</td></tr>
<tr><td rowspan="2">实现利润</td><td>万元</td><td>288 314</td></tr>
<tr><td>2015年比2014年（%）</td><td>−5.59</td></tr>
<tr><td colspan="2">查处涉烟违法案件（起）</td><td>2 202</td></tr>
<tr><td colspan="2">查处涉烟违法案件案值（万元）</td><td>1 899.3</td></tr>
<tr><td colspan="2">2014年度烟草行业投入烟叶生产基础设施建设资金（万元）</td><td>17 880</td></tr>
<tr><td colspan="2">全年烟叶生产基础设施新增受益面积（万亩）</td><td>3.22</td></tr>
<tr><td colspan="2">烟叶种植（万亩）</td><td>48.83</td></tr>
<tr><td colspan="2">烟叶收购（万担）</td><td>141.06</td></tr>
<tr><td colspan="2">烟农户数（户）</td><td>69 000</td></tr>
<tr><td colspan="2">实现烟农总收入（万元）</td><td>233 500</td></tr>
<tr><td colspan="2">零售户数（户）</td><td>22 747</td></tr>
<tr><td colspan="2">零售户销售毛利率（%）</td><td>8</td></tr>
</table>

（张晓琳）

红云红河烟草（集团）有限责任公司

【生产经营】 2015年，红云红河烟草（集团）有限责任公司（含控股）生产卷烟536.47万箱、同比增长1.56%；工业销量542.24万箱、同比增长2.7%；实现税利680.45亿元、同比增长4.59%；实现利润107.04亿元、同比增长4.84%；单箱税利12 549元、同比增长1.84%，其中，省内实现税利543.87亿元、同比增长3.58%；实现利润87.44亿元、同比增长5.99%；单箱税利13 713元、同比增长1.68%。

【品牌培育】 云烟品牌规模稳步增长，云烟商业销量385.46万箱、同比增长2.42%，高于行业重点品牌平均增幅4.4个百分点；商业销售额1 143.83亿元、同比增长6.78%。品牌规模和商业销售额均居行业第2位。提升产品结构，云烟品牌单箱销售额2.97万元、同比增长4.26%，红河品牌单箱销售额1.78万元、同比增长6.51%；集团一类烟商业销量86.53万箱、同比增长2.37%；二类烟商业销量23.81万箱、同比增长14.56%。一、二类销量合计占比21.35%、同比提升1.51个百分点，四、五类烟同比分别减少4%、72%。高端烟销售9.85万箱、同比增长17.85%，其中，高价位烟销售4.22万箱、同比增长12.61%。云烟（软大重九）商业销量2.46万箱、同比增长49.89%，销量列行业高价位规格第2位、增幅在高价位销量前十规格中列第一。

【精益管理】 开展“成本月”活动，推进精益改善，提升精益实效，全年，红云红河烟草（集团）有限责任公司实现收益4.25亿元。昆明卷烟厂获“行业卷烟工厂标兵单位”和“精益生产十佳”两项荣誉；红河卷烟厂依托精益管理工具挖掘产能潜力；曲靖卷烟厂被国家工业和信息化部确定为全国“两化融合管理体系贯标试点企业”；会泽卷烟厂实施精益改善、生产技改“两不误”；新疆卷烟厂以管理和技术双轮驱动、改进提升对标指标；乌兰浩特卷烟厂以“六化”管理争先进位、对标指标在行业30万箱以下规模卷烟工厂中列第一位；山昆公司以规范经营为统领，实现技改建设和品牌发展双突破；蒙昆公司推行设备管家模式、提升制造实力。

【生产质量】 全年成品卷烟准时配送率99.99%，货损率0.0347‰。全年，红云红河烟草（集团）有限责任公司无重大质量事故，市场有效投诉率0.001ppm，产品质量监督抽检合格率100%。云烟品牌（软大重九）在国家局、云南中烟、云南省局市场抽检中综合质量4次排名第一，云烟（神秘花园）在国家局细支卷烟产品质量专项抽查中综合质量排名第一。

【降耗控本】 2015年，红云红河烟草（集团）有限责任公司节约原辅料成本3.1亿元，其中，原料节约2.4亿元、辅料节约0.7亿元。三项费用率5.21%，单箱生产成本4 552.47元，单箱设备设施维持费用70.97元，烟机零配件库存资金占设备原值比重3.02%，单箱耗烟叶33.99千克（新统计口径）、按原口径同比下降0.6千克，单箱耗盘纸2 957.85米、同比下降6.3米，单箱耗嘴棒1.25万支、同比下降25.5支，单箱耗商标2 501.77张、同比下降1.15张，万支卷烟综合能耗2.55千克标煤。全年累计投入循环烟箱100.62万箱、超额完成云南中烟下达的目标任务。

【技术创新】 注重科技创新课题研究和成果转化应用，红云红河烟草（集团）有限责任公司5个项目分获中国烟草总公司、云南省科学技术进步奖，69项专利获授权，其中，发明专利38项。推进重点技术改造项目，云烟科技园和集团管理及后勤保障设施项目通过国家烟草专卖局总体竣工验收；昆明卷烟厂打叶复烤易地技改及烟叶仓储物流项目完成立项申报；红河卷烟厂技改完成初步设计；曲靖卷烟厂技改申报总体竣工验收；会泽卷烟厂技改完成搬迁投入生产；新疆卷烟厂技改组织工程结算审核；乌兰浩特卷烟厂填平补齐项目和后勤保障中心投入使用。推进集团数据中心、企业门户、人力资源管理、安全运维管理系统建设和各工厂MES集成，片烟物流跟踪系统试点工作得到国家烟草专卖局肯定。

【原料保障】 优化烟叶基地生态布局，加强生产技术指导，加大特色品种种植管控力度，提高采购烟叶等级质量。配合技术中心加强产品配方调整和烟叶调剂置换，提高烟叶综合利用效率。完成2014年度烟叶采购463.05万担；完成进口烟叶采购11 048.4吨，其中，津巴布韦

制烟生产车间 （徐维义 摄）

烟叶3 306.6吨、赞比亚烟叶1 366.2吨、巴西烟叶2 692.8吨、阿根廷烟叶3 069吨、美国烟叶613.8吨。落实2015年度烟叶采购计划451.13万担，其中，省内烟叶345.91万担、省外烟叶105.22万担；至年末，完成调拨415.23万担、完成计划的92.05%，其中，省内343.41万担、省外71.82万担，调入烟叶上等烟比例近63.34%、中等烟36.5%。落实2015年度进口烟叶计划7 678.8吨。至年末，完成调拨5 104.8吨，其中，巴西烟叶2 692.8吨、阿根廷烟叶594吨、津巴布韦烟叶1 818吨。

【基础管理】 配合云南中烟有限责任公司完成多元化业务划转，健全完善集团职能职责、规章制度，理顺流程接口和对接机制，推动工作高效协同、信息精准对接、业务无缝衔接、效率持续提升。规范管理，加强董事会和所属专业委员会建设。严格执行“八项规定”，从严修订公务接待、会议、外事、差旅管理等制度规定，突出整改办公用房、公务用车、公务接待存在的问题，全年业务接待、车辆运行、会议费同比分别下降73.28%、32.82%、37.09%。落实“应招尽招、真招实招”，推进公开招标、委托招标，实现招标采购在直属单位、应招项目、责任主体、考评问责“四个全覆盖”，全年“三项工作”采购金额公开招标率，工程类98.73%、同比下降1.08%，物资类94.08%、同比提升1.27%，服务类90.26%、同比提升14.96%。制定《进一步加强重大工程建设项目管理的实施意见》，抓好常态化监督，全年完成经济合同会审2 062项、工程结算审核1 185项，审减金额1.84亿元。推进办事公开民主管理同业务工作深度融合，全年公开各类信息2万余条。推进安标岗位达标、隐患排查治理和危化品专项整治。曲靖卷烟厂通过国家安监总局“安全标准化一级企业”评审，红云红河烟草（集团）有限责任公司实现安全六个“100%”、三个为“零”的目标。

【队伍建设】 全年到期续聘干部156人，提拔任用干部64人，平级交流副处级干部6人，调整干部120人；表彰奖励干部78人、诫勉谈话39人、末位调整4人。开展技能竞赛、技术比武、巡讲交流等活动。全年组织参加培训1 179起3.80万人次，23个课件在行业网络课件竞赛中获奖。2015年，红云红河烟草（集团）有限责任公司1人被聘为行业科技领军人才、行业第九届全国评烟委员会副主任委员，1人当选云岭首席技师，1人荣获云南省烟机设备修理技术状元，7人荣获云南省烟机设备修理技术能手，2人被评为昆明市有突出贡献优秀专业技术人员，2人被评为云南中烟技术能手，2人取得高级技师资格，12人取得技师资格，6人入选行业烟叶等级质量检验专家库，117人取得初、中、高级职称（其中高级4人）。

【“十二五”绩效指标】 “十二五”期间，红云红河烟草（集团）有限责任公司主要绩效指标实现产销规模新跨越，卷烟总产量由475.53万箱增加到536.47万箱，年均增长2.44%；商业销量由479.76万箱增加到517.01万箱，年均增长1.51%；实现税利由410.54亿元增加到680.45亿元，年均增长10.63%；单箱税利由8 820元增加到1.26万元，年均增长7.31%。

品牌发展实现新跨越，“云烟”商业销量由171.75万箱增加到385.46万箱，年均增长17.55%。销量排名由全国第7升至第2位。商业销售额由487.4亿元增加到1 143.83亿元，年均增长18.60%。占集团品牌商业销售额比重由54.67%提高到82.39%。红河品牌实施战略性收缩，商业销量由220.4万箱调减到109.65万箱，单箱销售额由1.27万元增加到1.78万元，年均增长8.77%。

产品结构实现新跨越，单箱批发价由1.86万元增加到2.69万元，年均增长7.64%。一类烟商业销量由44.61万箱增加到86.53万箱，年均增长14.17%；二类烟由9.64万箱增加到23.81万箱，年均增长19.83%；高端烟商业销量由4.46万箱增加到9.85万箱、年均增长17.18%；高价位烟由0.81万箱增加到4.22万箱，年均增长39.18%。合作生产和境外加工实现新跨越，合作生产总量由64.86万箱增加到93.2万箱，年均增长7.52%。境外加工由1.23万箱增加到10.75万箱，年均增长54.27%。

（红云红河烟草集团公司）

云烟印象烟庄石林园 （红云红河烟草集团公司 供稿）

金　融

◆责任编辑　方　玲

2016 KUNMING YEARBOOK

综　述

【全省金融机构货币信贷】　截至2015年末，全省金融机构本外币各项存款余额2.52万亿元，同比增长11.3%；各项贷款余额2.12万亿元，同比增长15.7%，增速比2014年末提高1.8个百分点，比年初增加2 598.35亿元，同比多增400.22亿元，其中，人民币各项贷款余额2.09万亿元，同比增长15.9%。

【调整信贷结构】　会同有关部门搭建政银企合作平台，引导信贷资金投向，满足重点项目、重点企业、重点园区投资建设的合理融资需求，涉及银行贷款资金6 362.08亿元。至年末，全省中长期贷款余额同比增长13.0%，连续18个月两位数增长，比年初增加1 549.06亿元，占各项贷款增量的59.6%，支持了省内重大基础设施项目的开工建设。

多渠道、多手段引导全省各银行业金融机构调整和优化信贷结构，加大对民生领域及经济社会发展薄弱环节的信贷支持。提升再贷款、再贴现的引导调控效果，加大对全省“三农”和小微企业信贷投放。全年累计发放支农再贷款69.26亿元、支小再贷款5亿元；累计办理再贴现239.51亿元，同比多投放44.44亿元。至年末，全省涉农贷款余额同比增长14.45%，比2014年提高2.91个百分点；全省中小微企业本外币贷款余额同比增长17.8%，高于同期全省各项贷款平均增速2.1个百分点。完善合意贷款调控管理机制，推动中国人民银行昆明中心支行所辖法人金融机构支农、支小。“两个十万元”微型企业培育工程贷款余额2.07亿元，累计扶持2 208人创办微型企业。发放民贸民品贷款40.87亿元，余额同比增长11.2%；发放创业促就业小额担保贷款74.42亿元，带动就业人数超过20万人。

做好农村承包土地经营权抵押贷款和农民住房财产权抵押贷款试点相关工作，与相关部门配合成立工作小组、制定工作规则、按时上报试点县名单。推进农村金融产品和服务方式创新。至年末，纳入重点监测的14类农村金融创新产品贷款余额606.32亿元，同比增长8.3%，受益农户180.55万户、受益企业943户。

【金融扶贫】　以文山州石漠化贫困地区为试点，探索“支农再贷款+农村信用社配套资金贷款+地方财政利差补贴+优惠利率”的“四位一体”扶贫贷款模式。2015年5月20日至年末，先后4次增加文山支农再贷款限额10亿元，并搭配合意贷款管理，“四位一体”扶贫贷款模式投放涉农贷款17.96亿元，为贷款人节约利息支出约8 838万元（含财政贴息）。

牵头建立滇西边境片区扶贫开发金融服务联动协调机制，参与推动乌蒙山区、迪庆藏区、石漠化地区扶贫开发金融服务工作；优化扶贫贴息贷款流程，提高信贷扶贫精准度，全年累计发放扶贫贴息贷款131.6亿元，贴息资金5.55亿元，较2014年增加2.05亿元，建档立卡贫困农户申请贷款满足率70%以上。以国家政策性银行重点支持扶贫开发为契机，引导农业发展银行发放易地扶贫搬迁贷款累计218亿元。至年末，全省93个贫困县各项贷款余额同比增长16.4%，比年初增加832.96亿元，信贷资金支撑片区农业增产、农村繁荣和农民增收。

【债务融资】　采取多项措施支持债务融资发展。推动地方法人机构负债业务创新，筹备组建云南省市场利率定价自律机制，指导4家法人金融机构成为全国市场利率定价自律机制基础成员，并督促其发行同业存单和大额存单。至年末，地方法人金融机构累计发行大额存单28.06亿元，发行同业存单152.5亿元。推动全省企业债务融资发行工作，首单20亿元资产支持票据发行，全年全省企业在银行间债券市场累计发行非金融企业债务融资工具960.3亿元，同比增长30.2%。富滇银行70亿元小微企业专项金融债发行完毕。

【跨境人民币业务】　开通东盟、南亚地区跨境人民币贷款融资渠道。全省办理22笔跨境人民币贷款业务，累计合同金额35.24亿元。跨境双向人民币资金池业务加速推进，4家跨国集团企业资金池应计所有者权益金额421.23亿元。发展经常项下个人跨境人民币业务，累计办理经常项下个人跨境人民币结算21.91亿元，业务覆盖41个国家和地区。继云盟、亚源两支国际投贷基金之后，聚信海荣人民币国际投贷基金落户云南。

【区域性货币交易】　加快推动人民币对泰铢银行间市场区域交易发展，至年末，参加的商业银行增至9家，累计交易金额1.2亿元。全国首家中缅货币兑换中心在德宏州挂牌成立，发布人民币兑缅币“瑞丽指数”，全国首个非主要国际储备货币挂牌交易平台正式启动，全年人民币与缅币兑换累计2.02亿元。开通人民币与非主要国际储备货币银行柜台兑换业务。至年末，人民币对泰铢、越南盾、老挝基普银行柜台兑换业务量累计达1.5亿元。

【跨境金融合作】 经中国人民银行授权，与老挝央行举办首次正式双边会谈。首次独立组团访问泰国银行北部分行。昆明中心支行与越南河江省规划金融双边合作，富滇银行与老挝联合发展银行签订合作备忘录，德宏州金融机构与缅方私人银行首次合作，并在中方开立人民币同业往来账户。创新建立“面向公众、走出国门、向外延伸”，“制度、平台、宣传、培训、激励”五位一体的跨境人民币反假合作云南模式，在沿边境8个州市跨出国境举办人民币反假宣传等活动。

【风险评估和预警】 健全云南省金融稳定基础数据搜集和积累，提高“金融稳定评估系统”数据的准确性和完整性，定期分析报告云南省金融运行及风险情况。加强对重点领域和重点行业的监测，跟踪监测云南省地方法人银行业机构风险指标，开展地方法人银行业机构不良贷款和银行储户存款被非法转走案件等排查工作。召开云南省金融监管协调联席会议第二次会议，加强金融风险监测与重要风险信息共享协作。牵头起草《云南省人民政府关于地方金融监管职责和风险防范处置责任的实施意见》，经云南省政府常务会议审议通过。对省内大型企业出现的偿贷困难，及时对商业银行进行窗口指导，研究“一企一策”的帮扶措施，避免“一刀切”式的抽贷、压贷、断贷。做好昆明泛亚有色金属交易所风险事件的相关处置工作，及时向中国人民银行报告进展；派人参加风险处置工作小组，协助摸清风险底数。协助处理云南企业银行间债券市场违约问题，帮扶经营暂时困难企业，维持云南良好的发债环境。

【金融管理】 完成对全省10家银行87个分支机构的综合执法检查，涉及处罚9家银行54个分支机构，处罚金额169.2万元。完成对414家银行业金融机构的综合评价，对被评定为C级的金融机构负责人进行约见谈话，通报评价结果。落实金融机构重大事项报告制度，坚持“一事一报”的原则，启动银行业金融机构重大事项“零报告”制度。全年编发《云南省金融机构重大事项报告信息》49期，掌握金融机构的发展动态。

【金融消费保护】 完善“12363”电话受理机制，加大州市及县域的推广力度。至年末，全省“12363”电话接到投诉505起，咨询2 178件，办结率99%。组织中国人民银行昆明中心支行所辖州市试点中心支行与当地司法部门合作，完成辖区内农村金融维权站乡镇全覆盖工作，填补乡镇金融消费权益保护空白。加强“一行三局”金融消费权益保护协调机制，共同推动云南省金融消保工作发展。

【改善支付服务环境】 2015年，云南省支付系统安全稳定运行。全年处理业务8 951.09万笔，清算资金41.79万亿元，处理业务同比增长15.38%。深化农村支付环境建设。惠农服务点在全面覆盖行政村的基础上向部分自然村延伸，交易量首破百亿大关，清算金额128.34亿元。新建14条刷卡无障碍示范街，云南省刷卡无障碍示范街（区）达104条。推进跨境金融支付工具创新。争取中国人民银行支持，实现NRA账户存取现金的突破，跨境金融支付点全省推广，制定非居民个人人民币结算账户开户便利化方案，实施中缅双边银行卡跨境结算。

【国库信息化建设】 履行国库职责，及时、准确办理各级预算资金的收、支、退、更业务，全年办理公共预算收入3 305.05亿元，同比增长2.52%；完成公共预算支出5 009.1亿元，同比增长17.03%。开展跨省异地缴纳交通违法罚款业务，成为全国首批开展跨省异地缴纳交通违法罚款的试点省份之一。推进国库集中支付业务电子化管理系统建设，成为全国第一家实现全业务电子化管理的省份。推进国库会计标准化建设，创新制作国库会计标准化电子手册。

【科技服务】 在全省12个城市上线金融IC卡公交应用项目，在全国首次实现金融IC卡公交应用的开放、共享和通用模式。创新网络监控短信实时报警功能，并在全省推广，实现网络风险的快速反应与应对。建立“金融机构编码信息分析模型”，探索金融机构编码信息数据综合利用，相关经验在中国人民银行交流。

【优化社会信用环境】 应收账款融资平台推广运用工作成效显著。2015年，全省通过平台促成融资737.5亿元，提前完成中国人民银行要求的200亿元融资指标，累计促成融资901亿元，排名全国第三。西双版纳州试验区完成11.22万农户信用信息采集，信用农户授信19.36亿元。推进地方社会信用体系建设，与云南省发展和改革委员会联合印发《云南省贯彻落实社会信用体系建设规划纲要（2014—2020年）任务分工》《云南省社会信用体系建设三年重点工作任务（2014—2016）》。

【现金管理】 组织发行基金调拨，完成省外火车调运车皮76个，11.16万箱，金额561.47亿元；投放发行基金1 947.3亿元，回笼1 985.6亿元，全年净回笼38.3亿元。完成2015年版第五套人民币100元纸币及抗战纪念币和纪念钞的发行工作，普通纪念币发行制度实现顺利过渡。提高流通中人民币整洁度，强化对金融机构清分工作的指导，全年清分金额524.33亿元，清分联机销毁391.43亿元。打击整治假币违法犯罪。全省建立反假货币工作监测点21个，共计收缴假人民币20.58万张，合计金额1 711万余元。

【反洗钱工作】　开展追逃追赃资金监测及线索排查工作，参与打击利用离岸公司和地下钱庄转移赃款专项行动。至年末，向公安机关移交涉嫌非法经营地下钱庄案件线索7条，累计涉及交易金额550亿元人民币，协助公安机关破获6起地下钱庄案件。支持社会反腐，协助中纪委和云南省纪委开展云南重大涉腐案件的调查工作，获得中纪委第十一纪检监察室表彰。

【开通境外投融资渠道】　探索构建集风险评估控制、操作实施方案、内控制度建设为一体的外汇资金集中运营管理框架，推动跨国公司外汇资金集中运营管理试点落地云南。云南云天化联合商务有限公司和云南锡业股份有限公司取得试点资格，获得批准开展境内外汇资金集中管理及外债、对外放款额度集中调配业务及经常项下集中收付。打通企业向境外投融资的新渠道，为破解企业“融资难、融资贵”问题提供新途径。

【支持实体经济发展】　围绕贸易便利化，推动跨境电子商务支付机构成功破冰，确定本元集团作为云南开展跨境人民币支付业务的试点企业，拓展对外支付渠道，完善跨境外汇支付业务工作，推动形成有竞争力的本外币一体跨境支付平台。利用短期外债指标，支持地方实体经济发展。向中国人民银行争取云南省2015年短期外债余额指标在2014年1.7亿美元的基础上增加到2.7亿美元，增幅58.8%，以支持云南省涉外经济发展。

【遏制外汇领域违法违规行为】　强化现场、非现场监管。2015年，全省对违反外汇管理行为立案37件，立案金额6 400.98万美元，结案率100%；处罚金额157万元人民币，收缴罚没款金额157万元人民币，罚没款收缴率100%，突出重点，强化核查监管力度，年内分别开展对“出口不收汇”和资本项目业务的专项核查，以及对大额购付汇净流出进行重点监控。

（李　峰）

【银行业金融机构资产数及负债额】

至年末，昆明市银行业金融机构资产总额1.77万亿元，占全省资产总额的53.01%，比年初增加1 919.16亿元，增长12.18%，其中，各项贷款余额1.23万亿元，占全省各项贷款余额的57.94%，比年初增加1 465.99亿元，增长13.49%；负债总额1.72万亿元，占全省负债总额的53.37%，比年初增加2 023.05亿元，增长13.33%，其中，各项存款余额1.17万亿元，占全省各项存款余额的47.45%，比年初增加1 067.05亿元，增长10.07%。

【银行业金融机构网点数】　至年末，昆明市共有法人银行业金融机构36个，全国性银行业金融机构驻滇分支机构29个，地方法人银行业金融机构驻昆分支机构2个，各类营业网点1 531个，比年初增加121个，从业人员3万人，比年初增加2 099人；推进邮储银行深化二类支行改革，完成15家邮储银行二类支行变更为代理营业机构的改革工作。网点覆盖全市主要区域，基本满足各层次的金融服务需求。

【推动银行特色改革】　2015年，中国银行业监督管理委员会云南监管局获得昆明市人民政府“金融创新与发展成果奖”。组建金融机构，新增4家村镇银行，增设4个邮储银行代理网点。探索城商行调整资本结构，支持富滇银行发行首支22亿元资产支持证券和50亿元小微金融债。完善非银行金融机构种类，昆钢财务公司、建工财务公司获得批准筹建和开业，同意富滇银行申请投资设立消费金融公司。推动沿边金融综合改革试验区建设，支持中国农业银行在昆明设立泛亚业务中心、浦发银行设立离岸业务创新中心。

【提升银行业监管效能】　增强市场准入规范性，研究制定《行政许可事项法律审查流程及审查要点》和《行政许可事项法律审查意见书》模板，落实中国银行业监督管理委员会5部新的行政许可规章；加强高管任职资格考试管理，严把审查关口。提升现场检查质效，实施“两个加强、两个遏制”、票据业务等检查项目，依法对相关银行业机构实施行政处罚；研究制定《现场检查后评价办法》。夯实非现场监管基础，完成扶贫调研等重点课题调研报告，出台运行监测快报、不良贷款简报、客户风险统计数据报送及举证审核通报制度、数据异常变动核查单等制度。做深政策对接，2015年，中国银行业监督管理委员会云南监管局与昆明市政府、各县区政府金融办探索建立金融数据信息共享机制，全年分别向市、县两级政府及相关部门提供各类报告、材料等106份，宣传金融监管政策，增强监管合力。

【严守风险底线】　严防信用风险，研究出台加强信用风险管控的措施，对信用风险重点客户实施名单制管理；推进银行业协会搭建融资俱乐部对重点困难企业进行帮扶，探索不良贷款批量转让市场化处置方式，开展资产证券化和信贷资产流转试点。严防房地产风险，组织押品价值波动风险专项调研，摸清房地产抵押贷款风险，下发排查辖内银行业金融机构房地产信贷业务风险的通知，重点排查风险隐患突出的13项公司类贷款和

2015年9月，“第四届小微企业金融服务宣传月”启动仪式暨小微企业政策解读及金融产品推介会在昆明举行。 （云南银监局 供稿）

10项个人类贷款，并对风险房地产企业实行名单制管理。严防平台贷款风险，配合地方财政部门组织辖内银行业金融机构开展地方政府性债务甄别核查相关工作。严防流动性风险，完成辖内城商行及村镇银行流动性风险调研报告，下发《关于进一步做好当前村镇银行流动性风险防控的监管意见》。严防科技风险，编制发布信息科技风险关注事项，加强对信息科技工作的内部管理规范和外部监管指导。关注跨业风险传染、声誉风险等其他领域风险，守住不发生系统性、区域性风险底线。

【强化服务实体经济】 研究出台银行业支持经济稳增长调结构的指导意见，引导银行业加强顶层设计、优化机构布局，对通道建设、产业发展和经贸合作加大信贷投入，支持“一带一路”国家战略。加大“四个一百”重点建设项目投放力度，满足昆明市工业园区、城市轨道交通、滇中饮水工程、棚户区改造、公租房、廉租房等融资需求。转发《能效信贷指引》，加大对科技型企业、战略性新兴产业、文化产业等的信贷投放，促进产业转型升级。下发《关于进一步规范银行服务收费支持实体经济发展的通知》，开展银行不规范服务收费专项清理整顿，推进银行业减费让利取得实效。

【改善小微、支农金融服务】 督促落实小微企业续贷、年审制等新规，增加小微信用贷款发放，开展第四届小微企业金融服务宣传月活动，加强小微企业政策解读及金融产品推介，开发小微信用贷款产品。强化涉农贷款增长目标监测考核，组织金融支持现代农业产品推进会，加大对非涉农社团贷款的查处力度，引导银行机构特别是涉农机构把更多信贷资源投向“三农”重点领域。

【助推普惠金融服务】 全年，新获批开业村镇银行4家，另有2家村镇银行增设规划完成银监会备案手续，昆明市村镇银行已达14家，覆盖率92.86%，占全省村镇银行总数的31.82%。推进“三大工程”，将解决空白乡镇网点覆盖和基础金融服务“村村通”作为推动普惠金融的一项重点工作。制定《关于2015年银行业消费者权益保护工作的指导意见》，理顺消费者投诉处理流程；开展“金融知识进万家”宣传服务月活动，督促银行业机构履行社会责任、提高消费者的金融素质和维权意识。

（中国银监委员会云南监管局办公室）

【多层次资本市场】 2015年，昆明市企业通过交易所市场新增直接融资510.31亿元，创历史新高，较2014年增加428.2亿元，增长521%，占云南省交易所市场直接融资总额的95.4%。股票融资持续扩大，龙津药业成功首发上市融资3.55亿元；5家上市公司通过定向增发新增股票融资106.96亿元，较2014年增加52.19亿元，增长95.3%。债券和资产证券化产品融资规模增长迅速，昆明市共有20家企业（含上市公司、新三板挂牌公司）通过发行公司债、并购重组私募债、资产证券化产品融资399.8亿元，较2014年增加380.4亿元。“新三板”挂牌公司数量快速增长，融资方式日益多样化，昆明市新增挂牌公司27家，挂牌公司39家，较2014年增长225%，占云南省挂牌公司总数的71%。昆明市14家挂牌公司完成融资8.67亿元，较2014年增加7.36亿元，其中，股票发行融资2.97亿元，公司债融资1.1亿元，股权质押融资4.6亿元，占云南省挂牌公司融资总额的81%。

【上市公司经济状况】 2015年，昆明市22家上市公司总市值3 262.58亿元，占云南省上市公司总市值的84.20%，2015年前三季度营业收入1 645.35亿元，同比增长4.93%，占云南省上市公司营业收入的88.76%，净利润（归属母公司）20.03亿元，同比增长61.40%，占云南省上市公司净利润的112.34 %。生物医药行业上市公司收入、利润增速较2014年同期有所放缓；有色金属价格2015年呈单边下行走势；化工行业上市公司受结构性和周期性因素影响，主营业务亏损较为严重，化工行业下行压力不减，企业转型升级难度大；房地产行业上市公司收入及利润双降，公司存货及应收账款较2014年同期大幅增加，企业增收、去库存和资金回收压力增加；装备制造行业主要产品价格持续下跌，市场竞争激烈，相关上市公司业绩持续下行。

【证券期货机构及业务发展】 2015年，昆明市新增4家证券分公司、11家证券营业部、3家期货营业部，至年末，昆明市共有84家证券经营机构和20家期货经营机构，其中，2家证券公司，10家证券分公司，71家证券营业部，1家证券投资咨询公司，2家期货公司，18家期货营业部，证券期货经营机构数量占云南省总数的59%；另有3个境外期货持证企业，40家IB证券营业部，1个橡胶期货交割库、1个铁合金厂库和1个白糖期货交割库。昆明市证券资金账户106.99万户，占云南省总账户数的66%，证券市场累计总成交额3.26万亿元，同比增长163%，占云南省总成交额的76%。同期，昆明市新增在中国证券投资基金业协会登记备案的私募基金管理人119家，至年末，昆明市备案的私募基金管理人143家，占云南省150家私募基金管理人的95%。证券经营机构通过提供上市保荐、“新三板”推荐、债券承销发行等服务以及融资业务帮助昆明市企业实现融资96.72亿元。红塔证券通过增资扩股增加净资本45.58亿元，太平洋证券通过发行次级债补充净资本30.3亿元，2家公司净资本分别达87.05亿元和66.88亿元，在全国125家证券公司中排名第39位和第47位，2家公司分类评价均为A类A级。自创新发展政策推开以来，2家公司获批16项新的业务牌照或资格。

【证券期货市场监管】 2015年，证券期货监管部门推进监管转型，做好监管执法工作。落实简政放权和做好行政审批制度改革衔接工作。清理取消、调整和下放的行政许可和备案事项，取消证券期货行政许可事项和管理、统计类备案事项54项，清理约束性规范性文件65项，实现法律法规和中国证监会规定之外的“零备案、零报告、零验收”。落实维护市场稳定各项工作部署，昆明市上市公司通过控股股东或董监高增持、启动员工持股计划、延长锁定期等方式，稳定市场预期和股票价格。清理整顿证券、期货公司利用信息系统外部接入开展违法证券期货业务活动，推进账户规范工作，清除违法违规的配资账户。加大风险公司监管力度，会同相关各方采取措施，防范、化解和处置上市公司风险。加强稽查执法，打击违法违规行为。开展投资者保护工作，提醒投资者尤其是新入市投资者理性投资，督促市场主体履行投诉处理的首要责任，依法妥善解决投资者投诉诉求，维护投资者合法权益。

（连 漪）

【保险业务】 2015年，昆明保险市场业务持续增长，全年实现保费收入171.51亿元，同比增长11.04%，其中，财产保险公司实现保费收入86.21亿元，同比增长11.65%；人身保险公司实现保费收入85.3亿元，同比增长10.42%。保险公司总资产306.54亿元，同比增长16.38%。全年，全市保险公司发生赔付支出68.66亿元，同比增长19.75%。新开业保险省级分公司2家，年末，保险省级分公司达35家，其中，财产保险省级分公司22家（含中国出口信用保险公司云南分公司），人身保险省级分公司13家，保险中支及以下保险机构435家，有专业中介法人机构35家。

云南省政策性农房地震保险项目在大理州实施，为全州82.43万户农房和345万居民提供保险保障。10月，完成首次赔付753.76万元，永平县953户农户受益。为人口较少民族聚居区77.1万户籍人口提供人均保额12.5万元的意外伤害保险，为18.5万户农房提供户均保额6.6万元的农房保险保障。全省开办农险产品22个，公益林森林火灾保险和烟叶保险实现100%覆盖。为全省农业生产经营提供1 772亿元的风险保障，支付赔款6.5亿元。截至2015年末，保险公司在全省14个州市承办24个城乡居民大病保险项目，覆盖3 122万城乡居民，覆盖率73.77%，赔付支出7.97亿元。曲靖市列为云南省商业健康保险税优政策试点城市。开展省本级城镇职工基本医疗保险个人账户购买重大疾病商业补充保险试点。探索建立全国首个旅游组合保险。野生动物肇事公众责任险实现全省统保。校方责任保险实现对9年义务教育阶段学校的全覆盖。食品安全责任保险在盈江县、开远市试点。为高危行业从

少数民族学生领取保险金 （云南保监局 供稿）

业人员提供意外风险保障，涉及企业4 609家、农民工约10万人，赔付支出2 383万元。

【保险服务】 完善保险电话销售禁拨系统，开展2015年人身保险客户信息真实性和失效保单清理整顿专项工作。与中国银行业监督管理委员会云南监管局等单位建立信息共享机制。对学生平安保险、云南旅游组合保险业务开展专项检查。按季度进行车险理赔服务满意度调查，编制车险理赔服务满意度指数，并向行业发布。运用快处快赔提高车险理赔效率，昆明主城区6个快处快赔点全年处理赔案12.14万件，占事故总数的64%。指导云南省保险行业协会制定《财产保险公司星级服务门店考评办法》，并在昆明市、楚雄州两地试点。12378投诉热线分中心全年接听电话4 252个，加大投诉处理力度，妥善解决各类投诉。完善保险纠纷诉讼与调解对接机制，保险纠纷调解纳入昆明市“以案定补、以奖代补”激励机制范围，对786件保险纠纷调解案件进行奖励。14个州市建立不同形式的保险纠纷调解组织。云南保险诉调对接试点工作获得最高人民法院和中国保监会授予的“保险纠纷诉讼与调解示范单位”称号。通过云南人民广播电台、春城晚报保险专栏、发送保险消费者教育短信、“五华讲坛”等方式开展消费者教育。

【保险项目创新】 2015年8月20日，在昆明举行云南省大理州政策性农房地震保险试点启动仪式，中国保监会主席项俊波和云南省委书记李纪恒、省长陈豪等领导出席见证。全国首个地震保险专项试点落地实施。试点将为大理州82.43万户农房及356.92万居民累计提供风险保障5亿元，期限3年。10月30日，云南省昌宁县5.1级地震造成保山市、大理州的3县区8个乡镇不同程度受灾，大理州政策性农房地震保险共计赔付753.76万元，永平县953户农户受益。

5月1日，全国首创的云南人口较少民族保险项目正式启动。由省级财政全额补贴，连续3年为人口较少民族聚居区77.1万户籍人口购买人均保额12.5万元的意外伤害保险，为18.5万户农房提供户均保额6.6万元的农房保险保障，总保费1 141万元。项目覆盖8个人口较少民族（独龙族、基诺族、怒族、德昂族、阿昌族、普米族、布朗族、景颇族），涉及云南省10个州（市）35个县138个乡（镇）395个建制村。云南省政府每年给予1 180.5万元专项助学补助培养少数民族人才，由保险公司设置专户，义务承担代发放人口较少民族高中和大学生助学补助的服务工作。

【保险监管】 组成12个工作组，派出108人次，对全省16个州（市）保险机构自查整改工作开展督导抽查，州市级机构覆盖率达到100%。对18家省级保险公司、32家专业中介机构开展现场督导，督导比例超过50%。在全省48个县区对194家县区保险机构开展“一对一”的现场抽查，通过层层推进式督导抽查，逐步摸清风险底数，通过逐级政策宣导，提升公司风险合规意识。2015年，中国银行业监督管理委员会云南监管局派出46个检查组212人次，对46家次保险机构开展现场检查。对涉及人民群众根本利益、影响保险行业形象的违规行为给予整治。完善三层级数据监管体系。在风险监测频度和针对性等方面拓展现行分类监管制度的功能。关注重点领域风险。对满期给付和退保风险、中介领域风险隐患进行防范处置。严控案件风险。建立“双评价、双通报”制度，强化公司案件管理的主体责任。与多家单位探索建立协作、联合执法机制。

（云南保监局）

【金融机构数及从业人数】 至年末，昆明市共有法人银行业金融机构36个，全国性银行业金融机构驻滇分支机构29个，地方法人银行业金融机构驻昆分支机构2个，各类营业网点1 531个，比年初增加121个，从业人员3.01万人，比年初增加2 099人。推进邮储银行深化二类支行改革，完成15家邮储银行二类支行变更为代理营业机构的改革工作。

【金融创新与发展】 促进昆明市金融产业发展，深化银行合作、银企合作。2015年，征集申报“2014年度金融创新与发展成果奖”的银行类、保险类和证券类金融创新产品29个。经

2015年8月，云南省政府与中国保监会在昆明签署战略合作备忘录。

（云南保监局　供稿）

各个环节评选及审批，由昆明市人民政府批准下发《昆明市人民政府办公厅关于表彰2014年度金融创新与发展成果奖获奖项目的通报》，对涉及的13家金融监管机构及驻昆金融机构进行表彰。

【政府与金融机构签署战略协议】 与国家开发银行云南省分行、邮储银行云南省分行、农业银行云南省分行、工商银行云南省分行和建设银行云南省分行与昆明市人民政府签订战略合作协议。随着昆明市桥头堡建设、城镇化建设的深入推进，银行业金融机构同昆明市人民政府将迎来更加广阔的合作空间，双方建立起长期紧密、面向未来的战略合作关系对推动各自发展及有效承担各自社会责任、创造社会价值具有重要意义。

【引进外资金融机构】 2015年4月9日，马来亚银行昆明分行正式开业。随着马来亚昆明分行成立，昆明已汇集汇丰、恒生、东亚、泰京、渣打、马来亚6家外资银行昆明分行。丰富昆明市金融组织体系，推动昆明建设面向东南亚南亚辐射中心。6月4日，中共昆明市委、市政府主要领导会见泰国开泰银行，双方就在昆明市考察设立分行选址以及加强银政合作、实现互利共赢进行初步的探讨和商洽。

（市金融办）

中国工商银行云南省分行营业部

【存款】 截至2015年末，人民币全部存款余额1 400.49亿元，比年初增加38.05亿元，在昆明地区四大银行中存量占比保持第一。

【贷款】 截至2015年末，人民币各项贷款余额1 118.57亿元，比年初增加90.61亿元，在昆明地区四大银行存量占比保持第一。新增贷款88.72%投向A级及以上客户和低风险业务，优质客户贷款结构进一步优化。

【信贷业务】 服务和融入“一带一路”战略规划，推进昆明地区经济建设，与昆明市政府签订《金融服务合作协议》，建立长期稳定合作关系，重点支持基础设施建设、文化旅游、战略新兴产业、民生领域以及“走出去”等84个昆明市政府重点建设项目，项目总投资3 883亿元。组建金融服务团队，推动业务快速发展，全年完成17个项目评审及贷款发放工作，累计发放贷款49.18亿元。创新业务模式，以“表内+表外”的融资模式满足客户多样化的金融服务需求，实现云南分行首笔债券主承销发行业务。开展“小企业专项营销竞赛”活动，把消费、服务、民生等“弱周期”行业作为重点，发展小微企业客户，全省首笔“财园助企贷”获批。做好个人住房按揭市场基础工作，争取最大化的市场按揭份额，与42个房地产开发项目建立按揭贷款业务合作关系，为个人贷款增长打好基础。加大个人二手房贷款市场占有率，保持个人住房公积金委托贷款业务增长，以最高额项下的消费、经营贷款为依托，推动个人资产综合业务发展；通过逸贷和个人自助质押贷款产品，推进网点资产业务发展。

【大零售业务】 建立立体化营销机制，实施“走出去”营销战略，锁定代发工资、商友、学生、社区等民生领域客户，组建外出营销团队“零距离”营销服务。通过项目营销批量、集群式拓展个人客户，帮助安宁市公共交通项目投产。以节节高2号、薪金溢、大额存单等创新型产品为突破口，加快定期存款的定向营销，通过活期流量增存、定期稳存，推动储蓄存款稳定均衡增长。完善零售业务考核体系，建立行长、分管行长、个人金融部经理零售业务发展状况任期考核评价机制，制定个人客户经理考核评价实施细则，签订绩效合约，以科学考核引领零售业务发展。

【中间业务转型】 强化预算办法，落实中间业务收入总体目标，引导新兴业务重点突破。强化监控分析、监测通报，深入分析中间业务总量、增量、结构、市场占比和贡献度等变化情况，加大各中间业务营销部门的业务协调，推动部门协作和综合营销，确保中间业务收入计划序时推进，大零售中间业务收入5.26亿元，同比上升2.32个百分点，实现转型和可持续增长。

【信用卡业务】 推进信用卡客户拓展，通过开展网点“9944”目标客户阵地营销及代发工资单位、公务单位、优质企业单位的项目营销，实现信用卡存量客户数较快增长。围绕“175”收单精准营销，抓好特约商户网格化营销和维护。2015年，实现新发展特约商户净增1 705户，同比增幅45%；实现信用卡消费交易额232亿元，增幅40%；分期付款交易额25.6亿元，增幅33%。

【互联网金融业务】 建设互联网金融“三大平台”，以拓展工银融e行为重点，加快移动金融发展步伐，强化电子银行新增客户首用辅导“4个1”的营销推广模式，组织“我是e家人”移动金融节节高系列“四进”营销服务、融e购“020”社会体验、融e联全员体验等活动，带动移动金融客户、电商平台交易额等多项指标的规模发展。全年新增融e购电商商户40余户，新增商城注册个人客户16万余户，实现电商平台交易额30.37亿元，较年初增长5.8倍。实现手机银行交易额969.2亿元，占个人网银交易金额的38.06%。

【现金管理服务】 整合运用客户资源、拉动有贷户及其关联客户的结

工行省分行营业部与市旅发委签约"融e购 昆明旅游商城"合作协议
（云南保监局 供稿）

算业务，新增现金管理客户1 068户。联动国际业务，筛选外汇业务目标客户，实现新增全球现金管理签约客户5户。推动结算套餐、工银信使、企业网银、对公理财等对公基础产品的持续营销，提升产品渗透率。通过资金池、集团账户产品服务好铁路、邮政、电网、石油、移动、烟草等系统客户，加大代理财政系统维护及账户管家产品的推广运用；服务好市财政社保资金及经济开发区、官渡区、宜良县等各级财政的改革需求。全年实现法人理财销售107.83亿元、同比增幅75.82%。发挥内外部渠道优势，客户用卡结算量和智能柜员机业务办理得到提升，全年实现新增财智账户卡6 600张。

【网点智能化服务】 在全省率先实现网点外网无线上网服务全覆盖，建成智能网点53家，建设离行式自助银行45家，完成6家网点的搬迁布局优化工作，完成30家低效网点的提质增效。完善"安宁公交"一卡通项目功能，提升客户体验，推进商户和企业MIS银行卡收单项目。至年末，中国工商银行云南省分行营业部全行信息系统运行完好率99.98%，网络线路以及关键网络设备运行完好率99.99%。

【内控案防机制】 层层签订内控案防责任书，落实全员参与的内控案防责任制，加强内控合规日常管理和检查监督，把违规违法放贷、贷款诈骗和违规参与民间融资和经商办企业及违规代客理财、私售理财业务"飞单"、票据业务，违规套现，网点现场管理、重要空白凭证管理作为重要防控治理风险点。抓好外部欺诈风险安全管理，组织三级联动刑事治安事件应急预案演练，启动重大活动突发事件应急方案，防控重要区域、重要部位、重要环节案件，全年防范外部欺诈风险事件15起，为客户挽回资金损失325.2万元。辖属西市区支行荣获中国银行业"安全管理先进单位"称号，全辖连续12年实现安全经营。

【服务考核】 开展"服务体验建设年"活动，强化规范服务、服务渠道、投诉管理，改进客户体验，完善客户投诉管理机制。全年完成1个百佳网点、3个五星级网点、1个四星网点、2个三星网点的文明规范服务示范单位创建工作，南屏支行营业室再次荣获中国银行业文明规范服务"百佳示范单位"荣誉称号，成为西南地区工商银行系统唯一获评百佳的单位。开展第十四批省级文明单位创建工作，营业部机关及所辖南屏街、正义路、护国路、北京路、西市区、关上、南市区、汇通、安宁市、宜良县10家支行通过验收，创建合格率100%。

（王　颖）

中国建设银行云南省分行营业部

【存款】 截至2015年末，建行云南省分行营业部人民币一般性存款余额1 315.2亿元，较上年增加88.15亿元，增长7.18%，其中，对公存款新增45.09亿元，增速6.19%；个人存款新增43.06亿元，增速8.63%。

【贷款】 截至2015年末，建行云南省分行营业部人民币各项贷款余额1 033.4亿元，较上年增加128.22亿元，增长14.17%，其中，对公贷款新增67.29亿元，增速12.05%；个人贷款新增60.93亿元，增速17.57%。

【中间业务】 截至2015年末，建行云南省分行营业部实现中间业务收入13.1亿元，较上年增加2.67亿元，增长25.63%。

【综合能力提升】 2015年，云南省分行营业部以总分行转型发展规划为战略指导，完成"主要业务指标新增市场第一、系统贡献度提高、资产不良额不良率双降"的工作目标：人民币日均存款和个人日均存款新增、人民币各项贷款和个人贷款新增均为昆明地区四行第一；中间业务收入昆明地区四行第一；不良贷款额、不良贷款率"双降"，昆明地区四行中资产质量最优。

【支持重大项目和城市基础设施建设】 2015年，昆明地区共投放公司贷款339.9亿元、落地综合融资98.53亿元。支持能源建设。为云南华电大黑山风力发电和华能澜沧江黄登水力发电等多个风电、水电项目提供信贷。支持民生工程。为昆明滇池国家旅游度假区保障性住房、昆明经开区公共租赁住房与商品混合居住社区等保障房建设项目提供融资。支持医疗和文化产业。为昆明市延安医院、石林县人民医院、昆明动物园等提供贷款。为昆明市高速公路建设开发股份有限公司办理并购理财业务，为云南白药控股有限公司、云天化集团有限责任公司、云南省能源投资集团有限公司等十余家企业办理债券承销业务。

【金融创新】　组建“资产经营与任务型团队”、实行“限时申报”优化融资业务流程，提高融资落地效率；推广“快贷”等互联网融资产品，提升贷款效率与便利。为云南省能源投资集团有限公司办理跨境人民币双向资金池产品，落地建行创新产品“智能跨行收款”，实现票据池、多模式现金池等新产品落地，为客户提供高效、人性化的金融服务。金融通-民间融资登记服务系统项目被昆明市政府授予“金融创新与发展成果奖”。为银行同业办理同业存放业务24亿元、办理债券借贷业务158.3亿元，实现全省建行债券借贷零突破。向券商发放股票质押式回购资产收益权理财产品和发放融资融券业务资产收益权理财产品，实现全省建行券商类客户资产收益权理财业务零突破。促进金融社保IC卡发卡，实现昆明地区金融社保卡发卡10万余张；在同业首家实现网点交警罚没机缴费、APP居民医保缴费试点工作；探索创新渠道建设和客户服务方式，云南省建行首个微银行于安宁正式营业，提升物理网点“一公里”客户覆盖度，打造“小而密、小而美、小而全、小而智、小而惠”的服务体系。

【服务民生】　以“平台+产品”的模式助力小微企业发展。与政府搭建“助保贷”平台，与昆明市国税、地税局共同推进“税银助力通”，增信降风险，破解融资难题。推广小企业“网银循环贷”“助保贷”“财园助企贷”，提升服务效率和客户感受。以全球支付卡、汽车卡、热购卡等特色产品为重点，开展覆盖“餐饮娱乐、生活购物、出行酒店”等优惠特色活动，给予市民更多优惠与便利；加大轨道芯片卡、ETC龙卡云通卡发行力度，方便市民出行；优化汽车分期部分客户群体申办流程，为市民购车提供服务；完善二手房签约中心业务受理流程，与昆明市住房公积金管理中心合作，支持市民“刚需”、改善性购房、享受优惠贷款条件的需求，全年发放二手房贷款7959笔、受托办理个人住房公积金贷款1.77万笔。加大离行式自助银行建设力度，全年新设39个，与网点配比率达到1.25∶1，扩大金融服务半径；推进网点业务综合化建设，满足市民的一站式金融服务需求。

（建行省分行营业部）

建行省分行打造便捷服务的“微银行”　（建行省分行营业部　供稿）

中国农业银行云南省分行营业部

【概况】　截至2015年末，中国农业银行云南省分行营业部各项存款余额941.30亿元，比年初净增50.97亿元，其中，个人存款504.57亿元，比年初净增26.76亿元；对公存款436.73亿元，比年初净增24.20亿元。各项贷款余额830.79亿元，比年初减少8.0亿元。实现中间业务收入5.88亿元。实现拨备前利润24亿元。全年清收自营不良贷款本息4.55亿元，呆账核销9 953.03万元，清收委托不良资产本息8 909万元。四行中，各项存款存量占比20.55%，增量占比17.39%，排名均为第三，其中，个人存款时点及日均余额四行占比实现“双升”，对公存款增量占比四行排名第三，较年初提升一位。各项贷款余额存量和增量占比排名分列第三和第四。年内通过传统信贷投放、承销云南省政府地方债、发行企业融资债券等多种方式，累计向昆明经济社会发展提供融资支持500多亿元。

【服务城市发展】　2015年，云南省分行营业部对组织架构进行有针对性的调整，昆明市四个主城区及滇中新区党政部门均有相应的支行对接服务，5家支行升格管理，提升营销层级，突出对公业务营销。推进基础设施、入滇项目、省级“四个一百”项目的合作。支持云南地方债发行工作，参与承销债券227.9亿元，市场份额排名第二；支持公路铁路交通建设，累计向云南省交通运输厅、昆明市交通投资有限责任公司等投放余额82.35亿元，累计向昆明轨道交通集团有限公司、昆明东南环线铁路有限责任公司、滇南铁路有限责任公司等发放贷款余额27.16亿元；支持推进棚户区项目，对安宁东湖置业房地产公司“金色螳川商贸城棚户区改造安置房”项目给予2亿元贷款支持。对昆明市土地矿产储备中心棚户区改造项目意向性给予17亿元贷款支持；支持省、市、县区社会保障医疗改革，全年累计发行社会保障IC卡39.84万张，占全省农业银行发卡量的22%；支持能源网建设。以云南电网有限责任公司、华能澜沧江水电股份有限公司等为重点，加大对能源网建设的支持力度，水电站项目发放贷款143.55亿元；支持小微企业发展。配置“惠企贷”“财园助企贷”专项信贷规模，做好小微金融服务，年内新增小微企业贷款5亿元，小微企业申贷获得率90%以上，累计扶持1 000多家小微企业。

【服务“三农”】 支持高原特色农业发展。累计发放高原特色农业贷款4.44亿元；与62户省级以上龙头企业建立合作关系，服务覆盖率58.5%；开展“规模农业·万户万社”活动，加大对新型农业经营主体金融服务力度，专业大户贷款客户净增27户，贷款净增4 945万元。拓宽农户增收致富渠道。

【普惠金融服务】 推进惠农服务点建设和惠农卡发放，年内新增惠农支付服务点452个，总数842个，分别覆盖全市91.1%的乡镇和71%的行政村。电子机具覆盖乡镇74个、覆盖率77.08%；覆盖行政村836个、覆盖率71.27%。对寻甸县、禄劝县等集中连片特困区的“惠农通”电子机具行政村覆盖率70%；累计发放惠农卡20.15万张，代理扩新型农村养老保险、新型农村合作医疗等涉农项目237个，实现普惠金融“渠道+内容”齐头并进。

【服务产业园区建设】 采取有效措施，锁定园区中小微企业目标客户。全年，省分行营业部以嵩明杨林经济技术开发区、安宁滇中经济带、晋宁物流园区、石林台湾农民创业园区、倘甸工业园区和阳宗海旅游园区为营销重点，向园区内生产经营正常，产品适销对路，经营效益稳定，现金流充足的134家中小微企业开展业务营销。

【服务新型城镇化建设】 营业部针对县域业务发展情况及特点，深入调研和营销，运用信贷规模和定价两个手段，挖掘客户价值，巩固提升客户关系，全年完成新增新型城镇化建设客户5户，贷款余额2.17亿元。

2015年1月，农行度假区支行营业室被中国银监会评为学雷锋银行。
（农行省分行营业部　供稿）

【网点创建】 2015年，省分行营业部推进网点转型，文明规范服务星级营业网点创建工作。完成48个网点的软转导入工作。新创建2个五星级网点，1个四星级网点。优化网点布局。全年完成3个营业网点瘦身计划，7个网点在建延续项目；建设自助银行8个，金融便利店4个，完成云南省分行下达固定资产入账年度计划。

【金融营销】 举办各类客户联谊活动。先后举办“元旦抢头彩”活动，“舞迎新春 共襄华彩”广场舞大赛以及“新春个人高端客户团拜会暨私人银行伙伴计划启动仪式”“百日基金营销竞赛”等特色营销活动；运用“安心·灵动”理财等产品形式，精准营销重点客户群体，取得较好成效。个人存款余额超过500亿大关，时点及日均存款的市场份额均有提升。

【电子银行建设】 2015年，省分行营业部推进掌上银行、电子商务、自助银行建设、智付通等业务，提升电子银行综合服务能力和客户服务规模。建设投产自助银行29个、新增布放机具56台、更新机具89台。

【信用卡业务】 2015年，省分行营业部抓好营销信用卡、拓展收单市场、治理业务风险、夯实管理基础工作，全年实现信用卡中间业务收入1.12亿元；有效客户新增2.10万户，有效商户净增28户，分期业务余额7.71亿元，实现分期业务收入5 049万元。

（杨文斌）

交通银行云南省分行

【存款】 2015年末，人民币各项存款余额716.1亿元，较年初增加80.96亿元，增量居当地同业第五位。

【资产业务】 本外币贷款折人民币余额549.47亿元，较年初增加46.78亿元，增幅9.31%；投行及表外非信贷融资余额189.2亿元，较上年增加84.5亿元。

【中间业务】 效益指标好于预期，中间业务净收入达到5.18亿元，其中，公司板块净收入3.82亿元，零售板块净收入1.36亿元，全年实现经营利润14.84亿元。

【资产质量】 资产质量趋于稳定，年内累计处置逾期贷款38.87亿元，其中，重组25.69亿元、全额现金收回3.28亿元、部分现金收回9.9亿元，处置不良贷款4.45亿元。

【金融服务】 2015年，为全省发展提供734.3亿元的融资支持，其中，本外币贷款累计投放292亿元，表外融资业务量累计442亿元。 完成国际结算56亿美元，人民币跨境结算40亿元。

【支持交通基础建设】 2015年，交通银行云南省分行支持云南综合交通体系建设。全年通过表内外共支持综合交通项目630亿元。以公路建设为骨干，优先支持和保障全省重点建设项目的资金需求。公路行业贷款余额116亿元，重点支持保山至腾冲、大理至保山、元江至磨憨等高速路建设；支持腾冲至泸水、祥云至姚安、易门-峨山-高仓、昆明轿子山旅游专线等二级公路和的建设；支持锁龙寺至蒙自高速公路、富宁至砚山高速公路、思茅至澜沧公路、大理宏远公路、石林至锁龙寺高速公路、普洱磨思高速公路、武定至昆明高速公路建设。对云南省政府重点推进的南北大通道建设，完成昭通至麻柳湾、待补至功山、普立至宣威3个高速公路建设项目授信30亿元。以航空项目为先导，加强与云南机场集团、昆明航空公司等企业的合作，重点支持昆明长水机场、腾冲驼峰机场建设，授信余额5亿元。以铁路建设为龙头，重点支持云（云南）桂（广西）铁路、大（理）丽（江）铁路项目建设，贷款余额6.2亿元。支持城市交通项目，贷款余额12亿元，重点支持昆明轨道交通集团、昆明公交集团、昆明世博出租车公司等。

2015年7月18日，交通银行省分行搬迁至昆明市白塔路397号的交银大厦。
（交行省分行 供稿）

【支持重点产业发展和园区发展】 按照云南省确定的重点培育千亿元产业计划，省交行结合各行业资源优势和融资需求，结合信贷投向政策，有选择性地给予支持，其中，重点支持有色、石化、电力、建材及家具、电子信息、装备制造等行业。支持重点园区建设。对确定重点培育10个以上千亿元工业园区的计划，省交行分别与安宁工业园、昆明经开区、杨林工业园、玉溪高新区、研和工业园等园区签署战略合作协议，并探索与大理州、楚雄州相关机构的合作，集中信贷资源，加大对工业园区的支持，优先审批工业园区内企业的授信申请。支持滇中产业新区。省交行主动对接滇中产业新区投融资工作的主办单位云投集团，成为滇中金融联盟重要成员。担任滇中产业新区金融合作智囊团的高级顾问，在资金结算、信贷支持、信托业务等方面，双方合作力度加大，交通银行与该集团签署战略合作协议。支持滇中产业新城建成带动全省外向型特色优势产业基地，信贷业务已涉及滇中新区7个县区行政区域。

【支持城乡协同发展】 重点支持烟草、茶叶、花卉、蔬菜、制糖、橡胶、咖啡等特色农业的发展；支持野生菌、核桃、蓝莓、甜橙、油桃等特色食品的开发和一批农业综合化投资开发龙头企业。发展个人贷款和银行卡业务，帮助居民满足住房、汽车、教育、旅游、大宗消费品等合理的信贷需求，推动居民消费转型升级。推出“样样好”主题银行卡，开展“幸福周末”、出租车POS等重点促销活动，发展特约商户和特惠商户，完善交行“太平洋卡”的消费服务功能，优化刷卡消费环境。投入上千万元资金和设备，在云南4家大型医院建成“银卫安康”业务系统，为医患双方提供方便。

【深化经营管理体制改革】 完成网点扁平化管理体制改革，将昆明市内的27个网点，划分为一级支行或二级支行。建成投产5家普惠型支行，初步形成综合型支行+普通型支行+普惠型支行+自助银行的网点分级分类管理模式。深化考核激励机制的改革。完善“1+3+2”综合考评机制，评价经营管理业绩，及时处罚和问责违规行为。探索专项绩效考核等方式，推动重点客户与重大项目的拓展。推进服务提升和消保工作。深化用人薪酬机制改革。改革薪酬与绩效分配机制，履职津贴并入绩效奖金。以全员全产品计价为抓手，变奖金分配制为计价考核制，让业绩表现与绩效奖金紧密地挂钩，把奖金直接及时向客户经理、柜员及全行兑现。

（张　瑾）

富滇银行

【经营业绩】 2015年，全行本外币资产总额1 523亿元，负债总额1 385亿元，所有者权益138亿元；本外币全口径存款余额1 174亿元，各项贷款余额783亿元，实现净利润15.2亿元。

【金融保障和服务】 2015年，富滇银行为全省稳增长促发展累计投放信贷资金889亿元；支持5大基础网络建设，推进18个重点项目建设；坚持服务州（市）及园区经济发展，同大理、普洱、昭通、西双版纳等州（市）政府签订战略合作协议；支持省属重点企业发展，不盲目抽贷、断贷、压贷，帮助煤化工、冶金、云锡等企业渡过难关；支持高原特色农业发展，涉农贷款余额144.13亿元。助力小微企业，支持实体经济发展。运用富滇微贷、园资贷、置业贷、银保融、助保融、以诚相贷等创新产品支持实体经济和小微企业发展。至

富滇银行主办的中美银行家高峰对话会现场　（富滇银行　供稿）

年末，全行小企业贷款余额244.11亿元，同比增长14.96%，实现小微企业贷款增速不低于各项贷款平均增速、小微企业贷款户数不低于上年同期户数、小微企业申贷获得率不低于上年同期水平的“三个不低于”目标，荣获中国银行业监督管理委员会“全国银行业金融机构小微企业金融服务先进单位”称号。参与政府债券投资。配合完成政府债定向置换工作，投资55.86亿元云南省地方政府债券，投资额居一般承销商和地方法人金融机构之首。

【推动人民币国际化进程】 提升网点覆盖密度，加强深度参与能力。设立玉溪分行和富民、勐腊、磨憨等支行，省内分支机构116家，对瑞丽、河口、磨憨三个国家级陆路口岸实现金融服务覆盖；设立重庆投资银行业务中心和重庆涪陵、渝中支行，发挥总分行协同效应，撬动战略客户潜在价值；筹建老中银行磨丁分行，提升老中银行网点覆盖密度，争取成为当地主流金融机构。以口岸支行边贸结算业务为支点，推进人民币跨境结算业务发展。参与沿边金融综合改革试验区建设，加强出口退税账户质押贷款管理，支持省属大型进出口龙头企业发展，全年跨境人民币结算量20.73亿元，在全省跨境人民币业务考核中名列前茅。加强毗邻国家货币特色金融服务，推动人民币国际化进程。实现人民币兑越南盾汇率挂牌，可提供中国与老挝、泰国、越南3国本币跨境结算服务；丰富外币现钞服务内容，可提供9个币种的外币现钞服务，其中，泰铢现钞业务连续2年占据云南一半以上市场份额，累计完成兑换4.19亿泰铢。提升对外开放合作的层次和水平。参与泛亚金融合作发展研究，加强对外交流合作，先后与泰京银行、南洋商业银行、越南农村和农业发展银行、缅甸全球财富银行、老挝联合发展银行、合资银行和开发银行建立业务合作关系，首次向境外法人银行提供同业授信。

【拓展普惠金融服务】 运用新兴信息技术，打造互联网金融服务平台。成立网络金融部，启用新版网银系统，荣获第十一届中国电子银行年会“2015年区域性商业银行最佳网上银行业务创新奖”；整合交易平台、拓展支付渠道、增强服务功能、降低交易成本。有效地、全方位地为社会所有阶层和群体提供服务，频推创新理财产品，多样化满足客户需求。发售理财产品650.2亿元，收益率处于同业领先水平，进入普益财富全国区域性银行理财产品丰富性及综合理财能力排名前10，产品“富聚财富”被评为昆滇2015年度最受欢迎银行理财产品。完善小企业金融服务体系，提升

小微金融服务能力。探索建立小微授信业务信贷工厂业务模式，组建小企业专营行和教育、公路金融服务特色行；完成70亿元小微债发行工作，运用小微债募集资金投放小企业贷款53.84亿元，惠及小微企业4 617户。推进网点转型，提升服务品质。在14个网点开展转型工作，推进零售业务发展，个人日均存款增幅排名全省第2位。成立消保与服务管理部，加强文明规范服务。1个网点荣获“2015年度中国银行业文明规范服务百佳示范网点”称号，8个网点获“中国银行业文明规范服务星级营业网点”命名，3名员工荣获“2015年度中国银行业文明规范服务明星大堂经理”称号。

【金融业务创新】　推进产品和业务创新，拓展更多资金来源。在“金果贷”经验基础上，推出“金蔬贷”“金旅贷”等创新型金融产品，荣获中国社科院金融研究所和《银行家》杂志“2015中国十佳金融产品创新奖”。推出信贷资产支持证券产品，发行金额22.14亿元；推出单位和个人大额存单业务，发行金额27.98亿元。扩大同业存单规模，发行金额140亿元；扩大同业交易规模，承销各类债券134.64亿元。获得批准多项重要业务资质，为综合化经营奠定基础。获得批准设立消费金融公司、2015年度定向债务融资工具专项机构投资人资格、开办证券公司本金保障型收益凭证投资业务资格、开办对外担保业务资格、银监会理财直接融资工具试点资格、2015—2017年储蓄国债承销资格、信用卡业务资格、助农取款服务收单业务资格。

【防范化解金融风险】　加强监测预警和风险排查，按“一户一策”原则确定风险化解对策，累计清收不良贷款2.71亿元。

（富滇银行）

昆明市农村信用合作社联合社

【存贷款】　截至2015年末，全市农信社存款余额1 505.18亿元，较年初净增152.86亿元，增幅11.3%，存款存量市场份额占全市金融同业的12.70%，位居第一位。全市农信社贷款余额1 086.89亿元，较年初净增145.13亿元。

【服务“三农”】　截至2015年末，全市农信社联合社涉农贷款余额441.87亿元，存量占比40.65%，较年初净增64.76亿元，增量占比44.62%；绑定惠农卡3.31万户，绑定率100%。

【支持中小微企业发展】　截至2015年末，全市农信社小微企业贷款余额502.89亿元，较年初净增74.8亿元，同比增幅高于各项贷款2.06个百分点，贷款户数高于同期2 876户，申贷获得率高于同期0.58个百分点，实现小微企业贷款“三个不低于”的目标要求。全年发放惠商卡5 156张，惠民卡9 007张。

【支持全省重大项目建设】　将“四个一百”和“五网建设”项目逐户分片划区，细化、量化营销工作，落实营销责任人。2015年，累计发放“五网建设”贷款161户，42.85亿元，与滇中产业集团、云南电网公司、云天化石化、云南能投集团、云南电投公司等大型企业开展业务合作。

【金融便利化建设】　实施自助设备进企业（写字楼）、进社区（广场）、进学校、进医院、进超市（商场）、进车站的“六进”工程；在不具备安装大型设备的农村地区则依托村委会、便民服务中心、农村超市等场所布放POS机；构建遍布城乡的自助设备覆盖网。至年末，全市农信用合作社联合社共有营业网点374个；自助银行628个，比年初增加243个；自助设备4 064台，比年初增加1 155台。

【服务民生】　2015年，实际发放危房改造和抗震安居工程建设专项贷款6 612户，金额2.92亿元，完成94.77%；发放“两个10万元”贷款4 312万元，占政府总推荐户数的96.26%；累计发放基层党员带领群众创业致富贷款6 133万元，完成比例109.52 %；累计发放省市扶贫贴息贷

“工惠卡”首发仪式　　（市农村信用联社　供稿）

款2.41亿元，完成比例102.69%；投放“贷免扶补”5 520户，完成比例为101.19%；累计发放宜居住房建设农户贷款0.72亿元，余额2.58亿元。

【业务创新】 开办跨境人民币业务，实现全省农信社外汇业务零的突破；研究推出“现金流贷款”，主动参与成为“财园助企贷款”首期试点单位，“美丽乡村农户建房贷款产品”获昆明市政府2014年度昆明市金融创新与发展成果奖。推出农户烤烟种植贷款、仓单质押贷款、小微企业保证保险贷款、市场商户贷款等多种信贷新产品，为客户提供最适合的信贷支持。

【便民服务】 2015年，与昆明市总工会达成合作协议，成为唯一获得向全市150万工会会员发行“工惠卡”资格的金融机构，全年发行23.69万张；制作发行监狱管理卡6 315张；发行金融社会保障卡104.03万张。升级自助服务功能，建成“生活＋金融”便利服务点4个，与昆明市城市管理综合行政执法局联合推出“城市管理服务亭”自助服务模式7个，提升自助网点服务多样性和便利性。

【社会责任】 承担禄劝县茂山镇的定点帮扶工作任务，制订有针对性的3年扶贫工作方案，全年输送帮扶资金956.37万元，计划至2017年末将累计向帮扶镇输送帮扶资金2 217.97万元。响应号召募捐，昆明市农村信用合作社联合社机关干部职工在“扶贫济困、情满信合”募捐活动中，募集资金3.31万元；在“慈善一日捐”活动中募集资金2.98万元。参与“透明水窖”公益和全程支持“中国梦·我的梦”大型公益活动。完成留守儿童看北京、让阳光照进在押未成年人心里等12个项目，收到良好的社会美誉度和正能量，活动受益人群万人以上。

（李星城）

中国人民财产保险股份有限公司昆明市分公司

【业绩】 2015年，中国人民财产保险股份有限公司昆明市分公司全年实现保费收入19.21亿元，同比增长20.33%，保费规模全国地市排名由2014年的21位前移至第15位。市分公司续保城乡居民大病医疗保险，先后中标全省森林火险、烟叶种植险、农村房屋保险，大中型水电站、公路桥梁、地铁建设、物流运输等重大工程项目保险业务，扩大在政策支持型业务市场的影响力。市分公司凭借自身在社会和行业中良好的品牌影响力，在理赔时效、客户合作、服务方面占据着昆明汽车保险市场的主导地位。

【合规管理】 2015年，中国人民财产保险股份有限公司昆明市分公司强化合规管理，实现合规与发展两促进。加强财务风险管控，提升财务合规水平，严格支票确认流程审核，强化车险应收保费管控。完成“加强内部管控、外部监管和遏制违规经营、违法犯罪”专项检查工作，强化业务管理，提升风险防范能力；加强监督检查，加大对违法违规问题的惩戒力度；加强教育培训，提升基层公司和员工的依法合规意识。完善风险管理体系建设，构建风险管理长效体制，为市分公司发展保驾护航。

【客户服务】 围绕“打造人保财险服务升级版，进而打造中国保险业第一服务品牌”的工作目标，强化客户理念，把“一切为了客户”作为各项工作的起点和落脚点，优化服务界面，提升服务品质，建立与客户价值相匹配的优质服务体系。2015年下半年，中国人民财产保险股份有限公司云南省分公司公布昆明市分公司问题整改率93.37%，较2015年上半年上升6.58%；客户有效投诉468件，较2014年同期下降362件，下降43.61%，通过省分公司现场抽查，市分公司2015年综合得分为92.23分，全省排名从2014年的第6位上升到第2位。

（李　平　张耀东）

中国人寿保险股份有限公司昆明市分公司

【业绩】 2015年，公司全年实现总保费13.69亿元，实现长险首年标保9 954.88万元，完成年度预算的129.45%，同比增长43.02%；实现首年期交保费2.25亿元，完成预算目标的102.27%，同比增长28.58%；实现新单保费（含短期险）7.07亿元，完成预算目标的103.96%，同比增长31.9%；实现短期险保费1.12亿元，完成预算目标的80.59%。

【个险业务增长】 实现长期险首年标准保费8 465.3万元，完成年度预算的127.5%，同比增长71.1%；实现首年期交保费1.39亿元，完成年度预算的107.18%，同比增长35.04%；实现10年期及以上首年期交保费8 134万元，完成年度预算的109%，同比增长31.3%。三项核心业务指标均提前超额完成省公司下达的年度预算目标。

【银保业务转型】 渠道新单保费实现4.12亿元，同比增长35.97%；首年期交保费实现8 564.79万元，同比增长18.01%；标准保费实现1 486.58万元，同比增长29.42%。新单保费和期交保费均超额完成，领跑全省。渠道总保费、首年新单保费、首年期交保费市场份额均排名市场第一。

【团险业务发展】 2015年，团险渠道认真分析业务结构和历史赔付数据，规范建工险等高风险业务的风险评估流程，规范各类口子业务的手续费支付标准。团险拓展团队

25个，专职销售人员176人。

（陈登碧）

中国太平洋财产保险股份有限公司云南分公司

【业绩】　2015年，太保产险云南分公司保费收入22.68亿元，经营管理水平和风险管控能力得到提高和加强，保险覆盖面和社会影响力显著提升，实现持续稳健的价值增长。2015年，公司荣获“云南省五一劳动奖状”，成为云南省金融业中2家获奖单位之一和保险业首次获此殊荣的单位。

【业务发展】　2015年，公司实现项目突破。开展车辆保险板块优化业务承保政策及车险客户脸谱绘制和客户洞见工作，发展类指标不断优化。组织拓展招标项目，先后承保昆明地铁6号线第二期工程险、晋红高速公路建筑工程一切险、绕城高速A标段建筑工程险、华电财产险。

【理赔管理】　深化理赔省级集中管理，梳理流程，狠抓质量，提高运营效率，强化成本管控，优化客户体验，以理赔新技术运用和精细化管理为手段，提升理赔管理能力和服务水平。推进3G理赔、移动理赔、快速理赔，加强未决案件管理能力，提升人伤管控减损、零配件报价管控减损、大案管控减损能力，完善队伍建设保障、省级集中保障、推进机制保障能力。

【客户服务】　推进服务体系建设，关注客户需求、改善客户界面、提升客户体验，完善投诉管理工作，明确投诉管理职能，规范投诉操作流程。加强客服人员服务意识和服务礼仪，规范员工服务行为，提升服务水平。2015年，云南分公司投诉一次性解决率100%，投诉处理及时率80.3%，投诉结案率99.6%，客户满意率81.98%。

【转型创新】　2015年，公司围绕“以客户需求为导向”的战略转型，推动转型项目的落地推广工作，提升财富U保项目保费规模，达到1 320.9万元；交叉销售项目达标，预算达成率109.8%；加强“中国太保”APP、一键续保、E农险等新技术应用能力。

（蒋　伟）

太保产险云南分公司五星级示范服务门店　（太保产险云南分公司　供稿）

中国太平洋人寿保险股份有限公司云南分公司

【业绩】　2015年，中国太平洋人寿保险股份有限公司云南分公司实现保费收入21.48亿元，其中，新保保费收入10.2亿元，续期保费收入11.3亿元。公司荣获昆明市政府颁发的2014年度“金融创新与发展成果奖”“昆滇2015年度领军保险企业”“昆滇2015年度最具影响力保险品牌”“2015年度云南省深受百姓信赖寿险公司”“顾客满意度AAA达标单位”等多项荣誉。

【业务发展】　2015年，推进以客户需求为导向的各项273战略转型项目和单个人为保险标的新保业务增长及健康人力提升，提前73天完成年度目标，连续3年增速市场领先，市场份额持续提升；保持人身意外伤害保险市场排名首位的领先优势。连续4年实现标准保费增长和投产比持续优化，完成各项经营目标。

【客户服务体系建设】　2015年，公司赔款和给付支出7.24亿元，同比增长129.95%。按照“以客户需求为导向”，树立“大服务”意识，面向内、外部两大客户群，深化服务体系建设，以“在你身边、服务四‘季’”为主题，开展“迎新季”“服务季”“关爱季”和“感恩季”俱乐部主题活动。

【服务客户】　2015年，公司“安贷宝”业务为67.5万元承保客户提供保险保障，给付赔款及偿还贷款合计3 747万元。安全生产与保险业互动业务每年为5 000多家企业、10万余人提供保险服务和保险保障，全年给付赔付金额2 383万元。

【项目创新】　公司创新的医保卡

200万元安贷宝理赔现场　（太保寿险云南分公司　供稿）

项目在2015年通过试点运作和总结推广，为1 681位参保人员提供重大疾病保障1.075亿元。城镇职工医保卡购买商业重疾补充保险，拓宽医保个人账户的支付渠道，提高医保个人账户的使用效率，保障基本医疗保险服务民生，受到各地医疗保险中心支持，并借助短信、报刊、电视、网络等平台进行宣传；公司采取上门服务、进企业宣传等多种服务，使服务流程人性化。为给客户提供优质的续期服务，医保卡项目服务专员对续期缴费客户提供“一对一”短信缴费提示—电话邀约—服务到家的续期缴费服务。为方便广大参保人后续缴费，公司与云南省医保中心签订续期批扣协议，开发“医保卡续期保费批扣系统”，将信息化、便捷化的业务系统植入到保险保障服务中，提升服务品质。

【新技术助力业务发展】　2015年，公司实施“以客户需求为导向”的战略转型，运用移动互联新技术打造基于大数据经营的移动智能保险生态系统，并运用大数据、云技术、移动终端、社交媒体等新技术，优化业务流程，缩短端到端的距离，更快更好地响应客户需求，实现线上线下一个客户、多个产品、多个界面的服务，形成以“神行太保”“中国太保”两大应用平台和“稳健一生”客户关系管理系统为主要构成的企业级移动应用布局。

公司移动智能保险销售及服务平台——“神行太保”是基于3G网络、平板电脑等新技术，完成公司形象传播、产品介绍、保单信息录入、收费并生效等各个环节，整个投保流程只需花10分钟即可完成投保生效，体现出对消费者的保护与提醒。以移动柜面+坐享服务为特征的客户体验店，是利用移动互联网技术和移动终端、创新服务手段的成功尝试，体现“便捷、透明、坐享、自助”服务特色。

（李宜璇）

2016
KUNMING
YEARBOOK

对外经济贸易

2016 KUNMING YEARBOOK

◆责任编辑 方 玲

招商引资

【概况】 2015年，昆明市招商引资引进市外内资828.21亿元人民币，利用外资21.94亿美元，被云南省政府授予2015年度全省招商引资特等奖。

【创新工作方式】 昆明市招商引资工作以转方式、调结构的工作方式，注重招商引资的质量和效益，出台《中共昆明市委 昆明市人民政府关于加强招商引资工作促进产业转型升级的实施意见》《昆明市2015年招商引资稳增长工作实施意见》《昆明市产业招商分局及驻外招商分局管理暂行办法》，突出产业招商，设立产业招商分局；构建驻外招商工作网络，以环渤海、长三角、珠三角、成渝经济区为国内招商重点区域，设置专门驻外招商分局，开展长期驻外招商；撤销“昆明市内培外引工作指挥部”，成立“昆明市招商引资工作委员会”；加强考核和绩效评价，将合同履约率、项目开工率、建成投产率、投产贡献率纳入招商引资考核。

【招商引资】 保持高位推动，由市领导带队，开展重点产业链招商、重点行业龙头招商，加大对签约项目的督促协调和跟踪服务，提高招商引资对经济增长的作用。先后组团赴重庆、成都、深圳、广州、上海、北京等地招商。与北京朝阳区签订友好合作协议，为双方共同开展经贸合作和招商引资信息交流奠定了坚实基础。

【项目签约及开工】 借助第三届中国—南亚博览会契机，做好招商引资项目签约及项目开工等工作，在第三届中国—南亚博览会暨第二十三届昆交会上全市签订98个项目，其中，外资项目11个，总金额5.89亿美元；内资项目87个，总金额961亿元人民币。项目涵盖工业、金融、旅游文化、商贸等行业和领域。有41个招商引资重点项目集中开工，涵盖基础设施、商贸物流、农业、文化旅游等多个领域，其中，内资项目39个，总投资约191.42亿元，外资项目2个，总投资约2.58亿美元。

【深化合作发展】 参与泛珠三角区域、成渝经济区、北部湾经济区等区域合作。6月，“第六届川滇黔十二市州合作与发展峰会”在昆召开，签署《第六届川滇黔十二市州合作与发展峰会昆明会议备忘录》，达成“主动融入国家战略，抢占发展新高地；构建综合交通网络，提升互联互通水平；发挥优势错位竞争，促进产业融合发展；加快统一市场建设，推动贸易投资发展；树立绿色发展理念，合力共建生态共同体；建立高效联动机制，推动合作持久深入”六项共识。9月，市政府领导率团赴福州参加第十一届泛珠三角区域省会城市市长联席会议，拓宽昆明市与泛珠三角省会城市在经贸、旅游、经济、社会文化事业等领域的合作与交流。

【昆迪合作】 2015年，昆明市帮扶迪庆州资金2 420万元。市级统筹项目7个，援助2 040万元。县区对接支援项目6个，援助380万元。支援迪庆州4个项目，270万元；援助香格里拉市5个项目，1 830万元；援助维西县2个项目，160万元；援助德钦县2个项目，160万元。

【外地驻昆机构党工委工作】 2015年，外地驻昆机构党工委抓好党建工作，开展“三抓两提一联动”工作，对驻昆办的双重组织覆盖实现有效衔接，避免党建工作的真空区和空白点；抓好宣传平台建设，拉近与外地驻昆机构间的服务距离，解决外地驻昆机构反映的困难和问题；完善省市两级部门联动机制，促进昆明市与省市异地驻昆商会更广范围的合作；开展创新创效工作探索与实践，引入新媒体平台，开通“驻在春城”微官网，开展政务服务信息化建设探索，推动省市两级部门的协调联动，突破行政层级框架开展服务工作。

（马吟佳）

对外贸易

【对外贸易基本数据】 2015年，争取国家及省级外贸专项资金2.19亿元，外贸企业登记备案279家，新批加工贸易合同16个，合同进出口总值2.5亿美元。全年实现进出口总额123.64亿美元，增长10%以上，位居全国省会城市第十三位。昆明市同世界203个国家和地区有贸易往来。

【参展第三届南亚博览会暨第二十三届昆交会】 2015年，第三届中国—南亚博览会暨第二十三届昆交会昆明市参展企业近320家，展位168个，比第二届增长33.3%。南博会期间，昆明市实现进出口成交额5.77亿美元，同比增长21.7%，其中，出口额为4.04亿美元，进口额为1.73亿美元。

第三届南博会昆明馆　（市商务局　供稿）

昆明市与东盟国家的进出口成交额1.17亿美元，占全市成交总额的20.3%；与南亚国家的进出口成交额5 500万美元，占全市成交总额的9.5%。

【外资工作】 2015年，新批准外商投资企业70户，合同利用外资6.97亿美元，同比增长16.32 %。实际利用外资21.94亿美元，同比增长1.02%，完成云南省政府下达20.78亿美元目标任务数的105.56%；完成昆明市政府下达15亿美元外资目标任务数的146.24%。投资来源于19个国家和地区，香港、欧洲及外商投资性公司，名列全市利用外资前三位。至年末，累计引进23家境外世界500强企业在昆落户。利用外资按行业分类，第一产业实际利用外资274.14万美元，占实际利用外资的0.12%，同比下降42.69%。第二产业实际利用外资7.47亿美元，占实际利用外资的34.06%，同比增长12.67%。第三产业实际利用外资14.44亿美元，占全市实际利用外资的65.81%，同比下降3.98%。

【对外经济技术合作】 2015年，对外投资项目38项，协议投资总额6.13亿美元，同比增长26.03%。（2014年对外投资项目19项，对外投资协议投资总额为4.86亿美元。）投资国别分别为老挝、英国、泰国、斯里兰卡、印度、印尼、新西兰、澳大利亚、美国、缅甸、中国香港，产业涉及农业技术研究、文化交流服务、互联网及相关方服务、医药制造业、娱乐业、建筑装饰和其他建筑业、有色金属矿采选业、商务服务业、新闻和出版业等。新签对外承包工程4项，项目地尼日利亚，工程承包合同金额2.66亿美元；外派劳务输出人数1 753人次。

对外承包工程施工现场　（市商务局　供稿）

【境外罂粟替代种植】 2015年，昆明市获得云南省境外罂粟替代种植企业证书38家，其中，缅北17家、老北21家，项目协议总投资20多亿美元，项目地点北到缅甸克钦邦第一特区、南到老挝万象，分布于缅甸克钦邦第一、二特区，缅甸实皆省，缅甸掸邦第一、二、四特区及老挝的乌多姆赛省、南塔省、波乔省、沙耶武里省、华潘、川圹省、琅勃拉邦省和万象省。替代种植涉及的主要品种有水（旱）稻、玉米、豆类等粮食作物及橡胶、烟草、茶叶、木薯、蓖麻、沉香、小油桐、坚果、核桃、芝麻、热带水果等经济作物和砂仁、白术、石斛、大黄藤等中药材，境外罂粟替代种植面积210多万亩。2015年，完成天然橡胶、玉米、稻谷、木薯、香蕉等替代项下农产品返销配额12.44万吨，完成出口化肥指标3.13万吨。

【口岸基础设施建设】 2015年，昆明高新、腾俊国际陆港2个B型保税物流中心获国家批准。中欧班列（昆蓉欧）于11月开通首趟波兰至昆明班列，跨境多式联运交通走廊建设取得重要突破，打通云南省通往欧亚的陆路物流通道，发挥昆明向西北连接欧洲，向南对接南亚、东南亚和珠三角的优势，是昆明主动融入国家“一带一路”战略，推进地区之间互联互通和一体化通关的重要举措。推动昆明出口加工区优化转型为昆明综合保税区。王家营国际陆港联检监管大楼建

腾俊保税物流园中心2015年获国家批准　（市商务局　供稿）

设完工。推进口岸后续监管场所和电子口岸建设。

【对外交流】　2015年，昆明市同世界203个国家和地区有贸易往来；主动服务和融入“一带一路”、长江经济带建设等国家战略，参与承办第三届中国—南亚博览会暨第二十三届昆交会、第十一届昆明泛亚国际农业博览会、第六届川滇黔12市州合作与发展峰会。关注云南省GMS经济走廊论坛及省长论坛、孟中印缅地区合作论坛、中国—南亚商务论坛等多个经贸合作论坛，推动昆明市与国际国内的交流与合作。

（余结兵）

出入境检验检疫

【检验检疫数据】　2015年，云南出入境检验检疫局受理货物报检88.68万批次，货值103.75亿美元（其中边民互市77.79万批次，货值12.56亿美元），批次同比增长39.26%，货值同比增长3.47%；签发各类原产地证明书3.7万份，签证金额17.04亿美元，同比分别增长24.42%和1.5%；出入境人员检疫查验2 858.07万人次，健康检查7.04万人次，艾滋病监测6.17万人次，预防接种9.28万人次；检疫和消毒处理交通工具219.68万次（辆、架、艘），从进出境货物中检验检疫出不合格货物6 603批次，货值3.86亿美元；有6 030批（货值3.09亿美元）进境货物经检验检疫处理合格后放行；从进境植物及植物产品中截获有害生物19 483种次，截获有害生物种次同比上升23.91%；口岸截获非法入境动物、动物产品499批次，3 729头只，2 729.5吨；从出入境人员传染病监测及健康检查中查出传染病2 551例（其中检出HIV阳性227例、肺结核12例、性病160例）。

【辐射中心检验检疫能力建设】　研究编制《辐射中心检验检疫能力建设规划》，提出关乎云南出入境检验检疫局未来发展的11个重点建设项目，获得国家财政部和国家质量监督检验检疫总局4亿元资金支持3年规划建设，被国家质检总局列为全系统的示范项目，实施建设技术业务用房等一批项目。对参与和服务辐射中心建设起到推动作用。

【解决非法入境偶蹄动物难题】　2015年，云南出入境检验检疫局针对边境非法入境动物长期屡禁不止、疫病风险突出等困境，历时半年调研，提出“疏堵结合、区域管控、跨境合作、境外养殖、双线防堵、加工利用”解决方案，向国务院、云南省政府和国家质量监督检验检疫总局建言献策，为云南省争取到跨境动物疫病区域化管理试点政策，在重大疫病风险评估和技术方案等方面，为试点工作做了扎实准备，找到边境疫病防控和促进经济发展共赢之路。

【进出口食品质量安全】　创新方式，严格准入程序和高风险产品准入门槛，抓好大宗或敏感进口食品检验监管，完成昆明地区销售进口婴幼儿食品120份样品、640个项目的专项检测工作。强化源头管理和过程监管，完成47.76万亩出口茶叶基地、0.54万亩食用菌基地和1.23万亩罐头原料基地的备案监管工作，新增5家1.63万亩茶叶和5家0.34万亩食用菌备案基地。推动云南省保山市昌宁县创建云南省首个出口茶叶质量安全示范区。对102家出口食品生产企业进行204次定期监管，提出整改措施300多条。完成40多家出口食品生产企业的备案申请的现场评审。开展云南茶叶中蒽醌来源及成因调查工作，完成全省主要茶叶产区的80个茶叶原料、半成品、成品样品的抽样送检工作，发挥技术职能优势，帮扶企业应对国外技术壁垒。

完成13份大宗出口食品、农产品的质量安全风险分析和评估报告；实施进出口食品安全风险监控计划和方案，对18个品种，179个样品实施2 341个有毒有害项目的监控工作，9个样品11个项目阳性，样品检出率5.03%；对不同产地的60个鲜松茸样品开展1 020个监测项目的动态监控；加强进出口食品安全风险信息的收集、整理和研判工作，累计向国家质量监督检验检疫总局报送食品安全信息243条，向云南省人民政府食品安全委员会报送食品安全信息40条。

争取地方政府和相关部门的理解和经费支持，2015年，省食安委下拨补助经费和奖励经费181.5万元。3年来，已经累计争取地方经费675.5万元。

【边境外来有害生物防控】 2015年，云南出入境检验检疫局截获有害生物种类同比增长81.82%，截获种次同比增长28.08%；截获检疫性有害生物种类同比增长50%，截获种次同比增长40%；截获非检疫性有害生物种类同比增长85%，截获种次同比增长28%。首次从荷兰进境“多肉植物”长生草中检出石蒜弗粉蚧。

【提升贸易便利化水平】 贯彻国务院《落实“三互”推进大通关建设改革方案》，推进区域检验检疫一体化，提升贸易便利化水平。在全省推行以通报、通检、通入，进口直通、出口直放，统一负面清单、统一信用管理，统一工作规范、统一联动执法“三通、两直、四统一”通关模式，使企业享受“地点可选择、时间可预期”的个性化服务；推进无纸化申报工作，80余家报检企业和165家原产地签证企业实现无纸化申报；在滇粤两地、西南6区及长江经济带12个局实施直通放行。深化海关与出入境检验检疫部门合作促进便利通关，与昆明海关签署《全面合作备忘录》，打造升级版关检合作新机制。在河口、瑞丽口岸实行一次申报、一次查验、一次放行“三个一”通关模式。参与云南电子口岸建设，大通关服务平台项目上线运行；推广通关单无纸化联网核查，为企业缩短通关时间14.7万小时，节省费用1 470万元。

【稳增长措施】 支持云南外贸稳定增长，制定6方面18项具体工作措施。出台支持云南边贸发展的14项措施，加大简政放权力度，依法依规取消和调整行政许可事项，优化工作程序，简化备案、注册手续，试行采信第三方检测结果，推行风险分级和分类管理，科学设置检测项目，强化事中事后监管，落实企业第一责任人责任，执行《法检目录》调整和减免检验检疫费政策，规范进出口环节收费行为。全年，全局免收出口货物检验检疫费2 699万元，签发33 521份原产地证书，为企业减免进口国关税约5 547.45万美元。

【特色产业发展】 立足云南区位优势促进特色产业发展。主动服务云南重点规划建设，争取和落实国家质量监督检验检疫总局对云南特殊开放区域、南博会及中石油炼油项目等多项优惠政策措施，实施“一站式”“零等待”服务模式，保障重点项目实施；争取湄公河水果“双向贸易”政策支持，推动解决昆曼公路“通而不畅”问题，打通与周边国家贸易通道。

支持特色优势产品扩大出口。全年，云南省供香港澳门活羊51批，5 610只，货值130.3万美元，较2014年同期批次增加112.5%，数量增加128%，货值增加272.3%；推动建成8个、101.43万亩出口食品农产品质量安全示范区，面积居西部省区前列；建成出口动物源性食品养殖基地98家，其中，加工用黑山羊备案养殖基地1家，1.16万亩，存栏山羊10万只，加工用生猪备案养殖场33家，存栏生猪8.4万头，加工用罗非鱼备案养殖场64家；帮助香格里拉葡萄酒和楚雄州雨生红球藻粉、虾青素获得国家生态原产地保护；促使墨西哥解除对辣椒进口限制，服务昆蓉欧咖啡班列顺利开运，云南食品农产品出口连续多年列西部省区第一。

扩大周边国家产品进口，建立腾冲、临沧进口矿产品检验监管区，促进周边国家资源性产品进口；推动建成20个粮食、水果、种苗、冰鲜水产品进境指定口岸，提升边境口岸功能；开展8个输华农产品风险分析，促成老挝、缅甸6种农产品获得检疫准入。

【提升进出口质量安全水平】 推进大质量工作机制建设，与有关部门联合开展“双打”、边境走私、进口医疗器械执法检查和进口汽车后续监管等活动，提升执法合力；开展“质量月”“3·15”、开放检测实验室等活动，推动质量共治。帮扶云南产业转型升级，强化分类管理和技术指导，帮扶小微企业提升产品质量；探索推进以机电产品为重点的工业品质量示范区建设，引领产业发展；与云南省质量技术监督局共同促成云南在全国率先出台《关于加强认证认可工作的实施意见》，得到国家认监委肯定；联合有关部门成立云南国际认证联盟，为外贸提供国际质量认证服务。严把进出口产品质量安全关，推行边民互市进出口商品电子化管理，实现边贸“全申报、全备案、可追溯”；加强进出口危化品及其包装检验监管，防止安全事故发生；开展“清风”行动、目录外商品监督抽查等工作，提高“抓质量”成效。

【国门卫生安全】 全年对6.16万人次出入境人员进行健康检查，发现病例数2 828例，发放国际旅行健康证数5.93万份、从业人员健康证数1 307份、预防接种证数3.64万份，审批特殊物品63批次，口岸放射性监测发现放射性事件80例，其中，71例为放射性诊疗人员，发现的放射性物质为碘—131，碘—133，碘—126，经排查后予以放行；9例为旅客携带物品放射性超标，发现放射性物质为铀—152，镭—226，钍—232，对携带矿砂的旅客说明放射性危害后给予退回处理。研究制订云南传染病监测目录，提高传染病检出率，采取措施开展埃博拉、登革热等重点传染病防控工作，为口岸配发疟疾、登革热等热带传染病快速检测试剂，并发放10余万份传染病宣传材料，检出输入性登革热病例144例，疟疾53例，防止传染病的跨境传播。

【打假打走私行动】 全年全局系统出动执法人员5 872人次，检查企业1 138家次，立案并办结案件25件。组织河口、文山、瑞丽、德宏、西双

版纳、勐腊等分支局开展为期2个月的边境重点地区反走私综合治理专项联合行动，查获非法走私冻品431.42吨，旅客携带物181批1.50吨，其他货物32批12.70吨，遏制边境地区走私高发态势。

（许　楠）

昆明海关

【概况】 2015年，云南省实现进出口外贸额1 522.7亿元人民币，其中，出口1 031亿元；进口491.6亿元。全年昆明海关监管进出口货物1 359万吨，进出口总值125.7亿美元。监管进出境运输工具425.58万辆（架、艘、节、次），进出境人员3 324万人次，征收关税30.93亿元人民币。

【通关便利化工作】 研究制定昆明海关全面深化改革实施方案，明确关区2015年“8+16”项关级及部门级重点改革项目。参与推进海关区域通关一体化改革“区区联动”工作，7月1日起实现与全国5大区域（即京津冀、长江经济带、泛珠地区、丝绸之路、东北地区）跨区域通关。通关作业无纸化实现关区全覆盖，全年无纸化率达到86.22%，惠及省内4 000多家进出口企业。启动第二批自贸区海关监管创新制度复制推广，汇总征税、集中申报、“一地注册、多地报关”等改革措施落地云南。落实“三互”推进大通关，深化与公安边防部门执法合作。2015年，边防部门向海关移交案件571起，增长3.71倍。与云南出入境检验检疫局签署新一轮合作备忘录，在6个领域加强合作。关检合作的“三个一”覆盖关区16个业务现场、贸易数据交换在姐告贸易区试点开展。争取海关总署支持中缅边境进出境运输车辆备案工作取得突破，与全国联网后云南运输企业及运输工具实现“一地一次备案，全国有效”，大幅提升云南省物流通行效率。全年，全省海关出口平均通关时间为1.7小时，比全国同期快0.86小时。

【支持云南开放平台建设】 推进云南海关特殊监管区发展建设及整合优化，引导加工贸易转型级，促进海关特殊监管区辐射带动作用的发挥。5月8日红河综保区如期封关运行，全年区内注册企业27家，实现进出口总值3.86亿美元。昆明综合保税区请示事项已上报国务院，昆明高新、腾俊国际陆港保税物流中心（B型）正式获批。支持符合条件的边境口岸设立出口监管仓库和保税仓库等保税监管场所。至年末，全省保税仓库和出口监管仓库达10个。支持中老磨憨——磨丁经济合作区、瑞丽重点开发开放试验区等开放平台建设，指导地方及企业用好用活国家优惠政策。

【促进特色优势产业发展】 抓好海关总署与云南省人民政府署省合作备忘录落实，为云南重点项目、重点产业提供优质服务。实施12项措施服务第三届中国—南亚博览会暨第二十三届中国昆明进出口商品交易会。促成昆明国际快件监管中心于3月2日正式运行。服务云南民航强省建设，促成昆明长水机场“通程航班”中转联运业务于5月1日正式开展，成为全国第四个运行该模式的国际机场。做好货运包机监管服务工作，支持昆明空港口岸开辟国际航线及开展国际航线国内段业务，助推云南临空经济发展。做好滇渝新欧、昆蓉欧铁路快线监管服务工作，监管货运量1 166.6吨，货运值4 173.48万元。

【支持重点项目发展】 支持昆曼大通道、中老泰铁路建设、中缅天然气管道及石油管道工程建设，运用新技术对天然气采取系统联网监管、集中申报。2015年，经中缅油气管道进口天然气288万吨，货值98.8亿元。支持云南生物制药、技术装备、花卉、替代种植等特色优势产业发展，鼓励企业扩大先进技术、成套设备和关键零部件等减免税商品进口，全年审批减免税货值9.29亿美元，减免税款13.27亿元。落实“富民兴边”政策，取消边民互市预录入收费，全年云南边民互市贸易额首次破百亿，达到105.1亿元，增长32.9%。

【优化外贸发展环境】 推进海关监管场所规范化建设，加强监管场所危险品清理，确保省内口岸监管场所安全有序运行。落实“双随机"制度，优化布控查验，规范自由裁量权，确保海关执法公平、公正。创新政务公开方式，强化一线窗口建设，发挥“12360”海关服务热线作用，畅通海关内外沟通渠道。“转变职能、简政放权”，优化内部核批，行政审批实行“一个窗口”受理，非行政许可审批全部取消。清理进出口环节收费，落实收费项目正面清单制度，减轻进出口企业负担。加强知识产权保护，全年查获侵犯知识产权案件83起，案值299万元。加强反走私专项斗争，开展缉私“五大战役”，全年办理各类走私违法犯罪案件2 591起，案值5.43亿元，涉嫌偷逃税款1.37亿元，打掉团伙30个。缴获毒品345.4千克，查获农产品、固体废物等5.6万吨。

（昆明海关）

旅游·风景区

◆责任编辑　方　玲

旅　游

【旅游经济数据】　2015年，全市接待游客总数6 911.40万人次，同比增长10.25%；旅游业总收入723.46亿元，同比增长17.68%；接待国内旅游者6 796.91万人次，同比增长10.53%；接待海外旅游者114.49万人次，同比下降3.96%。

【旅游资源】　2015年，全市共有星级饭店、旅馆等各类住宿设施6 000多家，床位总数20.27万张，其中，星级饭店84家、经济连锁70家、星级乡村旅游接待点138家、其他住宿设施5 700多家；旅行社491家，其中，具有出境资格的组团社33家；导游管理公司4家，全市在册导游1.5万人；旅游汽车公司17家，旅游汽车1 970辆；旅游购物企业34家；国家A级景区26家，其中，5A级景区1家、4A级景区11家、3A级景区10家、2A级景区3家、1A级景区1家；国家级风景名胜区3个（石林风景名胜区、昆明滇池风景名胜区、九乡风景名胜区）；国家级旅游度假区2个（滇池国家旅游度假区、阳宗海国家旅游度假区）；世界自然遗产1家（石林风景名胜区）；世界地质公园1家（石林风景名胜区）；国家地质公园1家（九乡风景名胜区）；旅游综合改革试验区1个（世博旅游综合改革试验区）。

【旅游重大项目建设】　2015年，昆明市投资3亿元以上旅游重大项目44个，预计总投资1 714.1亿元，全年完成投资104.14亿元。至年末，项目开工累计完成投资431.26亿元，投资完成率25.16%。44个重大项目中，10个前期准备类项目预计投资441.8亿元，全年完成投资2.50亿元；34个在建项目预计投资1 272.3亿元，全年完成投资101.64亿元。2015年度完成投资超过1亿元的项目有11个：昆明滇池国际会展中心（51.29亿元）、七彩云南古滇王国文化旅游名城（27.35亿元）、阳宗海生态旅游小镇（3.05亿元）、阳宗海凹子山石城休闲旅游综合度假区（2.1亿元）、石林冰雪海洋世界（1亿元）、滇越铁路主题公园（6.78亿元）、昆明航天疗养院升级改造工程（1.98亿元）、转龙国际健康怡养度假地（1.31亿元）、云南海航广场·皇冠假日酒店（1.01亿元）、昆钢索菲特酒店（1.62亿元）、昆明子君山生态旅游运动及配套工程项目（1.05亿元）。

【旅游市场治理】　整治和规范旅游市场秩序，提升旅游服务品质。实施《旅游法》《云南省旅游条例》，开展旅游经营和服务“购物三不准、旅游接待服务五不准、旅游市场准入三不准、旅游安全四不准”专项整治及以不合理低价组织旅游活动和低于成本价提供旅游服务专项整治工作。加强对“一日游”市场的综合治理和游客投诉举报的“诉转案”和投诉受理、处置工作，提升旅游信息化监管手段。成立“昆明市旅游市场秩序专项整治工作领导小组”，制订印发《昆明市旅游市场秩序突出问题整改暨专项整治工作方案》。通过“突出三个重点”“开展八大行动”“实施十大措施”，对全市旅游市场进行全方位整治。加强旅游市场整治，依法查处案件。2015年，抽查规范从业导游954人次，旅游车驾驶员631人次，规范指导旅行社402家次，旅游饭店110家次，旅游景区74家次，旅游购物商店50家次，旅游汽车公司85家次，开展联合执法35次。接听各类旅游投诉、咨询、建议等电话1.52万余起，受理各类电话、信件、网络和转办旅游投诉419件，协调理赔金额14万余元；审理旅游行政处罚案件81起，其中，处罚旅行社35家，处罚旅游从业人员46人，处罚金额110.55万元。

【智慧旅游建设】　编制《昆明智慧旅游发展规划（2015—2020年）》和《昆明市推进旅游集散咨询公共服务发展对策研究》，形成“昆明旅游大数据应用研究”和《2014昆明旅游大数据报告》等研究成果。

昆明旅游专属频道项目制作完成570条2 400分钟的昆明旅游高清视频片，打造“V观昆明—昆明旅游视频资源库”，并通过昆明信息港对外提供视频播放服务；旅游汽车免费Wifi网络11台试点设备全部安装到位，游客可在石林旅游直通车上享受免费上网服务。世博园免费Wifi网络完成建设，实现景区网络全覆盖。完成昆明智慧旅游平台与省级监管平台的数据对接工作。加强与中国电信、中国移动、中国工商银行、中国邮政的战略合作。智慧旅游成果在2015中国昆明国际旅游交易会上成功进行展示。依托“智慧旅游”取得的阶段成果，提升昆明市旅游管理水平，加大对昆明旅游信息公共服务中心的建设，研究制定昆明旅游信息公共服务中心建设标准。2015年，昆明市完成昆明老街和昆明火车站2个一级旅游信息公共服务中心、4个二级服务中心（轿子山、石林、世博园、民族村）以及在酒店、旅行社设置的60个三级服务网点的建设。围绕智慧旅游平台的信息服务体系建设打造旅游直投刊物《慢游昆明》，全年12期，每期印量2万本，免费投放至1.5万间星级饭店客房、30余家书香酒店阅读服务点及60个市内旅游信息公共服务网点等。

【旅游市场营销】 利用微博、微信、微电影等开展新媒体营销，启动昆明旅游宣传专属频道、旅游直投刊物、手机客户端等的建设，构建一个覆盖传统媒体和新媒体的旅游宣传和信息服务网络。发挥昆明美洲航线作用，结合已实施的针对部分外国人72小时过境免签政策，促进昆明旅游美洲客源市场发展。在美中友好协会协助下，2015年11月27日，“中国昆明石林·天下第一奇观”主题花车参加第89届美国纽约梅西百货感恩节大巡游。这是继北京之后，中国以城市名义第二次参加美国最大规模的感恩节庆祝活动。推出“体验营销”，在北京、杭州、成都、南宁、武汉、南京、广州、上海、沈阳、厦门、西安等国内城市以及泰国曼谷设立昆明旅游营销中心，提升昆明在海内外的知名度和美誉度。实施整合营销，在中央电视台、凤凰卫视等媒体持续投放昆明旅游宣传广告，在纽约时报广场电子屏播出“昆明城市形象宣传片”及英国路透社网站关于《昆明——中国西南一座迷人的春天之城》的刊文，掀起昆明旅游宣传高潮。2015年，借助国际会议会展平台，加快昆明旅游海外客源市场营销，参加柏林旅游展和2015亚洲航线大会，并赴欧美及台湾开展海外宣传促销活动。

开展会展促销和主题活动促销，加大国内市场营销力度，举办2015中国国际旅游交易会，昆明展团获得“最佳组织奖”和“最佳展台奖”两项殊荣。组织昆明相关景区、旅行社等旅游企业参加2015年广州国际旅游展览会、第十一届海峡旅游博览会和2015中国—东盟博览会旅游展。针对不同地区客源市场做好旅游形象展示，为企业搭建旅游合作平台，与客源地旅游管理机构建立合作关系。加强区域旅游合作，推进昆明市与玉溪市、普洱市、西双版纳傣族自治州旅游合作，联合编制《昆曼国际旅游线自驾攻略》《月游月美（昆玉红旅游宣传册）》。借助第六届川滇黔12市州合作与发展峰会在昆明召开之机，与川滇黔12市州召开文化旅游座谈会，并签订《川滇黔十二市州旅游合作协议》。

【文明旅游】 利用导游年检培训时机，对7 000余名导游开展《规范导游领队文明引导服务》《规范旅行社行前说明服务》《旅行社行前说明服务规范》《导游领队引导文明旅游规范》的业务培训。组织义务监督员监督昆明旅游服务质量。印制发放5万份《云南旅游温馨提示卡》，告知游客在云南旅游期间的注意事项和维权方法。开展导游义务讲解公益活动，在金马碧鸡坊、昆明大观公园设置服务站，导游义务讲解公益活动，累计接待游客58批374人次。在景区、旅游公共服务中心、酒店设立30个雷锋服务站，通过在暑假期间“亮流程、亮身份、亮职责、亮承诺”，把为民服务公开化、透明化，为到访游客提供热情服务，树立昆明文明服务新形象。在昆明信息港—V观昆明旅游视频专属频道发布10个文明旅游公益宣传片，利用网络平台及中国旅游日、旅游安全宣传周等活动，开展文明旅游宣传。

【政务服务工作】 全年完成导游年审刷卡共计7 008人；审核完成2014年旅行财务报表329家，审核完成2015年各季度报表335家。开展旅游业务经营许可证审批工作，全年完成54家旅行社的审批；受理导游证的新办、转入、转出、变更遗失补办1 245件，办理旅行社变更41件；接听96128专线电话34个，并及时答复。开展星级饭店复核工作，复核酒店53家，通过复核47家，暂缓通过2家，取消星级4家。

【质量兴市示范旅游单位创建】 编写单位质量状况分析报告《旅游投诉情况分析》和《饭店行业服务质量分析》；举办云南省餐饮服务与滇菜烹饪技能旅游饭店分赛区昆明市赛区活动和“质量月宣传活动”等质量提升的相关活动；开展质量走廊强企，巩固质量兴市示范单位创建成果，新增质量强企试点单位1家，组织企业按照“九个一”开展创建工作，在昆明火车站新增“昆明市旅游咨询服务点”；推荐质量兴市示范先进典型1个。建立旅游服务质量信息发布制度，做到行政处罚案件结案一批公告一批。结合旅游标准化工作在旅行社、导游、旅游汽车和旅游购物行业开展动态考评，并每季度定期公告。指导旅游企业和旅游接待单位开展标准化工作。

【导游管理体制改革】 推进导游管理体制改革，保障导游合法权益，按照国家相关文件要求，启动昆明导游体制改革工作：理顺导游劳动关系，促进导游薪酬制度建立，保障导游合法权益。启动劳动合同网络备案工作。在签订劳动合同的基础上，指导旅游企业制定与薪酬挂钩的导游工作绩效管理办法。加强导游归属管理，规范导游调度，建立健全导游准入和退出机制。根据改革方案，导游必须与所属的旅行社或导游公司订立经过鉴证的劳动合同，并且只能接待劳动关系所在旅行社或导游派遣公司委派的团队。挂靠在导游行业组织的导游不得接待旅行社团队。强化部门联动，查处违法行为。对部分企业通过违法向导游收取保证金等违法违规问题进行严厉打击。至年末，有99家旅行社的2 818名导游签订劳动合同，并在智慧旅游管理平台上完成备案，签约导游数量占年检导游数量的32%，占活跃导游（年带团天数60天以上）数量的98%，改革第一阶段目标已取得阶段性成果。

【旅游厕所建设】 2015年，昆明市投入市级旅游发展资金1 690万元，在昆玉红旅游文化产业经济带规划范围的5区6城、滇池、阳宗海国家级旅游度假区、A级旅游景区、环滇池旅游圈、重大旅游项目、重点旅游区新建及改扩建A级旅游厕所73座（新建60座，改造13座）。

昆明市A级旅游景区一览表

序号	等级	名 称
1	5A	石林风景名胜区
2	4A	云南民族村
3	4A	昆明世界园艺博览园
4	4A	中国金殿风景名胜区
5	4A	云南野生动物园
6	4A	西山国家级风景名胜区
7	4A	昆明大观公园
8	4A	官渡古镇
9	4A	九乡风景名胜区
10	4A	七彩云南
11	4A	昆明螺蛳湾国际商贸城
12	4A	昆明轿子山景区
13	3A	中国昆明兵器房车温泉度假中心
14	3A	昆明经典假日谷
15	3A	盘龙寺
16	3A	宜良岩泉寺景区
17	3A	万家欢蓝莓庄园
18	3A	中信嘉丽泽
19	3A	星河温泉旅游小镇
20	3A	青龙峡风景区
21	3A	紫云青鸟国际珠宝文化旅游区
22	3A	云南人家
23	2A	郑和公园
24	2A	寻甸柯渡红军长征纪念馆
25	2A	龙润大龙潭生态休闲园
26	1A	小泉山庄

（杜　强）

云南民族村

【主要经济指标】 2015年，云南民族村有限责任公司实现旅游总收入1.47亿元，全年累计接待海内外游客206.06万人，其中，购票游客量为107.73万人，占游客总量的52.3%，与2014年同期相比增加13.77万人，增幅为14.7%。

【成立新领导班子】 2015年3月，云南民族村有限责任公司组建新一届领导班子后，提出以“序列化、项目化、目标化、责任化”为抓手，坚持“从生存谋发展、从拓展促创新、从提升转形象、从实干要绩效”的工作思路，围绕民族文化主线，强化传承文化、引领欢乐的企业核心价值观，推进“民族风情观光第一村、民族文化和非物质文化遗产传承保护第一村、民族旅游人才培养和民族文化教育示范第一村、民族特色产品研发创新第一村、民族美食第一村”工程和建设复合型景区为工作目标，为公司全年各项工作的开展和落实，完成各项工作目标任务奠定基础。

【丰富景区文化】 2015年，引入云南省第四代导演领军人物唐镛及其团队，打造囊括云南15个特有少数民族歌舞元素的音·舞·诗·画《高原的呼唤》主题演出，自8月1日火把节推出以来，受到游客和观众的高度赞誉，仅火把节期间便演出20场次，实现票房收入57.26万元，创造新的主题演出票房纪录，至年末，实现票房收入330余万元，形成新的亮点和经济增长点。

结合全年各节庆活动，创新和推出一系列游客喜闻乐见的民族歌、舞、乐展演活动，全年《七彩云霞》演出6 640余场次，开村仪式演出360余场次。在春节、泼水节、火把节、国庆暨阔时节等活动中，加强对新节目的创排工作，新创作的《普米茶

云南民族村　　（云南民族村　供稿）

咧》《跳彝铃》等民族歌舞乐，参加“云南省第九届民族民间歌舞乐展演”分获金、银等奖项。

【宣传营销】　2015年，整合对新闻媒体、报刊、网络等宣传平台的应用，结合景区实际动态对公司官网进行适时更新维护，在使用好景区微信平台上下功夫；着重拓展与电商网络平台的合作，与“同程网、去哪儿网”合作，实现景区电子门票在“同程网、去哪儿网”网络平台的销售工作，结合景区民族节庆与“同程网、去哪儿网”开展网友互动，推出节日期间抢票、扫二维码享优惠等一系列活动，扩大网络销售和景区影响力。

【景观提升改造】　云南民族村有限责任公司按照“点、线、面”三位一体的提升工作思路，精心对景区景观和村寨建筑开展绿化、美化提升工作。2015年，实现景颇、德昂、哈尼、傣寨、刀杆等片区村寨景观质量提升。

【智慧景区建设】　云南民族村智慧景区建设项目于2015年5月14日启动，已完成项目有：电信100兆光纤和景区光缆线的铺设、监控中心机房装修和监控视屏安装、景区监控点的设置和监控杆及摄像头的安装、对光缆线进行熔合、景区监控数据画面微调试和智能票务系统的建设。

（李　娟）

石林风景名胜区

【主要经济指标】　2015年，石林风景名胜区接待游客400万人次，同比增20万人次，增5.2%，旅游直接收入7亿元。长湖景区接待游客6.26万人次，购票入园4.94万人次，旅游直接收入56.97万元。乃古石林景区接待游客9.28万人次，其中，购票入园7.23万人次，接待旅游停车1.93万辆，停车收费9.26万元。大叠水景区接待购票游客3.48万人次，实现收入53.30万元。全年石林风景区停车场接待旅游车辆37.12万辆，累计实现停车收入176.8万元。景区讲解员共出导7.46万人次，累计实现导游收入450.22万元。

【旅游品牌建设】　石林风景名胜区在获得首批中国国家级风景名胜区和全国风景名胜区系统先进单位、全国文明风景旅游区示范点、世界地质公园、世界自然遗产、国家旅游标准化试点单位等品牌的基础上，2015年获得云南省政府质量奖和国家质量监督检验检疫总局批准同意筹建“全国喀斯特地貌旅游知名品牌创建示范区”；被国家旅游局、国家环境保护部授予国家生态旅游示范区。在第三届旅游业融合与创新论坛中，荣膺“最美中国民俗民族特色魅力旅游目的地景区”；被新华社半月谈杂志社授予全国十佳生态旅游文明景区。

【政府性投资项目】　2015年，大小石林景前区配套建设项目累计完成投资3 750万元；完成2013年度公共租赁住房投资项目3 700万元；2014年度公共租赁住房投资项目2015年计划投资1 330万元；服务区供电主干管工程完成投资5 200万元；2015年，石林旅游服务区华夏路项目计划投资4 000万元，完成投资545万元；石林旅游综合服务中心项目完成投资2 500万元；长湖景区环湖电瓶车道新建工程完成投资1 500万元。

【招商引资项目】　2015年，狂欢之都项目计划投资4 000万元，完成投资2 600万元；云林度假酒店计划投资5 000万元，完成投资3 700万元；石林喀斯特地质科研博物馆项目计划投资5 000万元，完成投资4 000万元；阿着底风情小镇计划投资6 000万元，完成投资3 820万元；石林冰雪海洋世界计划投资1亿元，完成投资7 600万元；水上石林项目计划投资2 000万元，完成投资2 000万元；石林古彝部落文化风情园计划投资8 000万元，完成投资5 750万元。

【招商引客工作】　2015年，中共石林县委、石林县政府出台招商引客工作方案，成立8个“两招”（招商引资及招商引客）分局，制定2015年招商引客工作实施意见。8个招商引客分局召开57场推介会和1场座谈会；发表石林旅游宣传软文或形象宣传报

2015年石林风景区游客突破400万人次　（石林风景区　供稿）

道293篇；参加7场旅游博览会；与60家旅行社签订战略合作协议；设立74家石林旅游直销门店。

【宣传营销】　创新宣传营销方式，开展联合营销，在石林举办滇东南喀斯特山水文化旅游区调研座谈会，与曲靖市、红河州、文山州和玉溪市共谋联合营销大计。对联合发刊、联合营销、联合大媒体宣传、联合线路包装、成立旅游联盟等事宜进行研讨；开展大媒体营销，策划包装“七夕情歌节”“走遍中国”“国庆假日良好旅游秩序”等活动在中央电视台播报，提升石林的知名度和美誉度；把石林微视频广告利用电脑互联、移动互联等互联网终端以微信、微博形式宣传推广到广大潜在游客人群；加大与新浪、人民网等合作和网络宣传推广力度；推出“国庆乃古花海”“火把节狂欢”等特色主题宣传推广，提高石林旅游吸引力。

【景区改造提升】　推进景区改造提升工程。完善游客中心交通网络设施，完成电瓶车站台、游客上下客区和游客休息区改造提升和游客中心广场绿化美化；完成景区旅游厕所改造提升工作和大叠水景区基础设施改造提升，并开园接待游客；启动长湖景区基础设施改造提升工作；完成《圭山旅游发展规划》编制评审工作，为开发圭山国家森林公园奠定基础。

【景区管理】　重视景区安全生产工作，规范景区周边旅游市场管理。2015年，无重特大安全责任事故发生。执行《昆明市石林风景名胜区保护条例》和各项规划，科学保护核心区资源生态环境，重视和加强退耕还林和地质修复，打击破坏资源、破坏环境的违法行为，景区生态文明程度进一步提升。以昆明市长质量奖、云南省政府质量奖、国家质量奖申报为契机，引入卓越绩效管理机制，探索旅游景区事业单位绩效管理模式。推进智慧景区建设，通过地质遗迹保护数据库项目建设，收集整理部分基础性空间数据，建立包括7大类、55个小类的GIS数据图层及相应图元数据。完成安防系统、景区内部交通智能管理系统、门户网站、门禁票务系统、地质博物馆展示系统、雷电预警系统、触摸屏查询展示系统、LED大屏幕展示系统、大叠水地质遗迹保护系统等数字景区系统建设。

（石林风景名胜区）

九乡风景区

【概况】　2015年，九乡风景名胜区接待游客160.2万人次，同比增幅37.62%。2015年，九乡风景名胜区被国家建设部评定为优良等次，在全国同类景区中排名第一；“九乡”经国家工商总局评定为国家驰名商标；成为国家发展和改革委员会文化和自然遗产基础设施建设重点支持单位。

【景区建设】　2015年，投资11万余元对景区办公楼及游客服务中心屋顶进行整体防水维修，改善办公环境；投资8.8万元清除景区内原小商场地台，恢复路面后对该区域进行绿化美化；清理景区惊魂峡游客通行道路上方危石，投资2.8万元搭设安全防护棚，消除安全隐患，确保游客安全；投资2.4万余元，拆除电梯通道入口段路面的石板及基层，重新浇筑20厘米厚钢筋混凝土底板和铺设石板路面；投资2.25万元为电工房临时摊点搭建雨棚，完善服务，提升该区域整体形象和品质。

【内部管理】　以制度建设为内容，以抓落实为核心，新增、修订、实施一批新制度，坚持按制度办事，用制度管人，建立职责明晰的制度运行体系。建立规范的财务管理制度，清理、规范历史遗留的融资、资金、资产、财务问题。依法依规采取劳务派遣、非全日制短期工等多种用工形式，杜绝增加用工成本和用工风险。面向社会公开招聘专业人才。加强团队建设，增强职业精神和竞争意识，打破思维固化、格局固化的困境，缓解因骨干人员外流所造成的人才断档。对公招人员采取动态管理和常态化考核，对考核不合格的人员进行辞退、降级、调岗，开创能者上、庸者下的竞争性工作氛围。拆除外在形象破旧、严重影响游客通行和散乱的小商场及临时摊点，把对景区环境污染较大、服务品质不高的餐馆迁出核心区，提升景区外部环境品质。

【游客接待】 截至2015年12月25日，景区接待游客164.22万人，上年同期接待120.31万人，同比增加43.92万人，增幅26.74%，其中，团队游客114.12万人，上年同期73.75万人，同比增加40.38万人，增幅35.38%；散客37.35万人，上年同期34.95万人，同比增加2.4万人，增幅6.42%；半票6.91万人，上年同期6.01万人，同比增加8 974人，增幅12.99%；网络1.11万人，上年同期1.20万人，同比减少896人，减幅7.499%；免票4.74万人，上年同期4.40万人，同比增加3 367人，增幅7.11%。

【提升文化品质】 邀请省内文化界专家参与成立工作团队，对九乡当地文化进行系统深入的挖掘、研究和提炼，开展文化品质提升规划。推进“九乡文化创意园”建设，以景区为平台和窗口，展现九乡及宜良非物质文化遗产、传统文化、手工艺品的文化魅力。“九乡文化创意园”被列入昆明市文化产业项目库，推动旅游产业和文化产业的融合发展。策划举办“迎新春”文化系列活动，打造节、会文化品牌。协调对接省市文化部门，策划推进九乡张口洞古人类文化保护及展示项目。以云南省作家协会九乡创作基地、云南省民间文艺家协会九乡创作基地为依托，开展文化创作和传承，助推景区文化旅游事业发展。

【森林防火】 2015年，九乡风景名胜区对景区护林防火领导小组进行调整补充，建立健全领导机构，明确工作职责，制定2015年景区森林防火《关于实行“一负责两确保三落实四监管”森林防火责任制的通知》文件，明确景区领导、部门负责人及护林员森林防火相关区域的责任，实行交纳森林防火责任保证金制度。按照宜良县森林防火指挥部要求，于12月初抽调10人组建专职扑火队，并集中住宿，实行半军事化管理。制定《2015年景区森林防火管理办法》，明确护林人员工作职责和工作纪律，每月组织1次考核，并根据考核结果实施奖惩。景区与6个防火责任部门，临时聘请12名护林员，15个职能部门，景区个体经营户签订森林防火责任书进行管理。全年，景区森林防火工作实现零火警、零火情。

（李云明）

昆明世博园

【业绩】 昆明世博园旅游区是世界上唯一完整保留的世博会会址，拥8项“吉尼斯之最”。2015年，世博园接待游客166万人，实现综合收入1.16亿元，园区各经营项目做到游客零有效投诉。

【创新与发展】 云南世博旅游景区投资管理有限公司，抓住国家发展旅游服务业契机，以经营有规模，产品适应市场为目标，挖掘潜力、整合资源、加强渠道沟通，梳理价格体系。从本地旅游市场的二次开发，到地州市场的深度拓展；从新产品塑造，到老年群体研究；从专项活动运作，到节庆活动创新，结合园区内优质资源，打造主题鲜明的节庆产品。研究各类产品策划和节庆策划，全年策划并实施“春节”“三八节”“五一节”“六一节”“国庆节”“重阳节”等节庆活动，利用不同主题的节庆产品，积累资源、收集客户、提升品牌。承接首届昆明文化旅游博览会的文化内涵和运作模式，在传统观光旅游产品的基础上进行新的突破，举办“2015昆明文化旅游博览会”，接待游客23万人次。

【招商引资】 坚持以“招商、养商、兴商”的指导思想，强化营销思路，盘活园区经营性资源，适时调整招商重心，创新招商方式，做好招商项目落地工作，实现新增招商项目8个。2015年，云南世博旅游景区投资管理有限公司优化运营管控模式，推进各项重点工作，运营管理平稳有序，完成公司“十二五”发展规划各项工作目标，为公司持续健康发展奠定基础。

【5A景区创建】 开展5A景区申报工作，通过景观提升改造项目、智慧旅游项目、标识系统项目等对景观质量进行提升改造；建立服务质量管理体系文件、进行5A景区专项培训提升景区服务质量。2015年7月27日，全国旅游资源规划开发质量评定委员会委派专家组按照《旅游景区质量等级评定管理办法》和《旅游景区质量等级的划分与评定》细则的要求，对云南省昆明市世博园景区进行暗访检查。5A景区创建工作进入收尾阶段，争取在2016年实现5A级景区挂牌。

【重要视察和接待】 4月13日，北京市政府党组成员、2019年世园会执委会副主任兼秘书长夏占义率考察团一行莅临昆明世博园，考察’99昆明世博会的举办经验。5月11日，中共银川市委常委、副市长李丽杰一行到昆明世博园学习考察园区建设、运营情况。7月13日，北京园博园管理中心主任花伟军一行5人到世博园考察学习，双方就昆明世界园艺博览园在会展结束后面临的经营问题、企业的组织构架、管理体制及运营发展的整体思路等进行交流。12月1日，第十届中国（武汉）国际园林博览会承办方武汉市人民政府一行7人到世博园进行考察。对世博园的建设模式、基本情况，及现有管理模式、运营机制进行交流、学习。

（云南世博旅游景区投资管理有限公司）

科学研究

◆责任编辑　方　玲

科学技术

【科技体制改革】　完成《中共昆明市委 昆明市人民政府关于深化科技体制改革的若干意见》的起草、听证、上报昆明市政府常务会议审议等工作；开展《昆明市人民政府关于深化财政科技计划（专项、基金等）管理改革的方案（征求意见稿）》《昆明市加快科技服务业发展实施意见（征求意见稿）》起草工作；围绕中介服务机构认定、创新型企业认定、院士工作站认定重点工作，制定、修改有关规范性文件。

【优化政策环境】　《昆明市支持知识产权质押工作实施办法》《昆明市知识产权质押融资中介评估机构认定和服务补助实施细则（暂行）》《昆明市发展科技众创空间推进创新梦想工程实施办法》《昆明市科技企业孵化器认定管理办法》等一系列促进科技创新驱动发展新政策出台，营造激励全社会自主创新的良好环境。

【科技投入】　昆明市全社会研究与试验发展（R&D）经费投入约为70亿元，与地区生产总值（GDP）之比由2010年的1.46%增加到2015年的1.75%。“十二五”期间，昆明市地方财政科技拨款由2010年的6.03亿元增长到2014年的12.68亿元，地方财政科技拨款占地方财政一般预算支出的比重达到2.13%，市级财政拨款由2010年的3.11亿元增长到2014年的6.95亿元，市本级财政科技投入由2010年的2.46亿元增长到2014年的5.08亿元，年均增长率均在15%以上。

【科技创新平台建设】　新增国家重点实验室2个、云南省重点实验室7个、云南省工程技术研究中心3个、云南省国际科技合作基地6个、昆明市重点实验室6个、昆明市工程技术研究中心10个、昆明市青少年科技创新实验室4个、昆明市精品科普基地5个。截至“十二五”末，昆明地区拥有国家重点实验室6个、国家重点实验室分支机构1个、国家工程技术研究中心4个、云南省重点实验室42个、云南省工程技术研究中心79个、云南省国际科技合作基地44个。

【高新技术等重点产业培育】　围绕高端装备制造、光电子信息、生物及医药、新能源、新材料、节能环保等产业，新增国家级科技企业孵化器1家、云南省高新技术特色产业化基地2个、昆明市产业技术创新战略联盟6个、昆明市科技企业孵化器2个，开发云南省重点新产品89个。至年末，昆明全地区拥有国家级高新技术产业化（现代服务业）基地及集群9个、国家重点新产品39个，高新技术企业累计达到578家，各级科技企业孵化器25家。

【支持高原特色农业发展】　组织台湾农民创业园整体平台建设项目协调工作，开通石林台湾农民创业园科技项目审批绿色通道，投入科技经费205万元。组织农业示范园区和企业申报上级认定，新认定云南省农业科技示范园21家、云南省农产品深加工科技型企业24个、云南省优质种业基地15个。

【科技型中小微企业培育】　2015年，昆明市科技型中小企业创新基金项目立项91项，投入市级财政科技经费2 790.65万元。新增云南省科技型中小企业225家、云南省科技小巨人企业6家、云南省创新型企业16家、云南省创新型试点企业20家、昆明市创新型试点企业25家。“十二五”期间，昆明市科技型中小企业创新基金项目立项647项，投入市级财政科技经费9 937.85万元，其中，知识产权综合质押贷款项目20项、经费1 479.55万元。通过市级科技计划和科技型中小企业创新基金的支持，累计扶持、培育云南省科技型中小企业1 036家、云南省科技小巨人企业28家、云南省创新型企业59家、云南省创新型试点企业127家、昆明市创新型试点企业185家。

【科技奖励与成果管理】　2015年，昆明市科学技术奖评选产生突出贡献奖1项、科学技术进步奖58项、专利奖10项、再奖励7项。全年登记科技成果322项。

【知识产权保护与促进】　2015年，全市专利申请11 060件，专利授权6 795件，其中，发明专利授权1 448件；发明专利有效量5 353件，占全省发明专利有效量的70.4%，每万人发明专利拥有量达到8件（按照2014年全市人口662.6万计算）；受理专利资助申请2 552项、资助金额408万元；新增知识产权试点示范单位24家，总数达到172家。云南理想药业有限公司等11家企业与招商银行股份有限公司等5家银行达成知识产权质押贷款协议，成功获贷1.57亿元。

【技术合同认定登记】 2015年，昆明地区技术合同认定登记2 275项、技术合同成交金额31.85亿元、技术交易额17.46亿元。“十二五”期间，昆明地区技术合同认定登记10 881项、技术合同成交金额139.25亿元、技术交易额95.36亿元。

【实验动物管理】 核发实验动物许可证10个（生产许可证4个、使用许可证6个）。至年末，累计核发实验动物许可证59个（生产许可证22个、使用许可证37个），实验动物年生产量达到8万余只、使用量达到10万余只。

【科技创新创业人才队伍建设】 新增云南省科技领军人才5名、云南省高端科技人才17名、云南省技术创新人才47名、云南省中青年学术和技术带头人后备人才90名、云南省科技创新团队31个、云南省科技特派员41名；选拔昆明市中青年学术和技术带头人及后备人选59名、昆明市科技创新团队15个、昆明市院士工作站11个、昆明市科技特派员38名。

截至“十二五”末，昆明地区拥有“两院”院士8人、云南省科技领军人才21名、云南省中青年学术和技术带头人后备人才899名、云南省科技创新团队147个、云南省院士专家工作站118个、云南省科技特派员177名，昆明市中青年学术和技术带头人及后备人选686名，昆明市科技创新团队77个，昆明市院士工作站25个、昆明市科技特派员259名。

【科技支撑区域创新】 2015年，实施“富民强县示范工程项目”和“创新驱动发展示范工程项目”58项，落实政策认定类项目384项，投入市级财政科技经费7 699万元。“十二五”期间市级科技计划项目立项1 481项，投入市级财政科技经费4亿余元，项目总经费超过85亿元，市级财政科技经费放大倍数为21倍。

【科技惠民】 围绕医疗卫生、人口与健康、环境治理、公共安全、资源保护和科技强警等领域实施“科技惠民”项目260项，市级财政科技经费支持1亿多元；实施绿色惠民工程，“昆明市绿色光亮示范工程”投入市级财政科技经费近3 000万元，带动县区投入超过5 000万元，建设太阳能照明系统近1.2万套，示范效果（辐射人口）近70万人。“光伏取水绿色惠民项目”建设科技抗旱光伏取水系统20余套，解决干旱地区约2万名群众、6 000头大牲畜的饮水和部分农田灌溉难题。

【局县科技会商】 2015年4—5月，昆明市科学技术局与12个县区政府主要领导逐一开展科技工作会商，对需要共同推进的重点工作达成共识，确定12项区域创新驱动发展示范工程项目。科技工作会商制度是由国家科技部发起，通过部省会商—厅市会商—局县会商的一系列覆盖各个层面的科技会商活动。昆明市“局县科技会商”已连续开展5年。通过会商，市科技局与各县区政府就如何共同推动全市科技创新、发挥地方优势、突出科技支撑县域产业发展和可持续发展等方面达成共识。

【科技统计】 全年先后组织3批规模以上工业企业和1批科研机构、县区科技主管部门进行科技统计业务培训。邀请云南省科技统计中心、昆明市统计局的专家对企业、县区、开发（度假）园区相关人员就云南省研发经费投入补助、昆明市研发经费投入后补助政策、科技发展指标、统计业务等内容进行培训。

【科技合作与交流】 完成昆明市政府与苏州大学战略合作协议签订及昆明市科学技术局、昆明市农业局、昆明学院与苏州大学科技合作子协议的签订。与浙江大学、同济大学、上海大学等商谈合作协议签订（或续签）等事宜。促进与美国阿拉巴马州大学、法国高等教育署的交流。与德国LAVARIS公司就污水治理技术、滇池污染防治及生态保护等方面进行实地考察与磋商，为引进先进技术成果致力于昆明市污水治理打下基础。以第二期中瑞合作中国低碳城市项目（LCCC）合作为契机，推荐“高效太阳能平板集热器离子镀膜技术产业化应用”“昆明市高端电子功能材料产业技术创新”等合作意向，向瑞士争取资金及技术援助。发挥昆明国际科学技术协会的作用，推动政府间合作与交流，与新西兰植物园与食品研究公司签订合作协议。推进多层次、宽领域、全方位的科技交流与共同发展，与南宁市科学技术局签订友好合作协议；在《云南16州市科技合作战略框架协议》的基础上与玉溪市科技局签订《昆—玉滇中科技创新战略合作协议书》；与官渡区人民政府签订《实施创新驱动战略合作协议书》。搭建平台支持企业交流与合作，举办2届“昆明泛亚技术转移暨成果转化对接会”。

“十二五”期间，以生物医药、新能源、新材料、电子信息等产业发展为主题，累计举办“昆明泛亚技术转移暨成果转化对接会”14届，对接企业1 040余家，征集科技合作项目1 110余项，推介项目600余项，会议现场签约47项。

【科普宣传】 科技活动周、文化科技卫生“三下乡”、专题科技活动日、双创系列活动等成为科技普及宣传的重要品牌，每年直接受益群众超过60万。2015年，昆明市选送选手代表云南省参加全国第二届科普讲解大赛获得第4名、获“全国十佳科普使者”称号。

（市科学技术局）

科学普及

【组织发展】 全市12个县区科学技术协会均实现独立建制，下辖乡镇科协组织基本成立。有6个县区被评为“全国科普示范县（市）区”。全市共有分科学会（协会、研究会）67个（学会团体会员单位2 562个，个人会员1.95万人），农技协269个，企事业科协65个（市本级成立58家，县区成立7家）。1个县区成立反邪教协会，形成一个学科齐全、遍及城乡的群众性学术交流、科学普及网络。

【第五届学术年会】 2015年9月23日，昆明市第五届学术年会在昆明学院举行，年会以生态文明与绿色发展为主题，共设17个场（次）活动。云南省政府九湖督导组、昆明市环境科学研究院、昆明学院等单位领导及教授在主题会上作了主题报告和学术报告。年会设专题论坛、学会学术年会、学术研讨会、学术报告会、学术讲座、技术交流会、科技沙龙。此次年会学术成果丰富，相关论文已汇编成册，为中共昆明市委、昆明市政府及有关部门提供决策依据，为广大科技工作者提供学术参考。

【“全国科普日”活动】 2015年，全国科普日活动紧扣“万众创新 拥抱智慧生活”的主题，围绕“创新引领新常态、创新成就我梦想、创新助我智慧生活”的活动内容，设置“省、市、区科普日联合进基层活动”“县区科普日重点活动”“学（协）会及企事业科协活动”等板块，共计开展400余项活动，活动面达到100%。活动期间，昆明市科协系统组织各类科普讲座、科技论坛、报告会212次，设立科技咨询台188个、科普展板1 163块，编印活动指南700份、科普挂图1 177张，悬挂标语横幅322条，开放科普基地27个，放映科普影视91场，科技下乡65次，下发各类宣传资料近41万份，宣传报道纸媒12篇、电视23次、微博25条、微信55条，活动期间直接参与群众约39.8万人次

【“文化、科技、卫生”三下乡活动】 昆明市科学技术协会组织全市各级科协组织深入农村开展“文化、科技、卫生”三下乡活动。在晋宁县晋城镇的启动仪式上，市科协献爱心捐款1万元，援建晋城镇广济村修建多功能活动室；现场向当地群众免费发放《昆明科技》《病症与防治》等科普宣传资料1 000余份，科普挂图6 000份，环保手提袋1 000个，年历2 000份，新春年画及对联200余张；向晋宁县职业高级中学捐赠《新华字典》300本和一批价值万元的《中小学生防灾自救知识图说》《杰出青少年的成功习惯》《低碳生活知识读本》等科普书籍。

【科技活动周活动】 昆明市科学技术协会在昆明市2015年科技活动周活动中，发放《昆明科技》《科学生活系列丛书》《一招鲜——昆明青少年就业创业科学实用指南》《疾病与防治》等科普读物和宣传资料2 800余份，《科学生活系列丛书》1.40万余册；免费为现场群众开展咨询及诊治服务百余人次。

【第三十届青少年科技创新大赛】 本次大赛共有12个县区3 423项作品参赛，其中，学生创新成果211项，教师创新成果87项，教师论文170篇，师生共同参与的实践活动共52项，少年儿童科学幻想绘画2 903幅。经评审，最终评出1 448项获奖项目，获奖占比42%。获奖作品选题特色浓，项目质量高，彰显昆明市青少年身上蕴藏无限活力和创新潜能。在第30届云南省青少年科技创新大赛中，昆明市代表队获164个奖项，获奖占比17.7%，在16个参赛州市中名列前茅。昆明市第一中学的段巍、江顺发、刘星雨共同申报的《金沙江干热河谷乡土草土植物根系抗拉强度研究》项目因选题新颖，科技成果突出，荣获第三十届云南省青少年科技创新大赛主席奖。

【科普惠农服务】 2015年，全市新建农业专业技术协会组织15个；评定高级农民技师25人，中级农民技师115人；培训农业函授大学学员2.11万人。3个协会、4名带头人获得“全国科普惠农兴村计划”表彰；12个村委会获得省级表彰。

【科普益民服务】 2015年，昆明市科学技术协会组织创评2家国家级、9家省级、30家市级“科普示范社区”；共有11个社区完成“昆明市社区科普大学”的创建，通过创建示范，带动打开社区科普工作新局面。

【科技兴企服务】 2015年，昆明市科学技术协会铭泰科技孵化园已先后引进18家科技型小微企业进园孵化，为企业提供技术攻关，人才引进，成果转化等“一站式”服务。

深化服务机制和模式创新，11月13日，昆明市科学技术协会成立“昆明企业征信信用协会”，为企事业单位、个人提供信用征信信息收集、备案，失信行为排查，信用评价，风险控制人员技能培训等服务。作为云南省首家专业社会第三方信用征信机构，至年末，拥有会员单位近20家。

指导昆明地区企事业科协围绕单位生产经营和发展目标，开展“讲、比”活动，全年开展“讲、比”活动项目140余项，为企业节约资金、创经济效益5 500余万元。

2015年，昆明市科学技术协会优选出奶牛生物育种种质新产品技术创新及产业化、长波红外线镜头研发、第二代红色砂梨新品种选育与示

范、数控直线式推杆液压母线加工机等4项目作为全市金桥工程扶持项目，支持经费22.5万元。

【交流与合作】 组织昆明市2015年第二季度“涉侨、涉台、涉外”会议，召集具有高学历、宽视野特点的留学人员及华侨代表参会，围绕大众创业、产业发展的时代主题，结合自身工作特长建言献策。组织“昆明生物质能源与材料学术沙龙”、利用香根草修复滇池流域生态环境，开创治污循环经济新思路学术交流会，邀请海外学者与省内专家进行学术讨论。承办海智（法国）国际合作项目推介石林对接会，助力石林县生物技术和农业的发展。组织人员赴香港参加第11届泛珠区域科协和科技团体合作联席会议，加强港澳科技交流。加强留学人员联谊会服务管理工作，汇聚海外智力为国服务。

（吴　芮）

防震减灾

【地震监测预报】 2015年，按照《昆明市2015年震情跟踪工作方案》和《“昆明圈”震情跟踪监视与震情保障工作方案》，昆明市防震减灾局组织召开1—4季度震情跟踪工作会议和年度地震趋势会商会议、“昆明圈”震情跟踪监视与保障工作会议。参加云南省地震局、川滇协作区、滇西南协作区、滇东北重点危险区、云南中部协作区、川滇毗邻区震情跟踪工作会议。对3月1日沧源县5.5级地震、3月9日嵩明县4.5级地震、4月25日尼泊尔8.1级地震和10月30日5.1级地震，进行紧急会商。上报震情月报和震情跟踪工作月报各12期，编制震情汇报2期，地震前兆资料月报12期、地震宏微观异常周报、滇东北重点危险区震情周报等。市防震减灾局提交的《2016年度云南省地震趋势研究报告》获云南省评比第三名。

【地震监测台站建设】 2015年，昆明市防震减灾局完成东川区3个温泉水温观测点、禄劝县前兆观测点、官渡区六甲地震观测站和观测井的建设工作。对全市“九五”老旧和故障设备进行更换，签订183.5万元订购合同，购买5套井孔地倾斜、2套井孔水体（水位、水位）、1套气氡。

【群测群防工作】 2015年，全市建立153个固定地震宏观观测点，共有地震宏观联络员563人，每个乡（镇）至少设置1名防震减灾助理员。4月，召开地震前兆分析培训会议和昆明市2015年地震宏观信息联络员工作暨培训会议。全年上报宏观异常信息8次。

【工程抗震设防】 2015年，昆明市防震减灾局开展工程抗震设防要求的监督和管理，全年收到建设工程抗震设防要求报件和建设工程防震选址报件分别为105件和256件，收到建设工程防震选址征求意见函8件，全部按时办结，办结率100%，无投诉案件发生。

【地震安全示范社区建设】 按照《昆明市地震安全示范社区申报管理办法》，5月，启动地震安全示范社区创建工作，拨付专项经费34万元。9月，开展2015年度昆明市地震安全示范社区申报评比工作，评出11家市级地震安全示范社区。

【地震应急预案管理】 10月29—30日，组织昆明市抗震救灾指挥部成员单位和12个县区、昆明高新技术产业开发区、昆明经济技术开发区、昆明滇池国家旅游度假区、昆明阳宗海风景名胜区、昆明倘甸产业园区及轿子山旅游开发区120人，召开《防震减灾应急行动预案》修订会。11月3日，昆明市政府第100次常务会议审议《昆明市防震减灾应急行动工作预案（送审稿）》，12月印发《昆明市防震减灾应急行动工作预案》。市抗震救灾指挥部成员单位修订各自的“地震应急救援工作预案（方案）”，全市12个县区、5个开发（度假）区均修订县级地震应急预案，所辖乡镇、街道办事处亦制定本级预案，建立多层级全方位的地震应急预案体系。

【地震应急准备工作】 2015年3月，昆明市抗震救灾指挥部办公室印发《2015年昆明市抗震救灾应急准备工作方案》，市抗震救灾指挥部成员单位及县区均制定应急准备工作方案；3月16日，云南省地震应急准备工作联合检查组对全市地震应急准备工作进行检查。昆明市政府办公厅印发《关于开展2015年度地震应急准备工作自检自查和联合检查的通知》；4月，成立以昆明市防震减灾局、市应急管理办公室、市民政局、市教育局、市住房和城乡建设局、市交通运输局、市工业和信息化委员会7家单位地震应急联合检查组，对全市地震应急准备工作进行检查督导。各县区、开发（度假）区结合工作进度，对本辖区相关单位进行应急准备工作检查。

7月23日，昆明市举行“2015昆阳行动”地震应急救援综合演练。42家成员单位，驻军、武警、民兵预备役部队等19个救援大队300余名参演练人员和西山区、呈贡区、晋宁县、昆明高新技术产业开发区、昆明滇池国家旅游度假区参演练人员，按照《预案》展开救援演练。

【应急救援队伍】 2015年7月，全市分2期组织12个县区、5个开发（度假）区120余名地震应急救援志愿者骨干队员进行地震应急救援知识培训、地震实战救援技能训练；

“2015昆阳行动”地震应急救援演练 （市防震减灾局 供稿）

依托部队、武警部队建立1支118人专业地震应急救援队伍，5支地震应急救援大队；各县区依托驻军、武警部队建立1支综合应急救援专业队伍。至年末，全市在12个县区、5个开发（度假）区组建志愿者队伍122支，共有队员5 000余人，实现地震应急救援志愿者队伍乡镇全覆盖。

【地震应急避难场所建设与管理】全年市本级建有宝海公园、月牙塘小区2个示范地震应急避难场所，并拟将呈贡区春城公园建设成为一个设施配套、功能完备、国内领先、符合国家Ⅰ类标准的地震应急避难场所。全市各县区推进应急避难场所建设工作，至年末，每个县区均设置具有明显标识的应急避难场所；在学校、医院、商场、体育馆、影院、酒店等人口密集场所设置应急疏散通道。各县区制定避难场所疏散方案，并以社区为单位定期组织周边居民开展地震应急疏散演练。9月，昆明市防震减灾局、昆明市应急管理办公室、昆明市园林局组成联合检查组，对全市12个县区、5个开发（度假）区应急避难场所规划编制、建设管理、疏散方案、疏散演练、设施维护管理等情况进行专项检查，对地震应急避难场所规划建设管理情况进行评审。

【防震减灾科普示范学校建设】2015年5月，昆明市防震减灾局和昆明市教育局联合对2015年各县区、开发（度假）区上报的14所中小学校和2所幼儿园进行评审，批准官渡区龙马中心学校等16所学校为“昆明市防震减灾科普示范学校”，并推荐晋宁县第三中学、昆明阳宗海风景名胜区管委会汤池小学等2所学校申报省级示范学校。对2013年创建为市级示范学校的33所学校进行审查，经审查确认合格，再次授予31所学校为“昆明市防震减灾科普示范学校”称号。2015年，禄劝、石林、富民、东川、寻甸、官渡和寻甸等县区先后组织学校开展地震应急避震演练，发挥科学示范学校的示范、辐射作用。

【防震减灾科普宣传】 昆明市防震减灾局与云南省地震局联合，分两个阶段，于2015年5月和11月各利用1个月的时间，在全市219条公共交通线路、2 780辆公共交通汽车、4 110块液晶显示终端上的昆明七彩公交频道滚动播出4个防震减灾科普知识宣传专题片，即《如何识别地震谣传》《在学校如何避震》《在公共场合如何避震》《在家里如何避震》；在全市农村开展“防震减灾宣传标语口号上墙”活动，全年全市完成929条防震减灾宣传标语上墙书写任务；联合新闻单位，开展“七进”专题新闻采访报道，分别在昆明电视台“昆明新闻”“联播昆明”“街头巷尾”3个栏目以及昆明日报和都市时报上同时播出和报道。

（周 航）

气 象

【概况】 2015年，昆明地区气温较常年偏高，降水量和日照偏多。雨季开始期除富民县、嵩明县和东川区特早外，其余县（市）区于5月下旬至6月中上旬陆续开始，较历史同期正常至偏晚。由于汛期降水量偏多，全市库塘蓄水为2009年以来最好。对农业生产条件而言，2015年，间歇性干旱和阴雨寡照天气对农作物生长影响较大，属平欠年景。

【降水量】 2015年，昆明市年降水量较常年偏多。昆明地区12个国家气象站年平均降水量为1 086毫米，较历史平均924毫米偏多162毫米，偏多幅度为18%，比2014年偏多138毫米，偏多幅度为15%。

【气温】 2015年，昆明地区12个国家气象站年平均气温为16.5℃，较多年平均值偏高0.8℃，较2014年偏低0.2℃。

【日照】 2015年，昆明地区12个国家气象站年平均日照时数为2 243小时，较多年平均值偏多162小时，偏多幅度为8%，较2014年偏少150小时。

昆明各县（市）区2015年年日照时数（上 单位：小时）与日照时数距平百分率（下 单位：%）

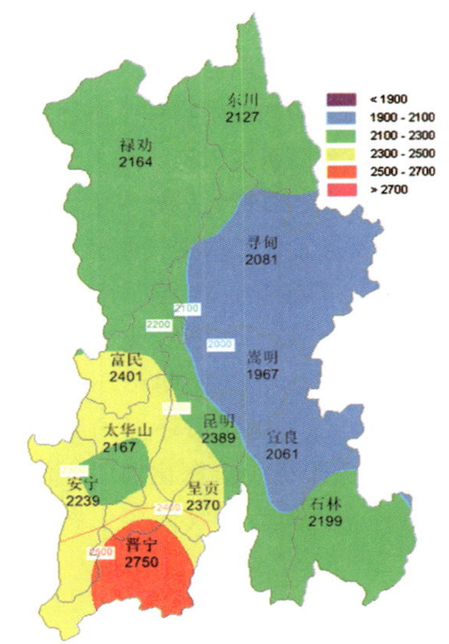

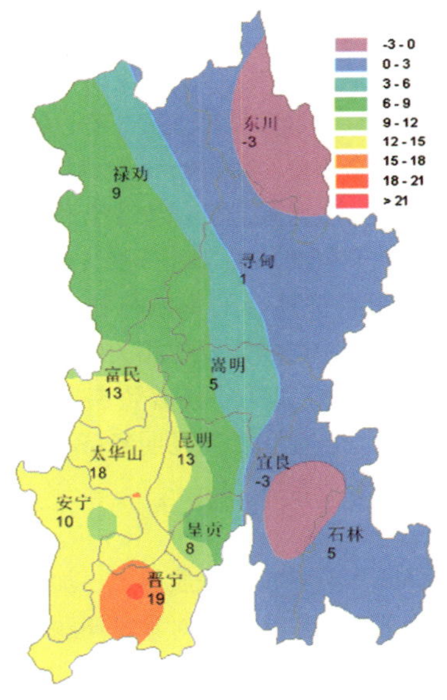

昆明各县（市）区2015年年降水量（左 单位：毫米）与距平百分率（右 单位：%）

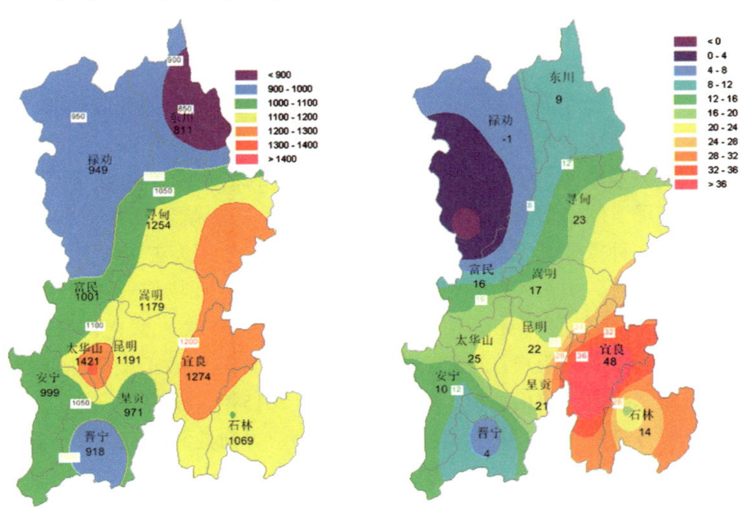

昆明各县（市）区2015年年平均气温（左 单位：℃）与气温距平（右 单位：℃）

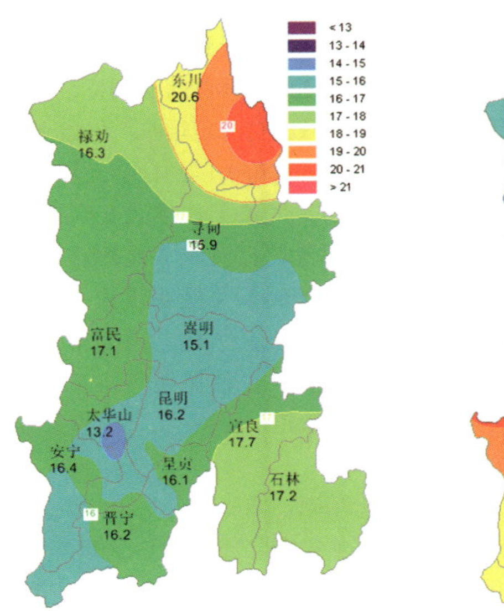

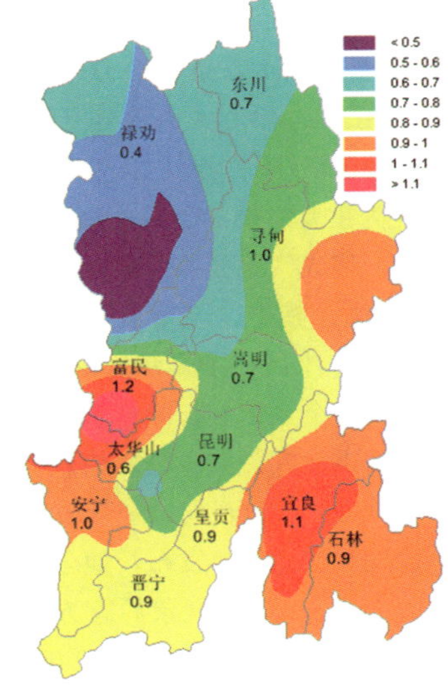

【气象灾害】 昆明市自2009年开始连续出现5年干旱，2015年降雨有所增强，洪涝事件相对过去偏少，冷暖气候变化反向极端气候异常事件增多增强。2013年末至2014年初，在暖冬背景下共出现4次雪灾冷害，造成城乡数十亿元损失，大量农业和园林树种死亡，严重影响全市城乡社会经济、农业生产和生态安全。天气与社会环境共同变化使昆明气象灾害增多增强，并出现新类型气象灾害。

【气候变化预防工作】 昆明市气象科技工作按照"减缓与适应"两项要求，在"减缓"方面，开展节能减排发展清洁工业，创造低碳环境发展低碳城市。在"适应"方面，面对全市经济社会快速发展建成的大量基础设施、形成的多样性生物和生态环境、集聚的城乡高密度人口、增大的水资源消耗，有针对性地做好气象预警服务防御指导工作；根据气候变化对农业与环境的影响，与昆明市农业局联合出台《关于加强农业气象服务工作的通知》，与昆明市环境保护局联合出台《昆明市环保局昆明市气象局 关于进一步深化部门合作的通知》等，为应对气候变化做出实质性工作。

【气候变化应对宣传】 2015年，昆明市气象局顺应气候变化的利弊条件以适应气候变化，做到长期性防御和推动绿色低碳循环发展，自2013开始，在全市中小学进行气候科技应用宣传。市气象局与云南大学合作，在云南大学资源环境学院开展气候变化对昆明经济社会的影响科技宣传活动。活动中向学生发放相关的气候变化宣传资料和气象科普资料并作了《全球气候变化及对昆明经济社会影响的》专业报告。

【提升气象科技业务质量】 加强业务管理和技术指导，对常见问题采取现场检查、集中反馈、业务培训，增强科技支撑能力。全年全市综合业务未发生任何责任性事故和重大差错，各项传输及时率均达到上级考核要求。天气预报质量进一步提高，短期预报（1—3天）晴雨检验准确率84.01%，对中央气象台和订正预报均为正订正，各项指标达到或超过上级考核标准。

【气象业务现代化建设】 围绕气象观测自动化、预报精准化、流程科学化，提高气象业务现代化水平。至年末，12个国家气候站和昆明倘甸产业园区及昆明轿子山旅游开发区气象观测站全部实现气象观测自动化；建设了73个温度、湿度、雨量、风向、风速和气压的多要素自动气象站和147个温度和雨量的两要素自动气象站，实现气象观测自动化和精细化，提高气象监测的时空分辨率，全市共有542个自动气象站；全市气象台（站）除继续开展旬、月、年的长期气候预测和中、短期天气预报外，重点开展夜间12小时、白天3小时1次的短时临近天气预报和灾害性天气的预报预警工作，在重大活动、应急保障中提供特定区域逐小时滚动预报，推进全市气象业务的集约化、信息化和标准化。

【气象服务社会化】 2015年，通过广播电视、微信微博、手机短信、公共信息显示屏、网络传真、报纸刊物等媒体，把各种重要天气专报、天气预报、灾害预警、雨情实况等信息及时准确地传递给各级领导、相关部门、社会公众和广大用户；通过乡镇气象信息站和村社气象信息员，实现气象信息服务进村入户；整合富滇银行资金共计600万，通过富滇气象公共信息屏建设，实现气象信息进街道、入社区。

【气象公共服务】 决策气象服务手机用户4 505人，发送重要天气和降雨实况短信50.8万条；公众手机气象短信用户约42万人，发送天气预报短信1.79万条；推进以气象电子显示屏为主要终端的公共信息服务系统建设，建成气象公共信息电子显示屏6 135块，其中，与富滇银行合作共建的住宅小区LED显示屏600块，覆盖全市多个乡镇、行政村、自然村和部分城市社区，气象公共信息显示屏受众人数约200万人，全年发布气象信息约1.13万条，发布其他公共信息1 460条；昆明市气象局官方微博粉丝12.3万人，年访问次数约2 000万人次；市气象局与昆明市农业局签订合作协议，开展高原特色农业气象服务，全市收录新型农业经营主体直通式气象服务用户数据513家。全年为水电气象、森林防火、城市防洪和抗旱、南亚博览会、五运会、农博会提供气象保障服务，获得好评和表彰。

【人工增雨防雹】 2015年，全市设置人工增雨作业点48个，防雹点63个，其中，固定作业点58个，标准化作业点49个，标准化率84.5%。昆明市人工影响天气中心和石林县、嵩明县、富民县、禄劝县、安宁市、呈贡区、西山区、昆明倘甸产业园区及昆明轿子山旅游开发区建成视频人工影响天气现代化作业指挥平台。石林县、寻甸县和禄劝县还建设预警雷达，增强人工影响天气作业的精准度。全市培养使用人工影响天气作业指挥人员82人，现场作业人员342人，持证上岗率100%。截止10月31日，全市开展常态化人工增雨作业2 938点次。2015年，禄劝县云龙、盘龙区松华坝、寻甸县清水海、晋宁县柴河、大河水库累计增加库塘蓄水约2亿方，进行防雹作业1 738点次，获得经济效益共计4.5亿元。

【气象工作科学法治化】 全市气象部门双重领导管理体制不断完善，双重计划财务体制落实到位，中央和地方财政支持稳定增长。气象事业发展列入县（市）区的社会经济发展专项规划，气象工作纳入县（市）区的目标考核；实施《昆明市雷电灾害防御条例》《昆明市人工影响天气管理办法》，建立昆明市气象行政执法支队，使昆明气象工作走上法制化轨道。

【基础设施建设】 2015年，昆明市气象灾害监测预警中心和呈贡区气象局业务楼建成并投入使用，中心配置先进的网络通信、现代化人工影响天气作业指挥系统和天气视频会商系统，为昆明市级气象现代化建设提供支持和保障。完成昆明倘甸园产业区及昆明轿子山旅游开发区气象业务楼建设和安宁市“一流台站”建设；晋宁县、宜良县、东川区“一流台站”建设正抓紧实施，其他县区的气象台站建设正稳步推进。

【经费保障和项目支撑】 2015年，昆明市气象局继续向中国气象局、云南省和昆明市科技部门申报针对昆明气象研究应用课题及市气象局自立课题研究。制定气象科技研究指南、申报、立项、验收、结题和成果奖励办法等多项气象科技管理的规章制度，保证50万元专款用于支持气象科技创新研究和应用。至年末，上级和市气象局自设科研项目42个，涉及气象灾害防御、气候变化机理、气象监测预警等多个科技创新项目，投入科研经费75万元；开展气象科技体系业务创新，出台多项科技创新和人才培养的鼓励性政策和措施，促进全市气象科技创新和人才成长。

【气象科技应用】 至年末，昆明市气象局通过创新气象科技应用，开发应用“昆明地区SWAN系统应用平台的业务化研究”“昆明市气象信息站气象数据服务平台”，实现气象预测预报预警服务平台并投入业务使用；建立的短时临近预报系统在全市推广应用，着重培养农村气象灾害预测预报预警气象科技和业务人员，使精细化气象预报服务基本覆盖全市。通过气象科技应用，提升人工影响天气能力和服务区域。通过现代气象信息应用，增强旅游气象服务。加强对外合作，实现气象为环保、林业、农业、水务等专项气象科技服务。

【科技人才培养】 2015年，组建“昆明市气象防灾减灾科技创新团队”，团队技术组由15人的核心人才增加到19人，总人数增加到28人。设立昆明市气象局科技创新基金，开展气象灾害防御、气候变化机理、气象监测预警等方面科研工作的人才培养；全年开展各项气象科技和基础业务、预报服务、信息网络培训40余次，累计1 600人次参加，组织内部业务技术骨干开展22期“内部讲坛”。至年末，全市气象部门共有在职在编干部职工156人，硕士研究生7人，本科学历125人，双学历/学位6人，大专学历20人，本科以上学历人数占职工总数的84.6%，大专以上学历人数占职工总数的97.4%。全市气象部门具有副高级职称任职资格14人，占职工总数的9.0%；中级职称任职资格78人，占职工总数的50%。

【科技成果】 2015年，完成或在研（主持或参与）国家气象局课题1项、市级科研课题4项、省局科研课题3项、获省科技进步二等奖1项、三等奖1项，市科技进步二等奖2项；编写专著1部，地方标准1项，发表研究论文40多篇，其中，SCIE收录1篇，一级核心期刊4篇，其他核心期刊11篇，《利用ERA-Interim资料对平流层Brewer-Dobson环流变化趋势的分析》在一级核心《地球物理》发表。9项软件获计算机软件著作权登记证书，获国家发明专利2项，实用新型专利2项。2015年，昆明市气象局自设课题26项，向昆明市科技局申报项目《滇池周边城市群热岛效应分析研究》，项目立项经费430万元，昆明市科技局补助经费43万元。

9月，举行的云南省第三届气象行业天气预报职业技能竞赛中，昆明市气象台2名队员组成的代表队获得全省团体第三名，获得个人全能第一，理论及Micaps操作第一。

【科技业务应用】 2015年，完成市级气象事业“十三五规划”编制，《昆明市气象灾害防御规划》通过省市专家评审正式出台；编制《昆明市区域自动站网建设规划》；完成2013—2014年度山洪地质灾害气象保障工程2批建设项目验收、2015年度昆明市局山洪地质灾害气象保障工程建设可研报告和实施方案的编写工作、2011—2012年度山洪项目绩效自评价工作、《昆明市滇池流域强降水天气监测预警及信息发布体系建设实施方案》《晋宁X波段多普勒天气雷达建设方案》、气象应急保障车升级改造工作，实现车载风廓线雷达移动运用、《昆明主城区城市内涝短时临近预警指标体系研究》《昆明市暴雨强队公式编制（修订）》；实施“三农”气象服务专项建设。

暴雨洪涝。2015年昆明地区降水量较常年偏多，强降水天气过程较常年偏多明显，全市在整个雨季（5–10月）因暴雨洪涝造成350余间房屋倒塌，房屋受损约720处，农田受灾9 576公顷，1人受伤。由此造成多地桥梁路段塌方损毁，电力、水利等基础设施受损，造成严重的经济损失。

强对流天气。2015年春、夏季昆明地区冰雹、大风等强对流天气较多，造成多地农作物、房屋受损。

低温雨雪。2014年冬季昆明地区气候表现出降水量两头少，中间多的特征，共有7站次累计降水量破历史记录。

（潘娅婷　陈增会）

水文水资源

【降水情况】 2015年，全市平均降水量1 073.7毫米，比多年均值偏多9.2%，属平水偏丰年份。主要特点是：降水时空分布不均，根据各代表站资料分析，东北部地区降水量比西南部地区偏多，最大降水量出现在寻甸县清水海水库，年降水量1 358.4毫米，最小降水量出现在西山区海口水文站，年降水量755.5毫米；降水年内分配不均，各代表站1月份降水量在60—110毫米之间，均为建站以来的最大值，主汛期6—8月降水量占汛期5—10降水量的70.1%。由于降水量集中，造成局部洪涝灾害。

【河道水情】 2015年，全市平均降水量比多年均值偏多9.2%，主要几条河道来水量除牧羊河、掌鸠河2条河道来水量比历年同期偏少在13.1%—17.7%之间外，其余河道（螳螂川、牛栏江、南盘江、摆夷河、麦田河、巴江）控制断面来水量均比多年均值偏多，其中，主要以麦田河和巴江偏多，断面来水量比多年均值偏多在95%左右，其次是螳螂川，偏多86.8%。

【水库蓄水】 至年末，全市水利工程总蓄水量13.04亿立方米，比2014年同期增多8.5%，其中，云龙、松华坝、柴石滩、清水海4座大型蓄水工程及阳宗海部分蓄水量为7.07亿立方米，比2014年增多10.8%；大河、柴河、双龙、张家坝、车木河、凤龙湾、双化、封过、上游、大石头、八家村、宝象河、松茂、横冲、果林、坝塘、黑龙潭、月湖18座中型水库，蓄水量2.23亿立方米，比2014年增多5.7%；小型及小坝塘年末蓄水3.74亿立方米，比2014年增多5.9%；滇池容水量15.82亿立方米，比2014年增加0.28亿立方米；阳宗海容水量5.41亿立方米，比2 014多0.44亿立方米。

【水情报汛】 2015年，按照云南省防汛抗旱指挥部办公室下发的《关于做好2015年报汛报旱工作的通知》要求，昆明市水文水资源局担负226（重复报汛站不计）个报汛站，承担向国家防汛抗旱总指挥部、云南省防汛抗旱指挥部办公室、昆明市防汛抗旱指挥部办公室及重要水工程的报汛任务，其中，中央、省级报汛站225个（水文（雨量）报汛站196个，水库报汛站29个）；市级报汛站（向昆明市防办报汛）有七星桥、高古马、蔡家村、四营、昆明、十里长街6站；重要水工程：向松华坝水库报汛的有中和、白邑、松华坝、昆明4站；向牛栏江调水中心报送有输水末端1站；为满足金沙江下游梯级水电站的建设要求，昆明市水文水资源局有17个报讯站承担对三峡梯调水情中心的报汛任务。根据汛期特殊水情及时编写上报水情快讯129期，全年编制《昆明市旱情简报》18期，《水情简报》6期。

【抗旱工作】 昆明市因为前期连续干旱，主城区供水形势严峻，昆明市水文水资源局提前做好雨水情分析及后期的预测工作，加强枯季径流的观测和分析，及时提供水文基础信息，为市政府决策提供翔实的科学依据。2015年，向云南省防汛抗旱指挥部报送蒸发、降水、水位、流量、水库库容等信息共3 620站次。汛前编写完成《2015年昆明市雨水情趋势预测》，为防汛部门科学合理调度提供科学依据。

【水文服务】 为确保“南亚博览会”的顺利召开，昆明市水文水资源局编写“南亚博览会”防汛安全形势分析、会展中心周边区域现状河道行洪能力分析、会展中心周边区域防洪影响评价、会展中心周边区域防汛调度方案等多项技术报告及分析材料，为“南亚博览会”召开期间的防洪安全提供技术支撑。牛栏江滇池补水工程运行以来，为发挥牛栏江补水的效益，昆明市政府决定将牛栏江补水量部分分入草海，使草海水质达到国家考核要求。为解决牛栏江—滇池—草海补水水资源调配及防洪问题，昆明市水文水资源局编写“牛栏江—草海补水水资源调度运行方案”“草海水体置换工程对防洪的影响分析”等报告，确保牛栏江—滇池—草海补水及水体置换工程的正常运行，为滇池、草海水环境治理提供技术支撑。2015年初，在全市连续干旱，城市供水不足的情况下，开展昆明市及供水水源地雨水情分和来水预测工作，编写昆明市雨水情分析和来水预测材料10余份，为昆明市2015年城市抗旱保供水提供基础支撑，为确保城市供水安全提供可靠依据。

【河流水文监测系统】 经过4年努力，昆明市辖区内中小河流水文监测系统已按《全国中小河流治理和病险水库除险加固、山洪地质灾害防御和综合治理总体规划》要求完全建成，并投入试运行。该系统建设任务包括新建3个水文站、改建5个水文站、新建12个水位站、新建106个雨量站、改建43个雨量站，总投资3 953万元，弥补辖区内水文监测站点的不足，使站网布局更加合理。

【完成昆明市城市防洪总体规划（修编）】 2015年，由昆明市水文水资源局承担的《昆明城市防洪总体规划（修编）》于2015年10月通过昆明市政府批准。《总规》实施后，将为明确入滇池河道的公共保护空间，建立完整的与城市发展相适应的城市防洪体系，改善和提升滇池及昆明城市防洪安全，为保障昆明经济社会可持续发展提供重要保障。

【牛栏江—滇池补水工程水量监测】 牛栏江—滇池补水工程水量监测系统的建设和运行维护由水文部门负责。2013年9月，牛栏江—滇池补水工程水量监测系统建成并投入运行以来，系统运行稳定正常。2015年，向省、市相关工程运行管理单位及时提供水量监测报告12份。根据监测结果，2015年，牛栏江补水工程向昆明调水总量为6.26亿立方米。

【滇池流域水量监测】 2015年9月，昆明市水文水资源局对所有入滇池河道156个控制断面进行水量监测，提供给昆明市政府及滇池治理部

门使用；编制滇池流域水资源监测系统建设方案，规划建设滇池流域水资源监测中心，实现滇池流域水文信息的实时监控及仿真模拟功能，为实现“数字滇池”奠定基础。

【科研课题】 2015年，昆明市水文水资源局承担国家水利部水利公益性行业科研项目——《高原盆地城市水源地保护和恢复技术研究》，于2015年10月完成财务验收，并上报水利部国科司等待验收。开展基础研究工作。组织3篇论文参加中国科学技术协会主办的第五届中国湖泊论坛，均被论坛论文集收录。

（崔松云　杨绍琼）

社会科学

【科研工作】 围绕“把云南建成面向南亚东南亚辐射中心、生态文明建设排头兵、民族团结进步示范区”三个重大课题，结合昆明实际，开展社会科学研究工作。2015年，向全市征集、发布指南、受理申报和立项社会科学规划研究课题25项。按课题研究时限，完成评审、验收2014年度社会科学规划研究课题19项。

【科普工作】 5月16日，参加昆明理工大学主题为“创新创业 科技惠民”的社会科学知识普及和宣传活动。发放《抗战时期西南联大教授演讲录》《酒文化与健康生活》科普宣传读本1 000册；发放《昆明社会科学》期刊、《昆明市2012年度社科规划课题成果选》等600余册。开展云岭大讲堂昆明系列讲座25场，邀请省市社会科学专家进学校、进机关、进企业、进农村，宣讲社会科学知识，向市民普及社会科学知识，提高市民文明素养，提升昆明城市形象和品位，推进“文化昆明”建设。

【学会工作】 2015年，完成全市35家社会科学学会年度检审工作；推进学会规范化建设。建立和落实学会活动申报制度、学会工作绩效考核制度、学会联系制度。4月29日，昆明市社会科学界联合会召开“2015年昆明市社科学会年检工作暨秘书长培训会”，总结2014年学会工作，对2015年工作进行安排部署。

【学术交流】 5月7日，昆明市社会科学界联合会组织召开2015年“云南省‘双百’报告会昆明专场”暨“县处级领导干部依法治市培训讲座”，邀请北京大学法学院教授王锡锌以“依法治国中的法治思维和法治方式”为题，阐述领导干部养成法治思维和法治方式的方法途径，提高全市领导干部依法行政的能力和水平；8月13日，市社科联召开“中国梦——民族团结奋斗梦”理论研讨会。昆明市民族宗教事务委员会、官渡区民族宗教事务局、禄劝县民族科等12位社会科学专家围绕各民族和睦相处、和衷共济、和谐发展、共同团结奋斗、共同繁荣发展的主题做交流发言；9月18日，市社科联召开“纪念抗日战争胜利70周年座谈会”，云南省政协文史委，昆明市政协领导以及市属社会科学学会、协会和研究会50余位专家、学者参加座谈会，探讨云南抗战在东方主战场中的战略地位和历史贡献；10月22—23日，市社科联召开“2015年社科专家寻甸行”活动。省、市社会科学专家深入寻甸县金所镇、河口镇进行实地调研，探索新形势下寻甸县扶贫攻坚的新思路、新方法、新举措、新途径，开展决策咨询，为寻甸县实现2017年“脱贫摘帽”提供理论依据。

【成果出版情况】 2015年5月，昆明市社会科学界联合会编辑出版《抗战时期西南联大教授演讲录》科普宣传读物，以丰富翔实的档案史料，展示西南联大的教授、学者以学术救国，用文化的力量激发军民的斗志。编印《昆明市市级社科学会一览》，图文并茂地介绍各社会科学学会自成立以来所开展的相关学会活动及取得的主要成绩。编辑出版发行《昆明社会科学》期刊（双月刊）6期和出版《2013年度社科规划课题成果选》（上、下册）。完成昆明市2015年度哲学社会科学优秀成果资助工作；资助昆明学院阳正伟《“阉党”与晚明政治》、昆明学院宋燕金《西南边疆多民族聚居地大学生主流文化认同教育研究——以云南高校为例》和宜良县委组织部张媛媛《溶——旅游场域内云南九乡旅游产业与艺术展演、花木产业的联动发展研究》3本社会科学读物。

纪念抗日战争胜利70周年座谈会　（市社科联　供稿）

昆明市社会科学界联合会评审立项研究课题一览表
（27项，含1项自筹经费项目）

编号	项目名称	负责人	所在单位	资助经费（万元）	成果形式	预计完成时间
KSGH1501	法制视野下地方政府和社会公众环境监管协同机制研究	冯显茹	市委党校	3	研究报告	2016年7月
KSGH1502	昆明市跨越“中等收入陷阱”路径研究	高　军	市社科院	3	调研报告	2016年5月
KSGH1503	昆明市农超对接创新对策研究	胡云霞	市社科院	3	调研报告	2016年5月
KSGH1504	昆明市城市综合体功能布局及作用发挥研究	易建华	市委政研室	3	研究报告	2016年7月
KSGH1505	昆明市园区经济提质增效对策研究	林水鑫	盘龙区经济贸易和投资促进局	3	研究报告	2016年5月
KSGH1506	基于农旅双链模式的昆明都市农业旅游发展研究	窦志萍	昆明学院	3	研究报告	2016年9月
KSGH1507	昆明市中药材产业发展对策研究	李一果	市生物资源开发创新办公室	3	研究报告	2016年2月
KSGH1508	昆明市加快推进社会保险一体化对策研究	李　敏	市社科院	3	研究报告	2016年6月
KSGH1509	昆明市哲学社会科学“十三五”发展规划	梁永实	市社科联	3.5	研究报告	2016年10月
KSGH1510	昆明市惩治危害食品药品安全犯罪的对策研究	朱彬彬	市委政法委 市法学会	3	研究报告	2015年12月
KSGH1511	昆明市都市产业布局对策研究	吕冀平	盘龙发改局	3	研究报告	2016年1月
KSGH1512	“非公”企业和社会组织建立“兼合式”党组织研究	杨爱武	市委组织部	3	研究报告	2016年7月
KSGH1513	昆明市融资担保业发展情况调研	冯　武	致公党 昆明市委	2.5	调研报告	2016年7月
KSGH1514	昆明推进“一心两区”金融新格局建设研究	夏安玲	市委党校	3	研究报告	2016年6月
KSGH1515	新常态下昆明名牌战略转型发展研究	李宇霞	市委政研室	3	研究报告	2016年7月
KSGH1516	新常态下昆明经济体制改革的思路途径及对策研究	赵敏鉴	市委党校	3	调研报告 咨询报告	2016年7月
KSGH1517	昆明市完善社区矫正管理体系研究	彭君明	市检察院	3	论文	2016年7月
KSGH1518	昆明市纪检监察派驻（出）机构改革问题研究	陈泰宇	市纪委 监察局	2.5	调研报告	2015年10月
KSGH1519	公共文化服务体系中的少儿艺术教育研究	刘华萍	市文化馆	2.5	调查报告	2016年10月
KSGH1520	昆明市农贸市场科学布局研究	潘加智	市商务局	3	调研报告	2016年4月
KSGH1521	基层人民法院司法改革研究	潘高永	西山区法院	1.5	研究报告	2015年11月
KSGH1522	昆明市加强电动自行车管理对策研究	华　涛	市政府研究室	3	研究报告 咨询报告	2016年2月
KSGH1523	官渡古镇非物质文化遗产生产性保护研究	陈　文	市规划设计研究院	3	研究报告	2016年7月
KSGH1524	昆明市建立审计业务导师制度研究	陈　林	市审计局	2.5	论文 相关办法	2016年5月
KSGH1525	昆明城市宗教活动场所建设与管理研究	黄世健	市委统战部	3	研究报告	2015年12月
KSGH1526	昆明农村社会变迁与少数民族妇女基督教信仰研究	卢晓慧	市委党校	3	调研报告	2016年7月
KSGH1527	政府处理公共突发事件实务研究	赵　耀	八谦律师事务所	经费自筹	论文	2016年6月

（杨富刚）

教育·文化

◆责任编辑　方　玲

2016 KUNMING YEARBOOK

教　育

【概况】　截至2015年末，全市各级各类学校2 493所，在校学生118.52万人，教职工8.51万人，专任教师6.82万人，其中，幼儿园1 162所，教职工2.23万人，专任教师1.19万人，在园幼儿20.74万人，学前教育毛入园率100.63%，学前三年幼儿毛入园率97.57%，学前一年幼儿毛入园率100.80%；小学959所、小学教学点73所，教职工2.85万人，专任教师2.72万人，在校学生48.44万人，小学毛入学率104.48%、净入学率99.71%；初中192所，教职工1.71万人，专任教师1.59万人，在校学生21.69万人，初中毛入学率112.11%、净入学率95.36%；普通高中95所，教职工0.94万人，专任教师0.74万人，在校学生9.89万人；中等职业教育学校79所、其他中职机构6所、附设中职班高校26所，教职工0.75万人，专任教师0.56万人，在校学生17.69万人；高中阶段毛入学率92.5；特殊教育学校5所，教职工197人，专任教师187人，在校学生565人；工读学校1所，教职工48人，专任教师42人，在校学生64人。残疾儿童入学率98.15%。

全市基础教育学校占地面积2 382.96万平方米，校舍建筑面积1 041.60万平方米，图书2 288.94万册，固定资产总值128.74亿元。中等职业教育学校产权占地面积262.29万平方米，产权校舍建筑面积119.92万平方米，产权图书267.35万册，产权计算机27 757台，固定资产总值14.60亿元。

【教育经费】　2015年，保证教育经费法定“三个增长”，全年市财政总支出615.51亿，其中，教育支出90.36亿。地区公共财政教育经费占地区公共财政比例为14.68%，地区国家财政性教育经费占地区生产总值比例2.65%。

【教育综合改革文件出台】　2015年，昆明市教育局成立以局领导为组长的全面深化改革领导小组，加强对全市教育领域综合改革领导。编制完成《昆明市“十三五”教育发展规划》，出台《昆明市教育领域综合改革方案》。为确保改革目标任务有效落地，出台《昆明市人民政府关于大力发展现代职业教育的若干意见》《关于加快推进昆明市教育国际化发展的指导意见》《关于加快呈贡新区基础教育发展的意见》《昆明市推进两区两县教育扶贫工作实施方案》《昆明市加强教师队伍建设实施方案》《昆明市中小学教师素质提升三年行动计划（2015—2017年）》《昆明市中小学教师培训学时登记管理办法》《昆明市特殊教育提升计划三年行动方案（2015—2017年）》《昆明市推进县域内义务教育学校校长教师交流轮岗的实施意见》《昆明市加快校园足球发展的意见》《昆明市推进学校艺术教育发展的实施办法》《昆明市强化体育课和课外锻炼的实施意见》《昆明市考试招生制度改革方案》《昆明市农村义务教育学校改善计划项目规划（2014—2018年）》《昆明市贯彻云南省普通高完中办学水平综合评价方案的实施意见》《昆明市普惠性民办幼儿园认定和管理办法（试行）》《昆明市教育系统全面深化课程改革落实立德树人根本任务的实施方案》和《昆明市教育局直属学校单位引进紧缺急需人才实施办法》等教育综合改革配套文件，为昆明市教育事业发展注入新的活力。4.7万名义务教育阶段随迁子女新生入学改革有序推进，顺利入学。异地中考改革初见成效，4 000余人外地户口初中学生实现在昆参加中考，在昆录取就学。推进国家教育体制改革试点，8项改革试点任务有序推进。

【教育资源配置】　统筹城乡义务教育资源均衡配置，创新办学体制，发挥品牌学校优势和辐射功能，推动优质学校跨区域发展。创新省市“强强联合”办学模式，开办云南师范大学附属中学、云南师范大学附属小学呈贡校区；探索市区合作办学模式，开办昆明市第三中学、昆明市中华小学滇池新城校区。年内新增优质中小学40所，增加优质学位5.25万个。推进义务教育均衡发展，五华区、富民县通过国家义务教育均衡督导评估。修订《昆明市小学生综合素质评价手册》，启动实施义务教育质量监测。按照好校长、好教师、好机制、好品牌的要求，创新义务教育阶段学校内部治理结构，激发学校发展活力。

【学前教育】　实施第二期学前教育三年行动计划，完成学前教育布局布点项目规划，139个新（扩）建项目纳入省级项目库。推进19所乡镇公办中心幼儿园建设，年内累计新建幼儿园60所、改扩建幼儿园118所。开展对口帮扶工作，9所幼儿园受到云南省教育厅表彰。修订《昆明市学前教育发展专项资金管理办法》，争取上级资金10 737万元，下达市级资金4 073.02万元。2015年，全市幼儿园1 162所，其中，省一级示范幼儿园150所，省一级一等示范幼儿园25所，其中，城区幼儿园552所、镇区幼儿园213所、乡村幼儿园397所，民办幼儿园857所，少数民族幼儿园4所。幼儿班6 910个，其中，民办幼儿班4 839个。在园幼儿207 387人，其中，民办143 136人；进城务工人员随迁幼儿入园22 608人，其中，外省迁入9 199人，本省外县迁入13 409人；进城务工人员在园幼儿55 055人，其中，外省迁入22 254人，本省外县迁入32 801人；农村留守幼儿入园3 684人，在园留守幼儿5 765人。户籍适龄儿童入园率82%。公办幼儿园和普惠性民办幼儿园在园幼儿占比60.02%，其中，公办幼儿园占比32.42%，“入公办园难、入民办园贵”问题得到有效缓解。

【小学教育】 2015年，全市小学959所、教学点73所，其中，民间开办小学78所，独立设置少数民族小学63所。小学教学班11 549个，其中，民办3 307个。小学教职工28 469人，其中，民办3 307人；专任教师27 161人，其中，民办2 973人。小学在校学生484 379人，其中，民办59 147人；城区280 257人，镇区91 590人，乡村112 532人；学生中女学生229 142人，少数民族学生94 405人，寄宿学生90 453人，农村留守儿童23 363人，农村户口学生309 125人，享受营养餐学生230 870人，享受城市低保学生1 039人，随班就读残疾学生941人。小学随迁子女在校学生166 703人，其中，外省迁入63 684人，本省外县迁入103 019人，在民办学校就读学生48 444人，在公办学校就读学生占比70.94%；进城务工人员随迁子女在校学生120 122人，其中，外省迁入49 365人，本省外县迁入70 757人，在民办学校就读学生41 032人，在公办学校就读学生占比65.84%。招收小学一年级新生82 977人，招收随迁子女学生31 195人，招收进城务工人员随迁子女学生21 262人。小学巩固率99.95%、辍学率0.05%、升学率92.89%。

【初中教育】 初中学校192所，其中，民间开办学校54所。初中教学班4 401个，其中，民办824个。初中教职工17 117人，其中，民办2 938人；专任教师15 891人，其中，民办2 513人。初中在校学生216 919人，其中，民办38 765人；城区116 667人，镇73 953人，乡村26 299人；学生中女学生104 659人，少数民族学生38 973人，寄宿学生103 982人，农村留守儿童9 270人，农村户口在校学生133 463人，享受营养餐学生116 524人，享受城市低保学生475人，随班就读学生427人。招收随迁子女学生47 119人，其中，外省迁入17 327人，本省外县迁入29 792人，在民办学校就读学生13 310人，随迁子女学生在公办学校就读占比71.75%。进城务工人员随迁子女学生34 309人，其中，外省迁入13 226人，本省外县迁入21 083人，在民办学校就读学生8 335人，进城务工人员随迁子女在公办学校就读占比75.71%。招收初中一年级新生71 747人，招收随迁子女学生18 321人，招收进城务工人员随迁子女学生13 201人。普通初中升学率144.11%、辍学率0.55%、巩固率99.45%。

【高中教育】 普及普通高中教育，扩大普通高中招生规模，8所高中学校新增招生计划，全年完成普高招收学生35 156人。实施普通高中改造计划和民族地区教育基础薄弱县普通高中建设项目，争取省级专项资金335万元，支持集中连片特困地区改善办学条件。开展11所高中特色化实验学校创建工作，10所学校进入高中特色化学校先进行列。培育普通高中优质资源总量，昆明外国语学校、昆明市第二十四中学晋升为一级三等。全市普通高中学校95所，其中，民间开办学校36所，省一级高（完）中31所。优质普高在校学生占73%。教学班1 990个，附设高中班30个。教职工8 681人，其中，民办1 924人；专任教师6 829人，其中，民办1 132人。在校学生98 934人，其中，民办17 858人；城区59 324人，镇35 658人，乡村3 952人；学生中女学生54 692人，少数民族学生17 752人，残疾学生80人，寄宿学生65 762人，随迁子女学生7 193人，重读学生23人。招收随迁子女新生1 447人。普通高中辍学率0.88%。2015年，全市高考一本上线率27.22%，高考总分600分以上学生所在学校扩大到67所，4所学校高考总分600分以上的学生人数超过100人。全省700分以上学生26人，昆明13人，占50%；全省600分以上学生4 602人，昆明1 297人，占28.18%。全省文、理科前20名中，昆明考生21人，占53%；文、理科前50名中，昆明考生45人，占45%。

【职业教育】 建立“昆明市职业教育网”，开展职业教育“宣传周、宣传月”活动。启用“全国中等职业学校学生管理信息系统”，强化职业学校学生学籍管理。开展中职学校技能大赛和教育教学质量年度检测评估，促进职业教育内涵式发展。全年争取中央资金7 830万元、省级资金850万元，投入市级资金565万元，推动职业教育基础能力建设。推进开放教育和农村成人技术教育，昆明开放学院“中高职衔接”实现招生2 400人，开放学历教育招生8 800余人。全市职业教育学校79所、其他中职机构6所，其中，国家示范性中职校2所、国家级重点中职校9所、省部级重点中职校17所、省部级示范性中职校8所。教职工7 544人，其中，民间开办学校2 348人；专任教师5 590人，其中，民办学校1 565人。在校学生176 933人，其中，民办103 754人，中等职业教育学校（机构）学生99 092人、高校附设中职班学生77 841人；招收新生65 911人，其中，中等职业教育学校（机构）招生35 428人、高校附设中职班招生30 483人。省部级以上优质中职学校在校生占比65.7%，毕业生持“双证”率85%以上，毕业生推荐就业率95%以上。

【民办教育】 出台《昆明市普惠性民办幼儿园认定和管理办法（试行）》，全年认定普惠性民办幼儿园252所，惠及在园幼儿48 375人，普惠性民办幼儿园在园幼儿占比27.6%。争取民办学前教育发展中央专项资金1 058万元，市级下达635.8万元，对认定的普惠性民办幼儿园进行补助。争取省级民办教育发展专项资金373万元，对45所民办中小学进行奖补。市级财政投入873.5万元专项资金，用于奖励扶持民办教育事业发展。至年末，全市各级各类民办学校1 048所，教职工27 842人，专任教师16 726人，在校学生362 660人，民办学校学生占全市在校学生30.60%。

【特殊教育与民族教育】 落实《昆明市特殊教育提升计划实施方案》，保障三类残疾适龄儿童和少年受教育权利。争取中央资金600余万元，推进特殊教育资源中心建设。推动特殊教育课程及教学改革，提高特殊教育专业化办学水平。全市特殊教育学校5所，教学班54个。教职工197人，专任教师197人。在校学生565人，其中，学生中女学生216人、少数民族学生98人、寄宿学生298人；小学学生383人、初中学生182人。在校残疾学生1 933人，其中，学生中女学生729人、少数民族学生253人、寄宿学生589人。工读学校1所，教职工48人，专任教师42人，在校学生64人。2015年，全市残疾儿童入学率98.15%，其中，学生中女学生入学率97.23%。在全市中小学开展民族团结教育，开展面100%。支持民族地区学校“双语”教学和“双语”教师培训，培训“双语”教师40余人次，开展双语教学学校8所，其中，幼儿园3所、小学5所，从事双语教学专任教师18人。全市民族学校84所，其中，幼儿园4所、小学63所、中学17所。

【素质教育】 深化“书香校园”建设，覆盖面100%，全市学校图书存量2 556.29万册，小学人均藏书21本，中学人均藏书18本。2015年，评选表彰市级三好学生1 468名、优秀学生干部358名、先进班集体253个，创建文明学校32所。加强青少年校外教育，全市县级以上青少年校外活动场所13所，“乡村学校少年宫”49所，“城市学校少年宫”20所。2015年，昆明市教育局被评为全国未成年人思想道德建设先进单位、昆明市未成年人思想道德建设先进单位。完成2.9万名初中毕业生初中学业水平体育考试；组织中小学体育教研组长、美术骨干教师和食堂食品安全、传染疾病预防培训，开展中小学校园青春健身操比赛、体育大课间评比、校园三人篮球班级联赛等体育赛事。组织第二十六届学生艺术节系列比赛活动。组织学生艺术代表团代表中国参加“开放的欧洲、开放的地球”莫斯科第十二届国际青少年艺术节，获舞蹈组最高奖。抓好中小学食品卫生、国防教育、体质健康测试、近视眼防控宣传教育等系列活动，促进学生体质健康发展。组织22所省级语言文字规范化示范校、2所省级规范汉字书写特色学校、24所市级语言文字规范化示范校申报创建，完成1.4万人次普通话水平测试。举办第三届汉字听写市级选拔赛、规范汉字书写大赛、学生语言才艺大赛等活动。

【国际化教育】 在全省率先出台《关于加快推进昆明市教育国际化发展的指导意见》，明确今后一个时期昆明市推进教育国际化发展的基本原则、目标任务和主要措施。引进北京青苗国际学校、世青国际学校等优质基础教育资源来昆合作办学，并设立分校。接待英国、泰国、缅甸、老挝等教育代表团来昆考察学习。至年末，全市11所中小学设有国际部，接收外籍学生507人。

昆明市参加第八届全国小荷风采少儿舞蹈比赛　（市教育局　供稿）

营养改善计划学生就餐　（市教育局　供稿）

【贫困家庭学生救助】 2015年，下达各类资助资金3.85亿元，资助各类学生26.8万人次，确保任何一个学段的学生不因家庭贫困而辍学。7 226名大学生获得生源地信用助学贷款，发放资金4 711.49万元。扶持214名大学毕业生自主创业，带动749名大学毕业生就业。

【营养改善计划】 2015年，学生补助标准从每生每天3元提高到每生每天4元。全市945所农村义务教育阶段学校、347 394名学生享受国家营养改善计划，下拨营养改善计划专项资金和中央奖补资金18 353.12万元，其中，中央专项资金8 477.12万元、中央奖补资金1 742.56万元，市级专项资金8 133.44万元，县级配套资金7 826.2万元。

【教育扶贫】 与禄劝县4个村委会163户贫困家庭建立“挂包帮扶”联系，开展“扶贫一日捐”活动，募集资金26.2万元，用于贫困户救助。拨付定点挂钩帮扶专项资金40万元，用于扶贫地区教育发展和基础设施建设。

【教育督导】 对县级政府履行教育职责情况进行督导评估，将考核结果向全市通报，并向社会公告。指导五华区、富民县完成国家义务教育督导评估。对133所中小学和183所幼儿园进行现代教育学校（幼儿园）进行督导评估。对教育领域重要指标、职业教育、校园安全、营养改善计划等进行专项督导。盘龙区申报全国责任督学挂牌督导创新县顺利通过省级评估。

【招生考试】 全年完成65 348名初三学生、39 750名高三学生参加中考和高考，完成成人高校招生考试40 905人、大学预科升学考试2 545人、大学在校生专升本考试3 615人、研究生招生考试12 556人、高等教育自学考试24 693人、教师资格考试50 126人、计算机等级考试10 875人和特岗教师笔试6 784人。

【依法治教】 清理教育有效执法依据50件，疏理行政权力清单和责任清单4类59项，举行教育重大决策听证会议4场。年内局法律顾问出具法律意见书23份、参与规范性文件审查论证9件、起草或审查合同协议17件。

【教师队伍建设】 举办“做党和人民满意的好老师”征文活动，开展寻找“最美昆明教师”“身边的好老师”、教师节30周年系列活动。官渡一中教师刘文萍、晋宁县昆阳二小教师肖军、五华区新萌学校教师代建荣当选第四届昆明市道德模范；昆明倘甸产业园区及昆明轿子山旅游开发区凤合镇中心完小教师陈闰茹和金源乡田坝心小学教师陈顺才、禄劝县秀屏中学教师梅如慧、东川区因民镇中心学校教师谢荣梅获第四届昆明市道德模范提名奖；昆明市盲哑学校教师乐建昆、昆明市第十中学退休教师俞泰红被评为2015年度“最美昆明人”；五华区新萌学校教师王淑一、昆明市盲哑学校教师乐建昆、官渡区方旺中心学校教师徐瑞、昆明市第十中学退休教师俞泰红、昆明市第一职业中等专业学校教师李光惠、寻甸县六哨中心学校教师刘绍香入选2015年度“昆明好人”。

【人才招聘】 组织师范类毕业生双向选择供需洽谈会、教育类人才大型专场招聘会和校长（园长）招聘洽谈会，提供就业岗位近3 000个，签订免费师范生就业协议229人；选派862名中小学教师轮岗交流。委托昆明学院培养免费师范生109名，招聘特岗教师416名，招聘直属事业单位人员59名、公务员5名，接收军转团职干部1人，军队退役士兵6人，完成1 443名教师职称评审和16 094人教师资格认定。

【教师培训】 年内市级集中培训中小学专任教师5 000余人，组织250人名校（园）长赴东北师大、北京师范大学、浙江大学、上海华东师范大学等高校研修。组建第三届名校长基地5个、第四届名师工作室33个。年内新增市级学科带头人和骨干教师206人，全市中小学在职特级教师135人，学科带头人936人，骨干教师1 699人。幼儿园、小学、初中、普通高中和中职专任教师学历合格率分别为97.47%、99.67%、99.78%、99.38%、84.10%。

【教育信息化建设】 实施教育信息化“三通两平台”建设，全市中小学

"宽带网络校校通"学校1 063所，接入率85.31%；"优质资源班班通"学校419所，接入率33.63%；教师"网络学习空间人人通"11.1%。中小学普通教室22 234间，其中，网络多媒体教室12 512间，占比56.27%；小学及小学教学点有计算机50 066台，初中有计算机27 184台，高中有计算机34 239台，中职学校有计算机27 757台，小学、初中、高中、中等职业教育学校学生用计算机比分别为10∶1、8∶1、3∶1、4∶1，教师有计算机比0.8∶1。"昆明市教育管理信息中心"挂牌成立，在"云南省教育资源公共服务平台"上注册教师人数19 530人，在"国家教育资源公共服务平台"上报名参加"晒课"人数11 178人，晒课6 586节。2015年，全市教育数字资源总量810 975.5GB，年度接受过信息技术培训的专任教师24 283人次，从事信息化工作人员2 895人。

【校园安全建设】 推进《昆明市学校安全条例》立法工作。出台《昆明市教育系统校园安全事故处置工作流程》《昆明市中小学幼儿园安全分级评定标准（试行）》，完善校园安全制度建设。全年投入校园安全建设和工作经费8 000余万元，设有专（兼）职管理人员2 563名，保安人数3 093名，874所学校配备报警装置，1 218所学校配备视频监控设施设备。加强校园安全隐患排查和整治，各级出动检查组241个，检查学校1 542所，排查隐患448条，整改329条；整治校园周边治安复杂区域842处。开展安全教育日、防灾减灾日、安全生产月、消防宣传月、应急演练等活动，普及校园安全知识。开展"平安校园"创建工作，创建市级"平安校园"62所，申报省级"平安校园"32所。

名师窦艳波开展教学示范活动　（市教育局　供稿）

【教育基础设施建设】 全年完成固定资产投资39.04亿元，占全年目标124%；争取上级资金9.24亿元，完成全年目标105%。出台《昆明市2014—2018年全面改善贫困地区义务教育学校办学条件规划》，完成11.15万平方米校舍建设任务和33.58万台件套设备配备，竣工饮水安全工程73件。完成昆明开放学院、昆明金殿中学、云南省邮电学校改扩建项目立项批复，总投资1.5亿元，计划2016年开工建设。实施昆一中改扩建二期，完成投资8 200万元，完成年度投资计划110.8%。推进昆明市财经贸易学校和昆明市第二职业中等专业学校合并迁建，累计完成投资63 572万元，占总投资96.9%，总体形象进度91.5%。投资40 326万元，完成滇池星城小区配套中小学建设，实现2015年秋季招生。投资460万元实施标准化考点改扩建项目，新建标准化考场422个；投资380万元实施考试指挥平台扩容改造，新建15个县级考区考试指挥平台。

（宋永东）

昆明市2015年各类办学类型学校数情况汇总表

单位：所

序号	类别	幼儿园			小学			初中			普通高中			特殊教育			工读学校			基础教育			中职教育			总计		
		小计	公办	民办	小计	公办	民办	小计	公办	民办	小计	公办	民办	小计	公办	民办	小计	公办	民办	小计	公办	民办	小计	公办	民办	小计	公办	民办
0	昆明市	1 162	305	857	959	881	78	192	138	54	95	59	36	5	5	0	1	1	0	2 414	1 389	1 025	79	56	23	2 493	1 445	1 048
1	五化区	91	31	60	43	36	7	10	4	6	17	10	7	1	1	0	0	0	0	162	82	80	17	11	6	179	93	86
2	盘龙区	98	22	76	62	52	10	20	10	10	9	5	4	1	1	0	1	1	0	191	91	100	12	9	3	203	100	103
3	官渡区	126	14	112	71	43	28	19	2	17	16	10	6	0	0	0	0	0	0	232	69	163	9	8	1	241	77	164
4	西山区	112	28	84	68	63	5	19	11	8	10	7	3	1	1	0	0	0	0	210	110	100	10	6	4	220	116	104
5	东川区	42	7	35	59	59	0	8	8	0	2	1	1	0	0	0	0	0	0	111	75	36	1	1	0	112	76	36
6	呈贡区	43	3	40	17	12	5	3	2	1	6	2	4	0	0	0	0	0	0	69	19	50	2	2	0	71	21	50
7	晋宁县	53	10	43	18	18	0	11	9	2	2	2	0	0	0	0	0	0	0	84	39	45	3	2	1	87	41	46
8	富民县	41	1	40	26	25	1	6	6	0	2	1	1	0	0	0	0	0	0	75	33	42	2	2	0	77	35	42
9	宜良县	112	61	51	66	66	0	12	11	1	2	2	0	1	1	0	0	0	0	193	141	52	4	2	2	197	143	54
10	石林县	92	76	16	16	15	1	5	5	0	2	2	0	0	0	0	0	0	0	115	98	17	2	2	0	117	100	17
11	嵩明县	61	9	52	46	46	0	8	8	0	3	3	0	0	0	0	0	0	0	118	66	52	6	3	3	124	69	55
12	禄劝县	53	6	47	170	170	0	15	15	0	2	2	0	0	0	0	0	0	0	240	193	47	2	2	0	242	195	47
13	寻甸县	81	11	70	114	113	1	13	13	0	3	2	1	1	1	0	0	0	0	212	140	72	3	2	1	215	142	73
14	安宁市	51	5	46	19	16	3	9	9	0	6	4	2	0	0	0	0	0	0	85	34	51	5	3	2	90	37	53
15	高新区	16	2	14	3	2	1	5	2	3	3	2	1	0	0	0	0	0	0	27	8	19	0	0	0	27	8	19
16	经开区	16	3	13	20	12	8	9	5	4	2	2	0	0	0	0	0	0	0	47	22	25	0	0	0	47	22	25
17	度假区	13	2	11	5	1	4	4	3	1	3	0	3	0	0	0	0	0	0	25	6	19	0	0	0	25	6	19
18	阳宗海	19	7	12	32	32	0	5	5	0	0	0	0	0	0	0	0	0	0	56	44	12	0	0	0	56	44	12
19	两　区	34	6	28	87	87	0	8	8	0	1	1	0	0	0	0	0	0	0	130	102	28	0	0	0	130	102	28
20	大板桥	8	1	7	17	13	4	3	2	1	4	1	3	0	0	0	0	0	0	32	17	15	1	1	0	33	18	15

备　注：

1.2015年全市小学教学点73所，其中度假区2所、东川区2所、晋宁县9所、石林县52所、嵩明县8所，均为公办，不计校数，未纳入基础教育学校数计算。

2.2015年全市中等职业教育其他机构数6所，其中公办1所、民办5所，不计校数，未纳入中等职业教育学校数计算。

昆明市2015年各类办学类型教职工情况汇总表

单位：人

序号	类别	学前教育			小学			初中			高中			特殊教育			工读学校			基础教育			中职教育			总计		
		小计	公办	民办	小计	公办	民办	小计	公办	民办	小计	公办	民办	小计	公办	民办	小计	公办	民办	小计	公办	民办	小计	公办	民办	小计	公办	民办
0	昆明市	22 273	5 591	16 682	28 469	25 162	3 307	17 117	14 178	2 939	9 425	6 859	2 566	197	197	0	48	48	0	77 529	52 035	25 494	7 544	5 196	2 348	85 073	57 231	27 842
1	五化区	2 853	1 188	1 665	2 451	2 116	335	1 580	832	748	1 520	1 100	420	37	37	0	0	0	0	8 441	5 273	3 168	2 095	1 741	354	10 536	7 014	3 522
2	盘龙区	2 647	741	1 906	2 440	2 106	334	1 411	1 060	351	692	502	190	34	34	0	48	48	0	7 272	4 491	2 781	1 047	841	206	8 319	5 332	2 987
3	官渡区	3 904	611	3 293	3 956	2 531	1 425	1 857	1 192	665	1 336	798	538	0	0	0	0	0	0	11 053	5 132	5 921	851	834	17	11 904	5 966	5 938
4	西山区	2 980	849	2 131	2 296	1 883	413	1 193	933	260	570	438	132	105	105	0	0	0	0	7 144	4 208	2 936	1 102	463	639	8 246	4 671	3 575
5	东川区	588	68	520	1 450	1 450	0	834	784	50	320	133	187	0	0	0	0	0	0	3 192	2 435	757	76	76	0	3 268	2511	757
6	呈贡区	1 021	189	832	673	547	126	542	327	215	565	269	296	0	0	0	0	0	0	2 801	1 332	1 469	116	116	0	2 917	1 448	1 469
7	晋宁县	1 073	247	826	1 256	1 245	11	959	930	29	296	296	0	0	0	0	0	0	0	3 584	2 718	866	171	117	54	3 755	2 835	920
8	富民县	406	55	351	866	858	8	537	504	33	201	123	78	0	0	0	0	0	0	2 010	1 540	470	43	43	0	2 053	1 583	470
9	宜良县	942	341	601	1 550	1 550	0	927	903	24	345	345	0	6	6	0	0	0	0	3 770	3 145	625	374	109	265	4 144	3 254	890
10	石林县	637	263	374	1 355	1 272	83	825	825	0	310	310	0	0	0	0	0	0	0	3 127	2 670	457	87	87	0	3 214	2757	457
11	嵩明县	953	134	819	1 434	1 434	0	936	936	0	404	404	0	0	0	0	0	0	0	3 727	2 908	819	693	193	500	4 420	3 101	1 319
12	禄劝县	622	94	528	1 798	1 798	0	1 008	1 008	0	430	430	0	0	0	0	0	0	0	3 858	3 330	528	97	97	0	3 955	3 427	528
13	寻甸县	528	93	435	2 047	2 038	9	1272	1 272	0	795	699	96	15	15	0	0	0	0	4 657	4 117	540	149	61	88	4 806	4 178	628
14	安宁市	1 188	395	793	1 399	1 312	87	957	949	8	508	381	127	0	0	0	0	0	0	4 052	3 037	1 015	488	381	107	4 540	3 418	1 122
15	高新区	433	59	374	498	456	42	368	210	158	398	279	119	0	0	0	0	0	0	1 697	1 004	693	63	0	63	1 760	1 004	756
16	经开区	459	77	382	544	334	210	293	195	98	51	51	0	0	0	0	0	0	0	1 347	657	690	55	0	55	1 402	657	745
17	度假区	453	36	417	427	323	104	415	201	214	100	0	100	0	0	0	0	0	0	1 395	560	835	0	0	0	1 395	560	835
18	阳宗海	176	39	137	1 172	1 172	0	705	705	0	270	270	0	0	0	0	0	0	0	2 323	2 186	137	0	0	0	2 323	2 186	137
19	两　区	216	89	127	448	448	0	287	287	0	0	0	0	0	0	0	0	0	0	951	824	127	0	0	0	951	824	127
20	大板桥	194	23	171	409	289	120	211	125	86	314	31	283	0	0	0	0	0	0	1 128	468	660	37	37	0	1 165	505	660

备　注：

本表民办数按照学校（机构）举办者代码为999的，计成民办，其他各类办学类型均视为公办。

昆明市2015年各类办学类型专任教师情况汇总表

单位：人

序号	类别	幼儿园			小学			初中			高中			特殊教育			工读学校			基础教育			中职教育			总计		
		小计	公办	民办	小计	公办	民办	小计	公办	民办	小计	公办	民办	小计	公办	民办	小计	公办	民办	小计	公办	民办	小计	公办	民办	小计	公办	民办
0	昆明市	1 1924	3 721	8 203	2 7161	24 188	2 973	15 891	13 378	2 513	7 387	5 915	1 472	187	187	0	42	42	0	62 592	47 431	15 161	5 590	4 025	1 565	68 182	51 456	16 726
1	五化区	1 537	733	804	2 356	2 065	291	1 511	817	694	1 135	897	238	36	36	0	0	0	0	6 575	4 548	2 027	1 554	1 329	225	8 129	5 877	2 252
2	盘龙区	1 450	532	918	2 386	2 084	302	1 306	1 042	264	565	461	104	34	34	0	42	42	0	5 783	4 195	1 588	728	620	108	6 511	4 815	1 696
3	官渡区	2 061	439	1 622	3 768	2 482	1 286	1 716	1 179	537	917	674	243	0	0	0	0	0	0	8 462	4 774	3 688	609	598	11	9 071	5 372	3 699
4	西山区	1 553	513	1 040	2 182	1 818	364	1 141	898	243	492	371	121	98	98	0	0	0	0	5 466	3 698	1 768	781	379	402	6 247	4 077	2 170
5	东川区	276	43	233	1 431	1 431	0	799	749	50	297	114	183	0	0	0	0	0	0	2 803	2 337	466	64	64	0	2 867	2 401	466
6	呈贡区	471	132	339	656	544	112	478	310	168	400	237	163	0	0	0	0	0	0	2 005	1 223	782	95	95	0	2 100	1 318	782
7	晋宁县	440	119	321	1 169	1 158	11	847	833	14	247	247	0	0	0	0	0	0	0	2 703	2 357	346	112	104	8	2 815	2 461	354
8	富民县	181	34	147	807	799	8	503	470	33	145	83	62	0	0	0	0	0	0	1 636	1 386	250	35	35	0	1 671	1 421	250
9	宜良县	653	273	380	1 482	1 482	0	890	880	10	325	325	0	5	5	0	0	0	0	3 355	2 965	390	319	96	223	3 674	3 061	613
10	石林县	387	214	173	1 323	1 240	83	723	723	0	286	286	0	0	0	0	0	0	0	2 719	2 463	256	76	76	0	2 795	2 539	256
11	嵩明县	598	98	500	1 274	1 274	0	868	868	0	358	358	0	0	0	0	0	0	0	3 098	2 598	500	532	146	386	3 630	2 744	886
12	禄劝县	375	84	291	1 773	1 773	0	980	980	0	386	386	0	0	0	0	0	0	0	3 514	3 223	291	85	85	0	3 599	3 308	291
13	寻甸县	324	72	252	1 892	1 883	9	1 125	1 125	0	672	614	58	14	14	0	0	0	0	4 027	3 708	319	85	44	41	4112	3 752	360
14	安宁市	569	223	346	1 377	1 304	73	894	886	8	415	336	79	0	0	0	0	0	0	3 255	2 749	506	403	327	76	3 658	3 076	582
15	高新区	239	31	208	479	443	36	351	207	144	286	231	55	0	0	0	0	0	0	1 355	912	443	40	0	40	1 395	912	483
16	经开区	228	45	183	509	328	181	239	186	53	45	45	0	0	0	0	0	0	0	1 021	604	417	45	0	45	1 066	604	462
17	度假区	238	31	207	422	320	102	394	185	209	60	0	60	0	0	0	0	0	0	1 114	536	578	0	0	0	1 114	536	578
18	阳宗海	112	33	79	1 062	1 062	0	652	652	0	221	221	0	0	0	0	0	0	0	2 047	1 968	79	0	0	0	2 047	1 968	79
19	两　区	134	64	70	413	413	0	270	270	0	0	0	0	0	0	0	0	0	0	817	747	70	0	0	0	817	747	70
20	大板桥	98	8	90	400	285	115	204	118	86	135	29	106	0	0	0	0	0	0	837	440	397	27	27	0	864	467	397

备　注：

本表民办数按照学校（机构）举办者代码为999的，计成民办，其他各类办学类型均视为公办。

昆明市2015年各类办学类型在校生情况汇总表

单位：人

序号	类别	幼儿园			小学			初中			高中			特殊教育			工读学校			基础教育			中职教育			总计		
		小计	公办	民办	小计	公办	民办	小计	公办	民办	小计	公办	民办	小计	公办	民办	小计	公办	民办	小计	公办	民办	小计	公办	民办	小计	公办	民办
0	昆明市	207 387	64 251	143 136	484 379	425 232	59 147	216 919	178 154	38 765	98 934	81 076	17 858	565	565	0	64	64	0	1 008 248	749 342	258 906	176 933	73 179	103 754	1 185 181	822 521	362 660
1	五化区	21 891	10 071	11 820	48 286	42 097	6 189	22 588	10 528	12 060	16 359	11 758	4 601	140	140	0	0	0	0	109 264	74 594	34 670	64 428	30 469	33 959	173 692	105 063	68 629
2	盘龙区	19 742	6 664	13 078	48 384	42 642	5 742	17 899	13 683	4 216	7 200	6 124	1 076	105	105	0	64	64	0	93 394	69 282	24 112	24 789	13 128	11 661	118 183	82 410	35 773
3	官渡区	32 838	5 563	27 275	78 504	50 774	27 730	24 867	16 316	8 551	11 241	8 013	3 228	0	0	0	0	0	0	147 450	80 666	66 784	9 561	7 331	2 230	157 011	87 997	69 014
4	西山区	22 763	7 652	15 111	42 445	36 187	6 258	16 993	13 276	3 717	6 379	5 085	1 294	252	252	0	0	0	0	88 832	62 452	26 380	18 865	3 272	15 593	107 697	65 724	41 973
5	东川区	7 686	2 116	5 570	21 398	21 398	0	10 749	9 457	1 292	3 630	1 396	2 234	0	0	0	0	0	0	43 463	34 367	9 096	72	72	0	43 535	34 439	9 096
6	呈贡区	6 611	1 402	5 209	13 047	10 950	2 097	5 939	3 411	2 528	4 191	2 989	1 202	0	0	0	0	0	0	29 788	18 752	11 036	10 037	875	9 162	39 825	19 627	20 198
7	晋宁县	8 923	2 095	6 828	19 453	19 302	151	9 939	9 470	469	3 552	3 552	0	0	0	0	0	0	0	41 867	34 419	7 448	1 398	1 135	263	43 265	35 554	7 711
8	富民县	4 847	1 263	3 584	13 253	13 168	85	5 012	4 733	279	1 883	1 158	725	0	0	0	0	0	0	24 995	20 322	4 673	0	0	0	24 995	20 322	4 673
9	宜良县	11 527	5 315	6 212	25 500	25 500	0	14 187	14 145	42	5 745	5 745	0	24	24	0	0	0	0	56 983	50 729	6 254	8 165	1 057	7 108	65 148	51 786	13 362
10	石林县	9 018	5 223	3 795	18 359	16 467	1 892	10 591	10 591	0	4 105	4 105	0	0	0	0	0	0	0	42 073	36 386	5 687	794	794	0	42 867	37 180	5 687
11	嵩明县	12 354	1 764	10 590	22 719	22 719	0	11 866	11 866	0	4 757	4 757	0	0	0	0	0	0	0	51 696	41 106	10 590	14 198	802	13 396	65 894	41 908	23 986
12	禄劝县	8 812	2 153	6 659	25 596	25 596	0	14 130	14 130	0	5 787	5 787	0	0	0	0	0	0	0	54 325	47 666	6 659	953	953	0	55 278	48 619	6 659
13	寻甸县	11 205	3 339	7 866	29 906	29 864	42	14 669	14 669	0	9 426	8 882	544	44	44	0	0	0	0	65 250	56 798	8 452	1 193	49	1 144	66 443	56 847	9 596
14	安宁市	9 937	2 897	7 040	23 940	22 895	1 045	12 318	12 186	132	4 728	4 236	492	0	0	0	0	0	0	50 923	42 214	8 709	13 307	6204	7 103	64 230	48 418	15 812
15	高新区	2 973	454	2 519	9 532	8 536	996	4 652	2 481	2 171	4 011	3 090	921	0	0	0	0	0	0	21 168	14 561	6 607	1 034	0	1 034	22 202	14 561	7 641
16	经开区	3 543	824	2 719	10 793	6 670	4 123	2 987	2 433	554	473	473	0	0	0	0	0	0	0	17 796	10 400	7 396	7 276	6 175	1 101	25 072	16 575	8 497
17	度假区	2 844	420	2 424	5 677	4 521	1 156	3 704	1 633	2 071	558	0	558	0	0	0	0	0	0	12 783	6 574	6 209	768	768	0	13 551	7 342	6 209
18	阳宗海	4 798	2 757	2 041	14 028	14 028	0	7 649	7 649	0	3 250	3 250	0	0	0	0	0	0	0	29 725	27 684	2 041	0	0	0	29 725	27 684	2 041
19	两　区	3 366	2 142	1 224	6 805	6 805	0	3 710	3 710	0	0	0	0	0	0	0	0	0	0	13 881	12 657	1 224	0	0	0	13 881	12 657	1 224
20	大板桥	1 709	137	1 572	6 754	5 113	1 641	2 470	1 787	683	1 659	686	973	0	0	0	0	0	0	12 592	7 723	4 869	95	95	0	12 687	7 818	4 869

备　注：

本表民办数按照学校（机构）举办者代码为999的，计成民办，其他各类办学类型均视为公办。

市委党校

【概况】 中共昆明市委党校为“一校三院”体制，即中共昆明市委党校、昆明市行政学院、昆明市社会主义学院、昆明市青年干部学院，是昆明市委的重要部门和培训轮训党员干部的主要渠道。2015年，市委党校先后荣获“云南省文明单位”、2014年目标管理考核优秀单位、“法治优秀单位”“昆明市2014年度党建工作先进党委”“好的领导班子”荣誉称号。获市级机关工会联合会2014年度工作目标考核一等奖。

2015年7月3日，“云南省中国特色社会主义理论体系宣传调研基地”在市委党校揭牌。（市委党校　供稿）

【教学培训】 创新教学培训理念，探索应用讲授式、案例式、现场式、情景模拟式等多种教学方法，推进结构化研讨等团队教学和培训新模式，加强教学改革，强化教学的针对性和实效性。全年举办各类培训班241个次，同比增长134%，培训学员3.87万人次，同比增长198.8%。举办昆明市领导干部培训日讲座13讲，培训干部2.27万人次；完成云南省时代知识前沿讲座昆明分会场讲座8个，培训干部3 763人次；举办昆明市全面深化改革专题研讨班1期、城乡规划与产业发展专题研讨班2期及乡镇（街道）组织委员培训班1期；承办国家行政学院老挝党政干部培训班、北京市朝阳区处级干部赴昆明异地培训班等多个高层次干部培训；加大“流动党校”和送学下基层力度，选派优秀教师到县区乡镇和部委办局授课，全年选派教师授课202场次，培训干部2万多人次。发挥党校在意识形态领域中的理论武装和思想引导作用；省市领导亲临党校授课，为培训班做动员讲话和专题授课，从多方面给予党校关心和支持，对做好新形势下党校工作提出新要求和新期望。

【科研课题】 2015年，中共昆明市委党校申报课题立项有较大突破。全年完成国家、省、市、校“四级”课题的申报立项45项，同比增长18.5%，课题结项13项，同比增长44%。立项课题为：全国行政学院科研合作基金课题2项，云南省社会主义学院课题3项，中共云南省委党校课题3项，昆明市倘甸产业园区及昆明轿子山旅游开发区“十三五”规划重大前期研究课题1项，昆明市决策咨询党群口科研课题2项，昆明市社科规划课题4项，中共昆明市纪律检查委员会办公厅重点课题1项，昆明市呈贡区“十三五”时期重大研究课题4项；校级课题25项，其中，市委党校18项，各分校7项。课题结题为：省委党校系统课题4项，中共云南省委组织部“杨善洲精神”重点课题1项，市社科规划课题3项，市决策咨询课题1项，市纪委办公厅重点课题1项，昆明市国家级经济技术开发区纪工委2014年度委托课题1项，中共呈贡区委组织部课题1项，市国家级经济技术开发区课题1项。完成调研报告19篇，其中，《中国经济新常态下昆明工业转型升级对策研究》被昆明市政府研究室《决策调研报告》专题编印；《关于加强昆明市农村法治建设的几点建议》被“昆明智库”《昆明政研》刊用。全年争取课题经费49.3万元，同比增长67.4%。

【理论宣传】 2015年，中共昆明市委党校领导、教师在国家级刊物发表文章5篇，省级刊物发表文章40篇，市级刊物发表文章165篇。编辑出版发行公开刊物《实践与跨越》3辑。编撰出版《昆明跨越　实践力量》系列之三“咨政建言与献策专辑”。编撰《2015昆明转型发展研究报告》《中共昆明市委党校60年》。撰稿2015年版《昆明年鉴》市委党校部分。编印《参考信息》12期，《党政领导参阅》（电子版）35期。全年23人的科研成果获表彰，其中，国家级奖励1项，省级奖励7项，市级奖励15项。

【新型智库建设】 参与完成由中共昆明市委全面深化改革领导小组办公室牵头，市委政研室、市政府研究室承担的《昆明市全面深化改革中长期规划研究》课题。参与市政府研究室《关于加快昆明新型智库建设的实施意见》的起草、修改工作。研究制定《关于创新党校（院）特色新型智库建设的实施方案》。7月3日，云南日报报业集团与市委党校共建的“云南省中国特色社会主义理论体系宣传调研基地”在市委党校揭牌，助推党校中国特色社会主义理论体系最新成果的理论宣传，使党校新型智库建设迈上新台阶。通过全程参与2期全市城乡规划与产业发展专题培训班的研讨，形成《关于进一步加强城乡规划与产业发展结合的建议》《昆明市产·城·景融合发展研究》2项成果上报市委。

【理论研讨】 全年举办2次昆明市哲学科学社会主义学会学术研讨会，为理论研讨、学术交流搭建平台。5月，举办“推进依法治市建设法治昆明—问题·路径”理论研讨会，邀请知名专家进行研讨交流。研讨会共收到论文175篇，其中，入选研讨会论文126篇，优秀文章推荐在《云南日报》《社会主义论坛》和“云南理论网”刊发。12月，在寻甸分校举办“学习贯彻十八届五中全会精神 探索昆明精准扶贫精准脱贫问题·路径”理论研讨会，形成《关于昆明市精准扶贫精准脱贫“问题·路径”理论研讨会咨询建议的报告》上报市领导提供决策参考，其中，《一牛二羊一毛驴 山区农民能脱贫》的建言获得昆明市扶贫办认可，在全市2个区2个县推广运用。

【业务培训】 2015年，中共昆明市委党校选派205人次干部（教师）到国外、省内外学习进修，选派16名干部（教师）到基层锻炼及到市委办公厅、组织部跟班学习，选拔任用11名科级领导干部，对3名中层干部及教研部人员进行优化调整，公开招聘、选调5名干部。

【基层服务】 2015年，中共昆明市委党校主要领导、党委班子成员及党员干部职工共计400余人次，深入6个扶贫挂钩联系点访民情、听民意、定计划、办实事、抓落实，直接投入帮扶资金66万元，协调资金75万元，解决集体经济薄弱、基础设施落后、村组干部素质不高、基层党组织建设不力、医疗卫生欠佳、教育资源短缺、人文关怀缺乏等问题，得到当地党委、政府和群众的好评；投入资金40余万元，支持9分校建设和发展；关心支持老干部，在主城区设立老干科，并安排2名干部为老干部服务；投资近2万元和500册图书，充实老干部活动室。市政中心图书服务窗口服务读者以及办事群众1.80万人次。

（赵庆元）

昆明学院

【概况】 昆明学院是教育部批准建立的全日制普通高等学校。学校总占地面积2 366亩，其中，主校区1 817亩，校外实习基地549亩。洋浦主校区位于昆明市国家经济技术开发区，规划建筑面积60余万平方米，现已建成49万平方米。学校固定资产总值达26.32亿元。学校有在职教职工1 652人，其中，专任教师1 073人。专任教师中博士123人，硕士537人，正高级职称人员116人（二级教授4人），副高级职称人员413人；省级教学团队5个、教学名师12人、名师工作室8个。学校有20个院（系、部），47个本科专业，17个特色专科专业，涵盖经济学、法学、教育学、文学、历史学、理学、工学、农学、医学、管理学、艺术学11个学科门类。学校面向全国20多个省（直辖市、自治区）招生。全日制本专科在校生1.85万余人。

【教学管理】 加强本科教学质量工程建设，完成22个类别132个质量工程项目的验收和检查，获批15个省级项目，至年末，获省级及以上教学质量工程项目160项（其中，国家级项目16项，省级教学成果奖10项）。开展创新创业教育改革，启动学校应用型人才培养改革创新项目建设工程，首批遴选项目16项，支持建设经费315万元。人才培养质量逐步提高。2015年，毕业生考研共有111人上线，录取85人，其中，被211和985高校录取比例占62%，上线率和录取率较2014年有明显增长；成人教育招生规模不断扩大，质量稳步上升，2015级成人教育人数2 867人，在籍学生人数近6 700人。

【科学研究】 坚持科研兴校。至年末，获国家级科研项目58项，省部级项目123项；获国家级、省部级科研奖励15项；发表核心期刊论文900余篇，SCI、EI、ISTP论文300余篇，专

昆明学院领导深入教学院系调研指导工作 （昆明学院 供稿）

著、编著70余部。2015年，获中央财政支持地方高校发展专项资金1 200万元；“云南省都市型休闲农业工程技术研究中心”被认定为省工程技术研究中心；“滇池保护与治理专家工作站”获云南省科学技术协会批准；“昆明市滇池水生态恢复重点实验室”获批昆明市重点实验室；“滇池流域生态文化博物馆”获“云南省科学普及教育基地”“云南省社会科学普及示范基地”“昆明市环境教育基地”称号；农学院成为首批昆明市科技众创空间·创新创业梦想孵化基地；“昆明科学发展智库”成为云南省重点培育高校智库；成功申报云南省哲学社会科学创新团队1个；获国家自然科学基金项目6项、国家社科基金项目1项、教育部人文社科项目2项、省部级项目13项、市厅级项目39项；科研项目纵向立项经费492.9万元。

【学生工作】　以学风建设为核心，加强和改进学生服务管理。2015年，录取新生5 226人（本科4 036人、专科1 151人、预科39人），报到率93.45%；完善“奖、勤、助、补、贷”资助体系，学生奖助金发放总额2 024.34万元；加大就业帮扶，提升就业质量，年终就业率97.3%，连续7年荣获“云南省高校毕业生就业工作目标责任考核一等奖，被云南省教育厅确定为2015年高校就业创业典型经验示范学校。

【服务社会】　学校立足昆明、研究昆明、服务云南，发挥“昆明科学发展研究院”“昆明滇池（湖泊）污染防治合作研究中心”“滇池泛亚合作战略研究院”“昆明市物联网及泛在工程技术中心”4个校级研究平台和院（系）研究院（所）的作用，推进校地、校企和校际合作，提高学校主动服务地方经济社会的能力。主持研究昆明市决策咨询课题《“一带一路”背景下加强昆明市与东盟旅游合作研究》和《昆明市基层法律服务在农村地区全覆盖对策研究》；完成昆明市社会科学界联合会课题《昆明市县域经济发展水平比较研究》；编辑出版《2015昆明科学发展蓝皮书》；完成文山州、富民县、宜良县等地区“十三五”规划相关课题研究项目，服务地方经济社会的特色更加凸显。

【国际交流合作】　立足南亚和东南亚，拓展欧美等国际领域，探索推进国际化进程。至年末，与19个国家和地区的67所院校、教育机构开展实质性合作，签订86份合作备忘录和协议；成立昆明学院东盟商学院、瑜伽中心、爱尔兰中心、昆明学院曼德勒华文教育培训中心、昆明学院缅甸合作中心、BTEC教育培训中心、中加学前教育中心、曼谷实习基地等国际交流合作平台；完成“印度电影文化交流周”“国际瑜伽日”“华文教育研讨会”等国际交流活动；与印度教育在线公司联合举办“全球化学校教育”国际会议。

【管理工作】　提升学校管理水平，深化专项审计监督，完善审计工作程序，健全审计制度。2015年，完成学校一期改扩建项目投资19.5亿元的政府竣工决算审计，启动学校8家独立核算单位审计工作，被评为云南省内部审计先进集体、昆明市内部审计先进单位；完成高校绩效工资、科研经费、国有资产管理“三项治理”工作专项检查验收。

【应用转型】　立足地方性、应用型，加强学校应用型本科整体转型试点工作，突出应用型人才能力培养，加快特色应用型专业申报及专业群建设。强化实践教学环节，加快实验室及实习实训基地建设，至年末，共有本科实验、实习、实训场所232个，校外教学实习基地150个。

【教师队伍建设】　深化人事制度改革，引进高层次人才10名（其中，博士8名、正高级职称2名），新招聘硕士研究生18名。至年末，学校共有专任教师1 055人，其中，博士127人，硕士523人，博、硕士比例达60%；正高级职称人员115人，副高级职称人员433人，副高及以上职称比例达47%。省级教学团队5个、省级教学名师12人、省级名师工作室8个，省级学科带头人或学术带头人7人，青年骨干教师60人。

【扶贫工作】　落实省市扶贫攻坚工作要求，做好对口帮扶芒市的“兴边富民”和东川区因民镇因民社区扶贫攻坚包村工作，完成挂联红河州红河县垤玛乡腊哈村、东川区阿旺镇关中村的第一轮“挂包帮、转走访”任务。学校156名中层以上干部、34名科级干部、14名业务骨干走访贫困村199户、674人，捐款捐物合计4.953万元，帮扶干部自发向挂联户捐款4万余元。发布、实施《昆明学院“一对一”精准帮扶工作方案》，建立精准帮扶信息系统，实行对帮扶学生、帮扶教职工、精准帮扶工作的动态管理。

【表彰】　2月28日，学校获“第四届全国文明单位”称号，完成“六五”普法检查验收工作；加强平安校园建设，通过国务院教育督导委员会2015年秋季开学工作暨“护校安园”行动落实情况的督导检查。

（昆明学院）

文　化

【传统文化】　昆明是国家首批公布的24个历史文化名城之一，是一个多民族聚居的地区。昆明市文化遗产资源丰富，全市共有各级文物保护单位575项，其中，全国重点文物保护单位19项、省级55项、市级132项、县（市）区级369项。昆明市拥有丰富

的非物质文化遗产资源。2015年，有国家级非遗项目7项，即阿诗玛（民间文学）、滇剧（传统戏剧）、彝族大三弦舞（传统舞蹈）、彝族撒尼刺绣（传统美术）、关索戏（传统戏剧）、彝族摔跤（传统体育）、中药传统中药制剂（传统医药）。国家级传承人健在1人。全市有省级非物质文化遗产项目33项，省级非遗传承人73人；市级非遗项目238项，市级非遗传承人92人。非物质文化遗产涉及文学、音乐、舞蹈、美术、工艺、戏剧、民俗、医药、体育竞技等领域。

【非物质文化遗产传承保护】 2015年，以非物质文化遗产项目金殿庙会、圆通樱潮等传统节庆活动为载体，开展宣传展示活动。通过非遗传承人现场技艺展示、实物精品展示、非遗文化长廊、滇剧展演等形式，充分展示昆明市非遗独特魅力，让非遗保护和传承意识在广大群众中得到普及和传播。

举办2015年“文化遗产日”活动。由云南省文化厅、云南省文物局、昆明市文化广播电视体育局、官渡区人民政府共同主办，于6月13—17日在官渡古镇举办2015年“文化遗产日”系列活动。内容包括“民族民间歌舞乐展演”“中华技艺·百县百艺”昆明官渡第五届全国非遗联展、“第二届昆明滇剧艺术周”“云南省博物馆通史陈列及专题展览”“昆明碑林石刻展”“官渡记忆·民俗文化与合虚七彩剪纸展”“古韵异彩·百人围棋大赛”、中医专家义诊和文物鉴定与法律咨询等9项系列活动。

举办“昆明市第三届民族民间歌舞乐调演”，参加“云南省第九届省民族民间歌舞乐展演”并获佳绩。为展示昆明市非物质文化遗产保护成果，展现民族艺术风采，推动民族文化繁荣发展，市文化广电体育局、市民族宗教事务委员会于9月8日举办“昆明市第三届民族民间歌舞乐调演”，来自全市12个县区、5个开发（度假）区的30个节目、640多名各行各业的群众、山区少数民族以及各级非物质文化遗产传承人参加演出。选出4个优秀节目参加11月举办的“云南省第九届省民族民间歌舞乐展演”，获得金奖、铜奖、优秀节目奖、传承奖、组织奖等5个奖项。

6月，市委宣传部、市文明办等5部委决定将非遗进校园活动向全市各中小学校推广。活动以全市中小学校、青少年校外活动中心、城乡学校少年宫为载体，以创建非遗传承示范学校为重点，开展“非遗进校园”主题活动，每2年为1个周期进行评选表彰。对开展“非遗进校园”活动成果突出的盘龙区环城一小等6所学校进行表彰，授予“昆明市非物质文化遗产传承示范学校”称号。

【海鸥文化节】 2015年1月1—10日，昆明市举办主题为春城韵·人鸥情—“相爱零距离，相约三十载”海鸥文化节。2015年第八届昆明海鸥文化节由经典活动、创意活动和企业众筹活动三大板块组成。2015年1月1—6日，举办昆明·五华和谐大舞台民族民间文艺展演活动。2015年，第八届昆明海鸥文化节和谐大舞台民族民间文艺展演活动，通过不同的文艺展演形式，为基层文艺组织提供展示平台。来自昆明市60家业余文艺团队，以及五华区各街道办事处、社区的文艺爱好者共计千余人，以不同形式、不同类别的文艺节目登上第八届昆明海鸥文化节和谐大舞台，展示美丽昆明文明、繁荣、前进的时代新形象。

【基层公共文化服务建设】 实施基层公共文化服务包，将服务包与全市创建成功的文化部门和社区文化沟通机制建设深度融合，实现以有限的文化资源获取服务价值最大化的基层公共文化服务效果。基层公共文化活动项目逐渐形成当地民俗品牌，“周周有主题、月月有活动，天天有歌声”的良好群众文化活动氛围，成为基层公共文化服务机制建设的昆明经验和昆明模式。2015年，人民网、中宣部内刊《宣传工作》首页、《云南日报》头版头条、《中国文化报》头版头条及诸多媒体均对“昆明市基层公共文化服务包”经验进行宣传报道。

【春城文化节系列活动】 “中国梦·春舞大地”2015年春城文化节由市文化广播电视体育局主办，市文化馆、12县区文广体旅局及5个开发（度假）园区社会事业局承办。2015年春城文化节系列活动围绕“我们的节日、百姓的舞台”的活动宗旨，分“春意盎然、夏日激情、金秋华彩、花开暖冬”4个篇章。主城区把昆明市南屏步行街广场、世博广场、碧鸡广场、官渡广场设立为活动的4大广场，12个县区、5个开发（度假）园区设立分会场；以市、县、乡、村“两馆一站一室”为依托，以群众参与为主体，汇聚昆明市优秀艺术家和专业、业余文艺团队，以精彩纷呈的文艺形式繁荣市民文化，丰富群众文化，活跃城市文化氛围，推动昆明市群众文化艺术的繁荣发展。2015年春城文化节系列活动开展各类活动1.35万场，参与人数525.60万人。

【群众文艺精品创作及演出】 创作、排演新剧目大型儿童剧《战德和他的藏獒犬》、舞剧《大河苍流静》、本土原创交响乐作品《家园》。共举办23场音乐季音乐会。与云南杨丽萍公司联合出品的舞蹈剧《十面埋伏》在昆明进行全球首演。举办昆明市纪念中国人民抗日战争暨世界反法西斯战争胜利70周年音乐会。完成第三届中国西部交响乐展演活动。原创作品《滇池》参加第三届中国西部交响乐展演、重庆五区展演、“关爱滇池 亲近滇池 百万市民志愿活动文艺演出活动”、乌鲁木齐展演；乐团以室内乐、重奏组、大乐团等多种形式于每周周末赴滇池周边县区、湿地公园开展惠民演出。

市文化馆话剧《守望》荣获“2015年全省禁毒系统文艺调演活动”二等奖，昆明市红领巾艺术团参加第二十届新加坡世界青少年“金狮奖”音乐、舞蹈、器乐、美术比赛获组织金奖，舞蹈节目《小海鸥》获最高奖奖金。昆明市选送的6个美术书法摄影作品获云南省群众文化“彩云奖”。打磨重点作品，组织优秀作品巡演，开展群众艺术精品、群众艺术名家进校园、进军营、进社区、进工地等惠民活动。对全市1 646支业余文艺团队进行梳理、登记、造册。126支优秀业余文艺团队受到云南省文化厅表彰。

完成“三下乡”惠民演出125场，14个县（市）区、5个开发（度假）园区完成“三下乡”惠民演出2 260场。

【文化遗产保护】 开展文物保护基础工作，年内完成第六批31项市级文物保护单位“有保护组织，有保护范围，有保护标志，有科学记录档案”的“四有”工作，实施20项不可移动文物保护工程项目。做好文物安全工作。2015年1月6日，联合昆明市公安消防支队在全市范围内开展以各级文物保护单位、登记不可移动文物中的木构建筑为主体的消防安全专项治理工作，对落实情况进行不间断督查，抽查文物古建筑、近现代重要史迹及代表性建筑、文物收藏单位等共计58家，发现火灾隐患55处，督促整改55处，隐患单位全部整改到位。推动第一次可移动文物普查工作，完成普查第二阶段的数据登录、上报工作。

【博物馆工作】 展示昆明抗战历史文化。在市博物馆举办抗战文化专题展览11个，开展云南陆军讲武堂历史博物馆“中国远征军”主题展览建设项目，启动昆明飞虎队纪念馆建设项目立项工作。推动县区级国有博物馆建设项目，推进晋宁县博物馆、官渡区昆明碑林博物馆二期提升项目建设；启动朱德旧居陈列布展建设工程；实施“昆明市流动博物馆”项目。年内开展流动展览24次。

【文化交流活动】 应昆明市国际友好城市马来西亚古晋南市的邀请，组团赴古晋南参加该市第二十七届城市纪念日活动。公选选拔出2位艺术家与苏黎世互派交流。以色列著名钢琴家亚龙·科尔伯格与昆明聂耳交响乐团联袂演出。举办中法文化交流之春活动。文化交流活动从单一的苏黎世文化交流，扩展为与美国丹佛市、日本藤泽市、马来西亚古晋南市、缅甸曼德勒市等城市文化体育交流。

【文化市场管理】 加大市场监管力度。开展重大节庆文化市场综合整治行动，净化文化市场。全市出动执法人员3 823人次，车辆1 927辆次，检查各类文化经营单位2 136家次，强化演出市场监管，确保演出市场安全。在全市范围内开展安全生产大检查，改善文化市场消防安全环境，提高文化企业应急处置能力。完善互联网上网服务行业管理政策，促进网吧行业转型升级，制订下发《昆明市互联网上网服务行业转型升级工作方案》，开展转型升级试点工作。至年末，全市互联网上网服务行业转型升级工作已取得阶段性成果，31家试点场所全部完成转型升级工作。推进“文化市场技术监管与服务平台”应用推广工作，提高文化市场管理的科学化水平，制定下发《关于加快推进全国文化市场技术监管与服务平台上线应用工作的通知》。

加大对大案要案的查处力度，强化文化市场规范。查处“3·13”“媚娘原创”“5·25”特大制售非法出版物、“7·29”非法电台专案、“云南佳路酒店有限公司容留他人吸食毒品案”等重大案件。

（市文化广播电视体育局）

文学艺术

【“深入生活，扎根人民”主题实践活动】 昆明市文学艺术界联合会组织各文艺家协会和基层文联开展“深入生活，扎根人民”主题实践活动，引导广大文艺工作者到基层、到群众中去。市文联各门类艺术家、各县区文联进社区、进企业、进学校、进基层、进部队，开展“欢乐送基层”“文艺家进部队 共叙军民鱼水情”活动，免费为群众写春联、作画、赠送书画作品、拍摄“全家福”等。“深入生活，扎根人民”文艺创作暨文艺展示活动，邀请全国文艺界领军人物和省市知名文艺家代表齐聚昆明，中国文联副主席、中国作协名誉副主席、著名作家丹增，中国文艺评论家协会主席、著名文艺评论家仲呈祥，中国文联副主席、著名作曲家徐沛东，中国作协主席团委员、中国作协报告文学委员会主任张胜友，中央文史研究馆馆员、中国佛教协会名誉理事、中国昆剧古琴研究会会长田青，中国电影家协会第七届主席团常务副主席、中国影协分党组书记康健民等全国文艺界领军人物到会。与会专家围绕“繁荣昆明文艺创作”这一主题，开展繁荣昆明文艺创作座谈会，《云南日报》《昆明日报》、昆明信息港、昆明电视台、光明网等新闻媒体对座谈会进行详细报道；活动举办的“印象昆明”书画展和昆明文艺作品成果展，集中展示近年来昆明文艺创作的成果，获得全国知名文艺家的肯定。

【文艺活动】 市文联组织各文艺家协会、基层文联围绕主旋律，开展“中国梦”主题系列活动，主办“美丽中国梦·迎春墨韵情”——程地超书法作品展暨《大观楼长联五体书》首发式及“传统文化”经典诵读表演；参与主办中国梦·云南情“石林杯”首届云南民族歌曲声乐大赛；与

"繁荣昆明文艺创作"座谈研讨会　　（市文联　供稿）

宜良县联合举办"中国梦"主题"花乡水城、宜结良缘"2015旅游文化花街节书法美术联展活动。昆明市书法家协会、美术家协会联合举办"情满云南　圆梦中华——暨2015'圆梦中华'著名书画家作品展"；官渡区文联举办"践行核心价值观·共筑中国梦爱在官渡"书画摄影展；盘龙区文联组织"七彩生活中国梦·合虚七彩剪纸专题展"等。活动集中展示广大人民追梦、圆梦的历程。

开展"纪念中国人民抗日战争暨世界反法西斯战争胜利70周年楹联诗词征集活动"和"牢记历史，不忘过去，珍爱和平，开创未来"——纪念中国人民抗日战争暨世界反法西斯战争胜利70周年原创美术作品巡回展暨《铁血云南》系列连环画首发式活动；与禄劝县共同举办"纪念红军长征过禄劝80周年美术、书法、摄影展"；编辑出版《昆明抗战手绘"地图"》并举行首发式等，以文艺的形式宣传中国人民在抗日战争中所表现出的不怕牺牲、前赴后继、英勇战斗的爱国主义精神，引导广大人民群众增强民族自尊心、自信心和自豪感。

在寻甸县召开旨在加强北部各县区文学创作交流学习的"昆明北部县区文学创作笔会"，昆明北部县区的70余名作家、艺术家参加活动，与会艺术家深入采风点进行采风活动，用手中的笔和镜头去捕捉历史、人文和风景之美，创作各类文艺作品80余件。

【人才培养】　《滇池》文学杂志、昆明作家协会举办"小说大师班"文学培训活动，特邀当代著名作家、著名评论家授课，参加培训的近百名本土青年小说作家提交10余万字的文学作品；在呈贡区万溪冲挂牌建立"昆明文学艺术创作基地"，举办各类文艺、展览、展演活动，使更多文艺爱好者参与其中，推动创作；为发现、挖掘、培养艺术人才，在嵩明县小街镇建立"昆明戏剧家协会创作演出基地"；组织部分干部职工参加中国文联和中国文艺评论家协会主办的"全国文艺评论骨干专题研修班"，提升文艺工作者文艺素质和知识储备。

举办以促进云南网络文学发展，挖掘文学新人，举办"2015首届滇云网络文学大赛"。作为云南首次举办的大规模网络文学赛事，引起社会各界的广泛关注。大赛征稿启事点击阅读超过120万人次，吸引来自本土及北京、甘肃、江西等全国10多个省市文学爱好者参与，参赛者年龄涵盖1950—2000年出生的各个年龄段，收到投稿作品千余篇。

【获奖作品】　2015年，市文联在报告文学、散文、评论等方面都有新的突破，在云南省及全国重点文学期刊上发表文章100余篇。创作的文学作品获第七届"云南文化精品工程"称号3件，获"中国梦——云南故事"征文一等奖2个。

作家张庆国小说《如风》获第四届汉语学女评委"作家叙事奖"；作家陈约红小说《飞鱼座女孩》获"青铜葵花儿童小说"铜葵花奖；民间艺术家王仲德大型面塑《茶马古道》获云南省工艺美术第九届"工美杯"金奖；剪纸作品《鹤舞》获"全国剪纸艺术名家精品"评选活动优秀奖；摄影家追艺、李一波、张志刚作品分别获得"日本东京国际滤镜摄影大赛"优胜奖、"第五届台湾国际摄影艺术展"铜质收藏奖和"中国摄影家协会第二十五届全国摄影艺术展览"铜质收藏奖等。

【协会和基层文联换届】　2015年，市文联各文艺家协会5年任期届满，市文联组建换届工作领导班子，统筹换届各项准备工作的组织实施，完成摄影家协会、收藏家协会和儿童文学研究会的换届工作。换届后班子成员年龄结构更趋合理，形成以中青年骨干为主的领导集体，班子成员的代表性更加广泛，有利于全市广大文艺人才的联络和资源整合，推动协会工作向广度和深度开展。

【自身建设】　召开六届三次全委会。市文联党组、主席团成员、六届委员、各县区文学艺术界联合会主席、各文艺家协会主席等60余人参加会议。市文联领导做题为《深入基层　创新发展为文化昆明建设作出新贡献》工作报告。会议表彰2014年度优秀文艺家协会和优秀基层（行业）文联。

提高办刊质量，明确《滇池》文学杂志的定位，通过改版试刊，向"全国知名，独具特色"的创刊目标迈进。举办第十一届"滇池文学奖"评选及颁奖活动，提高昆明高端文学出版物品牌及昆明文化形象，在宣传昆明、发现新人、出人才、出作品，推广“滇池”文学品牌方面产生积极作用。

加大《春城少年》与各学校的合作力度，采取一期一校的模式，编辑校园专刊，刊发嵩明县第一中学、官渡区龙马中心学校校园专刊，给更多的孩子提供展示的平台。

提高对“文联简报”的要求，使其成为昆明文艺宣传的有效途径和各文艺家协会、基层文联展示的平台，成为地州兄弟文联交流的窗口。完成“文联简报”33期。

（李妍慧）

档　案

【全市档案工作会议】　2015年3月27日，全市档案工作会议召开。云南省档案局领导、昆明市政府相关领导、昆明市档案局主要领导出席会议，昆明市12县区、市城建档案馆馆长、市级各部委办局、各国家级、省级开发（度假）园区管委会档案工作负责人共计100余人参加会议。市档案局领导在会上传达全省档案工作会议精神并做《把握机遇适应新常态全面推进我市档案事业科学发展再上新台阶》的工作报告。市政府相关领导做重要讲话，要求2015年全市各级档案部门要认清形势，把贯彻落实国家、省、市加强和改进新形势下档案工作文件作为全年工作主线；要突出重点、提升档案工作服务水平；要科学谋划、精心编制档案事业发展“十三五”规划。云南省档案局馆领导在会议讲话中对2015年全市档案工作提出要求：要学习贯彻中央办公厅和云南省政府办公厅文件精神，推动全市档案事业健康发展；要加大力度，继续抓好档案资源建设；要加大投入，推进数字档案馆建设；要加快步伐，继续抓好档案馆新馆建设。

【档案法治建设】　2015年6月9日，市档案局参与省、市、区联动的“档案——与你相伴”系列宣传活动，分别在昆明市工人文化宫广场、盘龙区政务服务广场、莲花池公园广场、官渡古镇广场、呈贡广场开展纪念“国际档案日”档案知识街头宣传活动，并在全市范围内开展“档案——与你相伴”大型征文活动。制作展出《昆明城市记忆》《走进历史的记忆》专题展板；开展档案法律法规、档案征集利用、家庭建档咨询；发放《昆明市档案条例》、档案资料征集、名人档案征集、家庭建档指南、档案知识小问答及昆明市各县（市）区综合档案馆档案查询一览表等2万余份宣传材料；利用媒体开展多种形式宣传。6月8—10日，每天16次在219条公共交通线路、2 845辆公共汽车、4 110块液晶电视屏滚动播出“依法保护利用档案，弘扬民族优秀文化”档案宣传标语；利用气象短信平台，在6月9日暨“国际档案日”当天向市民发送档案宣传信息；8月，在全市开展档案执法检查活动。对五华、西山、盘龙、呈贡区、富民县和禄劝县综合档案馆进行抽查。

【档案规范化认定】　2015年，做好档案工作规范化管理示范认定工作。昆明市档案局按照年初制定的工作计划，分别对昆明市地税局、昆明交通投资有限公司等18家单位进行档案工作规范化管理示范认定。

【档案信息化建设】　2015年，按照国家档案局“增量电子化，存量数字化”的部署，市档案馆根据年初制定的工作计划，将目标任务分解到处室，明确责任领导和责任人，按计划开展馆藏档案数字化转换工作。全年完成馆藏档案原文数字化转换工作，共完成扫描85.16万页。

【档案查阅利用】　2015年，为使档案工作更好地服务民生，市档案馆做好开放档案、现行公开文件和政府公开信息的查阅利用工作，截至2015年12月25日，共接待查阅人员1 618人，接听电话查询510人次，调阅档案3 434卷（件），调阅电子文件20件，馆藏电子档案427件，调阅资料20份，打印、复印档案资料4 985页，拍照3.47万张。

【档案接收】　加大到期应进馆档案的接收力度，完成对昆明市交通投资有限责任公司、昆明通用水务自来水有限公司和宜良县自来水公司等3家国有企业管理类文件材料“归档范围和保管期限表”的报备工作。

【档案保护】　2015年，市档案馆按照年度工作目标要求，履行工作职责，开展馆藏国家重点历史档案抢救和保护工作。全年完成“民国昆明市民政局（同乡会）”目录6 295页档案的抢救修复工作，工作完成率105%。

【档案编研工作】　2015年，市档案馆依托馆藏档案优势，挖掘馆藏档案资源，加强档案编研工作。完成2015年版《昆明年鉴》档案部分的撰写；与昆明市社会科学界联合会合作完成6万字的《抗战时期西南联大教授演讲实录》的编辑、出版工作；为纪念云南陆军讲武堂建成106周年，与云南省档案馆、云南陆军讲武堂博物馆合作完成《云南陆军讲武堂同学录》的编辑、出版工作；借“2015昆明市纪念中国人民抗日战争暨世界反法西斯战争胜利70周年”契机，挖掘馆藏中有关昆明抗战时期档案，撰写相关文章，市档案局完成6个内容的“昆明市档案馆馆藏珍贵抗战时期档案史料”公布活动；协助西山区完成《档案在你身边》评奖活动，并将文章在《昆明档案》上发表；完成《昆明档案》1—4期25余万字的编辑、出版、发行和对外刊物交流工作。

（顾建英）

文物及博物馆

【文物修缮保护】 2015年，全市各级文物行政主管部门先后完成呈贡文庙彩绘保护、张天虚墓、上可乐关圣宫修缮工作；启动实施云南陆军讲武堂旧址白蚁防治和外墙面修缮工程、东西寺塔、云南天文台历史建筑群、朱德旧居、闻一多旧居、朱自清旧居、龙街张氏宅院、范石生旧居、私立光德小学旧址、路南州文庙文昌宫、甘美医院旧址、宜良文庙、唐继尧墓、黑龙宫、普渡河铁索桥及红军烈士墓、中国远征军将官住所旧址、王德三、马登云、吴澄三烈士墓环境整治等21项文物保护单位修缮工程。对普查中新发现的不可移动文物云龙寺实施迁移保护工程、昆明市博物馆完成因轨道工程施工而开裂的飞虎楼（尚义街60号）修缮工作、云南陆军讲武堂文管所与云南省科技馆就合作开展讲武堂旧址附属建筑盥洗房（含照壁）的抢救性维修事宜达成共识，力争2016年内完工。

【考古调查发掘】 2015年，昆明市考古部门配合各类基础设施建设工程，先后开展长水机场北高速公路、小铺至兔耳关高速公路改扩建、昆明轨道交通1号线支线市政府站、龙潭山古人类遗址植树造林项目、昆明空港经济区李其片区城镇化建设等项目的考古调查勘探工作，并根据调查结果及时提出处理意见，提交评估报告及《文物保护意见书》。

【藏品征集】 2015年，昆明市博物馆新增藏品798件，其中，书画35件；飞虎队文物479件；杂项224件；少数民族服饰46件；瓷器10件；陶器3件；化石文物1件。云南陆军讲武堂文管所新增文物资料19件。

【可移动文物普查】 做好昆明市第一次全国可移动文物普查第二阶段工作。市级文物行政主管部门向各县（市）区普查办下发《昆明市第一次可移动文物普查2015年度工作实施方案》，明确各县（市）区、市属各文物及博物馆单位普查工作进度要求。至年末，昆明市各县（市）区普查办、市属各文物及博物馆单位申报文物数12 938件（套），实际数量32 086件，其中，珍贵文物登录987件（套），实际数量1 558件，可移动文物普查数据的离线登录工作完成率100%以上。

【纪念抗战胜利70周年活动】 2015年，各县（市）区、市级文物及博物馆单位举办以抗战为主题的纪念展览活动，其中，市博物馆通过发掘藏品、整合资源、协力合作的方式，自办《走向胜利——美国战地记者镜头中的抗日战争》《为了和平》《手中的记忆——南侨机工历史图片展》3个展览；与盘龙区文化体育旅游局、中国民主促进会昆明市委和民间收藏家联合在市博物馆举办《龙泉记忆——民国文化名人肖像展》《龙泉记忆——闻一多纪念展》《龙泉记忆——梁思成林徽因纪念特展》《龙泉记忆——第三届全国架上连环画展》《浴血滇西》《二战时期的兰姆伽实物图片展》等6个展览；引进云南省致公党主办的《血写的历史——日本军国主义在亚太地区罪行图片展》；云南陆军讲武堂文物保护管理所与昆明市文学艺术界联合会联合举办《昆明抗战手绘地图》首发式。

【陈列展览】 2015年，市博物馆在确保6个固定陈列对外开放的同时，引进具有思想性、艺术性、观赏性，体现正能量的临时展览。先后主办和承办《岭南风 明园韵——东莞市可园博物馆馆藏书画精品展》《西安碑林名碑拓本展》《镜华流光——扬州博物馆藏汉唐铜镜展》《霞印天下——徐霞客主题书画展》《第二届昆明青少年爱心公益绘画展览》《生命·希望之光——特殊儿童美术作品展》《爱上富民——著名画家画富民暨2015富民美术作品展》《云南印社首届篆刻书法作品展》《逐梦——首届云南省妇女美术作品展》《春华秋实——云南艺术学院书法系首届教学汇报展》等28个展览。市博物馆在纪念抗战胜利70周年活动中，与湖北省博物馆联合举办《四万万人民——中国抗日战争暨世界反法西斯战争胜利七十周年特展》、与云南省博物馆联合外举办《蜿蜒之路——抗战胜利70周年暨南洋华侨机工回国抗战纪念展》展览2个，先后将《长空飞虎——飞虎队图片实物展》在桂林、扬州、江阴巡展3次，创下全年展览总数新高。

云南陆军讲武堂历史博物馆以“百年军校 将帅摇篮”主题展览为基础，做好旧址的免费开放工作。全年接待观众98.72万人次，免费讲解275场。2015年，接待前中央政治局常委、全国政协主席贾庆林和中宣部部长刘奇葆、国家消防局、国务院台湾事务办公室、杭州市政协、北京市朝阳区政协领导和贵宾；接待“第22届内地高校优秀澳门学生访问团”“台湾少数民族云南行代表团”、空军驻云南部队新兵集训营”等数百家参观团体。年内，利用讲武堂旧址的地缘优势，与相关单位联合举办《昆曼公路摄影展》《历史的放大镜——辛亥革命时期漫画展》《昆明市文化系统离退休老干部书法摄影展》《2015年云南名家书画作品交流展》等21个临时展览。

【项目创建工作】 2015年，云南陆军讲武堂文物保护管理所开展3项创建工作：在昆明市住房和城乡建设局的指导下，于2015年10月启动国家在人居环境建设方面设置的最高奖项——“中国人居环境范例奖”申报工作，12月8日通过市级专家评审；在五华区文化体育旅游局的支持下，与翠湖公园管理处联合组织“翠湖·讲武堂”申报国家3A级景区工作，截至12月末，已完成前期的各项筹备工作；在国家、云南省、昆明市台湾事务办公室支持下，通过“海峡两岸交流基地”创建工作的验收，荣膺“云南省海峡两岸交流基地”的称号。

【博物馆建设】 2015年，昆明市级文物主管部门按照国家文物局的要求，对全市范围内的27家注册博物馆进行年检，完成全市27家注册博物馆、纪念馆免费开放绩效评估工作。指导盘龙区打造龙泉古镇、闻一多纪念馆、梁思成、林徽因纪念馆、中央研究院历史语言研究所纪念馆等建设项目。2015年，争取国家文物局经费支持100万元，对官渡区“昆明碑林博物馆”陈列展览进行提升改造。指导官渡区文物部门将“爨银文化展示馆”纳入昆明市挂牌博物馆系列。指导云南陆军讲武堂历史博物馆筹备举办以“远征军”为主题的专题展览，争取国家文物局对云南陆军讲武堂“中国远征军专题展”经费支持260万元。至年末，已完成展览布展大纲设计和展览形式设计。推进昆明飞虎队纪念馆建设，利用区级文物保护单位尚义街60号打造飞虎队纪念馆。

【资料编撰出版】 2015年，市博物馆为纪念抗日战争胜利70周年，派专人赴马来西亚从老机工手上征集南洋华侨机工文物资料，编撰出版《手中的记忆——南侨机工历史文物录》。

出版发行画册《云南陆军讲武堂》，以大量图片史料全面介绍讲武堂的创办背景、军事教育体系及历史作用，内容由“回望历史、辉煌业绩、将帅风采”等5个部分组成，展现讲武堂的历史风貌以及作为全国爱国主义教育示范基地所取得的成果；为解决长期以来讲武堂同学录史料收藏分散的问题，云南陆军讲武堂文管所会同云南省档案馆、昆明市档案馆联合整理出版《云南陆军讲武堂同学录》，基本涵盖云南陆军讲武堂自创办以来各期学员名录，是最为完整的讲武堂学员名录，对于挖掘讲武堂历史文化内涵，深入研究中国近代历史提供重要的史料。

聂耳墓升庵祠文管所启动《杨升庵诗集》（暂名）的编撰工作。

（任传振）

昆明市全国重点文物保护单位
（截至2015年12月31日）

序号	名　称	所在地	公布时间
1	地藏寺经幢	拓东路93号（市博物馆内）	1982.02
2	太和宫金殿	金殿公园内	1982.02
3	云南陆军讲武堂旧址	翠湖西路	1988.01
4	聂耳墓	西山公园内	1988.01
5	金刚塔	官渡区官渡镇	1996.11
6	石寨山古墓群	晋宁县上蒜乡石寨山	2001.01
7	筇竹寺五百罗汉	昆明市西郊玉案山	2001.01
8	国立西南联合大学旧址	一二一大街云南师范大学内	2006.05
9	抗战胜利纪念堂	光华街中段、云瑞西路与云瑞东路之间	2006.05
10	真庆观古建筑群	拓东路与白塔路交叉路口	2006.05
11	石龙坝水电站	昆明市海口螳螂川北岸	2006.05

续表

序号	名　称	所在地	公布时间
12	惠光寺塔和常乐寺塔（东、西寺塔）	东寺街、书林街	2006.05
13	曹溪寺	安宁市温泉镇西南	2006.05
14	安宁文庙	安宁连然镇	2006.05
15	王仁求碑	安宁市鸣奚乡小石庄村西南山	2006.05
16	马哈之墓碑	昆明郑和公园内	2006.05
17	福林堂	五华区光华街31号	2013.05
18	大观楼	西山区大观公园内	2013.05
19	丹桂村中央红军总部驻地旧址与金沙江皎平渡口	寻甸县柯渡镇、禄劝县皎平渡镇	2013.05

新闻媒体

◆责任编辑　林吉旺

【广播电视监管工作】　协助和支持县（市）区广电网络整合工作，启动“全业务下县区”网络改扩建项目。开展非法卫星电视地面接收设施专项整治。全年检查涉嫌擅自安装使用卫星电视广播地面接收设施的单位或用户350多家次。查处拆除接收设施218座。加大力度查处非法电台，联合查处非法电台14家，收缴电台发射机14台、发射天线14套。其中“7·29”专案被文化部列为“2014—015年度全国文化市场十大案件”。切实做好广播电视广告监管，规范广播电视广告播出秩序，全年分别对25个医疗机构广告、32个药品和2个电视栏目进行整改，其中对13个药品广告予以停播。严格落实公益广告制播备案制度，开展“图说我们的价值观”和“梦娃”系列动画公益广告展播活动，发挥广播电视弘扬主旋律的阵地作用，全市播出机构全天播出公益广告385次、全天播出时长达300分钟、播出总条数11 021条。组织开展2015年度“中国梦”广播电视公益广告创作制作和播出。申报2014—2015年度广播电视公益广告扶持项目评审工作。

【电影管理工作】　继续做好农村电影公益放映工程。组织开展“我们的中国梦——文化进万家”优秀国产电影展映展播、2015年“禁毒防艾”农村公益电影放映、纪念抗战胜利70周年优秀抗战电影展映展播等系列主题放映活动。全年共开展城市广场社区电影800多场、农村电影1.37万余场，受益群众273余万人。加强城镇数字影院管理。与影院签订《电影放映安全管理工作责任书》，及时纠正部分影院放映质量不高及电子商务售票不规范问题；完成全市43家影院电影票纸规范使用管理审核工作。推动影院、影厅建设发展，全市新增影院7家、影厅37个、座位数5 660个，影院建设投资达8 760万元。城市电影放映37万余场、观众突破1千万人次、总票房突破4亿元。

【网络视听监管工作】　加大网络视听节目内容日常监管工作力度，先后开展打击非法电视网络接收设备专项整治行动、净网行动等一系列工作。做好重要敏感时节网络视听节目监管工作，在省市两会和全国两会期间，加强重点网站、重要内容的监管，确保监管不断线。积极培育优秀网络视听节目，推选优秀原创网络视听节目参加全国评选活动，营造积极健康的网络文化环境。

【广播电视安全播出工作】　在东川、禄劝、两区组织实施3万户“户户通”置换试点工程，并通过省级验收。对我市广播电视发射台进行安全隐患排查，对存在安全隐患的晋宁县广播电视发射台协调监督实施安全整改。制定《昆明市农村有线广播“村村响”管理制度》。广播电视覆盖数字化管理平台项目（数据库）初步建设方案，对数据库模型进行设计、搭建。完成各项重大活动宣传报道、直播、转播工作，对昆明市网内广播电视节目各类技术指标进行全面监测，依法加强广播影视广告管理，确保全市广播电视优质、安全播出。

（昆明市文化广播电视体育局）

广播电视台

【专栏】　开设《学习贯彻落实习近平总书记考察云南重要讲话精神》等专栏，播发报道150余条（集）。精心制作播出12集系列报道《贯彻落实习近平总书记考察云南重要讲话精神》、10集系列报道《足迹之光——总书记考察云南一周年》。制作我市学习贯彻习近平总书记系列重要讲话精神3集电视重点报道，在云南广播电视台《云南新闻联播》中播出。专访专家学者，推出访谈节目10余期，播发评论员文章4篇。

【重大主题报道】　加强主题策划，推出《深入学习贯彻党的十八届五中全会精神》《人人参与 关爱滇池》《“数说”昆明扶贫》《融入“一带一路”发展战略》《辉煌“十二五”展望“十三五”》《行进中国 精彩昆明》等220余组系列报道、2 800余条新闻、访谈节目30余期，深入宣传报道我市改革发展稳定新举措、新成就。40余集系列报道《政府提效率 企业增效益》、18集系列报道《新春走滇中》分别受到市委、市政府主要领导批示表扬。播发依法治市新闻1 500余条、专题节目190余期，向云南台《云南新闻联播》送播新闻150余条，从8月起每月发稿量约20条，在全省所有州市排列第一。与云南台国际频道联办时长20分钟专题栏目《“一带一路”看昆明》正式开播。

【重大展会报道】　精心策划、周密组织第3届南博会暨23届昆交会宣传报道。推出《喜迎南博会》《迎南博 我们在行动》《记者带你逛南博》《市民逛南博》《南博风景线》等15组系列报道，播出报道900余条（集），深入报道南博会筹备工作、展会盛况、丰硕成果。圆满完成省委全会、市委全会、省委省政府推动昆明市改革发展座谈会、省市“两会”、市委工作会、市委常委会、市委常委班子“三严三实”专题民主生活会、市委中心组理论学习会议、旅交会、农博会等重要会议、重大展会的新闻报道、视频录制任务。

【公益广告宣传】 精心制作20余种1.50万余条公益广告，在频道频率及主城区户外新媒体宣传平台（LED）播出。《我爱昆明》《文明昆明》等7条公益广告，在全省“讲文明树新风”公益广告创意大赛中分别获一、二、三等奖。公益广告《爱手机还是爱家人》《一脉传承 爱我昆明——云子》分别荣获全省广播电视奖广告一等奖、三等奖。《轻声细语》列入国家新闻出版广电总局“2014—2015年度广播电视公益广告专项资金扶持项目”，成为全省唯一入围作品。

【舆论引导】 坚持正确舆论导向，围绕滇池治理、扶贫济困、市容综合整治、城市交通建设、地下排水管网建设、就医就学就业等社会热点问题、民生话题、重大突发事件，做积极正面舆论引导。制作播出《滇池除藻记》《滇池守护者》《我市地下排水管网调查》《创建节水城市》《惠民实事——爱心水窖》《大学生就业》《关注高考》《国有林场改革》《厕所革命》等新闻评论。《“3·01”暴恐案特别直播报道》荣获2014年度中国广播影视大奖广播电视新闻类节目奖。新闻《微型车侧翻两人被困 众人合力抬车救人》在中央电视台播出。

【舆论监督】 围绕文明城市建设、环境综合整治、转变工作作风等主题，开设《“美丽春城 清洁昆明”曝光台》《啄木鸟曝光台》《城市文明岗》等专栏进行持续曝光。政风行风热线节目《春城热线》持续开展舆论监督，促进行政效能提升，全年受众意见、建议办结回复率98.30%，满意率87.60%，栏目组荣获市总工会授予“2015年工人先锋号”荣誉称号。

【大型活动】 策划推出“海鸥去哪儿”大型科学探秘活动。形成全球首张海鸥迁徙路线。采访制作播出动态报道520余条、系列报道7组130余条、连线报道30余次、现场直播6次、特别节目3个，同步摄制播出《海鸥去哪儿》纪录片。举办海鸥放飞仪式、公园放置海鸥模型、为海鸥模型征名、爱鸥护鸥签名等7个系列活动。新华社、《光明日报》、凤凰网等全国40余家知名权威媒体持续跟踪作了海量报道。中央电视台新闻频道对启动仪式、放飞海鸥、成果发布活动分别做了6次总计50余分钟现场直播，在其他时间节点持续跟踪报道活动9次，播发新闻20余条，《人民日报》做了大量报道，2015年7月15日以《昆明红嘴鸥，你从哪里来》为总题，开辟专版做全方位报道。宁夏电视台对昆明电视台在银川探秘活动做了连线直播。不到一年时间里，“海鸥去哪儿”关键词在百度搜索引擎的搜索量突破112万次，视频突破3 000条，引起中央及省市21家媒体大量报道。

举办系列活动。纪念春城频道《街头巷尾》节目开播10周年，策划15小时直播节目，回顾春城10年沧桑巨变，重现节目10年发展历程，吸引70万人次参与节目互动。举办“2015年昆明市依法治市先进典型颁奖典礼”“我为减贫做件事”“中秋心系劳动者·8099999礼盒送温暖”“金秋献爱心 春城见真情”“954蔚蓝公路自驾旅游”“第六届昆明车主K歌大赛”“FM105主持人带您进剧场”“1028品质舞台季”、电视惠民义诊、高考志愿填报公益讲座等系列活动，增强影响力，提升知名度。

【创新改版】 对《新闻重新说》《新闻夜总汇》《微力无边》《昆明新闻》《联播昆明》《新闻夜班车》《春城热线》《爱情36计》《动情帮女郎》等9个重点电视节目实施重大改版。4个广播频率全新改版，新创推出20余个节目。阳光频率新闻节目占比上升至90%。成立电视剧评估委员会、监管委员会，创新电视剧引进、包装、推介、播出方式，推出较高质量电视剧，提升收视率。走访70余个社区、居民1 200余户，举办3场专项活动，利用新媒体平台、公交车身等多种平台，大力推介电视剧。全年电视频道收视率、收视份额分别为4.99%、16.73%，同比分别上涨19.09%、15.94%。

【新兴媒体平台】 “无线昆明”、官方网站、微博矩阵、微信集群、“伙食团”、LED显示屏等新兴媒体平台用户数、粉丝量、访问量、影响力大幅提升。手机客户端“无线昆明”下载用户突破30万人；昆明电视台官方网站（即昆明网络电视台）日均访问量上涨至1.50万次，已成为中国城市网络电视台重要组成部分；台微博矩阵粉丝突破180万人；台微信集群订阅用户已达30万人。“伙食团”手机客户端新增用户4万人，已突破23万人。

【媒体融合发展】 新兴媒体平台与频道频率相互联动，合力发布新闻信息，全年刊发新闻4万余条。推出《贯彻落实市委全会精神》《县（市）区领导访谈》《聚焦两会》《聚焦南博》《纪念抗战胜利70周年》等118个专题，刊发视频新闻2.5万余条，全年新媒体平台总点击阅读量超过5 000万人次。与市司法局合作在“无线昆明”平台开设《昆明普法》专栏。微电影《从原点至圆心的距离》《伙食团——神秘小炒》分别荣获全省广播电视奖网络视听节目一、二等奖。新媒体平台积极参与“海鸥去哪儿”、《街头巷尾》开播10周年、“关爱滇池 亲近滇池”“市民看家园”等大型活动，增强受众、客户参与度。

【广告营销】 努力克服全国消费增长放缓、房地产市场提振乏力、新兴媒体分流传统媒体广告、受中央级省级广电媒体挤压等因素的制约，加大创新力度、开拓市场、整合资源，加强活动营销。2015年9月起，及时调整营销策略，全面放开、自主营销，以拓展新业务、开发新市场为目标，止住广告创收下滑趋势，完成经营创收目标任务，实际到款为目标任务的107.61%。

【产业项目】 努力拓宽产业渠道，加速喜满客院线项目扩张，票房收入同比增长11.70%。积极推进海宁皮草节、士林夜市、春城灯会、黑龙潭公园梅花展、普通话培训班、2015中国昆明泛亚休闲产业博览会等产业项目。主城区户外28块LED屏新媒体宣传平台建成投入运营。

【技术服务】 建成全媒体数字广播技术平台、“无线昆明”手机客户端技术系统等重大项目。加强播出安全管理，全年安全播出5.4万小时，无安全播出事故。圆满完成纪念抗战胜利70周年大会、全国“两会”、南博会等重保期安全播出工作，安全播出各项指标均达到国家甲级播出技术水平。

【获奖节目】 节目评奖工作有序推进，精品创优再上新台阶。遴选报送“2014年度昆明市广播电视政府奖·金孔雀杯”“第十七届昆明新闻奖”“第31届云南新闻奖”“2014年度云南广播电视奖”新闻奖、社教奖和广告奖、“第25届中国新闻奖”“2014年度中国广播影视大奖”等21项全国、省市级重要奖项的评选。据统计，全台共有120件作品获奖。其中13件作品获国家级奖，46件作品获省级奖，61件作品获市级奖。全台参评作品数量、质量、获奖档次均取得重大突破。

【节目收视再创佳绩】 2015年，电视频道晚间收视率、收视份额同比分别上涨19.09%、15.94%。其中，春城频道同比上涨9.92%、7.09%，由2013年在昆明地区所有可收视频道中9天排列第一位，提升至2015年95天排列第一位，创下近年来最好成绩。10月份连续4周排列第一位。影视频道同比上涨135.42%、129.09%，进入昆明地区晚间收视排行榜前5位。阳光频道上涨9.09%、6.91%，健康频道上涨36.00%、32.18%。收视份额与云南台之比由2010年的33∶67提升到48∶52左右，创下历史最好水平。

2015年与2014年的收视数据对比图：

昆明电视台各频道年度晚间收视对比图

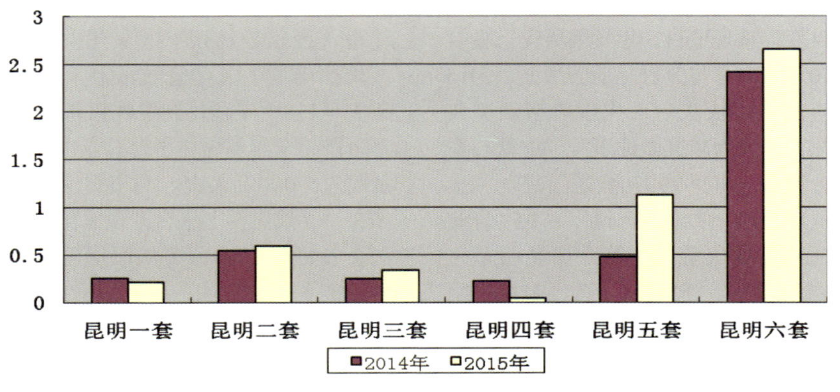

（蔡　明）

电视网络

【网络改造和建设】 按照公司三年网络建设规划统一安排，继续做好双向网络建设，超额完成全年开通计划。项目建设在实施常规网改开通及新建小区双向开通的同时，将2015年前网改开通遗留区域建设及统管办联并网工作纳入项目建设重点，同时推进网络双向化和宽带化改造。2月12日和4月18日，石林和寻甸有线电视网络双向业务分别开通，继东川之后，率先实现与昆明主城区广播电视业务的同城同网、同步发展。

【经营业绩】 2015年，全年实现收费46 017.13万元，完成集团公司下达任务目标的105.38%；实现收入42 592.92万元，完成任务目标的100.25%；实现利润总额4 311.42万元，完成任务目标的101.45%，较上年同期分别增长12.22%、4.72%和9.24%。

【市场营销】 组织开展“昆明首场中国好声音杜比全景声视听会”“2015春城文化节广场舞大赛”等社会文化活动，提高昆广网络企业品牌和产品品牌社会知名度。结合市场情况调整高清、互联网业务市场营销策略，推出《爱点合约计划套餐》《极清大礼包》《宽带惠民套餐》《单宽带“0”元购》《爱点续订套餐》《全家福包》《随意点套餐》等重点业务方案，刺激用户购买欲。通过借鉴全国多家地网公司引入多终端销售先进经验，与电器厂商（创维公司）合作，实现电视机进厅销售。针对互联网时代用户缴费方式和习惯变化，6月成立电子商务部，全年主营业务以淘宝为主线，网厅及微信服务号为辅线。非主营业务方面增加电视机及小家电昆广网络促销季，积极与本地品牌企业建立代销模式，扩大电商平台经营种类。

【安全播出】 前端机房各平台系统安全播出，认真做好机房日常巡查，信号指标测量、设备维护和检修，提高应急处置能力，认真填写值班记录。杜绝一切安全隐患发生，完善安全播出应急处置预案，做好“重大活动”“节假日”“敏感期”安全播出演练和快速反应，抽调人员加强值班，全力确保安全播出，优质传输。模拟前端安全播出49.93万小时，无重大安全播出事故、事件发生，数字前端安全播出185.43万小时，导视频道审核各类电影、电视剧、广告、栏目总计3 290.98小时，共计监听监看播出节目6 954小时。

网络传输的安全保障。在元旦节、全国和省“两会”、春节、清明节、五一劳动节、“南博会”、端午节、抗战胜利70周年纪念日、中秋节、国庆节等11个时段共81天重要保障期内，参加值班人员7 466人次（日均92人）、车辆3 616台次（日均45台），实现网络传输正常，无重大网络传输安全责任事故。

【服务体系建设】 2015年，是公司“服务体系建设年”，公司将服务体系建设双向业务安装成功率、宽带业务续订率、互动用户活跃度、呼叫接通率、互动平台故障时长、互联网出口故障时长以及双向业务故障修复率等7项考核指标纳入考核体系。在目标值设定上，就高不就低，站在用户角度，以提升用户体验为目的，设定十分严格的达标值，用目标考核促进流程优化和服务提升，加大监管和考核力度。

同时，成立内部体验团队，体验团队分为互动体验组和宽带体验组，职能包括新产品内测、流程监督、产品使用、优化建议。其中产品使用中规定互动体验组每人每月需点播不少于30次，宽带体验组每人每月使用宽带不低于15小时，并填写体验反馈表定期向公司服务体系建设小组反馈，以加强监管，改善服务。

【营销运维网格一体化】 为扩大客户市场覆盖率，客户保存量，扩新增市场，提升企业经营业绩，积极探索营销运维网格一体化发展模式。2015年完成BOSS系统地址数据分割，初步划分完成网格区域。根据网格化划分，构建区域性运营中心思路，首先着重加强营业厅与社区代理商队伍建设工作，营业厅功能由收费职责逐步向服务支撑、产品营销转变，营业厅与社区融合工作稳步推进。通过职能转变与观念转变，在到厅人数减少的不利局面下，实现收入同比增加良好势头。

2015年5月15日，呈贡管理站正式挂牌成立，11月6日，西翥管理站正式挂牌成立。两个管理站成立标志着昆广网络营销运维网格一体化试点工作正式展开。

【调整组织结构】 优化公司技术体系建设，整合相关技术资源和技术管理职能，将技术管理部、播控管理部、网管中心3个部门职能及人员整合组建成立技术服务中心。

同时依据《公司法》及有关法律法规规定，网络运维分公司转变为子公司，12月16日，昆明广程网络科技有限公司正式挂牌成立，标志着昆广网络运维工作进一步走向市场率先实现独立核算、自主经营轨道。

【高清互动平台】 2015年，公司继续以高清互动业务为发展重点，集中资源进一步丰富高清互动平台内容与产品推广。新业务及平台建设方面，高清点播电视用户界面整体改进，从操作方式、界面风格方面对机顶盒用户界面和爱点TV点播界面进行统一设计规划，爱点TV4.0于8月5日正式上线，提升用户界面使用体验。互动平台内容常换常新、丰富多彩，对提高互动点播点击率发挥重要作用。互动内容建设方面，公司出资正式入股嘉影电视院线控股有限公司。与歌华有线签订《数据联盟合作框架协议》，通过数据联盟平台全面了解行业动态。为不断丰富高清点播电视增值业务，与上海聚荐信息科技有限公司共同合作，引入“聚优汇”电视团购电视应用，“聚优汇”电视团购平台于11月10日正式上线。与昆明亚教网络科技有限公司签订合作协议，搭建“学海无忧”电视在线自主学习平台，主推产品“爱点人人通”，打造本地教育绿色应用。与市广电局合作自主开发完成“爱点广场舞”产品，丰富互动平台本地文化资源。

（薛雅思）

报业传媒

【《昆明日报》复刊30周年】 2015年8月1日，是《昆明日报》复刊30周年的日子。经过30年风雨兼程，《昆明日报》已经成长为西南地区具有一定影响力的政经报刊和昆明市思想宣传战线主阵地之一。复刊30年历程，同时也是昆明城市大发展的30年。30年来所推出的一篇篇优秀新闻报道，饱含着与全市人民一样勇往直前的向上精神。

【《昆明日报》改版】 2015年4月22日，《昆明日报》出版10 000期当天，报纸成功全新改版。改版推出“视点”“热议”和“图解”3个重点栏目，在栏目上不断探索并取得一定成效，在采编联动、编辑手法上寻求创新，改版后特色更加鲜明，党报的可读性、趣味性和关注度不断增强。

【全市领导干部大会报道】 2015年7月29日，市委召开全市领导干部大会。集团各媒体对新任昆明市委书记就职后的第一次全市领导干部大会进行全面、详细、深入报道。及时发布消息，报道大会新闻及程连元书记讲话精神，还对省委副书记钟勉代表省委提出的4点要求做准确、权威报道，及时传递重要时政消息。

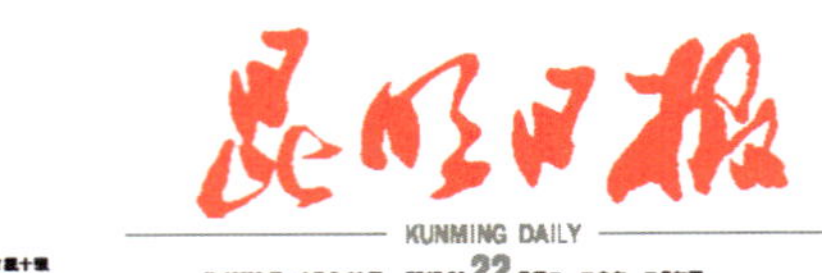

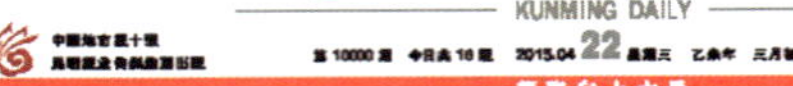

《昆明日报》出版第一万期当天改版后的封面　（报业传媒集团　供稿）

【阐释5个关键词】　2015年8月4日，市委召开第106次常委会议，提出昆明市下半年乃至今后一个时期的发展，需要考虑3个方面的背景因素，以及“建省会、拓格局、转思维、重民生、从严管”5个关键词。昆报8月5日头版头条刊发“程连元在市委常委会上强调，要为昆明改革发展和人民幸福尽心尽力尽职尽责”报道，并配发评论员文章，从树立担当精神，贯彻省会意识入手，对5个关键词予以阐释。

【开设理论版】　2015年8月，昆明日报开设理论版，精心策划选题，创新编辑手段，精良设计版面，使理论宣传有气势、有分量、有深度、有特色，让人耳目一新。“深入学习贯彻习近平在云南考察重要讲话精神”“滇中城市一体化的昆明担当”“学习高德荣践行三严三实和忠诚干净担当”“落实四个全面 谱写发展新篇”“攻坚克难稳增长”“保稳定 促增长”等系列文章，社会反响较好。

【独家重点稿件】　《都市时报》牢固树立“新闻首位意识”，业务上升态势明显，与同城媒体相比，独家重点稿件数量、同题报道质量等方面居于上风，很多新闻创新活动和经营项目都较有特色。2015年全年都市类报纸相关数据对比表明，《都市时报》独家重点稿件1 554条，同题稿件胜对手296条。

【保护滇池公益活动】　2015年8月6日起，《都市时报》陆续推出以“一瓶滇池水 牵动昆明心”为主题的保护滇池十大公益活动，搭建全民参与、爱护滇池媒体平台，动员市民投身到保护滇池行动中。通过3个多月努力，先后举办征集行动宣言、举行万人签名活动、开通违法排污“新闻110”专线、徒步入滇河道、环保公益行等活动。

【昆明抗战手绘“地图”】　2015年9月3日，《都市时报》编辑出版《昆明抗战手绘“地图”》在昆明各大书店上架。该书采用“手绘场景图+手绘地图+简洁文字+历史照片”的新颖方式制作，全方位呈现昆明在二战中的重要贡献，是一本普及爱国主义精神教育读物。

【最美街道评选】　2015年12月8日，《都市时报》承办的“最美街道”“市民最不满意街道”评选活动启动，经市民报料、记者暗访，市民大众评审团现场复核评议打分，市民投票3个阶段，在报纸（含热线电话）、i昆明、时报微信公众号、掌上春城4个渠道接受市民报料和评议投票，同时在中心城区多点发起两轮大规模群众现场投票活动。这种全方位、立体化宣传，及线上线下广泛发动、参与，受到广大昆明市民高度关注，形成有益的社会热点和舆论氛围，仅网络投票一项，参与群众就达129万人次。

【中缅双语传播】　为助力昆滇融入

国家“一带一路”战略发展，昆明信息港建设国内第一家中缅双语互联网传播平台，于2015年7月开始内部测试运行，11月举行平台专家论证会并上线公测。

【视频传播】 2015年，昆明信息港打破常规报道形式，充分发挥互联网思维，推出《禄劝扶贫英雄关祥祖》《“12319”城市好朋友》《“12318”文化执法靠大家》等多个视频及动画作品。微电影《文化市场综合执法支队里的美猴王》，采取真实人物演绎的手法，通过个人的故事，塑造整个支队“文化卫士”正面形象，是全国文化系统宣传的新尝试。

【全省第二届互联网大会】 昆明信息港传媒公司组织实施的云南省第二届互联网大会、第十二届中国城市新闻网站联盟年会暨昆明采风等活动，取得较好的社会反响。

【“i昆明”客户端】 2015年6月8日，《都市时报》新媒体“i昆明”上线。这是昆明报业传媒集团重视以移动互联网为代表的新媒体建设进行的有益探索和尝试，是《都市时报》主动适应舆论环境新变化、遵循新形势下新闻传播规律的创新举措。“i昆明”客户端，立足本土新闻强势，主打生活服务牌，致力于打造本土生活服务型门户客户端。

【新媒体传播集群】 2015年，昆明报业传媒集团初步形成包含“掌上春城”《都市时报》昆明新闻客户端、昆明信息港春城微视及各媒体官微官博、彩龙社区的移动新媒体传播集群。据统计，每天约有200万人次通过《昆明日报》《都市时报》和信息港等各类传统媒体、新媒体获取集团生产的新闻产品。

【荣获新闻奖】 2015年，昆明报业传媒集团47件优秀新闻作品荣获中国新闻奖和云南新闻奖，是历年获奖成绩最突出的一次。其中，由《都市时报》记者集体采写的调查性报道《昆明这一夜》获中国新闻奖三等奖，是云南省都市类报纸唯一获奖的新闻作品；《昆明日报》的《习主席赠古巴辣木籽种产自云南》《都市时报》的通讯《昆明这一夜》和摄影《闪击》、昆明信息港的《云秀小巷幸福启示录》荣获第三十一届云南新闻奖一等奖。

【刘祖武新闻工作室】 2015年，集团组建全省首个以刘祖武个人名义命名的“新闻工作室”。集团各媒体选拔抽调20名年轻骨干记者参加培训，学员们克服工学矛盾，在肩负繁重采编任务的同时，认真参加共20期培训，圆满完成学习任务。

（毋昌买）

2016 KUNMING YEARBOOK

卫生·体育

◆责任编辑　林吉旺

卫　生

【概况】　医疗：2015年，昆明地区拥有医疗机构4 490个，其中有医院282个（其中综合医院154个、中医医院17个、中西医结合医院5个、专科医院106个），社区卫生服务中心（站）347个，卫生院110个，村卫生室1 283个，门诊部145个，诊所、卫生所、医务室2 212个，专科防治所、站5个，疾病预防控制中心17个，健康教育机构4个，妇幼保健机构17个，急救中心（站）2个，采供血机构1个，卫生监督机构16个，计划生育技术服务机构32个，疗养院5个，医学科研机构5个，临床检验中心（所、站）4个，统计信息中心1个，其他2个。

床位：昆明地区282所医院有床位46 984张，其中800张以上床位的医院13所，500—799张床位的医院10所，200—499张床位的医院26所，100—199张床位的医院59所，99张床位以下的医院174所。全市总床位55 191张中，医院床位46 984张，占昆明地区总床位的85.13%，农村卫生院床位4 162张，占昆明地区总床位的 7.54%，疗养院床位800张，占昆明地区总床位的1.45%，其他各类机构有3 245张，占昆明地区总床位的5.88%。

人员：昆明地区各类卫生机构在岗人数为78 982人。有卫生技术人员64 041人，其中执业（助理）医师24 111人，注册护士28 057人，药师（士）2 978人，技师（士）3 661人。其中医院在岗人数有56 289人，占昆明地区卫生机构在岗人数的71.27%；社区卫生服务中心（站）有4 707人，占总人数的5.96%；村卫生室3 023人，占总人数的3.83%；农村卫生院有2 642人，占昆明地区卫生机构总人数的3.35%；疗养院有424人，占昆明地区卫生机构总人数的0.54%；门诊部、诊所、卫生所、医务室6 877人，占昆明地区卫生机构总人数的8.70%；妇幼保健机构1 612人，占昆明地区卫生机构总人数的2%；其他各类机构有3 408人，占昆明地区卫生机构总人数的4.30%。

医疗机构诊疗状况：2015年，昆明地区医疗机构总诊疗4 514.01万人次（门诊4 103.2万人次，急诊239.50万人次，门、急诊人次占总诊疗人次的96.20%）。其中282个医院共诊疗2 622.95万人次（门诊2 320.34万人次，急诊200.97万人次，门、急诊人次占总诊疗人次的96.13%）。全年出院人数为149.24万人次，门急诊入院率3.46%。住院手术52.40万人次。平均开放病床51 351张，平均病床周转29.10次，病床使用率为79.83%，出院者平均住院日9.5天。

110个卫生院全年总诊疗332.05万人次，其中门急诊303.67万人次，占总诊疗人次的91.45%，全年出院人数为11.94万人次，门、急诊入院率为4.06。平均开放病床4 117张，平均病床周转29.01次，病床使用率为59.07 %，出院者平均住院日6.16天。

【居民健康水平】　2015年，昆明市居民平均期望寿命达到77.92岁，较2010年增加1.35岁；孕产妇死亡率为21.05/10万，较2010年下降45.94%；婴儿死亡率为5.95‰，较2010年下降26.09%。各项健康指标均有明显改善，并高于全国平均水平。

【医改工作】　一是推进公立医院综合改革试点。出台《昆明市城市公立医院综合改革试点实施方案》，坚持公益属性，破除逐利机制。二是提高基层医疗卫生服务能力，完善城乡社区卫生服务网络。制定《昆明市执业医师服务社区工作方案》，促进优质医疗卫生资源主动服务基层，提升基层医疗机构服务能力。对主城区171所社区卫生服务机构派出执业医师738人。制订《昆明市分级诊疗和双向转诊制度实施方案》，推进分级诊疗。三是鼓励社会资本以多种形式举办医疗机构。制订《昆明市推动社会办医（国家联系点）工作方案》，启动实施民营医院学科建设和能力提升项目。四是完善中医药服务体系。落实省委、省政府关于加强中医发展精神，出台《昆明市加快中医药发展行动计划（2016—2020年）》，创新中医药发展。积极整合中医资源，组织实施市中医医院顺利搬迁呈贡新区。五是推进卫生信息化建设。完成区域卫生信息管理平台主要部分建设。

医师多点执业试点实现预期效果。建立各级各类医疗机构高层次卫生人才合理流动机制。截至2015年底，已办理3 839人多点执业，其中，流向基层医院有2 556人次（主要是民营和县级公立医院），占比66.57%。人员流向呈现出市级医院向县级医院和社区服务中心（站）流向、县级医院向乡镇卫生院流向的良好形势。

国家基本药物制度进一步巩固。积极巩固完善基本药物制度，出台《昆明市巩固完善基本药物制度和基层运行新机制实施方案》和《昆明市完善公立医院药品集中采购工作实施方案》，进一步完善药品供应保障体系。截至2015年底，昆明市各级医疗机构在云南省药品集中采购平台采购药品22.08亿元，其中基本药物6.73亿元，按时足额拨付中央、省、市基药补助1.13亿元。

【医疗服务能力】 以改善医疗服务三年行动计划（2015—2017年）为载体，落实改善医疗服务措施，完善疾病应急救助制度；发挥26个医疗质量控制中心作用，重点面向全市各级各类医疗机构开展了护理、控感、病案等专业质量督查、质控标准制定和人员培训工作；以评促建，组织开展二级医院等级评审追踪检查，巩固创等级成果。

较2010年"十一五"末期，2015年，昆明市、县、乡三级医疗机构总诊疗量为4 514.01万人次，增加3.50倍；出院人数为149.24万人次，住院手术为52.40万人次，较2010年均增加2倍以上；平均住院日9.50天，下降1天。市、县、乡级医院服务数量明显增长，能力显著提高。

【公共卫生服务】 进一步加强卫生应急体系建设，重点做好突发公共卫生事件、自然灾害、事故灾难、社会安全事件的卫生应急工作，妥善处置人感染H5N6、H5N1高致病性禽流感等24起突发公共卫生事件，圆满完成"3·04"火灾、晋宁隧道塌方、"12·14"液化气罐爆燃3起重大事故灾难的医疗救援工作，及时报告率和处置率均达100%。实施"三位一体"和"网格化"疾病防控管理模式，加强疾病防控网络建设。拓展公共卫生监测服务能力，提升疾控中心实验室检验能力。鼠疫、霍乱、手足口病、登革热、埃博拉出血热、人感染H5N1禽流感和中东呼吸综合征等重大传染病防控到位，全市未发生重大传染疾病的暴发流行。所有突发公共卫生事件均得到有效控制，及时调查率100%，未出现事件扩大或蔓延。

艾滋病防治疫情拐点进一步巩固，防治目标实现"两降"（新发感染数、病死率）。截至2015年底，昆明市艾滋病病毒感染者死亡率2.16/10万人，与上年同期比下降32.20%。艾滋病感染者/病人完整及时报告比例100%（2 161/2 161）；艾滋病病毒感染者/病人随访干预比例为92.8%（11 913/128 19）。

免疫规划工作进一步加强。截至2015年底，昆明市扩大国家免疫规划"五苗"报告接种率均达95%以上，其中卡介苗99.77%，乙肝疫苗99.81%，脊髓灰质炎疫苗99.86%，百白破99.87%，麻疹99.85%，乙脑疫苗99.83%，A群流脑99.79%，各项工作指标均达到上级要求。

公共卫生项目有效实施。2015年，全市城乡居民健康档案建档率为88.06%，较2010年的33.3%增长1.60倍。截至2015年底，全市管理高血压患者37.80万人，规范管理率58%，血压控制率55.90%；管理糖尿病患者10.70万人，规范管理率52.40%，血糖控制率42.20%。全市在册管理重性精神病患者2.20万人，重性精神病平均检出率3.46%，在册患者管理率96.41%。全年下达中央、省、市公共卫生经费约2.40亿元。

【妇幼卫生工作】 制订《昆明市关爱妇女儿童健康行动工作方案》。实施农村孕产妇住院分娩补助项目，按照每例分娩在县级定点机构补助1 900元，在乡镇卫生院补助1 000元。2015年，全市农村孕产妇住院分娩率达99.88%；免费婚前医学检查率达95.53%，高于85%（省级下达指标）；宫颈癌筛查32 303人（省级下达指标31 000人），完成率104.2%。乳腺癌筛查5 365人（省级下达指标4 000人），完成率134.10%；落实新生儿疾病筛查补助，新生儿遗传代谢性疾病筛查率88.77%，新生儿听力筛查率87.71%。截至2015年底，完成国家免费孕前优生检查19 351对（省级下达指标17 545对），完成率110.3%。实施免费叶酸补服项目，完成对目标人群叶酸增补31 514人（省级下达指标24 950人），完成率126.30%，服用率95%，知晓率95%，依从率90%。

推进预防艾滋病母婴阻断工作。以艾滋病攻坚工程和免费婚检为契机，建立完善预防艾滋病、梅毒、乙肝母婴传播咨询、检测、治疗及关怀服务体系，有效提高了母婴阻断工作质量，预防艾滋病、梅毒、乙肝母婴阻断措施覆盖率100%。

实施"光明工程"。完成免费白内障手术12 016例（省级下达指标1 400人）。

【爱国卫生工作】 国家卫生城市复审顺利通过。制订《昆明市迎接国家卫生城市复审工作方案》，召开全市创卫工作协调会议，明确各单位在各阶段的工作目标，强化指导检查和考核工作机制，动员组织迎接国家卫生城市复审的各项工作，开展"七小"行业专项整治，规范达标"七小"经营场所1.70万余家次，取缔1 100余家次，全行业达标率85%以上，顺利通过国家卫生城市复审，卫生城市创建工作迈上新台阶。

【中医药服务】 中医药服务体系进一步完善。市中医医院通过三级甲等中医医院评估验收，8家中医、中西医结合医院通过二级中医医院的评估验收。95%以上社区卫生服务中心设置中医科中药房，70%以上的社区卫生服务站能提供中医药服务；90%以上的乡镇卫生院设置中医科中药房，65%以上的村卫生室能提供中医药服务。

【卫生人才科技】 卫生人才结构不断优化，全市医疗卫生单位现有博士56人、硕士966人，市级医疗卫生单位硕士以上学历人数占专业技术人员总数比例从2010年的8%上升到15%。

卫生科技发展突飞猛进。有11个在研国家自然科学基金项目，2个院士工作站，3个博士后工作扶持站，3个国家级、10个省级重点专科项目，市级重点医学学科50项，县级临床重点专科24项。实施“十百千”人才工程，遴选“千”工程培养人选170名，遴选78项内设研究机构（技术中心）建设项目。卫生系统科技成果获奖总数占全市的21.60%以上。

【卫生执法监督】 严格实行权力和责任清单管理。梳理并公布市卫生计生委行政职权7类共257项、对应责任事项2 012项，做到“法无授权不可为、法定责任必须为”。

行政审批工作进一步规范。严格准入，优化流程，实现“一个中心对外、一个大厅办理、一站式办结”。办结行政许可699件，均在承诺时限内办结，按时办结率100%，行政审批事项授权率100%，审批办结率100%。

加大卫生监督执法力度。对市级监管的各类公共场所115家、生活饮用水单位44家和医疗机构157家，共监督检查3 674家次，监督覆盖率达100%以上。做到有案必查，立案查处389家，行政罚款金额共计176.70万元，违法案件查办率达100%。

公共卫生日常监督工作不断加强。生活饮用水卫生监督监测、传染病监督检查、艾滋病防治卫生监督、学校卫生监督等工作落实到位。

【作风建设】 强化审计监督，对直属4家单位主要领导进行离任经济责任审计。2015年，全系统完成审计项目359项，审计总金额28 869.01万元，增收节支1 741.52万元。

强化纪律约束，推进作风建设。一是扎实推进“六个严禁”专项整治工作。对系统内7个市级重点建设项目进行了清查，对擅自增加工程量，未按建设程序报批等问题督促整改；对违反组织程序选拔任用干部和“党政领导干部违规兼职”“裸官”进行清理整治，对4名兼职领导干部进行清理整改。二是深入推进收受红包专项整治。全系统医务人员主动退回、上交各类红包461人次，累计金额39.33万元。三是开展“庸、懒、散、拖”专项整治工作。清理和完善机关工作制度15项，清退委机关借调人员28名，改进办公办文程序，梳理并公布权力清单和责任清单；建立机关处室工作情况每周汇报制度，及时了解掌握工作情况，督促进机关作风转变和工作效能提高。

积极查处违纪案件。2015年全系统共查处商业贿赂案件3起，违纪违法案件1起，涉案人员8人。对系统内违反“九不准”规定的4名医务人员进行党政纪处理。

（刘宝民）

红十字会

【备灾救灾体系建设】 加强备灾仓库管理工作。对各县区红十字会备灾仓库、物资储备、急救培训、车辆使用中存在的安全隐患进行排查。举办2015年自然灾害应急救援演练。市红十字会应急救援队、市红十字蓝天救援队、市红十字心理救援队75人参加演练，救援行动演练按照救援实际情景模拟开展，红十字救灾前方指挥所建设、救援队营地建设、无人飞机侦察、GPS山地搜救、地震现场救援、灾害心理危机干预，实景再现地震灾害紧急救援。

红十字应急救援工作纳入各级政府灾害应急响应体系。7月，全程参与昆明市政府主办的救灾演练活动——“2015昆阳行动”。

协助省红十字会在石林县阿着底村完成2015年中国红十字供水和大众卫生救援队（云南）演练，选派6名正式队员参加救援培训演练。

【应急救护培训】 坚持应急救护培训工作与安全生产、与红十字会“五进”工作相结合，2015年，培训初学机动车驾驶员急救员21 618人，公益性急救员4 483人；开展公益性群众性应急救护知识普及培训391期，41 284人次。举办师资培训班3期，培训师资154人。制作《红十字会应急救护进学校教学视频》《红十字会应急救护“五进”教学视频》光盘和《红十字会应急救护知识手册》2万份下发到各县区及学校、机关事业单位、企业、农村。与市委组织部

世界急救日宣传活动　（市红十字会　供稿）

合作，将教学视频存留市委组织部电教中心用于全市干部培训，教学课件获全市2015年党员教育教学资源优秀课件奖。向全市驻村指导员所在村委会（社区）、小学发放价值12万余元的应急及避险知识手册1 200册及《中小学生安全预防与自救手册》科普图书5 200册。

【救助工作】 2015年，开展“红十字博爱送万家”活动，筹集149万元物资救助慰问贫困群众。以“红十字人道救助基金”项目为依托，开展贫困人群、重特大疾病造成家庭困难、遗体器官捐献者家庭、麻风病休养员等特殊人群救助，发放救助金39.25万元，83个家庭获得救助。各县区红十字会对患重大疾病、生活困难、突发意外等困难群众631人进行慰问，发放救助金131.85万元。

【宣传筹资工作】 加强筹资宣传，拓宽筹资渠道，开展“安全知识进校园”“我参与、我奉献、关爱贫困人群”等募捐活动，2015年筹集募捐资金876.94万元，物资价值 410.31万元，合计1 287.25万元。

发挥新闻媒体宣传导向作用，官网、微信、微博及时报道项目开展情况，对市红十字会网站升级维护，发布工作动态410条，官方微博发布工作动态及宣传知识2 504条，官方微信发布宣传图文消息60条；共发放宣传资料43万余份，传播红十字知识40余万人次，新媒体宣传200期，市级主流媒体刊登125期，搭建与市民良好沟通平台；做好造血干细胞和遗体捐献的宣传发动工作，造血干细胞登记入库1 136例、器官捐献16人、器官捐献登记100人。

开展“昆明市首届博爱之星评选” 活动，有145名参加竞评，入围30名，评出“博爱之星”10名；在“公众投票”阶段，参与“博爱之星”投票人数44万余人次，网络转载37万次。

建立新闻发布与接受采访工作制度。制定《昆明市红十字会新闻发布与接受采访工作制度》，规范红十字会系统新闻发布与接受采访工作。

【规范实施项目工作】 通过“昆明阳光家园红十字服务站”开展艾滋病感染关怀服务、目标人群行为干预、自助互救及社区艾滋病预防与同伴教育等项目工作。2015年开展青年同伴教育、骨干培训、技能培训30期，对265户艾滋病感染者家庭进行随访。

应急救援（运送伤员）演练　　（市红十字会　供稿）

争取上级资金121万元，完成东川区生命健康安全体验教室及呈贡区生命健康安全教育项目；实施东川区失能老人养老服务、石林县长湖镇戈衣黑村博爱家园、石林县长湖镇宜善弥村博爱家园项目建设工作。

【红十字“五进”工作】 制订《昆明市红十字2015年红十字“五进”试点工作实施方案》。在全市启动红十字“五进”试点工作，五华区翠湖社区、西山区金牛社区、东川区团结社区、晋宁县中和社区、石林县西北社区、禄劝县秀屏社区授牌为“昆明市红十字服务示范社区”。

【红十字志愿者管理】 发展志愿服务队伍。与红十字蓝天救援队开展合作，签署“合作协议”，蓝天救援队更名为昆明红十字蓝天救援队；昆明市红十字会心理救援队现有32名成员，由具备专业素质的志愿者组成；与昆明颐康缘养老服务中心合作，建立心理志愿者服务基地，开展志愿服务工作；5月8日世界红十字日、世界急救日、世界艾滋病日，组织红十字志愿者开展宣传活动。

加强志愿者管理。对红十字会原有会员、志愿者进行清理、登记统计，2015年新发展红十字会会员2 404人、志愿者2 144人；指导县区志愿者工作，专题调研禄劝县小橘灯志愿者队伍建设情况。

（伍　艳）

体　育

【公共体育服务】 加大公共体育服务设施建设力度。积极争取省级资金支持，圆满完成“七彩云南全民健身工程”项目。全面完成宜良县体育场馆、东川区体育场等重点场馆建设项目，建设文体活动广场14个、农民健身工程点228个、健身路径222条。启动城市社区“15分钟健身圈”工程，组织开展全民健身体育活动186项次，促进群众体育健康发展。不断完善全民健身组织网络服务体系。全年培训二级社会体育指导员483人，组织县区培训三级社会体育指导员840人。组队参加全国第十届少数民族传统体育运动会，取得较好成绩。积极探索全民建设设施管理新途径。与市财政局联合制定下发《昆明市全民健身设施建设与管理办法》，完善全民健身设施管理制度措施。启动“全民健身设施日常巡查维护系统”建设工作，进一步建立规范、健全全民健身设施巡查制度。

【竞技体育发展】 组织全市119名运动员参加第一届全国青年运动会，在16个项目决赛中获得4金4银4铜的优异成绩，创下昆明市在全国综合性运动会中的历史最佳成绩。成功举办昆明市第五届运动会，2015年“昆明高原国际半程马拉松赛”“2015年昆明环滇池高原自行车邀请赛”中国东川泥石流国际汽车越野赛。首次引进专业的赛事公司参与“昆明高原国际半程马拉松赛”办赛工作。大力培育县（区）特色赛事，扶持宜良县成功举办2015年“九乡杯”第三届云南·昆明·宜良“68道拐”山地车爬坡挑战赛。积极组队参加省级赛事，在各类省级赛事中获得金牌245枚、银牌203枚、铜牌180枚。组队参加全国“青少年俱乐部杯”羽毛球锦标赛等全国性的青少年体育比赛。联合市教育局举办足球、田径、游泳等24项次中小学生比赛，参赛规模达数万人次。积极开展省级传统项目，学校、青少年体育进校园活动示范学校和省级青少年体育俱乐部申报工作，为体育后备人才培养、选拔奠定坚实基础。

【群众体育生活】 迎新春系列体育活动。组织县区开展昆明市迎新春健身操、舞龙舞狮、篮球等系列活动。2015年，昆明市组织迎新春系列体育活动30余场次，参与民众2万余人，丰富群众春节期间的文化生活。

开展元旦老圭山登山活动。1月1日上午，由昆明市文化广播电视体育局和昆明市体育总会主办、昆明登山探险协会和昆明山野旅行社有限公司共同承办，以“全民健身　我登十峰”为主题的“2015年昆明十峰登山活动启动大会”在石林县最高峰老圭山隆重举行。来自各县区的登山爱好者参与活动。2015年，昆明十峰登山活动已经成功举办六届，该项活动已成为全民健身的一个重要亮点品牌项目。

2015年，全国“龙腾狮跃闹元宵”大联动昆明展演活动。活动由国家体育总局社体指导中心、中国龙狮运动协会主办，云南省体育局社体指导中心，昆明市文化广播电视体育局和宜良县旅游和文化广播电视体育局具体承办。3月4日展演活动在宜良县乡鸭湖广场举行，有来自昆明12个县（市）区和5个开发度假区的27条“龙”，30对狮虎共计700多人参加巡街展演比赛。经过近5个小时的激烈角逐，盘龙区、官渡区、呈贡区获得舞龙类一等奖，宜良县获得舞狮类一等奖。2015年全国“龙腾狮跃闹元宵”大联动昆明竞赛活动是“昆明春城体育节”系列重要活动之一，舞龙舞狮成为昆明群体活动的一张名片。

昆明市2015年“全民健身挑战日——健康昆明动起来”活动。活动由国家体育总局群体司发起，中华全国体育总会主办，昆明市文化广播电视体育局、盘龙区、官渡区、西山区、呈贡区等4区及滇池度假区管委会联合主办。活动以“健康昆明”为主题，旨在通过“挑战日”活动引导，激发市民参与体育运动的热情和兴趣，养成经常参加体育锻炼的习惯，宣传健康和谐的生活方式。2015年，昆明市被国家体育国家体育总局确定为参加活动的21个城市之一。昆明市将采取主会场和分会场联动的模式，以盘龙区为主会场、官渡区、西山区、呈贡区、滇池度假区为分会场，组织城市众跑挑战赛、残疾人融合关爱跑、国民体质监测、健身操舞展示、投篮、跳绳等单项运动挑战为主要内容的健身活动。

“庆五一”昆明市第九届外来务工人员运动会。2015年昆明市第九届外来务工人员运动会在五华体育馆召开，本届外来务工人员运动会共设押加、斗脚、跳大绳、掰手腕等体育趣味比赛项目8个，有来自17个县区的32支代表队，804名运动会参加各个项目的比赛。比赛结束后，对获得各项目前8名的外来务工人员给予表彰，并给全体参赛运动员发放参赛纪念品、参赛证书

（市文广体局）

昆明市参加第一届全国青运会成绩统计

<table>
<tr><th>序号</th><th>项目</th><th>小项</th><th>姓名</th><th>名次</th><th>成绩</th><th>产生时间</th><th>备注</th></tr>
<tr><td>3</td><td rowspan="2"></td><td>男子山地越野赛</td><td>马 皓</td><td>2</td><td>1:21:59</td><td rowspan="2">9月24日</td><td>银牌</td></tr>
<tr><td>5</td><td>男子公路个人赛</td><td>李文杰</td><td>2</td><td>2:41:59</td><td>银牌</td></tr>
<tr><td>14</td><td rowspan="5">击剑</td><td>男子重剑个人</td><td>叶德泽</td><td>3</td><td></td><td>10月20日</td><td>铜牌</td></tr>
<tr><td rowspan="4">16</td><td rowspan="4">男子重剑团体赛</td><td>李 顺</td><td rowspan="4">1</td><td></td><td rowspan="4">10月24日</td><td rowspan="4">金牌</td></tr>
<tr><td>王 鑫</td><td></td></tr>
<tr><td>叶德泽</td><td></td></tr>
<tr><td>尤 航</td><td></td></tr>
<tr><td>20</td><td rowspan="14">田径</td><td>女子5 000米</td><td>张德顺</td><td>1</td><td>15:45.75</td><td>10月22日</td><td>金牌</td></tr>
<tr><td>21</td><td>女子10 000米</td><td>张德顺</td><td>1</td><td>32:58.17</td><td>10月25日</td><td>金牌</td></tr>
<tr><td>23</td><td>男子3 000米障碍</td><td rowspan="2">宗庆华</td><td>2</td><td>9:12.99</td><td rowspan="2">10月23日</td><td>银牌</td></tr>
<tr><td>24</td><td>男子5 000米</td><td>3</td><td>14:42.99</td><td>铜牌</td></tr>
<tr><td rowspan="5">29</td><td rowspan="5">男子 10 000米竞走团体</td><td>王丽波</td><td rowspan="5">2</td><td>41:41.46</td><td rowspan="10">10月24日</td><td rowspan="5">银牌</td></tr>
<tr><td>茶金红</td><td>41:46.66</td></tr>
<tr><td>于永才</td><td>41:53.52</td></tr>
<tr><td>龚方龙</td><td></td></tr>
<tr><td>柳庆东</td><td></td></tr>
<tr><td rowspan="5">30</td><td rowspan="5">女子 10 000米竞走团体</td><td>赵文丽</td><td rowspan="5">3</td><td>46:07.14</td><td rowspan="5">铜牌</td></tr>
<tr><td>张丽芳</td><td>46:47.42</td></tr>
<tr><td>曹彩玲</td><td>50:11.54</td></tr>
<tr><td>寸海璐</td><td></td></tr>
<tr><td>杨明娅</td><td></td></tr>
<tr><td>34</td><td></td><td>男子68公斤级</td><td>李梓晔</td><td>3</td><td></td><td>10月24日</td><td>铜牌</td></tr>
<tr><td rowspan="3">35</td><td rowspan="3">射箭</td><td rowspan="3">男子团体</td><td>曹珉瑞</td><td rowspan="3">1</td><td></td><td rowspan="3">10月24日</td><td rowspan="3">金牌</td></tr>
<tr><td>夏云龙</td><td></td></tr>
<tr><td>章 建</td><td></td></tr>
</table>

社　会

◆责任编辑　方玉红

城乡居民生活综述

【人均可支配收入】　2015年，全市城乡居民收入稳步增长，消费水平提升，人民生活水平进一步提高。据国家统计局昆明调查队抽样调查显示：昆明城镇常住居民人均可支配收达到33 955元，同比增长8.50%；农村常住居民人均可支配收入达到11 444元，同比增长10.40%。

【城乡居民收入增长】　2015年，昆明市城镇常住居民人均可支配收入绝对值高于全国2 760元，高于全省7 582元，增速高于全国0.30个百分点；农村常住居民人均可支配收入绝对值高于全国22元，高于全省3 202元，增速高于全国平均水平1.50个百分点。城镇和农村常住居民人均可支配收入绝对值及增幅均高于全国平均水平，绝对值高于全省平均水平。城乡常住居民人均可支配收入绝对值位居全省16个地州市之首，城镇高于排列第二位的州市4 324元，高于排列末位的州市14 945元；农村高于排列第二位的州市467元，高于排列末位的州市6 653元；昆明市农村常住居民人均可支配收入增速快于城镇常住居民人均可支配收入增速1.9个百分点，全市城乡常住居民可支配收入比由2014年的3.02下降为2.97（以农村为1），城乡居民收入差距在继续缩小，城乡居民收入分配结构持续改善。

【消费状况】　2015年，昆明市城镇居民人均消费性支出20 613.05元，同比增长3.69%；昆明市农村居民人均消费性支出9 436.07元，同比基本持平。城乡居民在消费支出平稳增长的同时，消费结构也发生深刻的变化，新的消费亮点及消费热点逐步形成。以汽车和改善型住房为代表的城乡居民消费结构升级，成为需求加快增长的主要动力。全市城乡居民住房、家用轿车、旅游、文化娱乐、医疗保健、交通通信等消费持续升温，不断释放的消费需求，反映出广大人民群众生活水平质量的提高和改善。

2015年昆明市城镇居民消费增长情况

消费项目	金额（元）	同比增长（%）	比重（%）
人均消费性支出	20 670.12	3.98	—
食品烟酒	5 703.48	4.16	27.59
衣着	1 390.07	2.71	6.73
居住	5 124.29	5.92	24.79
生活用品及服务	1 290.35	3.28	6.24
交通通信	2 575.79	17.21	12.46
教育文化娱乐服务	2 697.99	−15.55	13.05
医疗保健	1 364.35	21.58	6.60
其他商品和服务	523.80	16.92	2.53

2015年昆明市农村居民消费增长情况

消费项目	金额（元）	同比增长（%）	比重（%）
人均消费性支出	10 064.19	4.78	—
食品	2 712.64	6.21	26.95
衣着	475.86	−11.30	4.73
居住	2 547.79	3.35	25.32
生活用品及服务	508.75	−2.67	5.06
交通通信	1 739.59	11.80	17.28
教育文化娱乐服务	1 138.02	4.70	11.31
医疗保健	813.39	7.04	8.08
其他商品和服务	128.15	3.11	1.27

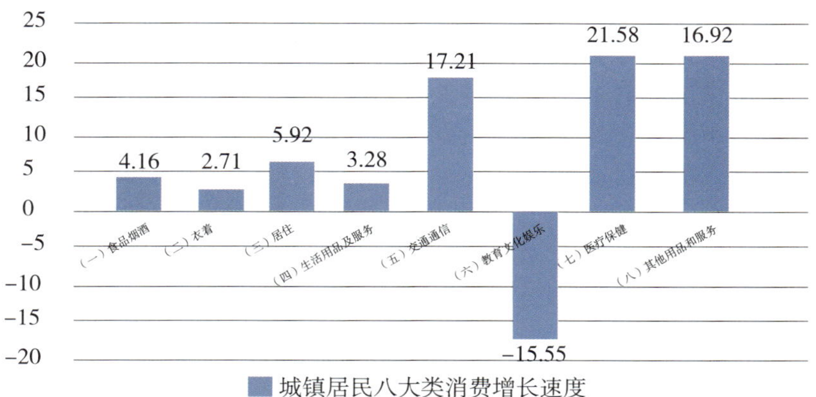

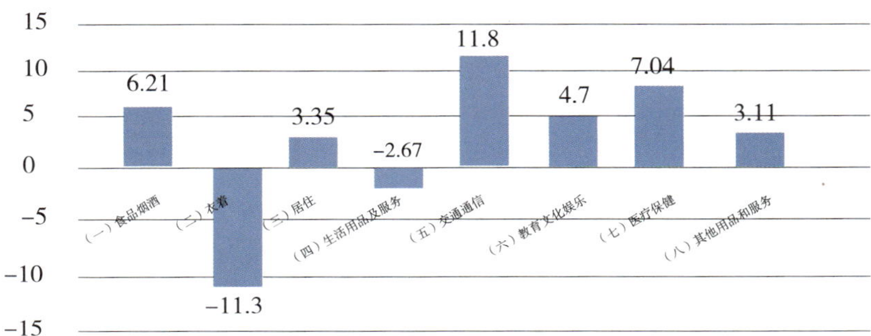

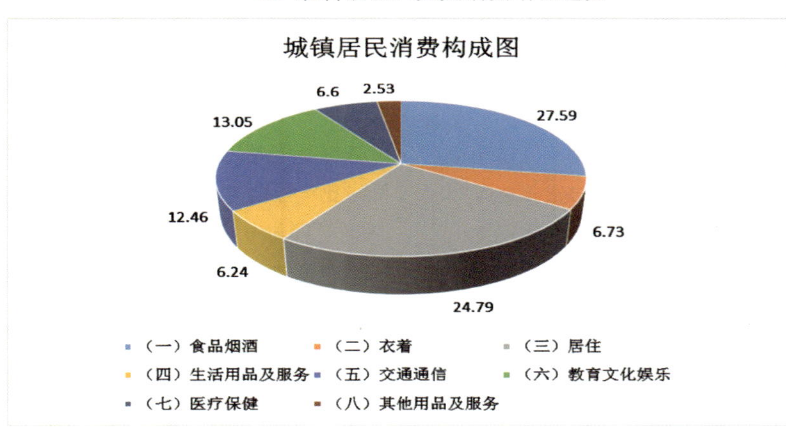

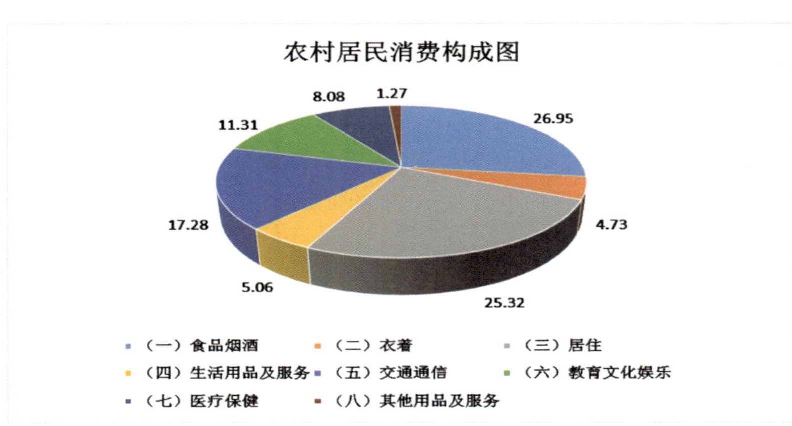

【食品支出】　2015年，食品烟酒支出依然是城乡居民家庭消费的主体，食品支出占城乡居民总体消费支出的比重分别是27.41%、22.73%。昆明市城镇居民人均肉禽蛋水产品类消费支出为1 408.27元，占食品烟酒类支出的比重为24.92%，这类消费中水产品类人均消费172.91元，在肉禽蛋水产品类消费中占比为12.30%，同比降低1.80%，居民食品消费结构在逐渐改善。在保证肉禽蛋类消费的同时，居民坚持对蔬菜等绿色食品的摄入，环保生态的农副产品备受青睐；昆明市城镇居民人均鲜菜消费689.43元。农村居民人均鲜菜消费165.68元。随着生活水平的提高，城乡居民越来越讲究食品的安全、生态、营养、方便，饮食中肉禽蛋水产品类消费的比重大，兼顾适量绿色食品的摄入，同时干鲜瓜果、糕点、奶及奶制品也有较快增长。随着收入水平的提升，生活节奏的加快，居民饮食消费逐步走向社会化，特别是城镇居民外出就餐已经成为常见的生活方式。昆明市城镇居民人均在外饮食支出达1 293.19元。农村居民人均在外饮食支出达200.97元。

【恩格尔系数】　2015年，城镇居民家庭中食品支出占消费支出的比重（即恩格尔系数）由2014年的27.55%下降至2015年的27.41%，下降0.14个百分点；农村居民家庭中食品支出（含自产自用）占消费支出的比重（即恩格尔系数）为33.63%。收入的提高，恩格尔系数的下降，一升一降反映城乡居民生活水平的提高，在理论上已经达到国际认可的富裕水平。

【衣着消费】　2015年，昆明市城镇居民人均衣着支出为1 390.07元，同比增长2.71%，占消费支出的比重6.74%；农村居民人均衣着支出为475.86元，占消费支出的比重5.04%。随着昆明城镇居民生活水平的提高，收入增加和购买力增强，个人在着装上越来越追求个性化、时尚化和品牌化，居民衣着的消费档次不断提高，消费增加。

【居住条件】 2015年，昆明市城镇居民人均住房建筑面积为42.00平方米。水电燃料及其他支出662.27元，人均居住支出5 124.29元，同比增长5.92%。农村居民人均住房面积为46.65平方米。水电燃料及其他支出276.96元，人均居住支出2 547.79元，同比增长3.35%。城镇居民多居室的住房配套率大幅提高，单栋住宅、四居室、三居室、二居室住房所占比重已达94.30%。住房配套设施进一步提高，有62.90%以上的家庭炊用燃料使用管道煤气和罐装液化石油气，有31.40%以上的家庭选择用电作为主要炊用能源。城乡居民居住环境不断向好，居住条件不断改善。

【生活用品及服务支出】 2015年，昆明市城乡居民人均生活用品及服务类支出分别为1 290.35元和508.75元，分别增长15.20%、57.70%。随着居民对生活品质要求逐渐提高，个人用品讲究品质。随着城镇居民越来越注重形象，个人用品消费需求旺盛，大品牌、高档次、高质量的化妆品受到青睐，个人用品支出增多。同时，居民对耐用消费品，如电冰箱、彩色电视机、全自动洗衣机等电器的需求不再是能用就行，而是逐步向品牌化、高档化转变。

【交通和通信支出】 2015年，昆明市城镇居民人均交通和通信支出达到2 575.79元，同比增长11.70%；昆明市农村居民人均交通和通信支出达到1 739.59元，同比增长50.50%。截至年底，昆明市城镇居民家庭每百户家庭私用汽车拥有量已达52.30辆；农村居民家庭达26.30辆。城镇居民人均通信支出为947.83元，同比增长10.90%；农村居民人均通信支出为402.52元，同比增长11.70%。

【教育文化娱乐消费】 2015年，昆明城镇居民人均教育文化娱乐服务类支出2 697.99元，在总消费中占比13.10%；农村居民人均教育文化娱乐服务类支出1 138.02元，同比增长0.50%，在总消费中占比11.30%。昆明市城镇居民人均教育支出为889.64元，同比增长12.20%，农村居民人均教育支出886.85元，同比增长7.30%。城乡居民人均文娱耐用消费品支出分别为138.62元、79.18元。城镇居民家庭每百户拥有彩电、计算机、组合音响、摄像机、照相机、健身器材分别是110.70台、77.60台、23.20套、13.00架、48.90架、5.00套；农村居民分别是108.30台、16.20台、12.60套、6.70架。

【医疗保健消费】 2015年，昆明市城镇居民人均医疗保健支出1 364.35元，同比增长16.20%；农村居民支出813.39元，同比增长7.00%。居民健康保健意识增强，社会保障作用彰显。

【网络消费】 随着通讯及信息产业的发展，3G、4G业务的应用，给城乡居民的生活带来翻天覆地的变化。手机拥有量增加，联网电脑数量增加，带动网络购物快速发展，网购消费已成常态。2015年，昆明市城镇居民家庭每百户接入互联网的电脑数量为66.00台。城镇居民家庭人均通过互联网购买商品或服务的消费已达147.66元，与上年同期的100元相比，增长47.66%。

【居民消费价格变动情况】 与上年同期相比，2015年昆明市居民消费价格总水平上涨2.40%，其中，食品价格上涨3.80%，非食品价格上涨1.60%；消费品价格上涨2.80%，服务项目价格上涨1.30%。从八大类别看，2015年，食品类价格比上年同期上涨3.80%。其中，粮食价格上涨0.40%，油脂价格下降4.10%，肉禽及其制品价格上涨3.70%，鲜蛋价格下降1.90%，水产品价格上涨2.60%，鲜菜价格上涨7.60%，鲜果价格下降1.00%，调味品价格上涨1.70%。烟酒类价格比上年同期上涨3.50%。其中，烟草价格上涨4.20%，酒类价格下降0.40%。衣着类价格比上年同期上涨3.70%，其中服装价格上涨3.70%。家庭设备用品及维修服务价格比上年同期上涨2.10%。其中耐用消费品价格下降0.70%，家庭服务及加工维修服务价格上涨11.10%。医疗保健及个人用品类价格比上年同期上涨4.10%。其中西药价格上涨6.00%，中药材及中成药价格上涨9.40%，医疗保健服务价格与上年同期持平。交通和通信类价格比上年同期下降0.70%。其中，交通工具与上年同期持平，车用燃料及零配件价格下降16.20%，车辆使用及维修价格上涨2.50%，城市间交通费价格上涨0.40%，市区公共交通费价格上涨3.30%；通信工具价格上涨8.30%。娱乐教育文化用品及服务类价格比上年同期上涨1.40%。其中，教材及参考书价格上涨2.10%，文娱费价格上涨0.90%，旅游价格下降0.70%，文娱用品价格下降0.80%。居住类价格比上年同期上涨0.30%。其中，水、电及燃料价格下降0.10%，建房及装修材料价格上涨1.20%，租房价格与上年同期持平。

2015年居民消费价格指数走势图（与上年同期=100）

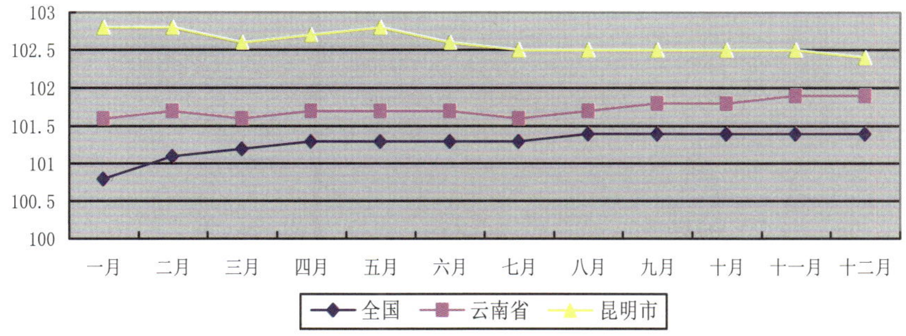

2015年居民消费价格指数走势图（与上年同期月=100）

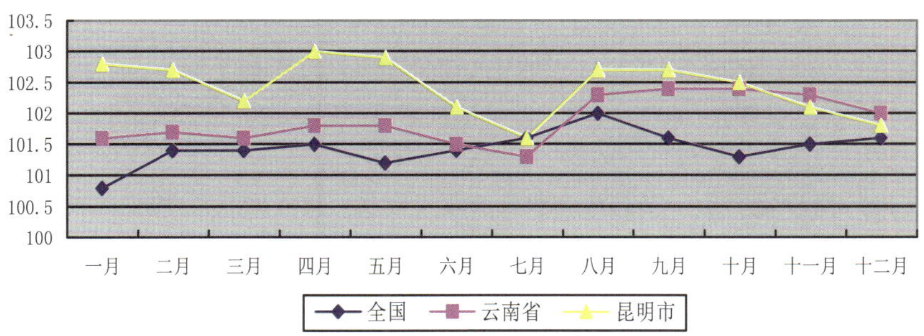

2015年居民消费价格指数走势图

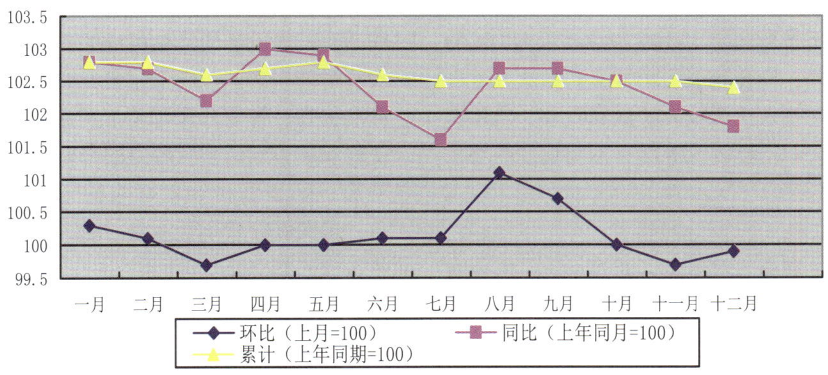

城镇居民收入

【工资性收入】　2015年，全市城镇居民户均家庭人口2.86人，就业人口户均1.82人，同比增长1.70%，城镇居民人均工资性收入16 578.05元，同比增加1 415.40元，增长9.30%，占城镇居民人均可支配收入的比重达到48.80%，拉动可支配收入增长10.40个百分点，在收入中占绝对主导地位，是支撑收入的主力。城镇居民收入增加的原因是2015年机关和事业单位进行工资调整，工资收入增加。2015年，根据人力资源和社会保障部、财政部《关于调整机关工作人员基本工资的实施方案》《关于调整事业单位工作人员基本工资的实施方案》，昆明市各机关和事业单位进行工资调整。其中：机关单位涉及人数41 039人，未扣除养老保险平均增加工资950元，扣除养老保险平均增加工资375元；事业单位涉及人数81 080人，未扣除养老保险平均增加工资1 108元，扣除养老保险平均增加工资436元。从5月开始，昆明各县区街道、乡镇发放乡镇基层工作人员补贴标准为每月每人500元，从2014年10月补发，一定程度拉动居民收入增长。

【经营净收入】　2015年，昆明市城镇居民经营净收入2 742.77元，同比增长16.30%，主要是营改增的行业进一步扩大，惠及众多的中小微企业，对小微企业的结构性减税政策扩大，增加个体工商户盈利空间，增加中小微企业从业人员的收入。此外，各级党委政府出台多项措施推进大众创业万众创新，号召全社会大力发展众创空间、夯实载体、培育主体、完善金融和服务体系、强化政策支持，努力营造良好的创新创业生态环境，掀起全民大众创业万众创新热潮，大大激发市场主体活力和企业投资创业热潮，促进经营收入的增长。截至2015年12月20日，仅昆明高新区就发展各类市场主体3 442户，同比增长1 456户，净增136%。其中，企业1 788户，比上年同期1 006户增长53%，个体工商户1 654户，比上年同期450户新增267%。

【财产净收入】　2015年，昆明市城镇居民人均财产净收入7 667.02元，同比增加1 183.65元，增长18.30%，增幅居四项收入之首，占城镇居民人均可支配收入的比重为22.60%，对城镇居民可支配收入的贡献居第二位，对收入的支撑作用加大。2015年，由于金融市场活跃，股市创新高，居民投资多样化，投资股票、基金、保险等的居民增多。居民股票基金分红收入及各种理财产品收益增长，使居民的财产性收入快速增长。城中村分红及城镇居民出租房屋收入增加，也拉动城镇居民财产净收入快速增长。

【转移性净收入】　2015年，昆明市

城镇居民人均转移净收入为6 967.08元，占城镇居民人均可支配收入的比重达到20.50%。2015年，政府继续加大社会保障和转移支付力度，提高全市低保标准，包括养老金在内的转移净收入稳步增长，国家增加机关企业事业单位离退休费，根据政策，全市企业退休基本养老金在原有基础上增长10%。城镇低收入家庭的保障水平不断提高，社会救济、社会优抚力度不断加大，使低收入群体的基本生活得到切实保障，对保持城乡居民收入稳步增长起到重要的作用。

城镇居民四项收入比重

48.80%
8.10%
22.60%
20.50%

工资性收入 经营净收入 财产净收入 转移净收入

农村居民收入

【工资性收入】 2015年，昆明市农村居民人均工资性收入为5 057.42元，工资性收入占农村常住居民人均可支配收入的比重达到44.20%。工资性收入占农民人均可支配收入的总量最大，是农村居民可支配收入构成的重要支撑，靠工资性收入的拉动，加快了城乡收入差距缩小的步伐。

【经营净收入】 2015年，昆明市农村居民家庭经营净收入5 030.19元，同比增长37.70%，占农村常住居民人均可支配收入的比重达到44%。经营净收入增长最快，是农村居民家庭重要的经济来源。这主要是各级政府加大改革力度，支持农村土地流转经营，倡导发展高效农业，强力支持都市农庄的建设，农村土地规模化集约化经营增效显著；各级政府采取措施因地制宜发展特色农业和精品农业，加强科学种植和养殖，积极支持成立专业合作社，促进农产品销售；由于气候条件较好，蔬菜、花卉、水果等农作物普遍丰收，有的主产区蔬菜远销省外和东南亚国家，价格较高。特别是猪牛羊肉价格持续上扬，农民从农业生产中得到的收入相应增加；农村龙头企业的发展，“一村一品”特色农业发展和农产品的量价双增促进农民家庭经营净收入快速增长。

【财产净收入】 2015年，昆明市农村常住居民人均财产净收入为714.08元，同比增长1.20%。主要是占财产净收入比重较大的红利收入、出租房屋财产性收入等都有不同程度的增长所致。

【转移性收入】 2015年，昆明市农村居民转移性收入为642.27元，在可支配收入中占比重5.60%。这得益于中央支农惠农政策力度逐年加大，各级财政对农业的补贴增加，农村居民的转移性收入增长加快；农村中小学生营养餐补助、交通补贴、粮食补贴、农机具补贴、退耕还林补贴、购买生产资料综合补贴等支农惠农政策继续执行以及各项补贴标准的提高；农村最低生活保障和农村五保户供养标准提高，各项社保政策落实到位，使得农民得到的来自政府的补贴收入增加；新型农村养老保险的全面覆盖，报销医疗费增长；农村居民外出务工收入的寄回、带回。

（王立荣　林　涛）

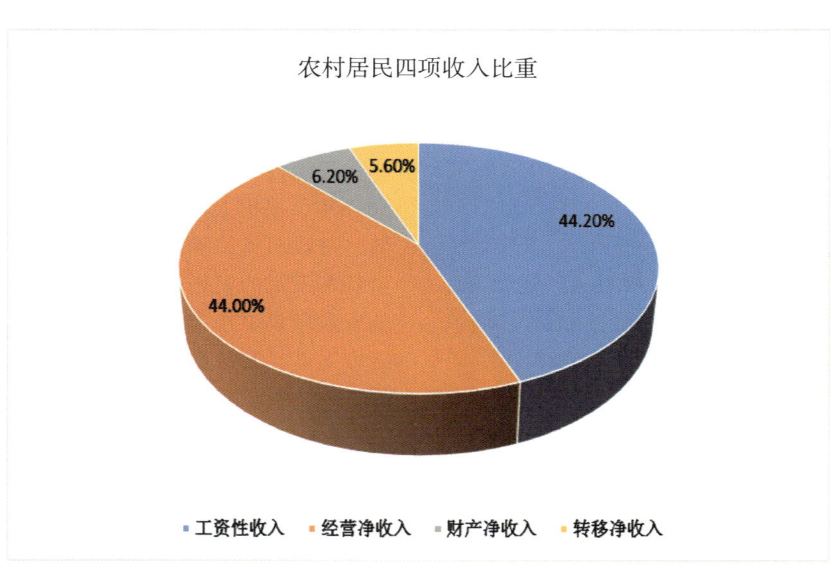

民　族

【少数民族概况】　昆明市有3个自治县、4个民族乡、303个少数民族聚居村。截至2015年底，少数民族户籍人口873 623人，较2014年增加17 424人，占全市户籍总人口的15.72%，增加0.17个百分点。有53个民族成分（56个民族成分中无塔吉克族、门巴族、珞巴族），9个世居少数民族（即彝族、回族、白族、苗族、傈僳族、壮族、傣族、哈尼族、布依族）。人口排序：彝族，有456 937人，占少数民族人口的52.30%；回族，有164 498人，占少数民族人口的18.83%；白族，有85 230人，占少数民族人口的9.76%；苗族，有55 292人，占少数民族人口的6.33%；傈僳族，有20 208人，占少数民族人口的2.31%；壮族，有16 935人，占少数民族人口的1.94%；哈尼族，有15 740人，占少数民族人口的1.80%；傣族，有15 481人，占少数民族人口的1.77%；人口最少的依然是布依族，有4 802人，占少数民族人口的0.55%。民族地区占全市国土面积的57%，全市少数民族依然呈现分布广、大分散、小聚居的特点。

少数民族流动人口主要分布在五华、盘龙、官渡、西山、呈贡5区，全市少数民族和少数民族外来流动人口数量和民族成分呈现逐年增多的态势。少数民族外来流动人口从民族构成看：主要有彝族、回族、苗族、维吾尔族、蒙古族等；从分布看：回族主要分布在五华、西山区，彝族主要分布于西山、盘龙区，苗族主要分布于官渡、西山区，傣族主要分布于五华、西山区，蒙古族主要分布于盘龙、西山区，维吾尔族主要分布于五华、官渡区；从职业看：回族、维吾尔族主要从事餐饮业，苗族、傣族、蒙古族等主要从事服务业和餐饮业。

【制定出台《关于加强和改进新形势下民族工作的实施意见》】　为全面贯彻落实习近平总书记在云南考察工作时的重要讲话和中央、省委民族工作会议精神及相关文件精神，经市委市政府审定同意，5月29日，印发《中共昆明市委昆明市人民政府关于加强和改进新形势下民族工作的实施意见》。《实施意见》从民族工作的新形势和新任务、加快民族地区经济社会发展、推进民族团结进步示范区建设、提高依法管理民族事务能力以及加强和改进党对民族工作领导等5方面提出26条加强和改进新时期民族工作的政策意见，对新形势下全市民族工作进行全面部署，是指导全市未来5年民族工作的重要文件。

【民族团结宣传教育】　多形式开展民族政策及民族工作法律法规的宣传教育活动，以宣传党的民族政策、普及法律知识为主线，提高各族群众对清真食品、食品安全等民族工作相关法律法规的知晓率、执行力。于5月11日在云南民族村举办“昆明市2015年清真食品安全宣传月”“民族团结宣传月”活动启动仪式，近1个月的活动中，市民委到全市各相关县区、滇池会展中心等少数民族聚居区、人流密集场所开展清真食品法律法规现场咨询及集中宣传活动；10月9—15日，会同市委组织部在中央民族干部学院联合举办昆明市第六期少数民族干部培训班。12月4日，在官渡区法治主题公园（金马街道办事处东华路社区东华公园内）举办“12·4”法制宣传日走进民族团结进步示范区活动，活动有近千人参加，发放各种宣传资料2 000份，有效形成民族团结“全民参与，人人有责，身边做起，贵在具体”的良好社会氛围。

【民族团结稳定形势分析研判】　4月2日、6月8日、10月22日召开3次全市民委系统民族团结稳定形势研判会，对2015年全市的民族团结稳定工作、回族聚居区团结稳定形势、南博会期间可能出现的涉及民族方面的问题、昆明市主城区中小学生清真餐供应工作进行分析研判和周密的安排部署。注重分析研判与及时处置相结合，对一些热点问题进行及时督办，从源头上预防和减少矛盾纠纷的发生。汇编整理下发《全市民族关系和团结稳定形势分析材料汇编》《涉及民族因素突发事件选编》，在全市开展学习，有效地从源头上防范和化解涉及民族问题的矛盾纠纷。

【民族团结社会稳定】　遵循“团结、教育、疏导、化解”的工作方针，按照“属地管理、分级响应、依法处置”的工作原则，加大矛盾纠纷排查调处力度。全年开展4次隐患排查，排查并化解各类矛盾纠纷13件，涉及人数342人，全市民族工作领域未发生因排查不深入、调处不细致、化解不及时、方法不得当等原因引发的群体性事件。安排部署全国、省市“两会”及春节期间维护民族团结社会稳定工作，对全市民委系统做好当前维稳工作进行安排部署，启动实施零报告制度；修订完善《昆明市民委涉及民族方面突发事件分级应对处置预案》。全程参与南博会执勤工作。安排人员在南博会馆全天候值守，及时处理场馆内出现的占摊和漫摊现象。均未出现影响民族团结的重大群体性事件，无非正常进京上访。

【落实示范区建设工作责任】　为强化工作责任，扎扎实实落实好与省市党委政府关于民族团结进步边疆繁荣稳定示范区建设年度目标任务，研究制定《昆明市民族团结进步边疆繁荣稳定示范区建设2015年目标管理责任书》，从民族经济发展、民族文化繁荣、民族干部培养、民族法制建设、民族关系和谐等10个方面明确27项工作任务，由市政府与12个县区政府、5个开发（度假）园区签订目标责任书。督促各基层行政组织分别与105

个乡镇、460个村委会、145个社区、3家企业签订目标责任书713份。所有涉及示范区建设及省定“3121工程”工作任务的单位、部门、村社均做到目标责任全覆盖。同时，将示范区建设纳入市委市政府对县区的年度目标考核，制定《昆明市民族团结进步边疆繁荣稳定示范区建设目标责任考核指标体系》，按季度自查小结、半年督查总结、年终考核评价，对各县区、开发（度假）区示范区建设工作任务推进落实情况进行全面督促落实。

【清真食品监督管理】 出台《关于对加盟（连锁、直营、分）店类清真食品生产经营企业开展监督管理工作的意见（试行）》《关于加强清真消毒餐具管理的通知》等规范性文件，对《昆明市清真食品管理条例》具体内容里没有明确规定的空白进行补充完善，方便对同类企业管理。举办昆明市清真食品行政执法人员实务培训班。

切实做好“元旦”“春节”和“两会”、南博会、国庆节期间清真食品安全，维护社会稳定工作，在全市组织开展3次清真食品安全专项检查。检查清真食品生产企业118家清真食品个体工商户1 033家，其中清真餐饮单位869家、清真畜禽屠宰单位172家；查处清真食品违法案件25起，查处无证经营单位105家；责令限期整改247家、停产停业单位1家；吊销“清真食品准营证”2家；以检查活动为契机，开展清真食品安全宣传咨询活动238场次，通过媒体播放宣传报道11篇。

【开发建设“昆明清真食品网”】 为进一步畅通党委、政府与少数民族沟通交流渠道，填补昆明市目前尚无涉及少数民族特殊饮食习惯宣传和查询平台的空白，2015年3月，市民委建设开通“昆明清真食品网”。网站以保障民生为基础，发展扶持清真食品产业为目的，为广大民众和政府搭起一个相互沟通交流的平台，有效推动全市清真食品行业健康稳步发展。

【实现全省清真食品认证零的突破】 清真食品国际贸易云南认证中心2015年8月4—6日，对云南省民族食品股份有限公司出口咖啡和昆明华曦牧业集团有限公司两家食品进行现场评审。9月2日，云南省民族食品股份有限公司出口咖啡作为批次认证项目、昆明华曦牧业集团有限公司老家食品作为产品认证项目顺利完成复审和终审程序，取得“清真食品认证证书”。通过认证的食品，可以按规定使用清真食品认证标志，在国内外市场上进行销售。云南首批清真食品认证通过，迈出云南省清真食品认证工作重要的一步，将进一步推动云南省清真产业快速、健康、可持续发展，让更多的优质的清真产品走出国门，走向世界。

【民族地区发展扶持项目】 2015年，昆明市安排市级民族专项资金4 500万元，主要用于实施民族经济跨越发展工程、民生保障全覆盖工程、民族文化精品打造工程、民族教育振兴工程、少数民族人才引领工程、城市民族工作创先争优工程、民族团结保障工程和民族工作创新工程等示范工程、“十百千万工程”创建、扶持项目280个。

加强与上级部门对接，及时掌握政策动态和项目审批信息，认真做好项目谋划、申报。2015年度共争取到上级专项资金3 053.18万元，完成目标任务的190.80%，扶持项目32个，主要用于解决少数民族特殊困难、“十百千万工程”示范创建、云南省人口较少民族学生助学补助等。

按照《关于印发十县百乡千村万户示范点创建工程三年行动计划示范点名单的通知》确定的示范点名单，2015年，实施3个民族团结进步示范乡镇（晋宁县夕阳、寻甸县六哨、东川区阿旺）、2个民族特色村（宜良县蓬莱、盘龙区花渔沟村）、3个民族团结进步示范社区（高新区锦兴苑、东川区起嘎、禄劝县屏山街道秀屏社区）的创建工作。向市政府申请、协调市财政配套石林示范县2015年创建经费300万元，从市级民族专项资金中补助其他示范点经费123万元。3个示范社区项目安排省级资金60万元，共计180万元。各示范点的项目基本实施完成，圆满完成年度创建任务，带动和推进民族团结进步边疆繁荣稳定示范区建设。

2015年8月，清真食品国际贸易云南认证中心揭牌。（市民委　供稿）

【制定《昆明市少数民族法律援助工作实施办法》】 为依法保障少数民族合法权益，加强少数民族群众法律援助工作，市民委会同市司法局联合下发《昆明市少数民族法律援助工作实施办法》，从切实增强做好少数民族法律援助工作的责任感和使命感、拓宽少数民族群众法律援助服务网络、实行少数民族群众法律援助优惠政策、加强少数民族法律援助案件的质量监控、健全少数民族法律援助工作机制、加大少数民族法律援助宣传力度等6个方面对昆明市实施少数民族法律援助工作进行全面安排，从15个方面明确加强少数民族群众法律援助工作的实施办法，是昆明市首个特别针对少数民族群众的法律援助规定。

依托云南云誉律师事务所人才资源继续开展“昆明市少数民族法律维权”服务工作，切实维护少数民族群众合法权益。2015年，“昆明市少数民族法律维权中心”接受少数民族法律咨询1 953次，处理少数民族法律投诉案件46件，开展宣传活动5次。

【民族文化事业】 市民委与昆明市文化广播电视体育局、昆明市文化馆、昆明市非物质文化遗产保护中心在春城剧院举办昆明市第三届民族民间歌舞乐调演，来自全市12个县区、5个开发（度假）区的30个节目参加调演；会同市文广体局选送4个节目参加云南省第九届民族民间歌舞乐展演，声乐类节目《我是小小昆明人》获金奖，声乐类节目《那娑婆勒勒调》获传承奖及铜奖，舞蹈类节目《禄劝傈傈舞》获铜奖，器乐类节目《哺啦哩》获优秀节目奖。昆明市代表队荣获组织奖。

完成2015年度云南省少数民族文化抢救保护项目和世居少数民族文化精品资金项目的申报工作，共申报抢救保护项目资金11个，116万元；文化精品项目1个，60万元。争取到省级少数民族传统文化抢救保护专项经费92万元，文化精品项目经费20万元。

【开展“挂帮包、转走访“工作】 做好昆明倘甸产业园区管委会凤合镇合理村委会、舍块乡白鹤村的扶贫帮带工作。制定帮扶计划、实施扶贫项目，制定《昆明市民委挂钩帮扶三年计划》，细化每年重点解决的困难，确定2015年实施的扶贫项目和资金安排计划。2015年，安排市级民族专项资金106万元、项目7个。如合理村的郑家湾、朱家湾村人饮安全工程、村党总支党员活动室修缮等项目4个，通过修建蓄水池、饮水管网改造等工程，可解决117户人饮安全；白鹤村老房子麻地村内道路建设项目1个，解决120户人行路难问题。这两个村的项目都在实施中。采取“一帮一”和“一帮几”的形式，结对帮扶建档立卡贫困户，入户开展调查，完善贫困户建档立卡资料，研究制定帮扶措施，千方百计地帮助贫困群众实现脱贫致富，市民委和下属单位职工参与捐款捐物活动。

【人大代表建议、政协提案办理】 2015年，市民委共接到10件人大代表建议、政协委员提案的办理任务。其中，市政协委员提案5件（省政协提案1件，其余提案皆为主办件）；市人大代表建议5件（2件协办件，3件主办件）。5件人大代表建议、4件政协提案答复工作已全面完成，1件重点提案已按办理要求完成专题调研、专题答复面商、专题督查。所提问题基本得到解决，均为A类件，同时按要求在政务网上反馈办理结果，代表、委员对办理、答复工作满意率达100%。

（魏文钧）

宗 教

【全市宗教工作会议】 2015年3月13日，召开昆明市2015年度宗教工作会议，12个县区和5个开发（度假）区民族宗教局局长、科长参加会议。会上，传达学习全国、全省宗教工作会议精神，总结2014年的全市宗教工作，对全市2015年的宗教工作进行安排部署。

【目标任务责任制管理】 制定并下发《昆明市2015年度宗教工作目标管理责任书》，由副市长赵立功代表市政府与12个县区政府和5个开发（度假）区管委会签订《责任书》，将全年宗教工作目标分解细化，明确完成时限、工作要求。12月30日，市宗教局代表市政府对各县区2015年度宗教工作目标任务完成情况进行年终集中考核。全市12个县区均为年度宗教工作目标完成优秀单位，4个开发（度假）区为年度宗教工作目标完成优秀单位，1个开发（度假）区为年度宗教工作目标完成单位。

【爱国宗教团体建设】 2015年12月，召开昆明市佛教第十次代表会议和昆明市伊斯兰教第七次代表会议，选举昆明市佛教协会和昆明市伊斯兰教协会新一届团体领导班子。2015年，昆明市从7个方面加强宗教团体建设：把好宗教团体领导班子选人、用人关；较好地落实省委“6·15”会议精神，妥善解决宗教代表人士的生活补助问题，各级财政对市、县两级宗教团体担任秘书长以上的宗教代表人士发放生活困难补助，提高其生活待遇，体现党委、政府的关心和爱护；增加宗教团体办公经费，提高协会自养能力，更好地开展教务指导工作，增强服务基层的能力；指导各宗教团体做好驻会人员参加社会保障的协调工作，努力为市属宗教团体驻会工作人员办理“五险一金”。各县区结合各自实际，通过各种方法努力为宗教教职人员解决参保问题。盘龙、官渡、西山、呈贡区、富民县还将宗教教职人员生活待遇纳入财政预算，对全部或部分宗教教职人员进行补助；指导帮助宗教团体建立健全各项规章制度，逐步形成以制度管人、以制度管事的民主办教模式。建立宗教代表人士定期联系制度，主动听取宗教界的意见建议，教育引导团体班子成员之间加强团结协作意识，形成共同干事的良好工作氛围。利用宗教团体广泛联系宗教界人士、信教群众的平台，组织宗教教职人员、宗教活动场所负责人和信教群众开展爱国主义、法制教育等多层次、多形式的教育培训，提高教职人员的综合素质；督促宗教团体下基层、进场所，开展有针对性的调研工作，加强对基层的教务指导，解决教务上的分歧，提高辨别是非能力，增强抵御境外敌对势力利用宗教对中国进行渗透的能力。

【宗教活动场所规划和建设】 2015年，市宗教局进一步帮助宗教团体对宗教活动场所进行规划建设工作。市级财政安排重点宗教活动场所维修补助经费，解决近百个宗教活动场所的实际困难。争取省财政补助百万余元，改善宗教活动场所的危房状况，满足信教群众开展宗教活动的要求，保障信教群众的生命财产安全。

【宗教领域维稳工作】 开展以“国法与教规的关系”为主题的“宗教政策法规学习月”活动。6月10日，在真庆观举行活动启动仪式并开展现场政策咨询。精心组织法治宣传周活动。昆明市各级宗教工作部门、市属宗教团体紧紧围绕“弘扬宪法精神，推动创新、协调、绿色、开放、共享发展”活动主题，根据各地、各教的特点和优势，广泛利用培训会、黑板报、公示栏、宣传橱窗、横幅、讲经说法和现场解答等形式，扎实开展系列宣传活动。宣传周期间，各地、各教先后悬挂布标13余条，广播宣传9次，发放宣传材料2.24万份，发放《宗教政策法规文件选编》《云南省宗教政策法规和法治宣传教育读本》《宗教事务条例》等各种宣传资料1.44万份，发放宣传袋8 000个，受教群众达2.70万人。以“法律六进”为抓手，结合自身实际，拓展“法律六进”内涵，深化宗教领域“法律三进”，即进宗教活动场所、进宗教团体、进信教群众。到昆明市伊斯兰教协会、昆明市基督教协会及南城清真寺、圣约翰堂赠送《2015年全民普法教育读本》，与部分宗教界代表人士开展面对面的宗教政策法规咨询。以送法制书籍、进团体、场所讲授宗教方针政策等方式，组织宗教界人士和信教群众学习党和国家宗教政策法规；指导和帮助宗教团体、宗教活动场所加强法律法规宣传教育，提高遵法、守法和用法的自觉性，增强其国家意识、公民意识和法律意识，并通过他们向社会进行广泛宣传，增强宗教政策法规的影响力和辐射面。认真做好涉及宗教领域的热点难点问题的处置，维护全市宗教界的稳定。加强信访工作，完善“局长接待日”制度，切实维护群众合法权益，进一步畅通信访渠道，建立健全长效工作机制。

【“和谐寺观教堂”创建活动】 2015年，根据国家宗教局和省民族宗教委员会的有关工作要求，昆明市继续开展以“教风年”为主题的和谐寺观教堂创建活动，全市各级宗教工作部门、市属宗教团体按照工作要求，围绕和谐寺观教堂创建活动的主题，立足各宗教活动场所实际，发挥宗教界的主体作用，推动宗教界加强教风建设，采取切实措施防范和纠正损害宗教形象与声誉的现象。按照“政治上靠得住、学识上有造诣、品德上能服众、关键时起作用”的衡量标准，认真执行“昆明市市属宗教团体负责人测评办法（试行）”。年初，对全市宗教团体负责人开展2014年度测评工作。形成教风建设的长效机制和监督机制，提升省会城市宗教团体负责人综合素养，更好地发挥宗教团体联系广大信教群众的桥梁纽带作用。

【伊斯兰教朝觐组织工作】 2015年，云南省民宗委安排昆明市朝觐名额129人。市宗教局根据各县区报名情况，将全部名额分配到各县区，同时强调必须严格执行朝觐人员网上报名制度，杜绝名额分配上出现拉关系、走人情的现象。市伊斯兰教协会结合多年开展培训的经验，强化对朝觐人员的日常培训工作，每月均安排经验丰富的教职人员授课。为加强对赴沙特朝觐人员的组织服务工作，选派3名宗教工作干部和3名伊斯兰教教职人员作为带队干部和随团伊玛目，负责整个朝觐活动的组织服务工作。昆明市的朝觐组织服务工作保障工作措施有力，朝觐活动开展正常有序，向全世界穆斯林展示了中国哈吉的良好形象，得到省朝觐团、国家朝觐团的一致好评，被省民宗委、省伊协评为“2015年度云南省朝觐组织工作优秀组织单位”。

【“宗教慈善周”活动】 在全市宗教界广泛开展以“慈爱人间，五教同行”为主题的“宗教慈善周”活动。充分发挥宗教界服务社会、利益人群的优良传统，在敬老爱老、扶贫济困、抗震救灾、捐资助学、助残义诊、环境保护、社区服务、心理慰藉等领域广泛开展公益慈善活动。2015年，全市宗教界共募集款168.11万元。其中，佛教募款26.74万元，道教募款34.96万元，伊斯兰教募款87.70万元，基督教募款18.71万元。通过开展“宗教慈善周”活动，积极引导宗教与社会主义社会相适应，各宗教界服务社会意识不断增强；树立宗教界的良好形象，进一步促进宗教活动健康发展，实现宗教公益慈善活动的长期化、制度化、规范化；进一步广泛团结广大宗教界人士和信教群众，努力营造“我为人人、人人为我”的良好社会风貌。

【政协提案办理】 2015年，共收到市政协委员提案4件，内容涉及市直管宗教活动场所的教职人员社会保障、功德箱管理、基督教培训中心、正确引导昆明市青少年开展“圣诞节”相关活动等方面的问题。市宗教局对提案进行认真整理分析，制定切实可行的办理方案，积极组织落实。年内，所有提案均按要求办理完毕，办结率100%，满意率100%。

【依法行政工作】 市宗教局成立依法行政专项工作领导小组，制定依法行政工作计划，明确责任分工，强化经费保障，开展依法行政知识学习，全局23名行政执法人员均按照要求每2年参加1次法律轮训，完成换证年审及新办证；继续聘请云南博奕律师事务所律师担任法律顾问，围绕昆明市宗教事务行政管理与服务提供决策前的法律咨询论证，以及日常行政及对外交往活动中的法律问题提供法律咨询意见；制定出台《昆明市宗教教职人员管理规定（试行）》《昆明市全市性宗教团体重大事项报告制度（试行）》等；全面推进权力清单制度，严格规范公正文明执法。根据《昆明市政府部门权力清单和责任清单汇总表》，共梳理出宗教部门行政职权4类，34项，行政职权对应的“责任事项”173项。严格按照法定权限和程序行使权力、履行职责，勇于负责、敢于担当。健全完善群众举报投诉制度，拓宽举报投诉渠道，依法及时处理群众举报投诉、新闻媒体反映的热点问题；举办宗教界代表人士培训班，加强宗教代表人士队伍建设，增强宗教界代表人士法律意识，提高依法办事的能力和水平。指导宗教活动场所建立健全各项创建制度，并确保制度上墙。严格执行国家宗教政策，严密防范宗教极端思想传播，坚决依法取缔非法宗教活动和非法宗教组织。

【第十五届中国道教音乐会演在昆举行】 2015年10月10—12日，由中国道教协会主办，云南省道教协会协办，昆明市道教协会、昆明真庆观和香港蓬瀛仙馆承办的以“仙乐缥缈·春城飞花”为主题的第十五届中国道教音乐会演暨真庆观神像开光法会在云南省艺术剧院和昆明真庆观隆重举办。国家宗教事务局副局长蒋坚永、省市相关领导以及中国道教协会会长李光富、省市道教协会负责人、全国各省、市宗教工作部门、各宗教团体和著名宫观及宗教院校的有关领导；云南省内各州、市统战、宗教工作部门领导；知名慈善家、省内外知名企业家、社会各界知名人士代表以及道教信众代表等千余人应邀观摩第十五届中国道教音乐会演并参加真庆观神像开光法会活动。此次音乐会演由香港道乐团、宁夏洪广营三清观道乐团、成都道教音乐艺术团、武当道教功夫团、上海道教乐团、苏州姑苏仙乐团、昆明真庆观道乐团7支道乐团与武术表演队共同组成，基本代表中国道教音乐表演艺术的最高水平。第十五届中国道教音乐汇演是中国道教协会第九次换届会议以来举办的第一次全国性的道教重大教务活动，也是建国以来云南省道教界举办的最隆重的一次宗教活动，充分体现国家宗教局、中国道教协会及全国各地诸山高道大德对云南道教界关心与支持。此次活动在昆明成功举办，对云南省、昆明市道教的发展，展示云南道教文化的风貌，提升云南道教的知名度有着极为重要意义。

【扶贫工作】 2015年，市宗教局出资30万元帮扶大箐村至下宜格村修建1条长1公里的道路并建1座桥，解决两个自然村310户1 300多人出行难的实际问题，因受东倘公路的限制，工程尚未完成；对20户贫困户进行脱贫帮扶。

（李佳燕）

人口与计划生育

【人口与计划生育指标】 2015年，省政府下达昆明市的7项人口和计划生育工作目标任务和市政府下达的目标任务全面完成。全市人口自然增长率控制在5.98‰，符合政策生育率达88.52%。出生婴儿性别比为100：110，比上年同期略有增加。“单独两孩”政策稳步实施，“全面两孩”政策提前部署。人口发展态势总体平稳，低生育水平稳中有升。

【统筹人口发展】 2015年1月30日，市政府召开社会事业发展工作会议，对做好全年人口计生工作提出总体要求。2月13日，召开全市卫生计生工作会议，传达学习全省计划生育工作电视电话会议精神，通报县区、开发（度假）园区2014年度人口计生工作目标考核结果，安排部署2015年工作任务。全市各级政府、人口计生部门细化分解目标任务，逐级签订目标责任书，形成一级抓一级，层层抓落实的良好局面。

【制定相关政策】 创新计划生育依法行政工作，积极应对户籍制度改革带来的新挑战，转思路，调方法，在广泛调研、征求意见、借鉴外地经验的基础上，制定《关于在户籍制度改革中做好计划生育依法行政工作的指导意见》，并代市政府草拟《关于在户籍制度改革中进一步做好计划生育依法行政工作的通知》，摸清底数，加强基层指导。

综合治理出生人口性别比偏高问题取得阶段性成效，多部门联合开展打击“两非”（非医学需要的胎儿性别鉴定和选择性别人工终止妊娠）专项行动，重点检查143家医疗机构。建立“两非”违法机构及人员数据库，办结“两非”案件4起。

【流动人口服务管理】 巩固流动人口“一盘棋”工作，与贵州省六盘水、浙江省台州等地就流动人口卫生计生服务管理双向合作等工作达成友好协议。国家PADIS（人口宏观管理与决策信息系统）流动人口子系统和昆明市PPMIS（昆明市人口和计划生育管理系统）正常运行。国家平台应用率100%，全市新增育龄妇女信息23 588条（流入22 747人、流出841人），信息反馈5 227条。推进流动人口计划生育卫生计生基本公共服务均等化工作，全市创建、申报43个流动人口信息化示范社区，评审验收25个。完成国家卫生计生委下达的流动人口卫生计生动态监测工作任务，涉及13个县区、40个街道、100个社区样本点，流动人口调查对象2 000名。

【“单独两孩”政策】 “单独两孩”政策稳步实施，截至2015年12月31日，全市共收到“单独两孩”政策申请6 996例，审批6 470例，实际生育3 376人。

【宣传教育】 严格执行《昆明市人口计生新闻发布工作制度（试行）》，及时组织媒体向社会通报重大工作进展情况。与《春城地铁报》《昆明日报》合作开辟专版专栏，通过省、市新闻媒体发布信息7条，其中“昆明市回应全面两孩政策”报道先后被新华网、《云南日报》、昆明广播电视台《昆明新闻》等栏目报道。在继续发挥昆明人口之家、昆明人口墙报、昆明计生药具免供网的宣传服务优势基础上，加强政务微博更新运行，年内已发布670条。继续开展生育文化示范村（社区）创建评选活动，各县区创建、申报32个生育文化示范村（社区）。集中开展全市“三下乡”“科技活动周”“7·11”世界人口日和“9·25”公开信发表纪念日、《云南省人口与计划生育条例》宣传月等系列活动300余场次，编印、发放《云南省人口与计划生育条例》、婚育新风进万家、关爱女孩、优生优育等内容的宣传品27.3万份（本、册）。推荐11个集体、13名个人参加云南省“最美在基层——2015年度十佳计生工作者、十佳计生机构”评选。

【奖励优待政策】 计划生育利益导向政策落实到位，申报、兑现养老生活补助20 708人2 018.904万元，特别扶助4 357人1 555.42万元，其他家庭152人21.24万元，一次性奖励1 207户111.15万元，失独家庭一次性抚慰金235户94.75万元，独生子女小学、中学、大专、本科教育奖学金31 320人1 384.27万元。农业人口独生子女高考加分2 385人，中考加分4 404人。资助计生家庭参加2016年城乡居民基本医疗保险，资助283 137万人3 397.65万元。实施昆明市三项奖励制度，补助伤残死亡家庭4 357人261.42万元，补助低保计生家庭15 245户1 763.93万元，一次性奖励放弃再生育城镇家庭11户1.10万元。

【优质服务】 抓好县乡计生服务站（所）规范化、标准化建设，督促检查服务机构达到“四优一满意”要求。深入开展国家免费孕前优生健康检查项目，全年检查19 351对育龄夫妻，完成省政府下达任务的110.3%；叶酸增补31 514人，完成省政府下达任务的126.3%。开展检查怀孕服务133 939例、检查放置避孕环234 649例、随访68 074例，发放避孕药具533.5万只（盒、瓶）。“推套防艾”工作有序开展。宾馆、旅社、娱乐场所的安全套摆放率达到要求，成人用品店常态化检查到位。避孕药具不良反应监测项目工作得到国家、省卫生计生委相关专家肯定和群众好评。积极申报国家卫生计生委PPP项目。8月，昆明市被国家药具中心列为药具自助发放机试点城市。2016年春节前，第一批自助发放机将安装使用。继续开展药具标准化建设，新增100个免费避孕药具发放点，自筹资金购买55台自助发放机，全市累计建立2 475个发放网点，基本实现药具免费发放全天候覆盖。

（宋延宁）

社会保障

【城乡社会保险参保指标】 2015年，昆明市参加城镇职工基本养老保险人数为130.38万人，完成全年目标128.59万人的101.40%，其中企业职工为95.80万人，完成全年目标94.25万人的101.60%；全市城乡居民基本养老保险参保人数203.24万人，完成年度目标189万人的107.53%，领取基础养老金人数48.39万，发放率达100%；老农保参保人数29.65万人，领取养老保险待遇人数5.23万，被征地人员参保人数24.76万人，领取待遇人数14.03万人；全市参加医疗保险人数588.58万人（其中城镇职工医疗保险参保人数为167.58万人，城乡居民医疗保险参保人数为421万人），完成全年（市本级）目标512万人的100.99%。城镇职工参加工伤保险人数105.1万人，完成全年目标105.01万人的100.10%；全市城镇职工参加失业保险人数92.53万人，完成全年目标89.55万人的103%；全市生育保险参保人数81.03万人，完成全年目标76.96万人的105.30%。全市续保缴费人数和收缴率均居全省前列，养老、医疗、工伤、生育保险覆盖率分别达到97.20%、96.32%、97%、97%。全市养老保险收回欠费1.02亿元，完成全年9 600万元任务的106.30%。全市累计发行社会保障卡555.20万张，新增发放加载金融功能二代卡164万张。

【社会保险待遇】 连续第十一年对全市近32万名退休人员养老金待遇进行调整，人均增资217元，平均养老金达2 185元，企业退休人员养老金比例提高11%；自2014年7月1日开始，全国城乡基本养老保险基础养老金最低标准提高至每人每月70元，中央财政补助在原每人每月55元基础上增加15元，提高标准后昆明市基础养老金最低标准为每人每月85元；从2015年2月1日起，对全市被征地人员基本养老保险待遇进行第四次提高，参保领取待遇人员每人每月增发50元（从2008年启动至2015年，参保待遇累计提高190元）。调整惠及128644人，全市月人均领取标准达378.17元，每月增发643.22万元养老金。严格执行国家退休政策。2015年，审批市级正常退休2 228人，提前退休初审、复审2 061人。截至2015年12月底，城镇职工、城乡居民医保政策范围内住院费用平均报销比例分别达到81.96%、72.62%。最高支付限额分别达到25.90万元、15.80万元。自2015年7月1日起，将昆明市城镇职工基本医疗保险单位缴费费率由10%降至9%，“自谋职业”和“灵活就业人员”基本医疗保险缴费费率由10%和6%降至9%和5%，减轻单位缴费负担；连续第十年对工伤职工和供养亲属待遇进行调整，工伤1—4级伤残职工长期待遇分别提高220元、200元、190元、180元，生活护理费按照护理等级分别提高150元、120元和100元，供养亲属抚恤金提高90元；全市共对2.70万名符合条件人员支付生育保险待遇，共支付金额3.70亿元，人均享受待遇达1.30万元。

【完成社会保险全民参保登记试点】 自2014年12月启动实施全民参保登记试点工作以来，昆明市认真贯彻国家人社部和省人社厅有关精神，找准工作突破口，探索总结出“抓住一个关键、运用两种方法、确保三个到位、做到四个统一，实现五个同步”的“12345”工作法。截至2015年底，全市完成参保登记5 781 458人，占户籍人口数547万人的105.7%，其中，通过数据比对直接登记4 893 841人，通过入户调查登记887 617人。

【机关事业单位养老保险制度改革】 为化解“双轨制”和“待遇差”矛盾创造基本条件，实现发展成果更多更公平惠及全体人民。市人社局组织《昆明市机关事业单位养老保险制度改革》专项课题研究，该课题被列为昆明市深化改革领导小组2015年度重点课题。成立以市政府分管副市长为组长，市人社局牵头负责，相关部门参与的改革工作领导小组，制定具体实施方案。

【工伤保险】 2015年10月，《昆明市建筑等高风险企业参加工伤保险暂行办法》出台实施，标志着昆明市建筑业工伤保险工作全面推进。截至年底，全市登记按项目参保的建筑施工项目14家，工程造价达5亿元，参保人数3 470人。积极做好工伤预防，对市本级和各县（市）区拟提取工伤预防费进行测算。加强工伤保险协议医疗机构管理，重点对收费合不合理、诊疗规不规范、履行协议达不达标三个方面共19项内容进行考评；通过推行工伤医疗卡，把工伤旧伤复发确认手续的办理过程由六步简化为两步，极大地方便工伤职工。同时，按照国家关于调整工伤保险费率的通知要求，将工伤风险类别由原来的三类细化为八类，基准费率由原来的三档细化为八档，最高到1.71%，最低为0.18%。

【生育保险调整】 针对现行生育保险政策带来的基金支付压力，在开展昆明市生育保险可持续发展研究课题相关工作的基础上，做好调整昆明市生育保险待遇标准及有关事项文件的修改、讨论、听证等工作。为进一步完善昆明市生育保险实施办法，规范经办程序，缓解基金压力，2015年8月28日，市政府下发《关于调整昆明市生育保险待遇标准及有关事项的通知》，文件对生育、计划生育医疗费包干结算标准进行适当调整。调整后，顺产2 500元、难产3 000元的医疗费标准与省本级标准一致，剖宫产4 000元标准略低于省本级标准。总体水平与邻近州市持平，计划生育手术医疗费标准与省级标准一致。

【社会保险基金】 认真落实“地税

2015年6月，昆明市召开关于调整生育保险待遇标准及有关事项听证会。
（市人社局 供稿）

保征收、财政保拨付、社保保发放”的三方工作机制，严格执行基金内控制度，强化基金监管力度，将每一笔社保基金的“收、支、管”全程纳入内控监管范围；针对各项资金支付环节、审批环节、岗位职责做好自检自查，配合市财政局做好社会保险财政专户基金的保值增值；认真开展征缴稽核和支付稽核工作，查出少报、漏报养老保险、工伤保险、生育保险缴费基数371万元，通过征缴稽核追回社会保险费79.35万元，避免养老金的冒领和流失。截至2015年底，企业职工养老保险、工伤保险、生育保险费的总收入分别为90.2亿元、2.87亿元、3.34亿元，基金累计结余87.80亿元、5.50亿元、1.24亿元，社会保险基金总体保持稳定的增长态势。

【提高服务水平】　2015年，按时足额发放离退休人员养老金，月均支付率为100%，全年共计发放养老金69.94亿余元；按政策对过世企业离退休人员核定“丧葬抚恤费”，支付“两费”金额共计1.52亿元；全市共落实社会化管理经费1 024万元，其中省级财政安排674万元，市级财政安排350余万元。在昆明市老年人活动中心设立离退休人员管理服务站，指导各县区经办机构及省属企业创新方式，用活经费，开展离退休人员喜闻乐见的活动，促进积极乐观的精神风貌的形成。不断规范经办服务标准化建设。简化办事流程，取消市内养老保险关系转移办理手续；取消灵活就业人员按户籍地参保的限制；取消业务期的限定，由原来经办业务需要定点定时办理改变为除业务结算期外，所有业务在正常工作日内均可办理。按《社会保险视觉识别系统》的建设标准对社保综合服务大厅进行升级改造，播放相关政策及办事流程；启动2015年全市个人权益记录单寄送工作，累计投递86万份；制作社会保险政策宣传二维码，手机用户通过扫描二维码，就可查询昆明市社会保险的政策文件、经办流程、经办机构联系方式等信息。

【城乡医疗保险】　2015年，昆明市城乡医疗保险付费方式改革深入推进。进一步完善总额控制付费试点，制定《2015年昆明市市本级城镇职工和城乡居民基本医疗保险住院费用结算办法》，对市本级26家协议定点医疗机构实行总控付费结算；印发《昆明市医疗保险中心关于开展2016年昆明市基本医疗保险付费总额控制试点工作有关事项的通知》，对2016年总额控制工作进行部署并进行任务分解；对城镇职工“考核付费”结算办法进行调整完善，对城乡居民“平均付费”结算类别进行重新分类和调整。加强与完善“两定机构”监管。组织定点服务机构签约评估工作组对全市91家医疗机构进行评估。草拟《昆明市基本医疗保险定点医疗机构医疗保险服务项目签约管理实施细则》，同时举办该细则的听证会。全年共稽核查处违规“两定机构”216家，扣除违规费用1 937.75万元，同比增长60.90%；扣除服务质量保证金1 314.82万元，同比增长247.44%；暂停医保支付系统40家，同比增长233.33%，终止服务协议19家，同比增长72.73%。共追回医保基金3 252.57万元，有效保障了基金安全运行。医保基金收支运行平稳。截至2015年12月，全市城镇职工基本医疗保险基金收入581.463万元，支出519.768万元，当期结余61.70万元，累计结余693.94万元。全市城乡居民基本医疗保险基金收入194.87万元，支出193.36万元，当期结余1.51万元，累计结余35.84万元。落实、完善昆明市医保基金保值增值方案，完成人社部首个付费方式改革精算程序的研发，设计引导保险公司实行“预付周转金”的资金运作模式，探索建立基本医疗保险基金管理责任分担机制。组织开展大病医疗保险工作。召开“昆明市城乡居民大病保险2014年度工作总结会暨2015年度合同签订会”，承保昆明市城乡大病补充医疗保险的4家保险公司与市医保中心签订2015年度昆明市城乡大病补充医疗保险合同书，明确双方的权利义务，落实承办职责。梳理和完善经办流程，加强对商业保险机构承办大病保险业务的指导、监督和管理，及时协调解决承办工作中遇到的问题。2015年，城镇职工医疗保险享受大病待遇238 091人次，大病统筹支出384 910 137.42元，城乡居民享受大病保险待遇54 417人次，大病统筹支出97 699 766.67元。

【医保信息化建设】　推进智能化监控系统建设，2015年，市人社局完成人社部研发医疗服务监控系统的本地化开发，实现与第三方医疗知识库标准化接口的开发、与第三方医疗知识库对接的技术准备；进一步优化医保“村村通”功能及配置，将移动网络由2G升级到4G，提高网络传输速度和稳定性；在各县（市）区实现医保经办机构与当地移动公司业务的直接对接。推出安卓版“昆明人社通”APP手机运用服务，参保人员只要通过手机下载“昆明人社通”APP，即可实现医保账户资金、待遇发放情况、定点医院药店查询，社保卡挂失等多方面的功能。

【率先在全省推行医保“日间手术”】　为推进支付制度改革，提高基金使用效率，维护医保、医院、参保人三方利益，拟定《关于对部分定点医疗机构开展“日间手术”医保支付的试行办法》，在全省创造性地率先推行“日间手术”医保支付。2015年10月1日，在提出申请的云南省第一人民医院、昆明医科大学第二附属医院、成都军区昆明总医院、昆明市第一人民医院、昆明市延安医院、昆明市儿童医院、昆明华山眼科医院7家定点医疗机构开展试点。“日间手术”是指选择一定适应证的病人在入院前做完术前检查、麻醉评估，然后预约手术时间，当日住院，当日手术，24小时内出院的一种手术模式。采用“日间手术”结算的患者费用平均下降25%，得到患者的一致好评。8月31日，在CCTV2的《第一时间》、11月9日《人民日报》进行报道，全国各大电视台、报纸、网络对此也进行宣传，在社会上取得一定的影响力。

（周耀标）

2015年11月，第三届全国跨区域（秋季）高校毕业生招聘活动“昆明站”招聘现场。

（市人社局　供稿）

就业创业

【就业创业相关数据】　2015年，全市共提供有效就业岗位12.32万个，完成目标任务的123%；城镇新增就业11.08万人，完成目标任务的109%；城镇下岗失业人员再就业2.99万人，完成目标任务的120%，其中，就业困难人员就业2.34万人，完成目标任务的107%；开发公益性岗位6 462个，完成目标任务的104%；农村劳动力转移就业13.90万人，完成目标任务的116%；农村劳动力转移培训16.42万人，完成目标任务的109%；全市通过小额担保贷款扶持创业6 967人，完成目标任务的101%；扶持劳动密集型企业34户，完成目标任务的113%；通过“贷免扶补”扶持4 668人成功创业，完成目标任务的101%。城镇登记失业率为3.14%，控制在省、市规定的4%范围以内。

【高校毕业生就业】　2015年，全市到各级公共就业人才服务机构实名登记的应届高校毕业生13 534人，有11 965名高校毕业生实现就业，高校毕业生就业率达96.0%，53名就业困难高校毕业生100%实现就业。完善政策体系。制定出台《关于促进经济平稳较快增长推动大众创业创新的实施意见》，全面启动新型创业创新孵化服务园区建设工作。研究出台《昆明市人民政府关于进一步做好新形势下就业创业工作的实施意见》，从深入实施就业优先战略、大力推进创业带动就业、统筹做好高校毕业生等重点群体就业、加强职业和创业培训、提升公共就业创业服务质量和加强组织领导6个方面，提出具有昆明特点的36条政策措施。畅通就业渠道。实施高校毕业生“千企万岗”计划，促进3.1万人实现就业。统筹实施各类基层服务项目。2015年，全市组织招募22名毕业生到基层从事“三支一扶”服务；补充高校毕业生到村任职300名；组织实施“农村义务教育阶段学校教师特设计划”，招募“特岗教师”416名；招聘事业单位工作人员821名；高校毕业生通过公益性岗位就业308名，通过其他基层项目就业88名。鼓励高校毕业生到中小微企业就业，全市中小微企业和非公企业吸纳毕业生就业5 844人，有2 738名高校毕业生实现灵活就业。扶持自主创业。加大青年（大学生）创业园建设，截至年底，全市已累计投入各类创业园建设资金超过7 000万元，建成1个国家级创业孵化示范基地——云南海归创业园，建成省、市级青年（大学生）创业示范园区20个，其中，省级青年创业示范园8个。入园孵化创业项目达1 131个，成功孵化出园企业373家，年营业额6.92亿元，累计上缴税收1 502万元，带动就业11 593人。为428名青年大学生提供小额担保贷款3 310万元，为653名青年大学生提供“贷免扶补”创业贷款4 913万元；为34户劳动密集型小企业提供贷款支持，吸纳高校毕业生306人就业。同时通过举办“春城创业讲堂”、创业大赛、创业成果暨产品交流会、创业沙龙、“帆友汇”社群等交流互动活动，为青年大学生展示才华、交流经验提供平台，创造实训机会。落实优惠政策。为135户招商引资和工业园区企业发放招用补贴108.03万元，就近就地吸纳就业3 097人，其中，大中专毕业生138人；为32户国有企业发放198.48万元招用奖励，就近就地吸纳就业4 962人，其中，大中专毕业生234人；推进“两个十万元”微型企业培育工程，扶持培育830户微型企业，促进381名高校毕业生实现就业；落实高校毕业生就业见习补助政策，为到岗开展就业见习的7 255名高校毕业生发放见习生活补助2 360.26万元。为41所驻昆高校11 275名高校毕业生发放求职创业补贴1 127.5万元。提升服务水平。2015年，为3 286名在校高年级学生开展技能培训，对3 024名毕业学年在校大学生开展创业培训。全市共举办各类高校毕业生就业专场招聘活动290场次，累计提供有效就业岗位24.1万个。与高校合作建立“昆明市高校毕业生校园服务工作站”，将公共就业人才服务项目延伸进校园，为在校大学生提供就业创业政策咨询、报到登记、“就业失业登记证”或“就业创业证”办理等服务。在云南大学、云南师范大学、云南财经大学、云南民族大学、西南林业大学、云大滇池学院等12所高等院校挂牌成立校园服务工作站。

【“泛海扬帆——昆明大学生创业行动”公益项目】 2012年9月，“泛海扬帆昆明大学生创业行动”正式在昆明启动。截至2015年，由中国西部人才开发基金会累计捐赠800万元，资助项目成功实施4期，777名大学生创业者报名参与，192个创业项目获得资助扶持，开展创业培训2 000人次，带动2 500余人就业，得到国务院副总理刘延东、省委省政府领导的充分肯定。在获得扶持的192家创业企业中，年营业额为100万－500万元的有41家，500万－1 000万元的有5家，1 000万元以上的有3家，多数创业企业比受助初期取得明显进步；带动10人以上就业的有48家，带动30人以上就业的有14家，带动50人以上就业的有10家，带动100人以上就业的有7家。从2015年起，昆明市政府在原有配套提供创业贷款贴息、场地入驻和创业补贴等扶持政策基础上，每年由市财政安排200万元专项资金，用于对青年创业者的直接资助，使“泛海扬帆昆明大学生创业行动”昆明项目每年的资金规模增加到400万元，大大增加资助扶持名额，有力保障创新创业服务。与云南大学、云南电视台合作，开设《创业彩云南》电视专题栏目，把大学生创业典型故事搬上荧屏进行集中展播。全年展播26期，其中，20期为“泛海扬帆昆明大学生创业行动”资助创业项目。此外，还开辟“昆明就业直通车”手机APP创业信息专栏，专门对“泛海扬帆昆明大学生创业行动”进行宣传。

【帮扶就业困难群体就业】 2015年，通过开展再就业“政策实效”行动，落实社会保险补贴、公益性岗位托底安置等措施，有效促进2.34万名城镇就业困难人员实现就业，开发公益性岗位6 462个，安置就业1.2万人次；加大“零就业家庭”的帮扶，全市“零就业家庭”保持动态清零；为16户企业的1278人次就业困难人员兑付社会保险补贴。专门安排1 500万元用于两参人员就业补助，强化两参人员的就业援助帮扶，做到因人施策，一人一策，提供全方位的就业服务，有1 639名有就业愿望的两参人员实现就业，就业率达96.8%。

2015年12月，“泛海扬帆——昆明大学生创业行动”4期项目捐赠暨资助仪式。（市人社局 供稿）

【农村劳动力转移就业】 创新培训新模式。围绕全市产业结构调整，着眼企业需求，开展“订单式”“定向式”和中高端工种培训，实施“技能+创业培训”的模式。全市共开展技能培训3.91万人次，其中，中高端技能培训0.86万人次，为农民转移就业奠定技能基础；强化援助帮扶。以开展“春风行动送岗下乡”“农村劳动力转移就业示范乡镇”建设和就业对口援助帮扶活动为牵引，搭建供需对接的求职平台，实现岗位进村、政策进村、培训进村、服务进村；实施就业扶贫工程。抓住昆明市与北京市朝阳区建立友好合作城市的机遇，积极与朝阳区开展劳务协作，明确提出“百千万”就业服务工程和就业扶贫“四个五”行动计划，面向京津冀、沿海地区订单、定向输出农村劳动力，引导农民通过外出就业增加工资性收入，早日实现脱贫摘帽；建设“农业创业示范村”。为推动创业工作向农村延伸，出台《昆明市建设农业创业示范村实施意见》，提出利用5年时间，在全市建设100个农业创业示范村。2013－2015年，已建成70个示范村，创业户达到4 000余户，带动2.5万余人就业，在支持农民工返乡创业工作方面走在全国全省前列。

【落实“三项贷款”】 贯彻落实小额担保贷款、劳动密集型小企业贷款、“贷免扶补”小额贷款和税收减免等政策措施，鼓励和推动劳动者自主创业。2015年，全市通过小额担保贷款政策，发放贷款5.09亿元，扶持创业人员6 967万人；发放劳动密集

2015年4月，昆明市民营企业招聘周活动启动仪式暨昆明市专场招聘会。
（市人社局　供稿）

型企业贷款5 626万元，扶持劳动密集型企业34户；发放鼓励创业“贷免扶补”贷款3.37亿元，扶持4 668人成功创业。自2014年全省启动实施“两个十万”微型企业培育工程工作以来，扶持创业企业830户。

【失业保险】　充分发挥失业保险“保生活、稳就业”的功能作用。进一步扩大失业保险覆盖面，及时对失业人员提供失业保险待遇。截至2015年12月底，全市参保单位已达3.13万户，参保职工达92.53万人。全市失业保险基金滚存结余43.75亿元，共有61 991名失业人员申领失业保险待遇，发放失业保险待遇51 658.53万元；落实援企稳岗政策。对符合条件的企业，按政策给予稳岗补贴。全年共为504家企业拨付2.26亿元的稳岗补贴，稳定岗位30.29万个；继续做好失业动态监测工作。根据失业动态监测的特点，建立监测企业从业人员情况基础数据档案，将享受稳岗补贴的企业纳入失业动态监测范围，为全市综合分析判断就业形势提供依据。

【水源区居民转移就业】　为有效促进主城区集中式饮用水源保护区居民转移进城工作，出台《昆明市促进市级重点水源区农村劳动力转移就业实施方案》，明确“全市配套专项资金2 080余万元，到2018年底前，实现重点水源区1.8万名以上农村劳动力转移就业创业。剩余50%的农村劳动力实现就地就近创业就业”，同时提出“对重点水源区居民或家庭到水源区外、云南省内租地创业达5亩以上的，除享受相关创业优惠政策外，按每亩每年给予一次性补贴500元，补贴总额合计最高不超过5 000元”等创业扶持政策和其他多项就业补贴政策。全年实现水源区居民转移就业30 652人，政策推动农民就业效果显著。

【就业服务标准化建设】　抓住被列为国家级就业服务标准化试点的机遇，对南坝人力资源市场进行改造升级。2015年6月，南坝市场被国家人社部、中国就业促进会授予“全国公共就业服务场所功能建设创新示范单位”称号；依托“昆明人社通”，基于“昆明就业网”的相关数据，通过互联网、移动手机、智能终端等信息化手段，将人力资源市场、街道办事处、乡镇、行政村、企业、务工人员等资源整合在一起，形成一个互联互通的系统平台，全市范围内的求职者、企业和创业者可通过手机APP查找招用工信息、创业项目，依托信息化手段打通就业创业“服务群众的最后一公里”。

（周耀标）

和谐劳动关系

【和谐劳动关系构建】　规范劳动关系和谐稳定机制。《昆明市企业工资集体协商办法》于2015年7月12日施行。《办法》共28条，对工资集体协商代表的产生、协商的内容、协商协议的效力、集体合同的审查、生效及履约过程中的救济途径等内容做了规定，具有较强操作性；制定《昆明市劳动关系三方协商办法》上报市政府审议，该办法的出台有利于建立健全协调劳动关系三方会议制度，推进三方机制运行的制度化、规范化和程序化。同时出台《关于进一步推动非公有制企业加强劳动合同管理的通知》。全面施行劳动合同、集体合同制度。抓好建筑、采矿、制造、住宿、餐饮和居民服务等行业职工，特别是农民工劳动合同签订工作，全市城镇各类企业签订劳动合同2.67万户，涉及职工50.80万人，劳动合同签订率达到96%；遵循“依法鉴证、保证质量、体现服务”的原则，做好集体合同审查、劳动合同登记备案等基础性服务工作，全市签订有效集体合同2.14万件，涉及职工68.70万人，集体合同签订率达到86.80%。依法开展劳务派遣行政许可，全市共发放劳务派遣行政许可证330个。健全完善工资调控机制和工资集体协商机制。引导企业合理确定职工工资和劳动力有序流动，开展全市1 437户企业薪酬试调查。在数据分析的基础上，发布310个职位（工种）的人力资源市场指导价位。审核集体合同或工资集体协议164件，完成1 836户企业工资总额备案工作。开展国有企业负责人薪酬制度改革，对市属53户企业进行调研，制定市属国有企业负责人薪酬制度改革实施方案。积极贯彻落实职工带薪年休制度。下发《关于安排机关干部年休假有关事项的通知》，推动机关干部年休假制度落到实处，对干部的正常休假作了具体的规定。对职工带薪年休假等制度开展宣传、举办专题讲座培训，要求并督促用人单位科学合理安排工作时间，保障职工的正常休假权益。加强协调劳动关系三方四家机制建设。在发挥劳动关系三方职责的基础上，加强“三方四家”机制建设，加强与昆明市工商联的信息沟通及协调机制，提高处理劳动关系突发问题的能力。认真贯彻落实《劳动合同法》《社会保险法》等劳动法律法规，着力突破“预防《劳动合同法》施行前后劳动纠纷突发等”30多个重要议题，解决大量涉及职工切身利益和关系企业发展的劳动关系核心问题。

【劳动监察】 强化劳动保障监察常态监管职能。2015年，全市劳动保障监察机构通过开展日常巡查、受理群众举报投诉、专项检查等方式，共对6.65万户用人单位及职业介绍机构实施劳动监察，涉及劳动者119.92万人次。其中，日常巡查10 512户用人单位，涉及劳动者29.26万人，开展4次专项检查，查办各种督办件250件，接听劳动保障维权政策咨询电话11 500余个。督促用人单位与4 200名劳动者补签劳动合同，督促84户用人单位为1 617名劳动者依法缴纳社会保险费372.27万元；畅通劳动者维权渠道。开通全天候24小时劳动保障咨询、举报、投诉热线，对符合立案条件的做到5个工作日内立案查处。全市劳动监察系统共立案查处群众举报投诉案件2 324件，为4.31万名劳动者追发工资等待遇6.18亿元，为69名劳动者清退风险抵押金17.55万元，清退童工13名；加强部门联动机制建设。实施劳动保障监察机构与“110指挥中心”和“12345市长热线”联动，建立“过激行为‘讨薪’突发事件”应急预警机制，建立“农民工案件优先受理制度”，全市劳动监察系统共参与处理突发事件445件，涉及劳动者2.99万名。对拒不整改或情节严重的189件违法行为实施行政处罚，共处罚金80.53万元；专项检查活动有序开展。加强与公安、工商、住建、工会、交通、水务等部门的沟通协调，先后联合开展人力资源市场秩序专项整治行动、用人单位遵守劳动用工和社会保险法律法规情况专项检查、旅游行业劳动用工突出问题专项整治、农民工工资支付情况专项检查等活动；推陈出新规范劳动用工行为。下发《昆明市人力资源和社会保障局关于发布建设施工领域劳动保障维权须知事项的通告》，要求工程项目建设方须在项目地醒目位置设置农民工维权公示牌，公布工程名称、工程地点、建设单位、总包施工单位、劳务公司名称及法定代表人、项目经理（负责人）、劳资人员姓名及联系电话，在告示牌上写明务工人员在发生劳动报酬争议或拖欠工资时人社部门的维权联系电话；“三金”制度稳步实施。截至年底，全市开工、在建工程项目农民工工资保证金缴存率达到98%，累计缴存金额达11亿余元，其中用于支付拖欠工资和工程完工退还单位8亿余元；推行农民工工资准备金制度，全市共有16个县区建立农民工工资准备金制度，农民工工资准备金累计缴存3亿余元；推进政府应急周转金制度，全市应急周转金余额2 020万元。通过工资保证金、工资准备金的缴存，确保用人单位发生拖欠或者克扣工资，经责令限期支付而逾期未支付时，可以及时动用工资保证金支付农民工工资；“两网化”年审工作有序开展。全市劳动保障监察“两网化”覆盖率达91.76%，五华、盘龙、官渡、西山、呈贡5个主城区和晋宁县、石林县、高新区、经开区、度假区“‘两网化’管理地级城市覆盖率”达到100%。将劳动保障执法网上年审、劳动保障执法信息采集建库、举报投诉、专项检查等业务工作下沉至四级网格。全市网格系统共同发动和组织辖区4.98万余户用人单位参加网上年审，涉及劳动者84.33万余名。深入开展劳动保障一级诚信单位评定工作，全市各县区积极组织辖区的用人单位申报参加评选；劳动监察信息化管理系统逐步推进。5月，昆明市劳动监察信息化管理系统被列为市委市政府专项目督考核内容，截至年底，全市共有154户用工单位安装信息化管理系统，占2015年新开工建设项目（达到安装系

2015年12月，昆明地区第五届“柳工杯”工程机械操作类职业技能大赛。
（市人社局　供稿）

2015年2月，昆明市农民工工资清欠工作专题会。　（市人社局　供稿）

统要求）的92%。有94户用工单位的信息化管理系统正常运行，系统已录入79 500名农民工信息，有29 500名农民工打卡上下班，每天产生考勤数据超过8万条。安装系统的用工单位基本上解决恶意讨薪、骗薪或因拖欠工程款导致拖欠工资而引发的群体性突发事件，促进劳资关系的和谐发展和建设领域的安全稳定。

【劳动争议仲裁】　2015年，全市共处理劳动人事争议案件5 710件，其中劳动争议5 124件，人事争议4件；按照争议类型划分，涉及劳动报酬1 336件，双倍工资1 057件，社会保险1 137件，经济补偿金（赔偿金）1 175件；确认劳动关系382件，工伤待遇182件，要求解除劳动合同308件，福利待遇及其他133件，结案5 704件，调裁金额为9 711.98万元，结案率达99.89%。其中，通过调解方式处理的劳动人事争议案件1 440件，涉案金额3 115.35万元，调处率为25.21%。2015年是全市劳动人事争议案件频发的高峰期，在整体经济下行，多因素共同作用下，案件呈井喷式增长，昆明市劳动争议仲裁院坚持“快受、快立、快审、快结”原则，在确保案件处理质量的前提下，尽量缩短处理期限。对诉求单一、事实清楚的争议案件适用简易程序及时处理；对影响重大、集体劳动争议案件实行优先审理；对疑难复杂的案件，发挥三方机制的作用，注重做好裁审衔接。

（周耀标）

民　政

【概况】　2015年，全市（含安宁市、嵩明县）共支出社会保障资金9.45亿元，救助城乡各类困难群众64.83万人次；募集慈善捐赠1 792.70万元；销售福利彩票16.70亿元；优待享受定期生活补助的各类优抚对象49 490人；登记社会组织130个；联检州市和市内县级、乡级行政区域界线101条；办理国内外婚姻登记72 572对；火化遗体33 725具。

全市（不含安宁市、嵩明县，以下同。只有包含安宁市、嵩明县的地方才特别标注。）共救助受灾群众27.92万人次、困境儿童1 747人、流浪乞讨人员15 936人次；新增养老床位3 470张，为4.5万名老年人办理优待证，为119 925名80岁以上老人发放高龄补助；接收安置军休人员217人、退役士兵1 649人；完成村、社区两委换届的前期准备工作，提高两委干部的岗位和生活补贴；创建民主协商、民主法治、村务公开示范社区22个；命名地名111个。争创第七次全国双拥模范城的工作受到全国双拥领导小组和省双拥办的肯定和赞扬。

【社会救助】　2015年，健全完善各项社会救助制度和资金保障制度，城市低保标准提高到每人每月530元、475元，农村低保标准提高到每人每月295元、215元，分别比全省平均水平增长15.40%、15.95%；农村五保集中供养标准提高到每人每月610元、495元，分散供养标准提高到每人每月495元、395元，分别增长15.10%、15.65%。全市（含安宁市、嵩明县）社会救助制度惠及64.83万人次，支出救助金94 578.18万元，其中救助城市低保73 170户99 278人，支出45 991.40万元；救助农村低保118 349户165 203人，支出31 662.60万元；供养农村五保7 506户7 625人，支出4 198.70万元；临时救助25 055户35 628人，支出2 640.60万元；医疗救助340 800人次，支出10 084.88万元，保障困难群众的基本生活。通过建立评估监督机制，统一规范低保工作操作流程，全额资助困难群体由财政全额补贴参加居民基本医疗保险，全面启动市、县、乡、村四级“一站式”医疗救助即时结算服务管理和重特大疾病救助，做到救助工作规范有序、公开、公正、公平，妥善解决困难群众的就医问题和因病造成的困难。市政府下发《昆明市开展“救急难”及社会力量参与社会救助工作实施方案》，充分利用“一门受理协同办理”窗口，及时帮助困难群众解决急难问题。敬老院试行公建民营的供养方式，走民办、非企业登记的路子，全市敬老院法人登记率达85%。

【减灾救灾】　2015年，救灾应急体系建设取得新的进展：初步建立灾害应急协调组织指挥体系；市、县、乡、村四级救灾应急预案基本实现全覆盖，在修订完善市、县二级应急预案的基础上，全力推进乡镇、村应急预案编制工作，实现纵向到底、横向到边全覆盖；市、县二级救灾应急物资联储体系基本形成，年末已建成应急避难场所401个（新建、完善12个）、救灾物资储备库（点）56个（新建15个）；各级政府和民政部门充分利用“5·12”防灾减灾宣传日活动，大力推进“三小工程”建设，共发放救灾应急宣传册183万册、小应急包5万多个，培训县乡灾害信息员600人；组织机关、乡镇、村（社区）、学校等开展各类防灾应急小型演练176次，提高群众防险避灾、自救互救能力。2015年，全市局部地区低温冷害、冰雹、高温干旱等自然灾害多发频发，全市44个乡镇、街道30.92万人受灾，农作物受灾11 799.67公顷、成灾7 372.44公顷、绝收2 248.16公顷，房屋倒塌413户764间、严重损坏423户754间，因灾死亡1人、伤病30人，紧急转移安置1 054人，直接经济损失15 313万元，需紧急生活救助人口2 569人。各级政府和民政部门及时查报灾情，组织救灾救济，共投入资金2 251万元，救助受灾群众27.92万人次，切实保障受灾群众基本生活，维护灾区社会稳定。编制《昆明市防灾减灾“十三五”规划》。

【社会福利】 全市有困境儿童1747人（含机构供养孤儿682人、散居孤儿711人、感染艾滋病儿童38人、事实无人抚养儿童316人），基本生活费标准年增长15%，其中机构供养儿童人月均达1700元，散居孤儿、艾滋病感染儿童、事实无人抚养儿童人月均达1 000元，城乡实行同一发放标准，及时足额发放。五华、盘龙、官渡、西山4区开展收养评估试点工作，进一步完善困境儿童分类保障制度。全年共办理儿童收养250件（其中国内190件、涉外60件）。年末，全市共有“三无”人员2 661人，其中集中供养1 848人，分散供养813人。市级公办福利机构（市社会福利院、市西郊安置所）共收养民政供养对象900人，供养标准达每人每月570元，增长11%；为其中360名“三无”人员办理落户、650名“三无”人员进行残疾鉴定并办理残疾证。市级机构供养对象已纳入城市居民最低生活保障，购买城乡居民基本医疗保险和养老保险。按部、省要求依法开展养老机构设立许可工作。市精神病院投资1.95亿元、建筑面积3.10万平方米、500个床位的新建项目已完成并于年底前搬迁。全年共救治流浪、“三无”、低保等民政对象中的精神病患者1 505人次。结合开展救助整治专项行动，全市共救助流浪乞讨人员15 936人次（含未成年人1 176人次），护送返乡6 000余人次，建立长期流浪乞讨人员档案100余人。全市有慈善组织73个，全年共接受捐赠1 792.70万元（市慈善总会371.70万元），其中现金1 354.42万元、物资438.26万元；共实施慈善救助2 034.10万元（市慈善总会479.68万元），其中现金1 770.14万元、物资236.96万元，受惠群50 424户（人）次。全市（含安宁市、嵩明县）共销售福利彩票16.70亿元，其中电脑彩票13.29亿元、中福在线即开彩票2.78亿元、网点即开彩票0.64亿元；完成省级福彩公益金资助项目申报122个，总投资11.44亿元，申请资金补助2.68亿元。

通过2015年福利企业年检，全市有49家合格，有固定资产投资93 485万元，销售额116 389万元，利润额11 056万元，实退税3 960.14万元；招用残疾职工1 299人，比2014年减少677人。

【老龄工作】 全市共发放“一法两条例”宣传资料30万份，举办“一法两条例”培训25期，培训1 200余人。积极协调、争取省级资金支持587.16万元，为119 925名80岁以上高龄老年人发放高龄补助金7 614.52万元。为4.5万名老年人办理优待证。老年协会开展活动3 580次，老年人参加活动100多万人次。积极引导民间资金450万元投入养老机构建设。争取到省级对民办养老机构一次性建设补助822.50万元、市级配套392万元。市级共解决民办养老机构运营补助金60万元。全年增加各类养老床位3 470张、城乡老年活动场所77个，修缮农村“五老”危房30户；投入资金42.48万元，助养特困老人1 416人。省级支持资金1 233.40万元，市级配套1 092.32万元，启动建设社区居家养老服务中心项目45个，使中心总量达到188个。养老服务社会组织达3 074个。投入资金40万元，完成农村老年人协会百村建设30个。建成社区为老服务信息平台5个。为失能、空巢、独居老年人提供日间照料服务和家政服务。对163个居家养老建设项目进行绩效评估。

【基层政权建设】 与市委组织部等部门共同拟定《昆明市关于推进村级活动场所及农村基层综合公共服务平台建设的实施方案》，争取到建设经费660万元（省级福彩公益资金120万元，市级福彩公益资金540万元）。下发《关于昆明市村（社区）“两委”换届问题摸底调查的通知》，完成前期准备工作，为村（社区）两委顺利换届打好基础。会同市组织、财政部门联合下发《关于提高昆明市村（社区）干部岗位补贴和生活补贴的方案》，使“一肩挑”、正职、副职、专职委员的待遇分别达到不低于每人每月3 100、3 000、2 900、2 800元。

【社区建设】 实现社区建设规范化、制度化、法制化、多元化新格局，全市共创建民主协商制度建设社区10个、民主法治示范社区17个、村务公开民主管理示范点5个。组织开展社区减负增效工作，推进社区服务体系建设。出台《关于在村（社区）建立民主协商制度的意见》《关于建立社区民情恳谈会等四项会议制度》等规定，实现居民参与居务管理权利的具体化、制度化，使民情、民意、民智在决策和管理中得到体现。

【优待抚恤】 全市（含安宁市、嵩明县）共有享受定期生活补助的优抚对象49 490人，其中“三属”906人、伤残人员4 760人、在乡老复员军人5 186人、带病回乡退伍军人1 807人、“两参”退役人员27 381人、60岁以上农村退役人员9 363人、部分烈士（错杀平反人员）子女87人，共下发各类抚恤补助金2.14亿元。县级共支出现役军人和军队离退休干部一次性抚恤金231人3 679.13万元。市级共下达优抚对象医疗补助金1 524.75万元，各县（市）区共支出1 073万元，其中资助16 532人缴纳医疗保险280.63万元、实施医疗困难救助892人135.48万元、实施住院医疗补助3 099人600.98万元。制定下发《昆明市人民政府办公厅关于做好参战退役人员等优抚对象解困帮扶工作的补充通知（试行）》，使优抚对象在落实优抚政策的同时最大化的享受到社会保障，其中享受低保2 776人、享受临时生活救助2 181人350.03万元、享受医疗补助4 666人864.82万元。全年共下达省级解困资金1 011.55万元、市级解困资金3 371.36万元，发放享受省3号文件优抚对象3 398人、享受800元生活困难补助的城镇企业下岗失业参战退役人员1 886人。春节、八一节慰问优抚对象87 302人1 776万元，慰问率达100%。认真解决涉军热点难点问题，接待来信来访400余人次，较好地完成“2·17”“3·15”“4·28”“9·30”“11·2”等重要节点的维稳工作。烈士纪念设施的管理保护进一步加强。

【复员退伍安置】 全市共接收安置军休干部146名、军队无军籍退休退职职工71名。认真落实军休干部“两个待遇”，全年共拨付各类经费近6亿元。积极协调有关部门进行军休干部住房出售。举办庆“八一”体育运动会和文艺比赛活动，2 500名军休人员参加，参与率达80%以上。成功举办昆明市军休干部第八届书画、摄影大赛并进行表彰。大赛展出书画260幅、摄影210幅。组织军休人员3 000人次到省军休中心开展各项文体活动。组织军休人员到安宁市、弥勒县疗养。军休干部满意度达90%以上。

【军休干部安置管理】 全市共接收退役士兵1 649人，其中符合政府安排工作条件的316人、自主就业的1 333人。组织符合政府安排工作条件的退役士兵参加培训和考试，其中276人参加1个月的集中培训全部合格，每人取得1—2个职业资格证书；295人参加文化考试，成绩及时反馈给各县区。向省市217家相关部门和单位下达退役士兵安置计划，筹集安置岗位402个。兑现2015年度自谋职业补助金3 092.85万元、自主就业士兵一次性经济补助1 698.68万元。联合举办退役士兵供需专场洽谈会，973人与用人单位达成就业意向。认真落实复员干部相关政策，稳定复员队伍。

【双拥工作】 市双拥工作领导小组有成员单位44个。全市12县区、5开发（度假）区、大中型企业、非公经济组织、新社会组织共成立双拥工作领导小组423个。各级党委和政府将双拥工作纳入经济社会发展规划，列入党政军工作实绩考核。全年8 000多人次参加“国防军事日”“重走长征路”等活动，军训学生12 000人次，组织议军会议1次、军地联席会12次、英模报告会7次、春节和八一晚会62场次，制作播放《春城奔涌双拥潮深度融合展新篇》《昆明市双拥工作纪实》，昆明电视台播出《子弟兵　老百姓》52期。累计受教育30多万人次，教育面达100%。地方各级党委、政府和有关部门竭力支持驻昆部队建设，共投入700多万元，解决部队在粮油、水电、燃料补贴、营房建设绿化、战备训练、文化和后勤保障基础设施建设等方面的困难和问题；结成军地共建对子23个，建立完善街道社区双拥工作服务站5个，春节、八一走访慰问驻昆部队独立师以上单位，向团以上单位送慰问金1 300余万元，赠送部队电脑21台，援建军营图书馆4个，慰问8个军休所军休人员23万元；积极开展爱心献功臣活动，为3名重点优抚对象解决“三难”问题，1—6级以上伤残军人享受公费医疗，其他优抚对象全部免费参加城镇居民或新农合医疗保险，解决11名随军家属的调动、就业安置和203名子女的入托、入学、转学问题。昆明军供站共接待过往部队7.60万人次，补贴部队64.50万余元。驻昆部队积极支持现代新昆明建设，抽调1 000余人次参加支持第三届南博会暨第二十三届昆交会系列活动；出动官兵7 519人次，参加扑灭火灾33起及防汛抗旱等工作；组织医疗队深入昆明北部山区红军长征沿线开展“党恩惠民，情暖山乡”爱心医疗活动；向贫困山区学校捐款65.35万元，援建希望小学5所，资助贫困学生714人；建设双拥林、民兵林530亩，扶持敬老院5个；积极开展军警民联防，构建和谐平安昆明。通过军地协调，妥善解决昆明螺蛳湾国际商贸城项目地块内61538和61010部队搬迁有关问题、成都军区三门诊办理经济适用住房规划手续、巫家坝片区建设项目涉及收储军事用地的协调、78336部队与西冲社区瓦角村森林火灾共同赔偿等问题，维护了军政军民团结大好局面。经过检查考评，全市双拥工作受到全国双拥工作领导小组和省双拥办的肯定和赞扬。

【社会组织管理】 制定下发《昆明市社会团体内部治理各项管理制度示范文本》《昆明市社会组织行为规范和行动准则》等5个规范性文件，改革登记制度，取消“一业一会”限制，除依据法律法规需前置审批及政治法律类、宗教类社会组织外，其他社会团体、民办非企业单位、基金会取消业务主管单位，实行直接登记，社会组织迅速增长。全市（含安宁、嵩明）共办理社会组织登记130个、变更登记61个、换证40个、遗失补证10个、注销4个。至年末，共有各类社会组织8631个，其中社团2 074个、民办非企业单位2 727个、基金会4个、社区社会组织3 826个。对10个市级社会组织、42个县区级社会组织进行评估定级。市级3A以上社会组织达33个。建设社会组织孵化园区3个，培育发展社区社会组织1 486个，创建服务品牌66个。对86个市级行业商会进行重新登记，确保国家机关公务员不在其中任职；受理投诉举报13件，进一步规范办会行为。对取消业务主管单位的社会组织实行网络化年检，提高工作效率和信息化程度。全市3 500个社会组织参与年检，参检率95.04%，合格率96.92%。社会组织共承接政府购买服务项目39项，资金额1 276.509万元。组织社会组织管理培训430余人次。

【行政区划管理】 完成昆明市—楚雄州行政区域界线的联检和情况报告。开展宜良—石林、官渡—宜良、五华—嵩明、呈贡—晋宁、西山—富民5条市内县区级界线的联检及资料汇总编制。完成95条乡级界线的联检。调处边界纠纷10件。全面开展平安边界创建活动，层层签订睦邻友好协议书。向省政府上报富民县撤县设市、晋宁县撤县设区的请示及相关报件材料。拟定寻甸县甸沙乡撤乡设镇的请示。

【地名管理】 全市共命名小区地名57个、道路地名54个。对24个新建地铁站站名进行实地调研和专家论证。进行地名清理，拓展地名服务功能。安排部署全市第二次全国地名普查工作并进行普查培训。

【婚姻管理】 全市（含安宁市、嵩明县）共登记国内结婚53 927对、离婚18 379对；登记涉港澳台及涉外结婚222对、离婚44对。完成1990年以来的历史婚姻数据补录。制订《昆明市婚姻登记操作规范》。自2015年10月10日起，停止出具“（无）婚姻登记证明”。

【殡葬管理】 以“文明祭扫、生态安葬”为主题，开展殡葬改革宣传42次，播出公益广告近万次，发放宣传材料60余万份，张贴标语7 500多条，推动殡葬改革和“三个100%”的实现。禄劝县全部划为火化区，东川区新增42个村为火化区。全市共发放特殊困难群体火化补助2 758人275.8万元、农村居民火化和安葬补助1万人1 700余万元，各殡仪服务单位最大优惠额度达30%。市殡仪馆改扩建一期工程完成投资5 541万元，倘甸“两区”殡仪馆于8月份建成投入使用。全市（含安宁市、嵩明县）全年共火化遗体33 725具，火化区内火化率达100%，殡仪单位全面实施“六公开”服务，群众满意度达95%。公益性公墓植树6.14万株。清明期间全市祭扫群众105.86万人次、车辆19.81万辆次，各公墓、祭扫点开展鲜花换纸钱、香烛活动，共发放鲜花30万枝，连续8年实现安全、文明祭扫。

（曾　筹）

住房公积金管理

【住房公积金经济数据】 2015年，全市新增住房公积金96.67亿元，同比增长8.78%，全年新增缴存职工8.58万人。至年底，全市共有1.22万家单位建立住房公积金制度，住房公积金缴存人数达84.26万人，累计归集住房公积金665.21亿元。发放住房公积金个人住房贷款56.81亿元，同比增长33.67%。全年提取住房公积金70.99亿元，同比增长12.20%。至年底，全市累计为152 536户职工家庭发放住房公积金个人贷款310.51亿元，贷款余额为200.90亿元，个人住房贷款逾期率为0.018%，信贷资产质量良好。在确保资金安全运行的前提下，2015年度实现住房公积金增值收益7.31亿元。

【制度创新】 年内修订完善5项内部管理制度：《昆明市住房公积金管理中心档案管理实施细则》《昆明市住房公积金管理中心档案管理暂行办法》《昆明市住房公积金管理中心统战工作制度》《昆明市住房公积金异地贷款实施细则》《中共昆明市住房公积金管理中心党组工作规则》。

出台《昆明市住房公积金管理中心关于调整职工租房提取住房公积金相关政策的通知》《昆明市住房公积金管理中心关于调整个人住房公积金贷款有关政策的通知》《昆明市住房公积金管理中心关于对个人住房公积金贷款延长贷款期限的通知》《昆明市住房公积金管理中心关于对住房公积金个人住房贷款取消轮候期等部分政策进行调整的通知》《昆明市住房公积金管理中心关于调整住房公积金个人住房贷款相关政策的通知》《昆明市住房公积金管理中心关于上调住房公积金个人住房贷款最高额度等相关政策的通知》。政策调整后，取消原租房提取住房公积金政策中“房租超出家庭收入10%”等提取条

昆明市住房公积金管理委员会第三届第三次全体委员会议

（市公积金中心 供稿）

件限制，连续足额缴存住房公积金满3个月，在租房当地无自有产权住房的职工，可以每年提取一次住房公积金用于支付房租。放宽贷款申请条件，下调首付款比例，上调贷款额度，申请贷款时缴存时间从开户并连续足额缴满12个月缩短为开户并连续足额缴满6个月；购买首套房，首付降至20%，拥有一套住房并已结清相应购房贷款的职工家庭，二套房首付款比例降至20%，一套房未结清相应购房贷款的职工家庭，二套房首付款比例下调为40%；贷款最高额度上调为单职工40万元，双职工80万元。下调按揭楼盘保证金比例，与中心签订按揭合作协议的房地产开发企业，保证金比例一律调整为5%。延长贷款期限，借款申请人的还贷年限，可延长至法定退休年龄后5年，不超过规定的最高贷款期限。取消贷款轮候期，开办住房公积金异地贷款服务等。

【提升服务】 网上办事大厅2015年11月10日，昆明市住房公积金管理中心正式上线运行。缴存单位可通过登录网上办事大厅进行单位相关信息查询、结息对账等功能。职工个人可通过个人用户注册后登录住房公积金网上办事大厅，办理住房公积金个人明细查询、公积金转账还公积金贷款；个人贷款基本情况查询、还款计划查询、还款情况查询、自有资金转账还公积金贷款等业务。12月15日，正式开通微信公众服务平台。微信公众服务平台包括特色服务、业务服务、用户中心3大栏目。提供更加便民利民服务，扩大服务覆盖面，拓宽服务渠道。

2015年，昆明中心门户网站共回复客户留言4 803条，云南省政务信息在线解答系统“常见问题”录入有效信息29条，“公众问题”回复24条。全年昆明中心共接听及受理客服电话66 103人次，回访客户718人次，平均每日接听电话266人次。其中昆明中心客服热线（63132899）接听63 184人次，市长热线（12345）转接757人次，省政务专线（96128）转接2 062人次，政务专线电话转接量（2 919人次），为全市所有联动部门第一位，占昆明市96128政务专线电话转接量的12.21%，转接成功率和满意率均为100%。受理投诉件6件，办结率100%，答复率100%，满意率100%。

（张 云）

扶贫开发

【扶贫经济数据】 减贫人数，2015年，昆明市减少建档立卡贫困人口68 233人和边缘贫困人口75 576人。扶贫投入，2015年累计到位财政扶贫资金3.7亿元，省市到户贷款2.51亿元，社会帮扶资金4.64亿元。到户贷款，实施市级到户贷款1亿元、省级到户贷款1.51亿元，扶持农户7 173户，其中建档立卡贫困户2 266户。劳动力转移培训，在“两区两县”完成农村劳动力培训35 302万人、转移就业30 537万人。产业扶贫，完成2014年度产业建设项目13个，2015年投入财政资金1 210万元，实施产业项目23个。易地搬迁，完成1 400人易地搬迁，启动实施1 717人易地搬迁，扎实做好易地搬迁3年行动计划的各项基础工作，2016—2018年，计划实施10 900户38 188人的易地搬迁。扶贫政策，围绕昆明市2017年底要达到21.23万建档立卡贫困人口稳定脱贫，2018年底贫困县全面实现脱贫摘帽目标，先后制定出台《关于举全市之力打赢扶贫攻坚战的实施意见》《昆明市贫困县退出工作实施方案》等13个文件，明确今后5年扶贫开发的目标、任务、政策、措施、路径。互助资金，投入财政资金190万元，建立互助社4个；52个互助社发放借款1 003.3万元，1 566户农户受益，其中，贫困户779户占49.7%。

【脱贫攻坚规划（2016—2020年）】 瞄准建档立卡贫困户，聚焦“两区两县”，突出区域开发和精准扶贫两大战略，初步制定《昆明市脱贫攻坚规划（2016—2020年）》。规划分为基本情况、发展思路、建设任务、投资概算、效益预测、环境影响评价、组织实施7个部分，突出基础设施、农村生产生活条件改善、基本公共服务、产业发展、生态建设与环境保护5个重点，围绕减贫、摘帽、增收3个主要目标，通过“发展生产脱贫一批、易地搬迁脱贫一批、生态补偿脱贫一批、发展教育脱贫一批、社会保障兜底一批”的“五个一批”，精准配置专项扶贫、行业扶贫、社会扶贫资源，合力攻坚。

【整乡整村推进】 2015年，完成2013年开始的寻甸县仁德街道、禄劝县撒营盘镇、倘甸园区凤合镇、富民县罗免镇4个整乡推进项目；续建2014年东川区阿旺镇、寻甸县鸡街镇、倘甸园区金源乡3个整乡推进项目；实施2015年东川区铜都街道、寻甸县功山镇、禄劝县马鹿塘乡3个整乡推进项目。实施省级行政村整村推进15个，实施省级自然村35个，实施市级自然村整村推进200个。投入中央省市老区建设专项资金2 110万元，实施以禄劝县皎平渡为重点的“红色乡村幸福家园”项目38个。

【项目建设】 列为2015年“溜索改桥”建设项目东川区汤丹的小江桥、禄劝县小鹧鸪村——大木城村的通村大桥于6月26日和6月30日进场动工，年底完成建设任务。围绕东川区、禄劝县、寻甸县、倘甸“两区”建设1万户宜居农房项目，动员、审核上报10 012户建档立卡贫困户宜居农房建设，其中，拆除重建8 512户、修缮加固1 500户。至年底，在建5 828户，竣工2 192户。实施安居房建设1 330户。

【社会扶贫】 制定出台包村政策。在认真落实包乡对口帮扶措施的基础上，制定出台扶贫攻坚包乡包村对口帮扶政策措施，实现38个乡镇对口包乡（村）全覆盖；广泛动员驻昆中央、省各方力量参与扶贫。市委、市政府先后召开驻昆高校、金融机构、科研院所、国有企业、民营企业、新闻媒体、商会代表、上海青年企业家联合会企业家代表走进国家级贫困县帮扶工作5个座谈会，市政府与云南民族大学、省农村信用社、省农科院、昆明诺仕达集团公司签订“合作框架协议”；精心谋划“10·17”扶贫日系列活动，营造良好的社会扶贫环境。全市收到捐款1 003.84万元，其中干部职工捐款603.71万元、社会各界捐款326.71万元、捐物折款73.42万元；大力推进“挂包帮、转走访”工作。各包乡包村对口帮扶单位在深入帮扶点调查研究的基础上，制定帮扶计划，141个包乡包村对口帮扶单位落实帮扶项目资金45 448.89万元。组织近4万干部职工开展对口帮扶。组建驻村扶贫工作队303支（省级贫困村172支，市级贫困村69支，市县级62支），选派862名扶贫队员（省级14名，市级246名，县级602名），分批分期到对口帮扶贫困村开展遍访工作。

【扶贫开发考核及管理】 制定出台《2015年扶贫开发目标考核细则》《县区扶贫办2015扶贫开发目标考核细则》《昆明市扶贫攻坚对口帮扶工作考核管理办法》，对有扶贫开发任务的县区实行目标考核，对有扶贫开发任务的县区扶贫办实行责任制考核，对市级部门实行社会扶贫考核，形成县区党委政府、县区扶贫部门和市级部门“两纵一横”立体化全覆盖的目标考核格局。对县区实行差别化考核，优化精减考核内容，实行动态考核，扶贫开发纳入县委书记工作实绩考核内容；对县区扶贫办实行责任制考核，考核结果通报当地党委、政府，并作为下一年度项目资金安排的重要依据。把市委系列28个单位、市政府系列59个单位纳入社会扶贫考核范围。年内制定《昆明市扶贫开发整乡推进项目管理办法》《昆明市扶贫开发整村推进项目管理办法》《昆明市市级扶贫到户贷款实施管理办法》《昆明市易地扶贫开发项目实施细则》《昆明市革命老区扶贫开发建设项目管理暂行办法》《昆明市贫困地区农村劳动力转移培训项目管理实施细则》6个专项管理制度，推动扶贫项目的规范化、制度化、程序化、精细化管理。

【扶贫到户小额贷款风险补偿等试点】 抓好东川区、禄劝县责任、权力、任务、资金“四到县”试点。切实做好寻甸县被列为全省扶贫到户小额贷款风险补偿试点县工作。投入中央和省级补助资金300万元，市级补助100万元，县级安排100万元，专项用于建档立卡贫困农户发放小额贷款后确因特殊困难产生的呆账补偿，农村信用社按照风险补偿金1∶5的放大倍数，向建档立卡贫困农户发放小额贷款，撬动2 500万元的贷款。扎实抓好东川区“雨露计划”实施方式改革试点。自2014年9月启动实施“雨露计划”以来，300多名建档立卡贫困学生得到帮扶。争取把东川区列入圆梦“832”贫困高中生关爱行动全国10个试点县名单，签订合同，东川扶贫教育基金在线捐赠平台已于2015年6月5日正式上线。

（廖　平）

移民工作

【移民后期扶持资金及项目】 2015年，昆明市全面实施后期扶持资金的兑现工作。至年底，昆明市大中型水库农村移民涉及13座大中型水库，后期扶持人口指标为34 210人，扶持标准为每人每年600元。至11月底，云南省共下达大中型水库移民后期扶持资金2 592.68万元，昆明市已将资金全额拨付至各县区，按政策要求足额兑现到每一个移民手中，整个后期扶持资金兑现工作平稳推进。

全面实施移民安置区基础设施项目。按照“加强库区基础设施建设和生态环境建设，改善移民生产生活条件”的总体目标，依据“十二五”规划，以优先解决移民群众最关心、最直接、最现实的困难和问题为出发点，至11月底，市移民局会同市财政局共争取到大中型库区基金1 445.22万元，用于38个基础设施项目建设，为改善库区、移民区基础设施状况以及维护移民稳定发挥积极作用。

【饮用水源保护区搬迁移民长效补助经费】　云龙水库移民搬迁人口8 031人、松华坝水库移民搬迁人口3 089人，根据相关政策，共需移民搬迁长期补助经费5 722.58万元，其中，云龙水库移民经费4 505.39万元；松华坝水库移民经费1 217.19万元。市移民局与市财政局联合下发《昆明市财政局昆明市移民开发局关于下达2015年度云龙、松华坝水库移民搬迁长效补助资金的通知》，将2015年市级预算安排5 722.582万元水库移民搬迁长效补助资金全部下达禄劝县、盘龙区。同时，积极做好搬迁移民宣传解释工作，采取多种措施解决搬迁移民生产、生活中遇到的实际困难，妥善化解矛盾，维护社会稳定。

【水电站移民安置及滇中调水前期工作】　乌东德水电站涉及昆明市移民搬迁安置人数3 274人，移民安置的重点在禄劝县。白鹤滩水电站涉及昆明市移民搬迁安置人数3 960人，移民安置的重点在东川区。滇中调水涉及昆明市8个县区，14个乡镇。2015年，3个项目有关前期移民安置工作进展顺利：积极配合省移民开发局协调好和中国三峡总公司及设计单位的关系，反映县区政府部门及移民群众的诉求；参与乌东德水电站移民大纲和移民安置方案的现场踏勘和专家审查会，向项目业主三峡集团和设计单位充分表达昆明市关于移民工作的有关要求和建议；配合业主单位和设计单位做好前期工作，积极协调下达《禁止在滇中饮水工程建设征地区新增建设项目和迁入人口的通告》，确保项目按计划推进；指导配合相关县区积极开展实物指标调查工作。3个项目均已完成实物指标调查工作，乌东德水电站已完成规划报告的审定工作，白鹤滩已完成移民安置规划大纲的编制工作，滇中引水已完成移民安置方案、移民安置规划大纲的审查工作。

【平安库区建设】　深入开展创建“平安库区”工作。移民工作干部深入库区广泛宣传创建“平安库区”的目的意义、目标任务、工作内容、移民政策法律法规，聚焦移民群众存有疑虑的集体山林土地补偿问题、移民后期扶持政策等热点问题，内容涵盖政策解答、补（贴）助发放办法及流程、市县移民搬迁安置政策等，将宣传册及时发送给移民群众和县挂钩联系单位，努力做到家喻户晓，深入人心，确保宣传材料的针对性和有效性。广泛发动移民群众，最大限度地调动移民群众的积极性、主动性和创造性，把“平安库区”建设变为广大移民群众的自觉行动，形成库区社会管理的合力。

【法律服务移民】　2015年，把移民法律服务工作纳入司法行政整体工作中同部署、同安排。全市共办理移民法律援助案件86件（上年67件），同比上升28.35%，其中诉讼案件23件，人民调解案件47件，公证案件11件，司法鉴定5件等，开展专项法律宣传咨询服务活动25场（次），接受法律咨询1 600余人次，参与人数达10 320人，发放各类宣传资料（书籍）24 000余份（册）。

【包村扶贫脱贫工作】　2015年，市移民局及时深入禄劝县马鹿塘乡麻科作村和东川区乌龙镇半坡村开展遍访贫困村、贫困户工作，明确工作思路，制定工作措施，把包村扶贫脱贫工作落到实处。投入22万元用于村庄道路建设。其中麻科作村12万元，用于3处水毁村庄道路和涵洞修复，项目已在年内完成。确保车辆进出，方便村民出售农产品。投入10万元用于半坡村小新山组3.8千米长4米宽的进村道路改造，至年底，项目还在进行中；投入6万元，加强两个村的村两委建设，改善村两委办公和村民活动场所条件。

（任卫东）

残疾人事业

【《昆明市残疾人保障条例》审议通过】　2015年12月22日，昆明市第十三届人民代表大会常务委员会发布公告，《昆明市残疾人保障条例》于2015年10月29日经昆明市第十三届人民代表大会常务委员会第三十四次会议审议通过，并于11月26日云南省第十二届人民代表大会常务委员会第二十二次会议批准。自2016年1月1日起施行。

【惠及残疾人政策、实事】　2015年，涉及残疾人的政策有：8月27日，印发《昆明市残疾人职业技能取证补助办法》；10月8日，印发《昆明市残疾人机动车驾驶技能培训补助办法（试行）》；12月7日，印发《昆明市辅助器具发展实施意见》《昆明市精神障碍康复服务发展意见》。

2015年，云南省政府10件惠民实事涉及昆明市残疾人的事项有：免费为1 280名智力、精神和重度残疾人提供托养服务（其中机构托养200人，居家托养1 080人）；免费为100名智力残疾儿童提供康复训练；免费为692名贫困残疾人提供适配辅助器具。

【康复】　2015年，昆明市投入24万元，对80名重症贫困精神疾病患者住院进行补助。投入15万元采购助视器、矫形器、儿童辅具等辅助器具2 250件，免费发放给有需求的残疾人。免费为106名残疾人安装大小腿，维修20套假肢。开展残疾儿童早期康复工作试点，组织专家组下基层筛查400余名残疾儿童，对其中30名残疾儿童开展康复转介服务。

【危房、家庭无障碍改造】 全市投入800万危房改造资金对800户农村残疾人进行危房改造。投入140万元对280户贫困残疾人家庭出入口、卧室、客厅、书房、厨房、卫生间等进行家庭无障碍设施改造。在家庭无障碍改造的基础上，扩大改造帮扶范围和内容，对内部年久失修、条件简陋的房屋进行简单重新装修，如墙面屋顶粉刷、地面平整，以及对生活必需品进行配备，如洗浴设备、家用电器、家具等。

【社会保障】 2015年，为三、四级残疾人参加城乡居民基本养老保险和医疗保险补助113万元，补助人数3.8万人。投入28万元补助80名农村贫困残疾人担任农家书屋管理员。市本级投入托养经费192万元，对1 300人智力、精神和重度残疾人提供托养服务（其中居家托养1 000人、机构托养300人）。投入60万元，救助331户特殊困难残疾人。

【慰问帮扶】 2015年元旦、春节期间，投入182.15万元，对全市121个乡镇，4 235户残疾人家庭，559名优秀残疾人代表、优秀残疾人工作者及扶残助残先进个人，1 437名村级（社区）联络员进行慰问。对302名临时困难残疾人家庭进行救助，发放救助金52.95万元。

【扶贫】 云南省级残疾人事业彩票公益金投入28万元专项经费用于晋宁、宜良、石林、寻甸县和东川区残疾人扶贫基地建设。市本级投入经费175万元开展项目扶贫，分别在石林、宜良、晋宁、富民、寻甸、禄劝县和东川区、倘甸“两区”开展种、养殖扶持项目。为184名贫困残疾人申请康复扶贫到户贷款354.10万元，贴息24.80万元。开展定点挂钩扶贫工作，市残联对口帮扶寻甸县的功山镇、鸡街镇、河口镇，累计投入190.60万元开展危房改造、托养服务、扶残助学、康复、道路硬化、活动中心修缮、走访慰问以及免费为广大群众义诊等工作，其中邀请延安医院医生及医学院学生45人为1 000多名群众免费义诊；为96户贫困残疾人进行危房改造；为59户重度残疾人办理居家托养服务；对50户贫困残疾人家庭进行居家环境改造；走访看慰问56户老党员、结对子贫困户和特困残疾人家庭。

【培训、就业】 全市投入148万元经费培训残疾人及其亲属3 750人。市本级依托昆明市盲哑学校、云南技师学院培训115人。

全市推荐残疾人就业648人，其中女性185人。对292名残疾人自主创业扶持补贴，补助金额78.83万元；核定残疾人就业保障金。全市核定户数10 724家，核定金额1.11亿元，补核定4 936.16万元，合计1.61亿元。市本级核定户数1 904家，核定金额3 496.17万元，补核定4 354.31万元，合计7 850.48万元。

【教育】 2015年，投入110万元补助565名考入各类大、中专院校贫困残疾学生和贫困残疾人子女（其中残疾人75人，残疾人子女490人）。彩票公益金助学项目投入13万元，补助87名高中生。对60名学前教育阶段残疾儿童补助18万元。交通银行云南省分行“通向明天”项目资助残疾学生14名，资助资金2万元。“六一”儿童节，市残联走访慰问盘龙区培智学校，送去慰问金5 000元。为改善昆明市5所特教学校办学条件，向省残联申报教育教学仪器、设备、文体器材、图书资料（音像）、课桌凳、寄宿生床铺和被褥等。

【涉残文体活动】 编辑刊出《昆明残疾人》6期，与昆明广播电视台合作播出“双语新闻”节目52期，“星星点灯”专题节目52期，在《昆明日报》“同一片蓝天”刊出专版6期，宣传报道35次，完成信息报送16条，信息约稿3次。元旦、春节期间，组织开展社会主义核心价值观融入百姓生活系列活动，17个县区、度假区管委会残联16 900人次参加活动。开展全国残疾人基本服务状况和需求专项调查宣传工作和《昆明市残疾人权益保障条例》听证会的宣传报道。与共青团昆明市委联合举办“共享蓝天.爱心总动员”大型助残公益活动，800名残障儿童、志愿者参加活动。在国际聋人节期间，组织市聋人协会百名聋人志愿者在海埂公园开展“保护山川河流关爱高原湖泊”现场绘画、书法以及保护滇池倡议签名、发放宣传单等志愿服务活动。

筛选上报省残联7名残疾人文学艺术人才。组织3件作品参加中国残联“首届残疾人民间艺术品（预）展”征集推荐工作；推荐7件作品参加2016年第七届中日韩残疾人美术交流展；推荐五华区、晋宁县为残疾人特殊文化艺术县区；推荐熊建华为中国残疾人文学艺术专业协会代表人选。组织特教学校47名师生参加第七届云南省特教学校学生艺术汇演，分获不同奖项。

在成都举办的全国第九届残疾人运动会上，昆明市18名残疾人运动员获金牌18枚、银牌10枚、铜牌3枚。组织56名运动员参加第六届全国特奥运动会运动员集训；指导12个县区开发（度假）区开展第九次全国特奥日活动，参加人数12 900人；在2015年全民健身挑战日“融合关爱跑”活动中，全市6支表演队240名盲人和志愿者参加活动，晋宁县残联排练残疾人轮椅舞队秧佬鼓《嗨起来》（云南省非物质文化遗产）；与昆明市广电文体局联合举办98人参加的昆明市残疾人健身指导员培训班。

【组织建设、信访维权】 下拨基层残疾人工作者补贴经费182.88万元，补助1 016人。截至年底，全市办理残疾人证118 000本。利用残疾人节庆日组织协会活动4次，主要开展座谈会、趣味运动会，听取各协会主席工作汇报，倾听残疾人反映生活中遇到的困难和问题，向协会介绍市残联工作情况，听取他们对昆明市残联工作的意见建议，进一步促进残联与残疾人之间的沟通和交流。

2015年，全市共接待来访1 432人，发放残疾人困难补助18 085元。处理来信110件，法律援助78人，代写法律文书50件，办理出庭30件。“一号通”平台受理案件1件，已办结。

【“十二五”计划执行情况】 “十二五”期间，昆明市人大颁布《昆明市残疾人保障条例》。昆明市委、市政府、市残工委以及相关部门制定出台《中共昆明市委昆明市人民政府关于促进残疾人事业发展的实施意见》《昆明市按比例安排残疾人就业规定》《昆明市盲人保健按摩行业管理办法》《昆明市基层残疾人组织规范化建设的实施方案》《昆明市残疾人特殊困难临时救助办法》《昆明市实施“春风化雨行动”发展学前教育三年行动计划（2014—2016）通知》《昆明市实施“春风化雨行动”加强养老助残救助工作的实施意见》。昆明市残联与相关部门制定出台《昆明市残疾人参加城乡居民社会养老保险个人缴费补助办法（试行）》《昆明市残疾人参加城乡居民基本医疗保险个人缴费补助办法（试行）》《昆明市残疾人自主创业扶持办法（试行）》。在改革创新工作中，市残联制定出台《昆明市残疾人职业技能培训取证补助办法》《昆明市残疾人机动车驾驶技能培训补助办法（试行）》等一系列关系到昆明市残疾人事业发展的政策、规定。

5年来，全市累计投入各类残疾人事业经费1.47亿元，其中省级投入5 689万元，市级投入8986多万元。134 631人次贫困残疾人通过基地扶贫、康复扶贫、托养服务、医疗养老保险补贴、送温暖活动和临时救助等，改善生活状况，增加收入，提高参与社会能力；46 506人次残疾人通过重点康复得到不同程度康复；元旦春节等节日走访慰问贫困残疾人38 233人次；27 120人次有就业需求的各类残疾人获得就业服务和技能培训；8 880人次残疾人实现就业，其中在福利企业就业3358人次，个体就业5 522人次；26 691名城乡贫困残疾人被纳入最低生活保障范围；6 633名残疾学生、残疾人家庭子女得到资助；为1 400户贫困残疾人改善家庭居住条件。5年来，昆明市107名残疾人运动员参加国内外各类体育比赛，获金牌67枚、银牌61枚、铜牌28枚。5年来，昆明市部分县（市）区被中央各部委及省残联表彰，五华区先后荣获“全国残疾人工作先进单位”“全国残疾人之家”“全国残疾人体育工作先进县区”“全国巾帼文明示范岗”“全国法律援助服务示范窗口”等荣誉；2011年，禄劝县被中国残联及国务院扶贫办联合授予“农村残疾人扶贫开发工作先进集体”光荣称号；盘龙区残联荣获“云南省2013年度全国残疾人状况监测工作先进单位”称号。

（李向松）

人　物

◆责任编辑　李　震

全国"最美家庭"获奖者

王兰兰　　昆明市五华区幸福家园廉租房小区"爱心食堂"负责人

杨金山　　宜良县九乡乡大兑冲护林员

李永洪　　富民县疾病预防控制中心麻防科医师

昆明市"最美家庭"获奖者

家　庭	推荐单位
李永洪家庭	富民县妇联
王兰兰家庭	五华区妇联
杨金山家庭	宜良县妇联
王国柱家庭	盘龙区，自荐
李春红家庭	石林县妇联
戴志家庭	呈贡区妇联
郑林芝家庭	呈贡区妇联
张淑芬家庭	晋宁县妇联
刘家丽家庭	高新区妇联
陈　林家庭	机关妇工委
刘家卫家庭	官渡区妇联
卢玉富家庭	禄劝县妇联
陈应兰家庭	东川区妇联
秦晓红家庭	西山区妇联
任　勤家庭	寻甸县妇联
郭顺芬家庭	东川区妇联
杨德洪家庭	五华区妇联
刘时杰家庭	五华区妇联
朱洱平家庭	禄劝县妇联
许竹花家庭	寻甸县妇联

全国三八红旗手

杨文惠　　云南省昆明市妇联主席

全国巾帼建功标兵

赵　宏　　云南省昆明市测绘管理中心党组书记、主任，昆明市国土资源局党委委员、副局长

2015年昆明市第二届十佳律师事务所

（排名不分先后）

云南衡炜律师事务所

云南义声律师事务所

云南隆云律师事务所

云南经典阳光律师事务所

云南颐高律师事务所

云南大格律师事务所

云南博奕律师事务所

云南呈祥律师事务所

云南展耀律师事务所

云南西翥律师事务所

（市司法局）

2015年昆明市第二届十佳律师

（排名不分先后）

田　玲	云南实力律师事务所
尧宗梁	国浩律师（昆明）事务所
樊　巍	云南云誉律师事务所
耿国平	云南凌云律师事务所
李应启	云南成业律师事务所
杨金勤	云南勤业律师事务所
詹晴洲	云南君晟律师事务所
李　旭	云南八谦律师事务所
杨　珂	云南民定律师事务所
段明星	云南星昊律师事务所

（市司法局）

2015年昆明市全国先进工作者

唐　疆　　云南省昆明市寻甸回族彝族自治县中医医院针灸科主任，主治医师。

李　安　　昆明市公安局刑事犯罪侦查支队技术处主任科员，主任法医师，国家实验室、检查机构评审员资格证书，一级警督。

（市总工会）

2015年昆明市全国劳动模范

唐兴松　　昆明电缆集团股份有限公司装备线车间塑胶工段班组长，技师

李雄厚　　昆明排水设施管理有限责任公司疏浚分公司下水道疏挖二班班长

刘志明　　哈尔滨电机厂（昆明）有限责任公司机修车间电气技术组组长，注册机电二级建造师，电气工程师。

马维亚　　昆明滇池国家旅游度假区海洁环卫服务有限公司总经理。

甘家昌　　云南交通运输有限责任公司董事长、党委书记，经师、高级政工师。
徐家俊　　大山公司工厂人力资源部主任
李应芝　　富民县赤鹫镇龙潭村委会党支部书记

（市总工会）

2015年昆明市获云南省五一劳动奖章获得者

熊昆华　　五华区总工会工人俱乐部主任
刘忠明　　云南春风阁餐饮服务有限公司总经理
李谊深　　官渡区金马街道金马社区卫生服务中心主任
李连鹏　　昆明市公安局西山分局刑侦大队主检法医师
阮国伟　　鸿翔一心堂红河地区中心店长
李云萍　　云南大山饮品有限公司化验室主任
王宇娇　　昆明学院物理科学与技术系教授、教育技术学实验中心主任
李春光　　云南凌云律师事务所执行主任
王清红　　云南昆明交通运输集团有限公司安宁分公司经理兼安宁公交公司经理

（市总工会）

第十八批云南省中青年学术和技术带头人及后备人才

（全省104人，昆明地区90人）

云南大学　　郭　洪　王常吉　赵　卉　金　毅　丛培允　蒋　红　张国胜　代　飞　陈礼强　周见文　段兴武

昆明理工大学　　王学谦　宋志国　陕绍云　赵宗彦　张继虹　闫　妍　朱海林　段永华　方海升　那　靖　廉培超　孙丽平　董　扬　曾春华　殷允强　戢晓峰

云南师范大学　　张文翔　刘祥清　季　旭　阳　清　毕文胜　周峻沛

云南农业大学　　霍金龙　刘鸿高　张宏瑞　王宣军

云南财经大学　　姜　茸　杨继伟　缪小林

西南林业大学　　黄海泉　崔亮伟　李晓平　李向红

云南民族大学　　江志勇　黄彩文

昆明医科大学　　曹　霞　张　旋　李娟娟　刘亚丽　王迎松

云南中医学院　　李兆福　俞　捷

云南省第一人民医院
庞明杰

昆明医科大学第一附属医院
何　飞　徐　健　蒲里津　杨红菊

昆明医科大学第二附属医院
赵新湘　郃文琳

云南省肿瘤医院
孙传政　聂建云

成都军区昆明总医院
李　懿　马世武

昆明市延安医院　　王文举

昆明市中医医院　　付　义

云南省寄生虫病防治所
孙晓东

云南省农业科学院
李进斌　周旭红　邱显钦　张　玉　雷宝坤　张　洁　张金渝

云南省社会科学院
杨思灵　尹　仑

中国科学院昆明植物研究所
陈　高　李　嵘　胡江苗

中国科学院昆明动物研究所
相　辉　张志刚　容明强

中国科学院西双版纳热带植物园
陈利钢　梁　岗

中国科学院云南天文台
孟祥存　李语强　刘　亮

中国医学科学院医学生物学研究所
姚宇峰

中国船舶重工集团公司七五零试验场
李铁术

昆明昆船物流信息产业有限公司
姜荣奇

（市科技局）

第十三批昆明市中青年学术和技术带头人及后备人选

（共59人）

第十三批昆明市中青年学术和技术带头人（24人）

面向社会选拔产生第十三批昆明市中青年学术和技术带头人（15人）

1．刁有建　昆明电缆集团股份有限公司
2．郭俊梅　贵研铂业股份有限公司
3．解　玮　云南省电子工业研究所
4．邓　伟　云南西仪工业股份有限公司

5．胥福顺　昆明冶金研究院
6．奎丽梅　云南金瑞种业有限公司
7．黄鹤平　昆明学院
8．何　飞　昆明医科大学第一附属医院
9．张　蕾　昆明市第一人民医院
10．高建鹏　昆明市延安医院
11．张　伟　昆明制药集团股份有限公司
12．李　俊　昆明振华制药厂有限公司
13．夏既胜　云南大学
14．李　立　云南师范大学
15．周京春　昆明市城市地下管线探测管理办公室

培养期满第九批后备人选综合考核优秀直升为第十三批昆明市中青年学术和技术带头人（9人）

1．王姝瑭　云南中科胚胎工程生物技术有限公司
2．郭　皓　昆明医科大学第一附属医院
3．彭　娟　昆明贵研药业有限公司
4．苏　俊　云南省农科院园艺作物所
5．高　珺　云南冶金集团股份有限公司
6．姚耀春　昆明理工大学
7．陈　松　贵研铂业股份有限公司
8．梁逢春　云南昆船设计研究院
9．陈智刚　昆明冶金高等专科学校

第十三批昆明市中青年学术和技术带头人后备人选（35人）

1．丁心志　云南电力试验研究院（集团）有限公司电力研究院
2．田　林　昆明冶金研究院
3．杨易邦　云南新立有色金属有限公司
4．李俊鹏　贵研铂业股份有限公司
5．沈　鑫　云南电力技术有限责任公司
6．陈君华　云南民族大学
7．董　亮　中国科学院云南天文台
8．何　超　西南林业大学
9．刘春波　云南烟草科学研究院
10．廖国周　云南农业大学
11．吴学尉　云南集创园艺科技有限公司
12．李荣波　昆明市农业科学研究院
13．张立敏　云南农业大学
14．陈金龙　昆明市海口林场
15．周永春　昆明医科大学第三附属医院（云南省肿瘤医院）
16．王　飞　昆明医科大学第一附属医院
17．吴文娟　昆明医科大学第一附属医院
18．刘　静　昆明市第一人民医院
19．王　涛　昆明市中医医院
20．王毅鹏　昆明市延安医院
21．金建烽　昆明市口腔医院
22．刘其雨　昆明市第一人民医院
23．苏晓三　昆明市第一人民医院
24．耿长安　中国科学院昆明植物研究所
25．梅　艳　云南植物药业有限公司
26．杨翠萍　中国科学院昆明动物研究所
27．陈玉秋　云南沃森生物技术股份有限公司
28．瞿广飞　昆明理工大学
29．代德富　昆明市东川区泥石流防治研究所
30．唐　轶　云南民族大学
31．王　旭　云南大学
32．王燕梅　云南农业大学
33．赵　力　昆明市规划设计研究院
34．黄毅华　昆明市科学技术情报研究所
35．张　锋　昆明冶金高等专科学校

（市科技局）

2016 KUNMING YEARBOOK

县（市）区概况

◆责任编辑　吴焰红

2016 KUNMING YEARBOOK

五华区

【年内大事】　1月12日　省滇池流域水污染防治专家督导组组长晏友琼、副市长阮凤斌等，分别对辖区石盆寺、长虫山郊野森林公园，老青山、平顶山等“五采区”植被修复情况进行督查调研。

1月13日　副省长张祖林、省残联理事长王兴宁等，前往西翥街道办事处厂口社区，调研残疾人基本服务状况和需求工作。

1月23日　首届云南新媒体峰会在昆明国家广告产业试点园新媒体演示中心举行。全国600多名广告传媒人士参加前沿发展研讨与经验交流。

1月26日　昆明市五华区和玉溪市，被教育部确定为全国37个国家特殊教育改革实验区之一。

2月10日　市政府分管领导、市投促局，区政府及五华科技产业园管委会相关领导一行，赴北京走访联想控股有限公司，就昆明联想科技城项目推进进行座谈、交流，达成共识。

4月9日　马来亚银行昆明分行在东方首座正式开业，成为继渣打、汇丰、恒生、东亚、泰京等5家外资银行（办事处）后第六家进入云南省的外资银行。

4月20日　昆明五华长江村镇银行正式开业。银行注册资金1亿元，由武汉农村商业银行牵头组建，经中国证监会云南监管局批准设立。

5月5日　五华区新萌学校被省教委授予全省首家“医教结合”实验学校。

5月1—12日　五华公安分局成功破获公安部督办的“1·22”特大窃取信息克隆盗刷银行卡案。抓获犯罪嫌疑人16名，缴获作案用POS机16台，挽回经济损失20余万元。

7月4日　老挝建国阵线中央常务副主席董叶陶一行18人，到西翥街道办事处陡坡村考察民族团结进步示范社区创建工作。

7月16日　省科技厅发展院副院长吴一星率队到五华，对创建省级可持续发展实验区进行考察评审。经考评认为已具备创建条件，同意申报“建设规划”。

9月17日　澳门街坊联合总会云南学习交流团一行，到辖区普吉街道办事处王家桥社区，参观考察社区反家暴工作。

10月7日　西南地区首个创客实践室暨创客教育示范基地在五华区瑞和实验学校揭牌。

10月16日　教育部副部长杜占元率国务院督导组，对五华区的教育发展情况进行专项督查，先后检查昆明八中、市政府机关第三幼儿园、武成小学等校园。省教育厅总督学廖晓珊陪同。

12月1日　“一二·一”惨案四烈士之一的潘琰铜像在文林小学落成。潘琰烈士生前曾在文林小学任教。

12月2日　五华区人民法院公开宣判张仁军“医闹”杀人案，判处被告张仁军有期徒刑14年，附带民事赔偿14.7万元。2015年6月7日，被告携菜刀进入昆医附一院，将值班女护士秦某砍成二级重伤。

12月21日　辖区云科北理工五华众创空间、昆明老街、同景108智库空间等7个单位被认定为云南省首批众创空间，占全省总数的20%。

【区划、人口】　五华区位于昆明市主城区西北部，辖区面积381.6平方千米，其中建成区面积40.86平方千米。地势西北高、东南低，地形地貌复杂多样，海拔在1 670—2 527千

2015年4月，五华区长江村镇银行开业。　（五华区史志办　供稿）

米之间，平均海拔1 887千米。2015年平均气温16.2℃，年降水量1 191毫米。区内有玉带河、沙朗河、西北沙河、迤六瓦恭河等主要河流。下辖护国、大观、华山、龙翔、丰宁、莲华、红云、黑林铺、普吉、西翥10个街道办事处，88个社区居民委员会，214个村（居）民小组。区机关驻华山西路1号。

五华区是云南省人民政府的所在地，驻区中央和省市机关、企事业单位众多，科教、文卫、商贸、金融、通讯等机构密集。辖区有11所高校、20多个科研机构，汇集了云南铜业、云南冶金、云南煤化工、红云红河、昆明联想、昆明广告产业园、王府井、金鹰、沃尔玛、家乐福、百盛、国美、苏宁等一大批国内外知名企业，形成商务楼宇集中的都市经济、昆明泛亚科技新区以及园西IT电子产品市场。主要风景名胜及旅游景点有云南陆军讲武堂、朱德故居、节孝巷中共云南地下党建党旧址、抗战胜利纪念堂、翠湖公园、昆明动物园、圆通寺、筇竹寺、虚宁寺、文庙、郊野公园、西游洞、莲花池公园、月牙潭公园、篆塘公园、五华园博园以及长虫山、荷叶山、岷山、石盆寺等多处生态公园和西翥乡村旅游区。

2015年末，全区常住人口87万人，户籍人口62.96万人。在户籍人口中，城镇人口59 4203人，占94.4%；乡村人口35 443人，占5.6%，少数民族85 968人，占13.7%。人口密度每平方千米2 280人，户籍人口自然增长率为6.24‰。

【经济综述】 2015年全区实现地区生产总值928.69亿元，同比增长8.2%；占全市GDP的比重为26.9%；人均地区生产总值达到10.7万元。一、二、三产业的结构比例分别为0.2%、54.2%和45.6%。实现规模以上工业增加值383.07亿元，同比增长3.5%；实现农林牧渔业总产值3.32亿元，同比增长2.7%。单位GDP能耗下降3.4%。

全区累计实现财政总收入132.04亿元，同比下降4.1%。其中，地方公共财政预算收入止跌回升，完成33.91亿元，同比增长4.45%；完成地方公共财政预算支出32.10亿元，同比增长3.17%。实现社会消费品零售总额444.84亿元，同比增长10.5%；完成规模以上固定资产投资309.34亿元，同比增长10.4%。城镇常住居民人均可支配收入实现34 827元，同比增长8.7%；农村常住居民人均可支配收入实现14 824元，同比增长10.01%。

【调结构稳增长】 深入实施“南强、西进、北拓展”战略，形成“三大建设”空间格局。中央商务区扩容升级，南屏步行街等重点地块开发有序推进，基本形成主城中央商务区和泛亚、红云片区商贸商务次中心“一主二辅”的发展格局。全力推进104个重点投资项目建设。云南外阜心血管病医院、保利大家等56个在建项目加快推进，云南饭店、原昆八中地块等19个推进慢、推进难的项目已出现突破，大公媒体中心、韩国城等22个储备项目前期工作基本完成，东亚国际图书城、红云红河集团打叶复烤易地技改和烟叶仓储物流等7个重大项目开始启动，有力推动了五华经济发展。重点项目完成规模以上固定资产投资249亿元，占全区固定资产投资的80.49%。招商引资进展顺利，2015年引进内资70.49亿元，实际利用外资2.25亿美元。

【改革创新促发展】 围绕财税体制、生态文明等8个领域，制订出台161项改革方案，重点推进44项改革措施落实。进一步推进行政审批制度改革， 区属行政部门的管理服务事项由31项减少为29项，非行政许可事项由5项减少为4项。探索一口受理、多证联办审批服务机制，有序推进商事制度改革。全面推行一照一码登记模式，提高行政效能。实施“大众创业、万众创新”工程，优化实体经济平衡健康发展环境。加大科技投入力度，转变财政资金扶持模式，设立产业引导基金和第一支子基金“云南广告文化与科技创新产业基金”。安排财政资金4 440万元，支持经济平衡健康发展。投入社会研究与发展（R&D）经费23.29亿元，同比增长8.5%，占地区生产总值比重的2.4%。开展高新技术企业培育认定，年内认定32家，全区高新技术企业增加至107家，150家科技型中小微企业通过省级认定。继续实施名牌战略，争创“全国知名品牌示范区”，2015年受理专利申请4 483件，授权专利2 818件，申请授权专利共6 508件。

【现代服务业】 2015年，新增商务楼宇35万平方米，全区商务楼宇达到186幢，总面积331万平方米。楼宇入驻企业超过5 000户，税收千万元以上楼宇有45幢，其中亿元楼宇9幢。“金融特色楼宇”建设初具规模，昆明五华长江村镇银行、渣打银行、马来亚银行等高品质金融企业入驻发展，辖区已有渣打、马来亚、汇丰、恒生、东亚、泰京等6家外资银行。2015年新增总部企业5户，辖区总部企业已达42家，世界500强中的33家，全国500强以及民营500强企业中的28家在五华落户。研究制订五华区电子商务发展规划，加快辖区传统商贸企业升级步伐。大力发展民营个私经济，2015年新增私营、内资企业6 006户，发展个体工商户8 001户。深入实施“两个十万元”微型企业培育工程贷扶补政策，培育扶持小微企业770户，兑现扶持资金2 310万元。截至2015年底，全区的个体工商户已达38 418户，私营企业发展到24 351户，有从业人员29.83万人；民营经济创造增加值381.3亿元，占全区GDP比重的41%。

【科技产业园】 按照“一区一主业”要求，编制《五华区“十三五”泛亚科技新区产业发展规划》，并通过专家评审。按照“实体化管理、封闭式运行”原则，深化管理体制改革，构建“指挥部+管委会+平台公司”的开发模式。

加快推进联想科技城、中铁云时代广场、普洱茶文化科技中心等26个重点项目建设，打牢发展基础。整合学府协信创意天地、金鼎1919分园、同景108智库分园、蓝谷创意分园、金鼎M60创意园等资源，形成“一核多分园”空间发展格局。园区有4家机构通过云南省首批众创空间认定，获得建设扶持资金。以泛亚科技新区为载体，向省市申报国家级产城融合示范区。依托中石油昆明LNG应急高峰储备项目，布局新能源产业发展。推进金鼎片区产业转型升级，昆明广告产业园引入89户企业入驻，年产值实现6亿元。

2015年，五华科技产业园有规模以上工业企业27家，限额以上商业企业107家，广告文化创意企业228家，实现销售总收入888.14亿元，同比增长11.02%；完成规模以上工业增加值283.32亿元，同比增长3.5%。完成基础设施投资7.95亿元，为年度目标的132.5%；完成工业固定资产投资8.8亿元，为全年目标任务的146.7%。收储土地470.12亩，出让土地519.11亩，土地供应比率为110.42%。完成招商引资项目8个，引进内资18.9亿，引进外资2 000万美元。园区全年实现税收7.08亿元，同比增长8%；实现地方财政收入2.8亿元，同比增长8%。万元GDP能耗下降12.5%。

【劳动就业】 收集提供有效就业岗位3.27万个，帮助1.2万名城镇下岗失业及就业困难人员实现再就业。全年新增城镇就业人数2.45万人，城镇登记失业率控制在3.9%以内。

加强就业培训，开设职业技能及创业培训班26期，培训高中端职业技能人才304人（其中，包括帮扶盘龙区松华坝水资源保护区58人、寻甸县50人）；开展创业培训40人，进行农村劳动力就业培训1 140人。引导农村劳动力转移就业1 777人，新增就业收入2 536.84万元，完成年度目标113%。

加大就业扶持政策，开发公益性岗位650个，对1 210名失业人员进行就业困难人员认定，申报“零就业家庭”5户，确保全区“零就业家庭”动态清零。认真组织实施“贷免扶补”和“小额担保贷款”政策，扶持300人成功就业。

做好就业服务工作，举办各类招聘活动27场，组织807家企业，提供就业岗位20 230个，达成就业意向2 907人。利用互联网发布用工信息10期，提供岗位440个，为2 930名劳动者提供职业介绍服务。为省内外劳动者办理“就业失业登记证”12 397本，为21 958人办理招工录用登记备案手续。

【社会保障】 进一步健全完善社会保障体系，全区基本社会参保总数已达到127.46万人。其中，职工养老保险20.96万人（含企业职工15.86万人，缴费人数14.44万人）、城乡居民社会养老保险5.3万人、工伤保险14.95万人、生育保险11.86万人、基本医疗保险52.32万人、失业保险22.07万人。按时足额发放51 027名离退休人员养老金，为47 961名企业离退休人员提高养老待遇，人均月增215.22元。加大财政保障力度，将城乡居民的医疗保险补助由原来的320元提高到400元。

继续加强企业离退休人员管理，企业退休人员社区管理服务率100%。开展全民参保登记，全区登记613 739人，做到户籍人口登记率100%。完善社会保险机制衔接，实现城乡居民基本养老保险统一。切实做好非公有制经济组织从业人员、灵活就业人员、私营企业、个体工商户的社会保险工作，扩大社会保险覆盖范围。督促机关事业单位和各类高风险企业、服务型企业参加工伤保险，将有稳定劳动关系的农民工纳入工伤保险；将机关事业单位人员工伤、生育保险纳入属地社保机构统筹管理，扩大工伤、生育保险覆盖面。

加大社会保险欠费追缴力度，收缴社保欠费1 692.18万元。做好社

恢复后的昆明老街 （五华区史志办 供稿）

保稽核工作，对辖区5 351个单位开展养老、工伤、生育保险稽核，对49 415名退休人员进行资格认证。

加强老年社保服务工作，建设社区居家养老服务中心14个，农村幸福院4个，新增养老床位910张。

【城市建设管理】 2015年，五华区总体推进重点建设项目104项，在建56项，完成固定资产投资249亿元。完成王筇路入城段、五华93号路延长线、五华94号路、青云街等5条道路建设；五华137号、199号路等5条道路建设有序推进。加快钱王街、文明街、翠湖环路等5条特色街区建设，对8个区级文物保护单位划定保护范围和建设控制地带。城中村更新改造有序推进，龙湖水晶郦城竣工交房，实力壹方城、协信天地、瑞景园等旧城改造主体工程已完成，黑林铺村、沙沟尾村、浪口村、后所村基本竣工，上中马村、小屯村、赵李家堆村、岗头村的回迁房建设全部封顶断水。

加强城市精细化管理，全力开展“八大乱象”集中整治，重点加强南屏街、小西门立交、翠湖周边和医院、学校、农贸市场周边以及正义路、东风西路等15条绝对禁止区域的市容秩序治理。通过疏堵结合、引摊入市，使市容市貌得到有效改善。全年完成拆临拆违38.07万立方米，建筑垃圾的资源化利用率达到45%，数字城管结案达到98.66%。完成中国—南亚博览会暨昆交会、创卫复核等项工作，有效提升城市品质。

【生态文明建设】 加快推进西翥生态旅游实验区建设，落水洞片区开发项目规划已根据市规划委员会审查意见进行修改完善，厂口特色产业园区开发项目总规已通过评审，一期390亩土地平整已完成。桃园旅游生态新城居民集中居住示范点一期工程、农村道路硬化、西翥自来水厂、引调水工程加快推进。

截至2015年底，五华辖区有在建都市农庄6个，申报新建都市农庄4个。完成土地流转9 463亩，总投资2.1亿元。五华农业科技示范园区引进企业11家；云南丁氏蜂业有限公司等4家企业已通过省级特色农业“三个认定”；顺利完成3个省级重点新农村建设。

新、老运粮河综合整治工程顺利推进，滇池草海及周边水环境治理初见成效，石盆寺等“五采区”石漠化治理基本完成，昆武高速（五华段）下层绿化工程完成50%，盘龙江（五华段）绿色廊道改造提升工程量完成70%，五华园博园（三期）设计方案编制完成。2015年，新增绿地面积121公顷，新增乔木1.87万株。截至年底，全区绿地率达42%，绿化覆盖率46%，森林覆盖率56.29%，人均公共绿地12.5平方米，荣获“国家森林城市”称号。创建“绿色学校”5所，“绿色社区”3个，宁静小区1个，国家卫生城市、节水城市通过复查，滇池治理通过年度国家考核。城市生活污水集中处理、生活垃圾无害化处理率均达100%，环境空气质量优良率保持在90%以上。

【科技、信息】 组织实施创新型云南行动计划（2013—2017年），通过科技创新助推产业转型和园区发展、国家智慧城市建设等七大行动，促进科技成果转化。五华被定为云南省可持续发展实验区。

对16个项目进行筛查，遴选出“突发事件信息处置系统技术装备研发及产业化项目”，作为2015年“昆明市区域创新驱动发展示范工程项目”。昆明贵研药业有限公司的“铂族金属抗肿瘤药物产业化与技术创新平台建设”项目，昆明冶金研究院的“制备锌粉系列产品关键工艺及应用研究”等项目，通过评审验收。向市推荐各类院士工作站、创新实验室等科技项目40余项；向省推荐民营经济和中小企业发展专项科技资金项目5项。成功推荐昆明市知识产权示范单位2家、试点单位5家。截至年底，全区有各级知识产权示范单位10家、试点单位25家、优势企业3家。

2015年批准区级科技项目立项32项，扶持科技经费440万元。同时做好上年度立项支持的33个区级科技计划项目的中期检查工作，完成项目经费尾款拨付。评选奖励五华区科技进步奖20项、专利奖1项、科技创新奖3项。投资225万元，在农村推广应用太阳能光伏照明系统300套。

做好政府信息公开工作，在云南省信息公开门户网站发布信息5 678条，在“昆明五华”网站上发布各类信息13 926条，同比增长109%。开展区“两会”网络同步播报，发布图片新闻146条，稿件171篇，图片信息150余张。智慧五华建设取得新进展，4G网络已覆盖主城和农村大部分区域。电信业务量同比增长36.7%。

【教育】 组织实施学前教育“三年行动计划”和基础教育“增量扩优”工程，均衡发展义务教育，通过国家验收。2015年，辖区共有各类学校（大学除外）181所，其中，公办94所、民办87所；在校生17.96万人，其中，幼儿园89所，在校幼儿2.06万人；小学43所，在校生4.75万人；初中10所，在校生2.32万人；普通高中17所，在校生2.03万人；特殊教育学校1所，在校生136人；中等职业教育学校21所，在校生6.79万人。另外有民办教育培训机构311所。辖区学前教育毛入学率为100%；义务教育毛入学率109.88%，巩固率99.98%；初中阶段毛入学率114.81%，巩固率99.88%；高中阶段毛入学率118.1%，普高优质率达到85.34%。

加大教育经费投入，全年支出教育经费5.49亿元，同比增长12.37%。加强教育基础设施建设，完成农村标准化校舍建设3.7万平方米，校舍除险加固11.42万平方米。

新萌学校选址新建投入使用，西坝小学、红旗小学校舍排危、五华第一幼儿园搬迁改建项目完工投入使用。虹山小学综合教学楼、昆二中、云铜中学、武成小学等5项校安工程全面启动建设。完成教育信息化“三通两平台”建设，实现教育信息化全覆盖。

深入推进“51336教育人才培养”计划，外派培训18批，培训干部教师1 038人；推选110余名校长、研究人员参加研讨、进修、深造。评选出580余名学科带头人、骨干教师。

深入开展 “平安校园”创建活动，8所校园获得省级“平安校园”、36所校园获市级“平安校园”、83所校园获“五华区平安校园”称号；2所校园获省级 “绿色学校”、3所校园获市级“绿色学校”称号；2所校园获省级“文明学校”、2所校园获市级“文明学校”称号。昆八中、二十四中通过省一级三等完中复评，慧谷幼儿园通过省一级三等幼儿园评估认定。

【文化】 2015年，辖区全面完成文化馆、站、室三级文化网络建设，社区文化活动室、图书室覆盖率达100%。图书馆分馆增至17个。区图书馆藏书超过30万册，服务质量不断上升，连续3年被评为全国一级公共图书馆。全区10个街道办事处、83个社区均已成立“社区文化沟通协会”，为社区居民开展文化活动提供良好平台。

组织“海鸥节” “三下乡”、五华和谐大舞台、廉政歌曲大家唱、文化助残活动周等各类演出活动40余场次，群众文艺活动230次，参加 5.86万人次；举办展览 59期次，参观人数1万余人次；举办各种文艺培训班 52个，培训4 000人。

承办昆明国际文化旅游节，举行民族大联欢、广场歌舞展演、东西寺塔长街宴等活动，吸引数万群众，彰显五华魅力。小戏《高黎贡山的记忆》获文化部2015年“观众最喜爱的十部小戏”奖；文学作品《美丽的沙朗坝子》《放弃也是一种美》等散文、诗歌获全国“中华赞、乡土情”昆明地区一等奖；“祖国好”获华语文学艺术大赛一等奖；花灯小品《高黎贡山的记忆》、舞蹈《婉含柑》和两部书法作品均获云南省文艺创作最高奖—彩云奖。

“五华讲坛”在办好综合系列、家庭教育、健康主题的基础上又增设国学讲座，全年开讲45课，听众5 000余人次。

申报和公布各级文物保护单位41项，使辖区文物保护单位达到86项。开展文物抢救，完成“继喜亭记碑”制作安装；对“沙朗极乐宫”以及潘琰、李鲁连、张华昌三烈士彩绘进行维护修缮；做好朱德旧居的修缮和陈列展览；开展筇竹寺消防防雷工程、范石生旧居抢救、唐继尧墓修缮工作。

举办辖区“非遗”保护和传承知识培训班；组织滇剧、花灯、民族歌舞、剪纸、刺绣、陶瓷、雕刻等民间艺人参加海鸥节、老街庙会、沙朗三月三庙会、昆明国际旅游节、“非遗宣传日”、和谐大舞台等活动展示；收集整理毛云峰刀具、刘树德古琴制作、传统中国结（昆明巧丽工作室）等资料。辖区现有国家级项目1项、省级6项、市级28项、区级28项。省级传承人15人、市级传承人7人、区级传承人11人。

出动执法检查2 000余人次，检查场所 1 200余家次，查缴非法音像制品 4 000余张，非法出版物 2万余册；开展扫黄打非专项行动6次，集中对一二一大街、文昌巷书摊进行整顿，取缔盗版书摊60余个，查办案件13起。

【体育】 组织实施全民健身工程项目，开展群众体育活动。继续推进实施“七彩云南全民健身工程”，全年完成3个农村文体广场建设，建成22条健身路径，12个农民体育健身工程点，培训体育指导员50名。使全区健身路径增至151条，文体活动广场增至19个，农民健身点增至11个。全年组织全区性各类群众体育活动22次，累计参与人数2 600余人次。组织参加国家、省、市上级体育主管部门组织的各类比赛活动 12次，累计参与300人次。

发展社区群众体育。全区建立、登记、管理晨（晚）锻炼点241个，有社会体育指导员1 023人。组织老年人开展门球、登山、武术、气排球、健身操、双抠、桥牌、柔力球、麻将、自行车等体育活动， 辖区经常参加体育锻炼的人数达45.2万人，占全区总人口数的55%。

组织开展各种体育训练和竞赛。充分利用假期，组织8个项目联办点，10所市级体育传统项目学校，27所区级体育传统项目学校开展假期训练。组织参加昆明市第五届运动会，以54金、34银、35铜，总分1 351分的成绩位列第三，以121.1枚金牌位列第二，并荣获“体育道德风尚奖”。举办2015年五华区小学生篮球比赛和2015年五华区中小学足球比赛。全年级别队参加省市各类比赛9次，夺得奖牌124枚，其中，金牌47枚、银牌44枚、铜牌33枚。

【旅游】 做好旅游规划，申报一批A级旅游景区，丰富城市景观。按照昆明市建设世界知名旅游城市要求，充分彰显五华区“小三山一水”独特景观风貌及人文魅力，研究制定长虫山—虚宁寺、昆明老街、西翥陡坡—西游洞、同景108智库空间等景区申报A级景区规划方案。虚宁景区创建3A级景区及昆明老街创建4A级景区建设工作已全面启动。对接市旅委，为文明街片区“昆明老街”争取到支持资金120万元，为长虫山景区规划项目争取到资金50万元。

围绕旅游重点项目，着力打造顺城商贸购物旅游区 、昆都时尚娱乐旅游区、翠湖文化休闲旅游区、莲花科教文化旅游区、沙朗乡村养生旅游区五大旅游片区，形成五大旅游产品。加强旅游市场管理，规范和监督旅游秩序，公布五华区旅游投诉电话，受理辖区内旅游投诉，年内未接到重大投诉事件。组织旅游企业进行安全教育培训，与辖区17家星级酒店、70余家旅行社分社网点，50家农家乐及度假山庄签订安全责任书，利用春节、“两会”“五一”“十一”等机会，对辖区旅游环境和旅游经营单位进行检查。开展旅游宣传营销，聘请文化传媒公司拍摄制作文化旅游形象宣传片，在各大网站、微信、媒体上宣传，在国际旅游交易会上播放。在西翥旅游试验区进行乡村旅游标识建设，对精品度假山庄、农家乐进行旅游示范点评比、挂牌和扶持奖励，推动乡村旅游示范企业发展。2015年，五华区实现旅游收入82.5亿元，同比增长15%。

【卫生】 制订《城市公立医院综合改革实施方案》《基本药物制度实施方案》等系列文件，探索医疗制度改革，鼓励和引导社会资本发展医疗卫生事业，推进公共卫生服务均等化。2015年，辖区有卫生服务机构586个，占全市的12.24%。其中医院、卫生院52个；医疗卫生床位8967张，占全市的17.26%；从业人员13745人，占全市的18.02%。标准化率达到92%。辖区46家基层医疗卫生服务机构执行国家基本药物制度，全区基本药物采购金额2571.08万元。

健全完善突发公共卫生事件协调机制，实施重性精神病、高血压病、糖尿病健康管理等14类公共卫生服务。建立居民健康档案66.67万份，管理服务高血压58 883人，糖尿病18 787人，重性精神病患者2 416例。完成“免费光明工程”手术1 617例，免费进行“尿毒症透析”治疗215例。减免“三费”，救助贫困人群，完成医疗救助2 257人次，发放救助金额83万元。为辖区7.52万名儿童提供免疫服务，接种脊灰疫苗2.85万人。区医院收治住院病人10 283人次，平均住院日8.7天，病床使用率92.43%，出院病人均次费用5 110.57元，病床日均498.97元；开展门诊治疗274 318人次，均次费用183.5元。

持续开展“清洁城乡工程”、爱卫月、迎南博等活动，在全区范围组织以整治城乡环境卫生为重点的义务劳动。全年组织开展37次周五爱国卫生义务劳动，4.76万余人次参加，清扫街路829条次，整顿沿街商铺19 320户次，整治城中村165个次、清理农村垃圾堆85处。

【和谐平安创建】 深入推进法治五华、平安五华建设，全力维护社会稳定。坚持问题导向，着力化解影响改革发展稳定和群众反映强烈的问题，依法妥善解决莲花池城中村改造9年未回迁的问题，妥善化解矛盾纠纷，着力解决下马村、棕树营、潘家湾小村等城中村项目停滞问题，努力创造条件，使其重回到改造建设轨道。建立群众诉求“四级联动”网络平台，落实信访案件包保责任和矛盾纠纷调处机制，做好信访接待和处置回复工作。严格落实安全生产主体责任、政府监管责任，发挥媒体监督作用，确保生产、交通、消防、食品、药品、校园、森林防火等重点领域安全运转，保障人民群众生命财产安全。完善应急处突机制有效应对突发事件，进一步增加人民群众的安全感。健全完善社区服务体系，建成市级和谐示范社区11个，五华区被国家民政部命名为“全国和谐社区建设示范区”。

（杨连国）

盘龙区

【年内大事】 1月8日 盘龙都市产业园管委会正式挂牌。

1月8日 区委宣传部与人民网云南频道合作开设的“滇池之源 大美盘龙”专题正式推出上线，为全区对外宣传提供新的平台和渠道。

1月22日 全国民族团结进步模范事迹报告团成员一行17人，到金星社区考察城市社区民族工作。

1月23日 团中央召开全国城市街道区域化团建工作现场推进会，共青团盘龙区委作为全国唯一县区级团委在会上做题为“青年汇聚‘青乐汇’‘七彩工程’促共建”的典型交流发言。

2月6日 龙泉路延长线正式完工通车，并通过初步验收。龙泉路延长线为昆明市“3015”行动计划十大基础设施建设项目之一，道路打通后可连接北三环、沣源路和西北绕城线。

3月7日 昆明市首家“爱心传递栈”在联盟街道金江路社区开业。“爱心传递栈”通过020便利店线上发动爱心企业加盟，线下为居民提供爱心服务。

3月9日 盘龙区社会福利中心正式开业，第一批老人入住。

3月16日 由昆明市委统战部指导，中共盘龙区委、区政府、昆明市文化广播电视体育局、民盟昆明市委主办，盘龙区委统战部、盘龙区文化体育旅游局、昆明市博物馆承办的“昆明市纪念抗日战争胜利和世界反法西斯战争胜利70周年之‘龙泉记忆’文化名人肖像展”在昆明市博物馆隆重展出。

4月8日 区民政局救助全市首例“救急难”当事人，发放“救急难”紧急救助金，以助其医疗救治。

4月22日 国务委员王勇、国家工商行政管理总局局长张茅、国家质量监督检验检疫总局局长支树平一行，到区政务服务中心就盘龙区落实注册资本改革和小微企业扶持发展等工作进行调研。

4月24日 盘龙区联盟街道荣获“全国和谐社区建设示范街道”

称号。

同日，区法院对被告人原明通小学校长李岚、副校长杨霖、教师李鹏程涉嫌教育设施重大安全事故罪一案进行公开开庭审理。

5月14日，来自美国、加拿大、澳大利亚等18个国家（地区）的华文媒体和中央媒体采访团一行40余人，到盘龙区“全国社区侨务工作明星社区”——桃源社区采访社区侨务工作。

5月19日　盘龙区成立昆明市首家物业管理纠纷人民调解委员会。

5月22日　为纪念抗日战争胜利70周年，盘龙区委宣传部推出的系列精品图书《铁血云南》连环画首发仪式在云南省图书馆举行。

5月22日　昆明市企业“三证合一”登记制度改革工作启动仪式在盘龙区政务服务中心举行。

6月10日　中央电视台“焦点访谈”栏目对盘龙区茨坝街道黑龙潭社区为群众开具婚育情况证明存在的有关问题进行曝光。盘龙区于11日召开全区干部大会，对视频曝光的问题进行深刻反思，对全区作风建设进行再强调、再安排、再部署。

6月28日　区委副书记、区长焦林在全国社区治理创新工作会议上做交流发言，盘龙区是云南省唯一区（县）发言。

8月4日　省委副书记、省长陈豪一行到盘龙区国税局调研。

8月5日　省政协副主席王承才一行到滇源街道三转弯凸董箐苗族村调研。

8月12日　副省长张祖林带领省民政厅、市级相关部门领导到盘龙区走访慰问曾经参加过抗日战争的老兵李德润。

8月21日　孟加拉国媒体代表团一行8人到盘龙区“花之城”进行实地观摩采访，并就经济建设发展形势、“一带一路”愿景、少数民族政策等内容进行考察。

8月24日　中央改革办领导到盘龙区政务服务中心、七彩云南花之城进行调研，督查商事制度改革、行政审批制度改革，以及文旅融合发展等方面改革任务的推进情况。

10月13日　市委书记程连元率队到盘龙区青云街道办事处金沙社区进行调研，了解基层社区社会治理工作开展情况。

11月6日　中央统战部组织媒体记者19人到盟街道金星社区实地采访盘龙区民族团结进步示范区建设和金星社区全国民族团结进步示范社区创建工作。

11月24日　由柬埔寨奉辛比克党中央委员王家军、前副总司令肯萨文带队的干部考察团一行20人，在中联部相关人员的陪同下到共青团盘龙区委基层活动阵地考察学习。

12月8日　盘龙区电子商务创业园举行揭牌仪式。

同日　昆明少儿图书馆（盘龙区图书馆、盘龙区文化旅游市场综合执法大队）荣获中宣部“第六届全国服务农民、服务基层文化建设先进集体”称号。

12月11日　盘龙区青年创业园正式挂牌。

12月15日　云南城投同德房地产开发有限公司与雷格斯集团正式签订合作协议落户同德·昆明广场，此为盘龙区引进的全球领先知名企业。

同日　盘龙区电子商务协会成立大会暨首届理事会在区电子商务创业园召开。

12月31日　昆明瀑布公园举行完工开放仪式。

【区划、人口】　盘龙区位于昆明市主城区东北部，东、南面与官渡区相连，北接嵩明和富民两县，西临五华区。2009年7月以前辖区面积345.83平方千米，建成区面积45.79平方千米，山区面积292平方千米。2009年8月，盘龙区对嵩明县阿子营镇和滇源镇行使管理权。管理面积从345.8平方千米扩大到886.9平方千米。2015年，全区共辖拓东、鼓楼、东华、联盟、金辰、青云、龙泉、茨坝、松华、双龙、滇源和阿子营12个街道办事处，共49个社区、48个村委会。

截至2015年12月31日，盘龙区总人口533 598人，其中，男性269 400人、女性264 198人，18岁以下86 940人，18—35岁112974人，35—60岁223 939人，60岁以上109 745人全区城镇化率达 96.68%。阿子营镇和滇源镇由盘龙区托管后，全区人口密度有所下降，为每平方千米920人。

【经济发展】　2015年，全区生产总值（GDP）完成526.08亿元，同比增长9.1%，全年地区生产总值增速分别高于全省、全市1.1、0.4个百分点。全年农村经济运行情况良好，全区实现农林牧渔业总产值8.11亿元，同比增长2.5% 。全区规模以上工业实现增加值80.01亿元，同比增长16.8%，增速分别高于全省、全市10.1、10.2个百分点。规模以上固定资产投资累计完成410.33亿元，同比下降3.8% 。全区全年社会消费品零售总额累计完成397.10亿元，同比增长6.6%，增速低于全市1.4个百分点。其中限额以上社会消费品零售总额完成252.31亿元，同比增长1.4% 。全区城镇常住居民人均可支配收入达34 716元，同比增长8.3%，增速比全市低0.2个百分点；农村常住居民人均可支配收入达14 951元，同比增长10.4%，增速和全市持平。

【重点建设项目】　2015年，盘龙区计划实施区级重点建设项目101项，计划投资131.88亿元。截至12月，有73项完工及在建，开工率为72.28%，累计完成投资108.59亿元，完成投资计划的82.34%。其中，政府投资重点建设项目52项（续建项目5项、新建项目47项），计划投资17.53亿元。截至12月，有33项完工及在建，开工率为53.85%，累计完成投资9.42亿元，占投资计划的53.76%；社会投资重点基础设施项目18项（其中续建6项，新建12项），计划投资12.55亿元。截至12月，有13项完工及在建，开工率为66.67%，累计完成投资6.96亿元，占投资计划的55.45%；产业类建设项目31项，计划完成投资101.8亿元，截至12月，有27项开工在建，开工率为87.1%，完成投资92.21亿元，占年度计划投资的90.58%。

【招商引资】 2015年，全区考核认定市外资金项目70个，完成内资工作实绩60.11亿元，完成市政府下达任务59亿元的101.88%，超进度1.88%；实际利用外资到位资金项目10个，完成工作实绩2.13亿美元，完成市下达任务2.1亿美元的101.43%，超进度1.43%。

全区完成项目考核70个，总认定工作实绩60.11亿元，其中3 000万元以上项目55个，占总项目考核总数78.57%，考核认定总额57.78亿元，占总考核认定总额96.12%；3 000万元以下项目15个，占总项目考核总数21.43%，考核认定总额2.33亿元，占总考核认定总额3.88%。项目在一、二、三次产业所占比重情况：在70个内资项目中，一产项目3个，实际利用市外资金0.41亿元，占总数的0.69%；二产项目33个，实际利用市外资金24.95亿元，占总数的41.5%；三产项目34个，实际利用市外资金34.75亿元，占总数的57.81%。

【财政收支】 2015年，全区财政总收入完成65 2610万元，完成预算的98.90%，同比下降4.75%。地方财政总收入完成651 902万元，完成预算的98.84%，下降4.67%，其中，上划中央、省税收收入完成300 034万元，完成预算的92.17%，下降14.23%；一般公共预算收入完成351 868万元，完成预算的105.34%，增长5.34%。政府性基金收入完成425万元，完成预算的634.33%，下降67.90%。国有资本经营预算收入完成283万元，完成预算的100%。

2015年，全区实现财政支出394 274万元，完成预算的98.87%，比上年增加14 577万元，增长3.84%。其中，一般公共预算支出完成391 370万元，完成预算的99.66%，增长7.42%；完成市政府下达目标任务382 557万元的102.30%。政府性基金支出完成2 734万元，完成预算的46.29%，下降82.20%。

2015年，投入盘龙区都市产业园“财园助企”资金500万元。

年内，财政部门进一步完善非税收入计划管理和考核机制，扩大票据电子化管理覆盖面，确保非税收入及时足额缴入国库，全年累计征收非税收入62 210万元。

【城乡建设】 2015年，全区城乡社区事务支出47 973万元，其中，投入4 175万元用于大波村保障性住房周边道路建设；投入3 050万元用于两面寺立交连接寺瓦路工程；投入1 348万元用于盘龙209、盘龙210号道路建设；投入1 977万元用于盘龙江跨江桥梁建设（首批）第二期回购；投入983万元用于110千伏金瓦、龙泉输变电项目电力通道工程前期及建设；投入1 272万元用于垃圾中转站运行维护；投入722万元用于辖区53座区级直管公厕免费开放。

路网建设取得较大进展。盘龙9号路等9条道路建成通车，金江路等5条支次道路完成整治，村组道路硬化87.9千米。城中村改造稳步推进，东庄前村等5个项目回迁安置房启动建设，桃园村等2个项目安置房完成交付，拆除龙头村等12个村安置房地块建（构）筑物22万平方米。启动“数字盘龙”数量化社会治理与公共服务系统建设，城市综合执法和数字城管得到加强，“城乡清洁工程·清洁城市行动”“清洁指数”和城市管理综合考核均排名主城区第一。新农村建设富有成效，完成4个省级重点村、美丽乡村建设。开展“挂包帮、转走访”活动，完成古城村等7个省、市级扶贫村建设。农村水利基础设施进一步完善，解决1.2万人饮水困难问题。

年内，完成双玉、老坝（三期）生态清洁型小流域综合治理，鼠街等4个片区村庄生活污水处理工程建成运行。持续推进河道整治，实施马溺河、东干渠等水环境综合整治工程和入库河道综合整治，绿化河道15.8千米。城乡园林绿化深入开展，盘龙江景观带、白邑寺公园建设加快推进，全区营林造林79 268亩，五采区植被修复2 132亩，新增城市绿地86.57公顷。

【农业、林业】 2015年，全区农林水事务支出 27 303万元，其中，农业2 400万元，林业3 741万元，水利6 952万元（含上缴市水源地保护专项资金3 000万元），扶贫3 320万元，农村综合改革10 850万元（含新农村及生态村建设资金450万元，一事一议财政奖补资金3 900万元，美丽乡村建设6 000万元，易地扶贫搬迁前期工作经费500万元），普惠金融发展支出40万元。

盘龙区耕地面积11万亩，农业人口10.51万人。2015年，盘龙区进一步实施精准扶贫后，解决边缘贫困5 800人和建档立卡贫困780人脱贫，全区贫困人口减少至1 900人左右。全区粮食作物以小麦、玉米、豆类、薯类、烤烟、蔬菜为主。养殖业逐年萎缩。

【教育、科技】 2015年，全区教育支出81 371万元，与上年同比增加652万元。落实教育经费保障机制，确保教育经费投入达到“三个增长”，促进教育均衡发展。年内，出台《盘龙区中小学教师素质提升三年行动计划》，全年共划拨712.12万

元，专款专用于教师培训。加快推进基础教育“增量扩优”“全面改薄”、校舍安排等工程，云师大附属俊发城中学等5所学校建成投用，公办和普惠性幼儿园占比达60.7%，外来务工子女上学实现全覆盖。投入3 773.4万元，完成铁五中塑胶运动场、金辰中学操场、昆明铣床厂子弟学校滑坡紧急抢险、嵩明县三中教学楼、运动场、勤工俭学基地滑坡紧急抢险工程、马军小学、苏海小学食堂改造等239个零星修缮项目。按照新标准全面推进农村义务教育学生营养改善计划的实施，区属阿子营、滇源、松华、双龙街道及水源区搬迁移民子女安置学校、特殊教育学校共35所实施营养改善计划工作，春季学期8 942人，秋季学期8 638人，做到农村义务教育学校、学生全覆盖，开餐率100%。完成义务教育阶段学生食堂全部退出经营承包，年内拨付180.92万元，专项解决食堂工作人员的工资，确保不挤占公用经费。

年内，按照327元/生·年的标准安排职高生均公用经费，各种人员经费足额安排。在此基础上，2015年教育费附加年初预算1.1亿元，在教育费附加中按照30%的比例预算职业教育经费3 300万元，用于盘龙职高实训楼建设及实训设备配备。全区完成成人实用技术培训7 930人次，超过上级安排的培训计划1 930人，全面完成上级下达的培训任务。

盘龙区发放贫困学生资助、贷款6 002.565万元，惠及学生59 493人次。其中，共发放学前教育家庭经济困难儿童资助3 719人次55.79万元；拨付农村义务教育阶段寄宿生生活补助15 785人次767.36万元（其中，半寄宿及走读学生生活补助3 876人次101.93万元）；下达农村营养改善计划补助17 580人次690.44万元；发放水源区移民学生生活补助335人次9.54万元；发放普通高中国家助学金2 652人次236.8万元；下达中等职业学校免学费资金3 559人次355.9万元，国家助学金1 337人次115.78万元。

科学技术支出7 605万元。大力实施“4321”科技创新能力提升行动，区域创新能力不断增强。全年培养和引进高层次人才171人，完成171%（其中人才引进65人、人才培养106人）；新增高技能人才1 198人，完成150%。

【文化、体育、旅游】 2015年，全区文化体育与传媒支出5 272万元，推进公共图书馆、文化馆、文化站等公益性文化设施向社会免费开放。继续按人均10元标准实施“基层公共文化服务包”，推进基层公共文化服务均等化。投入专项资金用于第一次全国可移动文物普查、文物抢救保护、第五批区级文物“四有”分批次工作、文物保护单位“四防”安全管理及保护巡查等。

2015年，深入开展公共文化服务体系建设，建成麦地塘等社区文化示范中心。盘龙区文化馆共组织开展各级各类文艺活动98次，参与24 150人次，组织各类培训61次，参与5 600余人次，组织公益性讲座12次，参与近1 200余人次。各街道文化站共组织文艺活动471次，参与2.1万人次，组织训练班培训424次，参与1.27万人次，组织公益性讲座108次，参与4 320人次，放映公益电影409场，参与1.2万人次。

至2015年末，盘龙区已建成云南铁路博物馆、云南卫星地球通信博物馆等12家民间博物馆，向群众全免费开放。

2015年，全区接待游客总数为1 098.94万人次，同比增长6%；旅游总收入112.95亿元，同比增长15%。

【卫生】 2015年，全区医疗卫生与计划生育支出25 923万元，与上年同比增加1 956万元。其中，投入2 859万元用于基本公共卫生服务；投入1 290万元加大对城乡居民基本医疗保险财政补助力度，惠及参保人数26.6万人。公共安全支出24 209万元。

年内，新增5个社区卫生服务机构，建立全省首家无陪护老年社区关怀医院，基本公共卫生服务实现全覆盖。

【劳动保障和人民生活】 2015年，盘龙区新增城镇就业28 446人，完成118.53%；农村劳动力转移就业6 367人，城镇登记失业率控制在3.05%以内。率先在全市启动全民参保登记工作，完成参保登记64.7万人，实现本区户籍人口100%登记，完成目标任务的121.27%，位居全市第一。率先在全市各县区建立农民工工资应急周转金500万元，累计缴存建设领域农民工工资保证金7 921.1万元，准备金640.5万元。受理劳动监察案件560件，结案490件，结案率达97.6%。在全市各县区率先建立标准化仲裁庭，并被列为省、市劳动人事争议仲裁庭审观摩点。

年内，全区社会保障支出49 544万元，同比增加16 419万元。其中，投入4 465万元，完善城乡居民（被征地人员）养老保险制度，惠及10.8万人。做好城（乡）居民最低生活保障工作，筹集财政资金10 129万元，将全区19 531人纳入城乡最低生活保障范围。争取上级资金，共投入就业专项资金2 578万元，做好创业创新工作，主要用于职业培训、社会保险补贴、公益性岗位补贴、小额担保贷款贴息、高校毕业生就业见习补贴等。

年内，不断完善社会保障体系，社会救助和保障标准与物价上涨挂钩联动，居家养老服务、爱心食堂建设深入推进。加快保障性住房建设，郭家凹公共租赁住房一期达到配租条件，二期封顶断水。郭家凹公共租赁住房建设项目已基本建成公租房1 617套（郭家凹公共租赁住房二期）、城市棚户区改造房460套（云波片区——波罗村二期），超额完成市级下达目标任务的103.85%，完成投资38 419.5万元。

（曾艳萍）

官渡区

【年内大事】 1月16日 区政府召开第一届高技能人才座谈会，为高技能人才搭建沟通交流的平台，来自全区各行业的100余名高技能人才参加座谈。

2月4日 缅甸巩发党考察团到季官社区考察，考察团参观为民服务中心、党建活动室，并开展座谈交流。

2月10日 区政府首次为305个失去独生子女的人员发放一个月的工资。发放金额参照昆明市2014年最低工资标准，每人1 420元。这在云南省尚属首次。

2月25日 区委设立党课分课堂，组织区级领导、县处级调研员以及各部委、各人民团体主要负责人，进行“三严三实”和“忠诚干净担当”专题教育学习。

3月20日 由美国加州圣峪中华文化协会健华社捐建的“东华路社区金祖鑫健华图书馆”开馆。该图书馆是昆明首家城市社区健华图书馆。

5月7日 在季官社区设立区干部党员教育培训现场教学基地，在区法院设立依法行政和廉政警示现场教育基地，在区检察院设立预防职务犯罪警示教学基地，在区政务局和信访局设立群众工作能力提升现场教学基地。

6月13日 为期一周的“中国文化遗产日”活动在官渡古镇启动。活动以“保护成果，全民共享”为主题，来自全国100个县的100项国家级、省级非物质文化遗产项目在官渡古镇进行展示。其中，省外项目52个、省内项目48个。内容涉及民族民间歌舞展演、全国非遗联展、通史陈列、专题展览、碑林石刻展等共9个方面。

6月13日 区政府与国内外客商签订4个引资项目，协议投资总额142.6亿余元。其中内资项目3项，协议投资额为142亿，分别为：昆明百尚城（一期）、云玺城市花园、金科时代中心项目；外资项目为韩国CGV影城，协议投资额为1 000万美元。

7月15日 区政府与昆明七彩夕阳居家养老服务中心签订服务协议，率先在全省由政府购买居家养老服务项目。

7月22日 对新设立的10个基层知识产权工作站颁发站牌。在基层设立知识产权工作站，官渡区在全省是第一家。

7月27日 新组建的区市场监督管理局正式运行。区市场监督管理局整合了工商、质监、食品药品监管的机构和职责，统一负责全区工商行政管理、质量技术监督和食品药品安全等市场监管工作，同时承担区政府食品安全委员会的日常工作，为区人民政府工作部门。

7月31日 区委、区政府表彰在昆明市第五届运动会上取得突出成绩的教练员、运动员。在本届运动会上，全区有581人参加。经过17天的角逐，青少年组共获得金牌161.34枚（含第十四届省运会带入金牌数）、银牌72枚、铜牌58枚；成年组共获得金牌42枚、银牌22枚、铜牌23枚。金牌总数、奖牌总数、团体总分均名列全市第一。

8月4日 滇池会展中心片区遭遇暴雨雷电天气，降雨局部达到大暴雨级别，西庄社区、官渡社区、中营社区和珥季路南连接线等区域形成大量积水，3个社区的500多栋民房进水。灾情发生后，区委、区政府主要领导亲赴现场，指挥协调抢险处置工作，区属防汛相关部门和各街道积极组织抢险队伍和抢险物资投入抢险救灾。截至8月5日早11时，淹积水基本排除，交通恢复正常。全区范围内未出现房屋倒塌和人员伤亡情况。

9月8日 94岁高龄的离休干部、抗战老战士温二小，98岁的离休干部张春芳，离休干部赵绶先3位老人获得中共中央、国务院、中央军委颁发的“中国人民抗日战争胜利70周年纪念章”。

11月2日 由区政府投资建设的云南省最大再生资源回收利用基地——昆明三瓦村再生资源回收利用基地正式开业并投入使用。

11月10日 区内中共非公有制经济组织和社会组织基层党务干部培训班在浙江大学开班，全区非公有制企业、区级机关、各街道的41名学员参加培训。

11月20日 区政务服务系统通过中国质量认证中心ISO9001质量管理体系外部审核。

11月27日 金马街道牛街社区在全区率先启动天然气置换煤气工作。

同日 区首艘水政监察执法船入港试航。

11月30日 区首个电子商务创业园——滇创铭泰电商创业园正式投入运营。

12月1日 区人民法院、区人民检察院、太和市场监督管理所被命名为区廉政文化“进机关”示范点；金马街道东骧社区、官渡街道季官社区被命名为区廉政文化“进社区”示范点；区第一中学被命名为官渡区廉政文化“进学校”示范点；昆明市东站工商服务有限公司被命名为区廉政文化“进企业”示范点。

12月3日 区政府向公众免费发放总价值为100万元的体育惠民券。其中，《博物官渡约章本》2万册、《体育惠民一本通》5 000册。居民持《博物官渡约章本》可免费参观辖区内3家国有博物馆和12家民营（行业）博物馆；持《体育惠民一本通》可到区体育馆、好恒健身、新亚洲星耀体育中心羽毛球馆等5家体育场馆参加游泳、足球、羽毛球等体育课程，免费使用体育设施，享受零门槛

大众体育惠民服务。

12月4日　民进官渡区基层委员会被评为民进全国先进集体。

12月7日　区工艺美术职业培训学校挂牌成立。该校由乌铜走银传习馆乌铜走银第6代传承人金有才出资创办。首期开设实用设计、首饰制作、手绣制作、金属摆件、工艺品雕刻、民间工艺品6个专业。经过考核，招收学员13名。

12月8日　在昆明滇池国际会展中心举行区第二届电子商务论坛会。论坛邀请云南省电子商务发展中心、云南阿盟科技有限公司等50多家电商企业参加。参会企业围绕“微商、电子金融、跨境电商、众筹”等进行交流讨论、为制定电子商务发展规划出谋划策。

12月17日　区政府公布《昆明中心城区官渡区控制性详细规划梳理》。规划形成“一心、一带、两轴、两廊、多节点”的功能结构。

12月24日　区委、区政府公布权责清单。全区23个工作部门和2个政府直属事业单位、1个群团组织、8个街道办事处共梳理出行政职权3584项。其中，行政许可65项、行政处罚2 773项、行政强制79项、行政征收23项、行政给付23项、行政检查153项、行政确认49项、行政奖励15项、行政裁决2项、其他行政职权402项。对应的责任事项29 394项，追责情形27 999项。

同日　区委、区政府命名云南雅都商务酒店管理有限公司等31个单位为区级文明单位，金马街道办事处牛街社区等2个社区为区级文明社区。

12月28日　官五中被确定为全国首批30个知识产权教育试点学校之一。这是全省唯一一所首批入选的全国中小学知识产权教育试点学校。

12月29日　昆明滇池国际会展中心、官渡古镇被认定为首批市级文化创意产业园区。

12月30日　中国铁建高新装备股份有限公司（前身为昆明中铁大型养路机械集团有限公司）被认定为国家级知识产权优势企业，成为官渡区首家国家级知识产权优势企业。截至2015年末，全区共培育区知识产权优势企业20家、市级知识产权试点示范企业31家、省级知识产权优势企业3家。

【区划、人口】　2015年末，全区国土面积有637.63平方千米（其中，滇池水域面积35.18平方千米）。全区辖9个街道办事处，111社区居民委员会。年末户籍人口57.72万人。其中，汉族人口51.12万人，占88.6%；少数民族人口6.6万人，占11.4%。常住人口88.6万人，比上年增长0.9%。城镇化率97.3%。人口出生率为5.79‰，死亡率2.49‰，人口自然增长率3.3‰。计划内生育率91.65%。

【经济综述】　2015年，完成地区生产总值903.88亿元，增长9%；规模以上固定资产投资完成389.82亿元（不含经开区、大板桥），增长1.8%；第三产业实现增加值568.52亿元，占地区生产总值比重达62.9%；万元生产总值能耗下降3.7%；地方一般公共预算收入35.39亿元（不含大板桥），下降7.7%；政府性基金预算收入728万元，同比减少97.86%。地方一般公共预算支出365 279万元，同比减少4.13%；政府性基金预算支出7 818万元，同比减少75.73%。社会消费品零售总额完成383.78亿元（含经开区、不含大板桥），增长7.5%；招商引资到位内资51.85亿元，完成市级下达目标任务105.8%；到位外资1.8亿美元，完成市下达目标任务的101%。第三届“南博会”期间成功签约4个项目，其中，内资项目3个，协议投资总额为142亿元；外资项目1个，协议投资总额1 000万美元；非公经济占全区地区生产总值比重达50.9%；城镇常住居民人均可支配收入达34 759元，增长8.5%；农村常住居民人均可支配收入达15 705元，增长10.5%。

【商贸、旅游】　年内，以昆明螺蛳湾国际商贸城为中心的商贸服务业集聚区建设稳步推进，主城区商品交易市场关闭搬迁工作有序推进。进一步优化商业网点布局，制定出台官渡区商业网点规划，建成区内首个电子商务创业园，引进阿里巴巴（跨境电商）、京东云南馆等电商龙头企业。新增中交建集团、中铁四院2户总部企业，新增建设大厦、东航投资2幢税收千万元楼宇，中铁大厦、融城金阶2幢税收亿元楼宇。完善《官渡区关于加快建设世界知名旅游城市魅力城区的实施意见》。围绕《官渡区文化旅游产业发展规划》，对文化旅游发展目标，按近期、中远期进行规划。推出“官渡区非遗文化主题游”和“官渡区人文风情游”两条旅游精品线路；制作《官渡区旅游动画宣传片》，点击率超过19 000余次。每周推出两期“古韵官渡·文化心旅”微信专栏，到年末已经微信推送25期，用户数2 300多人。与环球游报联合推出《大美云南》官渡区特色系列旅游宣传。开展旅游市场食品安全专项整治以及高校周边的旅游市场整治。旅行社网点登记备案19家、总社变更12家，分社备案12家。累计检查景区、景点、购物点15家次，宾馆酒店96家次。全力促进文化旅游业发展，全年累计接待游客总数为2 250万人次，同比增长12.5%；旅游总收入225亿元，同比增长15.38%。

【城市建设与管理】　全年完成新建会展中路（官渡375）、大都片区项目官渡337路、官渡2号路进中铁支路、官渡2号路进部队支路、关通路和湖滨路与环湖东路交叉口；开工建设云溪路（官渡213号路）、大都片区（官渡338）、官渡5号路、星耀路至广福路节点、云秀路至昆玉高速、次28下穿铁路节点、宝象河东侧官渡古镇段河堤道路；18个待启动的建设项目开展前期工作。完成投资约2.5亿元。新建棚户区保障性住房3 100套。完成施工许可证初审12项，其中施工意见3项。监督工程质量项目34项，其中，房建项目25项。新建3座垃圾中转站、13座公厕。完成征地5 192亩，拆除建（构）筑物162万平方米。加强道路巡查、维护及护栏的安装工作。在广福路广卫立交桥安装波形护栏立柱32棵，护栏板124米。提升珥季路人行道上交警设施穿线井（手井）盖板500余块，修复官南大道树塘606个，拆除违章接坡246处。更换道路破损、遗失窨井盖板、井圈井盖、落水盖板163块（套）。清掏落水篦子312个，清掏清运处置淤泥垃圾154吨。开展工程质量巡查检查120余次。对建筑节能、村镇统建房建设、市政道路及学校新建工程等涉及公共安全的房屋质量的控制进行重督查。完成房屋维修养护面积约2 000平方米，其中，小修工程82个、大中修工程1栋。实施重点建设项目192项，全年完成投资243.45亿元，完成年度计划的97.12%。深入推进“城乡清洁工程”。全年共冲洗道路5 886万平方米，冲洗交通隔离栏4 497千米，洒水道路1 047条次，用水12.3万吨，出动车辆8 590辆次。处理涉及占道经营、市政设施、噪音扰民等投诉12.15万件，处理结案11.93万件，办结率98.19%。规范各类户外广告和临街商铺门头、招牌、广告、设施。共审批标识标牌（地铁站导向标识牌）65块，面积23.4平方米。受理占道及门头装修审批706件，审批开挖13件。查处违规或不规范设置施工围挡52起，违规开挖69起次，交通事故撞坏市政设施19起，违规门头装修50起，擅自设置路障1起，违规设置亭棚29起。检查道路15 396次，发出整改督办通知1 760份，编发《市容环境卫生督查情况通报》42期。安装公交站台果皮箱424组，新装果皮箱117只。更换、维修果皮箱207组，补内桶145只，拆除破损果皮箱906只。整治各类占道经营摊贩22 000余起，非机动车乱停乱放5 400余起，督促落实“门前三包”责任制1.9万余起。新制作“门前三包”责任公示牌（铝制）2.7万块。检查渣土运输车辆9 600余辆次，处罚220余辆次。查处违法建设行为160余件。在太和、吴井、官渡、小板桥、关上、矣六、六甲街道办事处完成“数字城管进社区”工作，构建市、区、街道、社区“四级网络”联动的数字化城市管理模式。创新打造“官渡城管”微信、微博服务平台，形成“全民共同参与、社会共建共享”的城市管理格局。通过数字平台受理案件1.37万件，受理投诉有关占道经营、渣土污染路面等86件。强化引摊入市街区管理，打造永安路夜市、昆明国际会展中心、官南立交桥下层、大蓉和餐饮酒楼4个区级引摊入市点。全年清理生活垃圾39.23万吨，净水13 485立方米。规范非机动车停放点管理。提升改造非机动停放点17个，新办非机动车停放点备案登记证8个，年检换证47个。

【环境保护】 深入实施滇池治理“六大工程”，落实“河（段）长责任制”及河道“三包”责任制，完善河道、道路、绿化、城中村“四位一体”综合管护制度。全年监察巡查共500余次，共下达《环境违法行为改正通知书》30余份。全年监测空气质量343天。其中，优空气质量141天，良191天，轻度污染11天，优良率为96.79%。完成地表水共61个断面的水质监测分析工作，对昆明市第二、第六污水处理厂进行重点检查，确保工业污水不排入滇池。完成王官生态湿地项目，共栽种乔木3 300余株，种植地被36万平方米，修建园路3 400米，栈道3 800米。海东湿地一期项目已建成242亩；二期占地面积570亩，年末在建泵站及游客中心；三期占地面积82亩，作为生态保育区，完成初步设计方案，协议签订、地勘、地调工作。开展“禁煤”专项整治，检查290家次，选址搬迁和甸营村3家蜂窝煤加工厂，拆除生产设施设备。工业固体废物处置利用率及危险废物处置率100%。四项主要污染物总量减排任务完成率达100%。新增城市绿地124.93公顷。万元生产总值能耗下降3.7%，持续开展生态县、乡（镇）、村（社区）和绿色学校、绿色社区、环境教育基地创建活动。

【农业】 按照“扶优、扶大、扶强”的原则，继续开展农业龙头企业培育工作。年内，推荐云南华潮实业等8家有限公司申报省级、市级重点龙头企业，年内将进入公示期。鼓励农业龙头企业发展壮大。区各级龙头企业共外建基地10万余亩，带动20余万户农户从事农业产业化经营并带动增收，全年共发展各级农业产业化龙头企业27家，实现农业产业化发展总产值39.21亿元，实现销售收入现价总产值52.3亿元，销售收入56.2亿元。 全年共计完成蔬菜播种面积5 107亩，上市量1 440万千克。花卉种植面积3 700亩，花卉产量1.702亿枝。进一步加快农业信息网络化进程，整合农产品、农业市场、农业科技、农业经济等信息资源，促进蔬菜市场等农产品供需流通。在“官渡农业信息网”“昆明市农业信息网”“云南省农业信息网”发布农产品价格信息452条，通过云南省“三农通”移动信息发布平台，发布蔬菜等农产品价格、供求、农业科技等信息320条。完成农残检测样本9 300个，合格率在95%以上。“南博会”期间共检测蔬菜样本1373个，合格率98.98%；创卫复检期间对60家农贸市场进行轮回抽检，共检测蔬菜样品1 275个，合格率99.45%。

【水利建设】 实施河道整治工程。年内，综合整治广普大沟水环境，年末完成主体工程，整治5 700米，铺设截污管道9 980米，清淤5万立方米，绿化面积3万平方米及附属工程，累计完成投资17 300万元（含征地拆迁等工程其他费）。启动海河（上段）水环境提升工程。年末主体工程量完成78%。续建五甲段宝象河水环境综合整治工程。年末完成土方开挖70 000立方米左右，河底清淤2 407.5立方米，石方砌筑9 000立方米，乔木移植330棵，灌木移植11 000棵。完成投资2 430万元。年末，完成虾坝河环湖路至五甲塘桥梁段桩基础施工、格宾石笼、河堤填筑、雷诺护垫、五甲塘桥建设。种植乔木1 719株，灌木2 650株，地被37 293.6平方米，河堤人行道铺筑完成1 500米。完成总投资16 618.69万元。完成新宝象河下段水环境修复工程。总投资100万元。完成老金汁河（官渡区段）水环境综合整治一期工程。一期工程王大桥至日新路，共6.69千米，年末工作已通过工程初步验收。二期工程日新路至枧槽河段共3.26千米，已完成施工图设计。年末与市滇投公司签订委托代建合同事宜，并完成投资500万元。启动环湖截污东岸配套收集完善工程，年末完成施工单位招标工作，以及与王官、矣六、自卫社区的租借地协议签订工作。埋设截污管道4千米。完成投资2 500万元。全面落实防汛抗洪行政首长责任制。投入防汛抢险、清淤除障费用1 500余万元，清淤除障河道、支次沟渠83千米，清淤管道103.5千米，清除淤泥6.95万立方米。查处各类水事违法案件共16件（其中河道案8件、水资源案8件）。办理市长热线“12345”受理件12件，责令限期整改26起，收缴罚款2.8万元。全年共收取水资源费80 万元。审批水土保持方案18件，并对在建的大型建设项目进行水土保持执法检查，收缴水土保持设施补偿费90余万元。

【林业】 2015年，开展冬春林业生态建设，完成杨树等速生林种植面积500亩。分布在官渡、六甲、金马、小板桥、矣六5个街道。开展“三年行动面山绿化工程”，年内完成目标任务500亩的70%。实施滇池面山及“五采区”生态修复工程封山管护500亩。新增造林面积930亩。其中，完成滇池面山绿化项目200亩，共种植各类乔木6.5万株。新建苗木基地330亩。森林有害生物成灾监控面积7 977亩，完成应监测面积2 204亩，生物成灾防治率100%，林业有害生物成灾面积为零。在进入森林高火险期后，及时发布《官渡区2015年森林高火险期通告》，进一步强化和部署高火险期的森林防火工作，并取得全年森林“零火情”的成绩。

【教育】 2015年，全面落实《官渡区实施“春风化雨行动”发展学前教育三年行动计划（2014—2016年）》，制定出台《官渡区普惠性民办幼儿园认定和管理办法实施细则》，认定55所普惠性民办幼儿园。年末，全区在园幼儿32 978人，学前教育三年毛入园率为111.01%，户籍适龄儿童入园率为85.4%。年末，全区小学适龄儿童纯入学率100%，小学巩固率为100%。初中适龄儿童毛入学率为104.95%，初中巩固率为100%。截至年末，新批准成立民办幼儿园4所、中小学3所、民办教育机构7个。投入248.3万元，对义务教育阶段学生进行补助。加强和改进中小学德育工作，构建从学前到高中教育阶段的德育教育体系。年内，有13所校（园）申报区级文明学校，6所校（园）创建昆明市文明学校，4所学校接受省级文明学校复评，进一步增强师生文明素质。深入推进教育领域综合改革。制定出台《官渡区教育系统人事管理工作改革办法（试行）》，对全区38所中小学、幼儿园任期届满的校（园）长进行考核。根据考核结果，续聘33名校（园）长，调整部分校（园）行政负责人及党组织办负责人，选拔67名后备干部，并进行集中培训。同时，成立5个后备干部培养基地，提升教育系统干部队伍素质。深入推进基础教育新课程改革，推进初中学业水平和普通高中学业水平考试制度改革。在省教育厅普通高中教育质量考核中，有 3所普通高中荣获教育教学质量奖。在昆明市教育局普通高中教育质量考核中获一等奖，有5所普通高中列入主城区高考质量综合评价结果前10名学校，占比50%。全区8所公办普通高中及2所民办普通高中获奖，公办普通高中获奖面达100%。2015年，校舍重点建设项目顺利推进，修缮36所学校、改造校舍累计完成2.6万平方米。投入1.46亿元，建设区教育信息化平台。年内，区委、区政府表彰17个教育工作先进集体、10名功勋教师、33名师德标兵、25名先进教育工作者和71名优秀教师。投入资金182.42元，资助学生2 300人次。加强教育督导评估，督导评估10所中小学、16所幼儿园。对区属12所民办幼儿园开展现代教育幼儿园督导评估，并认定为区级现代教育合格园。

【科学技术】 年内，组织实施科技项目31项，其中，工业及高新技术提升计划8个、现代农业及特色农业培育计划6个、信息化产业及信息化推进计划5个、专利转化实施计划4个、社会发展及科技惠民计划8个。新增昆明频安印务有限公司、云南围棋厂等9家企业成功申报国家高新技术企业。组织昆明中铁二院勘探设计有限公司、昆明频安印务有限公司成功申报省科技富民强县示范工程，分别获得省厅40万元和60万元无偿资助；组织云南福保农业科技开发有限公司和云南春喜农业科技集团有限公司申报2015年云南省科技富民强县计划项目，分别获得省厅30万元资助。组织昆明云海印铁制盖有限公司、云南神农农业产业集团股份有限公司、云南云岭高速公路养护绿化工程有限公司申报2015年云南省对外科技合作计划，分别获得10万元、150万元、70万元的无偿资助。科技企业孵化器初见成效。截至2015年末，创业园累计服务企业300余家次，其中，服务企业通过高新技术企业认定3家，培育达到高新技术企业认定条件企业2家，培育云南省民营科技型中小企业2家；引导并协助服务企业新申请知识产权41件。拥有两个科技企业孵化器公司，进入孵化企业50余家。出台《官渡区知识产权工作站建设方案》及《官渡区知识产权工作站工作职责》，建立10个知识产权工作站。2015年，全区专利申请和授权3 001件。年末有国家、省、市知识产权试点示范、优势企业共38个；培育知识产权优势企业20个。全区全社会研究与发展（R&D）投入占比2.3%；财政科技拨款占全区财政一般预算支出的比重2.3%；评出科学技术进步奖8项（其中，一等奖2项、二等奖2项、三等奖4项）；科学技术专利奖5项（其中，一等奖1项、二等奖2项、三等奖2项）；科技创新认证奖11项，奖励经费195万元。

【文化艺术】 2015年，举办主题为“践行核心价值观·共筑中国梦 爱在官渡”书画摄影展及职工文艺会演。其中，书画摄影展共展出官渡区现代民间绘画、中国画、油画、版画、书法、摄影作品70余件。组织纪念中国人民抗日战争胜利暨世界反法西斯战争胜利70周年合唱比赛和第二届西南四城市“风雅颂——国学经典诵读活动”官渡区选拔赛，并在决赛中被中国图书馆学会评为三等奖。组织“老有所乐四季网络课堂”老年读者学习活动。举办8期“云秀讲坛”。组织“汇聚官渡情·共筑中国梦”非公经济组织和社会组织第三届党建文化大舞台书画摄影作品展等6个特色展览。建立云南省首家朗诵艺术团及社区儿童阅读推广示范基地。加强图书阅览设施建设，开创最舒适的阅读方式，接待读者7.62万人次；新办理借书证共计1 272人，借出图书4.93万册、期刊8 144册；上架新书3.5万册、期刊1.09万册，上架少儿和参考图书6 890册，上架报纸合订本222册，全年上架报纸26 664张（74份）。新建6家图书流通点，图书网站访问量10.34万人次。创建3个文化站（室）区级示范点，开展文化公益演出160场，放映公益电影40场。

推进“书香昆明”公共阅读服务点建设。在全区已建设45个公共阅读服务点的基础上，年内，新增涉及书香社区、书香校园、居家养老服务中心、民营阅读机构类型的7个服务点。年内，为7个阅读点配备价值5万元的图书，悬挂统一标识牌。在“昆明官渡”发布开设“书香官渡”微话题，及时推荐优秀书目，扩大“书香昆明”公共阅读服务点影响力。完成8家社区文化室改扩建和文化馆二期提升改造工程。开展第一次可移动文物普查，修缮文物保护单位3 项，划定第六批市级文物保护单位的范围。全面放开网吧审批，将前置审批改为后置审批。完成近700家文化经营单位基本信息的录入。开展“扫黄打非·护苗2015”专项行动。出动人员3 576人次，检查互联网上网营业场所619家次，歌舞娱乐场所163家次，电影发行放映场所3家次，扶持当地特色文化产业发展。推荐微想智森、联众影视、云南云健体育用品、云南乌铜走银文化产业公司等企业申报文化产业特色企业，福保村申报文化产业特色村寨。年内，云南乌铜走银文化产业公司获得文化产业特色企业称号。编制文化产业“十三五”规划，年内已通过中期评审。引导和扶持文艺家开展文艺创作、项目申报等工作。年内，接待湖南省文化部门到官渡古镇考察文化遗产保护工作。在美国哈佛大学等地举行官渡“乌铜走银”中国传统手工技艺巡展活动。

【卫生】 2015年，继续深化医疗体制改革，初步建立医疗机构内部信息化管理体系。完成区医院体检站信息化建设，区医院继续推进医院临床、护理使用电子病历。强化健康教育网络建设，年内，有专、兼职健康教育工作人员460人，初步建立起区、街道、社区、公共单位四级健康教育网络，全区基层健康教育网络覆盖率达98%。加大基层卫生投入。2015年区财政预算安排资金1 766.3万元，用于区属公立医疗机构标准化建设，采购项目72项、设备123台次。继续开展专家进社区工作，以轮转的形式，选派中医、内科、外科、妇产科、儿科等专业的20名学科带头人、骨干医师到8家街道社区卫生服务中心开展坐诊和业务指导。全年到社区工作时间共计492天，门诊7 359人次，查房次数328次，手术78台次，举办专题讲座或培训16次，参加培训1 200余人次，带教275人次。全区居民健康档案电子建档率89.17%。加强疾病预防控制工作，设立79个计划免疫接种点，儿童接种建证率98%。孕产妇“三病”检测11 028人。多渠道开展妇幼保健工作。对辖区内22家助产机构进行产科建设和质量管理合格评审工作，健全完善县、乡、村级妇幼保健管理服务体系。农村孕产妇住院分娩率达100%。规范实施重大公共卫生妇幼项目，新生儿代谢性疾病筛查率92.14%，听力筛查率达91.83%，达到市级指标要求。年内，新增病床170张。产妇死亡率19.23/10万、婴儿死亡率2.2‰、剖宫产率32.92%。遗传代谢性疾病筛查率92.14%。听力筛查率91.83%，婚前医学检查率89%。国家免费孕前优生健康检查完成988对，农村生育妇女免费补服叶酸2 765人。完成免费白内障复明手术311例。

【体育】 年末，全区有传统项目学校32所，在训项目13个。年内，组织参加昆明市第五届运动会，共获得青少年组102枚金牌，团体总分2 251分，成年组42枚金牌，团体总分790分，青少年组总金牌数（含带入金牌）161.3枚，取得青少年组和成年组金牌总数第一、团体总分第一、金牌总数第一的成绩，并获得两个组别的体育道德风尚奖。完成10条全民健身路径和2个农村文体活动广场全民健身工程。调查完成全民健身活动状况240个样本和云南省国民体质抽测320个样本。承办并参赛昆明市第七届老年农民健身运动会，获得优秀组织奖。打造“15分钟健康圈”，实现体育惠民。在全区范围内利用零星空地，建设篮球场、全民健身路径等健身设施。2015年建设完成2个农村文体活动广场、安装10条全民健身路径，修缮、维护、保养73条健身路径。建成1个七彩云南全民健身工程，年末在建农村文体活动广场4个；投入使用全民健身路径83条，“七彩云南”全民健身工程11个，“农村文化体育活动广场”8个，挂牌的晨晚练点150个。推进《体育惠民一卡通》工程，促进全民健康消费。

【社会保障】 全年提供有效就业岗位18 151个，新增城镇就业23 166人。城镇下岗失业人员再就业4 423人。就业困难人员实现就业3 288人。公益性岗位开发580个。“贷免扶补”扶持创业104人，发放贷款692万元。农村劳动力技能培训1 375人，创业培训40人。农村劳动力转移就业781人，新增转移收入856.5万元。小额担保贷款扶持创业170人，发放贷款1 303万元。年末，全区失业保险参保单位5 117户，参保人数12.86万人。落实提高失业保险金标准。年内，为3.87万人次失业人员按时足额发放失业金4 219.3万元，为1.14万人次失业人员办理职工医保297.5万元。保障失业人员失业期间的基本生活。下调失业保险费率，区每4 900余户参保企业月减少473万元失业保险金，其中，职工个人少缴纳189万元。实施援企稳岗补贴政策，兼并重组企业申报稳岗补贴30家，其中8家企业通过审批，补贴金额为147.8万元，涉及人员2 867人。18家企业处在公示期，13家不裁员企业以及4家其他企业处在审批阶段。城镇职工基本养老保险人数14.45万人。其中，企业职工参保10.65万人，实际缴费9.76万人。工伤保险参保11.41万人。生育保险参保9.04万人。医疗保险参保164 422人，缴费279 112人。城乡居民基本医疗保险大病保险统筹覆盖100%，大病保险最高封顶9.8万元。城乡居民社会养老保险新参及续保10.29万人，领取个人账户养老金31 945人。被征地人员基本养老参保40 959人，年内收缴参保费6 043.97万元，领取基本养老生活费20 861人。农村社会养老保险参保59 498人，领取养老金11 764人。对辖区内34 243名企业退休人员进行增资调待，月人均增发209.34元；由2014年的月人均1 837.62元增加至月人均2 046.96元。年内，慰问城乡低保户、五保户、城市“三无”孤老、孤儿10 862人，支出慰问金111万元；入户走访慰问困难户116户，支出慰问金5.98万元。年内，全区享受城市低保4 095户5 302人，1—11月支出城镇居民最低生活保障金2 800余万元，月人均补差468元。实施医疗救助717人，支出救助金144万余元。出台《官渡区开展“救急难”工作实施方案》，将遇险、生活陷入困境人群（含非户籍人口）纳入救助范围，并将原来年内最高救助3 000元提高到最高可达年低保金的6倍。年内，救助急难群众20人，支出救助金近10万元。临时救助困难群众228人，支出救助金28万元。救助流浪乞讨人员134人，发放各类棉被、衣服、鞋等物资81件。加强社区居家养老服务中心建设，新建6个社区居家养老服务中心，并向周边老年人开放。年末全区共有社区居家养老服务中心31家，占全区社区总数的38%，总建筑面积38 074平方米，床位600张。创新“医养结合”养老服务模式，新增1个老年康复服务中心，引进亚东医院创建亚东福寿家园，新增养老床位150张。年末全区共有养老床位2 560张，每千名老人拥有床位22张。

【精神文明建设】 2015年，在全区开展“第四届昆明市道德模范”评选表彰活动，推荐7人参加第四届昆明市道德模范评选。组织5次道德讲坛，听讲群众1 000余人。推荐评选“昆明好人”暨“最美昆明人”。完善“善行义举榜”，选树先进典型。首批“善行义举榜”已在100余家社区和文明单位设立。参加“红土地之歌”昆明演讲大赛活动。南站小学老师莫云和区人民法院法官郑代园子获二等奖。组织开展市民学校培训主题428个，参加人数21 507人。年初，官渡区命名“学雷锋活动示范点”12个，命名“岗位学雷锋标兵”17人。开展“做好事做善事做志愿者”主题活动，大力弘扬雷锋精神。组织全区志愿者在中国文明网、人民网、新华网以及春城文明网、昆明信息港等网站，开展“点赞道德模范”活动；同时，运用重要时间节点深化“我的中国梦”主题教育实践活动。抓好未成年人思想道德建设。“七一”期间，组织“童心向党”歌咏活动；国庆节期间，各中小学组织开展“向国旗敬礼”活动。同时，举办“少年向上 真善美伴我行”主题演讲比赛。全面开展群众性精神文明创建活动。年内，参加考评验收的省级文明单位44个，省级文明社区8个。经过前期工作，4月下旬接受市文明办的考评验收。开展区级文明单位（社区）创建工作。年末，全区共申报区级文明单位32

个，区级文明社区3个。

（官渡区史志办）

西山区

【年内大事】 1月28日 正大河截污及水环境综合整治工程全面完工。工程于2010年3月10日正式启动，整治范围为盘龙江引水口至汇云路，整治总长2.13千米，总投资1 774.99万元。

2月 昆明中药厂有限公司“参苓健脾胃颗粒”、昆明冠生园食品有限公司“云腿月饼”、云南英茂花卉产业有限公司“菊花盆花”等10家企业的13个产品，被昆明市名牌战略推进委员会授予“2014年度‘昆明名牌产品’”称号。

3月7日 昆明市重点项目西山国家级风景名胜区“碧鸡山邑商业中心—茶马花街”项目正式开工建设。项目位于高峣片区，地处西山风景区入口，规划用地面积24.28亩，总建筑面积1.39万平方米，总投资约1.9亿元。项目定位为西山景区精品旅游、商业、文化购物特色街，为集餐饮、休闲、零售、文化艺术、养身于一体的体验型步行商业街区。

4月14日 西坝路箱涵工程竣工验收。该工程位于西坝路改扩建工程西园路至西昌路主车道下，属西坝河截污整治工程和西坝路改扩建工程的组成部分，建设河道箱涵全长1.54千米。工程于2013年9月开工建设，2014年11月完工。

4月28日 云南气象数字博物馆建成并投入使用。该博物馆位于西山森林公园太华山美人峰顶，依托省级文物保护单位“一得测候所”而建。全馆设历史沿革类、气象仪器类、异地文物类、学术文章类4个分馆。

5月15日 云南鸿翔一心堂药业（集团）股份有限公司中药饮片、昆明市大观公园旅游景点服务等11个产品，被云南省实施品牌和质量兴省战略领导小组授予“2014年度‘云南省名牌产品’”称号。

7月 昆明中药厂有限公司“云昆及图”商标获国家工商行政管理总局商标局“中国驰名商标”认定。全区“中国驰名商标”总数达5件。

8月10日 西山区被云南省委、省政府评为“云南省平安县区”。

8月31日 云南光谷光机电科技孵化器被认定为2015年云南省生产力促进中心及全省唯一一家专业型科技企业孵化器。该科技企业孵化器自2013年末成立后，累计孵化企业41家，其中，在孵企业31家、毕业企业10家，实现产值1.63亿元、税收661.59亿元，累计申请知识产权25项。

西山区民族团结风情小镇商业街　　（西山区志办　供稿）

8月 西山区组织实施的全省低丘缓坡综合开发利用试点项目——团结民族风情小镇项目，完成商业街建设。商业街项目于2014年4月开工，总建筑面积2.14万平方米，总投资1.2亿元，为白族特色商业建筑群。项目为集特色餐饮、手工艺品、民族客栈等多种业态组合的商业街。

9月30日 西山区被云南省委办公厅、省人民政府办公厅评为“云南省文明城区”。

9月 云南省人民政府对2014年度在全省科学技术进步、经济社会发展中做出突出贡献的科学技术人员给予奖励。西山区参与研究和应用的26项成果获得云南省科学技术奖励，其中，“心血管和肺癌生物材料抗细菌感染研究及其应用”和“脊柱转移瘤的微创新技术研究临床应用”2项成果获省科学进步一等奖；“云南极端天气气候演变规律及其在气候变化预测中的应用”等5项成果获省科技进步二等奖；“发动机胀断连杆总成产业化开发”等19项成果获省科技进步三等奖。

12月23日 位于前兴路的昆明西山万达广场项目正式竣工交付。项目于 2012年6月3日开工，总建筑面积约 71.38 万平方米，总投资超过 100 亿元，双塔高317.76 米，其中，商业及酒店部分于 2014 年 10 月 31 日正式运营。双塔现为云南省第一高楼。

【区划、人口】 西山区位于昆明市主城区西南部。东与五华区、官渡区毗邻，与呈贡区隔水相望；南连晋宁县；西邻昆明市属安宁市、楚雄州禄丰县；北接富民县、五华区。西山区背山面湖，整个地形微向滇池倾斜。南北长53千米，东西宽38千米。国土总面积881.32平方千米，其中，山区面积660.49平方千米，占74.94%；坝区面积220.83平方千米，占25.06%。最高海拔2 622米，最低海拔1 731米。主城建成区面积48平方千米。

2015年，全区辖马街、金碧、永昌、前卫、福海、棕树营、西苑、碧鸡、海口、团结10个街道办事处和西山风景区管委会。下辖社区居委会108个、居民小组393个。年末，西山区常住人口为 77.9万人，其中，户籍人口为 53.49万人。户籍人口中，男性26.61万人，女性26.88万人；少数民族8.42万人，占总人口的15.74%。人口出生率2.84 ‰，死亡率1.86‰，人口自然增长率4.8‰。

【经济综述】 2015年，西山区实现地区生产总值455.53亿元，增长9%；人均地区生产总值5.86万元。地方公共预算收入35.63亿元，比上年34.59亿元增收1.4亿元，增长3%；一般公共预算实际支出32.95亿元，比上年30.99亿元增支1.96亿元，增长6.32%。规模以上固定资产投资（区属）完成410.11亿元，增长5.6%；社会消费品零售总额完成479.56亿元，增长4.8%。第一产业实现增加值3.54亿元，增长2.7%；第二产业实现增加值123.11亿元，增长 9.3 %，规模以上工业增加值46.31亿元，增长15.2%；第三产业实现增加值328.88亿元，增长8.9 %，占地区生产总值的72.2%。第三产业重心从批发零售商贸业转为楼宇总部经济引领、高端商业业态带动的现代商贸服务业；第二产业重心从粗放型工业转为以精细磷化工、高新装备制造、新材料等为主导的新型工业；都市型现代农业实现稳步发展。坚持把产业结构优化转型升级作为产业发展的重点，重点抓好产业培育提升、重大项目攻坚、龙头企业培植、园区转型提升。产业结构进一步优化，三次产业比由上年末的0.7：26.2：73.1调整为0.8：27.0：72.2。二、三产业互为支撑、联动发展的产业布局初步形成。非公经济实现增加值238亿元，增长9.5%。万元地区生产总值能耗下降2.5%。连续10年获评“云南省县域经济十强县”。

【商贸】 年内，西山万达广场、红星爱琴海购物公园建成运营，昆钢科技大厦建成使用，云南省能源投资集团有限公司、中国建筑第三工程局集团有限公司、省（市）设计院等5家总部企业入驻西山。南亚风情第壹城、红星国际爱琴海购物公园等区域商业中心辐射带动作用日益显现，城市商业重心实现南进西移。商务楼宇面积新增120万平方米，楼宇总部经济实现税收4.6亿元。全区文化产业增加值达23.2亿元。

2015年，全区共完成新增总部企业4户，即昆明诺仕达企业（集团）有限公司（2015年中国房企500强）、昆明仟真和餐饮有限公司（2014年云南餐饮500强）、云南强林石化集团有限公司（省属总部企业）、昆明大观酒店有限公司；新增税收千万元楼宇2幢，即：云南东骏药业物流配送中心、云南省设计院大厦；新增税收亿元楼宇2幢，即：南亚风情第壹城、云南省公路投资有限公司。楼宇经济税收实现3.51%的增速。

全年引进外商投资项目7个，实际利用外资2.17亿美元；引进市外内资项目45个，完成市外内资73.92亿元；引进省外内资项目15个，完成省外内资79.48亿元。在6月12日的第三届中国—南亚博览会暨第23届中国昆明进出口商品交易会上，西山区共签订招商引资项目7个，其中，内资项目6个，投资总额72.5亿元；外资项目1个，投资总额1.4亿美元。投资项目涵盖工业、商贸物流、新能源开发、棚户区改造等行业和领域。与绿地集团（昆明）置业有限公司开展合作，7月18日“绿地企业服务平台—昆明站招商招租中心”成立，该平台系绿地集团作为世界500强企业在云南设立的第一家服务企业平台。同时，云南首家全球进口商品直销中心与铂涛菲诺酒店成功签约入驻“绿地大城天地”。

2015年，全区社会消费品零售总额完成479.6亿元，增速为4.8%；完成商贸投资38.2亿元；外贸进出口总额完成4.66亿美元。对外贸易经营者登记备案新增52户，全区共146户。民营经济增加值完成266.42亿元，同比增长11.59%；民营经济从业人员26.37万人，同比增长10.08%。

【园区建设】 海口工业园区：年内，按照“一园两片”规划部署，不断加快园区建设，完成基础设施投资5亿元，7号路、9号路、中桃公路、海口闸环湖路4条道路建成通车；光学片区建设加速，云南光谷光机电科技孵化器新增孵化企业10家，注册完成10家。长坡国际物流园区：完成土地征收2 135.22亩；签约泛亚港鑫国际汽车城、云南家居家具文化商业中心等4个项目；“四退三环一护”及“迁村并点”A地块一期15栋安置房全部封顶断水。西山风景区：抢抓昆明市建设世界知名旅游城市契机，争创国家“5A”级景区，软硬件环境和管理服务水平得到有效提升，茶马花街、云隐西山等项目推进顺利，智慧景区建设步伐加快，全年实现旅游收入 4 200 万元。金融产业园区：完成征地1 991亩，成功吸引西山万达广场、蓝光昆仑中心、兴港名城、水岸青城等10个项目落户园区。

【工业、乡镇企业】 大力实施“工业入园”战略，初步形成以磷化工、机械装备制造、光学、生物制药等产业为主导的产业体系。 2015年，西山区重点骨干企业生产基本稳定，工业经济呈现增长态势。全区完成规模以上工业总产值167.85亿元。规模以上工业增加值46.31亿元，同比增长15.2%。规模以上工业企业主营业务收入175.69亿元，同比增长13.09%。规模以上工业利税总额10.55亿元，同比下降3.62%，其中利润4.88亿元，同比下降9.86%。工业固定资产投资43.31亿元。新能源客车、中烟异地技改、玻璃深加工3个亿元以上重点项目落地建设，完成投资8亿元。全区规模以上工业企业户数新增6户，共64户。三环中化等4家企业主营业务收入达10亿元以上；亿元以上工业项目竣工3个。2015年，西山区规模以上工业万元增加值能耗下降12.9%。

2015年，西山区共有乡镇企业2.63万个，同比增长0.36%；从业人员25.72万人，同比下降2.5%；完成总产值590.574亿元，同比增长8.04%；实交税金26.85亿元，同比增长6.62%；完成营业收入726亿元，同比增长5.99%；完成农产品加工业总产值63.04亿元，同比增长12.11%。

【“三农”工作】 2015年，西山区农林牧渔业增加值 3.7 亿元，增长2.8%。其中，农业增加值 2.015 亿元、林业增加值 0.29亿元、牧业增加值 1.07亿元、渔业增加值 0.16 亿元、农林牧渔服务业增加值 0.17 亿元。农林牧渔业总产值5.97亿元，增长2.6%。其中，农业总产值 3.08亿元、林业总产值 0.39亿元、牧业总产值 1.94 亿元、渔业总产值 0.26亿元、农林牧渔服务业总产值 0.3 亿元。

2015年，全区农作物播种面积5 409.83公顷，实现粮食总产量1 314.01万千克、蔬菜总产6 707.9万千克。围绕打造高原特色农业目标，以万亩加工型花卉和万亩绿色蔬菜园区建设为重点，调整农业种植结构。万亩绿色蔬菜园区、四季特色瓜果园区和小村生态休闲观光农业园区3个园区的建设项目正常推进。

2015年，全区都市农庄建设项目累计到位资金4.38亿元，完成投资4.36亿元，其中，2015年完成年度投资5043.1万元。

2015年，出栏肉猪10.05万头、肉牛1470头、肉羊1.36万只、肉禽42万羽，肉类总产1 160万千克、蛋类总产100万千克、奶类总产108万千克。

截至年末，西山区有农业龙头企业55户，其中，省级龙头企业5户、市级龙头企业9户、区级龙头企业41户。全年农业龙头企业总产值73.64亿元，比上年66.16亿元增长11.3%；完成销售收入72.26亿元，比上年64.46亿元增长12.1%，带动农户29.56万户（含区内外）。全区发展农民专业合作社33个，带动农户增收1 500万元。完成农村劳动力转移技能培训400人、农村实用技术培训7 800人次、“绿色证书”培训600人、新型职业农民培育130人。在团结、碧鸡、海口3个街道办事处及西山风景区管委会推广安装太阳能热水器406套；完成节柴灶示范推广2 170眼；完成养殖小区沼气工程建设2个。

投入资金6 528万元，完成里母高、茨沟花山坡2座水库除险加固工程，建成“五小”水利工程500件，完成12个新农村、美丽乡村建设。

【城市建设与管理】 2015年，西山区续建道路的西山229号路于2月17日正式通车；西坝路主路于4月30日通车；西福路延长线于12月28日道路全线贯通。建设完成道路3条（西山361号路、西山365号中段、西山368号路）；实现道路主路通车5条（西山220号路、西山390号路、西山391号路、西山392号路、西山393号路）；部分完工1条（西山360号路）；开工建设2条（西山367号路、西山119号路中段）。

年内，重点开展西山1号规划路、益宁路、大渔路下穿成昆铁路北段道路建设工程，已完成益宁路全部前期工作。道路提升整治工作实现2条微循环道路主路通车（西山394号路南段、西山395号路南段）；打通2条断头路（西山82号路、西山229号路）。

2015年的天然气置换工作于5月8日启动，年末完成D1-1（棕树营）片区1.27万户和D1-9（金碧）片区3 429户，共1.61万户居民天然气置换工作。

加快推进全区在建30个片区 55个城中村改造。完成4宗土地交易，总用地面积846.58亩。17个片区113万平方米回迁安置房交付使用；草海45号、46号片区8973套139万平方米安置房主体完工。棚户区改造项目推进顺利，21号片区850套9.17万平方米封顶断水。

城市管理方面。开展近华浦路（人民西路至大观河）、春苑小区内路灯亮化改造，完成1.3万平方米市政道路路面修复、完成8座人行天桥粉刷工作。组织实施西山区海口大桥景观亮化工程，营造出良好的景观性和艺术性。完成20栋高层（重要）建筑景观亮化日常维修维护工作。

2015年，新建垃圾中转站1座，新建公厕2座，提升改造公厕6座。拆除临违建筑207宗，面积203.7万平方米。

【生态保护治理】 2015年，全区创成市级“绿色学校”3所、“绿色社区”2家、“宁静小区”1家；创成省级“绿色学校”2所、“绿色社区”1个。建设项目“三同时”合格执行率、环境保护设施竣工验收执行率、工业固废处置利用率、污水集中处理率均为100%。

2015年，环境保护共监察企业977家次。同时，西山区环境保护局有针对性地分行业、分片区、分重点开展环境专项执法系列行动约10次，打击环境违法行为。投入资金3.6亿元完成海口河水环境综合整治二期工程，老运粮河、西坝河等6条河道断面水质达标；加强滇池及河道水体保洁，打捞清运垃圾2 200吨；投入资金5亿元完成王家堆生态湿地项目拆迁工作。完成金家河、采莲河等3条水系12条支流12.83千米河道整治。滇池湖滨生态建设“四退三还一护”工作，完成退房43.1万平方

米，退1 851户7 404人，建成生态湿地2.18万亩。团结集镇污水收集处理工程启动建设。

新增城市绿地121.36公顷，建成区绿化覆盖率达38.2%。新增造林1万亩，森林覆盖率达58.6%。实施重点减排项目4个。完成2014年石漠化综合治理工程封山育林2 145.53公顷、人工造林289.6公顷。

2015年，投入滇池流域水环境整治、"四退三还"、西山区滇池草海保护治理和污水处理厂运行技改等项目资金和社会环保投资共14.6亿元。

【科技】 2015年，培育推荐认定各级各类创新型企业57家（个）。其中，国家高新技术企业11家、云南省科技孵化器1个、云南省重点新产品11个、云南省科技型中小企业3个、云南省重点实验室3个、云南省工程技术研究中心2个、昆明市企业技术中心认定5个、昆明市工程技术中心1个、昆明市科技创新型试点企业3个、区级创新型企业13个、西山区专家工作室4个。

2015年，科技计划项目立项33个项目。科技计划项目投入区级科技研发经费322万元，带动企业投入科技研发经费4 889.13万元。云南光谷光机电科技孵化器孵化企业共41家，企业毕业10家，服务企业辐射至海口街道办事处。在孵企业产值3 189.2万元，毕业企业产值1.31亿元。

9月1日，西山区对2014年科学技术进步奖与专利奖、2014年科技创新认定（评定）奖、西山区第四批创新型企业共50余个项目30余家企业进行表彰，共授予科学技术进步与专利奖9项，科技创新认定（评定）奖41项，认定创新型企业13家。

2015年，新增昆明市中青年学术和技术带头人3人、后备人选4人，西山区科技人才参与研究和应用的26项成果获得云南省科学技术奖励，其中，科学进步一等奖2项、科技进步二等奖5项、科技进步三等奖19项。

截至2015年末，全区共拥有高新技术企业57家、创新型（试点）企业67家、科技型中小企业21家。共有专业技术人员3.35万人，共培养市级中青年科学技术带头人及后备人才89人次、科技创新团队9个、科技特派员48人、院士（专家）工作站19个。西山区共拥有工程技术研究中心14个（国家级1个）、企业技术中心32个、重点实验室7个（国家级1个）、省级科技合作基地2个、省级产业技术创新战略联盟3个、省级科技孵化器1个、市级科技孵化器1个和市级青少年创新实验室14个。

【教育】 年内，全区共有各级各类学校245所，其中，完全中学10所、普通中学9所、高级中学1所、九年一贯制14所、十二年一贯制2所、小学73所、幼儿园125所、中等职业教育学校10所（含教育科研信息培训中心1个）、特殊教育学校1所；在职教职工9 643人，其中，专任教师7 363人；在校（园）学生12.12万人。区域人均受教育年限11年。

2015年，国家财政性教育经费投入6.63亿元，同比增长9.14%。预算内教育经费投入5.37亿元，同比增长11.3%。完成校舍排危建设7.68万平方米。实施全面改善贫困地区义务教育薄弱学校基本办学条件项目建设1.13万平方米。昆一中西山学校晋升为省一级二等完中。

全年免去全区城市义务教育阶段学生学杂费471万元，惠及学生3.84万人。投入农村义务教育阶段学校公用经费596万元，惠及学生9 068人。为全区义务教育阶段公办学校学生提供免费教科书，惠及学生11.76万人次。发放义务教育阶段寄宿生生活费补助340万元，惠及城乡学生3 237人。提高农村义务教育阶段学生营养改善补助标准，投入资金974.24万元，全面覆盖海口、碧鸡、团结3个涉农街道办事处16所学校，惠及学生春季1.22万人、秋季1.22万人。

发放学前教育家庭经济困难儿童资助26.19万元，春季学期惠及儿童998人，秋季学期惠及儿童748人。规范开展普通高中国家助学金资助及提标工作，春季学期惠及1 624人，秋季学期惠及1 406人。发放"春蕾计划"资助金25.88万元。落实中等职业学校国家助学金和免学费政策，发放助学金856万元，惠及学生4 280人；发放免学费资金1 800.2万元，惠及学生9 001人次。发放昆明市考入全日制普通高等院校贫困新生政府资助（行装补助）21.6万元，惠及学生136人。

【文化、旅游】 2015年，西山区完成全国重点文物保护单位"石龙坝水电站"三期工程的修缮和全国重点文物保护单位"惠光寺塔和常乐寺塔"保护设施建设项目。完成西山区第一次全国可移动文物普查，鉴定和登录可移动文物410件（套）。

年内，举办"魅力碧鸡　和谐西山"广场系列活动12场、"中国梦·春意盎然"2015年春城文化节西山迎新春文艺演出、"中国梦·春舞大地"2015年春城文化节系列活动西山区分会场展演、西山区2015年"风·雅·颂——国学经典诵读"比赛活动、"童心筑梦"少儿书画作品展、"小手拉大手文明乘地铁"少儿绘画比赛、"中国梦·云南情—2015年春节西山区社区综合文体活动"等惠民演出10场。

全区有馆外图书流通点51个、农家书屋103个。全年送分馆及流通点流通图书2.94万册次。7月6日，西山区盛高大城社区被云南省文化厅列为"文化惠民"示范社区创建项目。

2015年，全区监测范围内的旅游企业共接待游客1 104.12万人次，同比增长10.01%；实现旅游收入116.79亿元，同比增长15.84%。全区共有旅游景区点12个（其中市属2个），A级景区4个，旅行社12家（含服务网点备案），星级宾馆酒店11家，乡村旅游经营户及度假山庄172家，其中星级乡村旅游经营户80家。

【社会保障】 2015年，全区收集有效就业岗位2万个，实现城镇新增就业1.96万人，城镇登记失业率控制在3.09%以内。帮助困难人群稳定就业，开发公益性岗位650个，安置297名就业困难人员上岗，发放公益性岗位补贴413万元，发放公益性岗位社会保险补贴 67.7万元。大力开展再就业援助活动，为1 982名“灵活就业”的就业困难人员落实社会保险补贴525.1万元。

2015年，西山区基本社会保险参保90.17万人次。其中，城镇职工养老保险、城乡居民养老保险、城镇职工医疗保险、城乡居民医疗保险、失业保险、工伤保险和生育保险参保人数分别为15.51万人、8.36万人、17.39万人、21.52万人、9.99万人、9.41万人和7.99万人。全区城镇居民社会养老保险参保人数8.33万人，被征地人员社会养老保险待遇领取1.24万人，发放养老金共5 636.29万元。

2015年，全区共有低保户7 079户9 241人，共发放低保资金4 734 万元。全区“一站式”医疗救助机构5家，共救助1 207人次，支出168.35万元。开展“寒冬送温暖”等多项救助流浪乞讨人员专项工作，共救助1 128人次。12月，向全区3个涉农街道办事处和西山风景区管委会发放冬春期间救济粮60吨，切实保障2 000余名缺口粮群众的基本生活；向全区10个街道办事处、西山风景区管委会发放冬春御寒衣被2 540件（套），确保冬春期间1 878名缺衣少被困难群众基本生活。

年内，全区城镇常住居民人均可支配收入达3.47万元，农村常住居民人均可支配收入达1.54万元，分别增长8.4%和10.4%。

（刀培凤）

东川区

【年内大事】 1月13日 云南省政府党组成员、省移民工作领导小组组长张登亮带领省移民局、三峡集团公司、华东设计院等相关部门领导到昆明市东川区调研白鹤滩水电站东川库区移民搬迁前期工作情况。

1月 东川公安局举行派出所消防中队成立授牌仪式，东川9个派出所消防中队正式运行工作。

2月3日 中国科学院昆明分院党组书记、研究员周杰、中国科学院成都山地所所长、研究员邓伟率队到东川调研泥石流山地灾，为今后在东川成立院士工作站收集资料。

2月6日 东倘公路（东川至乌龙段）乌龙隧道主体提前贯通。隧道全长554米，设计时速40千米/小时，2014年6月3日开工。

2月10日 东川展览馆、东川微电影基地正式揭牌，总占地面积287平方米。

2月25日 《东川发布》微信发布“东川十大历史建筑（沙画）视频”。

3月14日 东川举办金沙江畔（昆明·东川）新春诗会。

3月 拖布卡镇被省政府列为第九批“云南省生态文明乡镇”。

1—3月 东川在城乡社区、农村、学校、窗口单位设立善行义举榜65块，表彰先进事迹194人次。

4月10日 东川选定和平广场、明月中学、东川一中操场、东川二中操场、湿地公园、区职成教中心、东川四小操场、东川区田径场为东川应急避难场所，并设指示牌、引导牌。

4月25日 昆明市东川金水矿业有限公司发生落雪铜矿“4·25”较大中毒事故。12月7日，省安监局在网上发布《故调查报告》，《报告》称，“事故造成9人死亡，19人受伤，直接经济损失728万元”。

6月26日 东川区溜索改桥项目正式开工建设。

7月8日 在乌龙镇召开东川区农村土地承包经营权确权登记颁证（试点）工作会，计划2016年全面推开土地承包经营权确权登记颁证工作。

7月13日 经省委组织部、省人社厅组织专家遴选，东川泥防所成为全省水利行业唯一一家获批授牌“云南省首批专家基层工作站”。

8月31日 功山—东川高速公路开工建设。

8月31日 东川设立市府街、炎山路、凯通路、古铜路、桂苑街、白云街、碧云街、团结路、集义路9个严管街。

9月16日 昆明血液中心与区人民医院共建的爱心献房车（位于钻石年华）正式运行，是昆明市非主城区第一个固定献血点。

9月29日 区工商局发出首张统一信用代码的营业执照，标志着东川区“三证合一、一照一码”登记制度改革正式启动实施。

同日 全面启动第二次全国地名普查工作；12月17日，召开目录审核会。至12月31日上报目录3 610条（5镇1街道3 012条，托管乡镇598条）。

10月1日起 实行城镇居民用水阶梯水价，10吨以内为1.6元/吨，10吨—15吨为2.4元/吨，超过15吨3.2元/吨。

10月7日 市委书记程连元率拉玛·兴高、方国兴、柳文炜、孟庆红到东川调研。

10月12日 全区整合土地、房屋、林地、草原登记职责，在区国土局成立不动产登记中心。

10月20日 中铁二院集团公司副总经理、总工程师许佑顶带领渝昆高铁选线专家组20余人到东川进行实地踏勘。

10月30日至11月3日 全国25个省市自治区的100家媒体共122名报纸副刊记者、编辑到东川采风，并举办中国报纸副刊研究会年会。

11月3日　东川模拟6.5级强震，开展地震应急救援实战演练，市防震减灾局、市民政局亲临指挥。

11月5日　区法院首次公开随机选择拍卖机构推进阳光司法。自2015年6月起，原统一由昆明市中级人民法院承担的全市法院对外委托司法鉴定、评估、拍卖工作实行分级管理。

11月15日　金东大桥先导索（重约10吨）成功跨江，工程从下部施工转入上部施工。

11月20日　东川区不动产登记中心挂牌成立。

11月　金桥社区被评全国侨办授予“全国社区侨务工作明星社区”称号。

12月20日　区人民医院新区正式开业接诊。

12月21日　召开全区机关事业单位工作人员养老保险改革启动部署会，全面启动此项工作。

12月30日　东川区权责清单经第45次常务会审定通过。经汇总，东川区政府部门中，除区政府办、区监察局2部门无列入权责清单的行政职权，其余29个部门，1个街道及5个镇共梳理行政职权6 223项，对应的责任事项4 8971项，对应的追责情形4 0761项。

是年　云南机电职业技术学院东川校区学生发明“碱发蓝技术”。该技术操作简单，加热时间只需20分钟，生产成本降至0.3元/千克，相比“冷发蓝术技术”成本的1.9元/千克，生产成本降低84.2%，而且防锈、防腐效果更好。目前，该技术拟申请国家专利。

【区划、人口】　东川区面积1 858.79平方千米，地处东经102° 47 '—103° 18 '、北纬25° 57 '—26° 32 '之间。东邻会泽县，南倚寻甸县，西与禄劝县毗邻，北连巧家县并和四川省会东县隔金沙江相望，是昆明市最北端。区政府所在地铜都街道办事处，海拔1 254米，距昆明市区公路距离150千米。2015年末，全区辖铜都办事处、汤丹镇、拖布卡镇、因民镇、阿旺镇、乌龙镇、红土地镇和舍块乡，下设130个村民委员会、35个社区居民委员会。其中红土地镇和舍块乡于2010年成建制委托倘甸产业园区管理委员会和轿子山旅游开发区管理委员会管理。2015年年平均气温20.6℃，年平均地温23.9℃，年平均相对湿度为57%，年总日照数为2 127.1小时，年总降水量为806毫米。

东川区坝区人口稠密，山区稀疏。2015年末全区户籍总人口318 753人，比上年末314 374人，增加4 379人，增长1.33%，其中男性164 800人，女性153 953人；城镇人员116 678人，乡村人员202 075人；少数民族24 980人。

【经济综述】　2015年全区地区生产总值完成75.7亿元，同比增长7%；一般公共预算收入完成5.5亿元，同比下降22%；固定资产投资完成103亿元，同比增长22%；城镇常住居民人均可支配收入同比增长9%，农村常住居民人均可支配收入增长11%；社会消费品零售总额完成19.9亿元，同比增长14.5%。全年存款余额111亿元，同比增长1.56%；贷款余额65.26亿元，同比增长6.03%。

【农业】　2015年，东川农业围绕东川干热河谷特色农业产业开发，加大农业生产投入，加强农业基础设施建设，加速推进农业产业化经营，加快转变农业发展方式。全年农作物种植面积37.69万亩，其中，完成粮食作物播种面积25.08万亩，完成全年目标任务的100.3%；蔬菜及其他经济作物完成12.61万亩。全年粮食作物总产量7.04万吨，完成全年目标任务的103.5%。2015年，全区农林牧渔业总产值完成128 310万元，完成全年目标任务的103.5%。其中，农业总产值完成45 111万元，渔业总产值1 111万元（未完成目标任务）。农村经济总收入完成161 036万元，同比增长13%；农民人均纯收入6 730元，同比增长12%。

发展龙头企业，提高农业产业化经营水平。通过培育扶持，省、市两级认定为农业产业化重点龙头企业共20家，分别从事种植、养殖、加工和生物制药等行业。2015年，20家龙头企业总产值39 720万元，营业收入34 265万元，利润总额8 198万元，上缴税金250万元，带动农户81 430户。

【工业园区建设】　2015年，入驻园区企业116户，其中规模以上企业25户。完成工业总产值118.54亿元，同比增长10.8%；规模以上工业增加值完成28.03亿元，同比增长39.11%；主营业务收入完成160.08亿元，同比增长24.33%；规模以上工业主营业务收入完成96.62亿元，同比下降13.86%；规模以上工业利税总额完成1.26亿元，同比下降64.8%。完成工业固定资产投资17.33亿元，同比增长27.61%；基础设施投资完成3.42亿元，同比增长60.56%。全年完成收储土地面积632.77亩，同比增长52.65%；土地供应比率92.4%，同比增长0.43%。完成亿元竣工项目1个，完成亿元开工项目2个，新增规模以上企业4户，超额完成1户。

【扶贫工作】　2015年，区扶贫办向上争取项目资金，投入各类扶贫资金1.51亿，其中，省市财政扶贫资金10 751.4万元，到户贷款2 500万元，社会扶贫资金1 809.4万元，减少贫困人口22 637人，超额完成指标任务7人。年内，完成4个项目包装，即2015年度扶贫开发行政村整村推进项目，总投资1 820.03万元，涉及全区3镇6个贫困行政村2 651户10 868人，项目主要以基础设施建设、增收产业培育、环境与生态建设、社会事业建设为重点；铜都街道扶贫开发整乡推进项目，总投资14 884.03万元，项目主要以产业发展、基础设施、人居环境、能力提升、社会事业、生态环保为重点；2015年度扶贫开发市级自村村整村推进项目，总投资568万元，涉及全区5镇1街道、20个行政村23个自然村1 396户5 583人，项目主要以基础设施建设、增收产业培育、环境与生态建设为重点；2015年度扶贫开发省级自然村整村推进项目，项目总投资585.7万元，涉及全区3镇1街道、8个自然村989户3 851人，项目主要以基础设施建设、增收产业培育、环境与生态建设为重点。

专项扶贫工作。整乡推进：阿旺镇整乡推进项目完成总任务数的80%；铜都街道整乡推进扶贫开发项目下达资金文件1 000万元，进入项目实施阶段；乌龙镇整乡推进扶贫开发项目实施方案通过市级审核，并作为全市范本推广，待省办评审后组织实施。宜居农房建设：2014年度宜居农房建设3 484户通过区级验收；2015年度宜居农房建设项目因上级资金未到位，至年末完成2 863户建设任务的30%。整村推进：完成2014年自然村整村推进项目省级6个、市级25个，省级行政村整村推进项目7个，2015年市级自然村整村推进项目23个、省级行政村整村推进项目6个；组织实施省级自然村整村推进项目8个。易地开发扶贫：2014年度实施75户242人的易地扶贫搬迁项目，至年末完成总任务数的50%；组织实施2015年易地搬迁项目517人。劳动力转移培训：年内完成劳动力转移培训1 508人。产业扶贫：2014年完成3个产业扶贫项目。2015年实施5个产业扶贫项目。扶贫安居工程：2014年任务完成，组织实施2015年781户。到户贷款：全年发放到户贷款2 500万元。项目贴息贷款：实施项目贴息贷款2 000万元。贫困村互助资金试点：2015年实施贫困村互助资金试点项目资金50万元。雨露计划：东川作为新增的全省雨露计划实施方式改革试点县，是昆明唯一纳入雨露计划实施方式改革试点县。项目自2014年9月启动后，共有300余名建档立卡贫困学生得到帮扶。革命老区项目：实施革命老区项目2个。

年内，共投入社会扶贫资金1 809.4万元。“圆梦832”于5月6日签订项目合作协议，6月5日东川扶贫教育基金正式上线，开始筹建乡贤数据库。

至年末，盘龙区安排财政预算资金2 500万元，到位1 000万元，高新区到位200万元，市轨道交通集团公司到位50万元，市交投公司到位206.4万元。东川区对口帮扶阿旺镇，区级投入和整合资金2 471.67万元。

【城乡建设】 市政道路项目建设：实施东起路南延线道路项目、环城南路、尼拉姑防洪沟南规划路3条城市道路建设。

重点工程建设：2015年区政府下达住建局20项重点工程建设任务，其中3项工程提前完成目标任务，分别是阳光丽景、铜都瑞源、建筑弃土场。新建项目5项：分别是阳光丽景、铜都游乐城、春晓路端头、城市排水管网建设、保障性住房（2015年未下达任务）。续建项目12项：分别是瑞丰国际、玉泰尚城四期、东起路商业步行街、铜都瑞源、查子树片区城中村改造、凯通汇都中心、昆明市东川区2014年公共租赁住房建设项目、金江路北延线、东起路南延线、环城南路、昆明市东川区2014年金沙片区城市棚户区改造项目、昆明市东川区2013年城市棚户区改造项目。前期项目3项：分别是再生资源利用、建筑弃土场、南片区农贸市场。全区城镇化率达49.6%，建成区面积扩大到12.5平方千米。

【生态建设】 2015年，完成造林4万亩，实施退耕还林4.5万亩、林下经济开发0.5万亩，新增绿化面积8.7公顷，其中附属绿地面积6.7公顷，公园绿地2公顷，森林覆盖率达33%。全面实施环境保护。以实施“五个行动计划”为抓手，大力深化污染减排，全面推进水、大气、重金属、固体废物、农村环境等污染整治，《昆明市东川区重金属污染综合防治实施方案》通过国家有关部委的竞争性评审，获得2.6亿元资金支持。加快尾矿库建设步伐，扎实推进紫牛、乌龙河、干塘子尾矿库前期工作；投入使用红卫山尾矿库、龙头山

荒山变绿　（东川区史志办　供稿）

干堆场。推动生态乡镇、市级生态村创建活动，超额完成全区80%生态村创建任务，启动乌龙镇申报国家级生态乡镇工作。加强企业排污监督管理，对辖区范围内59家矿山企业进行环保专项监察，依法查处各类环境违法行为33件，基本理清了数十年来东川区矿山企业遗留的环境问题。组织编制《东川区2015年度地质灾害防治方案》《东川区2015年度突发性地质灾害应急预案》，排查确定2015年东川区直接威胁群众生命财产安全的地质灾害隐患点321个，推进乌龙镇地质灾害治理工程建设，争取铜都街道、阿旺镇、因民老矿区地质灾害治理工程项目立项。

【招商引资】 2015年，东川区完成省级下达招商引资任务33.6亿元，完成全年目标任务32亿元的105%，市级考核认定内资30.5亿元，完成全年目标任务30亿元的101.7%；市级考核认定外资886万美元，完成全年目标任务800万美元的110.8%。区外新引进项目49个。全区共争取国家和省、市项目资金17亿元（其中国家6亿元、省级8.5亿元、市级2.5亿元），在昆明市各县区排名第三，第三板块排名第三。

【文化旅游】 2015年，切实推进乡村旅游建设项目。在2014年 8 个村进入国家级旅游扶贫试点村行列的基础上，2015年初又申报两个村为国家级旅游扶贫试点村。选派大寨村、李子沟村两个村的村干部代表参加全国旅游扶贫示范村开发建设培训。加快李子沟省级民族特色旅游示范村项目建设，特色旅游接待设施、文化广场建成并投入使用。区级重点建设项目玉龙潭温泉山庄一期工程顺利完成投入运营；东吉温泉度假山庄项目进展顺利，露天泡池开始试营业；三江口特色旅游度假山庄初具雏形。

牯牛山景区旅游开发项目和索道建设项目进展顺利。对原规划进行修编，包装10余个子项目开始对外招商。区级督查项目牯牛山旅游开发项目和索道建设项目取得进展，其中，与索道建设相配套的2.9千米游客步道建设项目接近尾声，牯牛山旅游开发建设迈出实质性步伐。

全年，东川区旅游业发展稳定，共接待游客45.31万人次，同比39.88万人次增长13.6%；旅游收入1.44亿元，同比1.22亿元增长18.34%，突破历史新高。

【社会事业】 2015年，全区小学入学率99.4%，初中入学率99.1%，高中阶段毛入学率69%。区教育局获2015年昆明市高中教育质量考核一等奖。不断扩大社会保险覆盖面，城镇基本医疗保险参保总人数达26.29万人；保障城乡低保居民56 330人，发放最低生活保障金14 197.4万元；实施医疗救助25 054人次，发放救助1 502.85万元。就业工作稳步推进。完成农村劳动力转移培训18 119人，完成农村劳动力转移就业13 151人；提供有效就业岗位3 409个，完成城镇新增就业3 209人，城镇登记失业率下降至9%以内。保障性住房建设进展顺利。保障性住房续建项目完成投资8 270万元，基本建成210套保障性住房。

【社会治安综合治理】 围绕“平安东川”建设，完善社会安全基础设施建设，推进社会治安综合治理、“质量强区”战略、安全生产监管、食品药品监管、防灾减灾救灾等工作，进一步提升公共安全保障能力。通过连续4年长效运行“严打整治”，东川刑事案件进入低发期，视频监控建设做到主城区全覆盖，社会身份实名制建设初具规模，“东川110”微信号吸引6万余人关注，重点人员管控等基础工作更加夯实，打击违法犯罪核心战斗力进一步提升。在交通执法上有重大突破：查获酒后驾驶1 272起，是前3年平均数的27倍，交通事故受伤人数减少439人。

【精神文明建设】 广泛开展社会主义核心价值观主题实践活动。策划制作刊播公益广告，提升市民文明素质；开设道德讲堂，传承传统美德；举办主题演讲，传扬东川精神；开展“我们的节日”主题活动，弘扬中国传统文化；举办“童心向党”歌咏比赛活动，扎实推进青少年思想道德教育。

深入挖掘选树推广先进典型。深入开展“昆明好人评选”活动，向市文明办推荐昆明好人候选人10人，共有5人进入投票阶段。开展评选表彰东川区道德模范暨推荐第四届昆明市道德模范工作，评选出东川区道德模范10人，推荐5人参加第四届昆明市道德模范评选。开展评选最美家庭活动，评选出10户最美家庭。

大力开展文明创建活动。印发《东川区群众性精神文明创建活动奖励办法（试行）》，深入推进文明村镇、文明单位、文明社区创建工作。成功申报创建省级文明单位8个、文明小城镇1个、文明村4个，省级文明交通示范社区、村、企业各1个。

广泛开展志愿服务活动。开展“红十字应急救护”志愿服务进社区活动、“学习雷锋 奉献社会 东川区城乡清洁工程志愿者在行动”“创三优·迎南博”“国际志愿者日”等主题志愿服务活动。

（聂东丽　赵玉沛）

呈贡区

【年内大事】 1月4日　内蒙古自治区党委副书记李佳率内蒙古自治区考察团到呈贡区参观考察。考察团一行先后深入吴家营街道万溪冲社区、云南白药集团实地了解美丽乡村建设、特色产业培育情况。

1月9日　由市、区妇联主办，区总工会、团区委协办的旨在为未婚男女青年提供交友平台、解决婚恋问题的首届“真情相约·牵手呈贡”联谊交友活动在呈贡区伟诚农庄举行，来自9所驻呈高校、市级行政中心、呈贡区各机关事业单位和驻呈部队的440名单身青年男女参加活动。

1月15日　呈贡区斗南第一小学项目开工建设。该项目是呈贡区“校舍安全排危重建校安工程”项目，总投资1.41亿元。项目建成后，将合并斗南、梅子、殷联、小古城4所小学，以解决斗南片区户籍人口适龄儿童和部分外来务工人员随迁子女就学问题，彻底结束斗南街道在板房和B、C级危房内办学的历史。

1月16日　呈贡区昆百大为乐大卖场“新都会店”正式开业。呈贡区昆百大项目总建筑面积10余万平方米，总投资6.2亿元，为集购物消费、餐饮娱乐、休闲体验、生活服务于一体的多功能、全业态、复合型现代化购物中心，是呈贡区目前开业的最大综合性商业项目。

1月15—20日　由省花卉产业联合会牵头主办的第十六届中国昆明国际花卉展、2015年昆明（斗南）中国盆景精品邀请展暨云南赏石根艺展在呈贡斗南国际花卉产业园区举行。来自全国各地的93户企业、600件盆景赏石根艺术品参展。展会期间，举办了花卉产业发展论坛及盆景拍卖等活动。

1月20日　中共中央总书记、国家主席、中央军委主席习近平到建设中的昆明火车南站考察。

1月22日　呈贡区召开深入开展“三严三实”和“忠诚干净担当”专题教育动员大会，对全区的专题教育活动进行安排部署。市委第六巡回督导组全体人员，全区副科级以上干部等参加会议。

1月26—30日　呈贡区召开第二届人民代表大会第三次会议。期间，补选尹家屏为昆明市呈贡区人民政府区长。

2月12日　第十八届中央委员、中国残联副主席、全国政协社会与法制委员会副主任王新宪一行到呈贡区调研残疾人工作。对全区的残疾人工作给予了充分肯定。

3月2日　惠景园小学正式投入使用，接纳新区第一小学四、五年级学生就读。惠景园小学为呈贡新区第一小学的分校，办学规模为24个班，与新区第一小学采取“一校两点”和同一套师资队伍的办学模式。

3月5日　全市重点项目3月份集中开工仪式在呈贡区“兴治国际”项目现场举行。市四班子主要领导，市属各县区党政主要领导等参加开工仪式。

3月8日　昆明斗南花卉交易市场整体转场搬迁至斗南国际花卉产业园一期“花花世界”。“花花世界”属国家级斗南花卉市场建设项目，按照国家4A级风景区规划建设。拟建成云南旅游观光新地标。

4月20日　昆明医科大学第一附属医院呈贡医院正式开业。呈贡医院占地面积544亩，总建筑面积37.73万平方米，设置病床2 000张，于2005年3月批准建设，现已完成项目的一期建设，总建筑面积16.2万平方米，设置病床1051张。

4月23日　来自26家中央和省、市级新闻媒体的记者到呈贡参加2015年呈贡新区第一次宣传策划会及采访活动。与会记者先后深入呈贡新区管委会、昆医附一院呈贡医院、昆百大新都会购物中心、经开区王家营物流片区、阳宗海嘉华食品公司、火车昆明南站、高新区龙津药业公司、度假区捞鱼河湿地公园进行实地采访，并为加大呈贡新区宣传力度和促进新区发展出谋划策。

4月　国家发改委发布61个中小城市综合改革试点城市名单，呈贡区为云南省入选名单的2个县（区）之一。

5月8日　省委副书记钟勉到呈贡区万溪冲社区调研美丽乡村建设工作。钟勉指出，要因地制宜，挖掘乡土元素，保留原始村落肌理，结合现代生活需要，建设宜居宜业宜游的美丽乡村。

5月13日　省政协副主席罗黎辉率部分省政协常委、委员及有关专家学者到呈贡区开展“云南名人故（旧）居的保护和利用”重点调研。调研组在实地调研冰心默庐、大古城魁阁（费孝通旧居）的保护和利用情况后指出，在今后的工作中要规范管理，建章立制；要尽量保留名人故居的原真性，使其历史文化得以延续。

5月14日　国务院副秘书长、国家信访局局长舒晓琴率调研组到呈贡区调研信访工作。调研组一行在实地察看吴家营街道办事处为民服务中心、昆明火车南站建设工地、沐春园小区失地农民安置房建设并听取有关情况汇报后，对呈贡区的信访工作给予肯定。

6月11日　呈贡区文学艺术界联合会举行第一次代表大会。会议总结区文联10余年来的工作情况，选举产生区文学艺术界联合会新一届委员和领导班子，审议通过区文联工作报告、章程和会议决议。

6月13日　昆明市在呈贡区浪潮昆明云计算产业园举行41项市级重点项目暨浪潮昆明云计算产业园集中开工仪式。此次集中开工的41个项目涵盖了基础设施、商贸物流、农业、文化旅游等多个领域，含内资项目39个，预计总投资191.42亿元，外资项目2个，预计总投资2.58亿美元

6月26日　呈贡区人民政府与天津股权交易所正式签订战略合作协议，标志着天津股权交易所正式落户呈贡。

7月6日　昆明市中医医院呈贡医院正式开业。该院占地面积124亩，总建筑面积12.9万平方米，总概算投资8.6亿元；设置病床位1 000张。是区境首家开业的大型中医医院，也是全省目前规模最大的一所中医药特色突出的中医医院。

7月14日　呈贡区龙街小学扩建项目移交仪式在呈贡新区二小（龙街小学）新教学楼举行。龙街小学扩建项目是区委、区政府确定的“321”工程之一，也是呈贡新区教育投资发展有限公司代建的5个项目之一。移交后，项目将作为新区二小教学楼投入使用。

7月15日　省发改委将火车昆明南站配套建设项目东西广场、联大立交、大渔立交和王家营收费站改造工程纳入省重点建设项目进行管理，进一步推动项目的建设进程。

7月24日　呈贡区郎缪小学建设项目移交仪式在郎缪小学新教学楼举行。郎缪小学是呈贡新区雨花片区村镇搬迁一号地块新建的一所高标准、高配置、高规格的24班现代化学校，将办成九年一贯制学校，以解决社区学龄儿童就近入学的问题。

7月30日　中央督察组深入呈贡区乌龙街道七步场社区，对呈贡区户籍制度改革工作开展专项督查。

同日　“呈贡宝珠梨”云南省地方标准通过审查，成为昆明市第一个国家地理标志保护产品的省级地方标准。

7月　昆明国际花卉拍卖交易中心有限公司的“KIAF”商标被国家工商总局商标局认定为中国驰名商标。

8月5日　呈贡区滇池星城配套中小学项目建成并移交市教育局，昆明第三中学和中华小学将进驻该项目，于2015年9月1日正式投入使用。该项目总用地面积134.82亩，建筑面积55 960平方米，建设规模为48班的标准化城市中学和小学，可招收中小学生4 560人。

8月21日　根据省、市有关通知精神，从2015年9月1日起，呈贡区最低工资标准适用地区类别由二类地区调整为一类地区，月最低工资标准由2014年的1 270元上调至1 570元，小时最低工资标准由2014年的11元上调至14元。

8月25日　呈贡区斗南第一小学项目移交暨斗南学校（新区三小）揭牌仪式在斗南学校举行。该校由原呈贡区斗南中学、斗南小学、梅子小学、殷联小学、小古城小学5所学校合并而成，校区占地面积70.95亩，总投资概算1.41亿元，办学规模为48个教学班，将于9月1日开学。

8月30日　以“和谐、环保、高原体育休闲之都”为主题的2015昆明国际半程马拉松比赛在呈贡市级行政中心开赛。赛事设半程马拉松、10千米跑、4千米跑、迷你家庭跑4个参赛项目，约1.5万名专业选手和长跑爱好者参加不同项目的比赛。

9月19—23日　2015第十一届昆明泛亚国际农业博览会在斗南国际花卉产业园首次设立分会场，省内外近100户知名企业参展。

9月24日　呈贡区区级机关第一届职工健身运动会在市体育学校举行，来自全区区级机关的33支代表队共700余人次参加运篮球迎面接力、大象拔河等7个项目的比赛。

10月28—30日　以“转型、创新、突破”为主题的第十二届中国城市新闻网站联盟年会暨2015年全国城市新闻网站昆明行活动在呈贡区举行，来自全国各地的80余家网络媒体参加本次年会。

11月3日　民盟中央传统教育基地揭牌仪式在呈贡魁阁举行，标志着呈贡魁阁被民盟中央和民盟云南省委、昆明市委正式确定为三级传统教育基地。

11月23日　市委书记程连元，市委副书记、代市长王喜良率有关人员到昆明呈贡信息产业园区调研。程连元对园区取得的成绩给予充分肯定，要求把呈贡信息产业园建设成为全省信息产业发展高地和核心区域，成为全省、全市经济发展新的经济增长点、新的发展动能。

11月25日　在三台山革命烈士纪念碑北侧甬道处建设的呈贡区革命烈士名录墙建成并通过市委党史研究室检查验收。该名录墙镌刻83名为争取国家独立、民族解放、保卫和建设祖国献出宝贵生命的呈贡优秀儿女的简要生平，由区委党史研究室主持建设，总投资约15万元。

12月2日　昆明火车南站主体结构基本完成。其中，屋面钢结构拼装提升完成60%，金属屋面完成20%；南雨棚钢结构全部完成，金属屋面完成90%；北雨棚钢结构完成90%，金属屋面完成40%；出站层装饰装修完成90%。

12月14日　省人民政府办公厅印发《关于认定呈贡信息产业园区为省级工业园区的通知》，确定呈贡信息产业园为省级工业园区。

12月18日　呈贡区引入北京市朝阳区青苗国际双语学校合作兴办的呈贡青苗国际双语学校正式揭牌。市委书记程连元，市委副书记、代市长王喜良，市委副书记、市委政法委书记拉玛·兴高，北京市朝阳区委副书记、代区长王灏及区委副书记、政法委书记陈宏志等领导出席揭牌仪式，王喜良代市长和王灏代区长共同为学校揭牌。

12月24日　呈贡区人民政府举行政府部门权力清单和责任清单新闻发布会，公开向社会公布权责清单。

【区划、人口】　呈贡区位于昆明主城区东南面的滇池东岸，距昆明主城12千米，于2011年5月由呈贡县撤县设区设立。全区国土面积510.2平方千米，辖10个街道65个社区。2008年5月1日，区辖马金铺、大渔、洛羊3个街道由县人民政府分别委托昆明高新区、旅游度假区、经开区管委会管理，托管面积分别为86.88、24.99、71.44平方千米。2010年7月1日，区辖七甸街道由县人民政府委托阳宗海管委会管理，托管面积126平方千米。2015年末，全区辖区面积510.2平方千米。其中，呈贡区委、区政府实际管理龙城、斗南、吴家营、洛龙、乌龙、雨花6个街道29个社区203个居民小组，实管面积200.89平方千米；托管4个街道36个社区190个居民小组，托管面积309.31平方千米。全区户籍人口66 513户192 611人（含托管30 904户86 351人），其中男94 999人，女97 612人，分别占户籍总人口的49.32%、50.68%；乡村人口56 719人，城镇人口135 892人，分别占户籍总人口的29.45%、70.55%；少数民族人口12 597人，占户籍总人口的6.54%；全年出生人口2 207人，死亡人口872人，人口自然增长率为5.85‰。全区常住人口约33.2万人，常住人口密度为每平方千米651人，其中户籍人口密度为每平方千米378人。

【经济综述】 2015年，呈贡区全面完成“十二五”规划和“昆明呈贡新区突破崛起三年行动计划”各项目标任务。年内，全区地区生产总值完成180.42亿元，比上年增长10%，与2010年相比增长2.5倍；地方一般公共预算收入完成17.49亿元，比上年增长22.38%，与2010年相比增长2.54倍；规模以上固定资产投资完成210.94亿元，比上年增长31.1%；实现社会消费品零售总额38.3亿元，比上年增长12.6%；引进市外内资49.91亿元、省外内资42.27亿元、外资23418.5万美元；三次产业结构由上年的3.67：49.49：46.84调整为2.7：54.82：42.48；城镇居民人均可支配收入为34 352元，比上年增长8.3%；农村常住居民人均可支配收入15 164元，比上年增长10.2%。年末，全区金融机构各项存款余额351.33亿元，比上一年末增加41.99亿元，增长13.57%，其中个人储蓄存款余额170.19亿元，比上一年末增加14.38亿元，增长9.23%；各项贷款余额202.45亿元，比上一年末减少3.1亿元，增长-1.51%。

【新区建设】 园区建设取得新突破。昆明呈贡信息产业园区获批为省级工业园区，园区各项规划已编制完成，一期规划建设方案获省政府批准，并争取到国家、省、市资金8亿元；成功引进浪潮昆明云计算产业园、云南移动信息技术中心、云上云·云南省信息化中心（首期）、呈贡科技信息产业创新孵化中心4个产业项目落户园区并已启动建设；一批道路、电力专线等基础设施项目开工建设。斗南国际花卉产业园区一期建成投入运营，并成功举办第十一届中国昆明泛亚国际农业博览会斗南花卉分会场展会，二期建设按期推进，实现产值42.92亿元。三台山文化旅游产业园区建设有序推进，兴冶国际及周边配套道路、西口景观视廊一期加快建设，完成投资6.93亿元。金融产业园区建设积极推进，年内完成投资19.24亿元；云投基金公司、中信银行呈贡支行等40余户企业入驻园区。昆明医疗医药康体产业园区基础设施建设积极推进，与启迪控股有限公司签订《全面战略合作框架协议》，实现产值55亿元。

重点项目稳步推进。火车昆明南站站房主体封顶，东西广场及周边6条市政道路等配套设施建设快速推进；七彩云南·第壹城、实力心城、惠景园、蓝光天骄城等项目建成交付使用；滇池明珠广场一期、昆明置信银河广场、新都昌广场、中国移动呈贡通信楼、花香满径、雨花国际商务中心等项目正加紧建设；全年完成征地1 005.92亩，拆除建（构）筑物6.56万平方米，搬迁苗木521.6亩，迁改管线37条，完成白龙潭社区746户1 571人整村搬迁工作，保障了火车昆明南站等国家、省、市重大项目建设用地需求。

市政配套更加完善。地铁1号线呈贡支线盾构全线贯通，其他工作正常推进；完成43号等3条道路6.88千米建设工作；联大立交、花都路、龙兴路及国道213线改扩建等基础设施建设加紧实施；王家营收费站、呈贡立交改造、石竹路等一批建设和改造项目已启动前期工作；10千伏斗南变电站电力通道和米兰园片区自来水供水管网建设完成；百大新都会、七彩云南·第壹城、实力心城等一批商业配套项目招商进展顺利；昆医附一院呈贡医院、市中医院呈贡医院正式营业；惠兰园标准化生鲜市场建成投入使用。

【城市管理】 年内，呈贡区加强环卫基础设施建设，持续开展市容环境综合整治，查处违法建设和占道经营、小广告等违法行为，拓展数字城管系统功能，用数字化、信息化、精细化管理城市，全力打造优美、整洁、宜居的城市环境。严格城市道路桥梁养护，提升道路的通行能力。年内，投入566.5万元，完成彩云路、石龙路、祥园路、环湖东路、景明路、联大街等道路296处破损点位的修复工作；投入45.1万元，设置彩云路小王家营限高杆。强化桥梁管养。年内，投资60万元对呈黄立交桥、春融东路（教堂段）跨线桥、驼峰街（昆玉高速）跨线桥、锦绣大街跨洛龙河桥、景明北路洛龙河桥5座市政桥梁进行检测；投资45万元，完成捞鱼河桥的维修加固，重新铺装层沥青路面866平方米，粘贴梁体钢板652平方米。完成小王家营立交桥、彩云路昆玉路跨线桥、呈黄立交桥桥梁总长9 310米护栏的刷漆翻新工作。开展燃气安全管理，对辖区内36户液化石油气供应站点进行6轮全覆盖安全大检查，消除安全隐患3户，取缔合并1户，对辖区384个破损消火栓进行及时更换和修复。规范户外广告设置，提升城市形象品质。年内，拆除户外广告、店招店牌 2 150块，清除乱拉、乱挂的布标、布幔305块，拆除违规广告274块。加大市容市貌整治力度，采取人性化管理及疏堵结合的方式整治占道经营。年内，说服教育清理占道经营、店外经营8.15万件，清理流动摊贩摆摊设点2 201件，取缔占道经营摊点513件，处罚占道经营116件。整治车辆乱停乱放。年内，说服教育乱停乱放车辆的车主2.36万人次，处罚乱停乱放车辆207辆，暂扣电动车、摩托车229辆。采取清、抓、疏、引的方式整治散发小广告行为，共查处散发小广告行为1 830件，处罚散发小广告行为35件，清理墙体广告、横幅3 905件，收缴宣传小广告45.69万份、宣传册1 174册、布标803余块、彩旗386支。加强小广告清除理工作，清除辖区主次干道建筑物外立面、公交站台、果皮箱、路灯灯杆等设施上粘贴、喷涂的各类小广告14万余条。规范工地和渣土运输管理，要求施工工地进出口处地面进行硬化处理，设置车辆过水池、沉淀池、过滤池及车辆清洗设备。年内，审批弃土运输建筑工地15户，审批调拨回填点7个、弃土消纳场2个，办理《昆明市建筑垃圾运输处置备案卡》1.58万张，检查渣土车3.21万辆，查处各类违章车辆（密闭不严、无证运输建筑垃圾、路面污染等）498辆，其中，路面污染25辆，污染面积3.05万平方米。加强违法建设综合整治。年内，查处违法违章建设40件，暂扣施工工具91件、车辆6辆，助拆、强拆违法违章建筑5宗、面积6 290平方米，拆除围栏约100米。提升数字化城市管理水平。年内，数字城管系统共受理数字案件15.29万件，结案15.09万件，案件处置率为98.66%。加大违法违章案件处罚力度。年内，共处罚各类违法违章案件522件，其中，简易程序处罚129件、一般程序处罚393件，罚款153.8万元；处罚违章运输建筑垃圾案件364件，涉及违章车辆420辆次；处罚污染路面案件35件，涉及污染面积1.15万平方米。加大城市保洁力度，坚持城市道路每周冲洗不少于1次，晴天洒水降尘3次；每周对果皮箱、垃圾桶、公交站台进行一次大清洗，确保设施的干净整洁；每周安排护栏清洗车对全区约19千米交通隔离栏进行清洗，保洁人员配合清洗护栏死角，确保交通隔离栏的干净整洁。加强生活垃圾清运处置工作，全年清运、处置生活垃圾8.46万吨，全部运往垃圾焚烧发电厂进行无害化处置。加快推进环卫基础设施建设和维护。年内，新建公厕6座，提升改造公厕2座，购置高压洗扫车9辆、新能源环卫车辆40辆，完成全区3 000余只果皮箱统一刷漆翻新工作，提升改造城区22座垃圾房。强化城市照明设施管养，全区城市照明设施亮灯率达99.69%以上。

【生态建设】 2015年，呈贡区坚持生态立区，紧紧围绕“绿色新区”“生态呈贡”的建设目标，加快宜居宜业宜商的高原湖滨生态城市建设力度。园林绿化成效明显。进一步巩固和提升园林绿化品质，大力开展增绿补绿工作，生态园林城市创建成果显著。继续开展“十万人种百万棵树”活动，在梁王路、致远路、博大路的人行道外围种植杨树6 500株，在雨花社区种植杨树1 200多株，在大方居种植杨树1万株，在雨季种植香樟、栾树、枫香、云南樱花、杨树等乔木1.21万株。完成环湖路（呈贡段）绿化景观提升改造，种植各类乔木2 423株、地被2.8万平方米。完成彩云路、春融街、呈黄路、兴呈路、环湖路、雨花路、驼峰街进行景观提升改造。深入开展“十万人种百万棵树”活动，推进“省市联动·绿化昆明·共建春城”义务植树活动，扎实开展“五采区”、石漠化、荒山荒坡生态修复治理。年内，全区新增绿地面积128.27公顷，其中，公园绿地37.24公顷、附属绿地37.73公顷、防护绿地20.83公顷，生产绿地32.47公顷，新增植树198.6万株，其中直径8厘米以上乔木3.56万株，全区绿化覆盖率为48%，城市绿地率为42.99%，人均绿地面积为22.51平方米。加大公园改造力度。年内，完成三台山公园灯光亮化，东骧阁修复，革命烈士纪念碑清洗及基座修复等工程；完成洛龙公园宿根花卉种植，枯死苗木更换以及对园内所有游廊亭阁的原样翻新，在石碾广场、龙珠山、石头雕塑、环湖路一环路段、运动广场长廊、抱月廊、弯廊桥屋面及楼阁飞檐下部安装定向照明灯、LED软性带灯、长廊射灯、长廊屋面LED射灯、长廊内照明灯，并对环湖路及太阳广场原有的损坏路灯进行拆除更换，共计安装各类灯具1 235套、LED软性带灯1 200米。在重要节假日摆放鲜花造型和花卉小品，营造喜庆氛围。年内，分别在洛龙公园主入口、昆玉路入城景观公园，春融公园、锦绣大街与彩云路交叉口，春城公园小广场等地摆放海棠、一串红、孔雀草等时令花卉33万余盆。继续推进“百湖城市”建设工作，先后设立“彩云湖”“彩龙池”“望清湖”“雨霸塘”“菜根潭”“洛羊湖”“颐景湖”“大冲潭”“白云湖”“梁王湖”10块景观石，进一步扩大全区湖塘的保护范围，保护生态平衡，打造生态呈贡。

持续开展滇池流域水环境综合治理工作，4条入滇河道水质全部达到考核目标，顺利通过滇池治理国家考核；斗南生态湿地公园建成并向市民开放，共种植乔木5 000余株，灌木、地被536.75万株，投资760万元，完成9个美丽乡村项目建设。严格环境管理，环境质量持续改善。水环境质量稳中向好，饮用水水质达标率为100%，大气环境质量达标率为98%，声环境质量优于上年，生活垃圾、工业固体废弃物无害化处理率达100%，城镇生活污水收集处理率达85%，4项主要污染物排放量均控制在总量指标以内。倡导绿色发展理念，巩固低碳城市建设成果，节能减排成效明显，万元GDP能耗下降4.2%，首批600辆新能源“微公交”汽车落户上牌，完成10.05万户天然气置换工作。加强市政设施维护管养，大力实施园林绿化景观整治工作，完成主要道路沿线和重点区域绿化景观改造，市容市貌和城市品质显著提升。

【科教、文化】 年内，呈贡区大力实施教育强区战略，多渠道争取到国家和省安排中小学校舍改造、教学设备仪器等专项补助资金共计15 611万元，完善全区教育基础设施。年内，投资11 166万元推进斗南第一小学等学校建设，惠景园小学和幼儿园，龙街小学改扩建，斗南第一小学，滇池星城小区配套中小学，郎缪小学等11所学校、幼儿园全面竣工并投入使用，全区办学条件得到极大改善，教育资源总量得到增强。推进教育领域综合改革，优质教育资源总量增加。年内，通过合作办学、“名校融校”等方式，引进云南衡水实验中学、昆明师专附小等名优学校入驻呈贡办学，与云南师范大学合作兴办云南师范大学七彩云南小学，引入北京市朝阳区青苗国际双语学校合作兴办呈贡青苗国际双语学校，与市教育局共同新办滇池星城中小学、市教工第一幼儿园白龙潭园区、市教工第二幼儿园滇池星城园区，实验学校与昆三中、中华小学合作办学，呈贡一中与昆三中、云大附中、民大附中开展互助培养，进一步增加全区优质教育资源总量。

学前教育增量扩优。年内，新增2所街道公办幼儿园、2所普惠性民办幼儿园，学前三年毛入园率为100.2%，户籍适龄儿童入园率为85%；公办和普惠性民办幼儿园在园幼儿数占比达61.65%。义务教育均衡发展。年内，全区小学校内外学龄儿童12 414人，在校学生130 47人，小学毛入学率为105.10%，巩固率100%；初中阶段校内外学龄人口5 369人，在校学生5 939人，初中毛入学率为110.62%，巩固率为99.02%。制定出台《呈贡区加快民办教育健康发展的实施意见》，遵循“积极鼓励，大力支持，正确引导，依法管理”的民办教育发展方针，扶持民办教育发展。年内，批准成立民办学校2所、民办幼儿园3所、短期非学历培训机构4个。同时，严肃查处擅自开办民办教育机构，责令停办擅自开办幼儿园3所、培训机构26个。深入推进营养改善计划。全区实施农村义务教育学生营养改善计划的中学3所、小学9所，享受农村义务教育学生营养改善计划的学生人数为7 218人。下达农村义务教育学生营养改善计划专项资金582万元，其中，区级资金511.44万元、中央农转城奖补资金70.56万元。开展生源地助学贷款工作，资助学生33人，发放贷款24.46万元。深入实施创新驱动战略，呈贡新区联大兴滇科技孵化器通过市级认定，入驻科技型中小企业93户，专利申请和授权量556件，产学研协同创新体系逐步建立。

加大公共文化服务运行机制建设力度，开展文物保护和非物质文化遗产传承工作，顺利完成孔家巷、张家宅院修缮工作；有序推进呈贡文庙修缮，设立5个非遗传习点、1个非遗传展厅；完成三台山公园烈士纪念碑修缮和“革命烈士名录墙”建设；成功举办万溪梨花节、宝珠梨采摘节、花都文化节和第二届职工运动会，实现旅游收入和游客双增长。

【卫生、计生】 2015年，呈贡区社区医疗卫生机构建设更加完善，昆明医科大学第一附属医院呈贡医院、市中医医院呈贡医院先后正式开业，使得区境优质医疗资源进一步聚集，医疗卫生服务保障水平大幅提高。大力开展环境卫生综合整治，改造11个农贸市场，彻底清理卫生死角，全区环境卫生明显改善，顺利通过“创卫”复审。加强医疗服务行业监管，推进基本公共卫生均等化服务和重大疾病防控，强化卫生计生法制监督，不断提高人民群众健康水平。推进公立医院改革。年内，区人民医院取消药品加成后销售药品5 845万元，向病患者让利584.5万元，让利比率11%；采购基本药物1 875.6万元。探索建立公立医院以公益性为核心的绩效考核制度和办法，引导和调控医务人员。继续推行国家基本药物制度，在各政府办基层医疗机构100%使用基本药物，在社区卫生服务中心非基本药物实行金额、品种双10%使用的基础上，严格执行药品“零差率”销售制度。年内，全区5个社区卫生服中心、4个社区卫生服务站和33个村卫生室在省平台采购基本药物516种，采购金额为532.1万元。提高全区公共卫生服务均等化水平。年内，区政府对辖区服务人口的基本公共卫生服务项目补助标准从上年的年人均35元提高到40元，补助资金总额为636.174万元，其中，中央级509.44万元、省级47.76万元、市级39.8万元、区级39.17万元，用于购买各基层医疗卫生机构及其他医疗卫生机构向辖区居民提供的免费公共卫生服务。开展无偿献血宣传工作，每月8日、18日、28日的赶集日，由市血液中心的流动采血车到区中心文化广场开展无偿献血活动，为76名贫困白内障患者实施复明手术。加强区疾控中心实验室能力建设，能开展A类项目107项，其中90.7%达到国家标准；能开展B类项目46项，其中75.4%达标。加强免疫规划管理，对年内出生的1159人全部实现建卡、建证，对0—6岁的6 802名常住儿童和10471名流动儿童实行建卡、建证管理，全年冷链运转12次，接种各种生物制品100 928人次；麻疹报告发病率为3.77/10万（4/105 985）；排除病例报告发病率为4.71/10万；对确诊病例所在社区8月龄至35岁人群及时进行麻疹疫苗应急接种602人。开展社区慢性病防治工作，推行“家庭医生团队”服务模式。年内，新管理高血压病人673人，累计管理5 025人；新管理糖尿病人326人，累计管理1 572人。加强老年人健康管理。年内，对全区7 630名应管理的65岁及以上老年人进行建档管理，完成评估7 553人，完成体检并纳入健康管理3 621人。加

强区、街道、社区传染病疫情网络建设，提高传染病预防控制报告和管理质量。年内，发现并管理活动性肺结核病人40人，发现新麻风病病人1例；报告乙类传染病12种844例，死亡11例，发病率241.14/10万，死亡率3.14/10万；报告发生丙类传染病7种1 903例，无死亡，发病率543.71/10万。健全妇幼保健体系，实施“孕产妇死亡干预控制”和“儿童死亡干预控制”计划。年内，全区活产数为729例，未发生户籍内孕产妇死亡，婴儿死亡率为2.74‰，5岁以下儿童死亡率为5.49‰。开展新生儿疾病筛查工作。年内，全区助产医院活产2 394人；新生儿代谢性筛查2 223人，筛查率为92.85 %；听力筛查2 167人，筛查率为90.51%。加大打击非法行医力度，全年共取缔“黑诊所”17户（次）、药店行医4户、性病游医7户（次）、离岗乡村医生行医1户、中医养生会馆6户、按摩店2户、牙医游医19个。加强公共卫生管理。年内，对全区801个公共场所、62个饮用水供水单位和74所学校的公共卫生开展监督检查4 345户（次），立案查处18件，罚款5.7万元。规范卫生行政许可及处罚行为，全年共查办案件39件，罚款132.5万元，没收违法所得6 436元，及时处置卫生投诉案件9件、医疗纠纷19件。

全面开展优生促进工程，落实奖优免补政策，加强计划生育执法力度，计划生育工作有序开展。年内，全区办理二孩生育证384本，独生子女父母光荣证344本，兑现独生子女保健费42.34万元，落实农村独生子女家庭高考加分228人、中考加分367人；出生人口935人，死亡人口383人，出生率为7.52‰，人口自然增长率为5.85‰，符合政策生育率达92%，处理违法生育15件，一般行政处罚案件107件，无一件要求行政复议。

【民生保障】 2015年，加强社会救助体系建设，民生保障水平进一步提升。加快社区居家养老服务中心建设，对运营的乌龙、上可乐、小古城、七步场等8个社区居家养老服务中心给予政府购买服务补助41.49万元及运营补助42.52万元。落实《农村五保供养条例》，切实做到“按标施保”，从4月1日起，将全区13名农村五保供养对象标准由每人每月530元提高到610元；分散供养标准由每人每月430元提高到495元。开展冬春灾民救助工作，先后购置救灾粮80吨、衣被600套（件）分发到灾民手中，解决3 539户6 460人的缺粮困难和1 527户2 676人的缺衣少被问题。同时，走访慰问困难群众363人，共发放慰问金12.41万元；向2 190名80岁以上高龄老人发放高龄补贴共计146.52万元。城市居民最低生活保障实现全覆盖。年内，从4月1日起，城市低保标准由每人每月475元提高到530元，全年向18 24户2 363人发放城市低保金共94.42万元。7月1日正式开通 “一站式”网络结算服务，城乡困难群众医疗救助方便快捷。年内，向872人发放城市医疗救助金共20.23万元。严格落实优抚政策，切实为优抚对象排忧解难。年内，按照每户7 068元/年的标准，向全区127户（外籍大学生11名）现役义务兵家庭发放优待金89.76万元；向全区1184名各类优抚对象发放抚恤和生活补助金共计716.59万元、自然增长补助金40.07万元；审批发放2名病故军人一次性抚恤金39.7万元。做好退役士兵接收安置工作。年内，接收退役士兵53名，根据国家有关安置政策，向其中50名自主就业的退役士兵发放一次性经济补助金共计56.47万元，对符合城镇安置条件的3名退役士兵根据“双考”成绩择优选岗进行安置。为重点优抚对象解决“三难”（看病难、生活难、住房难）问题，向20人发放临时救助经费共8.08万元，向522名重点优抚对象发放生活困难补助金额共250.56万元，向14名企业下岗参战人员发放生活困难补助金共14.04万元。切实解决优抚对象医疗待遇问题。年内，向196人次优抚对象发放住院医疗补助金共27.59万元，投入资金38.57万元组织1 102名优抚对象进行体检。

大力开展“大众创业，万众创新”工作，新增企业1 157户、个体工商户1 499户，分别比上年增长228%、53.9%。大力实施“两个10万元”工程，扶持小微企业260户。开展就业帮扶工作。年内，全区提供有效就业岗位2 213个，新增城镇就业1 565人，城镇登记失业率为3.6%；实现农村劳动力转移就业3 812人。在全省成立首个“昆明妇女创业创新示范中心”，鼓励支持妇女就业创业。大力支持失地农民外出租地创业就业，兑付失地农民外出租地扶持资金1 157万元、村庄搬迁过渡期租房补助资金1.03亿元，购置20套商品房充实保障性住房房源。年内，全区用于各类民生类支出共计12.08亿元，占区级一般公共预算支出的66.68%。

稳步推进安置房建设。争取国家、省、市政策支持，筹集国家棚户区改造中长期贷款近70亿元，推进失地农民安置房建设。其中，雨花二号地块2期、雨花五号地块1期部分主体工程封顶，七星山地块、雨花一号地块3期正在实施主体工程建设，雨花一号地块、雨花二号地块、龙斗一号地块1期正在开展基础施工，龙一地块、龙四地块、龙斗三号地块1期、回回营地块、彩龙村安置房等项目已开展规划、土地等前期工作。

【平安建设】 呈贡区围绕新区建设的征地拆迁、工程建设、就业安置、劳资保障等重点领域，以预防和化解涉及群众切身利益的矛盾纠纷为重点，完善工作平台、健全工作机制、落实职责任务，着力提升矛盾纠纷排查化解工作效能，深化“平安呈贡”建设，切实为新区突破崛起营造良好的社会环境，为宜居宜业新城区建设提供有力支持。深入开展法制宣传教育，“六五”普法圆满完成，建成“青少年法治宣传教育基地”，实现全区各中小学法治副校长配备全覆盖，扎实开展法律进机关、社区、学校等系列活动，提高全区群众遵纪守法的意识。严格落实信访工作制度，加强和改进初信初访办理和积案化解力度，依法妥善处理各类非正常上访和综治维稳工作，对重大项目建设及征地、拆迁等实行区四班子领导定责任、划区域包保推进，对136个建设项目实行领导挂钩开展综治维稳工作，组织各群防群治力量在工地周边开展巡逻防控，全力保障重点工程、重大项目的顺利实施。制定下发《关于深入推进全区矛盾纠纷大调解工作的实施意见》，成立7个医患、劳资等专业性、行业性调解组织，建成7个地方与高校矛盾纠纷联合调处中心，建立地方与驻呈高校平安联建、治安联防、矛盾联调三大机制，实施网格化服务管理、社区综治服务站建设、法治宣传教育、法治创建工作。探索城市发展规律，不断加强城市管理，实现大学城片区28条道路路灯亮化。加大市级行政中心、大学城、老城、地铁站口等重点区域的治安防范，着力构建和谐平安呈贡。制定下发《呈贡区2015年依法治区工作要点》《依法治区办及专项组工作职责》《依法治区领导小组专项组任务清单》，逐一明确各单位工作职责、任务清单，保障工作有序推进。坚持前端治理与末端处理相结合，健全完善社会稳定风险评估机制和应急处置机制，做好各类突发性事件的预警、信息研判、处置等工作。强化对征地拆迁、失地农民安置、就业创业、债务纠纷等重点领域风险隐患分析研判，预防和化解各类矛盾纠纷，打通群众诉求“最后一千米”，年内全区无进京非正常上访，到省、市大规模群体性上访继续呈下降趋势。年内，下发各类风险隐患预警通知书8份，完成6个街道180人的应急队伍建设。重视弱势群体法律援助和务工人员合法权益维护工作，全年办理法律援助案件157件，为2 828名务工人员追讨劳动报酬5 772万元。扎实开展社会矛盾隐患排查调处，严格落实辖区负责制、领导责任制和包保责任制，及时就地化解好影响社会稳定的突出问题。年内，对排查出的12类31件矛盾隐患均做到依法妥善处理，排查调解各类纠纷14 229件，其中排查调解各类民间纠纷13 116件，调解成功13 005件，有效促进全区社会和谐稳定。深入开展社会面防邪宣传警示教育及无邪教创建、反邪基地建设等基础工作，在衡水实验中学建成反邪教警示教育基地，完成乌龙社区、回回营社区“无邪教社区”创建工作，实现辖区无造成影响的邪教案（事）件发生。强化综治、公安、市场监管、金融等部门间的协作配合，预防和打击经济领域的违法犯罪活动。年内，共破获各类经济犯罪案件48件，挽回经济损失1 425.9万元。

加强警务基础设施建设，乌龙派出所建成投入使用。加快立体化社会治安防控体系建设，严格落实《呈贡区社会治安防控体系建设三年行动计划实施意见》，以实施“365”工程建设为主线，着力加强“6张网”和“5个机制”建设，建成1 200路高清探头、150余套卡口抓拍系统，实现辖区城市报警监控全高清、全覆盖。完成25个社区视频监控系统的安装使用，社区视频监控系统安装使用率达87%，实现整体治安防控效能不断提升。全力推进网格化服务管理工作，区、街道、社区分别成立网格管理指挥中心、管理中心和工作站，全区划为188个四级网格，网格化服务管理工作有效开展，促进了全区社会治理水平的进一步提升。强化政法专门力量与各综治部门间的协同配合，依托综治信息系统、无线对讲系统等信息平台，组织开展“利剑”“百城禁毒会战”等系列专项行动，依法打击违法犯罪的针对性和时效性明显增强，群众安全感不断提升。年内，110指挥中心接报刑事、治安警情7 555件。其中，刑事警情4 876件，比上年上升13.6%；治安警情2 683件，比上年下降3.3%。共破刑事案件1 135起，同比上升9%。查处各类行政治安案件1 105件，查处违法人员1 456人。

稳步推进司法改革，建立规范有序的司法权力运行机制，保障依法独立公正行使职权。年内，区检察机关受理提请批捕的各类刑事犯罪案件486件，结案率为100%；受理移送审查起诉案件569件，办结541件，结案率为95.1%。立办贪污贿赂案件14件18人，办结13件，结案率为92.9%；查办渎职侵权犯罪案件3件4人。受理群众来信来访34件，处理率为100%。办理渎职案件2件2人、重大责任事故案件1件2人。持续推动刑事被害人救助工作开展，为5名刑事被害人申请到救助金9万元。受理各类民事行政监督案件22件，发出再审检察建议2件，监督纠正审判违法情形并发出检察建议15份，支持起诉案件3件，为受害当事人挽回经济损失33万元。审判机关受理刑事案件492件，审结382件。

（唐荣华）

安宁市

【年内大事】 1月8日 由安宁市爱国主义教育基地“安宁记忆”展馆开展仪式在安宁市新综合档案馆举行，仪式结束后，该展馆免费向社会开放。

1月23日 安宁市档案馆通过国家档案局测评组测评，晋升为国家一级档案馆，成为全省第3家获此殊荣的市、县级档案馆。

1月 云南省教育厅正式认定安宁中学为省一级一等完全中学。

3月9日 楚雄医药高等专科学

校、云南昆钢医院协同临床医学班开班暨教改项目立项仪式在昆钢医院举行，双方签订《医教协同合作办学协议》。自2015年3月10日起，云南昆钢医院将与楚雄医药高等专科学校正式合作办学，楚雄医药高等专科学校2013级1班临床医学专业52名学生将到昆钢医院完成临床教学、见习等任务。

3月16日　云南省副省长张祖林一行深入八街街道，就云南泊水园微生态循环科技有限公司都市农庄项目进行调研。

3月　安宁市委制定出台《关于实施“螳川党建精品区”工程进一步加强党的基层组织建设的意见》，正式启动“螳川党建精品区”工程。

4月　安宁荣获2014年“全国文明城市提名城市”称号。

5月3日　“温泉半岛2015安宁网球公开赛及系列赛”之“2015ATP中国国际网球挑战赛（安宁站）”在安宁温泉半岛国际网球中心闭幕。克罗地亚选手弗兰克·斯库格获得本次比赛的单打冠军。中国双打选手吴迪和柏衍战胜卡鲁纽戴（印度）和惠延顿·安德鲁（澳大利亚）的跨国组合，夺得男子双打冠军。

5月7日　由泰王国经济与社会发展委员会、泰王国交通部、泰王国国家运输协会、泰王国工业联合会和AMP执行有限公司等组成的商贸代表团，在泰王国经济与社会发展委员会主任提纳女士的带领下，到安宁市中南城商贸物流总部基地参观考察。

5月15日　安宁市检察院被中央精神文明建设指导委员会授予第四届“全国文明单位”称号，成为云南省6家获此殊荣的检察院之一。

5月29日　安宁市举行“南亚国际陆港·安宁万亩商圈”活动启动仪式，商圈将依托大桃花铁路货运中心和泛亚铁路建设为拓展，全力打造云南省乃至西南地区规模最大、功能最全的综合性商贸物流基地。

5月　安宁市印发《关于政府职能转变和机构改革的实施意见》，正式启动安宁市政府职能转变和机构改革工作。

6月10日　安宁中石油昆仑燃气有限公司在安宁工业园区麒麟家园小区内正式启动天然气入户通气点火工作，该小区成为安宁市首个开通天然气的小区。

6月24日—25日　国家环保部西南督查中心检查组一行3人到安宁市对云南天安化工有限公司、云南善施化工有限公司、云南安宁化肥有限责任公司等磷肥生产企业生产过程中氟硅酸废水产生处置、尾矿库运行等情况进行检查。

7月10日　省委书记李纪恒一行到安宁市调研中石油云南炼油项目、中石油铁路专用线、嵩昆路施工现场调研交通基础设施、重点项目建设等情况。

7月16日　国际助残项目总监李红女士一行到安宁市考察精防康复工作。

8月6日　安宁市连然、禄脿街道政协工作站暨党群、政府及教育卫计系列政协委员之家正式挂牌成立。

8月26日　安宁市八街街道办事处全境范围普降中到大雨、局部暴雨，引发较大洪涝灾害，21个村委会不同程度受灾。

同日　安宁市开通安宁至长水国际机场客运专线，这也是安宁第一条发往机场的客运班线。

9月19日　安宁市组织17家农业龙头企业和重点专业合作社参加第十一届昆明泛亚国际农业博览会。共布置展位17个，实现销售额28.7万元，咨询洽谈人数8 900人，协议约定13项，协议资金127.36万元。

9月23日　安宁市级四班子领导分别率队组成5个慰问组，深入全市9个街道，结合扶贫攻坚“转走访”“挂包帮”工作，对困难老党员、困难职工、五保户等困难群众开展“访民生、知民情、解民事”走访慰问民情恳谈及中秋慰问活动。

10月8日　安宁市副市长刀福东为安宁明孚装饰工程有限公司颁发安宁市首张“三证合一、一照一码”执照，这标志着安宁市“三证合一”登记制度正式实施。

10月9日　安宁市为云南祥丰化肥股份有限公司、云南新捷森人造板有限公司、昆明傲远管业有限公司、昆明天天洗涤有限公司、昆明市华港饲料有限公司、云南弘祥化工有限公司、云南恒进农业开发有限公司等7家被评定为“省级成长型中小企业”的企业授牌。

10月13日　安宁市举行“安宁撤县设市二十周年文艺晚会”，历届市级领导、劳模代表、先进人物代表及

2015年10月，安宁撤县设市20周年文艺晚会。（安宁市史志办　供稿）

市级机关、企事业单位、部队、驻市企业等单位的领导及群众代表500多人观看演出。

10月23日　昆明市委书记、滇中新区党工委书记、管委会主任、新区筹备组组长程连元率队到安宁市对滇中新区规划建设情况进行实地调研。

10月　安宁市法院启用无人飞行机系统对执行现场及特殊地形进行航拍取证，这是安宁市法院在执行工作和信息化建设中探索实施的一项新措施，这在全省法院系统属首例。

10月　省爱卫办专家组对青龙、温泉街道巩固国家卫生镇工作进行复审，并一致通过省级复审检查。

11月5—6日　在北京召开的“第二届全国十佳文物保护工程”终评会上，云南安宁曹溪寺宝华阁文物保护工程荣获“全国十佳文物保护工程”，成为云南省首次获得该奖项的工程。

11月17日　为确保重要档案数据的安全，大理市档案局到安宁市档案局完成首次数据移交，实现重要档案的异地备份。此前，安宁市档案局于2014年9月10日到大理档案馆完成首次数据移交。

11月24日　安宁市举行青龙新型城镇化建设成果汇报会暨基础设施项目开工仪式。总投资近2亿元的集镇核心区域的北一路、北二路、沿河路延长线等11条道路及跨螳螂川人行桥及配套管网、螳螂川河道治理及景观提升改造工程（集镇区域段）等基础设施项目集中开工。

11月　面向全国开展的“五个100”优秀国学项目遴选结果揭晓，安宁中学嵩华校区少年国学社被评选为“五个100”全国优秀中学生国学社团。

11月　安宁市八街高桥食用玫瑰合作社的醋酸菌发酵玫瑰糖的制作方法取得国家知识产权局颁发的相关专利证书，获得发明专利。

11月　由云南省东南亚南亚经贸合作发展联合会投资在太平新城时代贸港旁，安宁市第一块面向大众、集运动、休闲、娱乐为一体的国家级标准足球训练基地云南东南亚南亚经贸合作发展联合会昆明分会足球训练基地开业，标志着安宁市首个足球训练基地建成并投入使用。

11月　第29届中国化学奥林匹克竞赛安宁赛区在安宁中学举行，安宁市136名学生参加此次竞赛。

11月　2015年中国中小城市科学发展评价指标体系研究成果发布，安宁市作为云南省唯一入围城市，再度荣获2014年度“中国中小城市综合实力百强县”和“中国最具投资潜力中小城市百强”两项桂冠。

11月　县街街道鸣矣河村农民集资房“幸福和谐家园”小区建成。该项目共投资3 480万元，建有4幢44户房屋。土地证为集体拥有，每个住户有自己的房产证。为全省第一个由农民集资建成的小区。

12月23日　安宁市正式启动机关事业单位养老保险制度改革工作。

12月24日　安宁举行新亚美谷铁路专用线麒麟隧道顺利贯通仪式。此隧道全长2 240米，是该铁路专用线最长的一个隧道。该铁路专用线全长15.42千米，是中石油云南炼油项目的重大工程项目之一。计划2016年6月底建成通车。

【区划、人口】　安宁市位于昆明市西南32千米处，是通往滇西8个地州，并经畹町直接与缅甸相连的交通重镇。东北与西山区相连，东南接晋宁县，西邻易门、禄丰县，总面积1 321 平方千米，平均海拔1 800米。2015年，年平均气温16.4℃，年降雨量998.3毫米，日照时间2 239小时。

2015年末，安宁市辖9个街道办事处，有64个村民委员会，347个村民小组，33个社区居民委员会，152个居民小组。全市常住人口36.7万人，比2014年末增长1.38%。全市户籍人口27.17万人，比2014年末增加0.6%，其中，农业人口9.53万人，占总人口的35.1%；非农业人口17.64万人，占总人口的64.9%。在户籍人口中，男性13.75万人，女性13.42万人，所占比重分别为50.6%和49.4%。0—14岁人口3.44万人，15—64岁20.09万人，65岁以上 3.64万人，占总人口的比重分别为12.7%、73.9%和13.4%。全市有少数民族39 288人，占总人口的14.5%。世居少数民族主要有白族11 527人、彝族14 767人、苗族4 102人、回族3 207人。2015年全市人口出生率12.04‰；死亡率5.50‰，自然增长率为6.54‰。

【经济综述】　全年实现地区生产总值（GDP） 260.15亿元，比2014年增长3.6%。人均生产总值（按常住人口计算）7.14万元，比2014年增长2.2%。

在地区生产总值中，第一产业实现增加值12.56亿元，比2014年增长5.9%，拉动经济增长0.3个百分点；第二产业实现增加值119.6亿元，比2014年增长0.03%，拉动经济增长0.02个百分点，其中，工业实现增加值102.89亿元，比2014年下降1.4%，拉动经济下降0.6个百分点，第三产业实现增加值127.99亿元，比2014年增长7.5%，拉动经济增长3.3个百分点；一、二、三产业增加值比重分别为4.8%、 46.0%和49.2%。非公经济实现增加值103.25亿元，占全部生产总值的39.7%，增长3.5%。全市工农业总产值458.1亿元，比2014年下降15.0%。

2015年，全市完成规模以上固定资产投资273.89亿元，比2014年增长10.2%，其中，工业性固定资产投资112.76亿元，比2014年增长18.0%，房地产投资60.41亿元，比2014年下降7.9%。

2015年，全市工商企业完成出口总额8.71亿美元，比2014年增长44.4%。共引进内资项目112个，无外资项目引进，协议引进内资529.04亿元，实际到位内资196.71亿元。全年争取中央、省项立资金3.97亿元。

全年共接待游客410.49万人次，比上年增长11.5%，旅游综合收入达20.64亿元，比上年增长19.6%。

【农业、林业】 2015年，全市实现农林牧渔业总产值22.56亿元，比2014年增长6.4%；实现农林牧渔业增加值12.83亿元，比2014年增长6.0%；粮食产量达4.45万吨，比2015年增长0.9%；平均亩产量达447千克，比2014年增长4.6%。烤烟产量达1705吨，比2014年下降11.7%。蔬菜总产量29.21万吨，比2014年增长4%，水果总产量为3.12万吨，比2014年增长4%；油料总产量1856吨，比2014年增长16.7%。

2015年，全市畜牧业产值达11.96亿元，占农林牧渔业总产值的53%，比重比上年上升1.6个百分点。主要畜产品产量：肉类总产量达6.65万吨，比上年增长11%，其中猪肉产量4.21万吨，比上年增长16.8%；全年出栏生猪48.7万头，比上年增长16.7%；家禽出栏1 110.42万只，比上年减少5.6%；禽蛋产量1.97万吨，比上年增长44.7%；牛奶产量334吨，比上年减少19.7%。2015年末大牲畜存栏11 920头，比上年增长0.1%；生猪存栏27.85万头，比上年增长18.8%；羊存栏46 151只，比上年末增长20.5%。

2015年，安宁全年完成造林6 704亩，比上年下降64.8%；护林防火工作不断加强和完善。全市森林覆盖率达51.21%。

【工业】 2015年，安宁全市完成工业总产值435.56亿元，比上年下降15.9%，实现工业增加值102.89亿元，比上年下降1.4 %，其中，规模以上工业企业实现增加值82.72亿元，比上年下降1.4%。全市主要工业产品产量：钢462.42万吨，比上年下降13.4%；钢材448.45万吨，比上年下降21.0%；生铁453.17万吨，比上年下降14.7%；化肥（折纯量）73.66万吨，比上年下降16.1%；精制盐89.19万吨，比上年下降17.1%；煤气890 405万立方米。比上年下降7.5%；磷矿石679万吨，比上年增长13.4%：水泥260万吨，比上年增长11.1%；自来水供应1 851万吨，比2014年增长9.5%，销售电量92 071万千瓦时，比上年下降3.9%。

【交通、邮电】 2015年，龙山立交、县八一级公路（少沙段）等重点交通建设项目竣工投入使用。全市公路通车里程1 351千米，交通运输邮政业增加值达16.17亿元，比上年增长4.0%，全市货运周转量8.87亿吨千米，比上年增长9.2%；客运量周转量为3 513万人千米，比上年增长12.6%。

全市实现邮电业务总量2.82亿元，比2014年增长9.1%。2015年末，全市拥有固定电话68 894部，比上年增长0.4%；在网移动电话用户369 714户；比上年增长0.1%，宽带互联网在网用户71 375户，比上年增长1.6%。

【财政金融】 2015年，全市地方财政总收入达37.91亿元．比2014年增长7.9%。其中，公共财政预算收入26.45亿元，比上年增长8.1%；上划中央“四税”收入11.46亿元，比上年增长7.5%；全年地方财政支出45.58亿元，比上年下降4.5%，其中，公共财政预算支出29.06亿元，比2014年增长8.1%。

2015年末，全市金融机构年末存款余额为315.15亿元，比年初增长18.9%；其中，单位存款余额152.08亿元，比年初增28.1%，储蓄存款余额为163.02亿元，比年初增长11.84%。金融机构年末各项贷款余额为258.50亿元，比年初增长4.3%，其中，短期贷款余额170.50亿元，比年初增长0.8%，中长期贷款余额79.17亿元，比年初增长11.6%。

【商贸】 2015年，全市批发零售贸易业商品销售总额达726.38亿元，比上年增长12.6%。其中，批发业实现销售额616.97亿元，比上年增长12.1%；零售业实现销售额93.44亿元，比上年增长15.1%；住宿业实现营业额2.61亿元，比上年增长16.2%；餐饮业实现营业额13.36亿元，比上年增长19.6%。社会消费品零售总额达83.55亿元，比上年增长9.5%。

安宁市八街镇玫瑰种植基地 （安宁市史志办 供稿）

2015年，商品零售价格指数为100.8%，比上年下降0.8个百分点；居民消费价格指数为101.9%，比上年下降0.5个百分点。

【环境保护】 2015年，完成25个国家和省级重点减排项目，温泉空气监测站、职教空气监测站、第二污水处理厂等一批环保设施顺利投入运行。完成林业生态建设6.99万亩，治理水土流失面积30平方千米，环境质量不断改善，城市生活污水处理率达94.5%。城镇生活垃圾无害化处理率达100%，城市绿化覆盖率达41.68%，人均绿地面积达15.95平方米。

【科技、教育】 2015年，全市用于科学技术支出的财政资金达3 746万元，全社会研究与发展经费投入达2.96亿元，完成专利申请和授权392项，认定高新技术企业3户。

2015年，新增公办幼儿园2所、民办幼儿园6所，引进山东师范大学合办安宁华清中学。彻底消除公办学校D级危房，成为全国首个中小学生安全保障工程试验区。学前教育、民办教育、职业教育、成人教育蓬勃发展，教育教学质量稳步提高。2015年，全市学龄前儿童毛入学率106.91%，初中毛入学率115.50%。普通高中录取率51.06%，高考综合上线率96.2%，高考录取率95.4%。2015年末，全市幼儿在园人数9 937人，小学在校学生23 940人，初中在校学生12 318人，高中在校学生4 728人。职教基地入驻职业教育院校8所，专任教师4 041人，在校学生73 157人。

【文化、卫生】 2015年，安宁市公共文化服务体系日趋完善，群众性文化体育活动蓬勃开展。2015年，全市报纸出版68.56万份、公共图书馆藏书19.1万册，文物保护46处。有线电视入户6.6万余户，入户率达82%。全市广播人口覆盖率达100%，电视人口覆盖率100%。

2015年，安宁市坚持把完善城乡医疗卫生服务体系作为社会建设的重点，县级公立医院改革深入推进，一批民营医院蓬勃兴起，基层医疗卫生服务体系不断健全。2015年，常驻儿童疫苗接种覆盖率达100%，食品卫生监督覆盖率100%。全市共有卫生机构169个，卫生机构床位达3 465张，专业卫生技术人员3 860人。5岁以下儿童死亡率5.51‰，新生儿死亡率3.51‰，农村卫生厕所普及率97.4%。全市共创建国家级卫生镇4个，省级卫生镇1个，卫生村30个。

【人民生活】 2015年末，全市在岗职工年末人数为6.5万人，比2014年下降9.8%；工资总额为33.91亿元，比2014年下降5.5%；在岗职工年平均工资为5.25万元，比上年增长5.5%；城镇居民人均可支配收入3.41元，比上年增长8%。农民人均纯收入达1.39万元，比上年增长10.5%。

2015年，安宁市社会保障和就业财政资金支出2.59亿元。全市享受城镇居民最低生活保障的人数达4.25万人次，发放保障金1 702.71万元；享受农村居民最低生活保障的人数达4.12万人次，发放保障金905.65万元。全市办社会福利院4个，床位460张。

（俞学云）

晋宁县

【年内大事】 1月6日 国家旅游局局长李金早、副局长吴文学一行，到晋宁古滇历史文化旅游项目建设现场视察指导工作。

1月14日 国务院安委办副主任、安监总局党组成员、副局长徐绍川带领国务院安委会第13督察组到晋宁县督促检查工作。

1月22日 夕阳彝族乡举办2015年第一场文化惠民演出。演出包括独唱、歌舞、情景剧等群众喜闻乐见的节目。

2月1日 云南省文联文艺家志愿者服务团到晋宁开展“深入生活、扎根人民”活动暨2015年“送欢乐·下基层”系列文艺活动。

2月12日 市委组织部、市总工会、市民政局等6家市级单位携手晋宁县委组织部，为身患“尿毒症”的大学生村官王丽辉送上爱心善款和新春的祝福。

3月6日 晋宁县第一中学搬迁仪式在落成的新校区举行。这所具有82年历史的高级中学正式告别陈旧的“山顶校园”，搬入新建校区。

3月10日 副省长高树勋到晋宁调研农产品出口企业运行情况和云南腾晋物流园区建设情况。

3月26日 晋宁县举行2015年一季度工业园区新项目集中开工仪式。县领导张之亮、岳为民等建设方代表参加开工仪式。

3月27—29日 昆明文学年会在云南民族大学国际交流中心举办。年会评选出10件优秀作品，晋宁籍诗人段爱松的《时光令》和晋宁作家朱家勇的《滇池梦》获2015年昆明文学年会奖。

3月28日 昆明市委宣传部、市文明办隆重举行2014年度“最美昆明人”暨“昆明好人”颁奖典礼。晋宁县肖军、陈学德、李志等17人荣获“昆明好人”称号，晋宁县肖军荣获“最美昆明人”称号。

4月13—14日 省教科院副院长方贵荣率省级评估专家组对晋宁一中进行认定评估，同意晋宁一中晋升省一级三等中学。

4月27日，晋宁县与昆明滇池国家旅游度假区签订《建设昆明滇池国家旅游度假区古滇文化旅游创意产业园区战略框架协议》。

4月29日 当日14时10分左右，位于晋宁县昆阳街道辖区的“晋红”高速公路安企村1号隧道右幅K1+275桩号施工现场发生冒顶事故，12名施工人员被困隧道。经各方紧急救援，到17时58分，被困人员全部成功获救。

5月21日　晋宁县首届运动会在晋宁一中体育馆开幕。县领导及县级各部门职工代表、2 200多名运动员参加开幕式并观看开幕式演出。

5月26日　省委书记李纪恒、省委副书记、省长陈豪率队到晋宁视察古滇文化旅游名城项目建设情况。

6月3—4日　由国家水利部、教育部联合组成的专家组对晋宁境内的云南省大春河水土保持生态科技示范园全国中小学水土保持教育社会实践基地进行中期评估。

6月13日　在第3届中国—南亚博览会暨第23届昆交会项目签约仪式上，晋宁县3个招商引资项目实现签约落地，签约总额达50.6亿元。在南博会晋宁分会场，计划投资9亿多元的两个项目举行集中开工仪式。

7月2日　县国税局利用金税三期税收管理系统成功为云南顺意信鸽技术咨询服务有限公司开填出第一份税票，入库企业所得税120元，随后增值税、行为罚款等税收票据也相继开填成功。这标志着金税三期税收管理系统在晋宁成功运行。

7月7日　全省法院首个基层法官工作室——何珍法官工作室在昆阳人民法庭挂牌成立。该工作室的成立，将司法服务前移社区，成为“老百姓家门口的司法平台”。

7月11日　县委宣传部与《大家》杂志社联合在郑和文化广场举行“《大家》·晋宁大航海诗歌艺术汇启动仪式”，以特殊方式纪念中国伟大航海家郑和下西洋610周年和中国航海日。

8月10日　晋宁县夕阳彝族乡小石板河村的哈尼族摆长街宴，庆祝哈尼族一年一度的六月年。哈尼六月年是哈尼族人民祭护寨神、拜龙求雨的节日，也是哈尼族最盛大的节日之一。

8月20日　晋宁首家村镇银行昆明晋宁融丰村镇银行正式营业，为晋宁“三农”及中小微企业融资再增新渠道。

10月6日　纪录片《从郑和到郭川》摄制组在中国帆船第一人郭川带领下到晋宁取景拍摄，并参观郑和世界航海邮票展览馆、郑和公园、滇池湿地。

10月30日　省委常委、常务副省长李江带领省委常委、省政府资政刘平，市政府副市长王道兴到晋宁调研古滇文化旅游名城建设项目，并召开现场推进会。

11月8日　昆明市委书记程连元，市委副书记、市委政法委书记拉玛·兴高，市委常委、昆明警备区政委方兴国，市委常委、市委秘书长柳文炜，副市长杨皕到晋宁调研“七彩云南·古滇文化旅游名城”项目建设工作。

11月15日　“七彩云南·起航古滇”古滇文化旅游名城首期项目建成开放仪式在晋宁县隆重举行。国家旅游局局长李金早，省委副书记、省长陈豪，国家旅游局副局长吴文学，省委常委、常务副省长李江，市委书记程连元，市委副书记、代市长王喜良等领导出席开放仪式。

11月6日　云南省委常委、省委宣传部部长赵金率领省文产办一行调研晋宁宣传思想文化工作，了解晋宁文化事业、文化产业发展情况。

11月19日　人民网、新华网、中国日报网、光明网等10余家全国重点网络媒体组成“一带一路”网络文化采风云南行采访团到晋宁，先后到郑和公园、郑和·世界航海邮票展览馆、古滇文化旅游名城做采访报道。

【区划、人口】　2015年，晋宁县辖昆阳街道办事处，二街、晋城、上蒜、六街4个镇，双河、夕阳2个彝族乡，129个村委会，6个居民委员会。县域面积1 336.66平方千米。耕地面积16.87万亩，人均耕地面积0.57亩。全年平均气温16.2℃，降水量925.7毫米，比上年增加21. 9毫米。全县常住人口30万人，比上年增长1%。年末户籍总户数11.29万户，户籍总人口28.27万人，比上年增长0.7%。户籍人口中，城镇人口8.55万人，占30.2%；乡村人口19.72万人，占69.8%。少数民族人口3.29万人，占总人口的11.6%。人口自然增长率为5.59‰。

【经济综述】　2015年，完成地区生产总值112.92亿元，比上年增长7.9%；其中，第一产业完成19.91亿元，增长7%；第二产业完成43.99亿

2015年11月，国家旅游局局长李金早，云南省委副书记、省长陈豪等领导莅临古滇文化旅游名城首期项目开放仪式现场。　（晋宁县史志办　供稿）

元，增长6%；第三产业完成49.02亿元，增长10.5%。三次产业结构调整为17.6：39：43.4。非公经济增加值占GDP的比重达46.3%。人均GDP达3.78万元，增长6.8%。地方公共财政预算收入完成15.82亿元，同比增长9.1%。规模以上固定资产投资完成145.25亿元，同比增长13.7%。规模以上工业现价增加值完成43.41亿元，全年增长7.6%。社会消费品零售总额完成31.75亿元，同比增长12.7%。城镇居民人均可支配收入完成31 341元，同比增长8.8%。农村常住居民人均可支配收入完成12 081元，同比增长10.7%。城镇登记失业率为2.4%。

【工业】 2015年，全县规模以上工业企业户数达102户，与上年相比净增3户。其中，产值30亿元以上工业企业1户，10亿元以上工业企业1户，亿元以上工业企业20户。全县工业总产值完成 145.42亿元，同比下降1.0%；规模以上工业总产值完成130.49亿元，同比下降2.4%。其中，轻工业完成工业总产值18.39亿元，同比下降8%，占规模以上工业总产值比重12.6%；重工业完成工业总产值127.03亿元，同比增长0.1%，占规模以上工业总产值比重87.35%。规模以上工业完成现价增加值43.41亿元，按可比价计算增长7.6%；规模以上工业固定资产投资完成25.1亿元；规模以上工业主营业务收入完成139.39亿元，同比增长0.66%；利税总额完成15.31亿元，同比增长31.24%；利润总额完成8.63亿元，同比增长60.04%。

主要工业产品产量磷矿石1 733.1万吨、铁矿石18.29万吨、磷肥25.35万吨、硫酸16.67万吨、焊接钢管23.24万吨、磷酸一铵14.16万吨、光学仪器116.13万台，分别比上年增长8.0%、12.7%、17.4%、23.2%、3.9%、17.9%和29.7%。

【园区建设】 2015年，晋宁工业园区管委会立足着力解决园区经济发展中要素保障不够、发展建设资金不足、管理服务质量不高等难点问题，确保园区经济的平稳健康发展。年内，园区规模以上工业企业户数达94户。全年完成规模以上固定资产投资32亿元，累计完成规模以上工业总产值123.5亿元，规模以上工业企业主营业务收入128亿元，实现规模以上工业企业利税总额15亿元，一般预算收入1.51亿元。工业园区通过加强产业链招商，精准招商，补缺园区短板，努力促进园区经济的集群、集聚发展。其中，配套完成磷化工项目产业，引入诺贝丰（中国）化学有限公司“30万吨/年新型肥料暨10万吨/年土壤调理剂”项目；配套昆明立白项目引入云南穗竞泉塑料制品有限公司“配套昆明立白液洗包装瓶生产”项目；配套百威啤酒项目引入昆明天德印刷包装有限公司“快消品环保包装”项目。共召开项目评审会两次，对25个拟招商项目进行评审，19个项目通过评审，其中亿元以上项目5个。实际签订招商引资协议31个，计划总投资36.74亿元。其中，供地项目6个，用地面积373.28亩，计划总投资9.5亿元；入驻标准化厂房项目16个，计划总投资1.65亿元；企业闲置资源二次开发利用引入项目7个，计划总投资1.39亿元；不供地项目2个，计划总投资24.2亿元。截至2015年底，晋宁工业园区共有入园项目（企业）423个，其中，建成投产项目284个，在建和建成未投产项目75个，签约未开工建设项目64个。固定资产投资项目在库64个，其中工业固定资产投资项目58个。园区完成土地收储1 316.57亩，完成新增基础设施配套面积680亩；全年共2个批次获得省市国土部门的批准，全年已完成11宗地的土地出让工作，面积1 048.36亩，供地比率94.65%。园区基础设施配套建设累计完成投资6.12亿元，启动乌龙基地市政道路建设和二街基地、宝峰基地2条电力线路迁改工程，完成宝峰基地天然气气站及配套管网、二街基地照明、绿化和中水回用、园区23.26千米道路标识标牌配套工程，绿化种植大叶樟等苗木2.3万株。园区上报社会研究与发展（R&D）经费投入完成18 152.83万元。全年专利申请和授权总数205件。省级审定高新技术企业2户（云南坤瑞泰隆建材科技股份有限公司、云南集创园艺科技有限公司）；新增清洁生产审核验收企业2户（晋宁强力建材有限公司、云南浩邦建材有限公司）。园区规模以上工业产值能耗下降率约为19.8%，增加值能耗下降率约为6%。园区企业全年共新增就业岗位3 100余个，用工总人数达14 380人。其中，本地用工人数6 776人，外地用工人数7 604人，农村户籍用工人数占比达85%。

【招商引资】 2015年，县委、县政府主要领导亲自带队外出考察，实地考察走访企业10余个，接待来晋客商85批次，洽谈项目涵盖工业、养老养生、文化旅游、新能源开发、电子商务、动漫、现代物流等。全年外资项目到位资金4个，完成到位外资9 024.89万美元，占市下达晋宁县9 000万美元外资任务的100.28%。引进国内市外项目43个，完成到位资金43.7亿，占市下达晋宁县43亿市外内资任务的101.6%。全年共签订项目25个，协议投资总额约57.92亿元，其中，签订框架性协议项目4个，签约额约47.06亿元，签订正式协议21个（含亿元以上项目2个），协议投资额约10.86亿元。第三届南亚博览会暨第23届昆交会上，签订招商引资框架性协议项目3个，签约投资额50.6亿元。年内，晋宁县成立5个产业招商工作组，主动与市级产业招商分局联系，围绕产业链配套开展持续招商并承接市级招商分局引进的项目。印发《晋宁县招商引资中介奖励办法》，鼓励商会、协会、企业、专

业机构、民办非企业单位、社会组织开展中介招商。同时，县招商引资项目管理领导小组严格按照《晋宁县招商引资项目管理办法（试行）》的规定，把好项目入口关，召开项目评审会2次，评审通过项目4个，暂缓项目4个，否定项目2个，通过准入审核，真正引入大企业、好项目。

【农业】 2015年，全年实现农林牧渔业总产值33.73亿元，比上年增长4.3%；实现增加值20.14亿元，比上年增长7%。粮食种植面积12.6万亩，粮食总产量4.18万吨。完成蔬菜播种面积22.24万亩，产量43.31万吨，外销蔬菜达39.84万吨，占生产总量的91.99%。完成花卉园艺种植面积4.1万亩，其中，鲜切花种植面积3.6万亩、产切花28.68亿枝。年末生猪存栏10.69万头（其中能繁母猪0.86万头），牛存栏2.13万头（其中奶牛1.16万头），羊存栏4.01万只，家禽存栏302.01万只。全年出栏肉猪25.06万头，出栏肉禽373.02万只，肉类总产3.22万吨，禽蛋总产1.95万吨，牛奶产量3.12万吨。水产养殖面积1 781.8亩，完成水产品总量2 043吨，渔业总产值6 215.9万元。完成农业机械购置补贴资金 81.7万元，受益户数698户， 机具数量893台。完成推广测土配方施肥面积21万亩次（其中滇池流域完成14万亩次）。在上蒜、晋城、六街、昆阳共完成5个IPM示范村建设工作，示范面积7 000亩，举办培训21期，培训人数1 100人次。实施中低产田地改造面积5 900亩，项目总投资956.78万元。实施农资综合补贴面积9.68万亩，兑付补贴705万元；落实农作物良种补贴面积9.5万亩，兑付补贴资金96.88万元；完成粮食种植保险8.43万亩。实施扶贫整村推进项目27个，其中，投入县级专项资金500万元，完成整村推进项目25个；完成自然村道路硬化2条，村内道路硬化6条，活动场所建设6个；投入专项资金120万元，实施省级自然村整村推进项目2个。对全县7个乡（镇、街道）1 919户农户发放到户贷款3 900万元。完成减少边缘贫困人口107人。

年内，全县共有21家企业获得昆明市第三批重点农业龙头企业称号，共有4家获得第十批云南省重点龙头企业称号。2015年晋宁县21家农业产业化龙头企业完成总产值18.57亿元，比上年增长12.09%；完成销售收入174 581万元，比上年增长13.19%。晋宁宝峰农产品加工园区共有入园企业60家（规模以上企业13家，规模以下企业21家，三产企业2家），其中，投产企业37家，建成试生产企业6家，在建14家，签约未开工3家，完成工业总产值13.8亿元，完成主营业务收入13.5亿元。

【林业】 2015年，实施完成林业生态建设项目2.6万亩，义务植树82万株。其中，人工造林完成8 000亩，低效林改造及抚育6 000亩，天保工程封山育林1万亩，滇池面山生态修复封山管护完成2 000亩。公益林补偿面积完成39.72万亩，补偿资金544.36万元。办理林权流转面积865亩，流转金额22万元。查处各类涉林案件71件，其中，林业行政案件受理查处59件，刑事案件12件，抓获犯罪嫌疑人11人。全县共计投入森林防火资金 2 191.27万元，全年未发生森林火灾，仅有森林火警、火情1起，过火面积4.05亩。

云南晋宁南滇池国家湿地公园完成2015年中央财政湿地补贴（湿地保护与恢复项目）申报方案，完成林业中央预算内投资湿地保护工程建设项目实施情况上报工作，完成湿地保护管理基本情况调查工作。

【水务、滇管】 2015年，共争取上级资金1.06亿元。完成酸水塘水库大场新塘水库主体工程建设；完成中村塘、塘子、石楼梯、摆衣沟、龙潭箐、红旗、高粱地、大冲、打黑一坝共9座小（二）型病险水库除险加固主体工程建设。完成五小水利工程4 139件。其中，“爱心水窖”3 179件，小水渠958件，小坝塘2件，累计完成投资5 257万元。完成夕阳乡农田高效节水重点县项目，改善灌溉面积1.56万亩，新增灌溉面积4 394亩。完成晋城大场新塘自来水厂、宝峰片区供水工程、县城供水工程、二街工业片区自来水厂扩建工程主体建设，解决3.28万农村人口饮水安全问题。完成白鱼河、古城河河口湿地的提升改造工程项目前期工作。完成滇池流域环湖截污配套管网8条15.43千米。

美丽的滇池画卷　（晋宁县史志办　供稿）

累计投入9.95亿元，完成白鱼河、茨巷河、东大河、古城河水环境综合治理和大河水库等4座集中式饮用水源地综合整治工程，并通过国家环保部考核。全年水库蓄水5 138.95万立方米，自来水供应量1 121万立方米，比上年增长2.8%。共征收水资源费528万元。对县级以上集中式饮用水源地开展联合执法检查共5次，出动人员46人次，出车12辆次。共审批生产建设项目水保方案7件，依法收取水土保持补偿费71万元。共审查建设项目“节水方案”24件，“雨水、再生水利用技术方案”备案13件，验收10件。

渔政执法共出动执法快艇250余次，执法人员570人次，抓获偷捕人员378人次，收缴各种网具1 018张，收缴电捕鱼器6套，取缔沙窗笼600余套、地笼4万余个，竹竿1.3万余根。河道联合执法检查共查处各类违法违规案件8件。其中，向入湖河道及支流河道（沟渠）排放未达标废水4件，向湿地内弃置垃圾1件，擅自移除滇池保护设施3件。全年累计出动保洁人员6 485人次，动用垃圾车293辆/次、三轮车3 288辆次，保洁河道429.07千米，打捞漂浮物、垃圾1 952.45吨，清除阻水障碍物、淤泥2 731.47立方米。

【生态建设】 2015年，全县持续开展城乡园林绿化工作，县城绿地率达37.52%，绿化覆盖率达42.35%，人均公园绿地面积达16.61平方米，森林覆盖率达52%。单位GDP能耗下降3%。城市生活垃圾无害化处理率和城市生活污水集中处理率均达97.3%。县城空气质量优良天数超过300天。年内，东大河片区滇池环湖生态建设项目一期工程投入资金2.49亿元（不含征地拆迁费用），恢复湖滨沙滩357亩，建设水上森林生态湿地1 239亩。全县129个行政村全部率先创建成市级生态村，昆阳街道下方古城村、韩家营村、六街镇三印村、大营村、龙王塘村、新寨村、双河乡核桃园村7个村创建为省级生态文明村，二街镇、六街镇获国家级生态乡镇命名，其他5个乡（镇、街道）获省级生态文明乡镇称号。

【规划建设】 2015年，晋宁县在城乡建设工作中，坚持规划先行的原则，加快推进西、南城总体规划修编、专项规划和控规报批，完成晋宁县城综合管网探测及三维管线管理系统建设工作，《“七彩云南·古滇文化旅游名城”控制性详细规划》第二次控规调整。配合市滇管局、市规划局和设计单位开展《滇池分级保护范围划定规划》《环滇池生态圈、文化圈、旅游圈规划》的控制性详细规划编制等工作，配合完成环湖南路优化提升工程、晋红高速、滇中引水工程等重大基础设施建设的规划工作。办理《建设项目选址意见书》7件，选址面积1 741.15亩；办理“建设用地规划许可证”33件，用地面积7 341.86亩；办理“建设工程规划许可证”60件，建筑面积522.02万平方米。办理城乡规划区建设项目规划设计条件21件，工业园区建设项目规划设计条件32件。根据要求出具城乡规划区内地块用地红线图65件（其中土储中心26件、建设项目29件），6条规划市政道路红线图，办理工业园区红线图49件。共审查75个项目规划方案，出具方案初审意见111次，组织项目批前公示50项，组织项目批后公布41项。按规定要求发放项目“城市基础设施配套费缴费通知单”10项，共征收城市基础设施配套费2 029.67万元。完成古滇博物院、大码头建筑定位放线测量等规划放线、建筑物位置定位测量共34宗。

【财税金融】 2015年，全县完成地方财政总收入21.06亿元，比上年同期增收0.81亿元，增长4%。其中，地方公共财政预算收入完成15.82亿元，超预算收入1.25亿元，增长9.1%；上划中央“四税”收入完成4.4亿元，比上年同期减收0.5亿元，减10.3%；上划省级收入完成0.84亿元，比上年同期减收0.01亿元，减1.1%。政府性基金预算收入完成5.93亿元，比上年同期减收15.18亿元，减71.9%。完成一般公共财政预算支出23.27亿元，比上年同期减支1.54亿元，减少6.2%。其中，县乡级两级一般公共财政预算支出完成22.66亿元，完成预算的99.9%；工业园区管委会一般公共财政预算支出完成0.61亿元，完成预算的100%。政府性基金预算支出完成5.78亿元，完成预算的99.2%，比上年同期减支15.08亿元，减72.3%。

实现政府性融资17.07亿元。总融资额中，银行贷款11.2亿元，采用BT、BOT方式融资5.82亿元，其他方式融资579万元。晋宁县辖内银行业金融机构各项存款余额144.85亿元，同比增长3.7%；各项贷款余额93.07亿元，同比增长24.3%；存、贷款余额合计增长10.9%。全县小额贷款公司注册资本金2.37亿元，发放贷款余额2.45亿元，其中支农贷款1.82亿元，占74%。2015年，全县的信用体系建设合作银行先后向全县9 182户农户发放信用贷款2.49亿元。为落实稳增长措施，缓解中小微企业融资难问题，开展助保金贷款业务工作，财政安排政府风险补偿金累计达700万元。推荐符合条件的企业争取省、市财政资金扶持，35户企业获得省级以上财政资金扶持，共争取资金0.46亿元，43户企业获得市级财政资金的扶持，共争取资金0.22亿元。

【科技、信息】 截至2015年底，全县拥有高新技术企业10家，拥有各类专业技术人才1.07万人。年内，全县完成专利申请授权273件（其中发明专利授权9件）。全社会研究与发展（R&D）投入资金1.87亿元，占GDP的比重达1.66%，县级财政科技投入4 351万元，占地方财政一般预算支出的比重达1.87%。全县国家、省、市科技项目申报立项的共计25个，争取项目资金834万元。开展“科技下乡”、科技活动周、全国科普日宣传活动各1次，发放科技惠民系列丛书和科普知识系列丛书科普图书20个种类4 500册，发放宣传资料4.5万余份，科普挂图466张；开展各类咨询服务479人次；展出各类宣传展板19块，发放各类宣传物品2 100份；举办乡村惠民文艺演出2场，举办防震减灾科普知识讲座3期。

2012—2015年间，县政府实施“绿色光亮工程”科技惠民工程，全县累计共投资2 549万元，在133个村安装太阳能路灯4 408盏，巷道灯507盏，受益农户达6.41万户18.98万人。其中，2015年，县级财政补助81万元，在9个村安装太阳能路灯123盏，维修224盏，受益农户4 935户1.56万人。

【教育】 2015年，全县共有各级各类学校（幼儿园）87所。其中，幼儿园53所（公办10所、民办43所）、小学18所、初中11所（公办9所、民办2所）、九年一贯制学校2所（公办1所、民办1所）、普通高中2所、职业高中2所（公办1所、民办1所）、教师进修学校1所。优质学校（园）10所。全县在校在园学生4.33万人。其中，在园在班幼儿0.89万人，在校小学生1.95万人，在校初中生0.99万人，普通高中学生0.36万人，中职学生0.14万人。全县有教职工3 755人。其中，幼儿园教职工1 073人，专任教师440人。小学教职工1 256人，专任教师1 169人。建党总支3个，支部36个，有党员1 072人；建团组织186个，有团员4 419人。全县义务教育阶段小学巩固率为99.97%，初中巩固率为99.16%；小学毛入学率99.87%，初中毛入学率113.26%。全县共1 161名考生参加高考，其中，理科752名、文科409名，上线率达98.45%，本科上线率为64.86%。全县600分以上共有6人，文科最高分612分，理科最高分628分。年内，晋宁一中搬迁新建投入使用。全面完成23个薄弱学校改造食堂及配套设施建设。20所学前教育校舍改建工作基本完成。启动实施第二期学前教育三年行动计划，3所乡镇中心幼儿园及8所村级幼儿园纳入中央省市盘子，昆阳街道办（宝峰）及夕阳中心幼儿园实现开工建设。晋宁五中学生宿舍、昆阳四小（旧寨）综合楼、双河小学综合楼3件县政府为民办实事工程实现封顶断水。15所学校21项校园校舍安全隐患排危工程基本完成。六街中学建设项目完成县级立项。2015年8月，晋宁县被省政府授予“教育工作先进县”称号。晋宁一中成功创建省一级三等学校。全县涌现出一批先进典型，如：“全国优秀教师”毕加云、“省级学科带头人”何筱良、“市级十杰教师”李谷荣、“优秀校长”李建明等。实施学前教育资助项目，849名家庭贫困幼儿得到资助，发放资助金25.47万元。义务教育阶段严格执行国家“两免一补”政策，所有中小学生都免除学费和书费，对寄宿制中小学生实行生活费补助，共补助中小学寄宿学生1.38万人次，共发放补助资金798.53万元，实现全县中小学住校生生活费补助的全覆盖。普通高中阶段资助项目，发放普通高中国家助学金1 134人，发放金额202.5万元。发放普高残疾学生助学金7人，共补助1.05万元。发放中等职业学校免学费补助2 639人次，免学费补助263.9万元，中职国家助学金542人次，补助金额40.65万元。发放大学生新生政府资助113人，发放补助金18.65万元。受理大学生贷免扶补“创业贷款”14人，受理生源地助学贷款551人，共发放贷款357.58万元，生源地贷款管理水平位于全省第63位，逾期本息回收位于全省第一位。义务教育阶段营养改善计划覆盖学校38所，受益学生2.8万人，覆盖率达100%。截至2015年12月，晋宁县累计支出补助中央资金104.87万元；市县两级累计支出补助资金2 074.16万元。累计支出营养改善计划食堂建设中央专项资金924.47万元，省市县三级累计安排营养改善计划食堂建设资金1 920.12万元。

【医疗卫生】 年内，全县共有各级各类医疗卫生机构231家。其中，县属综合性医院2所，卫生监督机构1个，厂矿职工医院3所，妇幼保健计划生育服务中心1所，云南省第一女子医院1所，其他卫生机构3所（晋宁县疾病预防控制中心、晋宁县皮肤病防治站、云磷集团中心医院二门诊），民营医院7所，乡（镇）卫生院9所，社区卫生服务中心2所，社区卫生服务站2个，村卫生所（室）129所，个体诊所52所，其他医务室、门诊部、卫生室19所。2015年，县域病床总数1 802张，实有在职职工1 136人（含聘用编外人员503人）。其中，卫生专业技术人员957人，其他专业技术人员52人，管理人员14人，工勤人员113人。正高级职称3人、副高级职称59人、中级职称200人、初级职称213人，无技术职称132人。

2015年10月，按照政府机构改革的要求，晋宁县卫生局和晋宁县计划生育局正式合并组建成晋宁县卫生和计划生育局。全县已实行按需编制药品采购计划并由省级药品采购平台集中采购，统一配送，村卫生室由乡镇卫生院统一采购、统一配送。全年政府投入卫生事业总支出4 210.5万元，增长13.1%，完成二街卫生院搬迁新建项目、宝峰卫生院改扩建项目，启动夕阳卫生院改扩建项目，完成宝峰新街等16个村卫生室建设。年内，全县有已婚育龄妇女6.48万人，出生2 024人，出生率为6.71‰。完成免费孕前优生健康检查3 910人，完成任务数的102%。审批160对“单独两孩”夫妇，已生育138人。1 975名住院分娩的农村孕产妇得到项目补助，补助覆盖率达99.25%。实施卫生监督综合执法，共监督检查医疗机构233家次，监督覆盖率94.8%，下达监督意见书61份，限期整改45家。对非法执业的各类“黑诊所”予以取缔，共整治25起，立案查处4起。共监督检查集中式餐饮具消毒单位16家次，监督覆盖率100%。共监督检查9家集中式供水，63家二次供水单位，2家现制水供水单位，下达卫生意见书共34份，督促整改落实19家。共开展学校卫生专项检查1次，检查学校43所。疾控中心共开展A类检测项目95项，达标率80.5%（市级目标为80%），开展水质检测40项，新增检测项目5项。传染病预防（含麻疹疫苗）接种率达96.68%。

【文体广电旅游】 2015年，完成基层公共文化服务运行建设配套资金305.16万元，完成率103.7%。举办各类群众文化活动79场次，参与人数26.35万人次，举办各类展览35次，参观人数5.35万人次，举办各类培训班60次，培训人数0.78万人次，到农村放映公益性影片1 068场，科教片1 068场。全县7个乡镇（街道）131个行政村、居委会（社区）广播电视实现互联，传输有线模拟电视节目38套，数字电视节目80余套。全县有线电视用户总数达8.56万户，数字电视用户总数达7.02万户，有线电视人口覆盖率达91.4%。全年接待各类旅游人数279.03万人次，增长17.3%；实现旅游收入3 796万元，增长13.6%。全年开展旅游行业各类专项检查14次，参加检查人员82人，发放宣传册400余册。投入资金200余万元，对市级文物保护单位 “国立艺专旧址”阁楼，县级文物保护单位“二街关圣宫” “石牌赵氏宅院”瓦屋面和县级文物保护单位八角楼进行全面修缮。县博物馆建设加快推进，累计争取省、市、县建设资金1 047万元。经国家文物局批准，同意由云南省文物考古研究所组织对金砂山进行考古勘探与发掘，共清理发掘墓葬100余座，出土文物400余件，其中，青铜器240余件，玉器80余件，陶器和石器60余件，并对出土文物进行整理、绘图、拍照。组织乌铜走银、竹雕鸟笼、艺术花卉画、彝绣以及船模制作、斑铜工艺品生产等文化企业参加“第3届中国—南亚博览暨第二十三届中国昆明进出口商品交易会”“创意云南2015文化产业博览会”“2015上海第十三届民族民俗民间文化博览会”。

【人民生活】 2015年，城镇居民人均可支配收入31 341元，比上年增长8.8%；农民人均可支配收入12081元，比上年增长10.7%。全县提供有效就业岗位3 145个，实现新增城镇就业2 525人，开发公益性岗位341个，组织农村劳动力转移培训6 478人，农村劳动力转移5 713人，农村劳动力转移就业新增收入7179.57万元，城镇登记失业率2.4%，控制在3.5%以内。累计完成全民参保登记28.62万人，其中户籍人口登记27.92万人，常住人口登记6 984人，户籍人口登记完成率达99.4%，累积登记完成率101.9%。全县城乡居民基本养老保险累计参保 15.65万人，累计参保率达97.92%；参保续保 14.48万人（其中，参保缴费 10.81万人），个人缴费收入2 392.5万元，省、市、县财政缴费补助 484.36万元；累计发放待遇41.75万人次，发放养老金及养老补助 4 148.52万元。退保1 350人，退保支出金额 125.85万元。全县城乡居民基本医疗保险参保23.23万人，累计参保率为95.57%。年内，晋宁县城镇职工基本养老保险参统企业638户，参保职工3.3万人，基本养老保险基金全年收入3.41亿元（含上级补助1亿元），养老保险基金支出3.23亿元。城镇职工基本医疗保险参保单位608户，参保3.5万人，人均缴费基数4 376.74元，医保基金收入1.51亿元，基金总支出6 831.05万元。工伤保险参统企业856户，参保职工3.34万人（含农民工参保1.76万人）；生育保险参统企业640户，参保职工1.9万人。全年核定参加失业保险人数1.87万人。申领失业保险期间，发放失业保险待遇共6 388人次，发放金额490万元。组织创业培训200人，全县新增发放小额担保贷款567人，金额4 176万元，带动就业1 268人（其中高校毕业生15人）。发放“贷免扶补”创业贷款414人，发放金额3 080万元，带动就业1 001人（其中高校毕业生39人）。

【精神文明建设】 2015年，云南省理论骨干培训班暨培育和弘扬社会主义核心价值观理论研讨会在晋宁召开，晋宁县作交流发言。晋城镇回龙村村委会获评“云南文化产业特色村寨”。晋宁县青年诗人、作家段爱松加入中国作家协会；晋宁县文联《月山》主编李汝珍荣获云南省文学类刊物优秀编辑奖。继续开展“发现晋宁正能量——寻找宣介‘幸福晋宁事、美丽晋宁人’公益活动”。全县共建设100余块善行义举榜，不断推出和宣传好人好事。县内2人荣获昆明市道德模范称号，1人获昆明市道德模范提名奖，4人荣获“最美昆明人”称号，12人荣获“昆明好人”称号。创成10个省级文明单位、8个省级文明村、1个省级文明小城镇。开展学雷锋示范点创建和岗位学雷锋标兵评选活动，命名表彰3个县级示范点、5个县级学雷锋标兵。中和社区评为省级学雷锋示范点，双河乡袁勇强评为省级学雷锋标兵。举办“红土地之歌——放飞我的中国梦”演讲比赛，参加市级比赛荣获优秀组织奖。在晋城镇举办昆明市文化科技卫生“三下乡”活动，共筹集到价值近百万元的资金和物资支持农村建设。

（夏丹　王俪）

富民县

【年内大事】 1月5日 县民政局分批次将195吨救灾粮、550件棉衣、550床棉被发往各镇（街道），确保全县受灾群众和困难群众安全过冬。

1月8—12日 中共富民县委宣传部、县文联组织小水井苗族农民合唱团14位团员参加北京电视台《造梦者》栏目录制。用电影《太阳照常升起》中的插曲，自行填词进行演唱，同时，还演唱《快乐苗乡》《感恩颂》等歌曲。

1月28日 东村镇“阳光青泉”省级残疾人扶贫示范基地建成挂牌。该基地共投入资金2 010万元，是全省第三家、全市第一家挂牌成立的省级残疾人扶贫示范基地。

3月6日 云南日报、云南电视台、云南人民广播电台、春城晚报、昆明日报、昆明电视台等6家省市媒体记者组成的“双推进”采访团，到罗免镇对扶贫开发与基层党建整乡“双推进”工作进展情况及取得的成效进行集中采访报道。

3月23日 在市委宣传部组织的2014“最美昆明人暨昆明好人”评选活动中，富民县款庄镇朵木得村民陶莲芳获“孝老爱亲好人”、县民政局殡葬科长邱子荣获“敬业奉献好人”称号。

4月1日 富民县举行“富民县赤鹫2015樱桃品鉴月暨‘发现赤鹫之美’摄影赛新闻发布会”，省内10家新闻媒体记者参加新闻发布会。

4月2日 省水利厅副厅长王仕宗、水利水电职业学院校长耿鸿江一行11人到富民县召开云南省水利水电职业学院建设现场推进会。

5月6—9日 富民县小水井苗族农民合唱团部分团员应邀参加安徽电视台举办的第五届《中国农民歌会》栏目录制。

5月15日 富民县疾控中心李永洪家庭作为云南省获 “最美家庭”殊荣的3个家庭之一，参加全国妇联在人民大会堂举行的颁奖典礼。

6月5日 省妇联主席和红梅、副主席计关琴及市妇联主席杨文惠一行到富民调研妇联工作。

6月13日 富民县在第三届南博会暨第23届昆交会签约仪式上签约3个项目总投资20余亿元。

6月25日 富民县组织全县重点优抚对象2 030人参加健康免费体检。

7月7—10日 富民县举办2015年村“两委”及村务监督委员会干部培训班。各镇（街道）党（工）委副书记，全县75个村（社区）党组织书记、副书记，村（居）委会主任、副主任，村务监督委员会主任共计302人参加本次培训。

7月22日 市文明办、市公安局交通警察支队，在昆明教育电视台演播大厅联合举办全市“文明交通·平安云南”交通安全知识竞赛晋级赛，富民县荣获昆明赛区第二名。

8月14日 富民县召开农村土地承包经营权确权登记颁证工作动员暨培训会议，对全县推进农村土地承包经营权确权登记颁证工作进行动员和部署。

8月24日 民政部公布第二批在抗日战争中顽强奋战、为国捐躯的600名著名抗日英烈和英雄群录，富民县抗日烈士严家训榜上有名。

9月2日 为纪念中国人民抗日战争暨世界反法西斯战争胜利70周年，县委书记李江、县长周开龙、县人大常委会主任杨超等县级四班子领导对健在的12名抗战老兵进行走访慰问。

9月16日 富民县举行县人民医院与昆明市儿童医院技术合作签约暨揭牌仪式，双方签订《合作协议》，成立昆明市儿童医院富民县合作医院。

11月12日 县委宣传部邀请光明日报、中国日报、云南日报、昆明日报等12家中央、省、市媒体的20余位记者来到富民，对富民县小水井苗族文化产业项目和“云南斑铜”工艺品生产项目进行宣传报道。

11月13日 云南省义务教育均衡发展国家督导检查反馈会议在昆明召开，富民县与五华区、水富县、古城区、红塔区、景洪市、开远市、弥渡县、思茅区等9个县（市、区）成为全省第一批通过国家督导认定的义务教育发展基本均衡县。

11月4日 昆明克林轻工机械（集团）股份有限公司建成投产，该公司于2013年搬迁进入富民工业园区建设，是全国最大制糖机械生产基地和糖机成套设备出口基地。建成后，可以生产2万吨以上榨量的全系列糖机生产线设备，年产值将由2至3亿元增加到10亿元以上。

【区划、人口】 富民县位于昆明西北部，总面积993.76平方千米，地跨东经102° 21′ —102° 47′ 、北纬25° 08′ —23° 36′ 。南靠五华、西山区，东与盘龙区、寻甸县相邻，北和禄劝县山水相连，西连楚雄州禄丰、武定两县。县城永定街道办事处距昆明23千米，海拔1 683米，螳螂川水穿城而过，将县城一分为二。县境地势南高北低，东坡缓，西坡陡，中部的望海山脉把县域分为东部龙泉河和西部螳螂川流域，自古为四川入滇中重镇昆明之要津，素有“滇北锁钥”之称。2015年全县年均气温17.1℃，年降雨量9 99.6毫米。年末全县辖永镇街道办事处及罗免、赤鹫、款庄、东村、散旦5镇，全县有73个村委会494个自然村673个村民小组93个居民小组，总户数53 641户，比上年增73户，户籍总人口152 169人，比上年增976人，其中，男性75 489人，占总人口的49.6%，女性76 680人，占总人口的50.4%；非农业人口50 478人，占总人口的33.2%；农业人口101 691人，占总人口的66.8%。县境内居住着汉、彝、苗、回、白等民族，少数民族24 552人，占总人口的

16.1%，其中，彝族13 219人、苗族8 254人、回族591人、白族10 84人，其他少数民族1 404人。全年出生人口1 346人，出生率9.01‰，死亡985人，死亡率6.59‰，人口自然增长率2.42‰。人口密度153人/平方千米。

【经济综述】 2015年，全县实现地区生产总值58.72亿元，比上年增8%；财政总收入完成6.86亿元，同比增0.4%；一般公共预算收入4.8亿元，1.6%；全县一般公共财政预算支出10.49亿元，同比增长5 238万元，增长.3%；社会消费品零售总额14.73亿元，同比增15%，规模以上固定资产投资57.73 亿元，增19.6 %；人均生产总值38 256 元，比上年增6.6 %；实现农林牧渔业增加值9.89亿元，增7.2%；农村常住居民人均可支配收入11 244元，城镇居民人均可支配收入30 952元，分别增10.8%和8.5%；实现非公经济增加值33.21亿元，同比增长10.1%，在GDP总量中占56.6%；三次产业结构比重为16.2：49.9：33.9。

【农业】 全年实现农林牧渔业总产值15.82 亿元，同比增长6.9 %，播种粮食作物21.97万亩，粮食总产7.17万吨。肉、蛋、奶总产量分别为2.67万吨、0.71 吨、61.7 吨，同比增12.9 %、22.0 %、21.2 %。种植烤烟1.84万亩，收购49 390担，烟农收入7 358.6万元，两烟税收1 618.89万元。发展特色林果4万亩、种植蔬菜5.54万亩、鲜切花2 923.5亩。投资8 388万元完成农业科技示范园区水、电、路等基础设施配套建设，新引入园区的5个项目全部开工建设。新增省、市级农业龙头企业6家，累计25家实现总产值3.17亿元。发展农民专业合作社18个，成功创建市级示范社2个。富民杨梅实施地理标志产品保护被国家质监总局批准授牌。

【工业】 年末全县工业总产值50.68亿元，同比下降14.5 %。完成工业固定资产投资32.01亿元，同比增长17.8%，全年招商引资实际到位内资26.13亿元，外资1 781万美元，争取上级资金5.2亿元。被评为省级新型工业化示范县，工业园区建成区面积6.5平方千米，累计入园企业151户，实现规模以上工业增加值14亿元，同比增长8%。新引进重大亿元工业项目5个，中清能、中核2家央企首次落户富民；国电三期、克林轻工、新泽兴3个亿元项目竣工投产；隆源钛业、金星啤酒等项目顺利推进；新增鹏翼达气体、益华管道等规模以上企业6家。规模以上工业主要产品产量：水泥166.45万吨，较上年下降5.8 %；发电量3.98亿千瓦时，增6.2%；其中，风力发电3.66亿千瓦时，增5.2 %。

【城乡基础设施建设】 年内，投资1.1亿元，建成富民大道一期、武昆高速匝道30米连接线、印象富民上河图西侧秦臧路等6条市政道路。县城建成区面积突破7平方千米，新增城镇绿地面积7.48万平方米，建成区绿地率40%，绿化覆盖率44.5%，人均公共绿地面积12.14平方米。投资3 344万元的7条49.2千米非集中连片特困地区农村公路和厂瓦公路顺利完成，款庄三级客运站和20个农村客运招呼站投入使用。投资5.36亿元，完成东元食品加工园二期、烟墩片区2个土地一级开发建设，累计建成标准厂房7.5万平方米。投资2亿元，实施各类水利基础设施2 025件，新增和改善灌溉面积1.11万亩，木板河款庄段河道治理项目顺利完工。

【三产服务业】 实现第三产业增加值19.91亿元，同比增10.2%，全年完成房地产投资12.48亿元，在建房地产项目14个，竣工3个。明熙温泉建成营业，东元虹鳟鱼、永安温泉等11家星级旅游农家乐提质改造完成。加大旅游宣传，农事体验游、水果采摘游、民族风情游、休闲度假游深入开展，全年接待游客160.1万人次，实现营业收入2.2亿元，分别增5.3%和12.9%。

【生态建设】 严格控制新上项目能耗登记制度，严控“三高”项目上马。年内，“五采区”植被恢复200亩，植树造林3.6万亩，封山育林3万亩，全县森林覆盖率58%。完成云南益华管道和云南海晟实业2户企业清洁生产验收审核，工业固废处置利用率90%以上，四项主要污染物排放完成率、集中式饮用水源地饮用水水质达标率和环境空气质量优良率均达100%。省级生态文明县创建工作通过省级考核评估，永定街道、款庄镇创建国家级生态镇通过省级验收，73个村成功创建为市级生态村。

【财政、金融】 全年实现财政总收入68 680万元，为年初预算数70 827万元的97%，为调整预算数62 071万元的110.6%，同比增297万元，增0.4%。其中，地方公共财政预算收入48 018万元，为年初预算数50 570万元的95%，为调整预算数42 500万元的113%，同比增长756万元，增1.6%；上划中央“四税”收入完成16 826万元，为年初预算数16 615万元的101.3%，为调整预算数16 329万元的103%，同比增长20万元，减0.1%；上划省级收入完成3 836万元，为年初预算数3 642万元的105.3 %，为调整预算数3 242万元的118.3%，同比减479万元，减11.1%。全县一般公共预算支出104 931万元，为年度预算数109 442万元的95.9%，同比增长5 238万元，增5.3%。年末全县金融机构存款余额56.59亿元，较上年增长3.26亿元，较年初增6.12%；年末全县金融机构贷款余额44.7亿元，较上年增长2.67亿元。

【交通、邮电】 年末，全县营运客车221辆，较上年减19辆，其中公交车93辆，出租汽车60辆，农村客运68辆；货运汽车2 600辆，减554辆。年末完成邮政业务收入811万元，比上年增21.13%，全县固定电话装机10 112部，比上年增加89部，增0.08%；互联网用户9 230户，比上年增2.1%。年末全县移动电话用户达10.32万户，比上年减1.86万户，下降15.27%，其中，中国移动通信集团云南有限公司富民分公司10万户比上年减1万户，减少9.09%，中国联合网络通信有限公司分富民公司3 200户，减少8 600户，减72.88%。

【社会事业】 年内，全县幼儿园、小学、初中毛入学率分别为96.5%、107.34%、101.75%。农村义务教育学生营养餐、家庭经济困难寄宿制学生生活补助得到全面落实，共补助资金2 131万元。完成昆明行知中学二期主体工程和东村中、小学校安工程建设，16所薄弱学校学生饮水安全基础设施设备投入使用。省级慢性病综合防控示范县创建工作有序推进，县医院成功创建为二级甲等综合医院，12个村级卫生室标准化建设完工投入使用。全年组织文化活动500余场次，文化惠民演出70余场次。

【人民生活】 2015年，全县民生支出4亿元，占地方公共财政预算支出的40%。提供有效就业岗位1 040个，转移农村劳动力3 573人，实现转移收入4 169.7万元。公共租赁住房分配入住811套，完成边缘贫困人口1 000人、建档立卡贫困人口390人脱贫，基本医疗保险和城乡居民养老保险参保率均97%，永定、赤鹫居家养老服务中心投入使用，新增养老床108床。投资1 072.3万元，建成新农村省级重点村和省级美丽乡村各3个，惠及农户598户2 312人。农村常住居民人均可支配收入11 244元，比上年增10.8%；城镇居民可支配收入30 952元，同比增8.5%。年末，城镇居民户均居住面积48.93平方米，农村居民户均居住面积43.92平方米，住房面积及质量明显改善。全县城镇居民人均拥有洗衣机0.3台、电冰箱0.3台、微波炉0.21台、太阳能热水器0.3台、助力车0.17辆、摩托车0.17辆、生活用汽车0.14 辆、固定电话0.03部、移动电话0.84部、彩电0.37台、摄像机0.01台、家用计算0.21台。全县农村居民人均拥有洗衣机0.24台、电冰箱0.21台、微波炉0.08台、热水器0.2台、助力车0.13辆、摩托车0.15辆、生活用汽车0.07辆、固定电话机0.02部、移动电话0.78部、彩色电视机0.31台、家用计算机0.05台。

（富民县史志办）

宜良县

【年内大事】 1月20日 宜良县组织参加第九届中国茶花博览会，获“园林造景造园金奖”和“优秀组织奖”。

1月29日 2015年“我们的中国梦——文化进万家”暨三下乡系列活动启动仪式在九乡集镇举行。

2月10日 省水利厅党组书记杨立华、副厅长胡朝碧到宜良县检查狗街河沟村委会小坝塘水毁修复工程建设。

3月12日 宜良县在工业园区举行2015年第一批重点工业项目开工仪式。高档包装纸、天然香料提取加工、电力电缆、微生物酶制剂、微量元素、水稻、杂交玉米种子、液化天然气综合利用等9个项目参加开工仪式，总投资约10亿元。

4月15日 全市春耕生产暨水利建设工作现场会在宜良召开。300名与会人员现场观摩北古城北墩子村委会春季马铃薯高产示范基地、九乡德马村烤烟膜下小苗移栽和柴石滩水库灌区项目建设情况。

4月24日 副市长杨丽到宜良县调研宜良承办市五运会筹备工作。

5月6日 市人大常委会主任杨远翔率市督导组专题督查宜良转作风调结构促发展工作。

5月8日 约22:00时，九乡、耿家营境内突降冰雹，德马、铁厂、玉鼓等7个村委会21个村小组3937.5亩烤烟受灾，损害程度多年罕见。

5月12日 省国土厅副厅长李刚率队检查验收宜良县省级试点基本农田划定工作。宜良县划定基本农田3.8万公顷，片块2 043个；设12块标志牌，400棵标准界桩，2 100棵简易界桩，为全省推广基本农田划定提供示范。

6月10 日上午 在县政务服务大厅，宜良志云广播电视工程有限公司法定代表人领到印有工商营业执照证号、组织机构代码和税务登记证号的“新营业执照”，这是宜良县首本“一证三号”执照，标志着宜良市场主体登记制度改革正式实施。

6月11日 柴石滩水资源管理局举行省一级水利工程管理单位和省级水利风景区挂牌仪式。

6月16日 《宜良县城市总体规划（2014—2030）》通过县规委会评审。宜良城市性质为昆明的休闲旅游、新型工业、特色农业辅城，特色鲜明、环境优美的宜居城市，国家级园林城市和历史文化名镇；规划区总面积约50平方千米（建设用地30平方千米）；城区规划人口2020年控制在22万人，2030年控制在30万人。

6月19日 暴雨致马街万亩蔬菜基地低洼处1 500亩蔬菜受灾，耿家营羊桥、尼龙、扯郎村委会7个村小组水稻、烤烟、玉米等农作物成灾239亩。

6月22日 第二届中国昆明（泛亚）国际观赏苗木展览会泛亚高峰论坛在宜良举行。中国花卉协会、省观赏苗木协会、西南林业大学、四川国光农化公司专家做演讲，市苗木行业协会、市林业局及省内各州市行业协会负责人参加论坛。

7月10日 宜良信访局成功接访

首例视频信访案件，市信访局局长王国亮在县信访局通过视频接访北古城镇村民陈翠妮，为其协调解决家庭经济困难、无力支付上大学所需学费和生活费等问题，标志着宜良县、乡、村三级视频接访平台正式启用。

7月13日　国家质监总局监督司司长梅建华一行调研宜良监管机构“三合一”工作。

7月25—30日　昆明市第五届运动会在宜良体育场开幕。3 000名运动员和2万余名观众参加开幕式。本次运动会自7月14日开赛，全市各县市区、开发区17个代表团、42支参赛队、4 035名运动员参加田径、举重、乒乓球等26个大项、401个小项比赛，共产生450枚金牌，官渡区、宜良县、五华区分列市五运会总成绩前三名。

8月10日　中国国际工程咨询公司组织以中国农业大学教授刘林任组长的调研组到柴石滩水库灌区进行为期4天的配套灌区工程社会稳定风险评估工作现场调研。

8月13日　全国人大财经委委员王力一行，在省人大财经委主任委员刘绍忠陪同下调研宜良统筹推进城乡社会保障体系建设工作。

8月18日　宜良县首家村镇银行“昆明宜良融丰村镇银行”正式开业。

8月25—28日　宜良境内持续强降雨，导致耿家营、北古城等乡镇遭受严重洪涝灾害，道路、水库、河堤沟渠、山体、房屋和农作物损毁。全县农作物受灾4 427亩（蔬菜2 846亩、花卉苗木1 150亩、烤烟271亩、水稻160亩）；山体滑坡9 175立方米，宜九二级公路K21+500段边坡滑坡，耿家营乡道路阻塞19.63千米。

9月9日　国家林业局林改司司长刘拓一行到宜良县调研集体林权制度改革及林产业发展工作。

9月19日　在第十一届中国昆明泛亚国际农业博览会上，宜良参展企业产品李烧鸭整只装烤鸭肉、滇王甘栗、滇中粮贸彩云之南云香米3个产品荣获博览会金奖，获金奖数名列全省县区第一位。

10月23日　宜良县举行昆石高速公路宜良立交改扩建项目开工仪式，项目总投资约1.5亿元，计划2016年元旦前建成投入使用。

10月28日　《宜良县志（1978—2008）》出版发行。全书共138万字，是新中国成立以来宜良县第二部社会主义新方志。

11月4日　副市长刘兵率队调研宜良稳增长及工业经济运行情况。

11月　水利部公示第十五批61家国家水利风景区名单，九乡明月湖成为昆明市第一家国家水利风景区。

【行政区划、人口】　2015年全县设2个街道办事处（含已托管的汤池街道办）和4镇2乡，下辖88个居民委员会和50个村民委员会，906个自然村。土地面积1 913.53平方千米。年末户籍人口141 930户，432 535人（含汤池街道办事处57 209人），其中男性214 683人，女性217 852人，比上年增加1 509人，增长0.35%。全年出生人口3 790人，死亡人数2 595人，常住人口43.4万人。主要少数民族人口4.18万人，占9.68%，其中，彝族3.03万人，回族5 408人、苗族2 618人。人口自然增长率5.58‰，城镇化率41.2%。

【经济综述】　全年经济总体运行在合理区间，继续保持中高速增长，地区生产总值150.55亿元，比上年增8.6%，其中，第一产业42.99亿元，比上年增6.5%；第二产业43.6亿元，比上年增10.2%；第三产业63.96亿元，比上年增8.6%。三次产业结构比为28.5∶29.0∶42.5。人均国内生产总值 34 768元，比上年增7.9%。非公经济增加值完成72.53亿元，占国内生产总值比重达48.2%。

【农、水、牧、渔、林】　2015年，全县农林牧渔业总产值68.81亿元，比上年增6.4%（可比价），增加值45.99亿元，比上年增6.5%（可比价）。粮食播种35 060公顷，比上年减2.3%，粮食总产17.8万吨，比上年减0.1%，其中，水稻3.48万吨，比上年减11.2%；苞谷10.23万吨，比上年增1.2%；小麦1.40万吨，比上年增18.6%；蚕豆8 000吨，比上年减8.7%。全县烤烟种植8万亩，收购烟叶18.96万担0.99万吨，比上年减3.6%。蔬菜产量44.12万吨，比上年增7%。花卉种植4 882公顷，比上年增16.4%。水果产量9476吨，比上年增6.2%。完成《宜良县“十三五”水利发展规划》《宜良县“十三五”农村饮水安全提质增效规划》编制。完成耿家营新庄中型水库、狗街轿子山、马街石门洞、北古城半山河、老青龙等拟建小（一）型水库报告编制。海马箐水库建设完成投资2.03亿元，大坝填筑完工，溢洪道、灌溉洞开挖浇筑有序进行；大平滩水库建设完成投资6 000万元，因地质因素2014年6月停工，重补地勘后，变更设计上报评审，12月复工；投资650万元完成蚂蚁箐水库、石门水库和老青龙沟等干支渠道防渗处理10.5千米；投资 605万元完成中央财政小型农田水利专项工程建设，渠道防渗9.8千米， 新建水池40个，安装管网9.8千米；第五批中央财政小型农田水利重点县建设完成投资1830万元，建设水池184个，水窖619个，渠道建设9.1千米，管道安装30.89千米；全年“爱心水窖”建设1 000件，做到山半区人均有1—2个生产生活水窖，基本解决群众抗旱应急用水需求。投资3 416.9万元完成117件抗旱应急工程建设；投资741.91万元完成水利设施维修养护工程45件；完成巴江、獐子坝河道治理4.8千米和5.15千米。投资2 351.86万元解决农村4.38万人、1.12万头大牲畜饮水安全问题；投资650 余万元修复水毁工程和配套防汛预警等信息化建设；投资510万元治

理小直河，缓解起春片区防汛压力。

年末在册管理各型拖拉机3 522台，小型微耕机增加1 152台，全年发放农机购置补贴292.5万元；全年拖拉机驾驶培训207人，在册拖拉机驾驶人员3 184人；全年机耕机耙面积59.1万亩。农业综合机械化水平达73.6%。

年末生猪存栏30.15万头，比上年减1.5%，肥猪出栏67.55万头，比上年增3.5%；大牲畜存栏6.88万头，比上年减3.3%；出栏大牲畜1.89万头，比上年减9%；羊存栏12.29万只，比上年增11.4%，羊出栏6.85万只，比上年减5.2%。出栏商品鸭1785万只，比上年减4.6%；奶牛存栏1.62万头，比上年减2.6%；牛奶产量4.46万吨，比上年减0.4%。肉类总产量10.22万吨，比上年增6.8%。水产品产量0.33万吨，比上年增3.8%；禽蛋产量0.69万吨，比上年增16.9%。水产养殖面积3.2万亩，产量1.38万吨，捕捞量500吨，观赏鱼养殖800余亩，产量800余万条（约320吨），成为云南省水产养殖大县和观赏鱼养殖县；全县有2个渔业协会、5家专业合作社、4家渔业公司，水产养殖技术职称200余人。全年引进滇池高背鲫、大闸蟹、大鳞泥鳅、芙蓉鲤鲫、斑点叉尾鮰、梭鱼等6个新品种，全年提供鱼苗种3 000余万尾。

启动实施城乡园林绿化第二个“三年计划”，全年完成绿化造林8.28万亩，其中，退耕还林1万亩，巩固退耕还林成果1万亩，石漠化综合治理3.9万亩，速生林培育0.8万亩，苗木基地建设1.08万亩，市级森林抚育0.5万亩；高速公路绿色廊道宜林人工造林0.46万亩，补植补造1.2万亩。义务植树102.37万株，村庄重点绿化16个；大力发展林下经济，7月23日，被列为2014—2015年国家林下经济示范基地；申报成为“中国花卉苗木之城”。

【工业、建筑、非公经济】 全年完成工业总产值127.4亿元，比上年增7.9%（现价），其中，规模以上工业企业完成111.6亿元，比上年增7.3%（现价）。全县完成工业增加值30.5亿元，比上年增8.8%（可比价），其中，规模以上工业企业完成增加值29.1亿元，比上年增9.8%（可比价）。全年规模以上固定资产投资105.7亿元（不含汤池），比上年增24.2%，其中，工业投资40亿元，比上年增7.7%。建筑业完成总产值64.2亿元（不含汤池），比上年增14.4%；实现增加值13.3亿元，比上年增12.7%；全年完成房屋建筑面积269.5万平方米，比上年减0.1%，其中，新开工面积264.6万平方米，比上年增8.4%。主要产品：发电量27.8亿千瓦时，比上年减11%，其中，火电23.57亿千瓦时，水电2.34亿千瓦时，比上年分别减15%和增37%；硫酸（折纯）7.96万吨，比上年减7%；精甲醇8.68万吨，比上年增6%；氮肥（折纯）13.2万吨，比上年增9%，其中，尿素（折纯）5.9万吨，比上年增9%；磷肥（折纯）0.5万吨，比上年减38%；水泥及水泥熟料1 562.37万吨，比上年增44%；商品混凝土353万立方米，比上年增121%；机制砖4.7亿块，比上年增14%；石墨及碳素制品5.57万吨，比上年减13%；塑料制品1.13万吨，比上年增24%；机制纸及纸板8.59万吨，比上年增85%，其中包装纸及纸板5.13万吨，比上年增41%；饲料77.16万吨，比上年增18%；乳制品2.22万吨，比上年减5%；饮料酒2.76万升，比上年减9%；食用植物油296吨，比上年增5%；罐头1 079吨，比上年增30%。食品添加剂1.98万吨，比上年减26%。全县民营经济增加值72.53亿元，占全县比重达48.2%，从业人员9.42万人，比上年增0.96万人。全年完成380户微型企业培育目标。

【交通运输、邮电通信】 全年投资1.26亿元，完成农村公路面硬化18个子项目139.8千米，完成宜九二级公路破损路面修复和大荒田线2.1千米、汤小线1.02千米及小矣公路大修工程，抢修小狗、九梅、张清、小矣等水毁塌方路段和消除安全隐患路段共计600余千米，清除路障9起1万余立方米。蓬莱大道改建一期工程结束。全年查处路政违章31件，查处超限超载车辆8.9万辆，依法卸载1 318辆，卸货6 798吨。全县公路通车里程1 984.8千米，其中高速公路56千米。投资1.5亿元，于10月23日动工改扩建昆石高速宜良收费站工程， 2016年元旦通车；开通公交线路66条，行政村公交覆盖率达97%；年末道路运输户6 467户，货运车辆7 860辆；客运企业2户，公交线路66条，城乡公交车319辆，出租汽车140辆，城乡公交覆盖率97.01%。全年发放城市公交、出租车燃油补助1 084.84万元。驾驶培训企业4家，教练车200辆，教练员286人，培训机动车驾驶员2 947人。二类以上机动车维修企业28户，道路运输从业人员1.7万人。全年货运周转量13.27亿吨千米，比上年增24.6%。

全年邮政业务总量1 556万元，比上年增11.66%；邮政件74万件、报刊期发数2.1万份。电信业务总量2.46亿元，比上年增11.2%，其中，移动公司业务总量1.58亿元，电信公司业务总量5 047万元，联通公司业务总量3 793万元；全县固定电话用户1.2万户，移动电话用户33万户，互联网用户达4.2万户，有线网络电视用户7.69万户，基站439个。

【城市规划、建设、环保】 宜良体育场馆建设完成投资2.7亿元，于7月6日竣工；县医院住院楼24层、门诊楼6层及地下室、垃圾处理站配套工作投资4.71亿元主体工程完成，进入二次装修；清远小学异地建设工程11月5日启动。全年完成农村危房改造743户，2 104套公租房和864套廉租房下半年逐步交付使用，在工业园区建保障性住房328套进行室内装修；年末房地产开发企业31家，已开发建设小区52个，售完楼盘的小区32个，从业人员1 467人，房屋中介13家；全年办理房屋登记3 930件；年内县城10层以上建筑66幢，建成使用9幢，在建57幢。全年供自来水623.6万立方米，比上年减3%；污水处理厂处理污水552.38万吨。第二污水处理厂建设完成主体工程，设备安装完成70%。城市空气质量优良达标率100%，地表水环境功能区水质达标率100%，集中式饮用水源地水质达标率100%，重点工业企业污染物排放口自动监控率100%，重点工业企业废水、烟尘、二氧化硫、粉尘排放达标率100%。城市生活垃圾无害化处理率87%，污水集中处理率75%，氮氧化物排放量1.77万吨，化学需氧量排放0.12万吨。匡远街道、北古城镇创建国家级生态乡镇通过省级审查，全县7个乡镇全部创建成省级生态乡镇，111个行政村命名为市级生态村。

【商贸、招商引资、旅游】 全县实现商品销售（营业）额139亿元，比上年增20.4%，其中，批发商品销售额65.3亿元，比上年增23.4%，零售商品销售额56.2亿元，比上年增16.5%；住宿营业额2.5亿元，比上年增10.3%，餐饮业营业额15.6亿元，比上年增24%。社会消费品零售总额37.2亿元，比上年增15.3%。全年招商引资签约12个项目，协议投资额13.64亿元；全年实际利用外资2 149万美元，到位内资40.9亿元人民币。旅游业持续发展，全县拥有名胜风景区和乡村旅游接待点50余个，其中国家4A级景区1个，3A级景区 1 个，乡村旅游接待点48个，利用承办昆明市五运会和旅游文化花街节、小哨干巴菌节、羊桥山歌节、竹山旅游文化节、68道拐靖安哨火把节、龙舟大赛和68道拐山地自行车挑战赛及宜良县首届体育、旅游、休闲、户外用品展销会等契机，全年接待游客234.9万人次，比上年增12.4%，旅游总收入2.5亿元，比上年增12%。

【财政、金融、保险、住房公积金】 全年财政总收入10.2亿元，比上年减6.7%。其中，地方一般预算收入6.8亿元，比上年减5.2%。全年县级地方财政支出17.2亿元，比上年增8.4%。金融机构年末各项存款余额151.7亿元，比上年增12%，其中，储蓄存款113.2亿元，比上年增10%；金融机构各项贷款余额82.5亿元，比上年增0.2%。全县有各类保险机构18家，保费总收入2.96亿元，理赔支出0.65亿元。 全县住房公积金新增归集单位298个，归集人数1.59万人，归集金额1.9亿元。

【科技、扶贫】 全年科技项目申报立项7项，项目扶持资金420万元。专利申请及授权186项，其中发明专利24项，实用新型专利156项，外观设计专利6项；获国家高新技术企业认定3家，云南省认定农业科技园区1个、示范园2个、农产品深加工科技型企业3家、优质种业基地1个、科技型中小企业23家、重点新产品4个，昆明市科技创新型试点企业认定1家。全年开展优质稻、板栗、蔬菜、生猪养殖等技术培训53期，培训创新型农民4 126人。全年在册建档立卡贫困人口3 766人，边缘贫困人口6 701人。全年投资120万元实施2个整村扶贫推进项目通过县级验收；投资496.5万元对4个村实施扶贫攻坚，4个村实现“一通六有”。在匡远街道金家营、宝洪寺村和马街镇大、小蒋所、平田村6个革命老区投入建设资金140万元。全县88家机关企事业单位定点挂钩帮扶83个自然村，县处级38人、科级及以下干部1 321人次到贫困村蹲点开展帮扶工作，落实扶贫项目、举办科技培训和劳务输出等，直接投入扶贫资金656.9万元，援助物资折款75.03万元，引进扶贫资金190万元，实施帮扶项目77个，转移培训贫困地区劳动力1 480人，促进贫困村改善生产生活条件发展经济。

【教育】 全县各类学校（不含汤池）197所，其中，普通高中2所、普通初中16所、小学66所、职业高中4所，幼儿园112所，特殊教育学校1所。在校学生人数65 148人，普通高中5 745人，初中14 187人，小学25 500人，幼儿园在园人数11 527人。适龄儿童入学率99.98%，九年义务教育完成率达99.53%。

【卫生】 全年投入440万元建设耿家营和南羊两个卫生院，投入270万元建设27个村卫生室。全县各类卫生医疗机构252个，其中，县级7个，民营医院6个，乡镇10个（含分院），社区卫生服务站3个，村级111个，个体诊所117个；卫生监督机构1个。全县拥有病床位2147张，各类卫生人员1 959人，执业（助理）医师741人，注册护士678人。全年诊疗152.6万人次，入院人数6.34万人，出院人数6.36万人。严格执行国家基本药物政策制度，100%网上采购，100%零差率销售，让利1 235.6万元。建立居民健康电子档案33.2万人，免费婚前医学检查5 520人，农村孕产妇住院分娩补助3 131人，免费妇科病普查2.3万人次，免费孕妇普查1 767人，孕期保健3 756人，产后新生儿访视3 618人。0—6岁儿童免疫接种2.17万人次。卫生督查食品经营单位2 292户次，督查公共场所经营单位3 195户次。

【文化、体育】 全县有5个乡镇（街道）文化站达到国家级标准，2个达省级标准。组织宜良宝洪茶、钩花扎染、九乡泡缸酒、古城杂糖、竹山总山神庙会、彝族民间舞蹈《虎戏》等项目申报市级非物质文化遗产项目，完成宜良文庙大成殿、县级文物保护单位文昌宫、西山村清真寺大殿、云泉寺等修缮勘查和方案制定。《宜良县志（1978—2008）》和《宜良民族》分别于10月和12月出版发行，《岩泉》季刊出版3期，《艺苑文囿》8期。县图书馆藏书达5.51万册。全年放映公益电影1 332场，观众达6.6万人次，其中，节假日广场电影80场，周末广场电影52场，纪念抗战胜利70周年电影100场。各类艺术表演团体惠民演出1 032场，观众达43.3万人次。全年承办七彩云南格兰芬多国际自行车节（昆明站）宜良段自行车比赛、全国龙腾狮跃闹元宵大联动昆明市舞龙舞狮展演、昆明市第五届运动会、昆明市中小学生摔跤柔道比赛暨市五运会摔跤柔道预赛、市中小学生自行车比赛暨市五运会自行车预赛，举办市第24届老年体育健身运动会、春节广场电影、非物质文化遗产展、迎新春硬笔书法展、新春征联、迎春书画展和“环保杯”职工篮球赛等文体活动。

【广播、电视、网站】 加强广播电视“村村通”“户户通”电视网络建设，对农村有线电视网络进行升级改造，将模拟信号升级为数字信号，精心安排全国两会、节日庆典、纪念抗日胜利阅兵等重大活动时段安全播出，加强卫星地面接收管理，开展无“小耳朵”“小黑锅”社区村寨创建工作。全年整转数字电视3 766户，发展高清数字电视用户1 204户，全县广播人口覆盖率99.5%，电视人口覆盖率99.2%，有线电视入户率77%。全年县广播电视台播出宜良新闻240组，上级新闻单位采用1 494条，其中，中央电视台采用6条，省级电视台采用240条，市级电视台采用341条；拍摄专题片10余部。编发各类新闻稿件500余篇250多万字，图片700余幅。《宜良之窗》网站发布各类宜良新闻资讯506篇，专题报道22个，图片176幅，点击率789万人次；编辑活动专刊、手机报信息237期。“花乡水城美丽宜良”发布微博2 970条，粉丝1 073人，“宜良发布”发布微博6 326条，粉丝2 034人。

【人民生活】 全年城镇居民人均可支配收入31 629元，比上年增2 501元，增8.6%（现价），农村常住居民人均可支配收入11 453元，比上年增1 107元，增10.7%（现价）。年末全县就业人员27.66万人，其中第一产业就业人员14.67万人，第二产业6.22万人，第三产业6.77万人。年末城镇登记失业人口1 177人，城镇失业率为2.54%。全县城乡居民养老保险累计参保20.5万人，其中，城镇职工养老保险参保365户1.95万人，支付离退休人员养老金1.49亿元；城乡居民基本医疗保险参保33.6万人，其中，城镇职工参保2.18万人，支付8 136.08万元，城乡居民参保31.42万人，支付1.2亿元；工伤保险累计参保462户2.22万人，支付792.13万元；城镇失业保险参保344户1.15万人，支付298.53万元；生育保险参保1.46万人，支付321.29万元。社会保障和就业支出2.73亿元；社会福利收养性单位4个。城市居民最低生活保障家庭3 020户3 522人，农村特困户救济8 500人，五保户供养734人。登记结婚3 268对，登记离婚1 219对。农村劳动力转移培训1.38万人，转移就业1.73万人，转移就业收入2.58亿元。年末全县享受高龄保健补助老人7 668人，发放保健费514.96万元。全年火化县内户籍遗体2 388具，发放火化补助143.85万元；新增农村公益性公墓2个，实现农村公益性公墓城乡全覆盖。

【精神文明建设】 以创建全国文明县城和承办昆明市第五届运动会为契机，大力开展平安创建、巾帼文明岗、青年文明号、文明单位（村）、文明集市、文明街、军警民共建、交通示范单位、示范村、示范学校、示范窗口、示范志愿者、文明餐桌和“讲文明树新风”等系列创建活动，签订创建全国文明县城责任书，利用电视、网站、信息、手机报、公交车、出租车、活动日、海报等宣传媒体宣传文明价值观和文明行为。全年创建全国文明村2个，省级文明单位（村）32个，市级文明单位（村）20个，县级文明单位（村）89个；创建市级文明示范街1条，市级文明示范窗口2个、“五个一”文化惠民示范点2个，农村文明集市2个。

（徐守云）

嵩明县

【年内大事】 1月14日 嵩明县召开非公有制经济组织和社会组织党建工作现场推进会。县委书记杨相来就做好嵩明县非公有制经济组织和社会组织党建工作提出具体要求。会议对燕京啤酒（昆明）有限公司等6家非公企业党建工作示范点进行授牌。

1月18日 中国科学院副院长张亚平莅临嵩明县，就中科院西南“家猪分子模块育种基地项目”进行考察。

1月 嵩明书城建设项目顺利竣工并投入运营。该项目集图书、销售与观影等为一体，总投资逾2 000万元。

3月9日 嵩明县北纬25.3°、东经103.1°发生4.5级地震，震源深度12千米，震中小街东屯，县城震感强烈。灾情发生后，云南省委、省政府主要领导高度重视，立即做出重要批示。并召开现场会议对应急救援工作进行安排部署。

3月10日 嵩明县与中国科学院昆明分院、中国科学院昆明动物研究所举行西南特色生物资源科技开发示范基地暨中国科学院西南家猪分子育种基地项目签约仪式。

3月29日 贵州省委书记、省人大常委会主任赵克志，省委副书记、省长陈敏尔率贵州党政代表团到嵩明县考察。代表团一行实地察看了晨农农博园育苗车间、葡萄庄园、有机肥场和花卉种植大棚等地。省领导李纪恒、陈豪、张祖林、米东生等陪同考察。

3月 科技部下发通知，正式批准云南嵩明现代农业科技示范园区为第六批国家农业科技园区。

4月7日 云南省青年创业协会在嵩明县成立。

4月30日，小龙（小铺至乌龙）高速公路正式开工建设。

5月7日 省委常委、常务副省长李江，省委常委、新区党工委书记李培等领导到杨林经开区调研。

5月12日 全国政协委员、民族和宗教委员会副主任马铁山、王学仁率全国政协民宗委调研组一行20余人莅临嵩明县调研。

5月13日 省委副书记钟勉带队莅嵩调研。

5月15日 省环保厅专家组一行实地考察嵩明县牛栏江镇国家级生态乡镇创建工作。经现场踏勘、资料查阅和听取汇报，专家组充分肯定了牛栏江镇国家级生态乡镇创建工作，同意通过省级验收，并上报国家环保部复核命名。

5月15日 孟加拉国农业部长莫蒂亚·乔杜里一行莅临嵩明县考察省花卉示范园区。在实地参观昆明安祖花园艺有限公司和虹之华园艺有限公司，并听取相关汇报后，考察团对园区的规划定位、企业发展规模、示范带动效果和园区聚集产业发展的模式给予高度评价。

5月21日 嵩明县委书记杨相来带队到牛栏江古城段生态廊道、果子园深度处理池、罗帮村连片综合整治项目等地，对牛栏江河道“包治脏、包治乱、包绿化、包设施（三池）”运行情况、日常管理情况进行巡查。

5月 由县文产办组织、创作、编排的《大家都来把舞跳》《崴花灯》赴北京参加文化部主办的“第二届全国群众文化艺术节暨‘群文杯’舞蹈总决赛”，荣获全国铜奖。

6月7日 澳洲植物研究院、香港富华医药有限公司、老挝植物所专家一行莅临嵩明县，对牛栏江生态廊道有机作物种植基地进行实地考察，并与牛栏江投资公司签订合作意向书。

6月12日 滇中产业新区在昆明举行第三届中国—南亚博览会滇中产业新区专场签约活动。嵩明县9个重点项目参加签约，协议投资总额超50亿元。

6月19日 嵩明县举行小街镇匡郎村委会陡山苗族村地质灾害点建成搬迁仪式。陡山苗族村2013年被昆明市国土局列为中型地质灾害点整村搬迁治理项目。项目总投资930万元，总建筑面积2 537.46平方米，搬迁住户27户103人。

6月 云南经贸外事职业学院、昆明医药职业技术学校分别与职教基地管委会签订项目框架性协议。云南经贸外事职业学院和昆明医药职业技术学校计划用地分别为500亩、290亩，总投资分别为7.5亿元、3亿元。

6月 云南杨林监狱改扩建项目竣工验收。该项目总投资1.08亿元，总建筑面积78 331.95平方米，共包含宿舍、医务室、劳动改造用房、训练中心等9个单体工程。

7月3日 青岛通用航空有限公司执行董事孙长治一行6人到嵩明考察洽谈通用航空产业园项目。该项目拟用地800亩，计划投资10亿元，将建设集低空航空器组装制造、产品试航、航空培训、管理运营为一体的通用航空产业园。

7月30日 省政协副主席、省检察院副检察长倪慧芳率队到嵩明调研基层检察院建设和预防职务犯罪工作。县委书记杨相来、县政协主席李俊彪陪同调研。

8月5—9日 嵩明传统美食展示活动在县城兰茂广场举行。活动共设展位20个，展示粉团、毛驴子打滚、杨林肥酒等10多种最具嵩明特色的产品及传统小吃。

8月12日 省委常委、新区党工委书记李培，新区管委会常务副主任陈学刚一行到嵩明调研园区规划建设情况。调研组先后到职教园区、长松园片区、农业园区、小街镇进行实地查看。

晨农农博园（嵩明县史志办 供稿）

8月31日 嵩明举行县兰茂中医药学会成立仪式暨首届兰茂中医药发展论坛，并就嵩明中医药产业发展举办招商引资推介活动。

9月24日 应北京恒华创展集团及香港川崎基金公司邀请，美国诺曼集团主席格雷格·诺曼一行莅临嵩明考察。县委书记杨相来带队与考察团就诺曼亚洲俱乐部及诺曼小镇项目合作事宜进行洽谈。

9月25日 嵩明举办“2015年国庆花卉联展”暨“中国第三届切花菊品种展示会”。展示会由省花卉产业联合会和省花卉示范园区管委会主办，虹之华园艺、晨农农博园、河野教大等企业承办；展区面积达6万余平方米；展出花卉1 600余种。展示会至10月25日结束，共吸引游客近12万人。

10月9日 泰国潮州会馆主席、南都集团机构总裁蔡汉强及泰国云南会馆理事长、泰国鸿发有限公司董事长赵治媛等12名企业家莅临杨林经开区考察。

同日　320国道改扩建工程顺利通过省公路局验收。该工程在嵩明境内起于八里铺，止于杨林土主山，全长22.6千米，总投资1亿元。

10月23日　昆明市委书记、滇中新区党工委书记、管委会主任程连元率滇中新区筹备组成员黄云波，市领导何刚、柳文炜等到嵩明调研园区规划建设情况。

10月27日　全国双拥办副主任、总政群工办主任李辉一行到职教基地调研云南东方时尚驾校退役士兵驾驶培训情况。

【区划、人口】　2015年，全县辖3镇、1街道、76个村（居）委会，575个村民小组，441个自然村。年末总人口303 389人，比上年增2 090人。其中男性151 467人，女性151 922人。农业人口222 486人，非农业人口80 903人。汉族279 244人，少数民族人口24 145人。少数民族人口中，回族16 237人，彝族4 113人，苗族1 487人。全年出生人口3 934人，死亡1 850人，人口自然增长率5.46‰。

【经济综述】　2015年，全县经济稳步增长。完成生产总值98.66亿元，比上年增长9.2%。其中，第一产业完成13.99亿元，比上年增长-0.7%；第二产业完成48.58亿元，比上年增长4.63%；第三产业完成36.09亿元，比上年增长51.20%。三次产业结构比由16.7：55.0：28.3转变为14.18：49.24：36.58。一般公共财政预算收入10.48亿元，增长8.1%。社会消费品零售总额26.34亿元，增长13 %。规模以上固定资产投资128.62亿元，增长21.2%。规模以上固定资产投资128.62亿元，增长21.2%。农村常住人口人均可支配收入达11 124元，比上年增长10.80%；城镇常住居民人均可支配收入达31 450元，比上年增8.40%。

年内，商事制度改革取得突破，稳步推进“三证合一”“一照一码”工作。“营改增”全面启动，累计减税2 100万元，企业发展活力不断增强。启动农村土地承包经营权确权登记颁证，农村产权制度改革稳步推进。深化投融资体制改革，做实做强泰佳鑫、兰茂星城等一批投融资公司。完善镇（街道）园区财税体制，清理部门闲置结余资金，财税管理水平明显提高。强化金融支持，扶持新注册微型企业163户。注重项目前期经费投入，储备项目389项，包装上报74项，争取国家专项建设基金项目9个。开展批而未供及闲置土地清理，收储土地6 769.5亩、供地3 284.3亩。闳凌机械、中信·嘉丽泽国际健康岛等31个招商引资项目正式签约，协议投资总额68.09亿元。完成外贸进出口贸易总额6 000万美元，非公经济占地区国内生产总值比重预计达55.4 %，荣获云南省促进民营经济发展先进单位。

【园区建设】　2015年，继续围绕“1+5”产业发展平台和“一主五新”城市发展体系，大力推进新型工业化进程，产业转型升级步伐持续加快。工业园区发展提档升级，污水收集和中水回用管网等配套设施逐渐完善；景观大道二期等7条道路加紧建设，园区承载能力不断提升；伊利乳业等建成企业达产达效；贵鼓风机、新里程等7个项目顺利推进；园区逐步形成以装备制造、汽车及零配件、信息产业、新型材料、食品饮料等五大产业为主导产业集群发展的良好态势。工业园区建成区面积达8.7平方千米，引进企业219户，投产企业168户，亿元以上投资企业66户，规模以上企业53户。

职教园区建设提质增速，幼儿园、小学等配套设施建设全面启动；园区6条主干道、师大文理学院等7个续建项目稳步实施；建成区面积近5平方千米；入驻院校13所，9所实现招生，在校生达7.4万人。经过不断努力，职教园区现已成为云南省职业教育改革创新实验区，成为

职教园区掠影（嵩明县史志办　供稿）

全省规模最大、配套最完备、入驻师生最多的职业教育区域中心和最大的职教新城。

农业园区建设增量提效，4条道路硬化、二期供水工程等项目全面完成，西藻生物、省农科院实验基地等11个项目扎实推进，年出口规模达4 500万美元，实现产值7亿元。农业园区入驻企业达26家。

【城乡建设】 年内，统筹城乡发展规划，编制嵩明县历史文化遗产保护与展示、综合交通等规划，制定黄龙山古柏保护方案。全面启动县城北片区等7个城市棚户区改造项目，城市功能不断完善，城镇化发展步伐不断加快。完善县城配套功能，完成县城西片区1号路、北片区排水工程等市政设施项目。县城建成区达6.81平方千米，城镇人口达11.2万人，城镇化率达50.3%。提振房地产市场信心，房地产销售面积达13.47万平方米。不断完善区域路网，长嵩大道实现试通车；国道320线升级改造完成；沪昆高铁、东南绕城高速、小龙高速等过境道路征收土地工作进展顺利；硬化建制村道路33千米。城乡四级客运网络逐步健全。小哨220千伏、阿里塘110千伏、小圆山输变电工程顺利推进。农村电网改造基本完成。“宽带乡村”试点工程实现行政村全覆盖。城乡管理水平不断提升，美化、绿化、亮化等工程深入推进；交通信号灯、公共照明设施、视频监控探头覆盖面逐步扩大，“数字城管”作用得到充分发挥。新增千亿斤粮食、高标准农田建设项目竣工投入使用；改造中低产田1.5万亩。完成9件小（二）型病险水库除险加固、30件大型灌区节水改造项目。完成小街陡山苗族村地质灾害搬迁，实施整村推进3个、省级重点村4个，解决2 100名贫困人口温饱问题。

【生态建设】 严格执行环保“一票否决制”，环境影响评价执行率达100%，县城空气优良率达100%。严格执行《牛栏江保护条例》，深入开展牛栏江流域（嵩明段）水环境综合治理，牛栏江水环境质量得到明显改善，出境断面水质持续提升。启动实施“一山一水”生态修复项目，建成牛栏江千亩水稻连片种植基地，完成罗帮垃圾热解示范项目。有力推进牛栏江沿岸22个自然村污染治理，建成小新街等4个集镇污水处理厂，“一江八河”水环境治理与保护的生态模式初步形成。强化环境监管，建成县城空气自动监测站，环境监管信息化水平大幅提升。强化县城公园绿化建设，新增绿地4.08万平方米，人均公园绿地达10.2平方米。实施“五采区”、石漠化生态修复治理，完成面山补植补造1 000亩、森林抚育5 000亩。72个行政村创建为市级生态村，三镇一街道创建为国家级生态乡镇。推广天然气、沼气、太阳能等农村清洁能源，加大节能减排，工业增加值能耗下降2.9%，万元国内生产总值能耗下降3.2%。全县森林覆盖率达49.1%。

【社会事业】 2015年，启动机关事业单位养老保险改革。社会保障水平不断提高。完成农民就业技能等培训10 843人；实现农村劳动力转移就业10 911人，其中，省外就业101人，省内县外就业3 984人，县内就业6 826人；实现新增劳务收入16 798.41万元，占目标任务1.2亿元的139.9%。全年累计开展小额担保贷款202户，放款1 544万元；开展鼓励创业“贷免扶补”贷款90户，放款630万元，小额担保贷款回收率达100%。提供就业岗位1 850个，新增城镇就业3 300人。城镇登记失业率有效控制在3.5%以内。五大保险累计参保53.02万人，其中，城镇职工基本社会保险累计参保110 635人，城乡居民基本社会保险累计参保42.12万人。全县纳入享受城镇居民最低生活保障6 119户6 676人，累计发放低保金1 600.4万元；全县纳入农村低保对象9 295户9 510人，累计发放低保金2 800.67万元。全县农村五保对象443户 444人，其中，集中供养226户226人，年人均供养标准7 560元；分散供养217户218人，年人均供养标准5 940元（不含粮食、衣被），共支出五保供养金265.35万元。完成县职中综合实训楼建设，上游小学等6个校安工程顺利推进，教育信息化、校园安全视频监控实现全覆盖。创建文明学校3所，嵩阳二小成功创建为现代教育示范学校，高中阶段毛入学率达80%以上。县中医院二期、杨林卫生院业务用房主体工程完工，完成30个村卫生室标准化建设，居民电子健康档案建档率达86.27%。完成嵩明新书城、兰茂纪念馆、县图书馆改造提升工程，全民健身中心投入使用，建成文化特色示范村5个。建设居家养老服务中心3个、村级老年活动中心3个。启动牛栏江镇等4个派出所建设，完成北城派出所等5个项目。应急管理体系不断健全，有效组织开展防震减灾工作，安全生产形势总体平稳。

【精神文明建设】 年内，举办中心组理论学习4期；开展科级以上干部理论培训3期、领导干部专题研讨3期；发动宣讲员到镇（街道）、园区、学校开展以习近平总书记系列重要讲话精神及党史、国史、延安精神为主要内容的政治理论宣讲10场；开展“读书月”活动，免费发放理论书籍3 000册，向村委会、学校及民间诗社捐赠图书1万册；在《嵩明手机报》、“悦读嵩明”公众微信平台开辟理论学习专栏，发送理论宣传标语65条、学习文章160篇。坚持以学校教育为主渠道，切实加强未成年人思想道德建设。在全县中小学组织开展“孝敬八心”教育实践活动；开展“尊敬长辈 孝敬父母”“算算亲情账，感知父母恩”等主题团队活动。印发《嵩明县孝亲敬老倡

议书》。评选表彰“敬老模范单位”10个、“孝亲敬老之星”10名。年内，上报省级文明单位10个、文明村5个、文明社区3个；评选“最美家庭”5户。组织开展文化科技卫生法律“四下乡”活动，发放物资8万余份；发放价值5万余元的农用物资；免费书写春联2 500余幅，拍摄全家福500多张。组织全县13支志愿服务队开展“爱在重阳 感恩父母”“清洁我们的家园”等志愿服务活动82次，服务群众2.67万人次。

（杨加祥）

石林彝族自治县

【年内大事】 1月4日 云南画院石林县糯黑彝寨创作基地正式挂牌。云南画院院长、云南美术馆馆长罗江和糯黑石头寨王有志共同为创作基地揭牌。

3月5日 石林县举行第一批公共租赁住房公开摇号配租仪式。此次面向社会公开分配的公共租赁住房共460套，有两室一厅和一室一厅两种户型，均位于石林县大屯。439户住房困难家庭及个人通过摇号分到公共租赁住房。

5月13—15日 中国扶贫基金会“爱加餐”项目团队携中国摄影家协会和麦道百清文化艺术中心到石林县拍摄2015年“六一”专题片《再不拍，我们就长大了》。

6月13日 第3届中国—南亚博览会暨第23届昆交会昆明市项目签约仪式上，石林县和开发合作方共签订5个项目。

6月30日 石林县农村公路“最后一千米”硬化工程全面完工，28千米的边界村组公路、边远山区公路硬化工程全面完成。项目包括大可乡南大村至弥勒市三棵树村、西街口镇西街口村至陆良县雾路顶村、保家哨村至小龙潭等12条农村道路路面硬化，工程总投资1 826万元。

7月15—17日 石林县在巩固国家园林县城创建成果中，达到国家园林县城标准，通过省住建厅组织的专家组的省级复查考评。

7月25日 在宜良县举办的昆明市第五届运动会上，石林县派出250名运动员、62名领队、教练员和工作人员组成的参赛代表团，参加青少年组7个大项和成年组9个大项共16个大项的比赛，这是石林县有史以来参加市运动会项目、参赛人数最多的一次。

2015年1月4日，云南画院石林县糯黑彝寨创作基地正式挂牌。

（石林县史志办 供稿）

8月5日 举行“体验科学”中国流动科技馆云南巡展石林站暨石林民族科技馆“科普之夏”活动。“中国流动科技馆”巡展以“体验科学·放飞梦想”为主题。该巡展由中国科协提供50件科普展品及科学表演、科学实践、科普影院等组成模块化设计的展览和活动。

8月9日 中国石林彝族研究中心举行成立仪式。该中心是石林县和中央民族大学中国少数民族研究中心共建的科研机构。以石林县社会经济、文化教育全面发展以及石林县的民族工作为主，以石林县彝族文化保护与发展研究为重点，将石林放在彝族的大背景下，进行试点研究。

8月24—25日 石林县通过省卫计委疾控局专家考评组考评，创建为云南省慢性病综合防控示范县。

10月27日 首届2015年“石林杯”全国传统弓射箭公开赛在石林开赛。本次赛事是国家体育总局射击射箭管理中心首次将传统弓公开赛列入全国赛事计划，也是云南首次举办的全国传统弓射箭公开赛。来自内蒙古、新疆、福建、四川、吉林、山东以及云南本地的44支队伍215名业余运动员、教练员报名参赛。

11月27日（美国纽约时间11月26日） 美国纽约迎来第89届梅西百货感恩节盛装大巡游活动，这是美国历史最悠久，民众参与度最高，最具影响力的文化盛典。中国昆明石林“世界第一奇观”主题花车作为此次大巡游活动中唯一的中国元素，赢得巡游沿线300多万观众的一片喝彩。美国NBC电视台对此次活动进行面向全球的现场直播。

12月3日 石林县人民政府与云南农业大学签订“石林农业与科技产业开发及利用合作框架协议书”，促进石林农业与科技开发利用工作的发展。

【区划、人口】 石林彝族自治县位于昆明市东南部，县域面积1 719

平方千米，属昆明市所辖的远郊县，距省会昆明78.07千米。全县辖鹿阜街道办事处、圭山镇、长湖镇、西街口镇、大可乡，4个社区居委会和89个村委会，50个居民小组和454个村民小组，389个自然村。2015年末，常住人口25.8万人。户籍人口249 627人，其中，男性125 452人、女性124 175人，总户数98 479户；非农业人口75 306人，占总人口的30.2%；少数民族人口89 422人，占总人口的35.8%；彝族人口86 108人，占总人口的34.5%，占少数民族人口的96.3%。人口出生率为10.57‰，死亡率为5.66‰，自然增长率为4.91‰。

2015年2月，农业新技术——马铃薯机械播种在石林县西街口镇格渣村委会十字场老寨推开。（石林县史志办　供稿）

【经济发展】　2015年是实施“十二五”规划收官之年，石林县以“富民强县”为目标，努力推进转型、扩城、种树、育人、修路、富民6项重点工作，基本完成“十二五”规划提出的目标任务，全县经济社会保持平稳较快发展。实现地区生产总值70.68亿元，同比增长9.7%，其中，第一产业17.96亿元，同比增长7.3%；第二产业18.4亿元，同比增长10.9%；第三产业34.31亿元，同比增长10.3%。三次产业结构为25.4：26：48.6。地方一般公共预算收入完成55 968万元，同比增长9.3%。规模以上固定资产投资完成128.08亿元，同比增长11.8%。社会消费品零售总额完成34.44亿元，同比增长15%。城镇居民人均可支配收入完成32 080元，同比增长8.7%。农村居民人均可支配收入完成11 343元，同比增长10.3%。旅游直接收入完成6.58亿元，同比增长5.4%。人口自然增长率控制在4.91‰以内。城镇登记失业率控制在2.3%以内。万元GDP能耗下降4.2%。

【农业】　昆明市委、市政府出台加快石林台湾农民创业园发展的实施意见，投资1 700万元完成阿里山路、巴江路、精品农业展示中心70亩、园区供水管网建设等项目建设。顺利完成园区第二轮土地流转工作，开展农村水利机制创新改革试点，建立园区水利信息化管理系统。杏林大观园加快建设，成功申报成3A级景区。加大园区企业开展节假日联合营销力度，全年接待游客61万人次，同比增长16.67%；园区新增入园项目6个，园区实现总产值1.6亿元，同比增长12.6%。

加强农田水利基础设施建设，小白龙潭水库、矣马伴水库建成投入使用，地下水库工程顺利推进，完成9座小（二）型病险水库除险加固工程，鱼龙水库、柴石滩水库石林提水灌片、老黑山水库等项目前期工作顺利推进。加大防洪抗旱应急工程建设，完成“五小水利”工程5 000件，建成爱心水窖1 100件，解决1.3万人农村饮水安全问题。完成高标准农田建设0.78万亩、千亿斤粮食增产工程0.75万亩、土地开发整理2.38万亩、中低产田改造地7 500亩，农业发展基础更加完善。

落实好各项惠农政策，启动农村土地承包经营权确权登记，颁发“集体土地所有证”832本，完成农村宅基地确权8 000余宗。实施粮食高稳产创建7.71万亩，粮食总产15.13万吨；种植烤烟10.17万亩，收购烟叶1 390万千克，均价31元。加强“五个一万亩”特色种植，完成蔬菜产量28.55万吨、花卉产量3.64亿枝、水果产量5.92万吨；畜禽产业稳定发展，肉类总产量6.24万吨。鼓励发展农业大户，培育市级以上农业龙头企业33户、省级9户，发展农业专业合作社17个。实现农业总产值34.23亿元，同比增长7.1%。

【工业】　完成《石林生态工业集中区总体规划》修编，规划面积达33.43平方千米。协议收储土地513.8亩。大屯片区23号道路竣工通车，核心区34号道路、110千伏线路迁改、小微创业示范基地及园区公租房等工程有序推进。双汇一期建成投产，云电投及华能二期、废旧轮胎综合利用等项目基本建成，三七科研中心、芳香博物馆、难看工艺品等项目顺利推进，食品加工城新入驻企业3家。推行园区“财园助企贷”，帮助企业解决2 000万元资金需求。新增入园项目3个，实现规模以上工业增加值7.5亿元，同比增长15.2%；规模以上工业利税总额2.2亿元，同比增长15%。落实省、市稳增长政策措施，制定县级15条保持经济稳增长政策措施，安排500万元中小企业扶持资金，着力

化解企业发展难的问题。加大微型企业创业扶持，落实“两个10万元”小微企业创业扶持249户。全县开工5个太阳能光伏电站建设，总装机规模达286兆瓦，有效拉动工业投资持续增长。加快推进煤炭行业整合升级改造，完成11家煤炭整合方案批复。宏熙水泥厂完成技改投产。完成规模以上工业增加值10.21亿元，同比增长9.1%，规模以上工业主营业务收入27.8亿元，同比增长6%；规模以上工业利税总额3.1亿元，同比增长4.7%。非公经济增加值占GDP比重达43.1%。

【旅游业】 完成乃古石林景区详细规划并上报住建部审批。实施大小石林景区厕所、游客中心交通网络设施、服务区供电主干管和大叠水景区基础设施改造提升工程。加快旅游服务区建设，有序推进石林狂欢之都二期、云林度假酒店、石林古彝部落风情园、喀斯特地质科研博物馆二期、石林冰雪海洋世界、水上石林等项目建设，旅游配套设施不断完善。成功举办“乃古花海”“国际火把狂欢节”“七夕情歌大汇”“首届国际阿诗玛文化节”等系列旅游营销活动，文旅一体加快融合。成立8个招商引资分局，与旅行社签订战略合作协议75个，设立石林旅游直销门店85家。成功创建为国家生态旅游示范区。全年石林风景名胜区接待游客407.87万人次，实现旅游直接收入6.58亿元。实现旅游综合收入33.11亿元。

【财税、金融】 全县地方财政总收入78 895万元，同比增收4 352万元，增长5.8%。其中，上划中央和省级税收收入22 927万元，同比减364万元，减少1.6%。全县地方公共财政预算收入55 968万元，同比增收4 716万元，增长9.2%。全县地方一般公共预算支出153 006万元，同比增8.6%。全县地方公共财政预算收支平衡情况：各项收入合计159 809万元，其中，地方一般公共预算收入55 968万元，返还性收入30 69万元，财力性转移支付收入28 432万元，专项转移支付收入56 525万元，上年结余结转488万元，调入资金15 327万元。各项支出合计158 806万元，其中，专项转移支付支出55 892万元，地方一般公共预算支出97 114万元，转移性支出（专项上解上级支出）1 495万元，预算稳定调节基金4 305万元。收支相抵结余1 003万元，全部为专项转移支付结余结转。

全县金融运行总体基本平稳，金融机构各项存款快速增长，增量月度间大幅波动特征明显，各项贷款投放超预期，增速明显放缓。年末，全县金融机构各项存款余额92.2亿元，比上年末增加13.41亿元，增幅17.02%，同比增加13.29亿元；各项贷款余额71.19亿元，比年初增加0.27亿元，增长0.39%，同比少增4.55亿元。

【社会事业】 全面落实议教制度，育人工程取得新突破。完成石林中心幼儿园、路美邑中心幼儿园建设和3所学校改薄项目，启动县一中校安工程，加固修缮危旧级校舍1.51万平方米，小学、初中入学率分别达99.71%和99.3%，高中阶段毛入学率达90.35%。县中医院搬迁新建项目顺利推进，食品药品流通秩序井然有序，创建为云南省慢性病防控示范县、云南省药品安全示范县和餐饮服务食品安全示范县。加强基层公共文化服务体系建设，实现行政村（社区）文化室全覆盖，争取昆明市第六届运动会举办权，承办全国传统弓射箭公开赛。全面推进高清数字电视转换工程，有线电视信号实现自然村全覆盖。

落实各项就业政策，新增就业1 096人，转移就业1.27万人。加强社会保障能力，城镇职工基本养老、失业、工伤、生育保险参保率分别达98.9%、98.5%、97.7%和98.6%；城乡居民社会养老保险和城镇基本医疗保险参保率分别达97%和97.5%。落实单独两孩政策。城乡最低生活保障实现全覆盖，发放城乡低保金2 877万元，建成居家养老服务中心3个。补贴65岁以上老年人和部分残疾人免费乘坐城乡公交车260万元。开展“挂包帮、转走访”工作，解决省级建档立卡贫困人口457人，减少边缘贫困人口641人。实施民族团结示范村建设3个，改造农村民居地震安居工程1 100户。新建成公租房487套、分配464套。

【城乡一体化建设】 加快城乡道路交通建设，云桂铁路顺利推进，西石高速公路实现通车，完成大叠水旅游专线一期路基、环城南路路基、老326国道狮山路口至北吉村段改扩建，环城北路、西石联络线顺利推进。启动大叠水旅游专线二期、长湖旅游专线一期工程。完成农村公路硬化148.1千米，公交出行分担率达45%。县城区建成鹿阜旧城等片区6条市政道路，西城大道41－1号和54－2号道路开工建设，新增市政道路2.6千米。建成污水处理厂二期，加快推进污水管网完善工程、宜石垃圾收运项目建设，新增污水管网3.2千米、天然气管道19.6千米。完成500千伏圭山变电站、35千伏美邑变电站和月湖Ⅱ回线建设，改造10千伏配网线路24.53千米，开工建设79个农网改造项目。

开展县城总体规划修编，推进云南省“四规合一”试点工作。建立固定资产投资工作包保责任制、按月通报制，加强项目跟踪督查督办，县级70个重点项目完成投资33.1亿元，有力拉动全县经济持续增长。加大资金争取工作，多渠道争取上级资金9.23亿元，争取省级债务置换债券资金9.18亿元、中央专项债券资金1.58亿元。完成地方一般公共预算支出15.3亿元，同比增长8.6%，有效保障资金需求。对2013年以来挂牌出让土地清理整治，保障城乡发展建设用地需求，供应土地717亩。推动鹿阜旧城改造项目，启动棚户区西北片区改造项目。县城新增建成区面积0.6平方千米、达15.3平方千米，城镇化率达39.5%。实施长湖镇维则集镇中心广场建设项目，新增集镇面积0.21平方千米，新增农贸市场2个，小集镇发展不断加快。大叠水村整村搬迁、大可村地质灾害搬迁顺利推进，实施6个省级新农村、3个县级新农村和5个整村推进示范村建设。

【生态建设】 开展城乡园林绿化，推进城市规划区绿地系统建设和县域环境生态系统建设3年达标工程，完成桃源湖公园二期建设和巴江河道治理8.2千米，启动第三轮园博园建设。加强县城公园、绿地管护，新增城市绿地面积10万平方米，城市绿化覆盖率达39.4%，人均公共绿地面积15.47平方米。实施石漠化人工造林5 956亩、封山育林3.27万亩、速生林培育4 000亩、低效林改造5 000亩、苗木基地建设4 000亩、重点区域造林1 000亩、义务植树87.7万株，全县森林覆盖率达48%。国家卫生县城、国家园林县城顺利通过复检，生态县创建通过国家级技术评估。

【交通、邮电】 年内，石林县共有营运机动车4 848台，共运送班线客运67.1万人次、公交客运71.4万人次。南昆铁路石林火车站日均接发列车50列，日均发送旅客174人次，日均到达客流量294人次，全年发送旅客63 611人次，到达旅客10 7604人次，完成旅客周转量 24 172 180人千米，客票收入771万元，运输总收入779万元。

中国邮政集团公司云南省石林县分公司实现邮政业务总收入1 137.72万元，实现收支差373.48万元；三大板块业务稳步发展，其中，代理金融业务实现收入644.99万元，邮务类实现收入368.32万元，寄递业务实现收入116.43万元，占比为5：3：1。中国电信石林分公司完成业务3 400万元，有固定电话在网用户13 000户，宽带在网用户13 000户，移动用户在网用户20 000户。中国移动石林分公司实现运营收入1 1863.3 万元，其中手机上网收入4 650.83万元；新增使用客户为63 263户，累计使用客户为18万户。中国联通石林分公司完成业务收入1 050万元，新增移动用户4 500户，宽带固话用户376户，年末在网用户累计达15 100户。

【招商引资】 年内，成立8个“两招”分局和5个乡镇招商分局，开展驻点招商引资工作。以旅游文化、生态工业、高原特色农业等6个重点产业为导向，强化产业招商。加强招商引资推介、洽谈及服务工作，组织参加南博会、厦洽会、火把节等招商推介活动。全年策划包装项目51个，印制《石林投资指南》和《石林县重点招商引资项目册》5 000册。洽谈项目324个、签约项目41个，协议总投资70.59亿元。引进内资41.6亿元，外资2 115万美元。

（刘世生　鲁建宏）

禄劝彝族苗族自治县

【年内大事】 1月26日 国家新闻出版广电总局副局长童刚一行到禄劝县调研县级电影院建设工作。

2月16日 省发展与改革委员会党组成员、副主任董继理一行到团街镇调研重点帮扶项目建设情况。

3月6日 副省长高树勋到禄劝县调研外来企业发展情况。

3月20日 禄劝县创建为云南省慢性病综合防控示范县。

4月9日 禄劝县与云南民族大学举行合作培训少数民族语言文学专业人才签约仪式。

4月14日 禄劝县旭辉汽车检测有限公司正式开业，这是禄劝县成立的第一家机动车综合性能检测机构，结束了禄劝营运车辆进行等级评定、二级维护只能到昆明主城进行的历史。

4月22日 老一辈革命家陈云之子陈方一行到翠华镇铁索桥、红军烈士纪念碑、皎平渡镇红军烈士纪念馆等地，缅怀革命先烈，重温红军长征过禄劝的光辉历史。

4月28—29日 全市2015年农村义务教育学生营养改善计划工作会暨食堂食品卫生现场会在禄劝召开。

5月6日 市政协主席田云翔一行到茂山镇高原特色农业示范区、益生药业及忠爱医院新建项目等地，调研禄劝转作风、调结构、促发展工作。

5月14日 省人大常委会副主任卯稳国一行到禄劝县检查《水污染防治法》贯彻实施情况。

5月26日 省政协副主席王承才一行到禄劝县调研“争当生态文明建设排头兵”活动情况。

6月1日 禄劝第一中学获云南省“平安校园”称号。

6月5日 省科技厅选派30名科技服务人才到禄劝县开展科技服务和科技创业，以助推禄劝科技进步。

7月30日 禄劝县创建省级生态文明县通过市级考核验收。

8月8日 禄劝凤家古镇民居、文化旅游综合项目开工仪式在县城举行。

8月28日，市委书记程连元一行到禄劝调研扶贫开发、农村危房改造等工作。

10月12日 台湾南投县仁爱乡乡长孔文博先生率领台湾少数民族部落首领云南参访团到禄劝县交流参访。省台办副主任段俐娟等陪同参加活动。

10月19日 国务院办公厅行政司巡视员、副司长谷勤龙一行到禄劝县调研金融工作。

10月28日 市委书记程连元一行到则黑乡民安乐村委会羊槽村小组

走访“挂包帮、转走访”结对帮扶贫困户。

11月6日 禄劝中西医结合医院被评为“云南省民营医院优秀医院”。

11月19日 中华慈善总会贫困母亲救助金发放仪式在县城举行，向来自基层乡（镇）的50名贫困母亲每人发放1 000元救助金。

11月25日 禄劝县在县体育馆举办庆祝自治县成立30周年大会暨大型文艺晚会。全国人大民委、国家民委祝贺团团长、国家民委文化宣传司司长武翠英，云南省祝贺团团长、省民委副主任陆永耀，昆明祝贺团副团长、市人大常委会副主任金志伟等领导、社会各界人士代表及群众参加庆祝大会。

11月26日 市财政局帮扶团街镇马初村道路硬化工程项目开工，市财政投入帮扶资金260万元，为马初大村硬化村道7.7千米。

12月2日 国家退耕办巡视员张秀斌，工程处处长王维亚一行到禄劝县调研新一轮退耕还林工作。

12月8日 省司法厅副厅长吉志勇一行到茂山镇丽山村委会调研禄劝县社区矫正教育示范基地建设情况。

12月23日 武定—倘甸—寻甸高速公路项目（禄劝连接线）正式开工，该项目是滇中城市经济圈高速公路环线的重要组成部分，也是国家高速公路网京昆高速、武昆高速和渝昆高速、嵩待高速的横向连接线。

【区划、人口】 禄劝彝族苗族自治县位于滇中北部，是昆明市远郊县，东与寻甸、东川相连，南与富民接壤，西与楚雄州武定县毗邻，北接金沙江与四川省会理、会东两县相望。2015年，全县共有15个乡（镇），1个街道办事处，189个村（居）委会，2 605个村民小组，2 450个自然村。国土面积4 233.78平方千米，耕地面积23 936.4公顷。年末总人口485 121人，其中，女性234 764人，占总人口的48.39%；非农业人口88 247人，占总人口的18.1%；少数民族人口156 868人，占总人口的32.3%。少数民族人口中，彝族111 065人，占少数民族人口的70.8%；苗族15 819人，占少数民族人口的10.08%；傈僳族16 266人，占少数民族人口的10.36%；其他少数民族人口13 718人，占少数民族人口的8.74%。全年出生5 117人，死亡2 646人；迁入2 357人，迁出2 755人。全县人口自然增长率3.42‰。

【经济综述】 2015年，实现地区生产总值（国内生产总值）750 036万元，比上年增长10%，增幅位列全市第一，分别高于全国（6.9%）、全省（8.7%）和全市（8%）水平。一、二、三产业分别完成增加值207 813万元、212 492万元和329 731万元，分别比上年增长7.8%、9%和12%；三次产业结构比为27.7：28.3：44，一、二产比重有所回调，三产比重持续提高，产业结构得到优化。全年非公有制经济增加值占国内生产总值比重为48.3%。全县工业总产值（现价）为390 469万元，同比增长1.7%，其中，规模以上工业总产值243 934万元，同比下降4.2 %。规模以上固定资产投资完成1 236 089万元，同比增长21.9%。农林牧渔业总产值（当年价）387 636万元，比上年增长5.3%。社会消费品零售总额为279 469.4万元，同比增长12.4%。

【农林水牧】 全县耕地面积23 936.4公顷，农作物播种面积71 421公顷。农林牧渔业总产值387 636万元，比上年增长5.3%。全年完成粮食作物种植76.3万亩（不含“两区”管委会托管的转龙镇、雪山乡、乌蒙乡）。粮食总产量为230 199.2吨。重点科技措施完成高产创建11万亩，水改旱4.25万亩，间套种19.04万亩。蔬菜播种面积10.59万亩，总产值30 795万元。花卉园艺种植5 520亩，总产量6 487.5万枝，总产值10 120.5万元。新植桑园面积300亩，低产桑园改造1 000亩，生产鲜蚕茧228.5吨。新植水果3 000亩，中药材种植63 336亩。完成烟叶种植8.02万亩（含转龙、乌蒙），收购烤烟1 188万千克。出栏生猪70.15万头、肉牛7.9万头、肉羊26.57万只、肉禽225.5万羽，肉产量79 955.1吨，禽蛋产量1 770吨。

完成岁修工程630件，修复水毁工程20处，清淤渠道14.5千米，衬砌三面光支渠5千米，新增有效灌溉面积0.3万亩、改善灌溉面积2.5万亩、恢复灌溉面积3.2万亩、治理水土流失面积35平方千米。全县库塘蓄水3 700万立方米，比上年同期减少90万立方米。投资2 665万元建成爱心水窖4 100个，增加蓄水1 025万立方米，受益1.68万人。投资4 100万元续建撒营盘、屏山、中屏、云龙、则黑、皎平渡、汤郎7个乡（镇、街道）集镇供水工程，解决和改善集镇及周边村组5万余人饮水安全问题。

全年造林13.54万亩，其中，人工造林6.25万亩，低效林改造及抚育2万亩，封山育林及补植5.29万亩。天保公益林建设封山育林2万亩，巩固退耕还林成果补植补造1万亩，新一轮国家退耕还林1万亩，石漠化综合治理0.4万亩、封山育林2.29万亩，核桃产业基地建设4.4万亩，杨树等速生林培育4 000亩，苗木基地建设500亩，国家森林抚育2万亩。义务植树89万株，培育乡土树种育苗500亩。

【工业】 2015年，全县工业总产值（现价）为390 469万元，同比增长1.7 %，其中，规模以上工业总产值243 934万元，同比下降4.2 %，规模以下工业总产值146 535万元，同比增长13.4%。规模以上企业增加值87 282万元，同比增长6.1 %。规模以上固定资产投资完成1 236 089万元，同比增长21.9%；其中，工业投资完成977 367万元，同比增长26.9%；

房地产完成115 494万元，同比增长376.6%。工业元气完成规模以上工业增加值6.96亿元，增速7.7%；完成主营业务收入30.01亿元，完成规模以上工业主营业务收入17.21亿元，增速35.83%；完成规模以上工业企业利税总额0.61亿元。完成土地收储1 317亩；2015年供应土地667亩，土地供应比率达到91%。完成工业固定资产投资25.35亿元，新增规模以上工业企业3户，亿元以上工业项目开工3个，亿元以上工业项目竣工3个；规模以上工业万元增加值能耗下降率12.9%。入驻园区企业59户，其中，规模以上企业18户。

【招商引资】 全年实际到位市外内资34.87亿元，实际利用外资971万美元。签订外来投资项目38个，协议投资43.5亿元。乌东德电站主体工程于12月24日正式开工；卓干山风电项目18台风机全部投产发电；爱康农光互补项目完成20MW光伏支架、太阳能电池板铺设，并在板面下试种魔芋、金银花等中草药。赴上海、江苏等地开展招商活动、考察合作项目，成功与苏州爱康集团签订投资5亿元的农光互补项目协议。第三届南博会成功签约6个项目，协议投资总额达9.94亿元。

【交通、邮电】 全年建制村公路硬化实施里程176.89千米。12月23日，滇中环线高速公路禄劝至倘甸段在禄劝县城举行开工仪式，各项工作正在有序推进。通过国家农业发展银行贷款5 000万元，开展1 199.3千米、1 620个隐患点的农村道路安保一期工程。争取省、市资金350万元对撒则公路部分路段进行路面中修。争取省、市资金71.5万元实施路网结构改造翠东公路安保工程和3座小桥危桥加固改造工程。投资100万元实施县道交通安全隐患整治。查处路政案件8件，开展专项整治6次，发放路政宣传材料5 000多份，超限超载车辆控制率保持在2.6%以内。加强全县14道渡口的管理工作，开展渡口检查24次，发放救生衣80件，开展船员及船管员业务培训2次，发放宣传材料36份。

全县完成邮政业务收入617.01万元。移动公司3G信号覆盖100%乡镇和部分行政村，4G信号覆盖100%乡镇和95%行政村，有线光纤宽带已经覆盖到16个乡（镇、街道）所在地和129行政村。联通公司完成通信基础设施建设投资1 500万元，其中，基站建设投资1 200万元，完成网络优化6次，光纤覆盖、宽带建设投资300万元，新增端口2 500多个。

【财税、金融、保险】 2015年，全县地方财政总收入81 263万元，完成预算89 409万元的90.9%，比上年减收3 402万元，同比下降4%，其中，地方公共财政预算收入58 668万元，完成预算63 982万元的91.7%，比上年减收1 921万元，同比下降3.2%。全县地方财政总支出251 457万元，同比增长0.1%，比上年增支240万元。其中，地方公共财政预算支出243 533万元，同比增长11%，比上年增支24 053万元。完成国税收入22 335.35万元（含“营改增”947.93万元），同比下降9.47%，减收1 667.10万元。地税共组织税费收入总计63 992万元，同比增长1.54%，增收969万元。

全县金融机构存款余额992 063万元，其中，个人存款余额513 118元，财政性存款5 316万元；金融机构贷款余额629 968万元，其中，短期贷款余额178 948元，中长期贷款余额430 822万元，个人消费贷款余额105 373万元。

中国人民财产保险股份有限公司禄劝支公司全年保费收入2 701.38万元。中国人寿保险股份有限公司禄劝支公司全年保费收入2 655.84万元。

【城乡建设】 全年完成9个规划编制方案。审批单位建设工程竣工验收39件；核发私人建设工程竣工验收81件。办理建设工程报建9 项，审批发放施工许可证23项，监督签订廉政合同和施工合同 9项，建设工程初步设计审查7 份。风家古镇、鼎胜桥工程正在推进。县城污水处理厂二期工程完成施工图设计及场地平整工作，正进行施工图审查和拦标价预算编制。完成东山桥改扩建工程规划方案。改造修复市政道路破损、开挖恢复面积36 650平方米。完成城市绿地建设7.09公顷，栽植乔木4 350株，栽植攀缘植物18 444株。

【环境保护】 全年共审批建设项目（报告书、报告表、登记表）44个，其中报告表16个、登记表28个；完成22家企业建设项目“三同时”竣工环境保护验收工作，环境影响评价和“三同时”制度执行率100％。完成化学需氧量削减量361.98吨，氨氮削减量83.74吨。2015年，全县工业固体废物产生量为180.45万吨，综合利用量164.73万吨，工业固体废物处置利用率为91.28%。对辖区内纳入环保管理的企业进行现场监察，其中重点排污企业每月现场监理一次，其他企业按季监察，饮用水源地半年监察一次，全年进行现场监察共计580人次。严格执行排污费征收标准和收、管、用制度，实行收支两条线，累计征收上缴排污费120万元。完成县水泥厂、禄劝污水处理厂污染源监督性监测，编写县水泥厂监测报告书2份，上报监测数据156个，编写禄劝污水处理厂监测报告书15份，上报监测数据2 508个。完成普渡河铁索桥等共8个断面的例行监测任务，上报监测数据报表25份。进行空气质量监测186天，上报数据558个。对县城进行噪声监测共获得1 060个监测数据。城区可吸入颗粒物全年平均浓度为0.067毫克/米^3；二氧化氮全年平均浓度为0.014毫克/米^3；二氧化硫全年平均浓度为0.015毫克/米^3，按环境空气质量新标准（GB3095-2012）二级评价标准，全年空气达标

率为100%，PM10年平均浓度≤70毫克/米³。对九龙镇、团街镇、乌东德镇、马鹿塘乡、则黑乡、汤郎乡6个乡（镇）创建国家级生态乡镇工作进行复核验收，已通过省级评审，报国家环保部复核命名。开展“六五”世界环境日等宣传活动，发放宣传材料1万册。开展环保图片展、环保宣教“四走进”（进农村、进社区、进学校、进企业）活动；编制印发6 000册“低碳出行”等环保宣传资料。

【旅游】 年内，贯彻“文旅活县”的发展思路，以凤家古镇为核心，以禄大路为轴线，依托普渡河、掌鸠河，形成以中屏、翠华、九龙为重点的普渡河旅游资源调研报告。全县共接待旅游人数170 323人次、旅游综合收入4 195.56万元，分别较上年增长24.87%和15.15%。组织编制禄劝《旅游发展总体规划》《禄大路旅游经济带规划》《普渡河流域旅游专项规划》，参与《乌蒙山片区连片旅游发展规划》编制。中屏溶洞项目累计投资2 750余万元，兴隆温泉旅游度假村项目累计投资4 700万元。对县域内的13户农家乐进行等级评定。

【科技】 组织企事业单位申报国家、省、市科技计划项目38项，立项16项，争取资金708.5万元。完成专利申请和授权100件。组织17家企业申报省级高原特色农业“三个认证”，其中，农业科技示范园认证10个，优质种业基地认证5个，云南省农村经济合作组织认证2个。禄劝德力碳化硅制品有限责任公司被列为2015年昆明市知识产权试点企业。筹建禄劝生物医药科技孵化器，是全县唯一一家专业的科技孵化器。编发《禄劝科普信息》12期，发放环境保护、防震减灾、食品安全、科学生活、核桃栽培技术、中草药栽培技术等科普宣传资料40余种5.2万余份，接受群众科技咨询2 964人。团街镇乐业村委会被列为2015年“省级科普惠农兴村计划项目”，获省财政厅、省科协项目补助资金10万元。

【教育】 全县有幼儿园53所，学前三年毛入园率87.14%；小学170所，小学毛入学率107.31%，入学率99.86%，巩固率99.87%；初中毛入学率达109.46%，巩固率99.16%；普通高中2所，高中阶段毛入学率达65.17 %。开展各类农民短期适用技术培训61 231人次。全年教育经费总投入67 456.06万元，其中，中央和省级投入11 471.27万元，市级投入5 497.41万元，县级投入47 927.7万元，其他投入 2 559.68万元。义务教育阶段41 845人享受“两免”政策（免学费、免教科书费），其中，小学25 597人，初中14 130人。义务教育阶段学生享受国家贫困寄宿制学生生活补助春季学期25 578名，补助资金1 423.35万元；秋季学期25 025名，补助资金1 397.65万元。农村义务教育营养改善计划春季学期补助30 910人，秋季学期补助28 788人，全年共实施营养改善计划2 387.92万元，其中，小学1 639.88万元、初中748.04万元。利用中央奖补资金为试点学校外的县城4所学校农村户口孩子提供营养膳食，享受9 422人。投资2 269万元，完成禄劝一中普通高中建设项目，项目建筑面积15 129平方米。

【文化、体育】 全年组织广场演出活动20场，演员4 930人次、观众51 900人次。文化惠民“大篷车”送戏下乡文艺演出4场次，演员174人次、观众2 480人次。组织业余文艺队开展文化惠民演出活动154场（下乡39场）。“花山节”组织启动仪式、文艺演出举办原生态民族民间歌舞比赛及苗族非物质文化遗产展演；传统体育竞技爬花杆、射弩、弹弓、穿衣赛、绩麻比赛。“火把节”举办祈福仪式、罗婺神鼓节目。县庆期间组织篮球赛、合唱比赛、书画摄影展、大型文艺晚会《禄劝欢歌》等8项文体活动。举办2015“三溪杯·禄劝好声音”和“五星国际杯”风·雅·颂——国学经典诵读比赛。开展世界读书日活动，赠送书刊500余册。举办“服务宣传周”活动，赠送书刊1 000册、宣传资料500份。参与元旦、春节文化下乡系列活动，赠送书、刊、年画共3 000册。举办红军长征过禄劝80周年书画、摄影展2期，参展作品204幅，参观人数1.76万人次。辅导业余文艺队20支，辅导4 600人次；辅导合唱《幸福禄劝人》《太行山上》参加昆明市“聂耳音乐节”暨纪念抗日战争胜利70周年合唱比赛，决赛获银奖。完成省市级传承人信息采集、小传编写，传承人“五进”活动、传习馆调查等工作。完成《撒营盘镇撒老坞彝族文化保护区》《翠华镇汤郎箐秧草墩苗族文化保护区》的建设与发展编制工作。组织非遗传承人参加省、市组织的展示活动4次。完成5项市级文物保护单位的保护范围、建设控制地带的勘测、划定、绘图和标志碑的制作工作、说明碑。向上级主管部门争取文物维修经费248.15万元，维修红军长征渡江纪念馆、普渡河铁索桥的引桥。完成普渡河铁索桥主桥的维修方案、经费预算编制。出动执法人员800余人次，出动车辆60余辆次，加强对县城区和乡（镇）农村文化市场的监督管理。对违法违规经营活动进行查处，共立案、办结9件，罚款4.5万元。取缔乡（镇）书刊、音像制品地摊经营户5户，收缴碟片603碟。开展全民健身活动共20余次，运动员6 000余人，观众8.5万余人，健身活动培训3次。建设农民体育健身工程6个，文体广场5个，建设资金85.2万元；健身路径11条，建设资金77万元。

【广播、影视】 全年采编播出《禄劝新闻》156组，898条稿件。制作纪念抗战胜利暨世界反法西斯胜利70周年寻访抗战老兵系列专题。县庆期间，制作播出《辉煌30周年》电视系列专题片13个。播出《禄劝新闻和报纸摘要》153组1 008条新闻稿件；广播栏目《卫生与健康》《法制园地》《绿色原野》等专栏节目156组。采访播出百姓关注稿件89条。完成外宣采用稿件188条。播出各类通告、公告67条，公益广告30条。更换老化主干电缆3.1千米，更换用户线路151户，更换故障光接收机15台，放大器25台，供电器20台，维修用户线路故障2 690次，维修数字机顶盒320台。完成2 176户的数字电视安装入网工程，改造光缆线路21千米。

【卫生】 年内，全县有医疗卫生机构224个，其中，县级医疗卫生机构6个。卫生从业人员2 082人，其中，卫生专业技术人员1 730名。编制病床2 137张，实际开放病床2 643张，其中，公立医院1 418张。开展无偿献血9次，参加无偿献血1 308人次，共采血39.24万毫升。孕产妇死亡率为零，婴儿死亡率7.12‰，住院分娩率99.95%。完成常规免疫接种86 855剂次，含麻疹成分疫苗查漏补种2 310剂次，完成脊灰强化免疫30 861剂次，累计接种120 026剂次。加大卫生监督管理力度，开展监督检查1 287户次，其中，公共场所1 075户次、生活饮用水61户次、学校170户次、公共消毒餐饮具17户次。开展打击非法行医专项行动，出动卫生监督执法人员160人次，监督检查医疗机构224家、药店40家，取缔无证照黑诊所10家，取缔无证照流动牙科摊点3起。立案查处卫生违法行为55件，罚款169 500元。13家乡（镇、街道）卫生院通过云南省药品招标采购平台采购金额为2 147.2万元，县级医疗机构通过采购平台采购金额为3 660.8万元，其中，基本药物1 866.8万元，基本药物使用率51%。

【扶贫】 撒营盘镇扶贫开发整乡推进项目累计完成投资1.8亿元。种植经济林果、经济作物10.6万亩，乡村、村组公路建设56.54千米，硬化村内道路187.1千米，修建2座小坝塘，五小水利建设624件，安居房建设1 209户，实用技术培训，完成8个村级活动室及活动场所建设，安装太阳能热水器116套、太阳能路灯30盏。市级整村推进项目村54个，总投资3 720.14万元，其中，市级财政资金1 080万元，部门整合资金1 559.16万元，业主投入57万元，群众自筹或以劳折资1 023.98万元。省级行政村整村推进3个村，完成投资2 045.55万元，其中，省级财政资金300万元，市级财政资金300万元，部门整合资金946.11万元，群众自筹或以劳折资499.44万元。组织培训农村富余劳动力2 035人，转移输出2 100人。发放省、市到户贷款5 000万元，共扶持农户1 925户。汤郎乡汤郎村实施易地扶贫搬迁100户440人，投入专项资金528万元，建成人均30平方米的安居房100幢，建筑面积13 200平方米。2014年度宜居农房建设项目异地搬迁736户，就地重建582户，修缮加固1 277户，风貌改造69户，完成投资17 863.5万元。县级挂钩扶贫部门及乡（镇、街道）到挂钩村蹲点调研3 771人次，直接投入帮扶资金297.706万元，援助物资折资89.948万元，引进资金4 809.4万元，上项目95个，为贫困地区办好事、实事837件；县级各单位党员干部结对帮扶贫困农户1 751户，捐助帮扶资金22.69万元，帮助297名贫困学生完成学业。完成建档立卡贫困人口脱贫8 036人，边缘贫困人口脱贫24 043人。

【社会保障】 城镇职工养老保险参保单位157户，参保10 610人；城乡居民养老保险参保228 580人，其中，参保缴费174 007人，待遇领取54 573人，个人缴费金额2 200.21万元。全县被征地养老保险累计参保7 209人，待遇领取6 426人，养老金累计支出2 191.46万元。2015年被征地新参保898人，收缴保费2 364.63万元。城乡居民基本医疗保险参保366 716人，城乡居民基本医疗保险覆盖率达94.98%，城镇职工参保16 159人。失业保险参保核定167户10 229人，缴费金额340万元，基金支出134万元。参加工伤保险的单位338户，参保17 821人。参加生育保险的单位178户，参保5 912人。享受城乡低保对象14 244户30 000人，全年发放低保金5 307.7万元。城市低保1 545户2 079人，发放城市低保金1 010.4万元。农村五保供养对象共有1 229人，发放五保生活补助资金579.55万元。无人抚养孤儿72人，发放补助金31.1万元。解决城乡住院救助1 813人，兑付医疗救助金630.9万元。发放社会定期救济172人52.29万元。下拨城乡临时救助资金225万元，解决困难群众2 228户 6 808人次的基本生活。提供有效就业岗位700个，城镇新增就业888人。开发提供有效就业岗位1 100个，城镇新增就业800人，城镇登记失业率3.46%。在建保障性住房项目3个，建设保障性住房1 380套，累计完成投资7 426万元。发放各项计生家庭奖励扶助金483.36万元。

【人民生活】 2015年，城镇居民人均可支配收入25 885.2元，同比增加2 159.6元，增长9.1%。城镇居民人均消费支出15 951.8元，增长15.8%。其中，食品消费支出5 489.5元，衣着类支出1 161.9元，居住类支出3 195.8元，家庭设备、用品及服务类支出1 099.8元，医疗保健类支出1 526.4元，交通和通讯类支出2 168.4元，文教娱乐用品及服务类支出1 113.1元，其他商品和服务类支出196.9元。农村常住居民人均可支配收入6 595元，同比增加675元，增长11.4%。农村居民人均消费支出4 226元，增长18%。其中，食品烟酒消费支出1 985元；衣着消费支出218元；居住消费支出695元；生活用品及服务消费支出427元；交通和通讯消费支出265元；教育文化娱乐消费支出225元；医疗保健消费支出381元；其他用品和服务消费支出25元。

（朱　敏）

寻甸回族彝族自治县

【年内大事】 2月1日　省交通运输厅党组书记王云山到寻甸实地调研嵩待高速公路建设情况，并就嵩待高速梧桐经济服务区（功山加油站）项目征地拆迁工作进行专题研究和部署。

2月11日　副省长丁绍祥率省直相关部门到寻甸调研嵩待高速公路建设情况并召开座谈会。

3月9日　17点59分，嵩明县小街发生4.5级地震，寻甸县城及部分乡镇有震感。此次地震对寻甸县羊街镇、仁德街道、特色产业园区产生影响，共造成1户民房倒塌，32户72间民房出现开裂，共计受灾33户99人，未造成人员伤亡及重大财产损失。

4月24日　全国驻深办联合会会长彭国湘一行，到寻甸县开展慈善光明行、爱心励志助学等考察活动。

6月2日　财政部驻云南财政监察专员办事处检查组到寻甸县开展涉农资金专项检查。

6月6日　上海青联企业家代表团一行到寻甸开展帮扶活动。

7月28—29日　昆明市“无邪教创建示范工程”现场推进会在寻甸县召开。

8月20日　市委书记程连元，市委常委、秘书长柳文炜，副市长阮凤斌一行到寻甸县调研县域经济发展和扶贫开发工作。

8月31日　省委第六巡视组到寻甸县召开巡视反馈会，巡视组副组长高龙代表巡视组反馈巡视意见。

9月23日　北京市朝阳区50名县处级干部到寻甸县柯渡红军长征纪念馆开展现场教学。

9月25日　全国“薪火相传·再创辉煌”长征精神红色旅游火炬传递活动第9站在寻甸县举行，市、县领导参加仪式。

10月11—12日　国务院扶贫办党组成员、副主任郑文凯一行到寻甸县调研扶贫开发工作，并与市、县、村干部及部分建档立卡贫困户代表进行座谈。

11月5日　省政府第一调研督查组组长、省发改委稽查特派员尤愈率调研督查组到寻甸县开展稳增长调研督查工作，督察组实地查看寻甸县部分重点项目进展情况。

11月5—6日　市语言文字工作领导小组到寻甸县开展三类城市语言文字达标评估工作。经专家组集中评审，寻甸县三类城市语言文字工作顺利通过评估。

【区划、人口】 寻甸回族彝族自治县地处云南省东北部、昆明市北部，县城距昆明市区90千米，全县总面积3 588.38平方千米，最高海拔3 294.8米，最低海拔1 480米。全县辖13个乡（镇）（含托管4个乡镇），1个街道办事处。2015年末全县户籍总人口55.93万人。其中，城镇人口10.25万人，占总人口的18.32%；乡村人口45.67万人，占总人口的81.65%；少数民族人口13.15万人，占总人口的23.51%。其中，回族6.96万人，占总人口的12.44%；彝族5.24万人，占总人口的9.37%；苗族6 953人，占总人口的1.24%。常住人口46.8万人，城镇化率为26%。全县人口出生率8.99‰，死亡率5.18‰，自然增长率3.81‰。

不含托管乡镇的基本情况：10个乡镇（街道办事处）下辖132个村委会，国土面积2 809平方千米。2015年户籍总人口42.61万人，其中，乡村人口32.71万人，城镇人口9.9万人；少数民族人口10.73万人，占总人口的比重为25.18%。少数民族人口中，回族6.33万人，占总人口比例为14.86%；彝族3.51万人，占总人口比例为8.24%；苗族6 875人，占总人口比例为1.61%。

【经济综述】 2015年，完成地区生产总值（GDP）76.08亿元，比上年增长6.4%。其中，第一产业完成增加值20.91亿元，比上年增长7.2%；第二产业完成增加值24.3亿元，比上年增长2.8%，其中，工业完成增加值20.46亿元，比上年增长2.5%；第三产业完成增加值30.87亿元，比上年增长9.4%。三次产业结构由上年的27.4∶34.5∶38.1调整为27.5∶31.9∶40.6。人均GDP达16 273元（按常住平均人口计算），比上年增长6.02%。非公经济创造增加值37.44亿元，占全县生产总值的比重为49.2% 。

全年实现社会消费品零售总额达27.61亿元，比上年增长12.7%。其中，限额以上企业完成2.77亿元，比上年增长12.1%；限额以下企业完成24.84亿元，占比89.97%。

2015年，全县完成地方财政总收入9.6亿元，比上年下降26.44%。其中，公共财政预算收入6.18亿元，比上年下降18.94%；地方财政支出27.06亿元，比上年增长1.83%，其中，财政预算支出26.26亿元，比上年增长14%。

年末全县金融机构人民币存款余额128.44亿元，比上年增长16.38%，其中储蓄存款68.12亿元，比上年增长17.91%。

年末全县金融机构人民币贷款余额70.23亿元，比上年增长12.21%。其中，短期贷款余额4.21亿元，比上年增长9.2%；中长期贷款余额26.97亿元，比上年增长15.56%。

全年完成500万元以上固定资产投资84.17亿元（含房地产投资，10乡镇），比上年下降6.4%。其中，工业投资完成34.73亿元，比上年增长9.6%。

全年房地产业完成投资4.74亿元，比上年下降53.4%。商品房销售面积207 553万平方米，比上年下降24.13%。

招商引资实际到位内资33.45亿元，外资1 607万美元。

【农业】 全县实现农林牧渔总产值37.47亿元，比上年增长6.9 %。其中，农业总产值为18.22亿元，比上年增长9%；林业总产值1.11亿元，比上年增长13 %；畜牧业总产值16.83亿元，比上年增长4.3%；渔业总产值8 981万元，比上年增长8.6%。实现农林牧渔增加值21.14亿元，比上年增长7.2%，其中，牧业增加值9.87亿元，占农林牧渔业增加值的比重为46.7%。全年农作物播种面积142.44万亩，同比下降2.32%，其中，粮食播种面积91.59万亩，同比下降0.4%。粮食总产量24.45万吨，同比下降0.44%。肉类总产量 9.86万吨，同比增长8.27%，其中，猪牛羊肉9.47万吨，同比增长8.29%。（不含托管4 乡镇情况：2015年，农林牧渔业总产值达31.2亿元，其中，畜牧业产值14.2亿元。全年粮食播种面积71.26万亩，粮食总产量19.3万吨。）

【林业】 2015年，全县森林覆盖率达50%，林木绿化率53%，林木蓄积量1 100万立方米，林业产值达4.5亿元。年内，完成国家退耕还林6 000亩，占计划任务的100%；完成市级杨树等速生林培育6 174亩，占计划任务的103%；完成核桃产业基地建设1万亩，占计划任务的100%；完成市级低效林改造及抚育5 000亩，占计划任务的100%；完成苗木基地建设1 503亩，占计划任务的101.6%。完成天保工程封山育林2万亩，占计划任务的100%；完成人工造林5 700亩，占计划任务的100%；完成国家森林抚育5万亩，占计划任务的100%。完成国家石漠化综合治理人工造林8 470亩，占计划任务的100%；完成封山育林16 557亩，占计划任务的100%。完成全民义务植树120万株，占计划任务114万株的105%。对全县217.25万亩公益林实施生态效益补偿，直接兑现补偿资金达3 116.92万元，34.63万林农直接受益。对全县2008—2014年完成的“创建森林城市”成果进行全面巩固，完成巩固绿化7.14万亩，占计划的109%。

【工业】 全县工业完成总产值83.65亿元，比上年下降10.54%（现价）；完成工业增加值20.46亿元，比上年增长2.5%。其中，规模以上工业完成总产值69.57亿元，比上年下降14.77%（现价），占全县工业总产值的83.18%；规模以上工业完成增加值19.95亿元，比上年增长1.5%；实现利税5 903.4万元，比上年下降95.11 %。

【水务】 至2015年底，全县共建成各类库塘蓄水设施237件，其中，大（二）型水库1座，中型水库1座，小（一）型水库13座，小（二）型水库60座，小塘坝162座。兴利库容（有效库容）1.5 亿立方米。年内，完成杨梅箐、大坝河2件小（一）型水库改扩建工程，新开工河底1件小（一）型水库工程及瓜子箐、黑石咀2件小（二）型水库工程。

【文体、旅游】 2015年3—10月，成功举办“中国梦·家园梦——群艺芬芳2015年寻甸县首届群众文化艺术节”系列活动。活动演出11场，275个文艺团队参加，观众累计达16万人次。年内，县文化馆向阳编剧导演的反邪教小品《没想到》在北京参加“中华颂第六届全国小戏小品曲艺大展”，荣获编剧、导演、表演3项银奖。

在全国第三次不可移动文物普查中，全县共挖掘整理出文物线索215条，最后核定登记不可移动文物146项。截至2015年底，全县共有非物质文化遗产保护名录50项，其中，县级名录29项、市级名录18项、省级名录3项，国家级名录在申报中。苗族叙事长诗《昭莠俭和高帕施》申报为云南省第一批非物质文化遗产保护名录。

2015年，争取上级资金136.2万元，完成21块“七彩云南”农民体育健身工程篮球场地建设，建成农民体育健身广场4块；争取资金96万元，安装体育健身路径12条。组队参加“春城体育节”昆明市舞龙舞狮比赛获二等奖；组团参加昆明市第五届运动会，获得青少年组6.25金、7银、11铜。

2015年，共接待游客157万人次，比上年增长12.9%；实现旅游综合收入2.06亿元，比上年增长10.7%。

【教育、卫生】 2015年，全县共有普通中学21所（其中，普通高中4所，初级中学17所），小学155所，幼儿园107所，中等职业学校3所，特殊学校1所。年末普通中学在校学生3.24万人（其中，高中在校生1.27万人，初中在校生1.97万人），小学在校学生3.85万人，幼儿园在园幼儿1.45万人，职业中学497人，特殊学校在校学生44人。小学适龄儿童入学率106.88%，初中毛入学率110.73%，高中毛入学率67.2%。

全县共有专任教师5 357人，其中，高中专任教师916人、初中专任教师1 502人、小学专任教师2 445人、幼儿园专任教师395人、职业中学专任教师85人、特殊学校专任教师14人。

年末全县共有卫生机构32个（含11个民营医院），其中，医院、卫生院29个，妇幼保健院1个，疾病预防控制中心1个。实有病床床位2 575张。卫生技术人员1 425人，其中，执业医师和执业助理医师495人，注册护士540人。婴儿死亡率12.74 ‰，孕产妇死亡率 47.77/10万。

【城镇非私营单位从业人员及劳动报酬】 全县城镇非私营单位从业人员2.27万人，比上年下降3.37%。其中，在岗职工2.16万人，比上年下降3.12%。从业人员劳动报酬12.66亿元，比上年增长14.67%。其中，在岗职工劳动报酬为12.25亿元，比上年增长15.01%；从业人员年平均工资为5.57万元，比上年增长19.87%，其中，在岗职工年平均工资5.64万元，比上年增长19.41%。

【人民生活和社会保障】 据抽样调查资料显示，城镇常住居民人均可支配收入2.71万元，比上年增长9%（现价），人均消费支出2.07万元，比上年增长 33.06%。农民常住居民人均可支配收入为6 803元，比上年增长11.3%（现价）；农民人均生活消费支出5 951元，比上年增长13.54 %。

年末全县城镇职工基本养老保险参保1.48万人；城乡居民社会养老保险参保21.59万人；失业保险参保1.64万人；城镇职工基本医疗保险参保2.23万人，城乡居民基本医疗保险参保37.13万人；工伤保险参保2.35万人；生育保险参保1.91万人。

【扶贫】 2015年，重点实施整村推进、整乡推进、革命老区开发建设、异地扶贫搬迁等各项扶贫工作。实施行政村整村推进6个，总投资2 511万元，项目覆盖5个乡镇（街道）6个村委会；实施省级自然村整村推进8个，总投资844.6万元，项目覆盖6个乡镇（街道）8个自然村；实施市级自然村整村推进57个，总投资2 296.32万元，项目覆盖10个乡镇（街道）57个自然村。投入革命老区开发建设专项资金240万元，实施七星镇高田村委会鲁口哨村和江外村委会老村子村、六哨乡板桥村委会糯谷村、先锋镇鲁土村委会鲁土村、窑上村委会代家村、打磨箐村委会佟家村（汪家箐、麻石塘），仁德街道办道院村委会大法古村、团结村委会大菜所村、麦场村委会下麦场村、甸沙乡甸沙村委会大垴村10个革命老区开发建设项目，受益13个自然村867户3 561人（其中建档立卡贫困人口300户1 009人）。完成六哨乡五村村委会小村易地扶贫搬迁项目，项目总投资1 059.6万元（其中易地扶贫搬迁专项财政资金220.8万元），建设安置点1个，搬迁1个自然村43户184人；投入易地扶贫搬迁专项财政资金360万元，启动仁德街道易隆村委会石子坡村和特色产业园区小多姑村委会多姑小村易地扶贫搬迁项目，计划建设安置点2个，搬迁2个自然村110户300人。

（李巧梅）

2016 KUNMING YEARBOOK

附　录

地方性法规

昆明市道路交通安全条例

（2015年6月26日昆明市第十三届人民代表大会常务委员会第三十一次会议通过 2015年7月30日云南省第十二届人民代表大会常务委员会第十九次会议批准）

第一章　总　则

第一条　为了维护道路交通秩序，预防和减少交通事故，保护人身安全，保护公民、法人和其他组织的财产安全及其他合法权益，根据《中华人民共和国道路交通安全法》、《中华人民共和国道路交通安全法实施条例》、《云南省道路交通安全条例》等法律、法规，结合本市实际，制定本条例。

第二条　在本市行政区域内的车辆驾驶人、行人、乘车人以及与道路交通活动有关的单位和个人，应当遵守本条例。

第三条　市、县（市、区）人民政府应当加强对道路交通安全工作的领导，根据经济社会发展的需要，制定道路交通发展规划和道路交通安全管理、车辆及其行驶管理的具体规定和措施；加大对交通安全基础设施和科技管理的投入，建立健全道路交通安全管理工作的协调机制和道路交通安全防范责任制。

本市各级人民政府应当加强道路交通安全的宣传、教育，提高公民的道路交通安全意识和交通文明素质。

第四条　市公安机关交通管理部门负责本市行政区域内的道路交通安全管理工作，依法履行道路交通安全管理职责，并接受监督。

规划、住建、交通、教育、农业、工商、安全监管、城市管理综合执法等政府职能部门依据各自职责，负责有关道路交通安全管理工作。

第五条　市、县（市、区）人民政府应当优先发展公共交通，保障公众出行安全、便捷。

第六条　鼓励单位和个人在公安机关交通管理部门的统一组织下参与维护道路交通秩序的志愿服务。

第七条　鼓励单位和个人对道路交通违法及交通肇事行为进行举报，对举报属实的，公安机关交通管理部门予以奖励。

对在道路交通安全工作中有突出贡献的单位和个人，各级人民政府应当予以表彰、奖励。

第八条　公安机关交通管理部门聘用的道路交通安全协管员，协助交通警察维护道路交通秩序，交通参与者应当服从管理。

道路交通安全协管员不得对违法行为人作出行政处罚或者行政强制措施决定。

第二章　机动车和驾驶人管理

第九条　上道路行驶的机动车应当符合下列要求：

（一）取得合法、有效机动车证件，同一车辆只能拥有一本（副）机动车行驶证、号牌或者其他证件；

（二）按照规定使用机动车号牌专用固封装置，在规定位置安装号牌，不得使用翻牌或者换牌装置，不得倒置、弯折安装号牌；

（三）车窗不得使用镜面反光遮阳膜；

（四）取得机动车安全技术检验合格标志。

第十条　任何单位和个人不得擅自改变机动车已登记的结构、构造或者特征。

机动车销售商和维修经营者不得擅自对机动车进行改装。

第十一条　不得驾驶机动车在道路上追逐竞驶。任何单位和个人未经批准不得组织、参与道路赛车。

第十二条　教练机动车应当符合下列要求：

（一）注册时是初次注册登记的车辆；

（二）车身喷印、粘贴规范的教练车标识；

（三）按照规定安装教练员能够控制车辆安全行驶的必要装置；

（四）按照营运机动车的规定，确定报废年限和参加机动车安全技术检验。

第十三条 专门用于接送幼儿园儿童及学校学生的校车，应当喷涂核载人数及校车标志，并保持安全技术状况良好，专车专用。

校车应当在机动车安全技术检验合格，并经县级以上教育行政主管部门审核批准后，方可投入使用。使用年限达到8年以上的车辆不得用作校车。

第十四条 公安机关交通管理部门应当加强对摩托车的管理，控制在市区行驶的摩托车数量。具体管理办法由市人民政府制定。

第十五条 上道路行驶的机动车，应当按照规定参加机动车安全技术检验，申领机动车检验合格标志。超过3个检验周期仍未检验的机动车，由公安机关交通管理部门向社会公告其机动车号牌停止使用。

第十六条 达到报废标准的机动车，所有人应当及时办理注销登记。未办理的，公安机关交通管理部门不予办理该所有人其他机动车登记。

第十七条 初次申领机动车驾驶证的，应当参加公安机关交通管理部门组织的交通安全警示教育与实践活动，累计时间不少于32小时。

第十八条 机动车驾驶人不得有下列行为：

（一）持有本人两本以上“中华人民共和国机动车驾驶证”；

（二）使用失效的驾驶证；

（三）驾驶机动车在禁行时间内或者禁行的道路上行驶；

（四）在实习期内驾驶牵引车或者被牵引车；

（五）持地方驾驶证驾驶军队、武警号牌机动车；

（六）驾驶非法改装的机动车上道路行驶。

第十九条 校车驾驶人应当具备以下条件：

（一）持有相应准驾车型驾驶证5年以上；

（二）最近3年内未发生重大以上交通责任事故；

（三）最近3年内任一记分周期内无累积记分满12分记录；

（四）未受过刑事处罚。

第二十条 单位和个人不得有下列行为：

（一）转借、涂改、挪用、重领、冒领机动车号牌、行驶证、驾驶证及其他交通管理证件；

（二）伪造、变造或者使用伪造、变造的交通管理证件；

（三）利用虚假手续申办与交通管理有关的业务；

（四）使用有关交通管理的失效证件。

第三章 道路通行条件

第二十一条 新建、改建、扩建道路的，建设单位应当同步编制交通工程设计方案，并征求公安机关交通管理部门的意见。

道路通车前，由公安机关交通管理部门查验交通配套设施。

第二十二条 在城市道路上设置临时停车泊位，应当由公安机关交通管理部门施划，其他单位和个人不得擅自设置、占用、撤销道路临时停车泊位，或者在临时停车泊位内设置停车障碍。

第二十三条 占用道路施工应当在经批准的路段和时间内施工作业。对道路进行维修、养护、清洁等作业的，应当避开交通流量高峰期，作业车辆应当开启示警灯和危险报警闪光灯，按顺行方向行进。

第二十四条 高速公路经营单位应当维护高速公路上的交通设施，保持设施完好并正常运行，及时发布路况以及交通安全预警信息。

公安机关交通管理部门对高速公路实行交通管制时，高速公路经营单位应当予以配合。

第四章 道路通行规定

第二十五条 机动车在行驶中，应当遵守下列规定：

（一）在同方向划有两条以上机动车道的道路上，载货汽车、拖拉机、摩托车、轮式自行机械车在最右侧机动车道行驶；

（二）在同方向划有一条机动车道的道路上，摩托车在机动车道右侧行驶；

（三）在快速车道上行驶的车辆低速行驶遇后车超越时，应当变更至右侧相邻车道行驶；

（四）不得急转、急停、骑线行驶，影响其他车辆正常行驶；

（五）在允许借道通行的路口、路段借道通行时，不得影响其他车辆和行人的正常通行；

（六）实习期内的驾驶人驾驶机动车，在最右侧机动车道行驶；

（七）遇校车接送儿童及学生时主动让行。

第二十六条 机动车转弯、变更车道、超车、掉头、靠路边停车的，应当提前在30米以外开启转向灯，同时确认安全。

第二十七条 机动车在城市道路发生故障时，驾驶人应当迅速将车辆移至不妨碍交通的地点，并按规定设置警示标志。

第二十八条 公共交通专用车道供公共汽车行驶，其他机动车不得在公共交通专用车道内行驶或者停车。遇特殊情况时，在交通警察的指挥下可以借用公共交通专用车道行驶。

第二十九条 公共汽车行驶时，应当遵守下列规定：

（一）进出站（点）的，在站点一侧单排靠边停车，并保持必要的安全距离；

（二）暂时不能进出站（点）的，在本车道内依次单排等候；

（三）不得在站（点）以外上下乘客；

（四）在交叉路口遇放行信号，不能进入前方站（点）的，应在本车道停止线内等候，不得驶入路口。

第三十条 城市客运出租汽车专用候客泊位仅供城市客运出租汽车使用，其他车辆不得占用。

城市客运出租汽车在候客泊位内候客的，驾驶人不得离开车体，不得占用泊位维修、清洗车辆。遇有紧急情况时，应当立即驶离。

第三十一条 营运客车应当按指定的时间、路线行驶，不得在道路上停车等候、沿街揽客或者在站（点）外上下乘客。

第三十二条 教练车在教学期间行驶，应当遵守下列规定：

（一）按公安机关交通管理部门指定的时间、路线行驶；

（二）不得搭乘与教学无关的人员；

（三）机动车教练员饮酒后不得从事教学活动。

第三十三条 重型载货汽车、中型载货汽车、挂车、轮式自行机械车、摩托车行经城市立交桥时，应当在下层道路行驶。

第三十四条 叉车以及景区、企业内部使用的车辆，不得上道路行驶。

载货汽车、摩托车、挂车、拖拉机、畜力车、人力三轮车、人力板车，除特许通行外，不得在禁止通行的城市道路范围内行驶。

低速载货汽车、摩托车、拖拉机、三轮汽车、非机动车不得从事经营性客运活动。

第三十五条 驾驶非机动车应当遵守下列规定：

（一）自行车、电动自行车在非机动车道内行驶，在没有非机动车道的道路上，靠车行道的右侧行驶；

（二）遇行人横过道路时，停车让行或者主动避让；

（三）车辆制动失效或者横过机动车道时下车推行。

第三十六条 驾驶非机动车不得有下列行为：

（一）在人行道、人行横道、过街通道（天桥）、广场等路段骑行；

（二）进入高速公路、城市快速路、立交桥、高架桥或者其他封闭的专用车道；

（三）在非机动车上加装妨碍交通安全的装置。

第三十七条 拼装、改装的非机动车不得在道路上行驶。

第三十八条 上道路行驶的电动自行车应当符合下列要求：

（一）经本市公安机关交通管理部门办理注册登记；

（二）在规定位置悬挂号牌；

（三）携带行车证；

（四）驾驶人年满16周岁。

第三十九条 驾驶残疾人机动轮椅车应当遵守下列规定：

（一）车辆符合国家安全技术标准；

（二）携带残疾证及公安机关交通管理部门核发的证件；

（三）仅供下肢残疾的人代步使用；

（四）不得饮酒后驾驶；

（五）不得从事经营性客运活动。

第四十条 行人应当遵守下列规定：

（一）在人行道内通行，没有人行道的靠路边通行；

（二）进出公共汽车专用站（点）的，在人行横道内通行；没有人行横道的路段，在确保安全的前提下通行；

（三）不得跨越、倚坐道路隔离设施；

（四）不得在城市主干道、次干道、快速道上推拉人力车、轴承车等工具；

（五）不得进入高速公路、城市快速路、立交桥、高架桥或者其他封闭的专用车道。

第四十一条 乘车人应当遵守下列规定：

（一）在站（点）或者指定地点依次候车和上下车；

（二）不得妨碍驾驶人安全驾驶；

（三）不得向车外抛撒、投掷物品；

（四）货运机动车附载的作业人员，不得站立或者坐在车厢栏板上；

（五）乘坐摩托车时正向骑坐。

第五章 交通事故处理

第四十二条 发生交通事故符合下列情形之一的，可以适用简易程序处理：

（一）仅造成财产损失的；

（二）造成人员受伤，受伤人员认为自己伤情轻微的；

（三）不涉及刑事犯罪或者交通肇事逃逸，经各方自愿协商并提出书面申请的。

第四十三条 发生符合本条例第四十二条规定的交通事故，当事人对事故事实及成因无争议的，应当在采取照相等方式固定现场证据后立即撤离现场，不得影响道路畅通。

当事人对交通事故事实及成因有争议的，应当及时报警，采取照相等方式固定现场证据或标明事故车辆位置后，将车辆移至不妨碍交通的地点。

第四十四条 当事人自行协商处理的，应当填写交通事故协议书或者作文字记录，并由当事人共同签名。

第四十五条 适用一般程序处理不涉及人员伤亡的交通事故，交通警察可以采用快速勘查现场方式对现场进行勘查。

第四十六条 现场勘查完毕后，当事人应当在公安机关交通管理部门的组织下，按照要求及时将车辆移至不妨碍交通的地点，并清理现场。

在当事人不在现场或者拒不服从指挥、无力实施拖移或者遇有影响公众利益的紧急情况下，公安机关交通管理部门可以将车辆移至不妨碍交通的地点，并清理现场，所需费用由当事人承担。当事人应当接收、保管从现场清理的物品。

故障车的清理适用前款的规定。

第四十七条 公安机关交通管理部门因交通事故调查需要，可以收集与交通事故有关的车辆、证件等相关证据，调查结束后应当立即发还。

第四十八条 交通事故当事人无正当理由不接受公安机关交通管理部门调查、处理的，公安机关交通管理部门可以根据收集到的证据，在法定期限内做出交通事故认定，送达当事人。

对交通事故损害赔偿有争议的，当事人可以在法定时限内请求公安机关交通管理部门调解，也可以直接向人民法院提起民事诉讼。

第四十九条 非机动车之间、非机动车与行人之间发生交通事故的，由有过错的一方承担赔偿责任；各方都有过错的，按照各自过错的比例分担赔偿责任。

第五十条 车辆在道路以外通行时发生的交通事故，公安机关交通管理部门接到报案的，参照道路交通安全法律、法规和本条例的有关规定办理。

第六章 法律责任

第五十一条 对道路交通安全违法行为实施处罚，应当遵循合法、公正、公开、及时的原则，坚持教育与处罚相结合。

对违反道路交通安全的行为，法律、法规另有处罚规定的，从其规定。

第五十二条 行人、非机动车驾驶人违反道路交通安全法律法规的，应当接受处罚。对违法情节轻微，行为人自愿协助交通警察维护交通秩序1小时的，免除处罚。

第五十三条 机动车驾驶人在一个记分周期内记分未达到12分的，可以向公安机关交通管理部门申请参加维护交通秩序的活动，每4小时减少其记分1分。

第五十四条 当事人对交通技术监控设备记录的违法行为无异议的，可以通过互联网自助处理并缴纳罚款。

第五十五条 机动车有道路交通安全违法行为记录未接受处理的，公安机关交通管理部门不予核发机动车检验合格标志以及办理机动车登记。

第五十六条 有下列情形之一的，处100元罚款：

（一）擅自在机动车上安装、增设灯光装置的；

（二）机动车违反规定使用镜面反光遮阳膜的；

（三）驾驶机动车不按规定上下乘车人的；

（四）驾驶机动车开关车门时妨碍其他车辆和行人通行的。

有前款第一项、第二项情形之一的，扣留机动车行驶证，责令当事人在限定时间内拆除灯光装置、镜面反光遮阳膜，符合规定后发还。

第五十七条 驾驶营运客车有下列行为之一的，处100元罚款：

（一）公共汽车不按规定进出站（点）的；

（二）公共汽车在交叉路口遇放行信号不能进入前方站（点），不在本车道停止线内等候的；

（三）城市客运出租汽车不按规定上下乘客的；

（四）不按规定时间、路线行驶的；

（五）在道路上停车等候、沿街揽客或者在站（点）外上下乘客的；

（六）其他营运客车挤占公共汽车站（点）的。

第五十八条 机动车驾驶人有下列行为之一的，处200元罚款：

（一）持地方驾驶证驾驶军队、武警号牌机动车的；

（二）使用失效的与交通管理有关的证件的；

（三）在禁行时间内或者禁行的道路上行驶的；

（四）骑线行驶或者占用快速车道低速行驶的。

第五十九条 机动车教练员在教学期间有下列行为之一的，处200元罚款：

（一）教练车不按指定路线、时间行驶的；

（二）教练车搭乘与教学无关人员的；

（三）不按规定安装教练员能够控制车辆安全行驶的必要装置的。

第六十条 机动车发生故障或者交通事故时有下列行为之一的，处200元罚款：

（一）发生交通事故未按规定撤离现场的；

（二）车辆发生故障不及时移开的；

（三）不按规定设置警告标志的。

第六十一条 有下列行为之一的，处200元以上1 000元以下罚款，可以并处吊销机动车驾驶证：

（一）利用虚假手续申办与交通管理有关业务的；

（二）同一车辆拥有两本（副）以上机动车行驶证、号牌或者其他证件的；

（三）转借、涂改、挪用、重领、冒领机动车号牌、行驶证、驾驶证及其他交通管理证件的；

（四）伪造、变造或者使用伪造、变造除机动车登记证书、号牌、行驶证、驾驶证以外的其他交通管理证件的；

（五）低速载货汽车、三轮汽车、拖拉机从事经营性客运活动的；

（六）机动车教练员饮酒后从事教学活动的；

（七）叉车以及景区、企业内部使用的车辆上道路行驶的；

（八）在处理交通违法过程中，伪造、隐匿证据或者提供虚假证言，妨碍公安机关交通管理部门依法办案的；

（九）驾驶非法改装机动车上道路行驶的；

（十）驾驶校车运载幼儿园儿童及学校学生超过额定人数的。

有前款第九项情形的，可以扣留机动车行驶证、驾驶证，驾驶人在规定时间内将车辆恢复原状的及时发还；有前款第十项情形的，依法扣留车辆，驾驶人应当将超载的乘车人转运，费用由超载机动车的驾驶人或者所有人承担。

第六十二条 发生交通事故有下列情形之一的，处1 000元以上2 000元以下罚款，并处吊销机动车驾驶证：

（一）破坏、伪造道路交通事故现场的；

（二）隐瞒交通事故事实的；

（三）故意毁灭证据或提供伪证的；

（四）为达到非法目的制造道路交通事故的。

强迫、指使他人实施上述行为之一的，依照前款规定处罚。

第六十三条 施工车辆或者运输渣土的车辆驾驶人在1个记分周期内，有3次以上道路交通安全违法行为的，由公安机关交通管理部门扣留车辆，对车辆驾驶人处暂扣3个月以上6个月以下机动车驾驶证。

第六十四条 公路客运车辆载客超过额定载人数或者货运机动车超过核定载质量的，除依照相关法律、法规处罚外，对机动车驾驶人处暂扣1个月以上6个月以下机动车驾驶证，对车辆使用单位处1 000元以上5 000元以下罚款。

第六十五条 驾驶摩托车从事经营性客运活动的，由公安机关交通管理部门收缴车辆，对驾驶人处1 000元以上2 000元以下罚款，并处吊销机动车驾驶证。

第六十六条 机动车驾驶人有下列情形之一的，吊销机动车驾驶证：

（一）吸食、注射毒品或者服用依赖性精神药品成瘾未戒除的；

（二）持有本人两本以上“中华人民共和国机动车驾驶证”的。

第六十七条 擅自占用、移动、撤除、污损、毁坏交通信号灯、交通标志、标线或者其他交通设施的，处200元以上1 000元以下罚款，造成损失的，依法赔偿。

擅自设置、占用、撤销道路停车泊位，或者在停车泊位内设置停车障碍的，由公安机关交通管理部门责令恢复原状，处1 000元以上5 000元以下罚款，有违法所得的，没收违法所得。

第六十八条 机动车销售商和维修经营者擅自对机动车进行改装的，由相关部门依照有关法律、法规予以处罚。

第六十九条 非法拼装、改装或者从事经营性客运活动的非机动车扣留后，予以收缴销毁。

第七十条 交通警察在处理交通违法时，需要调查或者证据保全的，可以扣留机动车驾驶证或者车辆，待违法行为处理完毕后及时归还。

有转借、涂改、挪用、重领、冒领交通管理证件嫌疑的，公安机关交通管理部门可以扣留机动车驾驶证或者行驶证，告知当事人在规定期限内到公安机关交通管理部门接受处理。

第七十一条 机动车驾驶证申请人在驾驶技能学习期间饮酒后驾驶机动车的，取消该次学习资格，已经通过的其他科目考试成绩无效；申请人在3年内不得参加机动车驾驶学习。

机动车驾驶证申请人在申领机动车驾驶证科目考试中有作弊或者其他不正当行为的，取消该次考试资格，已经通过的其他科目考试成绩无效；申请人在1年内不得参加机动车驾驶学习。

第七十二条 公安机关交通管理部门及其交通警察有下列行为之一的，依法给予行政处分；构成犯罪的，依法追究刑事责任：

（一）不执行罚款决定与罚款收缴分离制度或者不按规定将依法收缴的费用、收缴的罚款及没收的违法所得全部上缴国库的；

（二）利用职务上的便利收受他人财物或者谋取其他利益的；

（三）当场收取罚款不开具罚款收据或者不如实填写罚款金额的；

（四）违法扣留车辆、机动车行驶证、驾驶证、车辆号牌的；

（五）违反规定设置、撤销停车泊位，或者将停车泊位挪作他用的；

（六）不履行其他法定职责的。

第七章 附 则

第七十三条 本条例自2012 年7月1日起施行。2005年8月11日昆明市第十一届人民代表大会常务委员会第三十次会议通过，2005年9月26日云南省第十届人民代表大会常务委员会第十八次会议批准的《昆明市道路交通安全条例》同时废止。

昆明市殡葬管理条例

（2015年6月26日昆明市第十三届人民代表大会常务委员会第三十一次会议通过
2015年7月30日云南省第十二届人民代表大会常务委员会第十九次会议批准）

第一章　总　则

第一条　为加强殡葬管理和服务，推进殡葬改革，保护生态环境，促进社会主义精神文明建设，根据国务院《殡葬管理条例》、《云南省殡葬管理条例》及有关法律、法规，结合本市实际，制定本条例。

第二条　本条例适用于本市行政区域内的殡葬活动及其管理。

尊重少数民族的丧葬习俗；愿意实行火化的，他人不得干涉。

华侨或者港、澳、台同胞及外国人的殡葬事宜，按照国家有关规定办理。

第三条　殡葬管理的原则是：积极地、有步骤地实行火化，改革土葬，禁止乱埋乱葬；节约殡葬用地，保护耕地、林地；推行移风易俗，提倡文明节俭办丧事。

第四条　各级人民政府应当加强对殡葬工作的领导，制定本行政区域殡葬改革发展规划，纳入城乡规划，保障对殡葬事业的财政投入。

第五条　市、县（市、区）民政行政主管部门负责本辖区殡葬管理工作，其所属的殡葬管理机构负责具体管理工作。公安、工商、卫生、规划、国土、城管、林业、环保、民族、宗教、建设、交通等有关行政管理部门，应当按照各自职责做好殡葬管理工作。

城市街道办事处和乡（镇）人民政府应当做好本辖区内的殡葬管理工作。

机关、团体、企业事业单位和居民委员会、村民委员会，应当做好殡葬改革的宣传教育工作。

第二章　丧葬管理

第六条　城市、镇规划区为实行火化的区域，其他实行火化的区域由县级人民政府根据殡葬改革发展规划划定和调整，并按法定程序报批。

第七条　本条例第六条规定区域外为土葬区；愿意实行火化的，他人不得干涉。

第八条　火化区的居民和土葬区的非农村居民死亡后，应当实行火化。在火化区死亡的外地公民，就近火化。允许土葬的少数民族公民除外。

在实行火化的地区，禁止遗体土葬或者将应当火化的遗体运送到允许土葬的地区土葬。

特殊情况需要将遗体运往异地的，应当经遗体所在地的县（市、区）民政行政主管部门按照相关规定审批。

第九条　建有农村公益性公墓的地区，遗体应当安葬在公墓内。

未建有农村公益性公墓的地区，遗体应当安葬在乡（镇）人民政府指定的区域。

遗体安葬提倡深埋，不留坟头。

第十条　火化遗体应当提供公安机关或者卫生行政管理部门规定的医疗机构出具的死亡证明；非正常死亡或者无主遗体应当凭县级以上公安机关出具的死亡证明。

第十一条　遗体应当在7日内火化，腐烂遗体立即火化。需要延期火化的，应当经县（市、区）民政行政主管部门或者司法机关批准。

患传染病死亡的，按照《中华人民共和国传染病防治法》有关规定实行火化。

第十二条　遗体处理的有关费用由申请单位或者个人承担。无名、无主遗体的DNA检材提取、火化等处理费用，由发现地的县（市、区）民政行政主管部门承担，从社会救济费中支出。

第十三条　遗体火化后，提倡树葬、花坛葬、草坪葬等生态葬法。

鼓励公民捐献遗体供科研、教学使用。

第十四条　职工死亡后，由其所在单位凭下列材料之一按规定发放丧葬费、抚恤费和遗属定期生活困难补助费：

（一）殡仪馆出具的火化证明；

（二）允许土葬的少数民族公民的死亡证明；

（三）接受捐献遗体的科研、教学单位出具的证明。

第十五条　设立太平间的医院，应当建立遗体存放登记制度。民政行政主管部门应当会同卫生行政管理部门加强对医院太平间遗体存放登记工作的监督管理。

未设立太平间的医院，由医院督促丧属或者单位及时联系殡仪馆将遗体运出。

任何单位和个人不得擅自从医院将遗体运出进行土葬。

第十六条 生产、销售丧葬用品的单位和个人应当到工商行政管理部门办理注册登记，领取营业执照。

禁止在火化区生产、销售棺木、土葬墓碑。

第十七条 在丧事和祭祀活动中，应当遵守法律、法规和规章的规定。不得妨碍公共秩序、危害公共安全、影响环境卫生、侵害他人合法权益。

禁止在街道、公路、广场等公共场所停放遗体、搭设灵棚、游丧以及焚烧、抛撒冥币、纸钱等行为。

在坟山墓地进行祭祀活动不得使用明火。在殡仪馆、骨灰寄存场所、公墓使用明火的，管理者应当指定地点，加强管理，防止火灾。

第十八条 殡仪馆应当提供遗体运送、冷藏、火化保障性服务。

其他殡仪服务单位可以从事除前款规定以外的经营性殡仪活动。非殡仪服务单位不得从事经营性殡仪活动。

殡仪馆应当及时对殡仪专用车辆和用具进行消毒处理。对运送生前患有甲类传染病或者乙类传染病中按甲类传染病管理的传染病遗体的车辆，应当由当地疾病预防控制机构进行消毒处理，确保社会公共卫生安全。

殡仪馆应当建立遗体火化档案，依法予以保存。

在殡仪服务活动中，不得损坏、灭失遗体或者骨灰。

无主遗体的骨灰90日内无人认领的，由殡仪馆掩埋处理。

第十九条 殡仪馆提供遗体运送、冷藏、火化保障性服务，应当按照省、市价格行政主管部门批准的标准收费。

殡仪服务单位不得强迫丧属接受丧葬服务。

殡仪服务人员应当遵守职业道德，不得利用工作之便索要或者收受财物。

丧属的合法权益受到侵害的，可以向民政行政主管部门所属的殡葬管理机构投诉，受理投诉的机构应当在10日内给予答复。

第三章 墓地管理

第二十条 建立经营性公墓，由建墓单位向县（市、区）民政行政主管部门提出申请，经本级人民政府和市民政行政主管部门审核同意并经市人民政府批准后，报省民政行政主管部门审批。

经营性公墓的经营单位提取的公墓维护费，应当设立银行专户，专款专用。公墓维护费的提取使用和监督管理的办法，由市民政行政主管部门制定。

建立农村公益性公墓（骨灰堂），应当符合县（市、区）殡葬设施布局规划，由县（市、区）民政行政主管部门审批，报市民政行政主管部门备案。鼓励在农村建立少占土地的公益性骨灰堂。

公墓实行年检制度。

第二十一条 禁止在下列区域新建公墓：

（一）未依法取得使用权的耕地、林地；

（二）一级水源保护区、城市公园、风景名胜区、文物保护区和居民区；

（三）滇池周边面山分水岭以内区域；

（四）水库、河流堤坝管理区域；

（五）铁路和公路主干线规划控制区域；

（六）法律、法规规定禁止的其他区域。

前款规定区域内现有的坟墓，除受国家保护的革命烈士墓、知名人士墓，及其他具有历史、艺术、科学价值的古墓和依法批准已建成的公墓外，应当按市或者县级人民政府规定的期限迁移或者深埋，不留坟头。

第二十二条 禁止在公墓外修建活人墓。

第二十三条 公墓墓穴或者骨灰存放格位实行实名制管理。墓穴和骨灰存放格位价格按照价格行政主管部门核定的标准执行。

骨灰公墓墓穴占地面积每穴均不得超过1平方米。遗体公墓墓穴的占地面积单人墓不得超过4平方米，双人墓不得超过6平方米。

公墓墓碑高不得超过80厘米。

公墓墓区绿地面积不得低于公墓总面积的40%。

第二十四条 公墓墓穴、骨灰存放格位的使用周期，按照国家和省相关规定执行。

第二十五条 火化区的公墓只供安葬骨灰。

城镇最低生活保障人员死亡后，其骨灰需进入农村公益性公墓或者骨灰堂安葬的，应当向户籍所在地县（市、区）民政行政主管部门提出申请，经核准后，统筹安排。

农村公益性公墓不得收取经营性费用。

第二十六条 任何单位和个人不得有下列行为：

（一）转让、有奖销售、炒买炒卖公墓墓穴或者骨灰存放格位；

（二）恢复或者新建宗族墓地；

（三）在公墓以外出售墓地、修墓立碑；

（四）将骨灰装棺土葬。

第四章 法律责任

第二十七条 违反本条例第八条第一款、第三款，第十一条第一款规定的，由县（市、区）民政行政主管部门责令限期火化；逾期不火化的，由县（市、区）民政行政主管部门向人民法院申请依法强制执行，对丧属或者责任人处以200元以上1000元以下罚款。

第二十八条 违反本条例第九条第一款、第二款规定的，由街道办事处或者乡（镇）人民政府责令限期改正；拒不改正的，依法组织搬迁，对责任人处以100元以上500元以下罚款。

第二十九条　违反本条例第十五条第三款规定，扰乱社会秩序，阻碍执行职务的，由公安机关依法处理。

第三十条　违反本条例第十六条第二款规定的，由工商行政管理部门责令停止违法行为，没收生产设备、棺木、土葬墓碑，可并处200元以上1 000元以下的罚款。

第三十一条　违反本条例第十七条第一款、第二款规定的，由民政行政主管部门或者乡（镇）人民政府、街道办事处予以制止；违反市容和社会治安管理规定的，由城管、公安机关依法予以处罚；造成损失的，应当依法赔偿；构成犯罪的，依法追究刑事责任。

违反本条例第十七条第三款规定，殡仪馆、骨灰寄存场所、公墓的管理者不按照要求设置使用明火地点的，由民政行政主管部门责令改正；拒不改正的，对单位处以1 000元以上3 000元以下的罚款；参加祭祀的单位和个人，不按照要求使用明火的，由林业、消防等行政管理部门依法处理。

第三十二条　违反本条例第十八条第五款规定的，应当依法承担民事责任，并对主管人员和直接责任人给予行政处分。

第三十三条　违反本条例规定，非法建立公墓的，由民政行政主管部门会同规划、国土、林业等相关行政管理部门予以取缔，责令恢复原状；违反本条例第二十条，第二十一条，第二十三条第二款、第三款，第二十五条第三款规定的，由县（市、区）民政行政主管部门责令限期改正。有违法所得的，没收违法所得，并处违法所得1倍以上3倍以下的罚款；没有违法所得的，可处1 000元以上3 000元以下的罚款。

第三十四条　违反本条例第二十二条规定的，由墓地所在地县（市、区）民政行政主管部门公告限期拆除；责任人在法定期限内不申请行政复议或者提起行政诉讼，又不拆除的，县（市、区）民政行政主管部门可以依法强制拆除。

第三十五条　违反本条例第二十六条第（一）项规定，由工商行政管理部门责令停止违法行为，有违法所得的，没收违法所得，可并处违法所得1倍以上3倍以下的罚款；没有违法所得的，处以1 000元以上3 000以下的罚款。

违反本条例第二十六条第（二）项、第（三）项、第（四）项规定的，由县（市、区）民政行政主管部门责令限期拆除，没收违法所得；逾期不拆除的，由县（市、区）民政行政主管部门公告限期拆除，责任人在法定期限内不申请行政复议或者提起行政诉讼，又不拆除的，县（市、区）民政行政主管部门可以依法强制拆除，对违法提供墓地的责任人处以1 000元以上3 000元以下罚款。

第三十六条　国家机关工作人员、殡葬管理人员在殡葬管理工作中，滥用职权、玩忽职守、徇私舞弊、收受贿赂的，由其所在单位或者上级主管部门予以问责；构成犯罪的，依法追究刑事责任。

第五章　附　则

第三十七条　本条例自公布之日起施行。

昆明市残疾人保障条例

（2015年10月29日昆明市第十三届人民代表大会常务委员会第三十四次会议通过2015年11月26日云南省第十二届人民代表大会常务委员会第二十二次会议批准）

第一条　为了维护残疾人的合法权益，促进残疾人事业的发展，根据《中华人民共和国残疾人保障法》《云南省残疾人保障条例》等法律、法规的规定，结合本市实际，制定本条例。

第二条　本市行政区域内的残疾人权益保障，适用本条例。

第三条　市、县（市、区）人民政府负责残疾人权益保障工作的组织、协调、指导和督促。

市、县（市、区）人民政府的相关职能部门按照各自职责，做好残疾人权益保障工作。

乡（镇）人民政府、街道办事处应当指导村（居）民委员会的残疾人权益保障工作。

市、县（市、区）残疾人联合会代表残疾人共同利益，依照法律、法规及其章程，受政府委托，管理和发展残疾人事业，为残疾人服务；协助相关行政部门开展残疾人合法权益保障的执法工作，加强残疾人工作信息化建设，建立信息共享平台。

第四条　村（居）民委员会从事残疾人工作的专（兼）职工作人员的待遇不低于村（居）民委员会其他专（兼）职工作人员的待遇。

第五条 本市户籍的残疾人凭“中华人民共和国残疾人证”依法享受优惠待遇。

“中华人民共和国残疾人证”只能本人使用，不得伪造、变造、出借、转让、涂改。

第六条 残疾人应当遵守法律、法规，遵守公共秩序和社会公德，诚实守信、自尊自强、自爱自立。

对残疾人负有赡养、抚养或者扶养义务的人，应当履行义务，照顾残疾人的日常生活，维护残疾人的合法权益。

第七条 市、县（市、区）人民政府应当统一规划，整合资源，通过财政补贴、行政事业性收费减免、购买社会服务等措施，扶持社会力量举办残疾人康复托养机构，为残疾人提供康复、托养、文化娱乐、体育健身等服务。

鼓励社会各界为残疾人事业捐献资金或者实物、免费为残疾人传授技术技能；鼓励社会组织和志愿者为残疾人提供服务。各级残疾人联合会应当为社会捐助和服务提供协助。

第八条 市人民政府应当将符合国家规定的残疾人医疗康复项目纳入城乡居民基本医疗保险范围。残疾人因经济困难无力负担应当由个人承担的医疗费用，经户籍所在地县（市、区）残疾人联合会核实后，由人民政府民政行政部门给予救助。

市、县（市、区）人民政府及相关部门应当为稳定期的精神残疾人提供基本药物维持治疗。

第九条 市、县（市、区）人民政府教育行政部门对高中阶段的残疾人实行免费教育；对接收残疾儿童学前教育、职业教育的机构给予资助。

学校不得拒绝接收能够适应学校学习、生活的残疾少年儿童随班就读。因为健康原因不能随班就读的，由户籍所在地县（市、区）人民政府教育行政部门安排到特殊教育学校或者普通学校设立的特殊教育班就读；不能到学校接受义务教育，但具有接受教育能力的，户籍所在地县（市、区）人民政府教育行政部门应当组织开展送教服务。

第十条 市、县（市、区）人民政府教育行政部门应当建立健全残疾学生、贫困残疾人家庭学生的助学机制，根据不同的教育阶段提供相应的生活补助，义务教育阶段免收住宿费等相关费用，并对品学兼优者给予奖励。

国家认可的高等院校、中等职业技术学校录取的残疾学生、残疾人家庭的学生，可以凭录取通知书向户籍所在地县（市、区）残疾人联合会申请助学补助。

完成国家认可的成人高等教育学习的残疾人，凭毕业证书可以向户籍所在地的县（市、区）残疾人联合会申请一次性奖励。

第十一条 残疾人自主创业的，在取得相关经营证照后，市、县（市、区）人民政府按照规定给予创业扶持金，免除行政事业性收费。

第十二条 国家机关、企事业单位、社会团体、民办非企业等用人单位，应当按照不低于本单位在职职工总数的1.5%比例安置残疾人就业，达不到规定比例的，应当缴纳残疾人就业保障金。

第十三条 本市国家机关、事业单位、国有企业招录（聘）工作人员时，应当按照残疾人就业安置规定，在残疾人中依照公开、公平、公正、竞争择优的原则和程序，招录（聘）符合岗位要求的残疾人。

第十四条 市、县（市、区）人民政府人力资源和社会保障行政部门应当开发适合残疾人就业的工作岗位，开展残疾人职业培训和职业介绍；建立残疾人就业、失业登记制度，开展对用人单位落实残疾人就业法律、法规的监督检查。

使用财政资金举办的各级各类就业服务机构应当免费为残疾人提供职业培训和岗位推荐，为残疾人就业和用人单位招（聘）用残疾人提供服务和帮助。

鼓励民办就业服务机构免费为残疾人提供职业培训和岗位推荐。

第十五条 市、县（市、区）人民政府对成年无劳动能力且无经济收入的重度残疾人，应当纳入最低生活保障范围。

对需要长期照护的重度残疾人，由市、县（市、区）人民政府给予护理补贴。

对生活困难的残疾人，由市、县（市、区）人民政府给予生活补贴。

对遭受自然灾害、重大疾病、突发事故导致生活困难的残疾人，由市、县（市、区）人民政府民政行政部门给予临时救助。

第十六条 残疾人参加城乡居民基本养老保险，市、县（市、区）人民政府按照最低参保缴费档次对个人缴费部分给予全额补助。

残疾人参加城乡居民基本医疗保险，市、县（市、区）人民政府对个人参保缴费部分给予全额补助。

第十七条 享受城乡最低生活保障的残疾人家庭申请保障性住房的，市、县（市、区）人民政府住房城乡建设行政部门应当予以保障；农村危房改造在同等条件下应当优先安排残疾人家庭。

第十八条 残疾人参加县级以上文化、体育等部门或者残疾人联合会组织的文化、艺术、体育、技能竞赛等活动，所在单位应当给予支持，并按照所在岗位标准发放工资福利等待遇，不得因此解除劳动合同；没有工作单位的，由主办单位给予适当补助；在校就读的，学校应当保留学籍，并提供适当的补助。

体育行政管理部门应当在城乡公共健身场所配置适合残疾人锻炼的健身器材。

第十九条 市、县（市、区）人民政府规划、住房城乡建设行政部门应当科学规划、建设、维护、完善无障碍设施。

城市管理综合行政执法部门负责无障碍设施的日常监督管理，对违法占用、损坏的行为应当依法处理。

第二十条 公安机关应当建立流浪乞讨残疾人身份查询长效机制，依法查处组织、利用、假冒残疾人进行乞讨、行骗等违法犯罪行为。

第二十一条 残疾人持“中华人民共和国残疾人证”到相关部门办理有关手续后，免费乘坐本市城市公共汽车和轨道交通。

鼓励通信、广播电视服务单位对听力、言语和视力残疾人给予信息费优惠或者减免。

第二十二条 违反本条例规定侵犯残疾人合法权益的行为，其他法律、法规已经规定法律责任的，从其规定。

残疾人评定机构应当按照国家规定公正、客观地开展残疾评定工作。在残疾评定过程中弄虚作假的，由卫生计生行政部门责令改正，情节严重的，取消评定资格。对直接责任人员，依法追究法律责任。

违反本条例第五条第二款规定的，由公安机关依法查处。

学校违反本条例第九条第二款规定的，由县（市、区）人民政府教育行政部门责令改正；县（市、区）人民政府教育行政部门违反本条例第九条第二款规定的，由市人民政府教育行政部门责令改正。

相关职能部门未按照本条例第十三条、第十九条规定履行职责的，由市、县（市、区）人民政府给予通报，责令改正。

任何单位或者个人占用、损坏无障碍设施的，由城市管理综合行政执法部门责令改正、恢复原状。

第二十三条 本条例自2016年1月1日起施行。

昆明市会展业促进条例

（2015年8月27日昆明市第十三届人民代表大会常务委员会第三十三次会议通过 2015年9月25日云南省第十二届人民代表大会常务委员会第二十次会议批准）

第一章 总 则

第一条 为了促进会展业发展，规范会展行为，根据有关法律、法规，结合本市实际，制定本条例。

第二条 本市行政区域内的会展活动适用本条例。

第三条 本条例所称会展，是指会展举办单位在固定场所和一定期限内举办的展览、展销、会议、地方民族文化特色节庆展示等经济贸易和文化交流活动。

第四条 市人民政府应当将会展业的发展纳入国民经济和社会发展规划，统筹、协调、解决会展业发展的重大事项，促进会展业发展与城市建设、旅游文化和生态建设相结合。

县（市、区）人民政府根据市人民政府批准的会展业发展专项规划制定具体实施方案，做好本行政区域内会展业的服务工作。

市、县（市、区）相关部门在各自职责范围内做好服务和管理工作。

第五条 市博览事务管理部门负责本市会展活动的日常管理和服务，履行下列职责：

（一）宣传和贯彻执行有关会展的法律、法规、规章；

（二）组织编制会展业发展专项规划；

（三）对会展活动进行指导，并负责备案；

（四）发布会展项目指导目录和相关信息；

（五）培育本地会展品牌，引进国际国内知名会展品牌。

第六条 会展行业协会应当加强行业自律，引导会展企业规范经营，维护会展企业合法权益。

第二章 扶持与促进

第七条 市人民政府应当根据会展业发展规划与产业发展需要，合理布局会展场馆，并完善公共基础设施。

第八条 市人民政府应当制定促进会展业发展的政策措施，设立会展专项资金，加大对会展业发展的扶持。

第九条 市、县(市、区)人民政府重点支持下列活动：

（一）国际性、全国性、区域性大型会展；

（二）专业化、品牌化会展；

（三）知名会展企业在本市设立总部。

第十条 市博览事务管理部门负责建立和完善会展业

统计监测分析体系，建立综合信息发布平台。相关部门和会展企业应当予以配合。

第十一条 鼓励和引导企业在本区域或者跨区域参展办展；鼓励会展企业与国际会展业组织、企业的交流和合作；鼓励会展项目和会展企业加入国际会展业组织，取得国际认证。

第十二条 鼓励会展企业通过收购、兼并、控股、参股、联合等形式组建会展集团。

第十三条 鼓励会展企业以申请专利、商标注册等方式，对会展名称、标识、商誉等无形资产进行保护和开发利用。

第十四条 鼓励职业院校、高等院校培养适应会展业发展需要的技能型、应用型和复合型专门人才。

鼓励会展中介机构、行业协会与有关院校和培训机构联合培养、培训会展业专门人才。

第十五条 鼓励发展会展产业集群；建立健全行业配套、产业联动、结构合理、运行高效的会展产业链。

第十六条 鼓励会展企业运用现代信息技术，通过服务创新、管理创新、市场创新和商业模式创新，发展新兴会展业。

第十七条 鼓励依法设立的会展业组织开展会展业发展规律和趋势研究，提供经济信息、市场预测、技术指导、法律咨询、人员培训等服务。

第三章 服务与规范

第十八条 建立市博览事务管理部门与相关职能部门共同参与的联席会议制度和专项工作协商机制。

第十九条 市博览事务管理部门会同发展改革、商务、工商、旅游发展、税务等部门建立会展业诚信体系、会展企业信用档案和企业违法信息公布制度。

第二十条 市博览事务管理部门会同商务、工商等部门建立本市会展业评价和服务指标体系。

第二十一条 举办大型会展活动，工商、知识产权、质监、博览事务管理等部门应当派员进驻会展场馆，提供相关服务。

第二十二条 市、县（市、区）有关部门举办会展活动，应当按照国家、省的有关规定报批。

举办国际会展，应当按照国家有关规定进行审批或者备案。

第二十三条 举办单位应当在会展活动举办30日前报市博览事务管理部门备案。

第二十四条 招展信息以主办单位名义发布；联合举办会展的，共同发布招展信息；未经主办单位授权，承办单位不得擅自发布招展信息。

招展信息应当真实、合法，会展活动及展出内容应当与发布的信息一致。会展名称、主办和承办单位名称、举办时间、地点、主题内容等应当与备案事项一致。

第二十五条 主办单位应当在开展会展活动前，依照有关规定向公安机关申请安全许可。

第二十六条 会展活动期间，公安机关应当维持活动现场及周边的治安和交通秩序，为会展活动提供保障。

第二十七条 会展场馆应当符合安全、消防、环保要求，设置监控、报警安全检查系统，在显著位置设置安全警示和引导标识。

举办单位、参展单位应当按照安全、消防、环保等要求布置会展活动现场。

第二十八条 提供会展场馆的单位应当与举办单位签订安全责任书，明确双方安全责任和义务，制定安保措施和应急预案；参展单位应当配合做好安全防范工作。

发生突发事件或者灾害事故时，提供会展场馆的单位、举办单位和参展单位应当采取应急措施，配合公安机关等部门进行处理。

第二十九条 举办单位应当在会展现场设立投诉处理点及投诉举报电话，处理会展活动中发生的纠纷。

第四章 法律责任

第三十条 违反本条例第二十四条规定，发布虚假招展信息的，由工商行政管理部门依法处理。

第三十一条 违反本条例第二十五条、第二十七条规定的，由公安、安监、环保等行政管理部门依法处理。

第三十二条 国家工作人员在会展业管理活动中玩忽职守、徇私舞弊、滥用职权的，依法给予处分；构成犯罪的，依法追究刑事责任。

第五章 附 则

第三十三条 本条例所称举办单位包括主办单位和承办单位。主办单位，是指负责制定会展活动的实施方案和计划，对会展活动进行统筹、组织和安排，并对会展活动承担主要责任的单位。承办单位，是指根据与主办单位的协议，具体负责会展活动事务的单位。

第三十四条 本条例自2015年12月1日起施行。

昆明市燃气管理条例

（2015年12月30日昆明市第十三届人民代表大会常务委员会第三十五次会议通过2016年3月31日云南省第十二届人民代表大会常务委员会第二十六次会议批准）

第一章　总　则

第一条　为了加强燃气管理，维护燃气用户和经营者的合法权益，促进燃气事业发展，保障社会公共安全，根据国务院《城镇燃气管理条例》及有关法律、法规，结合本市实际，制定本条例。

第二条　本市行政区域内燃气的规划建设、应急保障、经营服务，燃气使用和器具管理、设施保护、安全事故预防和处置及相关管理活动，适用本条例。

第三条　市、县（市、区）人民政府应当加强对燃气工作的领导，将燃气事业的建设和发展纳入国民经济和社会发展规划，建立燃气管理工作协调机制和燃气事故应急处置机制，及时协调处理燃气管理工作中的重大事项。

第四条　市、县（市、区）住房城乡建设行政部门是燃气管理部门，按照规定的权限负责本行政区域内的燃气管理工作。

发展改革、规划、国土资源、公安消防、安全监管、质监、工商、城管综合执法、环境保护、卫生等有关部门，按照各自职责做好燃气管理的相关工作。

第五条　市、县（市、区）人民政府和燃气管理部门，以及燃气经营者应当加强安全和节约使用燃气的宣传，增强全社会的公共安全和节约使用燃气的意识，提高防范和应对燃气安全事故的能力。

鼓励和支持燃气科学技术的研究，推广安全、节能、环保的新技术应用。

第六条　燃气管理部门履行下列职责：

（一）负责燃气经营许可，实行许可证年度审验，定期向社会公布燃气经营许可证、燃气供应许可证、燃气燃烧器具安装维修许可证的发放情况，建立健全许可证档案管理制度；

（二）负责审查燃气工程建设项目；

（三）定期组织对燃气经营者的安全检查和专项督查，监督生产主体落实安全责任；

（四）会同公安消防、安全监管、卫生等部门制定燃气安全事故应急预案报本级人民政府批准后施行；

（五）建立燃气安全事故统计分析制度，通报事故处理结果；

（六）建立燃气行业诚信考核机制，负责对经营者信用记录的管理；

（七）法律、法规规定的其他职责。

第七条　燃气行业协会应当加强行业自律管理，促进燃气行业提高服务质量和安全技术水平。

第二章　规划建设与供应保障

第八条　市燃气管理部门会同规划、国土资源等部门，编制燃气专项规划。

经批准的燃气专项规划，涉及空间布局和用地需求的，由规划、国土资源等部门纳入城乡建设规划。

第九条　燃气设施的建设，应当符合本市燃气专项规划，依法办理相关审批手续。

第十条　新区建设、旧区改造应当按照城乡规划和燃气专项规划配套建设燃气设施或者预留燃气设施建设用地。

新建、改建、扩建的城市道路，有地下综合管廊规划的，应当将天然气工程管线纳入地下综合管廊进行规划和建设。

第十一条　建设单位应当组织燃气工程竣工验收，未经验收或者验收不合格的，不得交付使用。

建设单位应当按照国家有关规定，在燃气工程竣工验收合格之日起15日内将竣工验收情况报燃气管理部门备案，并在项目建设竣工验收后6个月内向城建档案管理机构移交项目建设档案。

第十二条　市、县（市、区）人民政府应当建立健全燃气应急储备制度。

发展改革行政部门应当会同燃气管理、安全监管、公安消防等相关部门制定燃气应急储备方案，确定燃气储备的布局、储备总量、启动要求等。

燃气经营者应当按照燃气应急储备方案的要求建设燃气应急储备设施，确保燃气应急储备所需的数量、质量和储存安全。

第十三条　市、县（市、区）燃气管理部门应当组织编制燃气供应应急调度预案，明确燃气应急气源和种类、应急供应方式、应急调度程序等内容。

燃气经营者应当按照燃气供应应急调度预案的要求，建立健全本单位的燃气供应应急预案；因不可抗力或者发生突发性事故等紧急情况不能正常生产或者供应燃气的，应当按照燃气供应应急预案采取相应措施，并及时报告燃气管理部门。

第三章 经营与服务

第十四条 从事燃气经营活动的，应当依法取得市燃气管理部门颁发的燃气经营许可证，按照许可的范围、期限和规模从事燃气经营活动。

申请燃气经营许可，应当具备下列条件：

（一）符合燃气专项规划；

（二）有稳定的符合国家标准的燃气气源；

（三）有与经营规模相适应并符合安全条件的固定场所和设施；

（四）有健全的安全管理和事故抢修应急制度；

（五）有资质的安全评价机构出具的设施安全评价报告；

（六）有与经营规模相适应的具有相关从业资格的经营管理人员、安全管理人员、专业维护人员、抢险抢修队伍和设备；

（七）法律、法规规定的其他条件。

第十五条 设立瓶装燃气供应站，应当依法取得所在地县（市、区）燃气管理部门颁发的燃气供应许可证。

申请瓶装燃气供应许可，应当具备下列条件：

（一）有本市燃气经营许可证；

（二）有与经营规模相适应并符合安全条件的固定场所和设施；

（三）有健全的安全管理和用户服务制度；

（四）有与经营规模相适应的专业技术人员和其他具有相应资格的人员；

（五）法律、法规规定的其他条件。

第十六条 燃气经营者停业、歇业的，应当在90个工作日前向燃气管理部门提交书面报告，燃气管理部门接到报告后，应当组织有关燃气经营者提供供气服务。

第十七条 燃气经营者应当遵守下列规定：

（一）不得向无燃气经营许可证或者无燃气供应许可证的单位、个人提供用于燃气经营的气源；

（二）执行安全生产规章制度和安全操作规程，有完善的自检自查机制和完整的安全记录，建立健全设备、设施档案和用户档案；

（三）向社会公布业务流程、服务承诺、收费标准和全天24小时服务、抢修、投诉电话等信息，及时解决用户投诉，接受社会监督；

（四）每年对用户进行不少于一次的安全检查，记录检查情况，发现安全隐患的，及时告知用户并协助用户进行整改；

（五）按照燃气管理部门的要求报告安全生产情况；

（六）禁止伪造、涂改、抵押、出租、出借、转让燃气经营许可证和燃气供应许可证；

（七）法律、法规规定的其他要求。

第十八条 经营管道燃气的，除遵守本条例第十七条规定外，还应当遵守下列规定：

（一）向用户供应符合燃气安全、质量、压力和计量标准的燃气；

（二）建设调度、运行、维修和抢修控制指挥中心，建立燃气管网地理信息系统，及时更新并向燃气管理部门报送燃气管网设施现状等相关资料；

（三）因施工、检修等原因需要临时调整供气量或者暂停供气的，将作业时间和影响区域事先报告燃气管理部门，并提前48小时予以公告或者书面通知用户；

（四）恢复供气时，提前通知用户，不得在22时至凌晨6时期间通气。

第十九条 经营瓶装燃气的，除遵守本条例第十七条规定外，还应当遵守下列规定：

（一）建立气瓶管理台账制度，对气瓶实行登记管理；

（二）充装和销售的液化气气瓶、减压阀、胶管、燃烧器具等燃气器具应当符合国家相关规定；

（三）充装气瓶前，按照技术规范进行抽残等处理；

（四）对气瓶充装过程进行检查，不符合安全技术规范的气瓶不得出站；

（五）不得在许可的经营场所外存储、销售瓶装燃气；

（六）瓶装燃气供应站内不得经营与燃气、燃气器具无关的其他商品，不得在气瓶之间相互倒灌燃气；

（七）瓶装燃气库房内不得住人、堆放其他物品、存在火源，不得使用不符合国家防火防爆规定的供电线路及电器设备。

第二十条 经营燃气汽车加气的，应当遵守下列规定：

（一）加气前乘客离车到安全区域等候，车辆熄火；

（二）加气前检查气瓶状况和装置是否符合充装要求，不得充装不符合安全技术规范的车用气瓶；

（三）不得为无车用气瓶使用登记证或者使用登记信息与车用气瓶、汽车信息不一致的车辆加气，不得充装非燃气车用气瓶；

（四）不得在燃气泄漏、燃气压力异常、附近发生火灾、雷击天气等不安全的情况下，进行加气或者卸气作业。

第四章 使用维护与器具管理

第二十一条 用户使用管道燃气，应当向管道燃气经营者申办用气手续，由管道燃气经营者与用户签订规范的书面供用气合同，明确供用气双方权利义务。双方应当按照合同及管道燃气经营者发放的《燃气使用手册》的规定供应和使用燃气。

用户应当按时缴纳燃气费用，逾期30日不缴纳的，燃气经营者可以停止供气。

第二十二条 燃气管道设施应当定期巡查、维护、更新。

非居民用户和燃气计量表设置在住宅内的居民用户，其燃气计量表和表前燃气设施由燃气经营者负责出资维护、更新。燃气计量表设置在居民住宅外的，燃气管道进户墙内侧以外的燃气设施由燃气经营者负责出资维护、更新。

用户和物业管理服务企业应当配合燃气经营者对燃气设施的安全检查以及抢修、维修、抄表等工作。

第二十三条 任何单位和个人禁止下列行为:

（一）盗用燃气，损坏燃气设施；

（二）在卧室等不具备安全用气条件的场所使用燃气；

（三）擅自拆卸、安装、改装、包裹燃气设施和燃气计量器具；

（四）将燃气器具和设施作为负重支架或者电器设施的接地导体；

（五）管道燃气用户首次通气自行点火或者擅自过户；

（六）擅自倒灌瓶装燃气，倾倒残液和拆修瓶阀等附件；

（七）倒、卧、加热燃气气瓶，自行改换燃气气瓶检验标记和漆色；

（八）用胶管过墙或者穿门窗使用燃气，软管连接时使用三通接头形成两个支管；

（九）违反国家、行业规范和标准要求储存、放置燃气器具；公共用户、工业用户在设置管道燃气计量器具房间内堆放杂物，或者将其挪作他用；

（十）使用不符合技术标准的燃气器具和设施。

第二十四条 燃气经营者应当向用户提供经过具有相应资质的计量检测机构检定合格的燃气计量器具。用户对用气量有异议的，燃气经营者应当依法进行核对，有误差的应当予以纠正。

第二十五条 在本市行政区域内销售、安装的燃气燃烧器具，应当经过具有相应资质的检测机构进行气源适配性及高原适应性检验合格，并在燃气燃烧器具明显位置粘贴合格标志；其他燃气器具应当经过具有相应资质的检测机构检验合格。

市燃气管理部门应当定期向社会公布符合国家标准、适合当地气源的燃气器具产品目录。

第二十六条 从事燃气燃烧器具安装维修的，应当依法取得市燃气管理部门颁发的燃气燃烧器具安装维修许可证。

申请燃气燃烧器具安装维修许可证，应当具备下列条件:

（一）有完善的安全管理制度、质量控制制度、操作规程、客户服务制度；

（二）有与经营规模相适应的固定场所，必要的专业设备和安装维修工具；

（三）有经培训合格的专业技术人员和操作人员；

（四）有与燃气燃烧器具生产厂家签订的安装维修委托书；

（五）有安装、报修、维修、抢修等工作流程及服务电话，全天24小时值班人员；

（六）法律、法规规定的其他条件。

第二十七条 从事燃气燃烧器具安装维修的，应当遵守下列规定:

（一）按照国家有关标准进行安装维修；

（二）安装完毕并经检测合格的，向用户出具合格证书；

（三）负责指导用户安全使用所安装维修的燃气燃烧器具；

（四）建立用户档案；

（五）按照公布的标准向用户收取费用；

（六）按照燃气管理部门的要求报送安装维修情况；

（七）不得聘用未经考核合格的人员从事安装维修业务；

（八）禁止涂改、出租、借用、转让燃气燃烧器具安装维修许可证；

（九）法律、法规规定的其他要求。

第五章　设施保护

第二十八条 市、县（市、区）燃气管理部门应当会同规划、安全监管等部门按照国家有关标准和规定划定燃气设施保护范围，并向社会公布。

燃气经营者应当按照国家标准，规范设置明显的燃气设施安全警示标志。

在燃气设施保护范围内，禁止下列行为:

（一）建设占压地下燃气管线的建筑物、构筑物或者其他设施；

（二）堆放物料，倾倒、排放腐蚀性物质或者易燃易爆的液体、气体；

（三）毁损、覆盖、涂改、擅自拆除或者移动燃气设施的安全警示标志；

（四）在燃气设施上牵挂电线、设置广告标牌等；

（五）进行爆破、取土等作业或者动用明火；

（六）放置易燃易爆危险物品或者种植深根植物；

（七）损坏、危害燃气设施的其他行为。

第二十九条 建设工程施工可能影响燃气设施安全的，建设单位或者施工单位应当与燃气经营者签订燃气设施保护协议，制定燃气设施保护方案，采取安全保护措施，燃气经营者应当派专业人员进行现场指导。

第三十条 因抢修燃气设施，可能造成其他市政公用设施损坏的，管道燃气经营者应当通知有关部门或者单位共同研究解决方案。

抢修室内燃气设施时，用户应当配合抢修人员拆除影响抢修作业的装饰、装修物和其他构筑物。拆除的装饰、装修物和其他构筑物属于用户违反有关安全用气规定建设安装的，相关损失由用户承担，其他损失由燃气经营者承担。

第六章　安全管理与应急处置

第三十一条 下列人员应当经过培训，并由燃气管理部门组织考核合格后方可上岗：

（一）燃气经营者的主要负责人、安全生产管理人员，以及运行、维护、抢修、抄表等岗位人员；

（二）燃气器具销售、安装、维修人员；

（三）燃气供应站（点）的操作人员；

（四）使用燃气的公共用户、工业用户的主要管理人员、操作人员。

第三十二条 燃气经营者应当建立健全燃气安全评估和风险管理体系。

燃气经营者应当制定燃气安全事故应急预案，配备应急救援人员和应急救援器材、设备，每年开展不少于1次的综合应急演练，并实行全天24小时值班制度。

管道燃气经营者应当具备对燃气重要管线设施和重点用户，在事故状态下的自动截断等应急处置保障能力。

第三十三条 燃气经营者发现燃气设施损坏以及燃气泄漏等情况，或者接到燃气事故及事故隐患报告时，应当立即组织抢险、抢修。

燃气经营者在生产经营过程中发现严重危及安全生产的事故隐患时，应当立即停止生产，采取保障措施，排除事故隐患后方可重新生产。

发生燃气安全事故，燃气经营者应当立即启动本单位燃气安全事故应急预案，组织抢险、抢修，防止次生灾害，待事故处理结束，及时恢复供气。

任何单位和个人不得阻挠燃气管道和设施的抢险、抢修。

第三十四条 发现用户存在下列重大安全隐患、严重威胁公共安全且不能按照要求时限及时整改的，燃气经营者应当采取停气措施：

（一）燃气设施漏气的；

（二）燃气管道末端未设有效封堵的；

（三）使用国家明令淘汰的直排式燃气热水器、燃气热水器未装烟道或者烟道未出户的；

（四）在装有燃气管道、设备等设施场所居住的。

燃气经营者采取停气措施，有关单位或者个人不配合或者阻挠的，燃气经营者可以请求公安机关协助，并报告燃气管理部门。

用户整改到位后向燃气经营者申请恢复用气的，燃气经营者应当按照规定及时恢复供气。

第三十五条 对报告燃气事故或者事故隐患的单位和个人，由燃气管理部门或者燃气经营者予以表彰奖励。

第七章　法律责任

第三十六条 负有燃气管理职责的部门及其工作人员有下列行为之一的，依法给予处分；造成损失的，依法予以赔偿：

（一）所审查同意的燃气工程项目不符合燃气专项规划要求；

（二）向不符合条件的企业颁发许可证；

（三）未按规定时限核发许可证，或者是不同意核发许可证、又不按规定说明理由；

（四）接到事故及事故隐患报告后，不及时处理；

（五）发现违法行为查处不当或者不予查处；

（六）不依法履行本条例规定的监督管理职责。

第三十七条 违反本条例第十五条第一款规定的，由燃气管理部门责令停止违法行为，没收违法所得，并处3万元以上5万元以下罚款。

第三十八条 违反本条例第十七条第二项至五项规定之一的，由燃气管理部门责令限期改正，逾期不改的，处以1万元以上5万以下罚款。

第三十九条 违反本条例第十九条第一项、第三项、第五项至七项规定之一的，由燃气管理部门处以1万元以上5万元以下罚款。

第四十条 违反本条例第二十条第一项、第三项和第四项规定之一的，由燃气管理部门处以1万元以上5万元以下罚款。

第四十一条 违反本条例第二十三条第五项至九项规定之一的，由燃气管理部门责令限期改正，逾期不改的，对个人处以200元以上1 000元以下罚款，对单位处以1 000元以上5 000元以下罚款。

第四十二条 违反本条例第二十七条第一项、第二项、第四项和第六项规定之一的，由燃气管理部门处以3 000元以上5 000元以下罚款。

第四十三条 违反本条例第二十八条第三款第四项规定的，由燃气管理部门处以3 000元以上5 000元以下罚款。

第四十四条 违反本条例第三十一条规定的，由燃气管理部门责令限期改正，逾期不改的，对个人处以100元以上300元以下罚款，对单位处以1 000元以上3 000元以下罚款。

第四十五条 违反本条例第三十二条第二款规定的，由燃气管理部门责令限期改正，处以1万元以上3万元以下罚款。

第四十六条 违反本条例第三十三条第一、二、三款规定的，由燃气管理部门处以3万元以上5万元以下罚款。

第八章 附 则

第四十七条 本条例中有关用语的含义：

（一）燃气设施，是燃气生产厂、燃气储配站、门站、气化站、混气站、加气站、灌装站、供应站、调压站、市政燃气管网等的总称，包括市政燃气设施、建筑区划内业主专有部分以外的燃气设施以及户内燃气设施等。

（二）燃气燃烧器具，是指以燃气为燃料的燃烧器具，包括居民家庭和商业用户所使用的燃气灶、热水器、沸水器、采暖器、空调器等器具。

第四十八条 本条例自2016年6月1日起施行。2004年11月25日昆明市第十一届人民代表大会常务委员会第二十五次会议通过，2005年3月25日云南省第十届人民代表大会常务委员会第十五次会议批准的《昆明市燃气管理条例》同时废止。

市区地名变动

住宅区地名命名、更名及调整

命 名

渔园星浦小区：位于呈贡区乌龙街道辖区内，东临古滇路，南临规划道路，西临规划道路，北临联大街。

翠柏澜庭小区：位于呈贡区吴家营街道辖区内，东临关山路，南临博大路，西临规划道路，北临规划道路。

兴冶广场：位于呈贡区斗南街道与龙城街道交界处，东临规划道路，南临规划道路，西临兴呈路，北临规划道路。

观山苑：位于呈贡区雨花街道辖区内，东临地铁维修站，南临博大路，西临雨花路，北临怡香天苑。

兴锦嘉园：位于呈贡区斗南街道与龙城街道交界处，东临规划道路，南临规划道路，西临规划道路，北临规划道路。

斗南江云酒店用品博览中心：位于呈贡区斗南街道辖区内，东临花都路，南临金桂街，西临昆明国际花卉交易拍卖中心（暂用名），北临瑞香西街。

萃景花园：位于五华区红云街道辖区内，东临规划道路，南临红云路，西临云南齿轮厂宿舍，北临五华区政府储备用地。

云帆苑：位于五华区普吉街道辖区内，东临昆武高速公路，南临规划用地，西临科普路，北临规划道路。

云翥苑：位于五华区普吉街道辖区内，东临科普路，南临城市绿地，西临沙河路，北临规划用地。

云智时代中心：位于五华区普吉街道辖区内，东临昆武高速，南临城市绿地，西临规划用地，北临规划用地。

云嘉中心：位于五华区普吉街道辖区内，东临昆武高速，南临规划用地，西临规划用地，北临大塘路。

福泽雅苑：位于盘龙区青云街道辖区内，东临云南省第一监狱，南临金瓦路，西临郭家凹农贸市场，北临云南省第一监狱。

山水白沙小区：位于盘龙区青云街道辖区内，东临呼马山，南临金瓦路，西临东三环路（暂用名），北临长地埂村。

云南路建大楼：位于盘龙区茨坝街道辖区内，东临立欣洲小区，南临空地，西临云南冶金昆明重工有限公司，北临昆明市第三十四中学。

昙景花园：位于盘龙区青云街道辖区内，东临云轮小区（暂用名），南临金昙花园，西临昙华路，北临武警一支队。

玺樾花园：位于盘龙区青云街道辖区内，东临规划道路，南临龙庆路，西临龙华路，北临规划道路。

玺园：位于玺樾花园内，东临规划道路，南临龙庆路，西临龙华路，北临规划道路。

樾园：位于玺樾花园内，东临规划道路，南临龙庆路，西临规划道路，北临规划道路。

南郡荟广场：位于官渡区矣六街道辖区内，东临金域南郡花园，南临轨道一号线五腊村车辆段，西临彩云北路，北临云福街。

悦满欣城：位于官渡区小板桥街道辖区内，东临昌宏西路，南临规划道路，西临规划道路，北临规划道路。

金润佳程商务中心：位于官渡区小板桥街道辖区内，东临广福路，南临银海樱花语小区，西临畅园小区，北临广源小区。

滇池国际会展中心：位于官渡区六甲街道辖区内，东临昌宏西路，南临小清河，西临宝象河，北临五甲塘湿地。

云旅旅游服务中心：位于官渡区矣六街道辖区内，东临商英街，南临云福街，西临商城大道，北临规划道路。

子君山麓城：位于官渡区小板桥街道和矣六街道交界处，东临规划道路，南临规划道路，西临林地，北临规划道路。

湖堤里：位于子君山麓城内，东临规划道路，南临林地，西临林地，北临规划道路。

湖光里：位于子君山麓城内，东临规划道路，南、西、北面临林地。

湖轩里：位于子君山麓城内，东临林地，南临林地，西临规划道路，北临林地。

星堤里：位于子君山麓城内，东临规划道路，南、西、北面临林地。

香轩里：位于子君山麓城内，东临林地，南临规划道路，西临林地，北临林地。

香溪里：位于子君山麓城内，东临规划道路，南临规划道路，西临林地，北临林地。

麓栖里：位于子君山麓城内，东临规划道路，南临规划道路，西临林地，北临林地。

滙景湾花园：位于官渡区六甲街道辖区内，东临小清河，南、西、北三面均临规划道路。

海东俊园：位于官渡区矣六街道辖区内，东临海东路，南临海东湿地公园，西临规划绿地，北临海东路。

拾萃城：位于官渡区六甲街道辖区内，东临规划道路、大清河，南临规划道路，西临绿地，北临规划道路、绿地。

望岱湾苑：位于拾萃城内，东临规划道路，南临绿地，西临绿地，北临绿地。

栖羽阁苑：位于拾萃城内，东临规划道路，南临规划道路，西临绿地，北临绿地。

沉香谷中心：位于拾萃城内，东临规划道路，南临规划道路、岚湖坊中心，西临绿地，北临规划道路、栖羽阁苑。

岚湖坊中心：位于拾萃城内，东临规划道路，南临规划道路、星溪台苑，西临绿地，北临规划道路、沉香谷中心。星溪台苑：位于拾萃城内，东临绿地，南临规划道路，西临绿地，北临规划道路、岚湖坊中心。

鹭语堂苑：位于拾萃城内，东临规划道路，南临绿地，西临绿地，北临规划道路。

东昌路桥广场：位于西山区马街街道辖区内，东临运粮河，南临运粮河，西临海源南路，北临规划道路。

山澜雅苑：位于西山区碧鸡街道和马街街道交界处，东临武警黄金十支队新营区，南临水泥厂生活区，西临春雨路，北临龙船甸村。

倍盛商业大厦：位于西山区西苑街道辖区内，东临昆明春城花园酒店，南临春苑小区，西临春苑社区居委会，北临人民西路。

恒大云报华府：位于西山区福海街道辖区内，东临润城小区，南临日新中路，西临规划用地，北临和风园、高朱村。

乐佳苑：位于西山区金碧街道辖区内，东临永乐路，南临昆明扑美房地产开发有限公司，西临昆明扑美房地产开发有限公司和昆明产业开发投资有限责任公司，北临云南白药集团股份有限公司。

兴苑新居：位于西山区马街街道辖区内，东临云冶铁路专线，南临中峰湾小区（暂用名），西临规划道路，北临下峰第一居民小组及兴苑路。

博悦城：位于西山区棕树营街道辖区内，东临环城西路，南临医大馨苑，西临棕树营小区，北临人民西路。

更　名

斗南江云花卉配套用品博览中心：为了更好地体现区域整体规划，将斗南江云酒店用品博览中心更名为斗南江云花卉配套用品博览中心。斗南江云花卉配套用品博览中心位于呈贡区斗南街道辖区内，东临花都路，南临金桂街，西临昆明国际花卉交易拍卖中心（暂用名），北临瑞香西街。

金色枫桦商务中心：由于“金色枫桦小区”土地使用性质及范围变更，将金色枫桦小区更名为金色枫桦商务中心。金色枫桦商务中心位于西山区金碧街道辖区内，东临西坝路，南临西华北路，西临市国税局宿舍，北临昆明森工有限责任公司。

调　整

斗南国际花卉中心：位于呈贡区斗南街道辖区内，将紧邻的25 488.55平方米的土地并入，统一使用斗南国际花卉中心地名名称。扩大后的斗南国际花卉中心东临龙兴路，南临瑞香西路，西临花都路，北临斗南街。

城镇道路地名命名、更名

命　名

中闸路：位于官渡区小板桥街道辖区内，南起金源大道，北至规划道路，长650米，宽20米。

五腊街：位于官渡区矣六街道辖区内，东起彩云北路，西至规划道路，长740米，宽25米。

付家营路：位于官渡区矣六街道辖区内，东南起秀英路，西北至云秀路，长1 600米，宽30米。

照西路：位于官渡区矣六街道辖区内，南起规划道路，北至先锋路，长800米，宽30米。

龙马路：位于官渡区官渡街道辖区内，西南起规划道路，东北至规划道路，长1 100米，宽20米。

海东路：位于官渡区官渡街道辖区内，东南起环湖东路，西北至云秀路，长1 850米，宽30米。

西亮塘路：位于官渡区官渡街道辖区内，东南起规划道路，西北至云秀路，长700米，宽30米。

滇池会展东路：位于官渡区六甲街道辖区内，南起昌宏西路、北至规划道路，长1 500米，宽35米。

滇池会展中路：位于官渡区六甲街道辖区内，西起规划道路，东至规划道路，长640米，宽30米。

滇池会展西路：位于官渡区六甲街道辖区内，南起环湖东路、北至巫家坝路，长1 950米，宽35米。

渔港路：位于官渡区六甲街道辖区内，南起清河村，北至环湖东路（暂用名），长1 700米，宽18米。

金骧路：位于官渡区金马街道辖区内，东北起金马路，西南至规划道路，长470米，宽20米。

黑土凹路：位于官渡区金马街道辖区内，东北起金马路，西南至规划道路，长380米，宽20米。

石虎关路：位于官渡区关上街道辖区内，南起关岭路，北至金汁路，长310米，宽15米。

苜蓿路：位于官渡区关上街道辖区内，南起宏德街，北至规划道路，长1 170米，宽20米。

云溪街：位于官渡区小板桥街道辖区内，东北起规划道路，西南至规划道路，长760米，宽20米。

珥瑞路：位于官渡区官渡街道辖区内，西北起珥季路，东南至云秀路，长660米，宽30米。

莲塘街：位于官渡区官渡街道辖区内，西北起昌宏西路，东南至云秀路，长1 800米，宽25米。

海塘路：位于官渡区官渡街道辖区内，东北起规划道路，西南至规划道路，长900米，宽25米。

宝象河东路：位于官渡区官渡街道辖区内，东北起秀英路，西南至付家营路，长650米，宽25米。

广普路：位于官渡区矣六街道辖区内，东北起秀英路，西南至普自路，长1 800米，宽25米。

普自路：位于官渡区矣六街道辖区内，北起秀英路，南至渔村路，长1 960米，宽20米。

矣六街：位于官渡区矣六街道辖区内，东北起秀英路，西南至普自路，长1 800米，宽25米。

渔村路：位于官渡区矣六街道辖区内，东北起付家营路，西南至普自路，长250米，宽20米。

古渡口路：位于官渡区官渡街道辖区内，东北起广福路，西南至海东路，长1 950米，宽35米。

广和路：位于官渡区矣六街道辖区内，东北起昆洛路，西南至彩云北路，长1 700米，宽35米。

杜家营路：位于官渡区矣六街道辖区内，西北起商城步行街，东南至昆洛路，长800米，宽30米。

广仁路：位于官渡区矣六街道辖区内，西北起商博街，东南至昆洛路，长470米，宽15米。

渔渡路：位于官渡区官渡街道辖区内，东北起季宏路，西南至付家营路，长1 300米，宽25米。

下凹路：位于官渡区金马街道辖区内，北起金骧路，南至黑土凹路，长100米，宽20米。

关航路：位于官渡区关上街道辖区内，东北起关岭路，西南至民航路，长218米，宽15米。

石楠巷：位于官渡区官渡街道辖区内，北起宝象河东路，南至渔渡路，长270米，宽15米。

宝渔路：位于官渡区官渡街道辖区内，北起宝象河东路，南至渔渡路，长270米，宽15米。

陆亚巷：位于西山区福海街道辖区内，东南起陆家路，西北至亚龙小区，长600米，宽12米。

田家巷：位于西山区福海街道辖区内，南起福康路，北至滇池路，长300米，宽10米。

和康巷：位于西山区福海街道辖区内，东起福康路，西北至日新中路，长150米，宽12米。

福硕街：位于西山区福海街道辖区内，东北起福康路，西南至广福路，长700米，宽15米。

福堤路：位于西山区福海街道辖区内，东北起南方公园（暂用名），西南至规划道路，长1 200米，宽10米。

河景街：位于西山区福海街道辖区内，东起星辰苑，西至福康路，长400米，宽8米。

福岸路：位于西山区福海街道辖区内，东南起福堤路，西北至西福路，长400米，宽8米。

福和巷：位于西山区福海街道辖区内，东起日新中路，西至滇池路，长300米，宽8米。

更　名

滇池会展北路：为了体现地名的指向性，将滇池会展中路更名为滇池会展北路。滇池会展北路位于官渡区六甲街道辖区内，西起滇池会展西路，东至滇池会展东路，长640米，宽30米。

其他资料

昆明市医疗保险病种结算办法

第一条 为完善昆明市医疗保险结算办法，进一步规范医疗服务行为，提高医疗保障水平，根据国家和省市有关文件精神，结合我市实际，制定本办法。

第二条 本办法适用于参加昆明市城镇职工医疗保险（以下简称“城镇职工医保”）和昆明市城乡居民医疗保险（以下简称“城乡居民医保”）参保人患规定病种的医疗费用结算。

第三条 本办法确定的病种结算标准（详见附件1）为参保人患该病种入院后按照临床路径进行规范化治疗后，达到临床疗效标准出院全过程发生的检查、治疗、麻醉、手术、床位、护理、药品、耗材和医用材料等全部医疗费用总额。一类结算医院结算标准为三级联网定点医疗机构结算标准，二类结算医院结算标准为二级及其以下联网定点医疗机构结算标准，二类结算医院结算标准为一类结算医院结算标准的85%。

第四条 城镇职工医保参保人按病种进行结算的，一类结算医院统筹基金支付80%，个人自付20%，二类结算医院统筹基金支付90%，个人自付10%；城乡居民医保参保人按病种进行结算的，一类结算医院统筹基金支付65%，个人自付35%，二类结算医院统筹基金支付75%，个人自付25%。按病种结算的医疗费，超过基本医疗保险基金最高支付限额以上的部分，由大病医疗保险基金支付，超过大病医疗保险最高支付限额以上的部分由个人自付（城镇职工医疗保险：基本医疗保险最高支付限额5.9万元，大病补充医疗保险最高支付20万元；城乡居民医疗保险：基本医疗保险最高支付限额6万元，大病补充医疗保险最高支付限额9.8万元）。

第五条 符合《云南省卫生厅等3部门关于做好云南省城乡居民尿毒症与重性精神病医疗费用报销和医疗救助工作的通知》（云卫发〔2013〕22号）和《云南省人力资源和社会保障厅关于开展城镇职工基本医疗保险20种重大疾病保障工作的通知》（云人社发〔2013〕154号）规定病种的，按相关规定执行。

第六条 参保人出院后按照所患病种及治疗医院的结算标准支付个人自付费用，统筹基金支付部分由医疗保险经办机构与结算医院按结算标准和病种住院人数结算。

第七条 按照“结余归己、超支自负”的原则，实际发生的医疗费用低于病种结算标准的，结余部分由定点医疗机构调剂使用，超出病种结算标准的部分由定点医疗机构承担。参保人住院期间发生的全部医疗费用明细应如实上传医疗保险经办机构。

第八条 定点医疗机构在收治按病种结算的参保人时，应向参保人出具《昆明市医疗保险病种结算告知书》（附件2），双方签字确认，承诺并严格按照临床路径和诊疗规范进行治疗。

第九条 定点医疗机构应按规定做好病种结算管理服务工作，不得出现以下行为：

（一）将参保人住院期间发生的医疗费通过门诊处方、门诊检查、分解住院等方式排除在病种结算医疗费用之外；

（二）拒收、推诿重症参保人；

（三）违规变更疾病诊断或治疗方式，套取医保基金；

（四）减少病种临床路径或诊疗规范中规定的诊疗项目与服务内容，损害参保人利益；

第十条 市医疗保险经办机构应加强病种结算管理，根据病种实际医疗费用水平、耗材价格、医疗服务价格等情况，适时提出调整病种结算标准意见，经市发改委、市财政局、市人力资源和社会保障局和市卫生局共同研究同意后执行。

第十一条 本办法自2016年1月1日起执行。与本办法不一致的病种结算办法自行终止。

附件：1. 昆明市医疗保险病种结算标准

2.昆明市医疗保险病种结算告知书

昆明市医疗保险病种结算标准

序号	名称（ICD-10、ICD-9编码）	结算医院类别	包干结算费用标准	职工医保		居民医保		备注
				统筹基金支付（元）	个人自付（元）	统筹基金支付（元）	个人自付（元）	
1	急性淋巴细胞白血病（C91.0）标危组第一年	一类	150 000	120 000	30 000	97 500	52 500	
		二类	127 500	114 750	12 750	95 625	31 875	
2	急性淋巴细胞白血病（C91.0）标危组第二年、第三年	一类	10 000	8 000	2 000	6 500	3 500	
		二类	8 500	7 650	850	6 375	2 125	
3	急性淋巴细胞白血病（C91.0）中危组第一年	一类	200 000	160 000	40 000	130 000	70 000	
		二类	170 000	153 000	17 000	127 500	42 500	
4	急性淋巴细胞白血病（C91.0）中危组第二年、第三年	一类	15 000	12 000	3 000	9 750	5 250	
		二类	12 750	11 475	1 275	9 563	3 188	
5	急性早幼粒细胞白血病（C92.4，M9866/3）第一年	一类	150 000	120 000	30 000	97 500	52 500	
		二类	127 500	114 750	12 750	95 625	31 875	
6	急性早幼粒细胞白血病（C92.4，M9866/3）第二年、第三年	一类	10 000	8 000	2 000	6 500	3 500	
		二类	8 500	7 650	850	6 375	2 125	
7	慢性粒细胞性（髓样）白血病（C92.1）单采细胞+化疗	一类	17 000	13 600	3 400	11 050	5 950	
		二类	14 450	13 005	1 445	10 838	3 613	
8	慢性粒细胞性（髓样）白血病（C92.1）化疗	一类	10 000	8 000	2 000	6 500	3 500	
		二类	8 500	7 650	850	6 375	2 125	
9	乳腺癌（C50）行乳腺癌根治术（85.2/85.4）	一类	19 900	15 920	3 980	12 935	6 965	
		二类	16 915	15 224	1 692	12 686	4 229	
10	乳腺癌根治术+术后放疗（Z51.001）	一类	27 900	22 320	5 580	18 135	9 765	
		二类	23 715	21 344	2 372	17 786	5 929	
11	乳腺癌根治术+术后化疗（Z51.101）	一类	25 900	20 720	5 180	16 835	9 065	
		二类	22 015	19 814	2 202	16 511	5 504	
12	宫颈癌（C53）行子宫颈根治性切除术（67.4 002）	一类	25 000	20 000	5 000	16 250	8 750	
		二类	21 250	19 125	2 125	15 938	5313	
13	宫颈癌根治术+术后放疗（Z51.001）	一类	33 000	26 400	6 600	21 450	11 550	
		二类	28 050	25 245	2 805	21 038	7 013	
14	宫颈癌根治术+术后化疗（Z51.101）	一类	31 000	24 800	6 200	20 150	10 850	
		二类	26 350	2 3715	2 635	19 763	6 588	
15	胃癌（C16）行胃癌根治术（43.5-43.8伴40.59）	一类	30 600	24 480	6 120	19 890	10 710	
		二类	26 010	23 409	2 601	19 508	6 503	
16	胃癌根治术+术后放疗（Z51.001）	一类	38 000	30 400	7 600	24 700	13 300	
		二类	32 300	29 070	3 230	24 225	8 075	
17	胃癌根治术+术后化疗（Z51.101）	一类	36 000	28 800	7 200	23 400	12 600	
		二类	30 600	27 540	3 060	22 950	7 650	
18	胃癌根治术+术后放疗（Z51.001）+术后化疗（Z51.101）	一类	40 000	32 000	8 000	26 000	14 000	
		二类	34 000	30 600	3 400	25 500	8 500	
19	肺癌（C34/D02.2）行肺局部切除/肺叶切除/全肺切除/开胸探查术（32.29/32.3－32.5）	一类	30 000	24 000	6 000	19 500	10 500	
		二类	25 500	22 950	2 550	19 125	6 375	
20	肺癌行肺局部切除/肺叶切除/全肺切除/开胸探查术+恶性肿瘤术后放疗（Z51.001）	一类	38 000	30 400	7 600	24 700	13 300	
		二类	32 300	29 070	3 230	24 225	8 075	

续表

序号	名称（ICD–10、ICD–9编码）	结算医院类别	包干结算费用标准	职工医保		居民医保		备注
				统筹基金支付（元）	个人自付（元）	统筹基金支付（元）	个人自付（元）	
21	肺癌行肺局部切除/肺叶切除/全肺切除/开胸探查术+恶性肿瘤术后化疗（Z51.101）	一类	36 000	28 800	7 200	23 400	12 600	
		二类	30 600	27 540	3 060	22 950	7 650	
22	肺癌行肺局部切除/肺叶切除/全肺切除/开胸探查术+恶性肿瘤术后放疗（Z51.001）+恶性肿瘤术后化疗（Z51.101）	一类	40 000	32 000	8 000	26 000	14 000	
		二类	34 000	30 600	3 400	25 500	8 500	
23	食管癌（C15/D00.1）行食管癌根治术（42.41/42.42/42.5–42.6）	一类	40 000	32 000	8 000	26 000	14 000	
		二类	34 000	30 600	3 400	25 500	8 500	
24	食管癌根治术+恶性肿瘤术后放疗（Z51.001）	一类	48 000	38 400	9 600	31 200	16 800	
		二类	40 800	36 720	4 080	30 600	10 200	
25	食管癌根治术+恶性肿瘤术后化疗（Z51.101）	一类	46 000	36 800	9 200	29 900	16 100	
		二类	39 100	35 190	3 910	29 325	9 775	
26	食管癌根治术+恶性肿瘤术后放疗（Z51.001）+恶性肿瘤术后化疗（Z51.101）	一类	50 000	40 000	10 000	32 500	17 500	
		二类	42 500	38 250	4 200	31 875	10 625	
27	结肠癌（C18，D01.0）行结肠癌根治术（45.4，45.73–45.79，45.8）	一类	30 000	24 000	6 000	19 500	10 500	
		二类	25 500	22 950	2 550	19 125	6 375	
28	结肠癌根治术+恶性肿瘤放疗（Z51.001）	一类	40 000	32 000	8 000	26 000	14 000	
		二类	34 000	30 600	3 400	25 500	8 500	
29	结肠癌根治术+恶性肿瘤化疗（Z51.101）	一类	38 000	30 400	7 600	24 700	13 300	
		二类	32 300	29 070	3 230	24 225	8 075	
30	结肠癌根治术+恶性肿瘤术后放疗（Z51.001）+恶性肿瘤术后化疗（Z51.101）	一类	42 000	33 600	8 400	27 300	14 700	
		二类	35 700	32 130	3 570	26 775	8 925	
31	直肠癌（C20）行直肠癌腹会阴联合切除手术（48.49或48.65）	一类	36 000	28 800	7 200	23 400	12 600	
		二类	30 600	27 540	3 060	22 950	7 650	
32	直肠癌腹会阴联合切除手术+恶性肿瘤放疗（Z51.001）	一类	46 000	36 800	9 200	29 900	16 100	
		二类	39 100	35 190	3 910	29 325	9775	
33	直肠癌腹会阴联合切除手术+恶性肿瘤化疗（Z51.101）	一类	44 000	35 200	8 800	28 600	15 400	
		二类	37 400	33 660	3 740	28 050	9 350	
34	直肠癌（C20）行直肠癌低位前切除术（48.62或48.63）	一类	30000	24 000	6 000	19 500	10 500	
		二类	25500	22 950	2 550	19125	6 375	
35	直肠癌低位前切除术+恶性肿瘤放疗（Z51.001）	一类	40 000	32 000	8 000	26 000	14 000	
		二类	34 000	30 600	3 400	25 500	8 500	
36	直肠癌低位前切除术+恶性肿瘤化疗（Z51.101）	一类	38 000	30 400	7 600	24 700	13 300	
		二类	32 300	29 070	3 230	24 225	8 075	
37	直肠癌根治术+恶性肿瘤放疗（Z51.001）+恶性肿瘤化疗（Z51.101）	一类	42 000	33 600	8 400	27 300	14 700	
		二类	35 700	32 130	3 570	26 775	8 925	
38	甲状腺恶性肿瘤（C73，D09.301）行腺叶及峡部切除或全甲状腺切除术，同期颈淋巴结清除术（06.2–06.4）	一类	11 800	9 440	2 360	7 670	4 130	
		二类	10 030	9 027	1 003	7 523	2 508	
39	结节性甲状腺肿（包括良性肿瘤）（E04. 902）行甲状腺（部分、次全、全）切除术（06.2–06.5）	一类	8 400	6 720	1 680	5 460	2 940	
		二类	7 140	6 426	714	5 355	1 785	
40	恶性肿瘤术后放疗（Z51.001）	一类	10 000	8 000	2 000	6 500	3 500	
		二类	8 500	7 650	850	6 375	2 125	

续表

序号	名称（ICD-10、ICD-9编码）	结算医院类别	包干结算费用标准	职工医保		居民医保		备注
				统筹基金支付（元）	个人自付（元）	统筹基金支付（元）	个人自付（元）	
41	恶性肿瘤术后化疗（Z51.101）	一类	10 000	8 000	2 000	6 500	3 500	
		二类	8 500	7 650	850	6 375	2 125	
42	恶性肿瘤术后放疗（Z51.001）+恶性肿瘤术后化疗（Z51.101）	一类	14 000	11 200	2 800	9 100	4 900	
		二类	11 900	10 710	1 190	8 925	2 975	
43	卵巢良性肿瘤（D27）行卵巢肿瘤剥除术或附件切除术（65.22/65.24/65.25/65.29/65.4/65.6）	一类	7 000	5 600	1 400	4 550	2 450	
		二类	5 950	5 355	595	4 463	1 488	
44	子宫平滑肌瘤（D25）行经腹子宫全/次全切除术（68.39/68.49）	一类	9 100	7 280	1 820	5 915	3 185	
		二类	7 735	6 962	774	5 801	1 934	
45	心绞痛或心肌梗死行冠状动脉一个血管支架置入术（00.45）	一类	35 000	28 000	7 000	22 750	12 250	
		二类	29 750	26 775	2 975	22 313	7 438	
46	心绞痛或心肌梗死行冠状动脉两个血管支架置入术（00.46）	一类	46 400	37 120	9 280	30 160	16 240	
		二类	39 440	35 496	3944	29 580	9 860	
47	心绞痛或心肌梗死行冠状动脉三个血管支架置入术（00.47）	一类	59 800	47 840	11 960	38 870	20 930	
		二类	50 830	457 47	5 083	38 123	12 708	
48	急性心肌梗死行静脉溶栓治疗	一类	8 000	6 400	1 600	5 200	2 800	
		二类	6 800	6 120	680	5 100	1700	
49	白内障（H25.901）行超声乳化白内障摘除术+人工晶体植入术（13.41+13.71）	一类	6 200	4 960	1 240	4 030	2 170	白内障住院治疗（单侧，次）
		二类	5 270	4 743	527	3 953	1 318	
50	胆总管结石（K80.3/K80.5）行胆总管内镜下取石术（51.8802）	一类	16 100	12 880	3 220	10 465	5 635	
		二类	13 685	12 317	1 369	10 264	3 421	
51	腹股沟疝（K40.2，K40.9）行腹股沟疝修补术（53.0-53.1）	一类	5 800	4 640	1 160	3 770	2 030	
		二类	4 930	4 437	493	3 698	1 233	
52	阑尾炎（K35.1/K35.9）行阑尾切除术（47.09）	一类	4 100	3 280	820	2 665	1 435	
		二类	3 485	3 137	349	2 614	871	
53	肾结石（N20.0，N13.201）行经皮肾镜碎石术（PCNL）（55.0402）	一类	13 000	10 400	2 600	8 450	4 550	
		二类	11 050	9 945	1 105	8 288	2 763	
54	股骨头坏死（M87.-5）、股骨颈骨折（S72.00）行人工股骨头置换术（81.52003）	一类	40 000	32 000	8 000	26 000	14 000	
		二类	34 000	30 600	3 400	25 500	8 500	
55	股骨头坏死（M87.-5）、股骨颈骨折（S72.00）行髋关节置换术（81.51-81.52）	一类	46 000	36 800	9 200	29 900	16 100	
		二类	39 100	35 190	3 910	29 325	9 775	
56	原发性急性闭角型青光眼（H40.203）行小梁切除术（12.64）	一类	4 800	3 840	960	3 120	1 680	
		二类	4 080	3 672	408	3 060	1 020	
57	输卵管妊娠（O00.101）行腹腔镜下或开腹输卵管切除术或输卵管切开取胚术（66.6201）	一类	7 500	6 000	1 500	4 875	2 625	
		二类	6 375	5 738	638	4 781	1 594	
58	胆结石、胆囊息肉、胆囊炎等（K80，K81）行腹腔镜胆囊切除术（51.23）	一类	8 500	6 800	1 700	5 525	2 975	
		二类	7 225	6 503	723	5 419	1 806	
59	耐多药肺结核（A15.0、A15.1）住院化疗（每年）	一类	20 000	16 000	4 000	13 000	7 000	
		二类	17 000	15 300	1 700	12 750	4 250	
60	艾滋病（人类免疫缺乏病毒）（B24.002）抗机会性感染治疗	一类	13 000	10 400	2 600	8 450	4 550	
		二类	11 050	9 945	1 105	8 288	2 763	

续表

序号	名称（ICD-10、ICD-9编码）	结算医院类别	包干结算费用标准	职工医保		居民医保		备注
				统筹基金支付（元）	个人自付（元）	统筹基金支付（元）	个人自付（元）	
61	血友病（D66.x01）替代疗法	一类	23 000	18 400	4 600	14 950	8 050	
		二类	19 550	17 595	1 955	14 663	4 888	
62	血友病（D66.x01）规代治疗	一类	8 000	6 400	1 600	5 200	2 800	
		二类	6 800	6 120	680	5 100	1 700	
63	原发性甲状腺机能亢进症（E05.0）规范化治疗	一类	5 000	4 000	1 000	3 250	1 750	
		二类	4 250	3 825	425	3 188	1 063	
64	原发性甲状腺机能亢进症（E05.0）行甲状腺次全切除手术（3:06.3902）	一类	8 400	6 720	1 680	5 460	2 940	
		二类	7 140	6 426	714	5 355	1 785	
65	原发性甲状腺机能亢进症（E05.0）131碘–甲亢治疗	一类	8 000	6 400	1 600	5 200	2 800	
		二类	6 800	6 120	680	5 100	1 700	
66	唇裂（Q36）行唇裂修复术（27.54）	一类	3 990	3 192	798	2 594	1 397	
		二类	3 392	3 052	339	2 544	848	
67	腭裂（Q35）行腭裂修复术（27.62）	一类	4 500	3 600	900	2 925	1 575	
		二类	3 825	3 443	383	2 869	956	
68	玻璃体出血（H43.1）行玻璃体切除术（14.71）	一类	7 500	6 000	1 500	4 875	2 625	
		二类	6 375	5 738	638	4 781	1 594	
69	玻璃体出血并视网膜脱离（H33.001）行玻璃体切除视网膜修补（复位）术（14.71，14.53）	一类	9 800	7 840	1 960	6 370	3 430	
		二类	8 330	7 497	833	6 248	2 083	
70	单纯性孔源性视网膜脱离（H33.001）行视网膜脱离复位巩膜扣带术（14.4）	一类	4 800	3 840	960	3 120	1 680	
		二类	4 080	3 672	408	3 060	1 020	
71	翼状胬肉（H11.0）行翼状胬肉切除手术（11.39）	一类	2 000	1 600	400	1 300	700	
		二类	1 700	1 530	170	1 275	425	
72	尿道下裂（Q54）行一次性阴茎伸直术和尿道成形术（58.4501）	一类	15 000	12 000	3 000	9 750	5 250	
		二类	12 750	11 475	1 275	9 563	3 188	
73	尿道下裂（Q54）行分期阴茎伸直术和尿道成形术（58.4501）（每期）	一类	12 000	9 600	2 400	7 800	4 200	手术分两期
		二类	10 200	9 180	1 020	7 650	2 550	
74	肾功能衰竭（N17–N19）行肾移植术（55.6）	一类	110 000	88 000	22 000	71 500	38 500	
75	病态窦房结综合征（I49.5）行永久心脏起搏器置入术（37.8001\37.8101\37.8201\37.8301）	一类	36 000	28 800	7 200	23 400	12 600	单腔
		二类	30 600	27 540	3 060	22 950	7 650	
		一类	48 000	38 400	9 600	31 200	16 800	双腔
		二类	40 800	36 720	4 080	30 600	10 200	
76	大肠息肉（D12.6/D12.8/K62.1/K63.5）行内镜下大肠息肉摘除术（45.42）	一类	5 900	4 720	1 180	3 835	2 065	
		二类	5 015	4 514	502	3 761	1 254	
77	直肠息肉（K62.1;D12.8，M8210/0）行息肉切除术（48.36）	一类	7 400	5 920	1 480	4 810	2 590	
		二类	6 290	5 661	629	4 718	1 573	
78	血栓性外痔（I84.3）行血栓性外痔切除术（49.47）	一类	3 200	2 560	640	2 080	1 120	
		二类	2 720	2 448	272	2 040	680	
79	混合痔（I84.801）行吻合器痔上黏膜环切术（PPH）（49.49003）	一类	6 980	5 584	1 396	4 537	2 443	含PPH吻合器
		二类	5 933	5 340	593	4 450	1 483	
80	慢性化脓性中耳炎（H66.1–H66.3/H71）行手术治疗（19.3–19.5/20.2/20.4）	一类	8 300	6 640	1 660	5 395	2 905	
		二类	7 055	6 350	706	5 291	1 764	

续表

序号	名称（ICD-10、ICD-9编码）	结算医院类别	包干结算费用标准	职工医保		居民医保		备注
				统筹基金支付（元）	个人自付（元）	统筹基金支付（元）	个人自付（元）	
81	声带息肉（J38.102）行支撑喉镜下手术（30.0901/30.0902）	一类	4 300	3 440	860	2 795	1 505	
		二类	3 655	3 290	366	2 741	914	
82	子宫腺肌病（N80.003）行子宫切除术（68.3/68.4/68.5）	一类	9 100	7 280	1 820	5 915	3 185	
		二类	7 735	6 962	774	5 801	1 934	
83	三叉神经痛（G50.0）行微血管减压术（04.4102）	一类	14 900	11 920	2 980	9 685	5 215	
		二类	12 665	11 399	1 267	9 499	3 166	
84	支气管扩张症（J47）行肺段切除术/肺叶切除术/复合肺叶切除术/全肺切除术（32.39/32.49/32.59）	一类	30 000	24 000	6 000	19 500	10 500	
		二类	25500	22 950	2 550	19 125	6 375	
85	腰椎间盘突出症（M51.0↑ G99.2* / M51.1↑ G55.1*/M51.2）行椎间盘切除术（80.51）	一类	11 000	8 800	2 200	7 150	3 850	
		二类	9 350	8 415	935	7 013	2 338	
86	良性前列腺增生（N40）行经尿道前列腺电切术（TURP）（60.2901）	一类	12 000	9 600	2 400	7 800	4 200	
		二类	10 200	9 180	1 020	7 650	2 550	
87	输尿管结石（N20.1， N13.202）行经输尿管镜碎石取石术（56.0）	一类	9 500	7 600	1 900	6 175	3 325	
		二类	8 075	7 268	808	6 056	2 019	
88	慢性鼻-鼻窦炎（J32）行鼻内镜手术（21.31/22.2-22.6）	一类	8 700	6 960	1 740	5 655	3 045	
		二类	7 395	6 656	740	5 546	1 849	
89	垂体腺瘤（C75.1/D09.302/D35.2 / D44.3）行经蝶/经额或其他入路垂体腺瘤切除术（07.61/07.62/07.63）	一类	31 600	25 280	6 320	20 540	11 060	
		二类	26 860	24 174	2 686	20 145	6 715	
90	下肢静脉曲张（I83）行大隐静脉或小隐静脉高位结扎+抽剥/腔内激光烧灼术（38.59）	一类	10 000	8 000	2 000	6 500	3 500	
		二类	8 500	7 650	850	6 375	2 125	
91	肾癌（C64，D09.101）行肾癌根治术（55.5107）	一类	18 400	14 720	3 680	11 960	6 440	
		二类	15 640	14 076	1 564	11 730	3 910	
92	肾癌行肾癌根治术（55.5107）+恶性肿瘤放疗（Z51.001）	一类	26 400	21 120	5 280	17 160	9 240	
		二类	22 440	20 196	2 244	16 830	5 610	
93	重度膝关节骨关节炎（M17）行全膝关节置换术（81.54）	一类	46 000	36 800	9 200	29 900	16 100	
		二类	39 100	35 190	3 910	29 325	9 775	
94	伽马刀治疗（92.32001）	一类	24 500	19 600	4 900	15 925	8 575	
		二类	20 825	18 743	2 083	15 619	5 206	
95	先天性室间隔缺损（Q21.0）行室间隔缺损直视修补术（35.53/35.62/ 35.72）	一类	31 000	24 800	6 200	20 150	10 850	
		二类	26 350	23 715	2 635	19 763	6 588	
96	先天性室间隔缺损（Q21.0）行经皮室间隔缺损封堵术〔高危组（小于1岁）〕	一类	33 000			21 450	11 550	
		二类	28 050			21 038	7 013	
97	先天性室间隔缺损（Q21.0）行经皮室间隔缺损封堵术〔标准组（1岁以上）〕	一类	32 000	25 600	6 400	20 800	11 200	
		二类	27 200	24 480	2 720	20 400	6 800	
98	先天性房间隔缺损（Q21.2）行房间隔缺损直视修补术（35.71001）	一类	29 000	23 200	5 800	18 850	10 150	
		二类	24 650	22 185	2 465	18 488	6 163	

续表

序号	名称（ICD-10、ICD-9编码）	结算医院类别	包干结算费用标准	职工医保		居民医保		备注
				统筹基金支付（元）	个人自付（元）	统筹基金支付（元）	个人自付（元）	
99	先天性房间隔缺损（Q21.2）行经皮房间隔缺损封堵术（35.52）高危组（小于1岁）	一类	26 000			16 900	9 100	
		二类	22 100			16 575	5 525	
100	先天性房间隔缺损（Q21.2）行经皮房间隔缺损封堵术（35.52）标准组（1岁以上）	一类	25 000	20 000	5 000	16 250	8 750	
		二类	21 250	19 125	2 125	15 938	5 313	
101	先天性肺动脉瓣狭窄（Q22.1）行经皮肺动脉瓣球囊成形术（35.9603）	一类	21 000	16 800	4 200	13 650	7 350	
		二类	17 850	16 065	1 785	13 388	4 463	
102	动脉导管未闭（Q25.0）行动脉导管动脉导管结扎术（38.85001）动脉导管未闭切断缝合术（38.85012）	一类	19 000	15 200	3 800	12 350	6 650	
		二类	16 150	14 535	1 615	12 113	4 038	
103	动脉导管未闭（Q25.0）行动脉导管介入封堵术（39.7901）高危组（小于1岁）	一类	26 000			16 900	9 100	
		二类	22 100			16 575	5 525	
104	动脉导管未闭（Q25.0）行动脉导管介入封堵术（39.7901）标准组（1岁以上）	一类	25 000	20 000	5 000	16 250	8 750	
		二类	21 250	19 125	2 125	15 938	5 313	
105	先天性室间隔缺损并房间隔缺损（Q21.0、Q21.2）行经皮室间隔缺损封堵术、房间隔缺损封堵术	一类	51 200	40 960	10 240	33 280	17 920	
		二类	43 520	39 168	4 352	32 640	10 880	
106	儿童苯丙酮尿症（E70.101）低苯丙氨酸饮食治疗（0—6岁）（每年）	一类	15 000			9 750	5 250	0–1岁患儿
		二类	12 750			9 563	3 188	
		一类	30 000			19 500	10 500	1–3岁患儿
		二类	25 500			19 125	6 375	
		一类	20 000			13 000	7 000	3–6岁患儿
		二类	17 000			12 750	4 250	
107	发育性髋关节脱位（Q65.201）行髋关节切开复位、石膏外固定术（78.65001）	一类	15 000			9 750	5 250	小龄组患儿<1岁6月龄
		二类	12 750			9 563	3 188	
		一类	35 000			22 750	12 250	大龄组患儿≥1岁6月龄
		二类	29 750			22 313	7 438	
108	慢性扁桃体炎（J35.0）行扁桃体切除术（28.2）	一类	40 00	3 200	800	2 600	1 400	单侧
		二类	3 400	3 060	340	2 550	850	
		一类	5 000	4 000	1 000	3 250	1 750	双侧
		二类	4 250	3 825	425	3 188	1 063	
109	精神病（F32）住院治疗（每天）	一类	200	160	40	130	70	1年内住院超过90日以上的结算标准降低30%
		二类	170	153	17	128	43	

昆明市国家级、省级非物质文化遗产传承人、项目名单

国家级代表性传承人

姓 名	性 别	专 长	属 地
王玉芳	女	《阿诗玛》传唱	石林县

省级以上非遗项目传承人

县（市）区	姓 名	民 族	性 别	专长
盘龙区	张月仙	汉	女	剪纸、刺绣
	马家寿	汉	男	泥塑、雕刻
	张庆山	汉	男	陶艺制作
	余国忠	汉	男	彩扎
五华区	常本寅	汉	男	古建筑彩绘
	李月波	回	女	扬琴说唱
	杨美淮	汉	女	民间舞蹈
	庄 荣	汉	男	竹木牙角雕刻（鸟笼）
	仇炳堂	汉	男	云南评书
	张惠玲	汉	女	宝翰轩字画装裱修复技艺
	李玉霖	汉	男	天宝斋制墨技艺
	欧道生	白	男	沙氏武术
	卯劲松	汉	男	沙氏武术
	沙俊杰	汉	男	沙氏武术
	李 斌	汉	女	沙氏武术
	汪美珠	汉	女	滇剧
	杨 茂	回	男	滇剧
官渡区	徐仁安	汉	男	彩扎、龙狮舞编导
	郭利辉	汉	男	滇剧、花灯
	金永才	汉	男	乌铜走银制作技艺
	刘文富	汉	男	云南围棋子（云子）制作技艺
西山区	陆光才	汉	男	瓢画
	李开福	汉	男	花灯戏
	赵桂英	汉	女	昆中药传统中药文化
	刘 珍	汉	女	昆中药传统中药文化
	张元昆	汉	女	昆中药传统中药文化
宜良县	高志永	汉	男	木雕
	兰学成	汉	男	宜良烧鸭

续表

县（市）区	姓 名	民 族	性 别	专长
	杨德春	汉	男	宜良烧鸭
	张庭楷	汉	男	大香会
富民县	朱文华	汉	男	戏剧创作
禄劝县	代宗义	汉	男	羊毛毡画、染
	杨正芳	汉	男	银器首饰加工
	陈国稳	汉	女	剪纸和图样设计绘制
	龙绍明	苗	男	芦笙舞
	杨汉芬	彝	女	刺绣
	游定美	汉	女	刺绣
倘甸轿子山两区	赵文令	汉	男	纸扎
呈贡区	毛昆良	汉	男	民间绘画、圣贤画
	王桂英	汉	女	麦秆编、菱角
	罗爱军	汉	男	瓦猫、土陶
	李有信	汉	男	滇剧
	马加凤	汉	女	花灯戏
	李留美	汉	女	菱角编制技艺
石林县	金玉明	彝	男	保存彝族文献
	毕光明	彝	男	木雕、乐器制作
	杨凤英	彝	女	山歌四平调、板板腔演唱
	黄兰芳	彝	女	口弦、民乐演奏
	毕跃英	彝	女	刺绣
	昂宝德	彝	男	彝族器乐
	普照光	彝	男	彝族三弦舞（撒尼大三弦）
	李有贵	彝	男	彝族摔跤
	马琼芬	汉	女	彝族（撒尼）刺绣
东川区	徐正海	汉	男	木雕、彩绘
	王才有	彝	男	制作芦笙、唢呐、银饰
晋宁县	段继昌	汉	男	木雕、石刻、泥塑
	罗得洪	汉	男	绘画、圣贤画、泥塑、甲马
	唐兰英	彝	女	民族服饰、刺绣
	袁昆林	汉	男	乌铜走银制作技艺
	李从仲	汉	男	乌铜走银制作技艺
	许绍光	汉	男	宝峰调子会
寻甸县	马惠成	苗	男	苗族叙事长诗《昭莠俭和高帕施》
昆明阳宗海风景名胜区管委会	龚自成	汉	男	关索戏
	周如文	汉	男	关索戏
安宁市	肖国祥	汉	男	泥塑
嵩明县	梁俊利	汉	女	面塑

国家级非物质文化遗产项目

序号	国家级非物质文化遗产项目
1	口述文学《阿诗玛》
2	滇剧
3	关索戏
4	彝族（撒尼）刺绣
5	彝族大三弦舞
6	彝族摔跤
7	昆中药传统中药制剂

省级非物质文化遗产项目

序号	省级非物质文化遗产项目
1	昭蒡俭与高帕施
2	洞经音乐
3	昆明调
4	晋城镇圣贤画
5	彩扎（盘龙区）
6	彩扎（官渡区）
7	乌铜走银制作技艺
8	宜良烤鸭制作技艺
9	羊毛花毡印染技艺
10	云子（围棋）制作技艺
11	斑铜制作技艺
12	宝翰轩字画装裱修复技艺
13	天宝斋制墨技艺
14	菱角编制技艺
15	吉庆祥云腿月饼制作技艺
16	宝峰调子会
17	“三月三”耍西山

续表

序号	省级非物质文化遗产项目
18	大香会（宜良）
19	大香会（阳宗海）
20	金殿庙会
21	朱氏正骨疗法
22	花灯戏（扩展）
23	彝族刺绣（扩展）
24	剪纸（扩展）
25	乌铜走银制作技艺（扩展）
26	彝族服饰（扩展）
27	昆中药传统中药文化
28	沙式武术
29	无敌治骨疗伤法
30	嵩明花灯
31	面塑
32	嵩明汉族刺绣工艺
33	杨林肥酒制作技艺

2015年昆明市国民经济和社会发展统计公报

昆明市统计局

2016年5月

2015年，面对错综复杂的国内外形势和艰巨繁重的改革发展稳定任务，市委、市政府团结带领全市各族人民，认真贯彻党的十八大和十八届三中、四中、五中全会精神，全面落实习近平总书记系列重要讲话和考察云南重要讲话精神，积极适应新常态，全力以赴稳增长、调结构、促改革、惠民生、防风险，全市经济平稳发展，社会和谐稳定。

一、综合

年末全市常住人口667.70万人。其中，城镇常住人口467.70万人，占常住人口比重为70.05%。人口自然增长率5.98‰。

年末全市户籍总人口555.57万人。其中，城镇人口317.71万人，占户籍人口比重为57.20%。

初步核算，全年实现地区生产总值3 970亿元，比上年增长8.00%。其中，第一产业实现增加值188.10亿元，增长5.80%；第二产业实现增加值1 588.38亿元，增长7.40%；第三产业实现增加值2 193.52亿元，增长8.70%。按常住人口计算，人均地区生产总值59 686元，增长7.20%。三次产业结构调整为4.7∶40.0∶55.3。全市非公有制经济实现增加值1 850.34亿元，比上年增长8.10%，占GDP比重为46.60%。

2011–2015年地区生产总值（亿元）及其增长速度（%）

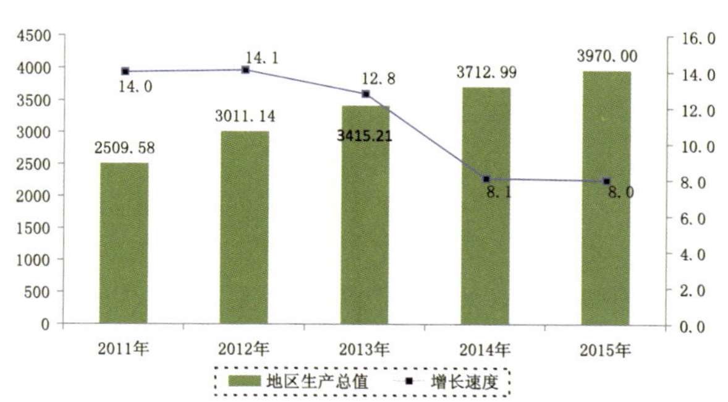

全年一般公共预算收入502.22亿元，比上年增长5.10%，其中，税收收入399.68亿元，增长0.40%。一般公共预算支出615.51亿元，增长3.70%。

全年居民消费价格比上年上涨2.4%，涨幅比上年下降0.70个百分点。分类别看，食品类价格上涨3.80%，烟酒类上涨3.50%，衣着类上涨3.70%，家庭设备用品及维修服务类上涨2.10%，医疗保健和个人用品类上涨4.10%，交通和通信类下降0.70%，娱乐教育文化用品及服务类上涨1.40%，居住类上涨0.30%。全年商品零售价格比上年上涨0.70%；工业生产者出厂价格比上年下跌5.20%；工业生产者购进价格比上年下跌5.60%。

2011–2015年居民消费价格总指数（以上年为100）

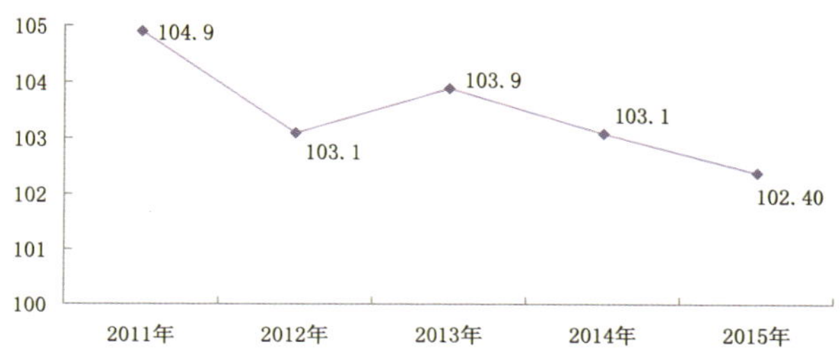

全年城镇新增就业11.08万人，年末城镇登记失业率为2.98%

二、农业

全年实现农林牧渔业及农林牧渔服务业总产值328.58亿元，比上年增长5.90%。其中，农业产值181.49亿元，增长6.50%；林业产值11.60亿元，增长21.10%；畜牧业产值115.25亿元，增长4.10%；渔业产值7.91亿元，下降1.60%；农林牧渔服务业产值12.33亿元，增长6.30%。

2011–2015年农林牧渔业及农林牧渔服务业总产值（亿元）

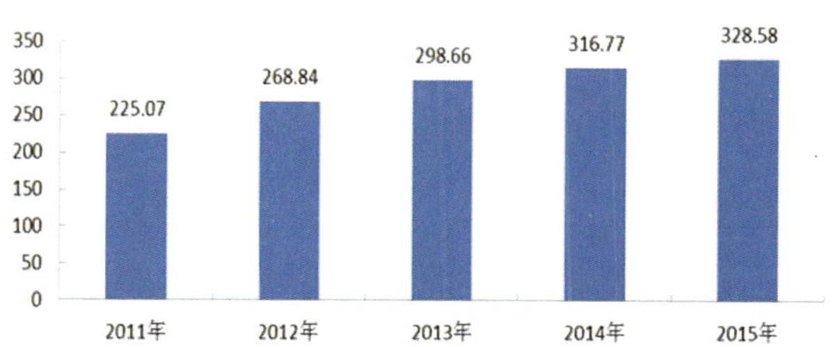

全年粮食种植面积408万亩，粮食产量123.57万吨；蔬菜种植面积145.47万亩，蔬菜产量271.66万吨；鲜切花种植面积11.60万亩，产量49.67亿枝。

2015年主要农产品产量

	单位	2015年	比上年±%
粮食（含大豆、薯类）	万吨	123.57	持平
#稻谷	万吨	19.03	-5.40
油料作物	万吨	1.52	1.50
烤烟	万吨	7.09	-4.90
蔬菜	万吨	271.66	3.50
鲜切花	亿枝	49.67	0.60
园林水果	万吨	19.57	5.60

全年猪出栏457.64万头，比上年增长4.70%。牛出栏31.12万头，增长0.80%。羊出栏94.40万只，增长3.50%。全年肉类总产量51.11万吨，下降6.80%；禽蛋产量9.23万吨，增长13.50%；牛奶产量10.53万吨，增长0.30%。大牲畜年末存栏77.62万头，下降0.10%。猪年末存栏275.53万头，增长3.30%。羊年末存栏153.23万头，增长5.60%。

全市农村用电量108 374.30万千瓦时，增长2.20%。年末农业机械总动力31.75亿瓦特，增长2.20%。大中型拖拉机16 793台，增长2.60%。农村自来水普及率83.44%，农村卫生厕所普及率81.62%。

三、工业和建筑业

全市实现工业增加值1 041.76亿元，比上年增长5.40%，其中，规模以上工业增加值增长5.40%。规模以上工业中，轻工业增长4.00%；重工业增长6.50%。分经济类型看，国有及国有控股企业增长9.10%，股份制企业增长5.70%，外商及港澳台商投资企业增长0.20%，集体企业下降22.50%，股份合作企业下降7.40%，其他经济类型企业下降33.00%。从主要行业看，烟草制品业增长3.50%，化学原料及化学制品制造业增长6.60%，冶金工业增长6.50%，装备制造业增长4.8%，医药制造业增长0.70%，电力、热力生产和供应业增长30.80%。

主要工业产品产量

	单位	2015年	比上年（±%）
粗钢	万吨	462.42	-13.40
钢材	万吨	493.67	-20.80
生铁	万吨	454.23	-18.80
金属切削机床	台	42400	-27.80
汽车	辆	2364	-20.10

续表

	单位	2015年	比上年（±%）
水泥	万吨	1825.54	19.30
商品混凝土	万立方米	1278.84	-10.00
磷矿石	万吨	2698.38	11.70
化肥	万吨	169.58	持平
卷烟	亿支	883.79	1.40
复烤烟叶	万吨	36.65	-12.50
十种有色金属	万吨	82.72	3.20
软饮料	万吨	241.33	9.90
饮料酒	万吨	50.70	7.90
饲料	万吨	194.64	-6.30
自来水生产量	万立方米	31936.13	1.40
原盐	万吨	101.58	-18.90
乳制品	万吨	18.76	13.00
中成药	吨	36734.39	-15.50
光学仪器	万台	252.88	16.20
电力电缆	千米	113905.95	-15.50
发电量	亿千瓦时	184.82	0.20
原煤	万吨	425.82	-16.50

全年规模以上工业企业实现销售产值2 929.19亿元，下降2.60%；实现利税465.36亿元，下降2.30%；产品销售率97.90%。

全年规模以上工业企业实现利润155.26亿元，比上年下降6.10%。分经济类型看，国有控股企业实现利润114.85亿元，比上年增长0.90%；集体企业0.13亿元，下降59.60%；股份制企业82.11亿元，下降15.20%；外商及港澳台商投资企业17.90亿元，下降1.10%。分门类看，采矿业实现利润12.25亿元，比上年增长2.60%；制造业121.63亿元，下降6.90%；电力、热力、燃气及水生产和供应业21.37亿元，下降6.20%。

全年建筑业实现总产值2 071.93亿元，比上年增长10.00%。其中，建筑工程实现产值1 834.09亿元，增长9.50%；安装工程实现产值175.88亿元，增长1.80%。建筑业企业房屋建筑施工面积为9 378.78万平方米，增长0.70%，其中：本年新开工面积4 148.75万平方米，增长3.40%；房屋建筑竣工面积为3 335.72万平方米，下降4.50%。全年建筑业实现增加值547.23亿元，增长11.30%。

2011-2015年建筑业增加值（亿元）

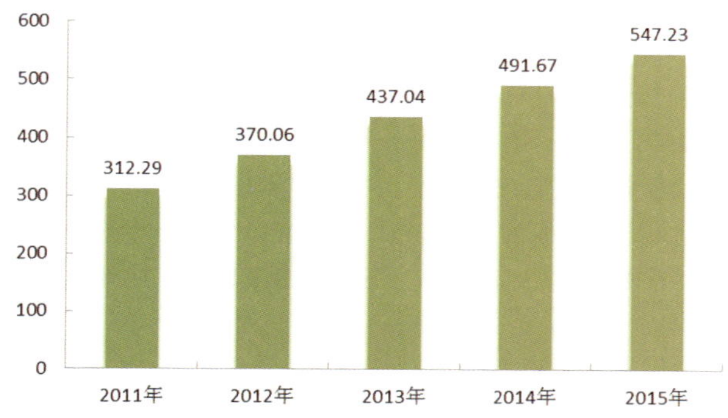

2011-2015年海关进出口贸易总额（亿美元）

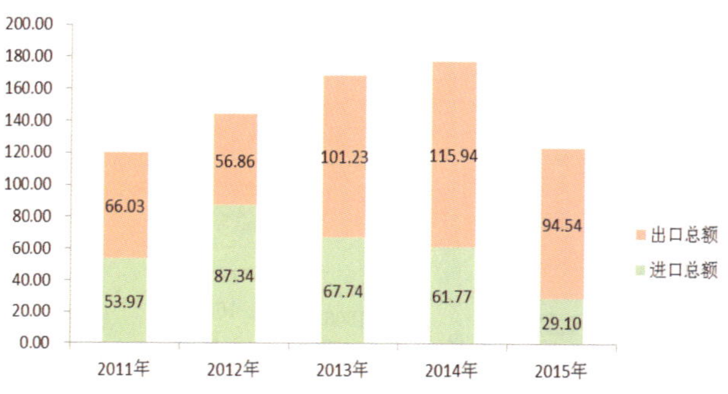

四、固定资产投资

全年完成规模以上固定资产投资3497.88亿元，比上年增长11.50%。其中，第一产业完成投资35.39亿元，增长77.30%；第二产业完成投资645.99亿元，增长6.90%；第三产业完成投资2816.50亿元，增长12.00%。

全年完成房地产开发投资1451.31亿元，比上年下降2.80%。其中，住宅投资875.87亿元，下降6.30%；办公楼投资135.56亿元，增长20.80%；商业营业用房投资249.23亿元，增长3.70%。

五、国内贸易和对外经济

全年实现社会消费品零售总额2 061.66亿元，比上年增长8.20%。

2011—2015年社会消费品零售总额（亿元）

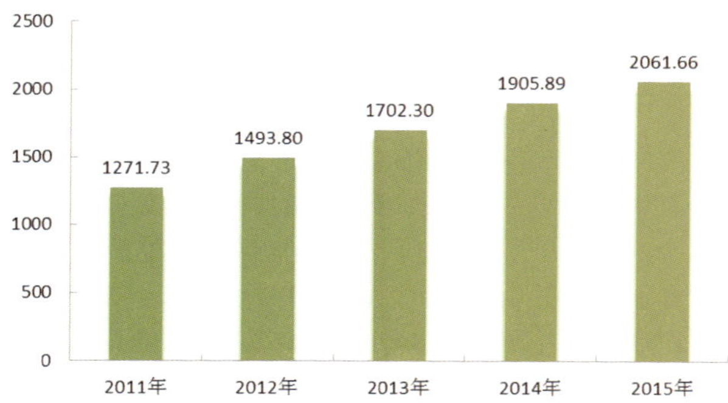

全市限额以上商品零售额1 196.08亿元。其中，粮油、食品类89.37亿元；服装、鞋帽、针纺织品类90.34亿元；中西药品类81.90亿元；石油及制品类187.96亿元；汽车类421.73亿元。

全年海关进出口贸易总额123.64亿美元，比上年下降30.40%，其中，出口94.54亿美元，下降18.50%；进口29.10亿美元，下降52.90%。

全年新批外商投资企业75户，增长2.70%；实际利用外资22.61亿美元，增长1.10%。

六、交通运输、邮政电信和旅游业

全年公路货物运输量26 528万吨，增长4.20%，公路旅客运输量8 025万人次，下降1.80%，公路货物周转量157.15亿吨公里，增长8.30%，公路旅客周转量82.48亿人公里，下降0.80%；全年铁路货物运输量1 903万吨，下降11.10%；铁路旅客运输量1 817万人次，增长8.70%；铁路货物周转量148.83亿吨公里，下降4.80%；铁路旅客周转量39.97亿人公里，增长8.50%。昆明机场全年完成运输起降29.90万架次，比上年增长11.00%；旅客吞吐量3 752.30万人次，比上年增长16.40%，货邮吞吐量35.50万吨，比上年增长12.20%。全年共开通航线284条，其中国际航线54条，地区航线6条。

年末全市机动车保有量215.07万辆，比上年增长9.70%，其中本年新注册25.04万辆。汽车保有量172.87万辆，比上年增长13.00%，其中本年新注册23.11万辆。年末个人汽车保有量154.51万辆，比上年增长14.40%。

主城五区公交运营线路362条，新增公交线路14条，新增公交车辆923辆，日均客运量（包含轨道交通）279.06万人次，公共交通机动化出行分担率54.30%。年末全市实有出租车8 985辆，其中主城区实有出租汽车7 651辆。

全年邮政业累计完成业务收入20.09亿元，比上年增长18.90%，其中，快递业务收入13.58亿元，增长23.50%。全市完成邮政函件业务4 955.80万件，包裹业务31.09万件，快递业务量7 599.58万件。

全年电信业务收入97.80亿元。年末拥有固定电话用户127.90万户。拥有移动电话用户966.80万户。4G网络用户387.50万户，3G网络用户231.10万户。年末拥有有线宽带用户135万户。

全年接待国内外游客6911.40万人次，比上年增长10.30%。其中，国内游客6796.91万人次，比上年增长10.50%，海外游客114.49万人次，比上年下降4.00%；全年旅游总收入723.46亿元，同比增长17.70%。其中，国内旅游收入696.29亿元，同比增长17.90%，旅游外汇收入4.40亿美元，同比增长10.80%。

七、金融

年末，金融机构（不含外资）人民币各项存款余额11850.53亿元，比年初增长11.30%，其中，住户存款余额3835.46亿元，比年初增长5.10%；非金融企业存款余额4727.26亿元，比年初增长14.60%。

2011—2015年金融机构人民币存款余额（亿元）

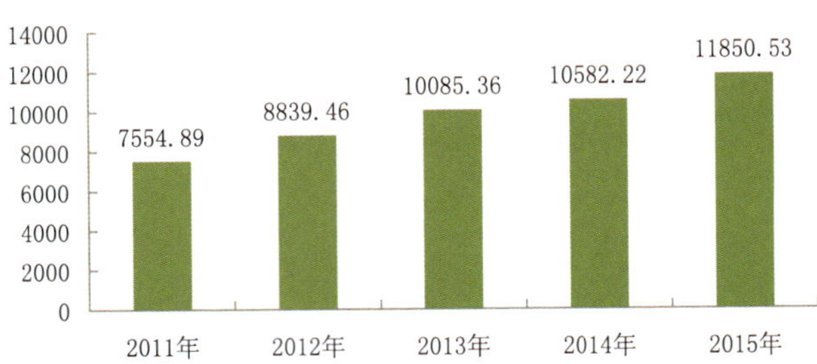

年末，金融机构（不含外资）人民币各项贷款余额11 940.24亿元，比年初增长14.00%，其中，住户贷款2 230.89亿元，比年初增长7.60%；非金融企业及机关团体贷款9 636.50亿元，比年初增长15.60%。

2011—2015年金融机构人民币贷款余额（亿元）

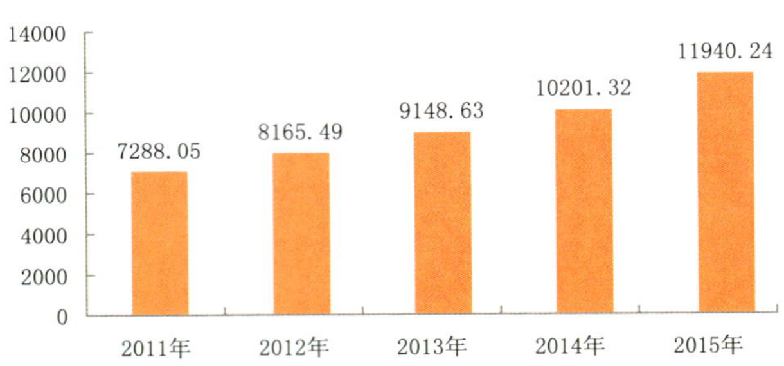

全年保险公司实现原保险保费收入171.51亿元，比上年增长11.00%。其中，财产险原保险保费收入80.07亿元，增长10.90%；人身险原保险保费收入91.44亿元，增长11.20%。全年赔款与给付支出合计68.66亿元，比上年增长19.80%，其中，财产险赔款支出40.12亿元，增长10.00%；人身险赔付支出28.54亿元，增长36.90%。

八、教育、科学技术和文化体育

年末，全市共有普通高等院校42所，在校生43.64万人，专任教师2.71万人。中等专业学校61所，在校生17.59万人，专任教师0.44万人。普通中学287所，在校生31.59万人，专任教师2.33万人。普通小学959所，在校生48.44万人，专任教师2.71万人。幼儿园1 162所，在园幼儿20.74万人，专任教师1.19万人。特殊教育学校5所，在校学生565人，专任教师187人。残疾儿童入学率98.15%。学前教育三年毛入园率97.57%，小学学龄儿童毛入学率104.48%。普通初中毛入学率达112.11%。高中阶段毛入学率达92.5%。

全年实施科技计划项目256项（市本级），其中，重大科技计划项目41项。全年受理专利申请11 060件，获专利授权6 795件，有效发明专利拥有量5 353件。

年末，登记在册的业余文化艺术表演团体2 895个，专业文化艺术表演团体2个，文化馆15个；公共图书馆15个；博物馆117个，其中，注册博物馆27个，挂牌博物馆90个。

年末，全市有线电视用户150万户，有线网络覆盖区域外的直播卫星用户22万户。全市电视综合覆盖率100%，广播综合覆盖率100%。

全年昆明运动员在国家级比赛中获金牌4枚，银牌4枚，铜牌4枚。

九、人民生活和社会保障

全市城镇常住居民人均可支配收入33 955元，比上年增长8.50%；农村常住居民人均可支配收入11 444元，比上年增长10.40%。

2011—2015年居民人均可支配收入（元）

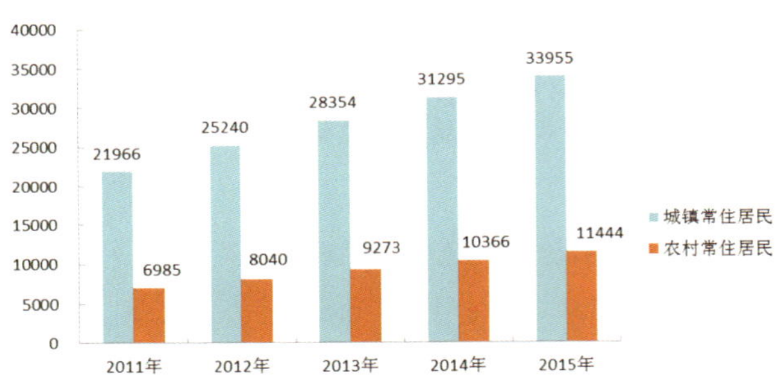

年末，全市参加城镇职工基本养老保险人数130.89万人，其中，参保职工97.38万人。参加城乡居民养老保险人数为208.34万人，参加原农村养老保险人数为29.65万人。参加城镇职工医疗保险人数为141.61万人。参加城乡居民医疗保险人数为375.44万人。城镇参加失业保险人数为92.53万人，参加工伤保险人数为105.12万人，城镇职工参加生育保险人数为81.03万人。

十、卫生和社会服务

全市共有卫生机构4 490个，其中：医院282个，乡镇卫生院110个，社区卫生服务中心（站）347个，诊所（卫生所、医务室）2212个，村卫生室1 283个；卫生技术人员6.43万人，其中执业医师和执业助理医师24 109人，注册护士28 091人；医疗卫生机构实有病床55 191张。

全市共有养老服务机构115个，社会服务床位27 470张，收留抚养和救助各类人员20 042人。年末共有社区服务中心114个，社区服务站1 623个。

全年共有9.93万人享受城市居民最低生活保障，16.52万人享受农村居民最低生活保障，农村五保供养7 625人。全年资助城乡困难群众22.10万人参加医疗保险。

全市拥有农村养老院47个，床位4 105张。公办城市养老机构6所，床位2 066张。民办老年养老机构62所，床位18 535张。居家养老床位2 930张。

十一、资源环境和安全生产

全年昆明地区年平均降雨量1 190.70毫米，较历史平均值偏多212毫米；年平均气温16.20℃，较多年平均值偏高0.70℃；年平均日照时数2 388.90小时，较多年平均值偏多270.60小时。

全年完成营造林5.23万公顷，其中，人工造林2.15万公顷；封山育林及补植2.64万公顷。义务植树1 030万株。森林覆盖率达到50%。初步测量，全市建成区绿地总量为16 000余万公顷。

全年主城区空气质量优良天数达到357天，空气质量优良率达到97.80%。烟尘控制区298平方千米，环境噪声达标区242.11平方千米。主城区区域环境噪声昼间平均值53.50分贝。各污染物年平均浓度：二氧化硫17微克/米^3、二氧化氮30微克/米^3、可吸入颗粒物（PM10）56微克/米^3、细颗粒物（PM2.5）30微克/米^3。

全年主城五区取水总量54 650万立方米，其中，工业取水量19 325万立方米。万元地区生产总值取水量45米^3/万元。万元工业增加值取水量47米^3/万元。

初步核算，全市能源消费总量2 417.57万吨标准煤，同比下降3.61%。万元地区生产总值能耗下降10.75%，其中：规模以上工业能源消费量1 494.97万吨标准煤，同比下降7.50%，规模以上工业单位增加值能耗同比下降12.30%。

全市亿元GDP生产安全事故死亡率为0.102；道路交通万车死亡率1.53。

注：1. 公报所列数据为年快报数，部门数据以部门正式对外公布为准；

2. 地区生产总值（GDP）、分产业增加值、产值绝对数按现价计算，增长速度按不变价格计算；

3. 部分数据因四舍五入的原因，存在总计与分项合计不等的情况。

资料来源：

[1] 财政数据来源于昆明市财政局；

[2] 林业数据来源于昆明市林业局；

[3] 农机数据来源于昆明市农业局；

[4] 进出口数据来源于昆明海关；

[5] 内资数据来源于昆明市投资促进局；

[6] 价格指数、居民收入数据来源于国家统计局昆明调查队；

[7] 交通数据来源于昆明市交通局、昆明铁路局、云南机场集团和昆明市公安局；

[8] 邮政数据来源于昆明市邮政管理局；

[9] 电信数据来源于昆明市工业和信息化委员会；

[10]旅游数据来源于昆明市旅游发展委员会；

[11]金融数据来源于中国人民银行昆明中心支行；

[12]保险数据来源于中国保险监督管理委员会云南监管局；

[13]教育数据来源于昆明市教育局；

[14]科技数据来源于昆明市科技局；

[15]文化、体育数据来源于昆明市文化广播电视体育局；

[16]卫生数据来源于昆明市卫生和计划生育委员会；

[17]社会保障和就业数据来源于昆明市人力资源和社会保障局；

[18]社会福利数据来源于昆明市民政局；

[19]环保数据来源于昆明市环境保护局；

[20]取水量用水量数据来源于昆明市节水办；

[21]安全生产数据来源于昆明市安全生产监督管理局；

[22]外资数据来源于昆明市商务局；

[23]气象数据来源于昆明市气象局；

[24]户籍人口数据来源于昆明市公安局；

[25]其余数据来源于昆明市统计局。

索 引

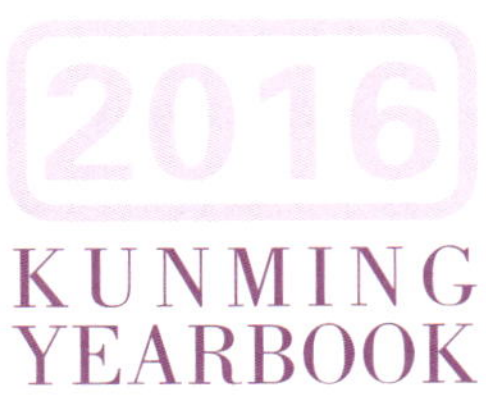

本索引采用主题分析法，按主题词首字的汉语拼音声母A～Z音序排列。主题词后面的数字表示内容所在的页码，数字后面的字母a、b、c表示左中右两栏的栏别。

A

B

C

D

E

F

G

H

I

J

K

L

M

N

O

P

Q

R

S

T

W

X

Y

Z